Mehr als eine Provinz

Hans-Rainer Sandvoß

Mehr als eine Provinz

Widerstand aus der Arbeiterbewegung 1933–1945 in der preußischen Provinz Brandenburg

Lukas Verlag

Schriften der Gedenkstätte Deutscher Widerstand
Reihe A: Analysen und Darstellungen, Band 15
Herausgegeben von Peter Steinbach und Johannes Tuchel

Gefördert durch:

Die Beauftragte der Bundesregierung
für Kultur und Medien

aufgrund eines Beschlusses
des Deutschen Bundestages

Umschlagabbildung: Umzug des Reichsbanners Schwarz-Rot-Gold
am 26. Oktober 1924 durch Potsdam. Im Hintergrund das Brandenburger Tor.

Erstausgabe, 1. Auflage 2019

Lukas Verlag für Kunst- und Geistesgeschichte
Kollwitzstraße 57
D 10405 Berlin
www.lukasverlag.com

Umschlag und Layout: Lukas Verlag
Reprographie und Satz: Alexander Dowe (Lukas Verlag)
Druck: Beltz Graphische Betriebe GmbH, Bad Langensalza

Printed in Germany
ISBN 978-3-86732-328-4

Inhalt

DIE
PROVINZ BRANDENBURG
Maßstab 1:1.500.000
Kilometer
Höhenangaben in Metern
Die Namen der Regierungsbezirks-Hauptorte sind doppelt, die der Kreis-Hauptorte einfach unterstrichen.
Östlich von 15° Greenwich
Östl. von Ferro
BERLIN
POTSDAM
SPANDAU
BRANDENBURG
FRANKFURT
STETTIN
MAGDEBURG
Geograph. Anstalt v. Wagner & Debes, Leipzig.

Einleitung

Anmerkungen zum Forschungsstand

Wer heute an die Zeit zwischen 1933 und 1945 im Brandenburgischen denkt, dem fällt wohl zuerst die Infrastruktur des NS-Verfolgungsapparates bzw. die an sie heute erinnernden Mahn- und Gedenkstätten ein. Darüber hinaus blieb gerade bei vielen Älteren die letzte schreckliche Kriegsphase mit Hunderttausenden von Opfern bei den Seelower Höhen, der Kesselschlacht von Halbe und dem Sturm auf Berlin haften.

Und tatsächlich ist die hohe Dichte der Einrichtungen des NS-Terrorregimes im Umfeld der Reichshauptstadt auffallend: Die Konzentrationslager Ravensbrück und Sachsenhausen – letzteres auch Sitz der Inspektion der Gesamtheit der Konzentrationslager –, die Zuchthäuser Brandenburg-Görden und Luckau, die Tötungsfabriken (Krankenmorde) von Brandenburg (Stadt) und Bernburg, »Arbeitserziehungslager« für Frauen (Fehrbellin), für Männer (Großbeeren) und Mädchen und junge Frauen (KZ Uckermark), und nicht zu vergessen eine Fülle von sogenannten wilden, besser: frühen Konzentrationslagern, die über das Land verteilt waren.

Bedenkt man, dass das heutige Land Brandenburg unter dem Namen »Provinz Brandenburg« und als Teil des wichtigen deutschen Landes Preußen damals weit über die Oder bis an die »Grenzmark« Posen-Westpreußen reichte (also um rund ein Drittel größer war), ließe sich die Aufzählung der Schreckensorte noch um die Konzentrationslager Sonnenburg und Hammerstein[1] erweitern; Letztere Orte seien stellvertretend für frühe Konzentrationslager der Neumark und Grenzmark genannt. Und auch das Zuchthaus Sonnenburg, wo es am Kriegsende zu einem Massenmord an den politischen Häftlingen kam, muss in diesem traurigen Zusammenhang genannt werden. Neben den hier nur kurz annotierten Einrichtungen des NS-Verfolgungsapparates ließen sich zudem zahlreiche militärische Zentren nennen und an erster Stelle dabei das – noch aus dem Kaiserreich herrührende – Militärareal Döberitz mit seinem großen Truppenübungsgelände, mit Ausbildungszentren, Kasernen und Führungsstäben; wichtig waren damals auch das Oberkommando der Kriegsmarine (und seine unterirdische Funkleitstelle) bei Wandlitz und das Oberkommando der Luftwaffe, das nördlich von Geltow ebenfalls unterirdisch residierte.

All dies dürfte historisch Interessierten eher präsent sein als die vielfältige Szene der Gegner, ist doch Folgendes zu beklagen: Auch 74 Jahre nach dem Ende der nationalsozialistischen Gewaltherrschaft liegt keine Gesamtdarstellung zum Widerstand

---

1 Siehe als ersten Überblick dazu: Martin Kaule, Brandenburg 1933–1945. Der historische Reiseführer, Berlin 2014[2]; Klaus Drobisch/Günther Wieland, System der Konzentrationslager 1933–1939, Berlin 1993.

von 1933 bis 1945 in der früheren Provinz Brandenburg vor. Dieser missliche Umstand wird auch nicht durch die systematische Aufarbeitung einzelner thematischer Bereiche des Widerstandes wie etwa dem aus der Tradition der Arbeiterbewegung ausgeglichen, denn diese stehen ebenfalls noch aus.

Auf den ersten Blick verwundert es, dass selbst in der DDR, zu deren Gründungsmythos der Bezug auf den »antifaschistischen Widerstand« und seine daraus zu ziehenden gesellschaftspolitischen Konsequenzen gehörte, keine Monographie zu diesem Thema erschien. Ja, es liegt nicht einmal eine isolierte Darstellung über die illegale KPD vor – was beachtenswerterweise immerhin noch 1987 für Berlin geschah[2] – , von einer Aufarbeitung der NS-Gegnerschaft sozialdemokratischer, freigewerkschaftlicher und linkssozialistischer Gruppen ganz zu schweigen.

Aus der Fülle regionaler Studien – in die die Erinnerungen sogenannter Parteiveteranen eingeflossen waren – zog die SED-Historiographie immerhin wenigstens die Konsequenz, 1982 eine über 1000 Namen umfassende biographische Übersicht vorzulegen, die trotz ihrer orthodoxen Diktion und der einseitigen Bevorzugung der KPD-Anhänger noch heute eine wichtige Quelle darstellt.[3]

Einen unübersehbaren Versuch, die Forschungslücke zum Widerstand aus der Arbeiterbewegung wenigstens ansatzweise zu schließen, stellen auch die an Quellen sehr reichen zwei Sammelbände zum Arbeiterwiderstand in den 1930er Jahren dar, die 1978 erschienen.[4] Schon der Titel verrät allerdings die vorgegebene historische Sicht, nämlich die auf den »antifaschistischen Widerstandskampf unter Führung der kommunistischen Partei…«.

Kurz vor dem Ende der DDR (1988) kam unter dem Titel »Helle Sterne in dunkler Nacht« eine Sammlung von »Studien über den antifaschistischen Widerstandskampf im Regierungsbezirk Potsdam 1933–1945« heraus.[5] Darin wird in einzelnen Aufsätzen über die Städte Brandenburg, Potsdam (mit Nowawes/Babelsberg), Luckenwalde-Jüterbog sowie Hennigsdorf (und seine Großbetriebe) – aus der Sicht der SED-Geschichtsschreibung – berichtet und auch die illegale Arbeit in den Stätten der Verfolgung (Konzentrationslager, Haftanstalten) thematisiert, eine

2 Bezirksleitung Berlin der SED, Kommission zur Erforschung der örtlichen Arbeiterbewegung: Geschichte der revolutionären Berliner Arbeiterbewegung, Bd. 2: Von 1917 bis 1945, Hg. von Heinz Habedank u. a., Berlin (Ost) 1987.

3 Komitee der Antifaschistischen Widerstandskämpfer der DDR, Bezirkskomitee Potsdam, in Zusammenhang mit den Bezirkskomitees Cottbus und Frankfurt (Oder). Hg., Antifaschistischer Widerstandskampf in der Provinz Brandenburg. Biographisches/Bibliographisches, Potsdam 1982.

4 Bezirksleitung Potsdam der SED-Kommission zur Erforschung der Geschichte der örtlichen Arbeiterbewegung, in Verbindung mit den Bezirkskomitees Potsdam, Cottbus und Frankfurt/O. der Antifaschistischen Widerstandskämpfer der DDR u. a. (Hg.) Antifaschistischer Widerstandskampf in der Provinz Brandenburg 1933–1939. Ausgewählte Dokumente und Materialien zum antifaschistischen Widerstandskampf unter Führung der kommunistischen Partei Deutschlands in der Provinz Brandenburg 1933–1939 (Teil I und II), Potsdam 1978.

5 Bezirksleitung Potsdam der SED, Kommission zur Erforschung der Geschichte der örtlichen Arbeiterbewegung. Bezirkskomitee Potsdam der Antifaschistischen Widerstandskämpfer (Hg.), Helle Sterne in dunkler Nacht. Studien über den antifaschistischen Widerstandskampf im Regierungsbezirk Potsdam 1933–1945, Potsdam 1988.

Häftlingskolonne im Konzentrationslager Sonnenburg, 1933

Gesamtdarstellung aber auch zu diesem Regierungsbezirk nicht vorgelegt. Positiv fällt aber diesbezüglich auf, dass Werner Bethge in seinem Beitrag »Übergang zum illegalen Kampf im Regierungsbezirk Potsdam«[6] grundsätzliche Bemerkungen zur Provinz Brandenburg bzw. zum organisatorischen und politischen Wirken der KPD dort macht. In diesem Zusammenhang weist er darauf hin, dass die 37 200 Mitglieder der kommunistischen Bezirksorganisation Berlin-Brandenburg-Grenzmark mit 30 700 ganz überwiegend in der Hauptstadt beheimatet waren und von den über 6500 in der Provinz organisierten Parteianhängern »der größte Teil« in den Unterbezirken des Regierungsbezirks Potsdam erfasst war. Diese Unterbezirke hießen bis 1931 Brandenburg (Stadt), Wittenberge, Prenzlau, Finow und Luckenwalde. Nach einer organisatorischen Umstellung wurden – wie Bethge vorsichtig formuliert – »nach bisherigem Kenntnisstand« daraus 18 Unterbezirke.[7] In Berlin lebten 1925 gut vier Millionen Menschen, im Brandenburgischen – wo der Schwerpunkt des wirtschaftlichen Lebens auf dem Lande lag – etwas über 2½ Millionen.

Obwohl Werner Bethge sozialdemokratische NS-Gegnerschaft immerhin erwähnt, bleibt seine Widerstandsdarstellung quantitativ und qualitativ am »konsequenten« und einzig »entschlossenen« Kampf der KPD orientiert.

Bethges oben zitierte Einschränkung den Forschungsstand zur KPD betreffend, korrespondiert mit einer internen Aussage in Kreisen der Verfolgtenorganisation

6 Ebd. , Helle Sterne, S. 35–79.

7 Belzig, Bernau, Brandenburg, Eberswalde, Bad Freienwalde, Jüterbog-Luckenwalde, Königs Wusterhausen, Nauen, Oranienburg, Prenzlau, Rathenow, Strausberg, Teltow, Templin, Treuenbrietzen, Wittenberge, Zossen, vgl. Bezirksleitung Potsdam (Hg.), Helle Sterne, S. 61.

bzw. der mit ihr staatlicherseits zusammenarbeitenden Stelle VdN (Verfolgte des Naziregimes) aus dem Jahre 1968, derzufolge die Erforschung des Widerstandes im Land Brandenburg noch in den Anfängen stecke.[8]

Wenn der Fokus der Forschung dem Selbstverständnis der SED gemäß auch fast ausschließlich auf dem Wirken der KPD lag, blieb für die Aufarbeitung aber trotzdem die grundsätzliche Herausforderung bestehen, den historischen Gegenstand Provinz Brandenburg in seinen alten Grenzen, der die Neumark – also Gebiete östlich der Oder – mit umfasste, begreifen und darstellen zu müssen. Und dieses Eisen war vielleicht doch zu heiß, wollte man auch nur den Hauch »revanchistischer Ansprüche« unbedingt vermeiden.

Unabhängig davon ergab sich für Forscher das Problem, was die Quellen zum Widerstand – sofern sich Justizverfahren daraus ergaben – über die Güte und den Umfang der illegalen Arbeit der Kommunisten aussagten: Vorab – die vorliegende Publikation geht weiter unten näher darauf ein (S. 356ff.) – sei diesbezüglich an den höchst problematischen »Bad Freienwalder Sprengstoffprozess« erinnert, oder die verhängnisvolle Rolle eines früheren KPD-Spitzenfunktionärs erwähnt, der 1933 zum politischen Gegner überlief und mit seinen Denunziationen zu Massenprozessen in der Stadt Brandenburg beitrug.

Bei aller berechtigten Kritik an den Defiziten der SED/DDR-Geschichtsschreibung wäre es sehr durchsichtig, dies heute immer noch als schlüssige Erklärung für eine schmerzlich klaffende Forschungslücke heranzuziehen. Es sind seit dem Zusammenbruch des kommunistischen Herrschaftssystems und der Öffnung bisher verschlossener Sammlungen und Archive nun bald drei Jahrzehnte ins Land gegangen, ohne dass sich grundsätzlich am Zustand der fehlenden Aufarbeitung des Widerstandes aus der Arbeiterbewegung etwas geändert hat. Offensichtlich standen – neben einem thematischen Übersättigungsgefühl aufgrund jahrzehntelanger propagandistischer Herausstellung des »Antifaschismus« durch die SED – der Aufbau der »neuen Bundesländer« und die Aufarbeitung vorausgegangenen Unrechts seit 1990 eindeutig im Vordergrund.

Trotz dieser Einschränkungen darf nicht übersehen werden, dass die historische Forschung zur Geschichte der Provinz Brandenburg – also der ersten Hälfte des 20. Jahrhunderts – inzwischen auch sehr große Fortschritte zu verzeichnen hat. Im Standardwerk von Wolfgang Ribbe und Ingo Materna »Brandenburgische Geschichte« widmen sich zwei wichtige Kapitel einmal der Zeit der Weimarer Republik (Autor: Ingo Materna) und dann auch der Zeit des Nationalsozialismus (Autor: Laurenz Demps).[9]

Darüber hinaus erschien auf Initiative der Brandenburgischen Landeszentrale für politische Bildung der Sammelband »Brandenburg in der NS-Zeit.« Darin wird das genannte historische Thema sehr breit aufgefächert.[10]

---

8 Brandenburgisches Landeshauptarchiv (im Folgenden BLHA), Rep. 401/VdN 2905 (Schedlbauer).

9 Ingo Materna/Wolfgang Ribbe (Hg.), Brandenburgische Geschichte, Berlin 1995; siehe darin Ingo Materna, Brandenburg als preußische Provinz in der Weimarer Republik, a .a. O., S. 561–618, und Laurenz Demps, Die Provinz Brandenburg in der NS-Zeit (1933 bis 1945), a. a. O., S. 619–676. (Siehe zum Widerstand aus der Arbeiterbewegung bsd. die Seiten 625–627).

Mehrere Beiträge widmen sich aber auch dem Widerstand, wobei dessen Vielfalt zum Ausdruck gebracht werden soll: Werner Bethge – ausgewiesen durch ähnliche Forschungsschwerpunkte in der DDR (S. 13) – beschreibt den »Widerstand von links. Antifaschismus und Widerstand von Kommunisten und Sozialdemokraten 1933/34«, Susanne Willems nimmt sich am Beispiel von Lothar Kreyssig und seines Protests gegen die »Euthanasieverbrechen« des Widerstands aus dem Glauben an, Ines Reich und Kurt Finker schließlich wählen das Thema »Potsdam und der 20. Juli. Offiziere und Beamte im Widerstand gegen den Nationalsozialismus«. Hervorzuheben ist auch der Beitrag von Sibylle Heinz, die im Spiegel von ausgewählten Gestapodokumenten »Arbeiterleben 1934–1936« porträtiert. Auf das Arbeiterleben – in diesem Fall der Jahre 1943/44 – geht auch Dietrich Eichholtz im Zusammenhang mit der Rüstungswirtschaft ein.

Insgesamt kommt die Berücksichtigung des Widerstandes, sei es aus der Arbeiterschaft, sei es aus den Religionsgemeinschaften – um die beiden größten Strömungen zu nennen – aber doch zu kurz, wenn man berücksichtigt, dass eine biographisch-alphabetische Auflistung aus den frühen 1980er Jahren der DDR (s. o.) über 1000 Regimegegner auflistet.

Erfreulicherweise sind allerdings nach 1990 auch mehrere andere Studien und Monographien entstanden, die dabei helfen, weitere Forschungslücken zu schließen. Was die Evangelische Kirche bzw. die (innerkirchlich oppositionelle) Bekennende Kirche betrifft, hat sich der ehemalige Generalsuperintendent Erich Schuppan durch mehrere Darstellungen und Initiativen sehr verdient gemacht.[11]

Thematisch anders ausgerichtet und zudem primär regionalgeschichtlich orientiert, kam es in jüngster Zeit zu interessanten lokalen Forschungsergebnissen im Umfeld der Sozialdemokratischen Partei, so zu den Städten Strausberg und Brandenburg.[12]

Zudem sollte anerkannt werden, dass Autoren, die der Linkspartei zugerechnet werden können, sich in wieder anderen lokalen Publikationen (S. 58) deutlich vom monothematischen Ansatz der SED absetzen und die Arbeiterbewegung in ihrer Breite und Vielfalt beschreiben. Darüber hinaus macht beispielsweise Dieter Seeger[13] für die Stadt Rathenow auch auf die Verfolgung ausgewiesener Antifaschisten wie Paul Szillat (SPD) und Otto Weber (KPD) durch das SED-Regime aufmerksam.

---

10 Dietrich Eichholtz unter Mitarbeit von Almuth Püschel (Hg.), Brandenburg in der NS-Zeit. Studien und Dokumente, Berlin 1993.

11 Erich Schuppan (Hg.), Wider jede Verfälschung des Evangeliums. Gemeinden in Berlin-Brandenburg 1933–1945. Zur Geschichte des Kirchenkampfes, Berlin 1998; ders. (Hg.), Bekenntnis in Not. Die Evangelische Kirche Berlin-Brandenburg im Konflikt mit dem totalen Staat (1933–1945), Berlin 2000.

12 Horst Klein, Geschichte des SPD-Ortsvereins Strausberg 1887–2007. Eine chronologische und biografische Skizze (Strausberger Studien zur Geschichte), Strausberg 2007; Wolfgang Kusior und Thomas Reichel im Auftrag der Friedrich Ebert Stiftung (Hg.), Erinnerungen an eine Rote Hochburg. Zur Geschichte der Sozialdemokratie in Brandenburg an der Havel, Potsdam 2012.

13 Dieter Seeger, Rathenower Topographie des Terrors und des Widerstandes 1933–1945, Rathenow 2010.

Aufgabenstellung

Die Gesamtdarstellung zum Widerstand aus der Arbeiterbewegung in der früheren Provinz Brandenburg bleibt trotzdem als große Herausforderung weiter bestehen und muss mehr sein, als die Addition lokaler Studien.

Und sie darf sich auch nicht der historischen Tatsache verschließen, dass Brandenburg als Teil des Landes Preußen damals weit über die Oder, die heute ein Grenzfluss ist, hinausging, die sogenannte Neumark (Kreise West- und Oststernberg) umschloss und an die »Grenzmark« Posen und Westpreußen bzw. den 1918 wieder erstandenen polnischen Nationalstaat heranreichte. Wodurch es auch dort Frauen und Männer gab, die wider die NS-Diktatur stritten, Gesundheit und Leben riskierten, um die totalitäre Herrschaft abzuschütteln. Dies gilt nicht zuletzt für die Anhänger der Republikschutztruppe Reichsbanner Schwarz Rot Gold, denen das erste Kapitel dieser Veröffentlichung gewidmet ist. (S. 27–103)

Es war rückblickend ein Kuriosum, dass die SED-Historiographie selbst bei Darstellungen zum kommunistischen Untergrundkampf jene Kräfte und Organisationen schamhaft unter den Tisch fallen ließ, die wie die Gruppe um Ernst Wittlief (S. 417ff.) – mit dem politischen Schwerpunkt im neumärkischen Ziebingen – zwischen 1933 und 1936 die Last des gesamten illegalen KPD-Apparates des illegalen Unterbezirks Frankfurt/Oder trugen.

Es hat daher keineswegs mit einer Infragestellung der heutigen völkerrechtlich anerkannten Grenzen zu tun, wenn in der vorliegenden Studie exemplarisch auch jener Menschen gedacht wird, die jenseits der Oder als Teil des deutschen Widerstandes oder – wenn wir das Wirken der Republikschutztruppe Reichsbanner miteinbeziehen – als Teil der deutschen Freiheits- und Demokratiebewegung agierten.

Bei dem Vorhaben, sich der historischen Aufarbeitung des Widerstandes aus der Arbeiterbewegung in der Provinz Brandenburg zwischen 1933–45 zu widmen, kam dem Verfasser zugute, dass er sich von 2002 bis 2007 des gleichen Themas in Bezug auf Berlin angenommen hatte. Es fiel ihm damals bereits auf, dass in den frühen 1930er Jahren des NS-Regimes eine intensive Zusammenarbeit zwischen illegalen KPD-Organisationen in der Reichshauptstadt und denen anliegender Kreise und Gebiete bestand.[14].

Dies galt dann auch wieder für die Kriegsjahre 1939–45, als kommunistische Widerstandsgruppen um Robert Uhrig (1941/42), Erich Prenzlau (1942/43) und zuletzt Franz Jacob und Anton Saefkow (1943/44) Mitkämpfer und Stützpunkte im Brandenburgischen – zumeist in Industriezentren – fanden und ausbauten.

Letztgenannte Führungskader erhoben sogar den Anspruch, an die Tradition der bis 1933 einheitlich agierenden Bezirksleitung Berlin-Brandenburg-Grenzmark

14 Vgl. H.-R. Sandvoß, Die »andere« Reichshauptstadt. Widerstand aus der Arbeiterbewegung in Berlin zwischen 1933 und 1945, Berlin 2007, S. 434ff.; zuvor derselbe, Widerstand in Wedding und Gesundbrunnen, Berlin 2003, S. 136f.

anzuknüpfen. Robert Uhrig bemühte sich um einen ähnlichen Aktionsradius, nur der sehr eigenständige Kreis um Erich Prenzlau (»Kampfbund«) stützte sich regional begrenzt neben Berlin auf Gefolgsleute im Kreis Königs Wusterhausen, Wildau und Niederlehme sowie mehrere Sympathisanten in Ludwigsfelde.

Es war vor diesem Hintergrund durchaus interessant herauszufinden, ob über die o.g. Verknüpfungen noch weitere bestanden, ob und wie lange es nach dem 30. Januar 1933 wirklich eine gemeinsame kommunistische Bezirksleitung gab, wie es KPD-Untergrundschriften suggerierten (S. 346).

Das Bemühen des Verfassers, den jahrzehntelangen Forschungsschwerpunkt Berlin über das nahe Umland hinaus auf die gesamte Provinz Brandenburg auszudehnen, bedeutete keine schlichte geographisch-politische »Erweiterung«, sondern nahm ganz zwangsläufig eine andere Dimension und eigenständige Qualität an. Dies betraf nicht allein die – bereits begründete – räumliche Ausdehnung weit über die Oder hinaus, sondern vor allem die Tatsache des überwiegend ländlichen und kleinstädtischen Charakters Brandenburgs – so sehr das Land regional auch von industriellen Kerngebieten und versprengten kleinen Fabriken (Ziegeleien u. ä.) geprägt war. Die Anonymität und partielle Undurchsichtigkeit der Viermillionen-Metropole bot illegalen Gruppen und »untergetauchten« Einzelpersonen nämlich ein ganz anderes, oft sichereres Aktions- und Rückzugsgebiet, als die überschaubareren Kleinstädte, Dörfer und Landkreise Brandenburgs, wo Kontrolle und Überwachung sehr viel lückenloser funktionierten (S. 488, 567).

Brandenburg als Kerngebiet Preußens, des größten Landes innerhalb des Deutschen Reiches, umschloss sehr unterschiedlich geprägte Gebiete: Von der eher ländlichen Prignitz über wichtige industrielle Zentren um die Städte Brandenburg, Oranienburg, Rathenow, Velten und Hennigsdorf, Königs Wusterhausen (mit Wildau und Niederlehme) sowie – nicht zu vergessen – das große Industrie- und Gewerbegebiet in der Lausitz, erstreckte sich Brandenburg jenseits der Oder in die stark ländlich geprägte Neumark. Dieser schlossen sich jene noch weiter östlich gelegenen Landstriche an, die an Sachsen und Schlesien im Süden sowie an Pommern und Westpreußen im Norden grenzten. In dieser überwiegend von Bauern und der Landarbeiterschaft bewohnten Gegend bzw. Sozialstruktur hatten es die eher großstädtischen und von der Facharbeiterschaft sowie Handwerkern gestützten Sozialdemokraten und Reichsbanner-Formationen recht schwer, sich zu behaupten.

So sehr es beim Forschungsinteresse des Verfassers im Vordergrund stand, die bereits beklagte »historische Lücke« bei der Gesamtbetrachtung des Widerstands aus der Arbeiterbewegung zu schließen und im Gegensatz zur SED-Historiographie die Breite und Vielfalt des Themas herauszuarbeiten, so sehr schwang andererseits auch das historische Interesse mit, herauszufinden, ob und welche politischen Strukturen sich abweichend von Berlin im Brandenburgischen möglicherweise offenbarte: Wo im Land und wann traten Widerstandsgruppen hervor, was zeichnete sie inhaltlich aus und wodurch gelang der Gestapo ihre Zerschlagung? Reagierten die NS-Verfolger auf die Herausforderungen durch illegale Gruppen der Arbeiterschaft im Brandenburgischen vielleicht sogar anders als in der Hauptstadt?

Regierungsgebäude Frankfurt/Oder, Scharrnstraße 59, 1935–45 Sitz der Gestapo-Leitstelle für den Regierungsbezirk Frankfurt/Oder, Aufnahme Anfang der 1930er Jahre

Aus der Geschichte des sogenannten Kirchenkampfes – und hier denkt der Verfasser vor allem an das Wirken der Bekennenden Kirche – liegen bereits Erkenntnisse vor, dass der Nationalsozialismus in der Provinz Brandenburg schneller und härter zugriff als in Berlin.[15] Lagen in Bezug auf den Umgang mit Untergrundkreisen von Arbeitern möglicherweise ähnliche Prinzipien vor?

In der methodischen Vorgehensweise hielt es der Autor für angebracht, an der im Berlin-Band (»Die ›andere‹ Reichshauptstadt«) bewährten Trias festzuhalten, zwischen Sozialdemokraten, unabhängigen Linkssozialisten und KPD-Anhängern zu unterscheiden. Dies geschieht jedoch eingedenk der Tatsache, dass es zwischen den genannten Strömungen Überschneidungen und Gemeinsames gab und dass auch viele Unorganisierte zu den Facetten des Widerstandes gehörten.

Nur eine wichtige Erweiterung des eben genannten Spektrums wird für die vorliegende Publikation vorgenommen, und sie umschließt auch eine zeitliche Ausdehnung des Themas auf die letzten Jahre der Weimarer Republik: Es geht um den Kampf des Reichsbanners Schwarz-Rot-Gold, jener überparteilich gebildeten – aber in Berlin-Brandenburg ganz überwiegend von der Facharbeiterschaft und einfachen Lohnabhängigen sozialdemokratischer Herkunft getragenen – Republikschutztruppe.

---

15 Vgl. H.-R. Sandvoß, »Es wird gebeten, die Gottesdienste zu überwachen…«. Anpassung, Verweigerung und Widerstand aus den Reihen der Religionsgemeinschaften in Berlin 1933 bis 1945, Berlin 2014, S. 169.

Ihre Bedeutung durch Ausstellungen, Publikationen und Veranstaltungen ins Bewusstsein historisch-politisch interessierter Menschen zu bringen, ist das jüngste Anliegen der Gedenkstätte Deutscher Widerstand, die dabei in enger Kooperation mit dem Traditionsverband dieser Organisation wirkt.

Im Zuge dieser Zusammenarbeit konnte der Verfasser wichtige, ihm bisher unbekannte historische Quellen auswerten, darunter die Verbandszeitung »Das Reichsbanner« bzw. die dortige Gaubeilage für Berlin-Brandenburg-Grenzmark.

Dieses zeitgenössische Informationsblatt gibt nicht nur detaillierte Hinweise auf die Verbandsstrukturen – einschließlich der namentlichen Nennung verantwortlicher Funktionäre vor Ort –, sondern gewährt einen faszinierenden, manchmal erschreckenden, Einblick in den harten politischen Alltag von Menschen, die in ihrer kargen Freizeit ehrenamtlich bemüht waren, Symbole, Werte und Ideen der ersten deutschen Republik (1919–33) in Regionen und ländliche Gebiete zu tragen, die überwiegend in Distanz zur Demokratie standen.

Weimar sei eine »Republik ohne Republikaner« gewesen, heißt es gelegentlich noch heute. Diese Ansicht zu widerlegen und an jene Menschen zu erinnern, die viele Jahre vor 1933 gegen die Aushöhlung des Verfassungsstaates und für die Geltungmachung der universellen Freiheits- und Menschrechte kämpften, ist ein wichtiges Anliegen dieser Veröffentlichung.

Und es lässt uns tief in die Verfassungswirklichkeit am Ende der Weimarer Republik blicken, dass bereits zur Zeit des rechtskonservativen Reichskanzlers von Papen – und zwar seit der rechtswidrigen Absetzung der kommissarischen Preußischen Landesregierung Braun-Severing (SPD) am 20. Juli 1932 – das Reichsbanner von der Politischen Polizei überwacht wurde!

Zu den Quellen

Mit den Hinweisen zur lokalen historischen Aufarbeitung des Reichsbanners Schwarz-Rot-Gold sind wir zu einem wichtigen methodischen Punkt dieser Veröffentlichung gekommen: Worauf fußen ihre Aussagen?

Die vorliegende Arbeit stützt sich bei der Rekonstruktion der Widerstandsereignisse zum einen auf die – im Bundes- und in Landesarchiven zugänglichen – Quellen der NS-Verfolger: Dokumente der Geheimen Staatspolizei sowie die Prozessunterlagen verschiedener Justizbehörden wie des Volksgerichtshofs, des Kammergerichts Berlin, lokaler Gerichte und der Sondergerichte bei dem Landgericht Berlin. Ganz zwangsläufig dominiert hier die parteiische Sicht und Bewertung der Nationalsozialisten und ihrer Zuarbeiter. Vielen »Geständnissen« angeklagter Widerstandskämpfer gingen bedrückende »Verhöre« und Voruntersuchungen voraus. Dies machen wir an mehreren Stellen des Textes deutlich (S. 368, 391ff.), wobei es zweitrangig ist, welcher politischen Herkunft der gepeinigte Arbeiter war.

Um diesen ideologisch kontaminierten Quellen ein korrigierendes Gewicht entgegen zu setzen, zieht der Verfasser die Aussagen der jeweils betroffenen Gegner bzw. Opfer heran – soweit er ihrer habhaft werden konnte. Doch im Gegensatz zum vorausgegangenen Berlin-Projekt, das Ende der 1970er Jahre in Ansätzen begann und u. a. zur Befragung von über 500 Frauen und Männern führte, war diese Quellenerschließung in Bezug auf Brandenburg wegen des zu langen historischen Abstands leider nicht mehr möglich. Ausgenommen sind davon Aussagen von Berlinern, die früher auch in der Provinz agierten (S. 45f., 271f.) und Recherchen im Umfeld sozialdemokratischer Regimegegner aus Novawes/Babelsberg aus den Jahren 2007–10 (S. 234ff).

Dass die herrschende SED den Widerstand aus den Reihen der KPD – so er ihr programmatisch und agitatorisch zusagte – auch mittels Befragungen und Aufzeichnungen von »Veteranen« festhielt bzw. archivarisch aufbewahrte, dürfte allgemein bekannt sein, gehörte doch gerade dieser historische Bezug zum Selbstverständnis der »revolutionären Partei der Arbeiterklasse«.[16]

Doch eine vergleichbare Traditionspflege was sozialdemokratische, freigewerkschaftliche und linkssozialistische Gruppen betraf, gab es in der DDR nicht – sie war sogar ideologisch verpönt, ganz besonders in den frühen 1950er Jahren (S. 286ff.). Zwar trat diesbezüglich in den späten 1970er und den 1980er Jahren eine gewisse Lockerung ein – so tauchte wenigstens der Name bzw. das Kürzel der (linkssozialistischen) SAP auf – , was aber nie dazu führte, die Verdienste und die autonome Programmatik anderer Strömungen der Arbeiterbewegung zu würdigen. In Bezug auf das »bürgerliche Lager« – man denke an DDR-Veröffentlichungen zum Kreisauer Kreis oder zu Graf von Stauffenberg[17] – war man von Seiten der SED-Gewaltigen dagegen großzügiger. Wohinter wohl in den (späten) 1970er und 1980er Jahren überwiegend außenpolitische Gründe steckten, denn man warb damals um christliche Friedensgruppen als Bündnispartner gegen westliche Rüstungspläne.

Unabhängig von dieser gezielten Vernachlässigung konkurrierender Strömungen der Arbeiterbewegung gab es allerdings die schriftlichen Aussagen von NS-Gegnern und Widerstandskämpfern in den Akten der VdN-Stellen (Verfolgte des Naziregimes). Aber der ideologische Druck gerade in der frühen, stark stalinistisch geprägten DDR, führte dazu, dass die außerhalb der KPD-Tradition agiert habenden Sozialisten ihr »Lager« eher schamhaft klein hielten und betonten, wie gut ihr Kampf immer dann verlief, wenn er eng an der Seite »kommunistischer Genossen« gestaltet wurde. Beispielsweise wurden noch in den 1980er Jahren ideologische Pirouetten gedreht, um eine Widerstandskämpferin der SAP zu würdigen, ohne zu sagen, was sie tatsächlich in der illegalen Arbeit getan hatte (S. 298ff.).

Sozialdemokratische Überlieferungen waren nach vierzig Jahren kommunistischer Herrschaft fast restlos verschwunden. Die DDR bzw. SED hatte kein Interesse daran

---

16 Vgl. die im Anhang genannten Sammlungen im SAPMO-Bestand des Bundesarchivs Berlin-Lichterfelde (im Folgenden BArch) sowie die im Text genannten Bezüge auf die SED-Bezirksparteiarchive der Bezirke Cottbus, Frankfurt/Oder und Potsdam, die sich heute im Bestand des Brandenburgischen Landeshauptarchivs befinden (S.585).

17 Kurt Finker, Graf Moltke und der Kreisauer Kreis, Berlin (DDR) 1978; derselbe Autor veröffentlichte die Studie »Stauffenberg und der 20. Juli 1944«, Berlin (DDR) 1967.

gezeigt, derartige Quellen systematisch zu sammeln und in einem gesonderten Bestand zu archivieren.

Als sich die Sozialdemokratie 1989 als SDP erneut gründete, waren deren Sprecher und Protagonisten ganz überwiegend Vertreter jüngerer Generationen und anderer Herkünfte – so aus der kirchlichen Arbeit.

Die alten sozialdemokratischen Milieus waren zerstört, wie Heiko Tammena am Beispiel der ehemaligen SPD-Hochburg Luckenwalde überzeugend schildert.[18] Man darf wohl davon ausgehen, dass die heutigen brandenburgischen SPD-Mitglieder nur zu einem geringen Teil wissen, welche reiche Tradition im Lande vergessen worden ist. Die Ursachen dafür waren – neben der systematischen Eliminierung des »Sozialdemokratismus« durch die SED – vielfältig: Fluchtbewegungen in den Westen (einschließlich West-Berlins), Anpassungstendenzen und der Verlust zentraler Meinungsführer durch den Tod, die Verschleppung in die UdSSR, Vertreibungen oder – man denke an Forster Spitzenfunktionäre – der Schulterschluss mit den Kommunisten. (Ein Traum, der schon in den frühen 1950er Jahren zerplatzt).

Aus den geschilderten Gründen standen der Rekonstruktion des nichtkommunistischen – oder besser gesagt: des nicht linientreuen – Arbeiterwiderstandes im Brandenburgischen also große Schwierigkeiten entgegen, nicht zuletzt, was die biographische Ebene betrifft.

Umso glücklicher fügte es sich, dass der Gewerkschaftshistoriker Siegfried Mielke und sein enger Mitarbeiter Stefan Heinz (unterstützt von einem Stab angehender Wissenschaftler) seit vielen Jahren eine mehrbändige Dokumentation zusammenstellen, die die Verfolgung und den Widerstand von Gewerkschaften anhand von biographischen Porträts aufarbeiten – und zwar unabhängig von deren parteipolitischer Herkunft.[19]

Neben dieser unverzichtbaren Quellensammlung kam dem Verfasser der wichtige Hinweis des früheren Mitarbeiters des Brandenburgischen Landeshauptarchivs (BLHA) Lothar Person zugute, im dortigen Archivbestand 333 die Aufnahmeanträge für die Mitgliedschaft in der Vereinigung der Verfolgten des Naziregimes (VVN) aus der Nachkriegszeit (1948–51) zu beachten.

Und tatsächlich tat sich hier ein unvergleichlicher Schatz historischer Überlieferungen auf: Denn im Unterschied zu den NS-Verfolgtenakten im Behördenbestand VdN (Verfolgte des Naziregimes), wo zwecks staatlicher »Entschädigung« eine Mindesthaftzeit belegt werden musste, ging es im o. g. Bereich VVN überwiegend um ein – durch Zeugen belegtes – antinazistisches Verhalten zwischen 1933 und 1945. Und bei diesem Personenkreis fanden sich nun auch viele Sozialdemokraten, Reichsbannermänner und parteilose Gewerkschafter ein.

---

18 Heiko Tammena, »Unser schönes rotes Luckenwalde«. Lager, Milieu und Solidargemeinschaft der sozialistischen Arbeiterbewegung zwischen Ausgrenzung und Verstaatlichung, Münster u. a. 2000.

19 Siegfried Mielke (Hg.), Gewerkschafter in den Konzentrationslagern Oranienburg und Sachsenhausen. Biographisches Handbuch, Berlin 2003 ff.; ders./Stefan Heinz (Hg.) unter Mitarbeit von Marion Goers, Funktionäre des Deutschen Metallarbeiterverbandes im NS-Staat. Widerstand und Verfolgung, Berlin 2012, dies., Eisenbahngewerkschafter im NS-Staat. Verfolgung-Widerstand-Emigration (1933–1945), Berlin 2017.

Um die Dimensionen dieses Bestandes ansatzweise zu verdeutlichen, sei darauf hingewiesen, dass für die drei früheren Regierungsbezirke Cottbus, Frankfurt/Oder und Potsdam über 5000 namentliche Anträge vorliegen. Die Akten des Bezirks Potsdam sind archivarisch mit dem Bestand »Landesleitung der SED« zusammengefasst und stellen das größte Konvolut an Akteneinheiten dar. Der Verfasser wertete für die vorliegende Veröffentlichung komplett die Bestände der früheren Regierungsbezirke Cottbus und Frankfurt/Oder mit jeweils über 1500 Personenanträgen aus, den dritten Bestand dagegen nur gezielt, denn er enthält – aufgrund der Zusammenlegung des Bestandes des Potsdamer Regierungsbezirks mit dem der SED-Landesleitung – sehr viele Doppelungen mit den Cottbuser und Frankfurter (Oder) Beständen.[20]

Ohne auf diesbezügliche detaillierte Statistiken zurückgreifen zu können, muss der Verfasser aber gerechterweise zur Erläuterung der über 5000 Namen darauf hinweisen, dass in den jeweiligen Beständen – die nach dem Alphabet angelegt sind – nicht ausschließlich die Schicksale von Widerstandskämpferinnen und Widerstandskämpfern dokumentiert sind, und dass es sich dabei auch nicht allein um Menschen und Schicksale aus dem Brandenburgischen handelt: Nach einem groben Überblick des Verfassers stammen rund 20 % der Anträge von »Rasseverfolgten« bzw. deren (unterschiedlich) mitleidenden Familienmitgliedern. Etwa 30 % der Anträge beziehen sich auf politische Verfolgungsfälle, die sich außerhalb der ehemaligen Provinz Brandenburg ereigneten. Sehr gering ist dabei der Anteil von Menschen aus dem Westen Deutschlands, sehr hoch der Anteil derjenigen aus den ehemaligen Ostgebieten (Pommern, Schlesien, West- und Ostpreußen) und dem Sudetengebiet.

Bei diesen Schicksalen dominieren wiederum eindeutig Schlesien und das Sudetengebiet. Während aus letzterem die Anträge fast ausschließlich von früheren deutschen Kommunisten aus den Reihen der KPČ stammen – da sich sudetendeutsche Sozialdemokraten offensichtlich nicht in der SBZ/DDR eine neue Heimat suchten –, sind die politischen Schicksale aus dem Schlesischen sehr gemischt. Hier fiel dem Verfasser nicht allein der hohe Anteil von Breslauern[21] auf, sondern auch die Tatsache, dass sich Sozialdemokraten/Reichsbanneranhänger mit den Kommunisten in etwa die Waage hielten. Von den anderen früheren Ostgebieten kamen ostpreußische Regimegegner wiederholt aus Königsberg und Tilsit, pommersche ganz überwiegend aus Stettin. Pommern ist überhaupt äußerst schwach durch Widerstandskräfte vertreten.

Wenn, wie oben ausgeführt, vom Verfasser etwas über 3000 Anträge ausgewertet wurden, handelte es sich höchsten bei 60 % – 65 % um Brandenburger Vorgänge und diese beinhalteten über 15 % vormals »Rasseverfolgte« und ihre Familien sowie Hinter-

20 Die Signaturen im BLHA lauten wie folgt: Rep. 333/Nr. 1015–1224 für die SED Landesleitung, Nr. 1225–1260 für den Regierungsbezirk Frankfurt/Oder und Nr. 1261–1306 für den Regierungsbezirk Cottbus. Jede Nummer umfasst durchschnittlich etwa 35 Akten.

21 Biographische Hinweise auf zahlreiche Vertreter republikanischer und sozialdemokratischer Ideen in Breslau gibt aus eigener Sicht Fritz Stern, Fünf Deutschland und ein Leben. Erinnerungen, München 2007, S. 73f., 104f., 114f.

bliebene ermordeter oder in Verfolgungsvorgänge involvierter Familienangehörige (Frauen, Kinder) inhaftierter »Politischer«.

Trotz dieser nötigen Einschränkung sei betont: Ohne diesen einzigartigen Quellenbestand wäre eine Rekonstruktion von sozialistischen, sozialdemokratischen, freigewerkschaftlichen und Reichsbanneraktivitäten nicht in dem Maße möglich gewesen, wie die vorliegende Veröffentlichung bemüht ist, zu zeigen.

Sehr viele wertvolle Anregungen und Sachhinweise verdankt der Verfasser zwei jüngeren Publikationen, die sich vor allem der NS-Gewaltherrschaft im Brandenburgischen annehmen:

Eindrucksvoll und quellenreich schildern die Herausgeber Günter Morsch und Agnes Ohm den Zivilisationsbruch zu Beginn der NS-Machtergreifung in ihrem facettenreichen Überblick und auch optisch ansprechenden Werk »Terror in der Provinz Brandenburg. Frühe Konzentrationslager 1933/34«.[22]

Ebenfalls überwiegend den Terror im Fokus habend, aber sich über die gesamte Verfolgungszeit erstreckend, ist der farbige und sehr handliche »historische Reiseführer« von Martin Kaule »Brandenburg 1933–1945«.[23] Er ist praktisch und nützlich für Exkursionen, regionalgeschichtlich aufgebaut und bietet als Ersteinstieg in die Thematik eine gute Grundlage. Trotz einzelner Namen von Widerstandskämpfern sowie Hinweisen auf Gedenkstätten und Widerstandsdenkmale kommt unter dem Aspekt einer Gesamtsicht für die Jahre 1933–45 das gegnerische Lager aber leider zu kurz.

Von hohem Wert bei der Aufarbeitung juristisch-prozessualer Zusammenhänge des Widerstandes aus der Arbeiterbewegung erwiesen sich die von Wolfgang Ribbe (Herausgeber) und seiner wissenschaftlichen Mitarbeiterin Sibylle Hinze kenntnisreich und weiterführend edierten Berichte der Geheimen Staatspolizei sowie des Regierungspräsidenten von Potsdam für die Jahre 1934–36.[24] In dieser 1998 erschienenen Dokumentation, der bedauerlicherweise bisher keine weiteren Darstellungen – etwa zum Regierungsbezirk Frankfurt/Oder – folgten, konnten aufgrund sorgfältiger Anmerkungen mehrere Hinweise auf Justizverfahren zum Widerstand gefunden werden. In einem eigenen kleinen Abschnitt der vorliegenden Veröffentlichung wird die genannte Quellenedition unter dem thematischen Bezug auf die Sozialistische Arbeiterpartei Deutschlands (SAPD) exemplarisch gewürdigt (S. 274ff.).

Dem Leser wird auffallen, dass in allen Kapiteln der Darstellung zum Widerstand im Brandenburgischen auf den schweren Opfergang der Verhafteten und Verschleppten eingegangen wird. Dies sollte nicht überraschen, denn selbst kom-

---

22 Günter Morsch. Agnes Ohm (Hg.) unter Mitarbeit von Iris Hax, Terror in der Provinz Brandenburg. Frühe Konzentrationslager 1933/34 (Schriftenreihe der Stiftung Brandenburgische Gedenkstätten, Bd. 46), Berlin 2014.

23 Martin Kaule, Brandenburg 1933–1945. Der historische Reiseführer, Berlin ^{2}2014.

24 Wolfgang Ribbe (Hg.), Die Lageberichte der Geheimen Staatspolizei über die Provinz Brandenburg und die Reichshauptstadt Berlin 1933 bis 1936. Teilbd. I. Der Regierungsbezirk Potsdam. Mit ergänzenden Materialien bearbeitet, eingeleitet und erläutert von Sibylle Hinze, Köln/Weimar/Wien 1998.

munalen Repräsentanten lokaler Behörden entging damals nicht, mit welcher Rasanz und Brutalität sich die Phase der »NS-Machtergreifung« in nur wenigen Monaten (Februar bis Juni 1933) vollzog: Bereits am 4. Februar 1933 berichtete der Bürgermeister von Teltow angesichts nazistischer Krawalle von »Furcht und Schrecken«[25] und der Landrat der Ostprignitz diagnostizierte in einem ähnlichen Zusammenhang »Wildwestzustände«.[26]

Niemand begreift den politischen Erdrutsch und die epidemisch um sich greifende Angst dieser zeitlich eigentlich kurzen Phase, wenn er sich diese Rahmenbedingungen nicht vergegenwärtigt. Erst vor diesem Hintergrund sind der ungewöhnliche Mut und die große Gesinnungstreue jener zu würdigen, die sich auch nach erlittener »Schutzhaft« der Anpassung verweigerten oder sogar aktiv opponierend widersetzten.

Um in die Stoffmenge regional unterschiedlich agierender und sich inhaltlich differenziert positionierender Gruppen eine verständliche Struktur hineinbekommen zu können, konzentrierte sich der Verfasser grundsätzlich auf größere NS-Justizverfahren. Es würde zu einer verwirrenden Vielfalt mit starken Wiederholungen des häufig Gleichen führen, wenn die Darstellung zusätzlich zu den Hauptverfahren (samt Nebenprozessen) auch noch jene zahlreichen Einzelverfahren dokumentierte, die sich vor allem in den Kriegsjahren unter der Anklage der »Wehrkraftzersetzung« oder der »Heimtücke« ereigneten. Da hiervon sehr viele frühere Mitglieder der großen Arbeiterparteien betroffen waren, nehmen einzelne Abschnitte der Kapitel über die Sozialdemokraten und die Anhänger der KPD dies aber wenigstens exemplarisch auf (S. 257ff., 559ff.).

Der Entscheidung zur Reduktion und Konzentration der Stoffmenge beim parteiübergreifenden Bericht über den Widerstand aus der Arbeiterbewegung fielen leider auch jene Aktionen zum Opfer, die man summarisch als »Häftlingswiderstand« bezeichnen kann und die ein ganz eigenes Thema darstellen. Zudem müsste in diesem Zusammenhang unbedingt zwischen herkömmlichen Haftanstalten und Konzentrationslagern unterschieden werden, wobei bei letzteren – neben Außenlagern – gerade auch die internationale Ebene miteinbezogen werden müsste. Um die gefährlichen Herausforderungen, aber auch die positiven Chancen des Widerstandes von Häftlingen zumindest einmal zu thematisieren, wird im Schlussabschnitt eines Kapitels (S. 568ff.) der Befreiung der Zuchthausinsassen Brandenburgs an der Havel gedacht.

Mancher Kritiker wird möglicherweise den Vorwurf erheben, dass es noch viel mehr an Widerstand aus der unterdrückten Arbeiterbewegung gab – zumal von Seiten der illegalen KPD –, als der Verfasser im Rahmen dieser Darstellung berichtet. Dem darf entgegnet werden, dass es uns in erster Linie um einen – seit Jahrzehnten – fehlenden Überblick über die verschiedenen Facetten des Widerstands aus der gesamten Arbeiterbewegung und auch um die Lesbarkeit für das allgemein interessierte Publikum

---

25 BLHA, Pr. Br. Rep. 2A I Pol Nr. 1081, Bl. 141.
26 Ebd., Nr. 1081, Bl. 170.

Potsdam, Lindenstraße 54. 1935–45 »Erbgesundheitsgericht«, Untersuchungsgefängnis für politische Häftlinge des Volksgerichtshofs. Nach Kriegsende wurde das Gebäude zunächst vom sowjetischen Geheimdienst NKWD und ab 1953 von der DDR-Staatssicherheit genutzt.

ging. Der Verfasser hegt nicht die Illusion, mit dieser Veröffentlichung sei ein für alle Mal das letzte Wort zu diesem ereignisreichen Thema gesprochen.

Autor, Herausgeber und Verlag hoffen aber, mit der vorliegenden Publikation zum Widerstand von Arbeitern und Anhängern der Arbeiterbewegung einen eigenständigen Beitrag zur Aufarbeitung der Geschichte Brandenburgs zwischen 1933 und 1945 zu leisten, denn es gab selbst in Potsdam nicht nur die Offiziere vom 20. Juli 1944.

Das Reichsbanner Schwarz-Rot-Gold und der verlorene Kampf um die Weimarer Republik

Ein überparteiliches Bündnis zum Schutz der Freiheitsrechte

Das Reichsbanner Schwarz-Rot-Gold war die größte und umfassendste republikanische Massenorganisation der Weimarer Republik.[1] Gegründet 1924 in Magdeburg – wo bis 1933 Bundessitz und Geschäftsstelle verblieben –, hatten sich Mitglieder der SPD, der Deutschen Demokratischen Partei und des katholischen Zentrums in einem Bündnis zum Schutz der demokratischen Verfassung und ihrer freiheitlichen Ideen zusammengefunden. Die Gründung war vor allem eine Antwort auf das Treiben rechtsradikaler und linksextremer Kreise, die durch Aufstände, heimliche militärische Aufrüstung, Bewaffnung und gewalttätige Übergriffe auf Andersdenkende bzw. demokratische Parteien und Verbände der freiheitlichen Ordnung das Ende bereiten wollten.

In den 1920er Jahren kam das Reichsbanner auf drei Millionen Anhänger, den übergroßen Teil (mindestens 80%) stellten die Sozialdemokraten. Es waren ganz überwiegend Facharbeiter und selbstständige Handwerker, die die kämpferische Basis dieser »Soldaten der Republik« ausmachten. Sie schützten Kundgebungen zum Verfassungstag sowie zum 9. November oder Feiern zum Gedenken an die Revolution von 1848, aber auch Wahlkampfveranstaltungen der demokratischen Parteien allein durch ihre (zurückhaltend uniformierte) körperliche Präsenz. Da das Tragen von Waffen verboten war – denn Republikaner billigten allein dem demokratisch legitimierten Staat das Gewaltmonopol zu –, schützten die in Mannschaften organisierten Reichsbannermänner die verfassungsmäßige Ordnung in erster Linie durch den Einsatz ihrer Gesundheit, ja ihres Lebens.

Der Gau Berlin-Brandenburg-Grenzmark

Deutschlandweit war das Reichsbanner in 32 sogenannte Gaue eingeteilt, sie reichten zusammen von Westfalen bis Ostpreußen/Königsberg und von Schleswig-Holstein/Kiel bis Oberbayern/München. Die Geheime Staatspolizei schreibt Ende Dezember 1934 über das Reichsbanner:

---

1 Karl Rohe, Das Reichsbanner Schwarz Rot Gold. Ein Beitrag zur Geschichte und Struktur der politischen Kampfverbände zur Zeit der Weimarer Republik, Düsseldorf 1966; »Für eine starke Republik! Reichsbanner Schwarz-Rot-Gold 1924–1933« (Katalog zur Ausstellung des Bundesverbandes Reichsbanner Schwarz-Rot-Gold, Bund aktiver Demokraten e.V. in Zusammenarbeit mit der Gedenkstätte Deutscher Widerstand, Berlin 2004).

Das ist der Wille Eurer Führer!

Parteigenossen! Gewerkschaftskollegen! Arbeitersportler!

Das Verbot des Filmes »Im Westen nichts Neues« als Folge des Treibens eines randalierenden Straßenpöbels muß allen Republikanern die Augen geöffnet haben.

Im Kampf für Republik und Demokratie gilt es, den letzten Mann zu mobilisieren.

Die deutsche Arbeitnehmerschaft darf nicht tatenlos zusehen, wie die gelben Kolonnen des Goebbels die friedlich gesinnte Bevölkerung terrorisieren. Für sie ist jetzt die Zeit zum Handeln gekommen. Denn das arbeiter- und volksfeindliche Verhalten der Hitlerianer im Reichstag hat allen Denkenden wirksamen Anschauungsunterricht erteilt. Sie sehen jetzt, daß die Nationalsozialisten, unfähig und verantwortungslos, jede ernste Arbeit im Interesse des Volkes zu verhindern suchen.

Die Nationalsozialisten wollen die Demokratie und die sozialen Errungenschaften der Revolution beseitigen und ihr »Drittes Reich« als eine Diktatur errichten. Durch scheinsozialistische Forderungen wollen sie die Arbeiter dafür einfangen.

Hitler mißbraucht die Proletarier!

Ihm sind die Arbeiter nichts als das Objekt von Spekulationen, die er im Verein mit gewissen Exprinzen und Generälen anstellt. Helfen sie ihm zur Macht, so sollen sie danach desto skrupelloser niedergeknüppelt werden.

Rüstet zur Abwehr!

An dem Tage, an dem die Faschisten zum Angriff übergehen, werden sie einer geschlossenen und einheitlich geführten republikanischen Macht gegenüberstehen. — Zu unfruchtbaren Diskussionen ist jetzt nicht die Zeit. Jetzt heißt die Losung für alle Verteidiger des demokratischen Volksstaates:

Hinein in das Reichsbanner Schwarz-Rot-Gold

Mögen die Faschisten drohen und rüsten! Der aufgezwungene Kampf wird uns nicht unvorbereitet finden! Einig und geschlossen treten wir auf. Wir werden alles tun, um die faschistische Gefahr zu beseitigen.

Die Front geschlossen! Es lebe der Kampf!

Bezirksverband Berlin SPD. Künstler. Litke. Sabath.
Bezirksverband SPD. Brandenburg-Grenzmark Stahl. Krüger.
Bezirksausschuß des ADGB. Brandenburg-Grenzmark. Vollmershaus.
Ortsausschuß des ADGB. Bredow.
Arbeitersport- und Kulturkartell der Provinz Brandenburg. Oehlschläger. Barthelmann.
Reichsbanner Schwarz-Rot-Gold, Gau Berlin-Brandenburg. Stelling. Fechner. Neidhardt.

An alle freigewerkschaftlich organisierten Angestellten in Berlin und in der Provinz Brandenburg!

Im Sinne des obigen Aufrufs fordern wir alle freigewerkschaftlich organisierten Kollegen auf, gemeinsam mit den freigewerkschaftlich organisierten Arbeitern sich dem Reichsbanner anzuschließen und sich dort zum Zwecke der Abwehr der faschistischen Gegner mit aller Energie zu betätigen.

Allgemeiner freier Angestelltenbund. Bezirkskartell Brandenburg.
Flatau, Bezirksleiter.

Folgt diesem Rufe!

Verantwortlich: Neidhardt-Berlin — Druck: Vorwärts Buchdruckerei, Berlin

Wenden!

Aufruf zum Reichsbanner-Beitritt, 1930

> Die immer stärker und aktiver werdenden Organisationen der Kommunisten und nicht zuletzt der Nationalsozialisten zwangen die S.P.D. ihrerseits eine Organisation zu schaffen, welche den Saal-Schutz bei Versammlungen und dergleichen zu übernehmen hatte. Man wollte eine republikanische Volkswehr schaffen. Die Gründung dieser Volkswehr, welche »Reichsbanner-Bund deutscher Kriegsteilnehmer und Republikaner e.V.« genannt wurde, fand am 22.2.24 statt. Der Sitz der Organisation wurde Magdeburg. In Berlin befand sich die Nebenstelle im »Europahaus« - das sogenannte Büro Gebhard. Die Organisation erstreckte sich über das ganze Reich und war in 31 [32] Gaue eingeteilt. [...] Die Gaue waren ihrerseits in Kreise eingeteilt und diese wiederum in Kameradschaften. [...] Der Bund hatte 1932 3,5 Millionen Mitglieder.[2]

Das heutige Bundesland Brandenburg gehörte damals zum sehr ausgedehnten Gau »Berlin-Brandenburg-Grenzmark«. Dieser reichte von der Prignitz östlich weit über die Oder hinaus, erstreckte er sich doch über die sogenannte Neumark – zwischen Pommern im Norden und Sachsen bzw. Schlesien im Süden – sowie die Grenzmark bis nach Westpreußen. Die gesamte Provinz Brandenburg war ein Teil des größten Landes im Deutschen Reich, nämlich Preußens.

Der Einsatz, den die Aktiven des Reichsbanners zum Schutz und Erhalt der verfassungsmäßigen Ordnung leisteten, war höchst gefahrvoll.

Bis zum Ende der ersten deutschen Demokratie fanden mindestens 64 Reichsbannermänner im Kampf für die Republik den Tod, darunter im Jahre 1927 aus der Provinz Brandenburg:[3] Karl Tietz und Richard Wollanck, die beide aus Erkner stammten und von Anhängern des militaristischen Stahlhelm niedergeschossen wurden. Betrachten wir diesen frühen Terror näher.

Blutspuren der Gewalt

Die Lektüre des Extrablatts des »Volksfreund« (Sozialdemokratische Tageszeitung für Frankfurt a. O., Fürstenwalde, Küstrin) vom 26. Juni 1927 wirft ein Schlaglicht auf die näheren Umstände der oben erwähnten Ereignisse. Dabei muss gleich mit einer traurigen Korrektur begonnen werden: Der im Artikel noch als Schwerverletzter eingeordnete Richard Wollanck erlag bald darauf seinen Verwundungen. Doch nun das Extrablatt:[4]

---

2 BArch, R 58 / 3333, Bl. 154f. Das im Text erwähnte »Europahaus« befand sich am Askanischen Platz, Stresemannstraße/Ecke Anhalter Straße.

3 BArch (Bibliothek), 77 C 189 (Bericht des Bundesvorstandes des Reichsbanners Schwarz-Rot-Gold, Bund deutscher Kriegsteilnehmer und Republikaner e.V., zur Bundes-Generalversammlung vom 16. bis 19. Februar 1933 in Berlin, S. 2). In diesem Zusammenhang sei darauf hingewiesen, dass auch in der Reichshauptstadt (dem anderen Teil des Gaus) mehrere Reichsbannermänner ihr Leben ließen, siehe aus der Berliner Schriftenreihe der GDW die Bände über »Kreuzberg« und »Prenzlauer Berg/Weißensee«.

4 GDW »Extrablatt« des »Volksfreund« Sonntag, den 26. Juni 1927 (2 Seiten).

Schwere Bluttat am Reichsbanner!

1 Toter, 1 Schwerverletzter, 9 Verletzte.

Reichsbannerkameraden, die von Erkner bei Berlin aus am Sonnabend-Spätnachmittag mit einem Lastauto zum 3. Gautreffen nach Frankfurt a. d. Oder fuhren, wurden beim Durchfahren des Dorfes Arensdorf das Opfer eines feigen Überfalles, der 1 Toten und 10 Verletzte forderte. Die Verwundeten wurden, als das Auto auf der Weiterfahrt eine Schutzpatrouille traf, von den Polizeibeamten mit Notverbänden versehen und dann im Krankenwagen und mit dem Lastauto in das Städtische Krankenhaus in Frankfurt a.d. Oder gebracht.

Dem Lastwagen der Reichsbannerkameraden aus Erkner, die auf dem Weg zum Gautreffen waren, folgte ein Reichsbannermann auf dem Fahrrad. Als der nun etwas zurückblieb, griff ihn ein politischer Gegner, der ebenfalls per Fahrrad unterwegs war, an und schlug mit dem Stock auf ihn ein. Daraufhin hielt der Lastwagen an, einige Kameraden eilten zu Hilfe, der Schläger machte sich nun davon und ließ dabei sein Rad im Stich. Kurz darauf eskalierte der Vorgang (und offenbart damit exemplarisch auch etwas von politischen Problemen auf dem Land):

Nunmehr kamen sonstige Leute aus dem Dorfe hervor, die überwiegend gegen das Reichsbanner Stellung nahmen. Darunter befand sich auch ein Mann mit einer doppelläufigen Jagdflinte. Er drohte mit dem Gewehr. Die Reichsbannerleute bestiegen nunmehr den Kraftwagen. In demselben Augenblick schoß dieser Mann viermal mit der Flinte. Als die Reichsbannerleute ihrem Kameraden zu Hilfe eilten, ergriff der fremde Radfahrer – wie schon gesagt – die Flucht. Hierbei ließ er sein Rad im Stich. Einige Reichsbannerleute nahmen das Rad an sich und wollten dieses als »Pfand« mitnehmen, um so die Feststellung des Besitzers durch die Polizei zu ermöglichen. Dies war für die zusammengelaufenen Leute das Signal, die Reichsbannerleute mit Steinen zu bewerfen. Die Reichsbannerleute reagierten darauf nicht, ließen aber das Fahrrad zurück. In dem Augenblick als die Reichsbannerleute den Kraftwagen bestiegen, schien der Zwischenfall erledigt. Da fielen die Schüsse.

Die Polizei verhaftete schließlich den 1899 geborenen »Besitzersohn August Schmelzer aus Arensdorf«.

Der erste Tote war Karl Tietz, 18 Jahre alt, Schlosser aus Erkner. Verwundet wurden:
Schlosserlehrling Karl Busch (17) – Schussverletzung an Knie und Hand,
Expedient Erich Lüdicke (30) – rechter Schulterschuss
Richard Wollanck – Schüsse in Oberarm und Unterschenkel [Er erlag den Verletzungen, d. Verf.]
AOK-Angestellter Hans Kuhl – [Verwundung nicht beschrieben]
Schuhmacher Kurt Liesack – Oberschenkelschuss
Fritz Lemmchen – Schnittwunde an der Hand
Pirsch – Oberschenkelschuss
Otto Kamm – Schnittwunde an der Hand
Balling – Schnittwunde am Kopf
sowie der als Einziger nicht aus Erkner sondern aus Fichtenau stammende
Fritz Böttcher – Schuss in den Oberkiefer und den Rücken.

Karl Tietz

Richard Wollanck

Bei der Beisetzung des ermordeten Karl Tietz Anfang Juli 1927, an der 10 000 Reichsbannermitglieder teilnahmen, sprach neben dem Regierungspräsidenten Bartels noch Landrat Breuer. Letzterer erwähnte dabei, dass die Mutter des Toten zu allem Kummer auch noch Schmähbriefe erhielt. Das Wort ergriffen für den Gauvorstand Senatspräsident Dr. Herrmann Großmann, für den Bundesvorstand Karl Höltermann sowie am Grabe der Religiöse Sozialist und Berliner Pfarrer Hans Francke.[5]

Ein weiteres Schlaglicht auf die schwierige und gefahrvolle Arbeit der Republikschutztruppe wirft ein Artikel im »Vorwärts« vom August 1931.[6] Unter dem Titel »Der Blutweg der Radikalen« werden mehrere Vorfälle aufgelistet. Zu Beginn des Überblicks heißt es:

> Die maßlose Hetze der nationalsozialistischen und kommunistischen Presse hat eine Atmosphäre geschaffen, die sich in einer Vielzahl von Überfällen, politischen Bluttaten und Morden entlädt. Seit Monaten vergeht kaum ein Tag, an dem der geheime Straßenkampf nicht Opfer gefordert hätte. Wie stets seit den Tagen seiner Gründung steht auch jetzt wieder das Reichsbanner im Kreuzfeuer der Radikalen von rechts und links. Die folgende Aufstellung zeigt den erschreckenden Umfang, den allein in den letzten Wochen die heimtückischen Überfälle auf Reichsbannerkameraden genommen haben.

5 Volksstimme. Tageszeitung der Sozialdemokratischen Partei im Regierungsbezirk Magdeburg vom 5. Juli 1927 (»Beisetzung in Erkner«).

6 »Vorwärts« vom 25. August 1931, S. 3 (»Nazisturm 33 trägt sich in das Buch der Geschichte ein. Der Blutweg der Radikalen. Die Opfer des Reichsbanner«).

Reichsbanner zu Küstrin, Mai 1931

Der »Vorwärts« vom 25. August 1931 listete folgende Vorfälle auf:

> In Lübben wurden am Abend des 27. Juli mehrere Jungbannerkameraden in der Hauptstraße von 25–30 mit Knüppeln und Dolchen bewaffneten Nazis überfallen. (Es gab mehrere Schwerverletzte.)
> In Finow (Mark) wurden zwei Reichsbannerangehörige von SA-Männern, die bereits im Lokal zu stören versucht hatten, überfallen. (Einem Kameraden wurde das Nasenbein zertrümmert.)
> In eine Siedlung von Lagow (Neumark, Krs. Oststernberg) drang am 9. August (Sonntag) ein Trupp von acht NS-Anhängern vor und riss Reichsbannerplakate ab. Als RB-Kameraden sich dies (verbal) verbaten, wurde einer der ihren daraufhin mit einem Gabelbesteck angegriffen und so schwer an Rückgrat und Unterleib verletzt, dass Blase und Beine gelähmt blieben.
> In Guben wurden Reichsbannermänner und Arbeiterjugendliche, die von einer Verfassungsfeier kamen, von Stahlhelm- und NS-Anhängern angepöbelt und geschlagen (auch Mädchen).
> In Senftenberg kam es zu Verletzten auf beiden Seiten, als SA-Mitglieder, bewaffnet mit Zaunlatten, sich auf Reichsbannerleute stürzten und diese sich zur Wehr setzten.
> In Pritzwalk wurden mehrere Reichsbannerkameraden, die nach einer Versammlung noch im Lokal Salzwedel geblieben waren, von NS-Parteigängern zunächst gemein beschimpft und schließlich mit Steinen und einem Hufeisen durchs Fenster beworfen. Als das Treiben noch bedrohlichere Formen annahm, holte man Polizei und Landjäger herbei, um einen sicheren Heimweg antreten zu können.

In Küstrin – der legendären Festungsstadt an der Oder (Neumark) und Stützpunkt militaristischer Kreise [»Schwarze Reichswehr«, d. Verf.] – nimmt der Terror der Nazis bedenkliche Formen an. Am Verfassungstag »11. August« wurde der von drei Polizeibeamten begleitete Festzug am Stern von 30 bis 40 mit Knüppeln bewaffneten Nazis angegriffen. Es kam zu einer wüsten Prügelei. Am Mittwoch darauf wurde ein Jungbannerkamerad an der Oderbrücke angefallen und am Donnerstag trieben sich die Nazis wieder truppweise in der Stadt herum. Am Moltkeplatz standen 80 Mann plötzlich zwei Polizeibeamten gegenüber. Die Beamten wurden als »Bluthunde«, »Mordbanditen« und »Rote Hunde« beschimpft und konnten sich die Bedränger nur mit der Pistole in der Hand vom Leibe halten.
In Lehnin kam es anlässlich eines Stahlhelmtreffens Mitte August zu einem Überfall mehrerer Stahlhelmer auf zwei auf der Straße stehende Reichsbannerleute, auf die eingeschlagen wurde. (Einer der Schläger war ein Lehrer aus Dahlem.)
In Luckenwalde schließlich überfielen 15–20 NS-ler eine Gruppe von Arbeitern und verletzten die Reichsbannermänner Rothbarth und Graf. Letzterer erhielt einen Messerstich in die Brust und kam schwer verletzt ins Krankenhaus.

Im Abschluss ihres Berichts beschreibt die Zeitung den gerade von Reichsbannermitgliedern immer wieder beklagten schweren Stand auf dem Land bzw. auf unterer kommunaler Ebene:

Die zahlenmäßig schwache kommunale Polizei und die Landjägerei ist meist gar nicht in der Lage, wirksam einzuschreiten, vielfach auch bei der Verflechtung der persönlichen Interessen nicht gewillt, es zu tun. Man drückt in solchen Fällen beide Augen zu, um Schreibereien, Gerichtsverhandlungen und persönlichem Aerger zu entgehen. Der Einfluß der Ortsgewaltigen ist stark und das zuständige Ministerium ist weit! Nicht selten aber sympathisieren auf dem Lande und in der Kleinstadt die Exekutivorgane mit den Radikalen, und es ist nur zu oft vorgekommen, daß sie die Angreifer schonen und gegen die Angegriffenen mit Anzeigen vorgehen. Unter solchen Umständen muß natürlich in republikanischen Kreisen der Eindruck entstehen, daß sie schutzlos jeder Willkür preisgegeben sind.

Schwerpunkte und Problemgebiete des Gaus

Ein Blick in die Berichterstattung der Zeitung »Das Reichsbanner« – mit der Gaubeilage Berlin-Brandenburg – für die Jahre 1931, 1932 und die kargen Restmonate des Folgejahres hinterlässt in Bezug auf die Einflussmöglichkeiten der Republikschutztruppe kein einheitliches, sondern ein sehr widersprüchliches, von starken Gegensätzen gezeichnetes Bild. Und dies nicht nur wegen des großen Unterschiedes zwischen der Millionenmetropole Berlin und der Provinz Brandenburg, sondern auch in Bezug auf die politischen Brüche zwischen den einzelnen Reichsbannerkreisen der Provinz.

Schon in der Gründungsphase werden die lokalen republikanischen Herausforderungen benannt. Die »Illustrierte Reichsbannerzeitung« (Nr. 8/1925) berichtet über die Gau-Gründungszeit:

> Unaufhaltsam ging die Entwicklung vorwärts. Ortsvereine schossen in der Provinz wie Pilze aus der Erde. Mitte April wurden die Ortsvereine Rathenow und Frankfurt a. d. Oder gegründet. Anfang Mai konnte bereits in der »schwarzen« Uckermark fester Fuß gefasst werden. Prenzlau wurde Stützpunkt. Kurz darauf folgten Templin und Angermünde. In Pritzwalk, einer Hochburg des Landbundes[7], wurde fast gleichzeitig wie Wittenberge und Küstrin, genannt »Klein München«, Mitte Mai eine Ortsgruppe ins Leben gerufen. In der Lausitz bestand ein republikanischer Frontkämpferbund bereits über ein Jahr. Nach längeren Verhandlungen wurde am 15. Juni auf einer von den Hauptorten besuchten Konferenz (Guben, Sommerfeld, Forst, Spremberg usw.) der Übertritt zum Reichsbanner beschlossen. Am 25. Juni wurde in Landsberg a. d. W. und Potsdam unser Banner gehißt. Am 26. Juni folgte Schneidemühl. Damit hatten wir auch in der Grenzmark festen Fuß gefaßt. Am 10. Juli wurde Brandenburg a. d. h. »gestürmt«, wo bereits wenige Tage nach der Gründung ein imposanter Aufmarsch der Republikaner erfolgte.

Der gesamte Gau gliederte sich in vierzehn Kreise, darunter vier in der Reichshauptstadt – benannt »Nord«, »Süd«, »Ost« und »West« – und zehn über das Land verteilt. Zur Erinnerung sei noch einmal darauf hingewiesen, dass Brandenburg im Westen von der Prignitz ausgehend, über die Uckermark, das Oderland hinweg schließlich auch die Grenzmark umfasste. Das gesamte Gebiet ging also weit über die Oderstadt Frankfurt und die östlich anschließende Neumark hinaus, stieß im Norden an Pommern, im Osten an Westpreußen und im Süden an Schlesien. Es handelte sich um ein großes, überwiegend ländliches Gebiet, das aber doch auch mit vielen kleinen Städten, Industriezentren und unzähligen Dörfern bestückt war.

Doch nicht nur zwischen, sondern auch innerhalb der zehn Landeskreise gab es ein starkes Stadt-Land-Gefälle, was dazu führte, dass das sich überwiegend auf die Facharbeiterschaft stützende Reichsbanner gewisse »Hochburgen« bzw. Schwerpunkte bilden konnte: in der Grenzmark etwa in Schneidemühl, im Kreis Ober- und Niederbarnim in Eberswalde und Bernau, im Kreis Teltow–Beeskow–Storkow) die Stadt Luckenwalde sowie Dahme und im Havelland neben Rathenow vor allem die Stadt Brandenburg.

Insgesamt standen eher schwächere Reichsbannerkreise wie die Prignitz und die Uckermark ausgesprochenen Reichsbannerhochburgen wie in den Kreisen Guben und Cottbus gegenüber. Doch auch dort beklagten die verantwortlichen Funktionäre ein Stadt-Land-Gefälle: Je weiter von den genannten beiden Industriestädten ein Dorf oder eine Kleinstadt entfernt lag, desto seltener sah man dort die Farben der Republik – vom Geist der Demokratie ganz zu schweigen.

Hinzu kam als Erschwernis für die Arbeit der republikanischen Kräfte, dass staatliche Stellen vor Ort in ihrer Haltung zum Reichsbanner und seinen politischen Auftritten sehr schwankten, was bis zur Schikane gehen konnte, denn die Behörden

7 Reichslandbund = Interessenverband der deutschen Landwirtschaft und laut Eberhard Kolb (»Die Weimarer Republik«, S. 197) »... eine der Hauptstützen des rechtskonservativen Antiparlamentarismus«, zudem stark antisemitisch orientiert, d. Verf.

lagen keineswegs ausschließlich in den Händen von Demokraten, weder in der Spitze der Verwaltung (wo der Bürgermeister Polizeibefugnisse haben konnte), bis zur Landgendarmerie, die sehr widersprüchlich agieren konnte. Oft mussten Reichsbanneraktivisten damit kämpfen, von staatlichen Stellen so »neutral« behandelt zu werden wie die republikfeindlichen gewalttätigen Gruppen SA, SS und Stahlhelm (S. 41ff.).

In der Grenzmark sah 1932 der Kreisführer die Probleme sich folgendermaßen zuspitzen: »Auf dem Lande behindern uns staatliche Repräsentanten und in den Städten halten uns die bürgerlichen Kreise (überwiegend) für Kommunisten.«[8]

Dieses desillusionierende Eingeständnis der mangelnden Verbreitung und Popularität des demokratischen Gedankens (und seiner Symbole) galt nicht nur für weite Gebiete östlich der Oder, sondern auch für ganze Landstriche im Westen Brandenburgs. So hatte das Reichsbanner – einige wenige »Trutzburgen« ausgenommen – in der Prignitz, in der Uckermark sowie dem Kreis Zauch-Belzig, wahren Hochburgen antirepublikanischer Parteien und Verbände, einen äußerst schweren Stand. Im Havelland bildeten die republikanische (und sozialdemokratische) Hochburg Brandenburg-Stadt und der Regierungsbezirkssitz Potsdam mit seiner überwiegend national-konservativ eingestellten Wählerschaft starke Antipoden.

Zu letztgenannter Stadt stand das »rote Nowawes« (S. 116ff.) vor ihren Toren, wo Arbeiterorganisationen starken Einfluss hatten, in deutlichem Kontrast. Wenn das Reichsbanner eine öffentliche Verfassungsfeier beging, konnte sie dafür in Nowawes mit der Unterstützung nicht nur des Stadtverordnetenvorstehers (Paul Fleischmann, SPD) sondern auch der Rathausspitze, die eine öffentliche Beflaggung mit den Reichsfarben Schwarz-Rot-Gold anordnete, rechnen.

Ähnlich – und der Größe wegen noch imposanter – ging es in der Stadt Brandenburg zu, wo zum besonderen Befremden antidemokratischer Parteien und Verbände auch der Polizeipräsident ein Republikaner war. Aufgrund des Papen'schen Staatsstreichs vom 20. Juli 1932 und seiner »Säuberungswelle« im Öffentlichen Dienst kam es allerdings auch in der Havelstadt zu einschneidenden Änderungen. Republikanische Zentren – oder zumindest »Inseln« in einem eher distanzierten bis ablehnenden Umfeld – waren auch die Städte Luckenwalde (S. 179) oder das Potsdam nahe Nowawes (S. 50). Während bei Straßendemonstrationen bzw. Umzügen hunderter Anhänger der Schutzformationen und des Jungbanners, denen stets ein Tambourcorps voraus marschierte, zumindest in Arbeiterwohngegenden durch Zuschauer und Fahnenschmuck den Republikanern Sympathien entgegenschlugen, wurde es bei kleineren Werbefeldzügen von 15–20 Mann starken Fahrradgruppen manchmal sehr gefährlich: So auch im Landkreis Zauch-Belzig, wo sich – beispielsweise in Wittbrietzen (S. 44) – einheimische Dorfbevölkerung der politischen »Eindringlinge« mit Spitzhacken und Mistgabeln erwehren wollte, was die Propagandisten der Republik zum schnellen Abzug zwang.[9]

---

8 »Das Reichsbanner« vom 16. April 1932.
9 »Das Reichsbanner« vom 14. Mai 1932.

Demonstration des Reichsbanners in Luckenwalde, Anfang 1930er Jahre

In einem Grundsatzartikel »Wie erobern wir das Land?« regte der Autor Otto Brüsewitz 1932 daher überzeugend an, sich von republikanischer Seite der großen sozialen Not der Bauern durch Handelsangebote der sozialistischen Konsumbetriebe anzunehmen, die dadurch auch ein politisches Signal in eine überwiegend desinformierte und demokratieferne Wählerschaft senden würden.[10]

Ganz anders das Bild, wenn in der Lausitzer Industrieregion mit seiner gut organisierten Arbeiterschaft der Republik gedacht wurde:

So kamen beispielsweise in Cottbus zur Verfassungsfeier im August 1931 »3000 Anhänger und Verteidiger der Republik« zusammen, bemerkt stolz die Zeitung »Das Reichsbanner«[11] und fügt an, dass zu den versammelten Gewerkschaftern, Arbeitersportlern und Sozialdemokraten nicht nur der RB-Kreisleiter Paul Liebeck und der Redakteur (sowie SPD-Unterbezirksvorsitzende und Reichstagsabgeordnete) Kurt Wegner sprachen, sondern auch der Stadtrat Reitsch seine solidarischen Grüße überbrachte.

Zuspitzung der Auseinandersetzungen (1930–1932)

Ausgelöst durch den von der Massenarbeitslosigkeit und bürgerlichen Niedergangsängsten beflügelten Aufstieg antidemokratischer Parteien, nahm auch das Reichsbanner einen radikalen Umbau seiner inneren und äußeren Struktur vor, um dem ausufernden

---

10 Ebd. vom 28. Mai 1932.

11 Ebd. (mit der Gau-Beilage für Berlin-Brandenburg-Grenzmark) vom 22. August 1931, in der Berichterstattung über den »Kreis 5«.

und immer größere Teile des Landes erfassenden Straßenterror gewachsen zu sein. Es waren im Wesentlichen zwei Ereignisse, die diesen deutlichen Kurswechsel auslösten:[12]

1. der erdrutschartige Wahlsieg der NSDAP im September 1930 (mit über 100 Reichstagsabgeordneten)
2. die Bildung der »Harzburger Front« aus NSDAP, DNVP und Stahlhelm im Oktober 1931.

Ziehen wir dafür auch ein lokales Beispiel heran: Im März 1931 referierte der (festangestellte) »Technische Sekretär« des Gaues Berlin-Brandenburg Richard Küter in der Industriestadt und Reichsbannerhochburg Rathenow, wo es über 260 Mitglieder gab, und führte in einer Mitgliederversammlung Folgendes aus: Die Zeit des alleinigen Schulens für den »geistigen Kampf« sei nun vorbei. Jüngere Kräfte müssten nun gesammelt und kampffähige, disziplinierte Einheiten (»Schutzformationen«) gebildet werden, um der gefährlichen politischen Entwicklung im öffentlichen Raum Einhalt gebieten zu können. Dafür sei es entscheidend, sich den – selbstgewählten – Führern unterzuordnen und Einsatzanordnungen Folge zu leisten.[13]

Dies drückte sich auch in einem Umbau des Reichsbannerapparates und dem Austausch führender Repräsentanten des republikanischen Verbandes aus, an dessen Spitze jüngere und kämpferischere Persönlichkeiten traten. Dabei denken wir nicht in erster Linie an den Wechsel von Otto Hörsing zu Karl Höltermann im Juli 1932 – dem die wichtigsten Umstellungen im sogenannten Technischen Bereich der Organisation bereits vorausgegangen waren – und auch nicht an den Austausch des Berlin-Brandenburger Gauvorsitzenden Johannes Stelling durch den bisherigen Technischen Leiter Arthur Neidhardt im Herbst 1932. Denn der zuletzt genannte langjährig erfahrene Praktiker und kampfentschlossene Stratege hatte den Apparat des Gaus seit mehreren Jahren sukzessive umgebaut: Lehrgänge im Kampfsport, Geländeübungen und Nachtfahrten, Heranziehen und Schulen jüngerer »Kader« sowie die Propagierung der Arbeiterschützen-Bewegung sorgten vor allem in Berlin, aber auch den größeren Stützen des Gaus wie den Kreisen 5 (Cottbus) und 6 (Guben) dafür, Tausende zu sammeln und als Schutzschild der Republik ausbilden zu können. Um aber auf vierstellige Teilnehmer-Zahlen bei Kundgebungen zu kommen, mussten selbst in mittleren Zentren wie Brandenburg und Luckenwalde schon mehrere nahe Ortsvereine hinzugezogen werden, und in etwas schwächelnden Gegenden wie Ober- und Niederbarnim (Kreis 8 mit Bernau und Eberswalde) oder Frankfurt/Oder (Kreis 7 mit Teilen der Neumark) reichten schon nicht mehr die gesamten Reserven des eigenen Kreises, sondern diese wurden – je nach geographischer Nähe – durch Gaukameraden aus Berlin oder anderen Brandenburger »Kerntruppen« verstärkt.

Der Bildung der »Harzburger Front« (Oktober 1931) zum Sturz der Weimarer Republik durch Kräfte der politischen Rechten (DNVP, Stahlhelm, NSDAP) folgte dann im Verlauf des Dezember 1931 und des Januar 1932 als Gegengewicht die

12 Vgl. Karl Rohe, Das Reichsbanner, S. 355ff. und Helga Gotschlich, Zwischen Kampf und Kapitulation, Zur Geschichte des Reichsbannersa Schwarz-Rot-Gold, Berlin (DDR), 1987, S. 84ff.

13 »Das Reichsbanner« vom 4. April 1931 in der Berichterstattung über den »Kreis 3« (Havelland).

Wahlplakat vom Sommer 1932

Schaffung der »Eisernen Front«, in der sich Reichsbanner, ADGB, Arbeiter-Turn- und Sportbund (ATSB) sowie die SPD zusammenschlossen. Hierbei sollten vor allem die in den Großbetrieben sich formierenden »Hammerschaften« ein Beispiel proletarischer Selbstverteidigung geben und die positive Erinnerung daran wachhalten, dass der reaktionäre Kapp-Lüttwitz-Putsch 1920 durch einen Generalstreik erfolgreich niedergestreckt worden war.

Und so strömten bei Großveranstaltungen, ob im Berliner Sportpalast (Potsdamer-/Ecke Pallasstraße) oder im Lustgarten (Stadtzentrum) tatsächlich Tausende zusammen, die nacheinander in Riesenblöcken bei klingendem Spiel einzogen. Es handelte sich um Betriebsgruppen, Arbeitersportvereine, Reichsbannerkameradschaften, Schufo-Einheiten und Jungbannerhundertschaften. (Als Hitler gerade zum Reichskanzler ernannt worden war, kamen im Herzen der Reichshauptstadt am 7. Februar 1933 über 200 000 Menschen zusammen und drückten ihre tiefe Ablehnung aus; viele dachten, die Arbeiterschaft sei eigentlich nicht zu besiegen![14])

14 H.-R. Sandvoß, Die »andere« Reichshauptstadt, S. 57 (Das Titelbild der Publikation zeigt in der Mitte den Nowaweser Reichsbannerfunktionär Ernst Wache.); Ingrid Fricke, Franz Künstler, S. 342f.

Der Gauvorstand von Berlin-Brandenburg-Grenzmark spiegelte in seiner personellen Führungsstruktur aber nicht nur den starken Moment des Wandels, sondern auch den der Kontinuität. Und dies betraf vor allem die Überparteilichkeit, denn mit dem stellvertretenden Gauvorsitzenden Dr. Nowack (Deutsche Demokratische Partei) und dem Schriftführer Johannes Fest (Zentrum) wirkten konstant über mehrere Jahre zwei Vertreter nicht-sozialistischer republikanischer Parteien.

Mitglieder der Gauleitung aus Brandenburg

Während vier große Berliner Kreise, nämlich

- »Nord« mit Max Wölfel (Wedding), unterstützt durch den Technischen Ltr. Paul Kube,
- »West« mit Karl Holze (Charlottenburg), dem auch Wilmersdorf und Spandau unterstanden,
- »Ost« mit Karl Brix (Schwerpunkt: Friedrichshain/Lichtenberg),
- »Süd« mit Jakob (»Jokl«) Maier (Tempelhof), wozu auch Neukölln, Treptow und Kreuzberg gehörten,

die Reichshauptstadt gewissermaßen auf der mittleren Ebene der Gaugliederung repräsentierten, waren es im Land bzw. der Provinz Brandenburg zehn Kreise mit (1932/33) folgenden verantwortlichen Kreisführern (in Klammern hinter dem Namen der individuelle Wohnort):

- Kreis 1 (Uckermark): Paul Wendt (Prenzlau)
- Kreis 2 (Prignitz): Paul Flaschel (Pritzwalk)
- Kreis 3 (Havelland/Brandenburg-Stadt): Otto Fourmont (Brieselang)
- Kreis 4 (Teltow, Beeskow-Storkow/Luckenwalde): Richard Matzdorf (Wildau)
- Kreis 5 (Cottbus mit Spremberg und Senftenberg): Paul Liebeck (Cottbus)
- Kreis 6 (Guben mit Forst und Sorau): Otto Aigringer (Guben)
- Kreis 7 (Frankfurt/Oder mit Teilen der Neumark): Willi Neßler (Frankfurt/Oder)
- Kreis 8 (Ober- u. Niederbarnim mit Oranienburg): Franz Ehorn (Bernau)
- Kreis 9 (Neumark): Paul Rohde (Landsberg a.d.W.)
- Kreis 10 (Grenzmark): Wilhelm Rösler (Schneidemühl)

Nicht von allen Genannten kennen wir den Beruf, geschweige denn die Lebensbiographie, wissen bisher (2019) aber, dass Paul Wendt Bauarbeiter, Paul Flaschel Magistratsangestellter, Otto Fourmont Kaufmann, Willi Neßler Gewerkschaftssekretär, Otto Aigringer Arbeitsamtsangestellter, Richard Matzdorf Schlossermeister und Franz Ehorn Lehrer waren. Manche Kreisführer amtierten – wie Willi Neßler und Paul Rohde – viele Jahre, andere – wie Flaschel und Fourmont – stießen erst im Jahre 1932 in die erste Reihe, dies tat praktisch auch der Stellvertreter im Kreis 10, Hackenberger, der den lange Zeit kranken 1. Vorsitzenden Wilhelm Rösler bei vielen Versammlungen vertrat.

Otto Aigringer

Arthur Neidhardt

Die Leitung des Gaues Berlin-Brandenburg-Grenzmark in Form des 1. Vorsitzenden wechselte zwischen der Gründung (1924) und dem Verbot (1933) nicht gerade selten. Auf die Gründergeneration mit Fritz Koch – der aufgrund schwerer Versäumnisse des Gau-Kassierers 1927 aus gesundheitlichen Gründen aus dem Amt schied– folgte für ein knappes Jahr Wilhelm Siering, von dem wiederum für vier Jahre Johannes Stelling die Geschäfte übernahm. Die Kassengeschäfte lagen – nach dem Desaster von 1927 – beim Preußischen Landtagsabgeordneten Max Fechner, 2. Vorsitzender blieb der Journalist Dr. Wilhelm Nowack (Deutsche Demokratische Partei) und der Schriftführer, Rektor Johannes Fest (Zentrumspartei), amtierte ebenfalls bis 1933.

Während im engeren Vorstand die Berliner vieles offenbar unter sich ausgemacht hatten, rückten zumindest bei den Beisitzern – neben den oben genannten hauptstädtischen Regionalleitern Max Wölfel und Jakob Meier – mehrere wichtige Brandenburger ein: Paul Liebeck (Cottbus), Otto Fourmont (Havelland), Paul Rohde (Landsberg), Wilhelm Rösler (Grenzmark) und Willi Neßler (Frankfurt/Oder). Mit dem Charlottenburger Ernst Carlberg (Stellvertreter im Kreis »West«) kam 1930 noch ein entschieden kämpferischer Republikaner in das Gremium sowie 1927 als Repräsentanten der SPD der langjährige Parteisekretär für Brandenburg Emil Stahl und der einflussreiche Bezirksvorsitzende von Groß-Berlin Franz Künstler.

»Starker Mann« des Gauvorstandes war der »Technische Leiter« Arthur Neidhardt, in dessen Händen die gesamte praktische Reichsbannertätigkeit lag und der (wie gesagt) schließlich im Herbst 1932 an die Spitze der Gau-Organisation trat.[15] Ihm zur Seite standen als festangestellter Gau-Sekretär Richard Küter (1877–1949) sowie die engen Vertrauten im strategisch-operativen Bereich, die beiden Weddinger Albert

Brych und Paul Kube. Wie überhaupt die Weddinger Reichsbannerkameradschaften und Schufoeinheiten die festeste Stütze in der Reichshauptstadt darstellten und in besonders kritischen Situationen zum Einsatz gebracht wurden.[16]

Reichsbanner im »Mehrfrontenkrieg«

Der Schwerpunkt der Reichsbanneraktivitäten lag unzweideutig über die gesamte Wirkungszeit (1924–33) in der ideologischen und praktischen Auseinandersetzung mit rechtsgerichteten Feinden der Republik wie Stahlhelm und SA/SS. Die zunehmenden und 1932 eskalierenden bürgerkriegsähnlichen Auseinandersetzungen führten dazu, dass vor allem in ländlichen bzw. von Großstädten abgelegenen Gegenden die engagierten Anhänger der Republik – aber auch die der revolutionären Linken – ihres Lebens wiederholt nicht mehr sicher waren. Am Ende der Weimarer Republik (1932/33) war selbst in der Reichsbannerhochburg Berlin die politische Lage so brisant, dass Mitglieder ihre Uniform im Kameradschaftstreffpunkt ablegten und in »Zivil« sowie einzeln nach Hause gingen.

In den frühen 1930er Jahren häuften sich massiv die kritischen Berichterstattungen der Zeitung »Das Reichsbanner« über eine ungerechte Justiz, augenzwinkernde Kumpaneien lokaler ländlicher Behörden mit den republikfeindlichen Parteien des rechten Spektrums und deren gewalttätigen Übergriffen vor Ort, wenn Reichsbannerangehörige Werbewochen für den Erhalt der demokratischen Verfassung durchführten. Immer wieder kreisten dabei Klagen des genannten Informationsblattes um die »schwarze Prignitz« bzw. die »schwarze Uckermark« (20.4.1932) oder Niemegk als »schwärzeste Ecke« des Havellandes (11.6.1932).

Wiederholt versuchten RB-Einheiten gerade auch in derartigen »Problemgebieten« öffentlich hervorzutreten und die Symbole der Republik zu zeigen:

Bei einem mit Trommeln begleiteten Reichsbannermarsch von 1200 Republikanern des Kreises 8 (Niederbarnim), an dem auch Berliner Kameraden unterstützend teilnahmen, machten sich die Demonstranten von Groß Schönebeck aus gezielt »nach dem reaktionären Liebenwalde« auf den Weg (September 1931).

Wie dort (zahlenmächtige) republikanische Präsenz gezeigt werden sollte, geschah es auch an einem anderen hart umkämpften Ort, diesmal des Kreises 4: Der Ortsverein Niederlehme des als »schwarz« titulierten Kreises Beeskow-Storkow hielt im Juni 1932 im Brennpunkt Neu- und Althartmannsdorf eine republikanische Kundgebung ab. Durch Kreis-Kameraden aus Königs Wusterhausen und Neuzittau verstärkt, versammelten sich rund siebzig Kameraden, die sich dann tatsächlich in der Lage zeigten, einen Überfall von dreißig SA-Männern abzuwehren, die die Versammlung zu sprengen versuchten.

---

15 Siehe dazu seinen Rückblick auf viele Jahre geleisteter Aufbauarbeit, in: »Das Reichsbanner« vom 20.12.1931 (»Was nottut!«).

16 Vgl. »Das Reichsbanner« vom 20. Februar 1932; H.-R. Sandvoß, Widerstand in Wedding und Gesundbrunnen, Berlin 2003, S. 45.

In der Nähe des genannten Dorfes befand sich nämlich (in Löwenbruch) eine ständig stark besetzte »Nazikaserne«, von der aus – manchmal versteckt im Wagen eines sympathisierenden lokalen Bäckermeisters – die Terrorgruppen ausschwärmten und die Gegend unsicher machten.[17]

Vom Reichsbanner in Angermünde (Uckermark) heißt es am 25. Juni 1932, hier kämpften die Republikaner auf einem »vorgeschobenen Posten« im »Zentralpunkt reaktionärer Strömungen«, wo man selbst kleine Schritte – Ortsvereins- oder Jungbannergründungen – »mühsam erkämpfen« müsse.

Trotz Uniformverbots durch die Reichsregierung Brüning zögen NS-Umzüge etwa in der Prignitz durch Kyritz (11.6.1932) und nicht nur am Truppenübungsplatz Döberitz (März 1932), sondern auch in Potsdam (16.4.1932) würden NS-Anhänger Andersdenkende »terrorisieren«, ohne dass der Staat einschreite.

Greifen wir ein Beispiel aus der Berichterstattung des »Reichsbanners« heraus, um die eben getätigten summarischen Aussagen exemplarisch mit Alltagsanschaulichkeit zu versehen:

> Blutige Gewaltakte der Nazis in der Ostprignitz.
>
> In Behlow wurde am Sonntag, dem 5. Juni [1932], abends kurz vor 8 Uhr, der Jungbannermann Blache von drei Nazibanditen aus einem Auto niedergeschossen. Blache hat einen Halsschuß erhalten und liegt schwerverletzt im Pritzwalker Krankenhaus. Die Täter flüchteten im Auto, sind aber inzwischen ermittelt worden. Sie gehören sämtlich der NSDAP an.[18]

Dem lebensbedrohlichen Ereignis vorausgegangen war, dass am Sonnabend (4. Juni 1932) das Reichsbanner des Ortsvereins Kyritz – unterstützt dabei von Kameraden verschiedenster Orte – einen Jungbanner-Werbeabend durchgeführt hatte. Den darauffolgenden Tag nutzten die Pritzwalker zu einem Ausflug an die Seen. Als man gegen 19 Uhr den Rückweg antrat, wurden die Jungbannermitglieder bereits von NS-Anhängern angepöbelt und belästigt. Unmittelbar vor dem von Kyritz 10 km entfernt liegenden Dorf Behlow geschah dann die Bluttat. Der Zeitungsbericht fährt fort:

> Das Gros unserer Radfahrer war bereits mitten im Dorf angelangt, als mitgeteilt wurde, dass vor dem Dorf ein Kamerad angeschossen worden sei. Im Dorfe selbst hatten sich bereits sehr viele Hitlerleute in ihrer blauen Kleidung zusammengerottet und beschimpften unsere Kameraden. Der Rest der Radfahrer, vier oder fünf Mann, befand sich noch außerhalb des Dorfes, und zwar vor der scharfen Kurve, die ins Dorf führt. An dieser Stelle befindet sich rechts und links der Chaussee je ein Gehöft. Dort kam der Schlußkolonne ein graugrünes offenes Personenauto entgegen, in welchem sich drei Männer befanden, darunter einer in voller Hitleruniform mit Mütze. Die Insassen dieses Autos riefen den Jungbannerleuten zu »Heil Hitler«, »Judenbengels«, »Mostrichjungen« und dergleichen mehr. Es kam zu einem Wortgefecht. Plötzlich zogen die Insassen des Autos sämtlich Pistolen. Unsere Leute versuchten sofort in Deckung zu gehen,

17 »Das Reichsbanner« vom 25. Juni 1932.
18 »Das Reichsbanner« vom 25. Juni 1932, S. 1.

Radfahreinsatz von Reichsbanner-Männern zur Landagitation am Treffpunkt Michendorf, 1931

> aber schon krachten drei Schüsse, wovon einer den achtzehnjährigen Jungbannermann Blache traf. Die Kugel drang in die linke Halsseite ein und blieb unter der rechten Schulter stecken. Das Auto fuhr nach dieser »echten Hitler-Schandtat« im schnellsten Tempo davon.

Der sofort alarmierte Landjäger nahm die Ermittlungen auf, was schließlich zur (vorläufigen) Festnahme der Täter geführt habe. Dem Amtsgericht Kyritz wurden zugeführt: Graf Wedel, Hauptmann von Bredow und ein gewisser Bräsecke aus Kyritz. Der schwerverletzte Jugendliche wurde von einem (glücklicherweise) zufällig vorbeifahrenden Wagen des Reichsbildungsausschusses nach Pritzwalk transportiert. Die Zeitung »Das Reichsbanner« resümiert (25. Juni 1932):

> Die Zustände in der Ostprignitz werden immer unhaltbarer. Die Nazis fühlen sich bereits als Herren der Situation. Der Herr Landrat als Kreispolizeibehörde ist verschiedentlich auf das Treiben der Nazis aufmerksam gemacht worden. [...] Weshalb ist man nicht vorbeugend tätig? Sollen etwa in der »schwarzen« Prignitz der Hitlerpartei Sonderrechte gewährt werden? [...] Jetzt sind die positiven Tatsachen geschaffen, Herr Landrat. Nun kann man wohl schwerlich von »leeren Redensarten« sprechen.

Wie ein Hohn muss es für die Republikaner geklungen haben, dass die offensichtliche NS-Gewalttat vom Lokalblatt »Kurier für die Prignitz«[19] als Schießerei zwischen Reichsbannerleuten und NS-Anhängern beschrieben wurde. Derartig gezielte Des-

19 Laut »Das Reichsbanner« vom 25. Juni 1932.

informationspolitik wurde gerade in überwiegend ländlich geprägten Regionen von einer konservativ-bürgerlichen Presse (S. 45), die oft ohne liberale Konkurrenz agierte (besser agitierte), betrieben und arbeitete den Gegnern der Republik systematisch in die Hände.

Ziehen wir ein weiteres Beispiel heran, um die Schwierigkeiten des Reichsbanners auf dem flachen Lande bzw. gegenüber einer schwarz-braunen Landbevölkerung zu verdeutlichen: Im Mai 1932 beklagte eine Gruppe des Charlottenburger Reichsbanners, etwa zwanzig Erwerbslose an der Zahl, ihre negativen Erfahrungen aus dem Monat zuvor, als sie versuchte, »der grenzenlosen Naziverseuchung auf dem flachen Lande« (Landkreis Zauch-Belzig) energisch und aufklärend entgegenzutreten.

Es wurden republikanische Flugblätter verteilt und Plakate in den Ortschaften Wildenbruch, Fresdorf, Stücken, Zauchitz und Schlunkendorf geklebt. Als sie mit dem Lastwagen in Beelitz ankamen, stimmte sie ein Kamerad der Stadt darauf ein, dass sie auf dem weiteren Weg kein erfreuliches Bild erwarten würde:

> Vor allem hielt er eine Bearbeitung von Wittwriezen [d. i. Wittbrietzen, d. Verf.] nicht nur für zwecklos, sondern auch für gefährlich, da die dortige Einwohnerschaft ganz fanatische Hakenkreuzler seien (Reichspräsidentenwahl vom 10. April: Hindenburg 32, Hitler 488!). Es stand für uns sofort fest, daß wir nun gerade dort zeigen wollten, daß es noch Republikaner gibt. [...] In der ganzen Ortschaft gab es nur Hitlerplakate, deren sich die Klebekolonnen [des Reichsbanners, d. Verf.] mit besonderer Liebe annahmen. Eifrig arbeiteten wir und konnten an schönen, hohen Stellen unsere Plakate ankleben. Drei Viertel des Dorfes waren bereits bearbeitet, ohne daß sich eine nennenswerte Menge angesammelt hätte. Anders sah aber das Bild dann zuletzt aus. Angesichts des Dorfausganges, etwa 100 Meter vorher, hatte uns eine größere Menge von Einwohnern, Männer, Frauen und Kinder, eingeholt, die von einem Bäcker angeführt, mit Schimpfwörtern nicht zurückhielten. [...] Die Menge nahm eine bedrohliche Haltung ein, die sich immer mehr steigerte, als wir als Antwort auf die maßlosen Beschimpfungen und Drohungen wie »Gesindel«, »Schlagt die Hunde zusammen!«, »raus mit den Strolchen!« ein »Frei Heil!« auf die Republik und ihre Farben anbrachten. Als die Weiber aus ihren Gärten mit Spaten und Kartoffelhacken herauskamen, gingen auch die Männer zum Angriff über, eilten zum nächsten Steinhaufen und überschütteten uns mit einem Hagel von Steinen. Etwa 100–120 Dorfbewohner stürmten auf uns los. Dank der Einsicht und der Disziplin der Kameraden konnten wir die Fahrt ohne ernste Verletzungen fortführen. Am Eingang der nächsten Ortschaft, Buchholz, wurden wir bereits vom Landjäger erwartet, da wir von den Nazis in Wittwriezen als Landfriedensbrecher (wir hätten die Einwohnerschaft terrorisiert und sie mit Steinen beworfen) gemeldet waren.« Zwar konnte der Landjäger schließlich von ihrer Unschuld überzeugt werden, doch: »Alle Kameraden aber werden nie vergessen, mit welchen Mitteln in Wittwriezen der politische Kampf geführt wird.[20]

Zuletzt sei auf die besonderen Herausforderungen für die Republikaner in der Grenzmark hingewiesen.

---

20 »Das Reichsbanner« vom 14. Mai 1932.

Mitte April 1932 berichtet »Das Reichsbanner« von einer wenige Tage zurückliegenden Konferenz des 10. Kreises (Grenzmark) des Gaues in Schneidemühl, Restaurant »Friedrichsgarten«, an der auch Arthur Neidhardt vom Gauvorstand teilnahm.

Eröffnet durch den Rechtsanwalt Fleischer in Vertretung des erkrankten Kreisleiters Rösler, wurde der Bericht der Geschäftsleitung und der Ortsgruppen entgegengenommen und diskutiert:

> Seit Gründung der Eisernen Front steigerten sich die Aktivisten, doch wurde beklagt, »daß leider die Behörden, besonders auf dem Lande, manchmal unbewußt, doch meistenteils bewußt, die Vorwärtsentwicklung hindern wollen«. Aus den einzelnen Ortsgruppen wurde dies bestätigt. Auch das Bürgertum der Städte ist dem Reichsbanner immer noch nicht wohlwollend gesonnen. Sie [Es] betrachtet das Reichsbanner noch als eine kommunistische Bewegung. Hier macht man sich die Einstellung der bürgerlichen Zeitungen, die das Reichsbanner in jeder Weise verunglimpfen, zu eigen. Nur in Orten, wo die Vertrauensleute des Reichsbanners in die Kreise des Bürgertums eingebrochen sind, war es möglich, die Vorurteile zu brechen und die Anerkennung zu erringen, daß das Reichsbanner nicht eine Truppe für den Kommunismus, sondern eine Truppe für die Erhaltung unserer Republik und für den Aufbau unseres Vaterlandes ist.[21]

Da, wo das Reichsbanner aktiv im Kampf stand, konnte lokal der Nationalsozialismus auch zurückgedrängt werden. Mit Freude nahm die Tagung diesbezüglich die Gründung neuer Ortsgruppen im Kreis Schlochau zur Kenntnis.

> Leider wurden von allen Ortsgruppen die finanziellen Schwierigkeiten beklagt. 75 Prozent aller Mitglieder sind arbeitslos. Zieht man hier in Erwägung, daß demgegenüber Hitler mit einem 60 Millionen-Etat im vergangenen Jahr gearbeitet hat, der nicht von den Mitgliedern, sondern bekanntlich von den Großindustriellen, Großagrariern, Fürsten und sonstigen Freunden der Hitlerbewegung aufgebracht wurde, erst dann wird es klar, welch ein Opfermut, welche Zielsicherheit und welche Disziplin unter den Kameraden herrscht. All dies in Betracht ziehend, kann zusammenfassend gesagt werden, daß das Reichsbanner Schwarz-Rot-Gold in der Grenzmark Posen-Westpreußen sich aus dem Stellungskampf in die Offensive begeben hat.

Am Schluss der Debatte dankte Neidhardt im Namen des Gauvorstandes für die überaus schwierige Arbeit in der Grenzmark, die durch die politische und wirtschaftliche Struktur der Bevölkerung gegeben sei, und endete mit dem Satz: »Die Eiserne Front ist der lebendige Wille der Republikaner.«

Wie lebensbedrohlich der Einsatz für die Demokratie 1932 wurde, verdeutlicht folgender Bericht. Der Neuköllner Arbeitersportler Fritz Mertens erinnert sich 1982:

> Schon 1932 waren wir im Raum Berlin nicht mehr sicher. Als wir einmal auf Lastwagen mit Fahnen der Republik geschmückt zu einem Sportfest nach Luckenwalde fuhren, wurde in dörflichen Regionen bereits von SA auf uns geschossen.

---

21 »Das Reichsbanner« vom 16. April 1932 (»Kreis 10«). Die abschließenden Vorstandswahlen bestätigten die Leitung aus Rösler, Fleischer als erstem und zweitem Leiter (beide aus Schneidemühl) sowie den Stellvertretern Hackenberger (Schneidemühl) und Spreinat (Landeck).

> Obwohl wir doch durch die »Eiserne Front« im Abwehrkampf und im Kleinkaliberschießen ausgebildet waren, und kräftige Sportler unter uns hatten, war die Arbeiterbewegung von Natur aus insgesamt viel zu human. Wir waren nie so »frech« wie die Nazis, die einfach geschossen haben.[22]

Einen Einblick in die Härte der politischen Auseinandersetzungen und die dabei zum Ausdruck kommende Brutalität der NS-Bewegung gibt uns folgendes Beispiel aus dem südbrandenburgischen Reichsbanner-Kreis Calau, der auch mehrere Ortschaften aus dem Nordsächsischen einschloss:

Der Ruhländer Glasmacher Wilhelm Lienack (1899–1964) wurde im Sommer 1932 zur Hauptwahlkampfzeit mit anderen Reichsbannermännern des Kreises Calau aus dem Hinterhalt angegriffen, als sie sich auf den Weg machten, um eine öffentliche Kundgebung zu schützen. Wilhelm Christoph beschreibt 1952 im Rückblick die Ereignisse:

> Am 31. Juli 1932 versammelte sich eine Gruppe von 7 oder 8 Reichsbanner-Kameraden, worunter sich auch Kamerad Lienack, Wilhelm befand, an dem Treffpunkt Glashütte, um den Auftrag, den Saalschutz einer Wählerversammlung in Viktoria 3 zu übernehmen, auszuführen. Auf dem Weg dorthin wurden wir in der Dresdener Straße, in Höhe der Junkschen Schneidemühle, von einer größeren, [...] dort hinter Scheunen, Zäunen und Sträuchern versteckten S.A.-Menge überfallen, von den Rädern gerissen und mit Zaunlatten, Gummiknüppeln und dergl. geschlagen. Hierbei wurde Kamerad Lienack dermaßen geschlagen, daß er am Kopf und Gesicht stark blutend, im taumelnden Zustand von 2 Mann nach Hause geführt werden mußte.[23]

Lienacks schwere Verletzungen führten später zur Anerkennung einer Erwerbsminderung von 40 % – allerdings erst nach dem Ende der NS-Diktatur.[24]

Zum Problem des »Mehrfrontenkriegs« der Reichsbannerformationen zählt auch die Tatsache der Kritiker im eigenen Lager, wenn wir die Sozialdemokratie als Ganzes dabei ins Auge nehmen.

Nicht nur Teilen des linken Flügels, die betont pazifistisch waren, sondern auch großen Kreisen der Sozialistischen Arbeiterjugend (SAJ) waren die Reichsbanneraktivisten zu *militärisch* formiert und überhaupt zu »national« – weil sie das Bündnis mit »Bürgerlichen« eingingen, statt eine Linksfront anzustreben.

Dies spiegelt sich exemplarisch auch in einem leicht polemischen Ausfall eines Charlottenburger Funktionärs gegenüber seinen jugendlichen Kritikern, den der Verfasser in der Zeitung »Das Reichsbanner« fand:

---

22 GDW/Berlin, Interview des Verfassers am 5.2.1982.

23 BLHA, Rep. 333, Nr. 1285, Bl. 189.

24 Einen ähnlichen Leidensprozess machte ein anderer Republikaner des Kreises mit: Der Melker Richard Marschler beteiligte sich engagiert an der Niederschlagung des Kapp-Putsches (1920). Er wurde durch Schüsse schwer verwundet, ein Bein musste amputiert werden, das andere blieb verletzt, Folgekrankheiten kamen hinzu. Nach 1933 wurde ihm zu allem auch noch die Sozialhilfe verweigert; vgl. BLHA, Rep. 333, Nr. 1288.

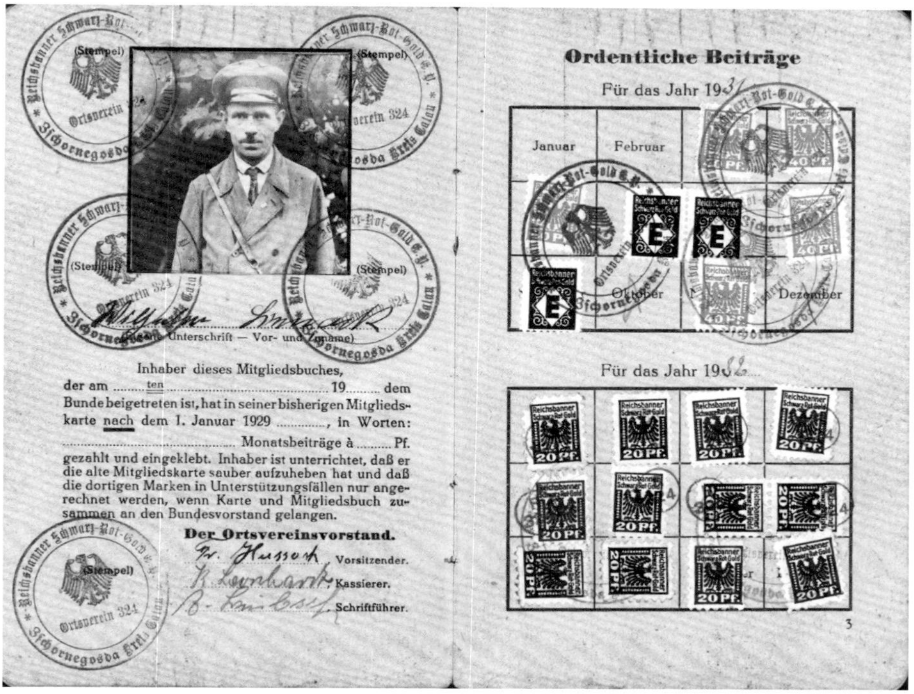

Mitgliedsbuch des Reichsbanner-Mannes Wilhelm Lienack, 1932

Die Reichsbannermitglieder von Berlin-Charlottenburg unter Führung der energischen Funktionäre Karl Holze (S. 39) und Ernst Carlberg (S. 40) sowie des Jungbannerleiters Günther Grodga zählten zu den aktivsten und profiliertesten Kräften des Kreises »Westen« der Reichshauptstadt.[25] An anderer Stelle berichten wir von einem ihrer zahlreichen Landeinsätze zur Stärkung der Binnenstruktur der Republikschutztruppe der Provinz Brandenburg (S. 44f.).

Doch auch in diesem Bezirksverband kam es zwischen sozialdemokratischen Reichsbanneranhängern und jungen innerparteilichen Kritikern aus den Reihen der Sozialistischen Arbeiterjugend (SAJ) bzw. der etwas älteren Jungsozialisten zu wiederholten Auseinandersetzungen. Als die Jungsozialisten eine eigene »Schutztruppe« bildeten und sich dann noch bei einer SPD-Kundgebung in den Charlottenburger »Autohallen« (Kaiserdamm) tätliche Auseinandersetzungen mit dem Reichsbanner lieferten, löste die Führung der Sozialdemokratie die Jungsozialisten umgehend auf. Doch der Konflikt zwischen fundamentalistischen Antimilitaristen der SAJ und den das fortschrittliche Bürgertum integrieren wollenden sozialdemokratischen Reichsbanneranhängern schwelte weiter. 1931 kam es zu einer Abspaltung linkssozialistischer Kreise um die Reichstagsabgeordneten Max Seydewitz und Dr. Kurt Rosenfeld, die

25 Heinrich-Wilhelm Wörmann, Widerstand in Charlottenburg, Berlin 1998 (2. Auflage), S. 91ff.

mit vielen jungen Anhängern die – allerdings marginal bleibende – Sozialistische Arbeiterpartei (SAP) gründeten (S. 274ff.). In diese Auseinandersetzungen hinein führt uns zeitlich der folgende Bericht der Zeitung »Das Reichsbanner« vom Herbst 1931, in dem der Zorn auf die jungen Kritiker sehr deutlich wird und im übertragenen Sinne eine tiefe Wunde zu erkennen gibt. Über eine SPD-Versammlung mit Philipp Scheidemann in Charlottenburg heißt es:

> Charlottenburg ist kein Arbeiterwohnort schlechthin und so ist es nicht verwunderlich, daß es hier Ueberintellektuelle und Akademiker gibt, denen alles nicht radikal genug ist, die sich aber ängstlich hüten, selbst Farbe zu bekennen. Auch die SAJ hat sich weltfremd abgekapselt und ist hier mehr ein Diskussionsklub hornbrillenbewaffneter Jünglinge und Reformfräulein gewesen als eine disziplinierte Kampftruppe voll jugendlichen Feuers. Morgens haben die z. T. noch die Schule besuchenden Mitglieder Schulunterricht genossen und abends wollen sie selbst Weltgeschichte machen, wobei die Theorien nur so durch die Luft wirbeln und die kampferprobten Sozialisten bis zu Ebert und [Hermann] Müller nicht gut wegkommen. Wollen die jungen Leute, besonders die Gymnasiasten aus der SSG (Sozialistische Schulgemeinschaft), mal mit Rechtsgegnern diskutieren, so finden sie den Weg zum Reichsbanner und muten uns Hausknechtdienste zu, sonst aber sind wir den Superproletariern ein schlimmeres Greuel als die Kommunisten.[26]

Angesichts dieser Erfahrungen war es für Reichsbanneranhänger gewiss bitter, als die gestern noch beschützten Jugendlichen nun zur linksoppositionellen SAP (S. 274x) bzw. deren Jugendverband SJV stießen und die oben genannte Scheidemann-Veranstaltung vor Beginn durch Flugblätter und in der Versammlung durch kritisch-polemische Zwischenrufe störten. Woraufhin sie nach einer Weile an die Luft gesetzt wurden; weniger zart gingen die Ordner des Reichsbanners dagegen mit anwesenden kommunistischen Störern des KPD-Unterbezirks Nordwest um, die auf drastische Art aus dem Saal gedrängt wurden.

Der nicht namentlich gezeichnete Artikel des »Reichsbanners« schließt mit den mahnenden Worten:

> Wozu wir das schreiben? Nicht um uns zu rühmen, daß wir kurz und schmerzlos unreife Menschen aus einer Versammlung ernster Leute entfernten, sondern um den anderen Kameraden zu zeigen, was notgedrungen herauskommen muß, wenn in einer Zeit, da Einigkeit nötiger ist denn je, ein freventliches Spiel mit den Interessen der Arbeiter getrieben wird. Die von uns Entfernten waren gerade diejenigen, die bis jetzt bei der SAJ und den Jungsozialisten ständig gegen das Reichsbanner hetzten, sich selber Rechte anmaßen wollten (Affäre Autohallen Kaiserdamm) und dabei nicht einmal imstande sind, einer Fahne treu zu bleiben, wenn die Zeiten sich verschlechtern und statt schwankender Figuren aufrechte Männer gebraucht werden.

26 »Das Reichsbanner« vom 31. Oktober 1931, S. 1 (»Seydewitze in Charlottenburg«).

Nachzutragen bleibt, dass Mitgliedern der frisch (gerade erst) gegründeten SAP die Mitgliedschaft im Reichsbanner verwehrt wurde, da diese Partei eine eigene »Schutztruppe« gewissermaßen als Konkurrenzunternehmen zum Reichsbanner – auf die Beine stellte.[27]

Bei all dem Streit darf aber nicht vergessen werden, dass entschiedene Anhänger der SAP seit 1933 zu den aktivsten Kräften des Arbeiterwiderstandes zählten – nicht nur in Charlottenburg, sondern auch in der Provinz Brandenburg, wie wir noch sehen werden (S. 282ff.).

Zu wiederholten Auseinandersetzungen kam es auch mit den Anhängern der Kommunistischen Partei. Obwohl diese die SPD als »sozialfaschistisch« einstufte und zum »Hauptfeind« erklärte, gefielen sich untere Einheiten der KPD darin, lokale Einheitsfrontbündnisse zu initiieren, um Einfluss auf sozialdemokratische Arbeiter zu bekommen.

Dabei wurde – ähnlich wie bei der SPD – auch beim Reichsbanner versucht, einen Keil zwischen Führung und Basis zu treiben. So war sich die führende Zeitung der KPD, die »Rote Fahne«, nicht zu schade, in ihrer Ausgabe vom 21. Oktober 1931 – also selbst nach dem großen Wahlsieg der NSDAP bei der zurückliegenden Reichstagswahl vom September 1930 – in Bezug auf eine Reichsbannerkonferenz in Hessen von einer »faschistischen Gaukonferenz« zu sprechen.[28]

Welcher Reichsbannerortsverein konnte angesichts dessen von einem ehrlichen Bemühen um ein gemeinsames Vorgehen der Arbeiterschaft ausgehen (was Absprachen in Notlagen im Einzelnen 1932/33 nicht ausschloss, wie z. B. ein Zeitzeuge aus Müllrose, S. 93, berichtet)?

Uns sind einige Versuche von Verhandlungen bekannt geworden: Einmal im sogenannten Roten Nowawes bei Potsdam – siehe hierzu das SPD-Kapitel Seite 123 – und dann im Kreis 4 (Teltow und Umgebung), wo in Zeuthen zunächst Angebote vom Roten Frontkämpferbund (RFB) gemacht, aber dann wieder zurückgezogen wurden, als der dortige Reichsbanner-Ortsverein für ein lokales Stillhalteabkommen (»Burgfrieden«) und weitergehende Verhandlungen auf Kreis- bzw. Gau-Ebene eintrat.[29]

Wohl am weitesten gediehen waren Einheitsfrontbemühungen in der Stadt Bernau, jener Kleinstadt vor den Toren Berlins, der nicht nur der mittelalterlichen Historie wegen, sondern aufgrund der hier 1931 eingeweihten Bundesschule des ADGB eine besondere Bedeutung zukam. Lassen wir hierzu einen auf kommunistischer Seite Handelnden zu Wort kommen, der über eine kenntnisreiche Innensicht verfügte.

---

27 »Das Reichsbanner« vom 14. November 1931 (siehe: Berichterstattung aus Finow, Kreis 8).

28 »Rote Fahne« vom 21. Oktober 1931, zitiert nach BArch, R / 1501 / Nr. 125966 (»Reichsbanner«-Ausschnittssammlung des Reichsministeriums des Innern). In einem Flugblatt aus dem September 1931 – verantwortlich war der KPD-Reichstagsabgeordnete Conrad Blenkle – wird ebenfalls von »sozialfaschistischen Trupps vom Reichsbanner« gesprochen; vgl. SAPMO-BArch, RY 1/2/8, Nr. 68, Bl. 56.

29 »Das Reichsbanner« vom 20. August 1932. Noch am 15. Februar 1933 rügte »Das Reichsbanner« die Angriffe von links, besonders in Zehdenick.

Reichsbanner-Funktionäre (helle Jacken) aus Nowawes: Paul Rottstock (l.), Ernst Wache (3. v. l.), Richard Grüneberger (Bildmitte), 1932

Der Bernauer Maschinenschlosser Fritz Ulm (* 1893) schreibt 1951:

> Man sprach damals von dem Roten Bernau. Und es gelang tatsächlich der kommunistischen Partei, die Mehrheit der Arbeiterklasse im Bernauer Bezirk zu erobern. [...]
> Der entschlossene Kampf der Bernauer Arbeiter gegen die Faschisten führte dann im Jahre 1932 zur Einheitsfront zwischen sozialdemokratischen und kommunistischen Arbeitern. Es kam zu gemeinsamen Kundgebungen und Demonstrationen. Aktionsprogramme wurden aufgestellt. Die Feier des 1. Mai wurde gemeinsam begangen. Auf ihr sprach ein Sozialdemokrat und ein Kommunist. In der Kundgebung, die zur Einheitsfront führte, sprach ich als Vertreter der KPD. Dann sollten die Wahlen gemeinsam vorbereitet werden. Leider war damals die Führung unserer Partei nicht damit einverstanden und Bernau blieb nur ein Einzelfall.[30]

Bernau war – was die Region Berlin-Brandenburg betraf – der Lackmustest für die verbalen Einheitsfront-Beschwörungen der KPD und er wurde vom Politbüro ganz eindeutig beantwortet: Selbst in einer Kleinstadt durfte es kein Zusammengehen auf der (bescheidenen) Leitungsebene geben, sondern nur eine generelle Unterordnung sozialdemokratischer Arbeiter (und Reichsbannermitglieder) unter die kommunistische Führung!

Dadurch wurde jede antifaschistische Einheitsfront in der Praxis torpediert, mochten sich lokale Funktionäre wie Ulm, unabhängige kommunistische Theoretiker wie Leo Trotzki und August Thalheimer bzw. kleine Arbeitergruppen wie die SAP oder der Leninbund – denen wir uns noch widmen werden (S. 269ff.) – auch noch

30 BLHA, Rep. 333, Nr. 1256, Bl. 14. (Ulm wurde – wie zahlreiche andere Bernauer Kommunisten – seit 1933 wiederholt ins KZ verschleppt.) Siehe auch die Studie von Andreas Herbst, Zur Geschichte der Arbeiterbewegung im Kreis Niederbarnim 1918–1933 (Hg. Kommission zur Erforschung der Geschichte der örtlichen Arbeiterbewegung der Kreisleitung Bernau der SED), Eggersdorf (1988).

so abmühen. Erst 1935, auf dem VII. Weltkongress der Kommunistischen Internationale, sah man ein, dass der Faschismus der eigentliche »Hauptfeind« war und nicht die bürgerliche Republik und die Sozialdemokratie als deren Stütze.

Zwischen Kampfbereitschaft und Auflösungstendenzen (1932/33)

Richten wir den Fokus nun auf den inneren Zustand der Republikschutztruppe bzw. deren Kampagne- und Kampffähigkeit in der Provinz Brandenburg in der Schlussphase der Weimarer Republik.

Es sind sehr widersprüchliche Signale, die von der Basis des Reichsbanners im zweiten Halbjahr 1932 ausgehen. Erinnert sei daran, dass das Jahr – kurz nach der Bildung der »Eisernen Front« im Dezember 1931 – voller Kampfentschlossenheit und Dynamik begann. Im Angesicht sehr wichtiger Wahlgänge (Reichspräsidenten-, Reichs- und Landtagswahlen) schien ein letztes Aufbäumen durch die Reihen des republikanischen Lagers, vor allem der Sozialdemokratie und ihrer Verbände, zu gehen. Der massenwirksame Symbolkampf unter dem Zeichen der drei Pfeile (Arbeitersolidarität) mit Rüstwochen, handschriftlichen Eintragungen ins »Eiserne Buch«, verstärkten Wehrsportübungen der Schufo (Schutzformationen), Umzügen und Großdemonstrationen, all das strahlte noch einmal eine Kraft aus, die zumindest in einigen Regionen und Zentren – man denke an das für die Provinz Brandenburg nicht unwichtige Groß-Berlin[31] – Menschen mitriss und für die freiheitlichen Ideale der Republik begeisterte.

Wir wissen aber auch, dass sich nach dem rechtswidrigen Sturz der (geschäftsführenden) Preußischen Landesregierung durch Reichskanzler von Papen am 20. Juli 1932 – der unter Verweis auf die bereits am 31. Juli bevorstehenden Reichstagswahlen widerstandslos hingenommen wurde, obwohl vor allem das Reichsbanner auf ein Zeichen zum Losschlagen hoffte (S. 88) – Enttäuschung und Resignation unter großen Teilen der Anhänger breitmachte: Die Republikschutztruppe bot nun ein sehr zerrissenes Bild[32], nur sehr begrenzt wurde noch geglaubt, der bevorstehende Wahlgang am 31. Juli 1932 würde einen triumphalen Sieg über die Mächte der »Harzburger Front« (DNVP, NSDAP, Stahlhelm) bringen. Dazu fanden sich interessante historische Quellen.

Am 21. Juli 1932, kurz nach dem »Papen-Putsch«, tagte in einem Lokal in Belzig – gehörend zum Kreis Zauch-Belzig, in dessen ländlichen Gebieten die Republikschutztruppe einen sehr schweren Stand hatte (S. 44) – eine Versammlung der »Eisernen Front«. Redner war ein vom berichterstattenden Landjägerhauptmann nicht näher genannter »Berliner Gewerkschaftssekretär«.

Obwohl der Redner »einen großen Teil des Abends« mit einem Lichtbildervortrag über den früheren Reichspräsidenten Friedrich Ebert bestritt – wohl wegen des

31 Ingrid Fricke, Franz Künstler, S. 304ff. Die Autorin belegt detailliert, wie erfolgreich sich die Berliner Partei unter ihrem Vorsitzenden Franz Künstler – der seit 1927 auch dem Gauvorstand des Reichsbanners Berlin-Brandenburg-Grenzmark angehörte – vom reichsweiten Trend der SPD absetzte, allerdings nur bis zum 20. Juli 1932.

32 Helga Gotschlich, Zwischen Kampf und Kapitulation, S. 132.

Ausnahmezustandes im Umfeld des vorangegangenen Staatsstreichs der Camouflage wegen aus taktischen Gründen bestreiten musste – und sich eines sachlichen, nicht-agitatorischen Tons befleißigte, wurde es dann doch hochpolitisch. Der gewiss nicht unparteiische Landjägerhauptmann notiert:

> Interessant dürften folgende Äußerungen sein, die er im Laufe seiner Rede machte: Er sagte z. B., daß ein großer Teil der preußischen Beamten, die gestern noch »Heil Severing« gerufen hätten, heute »Heil Papen« riefen. Der größte Fehler, den die SPD 1918 gemacht hätte, sei der, daß sie nicht sämtliche Beamte, die nicht SPD gewesen wären, herausgesetzt hätte. Der 31. Juli würde der SPD wieder zum Siege verhelfen, dann würde aber reine Bahn gemacht und sämtliche Beamte, die nicht SPD wären, würden entlassen. Sollte die SPD am 31. Juli den Sieg nicht erringen, würden die Gewerkschaften nach dem 31. Juli mit dem Generalstreik antworten, um dadurch die Regierung wieder anzugreifen. Uns Polizeibeamten rief der Redner zu, wir sollten uns ein Beispiel an den Berliner Polizeibeamten nehmen, welche gestern, als ihr Kommandeur verhaftet wurde, ein dreifaches »Freiheit« gerufen hätten. Im übrigen ermahnte er zur Ruhe, um weiteres Blutvergießen zu verhindern.[33]

Manches an diesem Bericht ist zweifelhaft, etwa der angeblich drohende Generalstreik im Falle einer Wahlniederlage der SPD – die genau eintrat, ohne dass der ADGB dergestalt massiv reagierte –, oder die Begrenzung republikanischer Beamter allein auf die Anhänger der SPD, aber die Mischung aus Attentismus, Verantwortungsgefühl (nämlich Blutvergießen zu verhindern) und Beschwörung einer zukünftigen »Abrechnung« mit den Feinden der Republik dürfte die Stimmung im zweiten Halbjahr 1932 gut wiedergeben. Dies wird noch deutlicher, wenn wir den Blick auf die damalige Hochburg der Brandenburger Arbeiterbewegung, die Lausitz, richten.

Am 6. August 1932, die Erinnerung an die republikanische Niederlage am 20. Juli 1932 war noch im Gedächtnis politisch Bewusster, berichtete die Zeitung »Das Reichsbanner« über ein von Tausenden besuchtes Treffen des Reichsbanners des Kreises 5 in Cottbus (geleitet von Paul Liebeck). Der Eigenbericht wies voller Stolz und Selbstbewusstsein auf die hohe Teilnehmerzahl aus den Reihen der Arbeiterschaft hin, die ihre Treue zur Republik beschworen:

> Unter gewaltiger Beteiligung der werktätigen Bevölkerung von Cottbus, die in den Durchmarschstraßen lange, dichte Spalierreihen bildete, ging bei glühender Hitze eine machtvolle, begeisternde Kampfdemonstration der Reichsbannerkameraden des 5. Kreises und der Eisernen Front Cottbus vor sich. Freudig begrüßt von den Werktätigen, die zu Tausenden die Bürgersteige säumten, marschierten die Freiheitskämpfer unter wehenden Fahnen durch die Stadt; Freiheitsrufe donnerten durch die Straßen und mit emporgerecktem Arm, mit geballter Faust schworen die Männer und Jünglinge in dem herrlichen Zuge und die in den Zuschauermassen Treue der deutschen Freiheit, Treue dem republikanischen Staat. [...]

---

33 BLHA, Rep. 2 A I Pol., Nr. 1050, Bl. 147. Der im Bericht als verhaftet bezeichnete Kommandeur der Berliner Schutzpolizei war Magnus Heimannsberg, Mitglied der Deutschen Demokratischen Partei und engagiertes Reichsbanner-Mitglied.

Reichsbanner-Zug in Spremberg (Lausitz), 1931

> Schon am frühen Vormittag rollten die ersten Lastwagen mit unseren Reichsbannerkameraden aus dem Senftenberger Hungerrevier aus Drebkau, Lübben, Spremberg über das Cottbuser Straßenpflaster. Aus jugendlichen Kehlen ertönten die Lieder der Freiheit und der Arbeiter; schwarz-rot-goldene Fahnen flattern in sausender Fahrt und brausend erschallen die Freiheitsrufe, wenn ein Passant den Arm zum Gruße hebt.[34]

Auf dem Sandower Marktplatz strömten die Anhänger der »Eisernen Front« zusammen, um von dort zum Schillerplatz, dem Aufmarschgelände zu ziehen, wo zur Mittagszeit die Großkundgebung stattfand. Mehrere Redner, darunter der Dichter Bruno Schönlank und der grauhaarige Robert Breuer, ergriffen das Wort. Letzterer grenzte die Anwesenden von den Anhängern der Hitler-Bewegung mit den Worten ab:

34 BArch, R 1501/1, Nr. 20234 (Ausschnittsammlung des Reichsministeriums des Innern), Bl. 111.

> Wir sind nicht die Sklaven eines »Führers«, wir sind freie Männer und nicht Gefangene einer Geisteskrankheit, die man Nationalsozialismus nennt! Wir sind nicht eine künstlich aufgeblasene Bewegung, hinter uns steht eine Geschichte, hinter uns stehen Karl Marx, Bebel, Friedrich Ebert, Otto Braun und Karl Severing. Dort drüben ist das große Maul, bei uns der Kopf; dort stehen die Strauchritter des Terrors, die Menschen, die sozialdemokratischen Frauen im Landtag zurufen: »Du olle Ziege, dafür (für den Krieg) werden sie (die Söhne) euch ja gemacht« (Stürmische, langanhaltende Pfuirufe.) Wir halten Ruhe und Disziplin, aber es könnte sich an ihnen bitter rächen, wenn die Faschisten glauben, daß wir uns alles gefallen lassen!
> Nein, Kameraden, so friedlich wir sind, greifen sie uns an, wird die Faust der Eisernen Front zuschlagen, daß nichts mehr übrig bleibt, als stinkender Brei!
> (Brausende Bravorufe.) Gegen ihre Gewalt, setzen wir zehnfach u n s e r e Gewalt!

Zum Abschluss der Massenkundgebung, begleitet von unzähligen Freiheits-Rufen, appellierte der Cottbuser Kreisleiter Paul Liebeck (S. 75) an die Anwesenden, sich in der »Eisernen Front« als der wirklichen Einheitsfront zusammen zu schließen.

Man mag aus heutiger Sicht den leicht pathetischen Bericht belächeln und die nicht eingelöste Kampfbereitschaft beklagen, muss aber wohl doch zugeben, dass ähnlich massenwirksame Freiheitskundgebungen wie die einfacher Arbeiter hier an deutschen Universitäten nur schwer anzutreffen waren – von bürgerlich-nationalprotestantischen oder militärischen Kreisen ganz zu schweigen.

Dass ein historisches Beispiel aus einer Arbeiterhochburg in der Lausitz nicht den grundsätzlichen Blick auf die Provinz Brandenburg mit all ihren eher isolierten kleinstädtischen und ländlich-bäuerlichen Gegenden trüben darf – wie man sich ohnehin nicht auf die reichsweite Zahl einer Reichsbanner-Mitgliedschaft von über drei Millionen fixieren sollte –, zeigt uns folgendes Beispiel aus dem Havelland.

Oft täuschen bereits die internen lokalen Angaben: So wurde im Herbst 1932 die Mitgliederstärke des Ortsvereins Falkensee offiziell mit »einigen Hundert« angegeben, wirklich aktiv waren aber lediglich 30–40 Mann, bemerkte die Politische Polizei (der Papen-»Ära«) in ihrem internen Bericht.[35] (Umso augenfälliger ist der Mut zum Widerstand mehrerer Kameraden nach dem 30. Januar 1933, S. 62ff.)

Auch die Verbandszeitung »Das Reichsbanner« beklagt nach dem 20. Juli 1932 den Rückgang der Aktivitäten mancherorts, ja sogar einzelne Auflösungstendenzen: So ließ der Versammlungsbesuch in Lychen deutlich nach, in Pritzwalk erschien der Ortsvereinsvorsitzende (!) einfach nicht mehr zur wichtigen Jahreshauptversammlung, wie überhaupt in der Prignitz der Erosionsprozess besonders ins Auge fällt: Der Kreisleiter Max la Hayne legte ohne offizielle Begründung 1932 sein Amt nieder – Nachfolger wurde der später vom NS Verfolgte Paul Flaschel (S. 39) – und im Januar 1933 berichtet die Zeitung »Das Reichsbanner«, die Kreiskonferenz der Funktionäre in der Prignitz sei ausgefallen und es habe nurmehr der Kreisvorstand getagt.[36]

---

35 BLHA, Rep. 2 A I Pol., Nr. 1051, Bl. 184f.
36 »Das Reichsbanner« vom 15.1.1933.

In anderen Kreisen gab es ähnliche Vorfälle: So hatte die zeitweilige Rückbildung der Schufo-Einheiten – eine Konzession des Reichsbanner-Bundesvorstandes an die Brüning-Regierung zur Zeit des SA-Verbots im Frühjahr 1932 (S. 59) – dazu geführt, dass beispielsweise in Schwedt (Kreis 7) danach die Aktivitäten völlig eingestellt wurden. In Eberswalde war die Mitgliederzahl von 140 im September 1932 auf 40–50 im Februar 1933 gefallen und der Vorsitzende Wegener plötzlich zurückgetreten, berichtete intern die Politische Polizei.[37]

Als besonders desillusionierend im Havelland – wozu die Kerngebiete von Brandenburg-Stadt und Rathenow gehörten – scheint nach jetziger Quellenlage der Organisationszustand in Fehrbellin gewesen zu sein. Hierüber informiert der Schriftverkehr des Ortsvorstandes der Stadt mit dem Gauvorstand in Berlin S14, Sebastianstraße 37/38 (vertreten durch den Sekretär Küter).[38] Schon 1925, also in der Gründungsphase der Republikschutztruppe, beklagte der damalige Vorsitzende Hermann Trützschler, in diesem »[...] schwarzen Loch einen schweren Stand [...]« zu haben, gibt sich aber trotzdem optimistisch: »Wenn es losgeht gegen die Hakenkreuzler, dann räumen wir ganz Fehrbellin allein auf.«

Im Oktober 1930 mahnte die Gauleitung allerdings an, dass seit Längerem keine Angaben über die Mitgliederzahl mehr mitgeteilt würden. Im Mai 1931 hatte der Ortsverein zwar einen Vorstand (Kassierer, Schriftführer, Beisitzer), aber keinen Vorsitzenden. Im November d. J. mahnte der Gauvorstand den bereits viermonatigen Rückstand der Beitragsabrechnung an.

Im September 1932 wurde ein interner Skandal in Fehrbellin aktenkundig und führte zu einschneidenden Veränderungen: Der bisherige Vorsitzende Przywarra wurde abgesetzt und ausgeschlossen und Paul Dirla (jun.) zum Nachfolger ernannt, teilte der verantwortliche Bezirksführer Fourmont Berlin am 22.9.1932 mit. Und er offenbarte, was vorgefallen war: Es fehlten in der Kasse nicht allein die Spendengelder, sondern Fourmont warf dem bisherigen Vorsitzenden vor, der habe »[...] mit den Nazis sehr stark konspiriert und versuchte, den Ortsverein kaputt zu schlagen.« (Dass Otto Fourmont das extreme Gegenteil des eben beschriebenen »Überläufers« war, wird noch 1933/34 deutlich, S. 76f.).

Nicht genug damit, ging dem neuen bzw. eingesprungenen Kassierer Hermann Worch (zugleich SPD-Ortsvereinsvorsitzender) am 22. Dezember 1932 ein Schreiben zu, dass seit einem halben Jahr keine Beitragsmarken-Abrechnung eingegangen war.

Der Angeschriebene antwortete bereits am nächsten Tag und ließ seinem angestauten Unmut über Veruntreuungen und unsolide Kassenführung freien Lauf:

> Obwohl ich ja nur passives Mitglied bin, habe ich als Vorsitzender des Wahlvereins Fehrbellin (SPD) mich der Sache [des Reichsbanners] angenommen und versuche in den Kassengeschäften Ordnung zu schaffen, denn es stinkt nicht nur in der R.B.-Kasse. Der frühere Vorsitzende Hermenau hat seinerzeit aus der S.P.D.-Kasse einen größeren Betrag dem R.B.

37 BLHA, Rep. 2 A I Pol., Nr. 1051, Bl. 278R (Schwedt/Oder), Bl. 287 (Eberswalde).

38 Vgl. zum Folgenden BArch, Bestand NS 26, Akte 800a (aus dem Hauptarchiv der NSDAP).

> überwiesen, welcher für den Wahlverein verloren ist, da die R.B.-Kasse leer ist. Hier sind auch noch Gelder der R.B.-Zeitung von dem verflossenen R.B.-Vorsitzenden unterschlagen. Da derselbe früher schon der [Kasse durch] »Eigenhilfe« einen grossen Betrag an eingezogenen Beiträgen unterschlagen hat, ist es mir unerklärlich, wie Kam. Hermenau, jetzt Rektor in Brandenburg, einen solchen Menschen im R.B. überhaupt dulden konnte. Je mehr ich mich mit den Organisationsfragen hier beschäftige, desto mehr widert mich alles an. Ich bedaure fast stündlich nicht mehr meiner früheren Kameradschaft Zoo [Berlin-Charlottenburg] anzugehören. Aus vorstehender Schilderung der hies. Zustände wird der Gauvorstand ersehen, wie schwer es mir fällt, darüber Bericht zu erstatten. Noch dazu, wenn man sieht, wie an der hier landläufigen laxen Auffassung im Unterscheiden von »Mein« und »Dein« alle ehrlichen Bemühungen scheitern. Ich habe es in den 8 Monaten, die ich jetzt leider hier wohne gründlich satt, so etwas war ich weder als Partei-, noch als R.B.-Mitglied in Charlottenburg gewöhnt. Doch genug für heute, mir wird schon wieder übel, von dem Geruch der aus diesem Sumpf aufsteigt.

Man kann sich vorstellen, warum die NSDAP ausgerechnet diesen internen Reichsbanner-Schriftwechsel in ihrem Hauptarchiv aufbewahrte. »Überläufer« wie Przywarra nahm sie 1932/33 gerne mit, integre Republikaner wie den Bezirksführer des Reichsbanners im Havelland Otto Fourmont ließ sie durch die SA im Zeichen der »Machtergreifung« dagegen grausam misshandeln (S. 77).

Die im öffentlichen Raum oft auf militante Gegnerschaft stoßenden Reichsbannergruppen fühlten sich wiederholt von der Justiz und den lokalen Ermittlungsbehörden (Bürgermeister mit Polizeibefugnissen, Landjägern) im Stich gelassen (S. 33). Wurde doch bei gewalttätigen Auseinandersetzungen zwischen angreifenden Anhängern der »Harzburger Front« (DNVP, Stahlhelm, NSDAP) und sich verteidigenden Republikanern allzu oft allein gegen Letztere Anklage wegen »Landfriedensbruchs« oder »schwerer Körperverletzung« erhoben. Selbst wenn es aufgrund einer unseriösen und unhaltbaren Beweislast zu Freisprüchen der Reichsbanner kam (September 1932 in Frankfurt/Oder, s. Anm. 40), bleibt die Tatsache, dass sich nicht die Täter, sondern wiederholt die Opfer rechtfertigen mussten.

Im zweiten Halbjahr 1932 erregte den Gau Berlin-Brandenburg besonders ein Justizverfahren, in dem der Bauklempner Max Rothe zu fünf Jahren Zuchthaus wegen (angeblichen) »versuchten Totschlags« in Tateinheit mit schwerem Landfriedensbruch – und sein Kamerad Siegbert Caro wegen Letzterem zu drei Jahren Gefängnis – verurteilt wurde. Im Kern ging es um einen Schusswechsel in der Alten Jakobstraße in Kreuzberg im Juni 1932.

Der Skandal dabei war, dass sich die Anklage der Staatsanwaltschaft auf Aussagen von Nationalsozialisten stützte! Es spielte dabei auch keine Rolle, dass die Verteidigung einen einwandfreien Zeugen vorführte, der die Zeugenbeeinflussung durch SA-Führer Gentz (in der Mittagspause) mitbekommen hatte: Letzterer hatte auf noch nicht vernommene SA-Männer eingewirkt, dieses oder jenes gesehen zu haben. Der »Vorwärts« über die Schlussworte des Reichsbanneranhängers Max Rothe:

Höhepunkt dieses Prozesses war das letzte Wort des Angeklagten Rothe. Nicht bettelnd und bittend, sondern aufrecht und klar, im schlichten Deutsch des Proletariers, im festen Gefühl seiner Unschuld sprach er: »Ich habe mit dem SA-Führer Gentz einmal einen Zusammenstoß gehabt. Darum das Ganze! Er hat es mir ja angedroht: Mir soll eins ausgewischt werden, ich soll fertiggemacht werden. Das soll jetzt geschehen. Ich habe jeden Streit mit ihm vermieden, sonst hätte ich ihn nicht vorher, wie er mir mein Abzeichen abreißen wollte, laufen lassen. Wenn ich ein Raufbruder wäre, so hätte ich ihn mir dort vorgeknöpft. Ich habe nicht geschossen, weil ich nicht schießen konnte. Denn ich habe keine Waffe. Ich bin unschuldig, ich bitte um Freispruch.«[39]

Max Rothe

Doch die Justiz, in diesem Fall das Sondergericht I unter dem Vorsitzenden Landgerichtsdirektor Tolk, folgte nicht der Bitte und den Aussagen des Angeklagten, sondern schenkte dem großes Vertrauen, was die SA-Männer vorbrachten, und so erging das o. g. harte Zuchthausurteil.

Aber Max Rothe musste die besagten fünf Jahre nicht absitzen, sondern kam im Dezember des Jahres aufgrund der »Weihnachtsamnestie« frei, was nichts am skandalösen Urteil änderte. Die Januar-Ausgabe 1933 des »Reichsbanners« berichtet im Rückblick auf den Monat zuvor von Reichsbanner-Treffen zur Adventszeit, auf denen Max Rothe persönlich erschien und von allen begrüßt wurde. Doch schon bald darauf (S. 62ff.) kam es zu wieder anderen Prozessen, die bereits im Zeichen der »nationalen Revolution« und der sie begleitenden Errichtung von Konzentrationslagern einhergingen.

Nachzutragen zum oben geschilderten Strafverfahren gegen Max Rothe bleibt, dass der wahre Täter Ende der 1930er Jahre der Gestapo ins Netz ging: Es war der frühere Polit. Leiter der kommunistischen »Häuserschutzstaffel«, Wassertorstraße (Kreuzberg), Anton Blatschek (1901–1963). Eine Rehabilitierung oder Entschädigung für die Haft bekam der frühere Jungbanner Max Rothe aber trotzdem nicht.[40] »Das

39 »Vorwärts« vom 1.9.1932 (Nr. 205 / Jg. 49) unter der Überschrift »Fünf Jahre Zuchthaus für Reichsbannermann«; LABO, Entschädigungsakte Nr. 7664 (Max Rothe).

40 LABO, Entschädigungsakte Nr. 7664 (Max Rothe). Rothe »tauchte« 1933 eine Weile unter, sein Bruder wurde von SA verschleppt. Zahlreiche Verhöre und Justizverfahren setzten dem 1932 Amnestierten wiederholt zu.

Fahnenweihe des Reichsbanners in Schönefeld, 1930, hintere Reihe 5. v. l. Richard Matzdorf

steht auf einem anderen Blatt«, kommentierte ein NS-Richter eine entsprechende Frage des sechs Monate zu Unrecht Eingesperrten.

In seiner Beschreibung der Zäsur des Jahres 1933 in der Region Königs Wusterhausen weist der Autor Fred Bruder (S. 74, Anm. 71) auch auf das Engagement von Reichsbannergruppen um den dort wirkenden Kreisleiter (S. 39) Richard Matzdorf (Wildau) hin und betont, wie sehr sich besonders im November 1932 beim Reichstagswahlkampf die Lage zugespitzt hatte: Obwohl das Reichsbanner eher deeskalierend agierte und sich auf den Schutz einer großen Wahlversammlung in Königs Wusterhausen (Bahnhofshotel) konzentrierte, kam es zu einer heftigen Saalschlacht mit der SA. Und noch in den Folgetagen schlossen sich weitere Auseinandersetzungen an. Von NS-Kreisen der gefährlichen Körperverletzung beschuldigt, geriet Matzdorf in Untersuchungshaft, kam aber Ende 1932 frei, da ausreichende Beweise fehlten.

Karl Schlombach, einer der profiliertesten Reichsbannermänner des gesamten Kreises 4 – für den die republikanische Hochburg Luckenwalde (S. 149) leider nicht typisch war – kämpfte im dörflichen Großbeeren jahrelang gegen nationalistische und militaristische Bestrebungen. Es gelang ihm sogar, die Aushebung eines NS-Waffenlagers zu erwirken. Entsprechend groß war der Hass seiner politischen Feinde: Am 23. Februar 1933 trachteten SA-Leute – siegestrunken und zunehmend enthemmt – Schlombach nach seinem Leben. Sie stürmten schließlich das von ihm und seiner Frau mitbewohnte Armenhaus der Gemeinde (heute Berliner Straße 58), zündeten es an und schossen auf den Flüchtenden und bereits Verwundeten.

Die »Sozialistische Arbeiterzeitung« der SAP (S. 274ff.) berichtete am 26. Februar d. J. mit dem Titel »Die Schreckensnacht von Großbeeren« von dieser Gewalttat, die mehrere Familien um ihr Obdach brachte.

Trotz der couragierten Haltung des Gemeindevorstehers Wilhelm Becker (DDP), der die NSDAP des Überfalls beschuldigte – was ihn bald darauf das Amt kostete –, wurde Schlombach als angeblicher »Brandstifter« eingesperrt. Im Gegensatz zu anderen verschleppten Sozialdemokraten, wie dem Abgeordneten Drügemüller oder dem Gemeindevorsteher von Niederlehme Emil Lehmann, wurde der Reichsbannermann erst Anfang 1934 aus der »Schutzhaft« entlassen und zudem gezwungen, Großbeeren zu verlassen. (Er zog nach Berlin-Steglitz, wo er im Juli 1944 dann erneut festgenommen wurde. Im Februar 1945 kam er im KZ Bergen-Belsen ums Leben.)

Politische Observierung und frühe Prozesse (Gransee, Falkensee)

Wie bereits an anderer Stelle beschrieben (S. 29ff.), standen Anhänger der Republikschutztruppe aber nicht erst 1932, sondern bereits in den 1920er Jahren vor Gericht, weil sie sich wegen gewaltsamer Auseinandersetzung mit politischen Gegnern – überwiegend des Stahlhelm oder der NSDAP – verantworten mussten. Wobei es wiederholt zu der absurden Konstellation kam, dass Anhänger und Feinde der Republik auf eine Stufe gestellt wurden und sich Demokraten dafür rechtfertigen mussten, die Verfassungsgrundsätze im öffentlichen Raum verteidigt zu haben! Die Verbandszeitung »Das Reichsbanner« berichtet vor allem in den letzten Jahrgängen (1931–33) von einer zunehmend politisch einäugigen Rechtsprechung.[41] Nachdem Reichskanzler Heinrich Brüning (Zentrumspartei) im Frühjahr 1932 zeitweise die SA verbot, eine Entscheidung, die sein Nachfolger von Papen (der um die Gunst der NSDAP buhlte) umgehend rückgängig machte, wurde doch tatsächlich von der NSDAP und der rechtskonservativen Seite gefordert, nun auch das Reichsbanner (als angeblichen Waffenträger und Störenfried der öffentlichen Ordnung) zu verbieten.[42]

Wenn diese Forderung auch nicht durchgesetzt werden konnte, erreichte sie immerhin ein gewisses Zurückweichen der Reichsbannerführung, die die Bereitschaft zeigte, die exponierten Schutzformationen zurückzubilden. Mancherorts im Brandenburgischen wurde die Schufo völlig aufgelöst und auch nicht mehr gebildet (S. 55), nachdem die SA durch Reichskanzler von Papen wieder zugelassen worden war.

Während der Kanzlerschaft dieses rechtskonservativen Politikers wurde im Herbst 1932 auch angeordnet[43], dass die Politische Polizei nicht nur links- und rechtsextreme Parteien und Bewegungen beobachten sollte, sondern auch das Reichsbanner. Und dabei standen vor allem drei Dinge im Vordergrund des polizeilichen Interesses: Organisationsstärke/Waffenbesitz, das Vorhandensein betrieblicher Hammerschaften und das Verhältnis zur Einheitsfront mit den Kommunisten. Dahinter steckte ganz offensichtlich die Sorge um die potenzielle Abwehrfähigkeit eines Teils der politischen Linken. Von den (nominell) mindestens 20 000 Gau-Reichsbannermitgliedern kann

---

41 Vgl. »Das Reichsbanner« vom 17. September 1932 (über ein Verfahren in Frankfurt/Oder).

42 BArch, R 1501 / Nr. 113116-113118 (In einer akribischen Auflistung stellte das Ministerbüro Groeners diesen haltlosen Vorwürfen wahrheitsgemäße Fakten gegenüber.).

43 BLHA, Rep. 2 A I Pol. Nr. 1051, Bl. 200ff.

tatsächlich nur eine kleinere Einheit als im politischen Kampf potenziell verwendbar und einsatzfähig bezeichnet werden. Die Politische Polizei schätzte im Herbst 1932 für den gesamten Gau die Zahl von nur 2000 Schufo-Mitgliedern – knapp die Hälfte davon aus Berlin –, was aber entschieden zu wenig sein dürfte.[44]

Um gerade in diesem Zusammenhang auf die propagandistisch oft herausgestellten betrieblichen »Hammerschaften«, den gewerkschaftlichen Zweig der »Eisernen Front« also, zu sprechen zu kommen, kann für den Gau Berlin-Brandenburg-Grenzmark diesbezüglich nicht viel gemeldet werden:[45]

Kreis 1 (Uckermark)	keine Hammerschaft bekannt
Kreis 2 (Prignitz)	eine Hammerschaft in Gransee
Kreis 3 (Havelland)	eine Hammerschaft bei der AEG Hennigsdorf sowie eine Absichtserklärung für Potsdam/Nowawes
Kreis 8 (Barnim)	je eine Hammerschaft im Eisenbahnausbesserungswerk sowie bei der Firma Ardelt (beide Eberswalde und angeblich nicht aus 100 Mann sondern aus jeweils lediglich 15 Mann bestehend)

Ausgerechnet für die Lausitzer Arbeiterzentren (S. 52f.) gibt die Politische Polizei im Herbst 1932 – wohl aus Zuständigkeitsgründen – keine Angaben für die Hammerschaften an.

Von »Waffenlagern«, die im Zuge der NS-Machtergreifung (Frühjahr/Sommer 1933) eine große propagandistische Rolle spielten (S. 139f.), wird durch die Politische Polizei im Herbst 1932 nichts Spektakuläres gemeldet.

Ähnliches gilt in Sachen »Einheitsfront« mit KPD-Einheiten.[46] Heißt es doch für Potsdam/Nowawes »Vom hiesigen Reichsbanner abgelehnt«, für Rathenow wird bemerkt »nicht(s) beobachtet«, für Wittenberge bemerkt der Bericht, diesbezügliche Verhandlungen scheiterten »an der Haltung der Kommunistischen Partei«, in Birkenwerder soll es innerhalb des Ortsvereins deswegen zu Unstimmigkeiten und Austritten gekommen sein und in Brandenburg-Stadt gab es selbst im März 1933 weder eine Einheitsfront noch ein »Waffenlager«. Gerade hier hatten die Reichsbannermänner gehofft, im entscheidenden Augenblick von ihrer Polizei (S. 61) bewaffnet zu werden.

Nicht nur die Politische Polizei und der rechtskonservative Staatsapparat blickten mit Argusaugen auf das mögliche Widerstandspotenzial republikanischer, gewerkschaftlicher und kommunistischer Kreise, sondern gerade auch die Hitler-Bewegung. So schickten lokale Einheiten der SA im Sommer und Herbst 1932 Meldungen an

44 Geheimes Staatsarchiv Preußischer Kulturbesitz (GStPK), Hauptabteilung I, Rep. 219, Nr. 29 (Geheime Staatspolizei).

45 BLHA, Rep. 2 A I Pol. Nr. 1051, Bl. 201R (Uckermark), Bl. 211R (Prignitz), Bl. 184R (Havelland), Bl. 226R (Potsdam/Nowawes), Bl. 232f. (Eberswalde).

46 Ebd., Rep. 2 A I Pol. Nr. 1051, Bl. 227 (Potsdam/Nowawes), Bl. 234 (Rathenow), Bl. 236R (Wittenberge), Bl. 263 (Birkenwerder), Bl. 286 (Brandenburg).

die Führungsebene, die ihre Beobachtungen und Einschätzungen wiedergaben. Aufgrund einer uneinheitlichen Quellenüberlieferung liegt dem Verfasser leider nur diese eine Meldung zur Provinz Brandenburg vor. Sie ging am 1. August 1932 bei der SA-Gruppe Berlin-Brandenburg ein[47] und richtet den Fokus auf die Stadt Brandenburg. (Zur Erinnerung: Am 20. Juli 1932 kam es zum Papen-Putsch.)

An die Untergruppe Brandenburg-West, Potsdam.
Bericht.
1) Reichsbanner: Das Reichsbanner ist mit grösseren Aktionen bisher nicht hervorgetreten. Ein leicht provozierendes Verhalten ist allerdings festzustellen. Zu Zusammenstößen grösseren Ausmasses ist es jedoch nirgends gekommen. – Das Reichsbanner liegt seit dem Abend des 20. Juli 1932 in höchster Alarmbereitschaft.
Wie der Standarte aus s o n s t zuverlässiger Quelle bekannt ist, besitzt das Reichsbanner eine grosse Anzahl Waffen (Gewehre, Pistolen, M.G's., Munition zu allem). Diese Sachen sollen lagern im Gebäude des Konsumvereins in der Wilmersdorfer Landstraße, im Volkshaus in der Steinstr. und auch im Gebäude der »Brandenburger Zeitung« in der St. Annenstr.
Es ist wiederholt festzustellen Gelegenheit gewesen, dass das Reichsbanner eng mit der Polizei zusammenarbeitet. Abordnungen des Reichsbanners nehmen als Zuschauer an den Geländeübungen der Polizeischule teil.
Weiter ist aus zuverlässiger Quelle bekannt geworden, dass das Reichsbanner in der Stadt Brandenburg Hilfspolizeibefugnisse im Fall größerer Unruhen bekommt. Es soll dann dem brandenburger Polizeidirektor Albrecht unterstellt werden.
2) [...]
3) Polizei: Die Polizei ist zu gut 50% marxistisch eingestellt. Einige sind uns gut gesonnen, der Rest ist indolent. Die Landjägerei ist im allgemeinen durchaus national, wenn nicht sogar nationalsozialistisch. Bei Einstellungen in die Polizeischule Brandenburg, die für Gross-Berlin Polizeibeamte herausbildet, werden in letzter Zeit zu etwa 70 % Angehörige des Reichsbanners berücksichtigt.
4) Zusammenstösse: Es ist der Standarte von Zusammenstössen grösseren Ausmasses nichts bekannt. Zwei Leichtverletzte hat es gegeben, in Rathenow und in Weseram. Beide Male waren die Angreifer Reichsbannerleute.
5) Rote Einheitsfront: Anfänge eines Zusammenarbeitens der roten Brüder machen sich nur allmählich bemerkbar. Aufzüge in Stadt Brandenburg sind bislang von jeder Partei gesondert durchgeführt worden. Reichsbanner und Antifa hingegen greifen sich tätlich nicht mehr an – was mitunter früher vorgekommen ist –. Im grossen und ganzen aber ist im Gebiet der Standarte 35 von dem Mordterror der Marxisten nichts verspürt worden.

Der Führer der Standarte 35
Schaudinn
Standartenführer

47 GDW/Berlin, Kopien aus dem Sonderarchiv Moskau: SA-Meldungen vom Sommer und Herbst 1932 (Schwerpunkt Groß-Berlin). Der Name des berichtgebenden Standartenführers (Schaudinn?) ist leider schwer lesbar.

Zu dieser politisch-subjektiven Zustandsbeschreibung, die nur den Raum der Stadt Brandenburg im Sommer 1932 ins Visier nimmt, muss angemerkt werden, dass das positive Verhältnis zwischen Reichsbanner- und Berliner Polizeiführung spätestens mit den politischen Säuberungen Papens nach dem 20. Juli 1932 endete. In städtischen Hochburgen wie Berlin, Brandenburg-Stadt, Rathenow und Luckenwalde sah es ohnehin anders aus als auf dem Lande, wie ja auch die Berichterstattung der Zeitung »Das Reichsbanner« immer wieder leidgeprüft hervorhob. Die reaktionäre Ausrichtung vieler Landjäger – von der SA bejubelt – bekam das Reichsbanner oft zu spüren (S. 33).

Allgemein dürfte die Analyse einer stark »marxistisch« – in der Diktion der NSDAP war damit »sozialdemokratisch« gemeint – orientierten Polizeibasis eine propagandistische Übertreibung gewesen sein. Doch wie stark der Anteil auch immer war, nach dem 20. Juli 1932 gab es keine republikanische Polizeiführung mehr in Berlin. Papen hatte für seinen Koalitions-Wunschpartner bereits die halbe Vorarbeit geleistet: Die «nationale Revolution» konnte beginnen. Ziehen wir im Folgenden zwei frühe Brandenburger Justizverfahren heran, um einen Einblick in die damalige Konfliktlage zu erhalten:

Noch in der Nacht der Ernennung Hitlers zum Reichskanzler durch Reichspräsident von Hindenburg kam es zu Auseinandersetzungen in Gransee, die zu einem Prozess gegen Reichsbannermänner führten.

Die Vorfälle in Gransee (Prignitz)

Ein Schwurgerichtsverfahren beschäftigte sich 1933 mit einer Straßenschlacht zwischen Reichsbannerkameraden und nazistischen Gewalttätern in Gransee am 1. Februar 1933.

Die in der Prignitz – dem heutigen Landkreis Oberhavel – gelegene Stadt hatte damals knapp 4300 Einwohner, davon waren – internen Polizeiberichten von Herbst 1932 zufolge[48] – etwa 80 beim Reichsbanner organisiert. Zusammen mit nahestehenden Vereinen kamen danach die organisierten Republikaner auf 90–100 Personen. Von 1932 auf 1933 gab es offensichtlich einige personelle Umstellungen: So löste der Arbeiter Otto Gerlich (* 1893) den Arbeiter Wilhelm Pajenkamp (* 1904) in der Reichsbannerleitung ab, dafür wurde Letztgenannter zweiter Vorsitzender des Ortsvereins und zwar als Nachfolger des Maurers Otto Steinberg, der nun zum Jugendleiter gewählt wurde. Führer des «aktiven Reichsbanners» war der Klempner Karl Ingold (* 1904). Noch im März 1931 bestand eine vom Stellmacher Ernst Kemmin geleitete Hammerschaft, der Betrieb dazu wird leider nicht angegeben.

Besagter Reichsbanner-Jugendleiter Steinberg wurde Anfang Februar 1933 mit anderen Kameraden in schwere Auseinandersetzungen mit siegestrunkenen Hitler-Anhängern verwickelt. Hören wir dazu die tendenziöse »Potsdamer Tageszeitung« vom 10. August 1933:

48 BLHA, Rep. 2 A I Pol., Nr. 1051, Bl. 209R und 277.

> Die Granseer Straßenschlacht vor dem Schwurgericht.
> Der schwere und blutige Zusammenstoß, der sich am 1. Februar in Gransee zwischen einem Demonstrationszug des Reichsbanners und Nationalsozialisten abspielte, findet jetzt seine Sühne vor dem Schwurgericht Neuruppin. Aus der Untersuchungshaft wurden die Maurer Otto Steinberg und Emil [Ewald] Blankenburg sowie der Arbeiter Otto Rahn, sämtlich aus Gransee, dem Schwurgericht vorgeführt. Die Anklage lautet auf versuchte Tötung. Am Abend des 1. Februar hatte das Reichsbanner einen Demonstrationszug veranstaltet. Als der Zug die Friedrich-Wilhelm-Straße passierte, wurden plötzlich Rufe wie »Messer raus« laut und im Handumdrehen kam es zu einer schweren Schlägerei mit Nationalsozialisten.
> Eine ganze Reihe von Personen mußten mit Stichwunden in das Krankenhaus gebracht werden. Auf Antrag des Oberstaatsanwaltes wurde vor Eintritt in die Verhandlung die Öffentlichkeit ausgeschlossen. Die Verhandlung, zu der nicht weniger als 61 Zeugen geladen waren, wird mehrere Tage dauern.[49]

Otto Steinberg

Am 11. August setzt die genannte NS-Zeitung den Bericht fort:

> Nach mehrtägiger Verhandlung gegen die Urheber der Granseer Straßenschlacht, die sich bei einem Propagandamarsch des Reichsbanners am 1. Februar in Gransee entwickelte, fällte das Schwurgericht Neuruppin folgendes Urteil:
> Wegen versuchter Tötung und Aufreizung zu Gewalttätigkeiten wurde der Maurer Otto Steinberg zu 3 ½ Jahren Zuchthaus, der Maurer Ewald Blankenburg zu 3 Jahren Zuchthaus und je 5 Jahren Ehrverlust verurteilt. Der Arbeiter Otto Rahn wurde wegen Mangel an Beweisen freigesprochen. Bei der blutigen Schlägerei waren drei Nationalsozialisten durch Messerstiche lebensgefährlich verletzt worden.[50]

Soweit die propagandistisch gesteuerte Presse, die aus militanten Gegnern der Republik Opfer machte. Denn wie nach 1945 mehrere Zeitzeugen – darunter der letzte Reichsbannerleiter Gerlich – bestätigen, waren es tatsächlich die Reichsbannermänner, die heimtückisch angegriffen wurden.

---

49 Vgl. Bezirksleitung Potsdam (Hg.), Ausgewählte Dokumente und Materialien, Bd. 1, S. 58.
50 Ebd., Ausgewählte Dokumente, S. 58.

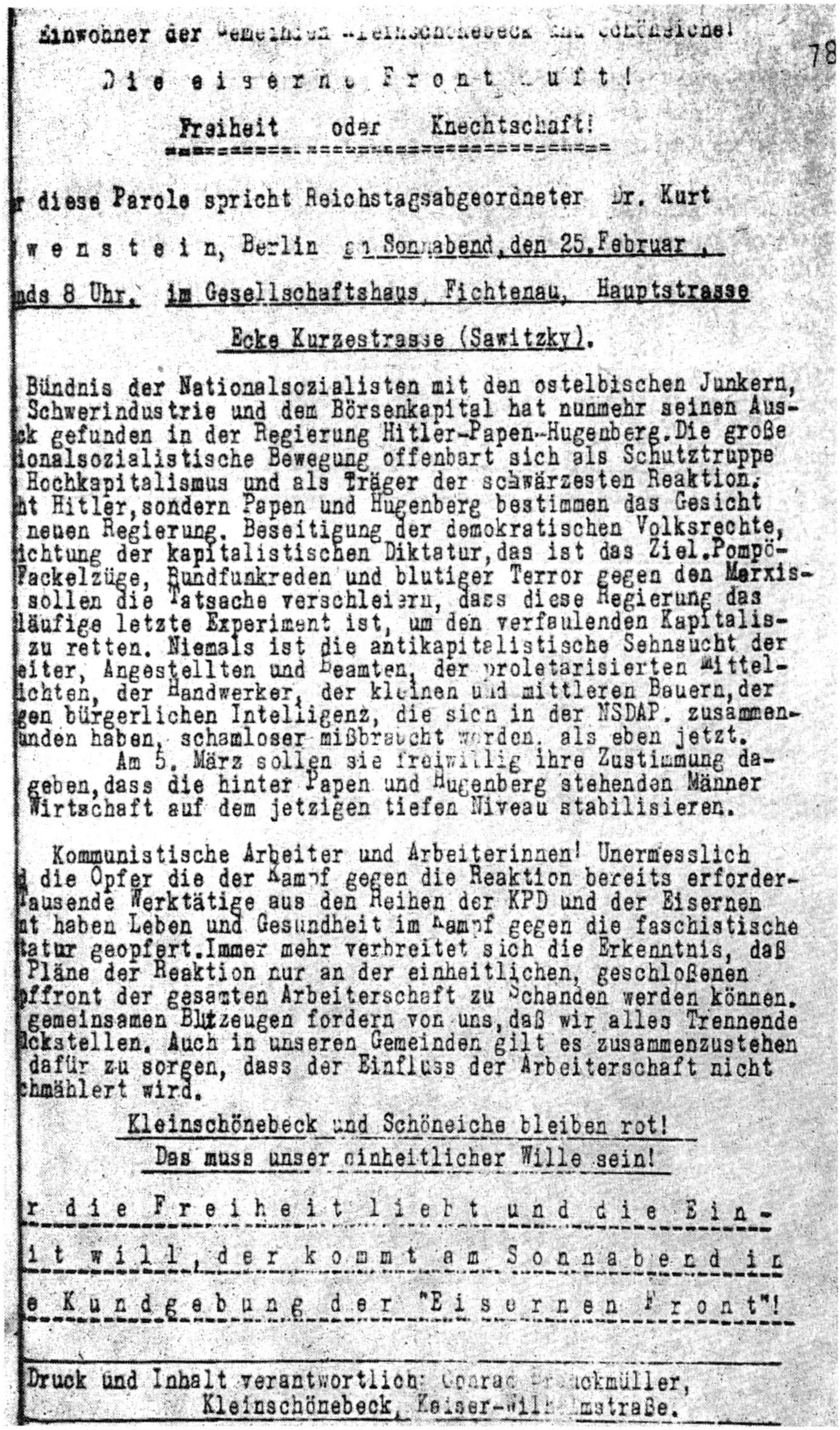

Einwohner der Gemeinden Kleinschönebeck und Schöneiche!

Die eiserne Front ruft!

Freiheit oder Knechtschaft!

r diese Parole spricht Reichstagsabgeordneter Dr. Kurt
wenstein, Berlin am Sonnabend, den 25. Februar,
nds 8 Uhr, im Gesellschaftshaus, Fichtenau, Hauptstrasse
Ecke Kurzestrasse (Sawitzky).

Bündnis der Nationalsozialisten mit den ostelbischen Junkern, Schwerindustrie und dem Börsenkapital hat nunmehr seinen Aus- ck gefunden in der Regierung Hitler-Papen-Hugenberg. Die große ionalsozialistische Bewegung offenbart sich als Schutztruppe Hochkapitalismus und als Träger der schwärzesten Reaktion. ht Hitler, sondern Papen und Hugenberg bestimmen das Gesicht neuen Regierung. Beseitigung der demokratischen Volksrechte, ichtung der kapitalistischen Diktatur, das ist das Ziel. Pompö- Fackelzüge, Rundfunkreden und blutiger Terror gegen den Marxis- sollen die Tatsache verschleiern, dass diese Regierung das läufige letzte Experiment ist, um den verfaulenden Kapitalis- zu retten. Niemals ist die antikapitalistische Sehnsucht der eiter, Angestellten und Beamten, der proletarisierten Mittel- ichten, der Handwerker, der kleinen und mittleren Bauern, der gen bürgerlichen Intelligenz, die sich in der NSDAP. zusammen- unden haben, schamloser mißbraucht worden, als eben jetzt.
Am 5. März sollen sie freiwillig ihre Zustimmung da- geben, dass die hinter Papen und Hugenberg stehenden Männer Wirtschaft auf dem jetzigen tiefen Niveau stabilisieren.

Kommunistische Arbeiter und Arbeiterinnen! Unermesslich d die Opfer die der Kampf gegen die Reaktion bereits erforder- Tausende Werktätige aus den Reihen der KPD und der Eisernen nt haben Leben und Gesundheit im Kampf gegen die faschistische tatur geopfert. Immer mehr verbreitet sich die Erkenntnis, daß Pläne der Reaktion nur an der einheitlichen, geschloßenen pffront der gesamten Arbeiterschaft zu Schanden werden können. gemeinsamen Blutzeugen fordern von uns, daß wir alles Trennende ückstellen. Auch in unseren Gemeinden gilt es zusammenzustehen dafür zu sorgen, dass der Einfluss der Arbeiterschaft nicht chmählert wird.

Kleinschönebeck und Schöneiche bleiben rot!
Das muss unser einheitlicher Wille sein!

r die Freiheit liebt und die Ein- it will, der kommt am Sonnabend in e Kundgebung der "Eisernen Front"!

Druck und Inhalt verantwortlich: Conrad Brückmüller,
Kleinschönebeck, Kaiser-Wilhelmstraße.

Ein Flugblatt der »Eisernen Front« vom 25. Februar 1933 wendet sich auch an KPD-Anhänger.

In der Verfolgtenakte Steinbergs findet man auch eine ausführliche Stellungnahme des o. g. Führers des »aktiven Reichsbanners« Ernst Kemmin. Der kannte Steinberg seit frühester Jugend, lobt seine hohe Einsatzbereitschaft, die ihm manche Kurzstrafe einbrachte, und hebt auch die Initiative Steinbergs bei der Bildung des Arbeiter-Turn- und Sportvereins hervor. Kein Wunder, dass der junge Maurer zum »bestgehassten Mann bei all unseren politischen Gegnern« wurde, dem man gerne einen Denkzettel geben wollte. Als Steinbergs Wohnsitz eines Abends von SA belagert wurde, sorgte Kemmin dafür, dass die Polizei Steinberg sicher nach Hause brachte. Kemmin war auch dabei, als das Reichsbanner am 1. Februar von SA überfallen wurde:

> Wir wehrten uns tapfer, sodass auf Seiten der SA verschiedene Männer mit nicht unerheblichen Verletzungen in das Granseer Krankenhaus eingeliefert wurden. Nun war die beste Gelegenheit gegeben, O. St. [Otto Steinberg, d. Verf.] den schon lange geplanten Denkzettel zu verabreichen. O. St. und ich wurden noch in derselben Nacht in Haft genommen. Während ich nach verschiedenen Verhören entlassen wurde, blieb O. St. in Haft.[51]

Vor Gericht warfen SA-Zeugen dem Jungbannerleiter Steinberg vor, die Gewalt sei von ihm ausgegangen, habe er doch angeblich seinen Leuten zugerufen: »Messer raus, los auf die Hunde!« – was wohl kaum dem Denken und der Sprache des Reichsbanners entsprach.[52]

Wie aber erging es dem Hauptangeklagten Otto Steinberg? Nach Verbüßung seiner langen Zuchthausstrafe in der Strafanstalt Brandenburg (9.11.1933–15.2.1934), dem Moorlager Papenburg (bis zum 15.3.1936) und der Strafanstalt Plötzensee (bis zum 9.5.1936) zog man ihn im Sommer 1939 zum Baubataillon 211 ein. 1941 sah das Regime zunächst von der Einberufung des Vorbestraften zur Wehrmacht wegen »Unwürdigkeit« ab, um ihn im Oktober 1942 dann doch in eine Strafeinheit (999) zu stecken. Trotz Verwundung erwog man dort noch kurz vor Kriegsende, ihn erneut an die Front zu schicken. Im Mai 1945 geriet er dann in Gefangenschaft. 1952 blickt der Granseer (1910–1981) auf die Jahre der Reichsbannertätigkeit und seine Strafen mit den Worten zurück:

> Am 20.10.1926 wurde ich wegen aktiver Wahlpropaganda (Plakatekleben) [und] Zusammenstoß mit politischen Gegnern […] wegen Körperverletzung zu RM 40.– Geldstrafe verurteilt (in Ruppin) […] Am 19.6.1929 d[urch] StA [Staatsanwaltschaft] Neuruppin – [Aktenzeichen:] 5 J. 197/29 wegen Körperverletzung zu 100 RM. […] Am 9.11.1933 d[urch] StA Neuruppin – [Aktenzeichen:] 9 × 4/33 – wegen vors. Totschlages zu 3 Jahren, 3 Monaten Zuchthaus u. 5 Jahren Ehrverlust – verbüßt 9.5.1936. So war es! und wenn ALLE organisierten Arbeiter so gegen das Banditentum der SA-SS ihr[en] Mann gestanden hätten, wäre kein 1933–1945 gekommen.[53]

---

51 BLHA, Rep. 401, VdN-Nr. 4855, Bl. 6.
52 BLHA, Rep. 401, VdN-Nr. 222 (Zitat laut »Märkischer Zeitung« in der Akte von Ewald Blankenburg).
53 Ebd., Rep. 401, VdN-Nr. 4855, Bl. 5 (»Mein Lebenslauf«, Gransee, den 7.2.1952) Wir haben uns minimale orthographische Korrekturen erlaubt. Zum mitverurteilten Ewald Blankenburg, der eher durch persönliche Umstände in die Auseinandersetzungen hineingeraten war und nach der Haft zurück in den »Stahlhelm« wollte, vgl. BLHA, Rep. 401, VdN-Nr. 222.

Während die eben geschilderten Ereignisse in Gransee wenigstens in groben Umrissen dokumentiert sind, können wir von einem anderen schweren lokalen Zusammenstoß zwischen Republikanern und NS-Anhängern leider nur wenige Fakten übermitteln: In der politisch umkämpften Stadt Frankfurt/Oder (S. 211) wirkte bei vielen Auseinandersetzungen der 1905 geborene Arbeiter Walter Korsing mit. Schon in jungen Jahren politisch interessiert und engagiert, trat er früh der SPD und dem Reichsbanner Schwarz-Rot-Gold bei. Kurze Zeit geriet er deswegen auch in Haft – möglicherweise in einem bereits angesprochenen (umstrittenen) Justizverfahren der Oderstadt 1932 (S. 59). In seinem Mut ungebrochen, trat Walter Korsing der NS-Bewegung weiterhin entgegen und wurde – in einem leider nicht näher überlieferten Zusammenhang – am 19. Juni 1933 von SA deshalb niedergeschossen und verstarb.[54]

Mordvorwürfe gegen Reichsbannerangehörige aus Falkensee (Havelland)
Nur zwei Monate nach den harten Auseinandersetzungen in Gransee (Prignitz), wo sich Reichsbannermitglieder erfolgreich eines Angriffs von SA erwehrten und dafür verurteilt wurden, ihr Leben gerettet zu haben, kam es im Havelland zu einem sehr ähnlich verlaufenden politischen Vorfall.

Beginnen wir auch hier zunächst mit einer propagandistisch gesteuerten Pressemeldung aus dem Monat August 1933:

> Zuchthausurteil gegen drei ehemalige Reichsbannerleute
> Berlin, 28. August. Das Berliner Schwurgericht hat heute das Urteil gegen die drei ehemaligen Reichsbannerleute Urban, Trojahn und Becker gefällt, die am 25. Februar in Falkensee bei Spandau drei SA-Männer durch Schüsse schwer verletzt haben. Der Angeklagte Urban erhielt wegen gemeinschaftlichen, versuchten Totschlags in drei Fällen dreieinhalb Jahre Zuchthaus, die Angeklagten Trojahn und Becker wegen des gleichen Delikts je drei Jahre Zuchthaus. Allen drei Angeklagten werden auf 10 Jahre die bürgerlichen Ehrenrechte abgesprochen.[55]

Auch in diesem Fall ließ sich der Urteilstext (bis auf Rudimente[56]) nicht ermitteln und auch in diesem Verfahren gelang es lediglich, die Verfolgungsbiographie eines Verurteilten zu erkunden. Möge sein Leidensweg stellvertretend für die der Anderen stehen.

Der Steinsetzer Otto Trojahn (* 1898 in Ostpreußen, Bezirk Allenstein)[57], organisiert in der SPD, dem Reichsbanner (1931) und der Gewerkschaft der Steinsetzer, wurde am 6. März 1933 in seiner Wohnung Finkenkrug, Schmiedeweg 17, festgenommen.

In seinem Lebenslauf schreibt er nur kurz über den inkriminierten Vorfall:

---

54 BLHA, Rep. 601 / VdN 1575; vgl. auch Komitee (Hg.), Antifaschistischer Widerstandskampf, S. 89 / Nr. 454. Ähnlich spärlich sind unsere Kenntnisse über den am 25.11.1933 ermordeten Rüdersdorfer Metallarbeiter und Reichsbannermann Otto Plötz (1890–1933), vgl. Komitee (Hg.), Antifaschistischer Widerstandskampf, S. 131 (Nr. 699).

55 BArch, Bestand R 1501 / , Nr. 2034, Bl. 317 (= Wolff's Telegraphisches Büro vom 29. August 1933).

56 Ebd., NJ / R 3018, Nr. 10353.

57 BLHA, Rep. 401, VdN-Nr. 1832.

Reichsbanner Havelland, 1932/33

> [...] ich war immer aktiv tätig im Kampf gegen den Faschismus, am 25. Februar 1933 hatten wir eine Schießerei mit SA-Männern, am 6. März wurden wir verhaftet, ich erhielt im August 1933 eine Zuchthausstrafe von 3 Jahren, im Revisionstermin am 4. und 6. März 34 wurden wir freigesprochen. Vom 6. März 33 bis 20. August 34 war ich in Schutzhaft und Konzentrationslagern.

Trojahn zog sich in Schutzhaft bzw. im KZ schwere körperliche Leiden zu, die ihn auch lange nach der Befreiung 1945 stark behinderten.

Unter den Bürgenerklärungen zugunsten Trojahns befindet sich auch folgende Erklärung des Mitangeklagten Hans Urban (Geschäftsführer aus Falkensee, Maurerweg 47):

> Ich erkläre hiermit, daß ich Genossen Otto Trojahn [...] aus der Zeit vor 1933 kenne. Trojahn war Mitglied des Reichsbanners der Ortsgruppe Falkensee. Im Februar 1933 kam es in Falkensee zu einem Zusammenstoß mit den Nazis, wo Trojahn und ich dabei waren und daraufhin verhaftet wurden und ins Konzentrationslager Oranienburg kamen. Die pol. Tätigkeit Trojahns nach 1945 ist mir nicht bekannt.[58]

Obwohl der 2. Strafsenat des Reichsgerichts Trojahn und seine Mitangeklagten freisprach, ließ ihn die NS-Bewegung nicht aus ihren Fängen. (Der Widerstandskämpfer

---

58 Ebd., Bürgenerklärung von Hans Urban, beglaubigt am 30. November 1951. Eine weitere Bürgenerklärung stammt vom Falkenseer Maurer Georg Nowacki und erwähnt Trojahns schwere Misshandlungen sowie dessen Weltfriedensarbeit seit 1945 – trotz schwerer Krankheit.

und Politikwissenschaftler Ernst Fraenkel analysiert das NS-Regime bekanntlich als einen »Doppelstaat«, in dem neben dem sogenannten Normenstaat auch ein – gesetzesfreier – Maßnahmenstaat willkürlich abstrafte.)

Und so schrieb der Generalstaatsanwalt bei dem Landgericht am 2. Dezember 1933 an die Direktion des Konzentrationslagers Brandenburg: [...] wird mit Bezug auf das diesseitige Schreiben vom 14. Oktober 1933 und die dortige Nachricht vom 21. November 1933 ersucht, Trojahn im Falle einer Haftentlassung nicht in das Untersuchungsgefängnis Berlin-Moabit, sondern in die Strafanstalt in Brandenburg a/H [KZ, d. Verf.] zu überführen.[59]

Trojahn wurde durch die Konzentrationslager Brandenburg und Oranienburg geschleift; aus dem erstgenannten KZ blieben lebenslange Schäden an der Gesundheit zurück. Zuletzt erlitt er im KZ Columbiahaus furchtbare Quälereien, musste ins Staatskrankenhaus eingeliefert werden und wurde dort ungeheilt (!) entlassen. Die volle Arbeitskraft erlangte er nie mehr.[60]

Widersprüche und »Säuberungen« innerhalb der Polizei

Einen weiteren Einblick in die bis zum Reichstagsbrand am 27. Februar 1933 – und dem dann verstärkt einsetzenden NS-Terror – noch vorhandene Abwehrbereitschaft des Reichsbanners, in ihren Kerngebieten wohlgemerkt, gibt uns ein interner Polizeibericht vom 11. Februar 1933 über politische Auseinandersetzungen im Ortsteil »Siedlung Eigenheim« von Erkner.[61]

Vorauszuschicken ist der Hinweis, dass sich Anhänger und Mitglieder der »Eisernen Front« am genannten Tag am Eingang der »Siedlung Eigenheim« gesammelt hatten, um von dort aus einen Demonstrationsmarsch durchzuführen. Parallel dazu machte sich ein Zug von 30 SA-Leuten auf den Weg zum Lokal »Bürgergarten«, Friedrichstraße 1. Ein weiterer SA-Zug marschierte die Friedrichstraße entlang Richtung Erkner, um zur Oberförsterei zu gelangen. Dort angekommen, wurden Gruppen eingeteilt (Spitze, Verbindungsleute, Haupttrupp), die sich dann im Laufschritt auf den Weg zurück in Richtung »Siedlung Eigenheim« bzw. zum Zug der »Eisernen Front« machten. Als der erste SA-Trupp am besagten Ort eintraf, hob der Kampf der Kontrahenten an. Aus dem Polizeibericht vom 11. Februar 1933:

---

59 BArch, NJ / R 3018, Nr. 10353.

60 Eine zusätzliche Tragik ergibt sich in diesem Fall aus der Tatsache, dass Trojahn nach dem Krieg in die landesweite Kampagne der SED gegen den »Sozialdemokratismus« geriet und schließlich den Verfolgtenstatus verlor. Wie beim Gubener Sozialdemokraten Otto Aigringer (S. 75) wurden auch hierbei »Zeugen« aufgefahren, die Trojahn (angeblich) schlechtes Verhalten gegenüber ausländischen Arbeitern vorwarfen. Entlastende Bürgenerklärungen (S. Anm. 58) galten demgegenüber nicht viel.

61 Vgl. zum Folgenden BLHA, Rep. 2 A I Pol. Nr. 1050, Bl. 283f. Laut internen Polizeimeldungen im Herbst 1932 (S. 59) hießen die Ortsvereinsvorsitzenden Ewald Liesack und Wilhelm Wilke. Leiter der »Eisernen Front« war Willi Paschke (siehe zu ihm S. 92).

Reichsbanner-Anhänger, die bei Auseinandersetzungen mit der SA in Erkner verletzt wurden, zweite Hälfte 1920er Jahre

> Zwischen dem Trupp SA. und dem kehrt machenden Trupp der »Eisernen Front« kam es in der Strasse »Unter den Eichen« zum Zuschlagen, doch konnten beide Parteien von den begleitenden Polizeibeamten, ehe es zu grösseren Tätlichkeiten kam, auseinander gehalten werden. Der Trupp SA, verstärkt durch nachfolgende Trupps, wurde »Am Rand« aufgehalten, während der Trupp der »Eisernen Front« nach Richtung Semnonenring zurückgedrückt und gleichzeitig aufgelöst wurde, da weitere Tätlichkeiten bei einer etwaigen Nichtauflösung zu erwarten waren. Die Auflösung war dringend notwendig, da eine Gefährdung der öffentlichen Sicherheit vorhanden war.
> Nach dem Ausspruch der Auflösung hat der Führer der »Eisernen Front«, Paschke, statt beruhigend auf seine Leute einzuwirken, das Gegenteil getan, indem er sie durch Ausrufe zur Fortsetzung der Demonstration anfeuerte. Als der Teilnehmer Schmidt aus der Siedlung die Demonstration für beendet erklärte und die Teilnehmer ermahnte, ruhig nach Hause zu gehen, begann Paschke mit einer Ansprache. Ich verbot Paschke eine Ansprache zu halten und wurde nun von diesem angeschrien: »Sie haben garnichts zu sagen!« Bemerke, dass Paschke als Führer des Demonstrationszuges angetrunken war.

Anderenorts, in der langjährigen sozialdemokratischen Hochburg Brandenburg (Stadt), ging der Erosionsprozess der demokratischen Kräfte innerhalb der Polizei mit zeitlicher Verzögerung vonstatten. Wo in Erkner Polizeihauptwachtmeister Bley als Berichterstatter in scheinbarer Neutralität die Verteidiger der Weimarer Republik mit deren Zerstörern auf eine Stufe stellte, gab es in Brandenburg noch im Februar

1933 immerhin interne Auseinandersetzungen um den angemessenen Umgang mit den Feinden der Demokratie. Dieser Vorgang ist deswegen bemerkenswert, weil nach dem 20. Juli 1932 die Berliner Polizeiführung – darunter der beliebte Kommandeur der Schutzpolizei und Reichsbannerangehörige Magnus Heimannsberg – längst abgesetzt war.

Obwohl die politischen Verhältnisse 1932/33 auch in der Provinz Brandenburg längst ins Rutschen gekommen waren, die Nationalsozialisten und ihre rechtskonservativen Bündnispartner durch Reichstags- und Landtagswahlsiege bereits unaufhaltsam schienen, da die bürgerliche Mitte weitgehend erodiert war und die Sozialdemokratie zurückfiel, herrschten zeitverzögert in manchen Kommunen (wie Luckenwalde oder Brandenburg) noch die alten (wahlbedingten) Mehrheitsverhältnisse von 1928/29. Doch man stand von außen und oben unter starkem Druck, wie uns das folgende Dokument verrät. Es trägt die Überschrift: »Bericht über die politischen Schlägereien am 20.2.33 in Brandenburg«[62]

Die Stadtverwaltung von Brandenburg war den rechten Republikfeinden (DNVP, Stahlhelm, NSDAP) schon seit Jahren ein Dorn im Auge: Darunter nicht nur der von der SPD gestellte Oberbürgermeister, sondern auch Stadtverordnetenvorsteher Ebert, Wohlfahrtsdezernent Eichler, Polizeidirektor Albrecht und die SPD-Stadtratsfraktion bestehend aus Gewerkschaftssekretären, Konsummitarbeitern (S. 88) und Krankenkassenangestellten.[63]

Zum Hintergrund des nun folgenden Berichts sei kurz erläutert, dass es am Abend des 20. Februar 1933 in der genannten Stadt zu einer Schlägerei zwischen Sozialdemokraten bzw. Reichsbannermännern und der SA kam, in die die Polizei eingriff – und zwar teilweise mit deutlicher gezeigter Sympathie für die Anhänger der Republik. Das führte zu einer eilig einberufenen Führungsbesprechung (s. u.) einen Tag darauf.

Auf Anordnung des Potsdamer Regierungspräsidenten nahm Polizeimajor Rossin/Kossin (o. ä.) daran teil und erstattete folgenden (tendenziösen) Bericht:

Teilnehmer der Besprechung in Brandenburg (Stadt) waren (was bereits ein Schlaglicht auf die vordringende NS-Bewegung wirft):

- Bürgermeister Prawitz (in Vertretung »des abwesenden Oberbürgermeisters«)
- Polizeidirektor Albrecht (Polizeiverwaltung Brandenburg) – ab 1.3. zwangsbeurlaubt
- Hans Schaudinn, Standartenführer III/35 Brandenburg
- Joh. Reck, Adjutant des Standartenführers
- Palm, SS Sturmführer
- Heppner, Mitglied des Bürgerausschusses (der ein beschwerdeführendes Telegramm schickte)
- v. Walter, Syndikus, daselbst.

---

62 BLHA, Rep. 2 A I Pol., Nr. 1050, Bl. 262ff.
63 Vgl. »Der Angriff« vom 4. Mai 1932 (»Das ›rote‹ Brandenburg«).

Schaudinn, Reck, Palm und Heppner beklagten sich heftig über das Verhalten der Brandenburger Polizei im Allgemeinen, da die Mehrzahl der Beamten (angeblich, d. Verf.) bei der SPD organisiert sei und sie daher nicht gegen Anhänger des Reichsbanners vorgingen, was sich verstärkt am 20. Februar 1933 zeigte. Aus dem genannten Bericht:

> Die Polizei habe sich in einseitiger Weise gegen die SA. gestellt und es den Anhängern der S.P.D. ermöglicht, unter dem Schutz der Polizei zu entkommen. Vor allem habe sich der Pol. Mstr. Kaatz und der Pol.Hptw. Reifgerste durch rücksichtsloses Vorgehen hervorgetan. Ersterer habe die Pistole gezogen u. gegen die SA drohend gerichtet, letzterer habe den Gummiknüppel in rücksichtsloser Weise gegen die SA gebraucht. Die Beamten gaben dies auf Befragen von mir später zu, allerdings mit der Begründung, dass es notwendig gewesen sei. [...]
> Meine Auffassung von der Gesamtlage fasse ich dahin zusammen, dass die Pol. Beamtenschaft sich z. T. auf den Gedanken der nationalen Regierung noch nicht hat einstellen können und dass vor allem durch die Zusammensetzung der Stadtverwaltung u. deren Führung ihr die Einstellung nicht erleichtert wird.

In einer nachfolgenden Besprechung mit Prawitz und Albrecht regte der dem Regierungspräsidenten berichterstattende Polizeimajor dann an, die o. g. Polizisten Kaatz und Reifgerste aus dem Exekutivdienst abzuziehen, damit eine »Beruhigung« der politischen Verhältnisse in der Stadt einträte. Dies wurde ihm (angeblich) zugesichert.

Intern wurden dem Regierungspräsidenten dann noch weitergehende Forderungen des sogenannten Bürgerausschusses nach »Säuberungen« innerhalb von Kriminal- und Schutzpolizei mitgeteilt und die Zusammenlegung der Behörden gefordert.

Beide Maßnahmen, »Säuberungen« und Zentralisierung der Gewalten, wurden im Zuge der »Gleichschaltung« und der angeblichen »Wiederherstellung des Berufsbeamtentums« (mit der Entlassung republikanischer Beamter, Angestellter und Arbeiter) im Frühjahr 1933 auch sehr schnell in die Tat umgesetzt. All dies ging einher mit einer Verfolgung engagierter Vertreter des Reichsbanners.

Gut zwei Wochen nach der o. g. Besprechung vom 21. Februar 1933 – und nach Erlass der die bürgerlichen Freiheitsrechte suspendierenden »Reichstagsbrandverordnung« – hatte die Instrumentalisierung der Polizei durch die NSDAP schon deutliche Züge angenommen: Sie wurde zum Bündnispartner bei der Ausschaltung der Arbeiterparteien und ihrer Organisationen.

Die »Eiserne Front« lud für Mittwoch, den 8. März 1933 in der Stadt Brandenburg – einst ein sozialdemokratischer »Leuchtturm« innerhalb der Provinz Brandenburg (S. 35) – zu einer Versammlung ein. Als Redner war der Reichstagsabgeordnete Friedrich Ebert jun., seines Zeichens langjähriger SPD-Stadtverordnetenvorsteher und führender Reichsbannerrepräsentant, vorgesehen.

Wie einem internen Schreiben der leitenden Polizeibehörde der Stadt an den Regierungspräsidenten in Potsdam vom 9. März d.J. zu entnehmen ist[64], sah man

64 BLHA, Rep. 2 A I Pol., Nr. 1050, Bl. 257f.

Friedrich Ebert jr. (MdR)
in Reichsbanner-Uniform
(Bildmitte), ca, 1925

staatlicherseits die wahrscheinliche Gefahr, dass sich zahlreiche Kommunisten unter die republikanisch-sozialdemokratische Zuhörerschaft mischen würden, um so das KPD-Versammlungsverbot umgehen zu können. Darüber hinaus bestünde durch dieses politische Zusammentreffen ein verdecktes Zeichen des Zusammengehens von SPD und KPD.

Angesichts dieses Szenarios herrschten – laut Polizeibericht – schon im Vorfeld »... in weiten Kreisen der Bevölkerung und auch der Polizeibeamten [sic!] starke Mißstimmung und Ablehnung [...]« Ebert gegenüber. Die Bekanntgabe der geplanten Versammlung wurde als »Provokation« aufgefasst und löste eine starke Erregung, besonders in den hinter der Regierung stehenden Kreisen, angeblich aber auch bei »ruhigen, parteipolitisch ungebundenen Bürgern«, aus. Und so ersann man auf Seiten der leitenden Polizeibehörde der Stadt, die wegen der (letztmaligen) Wahlgänge im März noch gewisse Rücksichten nehmen musste, folgenden Trick:

Aus dem Bericht der Ortspolizeibehörde der Stadt Brandenburg, die sehr wohl wusste, dass auf der Stadtverordnetenwahlliste der NSDAP auch ein Polizei-Major Herrmann kandidierte, vom 9.3.1933:

> Auf Grund dieser Tatsachen war daher im Rahmen der Gesamtlage eine unmittelbare Gefahr für die öffentliche Sicherheit zu besorgen, so daß auch ein vorbeugendes Versammlungsverbot gerechtfertigt gewesen wäre. Um aber die Wahlfreiheit nicht allzu sehr zu beschränken, habe ich die Genehmigung für die Versammlung als solche erteilt, allerdings mit der Auflage eines Redeverbots für den Abgeordneten Ebert. Besondere Einwendungen wegen dieser Auflage sind s. Zt., als ich mit dem Leiter des Ortsvereins der S.P.D. über die Abhaltung der Versammlung sprach, nicht gemacht worden.[65]

Kurz nach der Reichstagswahl vom 5. März 1933, die längst nicht mehr unabhängig und frei war – man denke an das totale Versammlungsverbot für die Kommunisten und die Unterdrückung der Presse der Arbeiterparteien –, erfolgte in Thüringen, Sachsen und Bayern das Verbot der Republikschutztruppe Reichsbanner Schwarz-Rot-Gold.[66]

Anfang April 1933 führte das Reichsbanner nur noch in Preußen und Oldenburg eine halbwegs legale Existenz.

In Berlin-Brandenburg war die Tätigkeit in den Ortsvereinen bereits nach dem 5. März zum Erliegen gekommen. Das Gaubüro wurde verlegt und verkleinert. Rundschreiben verbreiten zwar rückblickenden Stolz auf die eigenen Leistungen, mahnen aber an, die neuen Machtverhältnisse realistisch zur Kenntnis zu nehmen.

Kommunistischen »Gewaltmethoden« erklärte man eine klare Absage und hoffte, die Organisationsreste irgendwie noch erhalten zu können. Vereinzelt gab es Versuche größerer Reichsbannergruppen – so in Bremen und in Braunschweig –, im Stahlhelm, dem einst bekämpften soldatischen Traditionsverein, (getarnten) Unterschlupf zu finden, doch scheiterte dies schnell am Eingreifen durch Polizei und SA.[67]

Obwohl in Preußen noch kein Verbot erlassen war, beschloss der Bundesvorstand am 25. März 1933 die Selbstauflösung.[68] Anfang Mai d. J. ging der Bundesvorsitzende Höltermann in die Emigration, der 2. Bundesführer Max Hofmann folgte noch im selben Monat, der Gauführer von Berlin-Brandenburg Arthur Neidhardt floh Anfang Juni 1933. Im Verlauf der Verbotswelle, die über das Reichsbanner im Frühjahr des Jahres der NS-»Machtergreifung« hinwegging, kam es verschiedentlich zu hysterischen – unfreiwillig lachhaften – Überreaktionen:

So teilt ein interner Vermerk der Politischen Polizei am 4. April 1933 mit, dass die in einem Tempelhofer Verlag erscheinende, damals bekannte, Homosexuellen-Zeitung mit dem Titel »Freundschaft« politischen Verdacht erregte. »Es erscheint nicht ausgeschlossen, dass es sich bei der Zeitung »Freundschaft« [...] um Deckbezeichnungen für Reichsbanner- oder SPD-Zeitungen handelt.«[69]

Was traditionelle Grußformen der Arbeiterjugend doch für unerwartete Folgen haben können!

---

65 BLHA, Rep. 2 A I Pol., Nr. 1050, Bl. 257 (R).
66 BArch, Bestand R 1501 / 1, Nr. 20234, Bl. 273; Karl Rohe, Das Reichsbanner, S. 461ff.
67 Helga Gotschlich, Zwischen Kampf und Kapitulation, S. 171.
68 Ebd., Zwischen Kampf und Kapitulation, S. 167.
69 BArch, R / 1501 / 1, Nr. 20234, Bl. 255.

Verfolgung führender Reichsbannerfunktionäre (Kreisleiter)

Aufgrund der schwierigen Quellenlage bzw. sehr lückenhafter biographischer Überlieferungen (S. 19ff.) kann die Zerschlagung der Reichsbannerorganisationen und die Verfolgung gesinnungstreuer Anhänger in der Provinz Brandenburg nicht detailliert rekonstruiert werden.

Im Folgenden wird daher versucht, aus verschiedenen Perspektiven und Erfahrungsebenen den Gesamtprozess zumindest in seinen groben Strukturen zu verdeutlichen: So durch einen exemplarischen Blick auf das politische Schicksal führender Reichsbannerfunktionäre im Jahr der NS-»Machtergreifung« und durch den ergänzenden Rückblick von Aktivisten der Basis nach der Befreiung 1945 in ihren Aufnahmeanträgen bei der Verfolgtenorganisation VVN.

Dazu sei vorbemerkt: Zehn der vierzehn Reichsbannerkreisleiter bzw. die Mehrheit der Beisitzer im Vorstand des großen Gaus Berlin-Brandenburg-Grenzmark agierten – wie bereits dargelegt (S. 39f.) – schwerpunktmäßig außerhalb der Reichshauptstadt. Ihrem Lebensweg seit 1933 auf die Spur zu kommen, erwies sich als kompliziert.

Von dem für die »Neumark« (Kreis 9) verantwortlichen Landsberger Paul Rohde und dem für die noch weiter entferntere »Grenzmark« (Kreis 10) verantwortlichen Schneidemühler Stadtrat Wilhelm Rösler fehlen uns die Basisangaben des Geburts- und des Sterbedatums sowie ihres Lebens in der NS-Zeit.

Wieder andere Kreisleiter, so der für Niederbarnim (Kreis 8) verantwortliche Bernauer Lehrer Franz Ehorn (1893–1958)[70], der für Frankfurt/Oder und Umgebung (Kreis 7) verantwortliche Gewerkschafter Willi Neßler (1887–1950)[71], der für Teltow sowie Beeskow-Storkow, Jüterbog-Luckenwalde (Kreis 4) verantwortliche Schlossermeister Richard Matzdorf (1897–1970)[72] und der für die Uckermark (Kreis 1) verantwortliche Prenzlauer Bauarbeiter Paul Wendt (1891–1960)[73] hinterließen weder Entschädigungsakten, noch stellten sie Aufnahmeanträge für die VVN, in denen der Antragsteller sein Anliegen biographisch begründete und Zeugen anführte. (Bei Willi Neßler könnte dieser Mangel an seinem frühen Todesdatum gelegen haben.)

In mehreren Fällen wechselten die jeweiligen Reichsbannerkreisleiter in ganz andere deutsche Länder beziehungsweise – nach dem Zweiten Weltkrieg und der Teilung Deutschlands – in ein anderes »System«: Der Pritzwalker Paul Flaschel (1884–1972) verstarb in Lübeck, der Prenzlauer Paul Wendt in Berlin-Wedding, der Cottbuser Paul Liebeck im Rheinland und der Gubener Otto Aigringer in Berlin-Neukölln.

Von vier der zehn Brandenburger Kreisleiter konnten wir Verfolgtenakten aus der Nachkriegszeit ermitteln und so ihr NS-Schicksal zumindest ansatzweise rekon-

---

70 Laut Mitteilung des Kreisarchivs Ostprignitz-Ruppin vom 13.4.2017.

71 Laut Mitteilung des Standesamts Magdeburg vom 18.4.2017.

72 Vgl. Fred Bruder, Fünfundsiebzig Jahre nach Ziegenhals. Die verhängnisvollen Zäsuren des Jahres 1933 in der Region Königs Wusterhausen (Hg. DIE LINKE Kreisverband Dahme-Spreewald), Teil 1, S. 39–44.

73 Laut Mitteilung des Stadtarchivs Prenzlau vom 17.4.2017.

Paul Liebeck

Otto Fourmont

struieren. Es handelt sich um Otto Aigringer (Kreis 6, Guben), Paul Flaschel (Kreis 2, Prignitz), Otto Fourmont (Kreis 3, Havelland) und Paul Liebeck (Kreis 5, Cottbus).

Die NS-verfolgten Lausitzer Aigringer (Foto S. 40) und Liebeck waren nach 1945 gezwungen, auch vor dem stalinistischen Terror in der DDR zu fliehen (wobei Paul Liebeck über vier Jahre im berüchtigten Zuchthaus Bautzen verbracht hatte).

Die von den vier genannten Kreisleitern im Rückblick beschriebenen – oder nur kurz annotierten – 1933 erlittenen nationalsozialistischen Verfolgungen fielen (nach der Quellenlage) höchst unterschiedlich aus, oder die Betroffenen wollten nicht viel Aufhebens davon machen:

- der Polizeisekretär Paul Flaschel (Prignitz) wurde entlassen und für 5 Monate ins KZ verschleppt[74];
- der Arbeitsamtsangestellte und Stadtverordnete Otto Aigringer (Guben) wurde entlassen und unter strenge Polizeiaufsicht (mit KZ-Androhung) gestellt[75];
- der Schlossermeister Paul Liebeck (Cottbus) wurde für 4 Wochen eingesperrt[76] und
- der Transportkaufmann Otto Fourmont (Brieselang) wurde 1 ½ Jahre ins KZ verschleppt.[77]

---

74 Landesarchiv Schleswig-Holstein, Abt. 761, Nr. 18348.

75 LABO, Entschädigungsakte Nr. 6164 (Otto Aigringer); BLHA, Rep. 333, Nr. 1016, Bl. 19.

76 Wiedergutmachungsbehörde Düsseldorf, Akte ZK-Nr. 410541 (Paul Liebeck).

77 BLHA, Rep. 401, VdN-Nr. 2808.

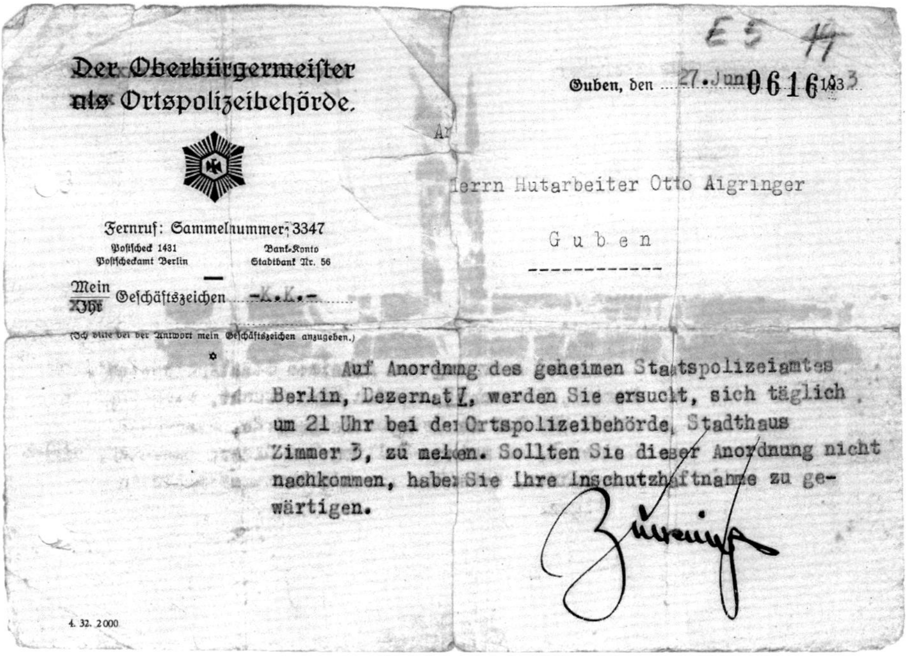

Der Oberbürgermeister
als Ortspolizeibehörde.

Guben, den 27. Juni 1933

Herrn Hutarbeiter Otto Aigringer

Guben

Fernruf: Sammelnummer 3347
Postscheck 1431 Postscheckamt Berlin
Bank-Konto Stadtbank Nr. 56

Mein Geschäftszeichen -K.K.-

(Ich bitte bei der Antwort mein Geschäftszeichen anzugeben.)

Auf Anordnung des geheimen Staatspolizeiamtes Berlin, Dezernat I, werden Sie ersucht, sich täglich um 21 Uhr bei der Ortspolizeibehörde, Stadthaus Zimmer 3, zu melden. Sollten Sie dieser Anordnung nicht nachkommen, haben Sie Ihre Inschutzhaftnahme zu gewärtigen.

4. 32. 2000

»Schutzhaft«-Androhung für Otto Aigringer (1889–1968) vom 27. Juni 1933

Paul Flaschel, der vom 5. Mai bis zum 10. Juli im KZ Alt-Daber und anschließend, vom 10. Juli bis zum 6. Oktober im KZ Oranienburg litt, schrieb 1946 über die Haft:

> Von 4 S.A.-Leuten wurde ich 5–6 mal mit Gummiknüppeln u. Fäusten am ganzen Körper blau geschlagen und wurde mir die Unterwäsche vom Leibe gerissen. Ein Gallenleiden ist die Folge dieser Misshandlungen. […]
> In Alt-Daber 10 Wochen Kellerhaft. Am Tage schwere Erdarbeiten. Am 10.7.33 Überführung nach Oranienburg. Dort wurde ich zu Lagerarbeiten verwendet. Zweimal auf je aufeinanderfolgenden Tagen gab es nichts zu essen, weil die K.P.D. Gegenpropaganda betrieb.[78]

Flaschel weist in seinem Antrag auch darauf hin, dass während seiner Inhaftierung die Familie aufgrund der Gehaltssperrung nur sehr wenig Geld erhielt, aber von SPD-Freunden »Natural-Unterstützung« bezog.

Zu Otto Fourmont (1886–1947), der erst Anfang 1933 – nach vorheriger Bezirksleitertätigkeit im Osthavelland – in die Kreisleiterfunktion aufrückte, da der bisherige Amtsinhaber, der Schmied Max la Hayne (Neuruppin), die Funktion plötzlich niedergelegt hatte, fanden wir folgende Aussagen. Der Brieselanger Otto Bohn, der Otto Fourmont seit 1921 kannte, teilt 1952 mit:

78 Landesarchiv Schleswig-Holstein, Abt. 761, Nr. 18348.

> Mir ist bekannt, daß er immer in der Arbeiterbewegung wehrtätig war. Er war in der SPD und im Reichsbanner, besonders seine Tätigkeit im Reichsbanner gab den Nazis Veranlassung, ihn 1933 ins KZ zu stecken, wo er 1 ½ Jahr[e] war und so zugerichtet wurde, daß er krank entlassen wurde. Besonders [das KZ] Börnicke war das schwerste Erlebnis, wo er faschistisch behandelt wurde.[79]

Martha Fourmont bemerkt 1947:

> Mein Mann, Otto Fourmont, war seit 1919 in der SPD tätig. War später Kreisleiter vom Reichsbanner Ost- und Westhavelland und wurde deswegen im Juni 1933 verhaftet und in das KZ Börnicke gebracht. Hier war mein Mann mit dem Bruder Franz und vielen anderen Bekannten zusammen, welche dann alle nach Oranienburg und später nach Elisenau gebracht wurden. Auch mich wollte man nach Mooringen [KZ Moringen] bringen, weil ich immer noch für die Sozialistische Partei illegal tätig war. Als mein Mann krank entlassen wurde, konnte er jahrelang keine Arbeit bekommen und ist dann später an den Folgen der Mißhandlungen in dem KZ gestorben.[80]

Da aufgrund des frühen Todes von Otto Fourmont (5. September 1947) persönliche Aufzeichnungen – oder ein Lebenslauf aus eigener Hand – nicht vorliegen, greifen wir im Folgenden auf den zeitgenössischen authentischen Bericht eines Mannes zurück, der damals Haftgenosse des Brieselangers war. Es ist gewiss keine unzulässige Spekulation anzunehmen, dass sich im nun beschriebenen Szenario auch die Qualen des Reichsbannermannes Fourmont widerspiegeln.

Der im Dezember 1933 von einem Außenkommando als Häftling des KZ Oranienburg geflohene frühere SPD-Reichstagsabgeordnete Gerhart Seger (1896–1967), dessen schonungsloser Haftbericht, im Ausland geschrieben und gedruckt, auch im deutschen Untergrund durch viele Hände ging, schreibt über das schwere Leid eines Oranienburger[81] Reichsbannermannes namens Richter Erschütterndes nieder. Gerhart Seger:

> Ein führendes Mitglied des Reichsbanners der Stadt Oranienburg, Richter, wurde kurz vor seiner Silberhochzeit ins Lager gebracht. Da unter der SA-Wache des Lagers sich eine Anzahl

---

79 BLHA, Rep. 401, VdN-Nr. 2808, Bl. 6.

80 Ebd., Rep. 401, VdN-Nr. 2808, Bl. 8. Als ihr Mann am 27. Juni 1933 verschleppt wurde, musste die Ehefrau allein auch noch zwei Söhne versorgen.

81 Die damaligen Ortsvereinsverhältnisse Oranienburgs sind etwas kompliziert zu rekonstruieren, da die Namen vieler Verantwortlicher fehlen. Laut internen Polizeidaten aus dem Herbst 1932 (S. 59) gehörten dem genannten Ortsverein auch folgende Ortschaften und Städte an: Hohen Neuendorf, Bergfelde, Schmachtenhagen, Friedrichsthal und Germendorf. Vorsitzender war damals der Oranienburger Erwin Fuchs, Kassierer August Seemann, Schriftführer Julius Eckert (beide aus Oranienburg stammend). Einige Monate später war der Vorsitzenden-Posten bereits unbesetzt, als Schriftführer fungiert Alfred Seeger, wohnhaft Stadtrandsiedlung Oranienburg. Der Stammformation (»Stafo«) gehörten 30 Mann, der kämpferischen und jüngeren Schutzformation (»Schufo«) 34 Mann an. Welche Funktion der nun von G. Seger Beschriebene im Oranienburger Reichsbannermann einnahm, muss offen bleiben. Vielleicht schützte ein Pseudonym den Verfolgten.

Oranienburger SA-Leute befanden, ergab sich beinahe von selbst, daß von ihnen an dem früheren politischen Gegner Rache genommen wurde, aber das Ausmaß, in dem das geschah, war tatsächlich entsetzlich. Nacht für Nacht erschienen vertierte SA-Leute in dem Schlafraum, in dem Richter lag, und schlugen wie verrückt und auch in dem Arrest wurden diese Mißhandlungen fortgesetzt. Der Mißhandelte ist ein großer, kräftiger Mann, der schon etwas aushalten kann, aber diese Tortouren brachten ihn zu einer so verzweifelten Handlung, daß ihre Wiedergabe ausreicht, um einen Begriff von dem Umfang und der Grausamkeit der ihm zugefügten Mißhandlungen zu geben. Richter nahm in der neunten Nacht den Deckel seiner blechernen Tabakdose, einen stumpfen Gegenstand, und versuchte sich damit die Pulsadern zu durchschneiden – als ich kurz nach der Einlieferung ins Lager seinen Arm sah, waren noch die schrecklichen Spuren des Selbstmordversuchs zu sehen, eines mit so untauglichen Mitteln unternommenen Versuchs, dessen Ausführung ihm selber beträchtliche Schmerzen zugefügt hatte – Schmerzen, die ihn doch nicht abhielten, diesen gräßlichen Weg als letzte Ausflucht aus der Hölle der Gefangenenmißhandlungen zu gehen.[82]

Probleme der Eingrenzung des Widerstandes von Reichsbanneranhängern

Ausführungen zum Widerstand aus Reichsbannerkreisen in der Provinz Brandenburg stehen vor dem grundsätzlichen Problem, dass es einen reinen, originären Reichsbannerwiderstand nur in den frühen Jahren des Widerstandes (1933–35) gegeben hat. Damals sammelte der frühere Polizeimajor Karl Heinrich, ein bereits 1932 durch Reichskanzler von Papen nach dem 20. Juli 1932 aus dem Dienst entfernter Havelländer, der danach an zentraler Stelle in Magdeburg für den Reichsbanner-Bundesvorstand tätig war, Getreue um sich. Die Kernmannschaft stammte aus seinem Heimatbezirk Spandau, doch durch seinen Vertrauten Herbert Dewald, einen Treptower, baute er ein Verbindungsnetz auf, dass sich über Groß-Berlin auch ins Brandenburgische erstreckte. Besonders in der Gegend um Brieselang traf sich Karl Heinrich mit zahlreichen Anhängern zu inhaltlichen Schulungen – im Sinne der Weitergabe der Ideen Heinrichs – und auch zu wehrsportlichen Übungen.

Nach der Zerschlagung des Kerns der Widerstandsgruppe (1935) und Prozessen vor dem Volksgerichtshof und dem Kammergericht in Berlin – der Traditionsname Kammergericht deckt inhaltlich die hiesige Funktion eines Oberlandesgerichts ab – blieben aber mehrere Weggefährten Karl Heinrichs, der bis 1942 im KZ litt, glücklicherweise unentdeckt und setzten die Untergrundarbeit fort. Hier ist besonders an den früheren Arbeitsamtsleiter von Niederbarnim Erich Wienig (S. 128f.) zu denken. Zu seinem strategischen Vorgehen sei auf folgende Widerstandsentwicklung hingewiesen:

---

82 Gerhart Seger, Oranienburg. Erster authentischer Bericht eines aus dem Konzentrationslager Geflüchteten (Nachdruck Verlag Klaus Guhl), Berlin 1979, S. 19f.

Die zweite Hälfte der 1930er Jahre war – auf sozialdemokratischer Seite – gekennzeichnet von einer Sammlungsbewegung aus illegalen Sozialdemokraten, Gewerkschaftsgruppen und Reichsbannerkreisen, die alle bisherigen Verhaftungswellen der jeweiligen Untergrundorganisationen überstanden hatten.

Und so fanden sich beispielsweise in der »Gruppe Nordbahn« (S. 218ff.) Reichsbannermänner aus Hohen Neuendorf, Liebenwalde, Bergfelde und Birkenwerder – man denke an leitende Persönlichkeiten wie Otto Scharfschwerdt oder Fritz Ammon (S. 221f.) –, die bis 1933 aktive Funktionäre der Republikschutztruppe gewesen waren.

Ähnlich war es in den sozialdemokratischen Widerstandshochburgen der Lausitz (S. 188ff.).[83] Man kann bei einer systematischen Durchsicht der Biographien sozialdemokratischer Angeklagter aus Justizverfahren gegen Widerstandskämpfer aus Cottbus, Forst, Sorau oder Spremberg nahezu von einer dicht geknüpften Trias der Mitgliedschaften SPD – Gewerkschaften – Reichsbanner (oft gesellte sich auch noch der Arbeitersport hinzu) sprechen. Sie ergänzten sich gegenseitig und bildeten eine vielschichtige Einheit prorepublikanischen Engagements. Dies sei im Folgenden am Beispiel mehrerer Spitzenfunktionäre sozialdemokratischer Widerstandsgruppen exemplarisch gezeigt:

- Im Verfahren gegen Herbert Sühring und Andere (S. 206) im Jahre 1934 war der Hauptangeklagte bis zum Verbot Leiter der »Eisernen Front« in Forst (im Herbst 1933 litt er drei Monate im KZ), sein mitangeklagter Genosse Otto Hellsinger wirkte jahrelang als Stadtrat und 2. Bürgermeister von Forst, der dritte Mitangeklagte Otto Richter war Kassierer des SPD-Ortsvereins und Mitbegründer des Reichsbanners der Stadt.
- Im Verfahren gegen Johannes Paulick (S. 206) im Jahre 1940, bei dem es – im Verbund mit dem Internationalen Transportarbeiterverband – um den illegalen Wiederaufbau eines Funktionärsnetzes des Deutschen Textilarbeiterverbandes zwischen 1933 und 1935 ging, war der Hauptangeklagte bis 1933 Mitglied der »Eisernen Front« in Guben gewesen.
- Im Verfahren gegen Walter Heidenreich (S. 206) im Jahre 1935 war der Hauptangeklagte Vorsitzender der Bildungskommission der Forster SPD, Reichsbanner und gleichzeitig Vorstandsmitglied des Forster Textilarbeiterverbandes.
- Im großen Kammergerichtsverfahren gegen Paul Krause (S. 98) im Jahre 1935 war der Hauptangeklagte Cottbuser Reichsbannermann, desgleichen sein mitangeklagter Parteigenosse (der auch im Textilarbeiterverband aktiv war) Artur Lehmann, Stadtverordneter der Cottbuser SPD und Leiter des Jungbanners der Stadt. Wieder andere Mitangeklagte kamen aus Spremberg, so die Kreistagsabgeordnete (1933) und Textilarbeitergewerkschafterin Berta Jänchen und der frühere Stadtrat Otto Frömter, oder aus Proschim wie der dortige SPD-Ortsvereinsvor-

83 Laut reichsweiten Polizeibeobachtungen im Frühjahr 1933 trafen sich Reichsbannerangehörige nach dem Verbot (März 1933) »nur noch« bei gewerkschaftlichen oder/und sozialdemokratischen Zusammenkünften; vgl. BArch, R / 1501, Nr. 20234.

sitzende und Reichsbannerleiter Otto Voigt. Ebenfalls aus Spremberg stammte der Weber Kurt Greischel, der sowohl in der SPD wie dem Textilarbeiterverband aktiv war und bereits vom 27. Juni bis 29. August 1933 im KZ Sonnenburg gelitten hatte. Aus dem Kreis Spremberg kamen darüber hinaus die Mitangeklagten Adolf Bierhold (SPD-Ortsvereinsvorsitzender von Kochsdorf) und Richard Kubo (SPD-Ortsvereinsvorsitzender von Sellessen). Aus dem Kreis Hoyerswerda stammte der Sozialdemokrat, Arbeitersportler und Reichsbannerführer (2. Technischer Leiter) von Hosena Heinrich Windelband. Stellvertretender Jungbannerleiter war bis 1933 der mitangeklagte Student Herbert Bender.

- Im (zweiten) großen Kammergerichtsverfahren gegen Max Gloger (S. 199f.) und andere Sorauer im Jahre 1936 war der Hauptangeklagte 2. Bezirksführer der SPD, sein Freund Walter Scholz Gewerkschafter (Porzellanarbeiterverband) und Reichsbanneraktivist, der Mitangeklagte Fritz Müller Gewerkschafter (Textilarbeiterverband) und Mitbegründer des Reichsbanners in Sorau, ihre Genossen: Friedrich Bubner Gewerkschafter (Textilarbeiterverband) und Reichsbanner, Max Muche Gewerkschafter (Schuhmacherverband) und SAJ-Bezirksführer, Walter Graefer SPD-Unterkassierer, Gewerkschafter (Textilarbeiterverband) und Reichsbanner-Sportwart von Sorau, Kurt Frömsdorff schließlich Sozialdemokrat, Gewerkschafter (Graph. Hilfsarbeiterverband) und Jugendleiter des örtlichen Reichsbanners. Aus Eulo (Kreis Spremberg) kam der dortige SPD-Ortsvereinsvorsitzende und Gewerkschafter (Textilarbeiterverband) Felix Kuhn, aus Horlitza der Sozialdemokrat und Gewerkschafter Paul Wobusa. Nicht vergessen werden darf bei dem genannten Justizverfahren der Forster Metallarbeitergewerkschafter (DMV), Sozialdemokrat und Reichsbanneraktivist Paul Walther, einer der engagiertesten Widerstandskämpfer bis in die letzten Stunden des NS-Regimes hinein (S. 263ff.).

Zum Abschluss dieses kursorischen Blicks auf die Lausitzer Widerstandskämpfer sei auf das große Hauptverfahren vor dem Volksgerichtshof (1936/37) gegen die illegale Leitung hingewiesen (S. 202ff.): Der Cottbuser Trogisch gehörte der SPD ebenso an wie dem Reichsbanner (will aber dort – gegenüber dem Gericht – ohne Funktion geblieben sein), der Spremberger Ernst Tschickert war bis 1933 (nach seiner Tätigkeit in Cottbus) örtlicher Gewerkschaftssekretär (und erlitt im Juni 1933 »Schutzhaft«), der Senftenberger Willy Karich schließlich fungierte als Schriftführer der Senftenberger Sozialdemokraten, war Reichsbannermitglied und SPD-Stadtverordneter.

Erinnert sei in diesem thematischen Zusammenhang kurz an das frühe Justizverfahren gegen einen sozialdemokratischen Widerstandskämpfer aus der Stadt Luckenwalde (178ff.). In dieser weiteren früheren Hochburg der brandenburgischen SPD, wo die Partei zeitweise mit absoluter Mehrheit regiert hatte und wichtige Wohnungs- und schulpolitische Reformen durchsetzte, schlug der Terror der NS-»Gleichschaltung« sehr hart zu, wurden doch im Sommer 1933 mindestens zwanzig Funktionäre bzw. Kommunalpolitiker aus SPD und Freien Gewerkschaften (ADGB) verschleppt (S. 130f.) und schwer misshandelt. (Ähnliches traf auch auf Anhänger der KPD zu). Angesichts dieses brutalen Kahlschlags unter der Führungsspitze blieb es dem vergleichsweise weniger bekannten Bäcker Willi Graubner vorbehalten, gesinnungstreue Sozialdemokraten und Gewerkschafter umsichtig zu sammeln (S. 180).. Dabei konnte er immerhin auf den letzten Luckenwalder Reichsbannerleiter Max Lehmann rechnen, der den Kontakt zu zahlreichen RB-Kameraden vermittelte. Allein Graubners Zivilcourage und Verschwiegenheit verhinderten, dass die NS-Justiz mehr als ein Einzelverfahren zustande bekam (S. 179). Max Lehmann dankte dem Bäcker nach der Befreiung dafür ausdrücklich.

Die signifikante Vernetzung von gewerkschaftlichen, politischen und Reichsbannertätigkeiten wie in der Lausitz könnte ähnlich detailliert auch für die Widerstandsgruppe Nordbahn um Otto Scharfschwerdt aufgeschlüsselt werden, die im Raum Niederbarnim starke Aktivitäten entfaltete (S. 218ff.). Zitieren wir dafür – stellvertretend – aus dem Lebenslauf des Liebenwalder Segeltuchmachers Wilhelm Kolwitz:

> 1919 Stadtverordneter, 1924 [...] – nach Lehrer Lucke u. Lehrer Schwärzke – Vorsitzender der S.P.D.-Ortsgruppe Liebenwalde, dann nach Gründung des Reichsbanners auch Ortsgruppenleiter u. Bezirksleiter. Nach der sogenannten Machtübernahme durch die N.S.D.A.P. 1933 sofort mit samt den Söhnen, soweit sie hier in L[iebenwalde] waren, unter Polizeiaufsicht gestellt, begann unsere Leidenszeit, die einen starken Ausdruck fand in der eines Abends bis in die Nacht hinein währenden Haussuchung. Es waren 10 Mann, deren Betragen es war, wie es überall gehandhabt wurde. Dass ich nicht damals sofort ins KZ kam, hatte ich dem damals (bis zur Ablösung durch einen NSDAP-Mann) amtierenden komm[issarischen] Bürgermeister Rosenbaum zu verdanken, der sich, so viel ich hörte, für mich verwendet hat. Unser Verhalten in der Folgezeit mußte den Umständen nach ein sehr vorsichtiges sein, denn wie gefahrvoll eine Tätigkeit im antifaschistischen Sinne war, haben die vielen Prozesse bewiesen und dann der große Prozess 1937, der mit der Verhaftung fast sämtlicher Familienmitglieder am 18. Februar 1937 begann.
> Ich hatte an diesem Tage in Berlin geschäftlich zu tun und besuchte bei dieser Gelegenheit noch meinen alten Freund, den früheren sozialdemokratischen Reichsarbeitsminister Dr. h.c. Rudolf Wissell, Bln.-Neu-Tempelhof, Wiesenstraße 22. Als ich abends nach Hause kam, befand sich schon fast die ganze Familie im Rathaus. Dort wurde auch ich per Auto gebracht. Der Oberste der Gestapoleute, wie ich hörte, ein Herr Meier, fuhr mich gleich hart an.
> »Herr Kolwitz, ich will Ihnen nichts tun, aber ich verlange von Ihnen usw.« Ich bin eigentlich nicht schreckhaft, aber mich durchfuhr sofort der Gedanke: »Was will mir der Mann nicht tun?« Das war mir so überraschend, mir, der niemand etwas zuleide getan hatte, [...] und mir kam plötzlich zum Bewußtsein, zu was diese Bestien von der Gestapo fähig waren.[84]

Wenn man den Widerstand ehemaliger Reichsbannermitglieder erfassen will, darf man sich demzufolge nicht ausschließlich auf spezifizierte, gesonderte Organisationsformen fokussieren, sondern muss die Gesamtheit der Traditionsherkünfte von Regimegegnern mit bedenken.

84 BLHA, Bestand 401, VdN-Akte 950.

Wilhelm Kolwitz (l.) mit seinen Söhnen, um 1930

Insofern endete der Widerstand von Reichsbanneranhängern nicht bereits in den frühen Jahren der NS-Herrschaft, sondern setzte sich ideenmäßig – nämlich im Kampf für eine freiheitliche, demokratische Gesellschaft – in anderen sozialdemokratischen Untergrundkreisen fort. Ja, eine Traditionslinie führte sogar zum sogenannten Kreisauer Kreis (S. 233), wo neben Adligen und bürgerlichen Intellektuellen mit Theodor Haubach und seinem Freund Carl(o) Mierendorff zwei führende Ideengeber des Reichsbanners aus den Jahren der Weimarer Republik agierten.[85]

Und eine weitere Entwicklungslinie des Reichsbannerverhaltens nach dem Verbot gilt es zu beachten: die des höchst individuellen Weges derjenigen, die nicht zu den braunen Machthabern überlaufen wollten, aber aus unterschiedlichen Gründen (Zweifel an der Sinnhaftigkeit, dörfliche Isoliertheit, Rücksicht auf die Familie, Angst) den Weg in den organisierten Widerstand nicht wählten. Ein eigener Abschnitt der Darstellung stellt deshalb nun Schicksale aus unterschiedlichen Brandenburger Regionen – die damals auch die Neumark einschloss – heraus.

85 Vgl. Richard Albrecht, Der militante Sozialdemokrat Carlo Mierendorff 1897–1943, Berlin/Bonn 1987; Peter Zimmermann, Theodor Haubach (1896–1945). Eine politische Biographie, Hamburg 2004; Axel Ulrich, Carlo Mierendorf kontra Hitler, Wiesbaden 2018.

Illegale Reichsbannergruppen um Theodor Haubach und Karl Heinrich

Die Geheime Staatspolizei analysiert zum Ende 1934:

> Bei der nationalen Revolution 1933 löste sich das Reichsbanner auf. Die führenden Personen Höltermann, Hoffmann [Hofmann] und andere entflohen und das Vermögen wurde eingezogen. Erst ungefähr gegen Ende des Jahres 1933 kamen wieder Nachrichten, daß einzelne Mitglieder des Reichsbanners versuchten, eine illegale Organisation aufzuziehen. Es kam auch bereits zu grösseren Zusammenschlüssen und das Geheime Staatspolizeiamt Bremen konnte im März 1934 bereits 69 Personen festnehmen. Im Laufe des Jahres 1934 erfolgten dann noch weitere Festnahmen im ganzen Reichsgebiet, aber nirgends in so grosser Zahl. Bereits Mitte des Jahres 1934 wurde bekannt, daß der Leiter im Reichsmaßstabe des Reichsbanners, der ehemalige Presse-Referent des Polizeipräsidiums Berlin Dr. Haubach sei. Er hatte von Höltermann den Auftrag, die leitenden Funktionäre zu besuchen und sie für die illegale Arbeit zu gewinnen. Seine Bemühungen waren auch teilweise von Erfolg. Es kann heute als feststehend angenommen werden, daß in jeder Großstadt sich bereits ganz lose zusammengefaßte Gruppen des ehemaligen Reichsbanners befinden.[86]

Weiter wird ausgeführt, dass die Untergrundarbeit des Reichsbanners der der SPD »absolut angeglichen« sei: Sie beschränke sich auf mündliche (antinazistische) Propaganda und die Verbreitung von illegalem Material wie der »Sozialistische Aktion« oder Klebezetteln.

Vor allem Haubach, der sehr umsichtig-konspirativ im Reichsmaßstab seine Verbindungen knüpfte, sich dabei als Reisender der Versicherungsbranche tarnte und selbst bei Geheimtreffen Policen auf den Knien lagerte, falls Gestapo die Zusammenkunft überraschend sprengen sollte[87], schärfte den Anwesenden für diesen Fall eine übereinstimmende (harmlose) Aussage über die angebliche Ursache des Zusammenseins ein.[88]

Ganz anders dagegen die Vorgehensweise des am 20. Juli 1932 abgesetzten, ehemaligen Kommandeurs der Bannmeile um den Reichstag, Polizeimajor Karl Heinrich. Trotz Verschleppung ins KZ 1933 blieb er energiegeladen und sehr selbstbewusst, wenn nicht sogar sendungsbewusst. Ausgehend von seinem Heimatbezirk, dem Havelländischen Spandau, baute er ein ganz eigenes Netz an Verbindungen auf; so gewannen er und sein enger Mitarbeiter Herbert Dewald (Treptow) zunächst Kontaktleute in anderen Groß-Berliner Bezirken wie Wedding, Lichtenberg, Charlottenburg und Prenzlauer Berg. Ungeklärt bleibt in diesem Zusammenhang die Einbindung des früheren Bln.-Brandenburger Gausekretärs Richard Küter (1877–1949), der seines

86 BArch, R 58 / 3333, Bl. 156f.

87 BArch, R 58 / 3329, Bl. 52–56 (»Bericht über die Zusammenkunft der illegalen SPD, Gewerkschaften und des Reichsbanners von der Bezirksleitung Berlin« vom 31. Mai 1934).

88 Wenn Haubach dadurch auch die Einleitung eines faktengestützten Justizverfahrens gegen sich und enge Gefährten wie Oskar Alban, Herbert Schlichting und Walter Rossdorf verhindern konnte, für die Verschleppung der Genannten ins KZ Esterwegen im November 1934 benötigte der NS-Staat jedoch keine Juristen; vgl. H.-R. Sandvoß, Die »andere« Reichshauptstadt, S. 96ff.

Theodor Haubach

Karl Heinrich

frühen Todes im Herbst 1949 wegen leider keine Aufzeichnungen hinterließ. Er war aber viermal in Haft – darunter einmal zusammen mit Herbert Dewald vom Juli bis September 1934 am Alexanderplatz (Berliner Gestapo) – und unterhielt vielfältige Widerstandskontakte.[89] Ein Spitzelbericht beschreibt am 7. Juni 1934 Heinrichs strategischen Ansatz:

> Heinrich ist der politischen Auffassung, dass er nach wie vor allein in der Lage ist, das Deutsche Reich vor dem Untergang zu retten. Seine Freunde haben schon oft versucht, ihn von der fixen Idee abzubringen, was jedoch bisher zu keinem Erfolg geführt hat. Heinrich hält an seinem Standpunkt fest, mit 1000 Mann das System Hitler fertig zu machen. In der Vertretung dieser Ansicht ist er so offenherzig, dass er es jedem früheren Freund laut auf der Straße oder in der Wirtschaft erzählt.
> Die SPD hält Heinrich für einen Mann, der von politischer Taktik keine Ahnung hat. Sie hält ihn für unbesonnen und schaltet ihn von der illegalen Arbeit aus. Er wird zwar als politisch zuverlässig, aber trotzdem für eine Gefahr gehalten, weil er zuviel und zu laut redet.[90]

Haubach habe sich Heinrichs Ideen angehört, ihm dann aber deutlich gesagt, das Reichsbanner würde es ablehnen, sich der Heinrich'schen Ideen wegen ins Zuchthaus bringen zu lassen.

89 LAB, C Rep. 118-01 / A 3259 (Küter, Richard); LABO, Entschädigungsakte Nr. 1459 (Dewald, Herbert).

90 BArch, R 58 / 3329, Bl. 63.

Wie viel Wahrheit in dem Spitzelbericht im Einzelnen auch stecken mag, Tatsache ist, dass Heinrich – nach vorausgegangenem »Abblitzen« bei Haubach und anderen führenden Funktionären – recht erfolgreich Anhänger und Weggefährten in Berlin anwerben konnte und bald auch ins Brandenburgische vorstieß.

Der frühere (hauptamtliche) Sekretär der Angestelltengewerkschaftsbewegung (AfA) um Siegfried Aufhäuser, Herbert Dewald, war bis 1933 aktiver Reichsbannerfunktionär in Baumschulenweg und Treptow. Im Kreis Süd der »Eisernen Front« wirkte er in der Leitung als Kassierer. Von Mitte März bis Anfang August 1933 litt er im SA-Hauptquartier in der Berliner Hedemannstraße und dann erneut Mitte 1935 zwei Monate im KZ Columbiahaus. Als enger Vertrauter Karl Heinrichs wurde er von diesem als Leiter der Berliner Gruppe eingesetzt und erhielt zudem den Auftrag, die Verbindung zu gesinnungstreuen Reichsbanneranhängern in brandenburgischen Städten aufzunehmen und dort die Bildung von Gruppen zu initiieren. Dewald notiert dazu am 2. März 1949 leider nur kurz:

> Meine illegale Tätigkeit begann bereits im Februar 1933, kurz nach der Machtergreifung durch die NSDAP. Sie bestand im wesentlichen darin, in Gross-Berlin sowie in der gesamten Provinz Brandenburg einen Vertrauensmännerapparat zu schaffen, der laufend mit illegalem Agitationsmaterial versorgt wurde. Diese Tätigkeit führte zu wiederholten Verhaftungen durch die Polizei.[91]

Etwas mehr erfahren wir von Otto Matthes, einem weiteren Angestelltengewerkschafter. Bis zu seinem Hinauswurf im Zeichen der NS-»Machtergreifung« 1933 war er bei der Allgemeinen Ortskrankenkasse Niederbarnim, Sitz in Rathenow, tätig. In seiner Freizeit engagierte sich der geborene Herzfelder beim Arbeiter-Turn- und Sportbund (ATSB), der SPD und dem Reichsbanner in Rathenow. Dort wirkte eine verhältnismäßig starke Ortsgruppe von 260 Mann, geleitet vom »Tageblatt«-Redakteur Karl Hahne (* 1891), Führer des aktiven Reichsbanners war der städtische Arbeiter Max Günther (* 1885). Otto Matthes (* 1912) schreibt am 27. Mai 1949:

> 1932 wurde ich als Schufoführer zum erstenmal verhaftet. Als die Nazis 33 ihren unheilvollen Weg antraten, wurde ich als erster entlassen. Eine neue Arbeitsstätte war nicht zu erhalten, denn wir waren ja gekennzeichnet. Ich musste Rathenow verlassen und kehrte nach Herzfelde zurück. In der Zwischenzeit war auch mein Vater als Bürgermeister [Herzfeldes] entlassen worden. Der Druck der Nazis wurde immer stärker, mein Vater wurde nach Oranienburg verfrachtet, ich selbst verließ Herzfelde bei Nacht und Nebel.[92]

1934 kaufte Matthes ein kleines Milch- und Lebensmittelgeschäft in Berlin-Tiergarten, nahm aber parallel dazu die Verbindung mit alten Genossen sowie Reichsbannerkameraden wieder auf: Hier nennt Matthes Polizeimajor Heinrich und Kurt

---

91 LABO, Entschädigungsakte Nr. 1459 (Dewald, Herbert). Bürgen: Amandus Goldbeck, Walter Löffler, Herbert Schlichting, Bernhard Göring, Ludwig Schröder (Spandau).

92 Ebd., Entschädigungsakte Nr. 11623 (Matthes, Otto). Zum Reichsbanner in Rathenow siehe BLHA, Rep. 2 A I Pol.Nr. 1051, Bl. 233f. und 288 (Tenor der Polizei: Waffenlager nicht festgestellt).

Ackermann. (Ackermann, Untergebietsführer für den Berliner Westen, setzte Mattes als Gruppenführer von Tiergarten-Moabit ein.) Mit ihnen geriet er 1935 in Haft; als die Gruppe Heinrich zerschlagen wurde (S. u.). 1936 kam er wieder frei und setzte die konspirative Arbeit gegen die NS-Diktatur fort. Otto Matthes weiter 1949 mit einer interessanten politischen Verknüpfung:

> 1937 bauten meine Eltern am Möllensee, hier lagen [offiziell bis 1933] die Zeltplätze vom Reichsbanner und so konnten wir unsere Arbeit wieder aufnehmen. Material und »Vorwärts« erhielten wir von Scharfschwerdt, Hohen Neuendorf, nach dessen Verhaftung [S. 221f.] von den einzelnen Berliner Gruppen. Der Kampf um Recht und Freiheit war unser Ziel. Trotz Schikanen und Verbote ging unser Kampf weiter, auch heute noch, um unser Ziel zu erreichen.

Der Volksgerichtshofprozess gegen die Leitung der Gruppe (Karl Heinrich, Paul Hoppe und Walter Grünewald – alle Spandau) verrät nichts über die Kontakte der Illegalen in die Provinz Brandenburg. Zum Schutz der Freunde dort – sollte man dazu anmerken. Scharfschwerdt führte als Zeuge vor Gericht aus, lediglich einmal (Ende 1933 oder Anfang 1934) mit Heinrich gesprochen zu haben, ohne dass dem Weiteres folgte.

Die Ermittler bei Polizei und Justiz rekonstruierten akribisch, wie sich Karl Heinrich zunächst eine Kerngruppe unter seinen Spandauer Anhängern aufbaute und dann Verbindungsleute in anderen Berliner Bezirken suchte. Am Himmelfahrtstag 1935 wurde in Finkenkrug, nahe Spandau, ein Treffen der Gesinnungsgenossen abgehalten. Die Teilnehmer kamen teils mit Rädern, teils mit der Bahn und fanden sich schließlich am Forsthaus »Alter Finkenkrug« ein. Auf einer nahen Wiese wurde Fußball gespielt, bis Heinrich mit zwei Vertrauten eintraf. Er bildete einen Kreis um sich und gab eine eher illusionslose Analyse: So führte er aus, es sei völlig unrealistisch, wenn die Exil-Parteiführung der SPD glaube, sie könne nach politischen Veränderungen in Deutschland wieder zurückkehren und das Ruder übernehmen.

Das Urteil des Volksgerichtshofs vom 20. Februar 1937 berichtet weiter über Heinrichs Ansprache in Finkenkrug:

> Auf die Frage, wie lange sich die gegenwärtige Regierung hält, hat Heinrich wörtlich nach der Angabe des Zeugen Barz Folgendes geantwortet: »Kinder, macht Euch keine Illusionen, denn die Regierung hat die politische Macht ganz, wenn sie die wirtschaftliche auch nicht so hat, aber sie hat die Macht. Sie kann sich jahrelang halten und wenn sie tatsächlich gezwungen sein sollte, zurückzutreten, dann braucht Ihr Euch nicht einzubilden, daß es so kommt wie früher. Dann wird nach meiner Meinung das Militär das Ruder in die Hand nehmen.«[93]

Es waren auch nicht die Kontaktaufnahmen ins Brandenburgische, sondern die ins Sächsische, die letztendlich zur Zerschlagung der Gruppe führte. Diese Verbindungen knüpfte ein früherer Steglitzer Reichsbannerfunktionär namens Karl Pohl, der nach 1933 nach Leipzig gezogen war und dort Anschluss an oppositionell eingestellte

93 BArch, NJ 869 (VGH-Urteil vom 20. Februar 1937, S. 13f.).

Reichsbannerangehörige fand, die er nun mit seinen alten Berliner Kameraden verknüpfen wollte. Daraufhin unternahmen drei Berliner, nämlich Paul Hoppe, Walter Metzelthin und der Staakener Malermeister Oskar Loebel, der ein Fahrzeug besaß, eine Fahrt. Oskar Loebel dazu 1987:

> Das Ziel der Reise war es, Aufklärungsmaterial nach Leipzig zu bringen, damit es dort verteilt wurde. Wir luden 10 Stapel Kleindrucksachen ein. In Leipzig haben wir uns dann mit Kameraden getroffen. Wir sind in ein Sommerlokal gegangen und haben uns dort an verschiedene Tische verteilt. So war es abgesprochen. Das Material wurde irgendwo übergeben, und nach ein paar Stunden sind wir wieder zurückgefahren.[94]

Wie der Mitfahrer Walter Metzelthin ergänzt, flog der Kreis in Leipzig durch leichtfertigen Materialvertrieb auf, und zu allem Unglück berichtete ein Verhafteter von den Kontakten nach Berlin …

Nun begann die Geheime Staatspolizei im September 1935 (ausgehend von den drei Reisenden), die Illegalen um Karl Heinrich nach und nach festzusetzen, die meisten gerieten im Oktober des Jahres in Gewahrsam.

Es kam zu mehreren Prozessen: Im Frühjahr 1936 tagte das Berliner Kammergericht gegen dreizehn Angeklagte. Die Höchststrafen erhielten Walter Metzelthin (Spandau) mit vier Jahren und Kurt Ackermann (Charlottenburg) mit drei Jahren Zuchthaus. Letztgenannter nahm sich in der Haft aus Verzweiflung das Leben. Ein weiteres Kammergerichtsverfahren verurteilte zwei Lichtenberger zu Gefängnisstrafen. Amandus Goldbeck, einer von ihnen, der seine Lichtenberger Genossen nicht namentlich nennen wollte, wurde dafür bis 1945 ins KZ gesperrt.

Im Hauptverfahren (Februar 1937) verhängte der Volksgerichtshof schwere Zuchthausstrafen: Paul Hoppe und Walter Grünewald erhielten jeweils fünf Jahre, Karl Heinrich sechs Jahre Zuchthaus. Er wurde erst im September 1942 aus dem KZ entlassen. Nach Aussagen Herbert Dewalds, der im Kammergerichtsprozess »Ackermann und Andere« eineinhalb Jahre Gefängnis erhielt, nahm sein Freund Karl Heinrich nach der Entlassung Kontakt zu Verschwörern des 20. Juli 1944 auf. (Heinrich kam dann im Herbst 1945 in einem sowjetischen Lager ums Leben, weil er sich als Kommandeur der Berliner Schutzpolizei dem Machtanspruch der Kommunisten widersetzte.)

Anschluss Einzelner an Untergrundgruppen der KPD

Zu würdigen in ihrem Widerstand sind auch jene sozialdemokratischen Reichsbannermänner, die sich – vermutlich aus Mangel an politischen Alternativen auf Seiten der illegalen SPD oder einem dorthin führenden konspirativen Anschluss vor Ort – an Untergrundgruppen kommunistischer Orientierung beteiligten. Im Falle mehrerer sozialdemokratischer Pädagogen, man denke an Erich Paterna (S. 497ff.), begegnen wir ähnlichen Entscheidungen. Vielleicht darf zur Abrundung des Bildes

94 Zitiert nach H.-R. Sandvoß, Widerstand in Spandau, Berlin 1988, S. 24.

darauf hingewiesen werden, dass gerade viele sich der politischen Aufklärung verpflichtet fühlende Rektoren, Lehrer und Bildungspolitiker in der Regel auch dem Republikschutzverband Reichsbanner angehörten.[95]

Im Folgenden sei – exemplarisch – auf zwei politische Schicksale von Reichsbannermitgliedern des Gaues Berlin-Brandenburg hingewiesen, die sich der illegalen KPD anschlossen.

So auf Franz Hardtke (* 1915), kaufmännischer Angestellter aus Frankfurt/Oder, der zum Widerstandskreis um Max Hannemann (S. 417ff.) stieß und dort – eigenen Aussagen zufolge[96] – von März bis September 1935 illegal arbeitete.

Am 16.9.1935 deswegen festgenommen, wurde er im Hauptverfahren (Prozess Hannemann) am 25.1.1936 zwar aus Mangel an Beweisen freigesprochen, hatte bis dato aber über vier Monate in Untersuchungshaft gesessen. Ungewöhnlich früh, nämlich am 3. November 1937, wurde er bereits zur Wehrmacht eingezogen und kehrte erst in der zweiten Jahreshälfte 1945 aus der Gefangenschaft zurück.

Noch tiefer und umfassender involviert in die Untergrundarbeit gegen die NS-Diktatur war der in der Stadt Brandenburg, Wilhelmsdorfer Straße 30, lebende und politisch tätige Büfettier Willi Schwericke[97], geboren 1899. Er gehörte (eigenen Angaben im Dezember 1945 zufolge) von 1923 bis 1932 der SPD an, ferner dem Verkehrsverbund, dem Arbeitersport (Freie Turnerschaft) und dem Reichsbanner. Dort galt er als Aktiver und Vertrauensmann des Jungbanners, einer Funktion, der gerade in dieser Stadt – dem republikanischen Zentrum des Havellandes – eine nicht zu unterschätzende Bedeutung zukam. Wir wissen aber auch von dem Umstand, dass gerade diese sozialdemokratische Hochburg 1932/33 von starken Abspaltungen und innerparteilichen Brüchen gekennzeichnet war (S. 282ff.). Verhaftungen, Verschleppungen und Ausweisungen (S. 168f.) taten ihr Übriges, um eine eigenständige republikanische bzw. sozialdemokratische Widerstandsgruppe gar nicht erst aufkommen zu lassen – so sehr sie der Verfasser gerade hier ursprünglich vermutet, ja sogar erwartet hatte.

Aus diesem Umstand heraus erklärt sich wohl auch der weitere Werdegang Willi Schwerickes, der bis zu deren Zerschlagung (1933) – wie mehrere andere Verfolgte – bei der Konsumgenossenschaft der Stadt Brandenburg beschäftigt war. Wann genau es zum inneren Bruch mit der sozialdemokratischen Bewegung kam, ist aus den Quellen (Gerichtsunterlagen, Verfolgtenakten 1945) nicht ersichtlich – vielleicht speiste er sich aus der tiefen Enttäuschung vieler aktiver Reichsbannermänner über die kampflose Hinnahme der Absetzung der Preußischen Landesregierung Braun-Severing (SPD) durch den rechtskonservativen Reichskanzler von Papen am 20. Juli 1932.[98]

---

95 Erinnert sei in diesem Zusammenhang an den Preußischen Kultusminister Adolf Grimme; vgl. Hellmut Auerbachs Artikel über Adolf Grimme in: Benz/Graml (Hg.), Biographisches Lexikon zur Weimarer Republik, München 1988, S. 111; Hagen Schulze, Otto Braun, S. 560f.

96 BLHA, Rep. 333, Nr. 1236, Bl. 144ff.

97 Ebd., Rep. 401, VdN 1787.

98 Dem Verfasser bleiben diesbezügliche Zeitzeugeninterviews vom Anfang der 1980er Jahre mit über 80jährigen früheren Reichsbannermitgliedern (Schufo, Jungbanner) tief in Erinnerung: Männer, die ins Zittern gerieten, wenn sie diese Jahrzehnte zurückliegende Blamage bzw. ihr vergebliches

Jedenfalls erhielt Schwericke bei seiner Kontaktaufnahme mit der KPD von der kommunistischen Führung der Stadt Brandenburg den Auftrag, nicht (publizistisch-)spektakulär SPD und Reichsbanner zu verlassen, sondern unter den dortigen Genossen bzw. Kameraden für einen »Zusammenschluß« zu wirken. Willi Schwericke (* 1899) schreibt darüber im Dezember 1945:

Willi Schwericke

> Ich bekam den Auftrag, für einen Zusammenschluß mit dem Reichsbanner zu arbeiten. Nach dem Verbot der K.P.D. setzte die illegale Arbeit ein, in meiner Wohnung [Wilhelmsdorfer Str. 30] waren die Besprechungen mit dem damaligen U.B.L. R. Koffke u. W. Franz [S. 367ff.]. Es wurde vorwiegend Material in Form von Flugschriften herausgegeben. Daran beteiligte sich die Jugend vom Reichsbanner, die Einheitsfront sollte geschlossen werden, [dafür] … gab ich im Juni [19]33 die Broschüre »das illegale Reichsbanner« heraus.
> In meiner Wohnung wurde auch das Material in Form von Schriften, die ein Berliner Kurier brachte, untergestellt. Am 29.9.33 wurde ich dann verhaftet [und] von der SS ins KZ Brandenburg gebracht. K. Kunter hatte meinen Namen angegeben.[99]

Mit letzter Bemerkung wollte er Kunter jedoch keine Böswilligkeit unterstellen. (Schwericke erlitt im KZ so schwere Misshandlungen, dass er zehn Wochen ins Lazarett kam.)

Im Dezember 1934 wurde Schwericke mit acht weiteren Angeklagten der Prozess vor dem Berliner Kammergericht gemacht (»Pätzke und Genossen«), der Büffetier erhielt eine Strafe von 1 Jahr und 3 Monaten Gefängnis. Nach der Entlassung traf er sich weiterhin mit »alten Genossen«, hatte aber beruflich große Schwierigkeiten, denn wiederholt intervenierten NS-Stellen zu seinen Lasten. Im September 1943 zog man ihn zur Wehrmacht in eine Arbeitskompanie bei Spandau. Bald nach der Befreiung 1945 wurde Schwericke Leiter der Kriminalpolizei der Stadt. Er gehörte auch der SED an, wurde aber bereits Mitte 1950 ausgeschlossen, da er im April d. J. die DDR – wie die DDR-Behörden betonen – »ohne Abmeldung« verlassen hatte.[100] Er verstarb nur wenige Jahre danach im Kreis Bielefeld. Einer der politischen Weg-

– zum Todeskampf entschlossenes! – damaliges Warten schilderten und am Ende doch nur nach Hause geschickt worden waren.

99 BLHA, Rep. 401 / VdN 1787.

100 Den weiteren Lebensweg konnten wir leider nicht ermitteln, da selbst im »Bundeszentralregister« (der Verfolgtenakten) nichts über ihn vorlag (Auskunft von 2017).

gefährten Schwerickes aus der Reichsbannerjugend Brandenburgs war der Sattler Ernst Zander (1913–1944). Obwohl am Widerstand der KPD beteiligt, entging er den Verhaftungen 1933/34; er wurde aber im Krieg als Soldat der »Wehrkraftzersetzung« beschuldigt, zum Tode verurteilt und am 27.12.1944 erschossen.[101]

Individuelle Schicksale (Biographische Erinnerungen)

Neben einem Blick auf die Verfolgung mehrerer zentral verantwortlicher Brandenburger Reichsbannerkreisleiter (S. 74ff.) soll nun auch auf das politische Schicksal provinzweit zwar weniger profilierter, aber im harten Abwehrkampf für die Republik in Städten und Landgemeinden genauso geforderter Menschen hingewiesen werden. Auch dies kann der Quellenlage geschuldet, nicht flächendeckend, sondern nur exemplarisch geschehen.

Zu den früh vom Terror bedrohten Republikanern zählte der frühere Gauvorsitzende des Reichsbanners von Berlin-Brandenburg und anschließende Nauener Landrat Wilhelm Siering (S. 40).

Aus einem Schreiben des Kommissarischen Landrats des Kreises Osthavelland an den Regierungspräsidenten in Potsdam vom 1. Februar 1933: »Seit Montag, dem 30. Januar 1933, dem Tag des neuen Reichskabinetts hetzt die KPD. in den östlich gelegenen Teilen des Kreises in Wort und Schrift zum Generalstreik und zur Mobilisierung der werktätigen Bevölkerung gegen die jetzige Reichsregierung.«[102]

Im weiteren Verlauf des genannten Schreibens werden Vorfälle im Raum Falkensee, darunter Pistolenschüsse bzw. Handgranatenanschläge auf Grundstücke Bessersituierter und Demonstrationsvorbereitungen der örtlichen KPD für den 1. Februar 1933, aufgelistet. Auch in Bötzow und Nauen sei es zu – allerdings friedlich verlaufenden – Umzügen der Kommunisten gekommen, wobei sich in der letztgenannten Stadt etwa 350 Menschen beteiligt hätten.

In den gesamten Zusammenhang wollten staatliche Stellen dabei auch den folgenden Vorfall in Falkensee einordnen: »In der Nacht vom 7. zum 8.2.1933 wurden mehrere Scheiben der Villa des Landrats a.D. Siering durch Schüsse zertrümmert. Wie festgestellt worden ist, haben die Täter von der Strasse 3 Schüsse abgefeuert, wodurch 3 Fensterscheiben zertrümmert wurden und die Geschosse in die Wände der einzelnen Zimmer eingedrungen sind.«[103]
Zwei Zeugen in Tatortnähe konnten leider keine näheren Angaben zu den ihnen persönlich nicht bekannten (vermeintlichen) Tätern machen. Immerhin gibt der Bericht zweier Kripobeamter, die sich dabei auf »vertraulich angestellte Ermittlungen« stützen, wieder, dass es sich um die SA-Leute Jackzentis und Melz handle, die in Frage kämen; der Erstgenannte habe allerdings ein Alibi, der Zweite trug andere Hosen als die von o.g. Zeugen beschriebenen. Aufgrund der von Tag zu Tag schwieriger werdenden Ermittlungen habe man diese jetzt eingestellt.

101 BLHA, Rep. 401, VdN 2607.
102 Ebd., Rep. 2 A I Pol., Nr. 1090, Bl. 185.
103 Ebd., Nr. 1090, Bl. 217.

Bruno Fehse (* 1887), von Ausbildung Handelsgehilfe, war 1922 nach Fürstenwalde/Spree verzogen, wo er dem Ortsgruppenvorstand des ZdA (Zentralverband der Angestellten) angehörte.[104] Von 1929 bis 1933 übernahm Fehse, der sich zudem im Arbeitersport, der SPD und dem Reichsbanner engagierte, eine Ortsredakteurstätigkeit für die Tageszeitung »Volksfreund«. Aufgrund dieser vielfältigen öffentlichen Funktionen als Republikaner bekannt, nahm ihn die Polizei vom 24.6. bis 13.8.1933 in Haft, anschließend verschleppte ihn SA bis zum 11.10. d.J. ins KZ Sonnenburg. Mehrere Gestapoverhöre in den Folgejahren sowie wiederholte, von der NSDAP erzwungene, berufliche Entlassungen zwangen ihn schließlich 1937, nach Berlin umzuziehen. Frühere Fürstenwalder Weggefährten bescheinigten Fehse, auch nach der KZ-Haft an illegaler Arbeit beteiligt gewesen zu sein.

Der Tischler Siegfried Fitsch, wohnhaft in Erkner (Catholystraße 34), gehörte der SPD seit 1910 an[105], war im Holzarbeiterverband, im Arbeitergesangsverein und dem Reichsbanner bzw. der »Eisernen Front« aktiv. Als Republikaner und Spitzenfunktionär wiederholt öffentlich hervorgetreten, verschleppte ihn Hitlers Bürgerkriegsarmee bereits im März 1933 ins KZ Oranienburg. Zwar aufgrund seines Schwerbeschädigtenstatus bald entlassen, verlor er noch im selben Jahr aufgrund der NS-»Säuberungen« der Verwaltung seine Arbeit als Obersekretär der Gemeinde Erkner.

Der Eberswalder Max Müller (* 1894), SPD-Stadtverordneter und Mitglied der Republikschutztruppe Reichsbanner Schwarz-Rot-Gold und des DMV, war vierzehn Jahre als Schlosser im Reichsbahndienst tätig, bis er 1933 den politischen Säuberungen zum Opfer fiel und in Haft geriet. Er berichtet über seine Misshandlungen, denen er ausgesetzt war, obwohl ihm im Rathaus zuvor der lokale NSDAP-Führer Friedrich jun. zugesichert hatte, es würde nichts gegen ihn, Müller, vorliegen.

> Am 21.5.33 früh um 5 Uhr wurde ich von 8 S.A.-Leuten aus dem Bett heraus verhaftet, in der Wohnung schon geschlagen, weil ich verlangte, dass bei einer Verhaftung Polizei dabei sein müsste. Dann wurde ich zum Schießplatz des Schützenhauses gebracht. Dort sollte ich zu allen 8 Mann der Reihe nach Heil Hitler sagen, was ich nicht tat. Nun wurde ich von allen 8 Mann zerschlagen. In meiner Wut sprang ich dem Sturmführer Kaiser an die Kehle und würgte ihn. Ich wurde gewaltsam weggerissen u. weiter geschlagen. Nach ungefähr 2 Stunden kam ein Auto aus Wriezen, rot angestrichen, die Nr. ist mir abhanden gekommen. So blutend wie ich war, wurde ich in diesem Auto, von 4 S.A. Leuten bewacht, nach Oranienburg gebracht. Unterwegs zwischen Oranienburg und Liebenwalde hielt das Auto auf der Chaussee zwischen Kiefernschonungen. Ich wurde aufgefordert, meine Notdurft zu machen. Ich lehnte ab und sagte, wenn ihr schießen wollt, so macht das im Auto, ich gehe keinen Schritt heraus. Darauf wurde wieder verhandelt und alle stiegen ein und ich wurde zum Konzentrationslager Oranienburg gebracht. [...] Trotz meiner schwer blutenden Verletzungen wurde ich dort nicht verbunden, sondern musste bei Androhung weiterer Schläge gleich schwer arbeiten.[106]

104 BLHA, Rep. 333, Nr. 1233, Bl. 63ff.
105 Ebd., Rep. 333, Nr. 1233, Bl. 195ff.
106 Ebd., Rep. 333, Nr. 1246, Bl. 441.

(All dem voraus ging eine beabsichtigte Verschleppung Max Müllers bereits eine Nacht zuvor. Da man ihn nicht zu Hause antraf, wurde die Ehefrau Else geschlagen, da sie den Aufenthaltsort ihres Mannes nicht verraten wollte. Der Eberswalder Stadtverordnete Müller litt insgesamt vom 21. April bis Ende Juli 1933 im KZ.)

Von schweren Misshandlungen berichtete auch Willi Paschke, der SPD-Vorsitzende von Erkner und Leiter der dortigen »Eisernen Front« (S. 68f.), der am 21. März in sogenannte Schutzhaft genommen wurde. Im April und Mai wiederholten sich die Quälereien. Willi Paschke (* 1897):

> Anschließend tägliche Meldung bei der Polizei und danach laufende polizeiliche Überwachung. Trotzdem weiter im Sinn der soz. Arbeiterbewegung fortlaufend tätig. Zusammenkünfte, Flugblattverbreitung, Verbindung zu Genossen in Nachbargemeinden, Abhören von Auslandssendungen und mündliche Propaganda.
> Im Mai 1933 aus dem Dienst der Allg. Ortskrankenkasse Niederbarnim gemäß § 4 des Gesetzes zur Wiederherstellung des Berufsbeamtentums entlassen.[107]

Der Angermünder Schmied und Reichsbannerangehörige Wilhelm Kielmann (* 1875) engagierte sich trotz seines Alters herausragend als Führer der »Eisernen Front« in seiner Stadt. Politisch organisiert war er bei der linksliberalen Deutschen Demokratischen Partei, die am Ende der Weimarer Republik den großen Teil ihrer bürgerlichen Wählerschaft verloren hatte und als Deutsche Staatspartei zuletzt eine nur noch sehr begrenzte politische Rolle spielte.[108]

Kielmann geriet am 1. März 1933 kurz in Haft und stand danach unter scharfer Beobachtung: Von März 1933 bis November d. J. musste er sich täglich zweimal bei der Polizei von Angermünde melden. Er bemerkt dazu in seinem VVN-Aufnahmeantrag:

»In der Zeit vom Februar bis Nov[ember] 1933 waren Durchsuchungen in meiner Wohnung an der Tagesordnung. Die Kinder wurden nicht wieder zum Studium und zur Abiturientenprüfung zugelassen. Erhielten im Orte keine Stellung. Ich selbst sowie meine Familie wurden Jahre lang polizeilich beobachtet u. verfolgt.«[109] Als Folge der Haft und anderer Drangsalierungen wurde Wilhelm Kielmann herzkrank.

Franz Seele, von Beruf Stahlformbauer, gehörte dem Deutschen Metallarbeiterverband (DMV) an und war Ortsvereinsvorsitzender der SPD und des Reichsbanners in Rüdersdorf. Am 2. Mai 1933 verschleppte man ihn zum ersten Mal, diesmal insgesamt 23 Tage, dann wieder am 26. August 1939 für 16 Tage, im März 1941 für 5 Wochen und schließlich 1944 im Zuge der Aktion »Gitter« (S. 247ff.) für weitere vier Wochen.[110]

---

107 BLHA, Rep. 333, Nr. 1249, Bl. 64R.
108 Joachim Stang, Die Deutsche Demokratische Partei in Preußen 1918–1933, Bonn 1994.
109 BLHA, Rep. 333, Nr. 1240, Bl. 210ff.
110 Ebd., Rep. 333, Nr. 1251.

Dem Holzarbeiterverband, der SPD und dem Reichsbanner gehörte der Neuenhagener Franz Kühl (* 1895) an. Ihn nahm SA vom 12. April 1933 bis zum 14. Juli 1933, also über drei Monate, in Eberswalde (Gefängnis) in »Schutzhaft«, wie u. a. Willi Meene verbürgt. Kühl stand darüber hinaus bis Ende 1933 unter Polizeiaufsicht.[111]

Leider knapp sind die Angaben des Arbeiters Paul Watschke (* 1900) aus Müllrose, wo er im Schiffsbau tätig war. Der aktive Sportler fühlte sich dem Wohlergehen der arbeitenden Menschen sehr verpflichtet und engagierte sich in seiner Freizeit in der Gewerkschaft, dem Reichsbanner und der Sozialdemokratie, wo er zweiter Kassierer des Ortsvereins Müllrose war. Beim Verbot der SPD (22. Juni 1933) wurde er kurzzeitig zwecks Herausgabe der Parteigelder eingesperrt. »Während der Hitlerzeit war ich mit fester Überzeugung der alten Idee treugeblieben«, betont er.[112]

Für die odernahe Stadt Müllrose konnten Angaben über einen weiteren Reichsbannermann gefunden werden: den 1907 geborenen Fleischer Alfred Binder. Durch ihn erfahren wir von einem – eher seltenen – Beispiel der Zusammenarbeit von Reichsbannermännern mit Anhängern der KPD.

Binder gehörte der SPD, dem Metallarbeiterverband (DMV), dem Arbeiter-Turn- und Sportbund, der Roten Hilfe und – wie gesagt – dem Reichsbanner an. In seinem VVN-Aufnahmeantrag wies er darauf hin, durch einen politisch motivierten Racheakt seinen rechten Arm verloren zu haben. Als Bürge für einen anderen Verfolgten führt Binder 1947 aus:

> Ich Unterzeichneter Alfred Binder, geb. 30.7.1907 in Müllrose, erkläre hiermit an Eidesstatt, dass ich Frau Martha Pietsch und [deren] ... verstorbenen Ehemann schon aus meiner Kindheit kenne. Wilhelm Pietsch[113] mit dem ich sehr gut bekannt war, war Mitglied des RFB seit seiner Gründung in Müllrose. Ich war damals Mitglied der SPD und des Reichsbanner, wir haben gemeinsam Hand in Hand gegen den Faschismus gekämpft. In der Nacht vom 30. zum 31. Januar [1933] wurden wir beide mit noch 2 and[eren] Kameraden verhaftet und nach dem Gefängnis Frankfurt/Oder überführt. Unsere Haft dauerte vom 30. Januar bis 29. März 33, wir wurden dabei schwer mißhandelt, unsere Verhaftung erfolgte durch SA und Polizei. Wir haben nach unserer Entlassung [...] weitergearbeitet und wurden damals von SA und Polizei besonders scharf verfolgt und kontrolliert.[114]

Binder stand danach zwei Monate unter Polizeiaufsicht. Von NS-Behörden nachhaltig drangsaliert, wurden ihm das selbstständige Gewerbe entzogen und Ersatzarbeitsplätze verweigert. Binder blieb zwei Jahre ohne staatliche Unterstützung, seine Familie musste in großer Not ihr Leben fristen. Er will trotz allem zum SPD-Widerstand

111 Ebd., Rep. 333, Nr. 1244.
112 Ebd., Rep. 333, Nr. 1258, Bl. 140.
113 Ebd., Rep. 333, Nr. 1249. Wie Wilhelm Zinke 1947 als Bürge bescheinigt, war Wilhelm Pietsch von 1925 bis 1929 im RFB, danach in der IAH aktiv, die er auch nach 1933 illegal weiterführte.
114 Ebd, Rep. 333, Nr. 1227, Bl. 252ff. Binder erklärte 195(?) seinen Austritt aus der VVN. Trotz aller politischen Differenzen hatte sich der alte Sozialdemokrat für die Hinterbliebene eines Müllroser Kommunisten eingesetzt.

Kontakt gehalten haben. (wofür die drei Müllroser Paul Watschke, Wilhelm Henkel und Emil Schütze bürgten.)[115]

Neben dem Müllroser Alfred Binder gab es in Frankfurt/Oder noch einen Reichsbannermann namens Oswald Binder, gleichfalls Sozialdemokrat. Er berichtete, wegen seiner »nicht-arischen« Ehefrau unter Alltagsschikanen und Gestapoverhören gelitten zu haben.[116]

Der Strausberger Stadtverordnete Karl Werner (* 1892)[117] gehörte neben der SPD und dem Zentralverband der Schuhmacher auch dem Reichsbanner Strausbergs an. Obwohl der dortige Ortsverein (mit etwa 80 Mitgliedern) – internen Polizeidokumenten vom Herbst 1932 zufolge (S. 59) – sich auch in Wahlkämpfen »größter Zurückhaltung« befleißigte, verschleppte die SA Karl Werner im Juni 1933 für drei Monate ins KZ Oranienburg. Nach dem gescheiterten 20. Juli 1944 fiel der Arbeiter der Aktion »Gitter« zum Opfer und kam für gut vier Wochen ins KZ Sachsenhausen. Seit September 1939 war er in einem Rüstungsbetrieb dienstverpflichtet und entging dadurch – und vielleicht aufgrund seines Alters – der Einberufung zur Wehrmacht.

Wie der Chronologie des SPD-Ortsvereins Strausberg von Horst Klein zu entnehmen ist[118], kamen aus dem Kreis der dortigen SPD-Stadtverordneten auch der Berliner SPD-Angestellte (Leiter der Werbeabteilung) Karl Hauschildt und der lokale Reichsbannerleiter Otto Zimmermann 1933 ins KZ. Nur der vierte SPD-Mandatsträger, ein beamteter Lehrer, entzog sich der Gewaltwelle gegen Repräsentanten der Arbeiterbewegung durch Übertritt zu den neuen Machthabern. Hauschildt konnte bedrückende Hafterlebnisse – wie die Ankettung Ernst Heilmanns (S. 138, Foto S. 95) an eine Hundehütte – sowie seinen tiefen sozialen Abstieg seelisch nicht verkraften und schied 1934 aus dem Leben.[119]

Entgegen triumphierender Meldungen der Strausberger NS-Lokalpresse vom 10. Juli 1933 (»Marxistische Funktionäre in Schutzhaft genommen«) gelang es der SA nicht, die örtliche Reichsbannerfahne in die Hände zu bekommen. Horst Klein zufolge versteckte der couragierte Sozialdemokrat Georg Kurtze rechtzeitig das Symbol und rettete es so über die Jahre der Verfolgung.[120]

Beeskow-Storkower Kreistagsabgeordneter – wie der an anderer Stelle erwähnte Ernst Wenzel (S. 151) – war der Elektriker Richard Wiese, der zudem als Stadtverordneter und SPD-Vorsitzender von Storkow wirkte und beim Reichsbanner mitarbeitete. Im Juni 1933 verschleppte ihn die SA für 2 Monate ins KZ Oranienburg. In einem kurzen Lebenslauf beschreibt er die Not seiner Familie:

---

115 BLHA, Rep. 333, Nr. 1227.

116 Ebd., Rep. 333, Nr. 1227, B. 270ff.

117 Ebd., Rep. 333, Nr. 1258, Bl. 304ff.

118 Horst Klein, Geschichte des SPD-Ortsvereins Strausberg 1887–2007. Eine chronologische und biografische Skizze, S. 160ff.

119 H.-R. Sandvoß, Widerstand in Kreuzberg, Berlin 1997^2, S. 41, 45ff.

120 Der frühere Stadtrat und Kreistagsabgeordnete Georg Kurtze (1872–1945) litt vom 25. Juni bis zum 30. August 1933 im KZ und trug dadurch gesundheitliche Schäden davon. Er kam kurz nach der Befreiung unter ungeklärten Umständen ums Leben.

1933 wurde ich aufgrund meiner Funktionen [...] verhaftet. Durch meine Verhaftung erlitt meine Frau einen Nervenzusammenbruch, der dann zu dem frühzeitigen Tod 1935 beitrug. Mit 4 kleinen Kindern alleinstehend, keine Arbeit, kein Brot, entschloß ich mich Storkow zu verlassen. Durch Eingehen einer Scheinehe mit Fräulein Elisabeth Zink, Berlin, erreichte ich im Jahr 1937 die Zuzuggenehmigung nach Berlin. Hier fand ich mit Hilfe einer Familie Schumacher nach etwa 6 Monaten Arbeit bei der Firma Telefunken. Nachdem ich 1938 von der Gestapo wieder aufgestöbert wurde, löste ich die Ehe und den gesamten Haushalt auf, gab die Kinder weg und wohnte möbeliert, zuletzt in Berlin-Schmargendorf. In dieser Zeit wechselte ich meine Wohnung innerhalb eines Jahres viermal ohne Erfolg.[121]

Karl Hauschildt mit Tochter

Nach dem 20. Juli 1944 entging er der Verhaftungswelle nur aufgrund des Umstandes, dass sein Betriebsleiter, der auch Mitglied der NSDAP war, schärfsten Protest in Sachen seines wehrwirtschaftlich »unabkömmlichen« Mitarbeiters einlegte. Nach Kriegsende kehrte Richard Wiese wieder nach Storkow zurück.

Der Reichsbannerangehörige Karl Kagelmann (* 1884) zählte zu den profiliertesten sozialdemokratischen Gewerkschaftern im Odervorland. So wirkte er während des Kapp-Putsches als Kartellvorsitzender (des ADGB) und verkündete den Generalstreik für Oderberg und Umgebung. 1921 war er Streikleiter der Belegschaft der Sägewerkindustrie und wurde daraufhin für die gesamte Provinz Brandenburg ausgesperrt, woraufhin er zeitweise nach Westpreußen zog.

Auch dem Kampf gegen den Nationalsozialismus wich er nicht aus, sondern war im Gegenteil zu allem entschlossen. Karl Kagelmann dazu kurz in seinem Lebenslauf:

> Um der drohenden Nazigefahr nicht waffenlos gegenüber zu stehen, entschlossen wir uns, der Genosse Helmchen und ich, dieselben heranzuschaffen. In der Nacht im Oktober 1932 wurde dies Unternehmen glücklich durchgeführt. Wir warteten nun auf das Signal zum Losschlagen, leider vergebens. Mit der Machtergreifung der Nazis 1933 setzte auch die fortgesetzte Drangsalierung meiner Person ein. Ich wurde unter Polizeiaufsicht gestellt, welcher Zustand bis 1935 anhielt. Auch wurde ich täglich durch zwei dazu bestimmte SA-Leute (Neese und

121 BLHA, Rep. 333, Nr. 1259.

Butte) auf allen meinen Wegen beobachtet. Haussuchungen waren an der Tagesordnung, alle Bücher und Schriften sowie die Schreibmaschine dem Kartell gehörend beschlagnahmt und von allen Behörden und Dienststellen schikanös behandelt.[122]

Kagelmanns Versuch, zur Jahreswende in einer NS-Organisation Unterschlupf zu finden, um der Bespitzelung zu entgehen, ging schon nach zwei Monaten in die Brüche. Er fährt fort: »Ich schloss mich nun wieder meinem Genossen an. Wir kamen in den folgenden Jahren oft zusammen um uns gegenseitig von der Lage zu unterrichten, um eventl. Vorkehrungen zu treffen.«[123] Kagelmann wurde im Zuge der Verfolgungen nach dem 20. Juli 1944 ins KZ Sachsenhausen verschleppt und musste bis zum 18. November d. J. schwere Zwangsarbeit leisten.

Ebenso ging es seinem jungen Bruder August Kagelmann (* 1889), der von 1919 bis 1933 als erster Vorsitzender der Ortsgruppe des Deutschen Baugewerksbundes in Oderberg wirkte, wo er zuletzt auch Magistratsmitglied der Stadtverwaltung war. (Im gesamten Kreis Angermünde gehörte er zudem ehrenamtlich dem Krankenkassenausschuss an.) Auch er wurde nach jahrelanger Polizeiaufsicht wegen »staatsfeindlicher Gesinnung« 1944 ins KZ Sachsenhausen gesperrt.

Im Kreis Jüterbog-Luckenwalde lag mit letztgenannter Stadt ein Schwerpunkt des Reichsbanners (S. 179), das von hier aus Landeinsätze unternahm und mitgliederarme Ortsvereine bei Kundgebungen (Verfassungsfeiern, Fahnenweihe) unterstützte.

Aber auch in der kleineren Stadt Dahme (Mark) konnten Republikaner – sowie desgleichen die Kommunisten (S. 385) – auf mehrere entschlossene und kämpferische Anhänger rechnen. Neben dem SPD-Stadtverordneten Max Hannemann, der im Februar 1945 Opfer der NS-Gewaltherrschaft wurde (S. 257), ist vor allem das Wirken des SPD-Vorsitzenden und Kreistagsabgeordneten von Dahme Otto Zacke zu nennen, dessen engagiertes Handeln auch die Zeitung »Das Reichsbanner« hervorhob.[124]

Unterlagen der Politischen Polizei vom Herbst 1932 zufolge hatte der Dahmer RB-Ortsverein 46 Mitglieder, Vorsitzender war der Ofensetzer Richard Bluhm (* 1876), Kassierer der Tischler Otto Giese (* 1893) und Schriftführer der Schuldiener Hermann Lehmann (* 1878), als »Führer des aktiven Reichsbanners« – also der jüngeren und kampferprobten Kernmannschaft – wird der Zigarrenmacher Max Hannemann genannt. Waffenvorräte gab es der Polizei zufolge ebenso wenig wie Einheitsfrontabkommen mit der KPD.[125]

Otto Zacke (1888–1943) nahm über Dahme hinaus noch weitere ehrenamtliche Aufgaben wahr:[126] So wirkte er als Mitglied des Kreistages – Franz Andreß erwähnt ihn im bitteren Rückblick auf das Jahr 1933 (S. 130f.) – und gehörte dem Brandenburger Provinziallandtag (S. 105) an. Darüber hinaus war er Vorsitzender der Gewerkschaft

122 BLHA, Rep. 333, Nr. 1241, Bl. 36.
123 Ebd., Rep. 333, Nr. 1241, Bl. 22.
124 »Das Reichsbanner« vom 4. April 1931.
125 BLHA, Rep. 2 A I Pol., Nr. 1051, Bl. 197.
126 Amt Dahme (Mark). Der Verfasser dankt Frau Ursel Ochs und ihren Fachbereichskollegen für diese Informationen und mehrere historische Fotos.

der Schneider, des Landarbeiterverbandes und des Freidenkerverbandes auf der Ortsebene.

Höchstwahrscheinlich im Sommer 1933 ins KZ Oranienburg verschleppt, verstarb er am 2. November 1943 an den Spätfolgen der Haft. Anna Zacke, 1897 geborene Schütze:

Otto Zacke

> Er wurde im Jahre 1933 verhaftet, nach 4 wöchiger Haft in Dahme nach dem Konzentrationslager Oranienburg gebracht. Dort wurde er Ende 1933 entlassen. Im Jahre 1937 wurde er wegen staatsfeindlicher Äußerungen nochmals bei der Gestapo angezeigt. Sein Kriegsleiden (Herzleiden) hat sich nachweisbar durch die Haft u. der während der Nazizeit durchgemachten Aufregungen derart verschlechtert, daß er im Jahre 1943 verstorben ist. Er wurde ebenfalls im Jahre 1933 aus seiner Arbeitsstelle der Konsumgenossenschaft auf Anordnung der Nazis entlassen.[127]

Die Stadt Dahme ehrt ihn und den o. g. Max Hannemann im Stadtbild.

Zum Abschluss unseres exemplarischen Überblicks über das politische Schicksal engagierter Reichsbannermitglieder und Republikaner in den Jahren der NS-Herrschaft möchten wir den Blick auf jenes Gebiet östlich der Oder richten, das damals Neumark hieß und zur preußischen Provinz Brandenburg gehörte.[128] Es war ein Landstrich überwiegend ländlich-dörflichen Charakters, in dem das Reichsbanner einen sehr schweren Stand hatte (S. 32f.). Kreisleiter der Neumark war Paul Rohde (der Grenzmark Wilhelm Rösler), über den wir leider keine biographischen Daten ermitteln konnten.

Seine im Folgenden genannten republikanischen Weggefährten gaben bewegende Beispiele demokratischen, antitotalitären Wirkens, die man nicht vergessen sollte, obwohl ihre Heimat seit Jahrzehnten völkerrechtlich anerkannter Teil Polens ist.

Der Elektriker Oskar Grieschke (* 1895) wirkte im Neumärkischen Meseritz – am Zusammenfluss von Obra und Packlitz – und war dort Mitglied des Metallarbeiterverbandes, der SPD und des Reichsbanners bzw. der »Eisernen Front«.[129] Im Zuge der NS-»Gleichschaltung« wurden auch republikanische Symbole und Instrumente des Reichsbanners eingezogen und vernichtet, aktive Funktionsträger verfolgt: Grieschke

---

127 BLHA, Rep. 333, Nr. 1188, Bl. 18R.

128 Die 1938 erfolgte Umgliederung, als die Neumark um die Kreise Schwerin/W. und Meseritz erweitert und dafür die Kreise Arnswalde und Friedeberg an die Provinz Pommern gingen, glaubten wir, für den kleinen Überblick vernachlässigen zu können.

129 BLHA, Rep. 333, Nr. 1235, Bl. 177ff. (mit drei Bürgen).

wurde im Juli 1933 für ein knappes halbes Jahr ins KZ verschleppt, zunächst nach Hammerstein (Grenzmark), dann nach Oranienburg; seine Frau blieb mit drei Kindern mittellos zurück. Die Haft hatte dem Verfolgten schwer zugesetzt, so waren ihm mehrere Zähne ausgeschlagen worden. Oskar Grieschke erinnert sich:

> Bis 1933 arbeitete ich aktiv für die Partei. Im Juni 1933 fanden bei mir öfter Haussuchungen statt, mir wurden sämtliche Parteisachen und Mitgliedsbücher beschlagnahmt. Im Juli 1933 kamen die S.A. Männer Goschin, Kubiak, Guske und verhafteten mich. In meiner Wohnung wurde ich schon von Kubiak u. Guske geschlagen. Im Keller des Rathauses Meseritz wurde ich eingesperrt, 8 SA-Männer stürzten auf mich zu, schlugen mit Stuhlbeinen und Gummistöcken auf mich ein, bis ich zusammenbrach, als ich zu mir kam, waren noch 2 Genossen in meiner Zelle, welche auch blutig geschlagen wurden, die ganze Nacht waren wir den schweren Mißhandlungen ausgesetzt. Am nächsten Morgen wurde ich mit mehreren Genossen nach dem K.Z. Hammerstein gebracht, auch da waren wir den schweren Mißhandlungen ausgesetzt. Später kamen wir im Zuchthauswagen nach Oranienburg, wo wir auch den schweren Mißhandlungen ausgesetzt waren. Wegen meinem Krankheitszustand wurde ich Ende 1933 aus dem K.Z. Oranienburg entlassen.[130]

Insgesamt sechsundzwanzig Monate litt der Bäckermeister Willi Welk (* 1901) in NS-Konzentrationslagern. Der Sozialdemokrat und Reichsbannermann wohnte in Ziebingen (Kreis Weststernberg), das damals zum Regierungsbezirk Frankfurt/Oder gehörte. Über sein partei- bzw. gesellschaftspolitisches Engagement als Anhänger der Weimarer Republik wissen wir zwar nichts Näheres – Ziebingen fiel allerdings durch eine (vom Umfeld abweichende) kämpferische politische Szene (S. 417ff.) auf –, aber es muss so augenfällig gewesen sein, dass ihm seit 1933 wiederholte Verfolgungsmaßnahmen gesundheitlich und beruflich zusetzten. Willi Welk schreibt in einem kurzen Lebenslauf, der auch seine Isoliertheit deutlich macht:

> Im März 1933 wurde ich in Sonnenburg von der SS verhaftet [10. März – 20. Dezember 1933 KZ Sonnenburg, d. Verf.]. Heiratete im September 1934 und übernahm eine Pachtbäckerei in Reitwein. Konnte dieselbe nicht lange halten, da ich [Ex-]KZ-Häftling war und unter Polizeiaufsicht stand und somit von der Einwohnerschaft verachtet wurde. Darauf pachtete ich am 1.10.35 [bis] 38 eine Bäckerei in Fürstenberg. Darauf kaufte ich in Ziebingen das Bäckergrundstück des Bäckermeisters August Küste. Im Januar 1940 als W.U. [Wehrunwürdiger] entlassen. Wurde darauf von der Gestapo in Ziebingen verhaftet (KZ-Haft vom 7.2.1940–28.5.1941). Mein Geschäft wurde darauf geschlossen. Nach meiner Haftzeit Juni 1941 kam ich zur Heeresbäckerei Frankfurt/Oder. Von dort im August 1944 nach Praust bei Danzig, wo ich eine Fliegerhorstbäckerei leitete. Am 21.3.1945 kam ich bei Danzig zum [Wehr-]Einsatz, wo ich am 1.5.1945 schwer verwundet wurde.[131]

Welk kehrte im Mai 1946 aus der Gefangenschaft zurück.

---

130 BLHA, Rep. 333, Nr. 1235, Bl. 183f. Der Aufnahmeantrag Grieschke enthält auch zwei Einziehungsanordnungen des Oberpräsidenten der Provinz Grenzmark-Posen-Westpreußen (Schneidemühl v. 18. und 19.7.1933) Reichsbannervereinsvermögen betreffend.

Einem Kammergerichtsverfahren gegen eine größere kommunistische Widerstandsgruppe im Kreis Weststernberg (Neumark) mit dem Schwerpunkt in Ziebingen (S. 424f.), wo die KPD bis 1933 starke kommunalpolitische Aktivitäten entfaltete, entnehmen wir den Hinweis auf einen mitangeklagten Sozialdemokraten: Es war der bis 1934 als Gastwirt tätige Otto Sommer sen. (* 1872) aus Ziebingen, Grubenkolonie.

Sommer wirkte von 1919 bis 1925 als SPD-Stadtverordneter in Drossen sowie als Kreistags- und Kreisausschussmitglied des Kreises Weststernberg. Seit 1925 betrieb er in Ziebingen eine Gastwirtschaft und betätigte sich ehrenamtlich seit Mitte 1932 in der Stadt als SPD-Gemeindeverordneter. Dass sein gleichnamiger, mitangeklagter, Sohn – der zum Zeitpunkt der Urteilssprechung (6. Januar 1937) bereits nicht mehr unter den Lebenden weilte – führendes Mitglied einer kommunistischen Widerstandsgruppe um den Ziebinger Arbeiter Ernst Wittlief war, will der alte Sozialdemokrat ebenso wenig mitbekommen haben wie die Gründungsversammlung der illegalen Organisation in seiner Gastwirtschaft am 8. Oktober 1933.

Da mehrere Mitangeklagte Sommer sen. offensichtlich heraushielten und nicht belasteten, musste die Anklage gegen ihn fallen gelassen werden. Zudem gab Sommer an, angeblich (1932/33) mit der SPD wegen Meinungsdifferenzen gebrochen zu haben und mit der KPD erst recht nicht zu sympathisieren. Sommer konnte die Augenzeugenschaft der Zusammenkunft mehrerer Freunde des Sohnes zwar nicht bestreiten, will aber auf dem Sofa sitzend und an Grippe krank, von einem kommunistischen Vortrag nichts wahrgenommen haben. Aus dem Urteil vom 6. Januar 1937:

> Diese letzte Einlassung des Angeklagten Sommer ist offensichtlich falsch. Die Zusammenkunft hat in der verhältnismäßig kleinen Stube stattgefunden, in der die Teilnehmer dicht beieinander gesessen haben, so daß die Ausführungen des Kittler auch von Sommer verstanden worden sein müssen und verstanden worden sind. Sommer hat daher mindestens im Laufe der Besprechung erkannt, daß Kittler im staatsfeindlichen Sinne sich über die politische Lage äußerte. Nicht erwiesen ist jedoch, daß über organisatorische Fragen irgendwelcher Art bei dieser Gelegenheit in Gegenwart des Angeklagten Otto Sommer gesprochen worden ist, oder daß sich die Anwesenden irgendwie als Mitglieder oder Funktionäre einer kommunistischen Geheimorganisation zu erkennen gegeben haben. Zudem hat die Besprechung nicht lange gedauert. Hinzu kommt, daß der Angeklagte als alter Sozialdemokrat und früherer sozialdemokratischer Funktionär, wie er glaubhaft angibt, ein überzeugter Gegner der Kommunisten gewesen ist. Eine staatsfeindliche Betätigung seines verstorbenen Sohnes Otto Sommer ist ihm nicht nachzuweisen; er selber bestreitet sie entschieden.
> Der Senat hat daher trotz der Verdachtsgründe, die gegen den Angeklagten sprechen, diesem nicht zu widerlegen vermocht, daß er keine Kenntnis von dem wahren Zweck der Zusammenkunft in seiner Wohnung gehabt und diesen auch nicht erkannt hat. Der Angeklagte Otto Sommer war daher mangels Beweises freizusprechen.[132]

---

131 BLHA, Rep. 333, Nr. 1258.
132 BArch, NJ 3264 (S. 19f. des Urteils im Prozess Wittlief vom 6. Januar 1937).

Die Neumark im Jahr 1908. Seit 1945 gehört das ehemals zur preußischen Provinz Brandenburg zählende Gebiet fast ausschließlich zu Polen.

Der Sohn des genannten Sozialdemokraten kam noch vor der Urteilsverkündung in der Untersuchungshaft ums Leben – höchstwahrscheinlich verübte er Selbstmord, um seine politischen Freunde nicht durch Aussagen, die unter Verhörqualen zustande kamen, zu belasten. Dies legen jedenfalls Nachkriegsaussagen nahe, die der frühere Hauptangeklagte Wittlief und Familienmitglieder im Entschädigungsverfahren Otto Sommer junior tätigten.[133] Der Name des alten Gastwirts und Kommunalpolitikers

133 BLHA, Rep. 601 / RdB FfO (ohne Aktennummer).

fällt zu diesem Zeitpunkt schon nicht mehr. Vermutlich hat der 1872 Geborene die Befreiung 1945 – die schließlich die Vertreibung aus der Neumark nach sich zog – nicht mehr miterlebt.

Von einem weiteren Gegnerkreis in der Neumark erfahren wir durch den Gewerkschaftsfunktionär, Sozialdemokraten und technischen Leiter des Reichsbanners Paul Deichmann. Seine Lebensgefährtin und Parteifreundin Marie Ziesche beschreibt 1947 rückblickend Deichmanns starken politischen Einsatz:

> Als politischer Kämpfer und Gewerkschaftsfunktionär war er kaum einen Abend zu Hause. Bei der Übersiedlung nach Lagow 1930, die auch ich mitmachte, übernahm er den Vorsitz des dortigen Ortsvereins der S.P.D. Auch dort war er dauernd mit den Genossen auf den Dörfern, um die Naziseuche einzudämmen. Ich habe manche sorgenvolle Stunde bis zum Einzug der Russen erlebt. Nicht nur, dass er in Berlin in vielen Versammlungen und sonntags auf Fahrten aufs Land angeschlagen zurückkam. In Lagow war er auch im Hause nicht mehr sicher und war das Haus, wenn Berliner Nazis dort erschienen, oft umlagert. Vor 1933 war er mit anderen Genossen oft nachts unterwegs um Parteiarbeit zu leisten [...].[134]

1933 trafen den engagierten Republikaner die Verfolgungsmaßnahmen an seinem Wirkungsort Lagow/Nm., wo er zuletzt als Ortsvereinsvorsitzender der SPD wirkte. Anfang Juni 1933 verschleppte ihn die SA ins KZ Sonnenburg, wo ihm die SS fast sämtliche Zähne ausschlug. Zuvor hatte man ihn acht Tage in den Gemeindekeller von Lagow und zwei Tage ins Amtsgericht Zielenzig gesperrt.

Zeitzeugen zufolge hatte sich Deichmann im Kampf gegen die NS-Bewegung vor Ort stark profiliert und war dadurch extrem gefährdet. So erklärt sein politischer Weggefährte Paul Müller, der seit 1930 in Lagow lebte, 1947:

> Wir wurden schon [zuvor] einige Jahre flüchtig bekannt, als der Genosse Deichmann mit 300 Reichsbannerkameraden [...] technischer Leiter hier in Lagow war, um die Nazibrut zu bekämpfen. [...] Ich empfehle den Genossen Deichmann als [Verfolgten] anzuerkennen, weil er als unser damaliger Vorsitzender, der auch einen Prozeß mit dem Nazi-Messerstecher Hirak führte – der Gestochene war ich selbst [...]. Nach der »Machtübernahme« durch Hitler wurde der Genosse Deichmann als erster verhaftet, später noch 3 Genossen von der KPD. Nach seiner ziemlich vier[monatigen] Inhaftierung mußten wir uns darauf beschränken Nazigeschäfte usw. zu sabotieren. [...] Deichmann hatte nach seinem Entlassen durch dauernde Denunzierung noch 3 Haussuchungen und eine Vernehmung von der Gestapo. Eine besondere Gruppe konnten wir in unserem kleinen Ort nicht fortsetzen, da jeder noch beobachtet wurde, wir kamen trotzdem zusammen und beratschlagten unsere Maßnahmen, gegenseitige Unterstützung der S.P.D. und K.P.D. war selbstverständlich.[135]

Ein ähnliches politisches Verfolgungsschicksal wie den Lagower Paul Deichmann ereilte 1933 den selbstständigen Tischlermeister Willy Maerker (1897–1945).[136] Auch er

---

134 BLHA, Rep. 401 / VdN 2613.
135 Ebd., Rep. 401 / VdN 2613. Zu Lagow, damals ein beliebter Ort der Sommerfrische, vgl. W. Kling und J. Jüderitz, Neumark. S. 148ff.

war in seinem Wirkungsort, der Gemeinde Friedeberg (Neumark), auf verschiedenen politischen Feldern aktiv.

Maerker wirkte als Vorsitzender des Arbeiterturnvereins, Vorsitzender des SPD-Ortsvereins, Reichsbannermann sowie als Kreistagsmitglied bzw. Magistratsmitglied. Nach der Ernennung Hitlers zum Reichskanzler geriet er mehrmals in »Schutzhaft«, im Juni 1933 kam er mit noch drei politischen Weggefährten ins KZ Sonnenburg, dort hielt man ihn vier Monate eingesperrt. Wie u.a. sein Parteifreund Hermann Schult (* 1889) bezeugte, blieb sein früherer SPD-Ortsvereinsvorsitzender auch nach der Haft ein unversöhnlicher NS-Gegner, in dessen Tischlerei gesinnungstreue Sozialdemokraten vertrauensvoll zusammenkamen. (Nach der Befreiung und der Besetzung durch die Rote Armee musste Familie Maerker am 27. Januar 1945 die Heimat verlassen. Schon wenige Tage darauf verlor Frau Maerker ihren Ehemann und zwei Töchter, eine weitere Tochter starb 1946 im Krankenhaus – nur die Älteste blieb ihr noch.)

Abschließend sei auf ein weiteres Beispiel des NS-Terrors in der Neumark, diesmal im Kreis Arnswalde, hingewiesen. Wir verdanken die Informationen einer Suchanzeige aus der Nachkriegszeit, die es in sich hat:[137] Es geht um den Reichsbannerleiter von Arnswalde, Karl Sonnenburg (1882–1933).

> Zeugen gesucht. In Arnswalde ist im Jahre 1933 der Vorsitzende der SPD und des Reichsbanners, Karl Sonnenburg, durch Angehörige der SS ermordet [worden]. Die bisher festgestellten Täter sind festgenommen. Sie stehen weiterhin im Verdacht, auch den Vorsitzenden der KPD in Arnswalde, Altenburg, ermordet zu haben.
> Die Kriminaldirektion der Provinzialverwaltung Mark Brandenburg in Potsdam, Bauhofstr. 11–13, bittet alle, die Aussagen zu diesen Mordfällen machen können, sich bei der nächsterreichbaren Polizeidienststelle zu melden und dort ihre Aussagen zu Protokoll zu geben.

Noch weiter entfernt vom heutigen Land Brandenburg als die Neumark, aber damals noch zum Reichsbanner Gau Brandenburg zählend, war die sogenannte Grenzmark. (Sie grenzte an Westpreußen bzw. Pommern.) Es war das wohl organisatorisch-strategisch für das Reichsbanner am schwierigsten zu bearbeitende Gebiet. Allein schon die Entfernungen zu den entlegenen Dörfern und Kleinstädten zurückzulegen, war für Reichsbannergruppen ein stetes Verkehrsproblem. Und so verwundert es auch nicht, dass der vom Schneider und Stadtrat Wilhelm Rösler geleitete Kreis seinen Schwerpunkt überwiegend in der Stadt Schneidemühl besaß, von wo aus die »Landeinsätze« – etwa in Hammerstein – initiiert und organisiert wurden.

Wiederholt beklagte die Zeitung »Das Reichsbanner«, dass den Republikanern vor Ort oft von rechtskonservativen Landgendarmen das Leben schwer gemacht wurde, da sie das Reichsbanner nicht als Verbündeten, sondern (linken) politischen Störenfried betrachteten (S. 45).

---

136 LAB, C Rep. 118-01 / A 12570 (mit der Bürgschaft von Hermann Schult).
137 Berliner Zeitung vom 25. September 1946 (Der Verfasser dankt Andreas Herbst für den Hinweis auf diese Quelle.).

Dies mag folgende politische Biographie deutlich machen: Ernst Badtke war im November 1931 für zwei Jahre zum Berufs-Bürgermeister der Stadt Schloppe bestellt worden. Er nahm diese Aufgabe als engagierter Republikaner wahr. Doch bereits am 29. März 1933 setzte ihn sein früherer Chef bei der Regierung in Schneidemühl, Regierungspräsident Ganse, unter dem Vorwurf der Staatsfeindlichkeit und politischen Unzuverlässigkeit ab. Badtke wurde ohne Pension und Rente von seinem Posten entfernt. Badtke zählt im Januar 1950 auf, was man ihm staatlicherseits im März 1933 vorwarf:

a) Parteizugehörigkeit zur SPD seit dem 2. September 1918
b) langjähriger Berliner Funktionär und Redner
c) Mitglied des Sozialistischen Studentenbundes
d) Förderer des Reichsbanners in Berlin und später in meiner Amtsstadt Schloppe
e) unbeugsames Einstehen zur Weimarer Republik
f) zu scharfes Vorgehen als Polizeiverwalter in der nazistischen Landfriedensbruchsache im Monat Juli 1932 wegen Störung und Niederknüppelung der gemeinsamen Grosskundgebung der beiden Arbeiterparteien (SPD und KPD) auf dem Marktplatz in Schloppe mit der Referentin: Reichstagsabgeordnete Toni Hiller [Sender]. Das Flugblatt von der NSDAP gegen mich füge ich bei.
g) Mitbegründer der Republikanischen Union im Regierungsbezirk Schneidemühl im Frühjahr 1932 als Gegenblock gegen den Nazismus.[138]

Die NS-»Gleichschaltungsmaßnahmen« im Regierungsbezirk Schneidemühl trafen damals auch den früheren Polizeichef von Schneidemühl, den Republikaner und Sozialdemokraten Karl Hardtke. Dieser litt noch 1934 im Konzentrationslager Papenburg, wie sein ehemaliger Mithäftling, der Granseer Reichsbannerfunktionär Otto Steinberg (S. 62ff.), berichtete.[139]

Auch Ernst Badtke trug gesundheitliche Schäden davon. Nach einer Festnahme durch die SS wurde er beim anschließenden »Verhör« so schwer zusammengeschlagen, dass er zwei Risse in der linken Lunge, unmittelbar unter dem Herzen, davontrug, was zur Lungenembolie und einem vollkommenen seelischen Zusammenbruch sowie jahrelanger Krankheit führte. Anschließend stand er unter ständiger Beobachtung durch Polizei und NSDAP. 1943 im Jüterboger Landratsamt als Kriegsaushilfsangestellter zwangsverpflichtet, gelang es ihm trotzdem, Kontakt zu verschiedenen NS-Gegnern aufzunehmen, wie mehrere Bürger – darunter SPD-Stadtrat Karl Schwerdt (S. 183) – bestätigten. 1945 ernannte ihn die sowjetische Besatzungsmacht zum Bürgermeister der rund 8500 Einwohner zählenden Stadt Dahme. Mitte Oktober 1945 zog er es aus politischen Gründen vor, die sowjetische Besatzungszone sicherheitshalber zu verlassen und nach West-Berlin zu gehen.

Er blieb nicht der Einzige, der seiner Heimat Brandenburg aus Gründen neuer politischer Not den Rücken kehren musste (S. 132f.).

---

138 Berliner Verband der Opfer des Nationalsozialismus (O.d.N.): Fragebogen für politisch und religiös Verfolgte, Blätter 314–321 (Ernst Badtke).
139 BLHA, Rep. 401, VdN-Nr. 4855 (Otto Steinberg).

Widerstand aus den Reihen von SPD und Freien Gewerkschaften

Die Bezirksorganisation der Provinz Brandenburg-Grenzmark der SPD

Im Spannungsfeld starker Gegensätze

Durch die politisch-geografische Nähe zur Reichshauptstadt und den sie umgebenden industriellen Gürtel mit Tausenden von Arbeitsplätzen im Brandenburgischen bestand eine intensive Verbindung und ein vielschichtiges Beziehungsgeflecht zwischen Großstadt und Land. Trotzdem zeichnete sich die Parteiorganisation der »Provinz Brandenburg-Grenzmark« durch einen sehr eigenständigen Charakter aus und war keineswegs nur eine abhängige Variable der Millionenmetropole.

Als Regierungs- und Machtzentrum blieb Berlin aber auch deswegen eine ständige Herausforderung, weil der Brandenburger Provinziallandtag[1] keine autonome parlamentarische Vertretung, sondern eher eine beratende und selten tagende kommunalpolitische Verwaltungsinstanz war. Die wenigen Einwirkungsmöglichkeiten auf wirtschaftlichem und sozialpolitischem Gebiet, die dem Landtag blieben, wurden durch die Obstruktionspolitik rechter und weit linksstehender Parteien, die – wie die KPD[2] – eigentlich nur an Propagandareden und -anträgen Interesse zeigten, noch zusätzlich gemindert.

Und so war die eigentliche parlamentarische Vertretung der Brandenburger der 3/5 des Reiches repräsentierende Preußische Landtag – und der hatte seinen Sitz in Berlin.

Die Brandenburger bildeten einen eigenen parteiorganisatorischen Landesverband daher nicht zuletzt, um dieses parlamentarisch-politische Vakuum zu füllen und nicht auch noch parteimäßig »ferngesteuert« zu werden. (Die Republikschutztruppe Reichsbanner fasste dagegen – wir wiesen bereits einleitend darauf hin – Brandenburger und Berliner organisatorisch zusammen.)

Es wäre aber vordergründig, hierin allein machtpolitische Erwägungen am Wirken zu sehen, bestanden doch tatsächlich gravierende Unterschiede zwischen Millionenmetropole und einem – trotz zahlreicher industrieller Zentren – überwiegend landwirtschaftlich und kleinstädtisch bis dörflich geprägten Land, in dem unter Bauern und Landarbeitern andere, ganz eigene Probleme im Vordergrund standen. Auch in

---

1 Vgl. Richard Dietrich, Verfassung und Verwaltung, in: Hans Herzfeld (Hg.) unter Mitwirkung von Gerd Heinrich, Berlin und die Provinz Brandenburg im 19. und 20. Jahrhundert, Berlin 1968, S. 265ff.; Christian Engeli und Kristina Hübener, Provinziallandtag und Provinzialverwaltung 1919–1945, in: Kurt Adamy und Kristina Hübener (Hg.) in Verbindung mit dem Brandenburgischen Landeshauptarchiv, Geschichte der Brandenburgischen Landtage. Von den Anfängen 1824 bis in die Gegenwart, Potsdam 1998, S. 168ff.

2 Engeli/Hübener, Provinziallandtag, S. 187ff.

abgelegene Regionen – wir dürfen nicht vergessen, dass die Provinz Brandenburg weit über die Oder u. a. bis zur Grenzmark reichte – die Ideen und Symbole der Republik, ja den fairen Streit um politische Ansichten zu tragen, war für die SPD des Landes eine sehr schwere Herausforderung und verlangte unbedingt eine eigenständige Parteiorganisation, die die großen Brüche zwischen Stadt und Land wahrnahm und sensibel darauf reagierte.

Wahlen und Wählerwanderungen

Aufgrund der Bestimmungen der Verfassung der Weimarer Republik wurden die 92 Abgeordneten des Provinziallandtages direkt gewählt. Und zwar jeweils 46 Mandatsträger für einen der beiden Regierungsbezirke, also Potsdam und Frankfurt/Oder.

Stärkste Kraft war 1921 die SPD (29 Mandate), gefolgt von der DNVP (16 Mandate), 1925 die – die DNVP einschließende – Bürgerliche Vereinigung (50 Mandate gegenüber 32 für die SPD), 1929 erneut die SPD mit 34 Sitzen, gefolgt von der durch die – von DNVP dominierten – bürgerlichen Sammlungsbewegung BHLSL.

Im März 1933, unter schon nicht mehr freien demokratischen Bedingungen (S. 435), bekamen die Sozialdemokraten noch 21 Abgeordnete gegenüber 15 der DNVP und 52 für die NSDAP, die 1929 dagegen lediglich 6 Sitze erhalten hatte. Die KPD lag über die Jahre relativ konstant bei 9 (1925, 1929) bzw. 8 (1933) Mandaten. Eine rechnerische Mehrheit für die Arbeiterparteien wurde selbst bei der Wahl am 20.2.1921 verfehlt: Damals entfielen auf die SPD 29, die USPD 8 und die KPD 4 Sitze (zusammen 41 von insgesamt 96). USPD-Stimmen spalteten sich danach in etwa zur Hälfte auf die Sozialdemokraten und die Kommunisten auf.

Ziehen wir nun das Abstimmungsverhalten in den beiden Reichstagswahlkreisen Potsdam (einschließlich zahlreicher Gebiete, die 1920 zu Groß-Berlin eingemeindet wurden) und Frankfurt/Oder zum Vergleich mit dem Reichsdurchschnitt heran, kann man grundsätzlich von einer höheren Zustimmung im Brandenburgischen für die SPD sprechen. Doch fallen dabei Schwankungen ins Auge:

Jahr	*Reich*	*Potsdam*	*Frankfurt/Oder*	*Berlin*
1919	37,9	38,8	52,5	36,4
1920	21,6	19,0	26,9	17,5
1924 (Mai)	20,5	20,1	22,7	20,3
1924 (Dez.)	26,0	28,9	31,4	30,3
1928	29,8	34,0	36,4	32,9
1930	24,5	28,5	29,7	27,2
1932 (Juli)	21,6	26,0	26,5	27,3
1932 (Nov.)	20,4	23,5	25,6	23,3
1933 (März)	18,3	19,7	21,1	21,7

Im Wahlkreis Frankfurt/Oder, der viele Oderdörfer und Landgemeinden umfasste, fallen die politischen Verschiebungen geradezu erdrutschartig aus: Am Anfang der Weimarer Republik erhielt die SPD hier über 50%, – später schob sich die rechts-

Lautsprecherwagen der SPD zu den Gemeindewahlen 1929

konservative DNVP nach vorne und erhielt 1924 die meisten Stimmen. 1928 und 1930 holte die SPD wieder die Mehrheit, 1930 aber nur, weil die NSDAP Teile der rechtskonservativen DNVP an sich band. Im Jahre 1932 siegte die NSDAP weit überdurchschnittlich, nämlich im Juli d. J. mit 48,6% (Reich 37,3) und im November mit 42,6% (Reich 33,1). Im März 1933 lag der Reichsdurchschnitt der NSDAP bei 43,9%, im Wahlkreis Frankfurt/Oder aber bei 55,6 (Potsdam 49,6%). Damit triumphierten die Nationalsozialisten in diesem protestantisch-ländlichen Wahlkreis wie sonst nur in den großen Hochburgen Pommern und Ostpreußen. Die der SPD verloren gegangenen Stimmen waren im Oder-Wahlkreis keineswegs zur KPD gegangen, die hier nämlich ganz überwiegend unter ihrem Reichsdurchschnitt blieb.

Brandenburger Spitzenfunktionäre

Die politische Führungsschicht der Brandenburger Sozialdemokratie zeichnet sich – mit kleinen Ausnahmen am Anfang der Weimarer Republik – durch eine starke Kontinuität aus. Ähnliches lässt sich von der Republikschutztruppe Reichsbanner Schwarz-Rot-Gold sagen (S. 39ff.), wo Berlin und Brandenburg im organisatorischen Verbund agierten. Jedoch darf man sich auch die Trennung der sozialdemokratischen Landesverbände nicht zu streng vorstellen. Davon abgesehen, dass die Parteizentrale, die Vorwärtsdruckerei und – Redaktion sowie mehrere Verbands- und Nebenorganisationen ihren Sitz in Berlin-Kreuzberg, Lindenstraße 3 – einem sich über mehrere Höfe hinziehenden Gebäudekomplex – hatten, wirkten viele Berliner Politiker als

Carl Freter

Spitzenkandidaten bei Wahlen zum Preußischen Landtag bzw. Reichstag in den großen Brandenburger Wahlkreisen Potsdam I, II und Frankfurt/Oder.

So vertrat beispielsweise der langjährige Berliner SPD-Vorsitzende Franz Künstler fast durchgehend (1920 angefangen) den Reichstagswahlkreis 3 (Potsdam II)[3], der zwar ganz überwiegend die Wählerschaft Berlins umfasste, aber auch Nowawes und Teltow mit einbezog. 1924 war der SPD-Vorsitzende Otto Wels Spitzenkandidat seiner Partei für den Reichstagswahlkreis Frankfurt/Oder, der Sozialpolitiker Rudolf Wissell der für Potsdam I.

»Brandenburgischer«[4] sah es dagegen bei den Kandidaten und Listennachfolgern in den entsprechenden preußischen Landtagswahlkreisen Potsdam I und Frankfurt/Oder aus. Mit Ausnahme des Fraktionsvorsitzenden Ernst Heilmann, der 1932 Platz zwei auf der Liste in Frankfurt/Oder und Elfriede Ryneck, die Platz zwei auf der Liste in Potsdam I hatte, dominierten die Brandenburger sowohl die Spitzenpositionen, nämlich Emil Stahl in Potsdam I und Wilhelm Paetzel in Frankfurt/Oder, als auch die ab Platz drei folgenden Listenplätze:

In Potsdam I nämlich ab Platz drei Brandenburgs Landesparteisekretär Wilhelm Krüger (S. 158), Brandenburgs OB Paul Szillat (S. 126) und der Luckenwalder Stadtrat Johann Bauer (S. 174), in Frankfurt/Oder der dortige Wohnungsbaugenossenschaftler Oskar Wegener (S. 211) sowie – nach Hedwig Wachenheim (1891–1969) – der Cottbuser Redakteur Kurt Wegner (S. 155) und der Lausitzer Buchhändler Carl Freter.

Über den Letztgenannten (1878–1953) sowie den SPD-Landwirtschaftsexperten Wilhelm Paetzel, geboren 1864, gibt es nur spärliche Verfolgungsangaben. Von Freter ist immerhin bekannt, dass er im Juni 1933 in Senftenberg in »Schutzhaft« (S. 149) geriet, Paetzel erhielt nach 1933 kein Ruhegehalt und wurde überwacht. Nach dem Krieg bezeichnet ihn sein ehemaliger Fraktionskollege Kurt Wegner – S. 174 – als »inzwischen verstorben«.)

---

3 Siehe Ingrid Fricke, Franz Künstler (1888–1942). Eine politische Biographie, Berlin 2016, S. 243ff.

4 Siehe zu den folgenden Daten Martin Schumacher, M.d.L. Das Ende der Parlamente 1933 und die Abgeordneten der Landtage und Bürgerschaften der Weimarer Republik in der Zeit des Nationalsozialismus. Politische Verfolgung, Emigration und Ausbürgerung. Ein biographischer Index, Düsseldorf 1995.

Die Parteiorganisation

Die SPD-Bezirksorganisation von Brandenburg-Grenzmark zeichnete sich – wie bereits bemerkt – durch eine starke Kontinuität aus: Seit Februar 1922 – dem ersten regulären Parteitag nach der Vereinigung von Mehrheitssozialdemokratie (Vorsitzender Fritz Sydow) und USPD (Vorsitzender Emil Koch) – wirkte Emil Stahl (1879–1956)[5] als Landesvorsitzender. Er war im Hauptberuf von 1925 bis 1933 angestellter Leiter der Wirtschaftsabteilung des Verkehrsverbunds bzw. der ÖTV mit Sitz in Berlin. Von 1924 bis 1933 gehörte er zudem als Beisitzer dem zentralen SPD-Reichsvorstand an. Obwohl er im Mai 1933 mit anderen Leitungsmitgliedern in die ČSR emigrierte, spielte er doch in den frühen Jahren der NS-Diktatur im Brandenburger Widerstand der SPD eine wichtige Rolle, wie noch gezeigt (S. 190ff.) wird.

Stahls wichtigster, langjähriger Mitarbeiter war in den 1920er Jahren bis 1933 der festangestellte Bezirksparteisekretär für Brandenburg-Grenzmark-Westpreußen (mit Wohnsitz in Eichwalde), Wilhelm Krüger (1889–1953).

Parteikassierer der Brandenburger war Richard Schmidt (1864–1948), Frauensekretärin Anna Matschke (* 1878) und Jugendsekretär Walter Rüdiger, Verwandter des Berliner SAJ-Funktionärs Werner Rüdiger. In den einzelnen Unterbezirken Brandenburgs agierten – Unterlagen der Politischen Polizei zufolge[6] – folgende UB-Funktionäre:

Senftenberg:	Carl Drautz (* 1874)
Sommerfeld:	Kurt Wegner (* 1898)
Frankfurt/O.:	Willy Jentsch (* 1892)
Meseritz:	Georg Steinberg (* 1878)
Wittenberge:	Willi Ramsbrock (* 1880)
Lichtenberg:	Adolf Wuschik (* 1870)
Brandenburg:	Paul Voigt (* 1881)

Von ihnen taten sich vor allem Jentsch, Voigt und Wegner nach 1933 in der illegalen Arbeit hervor.

Die genannten Angaben der Politischen Polizei vom Dezember 1934 sind allerdings korrekturbedürftig:

Ebenfalls Brandenburger Parteisekretärin war nämlich Lisa Albrecht (1896–1958), auch sie geriet schon früh in NS-Justizverfahren. Sie war die Nachfolgerin der lange Zeit aktiven, Anfang 1878 geborenen Anna Matschke. Parteisekretär für das Gebiet Guben-Sommerfeld war bereits seit 1929 Friedrich Schmidt (1901–1954), der im sozialdemokratischen Widerstand in der Lausitz eine zentrale Rolle spielte und lange inhaftiert blieb (S. 188).

---

5 Wilhelm Heinz Schröder, Sozialdemokratische Parlamentarier in den deutschen Reichs- und Landtagen 1867–1933, Düsseldorf 1995, S. 748.

6 BArch, R 58, Nr. 3333, Bl. 27 (Stand: Dezember 1934). Bei der Schreibweise des UB-Funktionärs für Senftenberg war sich die Polizei nicht sicher, ob der Betreffende Drautz oder Drantz hieß.

Obwohl wichtige Parteiunterlagen vernichtet sind, lassen sich doch einige Zahlen zur Mitgliederstärke des Bezirks Brandenburg anhand zeitgenössischer Presseberichterstattung rekonstruieren:

Beim ersten Parteitag nach der Vereinigung von MSPD und USPD gab Wilhelm Krüger als Berichterstatter des Bezirksvorstandes 1924 an, dass – laut Markenverkauf – von 39 151 Mitgliedern (28 512 Männer, 10 639 Frauen) knapp 10 % aus der früheren USPD hervorgegangen waren.[7]

Kommunalpolitisch sei die Bilanz durchaus positiv (wenn auch nicht geschlechtergerecht, darf man kommentieren).

In 39 Landkreisen waren damals für die SPD 296 Abgeordnete, darunter vier Frauen, tätig, in 123 Städten 1001 Stadtverordnete, davon 29 Frauen. In 91 Städten stellte die SPD insgesamt 227 Magistratsmitglieder, von 1908 Gemeindevertretern (in 255 Gemeinden) waren lediglich 26 Frauen. Insgesamt engagierten sich 3932 Sozialdemokraten, darunter 62 Frauen, kommunalpolitisch.

Auf diesem (vereinigungsorientierten) Bezirksparteitag ging es keineswegs nur konfliktfrei zu, beantragte der Unterbezirk Königsberg (Neumark) doch ein Korreferat, fand dafür aber keine Mehrheit. Gerade die aus der früheren USPD kommenden Funktionäre – wie der Potsdamer Reichstagsabgeordnete Franz Künstler (S. 108) – monierten eine Koalitionspolitik mit bürgerlichen Parteien, worauf der renommierte Parteitheoretiker Eduard Bernstein entgegnete, dass mit den Kommunisten überhaupt keine Arbeiterpolitik möglich sei.

Mancher Redner rügte, dass linksoppositionelle Teile der Partei Flugblätter der SPD nicht verteilen würden, wenn diese eine zu scharfe Kritik an den Kommunisten übten.

Auf dem späteren Parteitag des Bezirksverbandes Brandenburg-Grenzmark im März 1928[8], auf dem wieder Parteisekretär Wilhelm Krüger den Geschäftsbericht gab – und dabei der Verstorbenen wie des früheren Brandenburger Bezirksvorsitzenden Sydow gedachte –, hob der Redner hervor, wie schwach die Anhängerschaft der Kommunisten im Land sei, hätten sie doch insgesamt nicht mehr Mitglieder aufzuweisen, als ein Ortsverein der SPD allein auf die Beine brächte.

Demgegenüber verzeichne die Sozialdemokratie 4800 neue Mitglieder, hier habe sich das Agrarprogramm der Partei positiv ausgewirkt. Ende 1927 habe es 35 767 weibliche und männliche Mitglieder im Bezirk gegeben (was gegenüber 1924 ein Minus von über 3000 Anhängern bedeutet, d. Verf.). Dreizehn Parteizeitungen habe man, wovon zwölf täglich erschienen.

Über die Frauenbewegung im Bezirk führte die verantwortliche Sekretärin Anna Matschke aus, dass es eine erfreuliche Aufwärtsentwicklung gäbe: So seien im Unterbezirk Calau in den meisten Ortsgruppen die Mehrzahl der Mitglieder Frauen. Bei der politischen Aufklärung der weiblichen Wählerinnen im Allgemeinen sei aber noch viel Arbeit zu leisten, ergänzte die Rednerin.

---

7 »Vorwärts« Nr. 81 (41. Jahrg.) vom 17. Februar 1924.

8 »Vorwärts« Nr. 145 (45. Jahrg.) vom 25. März 1928 (und 27. März 1928).

Morgenausgabe

Nr. 369 / A 182 — 49. Jahrgang

Wöchentlich 75 Pf., monatlich 3,25 M. (davon 87 Pf. monatlich für Zustellung ins Haus) im voraus zahlbar. Postbezug 3,97 M. einschließlich 60 Pf. Postzeitungs- und 72 Pf. Postbestellgebühren. Auslandsabonnement 5,65 M. pro Monat; für Länder mit ermäßigtem Drucksachenporto 4,65 M.

Bei Ausfall der Lieferung wegen höherer Gewalt besteht kein Anspruch der Abonnenten auf Ersatz.

Erscheinungsweise und Anzeigenpreise siehe am Schluß des redaktionellen Teils.

Vorwärts

Berliner Volksblatt

Zentralorgan der Sozialdemokratischen Partei Deutschlands

Sonntag, 7. August 1932

Groß-Berlin 15 Pf. Auswärts 20 Pf.

Redaktion und Verlag: Berlin SW 68, Lindenstr. 3. Fernspr.: Dönhoff (A 7) 292–297. Telegramm-Adr.: Sozialdemokrat Berlin. — Vorwärts-Verlag G. m. b. H. — Postscheckkonto: Berlin 37 536. — Bankkonto: Bank der Arbeiter, Angestellten und Beamten, Lindenstr. 3. Dt. B. u. Disc.-Ges., Depositenk., Jerusalemer Str. 65/66

Warnung!

Wer mit dem Faschismus spielt, der spielt mit Deutschlands Untergang!

Hitlers Privatsoldaten sengen und brennen an allen Ecken und Enden des Reichs. Inzwischen bereitet sich die Regierung darauf vor, mit Hitler über seinen Eintritt in die Regierung zu verhandeln. Gibt es einen Kulturstaat in der Welt, in dem Aehnliches erlebt wurde?

Man verschanzt sich hinter die Ausrede, die Mordanschläge und Brandstiftungen seien von der Führung nicht gewollt. Eine schöne Regierungspartei, die ihre Anhänger nicht am Morden und Brandstiften hindern kann! Aber ist diese Ausrede nicht eine offensichtliche Unwahrheit? Im ganzen Reich wird nach einem einheitlichen Plan gearbeitet — wo ist die Zentralstelle, die diesen Plan ausgeheckt hat und durchführen läßt?

Hitler hat sich oft gerühmt, daß in seiner Partei nichts gegen seinen Willen geschehen könne — und es wäre in der Tat grotesk, wenn diesem Möchtegern-Diktator seine eigene SS. und SA. auf der Nase herumtanzen dürfte. Wäre dem wirklich so, dann müßte man Adolf Hitler als verhandlungsunfähig betrachten. Ist es aber anders, dann muß jede Regierung und jede Partei, die mit Hitler verhandeln will, ihm sagen, daß er seiner Partei erst das Morden verbieten muß, wenn er mitregieren will!

*

Der Reichspräsident ist auf die Verfassung vereidigt. Neu ernannte Minister leisten den Eid auf die Verfassung in seine Hand. Wer will dem Reichspräsidenten zumuten, Leute zu vereidigen, die ihren Eid nur schwören, um ihn zu brechen? Die Nationalsozialistische Partei macht aus ihrer schnöden Verachtung der Verfassung und der Gesetze kein Hehl. Sie negiert sogar die selbstverständliche Grundlage des Rechtsstaats, die Gleichheit aller vor dem Gesetz. Gewiß, die Absicht, sie zu zivilisieren, sie an Verantwortung zu gewöhnen, ihr Gelegenheit zu positiver Arbeit zu geben und damit ihre Anhängerschaft von dem Wunderglauben zu heilen, in dem sie befangen ist, wird jedem politisch Denkenden verständlich sein. Aber es scheint, daß Herr v. Schleicher sich sehr überschätzt, wenn er sich einbildet, diese Erziehungsarbeit leisten zu können. Bisher hat alles Entgegenkommen nur die Wirkung gehabt, daß sich die Verbrechen gehäuft haben und daß die Ansprüche immer unverschämter geworden sind. Kein Zweifel, daß in der Nationalsozialistischen Partei starke Kräfte tätig sind, die überhaupt jede verantwortliche Mitarbeit ablehnen und dafür auf Wegen der Gewalt die Alleinherrschaft erstreben.

Sie wollen die Staatsgewalt von außen zermürben und von innen zerstören. Dazu brauchen sie Zeit, und nur darum wollen sie verhandeln.

*

Das Verbot für Beamte, der Nationalsozialistischen Partei anzugehören, ist aufgehoben worden. Die Propaganda kann ungestört in den Beamtenkörper, in die Polizei und die Reichswehr eindringen. Triumphierend meldet der „Angriff", daß am Freitagabend ein Verbrüderungsfest zwischen der Berliner SA. und etwa fünfzig Polizeibeamten stattgefunden hat. Begrüßungsreden wurden getauscht, schließlich marschierten die Beamten, von Offizieren geführt, an dem Grafen Helldorf, dem Helden des Kurfürstendamms, im Parademarsch vorbei. Wenn der „Angriff" von fünfzig Beamten spricht, so werden es noch weniger gewesen sein, und fünfzig Beamte sind in dem großen Polizeiheer Berlins ein winziges Häuflein. Die ungeheure Mehrheit der Beamten steht dem neuen System innerlich ablehnend gegenüber, sie hat durchaus nicht den Wunsch, unter dem Oberkommando des Grafen Helldorf auf Beförderung zu dienen. Sie wissen aber auch, daß jeder Beamte, der treu zur Republik steht, auf schwerste Schikanen gefaßt sein muß. So ist ein Zermürbungs- und Zersetzungsprozeß eingeleitet, der über kurz oder lang zu einer völligen Entwaffnung der Staatsgewalt gegenüber dem Hochverrat von rechts zu führen droht.

Geht dieser Zersetzungsprozeß eine Weile weiter, so wird auch für eine Reichswehr, die „fest in der Hand ihrer Führer" ist, zum Schutz der Staatsordnung nichts mehr zu tun sein. Die Reichswehr — immer vorausgesetzt, die optimistischen Auffassungen ihres Ministers bestätigten sich — kann im Fall gewaltsamer Zusammenstöße nur eingesetzt werden, um die Polizeikräfte zu unterstützen; ihre Wirksamkeit setzt voraus, daß die Polizei gegen die Verfassungs- und Gesetzesbrecher in der richtigen Front steht.

Im übrigen weiß jedermann, daß die Reichswehr keineswegs darauf brennt, für die bestehende verfassungsmäßige Ordnung ihr Blut zu verspritzen. Bei ihr findet die nationalsozialistische Propaganda einen besser vorbereiteten Boden als bei der Polizei.

Auch Groener glaubte sich seiner Reichswehr sicher, bis sie ihm eines Tages unter Schleichers Führung davonmarschierte. Herr v. Schleicher mag aufpassen, daß sie nicht auch ihm entgleitet!

*

Die sozialdemokratischen Arbeiter sind politisch genug geschult, um den Gegensatz zu sehen, der zwischen der gegenwärtigen Regierung und der Nationalsozialistischen Partei besteht. Sie sehen ihn nur vielleicht besser, als die Regierung ihn sieht, die sich einbildet, sie könnte den Faschismus durch sanftes Entgegenkommen und durch Verzicht auf alles, was ihn reizen könnte, an den Staat herangewöhnen und zu einem gesetzlichen Leben erziehen. Der Faschismus wird um der treuen Augen des Herrn v. Schleicher willen seine Pläne und Ziele nicht aufgeben, er wird fortfahren, aufs Ganze zu gehen, und erst dort halt machen, wo er auf einen Willen stoßen wird, der härter ist als der seine.

Daß dieser Wille der Wille der Regierung Papen-Schleicher-Gayl sein werde, können jetzt nur noch Kinder glauben. Unter diesen Umständen ist es wirklich schlimmste Heuchelei, wenn die Rechtspresse aufgeregt tut, weil der sozialdemokratische Parteiausschuß am Freitag die Möglichkeiten eines besseren Selbstschutzes erörtert hat. Neugierig fragt sie, was unter diesem Selbstschutz zu verstehen ist. Nun, darunter ist das zu verstehen, was beispielsweise gestern vor fünf Wochen zur Anwendung kam, als unsere Reichsbannerwache die braun kostümierten Landfriedensbrecher aus dem „Vorwärts"-Gebäude hinauswarf. Es wäre ein Irrtum, wollte man glauben, daß man den deutschen Arbeitern italienisch kommen darf!

*

Die Wahlen heute vor einer Woche haben gezeigt, daß der Nationalsozialismus zwar die bürgerlichen Mittelparteien hinwegfegen konnte, daß er aber an die Arbeitermassen links von der Mitte nicht heran kann. Wir berufen uns in diesem Falle gern auf das unverdächtige Zeugnis der „Kreuzzeitung", die schreibt:

Wenn die drei großen politischen Gruppen, in die das deutsche Volk gespalten ist, vorhanden sind, erstens in der nationalen Rechten, zweitens in dem politischen Katholizismus und drittens in der sozialistischen Linken, so ergibt eine Betrachtung der Reichstagswahlen von 1924 bis zum 31. Juli 1932, daß der Mandatsanteil der ersten Gruppe von 40,7 Proz. auf 45,3 Proz., also um 4,6 Proz. gestiegen ist, während die dritte Gruppe auf Kosten der Demokraten eine Steigerung des Mandatsanteils um 2,2 Proz., nämlich von 34,3 Proz. auf 36,5 Proz. erreicht wird. Man ist danach durchaus berechtigt zu sagen, daß die Reichstagswahl vom letzten Sonntag keine Ueberraschung und eine wesentliche Veränderung der politischen Gliederung des deutschen Volkes nicht gebracht hat. **Die drei großen Fronten stehen im wesentlichen fest.**

Das ist richtig — leider nur mit der Einschränkung, daß die Front der „sozialistischen Linken" eben keine „Front", sondern durch den Kommunismus gespalten ist. Ohne den Kommunismus gäbe es keine faschistische Gefahr! Aber deswegen bleibt die deutsche Arbeiterklasse doch bei einer geschichtlichen Entscheidung — und in einer solchen stehen wir — ein Faktor, der nicht übersehen und über den nicht hinweggeschritten werden kann, wenn man nicht die Grundlagen des Staates und der Wirtschaft zerstören will.

Das ist keine Drohung, aber eine Warnung! Wer mit dem Faschismus spielt, der spielt mit Deutschlands Untergang!

Bomben im Arbeiterviertel

Schweigsame Polizei — Die SA. als Täter erkannt

Braunschweig, 6. August. (Eigenbericht.)

Der terroristische Anschlag auf die Arbeiterwohnungen in der Lange Straße hat insgesamt 30 Häuser beschädigt. Die Sprengstücke sind durch die geschlossenen Fensterläden in die Wohnungen gedrungen. Ein in der Parterrewohnung im Bett liegender Kohlenhändler wurde durch ein Sprengstück am Oberschenkel schwer verletzt.

Die Polizei, die über die Untat bis heute abend noch keine Zeile veröffentlicht hat, war gezwungen, drei Personen unter Tatverdacht zu verhaften. Es handelt sich, wie wir erfahren, um drei schwerbewaffnete Nationalsozialisten. Der eine, ein gewisser Hantel aus Rendsburg, wurde als antifaschistisch verkleideter Motorradfahrer erkannt, der seit einigen Nächten die Straßen Braunschweigs mit einer gefälschten Autonummer unsicher macht. Hantel entging mit knapper Not der Lynchjustiz der empörten Massen. Seine beiden Komplicen sind ebenfalls auswärtige SA.-Leute, und zwar stammt einer aus Frankfurt a. M. Alle drei haben in der Braunschweiger SA.-Kaserne am Torwall ihr Domizil.

Die Spuren des Attentats, seiner Vorbereitung und der Anschläge der letzten Nächte weisen nach diesem Hause, wo Munition, Waffen und Sprengstoff in Hülle und Fülle vorhanden sein dürften. Obwohl diese Tatsachen stadtbekannt sind, hat Klagges' Polizei noch niemals dies Verbrecherasyl durchsuchen dürfen. Haussuchungen fanden stets in Arbeiterwohnungen statt. Um von der Schuld der Nazis, die derartige Verbrecher zu „Hilfspolizisten" im Lande Braunschweig machen wollen, abzulenken, hat das Parteiblatt des Herrn Klagges die Stirn, Kommunisten der Tat zu bezichtigen. Die Eiserne Front wird die terroristischen Akte zum Anlaß eines scharfen Protestes beim Reichsinnenministerium nehmen.

Nächtlicher Feuerüberfall in Pommern.

Auf Reichsbannerführer und kommunistischem Funktionär.

Stolp, 6. August.

Gegen die Wohnungen des Kreisvorsitzenden des Reichsbanners Bonnke und des kommunistischen Führers Meier wurden heute früh gegen 3 Uhr mehrere Schüsse abgegeben, verletzt wurde niemand.

Nach dem Feuerüberfall wurde ein Motorradfahrer beobachtet, der in schnellem Tempo davonfuhr.

Titelseite der SPD-Zeitung »Vorwärts« vom 7. August 1932

Im Verlauf des Parteitags wurde bei der Antragsberatung die von der rechtskonservativen DNVP angestrebte Amnestie für Fememörder empört abgelehnt, da der Schutz der engagierten Reichsbannerkameraden und Parteigenossen hohe Priorität habe. Im Übrigen stand der Parteitag ganz im Zeichen der bevorstehenden Reichstagswahl und kritisierte in einer Resolution die unsoziale Politik des herrschenden Bürgerblocks. Zudem versuche der deutschnationale Landwirtschaftsminister Schiele seit Wochen, den reaktionären Landbund gegen die Preußische Landesregierung Braun, ja gegen die staatliche Ordnung überhaupt, aufzuhetzen und eine Stimmung zu schaffen, die sich in politischen Morden (Arensdorf) entlade.

Zwei Jahre später, im April 1930, hatte sich den Aussagen des verantwortlichen Bezirkssekretärs Wilhelm Krüger zufolge der Mitgliederbestand erheblich gesteigert:[9] War er doch von 35 000 auf 38 000 gewachsen. Die Parteipresse lasen 23 000 Abonnenten mehr als in der Vorkriegszeit. Das Organisationsleben zeigte eine außerordentliche Vielgestaltigkeit, da die Parteimitglieder auf allen Gebieten des öffentlichen Lebens engagiert ehrenamtlich mitarbeiteten. Krüger wies eingangs darauf hin, dass die Brandenburger Partei ihre Stimmenergebnisse bei Wahlen um 19 % steigern konnte. Weiter heißt es über die Themen des Parteitags: »Am Schluss einer Diskussion, in der die Abgeordneten Breitscheid, Ebert [jun.], Heilmann und Drügemüller sprachen, wurde eine Entschließung angenommen, die sich mit aller Schärfe dagegen wendet, daß die Lasten des verlorenen Krieges und die Opfer der wirtschaftlichen Umstellung durch die Nationalisierung der Arbeiterschaft allein aufgebürdet werden sollen.« Als Bezirkssekretär Krüger auf dem Parteitag im April 1931 den Geschäftsbericht hielt[10], sah er die Brandenburger Parteiorganisation weiterhin im Aufwind: In 513 Ortsgruppen wurden inzwischen 38 504 Mitglieder gezählt, darunter 8921 Frauen; die Sozialistische Arbeiterjugend (SAJ) organisierte 1387 Jungen und 567 Mädel. 4198 Frauen und Männer engagierten sich *ehrenamtlich* in der Kommunalpolitik, 1500 in der Arbeiterwohlfahrt. In den fünf Monaten bis zum April d. J. wurde in 1037 Versammlungen zur Öffentlichkeit gesprochen – damals *das* Kommunikationsmittel zur direkten Massenbeeinflussung, denn Radio und Fernsehen (o. ä.) standen noch nicht zur Verfügung – und über zweieinhalb Millionen Flugblätter verteilt.

Sorgen bereiteten dagegen innerparteiliche Auseinandersetzungen um den Tolerierungskurs (der Gesamtpartei) gegenüber Reichskanzler Brüning (S. 120f). Hier hatte es im Reichstag einen Disziplinbruch mehrerer Abgeordneter der SPD gegeben, die sich nicht dem Beschluss der Fraktionsmehrheit fügten, sich bei der Abstimmung über eine weitere Rate für den Panzerkreuzer-Bau zu enthalten – um Brüning zu stützen –, sondern stattdessen mit den Kommunisten dagegen stimmten. Dieses Verhalten rügte auch der Hauptredner des Parteitags, der Vorsitzende der SPD-Reichstagsfraktion Rudolf Breitscheid. Er betonte, dass nur das besonnene

9 Vgl. Der Abend. Spätausgabe des »Vorwärts« vom 28. April 1930.
10 Vgl. Der Abend. Spätausgabe des »Vorwärts« vom 13. April 1931.

Verhalten der SPD – so schwer es ihr sozialpolitisch auch manchmal fiele – dafür gesorgt habe, Deutschland vor dem Schicksal Italiens zu bewahren, wo der Faschismus bereits an der Macht war.

Zum Abschluss nominierte die Versammlung Brandenburgs Delegierte für den Reichsparteitag: Max Homa, Oskar Wegener, Fritz Schmidt, Erich Gierke, David Stetter, Paul Fleischmann, Karl Engelbrecht, Ernst Henkel, Otto Lück, Helene Kabelitz und Anna Ulrich (mehreren von ihnen begegnen wir später im Widerstand wieder).

Als der Bezirksverband im März 1932 zu seinem jährlichen Bezirksparteitag zusammenkam – es wurde der letzte vor dem Verbot im Juli 1933, Vorstandswahlen fanden danach nicht mehr statt, wohl aber Zusammenkünfte auf der Bezirksebene –, stand alles im Zeichen des Kampfes um den Bestand der Republik, so bei der Reichspräsidentenwahl und Wahlgängen zum Preußischen Landtag und zum Reichstag. Mit Verbitterung blickten Redner wie Ernst Heilmann auf den vergeblichen Versuch der Kommunisten zurück, durch ihre Beteiligung am Volksentscheid rechter Parteien (9. August 1931) die preußische Landesregierung unter Otto Braun (SPD) zu stürzen. Zumindest in Preußen habe sich dies nicht in einem Stimmenzuwachs für die KPD niedergeschlagen. Der »Vorwärts« schließt den Bericht über die Rede des Fraktionsvorsitzenden: »Ein Sieg der Sozialdemokratie bei der Preußenwahl, so schloß Heilmann, bedeutet die Sicherung der Republik, bedeutet Verständigung mit Frankreich, bedeutet neues Kapital, neue Arbeit und damit Überwindung der Krise. Der Sieg der Sozialdemokratie ist nichts mehr und nichts weniger als der Neuaufstieg der Arbeiterschaft! Lebhafter Beifall.«[11] Der Geschäftsbericht des Parteisekretärs Krüger hob die großen Schwierigkeiten in der kommunalen Arbeit hervor: Die Gemeindevertreter, von denen es in 146 Städten 807 und in 495 Gemeinden 2252 gab, mussten unter Zurückstellung grundsätzlicher Fragen zu den Vorlagen der Gemeindevertretung ihre Zustimmung geben, nur um die Gemeinden überhaupt lebensfähig zu erhalten. An Orten, wo kein SPD-Ortsverein bestand, wurden mit Hilfe der freigewerkschaftlichen Landarbeiterschaft kleinbäuerliche Gemeindewahllisten aufgestellt, um annähernd für eine Vertretung sozialdemokratischer Ideen in den Gemeindekörperschaften sorgen zu können. Der Parteitag stellte abschließend die Kandidatenlisten für die kommende Landtagswahl auf (S. 108.

Mitgliederzahlen nennt der Vorwärtsbericht nicht, wir wissen aber aus einer anderen Quelle, wie die Bilanz zum Jahresende 1932 aussah:[12] Der SPD-Bezirk Brandenburg-Grenzmark hatte demnach 37 873 Mitglieder in 482 Ortsvereinen – was einen leichten Rückgang bedeutete. Zum Vergleich: Die KPD zählte als Berlin-Brandenburger *Gesamtbezirk* 37 875 Mitglieder, wovon max. 7000 in der Provinz organisiert waren.

11 »Vorwärts« Nr. 144 (49. Jahrg.) vom 26. März 1932.
12 Materna/Ribbe, Geschichte in Daten. Brandenburg, S. 213.

Wir werden später sehen, ob sich dieses 1:5-Verhältnis auch im Widerstand ausdrückt oder nicht.[13]

Aus dem von Ernst Heilmann auf dem Bezirksparteitag geforderten Sieg bei der Preußischen Landtagswahl wurde jedoch nichts – im Gegenteil.

Die »Weimarer Koalition« aus SPD, Linksliberalen und Zentrumspartei – die im Reich schon längst nicht mehr bestand – verlor auch in Preußen ihre Mehrheit und amtierte fortan unter Otto Braun nur noch geschäftsführend. Und damit nicht genug: Am 20. Juli 1932 stürzte die nationalkonservative Reichsregierung Franz von Papens diese letzte Stütze der Republik mittels Staatsstreich und räumte gründlich auf: Die Berliner Polizeiführung wurde abberufen und durch willfährige Nachfolger ersetzt. Ähnliches geschah in anderen staatlichen Bereichen. Engagierte Republikaner wurden abgesetzt, bestenfalls auf unbedeutende Posten abgeschoben. Und nun wurde auch innerhalb der Politischen Polizei eine gründliche Kurskorrektur vorgenommen, denn SPD und Reichsbanner (einschließlich der antifaschistischen Eisernen Front) wurden seit September 1932 ins Visier genommen und auf mögliche »gefährliche« Tendenzen hin – wie Bewaffnung, Einheitsfrontbestrebungen oder die Existenz betrieblicher Kampfgruppen (»Hammerschaften«) – der geheimen Beobachtung unterzogen (siehe S. 59).

Auch danach leistete der Rechtskonservative von Papen gründliche politische Vorarbeit für die im Frühjahr des Folgejahres begonnene »Gleichschaltung« durch die NS-Bewegung.

Hatte die Kapitulation am 20. Juli 1932 in kampfentschlossenen Reichsbanner- und Arbeitskreisen auch eine tiefe Niedergeschlagenheit ausgelöst (S. 88), so glimmte am Jahresende wieder Hoffnung auf, denn die NSDAP verlor bei der Reichstagswahl im November 1932 über 2 Millionen Stimmen und geriet in eine schwere innere Krise.

Die Annahme weiter Parteikreise, das Schlimmste sei nun vielleicht doch überstanden, brach Ende Januar 1933 wie ein Kartenhaus zusammen. Intrigante rechtskonservative Kreise um von Papen und den deutschnationalen Pressezaren Hugenberg bewegten den greisen Reichspräsidenten von Hindenburg – dessen Wiederwahl die Republikaner 1932 betrieben hatten, um Hitler zu verhindern –, Hitler zum Reichskanzler zu ernennen (30. Januar 1933). Schrittweise und mit zunehmender Dynamik nahm die weitere Zerstörung der Republik ihren Lauf. Dem Reichstagsbrand am 27./28. Februar 1933 folgten Sondergesetze, Verhaftungswellen, gewalttätige Übergriffe und Verschleppungen durch die – vom kommissarischen Preußischen Ministerpräsidenten Göring – zur »Hilfspolizei« ernannte SA. Die Auswirkungen im politischen Alltag beschreiben wir im entsprechenden Abschnitt dieses Kapitels (S. 128ff.) anhand von Zeitzeugenerinnerungen.

13 Trotz aller zahlenmäßigen Mitgliederdifferenz zwischen den Arbeiterparteien hatte die KPD zur Zeit der Weltwirtschaftskrise doch zugelegt, denn ihre max. 7000 Anhänger in der Provinz bildeten gegenüber Oktober 1927 (mit nur 2465 Organisierten) mehr als eine Verdoppelung, vgl. »Vorwärts« vom 23. Februar 1928.

19

Wahlplakat der SPD vom Sommer 1932 (Reichstagswahl)

Am Beispiel von Nowawes: Herausforderungen eines Brandenburger SPD-Ortsvereins am Ende der Weimarer Republik

Nutzen wir einen seltenen Schatz zeitgenössischer historischer Überlieferung, das nach 1933 im Verborgenen gerettete Protokollbuch des – vor den Toren Potsdams wirkenden – SPD-Ortsvereins Nowawes, um einen Blick auf die Themen und Aktionen einer politischen Grundorganisation zwischen 1930 und 1933 zu nehmen.[14]

Bei der Nowaweser SPD handelte es sich um eine gut organisierte, kämpferische Facharbeiterschaft. Da auch die Kommunisten in diesem von der Arbeiterschaft geprägten Vorort des legendären preußischen Zentrums Potsdams starken Einfluss besaßen, galt die selbstständige kleine Stadt, die in den späten 1930er Jahren mit Babelsberg zusammengefasst wurde, als das »rote Nowawes«. Hier herrschten andere Mehrheitsverhältnisse als in der nationalkonservativ ausgerichteten großen Nachbarstadt. Bis zur Weltwirtschaftskrise bestimmte die SPD die kommunalpolitische Szene der Nowaweser Stadtverordnetenversammlung, in der Bürgermeister Walter Rosenthal, Stadtverordnetenvorsteher Paul Fleischmann (SPD), mehrere sozialdemokratische Stadträte wie Max Schröder und der SPD-Fraktionsvorsitzende und Reichsbannerführer Ernst Wache – seines Zeichens Polizeiangestellter in Berlin – starken Einfluss hatten.

Doch mit der aus wirtschaftlicher Not und politischer Instabilität erwachsenden Radikalisierung der Wählerschaft schmolz der Einfluss der SPD, während die extremen Parteien zulegten. Am Ende der Weimarer Republik beziehungsweise bei den letzten, halb-freien Wahlen im März 1933 blieben aber (SPD und KPD zusammengerechnet) selbst im einst roten Nowawes die Arbeiterparteien in der Minderheit.

Trotzdem, verglichen mit der mehrheitlich nach rechts tendierenden bürgerlichen Wählerschaft Potsdams, wo die Deutschnationale Volkspartei eine Hochburg besaß und schon 1932 die NSDAP stärkste Partei wurde, votierte das kleinere Nowawes aufgrund seiner zur SPD neigenden proletarischen Wählerschaft eher prorepublikanisch. In Potsdam blieben die Sozialdemokraten bis zum Juli 1932 die Zweitplatzierten und in Nowawes die Kommunisten von 1928 bis zum April 1932 und dann wieder ab November 1932. Trotzdem ist das Abschmelzen der SPD-Hochburg Nowawes in den Jahren der Weltwirtschaftskrise signifikant: Fiel die Partei der Weimarer Republik doch von 7000 Stimmen (1928) auf 5400 (November 1932). Die NSDAP überrundete die DNVP 1930 und kam im Juli 1932 mit knapp 5300 Stimmen der SPD mit 5805 Stimmen gefährlich nahe. Die Wählerkonkurrenz zwischen Nationalkonservativen und Nationalsozialisten nach 1929 bewirkte sogar, dass einmal – nämlich bei der Reichstagswahl 1930 – die SPD plötzlich in Potsdam stärkste Partei wurde, da sie einen ganz kleinen Vorsprung vor der DNVP erzielte. (Im November 1932 jedoch fiel die SPD in Potsdam nach NSDAP und DNVP sogar auf den dritten Platz.)

---

14 SAPMO-BArch, RY 20 / II 146/2/3 (Protokollbuch von 1924 bis 1933). Der Verfasser dankt seiner GDW-Kollegin Marion Goers für den Hinweis auf diese hochinteressante Quelle (handschriftliche Berichte, zum Teil in alter deutscher Schrift).

Reichstagswahl 1930[15]

	Potsdam	Nowawes
SPD	11 780 Stimmen	6632 Stimmen
DNVP	11 418 Stimmen	1714 Stimmen
NSDAP	9610 Stimmen	2057 Stimmen
KPD	2868 Stimmen	3654 Stimmen

Wenn wir jetzt zum Vergleich die Kommunalwahl von 1929 heranziehen (die nächste folgte stabilisierender Weise erst im März 1933, während Reichstags- und Landtagswahlen demgegenüber für zum Teil erhebliche Verschiebungen und politische Turbulenzen sorgten), erhalten wir ein ganz anderes Bild.

Stadtverordnetenwahl 1929

	Potsdam	Nowawes
DNVP	10 926 Stimmen	1815 Stimmen
SPD	9459 Stimmen	5928 Stimmen
DVP	2892 Stimmen	–
NSDAP	2556 Stimmen	–
KPD	1253 Stimmen	2490 Stimmen

Blicken wir – was die politischen Verhältnisse in Nowawes (mit über 40 % für die SPD 1929) betrifft – noch weiter zurück, so zeigt sich, dass wie im großen Berlin auch in der früheren Weberkolonie die linkssozialistische USPD an der Spitze lag:

Stadtverordneten- und Gemeindewahlen Februar 1919
(in Klammern das Ergebnis der Preußischen Landtagswahl)[16]

USPD	4287 (4403) Stimmen
SPD	3145 (3888) Stimmen
Konservative	1485 (1340) Stimmen
Demokraten	1749 (1734) Stimmen
Zentrum/Christliche Vertreter	329 (445) Stimmen

Die wichtigsten kommunalpolitischen Vertreter der Sozialdemokraten waren im Potsdam der frühen 1930er Jahre als Stadtverordnete der leitende Redakteur des »Potsdamer Volksblatts« Georg Spiegel und der Gewerkschaftsangestellte und Potsdamer SPD-Vorsitzende Fritz Krüger. 1933 rückte dann der kaufmännische Angestellte Wilhelm Vahle (S. 465) als Vertreter der jüngeren Generation in die Reihe der SPD-Stadtverordneten vor. (Neben Spiegel tat gerade er sich später im Widerstand hervor.)

15 Zahlen lt. D. Eichholz (Hg.), Brandenburg in der NS-Zeit, S. 361f.
16 Vgl. »Die Freiheit« vom 25. Februar 1919.

Wie die kommunistischen Parlamentarier Potsdams Adolf Hausmann, Hermann Elflein (S. 452ff.) und Albert Heese (S. 567) – seines Zeichens Betriebsrat im Reichsbahnausbesserungswerk (RAW) – litten auch die genannten Sozialdemokraten während und nach der NS-»Machtergreifung« unter Verschleppung und KZ-Haft.

In Nowawes wirkten kommunalpolitisch an führender Stelle Paul Fleischmann, Leiter des Arbeitsamtes Potsdam-Nowawes, der (unbesoldete) Stadtrat bzw. Spitzenkandidat Max Schröder – von 1920 bis 1933 Vorsitzender des Betriebsrates des Reichsbahnausbesserungswerks Potsdam – und der SPD-Fraktionsvorsitzende Ernst Wache, der beruflich als Angestellter im Berliner Polizeipräsidium tätig war. (Lange Zeit mitbestimmend war auch Stadtrat Erich Schulz, der aber vor 1933 Geschäftsführer der A.O.K. in Berlin-Zehlendorf wurde.[17])

Aufgrund der Vorstandswahlen vom Januar 1931 wirkten an der Spitze der Nowaweser Parteiorganisation, die etwas über 690 Mitglieder zählte (1926 knapp 420): 1. Vorsitzender Ernst Wache (im Amt seit 1928, Vorgänger Gruhl). 2. Vorsitzender Paul Rottstock (mindestens seit 1925 in dieser Funktion), Kassierer Busse, im September 1932 abgelöst durch Fritz Springer sowie Schriftführer Friedel Wittwer, im Januar 1932 abgelöst durch Bruno Rehdorf.

Neben diesem engeren Führungskreis – der auch nach 1933 oppositionell gegen den NS wirkte (S. 234ff.) – bestanden mehrere aktive Arbeitsgruppen und politisch-kulturelle Nebenorganisationen: so der Bildungsausschuss (Sprecher Schlossarek, Mitglieder Kramke, Lehmann, Henkel, Klamm, Zade und Hermann Maaß), die Gruppe Landagitation (Mitglieder Tietz, Bube, Wünsch und Frau Walter), die Arbeiterwohlfahrt (Verantwortlicher Günter), die Frauenorganisation (Verantwortliche Günther) sowie das Reichsbanner Schwarz-Rot-Gold. Verantwortlicher hier war der o. g. Paul Rottstock, der seit 1932 auch die Eiserne Front leitete und damit eine Schlüsselfunktion innehatte. Ein wichtiger Reichsbannerfunktionär an seiner Seite war Richard Grüneberger (Foto S. 50), der im RAW arbeitete.[18]

Unterlagen der Polizei zufolge[19] war das Nowaweser Reichsbanner 185 Mann stark, während es im viel bevölkerungsreicheren Potsdam etwa 200 waren. Als Bezirksleiter hier wirkte Fritz Springer aus Nowawes, Schützendamm 46. Die Potsdamer leitete der Gewerkschaftssekretär Willi Hübener.

Zu Tagungen der Parteiorganisation herangezogen wurden zudem Vertreter der Sozialistischen Arbeiterjugend, des Arbeiter-Turn- und Sportbundes, des Arbeitersängerbundes, der Freien Schulgemeinschaften (Rektor Richter) sowie die SPD-Vertreter in anderen kommunalpolitischen Gremien wie dem Kreistag von Teltow-Beeskow (Rose, Skirk, Otto Wachatz) oder dem Brandenburger Provinziallandtag (Max Singer,

17 Erich Schulz bürgte nach 1945 im Entschädigungsverfahren für Ernst Wache, der 1933 bei der Polizei entlassen worden war und aus Sicherheitsgründen nach Berlin zog, wo er sich im Widerstand der SPD engagierte, vgl. H.-R. Sandvoß, Widerstand in Prenzlauer Berg und Weißensee (2. Aufl.), S. 66f.

18 Reichsbahnausbesserungswerk Potsdam (Hg.), Unser Werk. 125 Jahre RAW Potsdam, Potsdam 1963, S. 45, 48f. (Grüneberger war zuletzt auch Stadtverordneter.)

19 BLHA, Rep. 2 A I Pol., Nr. 1051, Bl. 226/226R.

Der SPD-Ortsvorstand Nowawes 1931: hinten v. l.: Stadtrat Max Schröder, N.N., Beisitzerin Olga Bathe, Fritz Springer, N.N., vorn v. l.: Gustav Busse, Ernst Wache, Paul Rottstock, Friedel Wittwer

La Grange, Drügemüller). Der o. g. Nowaweser Fritz Springer rückte 1932/33 im Unterbezirksvorstand zum 2. Vorsitzenden auf.

Man kann durch diesen Überblick vielleicht ermessen, wie vielfältig die Aktivitäten der Nowaweser Sozialdemokraten waren und wie vernetzt sie agierten. Nicht die Potsdamer, sondern die Parteiorganisation des kleineren Vorortes bildete den aktiven Kern im regionalen Bereich und riss die eher vor sich hin dümpelnden Potsdamer Genossen mit (siehe S. 465f.). Diese Strukturen erklärten später auch das Widerstandsgefälle zwischen beiden Orten.

Zu den Themen und Aufgaben, die die Nowaweser Parteianhänger am Ende der Weimarer Republik bewegten – was wir Dank des vom Schriftführer Bruno Rehdorf versteckten bzw. geretteten Protokollbuchs rekonstruieren können –, zählten neben der Bewältigung fast permanenter Wahlkampfeinsätze (Stadtverordnetenwahl, Kreistagswahl, Provinziallandtagswahl, Preußische Landtagswahl, Reichstagswahlen und nicht zuletzt zwei Wahlgänge zur Bestimmung des Reichstagspräsidenten im Jahr 1932) die geistige Aufarbeitung und Analyse wichtiger tagespolitischer und inhaltlich-strategischer Probleme. Anhand dieser Zusammenkünfte und Debatten sollte die aktive Genossenschaft – Nowawes' Parteivorsitzender Ernst Wache bezeichnete die Funktionäre als die »Seele der Partei« – nachhaltig motiviert und für den Wahlkampf geschult werden.

Prominente und profilierte Redner konnten gewonnen werden: so sprach der Berliner SPD-Vorsitzende Franz Künstler[20], zu dessen Berliner Wahlkreis Potsdam II

20 Ingrid Fricke, Franz Künstler, S. 263.

Nowawes und Teltow gehörten, im November 1928 und forderte, die »Republik mit sozialistischem Geist zu erfüllen«. Doch nach dem Bruch der Großen Koalition unter Reichskanzler Hermann Müller (SPD), den der Referent MdR Kurt Heinig der (industrienahen) Deutschen Volkspartei anlastete, die sich von den »Fesseln der SPD« befreien wollte, um besitzenden Kreisen und der Wirtschaft finanzielle Entlastung verschaffen zu können, standen für die Sozialdemokratie weniger die klassisch sozialistischen Ziele als der Erhalt der Weimarer Verfassung im Vordergrund. Denn spätestens nach dem großen Wahlerfolg der NSDAP im September 1930 sah sich die SPD gezwungen, die sozial sehr harte Notverordnungspolitik des Reichskanzlers Heinrich Brüning (1930–32) parlamentarisch zu stützen, um den Griff der NSDAP nach der politischen Macht zu verhindern: Das demokratische Wählerpotenzial schmolz von Wahl zu Wahl, der Anteil der Kommunisten wuchs, doch diese zeigten sich am Erhalt »bürgerlicher Freiheiten« nun überhaupt nicht interessiert, radikalisierten sich im Zeichen der wachsenden Arbeitslosigkeit immer mehr und bekämpften seit 1929 die SPD als »Hauptfeind« und »sozialfaschistisch«.

Im Juni 1930 – wenige Monate vor jener September-Reichstagswahl, die die NSDAP-Fraktion auf über 100 Mandate anwachsen ließ – referierte Brandenburgs Parteisekretär Wilhelm Krüger (S. 109) über das Thema »Die Nationalsozialisten«. Dabei führte er optimistisch aus, die SPD habe die KPD längst »geistig überwunden«, betrage deren Mitgliederzahl doch nicht einmal ein Zehntel der der Sozialdemokraten. Dass die NSDAP den Begriff Sozialismus verwende, sei lediglich eine Konzession an die Massenstimmung und dieser Missbrauch müsse der Arbeiterschaft deutlich gemacht werden. In der anschließenden Diskussion herrschte die Einschätzung vor, ohne die verheerende Politik der KPD wäre die NS-Bewegung unmöglich.

Etwas grundsätzlicher ging es dann im Oktober 1930 zu, als der Redakteur des SPD-nahen »Spandauer Volksblatts« (Osthavelland) Alex Seeling – ein Mann, der sich 1933 aus Gründen innerparteilicher bzw. beruflicher Verärgerung der Gestapo als Spitzel zur Verfügung stellte[21] – über das Thema »Der Faschismus« sprach. Dabei führte er aus, früher sei diese rechtsextreme Bewegung unterschätzt worden, jetzt dagegen überschätze man sie. Er gab aber zu, dass es der SPD an der Begeisterung für »Führungspersönlichkeiten« fehle – dies ganz im Gegensatz zu NSDAP- und KPD-Anhängern. Auch müsse die Partei ihre Erfolge, etwa im Gesundheitswesen oder Städtebau, klarer herausstellen und der Bevölkerung »begreifbar« machen.

Im März 1931 referierte Alex Seeling erneut (»Die Stellung der Partei zum Wehretat«) und monierte, dass es rückblickend ein Fehler war, wegen der halbprozentigen Erhöhung der Erwerbslosenbeiträge die Regierung unter Kanzler Hermann Müller (SPD) platzen zu lassen, anstatt das parlamentarische System »unter allen Umständen« aufrecht zu erhalten. Brüning selber beging dann den Fehler der vorzeitigen Parla-

21 Stefan Appelius, Heine. Die SPD und der lange Weg zur Macht, Essen 1999, S. 81; Alex Seeling (Deckname »Go 1«) lieferte seine Berichte an den Kriminal-Bezirkssekretär Wilhelm Gottmann (daher Go). Zu Letzterem siehe Siegfried Grundmann, Die V-Leute des Gestapo-Kommissars Sattler, Berlin 2010, S. 58f.

mentsauflösung und erntete dafür eine Zunahme extremer Parteien wie der NSDAP. Notgedrungen müsse die SPD Brünings Politik, die über keine eigene Mehrheit verfügte und mit »Notverordnungen« agierte, nun parlamentarisch stützen. Mit der KPD könne die SPD dagegen nichts Vernünftiges gestalten.

Ähnlich argumentierte der Nowaweser Stadtverordnetenvorsteher Paul Fleischmann im Mai 1931 in Bezug auf den bevorstehenden Bundesparteitag der SPD in Leipzig: Die SPD toleriere das Kabinett Brüning, um die Demokratie vor dem »Ansturm der Radikalen« zu schützen, zumal das bürgerliche Lager zur Zusammenarbeit mit der NSDAP bereit sei. Dafür müsse die SPD nun Maßnahmen wie die Senkung der Arbeitslosenunterstützung in Kauf nehmen, die sie inhaltlich eigentlich ablehne.

Im Monat zuvor hatte derselbe Referent und Arbeitsamtsdirektor geschildert, wie schwer die Kommunen unter der Last der Notverordnungen litten: Die Mittel zur Behebung der Wohnungsnot reichten nicht mehr aus. Der neue Etat bringe zudem eine Streichung im Schuletat. Durch Teilkooperation mit der Wirtschaftspartei könne die SPD in der Stadtverwaltung zwar den Wohlfahrtssatz erhalten, müsse dafür aber der Erhöhung der Bürger- und der Biersteuer zustimmen.

Als es im Juni 1931 zu einer innerparteilichen Aussprache über den zurückliegenden Leipziger Parteitag kam – dort hatte Rudolf Breitscheid in seinem Referat über die »Gefahr des Faschismus« betont, der Abwehrkampf der SPD bestünde in erster Linie darin, die NSDAP von der Regierung fernzuhalten –, zeigte sich in der Nowaweser Parteiversammlung jedoch eine eher oppositionelle Stimmung. (Zur Erinnerung siehe S. 117): Es gab hier eine stärkere USPD-Tradition.)

Bei der Abstimmung eines Antrags von Rehdorf (S. 119) wurde eine Ablehnung der Notverordnungspolitik zwar einstimmig angenommen, die Verurteilung des Disziplinbruchs jener Minderheit der SPD-Reichstagsfraktion, die mit der KPD gegen die Bewilligung von Geldern für den Bau von Panzerkreuzern stimmte (statt sich zu enthalten) jedoch mit 41 : 36 Stimmen mehrheitlich abgelehnt.

Trotzdem: Als die oppositionellen SPD-Reichstagsmitglieder Dr. Kurt Rosenfeld und Max Seydewitz 1931/32 dazu übergingen, eine linkssozialistische Partei, die SAP (S. 274ff.), zu gründen, folgten dem von knapp 700 Nowaweser Parteimitgliedern lediglich 4. (So wurde es in der Versammlung im Januar 1932 berichtet.)

Der Kampf gegen den Faschismus spitzte sich zu, als im Herbst 1931 DNVP, Stahlhelm und NSDAP die »Harzburger Front« zum Sturz der Republik gründeten und SPD, ADGB, Arbeitersport und Reichsbanner dem im Dezember 1931 mit der Bildung der »Eisernen Front« entgegentraten. Tatsächlich kam es dadurch zu einem temporären Aufschwung des republikanischen Lagers[22] – zumindest bis zum 20. Juli 1932, dem Sturz der geschäftsführenden Preußischen Landesregierung Braun-Severing.

Vorsitzender der »Eisernen Front« in Nowawes wurde Paul Rottstock[23], ein gestandener Handwerker (Tischler) und intellektueller Autodidakt. Auf das Reichsbanner

22 Karl Rohe, Das Reichsbanner, S. 392ff.; Ingrid Fricke, Franz Künstler, S. 304ff.
23 SAPMO-BArch, RY 20 / II 146/2/3, Bl. 116.

bzw. die »Eiserne Front« kamen wiederholte Einsätze zur Absicherung von Demonstrationen und Wahlversammlungen zu, besonders, als im Jahr 1932 zwei Wahlgänge zur Kür des Reichspräsidenten bewältigt werden mussten. Da dem amtierenden Paul von Hindenburg von seinen früheren republikanischen Gegnern inzwischen »unbedingte Verfassungstreue« – so auch der Referent Lengersdorf vor den Nowaweser Mitgliedern im Februar 1932 (»Das Gebot der Stunde«) – attestiert wurde, nahm die demokratisch gesonnene Arbeiterschaft nun auch noch diese Bürde auf sich.

Im April, nach dem 2. Wahlgang, konnte der SPD-Ortsvereinsvorsitzende Ernst Wache für Nowawes feststellen, dass selbst ein Teil der kommunistischen Wähler für Hindenburg gestimmt hatte, um Adolf Hitlers Wahl zu verhindern. Erfreut zeigte sich Wache zudem darüber, auch in mitbetreuten Landorten stimmenmäßig zugelegt zu haben.

Kritische Töne schlug im Mai 1932 der Redakteur Georg Spiegel S. 117) bei seinem Referat »Jugend und Sozialismus« an: Nicht die gegenwärtige Demokratie sei das Ziel der SPD, sondern die »klassenlose Gesellschaft«. Vor allem die Jugend verlange nach einem »Sozialismus der Tat«, um ihre praktische und geistige Mitarbeit, Seite an Seite mit Älteren, müsse gerungen werden. Die jungen Menschen müssten von der SPD auch gefühlsmäßig begeistert werden für den Kampf um die Beseitigung des »fluchbeladenen Kapitalismus«.

Im Juni 1932 schließlich vermerkt das Protokollbuch der Nowaweser den Bericht des Vorstandes über lokale Verhandlungen mit Funktionären der KPD – vertreten durch Junker, Ullrich, Stachow und Seeberger –, die auf Seiten der SPD auf Wache, Rottstock, Wachatz, Rehdorf und Schröder trafen. Das eher bescheidene, aber positive Verhandlungsergebnis, eine gemeinsame Kundgebung mit je einem Redner sowie der allgemeine Verzicht auf »unsachliche Wahlkämpfe«, wurde von der Mehrheit der Versammlung angenommen (siehe jedoch S. 123).

Das nächste Zusammentreffen des Ortsvereins fand erst im August des Jahres, also nach dem verhängnisvollen Staatsstreich Papens (S. 114) gegen die geschäftsführende Preußische Landesregierung statt. Bei seinem Referat »Unsere Aufgabe in der Gegenwart«[24] führte der Fraktionsvorsitzende Ernst Heilmann aus, Hindenburgs ablehnende Haltung gegenüber einer Kanzlerschaft Hitlers rechtfertige die Haltung der SPD in der Frage von Hindenburgs Wiederwahl. Wie die Reichstagswahl im Juli 1932 zeigte, habe die Absetzung Brauns (20. Juli 1932), der allerdings nur noch einer Geschäftsführenden Regierung vorstand, die SPD eine halbe bis eine Million Wählerstimmen gekostet. Eine »antifaschistische Mehrheit« käme im Preußischen Landtag aber nur dann zustande, wenn die KPD ihre bisherige Haltung aufgäbe und nun mit der SPD gegen die NS-Bewegung arbeite.

Im September 1932 wies Paul Fleischmann (»Abbau des Sozialrechts und die Wahlen«[25]) darauf hin, dass Papen – ganz im Gegensatz zu seinem Vorgänger Brü-

24 Ebd., RY 20 / II 146/2/3, Bl. 122f.
25 Ebd., RY 20 / II 146/2/3, Bl. 124f.

ning, der noch um Ausgleich bemüht gewesen sei – die Lebenshaltung der Massen in unerhörter Weise nach unten drücke: Lohnsenkungen für Arbeiter, Prämien für Unternehmer! Es sei die Aufgabe der SPD, diese sozialpolitischen Dinge in den Vordergrund zu rücken.

Im Oktober 1932, in dem auch der verstorbenen Stadtverordneten Frau Gruhl gedacht wurde, betonte der Referent Scheibel (»Eiserne Front im Wahlkampf«) angesichts der bevorstehenden Reichstagswahl (November 1932) – begleitet vom gemeinsamen Streik von KPD und NSDAP bei den Berliner Verkehgesellschaften (BVG) –, die Existenzgrundlage Reichskanzler von Papens sei allein die Uneinigkeit der Arbeiterschaft. Die NSDAP sei lediglich ein zusammengelaufener Haufen »wildgewordener Spießbürger«. Die SPD müsse verstärkt den Kampf um die Umgestaltung der Wirtschaft aufnehmen, denn die sei das politische Schicksal Deutschlands.

Im Dezember 1932 kam Ernst Wache bei seiner Jahresbilanz[26] über zwölf Monate härtester Wahlkämpfe auch auf die Haltung der Nowaweser Kommunisten gegenüber der SPD zu sprechen. Für die KPD sei das »Einheitsfrontgerede« vom Sommer des Jahres (S. 122) nur ein Manöver im Kampf gegen die Sozialdemokratie gewesen. Als weit wichtiger in der Auseinandersetzung mit der NS-Gefahr habe sich dagegen die Schaffung der »Eisernen Front« und der symbolische Freiheitsgruß erwiesen.

Als letztes Ortsvereinstreffen verzeichnet das Protokollbuch eine Tagung am 15. Februar 1933. Am Anfang wurde routinemäßig auf Veranstaltungen befreundeter Organisationen wie ein Konzert der »Freien Mandolinen- und Gitarrenvereinigung« oder den Maskenball des »Freien Männerchors« am 18. d. M. hingewiesen. Danach jedoch wurde es ernst, denn der Vorsitzende Wache mahnte größte Vorsicht bei Neuaufnahmen an[27] (offensichtlich fürchtete man Spitzel). Das folgende Referat Kohls »Die Arbeiterschaft im Kampf um ihr Recht« analysierte die Politik der neuen Regierung Hitler-Hugenberg (30. Januar 1933) und kam zu dem – unter Zeitgenossen der »Linken« und »Rechten« (DNVP) weit verbreiteten – Fehlurteil, dass Hitler zwar der 1. Mann im Kabinett sei, die Wirtschaftspolitik aber von Hugenberg (DNVP) gemacht werde. Die NSDAP betreibe »Futterkrippenwirtschaft« ohnegleichen [bediene sich also großzügig mit Posten, d. Verf.]. Nichts höre man mehr von den propagandistischen NS-Forderungen wie »Brechung der Zinsknechtschaft« oder der Enteignung der Bank- und Börsenfürsten. Die amtierenden Machthaber könnten die Krise der Wirtschaft schon deswegen nicht lösen, weil sie mit privatkapitalistischen Mitteln nicht gelöst werden könne. Kohl bilanzierte: »Darin wird auch Hitler scheitern, er wird zum Abwirtschaften keine vier Jahre brauchen.« Für die SPD bleibe die Geschlossenheit das oberste Gebot im politischen Kampf!

Nach Wahlkampfvorbereitungen, darunter die Einteilung der Beobachter und Verteiler für die ersten Stunden des Wahltages Anfang März 1933, und der Festlegung der Liste der Stadtverordnetenkandidaten mit Max Schröder, Paul Rottstock, Max

---

26 Ebd., RY 20 / II 146/2/3, Bl. 129.
27 Ebd., RY 20 / II 146/2/3, Bl. 133.

Singer, Otto Wachatz, Paul Fleischmann, Bruno Rehdorf, Anna Kamin und Ernst Wache endete die Versammlung um Mitternacht mit dem Gesang der Arbeitermarseillaise und dem Gruß der »Eisernen Front«: FREIHEIT!

Wie wenig die Zeichen der Zeit tatsächlich auf »Abwirtschaften« der Hitler-Regierung standen, erhellt auch der Umstand, dass eine für den 24. Februar 1933 geplante Rede des Reichstagskandidaten Franz Künstler (Potsdam II) vom Potsdamer Polizeipräsidenten verboten wurde. Selbstbewusst sandte daraufhin der Ortsvereinsvorsitzende von Nowawes, Ernst Wache, an Künstler ein Solidaritätstelegramm im Namen »Tausender Nowaweser«.[28] Nur wenige Tage nach diesem Vorfall wurde der Deutsche Reichstag in Brand gesetzt und die gesamte politische Szene wechselte gründlich.

Zwischen Anpassung und Widerstand

Das Vierteljahr vor dem Verbot der Partei am 22. Juni 1933, die Monate April bis Juni d. J., zählt nicht gerade zu den überzeugenden Phasen der SPD-Geschichte. Gewiss, noch im März hatte die SPD-Reichstagsfraktion bei der Abstimmung über das »Ermächtigungsgesetz« – das die staatliche Gewaltenteilung auf schein-legalem Wege außer Kraft setzte – trotz schweren politischen Drucks ein mutiges Nein entgegengesetzt und damit die Ehre des deutschen Parlamentarismus gerettet.[29] (Wochen später wagte Paul Szillat – s. u. – im Preußischen Landtag ein nicht minder couragiertes Bekenntnis).

Doch intern kam es bald darauf zu erbitterten innerparteilichen Auseinandersetzungen[30] um den einzuschlagenden politischen Kurs: Die Bundespartei zerstritt sich in jenen Teil um Otto Wels, der mit dem Parteivermögen ins Exil auswich und von dort aus den (überwiegend publizistischen) Kampf gegen die neuen Machthaber in Deutschland aufnahm, und in einen anderen Teil um die Reichstagsabgeordneten Johannes Stelling (bis 1932 Brandenburgs Reichsbannergauführer), Paul Löbe (bis 1932 Reichstagspräsident) und Franz Künstler (Berlins SPD-Vorsitzender) sowie die Preußischen Landtagsabgeordneten Max Westphal und Paul Szillat. Dieser Teil der Führung klammerte sich an die Illusion, durch gewisse Konzessionen – z. B. die parlamentarische Zustimmung zu einer »Friedensresolution« Hitlers im Mai des Jahres – dem Verbot der Partei doch noch entgehen zu können.

Einen noch deutlicheren Anpassungskurs steuerte bekanntlich die Mehrheit der ADGB-Führung, die zur Mai-Kundgebung der Hitler-Regierung auf dem Tempelhofer Feld aufrief und damit viele Gesinnungstreue tief enttäuschte.[31]

Auch die Leitung der Berliner Sozialdemokratie war sich nicht zu schade, im April 1933 den »linken« Vorstand ihrer Parteijugend (SAJ) um Erich Schmidt wegen

28 Ingrid Fricke, Franz Künstler, S. 345; »Vorwärts« vom 25. Februar 1933.

29 Wilhelm Hoegner, Flucht vor Hitler. Erinnerungen an die Kapitulation der ersten deutschen Republik (Fischer Taschenbuchverlag), Frankfurt am Main 1979, S. 93ff.

30 Hagen Schulze, Anpassung oder Widerstand? Aus den Akten des Parteivorstandes der deutschen Sozialdemokratie 1932/33, Bonn/Bad Godesberg 1975, S. 181ff.

31 Gerhard Beier, Das Lehrstück vom 1. und 2. Mai 1933, Frankfurt am Main/Köln 1975.

»illegaler Mätzchen« – nämlich die Umstellung auf konspirative Untergrundtätigkeit – auszuschließen. Ja, es wurde ihnen bei Nichtherausgabe der Kasse sogar mit dem Staatsanwalt gedroht.[32]

Am 17. Mai – einen Tag vor der Abstimmung des Preußischen Landtags über das Ermächtigungsgesetz – tagte die SPD-Reichstagsfraktion und beriet über die Haltung der Partei zu Hitlers »Friedensresolution«. Der Exil-Vorstand stritt für eine Nichtteilnahme der sozialdemokratischen Parlamentarier, um die Distanz der SPD zur Außenpolitik Hitlers öffentlich deutlich zu machen. Der sogenannte Löbe-Vorstand[33] und seine Weggefährten, der die gegenteilige Haltung annahm, stieß bei den Beratungen der Reichstagsfraktion auf Widerspruch. Siegfried Heimann, Biograph des Brandenburger Politikers Paul Szillat, schreibt dazu:

> Eine Gruppe mit Kurt Schumacher als Wortführer wollte der Sitzung fernbleiben, eine andere – darunter auch der spätere Oberbürgermeister von Ostberlin Friedrich Ebert jun. – wollte endlich die in der SPD so lange vernachlässigte nationale Gesinnung demonstrieren und für die Regierung Hitler stimmen, eine dritte Gruppe trat für eine eigene Resolution ein. Darauf einigte sich dann die Mehrheit. Falls die Abgabe einer eigenen Erklärung verweigert würde, sollte die Fraktion der Abstimmung fernbleiben. Löbe musste der Fraktion wenig später mitteilen, dass der Reichstagspräsident Göring die Abgabe einer weiteren Erklärung verweigerte und dass der Innenminister Frick offene Drohungen gegen die SPD ausgesprochen habe. Die verzagte Fraktion entschied sich mehrheitlich (das Stimmenverhältnis war 48 : 17), an der Sitzung teilzunehmen und der Erklärung Hitlers zuzustimmen.[34]

Diese Entscheidung – so sehr sie auch von Verantwortungsbewusstsein gegenüber bereits inhaftierten Parteianhängern geprägt gewesen sein mag – schuf in den Reihen kampfentschlossener Sozialdemokraten Verzweiflung und Desillusionierung: Lief dazu doch parallel seit Wochen die Flucht prominenter Parteivertreter ins Exil, was man allenfalls bei Otto Wels und den Politikern jüdischer Herkunft nachvollziehen konnte.[35] In diesem Kontext sticht ganz besonders das Verhalten des langjährigen Vorsitzenden der Preußischen Landtagsfraktion der SPD Ernst Heilmann (1881–1940) hervor, der trotz seiner jüdischen Wurzeln demonstrativ an der Seite der deutschen Arbeiter bleiben wollte und der dies, im Juni 1933 ins KZ verschleppt, mit einem schier unvorstellbaren jahrelangen Leidensweg in Konzentrationslagern büßen musste.[36] (Ernst Heilmann hatte auch zu den Anhängern des o. g. Löbe-Vorstandes gezählt.)

---

32 F. Osterroth/D. Schuster, Chronik (Bd. 2), S. 310; siehe zum Hintergrund Erich R. Schmidt, Meine Jugend in Groß-Berlin. Triumph und Elend der Arbeiterbewegung 1918–1933, Bremen 1988, S. 151ff.

33 Heinrich August Winkler, Der Weg in die Katastrophe. Arbeiter und Arbeiterbewegung in der Weimarer Republik 1930–1933, Berlin/Bonn 1987, S. 943ff.

34 Siegfried Heimann, Paul Szillat, S. 25f.

35 Siehe hierzu die kritischen Zeitzeugenaussagen in: H.-R. Sandvoß, Widerstand in Neukölln, Berlin 1990, S. 46 sowie in: ders., Widerstand in Prenzlauer Berg und Weißensee, Berlin 2015, 2. Aufl., S. 93.

36 Siehe die eindrucksvolle Studie von Siegfried Heimann, Ernst Heilmann, Berlin 2010.

Paul Szillats öffentlicher Protest

Wie dicht im damaligen Abschnitt der Parteigeschichte – wie bei der der Freien Gewerkschaften[37] – Fehler und Verdienste, Anpassung und Bekennermut aufeinander folgen konnten, zeigt sich am Verhalten des Brandenburger Spitzenpolitikers Paul Szillat (1888–1958). Der frühere Stadtkämmerer Rathenows und Oberbürgermeister der Stadt Brandenburg war im März 1933 zum Nachfolger Ernst Heilmanns als Fraktionsführer der SPD im Preußischen Landtag gewählt worden: jenem parlamentarischen Gremium, das im Zeichen der NS-»Machtergreifung« und »Gleichschaltung« einem rasanten politischen Aushöhlungsprozess und Zerfall unterworfen war.

Doch noch einmal bot sich die Gelegenheit, so man die große Zivilcourage aufbrachte, den nationalsozialistischen Gewaltbestrebungen demonstrativ entgegen zu treten. Otto Wels' legendäre Rede gegen das Ermächtigungsgesetz am 23. März 1933 in der Krolloper – gegenüber dem vom Brandanschlag verwüsteten Reichstagsgebäude – blieb im kollektiven Gedächtnis geschichtlich Denkender erhalten, weit weniger bekannt sind dagegen die Worte Paul Szillats am 18. Mai d. J., also knapp zwei Monate später, als die Abstimmung über das preußische Ermächtigungsgesetz im Preußischen Landtag anstand. Zur Erinnerung: Am Tage zuvor tagte – wie oben geschildert – die SPD-Reichstagsfraktion und beriet ihre Haltung zu Hitlers »Friedensresolution«.

Als Paul Szillat ans Rednerpult trat, blickte er bereits auf die NS-»Machtergreifung« in seiner Stadt Brandenburg zurück: Am 12. Januar d. J. hatte Brandenburgs letzte legale Stadtverordnetenversammlung getagt – schon gezeichnet von Angriffen auf den OB Szillat und den Stadtverordnetenvorsteher Friedrich Ebert jun. Siegfried Heimann zufolge wurde dem Oberbürgermeister die Leitung der Brandenburger Polizei entzogen und einem Polizeihauptmann übertragen, der der Hitler-Bewegung nahestand.[38] Nach den März-Wahlen kam dann das völlige Aus, da die NSDAP über 20 Mandate – verstärkt um vier Mandate der »Bürgerlichen Arbeitsgemeinschaft« – verfügte und Parlament und Verwaltung machtpolitisch dominierte. Die 17 Stadtverordneten der SPD sowie vier der KPD hatten demgegenüber keine Chancen und mussten die »Säuberung« der höheren Beamtenschaft der Stadtverwaltung, einschließlich der Entlassung des Oberbürgermeisters Paul Szillat, hinnehmen.[39]

Paul Szillat

37 Vgl. die differenzierte, auf Quellen gestützte Argumentation von Gewerkschaftshistorikern: Siegfried Mielke/Stefan Heinz, Funktionäre des Deutschen Metallarbeiterverbandes, S. 45ff.
38 Siegfried Heimann, Paul Szillat, S. 29.

Diese und andere Gewaltmaßnahmen in der Provinz Brandenburg (S. 128ff.) bzw. dem Land Preußen – darunter die Inhaftierung seines Fraktionskollegen Johannes Kleinspehn – im Bewusstsein, ergriff Paul Szillat am 18. Mai das Wort. Der SPD-Fraktionsvorsitzende führte aus:

> Die Sozialdemokratische Partei und ihre Vertreter in den Parlamenten des Reiches, der Länder und der Kommunen haben gemäß ihrer grundsätzlichen Einstellung auch nach der politischen Umwälzung versucht, ihre politische Tätigkeit im Rahmen der gesetzlichen Ordnung auszuüben. Diese Betätigung ist ihnen in immer zunehmendem Umfange trotz ihrer Gesetzlichkeit eingeengt worden. Neben dem Verbot unserer Presse erfolgten Zwangsmaßnahmen und die Inhaftierung eines großen Teils unserer Mitglieder, Funktionäre und Abgeordneten sowie die Beschlagnahme unseres Parteivermögens. Die Tätigkeit der verfassungsmäßig bestehenden Partei ist daher in Wirklichkeit nahezu unmöglich.
> Wenn die Staatsgewalt die Ausschaltung der Sozialdemokratischen Partei aus dem politischen Leben unserer Nation nicht durch Zwangsmaßnahmen, sondern durch geistige Überwindung will, so hat sie es bei der Totalität ihrer Macht in der Hand, diesen Erfolg durch Umänderung der wirtschaftlichen Verhältnisse in sozialistischem Sinne, im Sinne einer sozialen und wirtschaftlichen Gerechtigkeit für den schaffenden Menschen zu erreichen. Geistige Überwindung kann auf dem Boden innerer Gleichberechtigung erfolgen, die wir als notwendige Voraussetzung für das Zusammenleben unseres Volkes fordern. (Zuruf von rechts: Jetzt auf einmal?) Solange uns jedoch diese Gleichberechtigung versagt ist, sind wir nicht in der Lage, besonders nach den Erfahrungen, die mit der Ermächtigungsgesetzgebung des Reiches zusammenhängen, einem Ermächtigungsgesetz in Preußen, das eine Mitwirkung der parlamentarischen Vertretungen vollkommen ausschließt, unsere Zustimmung zu geben.
> Wir lehnen daher den Gesetzentwurf ab.[40]

Der Sprecher der NSDAP Kube machte in seiner anschließenden Stellungnahme deutlich, dass sich die Mehrheit im Landtag derartige »Provokationen« nicht noch einmal bieten lassen würde. Danach wurde das von DNVP und NSDAP eingebrachte Gesetz im Eilverfahren »durchgepeitscht« und schließlich angenommen.

Im Monat nach der o. g. Tagung, am 23. Juni 1933, wurde Paul Szillat verhaftet. Er kam zunächst in »sein« Brandenburger Polizeigefängnis und danach mehrere Wochen ins KZ Oranienburg, wo SA ihn misshandelte. Nach der Entlassung hielt er Verbindung zu verfolgten politischen Freunden (S. 170ff.).

---

39 Zur Stadt Brandenburg siehe Wolfgang Kusior/Thomas Reichel (Hg.), Erinnerungen an eine Rote Hochburg. Zur Geschichte der Sozialdemokratie in Brandenburg an der Havel (Landesbüro Brandenburg der Friedrich Ebert Stiftung), Potsdam o. J.

40 Zitiert nach S. Heimann, Paul Szillat, S. 22.

Unter dem Schock des Terrors 1933 (Zeitzeugenberichte)

Die nationalsozialistische Gewaltherrschaft, die sich durch terroristische Übergriffe 1931/32 bereits angekündigt hatte (S. 32f.), brach 1933 mit einer bis dahin nicht gekannten Bestialität und Schnelligkeit – Thomas Mann sprach diesbezüglich einmal von »schauerlicher Rasanz« – über die politischen Gegner der NSDAP herein, so dass sich in weiten Kreisen Kopflosigkeit und tiefe Angst breitmachte. Sebastian Haffner[41], Zeitzeuge und Autor, wählte dafür die Formulierung eines »millionenfachen simultanen individuellen Nervenzusammenbruchs« als Zustandsbeschreibung.

Es ist sehr schwer, die facettenreichen historischen Umstände und das herrschende Zeitgefühl in ihrer Wechselwirkung wirklich realistisch wiederzugeben.

Im Folgenden wird daher eine Annäherung versucht, indem mosaikartig Erlebnisberichte aus der politischen – in diesem Fall überwiegend sozialdemokratischen – Szene verschiedene Stationen und lokale Ereignisse der NS-»Machtergreifung« beschreiben.

Vollständigkeit wird dabei nicht angestrebt, wohl aber das Bemühen, die existenzielle Herausforderung des Einzelnen angesichts tödlicher politischer Gefahren zu beschreiben, eine Herausforderung, der sich – verständlicherweise – nur wenige, allenfalls eine qualifizierte Minderheit, gewachsen fühlte. Anders jedenfalls ist die Ausschaltung der traditionsreichen deutschen Arbeiterbewegung 1933 wohl kaum erklärbar. Dass sich trotz allem Widerstand zeigte, nötigt großen Respekt ab, obwohl neben Erfolgen (S. 193f.), Fehler (S. 195f.) und Niederlagen (S. 133f.) nicht ausblieben.

Symbol-Kampf ums Arbeitsamt Kreis Niederbarnim (Birkenwerder)

Der Buchhalter Erich Wienig (1897–1979), aufgewachsen in einer konservativ-bürgerlichen Familie in Berlin, war als Soldat aus dem Ersten Weltkrieg verwundet und mit dem Eisernen Kreuz ausgezeichnet zurückgekehrt. Wegen der Segnung der Kriegswaffen verließ er die Kirche und trat schließlich 1924 der SPD und dann dem Reichsbanner Schwarz-Rot-Gold bei. Aufgrund seines Ansehens und seiner Fähigkeiten übertrug man ihm eine wichtige Aufgabe: Von 1930–33 leitete er in Birkenwerder das Arbeitsamt des Kreises Niederbarnim. Hier machte der überzeugte Republikaner bereits 1933 böse Erfahrungen mit der SA und der NSDAP. Seine Tochter Ingeborg Giers (1924–2005) erinnert sich 2000:

> Durch die berufliche Aufgabe meines Vaters wohnten wir damals in Birkenwerder im Haus des Arbeitsamtsleiters vom Kreis Niederbarnim. Erich Wienig sollte am 30. Januar 1933 die Hakenkreuzfahne aufziehen, was der Sozialdemokrat aber ablehnte. Nachts kletterte er aufs Dach, um die von Nationalsozialisten angebrachte Fahne herunterzuholen. Aufgrund der kalten Jahreszeit war es dort oben sehr glatt, und die Fahne riss durch. Am nächsten Tag holte SA die Eltern ab, auch ich musste folgen und verließ deshalb die Schulklasse. Befragt zu dem Vorfall, gab ich an, bereits geschlafen zu haben. Zum Glück unserer Familie war bei dem nun folgenden Drama

41 Sebastian Haffner, Geschichte eines Deutschen. Die Erinnerungen 1914–1953, Stuttgart/München 2000, S. 121.

ein Gendarm dabei: Als auf dem Arbeitsamt die NS-Fahne erneut aufgezogen wurde, sollen wir alle den Arm zum »Deutschen Gruß« erheben, was wir verweigerten. Daraufhin schrie der SA-Truppführer: ›Hängt die rote Sau mitsamt seiner Brut am nächsten Baum auf!‹ Doch der Gendarm wiegelte ab: »Na, meine Herren, so weit sind wir noch nicht!« Wenige Tage danach wurde unser Hund vergiftet. Die Ereignisse spitzten sich immer mehr zu.

Erich Wienig

Es war noch Anfang Februar, als nachts ein Ziegelstein ins Fenster geworfen wurde und direkt neben Vaters Kopf landete. Daraufhin schlief er Nacht für Nacht bei anderen Genossen. Als SA begann, bekannte Sozialdemokraten aus ihren Wohnungen zu verschleppen, erwischte sie auch meinen Vater. (Ich lebte bereits bei den Großeltern Thews in Wedding, Müllerstraße 69.) Nachdem meine sehr couragierte Mutter einen Wink erhalten hatte, doch mal im Lager Oranienburg nach ihrem Mann zu forschen, ging sie dorthin, ließ sich nicht abwimmeln und drang bis zum stellv. Lagerkommandanten vor. Dem war die Angelegenheit peinlich, weil Mutter in ihm einen ehemaligen Kommunisten wiedererkannte, der früher oft das Arbeitsamt aufgesucht hatte. Als Mutter aus dem Fenster blickte, sah sie, wie SA ihrem Mann gerade ins Gesicht schlug. Nach einigem Hin und Her kam es zu folgender Lösung: Unter der Maßgabe, innerhalb von 24 Stunden mit dem gesamten Hausrat den Kreis Niederbarnim zu verlassen, kam Vater am Tag darauf frei. Mit Hilfe Weddinger Genossen, die einen Kastenwagen mitbrachten, wurde eiligst alles geräumt und die Flucht nach Berlin angetreten.[42]

Wienig, der von SA im Juni 1933 und Mai 1934 erneut verschleppt und misshandelt wurde, zählte später zu den wichtigsten Mitarbeitern der Widerstandsgruppe um den Hohen Neuendorfer Otto Scharfschwerdt (siehe S. 218ff.). Wienigs Arbeitsamtsmitarbeiter und Stellvertreter im Reichsbanner-Ortsverein von Birkenwerder, Erich Hahn, bestätigt in wenigen Worten die Vorfälle und ergänzt,was geschah, als die eben zitierte Zeitzeugin bereits in Berlin war. Erich Hahn (1890–1966) berichtet 1953:

Am 13. März 1933 riss ich mit einem ehemaligen Reichsbanner-Kollegen [Wienig, d. Verf.] die Hakenkreuzfahne von dem Arbeitsamt ab. Wir wurden anschließend verhaftet und in das Amtsgericht Oranienburg, später in das KZ Oranienburg, überführt, wo ich mit dem Genossen Wienig zusammen am 1. Mai 1933 entlassen wurde … Die zweite Verhaftung erfolgte am 20. Januar 1937, wo ein ganzer Kreis [S. 221] verhaftet wurde.[43]

---

42 GDW/Berlin, Interview des Verfassers mit Ingeborg Giers am 6.9.2000.
43 LABO, Entschädigungsakte Nr. 15291.

Hahns Hinweis und desgleichen Wienigs Kampf im Rahmen der Widerstandsgruppe »Nordbahn« (S. 218ff.) beweisen, dass mehrere Regimegegner, die in der zweiten Hälfte der 1930er Jahre von der NS-Justiz zur Verantwortung gezogen wurden, bereits Mitte 1933 in die Mühlen des NS-Terrors geraten waren, was auch die Breite der Verhaftungswelle im Zeichen der »Machtergreifung« des Nationalsozialismus deutlich macht. Ein Blick in die Verfolgtenbiographien der Lausitzer (S. 205f.) und Frankfurter (S. 210f.) weist diesbezüglich große Parallelen auf: So waren allein in der Oder-Stadt bereits Mitte 1933 u. a. die Sozialdemokraten Willy Jentsch, Paul Heinz, Karl Naskrenski, Franz Repka, der ihnen verbundene Fürstenwalder Max Siedow und nicht zuletzt der Unterbezirksvorsitzende und Preußische Landtagsabgeordnete Oskar Wegener verschleppt worden.

Kreistag (Jüterbog-Luckenwalde) in Auflösung

Während dem Preußischen Landtag noch wenige Scheintagungen gewährt wurden – was dem SPD-Fraktionsvorsitzenden Paul Szillat im Mai 1933 die Chance zum letzten mutigen Protest gegen das »Ermächtigungsgesetz« bot –, setzte der Terror der lokalen SA kommunalpolitischen Gremien schon ganz anders zu.

Dem SPD-Fraktionsvorsitzenden im Kreisausschuss von Jüterbog-Luckenwalde, Franz Andreß (S. 96), verdanken wir folgende Schilderung der Kreistagssitzung vom 7. April 1933.

Andreß und sein Fraktionskollege Karl Engelbrecht S. 268) verhandelten zuvor mit dem zuständigen Landrat bzw. seinem Stellvertreter, Assessor Dr. Weißenborn, ob ein einwandfreier Verlauf der Sitzung überhaupt noch möglich sei, was zugesagt wurde. Die SPD-Fraktion zog daraufhin geschlossen ein. Franz Andreß blickt zurück:

> Das Kreistagsgebäude zeigte ein selten verändertes Bild, uniformierte SS, SA und Stahlhelm u.s.w. waren aufmarschiert. Der Kreistag selbst nahm seinen gewohnten Verlauf – vergleiche das Protokoll. Die Fraktion beteiligte sich auch an allen von den sonstigen Regel abweichenden formularen Handlungen, Dringlichkeitsanträgen u.s.w. Die Tribüne war außergewöhnlich stark besetzt mit Uniformierten. Der Kreistag wurde offiziell vom Landrat mit dem Deutschlandlied und Horst-Wessel-Lied geschlossen. Ein Grammophon, welches vom Hotelbesitzer Maaß in Luckenwalde angeblich mitgebracht war, begleitete die Lieder und spielte auch sonst weitere Lieder. Dieser M[aaß] machte auch lebhafte Zurufe.[44]

Als die SPD-Fraktion den Kreistag verließ und dabei den Weg durch das nebenliegende Kreisausschuss-Sitzungszimmer nahm, riet der Kreisausschuss-Sekretär Schulze dem Sozialdemokraten Andreß und seinen Kollegen, gleich das Fahrgeld mitzunehmen, damit es nicht mehr zugeschickt werden müsste. So geschah es dann auch. Einige SPD-Mandatsträger verließen anschließend durch die Haupttür das Zimmer. Andreß fährt fort:

44 BLHA, Rep. 401 / VdN-Nr. 98.

Hinter mir stand Herr Stadtrat Jahn und einige andere. Beim Heraustreten aus der Tür bemerkte ich, daß der Korridor mit einer langen Reihe uniformierter SS-Männer besetzt war. Geradeüber befand sich die Garderobe. Beim Heraustreten aus der Tür in den Korridor erhielt ich einen Fußtritt ins Gesäß und wandte mich um. Ich bekam an der Garderobe Mantel und Hut ausgehändigt und wollte nun den Kreistag verlassen. Beim Heraustritt aus der Garderobe sprang ein uniformierter SS-Mann auf mich zu. Er schlug mir ins Gesicht, ob mit geschlossener Faust oder Gegenstand kann ich nicht bestimmt sagen. Mir flog die Aktentasche aus der Hand, beim Bücken nach dieser erhielt ich erneut Fußtritte ins Gesäß.

Der Kreistagsabgeordnete Plato, verstorben 1933, welcher gleichfalls aus der Garderobe kam, fing mich auf und brachte mich zum Korridorausgang. Er sagte: »Der Dir geschlagen hat, war der Revierschulze aus Luckenwalde.« Mit Plato, dem Kreisausschußmitglied Otto Zacke [S. 96] und anderen gingen wir die Treppe herab zum Dienstzimmer des Landrats, um diesen Fall zu melden.

Im Dienstzimmer angekommen, erfuhren die Sozialdemokraten, dass der Herr Landrat nicht da sei und man es später versuchen sollte.

Draußen auf der Straße warteten die restlichen Fraktionskollegen und alle gingen in das Restaurant »Neue Welt«.

Andreß jedoch war so schwer durch die Schläge auf das linke Ohr und den Oberkiefer verletzt worden, dass die Wange stark anschwoll, zudem hatte er durch die Tritte so »unendliche Schmerzen« (Franz Andreß), dass ihm das Laufen unmöglich wurde.

Da sich die Qualen weiter steigerten, bat er seine Kollegen, ein Auto zu besorgen, um nach Luckenwalde zurückfahren zu können. Seine Ohrverletzungen waren derartig gravierend, dass er für immer ein Hörgerät tragen musste, um sich wenigstens etwas verständigen zu können. (Er lag vier Wochen im Krankenhaus.)

Damit nicht genug, griff die SA im selben Jahr erneut mehrmals nach ihm und verschleppte ihn, den o. g. Gewerkschafter Karl Engelbrecht und weitere Genossen Ende Juni 1933 ins KZ Oranienburg und dann vom 7. September bis 21. Oktober ins Lager Sonnenburg, ein ehemaliges Zuchthaus. (Im August 1944 von der »Aktion Gitter/Gewitter« – nach dem 20. Juli 1944 – erfasst, sperrte man ihn bis September d. J. ins KZ Sachsenhausen.)

Der Partei droht die »Atomisierung«

An diese desillusionierten Worte des Reichstagsabgeordneten Kurt Schumacher im Juni 1933[45] kann man beim Blick auf die innerparteiliche Stimmung weiter Kreise der Brandenburger Parteiorganisation in der Zeit zwischen Reichstagsbrand und Parteiverbot (22. Juni d. J.) denken. In den großen Hochburgen der Lausitzer SPD hielt zwar weiterhin ein Stamm Gesinnungstreuer (S. 193f.) zusammen – obwohl selbst hier kein Geringerer als der Unterbezirkssekretär das Hasenpanier ergriff

45 F. Osterroth/D. Schuster, Chronik der deutschen Sozialdemokratie, Bd. II, S. 310.

(S. 188f). Doch je kleiner die Ortschaft und die Dichte der Beobachtung war, desto geringer war die Zahl der Ausharrenden, denn selbst in der Stadt Oranienburg machte sich den Erinnerungen des Zeitzeugen Walter Loisch (* 1896) zufolge eine so »vollkommen defaitistische Stimmung« breit, dass die Selbstauflösung beschlossen wurde. (Derartige Niedergeschlagenheit war auch in eher mitgliederschwachen Gegenden Berlins anzutreffen, wie alte Parteianhänger aus dem bürgerlichen Südwesten berichten.[46]) Der verfolgte Gewerkschafter Arthur Schönfeld hielt 1964 in einem längeren Bericht die Situation in Jüterbog – in republikanischen Kreisen der Dominanz rechtskonservativ-nationalistischer Parteien wegen als »kleines Potsdam«[47] bezeichnet– fest.

Bereits im März/April 1933 war die Ortsgruppe Jüterbog »nicht mehr voll arbeitsfähig«, erinnerte sich der Zeitzeuge rückblickend. Schönfeld leitete die dortige Parteiorganisation bis 1927, um sich dann anderen Aufgaben (Stadtverordneter, ehrenamtlicher Gewerkschaftsvertreter in der Krankenkasse usw.) stärker zuzuwenden. Statt seiner wurde der Sozialdemokrat Aßmussen Ortsvereinsvorsitzender, legte aber Ende Januar 1933 in einer Funktionärsversammlung plötzlich das Amt nieder. Arthur Schönfeld (1886–1982) dazu:

> Für mich als alten Genossen war zu übersehen, daß im Falle der Gefahr die Genossen ohne Führung waren. [...] Was sollte nun 1933 in dieser schwierigen Situation werden? Um den anderen Genossen einen gewissen Halt zu geben, machte ich den Vorschlag, daß Genossen, die in Bedrängnis geraten, sich an mich wenden, damit wir gemeinsam beraten können. Meinem Vorschlag stimmten die anwesenden Genossen zu. Es war bei dieser Versammlung auch ein Genosse der damaligen Kreisleitung [Jüterbog-Luckenwalde] der SPD anwesend und er machte auch den Genossen klar, daß die Niederlegung der Funktionen nicht ausschließt, daß an alle Genossen noch vieles jetzt herangetreten [herangetragen?] wird und daß damit jeder Genosse rechnen muß. Die Genossen, die ihre Funktion niedergelegt hatten, waren in Wehrmachtsbetrieben beschäftigt und sie waren in erster Linie der Gefahr ausgesetzt, ihren Arbeitsplatz zu verlieren. Mein Gefühl, daß die Ortsgruppe nicht mehr aktionsfähig ist, bestätigte sich sehr bald. Eine Anzahl der Mitglieder gab ihr Mitgliedsbuch zurück. Auch der Gen. Asmussen brachte zu meiner Frau ein Paket mit Parteidokumenten, die andere Genossen bei ihm in der Wohnung abgegeben hatten.[48]

Trotz dieser schwierigen Situation – Schönfeld war erst wenige Tage zuvor aus dem Gefängnis entlassen worden – organisierte er am 1. Mai 1933 eine sehr eindrucksvolle Beisetzung für einen verstorbenen Reichsbannermann, die an anderer Stelle (S. 183) geschildert wird.

---

46 H.-R. Sandvoß, Widerstand in Steglitz und Zehlendorf, Berlin 1986, S. 61f.; zu Walter Loisch siehe BArch, DC / 1, 6431-6436.

47 »Das Reichsbanner« vom 1.10.1927.

48 BLHA, Rep. 401 / VdN 4806.

Umso nachhaltiger suchten SA-Männer nach der Mitgliederkartei der Jüterboger SPD, nach Fahnen, namentlichen Reichsbannerdokumenten und anderem, wie Waffen, im Hause Schönfeld. Schönfeld weiter:

> Viele unserer jüngeren Genossen haben persönlich nicht miterlebt, mit welchen Methoden die Nazis gearbeitet haben. Allerdings, das muß man sagen, bedienten sich die Nazis bei ihren Machenschaften der Mithilfe der Wankelmütigen und es ist auch hier in Jüterbog so gewesen, daß es nicht lange dauerte und verschiedene, die erst auf unserer Seite standen, stürzten sich sehr schnell in die SA Uniform oder sie suchten andere Wege. Es war schon so, daß ein Teil sofort umschwenkte und ins andere Lager überging [...].

Ziehen wir zur Verdeutlichung dieser bitteren Erkenntnis eines Zeitzeugen im Folgenden zwei ähnliche Beispiele heran:

»Überläufer«

Der Gewerkschafter Richard Timm (1892–1983) wirkte seit 1930 als Geschäftsführer der im Stil der modernen Bauhaus-Architektur errichteten Bundesschule des Allgemeinen Deutschen Gewerkschaftsbundes (ADGB) bei Bernau. Es war eine Einrichtung, die bis zur Besetzung durch SA 1933 ein bedeutendes gewerkschaftliches Zentrum der Bildungs- und Schulungsarbeit darstellte. Doch auch nichtorganisierte Arbeiterjugendliche und Reichsbannerkreise fanden sich hier, fern der Großstadt, zu Tagungen und Ausbildungslehrgängen in entspannter Atmosphäre ein.

Jungbanner-Mitglieder (2.v.r. Herbert Mießner) vor der Bundesschule des Allgemeinen Deutschen Gewerkschaftsbundes (ADGB) bei Bernau, 1932/33

Umso erschütterter musste der Geschäftsführer Timm miterleben, dass ausgerechnet hier, wo die Arbeiter- und Gewerkschaftsbewegung ein deutliches Zeichen der sozialistischen Zukunft setzen wollte, der pädagogische Leiter der Bundesschule, Dr. Seelbach, sich aus Opportunismus den neuen Machthabern andiente.[49]

Derartige Beobachtungen entsetzten gesinnungstreue Mitglieder und Funktionäre schon deshalb, weil sie leider keine absoluten Einzelerscheinungen blieben, wie auch folgender Hinweis belegt. Horst Ehlert (1917–2003) blickte 1992 zurück:

> Seit 1931 war ich in Nowawes, später Babelsberg, bei Orenstein und Koppel beruflich tätig. Dafür fuhr ich mit der Bahn von Schöneberg zum S-Bahnhof Drewitz.
> Es arbeiteten damals etwa 2000 Menschen in diesem Betrieb. Die Gewerkschaft Deutscher Metallarbeiterverband (DMV) war unter der Belegschaft stark vertreten und dadurch eine Kraft. 1932 tauchte dann die NSBO [Betriebsorganisation der NSDAP] bei uns auf.
> Im Jahr der sog. Machtergreifung 1933 lief (ausgerechnet) der Betriebsratsvorsitzende Reinhold (DMV) zu den Nazis über!
> Aber ansonsten wusste man, mit welchen Kollegen man vertrauensvoll reden konnte. Ich war beim »roten Prüfstand« um Meister Moritz tätig. Nach meinem Eindruck hielt sich auch die KPD nach 1933 im Betrieb zurück.[50]

An anderer Stelle – (S. 346) wird von einem ähnlich spektakulären Fall bei der AEG in Hennigsdorf berichtet.

Kaltstellen »der Spitzenvertreter des marxistischen Klüngels« (Bernau)

Ein wichtiges Instrument der NS-»Gleichschaltung« war die »Säuberung« des Staatsapparates – und damit auch der Kommunalverwaltungen – von jenen Frauen und Männern, die sich der opportunistischen Anpassung bzw. dem abrupten politischen Seitenwechsel verweigerten.

Zu ihnen zählte der Stadtinspektor und Stellvertretende Bürgermeister von Bernau Willy Hillig (SPD). Aus einem Schreiben der Ortsgruppe Bernau der NSDAP an den Regierungspräsidenten in Potsdam vom 27. Mai 1933:

> Wie der breitesten Öffentlichkeit bekannt, war Bernau bis zu den Märzwahlen 1933 eine marxistische Hochburg, der die Bundesschule des ADGB. noch eine besondere Bedeutung verlieh. SPD. und KPD. gaben der Stadt das Gepräge, die beiden Parteien beherrschten nicht nur die Straße, sondern auch das Schulwesen und die Kommunalverwaltung. Ein einziger Nationalsozialist und 7 Bürgerliche waren im Stadtparlament vertreten. Dadurch das die Marxisten mit ⅔ sämtlicher Stimmen überall die ausschlaggebende Mehrheit hatten, war eine Mißwirtschaft ohnegleichen eingerissen. Kein Wunder, daß der marxistisch gesinnte und im marxistischen Fahrwasser segelnde Teil der Beamtenschaft der Kommunalverwaltung die Politik seiner Brüder umsetzte und überall eine Bevorzugung des marxistisch eingestellten

49 H.-R. Sandvoß, Widerstand in Neukölln, Berlin 1990, S. 79; Walter G. Oschilewski, Ein Mann im Strom der Zeit. Richard Timm, Berlin 1975.

50 GDW/Berlin, Interview des Verfassers mit Horst Ehlert am 4.11.1992.

> Teils der Bevölkerung zum Nachteil der übrigen Bürger stattfand. Unerläßlich erscheint es uns daher, daß man die Spitzenvertreter dieses marxistischen Klüngels kaltstellt, denn sonst würde unsere nationalgesinnte Bürgerschaft uns und die nationalsozialistische Revolution nicht verstehen.[51]

Zu den so »Kaltgestellten« zählte eben auch Willy Hillig, der bereits im März 1933 erstmals verschleppt wurde (Amtsgerichtsgefängnis Bernau) und mit Unterbrechung dann erst im September 1933 aus dem KZ Oranienburg freikam, in das man ihn im Mai 1933 gesperrt hatte.

Ende Juli 1933 heißt es in einer Nachricht der NSDAP-Ortsgruppe an das Bernauer Stadtoberhaupt über den ehemaligen Stellvertretenden Bürgermeister: »[...] Hillig befindet sich zur Zeit wegen seiner marxistischen Umtriebe in dem Konzentrationslager Oranienburg und ist bei ihm mit einer politischen Umstellung n i c h t zu rechnen.«[52]

Der vom NS-Regime – als einziger Kommunal*beamter* der Stadt – entlassene und im KZ gepeinigte Hillig war zwischen 1934 und 1939 aufgrund der im Gefängnis und dem Konzentrationslager erlittenen schweren gesundheitlichen Schädigung (versteifte Lendenwirbelsäule) größtenteils arbeitsunfähig und nur mit dem Stock gehfähig. Erst in den Kriegsjahren war ihm eine – wenn auch mitunter nur vorübergehende – Tätigkeit möglich. (Er war zwangsweise zur Stadtverwaltung von Bad Freienwalde einberufen worden.)

Auch das folgende politische Schicksal weist auf die Folgen 1933 erlittener Verfolgungsmaßnahmen hin:

Arthur Dahl (1899–1952) lebte als Schriftsetzer ebenfalls in Bernau, wo er dem Buchdruckerverband, dem Arbeitersportverein (ATSB) und der SPD angehörte.[53] Es ist wenig über ihn bekannt, doch steht immerhin fest, dass er bereits im Mai 1933 ins KZ Oranienburg verschleppt wurde und drei Monate eingesperrt blieb. Seinen Arbeitsplatz verlor er im Gefolge der NS-»Machtergreifung« noch im selben Jahr. Die Misshandlungen im KZ sollten sein Leben nachhaltig zeichnen: Leber- und Gallenleiden führten wiederholt zu Krämpfen, er wurde Invalide und verlor zudem seine Ehepartnerin durch Scheidung, was er mit den knappen Worten kommentierte: »[...] aufgrund meiner Krankheit, als Nachwirkung vom KZ.« (Nach dem Krieg trat er der SED bei und verstarb bereits Ende November 1952 nach langjährigem Leiden.)

---

51 BLHA, Rep. 601 / VdN 1196.

52 Ebd. Hillig blieb keineswegs der einzige Bernauer Sozialdemokrat, der vom NS-Terror betroffen war. Der Gewerkschafter (Holzarbeiterverband) und Mitglied der »Naturfreunde« Willi Reinfeld wurde im März 1933 von SA verschleppt, wegen Überfüllung des Lagers (!) wieder entlassen und dann vom Juni bis August d. J. erneut ins KZ Oranienburg gesperrt. Aus Sicherheitsgründen tauchte er danach in Berlin unter und fand dadurch erst wieder 1935 Arbeit. (1944 wurde er wegen »antifaschistischer Propaganda« vom Siemens Wernerwerk F entlassen und sofort zur Wehrmacht eingezogen.), vgl. BLHA, Rep. 333, Nr. 1250. Beide genannten Sozialdemokraten waren in den frühen 1950er Jahren politischen Repressionen der SED unterworfen und verloren – u. a. wegen angeblicher »antisowjetischer Äußerungen« (im Falle Reinfelds) – den NS-Verfolgtenstatus.

53 BLHA, Rep. 333, Nr. 1231, Bl. 96ff.

Soweit zwei lokale Einzelbeispiele der landesweiten politischen »Säuberungen« im Frühjahr 1933.

Aus den Akten des Polizeipräsidiums nehmen wir folgenden allgemeinen Überblick aus dem März des Jahres der »Machtergreifung« in der *Stadt Neuruppin (Prignitz)*.[54]

Dort hatte sich SA-Sturmbannführer Schwerdtfeger mit einer Gruppe im Gefolge angemaßt, am 23. März 1933 verschiedene Behördenvorstände der Stadt aufzusuchen, um dort tätige Beamte und Angestellte, die sich »noch in letzter Zeit« für die SPD eingesetzt hatten, eigenmächtig sofort »zu beurlauben«. (Mehrere Opfer gehörten kommunalpolitischen Gremien an.) Von dieser Gewaltaktion waren betroffen:

Beim Arbeitsamt:	Stellv. Direktor, Kreistagsmitglied Rudolf Wendt
Beim Postamt:	Oberpostschaffner u. Stadtverordneter Rudolf Barenthin
Beim Finanzamt:	Steuerobersekretär u. Stadtverordneter Karl Dunker
Beim Magistrat:	Beamtenanwärter (u. Schriftführer d. SPD) Gustav Führing
Bei der Ortskrankenkasse:	Verwaltungssekretär u. Stadtverordneter Karl Prehm
Bei der Landesanstalt	Hauswart u. Stadtverordneter Ernst Sengespeck
für Krankenpflege:	Krankenpfleger u. Stadtverordneter Schmolinski
Bei der Mädchenschule:	Schulamtsbewerber u. Stadtverordneter Georg Kühl

Darüber hinaus wurde Bürgermeister Possin – in Abwesenheit des Ersten Bürgermeisters – aufgefordert, den sozialdemokratisch orientierten Stadträten Wendtland, Wernicke und Kurznack jede weitere Dienstausübung zu untersagen.

Der nächste Abschnitt gibt einige exemplarische Einblicke in jene Stationen der Verfolgung, in die viele zuvor vertriebene Brandenburger Kommunalpolitiker unfreiwillig gerieten.

Verschleppungen in Lager und Gefängnisse der SA

Das folgende, seines Überblickcharakters wegen ausführlich zitierte Gespräch mit der Tochter des wegen Widerstandes für die Gruppe Deutsche Volksfront in der Haft umgekommenen Oskar Debus (1886–1942)[55], gibt einen exemplarischen Überblick über eine jener berüchtigten Verschleppungswellen, die im Frühjahr/Frühsommer 1933 das Land – bzw. Nicht-Nationalsozialisten – aufschreckten. In diesem Fall waren überwiegend Kommunalpolitiker, Gewerkschafter, Reichsbannermänner und Arbeiterfunktionäre des östlichen Havellandes betroffen. An anderer Stelle (S. 128ff.) wird auf ähnliche Verfolgungsaktionen (1933) in den Arbeiterhochburgen der Lausitz (S. 145f.), in der Prignitz (S. 139f.) oder dem Raum Frankfurt/Oder (S. 210ff.) verwiesen. Das KZ Oranienburg, das KZ Brandenburg (altes Zuchthaus), das Lager KZ Sonnenburg (östlich der Oder) sowie das KZ Lichtenburg sind als größere zentrale Terror-Stätten vielen Brandenburgern unvergessen geblieben. (Vieles davon ist inzwischen doku-

54 BLHA, Rep. 2 A I Pol. Nr. 1050, Bl. 488 (V+R).

55 Zur Gruppe Deutsche Volksfront siehe H.-R. Sandvoß, Die »andere« Reichshauptstadt, S. 109–118.

mentiert.) Darüber hinaus bestanden in der Anfangsphase des NS-Regimes noch weitere kleinere Konzentrationslager[56], woran auch die folgende Zeitzeugin erinnert. Ilse Kirchner (* 1918), geborene Debus, berichtet 1995 aus Velten und Umgebung:

Oskar Debus

> Mein Vater und mein am politischen Kampf eher unbeteiligter Bruder wurden gleich zweimal verschleppt:
> 1. unmittelbar nach dem Reichstagsbrand [März 1933]
> 2. am Ende der Köpenicker Blutwoche [Juni 1933]
> Bei welcher Aktion Vater so furchtbar zugerichtet wurde, weiß ich heute nicht mehr. Mein Bruder, ein Reichsbannermann, mußte deswegen ins Polizeikrankenhaus [eingewiesen werden]. Ein Leidensgenosse dort war ein Mitglied des SA-Mordsturms 33, der sich geweigert hatte, bei deren Gewaltexzessen mitzumachen.
> Die erste Hausdurchsuchung (von 10 SA Leuten) geschah nachts in Velten, nördlich von Berlin nahe Hennigsdorf. Velten war eine Arbeiterhochburg: SPD und KPD hielten die Mehrheit. Vater war Geschäftsführer der Konsumvereine in Schwarza, Saalfeld, Greiz (Thüringen) und eben Velten (Mark) sowie ab 1933 Filialkontrolleur und zuletzt Abt.Ltr. der Konsumgenossenschaft Berlin. Gesucht wurden die (angeblichen) »Waffen vom Konsum«. Vater blieb deswegen etwa eine Woche weg. Unter der Leitung von Sturmbannführer Krain wurden Funktionäre von SPD und KPD mißhandelt und zu Tode gebracht. Sie kamen damals in ein sog. wildes SA-Lager »Meissnershof« ein früheres »Naturfreunde«-Haus bei Hohenschöpping.
> Unter den Mitverschleppten waren der Veltener SPD-Vorsitzende Hille (nach 1945 Bürgermeister der Stadt) und die Arbeiterfunktionäre – vermutlich Kommunisten – [Richard] Ungermann und Nerlich, zwei Hennigsdorfer, die ermordet wurden.[57]
> Ich ging an Stelle meiner kranken – 1935 verstorbenen – Mutter – zum Übeltäter Moosebach, dem Polizeichef von Velten, vormals SPD – nun NS-Anhänger. Der nannte mir den obigen Haftort. Doch es gelang mir nicht, dort vorzudringen. Daraufhin rief ich bei der Berliner Konsumgenossenschaft (Lichtenberg) an. Die erwirkte einen Tag »Hafturlaub« für Oskar Debus, um schließlich eine Bestätigung zu bringen, daß die »braven« Berliner natürlich die

---

56 Günter Morsch/Agnes Ohm (Hg.), Terror in der Provinz Brandenburg. Frühe Konzentrationslager 1933/34, Berlin 2014 (unter Mitarbeit von Iris Hax).

57 Es konnte leider nicht geklärt werden, ob der Hennigsdorfer Bürgermeister Altendorf (SPD) ebenfalls nach »Meissnershof« verschleppt wurde, d. Verf.

Als Häftlinge im KZ Oranienburg, von rechts: Kurt Magnus, Hans Flesch, Heinrich Giesecke, Alfred Braun, Friedrich Ebert jr, und Ernst Heilmann, August 1933

Waffen abgegeben hätten. Danach blieb O. Debus noch etwa eine Woche in Haft.
Dann, an einem Sonntagvormittag z. Zt. der »Köpenicker Blutwoche« (Juni 1933), erzählte Vater der Mutter etwas von der gerade erfolgten Ermordung Stellings und von Essens, als sie [SA] erneut kamen. Diesmal ging es über »Meissnershof« nach Börnicke – wo über 100 Mann eingesperrt waren, darunter der junge Ziegler, Sohn des SPD-Bürgermeisters von Velten. Die Männer dort mußten Liegestütze und Kniebeugen machen, wer nicht durchhielt, wurde getreten und zusammengeschlagen.
Schließlich kam Oskar Debus nach Oranienburg in die alte Brauerei (KZ). Es gibt dieses bekannte Bild mit Ebert, Braun, Heilmann, Magnus und dem deutschnationalen Ministerialrat Giesner. In der zweiten Reihe dahinter stehen mehrere Veltener wie O. Debus. Vater berichtete später Folgendes:
Friedrich Ebert war der Kopf derartig rasiert worden, daß nur noch ein »Heiligenschein« [Haarkranz] und 3 Pfeile übrig blieben. Heilmann kam in die Hundehütte und mußte auf die Frage »Wie macht die II. Internationale?« »Wau, wau!« antworten.
Nachdem es dem sozialdemokratischen Häftling Gerhart Seger – siehe seinen Bericht (S. 77f.) – gelungen war zu fliehen, mußten alle Insassen drei Tage stehen, ohne Essen zu erhalten. Jede Woche sonntags gab es eine Viertelstunde Besuchserlaubnis. Essen durfte mitgebracht werden. Ich schleppte zwei Netze an, ansonsten kamen die Ehefrauen der Häftlinge. Oskar Debus hatte insofern noch Glück, als er in die »Zensierabteilung« kam. (SA-Mann Krüger ließ zuvor

antreten und fragte, wer gut schreiben könne. Die Genossen schoben Oskar Debus an.) Und dort war ein Bewacher, er hieß Wolf, der wollte weg. Durch ihn bzw. seine Infos konnte man Genossen [draußen] Nachrichten zukommen lassen. Berüchtigt war dagegen in Oranienburg der führende SA-Mann Stahlkopf.

Etwa Ende August 33 kam O. Debus frei. Wenn auch nur mit der Maxime, bei Nacht und Nebel Velten sofort zu verlassen. Dies geschah. Fluchtartig zog unsere Familie in ein Haus der früheren Berliner Konsumgenossenschaft: Rittergutstr. 25. Bedrängt von den Mitarbeitern der Konsumgenossenschaft, hatte sich der [Staats]Kommissar für die Konsumgenossenschaft, Speike, nämlich bei der Gestapo für die Freilassung meines Vater eingesetzt: Angeblich wurde Debus dringend gebraucht.[58]

Festnahmen wegen Waffensuche (Prignitz)

Die Prignitz zählte politisch zu den besonders hart umkämpften Gebieten der Provinz Brandenburg, wie wir durch die Erfahrungen und Klagen der Republikorganisation Reichsbanner (S. 35) und frühe »Säuberungen« (S. 136) wissen. Der rechtskonservative Landbund, deutschnationale Kreise (DNVP) und schließlich der diese ideologische und wahlstrategisch »beerbende« Nationalsozialismus besaßen hier eine ihrer Hochburgen. Entsprechend ungehemmt fiel der NS-Terror über Repräsentanten der Arbeiterbewegung und der Weimarer Republik her, wie bereits am Beispiel des Pritzwalkers Paul Flaschel (S. 74ff.) gezeigt wurde. Auch aus der Stadt Perleberg konnten im Bestand der VVN-Aufnahmeanträge zwei Verfolgtenschicksale ermittelt werden – so spärlich die dortigen Notierungen auch ausfielen: Rudolf Lungfiel und Otto Lutterloh waren Sozialdemokraten, Gewerkschafter und Reichsbanner–Anhänger.[59]

Erstgenannter übte sogar die Vorsitzendenfunktion der Republikschutztruppe der Stadt aus. Beide Männer fielen 1933 politischen »Säuberungen« zum Opfer. Lungfiel wurde als Vorarbeiter entlassen, Lutterloh auf dem Landratsamt gekündigt. Sie gerieten in »Schutzhaft« und standen danach unter Beobachtung. Über Lungfiel, der bis 1933 auch ehrenamtlich als Stadtverordneter Perlebergs tätig war, wurden im Anschluss an seine dreiwöchige Haft noch eineinhalb Jahre Polizeiaufsicht verhängt.

Über die Festnahme von 21 SPD–, Reichsbanner– und Gewerkschaftsfunktionären in Wittenberg berichtet »Der Prignitzer« am 10. Mai 1933. Diese Gewaltaktion von Polizei und SA wurde kurze Zeit nach Mitternacht durchgeführt und umfasste neben Hausdurchsuchungen und der Beschlagnahme von Unterlagen und Schriftenmaterial auch die Verschleppung Wehrloser unter dem propagandistischen Vorwand der »Sicherstellung des Vermögens der Gewerkschaften«. Greifen wir das Verfolgtenschicksal eines Betroffenen heraus:[60] Der Stadtverordnete und

58 GDW/Berlin, Interview des Verfassers am 10.8.1995.

59 BLHA, Rep. 333, Nr. 1245.

60 Morsch/Ohm, Terror in der Provinz Brandenburg, S. 145. Unter den 21 Festgenommenen war auch der Reichsbanner-Leiter der Stadt Perleberg Ernst Lehmann.

Lokales und Provinzielles.

Perleberg, den 11. Mai 1933.

26 Perleberger SPD.- und KPD.-Funktionäre verhaftet.

Haussuchungen und Beschlagnahme von verdächtigem Material. Auch die SPD.- und Reichsbanner-Fahnen gefunden.

Wie überall im Reiche, so wurden auch in Perleberg neuerlich Aktionen gegen linkseingestellte Kreise vorgenommen. In der Nacht zum Mittwoch war unsere Polizei bereits rege tätig und nahm zahlreiche Verhaftungen vor. 26 Sozialdemokraten und Kommunisten wurden im Laufe des Mittwoch dem Amtsgerichtsgefängnis zugeführt.

Trotzdem die Polizei, verstärkt durch SA.- und Stahlhelm-Hilfspolizei, in aller Stille, aber rasch vorging, hatte sich auf dem Marktplatze eine größere Menschenmenge eingefunden, die im Laufe des Spätnachmittags immer mehr anwuchs und Zeuge war, wie die Perleberger roten Funktionäre den Weg ins Rathaus antreten mußten, um hier vernommen zu werden. In kurzen Zwischenräumen fuhren die Kraftdroschken, besetzt mit Hilfspolizeibeamten und Angehörigen der Hilfspolizei, vor dem Rathaus vor, um abwechselnd Sozialdemokraten und Kommunisten heranzubringen. Die Perleberger sahen dabei so manche „bekannten Gesichter", wie den früheren Stadtverordneten Kasimir, die kommunistischen Funktionäre Theiß, Marschalek sowie Gösecke. Von der Sozialdemokratischen Partei wurden Konrektor Zabel, ferner Gens und Lungfiel in Schutzhaft genommen und per Taxe zum Amtsgerichtsgefängnis geschafft.

Das gesamte Vermögen des Reichsbanners und der SPD., einschließlich Kassen, Kassenbücher und Belege, ist auf Veranlassung des Generalstaatsanwalts beim Landgericht I Berlin beschlagnahmt worden. Bei den Haussuchungen wurden u. a. Schriften, Munition in kleinen Mengen und auch die Fahnen der SPD. und des Reichsbanners gefunden und zur Wache gebracht.

»Prignitzer Nachrichten« vom 11. Mai 1933

Gewerkschafter Wilhelm Lehwenich (1898–1975), profilierter Betriebsratsvorsitzender der Singer AG, musste aufgrund des politischen Drucks seine Mandate und Funktionen niederlegen, wurde »verhört« und kam schließlich am 1. Juni 1933 ins KZ Perleberg. Schon auf dem Fußmarsch ins Konzentrationslager misshandelten SA-Männer ihn schwer, eine anschließende ärztliche Behandlung wurde verwehrt. Nach Auflösung des KZ Perleberg verschleppte man den schwer Gezeichneten ins KZ Oranienburg, wo er erst am 18. Dezember d. J. frei kam. Anschließend stand er jahrelang unter Polizeikontrolle, vermochte es aber unter dem Deckmantel ehrenamtlicher Fürsorgetätigkeit trotzdem, den Kontakt zu Regimegegnern zu halten, um sich auszutauschen.

Die Hitler-Hugenberg-Regierung hatte ihre Razzien und Festnahmen damit begründet, das deutsche Volk vor einem bevorstehenden Aufstand der zur Revolution entschlossenen Linken zu bewahren, und so spielte in diesem politischen Szenario die permanente Suche nach Waffen propagandistisch eine wichtige Rolle.

Eine historisch bemerkenswerte Momentaufnahme – vieles scheint dabei noch im Fluss – von der Organisierung des Terrors und dem Zusammenspiel staatlicher und nationalsozialistischer Gewaltinhaber gibt folgendes Dokument.

Aus einem Schreiben des Landrats des Kreises Westprignitz an den Potsdamer Regierungspräsidenten vom 8. Juni 1933:

> Die Verhaftung der S.P.D.- und K.P.D.-Funktionäre erfolgte im Verlaufe der auf Grund des Beschlagnahmefunkspruches des Herrn Preuß. Justizministers vom 9. Mai 1933 in Sachen Leipart und Genossen [die ADGB-Führung, d. Verf.] im Benehmen mit dem SA-Verbindungsmann durchgeführten Aktion. Das SA-Konzentrationslager in Havelberg ist inzwischen aufgelöst. In das neu eingerichtete SA.-Konzentrationslager in Perleberg wurden nur noch 9 in Schutzhaft behaltene Personen aus dem aufgelösten Konzentrationslager in Havelberg überführt. Bei Durchführung der Aktion am 10., 11. und 12. Mai d. Js. wurden Waffen und Druckschriften nicht beschlagnahmt.

Das SA.-Konzentrationslager in Perleberg untersteht der Aufsicht des SA.-Verbindungsmannes beim hiesigen Landratsamt, des Standartenführers Marnette in Wittenberge. Er hat auch die aus SA.-Leuten bestehende Lagerbewachung gestellt. Im Lager sind z. Zt. 34 Schutzhäftlinge untergebracht, darunter 7 Schutzhäftlinge aus der Stadt Wittenberge. Falls gegen die getroffene Einrichtung Bedenken bestehen, bitte ich um Bescheid.[61]

Ähnliche Verfolgungsmaßnahmen der NS-Bürgerkriegsarmee ereigneten sich damals im Osten der Prignitz. Aus einem Bericht des Kreiswohlfahrtsamtes in Kyritz vom 8. Juni 1933:

Wie ich bereits [...] berichtet habe, ist Ende April d. Js. von der Standarte Nr. 39 der SA in Alt-Daber bei Wittstock a/D. ein Konzentrationslager für politische Gefangene eingerichtet worden. Die Einrichtung eines solchen Lagers war unumgänglich nötig, weil die meistenteils unvorschriftsmäßig eingerichteten Polizeigewahrsame zur Unterbringung der politischen Gefangenen nicht geeignet schienen.[62]

Eine Aufstellung des KZ Alt-Daber (Kreis Ostprignitz) vom 8. Mai 1933 nennt die Namen von 42 Häftlingen – darunter den des Reichsbanner-Kreisleiters der Prignitz Paul Flaschel (S. 74ff.) –, von denen wir stellvertretend die ersten fünfzehn (überparteilich zusammengesetzten) Verfolgten nennen:[63] Die Eingesperrten stammten überwiegend aus Wittstock, Pritzwalk und Kyritz:

1. Lück, Walter, Musiker (* 1876), Wittstock wohnh.,	eingeliefert: 29.4.33
2. Gutsche, Paul, Bäcker (* 1888), Wittstock wohnh.,	eingeliefert: 29.4.33
3. Drethke, Franz, Arbeiter (* 1901), Wittstock wohnh.,	eingeliefert: 29.4.33
4. Bachner, Wilhelm, Arbeiter (* 1894), Wittstock wohnh.,	eingeliefert: 29.4.33
5. Scheffer, Werner, Tuchmacher (* 1913), Wittstock wohnh.,	eingeliefert: 29.4.33
6. Henke, Friedrich, Arbeiter (* 1893), Wittstock wohnh.,	eingeliefert: 30.4.33
7. Fischer, Johann, Arbeiter (* 1905), Wittstock wohnh.,	eingeliefert: 29.4.33
8. Michaelis, Paul, Schuhmacher (* 1913), Wittstock wohnh.,	eingeliefert: 29.4.33
9. Packeiser, Erwin, Arbeiter (* 1909), Wittstock wohnh.,	eingeliefert: 29.4.33
10. Helm, Richard, Arbeiter (* 1903), Wittstock wohnh.,	eingeliefert: 29.4.33
11. Schütz, Otto, Schmied (* 1898), Wittstock wohnh.,	eingeliefert: 29.4.33
12. Wein, Johannes, Arbeiter (* 1904), Wittstock wohnh.,	eingeliefert: 5.5.33
13. Wachs, Ernst, Arbeiter (* 1898), Wittstock wohnh.,	eingeliefert: 5.5.33
14. Scholze, Max, Obermelker (* 1897), Wittstock wohnh.,	eingeliefert: 5.5.33
15. Schnorr, Heinrich, Arbeiter (* 1907), Wittstock wohnh.,	eingeliefert: 5.5.33

Ziehen wir ein damaliges Verfolgtenschicksal aus der Prignitz heran, um zu verdeutlichen, wie viel individuelles Leid hinter summarischen Zahlen stecken kann:

---

61 BLHA, Rep. 2 A I Pol., Nr. 1090, Bl. 328.
62 Ebd., Nr. 1090, Bl. 320f.
63 Ebd., Rep. 2 A I Pol., Nr. 1156, Bl. 272f.

Der Pritzwalker Sozialdemokrat *Ernst Henkel* (1887–1944)[64], lokales Vorstandsmitglied seiner Partei, war vor allem durch seine Arbeit als Vorsitzender und Sekretär des Deutschen Landarbeiter-Verbandes für die Ostprignitz ein profilierter und einflussreicher Gewerkschaftsfunktionär. Darüber hinaus engagierte er sich ehrenamtlich als SPD-Stadtverordneter bzw. Magistratsmitglied sowie im Kreistag und Kreisausschuss. Am 24. März 1933 brachte er bei der Eröffnung der Stadtverordnetenversammlung, trotz propagandistisch aufgeheizter Atmosphäre, die Zivilcourage auf, beim Absingen der Nationalhymne und beim »Hoch« auf Hindenburg und Hitler inmitten von stehenden Fanatikern sitzen zu bleiben. Daraufhin festgenommen und haltlos des tätlichen Angriffs auf einen SA-Mann beschuldigt, verschleppte man ihn ins KZ Alt-Daber, wo er schwer gefoltert wurde: Er sollte sein angebliches Waffenversteck verraten – doch gerade das gab es nur in der Wahn-Welt der NS-Schergen. Vom 10. Juli 1933 bis zum 31. März 1934 hielt man den Wehrlosen dann im KZ Oranienburg fest.

Nach der Entlassung versuchte der als Gerichtssekretär beim Amtsgericht Pritzwalk Hinausgeworfene, eine Entschädigung für die Haftqualen zu erstreiten – was vermutlich ergebnislos blieb. Am 12. Juni 1944 erlag er den Folgen der Misshandlungen.

Aus Rathenow ins KZ

Wie Velten und Hennigsdorf, war Rathenow stark von Industrie, in diesem Fall der Sparte Optik, geprägt. Und auch dort war eine politisch sehr aktive Arbeiterschaft, – darunter mehrer DMV-Funktionäre –von erheblichen Verfolgungsmaßnahmen betroffen, erinnert sich 1983 die Zeitzeugin Dr. Waltraud Rehfeld (1925–2014):

> Wir lebten bis 1934 in Rathenow, wo ich auch geboren wurde. Mein Großvater Johannes Klose war Volksschulrektor und SPD–Stadtverordneter in der Stadt. Im Sommer 1933 wurden 50–60 Rathenower, Sozialdemokraten, Kommunisten und Juden, im KZ Oranienburg interniert. Unter den Inhaftierten war neben meinem Großvater der Oberbürgermeister von Brandenburg und preußische Landtagsabgeordnete Paul Szillat (S. 126f.). Er war in Einzelhaft eingesperrt worden. Nachdem er – entgegen den Tatsachen – unterschrieb, nicht geschlagen worden zu sein, entließ man ihn. (Wir waren mit der Familie befreundet.) Mein Großvater, der als Rektor den politischen »Säuberungen« zum Opfer fiel, erzählte uns später, die Juden im KZ Oranienburg hätten am Schlimmsten leiden müssen.[65]

Das folgende Dokument gibt einen Einblick in die Verschleppungen durch die SA in Rathenow 1933 (S. S. 85f.). Der Rathenower Gerhard Dannehl erinnert sich:

> Am 28. Juni 1933 wurde ich kurz nach Beginn meiner Arbeitszeit telefonisch zum Pförtner meines Betriebes gerufen, wo mir meine Verlobte, meine spätere Frau, unter Tränen berichtete, daß im Morgengrauen viele unserer Freunde und Bekannten von der SA aus den Betten geholt,

---

64 Der Verfasser dankt dem Heimatmuseum Pritzwalk für die Überlassung der verwendeten Unterlagen; vgl. auch Morsch/Ohm (Hg.); Terror in der Provinz Brandenburg, S. 108.

65 GDW/Berlin, Interview des Verfassers am 18. Januar 1983 (sowie 19. Oktober 2011). Zu den Verfolgungen in Rathenow siehe Dieter Seeger, Rathenower Topographie des Terrors und des Widerstandes 1933–1945, Rathenow 2010.

verhaftet und zunächst in der Turnhalle des Lyzeums in der Schleusenstraße untergebracht seien. Alle hätten noch nichts gegessen, und sie seien nur notdürftig bekleidet. Sie wolle deshalb versuchen, Decken und Eßwaren für die sogenannten Schutzhäftlinge zu beschaffen.[66]

Zurück an seinem Arbeitsplatz, analysierte der Zeitzeuge, dass diese und andere Festnahmen bekannter NS-Gegner erfolgten, um den vom Regime befürchteten organisierten Widerstand zu erschweren und er erinnerte sich an vorausgegangene Gewaltakte nach dem Reichstagsbrand, als die Rathenower Karl Gehrmann, Otto Weber (S. 307ff.), Hermann Archuth (Neue Schleuse) und Max Otto betroffen waren (sie kamen ins KZ Oranienburg). Gerhard Dannehl weiter:

In der Mittagspause erfuhr ich dann, daß das Vorhaben meiner Verlobten gelungen war. Sie konnte wider Erwarten in die Turnhalle gelangen und das in Eile Organisierte unseren Freunden überreichen. Der Anblick, der sich ihr beim Betreten der Halle bot, war trostlos gewesen. Die Verhafteten lagen, saßen oder hockten auf dem kahlen Fußboden. Alle waren mutlos, denn was ihnen die Zukunft bringen würde, war ungewiß. Bestimmt brachte sie ihnen nichts Gutes. Den Abtransport konnte meine Braut von der obersten Treppe des Postamtes verfolgen. Alle Inhaftierten wurden auf offenen LKWs die Berliner Straße entlang in östlicher Richtung verschleppt.

Ein weiteres Opfer aus Rathenow war der Lehrer und Prediger der jüdischen Gemeinde der Stadt: Max Abraham (1904–1977).[67] Zu den seit 1929 von ihm mitbetreuten Glaubensanhängern von Stendal, Tangermünde und Gardelegen, altmärkischen Städten westlich Rathenows, hielt er ebenfalls Verbindung. Unter dem Druck heraufziehender nationalsozialistischer Gefahren gründete er vor 1933 eine überkonfessionelle Gemeinschaft und trat schließlich der SPD bei.

So auch von der NSDAP als politischer Gegner wahrgenommen, wurde er mittels eines fingierten Überfalls auf einen SA-Mann festgenommen und ins KZ Oranienburg verschleppt. Mit ca. 55 Leidensgenossen, überwiegend Jugendlichen eines Erziehungsheims, steckte man ihn in die sogenannte Judenkompanie. Sie war ganz besonderen Schikanen ausgesetzt, beispielsweise oblag ihr die Pflicht, die Abortanlagen zu säubern. Infolge der Auflösung des KZs Oranienburg gelangte Max Abraham zunächst ins Lager Papenburg und dann ins KZ Lichtenburg. Dort freigekommen, konnte er mit seiner Frau 1934 nach Prag fliehen. Seine schrecklichen Erlebnisse schilderte er unter dem Titel »Jude verrecke. Ein Rabbiner im Konzentrationslager« noch im selben Jahr in einer in Zürich erschienenen Dokumentation. (Angesichts der kriegerischen Gefahren in Europa war Abraham 1939 zum zweiten Mal zur Flucht gezwungen; er konnte sich schließlich nach Großbritannien retten.)

---

66 Bezirksleitung Potsdam der SED (Hg.), Ausgewählte Dokumente und Materialien 1933–1939, Teil I, S. 179. Zu den 1933 Verschleppten zählte auch der SPD-Stadtverordnete (Fraktionsführer) und DMV-Geschäftsführer Paul Lehmann (1889–1974), vgl. S. Mielke, Gewerkschafter, Bd. 2, S. 301ff.

67 Vgl. Morsch/Ohm (Hg.), Terror in der Provinz Brandenburg, S. 81ff.

Otto Sommer

Eines der frühen »Säuberungs«- und KZ-Opfer war damals auch der Döberitzer Bürgermeister, SPD-Abgeordnete im Kreistag Westhavelland und Premnitzer Amtsvorsteher *Otto Sommer* (1887–1973).[68] Der über Parteigrenzen hinaus angesehene Kommunalpolitiker wurde bereits im April des Jahres der »Machtergreifung« unter Polizeiaufsicht gestellt, im Juni durch SA festgenommen und ins KZ Oranienburg verschleppt, wo er bis zum Ende des Monats September verbleiben musste.

Der KZ-Einweisung vorausgegangen war ein grausames »Verhör« im Rathenower Gerichtsgefängnis durch den NS-Bürgermeister von Döberitz, Braunschweig. Otto Sommer berichtete 1956:

> Als ich von SS und SA Sturmführern in der Polizeiverwaltung in Rathenow über den Tisch gezogen wurde und mit Gummiknüppeln solange geschlagen wurde, bis ich mich nicht mehr rühren konnte, wurde ich im Auto nach dem Gerichtsgefängnis geschafft. Vierzehn Tage lang konnte ich nicht liegen, weil der Hinterteil des Körpers vollständig blutunterlaufen und stellenweise aufgeplatzt war. Durch diese bestialische Behandlung musste ich dauernd Heilbäder aufsuchen. 1935 war ich in Wilsnack, 1937, 1939, 1941, 1942 in Oberschlema [...]. Als am Tage nachdem ich so geschlagen wurde, meine Frau, Fräulein Hedwig Wolff und Herr [Emil] Dietrich – beide aus Rathenow – mich besuchen kamen und ich mich auszog, um ihnen zu zeigen, wie ich aussah, brachen die beiden Frauen vor dem Anblick beinah zusammen.[69]

Die Krankenschwester Hedwig Wolff gibt 1956 folgende notarielle Erklärung über ihren Aufenthalt im Rathenower Gerichtsgefängnis im Juni 1933 ab:

> Der Gefängniswärter führte uns in ein Eckzimmer und ging die Treppe rauf um Herrn Sommer zu holen. Wir hörten, wie oben aufgeschlossen wurde und der Wärter sagte: »Ihre Frau ist da.« Ein Aufschrei von Herrn Sommer und er sagte, ich kann ja nicht mehr laufen, dann kam er langsam die Treppe herunter und zeigte uns seine Misshandlung und erzählte uns, dass er am Sonnabend Nachmittag von dem Kriminalwachtmeister Speetzen zur Vernehmung zur Polizeiwache in der Schleusenstraße mit dem Auto abgeholt wurde. Dort wurde

68 Vgl. zum Folgenden BLHA, Rep. 401 / VdN 4076.

69 Ebd., Schreiben von O. Sommer an das Referat V.d.N. (Potsdam) vom 8.2.1956. Den jahrelangen Streit um Sommers VdN-Anerkennung beendet 1957 erst der Einsatz des Ost-Berliner OB Ebert, der 1933 mit Sommer im KZ saß.

er von den Sturmführern Götze, Werner und Meitzner erwartet, über den Tisch gelegt und mit Gummiknüppeln geschlagen, bis er zusammenbrach. Herr Sommer zog seine Kleidung runter und zeigte uns, wie er aussah. Vom Rücken bis zu den Kniekehlen war alles blutunterlaufen, zum Teil aufgeplatzt und mit Blut verkrustet, dass es alles wie eine Blutblase aussah.[70]

Massenverhaftungen (Kreis Senftenberg)

Am 26. Juni 1933 meldete die nazistische Presse die spektakuläre Tatsache, dass im Raum Senftenberg 265 Menschen in sogenannte Schutzhaft genommen wurden.[71]

Robert Harnau (1908–1977), 1937 angeklagt im Prozess gegen die Leitung der illegalen Lausitzer SPD (S. 204), erinnert sich:

> [...] etwa 1 Woche vor dem Verbot der SPD [22. Juni 1933] informierte uns der Genosse Hans Nickel vom Bezirksvorstand Berlin-Brandenburg über den Beschluß der Parteiführung, daß die Besprechungen vom März nicht mehr gültig seien, im Gegenteil, daß sich die SPD-Mitglieder mit der Auflösung erst einmal abfinden und eine abwartende Haltung einnehmen sollen. Hans Nickel war überhaupt nicht einverstanden mit diesem Beschluß, den er nur ungern vermittelte. Er war für illegale Organisationen und empfahl uns, in dieser Hinsicht zu arbeiten.[72]

Kurze Zeit darauf setzten die Massenverhaftungen im Raum Senftenberg ein. Robert Harnau blickt als Betroffener darauf zurück:

> [...] ich wurde zu meiner »eigenen Sicherheit« in Schutzhaft genommen [...]. Am 24.6., an einem Sonnabend, wurde ich vom Landjägermeister aus Annahütte verhaftet. Man brachte mich zunächst nach Altdöbern ins Spritzenhaus. Am Donnerstag, den 29.6. wurde ich durch den Ortspolizisten nach Senftenberg überführt. Während der fünf Tage in Altdöbern wurde ich von der Frau dieses Polizisten verpflegt. Er sagte mir auch, daß ich zufrieden sein könne, in Altdöbern und nicht in Senftenberg zu sein. Dort nahm die SA »Rache«. Dieses Schutzhaftlager in Senftenberg wurde am 24. Juni in der Schule I eröffnet. Es bestand ca. 4 Wochen. Das Lager stand unter SA-Bewachung. Lagerkommandant war Sturmbannführer Hudewenz [Hudewentz], Lagerleiter war Scharführer Weidemann, mit dem ich 1932 zusammen beim Straßenbau gearbeitet hatte. Ein Bruder von ihm war übrigens in der KPD. Polizeikommissar Fleckner hatte als staatlicher Vertreter die Aufsichtskontrolle. Die im Lager inhaftierten Funktionäre der KPD und SPD mußten Referate halten. Neben den Häftlingen waren auch die SA-Wachmannschaften und ihre Vorgesetzten unter den Zuhörern. [...] Mit diesen Referaten, mit bestimmten Themen natürlich, wollten die Nazis erreichen, die Genossen der KPD und der SPD gegeneinander auszuspielen bzw. sie auch in den Augen der anderen Häftlinge und der Bevölkerung herabzusetzen. Man nahm an, sie würden ihren Parteistandpunkt verraten und sich bei den Nazis anzubiedern versuchen. Diese Rechnung ist aber nicht aufgegangen.

---

70 Ebd., Staatliches Notariat Rathenow vom 4. April 1956.

71 Abdruck Zeitungsartikel aus Bezirksleitung Potsdam der SED (Hg.), Ausgewählte Dokumente und Materialien, Teil I, S. 180.

72 Landesarchiv Greifswald, Rep. 200 / 9.2.1. / Nr. 1123.

265 Funktionäre
der KPD. und SPD.
in Schutzhaft.

Bei den in Senftenberg und Umgebung durchgeführten Maßnahmen gegen Funktionäre der KPD. und SPD. wurden insgesamt 265 Personen zu ihrer eigenen Sicherheit in Schutzhaft genommen. Die Aktion ging ohne Zwischenfälle vor sich.

*

Meldung aus der »Potsdamer Tageszeitung« vom 26. Juni 1933

Die NS-Lagerleitung hatte aus politischer Berechnung bestimmte Referenten ausgewählt und ihnen in tendenziöser Absicht u. a. folgende Vortragsaufträge verordnet:

Der jüdische Kaufmann Jakobowitz redete über »Das Judentum und der Nationalsozialismus«, Ex-Landrat Carl Freter (SPD) über die Haltung der Sozialdemokratie zum Versailler Friedensvertrag und der Kommunist Max Kowal über das angebliche »Bonzentum« der SPD. Der Erinnerung Harnaus zufolge zog sich Kowal, der seinen Text zuvor mit Carl Freter (SPD) und Arthur Wölk (KPD) beraten hatte, mit viel Geschick und Humor aus der Affäre, sodass gegenseitiger Hass unter den politischen »Lagern« der Häftlinge nicht aufkam.

Vor Harnaus Ankunft im Lager hatten bereits Willy Karich (S. 80), Schriftsetzer und Jugendfunktionär der SPD, und der höhere kommunistische Funktionär Arthur Wölk, früher Mitglied des KPD-kritischen Leninbundes (S. 311ff.), geredet. Daraufhin habe es (laut Harnau) Folgendes gegeben: »Am Mittag kam der Polizeikommissar Fleckner und sagte Arthur Wölk: ›Ich habe gehört, sie haben gut gesprochen. Ich hatte auch nichts anderes erwartet und kann ihnen mitteilen, daß sie sich damit die Fahrkarte nach Sonnenburg [KZ] verdient haben.‹«

Wölk wurde bis in den Dezember d. Js. ins KZ gesperrt; wieder freigelassen, engagierte er sich weiterhin im Widerstand, wurde am 1. August 1934 (S. 313) erneut festgenommen und bis 1945 im Zuchthaus und KZ gefangen gehalten.[73]

Da das Senftenberger Lager in einer Schule untergebracht war, konnten die Bewacher nicht den gesamten Komplex vor der Öffentlichkeit verbergen, zumal (begrenzt) Besuch erlaubt war. Robert Harnau dazu:

> Über die Vorgänge im Lager wurden nicht nur die Besucher, die am Dienstag und Donnerstag ins Lager kamen informiert, sondern auch die Bekannten, die sich täglich auf den Straßen an der Schule aufhielten und Kontakte über den Zaun zu uns herstellten.
> Besonderer Andrang war an den Markttagen zu verzeichnen, wo viele Menschen von auswärts nach Senftenberg kamen und die Gelegenheit benutzten, um sich zu orientieren und ihnen bekannte Genossen aufzusuchen. Nicht in wenigen Fällen haben SA-Leute Genossen an den Zaun gerufen, um mit ihren Bekannten zu sprechen.

---

73 Weber/Herbst, Deutsche Kommunisten, S. 1040f.

Diese besonderen Umstände wurden auch für eine politisch-subversive Aktion genutzt. Eine Harnau bekannte Arbeitersportlerin bat zu arrangieren, dass sie drei Häftlinge mit einem mit Gewehr bewaffneten SA-Mann – angeblich als »Souvenir« fürs familiäre Fotoalbum – fotografieren konnte. Zum Hintergrund sei erklärt: Mit anfänglich noch geübter Rücksichtnahme auf den Versailler Friedensvertrag bestritt die NS-Regierung nämlich die Tatsache der Bewaffnung der SA. Robert Harnau abschließend dazu:

> Später erfuhr ich, daß die Aufnahme in einer illustrierten Zeitung in Wien veröffentlicht wurde. Vergleichend mit Erfahrungen und Erlebnissen, die ich später in Sonnenburg, in Zuchthäusern und im KZ Sachsenhausen machte, war die Schutzhaft in der Schule I in Senftenberg – wobei ich die Ekzesse der ersten Tage ausklammern muß – eine »harmlose« Angelegenheit.

Marianne Seidel im Kreise ihrer Familie, 1921

Zum Abschluss des Blicks auf den frühen Terror gegen Arbeiterfunktionäre in der Lausitz sei exemplarisch auf den Tod einer jungen Kommunalpolitikerin hingewiesen, deren politisches Schicksal viele NS-Gegner vor Ort tief bewegte und zum Protest motivierte: Die SPD-Stadtverordnete und Bezirkstagsabgeordnete Marianne Seidel wurde mit weiteren Funktionären der SPD und KPD im Frühsommer 1933 von Nationalsozialisten verschleppt und trotz Schwangerschaft eingesperrt und misshandelt. Sie verstarb kurz nach der Freilassung an den Folgen der Qualen.[74] Der Trauerzug für die junge Frau fand am 10. Juli 1933 in Senftenberg statt. Die Zeitzeugin Frau Dembinski berichtet:

> Der Trauerzug von der Krankenhausleichenhalle aus war sehr groß, von Anfang an ging Polizei mit. Als der Trauerzug die Hallesche-Pfännerschaft erreichte, stand SA da und riegelte gemeinsam mit der Polizei hinter den Angehörigen den Zug ab. Als die Menschen weitergingen, schlugen die SA und Polizei mit Gummiknüppeln auf die Menge ein. Diese liefen über die Felder und zwischen Pfännerschaft und Bahnstrecke Viktoria II stürmten die Menschen durch den Straßengraben wieder auf die Straße und langsam fuhr das Leichenauto mit Marianne Seidel vorbei zum Krematorium.[75]

---

74 Siehe Morsch/Ohm, Terror in der Provinz Brandenburg, S. 152.
75 Bezirksleitung Potsdam (Hg.), Ausgewählte Dokumente, Bd. 1, S 261.

Frau Koal, eine weitere Beobachterin, ergänzt:

> Ich war dabei als man im Juli 1933 die Leiche der Genossin Marianne Seidel von der Leichenhalle des Senftenberger Krankenhauses abholte. Es hatten sich viele Menschen versammelt. An der Dampfmühle sperrten die SA die Straße ab. Die Menschen ließen sich aber nicht auseinandertreiben. Sie gingen rechts und links auf dem Bürgersteig weiter. In der Spremberger Straße hinter der Fabrik Pfännerschaft trieb die SA die Menschen wieder mit Gummiknüppeln auseinander, so daß die Menschen nur von weitem dem Leichenwagen nachwinken konnten.[76]

»Verhöre« im KZ Brandenburg

In der Stadt Brandenburg, einer der großen Hochburgen der Sozialdemokraten im Land, setzte die NSDAP ebenfalls viele Hebel in Bewegung, um den erwarteten Widerstand gleich im Keim zu ersticken. Dem dienten vor allem Amtsenthebungen, KZ-Verschleppungen und Ausweisungen bekannter Repräsentanten der Partei: Man denke an den Oberbürgermeister Paul Szillat, den Stadtverordnetenvorsteher und Reichstagsabgeordneten Fritz Ebert, den Vorsitzenden der Metallarbeitergewerkschaft (DMV) Heinrich Witt (S. 168f.) oder den Reichsbannerleiter der Stadt Gustav Schernikau.

Doch die neuen NS-Machthaber begnügten sich nicht allein mit der Ausschaltung der Führungsschicht, sondern nahmen auch Arbeiter und Angestellte der Parteibasis ins Visier, wenn sie ihrer habhaft werden konnten: so mehrere Mitarbeiter der Konsumgenossenschaft der Domstadt, die ins alte Zuchthaus der Stadt gesperrt wurden.

Internen Unterlagen der Polizei verdanken wir die Kenntnis von Vernehmungen ins KZ Brandenburg verschleppter Sozialdemokraten und Kommunisten der Stadt. Unter Letztgenannten war der »Literaturobmann für die Ortsgruppe Brandenburg-Rathenow« Werner Uhlig[77], der am 21. September 1933 u. a. die Namen jener Helfer zu Protokoll gab, die ihn versteckten, als er auf der Flucht war, und der Hauptkassierer der KPD in Plaue Richard Hanke[78].

Zu den eingesperrten Sozialdemokraten gehörte der Arbeiter Hans Gericke (* 1900). Er gab bei der Vernehmung zu, früher der SPD und dem Reichsbanner angehört und Ende Juni/Anfang Juli von einem mitbeschäftigten Konsumkollegen, Willi Schwericke, eine sogenannte Rote B.Z. erhalten zu haben. Der dortige Inhalt deckte sich jedoch nicht mit seinen politischen Vorstellungen.

Besagter Schwericke (* 1899) wiederum, Lagerarbeiter im Konsum Brandenburg, gestand, im Juni/Juli 1933 vom Arbeiter Kunter in der Wohnung mehrere kommunistische Zeitungen erhalten und dafür Geld bezahlt zu haben. Auch Albert Nölte (* 1900), ebenfalls Konsum-Mitarbeiter und Sozialdemokrat, nahm Schwericke ein Exemplar der »Roten B.Z.« ab, will das Blatt aber umgehend vernichtet haben, weil es sich nicht mit seinen Ideen deckte.[79] (Zur Widerstandstätigkeit Willi Schwerickes siehe die Seite 88f.)

Verfolgte Partei- und Gewerkschaftsfunktionäre im Raum Eberswalde

---

76 Ebd., Ausgewählte Dokumente, Bd. 1, S. 261.
77 BLHA, Rep. 2 A I Pol., Nr. 1090, Bl. 465ff.
78 Ebd., Nr. 1090, Bl. 484ff.
79 Ebd., Nr. 1090, Bl. 528R.

Zahlreiche politische Festnahmen im Raum Eberswalde belegen weitreichende NS-Verfolgungsmaßnahmen in einer lokalen Hochburg der Arbeiterbewegung im Norden der Provinz Brandenburg (Niederbarnim), wo ein markanter Schnittpunkt von Industrie, Handel und Verkehr lag. Die folgenden personenbezogenen Beispiele zeigen auf erschreckende Weise, dass *eine* Funktion des Terrors darin bestand, Menschen durch Zerstörung ihrer Gesundheit, oder zumindest deren starker Beeinträchtigung, politisch für einen längeren Zeitraum auszuschalten und damit die Bildung von Widerstandszellen nachhaltig zu erschweren, wenn nicht sogar gänzlich zu verhindern.

Hermann Eichhorst (* 1896) war Hauptkassierer der SPD in Eberswalde, Reichsbannermann und Mitglied des Einheitsverbands der Eisenbahner. Bürgen bestätigen seine rege Funktionärstätigkeit und sein kämpferisches Eintreten für die Rechte der Arbeiterschaft – sei es nun als Gewerkschaftsdelegierter, antifaschistischer Redner oder Propagandist des republiktreuen Reichsbanners.[80] Durch die Breite und Intensität seines Engagements, auch dem politischen Gegner NSDAP weithin bekannt, wurde Eichhorst mit Beginn der NS-»Gleichschaltung« verfolgt, eingesperrt und misshandelt. So führten in der »Schutzhaft« gezielte Faustschläge zum Verlust mehrerer Zähne. Auch nach der Entlassung hörten die Schikanen nicht auf, denn der Gewerkschafter musste sich anfänglich täglich bei der Polizei melden und lebte damit unter ständiger Kontrolle. Weitere KZ-Verschleppungen blieben ihm zwar erspart, doch diese drohende Gefahr hörte erst mit der Befreiung 1945 auf.

Ähnlich erging es dem Eberswalder Rohrleger *Fritz Frühbrodt* (* 1901). Organisiert in der SPD, im Gemeinde- und Staatsarbeiterverband und beim Reichsbanner, geriet er im April 1933 in Haft, wurde im SA-Stützpunkt »Neumanns Festsäle« so verprügelt, dass er ins Krankenhaus musste, und wurde schließlich bei den Stadtwerken hinausgeworfen. Andere Opfer derartiger »Säuberungen« durften später – wenn auch erst nach 16 Monaten – wieder dort anfangen, Frühbrodt jedoch nicht. 1934 fand er eine Beschäftigung bei den Ardeltwerken. Trotz aller Verfolgungen hielt er an seiner NS-Gegnerschaft fest, so übermittelte er beispielsweise 1942 Briefe von KZ-Häftlingen an ihre Familien. [81]

Der Tischler *Arthur Arndt* (* 1881) gehörte dem Holzarbeiterverband sowie der Freien Turnerschaft an und vertrat die SPD von 1919 bis 1933 in der Stadtverordnetenversammlung von Eberswalde.[82] Als einer der bekanntesten Funktionäre und Mitglieder des ADGB-Ortsausschusses nahm er an vielen politischen Veranstaltungen teil und wurde besonders am Ende der Weimarer Republik auch in Saal- und Straßenschlachten hineingezogen. Er geriet nach 1933 wiederholt in Haft, wurde langen Vernehmungen ausgesetzt und erlitt wegen angeblicher Flugblattverbreitung schwere Misshandlungen beim »Verhör«. Seine letzte Verschleppung erfolgte im Zuge der Aktion »Gitter« bzw. »Gewitter« (S. 247ff.) nach dem fehlgeschlagenen Attentat

---

80 BLHA, Rep. 333, Nr. 1232, Bl. 77ff. (Bürgschaften durch Gadegast, Gohlke und Haase).
81 Ebd., Rep. 333, Nr. 1233, Bl. 402.
82 Ebd., Rep. 333, Nr. 1225 Bl. 214ff.

vom 20. Juli 1944.

Neben dem – in einem anderen Textabschnitt erwähnten (S. 91) – SPD-Stadtverordneten *Max Müller* litt mit dem Kupferhammer Gemeindevorsteher *Ferdinand Uecker* (* 1874) ein weiterer kommunalpolitisch engagierter Sozialdemokrat im Kreis Eberswalde unter dem direkten Terror der NS-»Machtergreifung«. Von Beruf Dreher, war er im großen Reichsbahnausbesserungs-Werk Eberswalde beschäftigt. Politisch seit 1897 in der SPD organisiert und auch Gewerkschafter in den Reihen des DMV, widmete sich Uecker intensiv der Kommunalpolitik seit 1911, zunächst als Gemeindevertreter, danach (1918–27) als Stellvertretender Gemeindevorsteher und schließlich bis 1933 als Kupferhammer Gemeindevorsteher. Der Nationalsozialismus bereitete dem ein schnelles Ende – mit lebenslangen Folgen. Ferdinand Uecker (* 1874) berichtet darüber nach dem Krieg:

> Seit der Machtübernahme 1933 wurde ich meines Amtes enthoben. Und am 30. März 1933 wurde ich gewaltsam von SA-Leuten aus meiner Wohnung [Feldstraße 5] geholt, schwer von SA misshandelt und bin infolge der Schläge frühzeitig Invalide geworden. Aufgrund der erlittenen Misshandlungen habe ich 10 Monate im Krankenhaus Kurmark zugebracht und leide noch heute daran.[83]

Uecker wirkte vom 1. Juni bis 31. Dezember 1946 als Bürgermeister und ab 1. Juli 1947 als Bezirksvorsteher des Stadtbezirks Kupferhammer.

Zu den engagiertesten Sozialdemokraten und Freigewerkschaftern im Raum Eberswalde zählte auch der Schlosser *Franz Haase* (* 1900). Er wohnte ebenfalls in Kupferhammer, wo er seit 1926 den SPD-Vorsitz innehatte, wirkte in der Gemeindevertretung kommunalpolitisch, war Betriebsrat der Ardeltwerke und von 1925 bis 1933 Vorstandsmitglied des Gewerkschaftsgaues (14. Bezirk). Aussagen der SED-nahen VVN zufolge[84], stellte Haase mit Kupferhammer Kommunisten 1932 eine »Aktionseinheit« her und sorgte dadurch dafür, dass trotz wachsenden NS-Terrors von außen im Ort noch im März 1933 die absolute Mehrheit der Arbeiterparteien bei Wahlen gehalten wurde. Doch schon kurz darauf rollten die Verhaftungswellen: Haase geriet bereits am 23. März des Jahres über drei Monate in Polizeihaft, vom 2. Juli bis 28. September 1933 litt er im KZ Oranienburg und anschließend bis zum 28. Januar 1934 im KZ Sonnenburg. Er trug aus der Haft einen Schädelbruch davon und musste ins Krankenhaus eingeliefert werden. Trotzdem nahm der anschließend wieder an Zusammenkünften von Regimegegnern teil. Nach einer erneuten Verhaftung und Vernehmung 1938 wurde er zur Zwangsarbeit in der Industrie verpflichtet. Einer dritten Verschleppung (April 1945) konnte er sich glücklicherweise gerade noch entziehen. (Nach dem Krieg war er Mitglied der SED-Kreisleitung bis 1949.)

Nicht minder bedeutend für die sozialdemokratisch-freigewerkschaftliche »Szene«

---

83 BLHA, Rep. 333, Nr. 1256, Bl. 3.
84 BLHA, Rep. 333, Nr. 1236, Bl. 210ff.

am Industrie- und Bahnstandort Eberswalde wie der eben Genannte war der Sattler und Tapezierer *Otto Gohlke* (1889–1958). Auch er litt wie Franz Haase wiederholt unter Verfolgung, Haft und Misshandlungen.[85] Als Eberswalder Stadtverordneter, langjähriger SPD-Vorsitzender, Bevollmächtigter des Gewerkschaftskartells (ADGB) und Betriebsrat im Vorstand des RAW (Reichsbahn-Ausbesserungswerk) Eberswalde war er *der* Spitzenfunktionär vor Ort. Im Zuge der NS-»Machtergreifung« geriet Gohlke, dem man wiederholt »Hochverrat« vorwarf, schwer in Bedrängnis: So wurde er zweimal im März 1933, dann wieder im April d. J. und schließlich im August 1944 (bis zum Kriegsende) verschleppt. Nach der Entlassung im Frühjahr 1933 blieb er lange Zeit arbeitslos, berichtete in familiären und politischen Freundesrunden über Misshandlungen in der Haft. Eigenen Angaben zufolge fand er keinen Anschluss an eine Widerstandsgruppe, da es ihm an den entsprechenden Verbindungsleuten fehlte und der Kreis der an der illegalen Arbeit Beteiligten zudem immer kleiner wurde. (Was natürlich auch an den Verhaftungen und Verurteilungen lag.) Doch selbst im Konzentrationslager habe er konspirativ »Feindsender« gehört und diese Nachrichten vorsichtig verbreitet. (Nach dem Krieg besonders als öffentlicher Redner der Verfolgtenorganisation VVN profiliert und vielerorts – trotz Invalidität – aktiv , drängte man den alten Sozialdemokraten, nun Mitglied der SED, schon früh aus der Verwaltung.)

Otto Gohlke

Individuelle Schicksale

Zum Abschluss unseres Überblicks über die Auswirkungen des frühen Terrors im Zeichen der NS-»Machtergreifung« ziehen wir mehrere individuelle Schicksale heran, auf die wir durch Auswertung von über 3000 Brandenburger VVN-Aufnahmeanträgen stießen.

Der Landwirt *Ernst Wenzel* (* 1888) engagierte sich nach der Teilnahme am Ersten Weltkrieg stark kommunalpolitisch: Von 1919 bis 1933 wirkte er als Gemeindevorsteher von Langewahl und seit 1926 als SPD-Kreistagsabgeordneter des Kreises Beeskow-Storkow, wo er Mitglied verschiedener Kommissionen war.

In knappen Worten umriss er 1949 sein politisches Schicksal in der NS-Zeit[86],

85 Ebd., Rep. 333, Nr. 1235, Bl. 6ff.

das zweifellos auf zahlreiche ausgeschaltete Gemeindepolitiker zutrifft.

> Am 9. Mai 1933 wurde ich von den Nazis verhaftet und in das Konzentrationslager nach Oranienburg gebracht; von wo ich am 17. Juli 1935 [1933] wieder entlassen wurde. Gleichzeitig wurde gegen mich ein Verfahren wegen Amtsunterschlagung anhängig gemacht, aber vom Staatsanwalt schon in der Voruntersuchung wieder eingestellt. Nach meiner Entlassung von 1933 bis 1945 übte ich meinen Beruf als Landwirt aus. Irgend eine illegale Tätigkeit zu entfalten war im Ort nicht möglich, da derselbe zu klein und der Verrat unter den Arbeitern zu groß war.

Misshandlungen und öffentliche Demütigungen erlitt der Sparkassen-Buchhalter, Angestellten-Gewerkschafter und Sozialdemokrat *Erich Wichmann*. Nach zwölfjähriger Dienstzeit wurde der Seelower am 13. November 1933 von der Sparkasse des *Kreises Lebus*, Seelow (Mark), fristlos entlassen, da der NS-Gegner öffentliche Gegenpropaganda vor der »Volksabstimmung« am 12. November betrieb und auch mit Nein votierte. Erich Wichmann (* 1902) beschreibt, was ihm daraufhin noch widerfuhr:

> An meinem Entlassungstag verhaftete mich die SA. und führte mich gewaltsam dem damaligen Kreisleiter der NSDAP. Friedrich in Seelow vor. Der Genannte begann mit den übelsten Beschimpfungen sein Verhör. Als ich ihm auf seine Frage »Warum hast du rotes Schwein mit *Nein* gestimmt?«, antwortete: »Ich bin kein Schwein«, schlug mich der Sturmbannführer Ligocki mit der Faust ins Gesicht. Auf das weitere Verhör des Friedrich gab ich nun keine Antworten mehr. Da gebot mir dieser, meinen Mantel, meine Jacke u. Weste auszuziehen. In der Annahme, nach gegnerischen Schriften usw. untersucht zu werden, kam ich dieser Aufforderung nach. – Als ich nur mit Hemd u. Hose bekleidet war, schlug der Truppführer Glanz (Zernickow) mit einem Gummiknüppel auf mich ein. Der zweite Schlag traf meinen Kopf u. streckte mich sofort zu Boden. Auch hier ließ Glanz nicht von mir ab, bis ich die Besinnung verlor. Als ich diese wieder erlangt hatte und nicht gleich aufstehen konnte, traktierte mich der Genannte mit Fußtritten. Anschließend wurde ich dann in eine Kammer gesperrt u. mit gezogener Pistole bewacht. Infolge der schweren Mißhandlungen verlor ich nochmals das Bewusstsein und stürzte zu Boden, wo ich dann längere Zeit auf den kalten Steinen liegen blieb.[87]

Am Nachmittag wurden dem Verschlag weitere wehrlose Opfer zugeführt, jedes Gespräch aber unter der Androhung unterbunden, erschossen zu werden.

Nach einiger Zeit – Wichmann hatte sich innerlich auf den Abtransport ins KZ Sonnenburg eingestellt – stieß man Wichmann und andere Eingesperrte unter Fußtritten auf die Straße. Der Sozialdemokrat fährt fort:

> Jedem einzelnen wurde ein Schild umgehängt mit der Aufschrift »Ich bin ein Volksverräter – Ich habe mit nein gestimmt.« Anschließend erfolgte dann der Ummarsch von ca. 1 ½ Stunden durch die Straßen von Seelow, fortgesetzt vom Pöbel und von der SA. u. SS belästigt. Niemand

86 BLHA, Rep. 333, Nr. 1258, Bl. 269 f.
87 Ebd., Rep. 333, Nr. 1259, Bl. 4.

hatte den Mut, gegen diese öffentliche Tyrannei einzuschreiten. Der damalige Bürgermeister von Seelow hatte vorsorglich die Polizei nach außerhalb kommandiert und war selbst abwesend, um nicht Zeuge zu sein. Auf dem Marktplatz hieß es dann »Halt«. Hier zwang mich Glanz mit vorgehaltenem Gummiknüppel meinen Namen laut zu nennen und zu rufen: »Ich bin ein Volksverräter«. Mit meinen dünnen Schuhen stand ich längere Zeit im Wasser. Als ich dann auf dem Wege nach Hause war, bewarf mich der SA. Mann Jacobi mit Steinen und verletzte mich schwer. Längere Zeit darauf war ich krank. Die gesundheitlichen Schäden sind auch heute noch nicht behoben. 1934 wurde ich aus politischen Gründen aus Seelow ausgewiesen. Es begann nun für mich und meine Familie eine sorgenschwere Zeit.

Durch einen Wichmann bekannten Sparkassenleiter fand der Ausgewiesene Arbeit in der Stadtsparkasse Königsberg/Neumark, was die örtliche NSDAP aber schon bald wieder hintertrieb. Ein böses Spiel, das sich noch öfter wiederholte. In Greifenhagen geriet Wichmann erneut – auf Betreiben des NS-Kreisleiters – in Haft (8 Tage), da er gegen eine Zwangsüberweisung protestiert hatte. Nach der Befreiung war er Direktor der Sparkasse des Kreises Lebus.

In Ketschendorf/Spree wirkte der Klempner *Gustav Kuhz* (* 1889), Mitglied des DMV und Ortsgruppenleiter der Freidenker, ehrenamtlich als SPD-Gemeindevertreter und leitete in diesem Zusammenhang den Kulturausschuss.

Durch einen eigenartigen Vorfall wurde er 1933 wochenlang in »Schutzhaft« genommen, was die NS-Willkürherrschaft an einem Beispiel lokaler Kommunalpolitik verdeutlicht. Gustav Kuhz (* 1889) dazu kurz:

> Vor 1933 war ich Mitglied der S.P.D., war Gemeindevertreter in Ketschendorf und wurde von der Ortsltg. beauftragt, die Fürsorge der Erwerbslosen zu übernehmen. Aus dieser Tätigkeit entstand ein Schriftwechsel mit Referenten zwecks Erlangung von Mietsbeihilfen für Erwerbslose. Dieser Schriftwechsel, welcher auch Fragen über die Stärke der verschiedenen Parteien enthielt, wurde angeblich im Karl-Liebknecht-Haus, Berlin [von SA besetzte KPD-Zentrale], gefunden und führte zu meiner Verhaftung.[88]

Kuhz saß seine »Schutzhaft« sechs Wochen im Amtsgericht Fürstenwalde ab. Die gegen den Kommunalpolitiker angestrengte Anklage wegen versuchten Hochverrats wurde nach einem halben Jahr wieder eingestellt, ebenso Haussuchungen und Beobachtungen. 1939 erhielt er eine Dienstverpflichtung zur Firma Julius Pintsch.

Der ausgebildete Stellmacher *Bruno Finke* (* 1888), wohnhaft in Zerpenschleuse, war neben seiner Mitgliedschaft im Reichsbanner und der SPD auch im Reichsverband der Kommunalbeamten aktiv, da er bis 1932 als Amts- und Gemeindevorsteher seines Ortes kompetent tätig war. Zudem als Kreistagsabgeordneter der SPD öffentlich der NSDAP wiederholt entgegengetreten, setzte 1933 eine Kette von Verfolgungen gegen ihn ein: Im März und April 1933 kam es zu ersten Hausdurchsuchungen, zeitweisen

88 BLHA, Rep. 333, Nr. 1244.

Verhaftungen und einem SA-Überfall auf der Straße, dem schließlich vom 29.4. bis 16.7.1933 eine Verschleppung ins KZ Oranienburg (und dortiger Misshandlungen) folgte.

Darüber hinaus versuchte die NS-Bewegung wiederholt, dem ehemaligen Kommunalbeamten Strafverfahren wegen angeblichen Amtsmissbrauchs anzuhängen, was immerhin zweimal an der Haltung der Staatsanwaltschaft scheiterte. Erst 1935 gab die Justiz dem politischen Druck nach und verurteilte Finke am 18. April d. J. wegen angeblicher Urkundenfälschung zu einem Jahr Gefängnis, da der »rührige Sozialdemokrat« eine exemplarische Strafe bekommen müsse. Im Jahr zuvor wurde ihm, der zeitweise die Landwirtschaft seiner Eltern betrieb, die Übernahme derselben abgesprochen, da er als Sozialdemokrat keine »Bauernfähigkeit« besäße! Mitte der 1930er Jahre zog Finke von Zerpenschleuse nach Klosterfelde, wo er als Maschinenarbeiter bei der Firma Bergmann unterkam. (Von 1945 bis 1951 wirkte er in Klosterfelde als Bürgermeister.)[89]

Der Fleischer *Rudolf Radasch* (* 1888), durch Kriegsverwundungen zu 80 Prozent gehbehindert, organisiert in der Neuenhagener SPD, dem Reichsbund der Kriegsbeschädigten und dem Zentralverband seines Berufs, war bis 1933 in der Gemeindeverwaltung tätig. Dann zählten die Opfer nicht mehr, die er einst als Soldat erbracht hatte. Rudolf Radasch blickt nach 1945 zurück: »Verlor meine Beschäftigung bei der Gemeinde Neuenhagen am Tage der Machtergreifung und habe bis zum 10. September 1940 keine Arbeit mehr bekommen, da immer erst von dem Amtsvorsteher Auskunft über mich eingeholt wurde.«[90] Vom 14. Juli bis zum 6. September 1934 saß der Neuenhagener (Grüner Winkel 31 I) zudem unter dem Vorwurf des Vergehens gegen das »Heimtückegesetz« im Amtsgerichtsgefängnis von Alt-Landsberg in Untersuchungshaft.

Der Leidensweg mancher Kommunalpolitiker und Vertreter der Weimarer Republik scheint schier endlos, wenn wir uns folgendes politisches Schicksal vor Augen halten:

Paul Paulick (1892–1953), Lauchhammer, SPD-Abgeordneter des Brandenburger Provinziallandtages[91], geriet bereits im März 1933 für fünf Monate in Haft. Nach der Entlassung leistete er illegale Arbeit und wurde daraufhin im November des Jahres erneut festgenommen. Man verschleppte den Wehrlosen ins KZ Lichtenburg – ein altes Festungsgebäude und für die dort herrschende Brutalität berüchtigt[92] –, wo SS Paulick zum Krüppel schlug. Er wurde 1937 entlassen und war ein körperlich und seelisch gebrochener Mann, der nur noch sehr eingeschränkt am Leben teilnehmen konnte. Im Februar 1953 verstarb er mit knapp über sechzig Jahren.

Unter Überwachung

89 Ebd., Rep. 333, Nr. 1233, Bl. 161ff.
90 Ebd., Rep. 333, Nr. 1250.
91 Ebd., Rep. 801 / VdN 1455.
92 Ingrid Fricke, Franz Künstler, S. 393ff.

Kurt Wegner

Im Auftrag des überwiegend für die SPD zuständigen »Marxismus«-Referats im Geheimen Staatspolizeiamt in Berlin war am 8. September 1934 der Kriminalsekretär Rikowski auserkoren worden, die »organisatorischen Vorbereitungen« und die »Werbetätigkeit der illegalen SPD« landesweit zu beobachten. Verfügt wurde in diesem Zusammenhang auch: »Die Reise erfolgt im landeskriminalpolizeilichen Interesse.« Besagter Kriminalsekretär berichtete nämlich am selben Tag, dem 8. September 1934, über die »Illegale S.P.D.-Bewegung in Spremberg und in einzelnen Unterbezirksgruppen« Folgendes (und hatte damit offenbar Eindruck gemacht):

> Wie vertraulich in Erfahrung gebracht werden konnte, fand am 19.8.34 in Spremberg eine Konferenz statt, an der die S.P.D.-Funktionäre der Unterbezirksgruppen Kottbus, Spremberg, Lübben und Senftenberg – zusammen 180–200 Personen – teilnahmen. Diese Aktion ist zur Kenntnis der Polizeibehörde gekommen. Ein höherer Beamter hat den Leiter der SPD in Kottbus namens Kurt Wegener, eine freundschaftliche Warnung, dass er in Zukunft vorsichtiger sein möchte, erteilt. Bisher ist gegen die Teilnehmer nichts unternommen, obschon der Polizei die Namen von über 100 Personen bekannt geworden sind. Es dürfte sich somit empfehlen, die Angelegenheit von hieraus weiter zu verfolgen.[93]

Mal davon abgesehen, dass mit »Kurt Wegener« der frühere Redakteur der Cottbuser »Märkischen Volksstimme« Kurt Wegner (S. 108f.) gemeint war, der genau wegen seines Bekanntheitsgrades keine Leitungsfunktion ausübte, sind die genannten Teilnehmerzahlen der geheimen SPD-Konferenz (180–200) interessant, korrespondieren sie doch mit den Nachkriegsangaben des letzten illegalen Lausitzer Bezirksleiters Ernst Tschickert (S. 193f.). Die vermeintlich »freundschaftliche Warnung« sollte nicht über die zielklare Absicht der Geheimen Staatspolizei hinwegtäuschen, zunächst zu beobachten, um dann den gesamten illegalen Apparat überblicken und schließlich zerschlagen zu können (S. 195ff., 221ff.).

Bespitzelung im Alltag

Großgrabe liegt südlich von Senftenberg. In der dortigen Waldhof-Siedlung, Dresdner Straße 57d, wohnte der Maurer Erich Heinrich. Unspektakulär berichtet er vom Widerstand im Alltag und den Gefahren, die sich daraus ergaben (wobei drei Bürger aus dem Ort seine Angaben bestätigen). Erich Heinrich (* 1902) schreibt 1948:

---

93 BArch, R 58, Nr. 3229, Bl. 108 (Die Rückseite des Blatts enthält die anfangs zitierte Verfügung mit der Beauftragung Rikowskis.).

In meiner Wohnung fanden im Jahre 1934 regelmäßig geheime Zusammenkünfte von ehemaligen Funktionären der S.P.D. und Arbeitersport in Form von Kartenspielen statt. Dabei wurde über die politische Lage diskutiert und der Moskauer und andere Auslandssender abgehört. Das wurde längere Zeit beobachtet, denn am 2. März 1935 fand bei mir und auch den Beteiligten eine schlagartige Haussuchung statt, mit darauffolgender Festnahme. Durchgeführt von einem Überfallkommando der Gestapo Dresden. Wir alle wurden zur Polizeistation gebracht und den ganzen Tag über verhört. Hierbei erlitt ich einen Nervenzusammenbruch, der die Hinzuziehung des Dr. Hering (Bernsdorf Oberl.) erforderlich machte.
Am 18. Mai 1935 wurde ich erneut verhaftet und mit den Beteiligten in das Konzentrationslager Sachsenburg gebracht. Nebenbei bemerke ich, dass ein Abschied von meiner schwerkranken Mutter, die nur wenige Schritte entfernt wohnte, nicht stattgegeben wurde, sie ist dann während meiner Haftzeit gestorben. Auch hier wurde mir zur Teilnahme an der Beerdigung Schwierigkeiten gemacht. Im Lager selbst war ich des öfteren Schiekanen ausgesetzt. In den Arbeitskommandos ließen mich die Posten ›auf-und-nieder‹-machen bis zur völligen Erschöpfung, oder mit voller Schubkarre Schotter und Erde im Laufschritt fahren. Es sind nur einige Beispiele, in den 30 Wochen Haftzeit brachte jeder Tag was neues. Den 5. Dezember 1935 wurde ich dann entlassen. Meiner sozialdemokratischen Idee habe ich trotzalledem weiterhin die Treue gehalten.[94]

Erich Heinrich wurde im September 1943 zur Wehrmacht einberufen und kehrte schließlich am 30.1.1946 aus der Gefangenschaft zurück. Bald darauf stieß er wieder zur SPD-Ortsgruppe Großgrabe.

Früher Widerstand

Erste illegale Leitungen

Das Verbot der SPD am 22. Juni 1933 war begleitet von einem furchtbaren Blutbad, das SA-Männer unter führenden Reichsbanner- und Parteifunktionären des Berliner Stadtbezirks Köpenick anrichteten. Die viehische Abschlachtung sozialdemokratischer Repräsentanten – man denke an den langjährigen Berlin-Brandenburger Reichsbannergauführer und Reichstagsabgeordneten Johannes Stelling – wurde mit dem bezeichnenden Titel »Köpenicker Blutwoche« belegt.[95]

Fast die gesamte Berliner SPD-Leitung – darunter der Vorsitzende Franz Künstler – wurde von einer weiteren großen Verhaftungswelle erfasst. Das zentrale Partei- und »Vorwärts«-Verlagshaus (Kreuzberg, Lindenstraße 3) war bereits im März d.J. ver-

94 BLHA, Rep. 401 / VdN 5253.

95 Heinrich-Wilhelm Wörmann, Widerstand in Köpenick und Treptow, Berlin 2010 (2. Aufl.), S. 23–50. Die Bestialitäten der SA sind kaum in Worte zu fassen: Über zwanzig Mordopfer, wehrlose Reichsbanner, Sozialdemokraten und Kommunisten – zerschlagen, zertrampelt und – wie Stelling – als Leiche in Säcke genäht und ins Wasser geworfen.

wüstet[96] und im Mai besetzt worden, als im Juni Spitzenfunktionäre, Parteisekretäre, Reichs- und Landtagsabgeordnete sowie Stadtverordnete von ihren Arbeitsplätzen und aus den Wohnungen geholt wurden. Mit diesen terroristischen Willküraktionen, zynisch »Schutzhaft« genannt, wollte man nicht zuletzt die Anhängerschaft der SPD einschüchtern. Einzelne Reichsbanneraktivisten waren dem Terror bereits seit März d. J. ausgesetzt, sie berichteten unvorstellbare Bestialitäten aus den Folterkellern der SA.

Trotz dieser lähmenden Umstände regte sich auch unter gesinnungstreuen Sozialdemokraten Widerstand. Die später gerichtlich verfolgten Leitungen wurden von früheren Parteisekretären und hauptamtlichen Mitarbeitern der SPD gebildet. Für Berlin waren es sozialdemokratische Kreisleiter wie Alfred Markwitz (Lichtenberg), Otto Frank (Wedding), Karl Schwarz (Reinickendorf) und Richard Schmidt (Pankow), für die Bundespartei[97] – neben Max Fechner und Richard Weimann – der ehemalige Landtagsabgeordnete und Bezirkssekretär für Brandenburg Wilhelm Krüger, ferner der stellvertretende Chefredakteur des »Vorwärts« Franz Klühs sowie sein Schwager Fritz Neubecker, Reichsbannerkameradschaftsleiter von Tempelhof und zweiter Abteilungsleiter im Film- und Lichtbilderdienst der SPD-Parteizentrale in der Lindenstraße.

Da die allererste illegale Landesleitung durch die Einkerkerung Kurt Schumachers im Sommer 1933 und die Emigration weiterer Mitglieder (Herbert Kriedemann, Curt Geyer, Erich Rinner) schon sehr früh zerfiel – lediglich der ehemalige Parteisekretär Alfred Nau blieb übrig und hielt über Fritz Heine Kontakt zur emigrierten Parteiführung – , war es o. g. Redakteur Franz Klühs, der zum Hauptverbindungsmann des SPD-Exilvorstandes wurde und der deshalb im August 1933 nach Prag reiste.

Brandenburger und Berliner Zeitzeugen beschreiben die Ereignisse. Wilhelm Krüger (1889–1953), bis 1934 in Eichwalde lebend, erinnert sich 1945:

> Nach Auflösung der Partei im Juni 1933 fanden wir alten SPD-Funktionäre uns sofort wieder zusammen und traten auch mit dem in Prag befindlichen alten Parteivorstand in Verbindung. Am 15. August 1933 wurde ich verhaftet und unter Anklage der ›Vorbereitung zum Hochverrat‹ gestellt. Mit mir waren noch der ›Vorwärts‹-Redakteur Franz Klühs und Genosse [Fritz] Neubecker angeklagt. Die Verhandlung fand am 20. Juni 1934 vor dem Reichsgericht in Leipzig statt. Urteil: Neubecker freigesprochen, Klühs und ich je 2 Jahre, 9 Monate Gefängnis. Die Strafe habe ich in Tegel verbüßt.[98]

Gegen den Berliner Vorstand (Markwitz, Frank usw.) verhandelte dagegen im Februar 1934 das Berliner Landgericht.[99]

Richard Weimann (1890–1976), bis 1933 Geschäftsführer des Zentralbildungsausschusses der SPD, schreibt 1949:

---

96 S. Appelius, Heine. Die SPD, S. 33ff.; I. Fricke, Franz Künstler, S. 350f.
97 H.-R. Sandvoß, Die »andere« Reichshauptstadt, S. 62ff.
98 BLHA, Rep. 401, VdN, Nr. 2730.
99 BArch, NJ 14803.

Wilhelm Krüger

Nach dem Tätigkeitsverbot der SPD bildete ich zusammen mit dem Genossen [Max] Fechner [Landtagsabgeordneter] eine Widerstandsgruppe, der außer uns beiden u. a. die Genossen Hildenbrand [Reichstagsabgeordneter], Fritz Neubecker (früher Angestellter beim Reichsausschuss für sozialistische Bildungsarbeit) und der ›Vorwärts‹-Redakteur Franz Klühs angehörten. Wir traten in Beziehung zu Freunden in den verschiedensten Teilen Deutschlands, um eine illegale Parteiverbindung über das ganze Reichsgebiet zu schaffen. Mit dem emigrierten Parteivorstand in Prag hatten wir Fühlung. In unserem Auftrag ging außerdem Franz Klühs nach Prag, um in direkten Besprechungen die notwendigen Informationen einzuholen. Wir trafen uns an mehreren Tagen in jeder Woche. Nach mehrmonatiger Tätigkeit wurden alle Genossen verhaftet. Ich allein entging der Verhaftung, weil ich gerade an der Besprechung, in der sie erfolgte und die in einem Lokal in der Potsdamer Straße stattfand, aufgrund einer anderen wichtigen Abhaltung nicht teilnahm. Die verhafteten Genossen waren sehr lange in Untersuchungshaft. Einige wurden freigesprochen, andere zu Gefängnisstrafen verurteilt.[100]

Fritz Neubecker (1903–1995) äußert 1977:

Über den Ausgang des Prozesses berichtete damals Het Volk, das Zentralorgan der niederländischen Sozialdemokraten: »Klühs machte vor Gericht als sozialistischer Kämpfer einen prächtigen Eindruck. Er erklärte, dass er seit vielen Jahrzehnten Sozialdemokrat sei und seine Überzeugung nicht geändert habe [...] Die Männer in den roten Talaren saßen unbeweglich und hörten zu. Sie bewegten sich nicht, als Klühs erklärte, dass seine Erklärungen, abgelegt vor der Geheimen Staatspolizei und [im KZ] Columbia-Haus, nichts bedeuten könnten, da sie abgelegt worden seien unter geistigem und vor allem auch mehr körperlichem Druck, über dessen Einzelheiten er hier lieber nicht sprechen wolle.« Seine Strafe verbüßte er in Tegel, wo er mit Franz Neumann zusammentraf. Nach seiner Entlassung aus der Haft [...] erfreute er sich aber nicht mehr lange seiner eingeengten Freiheit. Am 7. Januar 1938 verstarb er an den Folgen der Haft im Krankenhaus.[101]

Aufgrund der frühen Zerschlagung des illegalen Bundesvorstandes der SPD um Franz Klühs, den Brandenburger Wilhelm Krüger und andere im August 1933 wurde bei den nun folgenden Reorganisationsversuchen auf jüngere und weniger bekannte Genossen zurückgegriffen. Sie kamen vor allem aus dem Kreis der Sozialistischen

100 SAPMO-BArch, FBS 278/12628, Bl. 241.
101 Fritz Neubecker, Als Hitler den »Vorwärts« verbot, in: »Vorwärts« vom 5.5.1971; zu Neubecker siehe auch LABO, Entschädigungsakte Nr. 25665.

Arbeiterjugend (SAJ), der sie bis 1933 als hauptamtliche Funktionäre gedient hatten. Willy Schlawe (1902–1989) erinnert sich 1983:

> Nach der Emigration von Otto Wels und anderen sowie der Verhaftung des SPD-Reichsvorstandes um Klühs und Neubecker sollten frühere festangestellte Funktionäre des Hauptvorstandes der Sozialistischen Arbeiterjugend wie Gustav Weber, Theo Wiechert, Fritz List, Käthe Fröhbrodt und ich den Kern eines neuen Vorstandes bilden. Doch es wurde uns auferlegt, uns von direkter illegaler Arbeit fernzuhalten. Wir sollten lediglich die Verbindung zum Prager Exil-Vorstand herstellen bzw. aufrechterhalten und dem neuen Regime in Deutschland so wenig Anhaltspunkte wie möglich [zur Verfolgung] geben. So sind dann auch [1934/35] in den Prozessen gegen über 100 SPD-Genossen mehrere Gruppen durcheinander gebracht worden. Die gegen mich erhobenen Vorwürfe wegen [illegaler] Gelder waren aus der Luft gegriffen. Untergrundmaterial habe ich auch nicht besessen, nur einmal kurz ein Exemplar des kleinformatigen ›Vorwärts‹ gesehen. Fritz List sollte nur Wanderbedarf [aus alten SAJ-Beständen] verkaufen, hielt sich aber nicht daran. Ostern 1933 wurde ich – in meiner Eigenschaft als letzter Vorsitzender der ›Kinderfreunde‹-Bewegung – das erste Mal (für zwei bis drei Wochen) inhaftiert: wegen angeblichen Waffenbesitzes! Der bestand aus Hordentöpfen, Zeltstangen, Tellern und amerikanischen Spitzzelten – Überbleibseln aus dem Ersten Weltkrieg.[102]

Käthe Fröhbrodt (1905–1986) äußert 1986 gegenüber Dr. Horst Helas:

> Bis zu meiner Verhaftung im Dezember 1933 habe ich im Wesentlichen bei der Lösung von zwei Aufgaben mitgewirkt. Einmal bemühten wir uns, Kontakt zu bekommen zu den Genossen hier in Berlin, um den organisatorischen Zusammenhalt der Organisation aufrechtzuerhalten. Diese Veranstaltungen [...] haben wir oft getarnt als Konzertveranstaltungen oder auch als Ausflüge in die Umgebung. Meine zweite Aufgabe bestand dann darin, auch Verbindung zu bekommen zu den SAJ-Funktionären in den [Landes-] Bezirken [Deutschlands]. Mir selbst waren die Genossen ja größtenteils bekannt, da ich [...] längere Zeit im Hauptvorstand der SAJ tätig war. Zur Erfüllung dieser Aufgabe machte ich zwei Reisen. Ich fuhr einmal nach Liegnitz und einmal dann auf eine größere Reise in mehrere Südbezirke, unter anderem nach München, Frankfurt am Main, Mannheim und einige andere Orte noch. Ich bin dann auch später noch einmal zusammengetroffen mit ehemaligen Hauptvorstandsmitgliedern unserer Organisation in einem kleinen tschechischen Grenzort. Dort habe ich dann den Genossen über das Ergebnis meiner Reisen berichtet.[103]

Der Kurier Emil Stahl berichtet von der Parteibasis

Getrennt von den Bemühungen um die Reorganisation eines von Berlin aus reichsweit agierenden illegalen SPD-Vorstandes wurden auch Anstrengungen unternommen, eine Untergrundleitung für Groß-Berlin und Brandenburg zu schaffen. Im Juli 1933 war der frühere Reichstagsabgeordnete und Brandenburger SPD-Leiter Emil

102 GDW/Berlin, Interview des Verfassers am 24.1.1983.

103 Ebd., Mitschrift einer Sendung des Fernsehens der DDR am 5.3.1986 (»Wissenschaftler für Pädagogen«); zu Käthe Fröhbrodt siehe auch BLHA, Rep. 401, VdN, 4498.

Stahl (1879-1956) im Auftrag des Exil-Vorstandes der Sozialdemokratischen Partei nach Berlin gefahren[104], um dort intensive Gespräche mit der illegalen Leitung der verbotenen Partei zu führen. Damals bestand die Spitze der Berliner SPD aus vier Personen bzw. Kreisleitern: Otto Frank (Wedding) – der noch dem legalen Bundesvorstand angehört hatte –, ferner Alfred Markwitz (Lichtenberg), Fritz Thurm (Lichtenberg) und Albert Horlitz (Charlottenburg), der aber schon bald wieder ausschied. Diese Funktionäre hielten als Gruppenführer jeweils den Kontakt zu fünf der zwanzig Berliner Bezirksorganisationen, die von ihnen mit Informationen und (soweit vorhanden) mit illegalem Material versorgt wurden. Die Gruppenführer kamen wöchentlich einmal zusammen, die Kreisleiter trafen sich alle vierzehn Tage, meistens in Wohnungen oder Lauben (Stahls Kontakte ins Brandenburgische schildern wir an anderer Stelle, (siehe S. 190ff.).

Emil Stahl musste sich anlässlich seiner Reise vom 15. bis 19. Juli 1933 in Berlin herbe Kritik gefallen lassen und schwere Vorwürfe einstecken. Es wurde nicht allein die äußerst unzureichende Versorgung mit illegalem Material beklagt, sondern generell die Berechtigung einer Auslandsleitung der Partei in Zweifel gezogen. Während es Stahl gelang, durch intensive Gespräche mit älteren Parteivorstandsmitgliedern (wie der ehemaligen Reichstagsabgeordneten Elfriede Ryneck, der Parteisekretärin für Brandenburg Lisa Albrecht und dem früheren württembergischen Gesandten Hildenbrand) die Widerstände abzubauen und ein Vertrauensverhältnis zu schaffen, waren die Diskussionen mit jüngeren Sozialdemokraten weniger erfolgreich. Emil Stahl schreibt in seinem Bericht vom 25. Juli 1933:

> Sehr beklagt wurde, dass sich in den jugendlichen Genossenkreisen soviel Grüppchen bilden, die nur theoretisieren und spintisieren, aber keine praktische Arbeit leisten. Allgemein war die Meinung, dass die praktische Arbeit nur von alten erfahrenen und gefestigten P.G. [Parteigenossen] gemacht werden könne und gemacht werde. Überall, wo man mit Jugendlichen zusammenkam, dieselbe Erfahrung. Geschimpfe auf die Führer der Partei, überall das Bestreben, mit der KPD unbedingt in ein gegenseitiges Vertrauensverhältnis zu kommen und vor allem in einem stark ablehnenden Verhalten zu dem P.V. [Parteivorstand].[105]

Emil Stahl hielt sich deshalb vornehmlich an Kontaktleute aus der älteren Generation, die sich schließlich bereit erklärten, »Weisungen von Prag«, die ihnen überbracht würden, ausführen zu wollen. Trotz allem endete der Bericht des Kuriers nicht mit euphorischen Worten, sondern mit der ernsten Besorgnis, »dass der Spuk [...] spätestens im Winter zu Ende gehen muss, da sonst alles verloren sei [...]«; Stahl äußerte sogar die Befürchtung, dass die politische Entwicklung Formen annehmen könne, »[...] die den jetzigen nicht nachstehen, sondern dieselben in der Grausamkeit gegen uns und unsere Anhänger vielleicht noch übertreffen.« Prophetische Worte!

---

104 Zu Stahl siehe Biographisches Handbuch der deutschsprachigen Emigration (abgekürzt BHE), Bd. 1, S. 719; F. Moraw, Die Parole der »Einheit«, S. 32f.

105 Zitiert nach F. Moraw, Die Parole der »Einheit«, S. 32.

Bereits bald nach Stahls politischer Visite schlug die Geheime Staatspolizei zu und verhaftete die illegale Leitung der Berliner SPD.[106] (Dieser Aktion sollen bis 1936 noch zahlreiche weitere folgen.) Zu den Festgenommenen gehörten neben dem Lichtenberger Alfred Markwitz auch die illegalen Vertreter der drei Nordberliner SPD-Kreisverbände: der Weddinger Otto Frank, der Reinickendorfer Karl Schwarz und der Pankower Richard Schmidt. Die Verschleppten wurden grausamen Verhören unterworfen, um die Namen von Kontaktleuten und Mitverschwörern zu erhalten. Der Steindrucker Karl Schwarz (1883–1952) berichtet im Jahr 1949:

Emil Stahl (r.) mit Parteivorstand Hans Vogel

> 1933 wurde ich mit verschiedenen anderen Genossen, darunter Franz Klühs, [Otto] Frank usw. verhaftet. Nach den bekannten gewaltsamen Vernehmungen in der Prinz-Albrecht-Straße, wobei mir der Kiefer zerschlagen wurde, und ich wohl Verletzungen des Nierenbeckens bekam, wurde ich in das bekannte Columbia-Haus eingeliefert. Nach [...] [siebenwöchigem] Aufenthalt in dieser Hölle wurden alle an dieser Angelegenheit Beteiligten nach dem Polizeipräsidium transportiert und kamen dann als Untersuchungsgefangene nach Moabit. Am 27. [17.] Februar 1934 fand die Verhandlung vor dem Landgericht in Berlin-Moabit statt. Durch die kluge Taktik der Verteidigung [darunter Rechtsanwalt Ernst Fraenkel, d. Verf.] und der uns geneigten Verhandlungsführung durch den vorsitzenden Richter, einem Zentrums-Mann, wurden wir wegen Mangels an Beweisen freigesprochen.[107]

Wie Karl Schwarz, waren auch die anderen Mitangeklagten gesundheitlich gezeichnet. Rudi Deutschmann (1911–1997) berichtet über seinen Pankower Freund Richard Schmidt:[108] »Nach der Verhaftung und Misshandlung durch die Nazis kehrte dieser einst so strahlende und humorvolle Mensch als alter Mann zurück. Sie hatten ihm sämtliche Zähne ausgeschlagen.« Weddings Kreisvorsitzender und Stadtrat Otto Frank war bereits im Frühjahr 1933 bei der Hissung der NS-Fahne am Rathaus

---

106 Markwitz berichtet im Mai 1946 von seiner Festnahme am 15.8.1933. Als ebenfalls später freigesprochene Mitangeklagte nennt er den Preußischen Landtagsabgeordneten Max Fechner und Karl Hildenbrand. Am 17.2.1934 entlassen, setzte Markwitz die illegale Arbeit fort; vgl. Thüringisches Hauptstaatsarchiv Weimar/Rat des Bezirks Erfurt – Abteilung Gesundheits- und Sozialwesen, VdN-Akte Alfred Markwitz.

107 LABO, Entschädigungsakte von Karl Schwarz Nr. 22961.

Lisa Albrecht

Wedding zusammengeschlagen worden. Die erneute Beeinträchtigung seiner Gesundheit im Sommer des selben Jahres soll so gravierend gewesen sein, dass er – zwei Jahre nach dem Prozess – an den Spätfolgen verstarb.

Das zu diesem Zeitpunkt noch nicht völlig vom NS-Regime »gleichgeschaltete« Gericht sprach die angeklagten Sozialdemokraten, die die Quälereien zur Sprache gebracht hatten, frei. Im Urteil des Landgerichts vom 17. Februar 1934 heißt es:

> [...] ebenso haben die übrigen Angeklagten ihre vor der Polizei gemachten Aussagen, soweit sie belastende Angaben enthalten, widerrufen. Zur Begründung des Widerrufs haben sie erklärt, ihre Aussagen seien unter Druck erfolgt, der durch unsachgemäße Behandlung der Wachmannschaften hervorgerufen sei. Der Kriminalsekretär Rikowski vom Geheimen Staatspolizeiamt, den das Gericht hierzu als Zeuge vernehmen wollte, konnte eine Aussage hierzu nicht machen, da ihm eine Aussagegenehmigung für Angelegenheiten des inneren Dienstes nicht erteilt war. Soweit die polizeilichen Protokolle von den Erklärungen der Angeklagten in der Hauptverhandlung abweichen, konnten sie unter diesen Umständen der Urteilsfindung nicht zugrunde gelegt werden, da sie durch kein richterliches Protokoll bestätigt sind.[109]

Das Ermittlungsverfahren lief ursprünglich unter »Albrecht und Genossen« und bezog sich auf die o.g. frühere Brandenburger Parteisekretärin für Frauen Lisa Albrecht, die ab 1934 ihren Lebensmittelpunkt in Berlin hatte und im Krieg nach Bayern zog (wo sie nach 1945 als Bundestagsabgeordnete wirkte).

Fassen wir der Vielfalt des Berichteten wegen Folgendes zusammen: In der Frühphase des sich schrittweise herausbildenden sozialdemokratischen Widerstandes – in dem die örtlichen Gruppen zunächst eigenständige Reorganisationsbestrebungen unternahmen (S. 157) – fällt eine sehr enge Verbindung von gesinnungstreuen Brandenburger und Berliner Funktionären ins Auge.

Dies drückt sich auch in der Tatsache aus, dass ehemalige Brandenburger Parteisekretäre wie Wilhelm Krüger (S. 158) oder Lisa Albrecht (S. 160) in erste Ermittlungsverfahren bzw. Prozesse der NS-Justiz gegen die illegale SPD verwickelt waren. Spätestens Mitte 1934 agierten die Untergrundleitungen Brandenburger Unterbezirke

108 GDW/Berlin, Interview mit Rudi Deutschmann am 6.11.1990. Diesem Zeitzeugen verdankt der Verfasser den Hinweis, dass der genannte Pankower (1892–1962) der Sohn des gleichnamigen Brandenburger SPD-Landeskassierers (1864–1948) war.

109 Zitiert nach LABO, Entschädigungsakte von Karl Schwarz Nr. 22961; BArch, NJ 14803.

– wie die in der Lausitz (S. 188f.) oder im Bereich Frankfurt/Oder (S. 210f.) – aber getrennt von Berlin und sie besaßen im früheren Brandenburger Parteivorsitzenden und nunmehrigen Exil-Parteisekretär Emil Stahl (S. 190ff.) den für sie verantwortlichen zentralen Kontaktmann nach Prag.

Nicht unterbewerten darf man in diesem illegalen Beziehungsgeflecht den familiären Faktor, sofern er von politischer Relevanz war: Der erwähnte Funktionär der Berliner Bezirksleitung und Pankower Kreisvorsitzende Richard Schmidt (1892–1962) war der Sohn des langjährigen Brandenburger Parteikassierers (S. 109) und der ebenfalls bewährte Brandenburger Jugendfunktionär Walter Rüdiger (S. 109), ein Verwandter des früheren Berliner SAJ-Spitzenfunktionärs Werner Rüdiger, der seit 1933 in den Reihen der linkssozialdemokratischen Widerstandsgruppe »Roter Stoßtrupp« agierte (S. 271ff.) und vor allem in der Hilfe für Familien inhaftierter Genossen eine wichtige Rolle spielte.[110] Die Kenntnis der nachwachsenden Generationen (SAJ) war für die Rekrutierung geeigneter Funktionärskader für die Untergrundarbeit der Partei von nicht zu unterschätzender Bedeutung.

Informelle Netzwerke

Neben den organisierten Widerstandsgruppen der politischen Parteien (SPD, KPD, SAPD), die in Verbindung mit den jeweiligen Auslandsvertretungen standen, existierte eine Vielzahl von informellen Kreisen vertrauter politischer Menschen, deren Hauptaugenmerk primär nicht die (riskante) Verbreitung von Untergrundschriften, sondern die umsichtige Schaffung eines Hilfs-, Informations- und Kontaktnetzes war. Dabei sollte der Eindruck eines »organisatorischen Zusammenhalts« – den die Strafverfolgungsbehörden hätten anprangern können (S. 195ff.) – auf jeden Fall vermieden werden. Zur Tarnung griff man daher auf die äußere Form beruflicher Verbindungen (Vertretertätigkeit im Versicherungswesen oder Brennstoffhandel) oder Freizeitaktivitäten (Sport, Familientreffen) zurück. Priorität besaß die Bewahrung und informelle Schulung politischer und gewerkschaftlicher Kader für die Aufbauzeit nach dem Ende der NS-Diktatur.

Im Folgenden werden einige Beispiele für diese ganz eigene Facette antinazistischer Gegnerschaft vorgestellt. Anspruch auf Vollständigkeit wird dabei nicht erhoben. Es sei aber daran erinnert – und in diesem Zusammenhang beispielhaft auf den sozialdemokratischen Widerstand in der Lausitz verwiesen (S. 205f.) –, dass viele Widerstandskämpfer gerade auch der Provinz Brandenburg bis 1933 zugleich Mitglied in einer Gewerkschaft, der SPD und des Reichsbanners waren. Es blieb der eigenen Entscheidung bzw. dem dabei (freizeitmäßig) gewählten politischen Schwerpunkt vorbehalten, welcher oppositionellen Tendenz man sich nach dem Verbot der Arbeiter- und Gewerkschaftsbewegung anschloss.

110 H.-R. Sandvoß, Widerstand in Prenzlauer Berg und Weißensee, Berlin 2015 (2. Aufl.), S. 69f.

Freigewerkschaftliche Oppositionsgruppen

Vor allem aus den Reihen der am 2. Mai 1933 – nach hilflosen und peinlichen Anpassungsversuchen zuvor – zerschlagenen Gewerkschaften[111] gab es landesweite Anstrengungen, ein Kadernetz aus bewährten und gesinnungstreuen Frauen und Männern zu bilden. Der durch intensive Quellenforschung ausgewiesene Gewerkschaftshistoriker Siegfried Mielke hebt zu Recht hervor, dass es neben der Kapitulation des Allgemeinen Deutschen Gewerkschaftsbundes (ADGB) im Frühjahr 1933 – so wurde bekanntlich zur Teilnahme an der NS-Kundgebung am 1. Mai aufgerufen – und der anschließenden Verfolgung (»Schutzhaft«) aus den Reihen der selben Organisation noch im Jahr 1933 viele Beispiele mutigen Widerstandes gestandener Funktionäre gab.[112] Besonders weit waren diese illegalen Reorganisationsansätze beim Transportarbeiterverband – an dessen Spitze Edo Fimmen von der Internationalen Transportarbeiter-Föderation (ITF) wirkte – und beim einst sehr schlagkräftigen Deutschen Metallarbeiter-Verband (DMV) unter der informellen Leitung Alwin Brandes (Reich) und Max Urichs (Berlin) gediehen.

Dabei wagte sich der europaweit agierende ITF politisch am Weitesten vor, schleuste er doch bis ins Jahr 1936 hinein sogar Tarnschriften und Informationsblätter antifaschistischer Stoßrichtung ein, was aufgrund des Verbandscharakters (Transportgewerbe) noch am Wenigsten kompliziert und riskant schien.

Ein sehr interessantes Dokument wirft im Folgenden auch einen Blick auf Stützpunkte und Kontaktpersonen im Land Brandenburg.

Transportarbeiter-Verband

Aus einem internen Schreiben der ITF über das gewerkschaftliche Vertrauensnetz der Jahre 1933 bis 1935 mit reichsweit sich organisiert habenden Gauvertretern und Bezirksleitern:

> In der Zeit vom November 1933 – 16. Mai 1935 fanden zahlreiche Besprechungen des Reichsleiters mit den Gaugrafen unter öfterer Hinzuziehung von Stützpunktführern statt. Dazwischen fanden Besprechungen und Besuche mit Vertretern der ITF im Reich und am Sitze der ITF statt. [...]
> Aus kleinsten Anfängen entwickelte sich mit der Zeit eine verhältnismäßig gute Kaderorganisation. Ohne geschichtliches Vorbild, ohne Mittel zu umfassenden und regelmäßigen Unterstützungen für arbeitslose Kollegen mußte gearbeitet werden. Der Anfang war persönliche Verbindung, die Grundlage gegenseitiges Vertrauen.
> Die Verbindung war bis zum 17.5.1935 nach jedem Gau hin gut.
> Nach der Verhaftung und Emigration des Reichsleiters [...] wurde im Einvernehmen mit der ITF eine Umorganisation durchgeführt. Die 19 Gaue wurden in 7 Gebieten zusammen-

111 Michael Schneider, Unterm Hakenkreuz. Arbeiter und Arbeiterbewegung 1933 bis 1939, Bonn 1999, S. 91ff.

112 Siegfried Mielke (Hg.), Gewerkschafter in den Konzentrationslagern Oranienburg und Sachsenhausen. Biographisches Handbuch, 4 Bände, Berlin 2003ff.

> gefasst. Das bedeutete ein Aufgeben des bis dahin streng durchgeführten Grundsatzes der Abgrenzung der Gaue untereinander. [...] Bald zwangen die Verhältnisse zur Dezentralisation. Die Gaue Rhein, Ruhr, Westfalen wurden wegen ihrer Wichtigkeit in 25 Bezirke aufgeteilt. Jedem Bezirk steht ein Bezirksleiter vor, mit diesen werden in 4-wöchentlichen Abständen Grenztreffen abgehalten.[113]

Durch die Schaffung von Grenzstellen war es möglich, Material und Schriftwechsel der ITF und Reichsleitung nach Deutschland zu befördern. Zur konspirativen Absicherung der Beteiligten waren ein besonderes Stichwort, Erkennungswort und Erkennungszeichen vereinbart.

Unter der Kennzeichnung »Das organisatorische Gerippe« zählt der Bericht die einzelnen Bezirke bzw. Regionen auf. Wir greifen dafür die Brandenburg betreffenden Abschnitte 10 und 15 heraus.Daraus ergeben sich folgende Angaben (wobei der Begriff »Vorort« den Sitz der Leitung bedeutet):

> 10. Gau Brandenburg. Vorort Berlin
> Gaugraf: Pieper, I.V. [in Vertretung] Schmidt
> Ersatzleute: Scheel und Schrammer
> Stützpunkte: Berlin, Potsdam, Oranienburg und Wittenberge
> [...]
> 15. Gau Schlesien. Vorort Cottbus
> Gaugraf: Bode
> Ersatzleute: Raack und Fleischer
> Stützpunkte: Lübben, Lübbenau, Senftenberg, Forst, Görlitz, Guben, ..., Sorau, Weißwasser, Finsterwalde, Spremberg, [...], Frankfurt/O.

Kursorisch bemerkte der Bericht dann, welche Gaue gute bis sehr gute, zufriedenstellende – darunter die beiden oben Genannten – und welche zu wünschen übrig lassende Organisationen aufwiesen. Zu Letzteren zählten Oldenburg, Nordwest, Kassel und Südbayern, vor allem Hannover bereitete ernste Sorgen.

Für gesonderte Aufgaben im Betriebsbereich kämen Brandenburg betreffend infrage:

Stadt	*Sparte*	*Vertrauensmann*
Cottbus	Textil	C. Richter
Cottbus	Bekleidungsgewerbe	E. Jeise
Cottbus	Baugewerbe	E. Jäckel
Berlin	Siemenswerke	H. Arhilger

Reichsweit fiel die Bilanz durchaus beeindruckend aus. Am 1. März 1936 zählte die ITF für Deutschland immerhin 137 Stützpunktorte, 284 Stützpunktführer und

113 Archiv der sozialen Demokratie (AdsD), ITF, Mappe 46, Bl. 79–86.

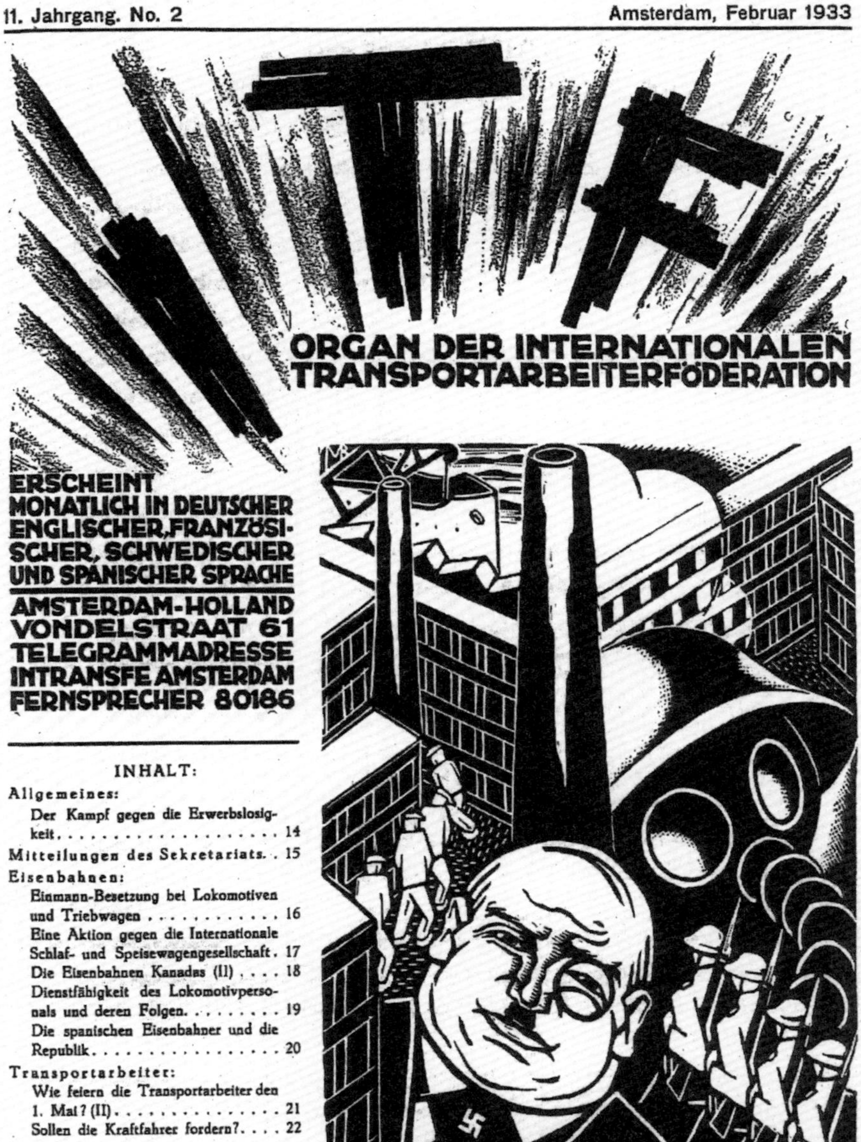

11. Jahrgang. No. 2 Amsterdam, Februar 1933

ITF

ORGAN DER INTERNATIONALEN TRANSPORTARBEITERFÖDERATION

ERSCHEINT MONATLICH IN DEUTSCHER ENGLISCHER, FRANZÖSISCHER, SCHWEDISCHER UND SPANISCHER SPRACHE

AMSTERDAM-HOLLAND VONDELSTRAAT 61

TELEGRAMMADRESSE INTRANSFE AMSTERDAM

FERNSPRECHER 80186

INHALT:

„DAS DRITTE REICH"

Schrift der Internationalen Transportarbeiterföderation (ITF) vom Februar 1933

1320 Funktionäre, wobei besonders Süddeutschland, Hannover und Pommern als Schwachpunkte galten.

In einem dem Bericht angehängten »Adressenverzeichnis zur Organisationsanlage« stehen einzelne Namen und Anschriften von Brandenburgern. Es sind aus Nowawes Max Schröder (Blumenweg 16) und R. Grünberger – zwei uns aus dem Ortsvereins-Exkurs bereits vertraute Namen (S. 116ff.) engagierter Sozialdemokraten und Reichsbannermänner –, dann aus Senftenberg Paul Raack (Siedlung), aus Weißwasser Louis Fleischer, aus Cottbus Willi Schrödter (Striesowerweg), Eduard Haise (Hüfnerstraße 71) und Emil Jäckel (Karlstraße 60/61) sowie Georg Taubitz aus Frankfurt/Oder.

Karl Pieper

Von den genannten Brandenburger Funktionären und Vertrauensleuten sind mehrere Verfolgtenschicksale überliefert[114], wobei es sich nicht zufällig um die zwei oben genannten »Gaugrafen« Pieper und Bode handelt. Dabei hatte der frühere Gewerkschaftssekretär Karl Pieper (1893–1962), der sich nach 1933 als Vertreter durchschlug, insofern Glück, als nicht alle seine illegalen Aktivitäten durch Gestapo und NS-Justiz aufgedeckt worden waren. Obwohl seine Teilnahme an einer internationalen Gewerkschaftstagung in Dänemark (April 1935), bei der auch die Wiederaufrichtung der alten Interessenvertretung in Deutschland erörtert wurde, gerichtsbekannt war, kam er im Volksgerichtshofprozess gegen Alfred Markwitz und andere führende illegale Sozialdemokraten (1936) mit einem Jahr Gefängnis davon. Pieper wurde allerdings am 5. September 1940 erneut wegen des Verdachts der »Vorbereitung zum Hochverrat« festgenommen, das betreffende Verfahren aber zum 10. März 1941 wieder eingestellt, Pieper jedoch erst mehrere Tage danach entlassen.[115]

Schlimmer erging es dagegen dem Cottbusser »Gaugrafen« Wilhelm Bode[116] (1886–1945). Über ihn hatte die Gestapo nämlich Aufzeichnungen des ins Ausland geflohenen Spitzenfunktionärs Hans Jahn gefunden, sodass der ins Ausland geflohene alte Gewerkschafter im Gegensatz zur Mehrheit der 1940 reichsweit verhafteten mehr als 90 Eisenbahner, die im Verdacht illegaler Arbeit standen, seine Mitwirkung im

114 Siehe zum Folgenden Siegfried Mielke/Stefan Heinz (Hg.), Eisenbahngewerkschafter im NS-Staat. Verfolgung – Widerstand – Emigration (1933–1945), Berlin 2017.

115 S. Mielke/St. Heinz, Eisenbahngewerkschafter, S. 116–119, 610–612.

116 Dieselben, Eisenbahngewerkschafter, S. 111–114 und 412–414; BLHA, Rep. 333, Nr. 1264, Bl. 219ff.

Untergrundkampf nicht ableugnen konnte. Obwohl Bode an der o. g. internationalen Gewerkschaftskonferenz nicht teilgenommen hatte, sondern dafür seinen Cottbusser Kollegen (und Genossen) im Reichsbahnausbesserungswerk Willi Schrödter gewinnen konnte, musste er doch u. a. mehrere Auslandstreffen mit Hans Jahn zugeben und wurde seiner zentralen Rolle wegen im April 1942 vom Volksgerichtshof zu acht Jahren Zuchthaus verurteilt. Zur Strafverbüßung musste er nach Brandenburg-Görden.

Bodes engen Vertrauten, den Maschinenschlosser Willi Schrödter (1889–1958)[117], bestrafte das Oberlandesgericht Hamm am 24. Oktober 1941 mit einundeinhalb Jahren Gefängnis, unter Anrechnung der langen Untersuchungshaft von 14 Monaten. Nachdem Schrödter am 12. Februar 1942 unterschrieben hatte, sich in Zukunft jeglicher »staatsfeindlicher« Tätigkeit zu enthalten, kam er frei und überlebte auch im April 1945 die Zeit beim »Volkssturm«. Wilhelm Bode dagegen wurde zwar aufgrund der Befreiung noch im Zuchthaus Brandenburg entlassen, kam aber nie mehr zu Hause in Cottbus an.

Metallarbeiterverband (DMV)

Der Gewerkschafter und DMV-Funktionär Heinrich Witt (1876–1954)[118] zählte zu den bekanntesten Repräsentanten seines Verbandes[119] – der wiederum an der Spitze des gewerkschaftlichen Widerstandes wirkte – und zeichnete sich im Frühjahr 1933 durch eine fast beispiellose Zivilcourage aus.

Neben Brandenburgs Oberbürgermeister Szillat, der in seinem Amt als Fraktionsvorsitzender der SPD im Preußischen Landtag im Mai 1933 öffentlich die Ablehnung des diktatorischen »Ermächtigungs«-Gesetzes der Regierung Hitler/Hugenberg begründete, war es der Brandenburger DMV-Leiter und SPD-Stadtverordnete Heinrich Witt, der in einer großen Metallarbeiter-Versammlung im Volkshaus der Domstadt das NS-Regime anprangerte. Um den explosiven Charakter des Ganzen zu unterstreichen, sei daran erinnert, dass die Gewerkschaften seit dem 2. Mai (das Reichsbanner seit März d. J.) verboten waren. Lassen wir dazu einen Polizeibericht sprechen:

> Am 1.6.33 fand hier im Volkshaus eine Versammlung des Metallarbeiterverbandes statt, die von etwa 600 Teilnehmern besucht war. Die Versammlung wurde von dem II. Vorsitzenden des Verbandes – Michael Neff – geleitet. Als Beauftragter der N.S.B.O. [Nationalsozialistische Betriebszellen Organisation] war der Kaufmann Georg Schuhknecht zugegen.
> Im Verlauf der Aussprache ergriff der frühere Gewerkschaftsführer des Verbandes – Heinrich Witt – das Wort und kritisierte in scharfer Weise die von der N.S.B.O. infolge der Gleichschaltung getroffenen Maßnahmen. Insbesondere wies er darauf hin, daß kaum ein klassenbewußt[er] Arbeiter das von der N.S.D.A.P. übernommene Volkshaus betreten würde, solange auf demselben die Hakenkreuzfahne wehe. Ich bemerke hierzu, daß Witt selbst Geschäftsführer

117 S. Mielke/St. Heinz, Eisenbahngewerkschafter, S. 660–662; BLHA, Rep. 801, VdN 1893.
118 LAB, C Rep. 118-01, Nr. 11059.
119 S. Mielke/St. Heinz (Hg.) unter Mitarbeit von Marion Goers, Funktionäre des Deutschen Metallarbeiterverbandes im NS-Staat. Widerstand und Verfolgung, Berlin 2012, S. 11–49.

Heinrich Witt

des Volkshauses und als solcher mitverantwortlich für die Erhaltung des im Volkshaus ruhenden Gewerkschaftsvermögens war.
Die Ausführungen des Witt wurden von den Versammlungsteilnehmern mit großem Beifall aufgenommen und teilweise durch lebhafte Zwischenrufe ergänzt. Wegen seiner scharfen und gehässigen Redewendungen wurde Witt anschließend in politische Schutzhaft genommen. Gleichzeitig wurde der II. Bevollmächtigte des Verbandes – Neff –, der es als Versammlungsleiter nicht für notwendig gehalten hatte, gegen die Ausführungen des Witt und gegen die aufreizenden Zwischenrufe der einzelnen Versammlungsteilnehmer einzuschreiten, von dem Kreisbetriebszellenleiter B a r u t h seines Amtes enthoben.[120]

Witt, der bereits im Februar 1933 wegen eines gegen die NSDAP verbreiteten Flugblattes kurzzeitig eingesperrt worden war und unter Polizeiaufsicht stand, wurde noch in der Nacht der oben geschilderten Versammlung festgenommen und ins KZ nach Oranienburg und danach nach Sonnenburg verschleppt, wo man ihn erst am 25. Januar 1934 entließ.

Auf Veranlassung des Potsdamer Polizeipräsidenten Graf Helldorf erhielt Witt zudem ein Auftritts- bzw. Aufenthaltsverbot für die Stadt Brandenburg, fristlos entlassen war er bereits am 2.5.1933 worden. Heinrich Witt zog nach Berlin, reihte sich aber trotz aller erlittenen Verfolgungen in den gewerkschaftlichen Widerstand führender DMV-Funktionäre wie Max Urich (1890–1968) ein. Unabhängig davon wirkten im Raum Rathenow mehrere oppositionelle Kader der alten DMV-Geschäftsstelle.

In seinem Lebenslauf schreibt Heinrich Witt: »Im Juni 1934 nahm ich Verbindung mit früheren Kollegen auf u. a. K. Vollmerhaus (S. 266), M. Urich, O. Eichler und andere. Bis zur Verhaftung Urichs trafen wir uns in einem Lokal in der Mittelstraße, das dem früheren Vorsitzenden der Hotel- u. Gastwirtsangestellten gehörte.«[121]

Witt hielt auch nach Urichs Festnahme (Mai 1935) den Kontakt zu aktiven Widerstandskadern, berichtet Hermann Schlimme (S. 221f.). Am 23. Juli 1944 wurde Witt im Zuge der landesweiten »Gitter/Gewitter«-Verhaftungswelle – gegen vermeintliche Sympathisanten des Attentatsversuchs – nach Sachsenhausen verschleppt und erst am 15. September d. J. wieder entlassen. (Über sein Leben nach dem Krieg ist sehr wenig bekannt.)

---

120 BLHA, Rep. 2 A I Pol, Nr. 1183, Bl. 84.
121 LAB, C Rep. 118-01, A 11059 (Heinrich Witt).

Gruppe Leuschner

Einen wieder anderen Kreis von Frauen und Männern der gewerkschaftlichen Tradition – aber mit den Einzelgewerkschaften informell über Vertrauensmänner wie Max Urich verbunden – bildete der frühere Stellvertretende ADGB-Vorsitzende Wilhelm Leuschner.[122] Auch er geriet früh ins KZ (Lichtenburg), weil er sich der NS-»Gleichschaltung« verweigerte und widersetzte.

Seine politisch-oppositionellen Verbindungen, die er über einen Kleinbetrieb geschäftlich geschickt tarnte, reichten bis ins bürgerliche »Lager« hinein. Vor allem lag ihm eine enge Kampfgemeinschaft mit den früheren christlichen und konservativen Richtungsgewerkschaftern Jakob Kaiser und Max Habermann am Herzen.

Zu seinen Anhängern im Land Brandenburg – an deren Spitze der Babelsberger Hermann Maaß und seine Freunde (S. 243ff.) standen – zählte auch der Neuenhagener Dreher und Maschinenbauingenieur Karl Hoffmann (* 1899) aus der Graudenzer Straße 5.

Er gehörte der SPD, dem Reichsbanner, der Angestelltengewerkschaft (Butab) sowie zuvor dem Jungproletarischen Bund an. Seine Arbeitsstätte lag in Berlin, wo er als Ingenieur bei den Deutschen Telefonwerken tätig war, als er im Gefolge der NS-»Machtergreifung« ins KZ verschleppt wurde: Karl Hoffmann blieb vom 17. August bis zum 15. November 1933 im Konzentrationslager Brandenburg (altes Zuchthaus) eingesperrt. Nach der Entlassung fand er lange Zeit keine Arbeitsstelle, sondern erst wieder Mitte März 1935. In seinem VVN-Aufnahmeantrag[123] bezeichnet er sich als Mitglied der Widerstandsorganisation »Butab u. Gewerkschaftsgruppe Leuschner«, ohne dies weiter zu beschreiben. Als Bürgen nennt er u. a. den NS-verfolgten Angestelltengewerkschafter Hermann Waschow sowie den Vizepräsidenten der Kammer der Technik Max Günther, der in einem Artikel in der »Deutschen Volkszeitung« vom 20. Juli 1945 [1946] – mit dem Titel »Erinnerungen von einem der dabei war« – den Namen Karl Hoffmanns als Funktionär einer illegalen Gewerkschaftsgruppe erwähnt.

Wenden wir uns nun einem ganz anderen Netzwerk als dem gewerkschaftlichen, nämlich dem sozialdemokratischer Kommunal- und Landespolitiker zu, das im Westhavelland seinen Schwerpunkt hatte.

Im Westhavelland

Der frühere SPD-Abgeordnete im Kreistag Westhavelland, Döberitzer Bürgermeister und Premnitzer (S. 144f.) Amtsvorsteher Otto Sommer (1887–1973), ein anerkannter und bewährter Kommunalpolitiker, wurde bereits im April 1933 unter Polizeiaufsicht gestellt und kam nach qualvollen »Verhören« im Rathenower Gerichtsgefängnis (Juni) schließlich bis September 1933 ins KZ.

Die Wut der NS-Bewegung auf Sommer erklärt sich vielleicht auch aus dem Umstand, dass die NSDAP bei der Wahl am 5. März 1933 nur ¼ der abgegebenen Stimmen in Döberitz erhielt. Seit 1918 bestand dort eine sozialistische Mehrheit, berichtet Sommer stolz.

---

122 Axel Ulrich, Wilhelm Leuschner. Ein deutscher Widerstandskämpfer, Wiesbaden 2012.
123 BLHA, Rep. 333, Nr. 1238, Bl. 63.

Trotz erlittener gesundheitlicher Schäden durch die Kerkerzeit hielt er weiterhin mit einem Kreis gut vertrauter Parteifreunde zusammen, anfänglich in seinem Haus in Döberitz, Brandenburger Straße 6.

Otto Becker († 1956), der 1933–35 unter Polizeiaufsicht stand und 1941 wegen »Heimtücke« mehrere Tage inhaftiert wurde, berichtet 1949:

> Als der Genosse Sommer dann aus dem KZ Oranienburg entlassen worden war, war mein erster Gang zu ihm, ich musste unbedingt wissen, was sich im K.Z. abgespielt hatte und was aus unseren Genossen geworden war. Wir setzten unsere illegale Tätigkeit in verstärktem Masse fort durch nächtliche Zusammenkünfte in der Wohnung des Gen. Sommer. Ich bemerkte dann aber bald, dass ich von einigen S.A. Leuten aus Fohrde [seinem Heimatort, d. Verf.] auf meiner Fahrt nach Döberitz beobachtet wurde. Wir verlegten daraufhin unsere Zusammenkünfte in das Haus des Herrn Fritz Stimming jun., Pritzerbe, bis zum Zusammenbruch des Naziregimes. Von den Gen. Paul Szillat, Karl Gehrmann, Peter Ames usw. erfuhr ich, das[s] sich der Gen. Sommer während der Haftzeit aufs beste bewährt hatte [...].[124]

Als – inzwischen verstorbene – Mitglieder der illegalen Gruppe nennt Otto Sommer 1957 noch Ernst Schuder, bis 1933 Gemeindevorsteher in Fohrde (1945 wieder eingesetzt), Paul Schlode, nach 1945 eine zeitlang Bürgermeister in Pritzerbe, und den Döberitzer Gastwirt Otto Mangelsdorf, der heimlich seine NS-Gäste belauschte.

Die nächtlichen Zusammenkünfte im Haus Sommer in Döberitz bestätigen 1949 auch der langjährige Parteisekretär der SPD in Brandenburg (Stadt) bzw. Westhavelland Paul Voigt und Franz Laege (Rathenow), der im KZ Oranienburg 1933 Haftgenosse Otto Sommers war.

Nähere Auskünfte über den genannten Kreis gibt noch ein weiterer Zeuge, der Mariendorfer Bruno Milowski, seit 1933 als Bauführer der Firma Erich Schulze nach Döberitz-Gabel beordert. Er begründet auch die konspirative Vorsicht der NS-Gegner. Bruno Milowski erinnert sich 1957:

> Nach seiner Entlassung hatte ich sehr oft Gelegenheit, in seinem Hause an illegalen Zusammenkünften in den Jahren 1934–1945 teilzunehmen. Die Zusammenkünfte wurden je nach Bedarf – wie es die politische Situation erforderte – auf Veranlassung des Genossen Voigt aus Brandenburg, als Parteisekretär der SPD einberufen, woran ständig bis 8 Genossen aus den Orten Döberitz, Pritzerbe und Fohrde teilnahmen. Wir hatten den Auftrag, alle Informationen und Berichte über die illegale Tätigkeit nur mündlich an die unbedingt zuverlässigen Genossen weiterzugeben, da die Tätigkeit durch schriftliches Material – was noch 1933/34 üblich war – eingestellt werden mußte, da die Genossen dadurch in die Gefängnisse, Zuchthäuser und KZ-Lager kamen, [was] nun nicht mehr verantwortet werden konnte. Die Zusammenkünfte fanden selbstverständlich immer nur nachts statt, wir waren auch damals davon überzeugt, daß, wenn wir einmal ertappt würden, uns das Zuchthaus oder die Todesstrafe in Aussicht stand.[125]

124 BLHA, Rep. 401, VdN 4076 (Otto Sommer).
125 Ebd., Erklärung B. Milowski vom 2.8.1957.

Paul Voigt

Hinzugefügt aus einer Erklärung Otto Sommers (nach 1950) sei noch, dass der Döberitzer im Auftrag seiner politischen Freunde wiederholt nach Berlin fuhr und dort mit Fritz Ebert Kontakt hielt, der sich freute, geheime Nachrichten aus seinem früheren – nun mit Aufenthaltsverbot belegten – Wirkungsort, der Stadt Brandenburg bzw. dem Westhavelland, zu erfahren.

Weitere historische Mosaiksteine zur Rekonstruktion illegaler Brandenburger Netzstrukturen liefert der Bericht von Paul Voigt (1881–1967), einem erfahrenen Vertreter der Arbeiterbewegung dieses Landes bzw. der Provinz.

Voigt stammt aus einer kinderreichen, durch und durch politischen, sozialistischen Familie, die Mutter, eine Heimarbeiterin, starb früh. Als noch das Sozialistengesetz (1878–1890) herrschte, trug der kleine Paul bereits Flugblätter und Zeitungen im Auftrag des Vaters im Schulranzen aus. Doch aufgrund des geringen Verdienstes des Vaters als Korbmacher konnte der Heranwachsende Paul keine höhere Schule besuchen. Obwohl er familiär bedingt früh berufstätig werden musste (Laufbursche in einer Fabrik), brachte er sich doch im Eigenstudium und durch den Besuch von Lehrkursen viel bei. Zunächst im Arbeiterturnverein und Arbeitergesangsverein aktiv, stieß er 1902 zur SPD und zum DMV. 1919 wurde er Parteisekretär der Sozialdemokraten für den Bezirk Brandenburg-Westhavelland-Rathenow-Zauch-Belzig. Darüber hinaus wirkte er bis 1933 als Stadtverordneter in Brandenburg. Über die Ereignisse 1933 schreibt er 1945:

> Als Parteisekretär der früheren SPD [...] wurde mir [nach Auflösung der Partei im Mai 1933, d. Verf.] die Aufgabe gestellt, die organisatorische und propagandistische Tätigkeit in meinem Arbeitsgebiet mit den mir als unbedingt zuverlässigen Genossen aufrecht zu erhalten. Bereits im März 1933 als die Partei noch legal arbeitete, fanden in der ganzen Provinz Brandenburg Konferenzen statt, die den Zweck hatten, unseren Funktionären Anweisungen zu geben für die zukünftige Arbeit in der Illegalität. Durch einen Mittelsmann bei der hiesigen Polizei erhielt ich die vertrauliche Mitteilung, dass die Polizei den Auftrag erhalten habe, die Konferenz [im Volkshaus der Stadt Brandenburg] zu überwachen und dass die S.A. beabsichtige die Tagung zu sprengen. Um das zu verhindern, verlegte ich die Konferenz nach einem anderen Haus, wo wir vor Überraschungen sicher waren. Die Polizei u. SA suchte vergebens und die Tagung konnte mit Erfolg durchgeführt werden.[126]

126 BLHA, Rep. 401, VdN 2344.

Den von außerhalb von Brandenburg (Stadt) kommenden Teilnehmern wurden allerdings Motor- und Fahrräder beschlagnahmt, sofern sie im »Volkshaus« abgestellt worden waren. Einige Mitwirkende wurden festgenommen, wie Voigt am nächsten Tag, aber nach einigen Tagen aus Mangel an Beweisen freigelassen.

Im Mai des Jahres erfolgte die Beschlagnahme aller Büros und die Auflösung der Partei der Domstadt (im Reich im Folgemonat). Durch die Warnung aus Polizeikreisen bereits darauf vorbereitet, hatte Parteisekretär Voigt sämtliche Akten und Karteien an sicheren Orten untergebracht, so dass die SA sehr enttäuscht wieder abziehen musste. Die Folge war die erneute Festnahme Voigts mit dem gleichen Ergebnis wie zuvor. Paul Voigt fährt fort:

> Nun begann die eigentliche illegale Tätigkeit. Alle Verbindungen konnten nur noch durch getarnte Kuriere aufrecht erhalten werden, vielen Genossen fehlte der Mut und auch die Taktik sich behaupten zu können. Inzwischen waren auch viele unserer besten Funktionäre ins KZ gewandert, das Alles schüchterte natürlich ein. Laufend gingen anonyme Anzeigen bei der Polizei gegen mich und andere Genossen ein und ich muss offen gestehen, dass ich es nur einigen Beamten bei der hiesigen Polizei zu verdanken hatte, wenn in Brandenburg so wenig Verhaftungen erfolgten, die mit uns sympathisierten und mich bei Zeiten warnten. Die Stellung unter Polizeiaufsicht von Mai 33 bis 1944 und das ich Brandenburg nicht verlassen durfte, sei noch neben erwähnt.

Die neuen NS-Arbeitsamtsangestellten taten alles, um dem Vater von sechs Kindern keine Beschäftigung zu vermitteln. Erst im August 1937 fand er Büroarbeit bei der Versicherung Eos – allerdings bei einem Bruttogehalt von 120,- RM monatlich! Erst dadurch war es ihm möglich, über getarnte »Geschäftsbeziehungen« illegale Verbindungen aufzunehmen. Private Sorgen um zwei Söhne bei der Wehrmacht kamen hinzu: Der eine desertierte mit Kameraden im Kaukasus, wurde gefasst und im September 1943 erschossen, der andere starb fast zeitgleich im Lazarett an Tuberkulose. Nicht genug damit, verstarb Voigts Frau im Dezember 1943. Er selbst wurde im Zuge der Aktion »Gitter/Gewitter« – S. 247ff. – am 20. August 1944 ins KZ verschleppt.

Informations- und Materialaustausch zwischen der Provinz Brandenburg und Berlin

Der Döberitzer Otto Sommer erwähnte die Kontakte seines illegalen Kreises im Westhavelland nach Berlin zu Friedrich Ebert, dem ehemaligen Brandenburger Stadtverordnetenvorsteher, Reichsbannerfunktionär und SPD-Reichstagsabgeordneten.

Der frühere Preußische Landtagsabgeordnete Kurt Wegner, von 1927 bis 1933 Chefredakteur der »Märkischen Volksstimme« in Cottbus, der nach mehrmonatiger KZ-Haft 1933 in Eichwalde »überwinterte«, berichtet seinerseits von Gruppenzusammenkünften ehemals hoher Brandenburger Funktionsträger, die im Berlin-Tempelhofer Heim des 1933 aus dem Amt gejagten und eingesperrten Oberbürgermeisters der Stadt Brandenburg Paul Szillat (1888–1958) – seines Zeichens auch letzter Vorsitzender der SPD-Fraktion im Preußischen Landtag (S. 126) – stattfanden. Kurt Wegner (1898–1964) teilt 1949 mit:

> Herr Paul Szillat, Oberbürgermeister von Rathenow [nach 1945, d. Verf.], ist mir seit etwa 25 Jahren bekannt. In dieser Zeit haben wir im damaligen Landesvorstand der SPD für die Provinz Brandenburg und zeitweilig auch im Preußischen Landtag gemeinsam gearbeitet. Diese Verbindung wurde im Jahre 1933 und danach durch ständige Zusammenkünfte, zumeist in Szillats damaliger Wohnung in Berlin-Tempelhof, durch die illegale Arbeit noch enger gestaltet. Paul Szillat, der frühere Landtagsabgeordnete Johannes Bauer aus Luckenwalde (später Potsdam) und ich trafen dort regelmäßig zusammen, besprachen die illegalen Publikationen der SOPADE in Prag und gaben sie von dort aus an unsere Mitarbeiter in der Provinz weiter. Zu dem engen Kreis gehörte auch der frühere, inzwischen verstorbene Landtagsabgeordnete Wilhelm Pätzel [Paetzel]. In der Wohnung von Szillat ging ein grosser Teil der zuverlässigsten Funktionäre der Arbeiterbewegung ein und aus, hörte und bekam die nötigen Informationen und Schriften zur Weiterleitung und berichtete über die Vorgänge in der Provinz.
> Diese Arbeit wurde auch während des Krieges von 1939 ab, teilweise sogar verstärkt durchgeführt. Da ich sofort einberufen wurde und an die Front musste, konnte ich nur noch während meines Urlaubs an den weiteren Besprechungen teilnehmen, die je nach den Verhältnissen in Szillats oder in meiner in Eichwalde gelegenen Wohnung stattfanden.[127]

Prozesse gegen illegale Sozialdemokraten Brandenburgs (1933–1939)

Bei der letzten – nicht mehr wirklich freien – Reichstagswahl vom 5. März 1933, bei der die Sozialdemokratie in der Provinz Brandenburg auf insgesamt 20,3% kam und die Kommunisten auf 10,8 %, gab es doch interessante regionale Abweichungen in industriell geprägten Regionen.

Als Hochburgen der SPD erwiesen sich folgende Städte: Spremberg/Lausitz (39,3 %), Wildau (36,0 %), Luckenwalde (41,8 %), Rathenow (34,9 %), Brandenburg (33,3 %), Velten (33,0 %), Forst/Lausitz (31,6 %). In mehreren Städten Brandenburgs kamen die beiden Arbeiterparteien SPD und KPD zusammen auf über 50 %: Bernau, Finow, Hennigsdorf, Luckenwalde, Teltow, Velten und Wildau. Während die NSDAP im Land auf (reichsweit betrachtet) überdurchschnittliche 52,4% kam, schnitt sie im sozialistisch geprägten Nowawes mit 33,3 % vergleichsweise mager ab, hier erhielten die KPD 22,1 % und die SPD 21,8 %, womit beide gemeinsam aber unter 50 % blieben.

Obwohl die Kommunalwahlen noch nicht abgehalten worden waren, setzten bereits nach der Reichstagswahl landesweit Verhaftungswellen und Verschleppungen bekannter Arbeiterfunktionäre, Reichsbanneraktivisten und Kommunalpolitiker – darunter Stadt- und Gemeindeverordnete – ein.

---

127 BLHA, Rep. 401, VdN 1577 (Paul Szillat). Der zitierte Zeitzeuge und NS-Gegner darf nicht mit dem ähnlich klingenden SPD-Abgeordneten Oskar Wegener (Frankfurt/Oder) verwechselt werden. Zum politischen Schicksal des NS-Verfolgten Luckenwalder Stadtrats Johann Bauer (1887–1962) in der SBZ/DDR, wo man ihn wenige Jahre nach dem Krieg aus dem Amt trieb, vgl. Heiko Tammena, Unser schönes rotes Luckenwalde, S. 329f, 369f.

Die schauerliche »Rasanz« (so Thomas Mann in seinem Tagebuch) überraschte sowohl in ihrer Schnelligkeit als auch ihrer Brutalität die Sozialdemokratie – als Partei des parlamentarischen Ausgleichs und des besonnenen realpolitischen Abwägens – ganz offensichtlich mehr als die Kommunisten. Entsprechend erodierten vielerorts die alten sozialdemokratischen Milieus. Anders jedenfalls kann man sich nicht den Umstand erklären, dass die Schwerpunkte sozialdemokratischer Untergrundarbeit sich nicht restlos mit den Wahlhochburgen vom März 1933 deckten. Es kam zu außerordentlich starken und konspirativ gut strukturierten Widerstandsaktivitäten im Kerngebiet der SPD – und des Reichsbanners Schwarz-Rot-Gold –, der Lausitz, mit Querverbindungen zu illegalen Kreisen nach Frankfurt/Oder (S. 213).

Aber ähnlich Organisiertes sucht man im Land Brandenburg bei früheren SPD-Hochburgen – mit Ausnahme der Gruppe Nordbahn (S. 218ff.) – ansonsten vergeblich. In Luckenwalde lag es gewiss an der großen Standhaftigkeit des Hauptfunktionärs Willi Graubner (S. 179), dass nur er allein juristisch belangt und schließlich verurteilt wurde. Viele andere gerieten früh in »Schutzhaft«, waren gesundheitlich angeschlagen und standen unter starker Beobachtung. Man denke in diesem Zusammenhang besonders an die Ereignisse im Industrie- und Bahngebiet des Raums Eberswalde (S.149ff.).

In der Stadt Brandenburg wirkte sich der Aderlass verschleppter und schließlich verbannter Spitzenpolitiker bzw. leitender Verbandsfunktionäre – aus Stadtverwaltung (Paul Szillat), Partei (Friedrich Ebert), Reichsbanner (Gustav Schernikau) und Gewerkschaften (Heinrich Witt) – sicherlich ebenso nachhaltig negativ für die verängstigte Schar Gesinnungstreuer aus wie die Tatsache, dass es bereits 1932/1933 zu Abspaltungen hochmotivierter Parteimitglieder der SPD hin zur linkssozialistischen SAPD kam. Vergleichbares ereignete sich auch in Rathenow. Es fällt nämlich auf, dass sich Justizverfahren gegen diese doch eher kleine Partei (reichsweit nur 35 000 Mitglieder) weitgehend auf die zwei Städte Brandenburg und Rathenow konzentrieren (S. 282ff.), alten SPD-Hochburgen also, aus deren Funktionärsschaft von Seiten der märkischen SAP geschöpft wurde.

Wie sich die Entwicklungen nach 1933 in Wildau und Velten, wo die Sozialdemokraten im März des Jahres der »Machtergreifung« noch 36 % bzw. 33 % erhielten (S. o.) und damit überdurchschnittlich gut abschnitten, politisch gestalteten, ließ sich nur noch individuell-biographisch rekonstruieren (S. 136f.). Gerade hier bleibt eine schmerzliche Forschungslücke bestehen, die in erster Linie der späten Aufarbeitung und unzureichenden Überlieferung bzw. Quellenlage geschuldet sein dürfte.

Dafür konnten für den örtlichen Bereich Nowawes-Babelsberg jedoch nachhaltig intakte illegale Strukturen nachgewiesen werden, die Gesinnungstreue und Mut eines kleinen Funktionärsstammes dokumentieren und von 1933 bis zum Kriegsende reichten – wobei die Querverbindungen zum 20. Juli 1944 besonders bemerkenswert sind und noch beschrieben werden (S. 243ff.).

Geschleifte Hochburg Luckenwalde (Prozess Willi Graubner)

Über 40 % Zustimmung noch im März 1933 einzuholen, als der Wahlkampf der Arbeiterparteien bereits massiv behindert wurde, Verschleppungen, Misshandlungen und politische Morde die NS-»Machtergreifung« begleiteten, war für die Sozialdemokratie in Luckenwalde ein letztes Zeichen deutlicher Selbstbehauptung.[128] Doch das provokante und gewalttätige Vordringen der NS-Bewegung hatte bereits kurz nach Hitlers Ernennung zum Reichskanzler auch im »roten Luckenwalde« eine neue Dimension angenommen. Noch in der Nacht des 30. Januar 1933 drang SA gewaltsam in die Wohnung des KPD-Org.Leiters der Stadt, Willy Scholz, ein, durchsuchte, misshandelte und verschleppte den Funktionär (Foto S. 382), der in den Folgejahren zwischen Krankenrevier und Kerker wechselte.[129]

Etwas später nahm die örtliche SA, die bald darauf vom berüchtigten Charlottenburger Mordsturm 33 unterstützt wurde, sozialdemokratische Einrichtungen und Funktionäre ins Visier: In der ersten Februarwoche platzierte sie in der modernen »Volksheim-Siedlung« eine Hakenkreuzfahne oberhalb der großen Konsum-Einrichtung, kurz darauf, am 14. Februar 1933, sprengte sie eine zentrale SPD-Versammlung im Lokal Harting und löste eine blutige Saalschlacht aus, die selbst von Polizeikräften nicht aufgehalten werden konnte.[130] (Auf besagter Kundgebung der – im Gegensatz zur SA unbewaffneten – Eisernen Front sollte Dr. Löwenstein referieren – ein Bildungspolitiker jüdischer Herkunft.) Im März d. J. war die Übermacht der Braunhemden dann bereits so stark, dass sie widerstandslos das Heim der sozialdemokratischen Arbeiterjugend besetzen und die Hakenkreuzfahne hissen konnten.[131]

Besonders nach den Wahlen Anfang März 1933 – bei der die SPD 41,8 % und die KPD 15,3 % erhielten – setzte ein hemmungsloser Terror ein, der den Mandatsträgern, Verbandsfunktionären und Repräsentanten einer langjährigen und erfolgreichen Kommunalpolitik so gut wie jede autonome Bewegungsmöglichkeit nahm: Der Oberbürgermeister Dr. Hermann Salomon wurde von SA verschleppt, misshandelt und landete im KZ Oranienburg. Mit anderen sozialdemokratischen Schicksalsgenossen – man denke an Sachsenhausens Ortsvereinsvorsitzenden Cohn oder den bekannten Fraktionsvorsitzenden der SPD im Preußischen Landtag Ernst Heilmann – litt er

---

128 Siehe zum Hintergrund die weit ausgreifende Studie von Heiko Tammena, »Unser schönes rotes Luckenwalde. Lager, Milieu und Solidargemeinschaft der sozialistischen Arbeiterbewegung zwischen Ausgrenzung und Verstaatlichung«, Münster u. a. 2000 sowie (älteren Datums und geprägt von Konzessionen an die SED-Historiographie) Wolfgang Gattner, Der antifaschistische Widerstandskampf im Raum Luckenwalde, Dissertation A bei der Pädagogischen Hochschule »Karl Liebknecht«, Potsdam 1977.

129 Siegfried Wieland, Dieter Westphal, Peter Groth, Zum Kampf der KPD im Raum Jüterbog-Luckenwalde in den Jahren 1929–1933 gegen Imperialismus, Militarismus und Faschismus (Diplomarbeit), Pädagogische Hochschule Potsdam (1973), S. 106; Wolfgang Gattner (Der antifaschistische Widerstandskampf, S. 63) weist auf den Arbeitersportler Ernst Kloß hin, der nach dem Verlassen einer Filmveranstaltung brutal überfallen wurde und am 12. April 1933 schließlich den Verletzungen erlag. Er war damals das erste politische Todesopfer in Luckenwalde.

130 Zeitungsbericht des »Tageblatts« vom Februar 1933 (Heimatmuseum Luckenwalde).

131 Wolfgang Gattner, Der antifaschistische Widerstandskampf, S. 66/67.

im sogenannten Juden-Block, wo die Wehrlosen gezielt verstärkten Demütigungen und Misshandlungen ausgesetzt waren.

Von schrecklichen Gewalttaten durch SA-Bewacher berichten Luckenwalder Stadträte wie Johann Bauer, Preußische Landtagsabgeordnete wie Willy Drügemüller (Niederlehme) und der Luckenwalder Lehrer und Kreistagsabgeordnete von Jüterbog-Luckenwalde Franz Andreß, der auch Vorstandsmitglied des SPD-Unterbezirks Jüterbog-Luckenwalde-Teltow-Beeskow-Storkow war.

Hören wir Letztgenannten stellvertretend für so viele Opfer. Allein im September 1933 wurden 200 Häftlinge vom KZ Oranienburg ins KZ Sonnenburg verschleppt:

> Alle Aufgeschriebenen kamen nach [in] den Keller, in die Einzelzellen, sog. schwerer Arrest. Da ich meine Sachen nicht schnell genug zusammen packen konnte, erhielt ich schon auf dem Hof einen Schlag gegen den Kopf, wurde dann die Kellertreppe heruntergestoßen, verlor hierbei einen Löffel, dann – in die Zelle gezerrt – wurde ich von 4 SS-Wehrmännern bis zur Bewußtlosigkeit geschlagen. Erst am anderen Morgen kam ich wieder zum Bewußtsein, überall voll Blut, Anzug, Hemd alles voll Blut. Neue Leiden begannen. Am Abend desselben Tages wurden alle aus den Zellen des Kellers besonders herausgeholt. Auf dem Freihof des Zuchthauses mußten wir exerzieren. Ich wurde mehrmals scharf ins Gesäß getreten bis ich durch einen Stoß zwischen den Beinen bewußtlos zusammenbrach. Der Nabelbruch war stark herausgetreten. Bewußtlos wurde ich von Schutzhäftlingen ins Lazarett getragen. Von dort aus nach einiger Zeit in meine Zelle zurückgebracht, [um] am anderen Morgen zur Lazarettbehandlung zu kommen. Inzwischen erhielt ich Herztropfen, der Nabelbruch, der wieder etwas zurückgegangen war, wurde mit Heftpflaster überklebt und mir gesagt, ich sei vom Dienst befreit, dagegen wieder in die Kellerzelle zurückgebracht. [...] Zeugen u. a. die Schutzhäftlinge: Karl Engelbracht [Engelbrecht, ADGB-Verbandssekretär], Peter Aßmussen (Jüterbog), Heinrich Wick [Witt], früher Gewerkschaftsangestellter in Brandenburg, Paulsen (Falkensee), Wilh. Schmidt (Löwendorf), Wilhelm Lehmann (Treuenbrietzen), Gustav Schernikau (Brandenburg) [...][132]

Der SPD-Kreistagsfraktionsvorsitzende Franz Andreß, der bereits im April d. J. bei der konstituierenden Kreistagssitzung von Jüterbog-Luckenwalde Bedrohungen und nach der Sitzung gewalttätige Übergriffe erlitt (S. 130f.), verlor durch Tritte und Schläge gegen Ohr und Oberkiefer fast völlig das Gehör.

Sowohl über die gemeinsame Arbeit in der Kreistagsfraktion als auch durch kameradschaftliches Zusammenwirken im Reichsbanner Schwarz-Rot-Gold waren die Luckenwalder Sozialdemokraten verbunden mit Gleichgesinnten in der weiter südlich gelegenen Stadt Dahme, die damals knapp 6000 Einwohner zählte. Beschäftigt in der Tuch-, Schuh-, Tabak- und Zigarrenfabrikation, organisierte sich eine starke Minderheit der Arbeiter in den linken Parteien SPD und KPD. In Bezug auf die letztgenannte Partei wissen wir durch einen frühen Prozess gegen die illegale KPD (S. 385ff.) von der profilierten Rolle der Dahmer Kommunisten.

Auf Seiten der Sozialdemokraten waren es zwei Spitzenfunktionäre, die wiederholt verhaftet und gequält wurden und schließlich dadurch das Leben ließen: der Stadt-

---

132 BLHA, Rep. 401, VdN 98.

Reichsbanner-Jugend Luckenwalde, Ende der 1920er Jahre

verordnete von Dahme Max Hannemann (1893–1945) und der SPD-Vorsitzende und Kreistagsabgeordnete (Jüterbog-Luckenwalde) Otto Zacke (1888–1943).

Dass die Sozialdemokratie trotz Verbots und ständiger Kontrolle ihrer stadtbekannten Kreisvertreter und Führungsfunktionäre – allein in der Industriestadt Luckenwalde etwa zwanzig Betroffene bzw. Schutzhäftlinge – nicht restlos schwieg, sondern in kleinen gegnerischen Zirkeln sowie in familiär-freundschaftlichen Kreisen Gesinnungstreuer weiter bestand, die sich nur bei offiziell genehmigten Anlässen wie Beisetzungen Verfolgter ans Licht wagten und kurzfristig in Form »stummen Protests« zusammenströmten, davon berichten mehrere Vorfälle.

Von einem Gegnerkreis, der sich sogar zu illegalen Tätigkeiten vorwagte, erfahren wir durch einen Prozess des Landgerichts in Potsdam gegen den Luckenwalder Bäcker Willi Graubner[133], der ein Mann aus der »zweiten Reihe« der verfolgten Partei war. Dass hier nicht wie in Frankfurt/Oder sechs oder mehr Frauen und Männer zur Verantwortung gezogen wurden, ist allein der Umsicht und Tapferkeit des Angeklagten zu verdanken, denn die Widerstandsgruppe, die im Zentrum des frühen Justizverfahrens stand, war kein »Einmannunternehmen«, wie man vielleicht auf den ersten Blick vermuten könnte.

Im Gegenteil, mit Graubner fanden sich weitere Sozialdemokraten und Reichsbannermänner zusammen, darunter der erst 1932 gewählte Ortsvereinsleiter von Lu-

133 BLHA, Rep. 2 A I Pol. Nr. 1169, Bl. 253–256.

ckenwalde Max Lehmann. Die Luckenwalder Reichsbannermänner waren bis Anfang 1933 eine stolze, einige hundert Republikaner umfassende Schutztruppe. Sie stellten im Kreis 4 (um den Wildauer Richard Matzdorf) – neben ihren Kameraden des Ortsvereins »Görlitzer Bahn« – die eigentliche Kerntruppe und kamen den bedrängten Freunden des »schwarzen Kreises« Beeskow-Storkow bzw. im benachbarten Jüterbog (S. 132) wiederholt zu Hilfe, wenn es galt, die Farben und den Geist der Republik öffentlich zu repräsentieren.

Die starke Stellung der Luckenwalder drückte sich auch bis 1933 darin aus, dass Lehmanns langjähriger Vorgänger Reinhold Jaenicke im Berlin-Brandenburger Reichsbanner-Gauvorstand saß (S. 39) und dass der Luckenwalder Bobbe die wichtige Funktion des Technischen Leiters des Kreises 4 (Teltow, Beeskow-Storkow-Jüterbog-Luckenwalde) innehatte. Es waren – nicht mehr zu ergründende – interne Auseinandersetzungen, die 1932 zum Rücktritt Jaenickes (sowie seines Stellvertreters) und zur Wahl Max Lehmanns zum Ortsvereinsvorsitzenden der Luckenwalder führten. Wobei der »Ehemalige« nun als Beisitzer im Vorstand weiter mitwirkte, woraus man auf ein eher positives Verhältnis zum Nachfolger schließen darf.

Jedenfalls bescheinigt Max Lehmann nach dem Krieg Folgendes und gibt damit bereits Hinweise auf einige Aspekte der Gruppentätigkeit:

> Seit 1929 wohnte ich mit G[raubner] in einem Hause. Er war in der Zeit vor 1933 SPD- und Gewerkschaftsfunktionär am Orte. Etwa Mitte 1933, nach der Auflösung der SPD [22. Juni 1933], beteiligte ich mich mit meinem Bruder an eine[r] illegale[n] Organisation der ehemaligen SPD, deren Leiter der Antragsteller [Graubner] war. Den ganzen Umfang der Organisation habe ich nicht gekannt, da ich nur in einer kleinen Gruppe mit anderen Mitarbeiter[n] bekannt wurde. Wir sammelten Gelder und Lebensmittel u. unterstützten damit Angehörige der im K.Z. inhaftierten Parteigenossen. Weiter verbreiteten wir nazifeindliche Schriften u. Zeitungen aus dem Auslande, doch ist mir die Herkunft derselben nicht bekannt geworden. Mit der Verhaftung des Antragstellers löste sich die illegale Gruppe auf. Ich selbst wurde ebenfalls von der Gestapo verhaftet, aber nach stundenlanger Vernehmung wieder freigelassen.[134]

Mit ähnlichen Worten berichtet der Luckenwalder Jakob Karcher – bis zum Verbot Verbandsvorsitzender der Staats- und Gemeindearbeiter – über die illegale Gruppe, hebt aber zuletzt folgende wichtige Tatsache hervor.

Jakob Karcher: »Besonders bemerken möchte ich, daß ich, wie auch andere beteiligte Genossen, es dem Antragsteller hoch anrechneten, daß er bei seiner Verhaftung u. in dem späteren Prozeß keinen seiner Mitarbeiter verraten hat.«[135]

Wenn nun die Aussagen Graubners in eigener Sache sowie auch die NS-Prozessunterlagen zitiert werden – Letzteres vielleicht in mancher Beschreibung etwas skurril wirkend –, dann sollten die beiden eben gehörten Zeitzeugenaussagen in Erinnerung behalten werden. Ein egozentrisches Heldenepos ist Graubners Eigenbericht jedenfalls keineswegs!

---

134 BLHA, Rep. 401, VdN 623 (Willi Graubner).

Als die Große Strafkammer II des Landgerichts in Potsdam am 26. Mai 1934 ihr Urteil sprach, in dem sie den Bäcker Willi Graubner – von politischer Herkunft Sozialdemokrat, Reichsbannermitglied und noch am 12. März 1933 zum Stadtverordneten gewählter Kommunalpolitiker – wegen »Verbrechens gegen § 2 des Gesetzes gegen die Neubildung von Parteien« zu einem Jahr Gefängnis verurteilte, führte sie dafür eine Reihe von Argumenten ins Feld. Sie seien (aus Platzgründen) hier überwiegend summarisch vorgetragen.[136]

Graubner hatte nach Überzeugung des Potsdamer NS-Gerichts auf zwei Wegen versucht, zur Bildung einer antinazistischen Partei zu kommen.

Einerseits beratschlagte er sich mit früheren Parteigenossen der SPD in seiner Wohnung und »auch an anderen Orten«, wie man »marxistische« Flugschriften und Zeitschriften besorgen könnte und hoffte, diese Untergrundmaterialien durch Kontaktaufnahme mit Vertrauten des Prager Exil-Parteivorstandes zu erhalten. Ferner wurden Sammlungen für im KZ inhaftierte Sozialdemokraten durchgeführt und »mindestens drei Pakete ins Lager abgesandt.«

Darüber hinaus sprach Graubner (stadtbekannte) unzufriedene SA-Anhänger wie Truppführer Brichmann an, der wegen früherer politischer Differenzen mit seinem vorgesetzten SA-Standartenführer von diesem »beurlaubt« worden war. Bei einem vom Bäcker arrangierten Restauranttreffen, bei dem mehrere Gläser Bier getrunken wurden, entwickelte Graubner folgende politische Vorstellung: Der Führer der NSDAP sei zwar »gut«, aber »das Unterholz« – womit wohl die NS-Partei gemeint gewesen sein dürfte, d. Verf. – tauge nichts; ferner müsse in der Judenfrage differenziert werden, denn es gäbe schließlich auch »anständige Juden«, die zugelassen werden müssten.

Insgesamt schwebte Graubner (1899–1989) beim Gespräch mit Brichmann eine neue Partei unter dem Namen »Deutsche Sozialisten« vor.

Und in dem Zusammenhang wurde der Bäcker bemerkenswert konkret und gab auch einen indirekten Hinweis auf das Wirken illegaler Reichsbannerkreise.

Laut Urteil sagte Graubner nämlich: »Er habe bereits 120 Funktionäre an der Hand und diese seien in der Lage, allein in Luckenwalde je weitere 10 Mann zu stellen. Der Stahlhelm [monarchistischer Soldatentraditionsverband, d. Verf.] sei bereits von ehemaligen Reichsbannerleuten durchsetzt und werde im entsprechenden Moment den Umsturz mitmachen.«[137]

Drittens arbeitete Graubner gegen die NSDAP, indem er kritische Nachrichten ausländischer Zeitungen, etwa über den »Reichstagsbrandprozess« – in dem bekanntlich versucht wurde, den Kommunisten die Tat anzulasten – an Gesinnungsgenossen weitergab.

All diese vom Gericht aufgelisteten Vorwürfe seien aufgrund von Aussagen der Brichmann und Schneider, aber auch der zu den Paketsendungen vernommenen Sozialdemokraten Karcher, Schulz, Schunack, Kramer, Bauer sowie Graubner selbst

135 Ebd., VdN 623 (Graubner, Willi).

136 BLHA, Rep. 2 A I Pol. Nr. 1169, Bl. 253–256.

137 Ebd., Nr. 1169, Bl. 255 (S. 2 des Urteils vom 26. Mai 1934).

erwiesen. Nicht geglaubt wurde dem Bäcker die Aussage, er habe keine neue Partei gründen wollen. Dem widerspricht die Große Strafkammer II mit den Worten:

> Aus den Tatumständen, insbesondere aus der Tatsache, dass der Angeklagte als neugewählter SPD-Abgeordneter offenbar von der politischen Bühne noch nicht abtreten wollte, ferner aus der klaren, eindeutigen Aussage der Zeugen Schneider und Brichmann in Verbindung mit den vorgefundenen Fahnen, Armbinden und dem marxistischen Zersetzungsmaterial, sowie aus der Tatsache, dass sich der Angeklagte gerade mit dem SA-Mann Brichmann in Verbindung setzte, von dem nach dessen eigener Bekundung stadtbekannt war, dass er sich mit seinem Vorgesetzten überworfen hatte, geht eindeutig die Absicht des Angeklagten hervor, hier eine Bresche in die neugewonnene Einheit des Deutschen Volkes zu legen und durch eine Gründung einer keiltreibenden neuen Partei seine zersetzenden Ziele zu erreichen. Wie diese aussahen, kann hierbei dahingestellt bleiben.[138]

Bei der Strafzumessung hielt das Gericht Graubner zugute, dass er nicht vorbestraft war und sich im Ersten Weltkrieg als Soldat hervorgetan hatte, ferner bescheinigte man ihm, dass »seine Pläne von einer gewissen Einfalt zeugen«. Auf ein Jahr Gefängnis musste aber erkannt werden, da der Bäcker das »Verwerfliche« seiner Tat nicht erkannte.

Der Luckenwalder saß insgesamt 13 Monate im Kerker, da er bereits am 19. Dezember 1933 in »Schutzhaft« genommen worden war. Seine Haft verbüßte er dann im Strafgefängnis in Brandenburg a.d. Havel. Über sein Justizverfahren bemerkt er 1948 in seinem Anerkennungsfragebogen für den Provinzialausschuß »Opfer des Faschismus«: »Der Prozeß blieb mein eigener, da ich keinen meiner Mitarbeiter trotz schlimmster Mißhandlungen durch die Gestapo u. SA verriet.« Als Mitangeklagte nennt er: »Fritz Karcher, Willi Schunack, Walter Kramer aus Luckenwalde u. a.«[139]

Aus dem Lebenslauf Graubners ergeben sich weitere interessante biographische Fakten: In der Stadt Brandenburg 1899 als Sohn eines Webers geboren, zogen die Eltern mit ihm 1914 nach Luckenwalde, wo er nach dem Schulabschluss eine Bäckerlehre absolvierte. Mit siebzehn Jahren einberufen, wurde er an der Westfront zweimal verwundet. Als Kriegsbeschädigter entlassen, kehrte er nach Luckenwalde zurück. Nach Tätigkeiten als Gürtlerarbeiter und Hilfsmonteur fand er schließlich Arbeit als Bäcker in der Konsumgenossenschaft in Luckenwalde (1927–33). Dort verlor er im Zuge der NS-»Gleichschaltung« seine Anstellung wegen »Staatsfeindlichkeit«. (Ein Vorwurf, der ihn auch später manchen Arbeitsplatz kostete, 1938–42 konnte er als Schleifer, Polierer und Bohrer bei einer Fabrik für Holz- und Metallspulen unterkommen und wurde dann Anfang 1943 zur Wehrmacht eingezogen.)

Seine politische Biographie weist manche Sprünge auf. Als aktiver Arbeitersportler stieß er Anfang der 1920er Jahre zum Deutschen Metallarbeiterverband (DMV) und trat fast parallel dazu der KPD bei. Seiner eigenen Angabe zufolge verließ er die Partei jedoch wegen deren illegalen Waffenschmuggels und stieß zur SPD. In seiner

---

138 Ebd., Nr. 1169, Bl. 256 (S. 3 des Urteils vom 26. Mai 1934).
139 BLHA, Rep. 401, VdN 623.

Zeit als Bäcker in der Konsumgenossenschaft engagierte er sich stark im Verband der Nahrungsmittel- und Getränkearbeiter, wo er schließlich zum Ortsgruppenvorsitzenden von Luckenwalde aufrückte. Noch 1933 wurde er zum Stadtverordneten der SPD gewählt und stand zudem als Kandidat des Wahlvorschlages für den Kreistag. Der Republikschutztruppe Reichsbanner gehörte er ebenfalls an. Kurz vor Weihnachten 1933 erfolgte dann die Festnahme wegen illegaler Arbeit. Entlassen wurde er erst am 22. Januar 1935. Wie schwer es ihm nach der Haft erging, deuten folgende Zeilen an:

> Als ich am 22. Januar 1935 aus dem Strafgefängnis in Brandenburg entlassen wurde, hielt ich mich unangemeldet bei meinem Freund, dem früheren Gewerkschaftsangestellten und damaligem stelbständigen Böttchermeister Robert Rohde, Berlin N 54, Schwedter Straße 36, auf und arbeitete in seinem Handwerksbetrieb. Im März 1935 erkrankte ich ernsthaftlich an einem Magenleiden, welches ich mir in der Haft zugezogen hatte. Jetzt mußte ich nach Luckenwalde zurück u. mehr als acht Wochen ins hiesige Krankenhaus zur Behandlung. Die Kosten der Behandlung hatte ich selbst zu tragen. Von diesem Zeitpunkt stand ich unter Polizeiaufsicht. Die Gestapo beschattete mich auf Schritt und Tritt.[140]

Wiederholt musste sich Graubner Drohungen und Repressionen erwehren, mal wurde ihm »Staatsfeindlichkeit«, mal »Sabotage« vorgeworfen und besonders verübelt, dass er keine Anstalten machte, NS-Organisationen zu dienen, ja der NSDAP beizutreten – obwohl ihm dafür die Tilgung der politischen Strafe in Aussicht gestellt wurde! Die einzige Konzession war dann einige Monate vor Antritt des Wehrdienstes im Februar 1943 – womit Graubner zum zweiten Mal in seinem Leben in einen Weltkrieg verwickelt wurde –, dass er Lebensmittelkarten in seinem Haus verteilte.

Dass Graubner an der Front eine Auszeichnung erhielt, weil er vier schwer verwundete Kameraden aus dem Niemandsland bei starkem Beschuss barg, wurde ihm im Rahmen der VdN-Anerkennung negativ angelastet, denn er hätte besser daran getan, zur Roten Armee überzulaufen – so jedenfalls die Argumentation SED-naher Kreise gegenüber dem alten Sozialdemokraten.

Ganz anderen politischen Charakters als des der riskanten illegalen Gruppenbildung, aber in der Gegnerschaft zum NS-Regime inhaltlich-intentional verbunden, sind Beispiele des informellen Zusammenhalts sozialdemokratischer Kreise: Sie verweisen auf die Weiterexistenz eines sozialdemokratischen »Milieu-Rests«, obwohl die Akteure organisatorische Verfestigungen und Apparatstrukturen bewusst vermieden, um der Geheimen Staatspolizei bzw. der Justiz keinen Anlass zum Zugriff zu geben (S.163ff).

Zwei Beispiele mögen dies verdeutlichen: Das erste gibt Erinnerungen eines verfolgten Funktionärs wieder, das andere entstammt einem Lagebericht der Politischen Polizei aus dem Jahr 1936. Der Buchdruckergewerkschafter *Arthur Schönfeld* (1886–1982) aus Jüterbog war bis 1933 Mitglied des Ortsausschusses des ADGB, SPD-Ortsgruppenvorsteher seiner Stadt bis 1927 und langjähriger Stadtverordneter, zeitweise sogar Stellvertretender Stadtverordnetenvorsteher, sowie darüber hinaus

140 Ebd., VdN 623 (Anlage Nr. 2, »Erklärung«).

aktiver Reichsbannermann. Er wurde wiederholt eingesperrt: Im März/April 1933 ins Gefängnis Jüterbog und einen SA-Keller und von August bis Anfang Oktober 1944 ins KZ Sachsenhausen (Aktion »Gitter/Gewitter« nach dem 20. Juli). Verfolgung und Bespitzelung prägten seinen politischen Alltag. Er berichtet 1964:

> Trotz der schwierigen Situation – [...] ich war erst wenige Tage vorher aus dem Gefängnis entlassen und danach den Schikanen der SA im Lindengarten ausgesetzt gewesen –, organisierte ich die würdige Beerdigung des in den April-Tagen 1933 verstorbenen Vorsitzenden des Reichsbanners, unseres Genossen Karl Klingbeil. Die Beerdigung fand am 1. Mai 1933 statt. Die SA hatte der Familie angedroht, keinen Redner zu bestellen. Die Kameraden standen, nachdem wir alles organisiert hatten, trotzdem in Reichsbannerkluft Ehrenwache in der Leichenhalle am Krankenhaus Jüterbog und unter ihrem Schutz bewegte sich der Trauerzug von mir und den Familienangehörigen angeführt, unter großer Anteilnahme von Genossen und Jüterboger Bevölkerung zum Friedhof. Dort hatten sich SA und Polizei aufgestellt – abseits von der Grabstelle. Um alle beteiligten Genossen nicht in Gefahr zu bringen, war abgesprochen, der SA keinen Anlaß zur Provokation zu geben. Ich trat als erster ans Grab und sprach kurze Abschiedsworte, dann führte ich die Familienangehörigen und danach traten alle anderen Beteiligten im stummen Abschied an den Sarg, der bedeckt mit der Reichsbannerfahne langsam von den Kameraden in die Gruft gelassen wurde.[141]

Die eben beschworene große Anteilnahme – unabhängig von der Frage der Uniformierung – war keine spontan an das Jahr 1933 gebundene Ausnahme, sondern fand Jahre darauf ihre deutliche Bestätigung. Im Lagebericht der Staatspolizeistelle Potsdam für den Monat Februar 1936 findet sich folgende bemerkenswerte Aussage:

> In der Halle des städtischen Krankenhauses in Luckenwalde trat bei der Trauerfeier für den Krankenkassenbeamten Richard Sämisch ehem. SPD-Funktionär, der ehem. SPD-Funktionär Schwerdt auf. Die Rede hielt sich in dem üblichen Rahmen und enthielt keine staatsfeindliche Äußerung. Bei der Überführung nach dem Kirchhof wurden in der Trauergemeinde von etwa 150 Personen 80% ehem. Marxisten gezählt; vor allem waren alle ehem. SPD-Funktionäre und Stadtverordnete vollzählig vertreten. Die Abhaltung einer Grabrede war dem Schwerdt durch die Staatspolizei untersagt worden.[142]

Dass Graubners Aussage (S. 179f.) über ein relativ großes Potenzial von NS-Gegnern in Luckenwalde keine vollmundige Übertreibung war, sondern Beobachtungen und Erfahrungen entsprach, dürfte durch die eben zitierte Gestapo-Quelle bestätigt werden. (ohne damit Gegnerschaft und organisierten Widerstandskampf gleichsetzen zu wollen). Kleine, aber sich ausdauernd haltende Zirkel von Sozialdemokraten gab es auch in anderen Teilen Brandenburgs, wie bereits oben beschrieben (S. 170ff.) und dort durch wiedergegebene Zeitzeugenerfahrungen belegt.

---

141 BLHA, Rep. 401, VdN 4806.

142 Vgl. Wolfgang Ribbe (Hg.), Die Lageberichte der Geheimen Staatspolizei über die Provinz Brandenburg, S. 428.

Strafsache Kurt Loewenstein (Sorauer Sozialdemokraten)

Sorau, Markt 10 – Dentist Kurt Loewenstein

Namensgleich mit dem sozialdemokratischen Bildungspolitiker, Vorsitzenden der »Kinderfreunde«-Bewegung und verfolgten Berliner Reichstagsabgeordneten steht ein Brandenburger Widerstandskämpfer aber leider nicht nur deswegen im Schatten jenes Prominenten, sondern blieb grundsätzlich über Jahrzehnte fast vergessen, obwohl er zu den tapfersten und ausdauerndsten Gegnern des Nationalsozialismus aus den Reihen der Sozialdemokraten zählt. Sein Lebensweg und Überlebenskampf lohnte eine eigene Biographie – vielleicht würde es über eine so fokussierte Forschung gelingen, endlich eine Fotografie dieses ungewöhnlichen Menschen zu erhalten, denn alle diesbezüglichen Versuche des Verfassers schlugen leider fehl.[143]

Kurt Loewenstein, am 22. September 1891 in Mehlauken (Ostpreußen) geboren, stammte aus einer jüdischen Familie, der Vater war Kaufmann in Tilsit. Dort ging K. Loewenstein zur Schule und lernte den Zahntechnikerberuf. Bei Beginn des Ersten Weltkrieges, der den jungen Mann in Österreich überraschte, meldete sich Loewenstein nach seiner Rückkehr nach Tilsit freiwillig. Aus Gesundheitsgründen (schwere Bauchverletzung) schied er gezwungenermaßen im Januar 1918 aus dem Militär aus. Nach dem Krieg ließ er sich in Görlitz als Dentist nieder, verlegte seine Praxis dann aber nach Kunzendorf (Niederlausitz) sowie schließlich nach Sorau.

Politisch engagierte er sich in der SPD, dem Arbeiter-Samariter-Bund und der Republikschutztruppe Reichsbanner. Wegen einer Beleidigung – die Umstände sind unklar – erhielt er einmal eine Geldstrafe von 10 RM.

Der einen Kreis von Regimegegnern bildende Sozialdemokrat, der seine Mitstreiter schließlich in eine Sorau-Berliner Widerstandsgruppe ganz eigenen Charakters – aus oppositionellen KPD-Anhängern und kritischen Sozialdemokraten zusammengesetzt – einreihte (S. 497ff.), geriet wiederholt mit dem NS-Regime in Konflikt. Er wurde zweimal eingesperrt, dann angeklagt, machte aber nach der Entlassung trotzdem bis zur dritten Festnahme weiter: Für einen nicht nur politisch, sondern auch noch »rassisch« Bedrohten war das ein Ausdruck ungewöhnlicher Zivilcourage.

Da wir die sehr aus dem Rahmen lupenreiner Parteizuordnung fallende Sorau-Berliner Widerstandsgruppe an anderer Stelle ausführlich beschreiben (S. 499), soll hier der Rolle Loewensteins stärker gedacht werden. Aufgrund der misslichen Tatsache, dass seine Verfolgtenakten zwar registriert, aber nicht mehr auffindbar sind, können wir seine freien persönlichen Angaben und Motivationen aus der Nachkriegszeit leider nicht zitieren, sondern müssen den Umweg über die ideologisch kontaminierten NS-Dokumente wählen. Dazu zählt eine Strafsache vom 20. Oktober 1936 wegen Vergehens gegen das »Heimtückegesetz«, das mit der Verurteilung zu einem Jahr und drei Monaten Gefängnis endete.[144]

---

143 Der Verfasser dankt gerade auch an dieser Stelle seinem Kollegen Andreas Herbst für vielfältigste Versuche, ein Bild des Widerstandskämpfers zu finden. Das Bundeszentralregister hält Entschädigungsanträge Loewensteins zwar fest, vor Ort fanden sich die entsprechenden Akten aber nicht mehr an. Daher ließ sich u. a. nicht klären, ob Loewenstein am 6. oder 9. März 1936 in »Schutzhaft« geriet.

144 BLHA, Rep. 29 ZH Brdbg., Nr. 983.

Lapidar gibt das Sondergericht II bei dem Landgericht Berlin über den Angeklagten dabei zu Protokoll: »In dieser Sache hat er vom 6. Dezember 1935 bis 31. März 1936 in Schutzhaft gesessen. Er befindet sich jetzt in anderer Sache, und zwar wegen Verdachts der Vorbereitung zum Hochverrat, in Untersuchungshaft.«

Die Aussage richtig interpretiert, heißt das: Loewenstein beteiligte sich nach der Entlassung aus der »Schutzhaft« erneut an der illegalen Arbeit und geriet aufgrund der Aufdeckung der Widerstandsgruppe in Untersuchungshaft, wo ihn das zurückliegende »Heimtücke«-Verfahren am 20. Oktober 1936 einholte und der Häftling (in anderer Sache) verurteilt wurde. Die Gefängnisstrafe von 1 ¼ Jahr Gefängnis trat strafrechtlich und faktisch dann hinter die Verurteilung zu 3 ½ Jahren Zuchthaus zurück.

Trotzdem bleibt es interessant, worum es beim »Heimtücke«-Verfahren ging, da auch hier politische Aussagen und Handlungen im Vordergrund standen.

In Vorbereitung einer Auswanderungsabsicht nach Südamerika wollte der Zahntechniker gerne seine Praxis abtreten und suchte dafür das Geschäftszimmer des Schiedsgerichts für Zahnärzte und Dentisten im Preußischen Oberversicherungsamt in Potsdam auf. Dort begegnete er dem ihm von früher her bekannten Regierungsinspektor Hubert. Dieser informierte Loewenstein, dass er seine Zulassung – die ihm als »Juden« wegen seiner Weltkriegsteilnahme noch geblieben war – im Falle des Ortswechsels verlieren würde.

Daraufhin entspann sich eine Diskussion, in der der Ausreisewillige auf die Benachteiligung der Juden in Deutschland verwies, was Hubert mit dem Hinweis auf eigene Benachteiligung wegen einer Nichtbeflaggung am Erntedanktag kommentierte.

Durch diese offene Aussage wohl ermutigt, erzählte Loewenstein aus eigener Beobachtung, dass im Polizeipräsidium in Breslau eine Frau für die Erstattung einer Anzeige gegen einen Juden wegen »Rassenschande« 8 RM erhalten habe.

Hubert geriet ob dieses Berichtes (laut Gericht) in starke Erregung, bezichtigte Loewenstein einer infamen Lüge, verließ den Raum und erstattete umgehend bei seinem Vorgesetzten, Regierungsdirektor von Bonin, Mitteilung. Letztgenannter stellte daraufhin Loewenstein, den er im Flur antraf, zur Rede, doch der Dentist wiederholte die inkriminierte Aussage.

Dadurch kam ein juristisches Verfahren in Bewegung, worin Loewenstein die oben zitierte Behauptung nun bestritt und lediglich auf einen Zeitungsartikel über die Anzeige wegen »Rassenschande« durch zwei (möglicherweise) sonst »käufliche« Frauen verwies.

Loewenstein will sich selber über die Erregung Huberts gewundert haben und sei seinerseits verstört auf die Straße gegangen und dort beinahe überfahren worden. Doch Loewensteins Schilderung half nichts, da das Gericht aufgrund der übereinstimmenden Zeugenaussagen (Hubert, von Bonin) Loewenstein der »Heimtücke« für überführt hielt, da es sich um ein typisches, Deutschland und die Staatspolizei Breslau in Misskredit bringendes, »Greuelmärchen« handele. Bei seiner politischen Vergangenheit (SPD, Reichsbanner) und Intelligenz läge zudem Vorsatz vor.

All dies lasse auf eine »staatsfeindliche« Einstellung schließen, wobei erschwerend hinzukäme, dass er als Jude sein »Gastrecht« in Deutschland missbrauche.

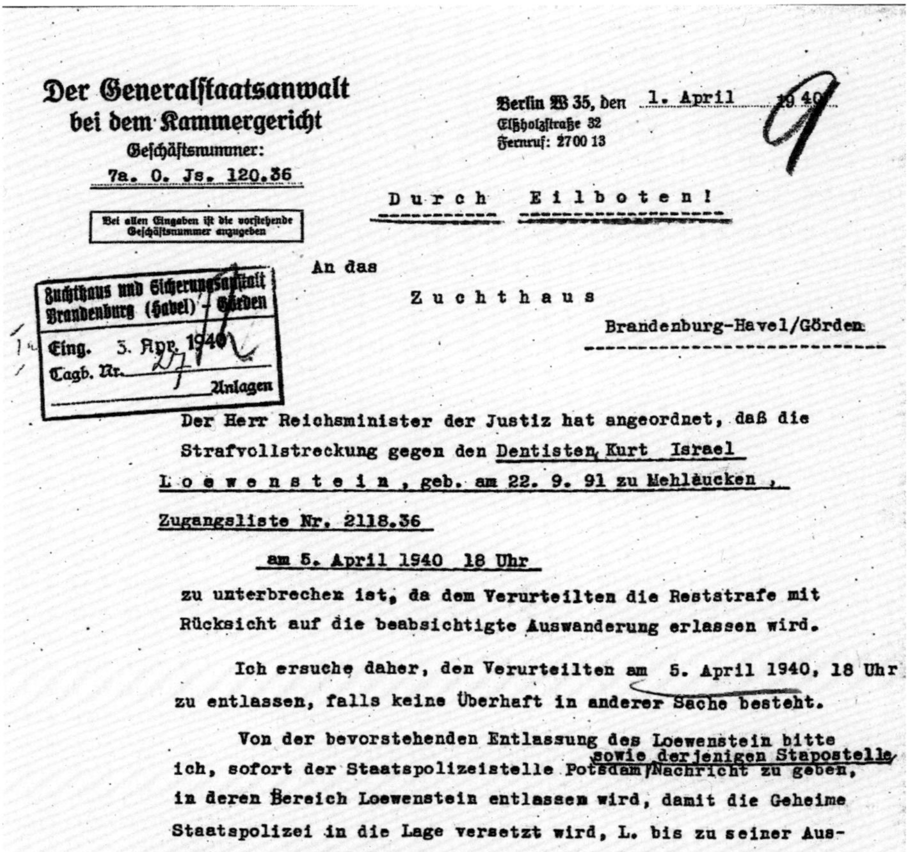

Der Generalstaatsanwalt
bei dem Kammergericht
Geschäftsnummer:
7a. O. Js. 120.36

Bei allen Eingaben ist die vorstehende Geschäftsnummer anzugeben

Berlin W 35, den 1. April 1940.
Elßholzstraße 32
Fernruf: 2700 13

9

Durch Eilboten!

Zuchthaus und Sicherungsanstalt Brandenburg (Havel) - Görden
Eing. 3. Apr. 1940
Tagb. Nr. 27
Anlagen

An das

Zuchthaus

Brandenburg-Havel/Görden.

Der Herr Reichsminister der Justiz hat angeordnet, daß die Strafvollstreckung gegen den Dentisten Kurt Israel L o e w e n s t e i n , geb. am 22. 9. 91 zu Mehlaucken ,

Zugangsliste Nr. 2118.36

am 5. April 1940 18 Uhr

zu unterbrechen ist, da dem Verurteilten die Reststrafe mit Rücksicht auf die beabsichtigte Auswanderung erlassen wird.

Ich ersuche daher, den Verurteilten am 5. April 1940, 18 Uhr zu entlassen, falls keine Überhaft in anderer Sache besteht.

Von der bevorstehenden Entlassung des Loewenstein bitte ich, sofort der Staatspolizeistelle ~~Potsdam~~ sowie derjenigen Stapostelle Nachricht zu geben, in deren Bereich Loewenstein entlassen wird, damit die Geheime Staatspolizei in die Lage versetzt wird, L. bis zu seiner Auswanderung zu überwachen; L. beabsichtigt, am 12.4.40 mit dem italienischen Schiff " Conte Rosso" von Triest aus nach Schanghai auszuwandern. Ich bitte die betr. Staatspolizeistelle zu ersuchen, von der erfolgten Ausreise aus Deutschland hierher Nachricht zu geben.

Ich bitte um umgehende Bestätigung dieses Schreibens und später um Übersendung der Entlassungsanzeige.

Im Auftrage:

Generalstaatsanwalt bei dem Kammergericht

Haftdokument zu Kurt Loewenstein, 1940

Es wurde bereits einleitend darauf hingewiesen, dass der Dentist nicht mehr diese Gefängnis- sondern eine wesentlich höhere Zuchthausstrafe antreten musste. Dies sei zusammengefasst dargestellt:

Der Anklageschrift »Kant und Genossen« vom 6. August 1936 zufolge war Kurt Loewenstein in eben der Sache vom 16. Mai bis 9. Juni 1936 in Polizeihaft und seitdem in Untersuchungshaft. Da er wegen des »Heimtücke«-Verfahrens bis zum 31. März 1936 in »Schutzhaft« gesessen hatte, blieben ihm danach gerade einmal etwas über sechs Wochen bis zur nächsten Festnahme! Er scheint die Zeit intensiv genutzt zu haben, ungeachtet einer Haft 1934 und der zweiten 1935/36. Hören wir dazu die Anklageschrift:

> Loewenstein war von 1930 bis zur Auflösung Mitglied der SPD., des Reichsbanners und des Arbeiter-Samariter Bunds. – Bereits im Jahre 1934 wurde er festgenommen, weil er in den Verdacht illegaler Umtriebe mit dem ehemaligen Gewerkschaftssekretär Fritz Schmidt in Guben geriet. Man konnte ihm damals jedoch nichts nachweisen. Am 9. XII. 1935 wurde Loewenstein erneut wegen staatsfeindlicher Äußerungen festgenommen und bis zum 31. III. 1936 dem Konzentrationslager in Guben überwiesen. Von dem Angeschuldigten Loewenstein erfuhr Kant, daß dieser noch immer einen Kreis von Gleichgesinnten um sich versammelt hatte. Kant – Loewenstein unterhielten sich anschließend mehrfach über politische Fragen. Im Herbst 1934 trat dann der Angeschuldigte Loewenstein an den Angeschuldigten Kant mit dem Vorschlag heran, eine neue illegale Gruppe aufzuziehen.[145]

Grundsätzlich beklagt das zitierte NS-Justizdokument über Aussagen des Dentisten:

> Bei der Wertung dieser Einlassungen ist zu berücksichtigen, daß der Angeschuldigte Loewenstein grundsätzlich alles abstreitet, was ihm nicht eindeutig nachgewiesen werden kann. Da er bestrebt ist, nicht von anderen belastet zu werden, so belastet auch er andere nicht, um diese nicht zu ihn beschwerenden Angaben zu veranlassen.[146]

Kurt Loewenstein wurde schließlich in dem genannten Strafverfahren »Kant und Genossen« am 31. Oktober 1936 zu dreieinhalb Jahren Zuchthaus verurteilt. Nach der üblichen Praxis des NS-Staates bestand die große Gefahr, dass Loewenstein, weil er zu den Hauptverantwortlichen gehörte und zudem jüdischer Herkunft war, nach Strafverbüßung nicht entlassen, sondern ins KZ verschleppt werden würde. Und doch – alles nahm dreieinhalb Jahre darauf eine (auch für den Verfasser) unerwartete Wendung:

Einem der o.g. »Heimtücke«-Haftakte angefügten Schriftstück – einem per Eilboten überbrachten Schreiben der Generalstaatsanwaltschaft bei dem Kammergericht Berlin vom 1. April 1940 an das Zuchthaus Brandenburg – verdanken wir die Information, dass der Gefangene Loewenstein »mit Rücksicht auf die beabsichtigte Auswanderung« etwas vorzeitig aus der Haft zu entlassen sei.[147] »L. beabsichtigt, am

145 LAB, C Rep. 118-01/A4780 (S. 4 der Anklageschrift vom 6.8.1936).
146 Ebd., S. 7 der Anklageschrift vom 6.8.1936.
147 BLHA, Rep. 29 ZH Brdbg., Nr. 983.

12.4.40 mit dem italienischen Schiff ›Conto Rosso‹ von Triest aus nach Schanghai auszuwandern. Ich bitte die betr. Staatspolizeistelle zu ersuchen, von der erfolgten Ausreise aus Deutschland hierher Nachricht zu geben.« (Loewenstein hatte tatsächlich noch das Glück, eine der letzten Chancen zur Auswanderung bzw. Flucht ergreifen zu können. Nach dem Krieg lebte er in Schweden, wo er 1983 verstarb.)

Die Lausitz als Kerngebiet sozialdemokratischen Widerstandes

Sowohl die Mitgliederstärke und die Mobilisierungserfolge der Republikschutztruppe Reichsbanner Schwarz-Rot-Gold in der Lausitz (S. 52ff.) als auch die Wahlerfolge der SPD noch im März 1933 (S. 174) weisen die Lausitz bzw. deren städtische Zentren wie Spremberg und Forst als Kerngebiet und Hochburg der Sozialdemokratie aus.

Tausende kamen bei Großveranstaltungen zusammen. Nicht nur kommunalpolitisch, auch kulturell, etwa durch den Arbeitersport und Kundgebungen und Feste mit eigenen Schalmeienkapellen, drückte die sozialistische Organisation zumindest in den dichtbesiedelten Gegenden einer Region ihren Stempel auf.

Trotz der Zerschlagung der Arbeiterbewegung und Massenverhaftungen im Frühjahr und Sommer 1933: Unter Sozialdemokraten, Kommunisten sowie parteilosen Linken wurde bei einer stärkeren Minderheit der Zusammenhalt gewahrt und das Bedürfnis aufrechterhalten, dem NS-Regime die Stirn zu bieten.

Als der in den 1930er Jahren wirkende SPD-Parteisekretär für den Unterbezirk Guben-Krossen-Sorau-Forst-Sommerfeld Friedrich Schmidt (1901–1954) nach dem Verbot der Partei die Verbindungen neu zu knüpfen begann, konnte er dabei zwar überwiegend Erfolge erzielen, es stellten sich aber auch Enttäuschungen ein, die selbst Jahrzehnte danach nicht verschwiegen werden dürfen, denn nur so erhalten wir ein realistisches Bild von den Brüchen und Desillusionierungen, die im Frühjahr 1933 jene Aktiven durchlitten, die den »Umfall« (S. 133f.) und die blanke Angst früherer Weggefährten miterleben mussten. Friedrich Schmidt berichtet im November 1946:

Friedrich Schmidt

Es war gegen Ende des Monats März im Jahre 1933. An einem Sonnabendnachmittag, ich glaube es war der letzte Sonnabend im Monat März 1933, hatten einige jüngere Genossen, darunter Karl Beppler, Werner Franke und Fritz Kracht, in dem früheren Parteibüro [in Guben] eine kleine Besprechung über evtl. notwendige Partei- und Organisationsarbeiten. Dass es im Monat März noch war, geht daraus hervor, dass ich zum 1. April 1933 das Parteibüro auflöste und diese Angelegenheit war auch Gegenstand dieser Besprechung. Wir nahmen an, dass die Nazis eines Tages das Büro in Besitz nehmen können.

Kurz vor der Beendigung unserer kurzen Besprechung erschien der 1. Unterbezirksvorsitzende [Guben-Krossen-Sorau-Forst-Sommerfeld] Richard Krahl und erkundigte sich nach dem Zweck unserer Zusammenkunft. Wir gaben ihm in etwa eine Auskunft. Er tat so, als wenn er mit allem einverstanden sei und verließ das Büro. Als wir nun bald ebenfalls das Büro verließen, fand ich im Briefkasten einen Brief, der von keinem anderen als unserem Herrn 1. Vorsitzenden [kam]. In diesem Brief, glaube ich, lag auch das Mitgliedsbuch bei, erklärte Richard Krahl seinen Austritt aus der Partei. Er begründete seinen Austritt damit, dass er schon lange mit der Politik der Partei nicht einverstanden gewesen sei und müsse jetzt die Konsequenzen daraus ziehen. Wenn ich mich recht entsinne, faselte er noch so etwas wie dreißig Jahre Mitglied der Partei und müsse jetzt die Richtigkeit der nationalen Haltung der Nazis erkennen.[148]

Aufgrund dieses desaströsen Vorfalls wurde kurzfristig eine Funktionärsversammlung in der Reichshalle in Guben einberufen und Karl Wortha aus Forst, der in letzter Minute einsprang, zum Unterbezirksvorsitzenden gewählt. Er amtierte zwar wegen der [Zwangs-]Auflösung der SPD nur wenige Wochen, blieb aber der Sozialdemokratie treu verbunden und wurde von Schmidt in der illegalen Zeit wiederholt kontaktiert.

Friedrich Schmidt fügt seinem Rückblick noch einen Hinweis auf die letzte Wahlkundgebung mit dem Vorsitzenden der SPD-Landtagsfraktion im Preußischen Landtag Ernst Heilmann im Gubener »Kaisergarten« an. Dieselbe wurde von einer SA-Horde unter Führung von Schulze-Sembten gesprengt. In diesem Zusammenhang fällt auch kein günstiges Licht auf den früheren Unterbezirksvorsitzenden. Friedrich Schmidt fährt fort:

Es bestand der dringende Verdacht, dass Richard Krahl durch einen SA-Mann, der ein Verhältnis mit seiner Tochter hatte, von diesem Überfall Kenntnis hatte und nicht den Mut aufbrachte, uns rechtzeitig zu informieren. Im Gegenteil, sein Verhalten war als Unterbezirksvorsitzender so feige, dass selbst Frauen die Achtung vor ihm verloren hatten. Gegen seine sonstige Gewohnheit war er in dieser Versammlung nicht am Vorstandstisch erschienen, sondern sass so gut am Ausgang, dass er beim Erscheinen der SA als einer der Ersten verschwunden war.

Trotz dieser niederschmetternden Erfahrung, die sich unter Gesinnungstreuen wie ein Lauffeuer verbreitet haben dürfte, gelang es Schmidt, eine effektive illegale Organisation aufzubauen und an verschiedenen Orten Vertrauensmänner, Kassierer, Boten und Zeitungsverteiler zu finden. Er knüpfte ein Kontaktnetz, das von ihm mit

148 Stadtarchiv Bielefeld, Bestand 200, 27 (Nachlass Emil und Maria Gross), Schreiben Friedrich Schmidts vom 3.11.1946 (Bielefeld). Das hier beschriebene politische Umschwenken eines hohen Funktionärs war 1933 kein Einzelfall: Aus der Stadt Strausberg wird berichtet, dass der SPD-Fraktionsvorsitzende der dortigen Stadtverordnetenversammlung, der Lehrer Wilhelm Ley, aus existenziellen Motiven der NSDAP beitrat, vgl. H. Klein, Geschichte des SPD-Ortsvereins Strausberg, S. 163.

dem ehemaligen Brandenburger Vorsitzenden und nunmehrigen »Grenzsekretär« der Sopade in Reichenberg (Tschechoslowakei) Emil Stahl in Verbindung gebracht wurde. Ein Motorradfahrer – aber auch andere Kuriere, die heimlich über die »grüne Grenze« zwischen Deutschland und der ČSR wechselten – versorgten die Lausitzer Genossen mit Untergrundschriften, die zum Sturz der nationalsozialistischen Diktatur aufriefen.

Aus dem Urteil des Volksgerichtshofes gegen den ehemaligen Gubener SPD-Parteisekretär Friedrich Schmidt und Andere vom 28. Juli 1936:

> Es ist gerichtsbekannt, daß die SPD. in Deutschland illegal fortbesteht und daß sie den nationalsozialistischen Staat in derselben Weise und mit denselben Mitteln bekämpft, wie die KPD., mit dem Ziel, die Verfassung mit Gewalt zu ändern. Diese Bestrebungen der SPD. setzten schon bald nach der nationalen Erhebung ein, als der frühere Vorstand der SPD. nach Prag geflüchtet war. Im Januar 1936 wurde ein neues SPD.-Programm festgelegt, in dem klar zum Ausdruck gebracht wird, daß der Sturz des Nationalsozialismus durch gewaltsame Niederringung im revolutionären Kampf erfolgen müsse.
> Diese Ziele der SPD. werden in ihren Zeitungen nachdrücklichst offen gelegt. In den Zeitungen »Vorwärts« (Prag), »Neuer Vorwärts«(Karlsbad) und »Sozialistische Aktion« (Prag) wird ständig in übelster Weise gegen Deutschland gehetzt und werden die schlimmsten Greul- und Lügennachrichten veröffentlicht. Auch in Flugblättern und getarnten Broschüren, wie »Die Kunst des Selbstrasierens«, »Cicero«, »Aristoteles« usw. wird dieses Programm der SPD erläutert. Um ihre Ziele durchzusetzen, läßt die SPD. die erwähnten Zeitungen, zum Teil in Kleinformat gedruckt, sowie Flugblätter und Broschüren in Deutschland verbreiten.[149]

Verteilernetz von Untergrundschriften

Die vom Motorradfahrer bzw. Boten Willi Walter zu Friedrich Schmidt gebrachten Emigrantenzeitungen (Treffpunkt Stadteingang von Guben) verteilte dieser – laut Gerichtsurteil[150] – folgendermaßen: Über den Kaufmann Kracht in Guben, über diesen an einen gewissen Kahl, an den Bürstenmacher Kitzky, dem er eine Nummer durch das Fenster in die Werkstatt warf, und an den Winzer Brühl, dem er eine Nummer in den Briefkasten warf. Dem früheren SPD-Ortsvereinsvorsitzenden von Schenkendorf, Erich Schulz, gab Schmidt ebenfalls ein Exemplar, das Erstgenannter dem Kaufmann Krause und dem Gastwirt Kurtzahn weitergab.

In Eulo erhielt der frühere Ortsvereinsvorsitzende Otto Richter (S. 206) vier Exemplare der »Sozialistischen Aktion« und mehrere getarnte Broschüren. In Scheuno belieferte Schmidt den Weber Heidenreich (S. 206) wiederholt mit Untergrundmaterial, »sogar noch im September«, wie die Justiz kritisch dazu bemerkt, obwohl die Festnahme Richters bereits gekannt geworden war.

Des Weiteren erhielt Gerhard Trogisch (S. 197) von Schmidt dreimal die »Sozialistische Aktion« und zwar jeweils fünf bis acht Exemplare und einzelne Broschüren.

---

149 BArch, NJ 2122 (Bd. 1), S. 2f. des VGH-Urteils gegen Friedrich Schmidt und Andere vom 28. Juli 1936.

Trogisch wiederum gab Ausgaben an Tschickert (S. 193) und Gloger (S. 195) weiter. Hin und wieder bekam Tschickert auch von Schmidt persönlich illegales Material.

Der Sorauer Gloger erhielt ebenfalls direkt von Schmidt zweimal Ausgaben des »Neuen Vorwärts«, der »Sozialistischen Aktion« und Broschüren zur Weitergabe.

Im Zeitraum Juni bis September/Oktober 1934 kontaktierte Schmidt zudem seinen früheren Parteisekretariatsgenossen Jentsch in Frankfurt/Oder (S. 210ff), übergab ihm wiederholt Ausgaben der »Sozialistischen Aktion« und bat, diese weiterzuverbreiten.

Wieder andere Reisen führten Schmidt nach Berlin, wo dem früheren Regierungspräsidenten (Landsberg an der Warthe) und Sozialdemokraten Dr. Wilhelm Fitzner mehrmals u. a. die »Sozialistische Aktion« ausgehändigt wurde, sowie die SPD-Funktionäre Carlssen und Alfred Markwitz[151] gelegentlich Schriften erhielten.

»... Gefahr besteht: Verbindung mit KPD«

Gelegentlich stellte Schmidt als illegaler Organisator im Raum Lausitz fest, dass Adressaten Untergrundschriften der SPD erhielten, bei denen Probleme drohten. So wurden zudem Zeitungen nach Forst geschickt und von dort aus von anderen als den vorgesehenen Männern verteilt. Um dies zu unterbinden, schrieb Schmidt an den Kurier Willi Walter:

> Am Sonntag ist alles gut gegangen.
> Nur scheußlich kalt. Zur schnellsten Erledigung folgendes:
> Aus Sorau will ein Zahndentist Löwenstein in Pr. Verbindung aufnehmen. Dagegen mußte ich protestieren, da Gefahr besteht.
> Verbindung mit KPD.
> Ferner: Nach Forst kommt Material. Wer macht das?
> Alles durcheinander. Darf unter keinen Umständen weitergehen.
> Nachprüfen woher und unbedingt abstoppen, sonst Revolution.
> Wegen Adressen hier sage E. auch Bescheid. Alles weitere mündlich.[152]

Bei dem Dentisten Löwenstein handelte es sich um den bereits erwähnten (S. 184ff.) illegal tätigen Sozialdemokraten, der – mit seinen früheren Parteigenossen Paul Kant und Erich Paterna (S. 497ff.) – intensive Bindungen an den Untergrundapparat der KPD besaß. (In diesem Zusammenhang erhielt der Widerstandskämpfer jüdischer Herkunft am 31.10.1936 eine dreieinhalbjährige Zuchthausstrafe und konnte 1940 gerade noch rechtzeitig aus seiner mörderischen deutschen »Heimat« herauskommen.[153])

---

150 Ebd., NJ 2122 (Bd. 1), S. 7f. des VGH-Urteils gegen Friedrich Schmidt und Andere vom 28. Juli 1936.

151 Markwitz war bis 1935 der Kopf der illegalen SPD in Berlin, siehe dazu H.-R. Sandvoß, Die »andere« Reichshauptstadt, S. 90ff. Wilhelm Fitzner war als Regierungspräsident wegen seiner republikanischen Gesinnung bereits im Juli 1932 vom Reichskanzler von Papen entlassen worden. Mitte 1935 geriet er 6 Monate ins KZ, siehe H.-R. Sandvoß, Widerstand in Mitte und Tiergarten, S. 39.

152 BArch, NJ 2122 (Bd. 1), S. 8 des VGH-Urteils gegen Friedrich Schmidt und Andere vom 28. Juli 1936.

153 BLHA, 4 A KG, Nr. 590.

Bei den o. g. »unberechtigten« Forster Verteilern konnte dagegen eine Gruppe um den ehemaligen Bezirksführer Ernst Conrad (S. 193) ausgemacht werden. Und nun stellte sich heraus, dass sie zum Unmut Schmidts und seiner mit Einstellung ihrer illegalen Arbeit drohenden Vertrauensleute vor Ort, von keinem Geringeren als dem Brandenburger SPD-Leiter Emil Stahl beliefert worden waren, weil angeblich zu wenig geschah. Darüber informierte Schmidt dann im Nachhinein seine engeren Mitarbeiter Trogisch, Tschickert, Gloger und Otto Richter bei einer Zusammenkunft an der Kathlower Mühle im Juli/August 1934.

Zum politischen Hintergrund des internen Streits seien die Motive des früheren Forster Bezirksführers Ernst Conrad (1897–1952) kurz erläutert: Weber von Beruf wie so viele seiner Mitstreiter, hatte ihn die blamable Kapitulation des ADGB am 1. Mai 1933 und die Inaktivität vieler früherer Weggefährten tief erschüttert. Als dann auch noch die Belieferung der Forster NS-Gegner mit illegalen Schriften zu schleppend verlief bzw. zeitweise ganz ausblieb, nahm er über Max Dähnrich Kontakt zum Grenzsekretär Emil Stahl (S. 190 auf, woraufhin mehrere Direktsendungen erfolgten. Das empörte wiederum die Verantwortlichen des SPD-Untergrundapparates für die Lausitz, die eine gefährliche unkontrollierte Entwicklung befürchteten und daher unter starken Drohungen gegenüber Emil Stahl die Sonderlieferungen unterbanden.

Die Gruppe um den Forster Conrad ging schließlich im Herbst 1934 hoch. Ein Jahr darauf wurde beim Kammergericht Anklage gegen Conrad und mehrere politische Anhänger erhoben. Da der Hauptverantwortliche aber verschwiegen blieb und die Gestapo das illegale Netz erst nach und nach aufdecken konnte, erfolgte eine Nachtragsanklage gegen neun weitere Personen – überwiegend Weber aus Forst – , unter ihnen Conrads enge Mitarbeiter Franz Keding, Helmut Wortha und Erich Fiedler.[154]

Am 18.11.1935 wurde im Prozess »Conrad und Genossen« das Urteil gesprochen: Der Hauptangeklagte erhielt mit 3 ½ Jahren Zuchthaus die Höchststrafe, mittlere Verteiler knapp zwei Jahre Zuchthaus, Minderbelastete kurze Gefängnisstrafen oder kamen wie der Invalide Fritz Schimpitz (1893–1962) nach längerer Untersuchungshaft frei. Conrad wurde seine tapfere Haltung erschwerend angerechnet, denn er kam nach der Verbüßung seiner Zuchthausstrafe zusätzlich von Mai 1938 bis Mitte Februar 1941 ins KZ Sachsenhausen.[155] Im Herbst 1934 nicht enttarnte Weggefährten Conrads setzten ihre illegale Arbeit an der Seite Otto Richters (S.206) bzw. Paul Walthers (S. 208) fort. In der von illegalen sozialdemokratischen Kreisen in der Lausitz verbreiteten »Sozialistischen Aktion« vom 24. Juni 1934 heißt es:

154 BLHA, Rep. 801/VdN 315 (E. Conrad) und Rep. 801/VdN 1088 (O. Kupke). Letztgenannte Akte enthält auch die Nachtragsanklage gegen Keding, Fiedler, Kupke und Conrads Stiefsohn Helmut Wortha sowie mehrere Minderbelastete, die lediglich eine Untergrundschrift entgegen genommen hatten. Siehe zum gesamten Komplex auch die Aussagen des Gubners Friedrich Schmidt, in: BArch, NJ 2122, Bd. 1, Bl. 1, 2 und 10 d.

155 Ernst Conrad trat nach dem Krieg der KPD bei. Mehrere frühere Forster SPD-Genossen – darunter Otto Richter (S. 206) – folgten seinem Beispiel und setzten damit schon vor der Bildung der SED ein ganz eigenes lokales Zeichen, abweichend vom Verhalten der meisten Lausitzer Sozialdemokraten.

Der Weg in den Abgrund! Stürzt die Diktatur!
Das Volk erwacht! Nicht nur das Ausland beginnt die Brüchigkeit und innere Haltlosigkeit des nationalsozialistischen Regimes in Deutschland zu erkennen, sondern auch weite Kreise der terrorisierten deutschen Bevölkerung fangen an, den ungeheuren Betrug zu durchschauen, dem sie zum Opfer gefallen sind. Sie fangen an, zu erkennen, daß alle großspurigen Versprechungen der Nationalsozialisten hinsichtlich der Lösung der wirtschaftlichen und politischen Probleme nichts weiter sind als Lug und Trug, daß alles Gerede vom ›deutschen Sozialismus‹ nichts ist als eine leere Dekoration, daß alle Zusicherungen eines baldigen Aufschwunges und nationalen Aufbruchs zu nichts anderem geführt haben als zu Niedergang und Bruch ......

Ernst Conrad

Von selbst wird aber dieses Regime nicht fallen, wie sehr auch die Unzufriedenheit um sich greift – es muß gestürzt werden! Die Dinge reifen schneller als das Bewußtsein der Menschen, es muß daher alles getan werden, um die Revolutionierung des Bewußtseins der breiten Massen zu fördern. Mag der äußere Druck noch so stark sein – wenn kühne Männer und Frauen, die wissen, was sie wollen, in die Bresche springen und der allgemein wachsenden Unzufriedenheit Form und Inhalt geben, dann wird kein Terrorapparat stark genug sein, um dem aus dem Untergrund emporschlagenden Feuer der Revolution Einhalt zu gebieten.[156]

Größe und Umfang der Widerstandsgruppe

Ernst Tschickert (Spremberg) antwortet 1948 auf die Frage nach dem Umfang der Gruppe:

Der mir erteilte Auftrag, eine Aufstellung derjenigen Genossen zu geben, die von 1933–1945 illegal für die SPD tätig waren, kann ich nur bedingt nachkommen. Wir hatten im Kreismaßstabe durchschnittlich ca. 300 Genossen und Genossinnen in den illegalen Apparat eingebaut. Ich nehme aber an, daß es genügen wird, diejenigen aufzuführen, die besonders als leitende Funktionäre diese Arbeit getätigt haben. Die illegale Frauengruppe im Kreise Spremberg umfaßte 68 Genossinnen.[157]

Die Namen der jeweiligen Leiterinnen von insgesamt sieben Frauen-Abteilungen lauteten Tschickert zufolge:

156 BArch, NJ 16100 (S. 5f. des Urteils des 3. Strafsenats des Kammergerichts Berlin vom 9. Januar 1935 gegen Herbert Sührig und Andere).
157 SAPMO-BArch, RY/1/I 213/Nr. 118, Bl. 109 (Die zitierte Akte gehört zum Komplex »Historisches Archiv« der KPD/SED.).

Martha Tschickert, Berta Jänchen, Elli Melde, Ella Fellenberg, Hedwig Hubaleck, Frieda Schätze und Anna Gutberlet.

Zehnergruppenleiter bzw. örtliche Vertrauensleute waren allein aus Spremberg:

Otto Frömter, Günter Melde, Paul Thomas, Karl Schätze, Paul Rätzel, Stefan Gerstberger, Kurt Gärtner, Karl Martin, Willi Lange, Erwin Jung, Josef Hubaleck, Emil Batram, Wilhelm Pintaske, Otto Nerlich und Paul Johnscher.

Aus angrenzenden Stadtteilen bzw. Nachbarorten kamen die verantwortlichen Funktionäre:

Adolf Bierhold, Paul Bröse, Alfred Fittko und Kurt Dommaschk (alle Spr.-Kochsdorf), Richard Nousch, Otto Behnke, Erich Schröder und Albert Lehmann (alle Spr.-Slamen), Otto Mariaschk, Alfred Poethe, Paul Schulisch und Felix Wieloch (alle Spr.-Sl. Ziegelei), ferner Richard Kubo (Sellessen), Otto Voigt (Proschim), Paul Wobusa (Horlitzka), Willi Klaucke (Vockerode), Fritz Scheinert (Klein-Kölzig), Heinrich Schenker (Schönheide), Alfred Mudring (Jehserig), Otto Weber (Trattendorf), Max Gutschlich (Döbern), Alfred Vatter (Bloischdorf), Richard Klaucke (Spr.-Weskow), Herr Pogan (Bagenz), Otto Metag und Erich Apelt (beide Gr. Buckow), Herr Matke (Kl. Buckow), Erich Güttler (Cantdorf), Otto Scharfenberg (Heinrichsfeld) und schließlich Paul Just (Pulsberg). Die zu den genannten 45 Männern angegebenen Berufe weisen neben Arbeitern, Angestellten und Selbstständigen auch vier Bauern auf. (Zu den politisch verfolgten bzw. angeklagten Frauen und Männern – Tschickert zählt aus dem Kreis der o. g. Personen 17 Namen auf – siehe die Seiten 198 bis 206.)

Über die Führung der Organisation im Kreis Spremberg schreibt Tschickert:

> Die Gesamtleitung für den Kreis Spremberg lag in den Händen des Gen. Kurt Greischel, während der Gen. Ernst Tschickert in der Leitung für die gesamte Lausitz war. [...]
> Zur Arbeit selbst wäre noch zu bemerken, daß die Tätigkeit hauptsächlich in der Verbreitung von illegalen Schriften bestand. Außerdem wurden Maifeiern 1933 selbständig abgehalten. Himmelfahrtstag 1933 fand eine Veranstaltung auf dem Turnplatz statt, an der sich mehrere hundert Personen beteiligten und am 16.6.1933 die letzte Versammlung in der Turnhalle in Spremberg mit über 300 Teilnehmern. 1934 fand ein besonderes Treffen am 1. Mai statt. Die Genossen Frömter, Greischel, Tschickert, Martha Tschickert und Berta Jänchen nahmen wiederholt an Konferenzen im Ausland teil. Nach ihrer Entlassung aus den Strafanstalten haben besonders Martha Tschickert, Berta Jänchen und Otto Voigt gemeinsam mit Genossen von der KPD in Proschim bei dem Genossen Voigt und bei dem Müller Heinrich Rauch illegale Zusammenkünfte abgehalten, um evtl. notwendige gemeinsame Arbeit zu besprechen. [...]
> p.s. Für den ehemailgen Kreis Sorau hatte der Gen. Max Gloger die Leitung.[158]

Dass die von Tschickert beschriebene Gruppengröße keine Überhöhung darstellt, bestätigt auch der Erinnerungsbericht des Parteilosen Karl Schmellentin[159], der während des Gestapoverhörs erfuhr, dass in dieser Sache 65 SPD-Mitglieder in Haft waren.

---

158 Ebd., Nr. 118, Bl. 110f.

159 Bezirksleitung Potsdam der SED (Hg.), Ausgewählte Dokumente, Teil I, 428f.

Über die Ausdehnung der Gruppe, deren Aktionsradius weit über Spremberg hinaus ging, schreibt Max Gloger:

> Die Tätigkeit der Widerstandsgruppe Lausitz/Organisation der SPD. bestand seit 1933. 1934 wurde der ganze Bezirk durchorganisiert und umfasste Spremberg mit seinen Nachbargemeinden, Leiter Ernst Tschickert, Spremberg, Kottbus und Umgebung[,] Leiter Gerhard Trogisch [Kottbus].
> Sorau N/S[,] Forst und Umgebung/Leiter Max Gloger, Sorau/N/S
> Guben und Umgebung, Leiter Fritz Schmidt, Guben, Parteisekretär [...]
> Nach der Verhaftung des Gubener Gen. Fritz Schmidt wurde die illegale Arbeit von Tschickert, Trogisch und Gloger fortgesetzt.[160]

Zugriff durch die Geheime Staatspolizei

Der Leiter der Organisation in Sorau, Forst und Umgebung Max Gloger erhob im Sommer 1946 Vorwürfe gegen einen früheren Mitverschwörer, dem er ankreidete, durch leichtfertiges, unkonspiratives Verhalten zur Zugriffsmöglichkeit der Geheimen Staatspolizei beigetragen zu haben. Max Gloger dazu:

> Im Oktober 1935 wurde von Tschickert und Gloger eine Zusammenkunft mit den in der C.S.R. weilenden Gen. Wels und Vogel [Exil-Parteivorstand der SPD in Prag, d. Verf.] vereinbart. Zweck des Treffs sollte die Fortführung der illegalen Arbeit in Verbindung mit den kommunistischen Genossen sein. Die Mitglieder der Gruppe Lausitz verlangten eine Klärung in dieser Linie. Um diesen Treff nicht zum Scheitern zu bringen, wurde Gen. Trogisch, Kottbus, davon in Kenntnis gesetzt, die Arbeit (er betätigte sich als Kurier zeitweise) vorübergehend einzustellen. Da ausserdem auch eine Meldung vorlag, dass die Gestapo Nachrichten von dem Vorhandensein unserer Gruppe hatte.
> Gen. Trogisch kümmerte sich nicht darum und sucht entgegen [dem] Beschluss mit noch einem Genossen aus Senftenberg, trotz Verbot, nur einzeln die Grenze zu passieren nach der C.S.R. Es erfolgte, wie wir es vorausgesehen hatten, seine und seines Kameraden Verhaftung. Die Schläge der Gestapo und gegenseitige Aussagen vermochten es, die leitenden Genossen der Gruppe innerhalb einer Woche festzusetzen. Der Gen. Trogisch hat also nicht nur seine Verhaftung, sondern er hatte die Organisation durch sein disziplinwidriges Verhalten der Gestapo preisgegeben und damit die Arbeit von 3 Jahren zunichte gemacht.[161]

(Der hier ungenannte Mitfahrer Trogischs in die ČSR war übrigens Willy Karich.) Trotz dieser kritischen Worte eines früheren Mitkämpfers von Trogisch sollte man dessen Wirken gegen das sogenannte Dritte Reich nicht vorschnell abwerten, sondern registrieren, dass die Geheime Staatspolizei über den hohen Funktionär festhielt, wie schwer er es den NS-Ermittlern machte.

---

160 BLHA, Rep. 801, VdN 2067 (Trogisch).
161 Ebd., Rep. 801, VdN 2067 (Trogisch).

Zum Verständnis sei vorausgeschickt, dass Beamte des Polizeipräsidiums in Dresden im Oktober 1935 erfahren hatten, dass im Gepäckraum des Dresdner Hauptbahnhofs ein Päckchen illegaler Druckschriften der verbotenen SPD eingetroffen sei. Die Ermittlungen dazu wurden sofort aufgenommen und es wurde beobachtet, dass jenes Päckchen von einem Dienstmann abgeholt und zwei Männern ausgehändigt wurde, die den Zug nach Großenhain-Cottbus bestiegen. Die Beamten der Gestapo folgten den beiden Männern und nahmen sie in Großenhain fest. Es waren der Tapeziermeister Trogisch aus Cottbus und der Schriftsetzer Karich aus Senftenberg. Aus dem Ermittlungsbericht vom 25. Oktober 1935:

> Am 13.10.1935 wurden durch Beamte der sächsischen Geheimen Staatspolizei Trogisch, Gerhard [...] und Willy Karich [...] festgenommen, als sie illegales Material der DPS [SPD] in Empfang nahmen. Eingehende Vernehmungen, bei denen insbesondere Trogisch durch ständiges Ableugnen und durch wissentlich falsche Angaben versuchte, die Ermittlungen in ein falsches Fahrwasser zu bringen, ergaben, daß der frühere Parteisekretär Friedrich Schmidt [...] seit Ende 1933 mit Erfolg den Wiederaufbau einer Organisation, die es sich zum Ziele gesetzt haben [hat], Deutschland zu unterminieren, betrieben hat.
> Schmidt hatte es verstanden, über den ganzen Bezirk der Niederlausitz Agenten für die hochverräterische Arbeit der SPD zu setzen und diese so zu beeinflussen, daß mit der Zeit eine Organisation größeren Ausmaßes entstand.[162]

Nach der Festnahme Schmidts im September 1934 wurde Gerhard Trogisch von Ernst Tschickert aufgefordert, die Verbindung zum Reichenberger Exil-Verbindungsmann Emil Stahl wiederherzustellen. Nach dem schließlichen Zusammentreffen beider in der ČSR vereinbarten die Sozialdemokraten den weiteren Fluss illegalen Materials, das von einer Frau bzw. einem Mädchen nach Deutschland gebracht werden sollte. Vorab würde jedes Mal ein Treffpunkt in Cottbus verabredet. Trogisch nahm auch persönlich von Stahl Untergrundschriften in Empfang, wenn er diesen heimlich in der Tschechoslowakei besuchte.

Die Geheime Staatspolizei meinte, noch viel brisantere Dinge als die Vorbereitung zum Hochverrat, nämlich landesverräterische Aktivitäten, aufgedeckt zu haben.

> Stahl begnügte sich nicht nur mit der illegalen Arbeit, sondern forderte immer wieder Berichte über die politische Lage, insbesondere aber auch Berichte über Vorkommnisse in der Deutschen Verkehrsflieger-Schule -und Flugplatz Cottbus sowie auch Finsterwalde, wobei er betonte, daß für diese Art Berichte Geldmittel zur Verfügung ständen und die Berichterstatter gut bezahlt würden.[163]

Diesbezüglich tätig, nahm Trogisch Kontakt zu dem ihm bekannten Werkzeugmacher Willi Beier – beschäftigt bei der Deutschen Verkehrsfliegerschule – auf und ersuchte ihn zum einschlägigen Bericht, auch vereinbarte er Reisen mit Beier zu Stahl, die aber

---

162 BArch, NJ 6943, Bl. 7 [Vorläufiger Ermittlungsbericht der Staatspolizeistelle Frankfurt (Oder), Außendienststelle Cottbus, vom 25. Oktober 1935].

zu keiner Begegnung führten. (Belastungen Trogischs in dieser Sache rühren auch von Aussagen des mitangeklagten Ehepaars Karich her, die auf mittels Zitronensafts anzufertigende Mitteilungen über Vorkommnisse auf dem Flugplatz verwiesen hatten.)

Gerhard Trogisch

Für die Gestapo schien es jedenfalls erwiesen, dass Trogisch »der wichtigste und eifrigste Funktionär der illegalen SPD für den Bezirk der Niederlausitz« war. Denn in seinen Händen lag die jeweilige Belieferung des zu bearbeitenden Bezirks mit illegalem Material, und in seinen Händen lag auch die Berichterstattung über geheim zu haltende Angelegenheiten.

Enge Mitarbeiter Trogischs waren Krause, Lehmann und Töpfer, besonders ihr Einsatz erhielt die illegale Organisation aufrecht, wobei Karich überführt wurde, als Verbindungsmann zum Senftenberger Bezirk fungiert zu haben. In seiner Wohnung (Eisenbahnstraße 3) fand sich auch Untergrundmaterial an.

Max Gloger zählte ebenfalls zu den Hauptbelasteten, hatte er doch bereits mit Schmidt eng zusammengearbeitet und von diesem Untergrundmaterial zur Verbreitung erhalten. Er nahm mit Kuhn Verbindung auf zwecks Aufbaus illegaler Strukturen in Eulo und wirkte überhaupt als Organisator der Widerstandsarbeit im Bezirk Sorau. Auch wenn er sich nach Schmidts Festnahme zurückhielt, so nahm er doch spätestens nach der Kontaktaufnahme mit Tschickert seine alte Funktion wieder wahr.

Tschickert wiederum musste nach eingehenden »Verhören« zugeben, mit Trogisch eng zusammengearbeitet zu haben. Über ihn sagt der Gestapo-Bericht mit besonderer Akzentuierung:

> In Tschickert dürfte nach den bisherigen Feststellungen die treibende Kraft für die illegale Arbeit nach Festnahme des Kopfes der illegalen Organisation in der Niederlausitz, Friedrich Schmidt, zu erblicken sein. Tschickert weiß mit einer Selbstverständlichkeit seine illegale Tätigkeit hinzustellen, die beweist, daß er in ihr die für ihn gegebene Arbeit sieht. Ich bemerke, daß er dem vernehmenden Beamten gegenüber betonte, daß er nach der Verbüßung seiner Strafe seine illegale Arbeit sofort wieder aufnehmen würde.[164]

Wie wir noch sehen werden, wurde Tschickert auch nach der Strafverbüßung weiter verfolgt – und zwar bis zum Kriegsende (S. 204) und dann schlimmer Weise auch danach (S. 204).

163 Ebd., S. 2f. des Berichts der Staatspolizeistelle. (Unterstreichungen im Original, d. Verf.).
164 Ebd., S. 8 des genannten Berichts.

Die NS-Justiz fächerte die juristische Ahndung der in der Lausitz aufgedeckten illegalen Strukturen der SPD in mehrere Prozesse größeren und kleineren Zuschnitts auf, wobei der Kern 1935 und 1936 aus zwei Volksgerichtshofverfahren

- gegen Schmidt und Andere,
- gegen Trogisch und Andere
- sowie zwei große Kammergerichtsverfahren
- gegen Krause und Andere,
- gegen Gloger und Andere

bestand. Weitere kleinere Prozesse liefen zeitlich parallel oder wurden noch 1940 angestrengt. Es kam auch zu Überschneidungen mit NS-Verfahren gegen die illegale KPD, wenn in deren Untergrundaktivitäten Sozialdemokraten eingebunden waren – wie im Fall einer größeren Sorauer Gruppe um Paterna, Kant und Loewenstein – oder wenn der Zweck der kommunistischen Bemühungen die Anwerbung von SPD-Anhängern war.

Die weitaus wichtigsten Prozesse gegen Lausitzer Sozialdemokraten waren die großen Volksgerichtshofverfahren. Da die Kernvorwürfe bereits vorgetragen wurden (S. o.), beschränken wir uns nun auf die Urteile bzw. erlittene Verfolgungsmaßnahmen der betroffenen Widerstandskämpfer.

Kammergerichtsverfahren

Bevor der Volksgerichtshof 1936 und 1937 in zwei getrennten Verfahren (S. 202ff.) die zentralen Führungspersonen der illegalen Lausitzer SPD zur Verantwortung zog, verhandelte das Kammergericht in Berlin ebenfalls in zwei getrennten Prozessen (A und B) gegen achtundzwanzig Funktionäre des mittleren und unteren Untergrundapparates.

Während der Prozess A (Hauptangeklagter der Schneider Paul Krause) überwiegend Cottbuser und Spremberger Arbeiter wegen der »Vorbereitung zum Hochverrat« anklagte, waren es im Prozess B (Hauptangeklagter der Tuchweber Max Gloger) vor allem Sorauer Regimegegner. Die Höhe der jeweiligen Strafe orientierte sich (NS-) strafrechtlich am Grad der Verantwortlichkeit des oder der Einzelnen. Vereinfacht ausgedrückt: Kuriere, Kassierer, Verteiler und mittlere Funktionäre, wie die jeweils Verantwortlichen in Cottbus, Spremberg, Sorau usw., wurden härter belangt als jene, die nur ein oder zwei Untergrundschriften entgegennahmen oder eine Spende entrichteten. Die beiden Prozesse schlüsselten sich wie folgt auf:

Kammergerichtsprozess A

(Anklageschrift vom 10.1.1936, Urteil vom 6.4.1936)

Schneider Paul Krause (* 1910), Cottbus	2 ½ J. Z
Weber Kurt Töpfer (* 1905), Cottbus	2 ¼ J. Z
Tischler Artur Lehmann (* 1905), Cottbus	2 ¾ J. Z
Ehefrau Helene Karich (* 1900), Senftenberg	3 J. Z
Zwirnerin Berta Jänchen (* 1893), Slamen, Krs. Spremberg	8 Mo. G
Geschäftsführer Otto Frömter (* 1886), Spremberg	2 J. G

Geschäftsführerin Martha Tschickert (* 1888), Spremberg	2 ½ J. Z
Glasmacher Otto Voigt (* 1901), Proschim, Krs. Spremberg	2 ½ J. Z
Schlosser Günther Melde (* 1906), Kochsdorf, Krs. Spremberg	2 ½ J. Z
Weber Kurt Greischel (* 1893), Spremberg	2 ½ J. Z
Weber Adolf Bierhold (* 1886), Kochsdorf, Krs. Spremberg	1 ½ J. G
Weber Richard Kubo (* 1895), Sellessen, Krs. Spremberg	1 ½ J. G
Arbeiter Otto Schorisch (* 1901), Hosena, Krs. Hoyerswerda	1 ¾ J. G
Glasmacher Heinrich Windelband (* 1905), Hosena, Krs. Hoyerswerda	1 J. G
Arbeiter Kurt Schlosser (* 1912), Sahlhausen, Krs. Calau	2 J. Z
Student Herbert Bender (* 1913), Halle/Saale	2 ¼ J. Z[165]

Kammergerichtsprozess B
(Anklageschrift vom 10.1.1936, Urteil vom 7.4.1936)

Tuchmacher Max Gloger (* 1908), Sorau	4 J. Z
Formgießer Walter Scholz (* 1904), Sorau	2 J. Z
Händler Fritz Müller (* 1898), Sorau	eingestellt
Arbeiter Friedrich Bubner (* 1899), Sorau	6 Mo. G
Schuhmacher Max Muche (* 1900) aus Sorau	Freispruch
Mangelarbeiter Walter Graefer (* 1905), Sorau	1 ¼ J. G
Hilfsarbeiter Kurt Frömsdorff (* 1906), Sorau	1 ¾ J. G
Fabrikarbeiter Oswald Scheffel (* 1889), Sorau	6 Mo. G
Weber Felix Kuhn (* 1899), Eulo, Krs. Sorau	3 ½ J. Z
Glasmacher Paul Wobusa (* 1899), Horlitza, Krs. Spremberg	2 ¼ J. Z
Arbeiter Fritz Scheinert (* 1903), Kl. Kölzig, Krs. Sorau	1 ¾ J. G
Dreher Paul Walther (* 1899), Forst, Weinbergstraße 20	1 J. G[166]

Die hier genannten Angeklagten konnten ganz überwiegend die Jahre der NS-Verfolgung überleben, obwohl einige der Vorbestraften in den Kriegsjahren zur Strafeinheit 999 und somit in einen zusätzlich verschärften Kriegseinsatz einberufen wurden, so die hervorgehobenen Funktionäre Paul Krause, Kurt Töpfer, Artur Lehmann und Kurt Schlosser. Doch Letztgenannter ließ in diesem Zusammenhang 1944 sein Leben, desgleichen der Ehemann der im A-Verfahren mit drei Jahren Zuchthaus sehr hart bestraften Helene Karich (S. 204). Der Hallenser Student Herbert Bender, wegen seiner früheren illegalen Lausitzer Verbindungen mit 2 ¼ Jahren Zuchthaus bestraft, kam dagegen 1946 in sowjetischer Kriegsgefangenschaft um.[167]

165 BArch, NJ 6943, Bl. 21 (Urteil Bl. 42).
166 BArch, NJ 6943, Bl. 33 (Urteil Bl. 61).
167 Der Verfasser dankt der Wehrmachtauskunftsstelle (WASt) in Berlin-Borsigwalde für die Überlassung der entsprechenden Daten.

Ernst Tschickert[168], Kopf der illegalen Lausitzer Sozialdemokraten (S. 197), nennt in einem Überblick 1948 auch weitere Opfer der Verfolgungen:

Kurt Greischel (Prozess A: 2½ Jahre Z.) sei – wie Tschickert selber – nach der Strafverbüßung bis 1945 ins KZ verschleppt worden und kam erst nach dem Krieg frei.

Sein Leben ließ der Weber Paul Thomas: 1933 in Weißwasser vorübergehend eingesperrt, floh er anschließend in die ČSR, wo man ihn nach der deutschen Besetzung (März 1939) erneut in Gewahrsam nahm und ins KZ verschleppte. Er kam am 27. Februar 1942 im Lager Sachsenhausen um.

Ein wieder anderes schweres politisches Schicksal erlitt der Spremberger Glasmacher Paul Wobusa. Die über zweijährige Zuchthaushaft in Hitler-Deutschland überlebte er, wurde aber – lt. Ernst Tschickert – von »den Russen« verhaftet und kehrte nicht mehr zurück. (Ähnlich erging es ein Jahr nach Abgabe dieses Berichts auch Tschickert selber.)

Nach dem 20. Juli 1944 (S. 243ff.) vom NS-Regime ins Arbeitslager gepresst wurden laut Tschickert seine mitverurteilten Genossen Otto Frömter, Willi Lange und Emil Batram. In Untersuchungshaft geriet nach dem missglückten Attentat Stauffenbergs darüber hinaus Karl Schätze.

Lassen wir stellvertretend für fast dreißig Prozessteilnehmer der beiden Kammergerichtsverfahren die jeweiligen Hauptangeklagten bzw. Höchstverurteilten zu Wort kommen, um Handlungsmotive und Leidensstationen exemplarisch zu veranschaulichen. Der Cottbuser Schneider Paul Krause (1910–1984) schreibt 1946:

> Mit dem 14. Lebensjahr trat ich dem Reichsbanner [S. 79] bei, dem ich bis zur Auflösung angehörte. In den Jahren 33 bis 34 war ich als Vertreter der Vereinigten Krankenversicherung tätig und widmete mich der illegalen Tätigkeit, was ich bis zu meiner Verhaftung 1935 fortsetzte. Mit Trogisch und Lehmann versuchte ich die Reorganisierung der S.P.D. in Cottbus. Im Jahre 1936 wurde ich zu 2½ Jahren Zuchthaus wegen Vorbereitung zum Hochverrat verurteilt. Diese Strafe verbüßte ich in den Strafanstalten Groß Stre[h]litz und Luckau. Wegen der politischen Strafe und der Polizeiaufsicht konnte ich keine Vertreterstelle mehr einnehmen und mußte wieder Arbeit als Schneider annehmen. Ich arbeitete bei der Firma Franse Promenade 10. Am 1. Dezember 1942 wurde ich zur Bewährungseinheit Div[ision] 999 eingezogen. In Afrika gefangengenommen, kam ich nach Amerika, wo ich im September nach einem Verteidigungskampf um unser Leben mit meinen Kameraden in das Antinazi-Lager Mc Cain versetzt wurde. Von dort kamen wir in das in ganz Amerika durch seine Schulung und seine geistige Höhe bekannte Antinazi-Lager Fort Devens. Dort blieb ich bis zu meinem Abtransport.[169]

Der Drechsler Max Gloger (1908–1976) war schon in jungen Jahren (1922/23) zur Sozialistischen Arbeiterjugend und den Naturfreunden gestoßen. Neben der SPD engagierte sich der Heranwachsende dann vor allem im Holzarbeiterverband, wo er als Jugendleiter (und in der SPD seit 1931 als Stadtteilleiter) Soraus wirkte. Über seine Widerstandsarbeit schreibt er 1945 nur Weniges nieder:

---

168 SAPMO-BArch, RY/1/I 213/Nr. 118, Bl. 109f. Tschickerts Frau litt nach dem Zuchthaus noch 2½ Jahre im KZ.

169 BLHA, Rep. 601, VdN 602.

> In den ersten Tagen des Juli 1933 begann ich meine illegale Tätigkeit, baute die Ortsgruppe Sorau N.L., sowie den Landbezirk wieder neu auf und versorgte die Bezirke mit illegalem Material. Im Oktober 1935 wurde ich durch die Fahrlässigkeit eines Kottbusser Genossen [S. 195] verhaftet und am 8.4.1936 durch den 5. Strafsenat des Kammergerichts zu 4 Jahren Zuchthaus und 5 Jahren Ehrverlust verurteilt. Meine Strafzeit verblieb ich in der Strafanstalt Groß Stre[h]litz (1 ½ Jahre), Aschendorfer Moor (2 ½ J.). Nach Strafverbüßung [17.10.1939] kam ich zur Gestapo Frankfurt/O. und wurde von da aus dem K.Z. Sachsenhausen überwiesen, wo ich bis zu meiner Befreiung durch die Rote Armee verblieb.[170]

Der Cottbuser Tischler Artur Lehmann (1905–1994) dokumentiert durch seinen Lebenslauf, ähnlich darin Paul Krause und mehreren anderen illegal tätigen Sozialdemokraten (S. 78f.), die starke Verankerung im republikanischen Milieu bis zum Verbot von Reichsbanner und SPD infolge der NS-»Machtergreifung« 1933. Lehmann schreibt nach Hinweisen auf sein frühes Engagement im Holzarbeiterverband und der SAJ:

> Vom Jahre 1924 bis zur Auflösung gehörte ich der Reichsbannerjugend an, deren Vorsitz ich längere Zeit leitete. Im Jahre 1925 ging ich auf Wanderschaft [...] Ende des Jahres 1926 kam ich von der Wanderschaft zurück und arbeitete in Cottbus als Tischlergeselle weiter. Neben meiner beruflichen Arbeit war ich dann hier in Cottbus in der SPD und der Jugendbewegung des Reichsbanners aktiv tätig. In den Wahlkämpfen 1928–32 wurde ich dann zum Bezirksführer im Bezirk Sandow ernannt und hatte den Posten bis zur Auflösung inne. Diese Zeit der politischen Spannungen hatte von jedem Funktionär das Äußerste verlangt, da eine Wahl die andere ablöste [1932].

Lehmann nahm an zahlreichen Funktionärsschulungen und Weiterbildungsmaßnahmen – darunter war ein Fernkurs an der Wirtschaftsschule in Düsseldorf – teil. »Im März 1933 wurde ich zum Stadtverordneten der Sozialdemokratischen Partei gewählt und zog ins Parlament ein. Von 1933 bis zum Oktober 1935 ging ich meiner Arbeit [nach], ich hatte mich inzwischen selbständig gemacht als Tischler, [...] und habe mich weiter illegal betätigt.«[171]

Nach seiner Festnahme am 15. Oktober 1935 verurteilte ihn das Kammergericht 1936 (S. 198) zu zwei Jahren und neun Monaten Zuchthaus, die er in Groß Strehlitz (Oberschlesien) verbüßte. Anschließend in seinen Beruf zurückgekehrt, presste ihn der NS-Staat im Herbst 1944 in die Strafeinheit 999, überstellte ihn aber bereits nach wenigen Wochen ins KZ Buchenwald. Von dort kam er erst nach neun Monaten frei. Er nahm schon bald seinen Betrieb in Cottbus wieder auf. (Wegen angeblicher »Agententätigkeit« für das Ost-Büro der SPD erkannte das SED-Regime seinen Status als NS-Verfolgter ab. Er litt über fünf Jahre in einem sowjetischen Lager.)

---

170 LAB, C Rep. 118-01, A 3575.
171 BLHA, Rep. 801, VdN 1207.

Vor den Schranken des Volksgerichtshofes

Beim zentralen Volksgerichtshofprozess gegen Trogisch, Tschickert und Andere drohte dem Erstgenannten nicht allein der Vorwurf der »Vorbereitung zum Hochverrat«, sondern auch der des »Landesverrats« wegen der Beschaffung und Weitergabe geheim gehaltener Vorgänge auf dem Flugplatz in Finsterwalde, wo der Mitangeklagte Robert Harnau zeitweise als Notstandsarbeiter tätig war. Damit schwebte über dem Kopf des Cottbusers Trogisch das Damoklesschwert der Todesstrafe. Es dürfte nicht zu spekulativ sein anzunehmen, dass der Hochgefährdete damit bereits beim Gestapo-Verhör unter Druck gesetzt wurde. Dies sollte realisiert werden, um den Vorwurf mehrerer Mitangeklagter[172] richtig einzuordnen, Trogisch hätte beim Prozess nicht nur einmal die Nerven verloren, sondern es an würdevoller, selbstbewusster Haltung fehlen lassen. Dass der mit lebenslanger Haft gerade noch davon gekommene Cottbuser obendrein in der Haft die Nähe des Anstaltspfarrers suchte und seine eigene Bibel erbat, mag ja für überzeugte Freidenker und Kirchengegner ein verwerflicher Charakterfehler sein, in den Augen der historischen Forschung ist es grundsätzlich kein blamables Fehlverhalten, sondern ein individuelles Recht.

Der von der Anklage ins Spiel gebrachte Vorwurf des Landesverrats verlor auch erst vor Gericht an Durchschlagskraft, da ein militärischer Gutachter die Gefährlichkeit der Tat niedriger ansetzte. So heißt es im Abschnitt »Strafzumessung« des VGH-Urteils vom 10. Februar 1937 über Trogisch, der die Verantwortung für die Flugplatz-Informationsbeschaffung und -weitergabe bestritt:

> Obgleich Trogisch lange Zeit hindurch in sehr intensiver und gefährlicher Weise gegen Volk und Staat gearbeitet hat – er ist unter anderem nicht weniger als fünf Mal im Ausland mit Stahl zwecks Durchführung der illegalen Arbeit in Deutschland zusammengetroffen –, hat der Senat dennoch unter Berücksichtigung des Umstandes, daß Trogisch noch verhältnismäßig jung und bisher nicht bestraft ist und auf Grund der Tatsache, daß durch die landesverräterische Tätigkeit des Trogisch für das Reich offenbar ein erheblicher Schaden nicht eingetreten ist, nicht auf Todesstrafe, sondern auf lebenslange Zuchthausstrafe erkannt.[173]

Dass alle Angeklagten eine hochverräterische Tätigkeit für die illegale SPD auch insofern bestritten, als sie die Bedeutung von deren Untergrundschriften bagatellisierten, ließ die NS-Justiz nicht gelten, hatte sie doch überwiegend erfahrene Funktionäre vor sich. Aus dem VGH-Urteil:

> Die Angeklagten haben die hochverräterischen Ziele der SPD. nicht nur erkannt, sondern sie auch bewußt gefördert: Daß sie nicht nur »aus Neugierde« gehandelt haben, geht schon daraus hervor, daß sie die »Sozialistische Aktion« nicht nur gelesen, sondern sie in z. T. erheblichem Umfange weiterverbreitet haben. Auch Tschickert, der mit dem Inhalt der Zeitungen nicht einverstanden gewesen sein will, hat die Zeitungen trotzdem weitergeleitet. Wenn er darauf

172 BLHA, Bestand 801, VdN-Akte Nr. 2067 (Trogisch, Bl. 18).
173 BArch, NJ 5439 (S. 31 des Urteils vom 10.2.1937).

Ernst Tschickert

Robert Harnau

> gedrungen hat, daß der Inhalt der Zeitungen geändert werden sollte, so hat er das offensichtlich nur aus dem Grunde getan, weil er die Methoden der Emigranten zur Förderung der Gewaltziele der illegalen SPD. für ungeeignet hielt und bessere an ihre Stelle zu setzen bestrebt war. Bei allen Angeklagten war die Tat bewußt auch darauf gerichtet, die Massen durch Schriften zu beeinflussen. Sämtliche Angeklagte haben weiter durch die Verbindung unter sich und mit anderen bewußt einen organisatorischen Zusammenhang hergestellt.[174]

Bei Trogisch, Tschickert und Karich kamen strafverschärfend die Auslands-Zusammenkünfte mit dem sozialdemokratischen Exil-Funktionär Emil Stahl sowie die Einführung illegaler Schriften hinzu. Wieder andere Angeklagte waren in die Vorgänge um den Militärflugplatz in Finsterwalde involviert.

Dazu weiter aus dem Urteil des VGH: »Der Angeklagte Schmellentin hat die Mitteilung über den Flugplatz in Finsterwalde an den Angeklagten Harnau, Harnau an den Angeklagten Karich und dieser an den Angeklagten Trogisch weitergegeben.«

Zugute gehalten wurde einigen Genannten, dass sie sich der Geheimhaltungsbedürftigkeit des Vorgangs nicht ganz bewusst waren:

> Dagegen ist der Senat nicht mit voller Sicherheit überzeugt, daß diese drei Angeklagten sich Gedanken darüber gemacht haben, daß durch die Weitergabe der Nachrichten die äussere Sicherheit des Reiches gefährdet werden könnte: Die Angeklagten Schmellentin und Harnau wußten, wie sie unwiderlegt behauptet haben, überhaupt nicht, welchem Zweck diese Mitteilung

174 Ebd. NJ 5439 (S. 26 des Urteils des VGH vom 10.2.1937). Hervorhebungen bzw. Unterstreichungen im Original.

dienen sollten; sie wußten insbesondere nicht, daß überhaupt eine Verbindung zum Ausland bestand, nicht einmal, daß die »Sozialistische Aktion« im Ausland gedruckt und von dort bezogen wurde.[175]

Entlastend kam ebenfalls hinzu, dass die weitergegebenen Informationen nicht ausschließlich militärbezogene Mitteilungen enthielten, sondern auch über die Arbeits- und sozialen Verhältnisse Auskunft gaben.

Dergestalt die Angeklagten nach dem Grad »hochverräterischer« bzw. »landesverräterischer« Tätigkeit eingestuft habend, erging am 10. Februar 1937 folgendes Urteil und schloss damit den mit zwei vorausgegangenen Kammergerichtsurteilen (A und B) und dem VGH-Prozess gegen Schmidt begonnenen Komplex gegen die illegale Lausitzer SPD weitgehend ab:

Tapeziermeister Gerhard Trogisch (* 1904), Cottbus, Petersilienstr. 39	lebensl. Z
Schlosser Ernst Tschickert (* 1889), Spremberg, Bahnhofsvorplatz 5	5 J. Z
Schriftsetzer Willy Karich (* 1901), Senftenberg/NL, Eisenbahnstr. 3	8 J. Z
Arbeiter Robert Harnau (* 1908), Klettwitz, Krs. Calau	4 J. Z
Tischlergeselle Karl Schmellentin (* 1909), Finsterwalde, Kirchplatz 1	4 J. Z

Soweit die NS-Rechtsprechung, die aber auch in diesem Fall keineswegs mit dem Grad der tatsächlichen individuellen Verfolgung übereinstimmte:[176]

Tschickert, Harnau und Schmellentin wurden nach der Verbüßung ihrer Zuchthausstrafe ins KZ verschleppt und dort erst 1945 befreit. Willy Karich presste das NS-Regime dagegen in die Strafeinheit 999, wodurch er am 14. September 1944 sein Leben verlor. Trogisch blieb bis 1945 im Zuchthaus eingekerkert, überlebte aber und verstarb 1975. Harnau starb 1977 mit nicht einmal siebzig Jahren, Schmellentin 1988.

Mit Erschütterung nimmt man dagegen zur Kenntnis, dass der vom Nationalsozialismus knapp zehn Jahre durch Zuchthaus und KZ gepeinigte Spremberger Schlosser Ernst Tschickert, nach Friedrich Schmidt Hauptorganisator der illegalen SPD der Lausitz, Opfer stalinistischer Verfolgung wurde: Am 30. September 1949 durch sowjetsiche »Sicherheitskräfte« festgenommen und verschleppt, kam der unabhängige demokratische Sozialist am 24. Dezember 1951 in einem Lager zu Tode.

Sein Vorgänger, der Gubener Versicherungsagent Friedrich Schmidt (* 1901), war bereits am 28. Juli 1936 vom Volksgerichtshof mit sechs Jahren Zuchthaus bestraft worden. Am 29.8.1941 kam er frei, wurde jedoch Ende August 1944 ins KZ gesperrt.

Schmidts mitgeklagter politischer Weggefährte, der Glaspolierer Willi Walter (* 1903) aus Petersdorf, erhielt drei Jahre Zuchthaus, ein Dritter, der Vermittler Gerhard Neumann (* 1895) aus Zittau, wurde dagegen freigesprochen.

---

175 Ebd., S. 29 des VGH-Urteils vom 10.2.1937.

176 Vgl. zum Folgenden die personengebundenen Angaben der entsprechenden Verfolgten (VdN)-Akten im BLHA.

Willi Walter überlebte die Haftzeit und den Kriegsdienst und zog nach der Entlassung aus der Kriegsgefangenschaft 1948 nach Dresden. Friedrich Schmidt floh nach West-Deutschland und verstarb 1954 in Bielefeld, wo er kommunalpolitisch für die SPD tätig war.

Milieuverankerung

Zumindest in den frühen Jahren des NS-Regimes existierte im gesinnungstreuen Kern der Lausitzer Sozialdemokratie noch ein gewisser Milieuzusammenhalt, denn viele Widerstandskämpfer gingen aus den unterschiedlichen Zweigen der Arbeiterbewegung hervor. Fast könnte man von einer durchgehenden Trias aus Partei-Gewerkschaft-Reichsbanner reden, wenn man einen Blick auf die Biographien der Angeklagten wirft.[177]

Beginnen wir beim Hauptprozess: Trogisch gehörte der SPD und dem Reichsbanner an, Tschickert war zudem hauptamtlicher Gewerkschaftssekretär in Spremberg (und geriet deswegen im Juni 1933 in »Schutzhaft«), Karich war Schriftführer der Spremberger SPD, Reichsbannermann und Stadtverordneter. Wie Tschickert wurde auch der SPD-Funktionär Harnau Mitte 1933 in »Schutzhaft« genommen und kam erst im Dezember des Jahres frei.

Im Kammergerichtsprozess A (S. 198f.) gegen Cottbuser und Spremberger Genossen waren Krause, Töpfer und Lehmann Reichsbanner- und SPD-Mitglieder (vereinzelt auch Gewerkschafter), Lehmann sogar Cottbuser Jungbannerleiter und Stadtverordneter der SPD. Die Sozialdemokratin Berta Jänchen gehörte 1933 dem Kreistag an und war im Textilarbeiterverband engagiert. Otto Frömter amtierte 1933 seit mehreren Jahren als Stadtrat im Magistrat von Spremberg, Otto Voigt wirkte seit Ende der 1920er Jahre in Proschim als SPD-Ortsgruppenvorsitzender und als Vorsitzender des Reichsbanners. Der Sozialdemokrat und Textilarbeitergewerkschafter litt – wie die o. g. Tschickert und Harnau – 1933 mehrere Monate unter »Schutzhaft«. Adolf Bierhold leitete bis 1933 die SPD-Ortsgruppe von Kochsdorf, Richard Kubo die in Sellessen, beides im Krs. Spremberg gelegen. Der Glasmacher Windelband aus Hosena gehörte dort dem Arbeiter Turn- und Sportbund und der SPD an, im Reichsbanner oblag ihm (und einem anderen) die wichtige Technische Leitung. Herbert Bender schließlich, der aus der Lausitz nach Halle gezogen war, amtierte als stellvertretender Jungbannerleiter.

Aus dem Kammergerichtsprozess B (S. 199) stechen hervor: Max Gloger als 2. Bezirksführer der Sorauer SPD, Max Muche als ihr Arbeiterjugendbezirksführer. Walter Graefer war Sorauer SPD-Unterkassierer, Reichsbanner-Sportwart und Textilarbeitergewerkschafter. Der Hilfsarbeiter Frömsdorff, Mitglied der SPD und des graphischen Hilfsarbeiterverbandes, wirkte im Sorauer Reichsbanner als Jugendleiter, Felix Kuhn in Eulo als SPD-Ortsgruppenvorsitzender. Wieder andere Angeklagte (wie Scholz, Müller und Bubner) waren Mitglieder von SPD, Reichsbanner und Gewerkschaften, überwiegend des Textilarbeiterverbandes.

---

177 Die folgenden Angaben stützen sich auf die Justizangaben in den bereits erwähnten Volksgerichtshof- (S. 202ff.) und Kammergerichtsprozessen (S. 198ff.).

Verwandte Prozesse

In kleineren bzw. anderen Justizverfahren – siehe hierzu auch Angeklagte der Forster SAJ (S. 293ff.) – wurden zur Verantwortung gezogen: die drei Forster Funktionäre *Herbert Sührig*, zuletzt Leiter der Eisernen Front (und ab Herbst 1933 drei Monate ins KZ gesperrt), *Otto Hellsinger* – seines Zeichens langjähriger Stadtrat und 2. Bürgermeister der Stadt – sowie der Zeitungshändler *Otto Richter* aus Eulo. Letztgenannter war Kassierer der Forster Ortsgruppe und Mitbegründer des dortigen Reichsbanners, er unterhielt illegale Kontakte zum früheren Parteisekretär Schmidt. (Gegen die drei Funktionäre lief 1934/35 ein Prozess.)[178]

Mitglied der Eisernen Front, der SPD und Funktionär des Textilarbeiterverbandes war der Gubener *Johannes Paulick*, der sich mit Unterstützung des Internationalen Transportarbeiterverbandes zwischen Mitte 1933 und 1935 bemühte, seinen alten Verband illegal wieder aufzubauen. Er wurde im Januar 1940 in ein Justizverfahren verwickelt.[179]

Der Gubener *Fritz Kracht* wurde vom 5. Strafsenat des Berliner Kammergerichts am 9. Dezember 1935 zu zwei Jahren Zuchthaus verurteilt, weil er Verbindungen zu Friedrich Schmidt unterhielt und die Frau des o. g. Verhafteten Otto Richter mit Geld unterstützte. Bis 1933 war Kracht stellvertretender SAJ-Vorsitzender von Guben.[180]

Der Forster Weber *Walter Heidenreich* (S. 190) wiederum war bis 1933 Vorsitzender der SPD-Bildungskommission seiner Stadt und Funktionär des Textilarbeiterverbandes. Er wurde im Januar 1935 wegen Schriftenverbreitung und enger Verbindungen zum illegalen Leiter Schmidt (S. 188ff.) in ein Verfahren verwickelt und am 21. März d. J. zu zweieinhalb Jahren Zuchthaus verurteilt. (Er verstarb 1945 in sowjetischer Gefangenschaft.)[181]

In diesem lokalen Zusammenhang erneut erwähnt sei schließlich der frühere Forster Sozialdemokrat, Dentist und Kreistagsabgeordnete *Kurt Loewenstein*, der sich nach einer längeren »Schutzhaft« (S. 185 im Sorauer Widerstand engagierte. Im Kammergerichtsprozess gegen die Pädagogen und früheren Sozialdemokraten *Kant* und *Paterna* zu dreieinhalb Jahren Zuchthaus verurteilt (S. 187, konnte der politisch und rassisch Verfolgte im April 1940 gerade noch per Schiff (über Italien) nach Shanghai entkommen und damit sein Leben retten. Er verstarb 1983 in Schweden.[182]

Ein Lausitzer Kurier berichtet

Einen guten Einblick in die nach dem Verbot der Arbeiterbewegung und ihrer Kultureinrichtungen miteinander wieder vorsichtig verknüpften alten Traditionen gibt uns ein sehr detaillierter Bericht des Forster Drehers und Reichsbannermannes Paul Walther, der im Kammergerichtsprozess B (S. 199) lediglich ein Jahr Gefängnis erhielt, weil seine wahre Untergrundtätigkeit nicht aufgedeckt worden war.

---

178 BArch, NJ 16100 (Urteil vom 9. Januar 1935).
179 Ebd., NJ 16284.
180 Ebd., NJ 8502, Nr. 1 (Urteil vom 9. Dezember 1935).
181 Ebd., NJ, 3076 (sowie Unterlagen des Stadtarchivs von Forst).
182 BLHA, Rep 29 ZH Brdbg. Nr. 983; der Verfasser dankt Prof. Michael F. Scholz für die Übermittlung des Todesdatums.

SOZIALISTISCHE AKTION

Februar 1936

Für Deutschland - gegen Hitler!

Als Hitler am 30. Januar 1933 zum Reichskanzler ernannt wurde, sprach er nicht von nationalsozialistischer Parteidiktatur. Er beschwor die freiheitliche Verfassung der Republik und versprach sein Amt nach vier Jahren in die Hände des Volkes zurückzulegen.

»Nun, deutsches Volk, gib uns die Zeit von vier Jahren, und dann urteile und richte über uns.«

So hieß es in dem Aufruf der Regierung Hitler vom 1. Februar. Seitdem sind drei Jahre vergangen. Was ist aus den Rechten des deutschen Volkes geworden?

Vier Wochen nach seiner Ernennung vollzog Hitler den Absprung. Seine Banden steckten den Reichstag in Brand. Er aber log, die Brandstiftung sei das Werk einer angeblichen »sozialdemokratisch - kommunistischen Einheitsfront.«

Mit diesem schändlichsten Verbrechen der Weltgeschichte begann die Zeit des braunen Schreckens. Ein Regiment blutiger Willkür wurde aufgerichtet, wie das deutsche Volk es seit Jahrhunderten nicht mehr erlebt hatte. Die siegreiche Partei herrschte mit Peitsche und Revolver, ihre Gegner waren vogelfrei. Sie fielen nicht im Kampfe, Mann gegen Mann. Wehrlose wurden gejagt und in grausamer Weise getötet. Nie sah die Welt ein schändlicheres Schauspiel als dieses Morden, das im Namen einer wiederhergestellten Volksgemeinschaft von Deutschen an Deutschen verübt wurde.

In der Junischlacht von 1934, dem großen Kameradenmord, erreichte die blutige Orgie ihren Höhepunkt. Aber das Töten hörte damit nicht auf. Noch im dritten Jahr der Diktatur hatte die Sozialdemokratische Partei blutige Opfer zu beklagen, wie Fritz Husemann, Max Sachs und viele unbekannte Soldaten der Freiheit.

Tausende, deren einzige Schuld darin besteht, daß sie der Sache der Arbeiterbewegung, den hohen Idealen freier Menschlichkeit treu geblieben sind, schmachten in überfüllten Kerkern und Konzentrationslagern. Sammlungen für ihre hungernden Frauen und Kinder werden als Hochverrat mit barbarischer Härte bestraft.

Hitler hat dem deutschen Volk die Freiheit versprochen. Er hat ihm den Zuchthausstaat gebracht.

I.

»Die nationale Regierung wird mit eiserner Entschlossenheit und zähester Ausdauer folgenden Plan verwirklichen: Binnen vier Jahren muß der deutsche Bauer der Verelendung endgültig entrissen sein. Binnen vier Jahren muß die Arbeitslosigkeit endgültig überwunden sein. Gleichlaufend damit ergeben sich die Voraussetzungen für das Aufblühen der übrigen Wirtschaft«.

So die »nationale Regierung« Hitlers am 1. Februar 1933.

Von den vier Jahren sind drei vorbei. Wer glaubt noch, daß am Ende des vierten die Versprechungen, die vor drei Jahren freigebig verteilt wurden, erfüllt sein werden?

Niemand ist im Dritten Reich schlimmer betrogen als der Bauer. Anstatt ihn »der Verelendung endgültig zu entreißen«, haben Hitler und Darré auf seine Kosten den lebensunfähigen Großgrundbesitz gerettet. Osthilfe, Absperrung vom Weltmarkt, hemmungslose Liebesgabenpolitik beim Branntweinmonopol sollen ihn auf die Beine helfen. Den Bauern aber wurden neue Lasten aufgebürdet. An die Stelle der Förderung der bäuerlichen Veredelungswirtschaft in der Republik trat die Verteuerung der Futtermittel durch Zollerhöhungen und Einfuhrbeschränkungen. Für die wichtigsten bäuerlichen Erzeugnisse ist die Zwangswirtschaft eingeführt worden. Im Namen einer weltfremden Erbhof-Romantik ist die Verfügungsgewalt der Bauern über seinen Besitz eingeschränkt und sein Kredit geschädigt worden. Die versprochene Steuersenkung ist ausgeblieben, statt dessen wurde die Steuereinziehung rücksichtslos verschärft. Belastung durch Zwangsbeiträge und »freiwillige Spenden« aller Art ungeheuer erhöht. Mit dem Geld der Bauern mästet sich im Reichsnährstand und seinen zahllosen Unterorganisationen ein Heer von unfähigen und korrupten braunen Bonzen. Trotz phantastischer Pläne und großsprecherischer Ankündigungen wurden im Dritten Reich jährlich nur halb soviel Siedlungen geschaffen wie in der Republik.

Die Arbeitslosigkeit ist angeblich auf zweieinhalb Millionen vermindert worden. Wie aber ist diese Verminderung zustande gekommen? Hunderttausende wurden aus der Unterstützung ausgeschlossen, Hunderttausende zu Pflicht- und Notstandsarbeit gezwungen, bei der sie oft weniger verdienen, als früher ihre Unterstützung betrug. Hunderttausende Jugendlicher wurden in den Arbeitsdienst und in die Landhilfe gepreßt, wo sie oft unter Zuständen leben und arbeiten müssen, die große sittliche Gefahren und oft schwere Störungen der Berufsentwicklung mit sich bringen. Millionen aber stehen in Kurzarbeit und schaffen nur wenige Tage in der Woche zu einem Verdienst, der weit unter den Unterstützungssätzen der Republik liegt.

Die mit großem Propagandalärm aufgezogene »Arbeitsschlacht« hat das ganze Volk mit wachsender Verarmung bezahlen müssen, nicht zuletzt der Arbeiter selbst.

Mit raffinierten Methoden sind die Löhne herabgesetzt und die Abzüge erhöht worden. Gleichzeitig aber sind die Preise stark gestiegen und damit die Reallöhne noch weit mehr herabgedrückt worden als die Geldbezüge. Die Gewerkschaften sind zerschlagen worden; an ihrer Stelle wird die Arbeitsfront zu einer allumfassenden Zwangsorganisation gemacht, in der die Arbeiter nur Pflichten, aber keine Rechte haben. Sie müssen Beiträge zahlen, aber sie erhalten keine gewerkschaftliche Gegenleistung mehr dafür; sie haben kein Recht, die »Amtswalter« zu wählen, und nicht einmal einen Einblick in die Verwendung der Beitragssummen, geschweige denn ein Recht zur Kontrolle. Im Betrieb sind sie rechtlos der Ausbeutung durch die Unternehmer preisgegeben. Keine Gewerkschaft, keine Lohnkommission, kein Betriebsrat wacht mehr über die Einhaltung der Tarifbestimmungen. Die »Vertrauensräte« sind nichts als ein Wandschirm zur Verhüllung der nackten Unternehmerwillkür. Mit allen Mitteln trachtet das System danach, den Geist der Solidarität unter den Arbeitern auszurotten und statt dessen kriecherische Unterwürfigkeit und entwürdigende Günstlingswirtschaft zu züchten. Kameradschaftsabende und Betriebsappelle sollen die Arbeiter darüber hinwegtäuschen, daß Arbeitstempo und Ausbeutung bis ins Unendliche gesteigert werden.

Mit den Löhnen sind Renten und Unterstützungen abgebaut worden.

In allen Zweigen der öffentlichen Fürsorge sind die Leistungen vermindert, in allen Teilen der Sozialversicherung die Renten heruntergesetzt worden. Wo früher auf Grund jahrzehntelanger Beitragsleistungen Rechtsansprüche bestanden, gilt heute das Bedürftigkeitsprinzip. Die mustergültige, aber stille Arbeit der Sozialpolitik in der Republik wird verdrängt durch den marktschreierischen Propagandarummel des Winterhilfswerks und der Kraft durch Freude. An die Stelle der öffentlichen Fürsorgepflicht ist das demütigende Almosenwesen, an die Stelle der kulturellen Selbsthilfeorganisation und Selbstbestimmung des Volkes der von den braunen Bonzen kommandierte Unterhaltungsbetrieb und Gesinnungsdrill getreten.

Nicht minder hart ist der Mittelstand betroffen.

Auf seine Kosten versucht das System die Folgen seiner verfehlten Wirtschaftspolitik, die Preissteigerungen und die Lebensmittelknappheit, zu bekämpfen. Die Handelsspanne wird immer weiter vermindert. Leisten die Handels- und Gewerbetreibenden Widerstand, so werden »Volksempörungen« künstlich inszeniert, um die Erbitterung von den wahren Schuldigen abzulenken. Den verminderten Verdienstmöglichkeiten steht eine gesteigerte Belastung durch Steuern, Zwangsbeiträge und Spenden gegenüber. Die neugebildeten Zwangsinnungen sind nutzlose Beitragsmaschinen und wahre Brutstätten der Korruption und Vetternwirtschaft.

Während so alle Schichten des schaffenden Volkes zu immer neuen Opfern gezwungen werden, sind die Rüstungsgewinnler die einzigen, die von dem vor drei Jahren versprochenen »Aufblühen der übrigen Wirtschaft« profitiert haben. Aber der »Segen« der Rüstungsaufträge hat nur eine Scheinblüte der Wirtschaft zu erzeugen vermocht. Die Ankurbelung der Wirtschaft ist nicht geglückt und der ganze wirtschaftliche Kreislauf wird nur durch die Rüstungsaufträge aufrechterhalten. Statt die notwendigen Lebensbedürfnisse des Volkes zu befriedigen, werden Kanonen und Tanks fabriziert.

Die Scheinblüte eines Teiles der Wirtschaft ist erkauft worden um den Preis einer wachsenden Zerrüttung der öffentlichen Finanzen.

Die Aufrüstung verschlingt ungezählte Milliarden. Um sie aufzubringen, hat sich das Reich in eine hemmungslose Schuldenwirtschaft gestürzt. Riesensummen von kurzfristigen Krediten, deren wahre Höhe dem Volke verschwiegen wird, sind in den letzten Jahren aufgehäuft worden. Immer mehr geht das Reich dazu über, die Gelder der Sparkassen und Versicherungsinstitute für die Rüstungsfinanzen mit Beschlag zu belegen. Alles neu sich bildende Kapital wird vom Staat für Rüstungszwecke abgeschöpft und so mit Sicherheit jede wirkliche Gesundung der Wirtschaft vereitelt. Für Wohnungsbau und Siedlung ist trotz wachsender Wohnungsnot kein Geld da. **Erz ist wichtiger als Butter, und Flugzeuge sind wichtiger als Wohnungen.** Der Rohstoffmangel ist größer als die Bevölkerung ahnt.

Der ganze Wahnsinn dieser Wirtschaftspolitik enthüllt sich auf dem Gebiete der Ausfuhr.

Deutschland, das größte Verarbeitungsland Europas, ist heute nicht mehr imstande, genug auszuführen, um mit dem Erlös seiner Ausfuhr die erforderliche Einfuhr bezahlen zu können. Große Teile des Außenhandels, in jahrzehntelanger, mühsamer Arbeit aufgebaut, sind vernichtet, wertvollste Absatzmärkte, einst in zähem Ringen einer Welt von Konkurrenten abgewonnen, sind verloren. In freiwilliger Selbstblockade steht Deutschland heute einer Weltwirtschaft gegenüber, die in steigendem Maße die große Krise überwindet und einer neuen Konjunktur zustrebt.

Ein Aufblühen der Wirtschaft hat Hitler versprochen. Not der Bauern, Not der Arbeiter und Angestellten, Not des Mittelstandes, Lebensmittelnot, Rohstoffnot, drohende Katastrophe der Finanzen, und der Wirtschaft — das ist das wirkliche Ergebnis.

II.

Nicht nur materielle Werte wurden verschwendet, Schlimmer noch sind die Verwüstungen auf geistigem und sittlichem Gebiet. Hitler- und Streichergeist gibt die Richtlinien für Gesetzgebung und Rechtsprechung, Wissenschaft und Erziehung, Kunst und Literatur. Schweigend oder diensteifrig zustimmend haben sich Richter und Professoren, Beamte, Lehrer, Künstler und Schriftsteller diesem entwürdigenden Anspruch gebeugt. Von dem freien Geistesleben, das die Republik erfüllte, ist nichts übrig geblieben. Der Totalitätsanspruch der regierenden Partei schafft eine Totalität der geistigen Knechtung.

Auch die Kirchen, die katholische und die protestantische, haben die Freiheit verloren, deren sie sich in der Republik im reichen Maße erfreuten. Die Abneigung vieler ihrer Diener gegen die Demokratie, ihr Liebäugeln mit »autoritären« Staatsformen, hat sich furchtbar an ihnen gerächt. Der Totalitätsanspruch des Dritten Reiches macht auch vor dem Inhalt des christlichen Glaubens nicht Halt. Wie Wirtschafts-, Kultur- und Bevölkerungspolitik, so soll auch die Kirchenpolitik in den Dienst der Kriegsvorbereitungen gestellt werden. Für ein Christentum, das auf menschlicher Gesinnung beruht, ist keine Stätte mehr, wo ein neues Barbarentum den Kampf gegen die Humanität auf seine Fahne geschrieben hat.

Aberglaube und Gewinnsucht haben sich zu einem Ausrottungskrieg gegen die Juden verbündet.

Nicht die Trusts werden verstaatlicht, nicht die Bankfürsten werden enteignet, nicht die Zinsknechtschaft wird gebrochen, wie man verheißen hat; dafür schmeichelt man den Instinkten des gemeinsten Pöbels, indem man über eine wehrlose Minderheit herfällt, sie mißhandelt und ausplündert. Den Pogromhelden des Kurfürstendamms und der Nürnberger Gesetzgebung folgen die Hyänen des Schlachtfeldes, **Postenjäger und Firmenschlächter.**

Illegale Schrift der SPD aus dem Jahr 1936

Walther wurde trotz dreizehnjähriger Diensttätigkeit in den Städtischen Betrieben Forsts 1933 allein wegen seiner SPD-Mitgliedschaft entlassen, seinem Vater Hugo Walther ging es nach sogar sechsunddreißig Dienstjahren ebenso.

Paul Walther, der auch im Arbeitersport (ATSB) aktiv war, gelang es dagegen 1933 mit Gesinnungsgenossen noch rechtzeitig, Vereinsgelder vor dem Zugriff durch den totalitären Staat zu retten. Die Beschlagnahme der Bundesgelder in Leipzig vermochten aber auch die Lausitzer Freunde nicht zu verhindern, im Gegenteil, mehrere Sportfreunde (Riedel und Andere) gerieten sogar für vierzehn Monate in Untersuchungshaft.

Dann begann die Untergrundarbeit der Forster Sozialdemokraten, die Paul Walther (1899–1983, Foto S. 265) mit folgenden Worten beschreibt:

> In Forst schloß sich dann ein kleiner Kreis zur weiteren politischen Gegenarbeit zusammen. Unter dem Vorsitz des Gen. Walter Heidenreich, der kurz zuvor die Arbeiterakademie Frankfurt/M. besucht hatte, erfolgte die neue Ausrichtung. Im kleinen Forum als Haupt[akteure] beteiligten sich daran die Gen. Ernst Conrad, Otto Graf, Felix Kuhn, Gerhard Kruschwitz, Jureschka und ich. Die Unterteilung der eigenen Arbeit geschah bezirksweise. Für Berge war Conrad, für Keune Graf, für Eulo Kuhn, für Süden Walther und Kruschwitz, für Mitte Jureschka eingeteilt. Jeder suchte sich in seinem Bezirk seine weiteren Mitarbeiter, die seine eigene Angelegenheit blieben. Über Genossen in Reichenbach erfolgte die Verbindung mit Prag, von wo aus laufend das Zeitungsmaterial geliefert wurde und zur Verteilung kam.[183]

Bereits im Sommer 1934 erfolgte die Festnahme von Heidenreich und Conrad (S. 192) aus Forst sowie die anderer Vertrauter aus dem Bezirk Berge wie Schimpitz, Wortha, Schneider, Keding und Otto Richter.

Aufgrund der Verschwiegenheit von Heidenreich und Conrad – die mit Otto Richter zu Zuchthaus verurteilt wurden – konnten die Forster ihre Widerstandstätigkeit fortsetzen, organisierten aber manches um. Neue Freunde wie Max Krause und Rudi Glöss stießen hinzu. Walther fährt fort:

> Neben der weiteren Flugblattverteilung bestand eine weitere dringende Aufgabe [in der] Unterstützung und Betreuung der Frauen und Kinder der verhafteten Genossen. In rastloser Kleinarbeit wurde Groschen um Groschen von den angeführten Genossen gesammelt und ich verteilte die eingegangenen Spenden an die Angehörigen mit Worten der Aufrichtung, daneben Hilfe aller Art, bis meine Verhaftung erfolgte.

Bevor es dazu am 9.11.1935 kam, konnte das Netz der illegalen Bewegung aber noch weitergezogen werden: In Cottbus wurde Trogisch, in Spremberg Tschickert und in Sommerfeld Frömsdorff aktiv, Senftenberg wurde später mit einbezogen. Unabhängig von den Tätigkeiten in Forst, wo sich die Vertrauten in den Wohnungen von Kuhn und Walther trafen, machte sich letztgenannter Arbeitersportler mit dem Fahrrad auf den Weg, um weitere Verbindungen – darunter sogar ins Ausland – zu knüpfen. Paul Walther dazu:

183 BLHA, Rep. 801, VdN 2165.

> Ich legte dabei eine Strecke von 3200 km in 14 Wochen zurück und besuchte alle Genossen, die mir bekannt aus dem Arbeitersport und [der] Politik waren und zum Teil der SPD und KPD angehörten. Über Guben, Frankfurt/Oder, Stettin, Warnemünde, Kopenhagen, Kiel, Hamburg, Bremen, dem Ruhrgebiet, Frankfurt (Main), Würzburg, Plauen, Jena, Leipzig und Dresden ging die Fahrt. Ein Teil der Genossen war schon Opfer der Gestapo geworden. In Stettin, Am Hufeisen 19, wurde mit zwei Genossen vereinbart uns auf getrennten Wegen in Kopenhagen zu treffen. Sie fuhren von Stettin und ich von Warnemünde und trafen uns im Gewerkschaftshaus in Kopenhagen, besuchten dann den Gen. Otto Buchwitz, der [1924–1933] Mitglied des Reichstages war, heute der Landesvorsitzende der SPD in Sachsen, welcher unter angenommenem Namen dort in der Emigration lebte, da es in Dänemark zu der Zeit auch schon verdeckte Gestapospitzel gab.

Letzteres erfuhr der Forster von dänischen Gewerkschaftern. Von Otto Buchwitz (1879–1964) erhielt Walther Untergrundmaterial, das er in seinen Knickerbockern versteckte, als er über die Grenze nach Deutschland zurückkehrte. In einem Päckchen verpackt gelangten die Unterlagen, überbracht von einem unwissenden Reisegast, nach Forst. Kontakt knüpfte Walther schließlich in Hamburg zu illegalen Kommunisten. Zusammen besuchten sie das Grab des von der Gestapo erschlagenen August Postler. Betrübt musste der Arbeitersportler auf seinen weiteren Reisestationen – wie Plauen, Jena, Leipzig und Dresden – zur Kenntnis nehmen, dass viele der einst führenden Genossen inzwischen in Haft saßen.

Im August 1935 startete Walther dann eine zweite politisch motivierte Radtour und beschaffte auch diesmal Untergrundschriften aus dem Ausland. Walther fährt fort:

> Mitte September in Forst wieder eingekehrt, wurden die Bücher in Umlauf gebracht. Im Oktober [1935] wurde Gen. Kuhn verhaftet, ebenso Kruschwitz, Jureschka, Graf, Krause, Glöss. Meiner ersten Verhaftung entging ich durch rechtzeitige Warnung meiner Schwester Gertrud, die die bewußte Hintertür benutzte. Nach 7 Tagen, nachdem ich alles vernichten und warnen konnte, erfolgte meine Verhaftung am 9.11.1935. Standhaft blieb ich beim Verhör der 5 Gestapobeamten, die aus Forst, Cottbus und Frankfurt die Untersuchung leiteten. Vom zerrissenen Pullover (Hornick) bis zum letzten Schlag, gab ich nur bedingt zu. Bei der Verurteilung wegen Vorbereitung zum Hochverrat zu einem Jahr Gefängnis, war nur der Verdacht zur Verteilung von illegalem Material maßgebend, ein Beweis konnte nicht angetreten werden. Ebenso ließ man die Anklage wegen Landesverrat fallen.

Walther setzte auch nach seiner Strafhaft in Tegel die Untergrundarbeit fort, so in seinem Metallbetrieb, der Firma Emil Schmidt, obwohl er von dessen Betriebsleiter bei der Gestapo angezeigt wurde. Ein kleiner Kreis Illegaler bildete sich schließlich in Walthers nächster Firma, der Tuchfabrik C. O. Ditschke. Man versuchte, schikanöse Maßnahmen der Firmenleitung zu durchkreuzen, beschaffte Lebensmittel, Tabak und Unterwäsche für Kriegsgefangene bzw. Zwangsarbeiter. Die besondere Fürsorge galt dabei jenen »Ostarbeitern« – unter ihnen gefangene Offiziere –, die bei Gleisarbeiten auf dem Bahnhof Forst beschäftigt waren. Einzelnen von ihnen ermöglichte Walther, in seinem bescheidenen Häuschen heimlich zusammen zu kommen.

Über all die Jahre mussten die verschworenen Forster Genossen immer wieder den Tod inhaftierter Freunde beklagen. So Artur Dommaschk, der 1939 an Folgen im Zuchthaus Brandenburg starb und in Eulo im Beisein Gesinnungstreuer begraben wurde, oder Willi Schmidt, der nach der Strafverbüßung zur Gestapo Frankfurt/Oder überstellt wurde und 1943 umkam.

Am Kriegsende gelang es den Antifaschisten in Forst, zumindest einige Zerstörungen der öffentlichen Daseinsfürsorge zu verhindern, denn NS-Fanatiker, Polizei und SS wollten alles mit in ihren politischen Abgrund reißen (S. 263ff). Am 16. April 1945 kam es dann zur Befreiung durch die Rote Armee.

Der Sozialdemokrat Walther wurde als Polizeichef von Forst eingesetzt und blieb es bis 1947. Doch die parteiübergreifende Antifa-Phase zerbröckelt schon bald im Zuge einer diktatorischen Entwicklung mit »volksdemokratischer« Bemäntelung. Obwohl Walther die Bildung der SED unterstützte, wurde im Jahre 1967 seine Ehrung mit einer Medaille des Widerstandskampfes abgelehnt, da ihm wiederholt »negatives Verhalten« angekreidet wurde: Sei er doch nicht nur einmal in politischen Versammlungen als »Pessimist« der gesellschaftlichen Entwicklung in der DDR in Erscheinung getreten. Auch habe er keinen Wiederaufnahmeantrag in die SED eingereicht, aus der er 1951 wegen parteischädigendem Verhalten »und freundschaftsgefährdendem Verhalten zur SU« (Sowjetunion) ausgeschlossen worden war. Er war also ein Opfer der Ausschaltung ehemaliger Sozialdemokraten aus der SED geworden.

»Willy Jentsch und Genossen« (Frankfurt/Oder)

Unter den Folgeprozessen im Umfeld des Volksgerichtshofverfahrens gegen den illegalen Lausitzer Unterbezirksleiter Friedrich Schmidt ragen die Ermittlungen gegen Widerstandskämpfer der SPD von Frankfurt/Oder deutlich heraus.

Obwohl in dieser kulturell und politisch traditionsreichen Stadt die einzige weltliche Reformschule des Regierungsbezirks existierte und das Reichsbanner Schwarz-Rot-Gold (S. 39f.) um den Gewerkschafter Willi Neßler (1887–1950) einen sehr anstrengenden Kampf führte, um den republikanischen Gedanken in die sperrigen Oderdörfer oder rechtskonversative und gewalterfüllte Zentren wie Küstrin, die frühere Festungsstadt, zu tragen, zählte Frankfurt nicht zu den demokratischen Hochburgen des Landes Brandenburg. Im Gegenteil wurde hier bereits 1932 jede zweite Stimme für die NSDAP abgegeben, ganz im Gegensatz etwa zur Stadt Brandenburg, zu Rathenow oder den Lausitzer Arbeiterhochburgen (S.174), wie die Zeitung »Das Reichsbanner« in ihrer Ausgabe vom 11. Juni 1932 beklagt.[184] Und doch: Es gab (wenn auch nicht dominierend) in der Oderstadt eine sehr klassenbewusste Arbeiterschaft, die zur KPD und zur SPD hielt, weshalb der Terror von SA und SS 1933 früh unter den bekannten linken Funktionären und Mandatsträgern wütete (S. 66, 415ff.).

---

184 Das Reichsbanner (Gau-Beilage Berlin-Brandenburg) vom 11. Juni 1932, wo von einer Jungbannerfahrt des aktiven Ortsvereins »Görlitzer Bahn« über Wildau-Schlaubetal und Fürstenberg nach Frankfurt/Oder berichtet wird.

Oskar Wegener

Willy Jentsch

Auf Seiten der Sozialdemokratie wirkten in Frankfurt/Oder an hervorgehobener Stelle der Abgeordnete im Preußischen Landtag Oskar Wegener und der (festangestellte) Unterbezirks-Parteisekretär Willy Jentsch. Jentsch und Friedrich Schmidt (Guben) waren sich durch die jahrelange Arbeit bzw. gemeinsame Tätigkeit als »Hauptamtliche« bereits bekannt und vertraut, als es darum ging, 1933/34 neue, nunmehr illegale, Verbindungen für einen zu rekonstruierenden Parteizusammenhalt zu knüpfen.

Betrachten wir zunächst die Biographien der drei Hauptakteure und 1936 mit Zuchthaus bestraften Sozialdemokraten der Oderstadt:

Willy Jentsch (1892–1966) zählte zu den aktivsten und prominentesten Funktionären der SPD in Frankfurt/Oder bzw. des Unterbezirks Frankfurt/Oder, Lebus sowie Ost- und Weststernberg, also eines UBs, der auch weite ländliche Gebiete, kleinere Städte und Dörfer der Neumark umfasste.

Jentsch – von Hause aus Eisenbahngewerkschafter – war nicht allein Parteisekretär der UB-Leitung und damit für die praktische Bewältigung der politischen Arbeit verantwortlich, sondern auch Stadtverordneter und Mitglied des Provinzial-Landtages. SED-Quellen zufolge soll er sich für eine Einheitsfront von SPD und KPD in der Oderstadt eingesetzt haben; zumindest 1932 scheint es dort zu einem gewissen »Stillhalteabkommen« und begrenzter gegenseitiger Information und Hilfe gekommen zu sein: Jedenfalls behaupten Zeitzeugen, RFB-Kreise hätten *mit*geholfen, im Sommer 1932 einen Sturm der SA auf das Frankfurter Gewerkschaftshaus abzuwehren.

Zumindest eines steht fest: Jentsch war in der politischen Szene der Oderstadt ein Begriff – und zwar bei Freund und Feind.

Bereits am 16. März 1933, also knapp drei Monate vor dem Verbot der SPD, verschleppte SA den SPD-Parteisekretär – zusammen mit dem SPD-Unterbezirksvorsitzenden Oskar Wegener (S. 108) – ins KZ Sonnenburg, aus dem er erst Ende September 1933 entlassen wurde. Wie andere spätere Mitangeklagte (S. 214f.) ließ sich auch Jentsch durch diesen Gewaltakt nicht von einer weiteren politischen Tätigkeit abhalten, die dann im Dezember 1935 zu seiner zweiten Festnahme führte – diesmal aber lag eine sehr viel längere Einkerkerung vor ihm.

Der Kaufmann *Paul Heinz* blickte bereits auf zweieinhalb Monate KZ-Haft in Sonnenburg (26.6.–5.9.1933) zurück, als er sich trotzdem nicht dem Vorschlag von gesinnungstreuen SPD-Anhängern widersetzte, den Zusammenhalt untereinander aufrecht zu erhalten.

Heinz trat 1910 der Gewerkschaft und der Sozialdemokratie bei. Zunächst arbeitete er als Expedient und Berichterstatter der »Märkischen Volksstimme« in Cottbus. Nach der Teilnahme am Ersten Weltkrieg (1915–18) wirkte er mehrere Jahre als Geschäftsführer des Landarbeiterverbandes des Kreises Lebus, machte sich dann aber mit einem kleinen Lebensmittelgeschäft in Dolgelin selbstständig, ohne deswegen die politische Arbeit einzustellen: Von 1930 bis 1933 war er als Gemeindevorsteher des genannten Ortes tätig und darüber hinaus Kreistagsabgeordneter und Kreisausschussmitglied. In seiner Freizeit war er zudem im Arbeiterwanderbund »Naturfreunde«, ferner im Arbeiter-Abstinentenbund und Arbeiter-Turn- und Sportbund/Abteilung Schützensparte aktiv. Im Zuge der NS-»Machtergreifung« wurde er nicht nur als Gemeindevorsteher abgesetzt, sondern auch festgenommen – zunächst lediglich einen Tag, Mitte des Jahres dann für zweieinhalb Monate.

Im Dezember 1935 erfolgte schließlich im Zusammenhang mit dem Verfahren gegen Jentsch die dritte Festnahme des Kaufmanns, da er sich – wie Walter Voigt und Franz Repka kameradschaftlich 1945 bezeugten[185] – aktiv in den Widerstand eingebracht hatte.

Die dritte aus dem Kreis der (späteren) Angeklagten hervorzuhebende Persönlichkeit war der Lagerarbeiter und gelernte Buchdrucker *Karl Naskrenski* (1901–1944), der von allen mit drei Jahren Zuchthaus die höchste Strafe bekam, soweit es die formal-juristische Sicht betrifft. Aufgrund seines im Nationalsozialismus jäh abgebrochenen Lebens können wir zu seiner Biographie allein die Angaben aus dem Prozess heranziehen. (Präzise schriftliche Überlieferungen Dritter zu Naskrenskis Widerstand waren leider nicht zu ermitteln.) Demnach trat der Frankfurter mit achtzehn Jahren der Sozialistischen Arbeiterjugend und im Jahr darauf (1920) der SPD bei, die er jedoch schon bald wieder verließ. 1926 kehrte er aber zu ihr zurück und schloss sich auch der Republikschutztruppe Reichsbanner an. Wie die Mitangeklagten Jentsch und Heinz wurde auch der arbeitslose Naskrenski wegen seiner politischen Tätigkeit in »Schutzhaft« genommen (26. Juni bis 18. Oktober 1933).

Doch wie sich zeigte, war der Verfolgte trotzdem entschlossen, am Widerstand gegen die NS-Diktatur mitzuwirken und übernahm sogar die Initiative, als sich 1934 eine Möglichkeit zum Handeln ergab.

---

185 BLHA, Rep. 601, VdN 1489.

Der Generalstaatsanwalt bei dem Kammergericht warf den Genannten sowie drei weiteren Sozialdemokraten – darunter Jentschs Tochter Ella und sein Schwiegersohn Walter Voigt – die Vorbereitung zum Hochverrat im Jahr *1934* in Frankfurt/Oder und Dolgelin vor. Diese Zeitangabe verwirrt auf den ersten Blick, da sich die Festnahmen erst im Januar 1936 ereigneten. Im Zentrum der NS-Justizvorwürfe steht dabei Folgendes:

> Im September und Oktober 1934 wurde teils in Frankfurt an der Oder, teils in der Umgebung dieses Ortes verschiedenen Personen durch die Post von unbekannter Seite eine im Umdruckverfahren hergestellte Schrift ›Politischer Informationsdienst‹ zugestellt, die sich in abfälliger und hetzerischer Weise mit den Maßnahmen der Regierung befaßte. Im Lauf der Untersuchung wurde festgestellt, daß die Angeklagten die Hersteller und Vertreiber dieser Schrift waren.[186]

Laut Gestapo-Ermittlungen kamen die oppositionellen politischen Entwicklungen ins Rollen, als sich der frühere Parteisekretär Friedrich Schmidt – der uns bereits aus dem Lausitzer Widerstand bekannt ist (S. 188ff.) – im April 1934 anlässlich einer Konfirmationsfeier für Jentschs Sohn in deren Wohnung einfand und den Parteifreund Strosinski dabei mitbrachte. Schmidt und Jentsch waren sich von früher her durch die ähnlich beruflich-politische Tätigkeit für die Brandenburger Sozialdemokratie vertraut. Doch Jentsch lud die beiden Besucher nicht zur Feier hinzu, sondern zog sich mit ihnen ins Schlafzimmer zurück, wo es offenbar zum Austausch von Informationen und zur Überlassung von Untergrundschriften wie der »Sozialistische Aktion« kam, die Schmidt mitgebracht hatte.

Daraufhin setzte sich Jentsch mit seinem eng verbundenen Parteigenossen Karl Naskrenski in Verbindung und beide berieten sich, was man mit den Materialien anfangen könnte. So entstand die Idee, einen oppositionellen »Informationsdienst« herauszugeben und zu verbreiten. Die Anklageschrift vom 24. Januar 1936 beschreibt und gewichtet den Fortgang des weiteren politischen Geschehens mit den Worten:

> Naskrenski hat den Hauptanteil der illegalen Arbeit geleistet. Er besprach zunächst mit seinem Mitangeklagten Jentsch, welche Nachrichten aus dem zur Verfügung stehenden Material in den herzustellenden politischen Informationsdienst aufgenommen werden soll. Naskrenski übte die eigentliche redaktionelle Tätigkeit aus. Für seine Hetzschriften verwandte er auch einzelne, ihm geeignet erscheinende Artikel aus den »Baseler Nachrichten«. Die sogenannte Einleitung in dem politischen »Informationsdienst« verfasste er selbst.
> Gemeinsam mit seinem Mitangeschuldigten Heinz stellte er von jeder Nummer etwa 100 Abzüge her. In dieser Weise hat er zumindest hergestellt die September- und Oktoberausgabe des »Politischen Informationsdienstes« und das Flugblatt »Die Tragödie des Deutschen Volkes«. Er beteiligte sich auch an der Versandfertigmachung der illegalen Hetzschriften. Den Abzugsapparat für die Herstellung der Druckschriften hat ebenfalls Naskrenski beschafft.[187]

---

186 BArch, NJ 5467 (S. 4 des Urteils des 3. Strafsenats des Kammergerichts Berlin vom 26. August 1936; die Anklageschrift stammt vom 24. Januar 1936).

187 BArch, NJ 5467 (S. 4 der Anklageschrift vom 24.1.1936).

Der Mitangeklagte Heinz wiederum stellte seine Wohnung in Dolgelin für die Herstellung des Untergrundmaterials zur Verfügung; auf seiner Schreibmaschine wurden zudem Texte des »Politischen Informationsdienstes« geschrieben und er half dem Initiator bei der Vervielfältigung. Darüber hinaus finanzierte er das ganze (verbotene) Unternehmen.

Der Steingutmaler Franz Repka, von der Justiz (unwissend) als nominelles SPD-Mitglied ohne Funktion eingestuft, denn er verschwieg ihnen, dass er von 1923 bis 1930 Betriebsratsvorsitzender bei der Firma Paetsch war[188], beschaffte Adressen von Personen, die mit oppositionellem Schrifttum beliefert werden sollten. Er trug auch selber heimlich vieles aus, obwohl er 1933 unter »Schutzhaft« gelitten hatte.

Das mit Jentsch verwandte Ehepaar Voigt – Walter Voigt fiel 1933 als Sozialdemokrat den »Säuberungen« bei der Frankfurter Ortskrankenkasse zum Opfer – schrieb Anschriften auf Briefumschläge und machte alles versandfertig.

Als Naskrenski im Oktober 1934 eine Festanstellung bekam, stellte er, der die eigentlich treibende Kraft war, die illegale Arbeit aus Zeitgründen ein, denn die Fahrt ins 25 km entfernte Dorf Dolgelin zu Paul Heinz und damit zum Herstellungs- und Vertriebsort der Untergrundschriften dauerte zu lange. Ob die illegale Arbeit der Frankfurter Sozialdemokraten danach wirklich ruhte und 1935 vielleicht sogar völlig eingestellt wurde, konnte auch aufgrund unzureichender Nachkriegsaussagen nicht geklärt werden. Das Gericht und vor allem die Gestapo glaubten wohl selbst nicht daran, sonst wären die Strafen – vor allem die für Jentsch – nicht so hart ausgefallen.

Fest steht immerhin, dass nicht alle Anhänger der Widerstandsgruppe – wohl aufgrund tapferen Schweigens der Hauptverantwortlichen beim »Verhör« – enttarnt wurden. So konnte (bei der Auswertung von VVN-Aufnahmeanträgen) ermittelt werden, dass der 1902 geborene Max Siedow zum aktiven Kreis um Jentsch zählte, bis dieser verhaftet wurde. Siedow, Mitglied des Zentralverbandes der Angestellten und des Reichsbanners, war von 1922 bis 1933 als Magistratsangestellter in Fürstenwalde/Spree tätig. Als Sozialdemokrat Opfer der politischen Säuberungen des NS-Regimes, sperrte man ihn im Juni 1933 für knapp 14 Tage in Polizeihaft und danach vom 27.6.–5.10.1933 ins KZ Oranienburg. Max Siedow, nach dem Krieg Bürgermeister von Ketschendorf, dazu:

> Mit dem 30. August [1933] sollte dort meine Entlassung erfolgen, jedoch lehnte ich die Unterschrift einer Bescheinigung ab, in der ich bestätigen sollte, daß ich gut behandelt, nicht geschlagen worden bin usw. Auf Grund dieser Weigerung mußte ich weitere Wochen dort bleiben und habe dann, um den dort herrschenden Grausamkeiten zu entgehen, diese Unterschrift am 15. Oktober 1933 geleistet. Von Freiheit spürte ich jedoch nichts, sondern wurde unter polizeiliche Kontrolle gestellt und mußte mich täglich dreimal auf der Polizeiwache in Ketschendorf melden.[189]

---

188 BLHA, Bestand 333, Nr. 1250 (VVN-Aufnahmeantrag).

189 BLHA, Bestand 333, Nr. 1251, Bl. 164f. Politische Verfolgungen erlitten aus den Reihen der Sozialdemokraten der Oder-Stadt – laut Bestand 333 – auch Wilhelm Kunze (1933 als Betriebsrat der Feuerwehr entlassen), Max Rönning (1941 Haft wegen »Heimtücke«) und Erich Tscharnke (1938 zwei Jahre Zuchthaus wegen »Heimtücke«).

Sozialistische Aktion

Sonntag, 28. Januar 1934

Kampf und Ziel des revolutionären Sozialismus

Die Politik der Sozialdemokratischen Partei Deutschlands

Ein Jahr lang lastet die nationalsozialistische Diktatur über Deutschland, über der Welt. Grundstürzend hat der Sieg der deutschen Gegenrevolution das Wesen und die Aufgaben der deutschen Arbeiterbewegung geändert. Der Knechtschaft und Gesetzlosigkeit preisgegeben ist das Volk im totalen faschistischen Staat. Im revolutionären Kampf die Knechtschaft durch das Recht der Freiheit, die Gesetzlosigkeit durch die Ordnung des Sozialismus zu überwinden, ist die Aufgabe der deutschen Arbeiterbewegung.

I

Die Bedingungen des revolutionären Kampfes

Im Kampf gegen die nationalsozialistische Diktatur gibt es kein Kompromis, ist für Reformismus und Legalität keine Stätte. Die sozialdemokratische Taktik ist allein bestimmt durch das Ziel der Eroberung der Staatsmacht, ihrer Festigung und Behauptung zur Verwirklichung der sozialistischen Gesellschaft. Die Taktik bedient sich zum Sturz der Diktatur aller diesem Zweck dienenden Mittel

Der revolutionäre Kampf erfordert die revolutionäre Organisation. Die alte Form, der alte Apparat ist nicht mehr, und Versuche zu seiner Wiederbelebung entsprechen nicht den neuen Kampfbedingungen. Neue Organisationsformen mit opferbereiten Kämpfern müssen entstehen. In der Wahl dieser Formen sind wir nicht frei. Noch legt der Gegner durch die Uebermacht seiner Mittel, durch die Brutalität ihrer Anwendung, noch legt uns der Zustand der deutschen Gesellschaft selbst, die unter dem furchtbarsten Druck des ökonomischen, physischen und geistigen Terrors steht, das Gesetz des Handelns auf. Kleine Gruppen bilden sich, sie müssen in teuer erkauften Erfahrungen die Technik ihrer Arbeit erwerben — eine Elite von Revolutionären.

Wenn die Gegensätze im Innern des Faschismus, wenn die stets sich verschärfenden Klassengegensätze im Kapitalismus sich entfalten, wenn Unzufriedenheit und Enttäuschung die Massengrundlage der nationalsozialistischen Herrschaft erschüttern, wenn oppositionelle Strömungen entstehen, und spontane Massenbewegungen beginnen, dann wird es zur Aufgabe der revolutionären Elite, die Gegensätze im Bewußtsein der Massen zu vertiefen, ihre Entwicklung zu lenken, ihre Zielsetzung zu beeinflussen, die Verbindungen auszudehnen und die revolutionäre Organisation zur Massenorganisation zu erweitern.

In den Dienst der Förderung der revolutionären Organisation hat sich von Anfang an die Leitung der deutschen Sozialdemokratie im Ausland gestellt und für die Erfüllung dieser Aufgabe ihre Kräfte und Mittel eingesetzt. Der Druck des Terrors führt in Deutschland selbst zu weitgehender Dezentralisation der illegalen Arbeit. Die in Deutschland selbst unausweichliche Teilung der Arbeit kann nur in der Tätigkeit der Leitung ihre Zusammenfassung finden. Unterstützung und Förderung erhält jede Gruppe, deren revolutionärer Geist dafür bürgt, daß ihre Tätigkeit dem Sturz der nationalsozialistischen Diktatur im Rahmen der Einigkeit der Arbeiterklasse dient. Die Führung ist sich dabei bewußt, daß sie der ständigen Mitwirkung und Beratung der Leiter der illegalen Gruppen bedarf.

II

Die Ziele der Massenbewegung

Die Organisation ist das Werkzeug für den revolutionären Kampf. Welches sind seine Bedingungen, was ist sein Ziel?

Bedingungen und Ziele des Kampfes lassen sich nicht willkürlich bestimmen, sie erwachsen aus den sich zuspitzenden Gegensätzen der kapitalistischen Gesellschaft und aus den Tatsachen der nationalsozialistischen Gegenrevolution

Wir fragen, wofür muß die Arbeiterklasse unter dem faschistischen System kämpfen, welche Kämpfe sind ihr aufgezwungen?

Der Nationalsozialismus leugnet in seiner Theorie die Klassenkämpfe, seine Praxis verschärft sie auf das Grausamste. Seine Herrschaft bedeutet eine unerhörte Steigerung der sozialen Gegensätze, ein neues Erhitzen des Kessels bei gewaltsamer Verschließung aller Ventile. Die Unterdrückung aller Organisationen der Arbeiter und Angestellten, ihre völlige Entmachtung, überliefert sie der Willkür des Großkapitals, in dessen Interessen die Diktatur die Staatsmacht gestellt hat. Diese einseitige Verschiebung der Machtverhältnisse bedroht die Arbeiterschaft mit fortschreitender Verschlechterung ihrer Lebenshaltung. Die Gefahr wird gesteigert durch eine Wirtschaftspolitik, die die Kosten aller Bedürfnisse der breiten Massen erhöht, die Beschäftigung in den Exportindustrien immer mehr drosselt; sie wird vermehrt durch eine Finanzpolitik, die die Massen belastet und immer größere Teile des ihnen abgepreßten Tributs einzelnen vom Regime begünstigten Schichten zuschanzt. Das zwingt die Massen zum Kampf für die Sicherung und Hebung ihrer materiellen Existenz. Aber jede Lohnbewegung ist verboten, jeder Streik wird zur politischen Rebellion

Aus dieser Situation wird mit Notwendigkeit die Forderung nach Wiederherstellung der Koalitionsfreiheit und der Schaffung sozialer Kampforganisationen als Vertreter der Arbeiterinteressen erwachsen. Ihre Koalitionsfreiheit ist nicht möglich ohne ihre Versammlungs-, Vereins- und Pressefreiheit. Aus den unabweisbaren Bedürfnissen der Arbeiterschaft ergibt sich so die Forderung nach politischen Rechten, entspringt der Kampf um ihre demokratische Bewegungsfreiheit

Im Heer der Arbeitslosen wächst mit der Dauer der Arbeitslosigkeit die Rebellion gegen eine Gesellschaft, die ihnen das Recht auf Arbeit versagt, verstärkt sich ihre Forderung nach Wiedereingliederung in den Produktionsprozeß, nach einer Ordnung der Wirtschaft, die Arbeitende und Arbeitslose nicht mehr auseinanderreißt, sondern die Arbeitsmöglichkeit gleichmäßig auf alle Arbeitsfähigen verteilt. Diese Bewegung der von der Diktatur betrogenen Arbeitslosen richtet sich unmittelbar gegen die Grundlage der kapitalistischen Gesellschaft.

Die Kämpfe um die Sicherung der Lebenshaltung der Arbeitenden und um die Wiedereingliederung der Arbeitslosen in den Produktionsprozeß mit allen Kräften zu fördern, die Front der kämpfenden Arbeiter zu verbreitern, den notwendigen inneren Zusammenhang dieser Kämpfe mit dem Ziel des Sturzes der Diktatur den Kämpfenden zum Bewußtsein zu bringen, ist eine der ersten Aufgaben der revolutionären Arbeit.

Die Wiedereroberung demokratischer Rechte wird zur Notwendigkeit, um die Arbeiterbewegung als Massenbewegung wieder möglich zu machen und den sozialistischen Befreiungskampf wieder als bewußte Bewegung der Massen selbst zu führen. Jedes demokratische Recht wird aber zur Bedrohung des Fortbestandes der Diktatur. Der Kampf um die Demokratie erweitert sich so zum Kampf um die völlige Niederringung der nationalsozialistischen Staatsmacht.

Dieser Kampf ist nur revolutionäres Durchgangsstadium zur Eroberung der ganzen Staatsmacht. Der Sturz der Despotie wird sich, wenn nicht äußere Katastrophen ihn herbeiführen, nur in der gewaltsamen Niederringung, nur durch den Sieg im revolutionären Kampfe vollziehen. Er wird sich ergeben, wenn die Bedingungen einer objektiv revolutionären Situation ausgenützt werden von einer entschlossenen, von radikalem Kampfgeist durchseelten, von einer erfahrenen Elite geführten Partei des revolutionären Sozialismus. Er kann nur erwachsen aus der Tat der Massen selbst

III

Die Ausübung der Macht

Diese Art der Eroberung der Macht bestimmt die Art ihrer Ausübung.

Im schweren, opferreichen leidenschaftlichen Ringen um den Sturz der Diktatur erfüllt sich die Arbeiterbewegung mit radikalem, kompromislosen Geist. Der politische Umschwung von 1918 vollzog sich am Abschluß einer konterrevolutionären Entwicklung, die durch den Krieg und die nationalsozialistische Aufpeitschung der Volksmassen bedingt war. Nicht durch den organisierten, vorbereiteten, gewollten revolutionären Kampf der Arbeiterklasse, sondern durch die Niederlage auf den Schlachtfeldern wurde das kaiserliche Regime beseitigt. Die Sozialdemokratie als einzig intakt gebliebene organisierte Macht übernahm ohne Widerstand die Staatsführung, in die sie sich von vornherein mit den bürgerlichen Parteien, mit der alten Bürokratie, ja mit dem reorganisierten militärischen Apparat teilte. Daß sie den alten Staatsapparat fast unverändert übernahm, war der schwere historische Fehler, den die während des Krieges desorientierte deutsche Arbeiterbewegung beging

Die neue Situation schließt jede Wiederholung aus. Die Niederwerfung des nationalsozialistischen Feindes durch die revolutionären Massen schafft eine starke revolutionäre Regierung, getragen von der revolutionären Massenpartei der Arbeiterschaft, die sie kontrolliert. Die erste und die oberste Aufgabe dieser Regierung ist es, die Staatsmacht für die siegreiche Revolution zu sichern, die Wurzeln jeder Widerstandsmöglichkeit auszureißen, den Staatsapparat in ein Herrschaftsinstrument der Volksmassen zu verwandeln

Der revolutionären Regierung obliegt deshalb die sofortige Durchführung einschneidender politischer und sozialer Maßnahmen zur dauernden völligen Entmachtung des besiegten Gegners. Das erfordert:

Einsetzung eines Revolutionstribunals.

Aburteilung der Staatsverbrecher, ihrer Mitschuldigen und Helfer in der Politik, der Bürokratie und Justiz wegen Verfassungsbruches, Mordes und Freiheitsberaubung unter Aberkennung der staatsbürgerlichen Rechte.

Aufhebung der Unabsetzbarkeit der Richter. Besetzung aller entscheidenden Stellen der Justiz durch Vertrauensmänner der revolutionären Regierung. Grundlegende Umgestaltung der Justiz durch Verstärkung des Laienelements.

Reinigung der Bürokratie, sofortige Umbesetzung aller leitenden Stellen.

Organisierung einer zuverlässigen Militär- und Polizeimacht. Völlige Erneuerung des Offizierskorps.

Aufhebung aller die Freiheit der Arbeiterschaft beschränkenden Gesetze und Verordnungen der nationalsozialistischen Despotie.

Volle staatsbürgerliche Gleichberechtigung ohne Unterschied der Rasse und Religion.

Trennung der Kirche vom Staat.

Unterbindung jeder konterrevolutionären Agitation.

Sofortiger Erlaß der notwendigen sozialen, wirtschaftlichen und finanziellen Gesetze durch die revolutionäre Regierung.

Die Zerschlagung des alten politischen Apparats muß gesichert werden gegen seine bisherigen gesellschaftlichen Träger. Das erfordert:

Sofortige entschädigungslose Enteignung des Großgrundbesitzes, Ueberführung der Forsten in Reichseigentum und Reichsverwaltung, Verwendung des Ackerlandes zur Schaffung lebensfähiger Bauern-Siedlungen und genossenschaftlicher Betriebe von Landarbeitern mit ausreichender Förderung durch Staatsmittel.

Sofortige entschädigungslose Enteignung der Schwerindustrie.

Uebernahme der Reichsbank in den Besitz und die Verwaltung des Reiches.

Vergesellschaftung und Uebernahme der Großbanken durch die vom Reich bestimmte Leitungen.

Erst nach der Sicherung der revolutionären Macht, und nach restloser Zerstörung der kapitalistisch feudalen und politischen Machtpositionen der Gegenrevolution beginnt der Aufbau des freien Staatswesen mit der Einberufung einer Volksvertretung, gewählt nach allgemeinen gleichen und direkten Wahlrecht in Einzelwahlkreisen. Die erste Wahlkreiseinteilung erläßt die revolutionäre Regierung.

Die Volksvertretung wählt mit absolutem Mehr (falls notwendig unter Vornahme einer Stichwahl) den Chef der Reichsregierung, der die Reichsminister ernennt. Bis zum Zustandekommen der Wahl bleibt die Revolutionsregierung im Amt.

Das despotische System der zentralisierten Staatsvollmacht wird durch die Herstellung einer echten freiheitlichen Selbstverwaltung innerhalb des gegliederten Einheitsstaats gebrochen. In den politischen Gemeinden werden für das Schul-, Wohlfahrts-, Gerichts- und Steuerwesen Selbstverwaltungskörper gebildet, denen die Beamten verantwortlich sind

IV

Die Revolution der Wirtschaft

Aufgabe der Arbeiterschaft im neuen Staat ist die Anwendung der errungenen Staatsmacht zur Durchführung der sozialistischen Organisation der Wirtschaft. Die Vergesellschaftung der Schwerindustrie, der Banken und des Großgrundbesitzes ist kein Endpunkt, sondern nur der Ausgangspunkt für die Umwandlung der kapitalistischen in die sozialistische Gesellschaft.

Die sozialistische Wirtschaftsorganisation beseitigt die Anarchie der kapitalistischen Produktionsweise. Sie überwindet damit die Wirtschaftskrisen und die Arbeitslosigkeit. An die Stelle der planlosen kapitalistischen Wirtschaft tritt die sozialistische Planwirtschaft. An die Stelle des kapitalistischen Profitstrebens tritt das Streben nach Deckung eines stets sich steigernden Bedarfs. An die Stelle der regellosen Rationalisierung zur Erhöhung des Profits durch Ersparung von Arbeitskräften, an die Stelle der regellosen Aufblähung des Produktionsapparates auf Kosten des Konsums tritt die planmäßige Steigerung der Produktionskräfte, die gleichmäßige Erweiterung von Erzeugung und Verbrauch An die Stelle des zerstörenden Kampfes der

Illegal verbreitetes Programm der SPD von 1934

Nach zweieinhalb Jahren Arbeitslosigkeit fand Siedow im Juni 1935 eine Anstellung in Berlin und geriet auch dadurch der Gestapo Frankfurt/Oder aus dem Blick.

Das Urteil des Kammergerichts konkretisierte die in der Anklageschrift teilweise noch vagen und allgemein formulierten Vorwürfe gegenüber den Regimegegnern, wobei die Hauptstoßrichtung der Kritik der NS-Justiz, nämlich die Herstellung und Verbreitung eines »Politischen Informationsdienstes«, der sich »in abfälliger und hetzerischer Weise mit den Maßnahmen der Regierung befaßt«, später unverändert blieb.

Bereits die ersten illegalen Schriften, die Schmidt an Jentsch weitergab, so die »Sozialistische Aktion« und eine Tarnschrift mit dem zentralen »Prager Manifest« der Exil-Partei, würden zum gewaltsamen Sturz der deutschen Regierung aufrufen, klagt die Justiz. Jentsch will auch bei einem zweiten Besuch Schmidts unter Hinweis auf den hohen Bekanntheitsgrad als früherer Parteisekretär in der Oderstadt jegliche Schriftenverbreitung abgelehnt haben.

Unabhängig davon wurden an Jentsch auch von Seiten Naskrenskis Aufforderungen zur illegalen Arbeit herangetragen. Letztgenannter hatte durch einen Aushilfsjob als Arbeitsloser, den Verkauf von Zeitungen, die Idee entwickelt, unter Rückgriff auf kritische Artikel ausländischer Zeitungen, wie der »Baseler Nachrichten«, heimlich einen antinazistischen Informationsdienst herauszubringen. Mit Hilfe seiner Schreibmaschine stellte Naskrenski ein erstes Exemplar her und zeigte es Jentsch anlässlich eines Zusammentreffens beim Arbeitsamt und erbat dessen Rat und Mithilfe in Sachen Vervielfältigung und Verbreitung. Erste Abzugsversuche Jentschs per Wachsbögen schlugen angeblich fehl, so dass das gesamte Vorhaben einige Monate ruhte.

Angeregt durch die Lektüre der (durch Jentsch erhaltenen) »Sozialistischen Aktion« und inzwischen im Besitz eines geliehenen Abzugsapparates, konkretisierte Naskrenski sein Vorhaben. Jentsch bestritt zwar vor Gericht, dem verbotenen Unternehmen seine Zustimmung gegeben zu haben, wurde aber durch die Aussagen mehrerer Tatbeteiligter, darunter Franz Repka, in dessen Frankfurter Wohnung (Jüdenstraße 4/5) zweimal eine politische Aussprache stattfand, überführt. Naskrenski unterbreitete dem ihm bekannten Parteigenossen Paul Heinz schließlich erfolgreich den Vorschlag, im von Frankfurt 25 km entfernten Dorf Dolgelin das Untergrundmaterial zu vervielfältigen.

Aufgrund geringer ökonomischer Mittel der Beteiligten wurden sowohl von einer Schrift mit dem Titel »Tragödie des Deutschen Volkes« als auch von (mindestens) zwei Ausgaben des »Politischen Informationsdienstes« jeweils etwa nur hundert Abzüge hergestellt, wobei Jentsch 500 Blatt Saugpost sowie einige Briefumschläge beisteuerte und pro Ausgabe zwanzig Stück zum Verbreiten erhielt. Da aus Sicherheitsgründen die persönliche Weitergabe unterlassen wurde, sollte alles anonym auf dem Postweg geschehen. Hierfür stellte Jentsch unter Zuhilfenahme alter Parteiunterlagen Anschriften früherer Parteimitglieder der SPD aus dem Raum Frankfurt/Oder zur Verfügung. Repka steuerte ebenfalls – allerdings nur 4 bis 5 – Adressen bei. Zum tatsächlichen Radius der Schriftenverbreitung bemerkt das Urteil:

190 BArch, NJ 5467 (S. 7 des Urteils vom 26. August 1936).

Naskrenski sandte den Großteil der Schriften an Hand seiner Liste ab. Er hatte den Schriften einen Kopf beigefügt, in dem der Empfänger ersucht wurde, die Schrift anonym an Gesinnungsgenossen weiter zu schicken. Wie sich aus den in dem Besitz der Polizei gelangten Schriften ergibt, sind diese zum Teil bis zu sechs Mal weiterversandt worden.[190]

Die insgesamt drei Auflagen illegaler Schriften wurden in den Monaten August, September und Oktober 1934 hergestellt. Wie bereits gesagt, erhielt Naskrenski im Herbst des Jahres eine feste Arbeitsstelle, wodurch er die Untergrundtätigkeit in Sachen Schriftenherstellung und -verbreitung zeitlich nicht mehr bewerkstelligen konnte. Und ein geeigneter Nachfolger fand sich offenbar nicht, da der mitangeklagte Repka zwar illegales Material in seinem Briefkasten vorfand, dieses aber verbrannt haben will. Auf die Einlassung der Angeklagten, von Gewaltzielen der SPD nicht zu wissen, entgegnet die NS-Justiz:

> Es ist von berufener Seite häufig genug erklärt worden, daß die Regierung freiwillig niemals die Macht niederlegen werde. Wenn trotzdem gegen die Regierung ernsthaft gearbeitet wird in der Absicht sie zu beseitigen, so ist schon aus diesem Grunde dem Täter klar, daß das Ziel – wenn überhaupt – letzten Ende[s] nur im Wege der Gewalt verwirklicht werden konnte. Daß dies auch den Angeklagten bekannt war, ist selbstverständlich. [...] Sie [die ersten vier Angeklagten, d. Verf.] haben früher der SPD angehört, sind offensichtlich noch heute Marxisten und wollen dieser ihrer politischen Anschauung zum Siege verhelfen. Dies wird darin erkennbar, daß sie ihre Hetzschriften nur an frühere SPD-Genossen zum Versand gebracht haben.[191]

Das Berliner Kammergericht (3. Strafsenat) sprach schließlich am 26. August 1936 sein Urteil:

Versicherungsvertr. Willy Jentsch (* 1892), Fft./O., Wiesenstr. 21	2 ½ J. Z
Lagerbuchhalter Karl Naskrenski (* 1901), Fft./O., Schützenstr. 22	3 J. Z
Kaufmann Paul Heinz (* 1899), Dolgelin, Krs. Lebus, Nr. 55a	2 J. Z
Steingutmaler Franz Repka (* 1892), Fft./O., Jüdenstr. 4/5	1 J. G
Angestellt. Walter Voigt (* 1906), Fft./O., Am Schützenhaus Nr. 26	3 Mo. G
Ehefrau Ella Voigt (* 1913), geborene Jentsch, ebd.	3 Mo. G

Wie aus anderen NS-Justizverfahren bereits vertraut (S. 204), entsprach das Urteil nicht den tatsächlich erlittenen Verfolgungen. Und das traf vor allem auf die beiden am stärksten Bestraften zu: Willy Jentsch wurde nach Ablauf seiner Zuchthauszeit ins KZ verschleppt und kam dort erst am Ende des Krieges wieder frei. Karl Naskrenski wurde nach Verbüßung der Zuchthausstrafe vom Februar bis zum April 1941 ins KZ gesperrt und dann in die Strafeinheit 999 gesteckt. Er kam im September 1944 an der dalmatinischen Küste ums Leben.[192]

---

191 Ebd., (S. 9f. des Urteils vom 26. August 1936).

192 Staatsministerium Sachsen, Bestand 20237 (Bzltg. u. Rat des Bez. Leipzig), Nr. 27303 (Martha Naskrenski).

Nachzutragen bleibt, dass sich Willy Jentsch nach eigenem Bekunden im KZ der illegalen KPD-Gruppe anschloss und nach dem Krieg als überzeugter Anhänger der SED Politik machte: 1946 wurde er zum Bürgermeister und Stellvertreter des Oberbürgermeisters Frankfurts gewählt. Er übte das ihm zweieinhalb Jahre später übertragene Amt des Oberbürgermeisters aufgrund geänderter Kreis- und Gemeindegrenzen nicht lange aus. 1950 verließ er Frankfurt/Oder und zog nach Potsdam-Babelsberg. Seinen früheren Weggefährten Oskar Wegener, nach der Befreiung (1946–48) Oberbürgermeister der Oderstadt, hatte die SED durch Intrigen und fadenscheinige Vorwürfe zur Amtsniederlegung bewegt. Er zog sich zurück und wohnte zuletzt in Eisenhüttenstadt.

»Gruppe Nordbahn« (Niederbarnim)

Dem oben beschriebenen Schwerpunkt der illegalen Brandenburger Sozialdemokratie, der Niederlausitz, geographisch entgegengesetzt, befand sich im früheren Landkreis Niederbarnim ein weiteres Zentrum des Widerstandes der SPD. Da die Wohnorte der Aktiven überwiegend an einer alten Eisenbahnstrecke lagen, erhielt die Untergrundorganisation den Namen »Gruppe Nordbahn«. An ihrer Spitze stand der Eisenbahngewerkschafter und Reichsbannerkameradschaftsführer Otto Scharfschwerdt (1887–1943)[193] aus Hohen Neuendorf.

Das politische Wirken dieses Kreises bis Anfang 1937 – und das anderer Gruppen der illegalen Arbeiterbewegung (S. 261ff., 451ff.) – widerlegt einmal mehr die oberflächliche Sicht, der Arbeiterwiderstand sei zur Mitte der 1930er Jahre »restlos« zerschlagen worden.[194]

Es ist zwar eine Tatsache, dass die politische Gegnerschaft und Verfolgung sozialistischer und kommunistischer Gruppen in den Jahren 1933 bis 1935 ihren Höhepunkt hatte, doch es gab in der zweiten Hälfte der 1930er Jahre eine zweite – wenn auch schwächere – Welle. So zumindest im Raum Berlin-Brandenburg.

Die »Gruppe Nordbahn« war insofern eine illegale Sammlungsbewegung, als sich in ihr Persönlichkeiten, kleine Zirkel und Organisationsreste vorher zerschlagener Untergrundgruppen aus den Reihen der SPD, des Reichsbanners und der Gewerkschaften zusammenfanden und durch ihre nun gebündelte Kraft bisher nicht-aktive Regimegegner anzogen und integrierten.

Die Initiative zur Gruppenbildung dieser Berlin-Brandenburger Widerstandsorganisation ging u. a. von alten bzw. erfahrenen Gewerkschaftern wie Hermann Schlimme (bis 1933 Sekretär des ADGB-Bundesvorstandes) und vor allem dem früheren Funktionär des Eisenbahnverbandes bzw. der Lokomotivführer Otto Scharfschwerdt aus, der aber auch aufgrund seiner aktiven Reichsbannertätigkeit im Kreis Niederbarnim vertrauensvolle Kontakte zu zahlreichen Anhängern der Republikschutztruppe in

193 Arnd Groß, Otto Scharfschwerdt, in: Siegfried Mielke (Hg.), Gewerkschafter in den Konzentrationslagern Oranienburg und Sachsenhausen. Biographisches Handbuch. Bd. 1, Berlin 2002, S. 264f.

194 Siehe dagegen H.-R. Sandvoß, Die »andere« Reichshauptstadt, S. 167.

Hohen Neuendorf, Liebenwalde, Hammer, Bergfelde und Birkenwerder besaß.

Letztgenannte Ortschaft war bis 1933 auch der Wirkungsort eines dritten leitenden Mitglieds der »Gruppe Nordbahn«: Erich Wienig (1897–1979). Bis zu seiner erzwungenen Ausweisung war er als Arbeitsamtsleiter in Birkenwerder tätig und hatte sich daneben engagiert und erfolgreich dem Aufbau eines gut organisierten und kämpferischen Reichsbannerortsvereins gewidmet, der neben Bernau zu den Stützen des Kreisverbandes Niederbarnim zählte (S. 128f.).[195]

Otto Scharfschwerdt

Erich Wienig stammte aus dem Wedding, einem stark links orientierten Arbeiterbezirk im Norden Berlins, verfügte dadurch über enge Bindungen an die Reichshauptstadt, die er reaktivierte, nachdem er im Anschluss an seine KZ-Haft in Oranienburg (15. März 1933 bis 1. Mai d. J.) gezwungen wurde, die Gegend umgehend zu verlassen (S. 129). Nach Berlin zurückgekehrt, suchte er jene Gesinnungsgenossen aus der Partei und der Reichsbannergruppe Heinrich (S. 83f.) auf, die die bisherigen Verhaftungswellen überstanden hatten und zur Weiterarbeit entschlossen waren. Es ist daher kein Zufall, dass in einem der späteren Prozesse gegen die »Gruppe Nordbahn« mehrere Weddinger Reichsbannermänner angeklagt waren[196] sowie Wienigs enger Birkenwerder Weggefährte Erich Hahn im Hauptprozess gegen die Leitung juristisch zur Verantwortung gezogen wurde.

Die »Gruppe Nordbahn«, die über 100 Anhänger zählte – Erich Wienigs Tochter Ingeborg Giers (S. 128f.) berichtet, ihr Vater habe ihr gegenüber von rund 120 Personen gesprochen –, von denen später in 5 Prozessen 46 Menschen angeklagt wurden, entwickelte sich relativ früh: Otto Scharfschwerdts Zeugenaussage im Volksgerichtshofprozess (1937) gegen den früheren Polizeimajor Karl Heinrich und seine politischen Vertrauten (S. 86) zufolge fanden Ende 1933/Anfang 1934 erste Kontaktgespräche zwischen Karl Heinrichs Berliner Reichsbannergruppe (mit seinem Schwerpunkt in Spandau) und den Niederbarnimern statt. Es ist heute (2019) nicht mehr rekonstruierbar, wie präzise die Absprachen und Verantwortlichkeiten waren. Gerichtsunterlagen und schriftliche Aussagen Beteiligter nach 1945 deuten darauf hin, dass nach der Festnahme Heinrichs (Ende September 1935) und zahlreichen Verhaftungen – insbesondere der Spandauer – die verbliebenen Reichs-

195 »Das Reichsbanner«, Gaubeilage Berlin-Brandenburg vom 14. Mai 1932.
196 H.-R. Sandvoß, Widerstand in Wedding und Gesundbrunnen, Berlin 2003, S. 62ff.; ders., Widerstand in Pankow und Reinickendorf, S. 64ff.

bannerkreise in Wedding (um Erich Wienig) und in Kreuzberg-Treptow (um Erich Hoffmann aus Baumschulenweg) einen engen Zusammenschluss mit oppositionellen Sozialdemokraten aus Brandenburg suchten.[197] Der frühere Birkenwerder Arbeitsamtsleiter Wienig wusste durch seine intensiven Reichsbanneraktivitäten dort von der Führungsfunktion Otto Scharfschwerdts und dessen herausragender Bedeutung für eine Ausweitung der illegalen Arbeit. Möglicherweise suchte Letztgenannter aber auch als Erster die Kontaktaufnahme. In der Sprache der NS-Justiz heißt es dazu über die Hauptangeklagten:

> Im Jahre 1934/35 gingen ehemalige Mitglieder der verbotenen SPD unter Leitung des früheren Lokomotivführers Otto Scharfschwerdt dazu über, in Hohen Neuendorf und an anderen Orten des Kreises Niederbarnim Gesinnungsgenossen zu sammeln und die SPD illegal fortzuführen. Im Zuge dieser Bestrebungen nahm Scharfschwerdt auch Verbindungen nach Berlin auf, und zwar u. a. zu dem früheren Arbeitsamtsangestellten Erich Wienig. Von Wienig bezog Scharfschwerdt vom Sommer 1934 bis Sommer 1935 laufend illegale Schriften wie ›Sozialistische Aktion‹ und ›Neuer Vorwärts‹, die Wienig seinerseits von anderen Funktionären der illegalen SPD geliefert erhielt. Daneben unterhielt Wienig in Berlin einen Kreis von Gesinnungsgenossen, den er mit den vorgenannten Schriften sowie von Scharfschwerdt herausgegebenen ›Zeitberichten‹ versah und in dem er Versammlungen veranstaltete.[198]

Die NS-Justiz hielt den Oppositionellen unter anderem folgendes Zitat aus einer von ihnen verbreiteten Untergrundschrift vor:

> Der Sturz der Despotie wird sich, wenn nicht äußere Katastrophen ihn herbeiführen, nur in der gewaltsamen Niederringung, nur durch den Sieg im revolutionären Kampfe vollziehen. Er wird sich ergeben, wenn die Bedingungen einer objektiv revolutionären Situation ausgenutzt werden von einer entschlossenen, von radikalem Kampfgeist durchseelten, von einer erfahrenen Elite geführten Partei des revolutionären Sozialismus. Er kann nur erwachsen aus der Tat der Massen selbst.[199]

Neben der Verbreitung von Untergrundmaterialien und dem Versuch, weitere Aktive anzuwerben bzw. die Zahl der Regimegegner zu vergrößern, stand das Bestreben, Gelder zur Unterstützung politisch Inhaftierter und ihrer Not leidenden Familien zu sammeln.

Arnd Groß weist in einer biographischen Darstellung[200] darauf hin, dass Scharfschwerdts Familie schon früh die Gewaltherrschaft der NS-Bewegung zu spüren bekam: Der im August 1909 geborene Sohn Otto, der sich bei der SAJ und dem Zentralverband der Angestellten (ZdA) engagierte, wurde nach einer Rede auf einer Jugendweihefeier (1933) von der Hohen Neuendorfer SA zusammen mit seinem

197 LABO, Entschädigungsakte Nr. 10944 (Erich Hoffmann) und Nr. 23868 (Erich Wienig).
198 BArch, NJ 1973 (Urteilsschrift D vom 17.1.1938, S. 4).
199 Ebd., NJ 1973 (Anklageschrift A vom 7.7.1937, S. 4).
200 Arnd Groß (Anmerkung 193), Otto Scharfschwerdt, S. 264.

Vater verschleppt. Sie kamen als »Schutzhäftlinge« ins KZ Oranienburg. Während der Jugendliche nach zwei Tagen wieder auf freien Fuß kam, blieb Scharfschwerdt sen. für fünf Wochen der Lagerwillkür ausgesetzt. Er ließ sich trotzdem davon nicht einschüchtern, sondern suchte Verbindung zu alten Gewerkschaftskollegen, sowohl der früheren Leitungsebene als auch zu Lokführern vor Ort. Dabei reichten seine Kontakte auch nach Oranienburg, berichtet der frühere Sachsenhausener SPD-Ortsvereinsvorsitzende Erich Cohn (später Eric Collins).[201]

Zerschlagung der Gruppe

Die leitenden Funktionäre der »Gruppe Nordbahn« gerieten bereits im Januar 1937 in Haft, viele andere Mitkämpfer folgten im März und April des Jahres.

Betroffene äußern sich über die Ursache der Zerschlagung ihrer Gruppe. Der Hermsdorfer Bernhard Thurow (1916–1986) schreibt 1952:

> Diese [illegale] Betätigung ging glatt bis zur Verhaftung des deutschen Kuriers an der tschechischen Grenze im Sommer 1936. Die illegitime Frau [d.h. Lebensgefährtin, d. Verf.] dieses Kuriers, die ebenfalls in Hohen Neuendorf wohnte, fiel dann einem Trick der Gestapo zum Opfer und stellte sich dann offensichtlich dieser ganz zur Verfügung, da sie in dem sich daraus später ergebenden Hochverratsprozess als Kronzeugin auftrat und nicht zur Aburteilung stand.[202]

Der Hohen Neuendorfer Rudolf Castan (1910–2007) macht dazu 1945 folgende Angabe:

> Zur Beschaffung des Materials ging [Willy] Vollnberg oft über die Grenze und wurde als erster wegen Devisenvergehens bei Lauenstein verhaftet. Daraufhin Spitzelbesuch bei der Fischer, mit der Vollnberg lebte. Diese ging mit den Spitzeln, die sich als Genossen ausgaben, zu Ammon jun. Die Fischer und Ammon waren mitteilsam, darauf wurde auch ich verhaftet [...].[203]

Es fällt angesichts der über 40 Verhafteten auf, dass wiederholt größere sozialdemokratische Familien (mit mehreren Reichsbannerkameraden) betroffen waren, darunter drei Mitglieder der Familie Ammon aus Hohen Neuendorf und vier Mitglieder der Familie Kolwitz aus Liebenwalde (S. 226f.).

Prozessserie »Scharfschwerdt und Andere«

Unter dem Titel »Scharfschwerdt und Andere« wurden von Mitte 1937 bis Anfang 1938 mindestens fünf Prozesse vor dem Berliner Kammergericht geführt, wobei sich die Anklage gegen insgesamt 46 Personen richtete. Der Gewerkschafter Hermann Schlimme nennt sogar noch höhere Zahlen. Hermann Schlimme (1882–1955) berichtet 1945:

---

201 Margarethe Collins, Eric Collins (1897–1993). Ein tapferes Leben im zwanzigsten Jahrhundert, Oldenburg 1995², S. 26. Dank der Verschwiegenheit Scharfschwerdts wurde der jüdische Sozialdemokrat 1937 nach 4 Monaten Haft wieder entlassen.

202 LABO, Entschädigungsakte Nr. 22306 (Bernhard Thurow).

203 LAB, C Rep. 118-01, A 1209 (Rudolf Castan).

> Illegale Gewerkschaftsarbeit habe ich mit mehreren Kollegen der Verbandsvorstände zur Aufrechterhaltung der Fundamente der deutschen Gewerkschaften des ADGB betrieben, auch mit Scharfschwerdt, dem Führer des Verbandes der Lokomotivführer, Walter Maschke, Cäsar Thierfelder, Erich Bührig, Otto Eichler, Martin Krebs, Wilhelm Leuschner waren im Bunde mit mir. In meinem Prozess [Scharfschwerdt u. a.] [waren] allein 52 Personen beteiligt, die restlos verurteilt wurden. Oswald Wiersich, [Wilhelm] Leuschner gingen [später] in den Tod, viele ins KZ.[204]

Die uns nach intensiven Recherchen vorliegenden Verfahren gliedern sich, was die Anzahl und lokale Herkunft der Angeklagten betrifft, wie folgt:[205]

Anklageschrift A
gegen Otto Scharfschwerdt und 7 andere Angeklagte aus Brandenburg und Berlin
Anklageschrift B
gegen Karl Liebelt und 9 andere Angeklagte aus Hohen Neuendorf
Anklageschrift C
gegen Arthur Kolwitz und 13 andere Angeklagte aus Liebenwalde und Bergfelde
Anklageschrift D
gegen Erich Hoffmann und 9 andere Angeklagte aus Berlin
Anklageschrift E
gegen Cäsar Thierfelder und 2 (weitere) Angeklagte aus Berlin sowie den Hohen Neuendorfer Willy Vollnberg.

Die acht Angeklagten im Hauptverfahren (Prozess »A«) verurteilte der 5. Strafsenat des Berliner Kammergerichts am 15. Dezember 1937 zu folgenden Strafen:[206]

Lokomotivführer i.R. Otto Scharfschwerdt (* 1887), Hohen Neuendorf, Horst-Wessel-Str. 8 (heute: Otto-Scharfschwerdt-Str.)	6 J. Z
Buchdrucker Erich Hahn (* 1890), Birkenwerder, Havelstr. 28c	4 ½ J. Z
Buchdrucker Reinhold Weise (* 1888), Berlin N 54, Fehrbelliner Str. 81	3 J. Z
Dreher Hermann Schlimme (* 1882), Berlin SW 61, Obentrautstr. 50	3 J. Z
Kaufm. Angest. Erich Wienig (* 1897), Berlin N 65, Müllerstr. 156b	4 ¼ J. Z
Schriftsetzer Fritz Ammon (* 1910), H. Neuendorf, Horst-Wessel-Str. 8	4 J. Z
Mechaniker Rudolf Castan (* 1910), Bergfelde, Dorfstr. 7	2 ¾ J. Z
Klempner Wilhelm Masuch (* 1888), Bergfelde, Genzowstr. 4	2 J. Z

Das Hauptverfahren gewichtete die verkündeten Strafen nach einer zuvor gewonnenen Einschätzung der individuellen »Schuld« (sprich Verantwortlichkeit) des jeweiligen

204 LAB, C Rep. 118-01, A 8931 (Hermann Schlimme).
205 BArch, NJ 1973.
206 BArch, NJ 1973 (Urteilsschrift »A« vom 15.12.1937, S. 1 und 2).

Angeklagten im Machtgefüge der Gruppenleitung. Dazu wird im Abschnitt »Strafzumessung« ausgeführt:

> Bei der Schwere der Verfehlungen der Angeklagten und ihrer Gefährlichkeit für Staat und Volk ist es klar, daß bei keinem von ihnen die Voraussetzung eines minderschweren Falles [...] gegeben sind. Es mußte gegen sämtliche Angeklagten vielmehr auf Zuchthaus erkannt werden. Die schwerste Strafe mußte selbstverständlich den Angeklagten Scharfschwerdt als das Haupt der illegalen Gruppe treffen, die er mehr oder weniger ins Leben gerufen und lange Zeit zusammengehalten hat. Der Senat hat bei ihm eine Zuchthausstrafe von sechs Jahren für angemessen erachtet. Eine schwere Strafe mußte auch den Angeklagten Hahn als den Drucker sehr vieler illegaler Hetzschriften treffen, zumal er außerdem sich auch als Verbindungsmann zwischen Wienig und Scharfschwerdt bei dem Bezug der ›Sozialistischen Aktion‹ und allgemein auch als Schriftenverbreiter betätigt hat. Eine Zuchthausstrafe von vier Jahren sechs Monaten erschien dem Senat bei ihm als notwendig. Schwer hat sich auch der Angeklagte Wienig gegen Staat und Volk vergangen. Er hatte selbständig beim Arbeitsamt Nord eine Gruppe gebildet, die er mit illegalen Schriften versah, und war außerdem in umfangreicher Weise bei dem Bezuge der ›Sozialistischen Aktion‹ und ihrer Verbreitung beteiligt. Eine Zuchthausstrafe von vier Jahren drei Monaten erschien bei ihm erforderlich. Eine nicht viel geringe Strafe war bei dem Angeklagten Fritz Ammon als Sühne für seine Straftaten notwendig, denn er hat als Vertrauensmann Scharfschwerdts sowohl bei der Werbung als auch bei der Schriftenverbreitung lange Zeit bis in das Jahr 1936 hinein eine sehr tätige Rolle gespielt und sich auch sonst noch illegal betätigt. Der Senat hat bei ihm eine Zuchthausstrafe von vier Jahren für erforderlich erachtet.[207]

Die in der Urteilsschrift an dritter und vierter Position folgenden Angeklagten, die Berliner Reinhold Weise und Hermann Schlimme – verurteilt zu jeweils drei Jahren Zuchthaus –, waren beide Mitglieder der »Siebener Ausschuß« genannten Gruppenleitung um Scharfschwerdt und damit ebenfalls als enge Vertraute und Weggefährten einzustufen. Während Schlimme interessanterweise im Einzelnen keine größere Tätigkeit nachgewiesen werden konnte, lag bei Weise der erschwerende Umstand vor, dass er seine Druckerei (Fehrbelliner Straße 81 in Berlin-Mitte) zur Herstellung von Untergrundschriften zur Verfügung gestellt hatte. Trotzdem wurden nicht alle illegalen Materialien bei Weise, sondern auch im Haus von Hahn (Havelstraße 28c in Birkenwerder) auf zwei kleinen Poston-Handpressen gedruckt. Es handelte sich dabei um mehrere Hundert Exemplare.

Die sogenannten Verfehlungen Castans und Masuchs – der Schwiegervater Ammons war – wurden demgegenüber milder angesehen, während Letztgenannter dem NS-Gericht wegen »hartnäckigen Bestreitens« unangenehm auffiel, habe sich Castan immerhin bemüht, die Wahrheit zu sagen. 2 ¾ Jahre Zuchthaus erhielt er trotzdem, denn Masuch habe nur 1934 und Anfang 1935 im politischen Zusammenhang mit dem Kreis um Scharfschwerdt gestanden, Castan aber sehr viel länger Schriften

---

207 BArch, NJ 1973 (S. 31f. des Urteils vom 15.12.1937 / Prozess »A«). Die damalige Horst-Wessel-Straße heißt heute Otto-Scharfschwerdt-Straße.

Wilhelm Masuch

Erich Hahn

bezogen und verbreitet. Soweit die zusammengefasste und um Berliner Aspekte gekürzte Wiedergabe des Prozesses »A« der »Gruppe Nordbahn«. Doch wie erging es den Verurteilten in der Folgezeit?

Der Verfasser hatte 2004 das große Glück, dem letzten noch lebenden Angeklagten des Hauptverfahrens, dem hochbetagten Rudolf Castan, einige Fragen zum Verfahren stellen zu können. Rudolf Castan (1910–2007) blickt zurück: »Beim Prozess habe ich kein Wort gesagt, der ist ohne uns gemacht worden! Ich kannte [von den Angeklagten im Prozess A] Otto Scharfschwerdt gut, ja, auch Erich Wienig. Wilhelm Masuch war mein Freund (S. 223). Unsere Familien stammten aus Bergfelde. Den mitangeklagten Buchdrucker Reinhold Weise kannte ich überhaupt nicht.«[208]

Trotz quälender Verhöre, Untersuchungshaft und Zuchthausstrafe, die alle Angeklagten erleiden mussten, blieb der schlimmste und längste Leidensweg dem Prozessführer und Gruppenleiter Otto Scharfschwerdt vorbehalten. Nach Verbüßung der Zuchthaushaft in Brandenburg, wo er die Achtung von Mithäftlingen erwarb, verschleppte man den Wehrlosen im Februar 1943 ins KZ Sachsenhausen.

Und wieder (S. 220f.) war auch Scharfschwerdts Familie vielfachem Leid ausgesetzt:[209] Schon während der Untersuchungshaft verstarb Frau Scharfschwerdt, doch

208 GDW/Berlin, Gespräche des Verfassers mit dem Ehepaar Castan am 27.1. und 3.5.2004. Der bereits 1917 lungenkranke Reinhold Weise, ein Freund Erich Hahns und laut Aussage vor Gericht parteilos, scheint aufgrund der Haft zusätzlich geschwächt und früh verstorben zu sein. Biographische Recherchen hierzu verliefen leider negativ.

209 Vgl. Arnd Groß, Otto Scharfschwerdt, S. 265.

dem Witwer wurde die Teilnahme an der Beerdigung in Birkenwerder gnadenlos verwehrt. Als Otto Scharfschwerdt bereits im KZ litt, wurde sein Haus in Hohen Neuendorf von einer Fliegerbombe getroffen. Dafür erhielt er dann zwecks Inaugenscheinnahme des Schadens von der Gestapo die Möglichkeit einer *einstündigen* Visite. Dabei begegnete er kurz der Schwiegertochter und dem Enkelkind. Doch als der Sohn eintraf, war der Vater schon auf dem Rücktransport zum Schreckensort Sachsenhausen. Dort kam er am 4. Mai 1943 ums Leben. Die genauen Todesumstände blieben lange Zeit umstritten. Aussagen des Mithäftlings Erich Lübbe zufolge fiel Scharfschwerdt keinem Impfexperiment zum Opfer – wie oft angegeben.

Rudolf Castan blieb nach der Strafverbüßung die Verschleppung ins KZ erspart, er wurde aber 14 Tage von der Gestapo in Potsdam festgehalten und dann mit Ermahnungen bzw. der Verpflichtung, über alles Erlebte zu schweigen, nach Bergfelde entlassen, wo er im Haus seiner Mutter – nicht ohne mehrere Plünderungen zu erleiden – die Befreiung erlebte.

Auch Erich Hahn (1890–1966) wurde nach der Strafverbüßung im Zuchthaus Brandenburg am 25. Juni 1941 entlassen.[210] In seiner Entschädigungsakte bemerkt er nur kurz, von 1941 bis 1945 wieder illegal tätig gewesen zu sein. 1945 und 1946 SPD-Bürgermeister von Birkenwerder, wechselte er aus politischen Gründen dann nach West-Berlin. Erich Hahn blieb wohl aufgrund seines Alters das Verfolgtenschicksal seines Mitangeklagten Fritz Ammon (1910–1972)[211] erspart, im Dezember 1942 zur Strafeinheit 999 eingezogen zu werden. Nach der Haft und nach dem Krieg arbeitete er wieder in der Schlosserei seines Schwiegervaters Wilhelm Masuch in Bergfelde. Doch auch Masuch (1888–1960) verließ früh die SBZ und zog nach West-Berlin.[212]

Wie es dem früheren Birkenwerder Reichsbanneraktivisten und Arbeitsamtsleiter Erich Wienig (1897–1979) erging, erfuhren wir von dessen Tochter Ingeborg Giers.

Ingeborg Giers (1924–2005), nach dem Krieg Sekretärin von Berlins Innensenator Joachim Lipschitz:

> Eine Woche vor dem Prozess legte Vaters Rechtsanwalt – wohl aus Angst und Sorge vor Unannehmlichkeiten – das Mandat nieder. Dadurch bekam Erich Wienig nur einen Offizialverteidiger. Seine [am 15. Dezember 1937] erhaltene Strafe von 4 ¼ Jahren Zuchthaus saß er zunächst in Brandenburg ab, wo ich ihn wie während der Untersuchungshaft in Moabit mit meiner Mutter besuchte. Die Umstände und sein Aussehen brachten mich hinterher immer zum Weinen. Nachdem er einen weiteren Teil der Strafe im bayerischen Zuchthaus Amberg verbüßt hatte, überstellte man ihn in ein Lager im Aschendorfer Moor bei Papenburg, nahe der holländischen Grenze. Eines Tages schrieb er an meine Mutter, er bräuchte 75 Mark (nach heutigem Wert mehr als das Fünffache) für ein neues Gebiss, sie möchte das Geld an die Lagerleitung schicken. Doch wie sollten diese Kosten aufgebracht werden? Mutter leistete ohnehin schon gesundheitlich belastende Arbeit: in einer Firma, die Glanzpostkarten

210 LABO, Entschädigungsakte Nr. 15291 (Erich Hahn).
211 LAB, C Rep 118-01, A 27313 (Fritz Ammon).
212 GDW/Archiv BVN, Fragebogen des Berliner Verbands der Opfer des Nationalsozialismus (O.d.N.).

herstellte, schwenkte sie Karten durch glänzend machende Ochsengalle, wodurch ihre Arme vereiterten. Zu ihrem Glück konnte ihr ein jüdischer Arzt, der ebenfalls Müllerstraße 156b wohnte, entgegen dem Verbot mit Spritzen helfen.
Die Gebisskosten für meinen Vater bekamen wir durch eine Sammlung bei Familienmitgliedern und Genossen zusammen. Doch Mutter beharrte darauf, ihren Mann persönlich zu sehen, nahm kleine Präsente (Kuchen, Tabakwaren) mit. Unter großen Abenteuern gelangte sie mit dem Zug bis zur Stadt Papenburg. Von da aus nahm sie ein Bauer mit dem Fuhrwerk bis zum Lager mit. Dort zum Lagerverantwortlichen vorzudringen, war sehr schwierig. Dank ihrer Courage schaffte sie es sogar, dass sie Vater kurz sprechen durfte. Er sah entsprechend einem Moorlagerhäftling aus. Als Erich Wienig etwa März 1941 nach Hause zurückkam, bekam ich einen Schrecken, er war so abgemagert, dass die Kleidung an ihm schlotterte. Nach kurzer Erholungszeit fand er Arbeit als Buchhalter bei einer Firma, die mit holländischem Kapital arbeitete und sich über diesen neuen Mitarbeiter freute.[213]

Wienig überlebte und arbeitete nach dem Krieg bei der Polizei.

Im Gegensatz zu allen anderen Überlebenden des Hauptverfahrens (»A«-Prozess) machte der Gewerkschafter Hermann Schlimme die Vereinigung von SPD und KPD zur SED – die in großen Teilen der SBZ und Berlins aber unter starkem Zwang zustande kam – aus Überzeugung mit.[214]

Während im Hauptverfahren (Prozess »A«) die illegale Leitung, also Scharfschwerdt und seine engsten Mitarbeiter, zur juristischen Verantwortung gezogen wurde, konzentrierten sich die beiden Folgeprozesse »B« und »C« auf die lokalen Brandenburger Zentren der Gruppe, nämlich Hohen Neuendorf und Liebenwalde. Im Kammergerichtsprozess »C« sprach der 5. Strafsenat in Berlin am 20. Dezember 1937 folgendes Urteil:

Segelmacher Arthur Kolwitz (* 1906), Liebenwalde, Ausbau an der Schleuse	3 J. Z
Schneider Richard Kolwitz (* 1904), ebd.	3 J. Z
Segelmacher Wilhelm Kolwitz sen. (* 1870), ebd.	1 J. G
Buchhalter Herbert Henne (* 1904), Liebenwalde, Berliner Str. 69	1 ¼ J. G
Schlosser Willi Krause (* 1893), Liebenwalde, Angerstr. 38	2 J. Z
Monteur Ernst Franke (* 1900), Liebenwalde, Hammerallee 2	1 ¼ J. G
Ehefrau Martha Grübner (* 1889), geb. Lochow, Liebenwalde	1 J. G
Arbeiter Michael Stoiber (* 1897), Liebenwalde, Angerstr. 37	1 J. G
Ehefrau Hedwig Piontek (* 1911), geb. Zahn, Hammer, Dorfstr. 67	Freispr.
Heizer Wilhelm Schröder (* 1899), Hammer, Dorfstr. 6a	Freispr.
Klempnergeselle Friedrich Masuch (* 1909), Bergfelde, v. Veltenheimstr. 24	Freispr.
Malerlehrling Bernhard Thurow (* 1916), Hermsdorf, Soolquellstr. 34	1 ½ J. G

213 GDW/Berlin, Interview des Verfassers mit Ingeborg Giers geb. Wienig vom 6.9.2000.
214 Siehe zu ähnlichen Haltungen in Berlin H.-R. Sandvoß, Widerstand in Friedrichshain und Lichtenberg, S. 74f.

Die Hauptlast der Verurteilungen traf die stark im Reichsbanner, dem Arbeitersport und der SPD engagierte Familie Kolwitz aus Liebenwalde, bei der noch ein dritter Sohn, nämlich Wilhelm Kolwitz jun., fast ein Jahr in Untersuchungshaft saß, aber nicht angeklagt bzw. verurteilt wurde. Grundsätzlich bemerkt das Urteil zunächst:

> Im Laufe des Jahres 1933/34 gingen ehemalige Mitglieder der verbotenen SPD dazu über, in Hohen Neuendorf, Liebenwalde, Bergfelde, Hermsdorf und Berlin Gesinnungsgenossen zu sammeln und die SPD. illegal fortzuführen. Leiter dieser Bestrebungen war der frühere Lokomotivführer Otto Scharfschwerdt. [...] Die Herstellung und Aufrechterhaltung der Verbindung unter den Gesinnungsgenossen erfolgte im Wege der Belieferung mit illegalen Schriften. [...] Die Abgabe der Schriften an die Gesinnungsgenossen erfolgte in der Regel gegen Entgelt.[215]

Laut Urteil ergaben sich bei der Umsetzung des Vorhabens in Liebenwalde zunächst Probleme – so habe Richard Kolwitz neun von zehn durch Ammon erhaltene Untergrundschriften als angeblich unabsetzbar wieder zurückgegeben, worauf Scharfschwerdt sich persönlich zwecks Aussprache in Liebenwalde einschaltete. Darüber berichtet das Urteil mit den Worten:

> Im September 1934 begab er [Scharfschwerdt] sich deshalb mit Ammon und Castan sowie mit Wilhelm Masuch, der sein Auto zu diesem Zweck zur Verfügung stellte, nach Liebenwalde. Bei diesem Besuch setzte er den Angeklagten Arthur und Richard Kolwitz, ihrem Bruder Wilhelm Kolwitz jun. und dem Mitangeklagten Wilhelm Kolwitz sen., die sämtlich zum mindesten zweitweise anwesend waren und im übrigen über das, was während ihrer Abwesenheit gesagt worden war, unterrichtet wurden, auseinander, dass die nationalsozialistische Regierung sich nicht mehr lange halten könne und dass es deshalb notwendig sei, mit früheren Gesinnungsgenossen sowie solchen Personen, deren staatsfeindliche Einstellung bekannt sei, Fühlung zu nehmen und Verbindung zu halten und die SPD. auf diesem Wege, insbesondere über die Belieferung mit Schriften illegal fortzuführen.[216]

Um die Druckkosten bezahlen zu können, so fuhr Scharfschwerdt fort, müssten die Untergrundschriften gegen Entgelt abgesetzt werden. Auf Grund dieser Ausführungen erklärten sich die Brüder Arthur und Richard Kolwitz bereit, antinazistische Publikationen entgegen zu nehmen und zu verbreiten. Erstgenannter händigte den Mitangeklagten Franke, Stoiber und Piontek, sein Bruder Richard zumindest den Mitangeklagten Henne, Krause, Grübner und Stoiber Material aus. Arthur Kolwitz vertrieb die Schriften in der Regel an seiner Arbeitsstelle (Draht- und Seilfabrik Dietrich in Liebenwalde), während Richard Kolwitz seine Abnehmer in deren Wohnung aufsuchte.

Die genannten Brüder versuchten vieles abzustreiten, wurden aber durch die Aussagen Dritter (wie Fritz Ammon) belastet. Strittig vor Gericht blieb, in welchem Um-

---

215 BArch, NJ 11198 (S. 4f. des Urteils vom 20.12.1937).
216 Ebd. (S. 6f. des Urteils vom 20.12.1937).

Arthur Kolwitz, 1930er Jahre

fang der Vater und einstige RB-Ortsvereinsvorsitzende Wilhelm Kolwitz (1870–1949) in die Aktionen eingeweiht war, weswegen er mit einem Jahr Gefängnis noch relativ gut davon kam, während seine beiden aktiven Söhne mit je drei Jahren Zuchthaus die Höchststrafen erhielten, gefolgt vom Liebenwalder Schlosser und früherem Stadtverordneten Willi Krause, der wegen vier- bis fünfmaligen Schriftenerwerbs (teilweise gegen Entgelt) zu zwei Jahren Zuchthaus verurteilt wurde.

Wieder andere Angeklagte, darunter der einstige Hammer Ortsvereinsvorsitzende des Reichsbanners Wilhelm Schröder und Arthurs Arbeitskollegin Hedwig Piontek, wurden sogar freigesprochen, da ihnen – auch aufgrund wieder zurückgenommener Aussagen der Kolwitz-Brüder und Castans – die Schriftenentgegennahme und deren Bezahlung nicht zweifelsfrei nachgewiesen werden konnte.

Wem dies allerdings im Einzelfall eindeutig zur Last gelegt werden konnte – wie der früheren Sozialdemokratin Martha Grübner oder Arthur Kolwitz' Arbeitskollegen Michael Stoiber –, der erhielt ein Jahr Gefängnis. Bei denjenigen, die mehr als eine Untergrundschrift bezogen hatten (Herbert Henne, Ernst Franke, beide parteilos), erhöhte sich diese Gefängnisstrafe um drei Monate.

Im Kammergerichtsprozess »B« sprach der 5. Strafsenat des Kammergerichts relativ spät, nämlich am 6. Januar 1938, sein Urteil:[217]

217 BArch, NJ 1973 (Urteil vom 6. Januar 1938).

Invalide Karl Liebelt (* 1874), Hohen Neuendorf, Belfortstr. 22	2 ½ J. Z.
Stellmacher Kurt Noack (* 1884), ebd., Luisenstr. 13	2 ½ J. Z.
Ehefrau Auguste Liebelt (* 1883), geb. Lusatis, ebd., Belfortstr. 22	2 ½ J. Z.
Tischler Wilhelm Schulz (* 1885), ebd., Luisenstr. 12	2 ¼ J. Z.
Kaufm. Angest. Friedrich Schäfer (* 1884), ebd., Horst-Wessel-Str. 5	1 ½ J. G.
Invalide Max Kabelitz (* 1883), ebd., Belfortstr. 22	Freispr.
Invalide August Zäpernick (* 1867), ebd., Kurfürstenstr. 19	5 Mo. G.
Abteilungsleiter Gustav Wethlo (* 1887), Dresden	Freispr.
Lackierer Paul Ammon (* 1881), Hohen Neuendorf, Cäcilienstr. 64	Freispr.
Maschinist Willi Ammon (* 1890), ebd., Blumenthalstr. 40	Freispr.

Mit einer Ausnahme kamen die Angeklagten alle aus Scharfschwerdts Wohnort – in den allerdings 1936 auch der Dresdner Wethlo, bis 1933 Rektor in Reinickendorf, zog –, überwiegend gehörten sie dem alten SPD-Ortsverein und dem Reichsbanner an. Drei galten als Invaliden. (Liebelt besaß aus dem Ersten Weltkrieg sogar das »Frontkämpferehrenkreuz«.) Ein weiterer Hohen Neuendorfer, Scharfschwerdts enger Mitarbeiter, der Krankenpfleger Willy Vollnberg (S. 221f.), wurde mit anderen Helfern im »E«-Prozess zur Verantwortung gezogen.

Im Gegensatz zum »C«-Verfahren gegen die Liebenwalder und Hammer Sozialdemokraten, denen eine illegale Arbeit seit 1934 angelastet wurde, ging die NS-Justiz beim »B«-Prozess diesbezüglich bereits vom Jahr 1933 aus. Dazu führt das Urteil aus:

> Der Angeschuldigte Liebelt war [...] ein Untergruppenleiter des Scharfschwerdt in Hohenneuendorf. Er gehörte zu den Vertrauten des Scharfschwerdt. In seinem Hause war es, wo Scharfschwerdt zum ersten Mal einem engeren Kreis gegenüber von dem gebildeten Siebner-Ausschuss und der weiteren Organisation sprach. Diese Versammlung war gegen Ende 1933. Es fanden in der Wohnung des Liebelt noch weitere drei bis vier Zusammenkünfte statt. Bei diesen Zusammenkünften wurde jeweils über die politische Lage und den Stand der illegalen Organisation und das Programm für die Zukunft gesprochen. Bei solchen Zusammenkünften wurde häufig Skat gespielt. Das hatte natürlich den Zweck, einmal die Zusammenkünfte zu tarnen, zum anderen aber auch etwaige bedenkliche Genossen sicher zu machen. Ausser in den Wohnungen von Liebelt und Scharfschwerdt fanden solche Zusammenkünfte auch in der Wohnung des Mitangeklagten Noack statt. Die letzte war Anfang 1936.[218]

Gerade Liebelt versuchte in der Voruntersuchung bzw. mündlichen Verhandlung, seine illegale Betätigung erheblich abzuschwächen und ihr durch das Kartenspiel einen betont harmlosen Charakter zu unterlegen, wurde aber durch Aussagen Scharfschwerdts und Noacks belastet (wobei wir nicht wissen, wie deren »Verhöre« verliefen).

218 Ebd. (S. 7f. des Urteils).

Auguste Liebelt

Der Hauptangeklagte Liebelt, der sich dabei auf die vertrauensvolle Mitarbeit seiner Frau Auguste – die mit 2 ½ Jahren Zuchthaus das gleiche Strafmaß wie ihr Mann erhielt – stützen konnte, fungierte in Hohen Neuendorf als Gruppenführer und versorgte seine Mitglieder Max Kabelitz, Paul und Wilhelm (Willi) Ammon mit einer größeren Menge Untergrundmaterial: viermal mindestens 5–6 Exemplare. Sie wurden von den im »A«-Verfahren zur Verantwortung gezogenen Fritz Ammon (Hohen Neuendorf) und Erich Hahn (Birkenwerder) geliefert, wobei überwiegend Auguste Liebelt das Material entgegennahm und auch weiter verteilte. Dies geschah, um den Zusammenhalt der gesinnungstreuen Parteianhänger zu wahren, einem ähnlichen Zweck dienten gesellige Zusammenkünfte wie etwa eine Dampferfahrt am Traditionstag 1. Mai, die 1935 von Oranienburg nach Finow führte.

Hart bestraft wie das relativ alte Ehepaar Liebelt, wurde auch der Stellmacher Kurt Noack. Kriegsausgezeichneter wie der oben Genannte, wirkte er in Hohen Neuendorf als SPD-Gemeindeverordneter und zweiter Vorsitzender des Ortsvereins der Partei. Noack arbeitete beruflich als »Irrenpfleger« in den Wittenauer Heilstätten und fiel 1933 im Zeichen der NS-»Machtergreifung« den politischen Säuberungen der Hitler-Regierung zum Opfer. Aus dieser Not heraus machte er sich (1934) in Hohen Neuendorf selbstständig und zeigte sich – so vermutet das Gericht – politisch anfällig, als ihn Scharfschwerdt für die Untergrundarbeit anwarb. Noack stellte seine Wohnung nicht nur für Treffen zur Verfügung, sondern nahm – der Aussage Willy Vollnbergs zufolge – drei- bis viermal 12–14 illegale Schriften zur Weiterverteilung in Empfang.

Nach der Festnahme seines Freundes Vollnberg (S. 221) im März 1936 unterstützte Noack wiederholt dessen Freundin Frau Fischer finanziell und hielt damit – so das Kammergericht – bis Ende Dezember 1936 an seinen früheren Gesinnungsgenossen fest.

Als Vierter der Angeklagten wurde auch der Tischler *Wilhelm Schulz* mit Zuchthaus (2 ¼ Jahre) bestraft. Ähnlich wie Noack verlor der Sozialdemokrat 1933 seinen Arbeitsplatz in den Wittenauer Heilstätten. Bis zum Parteiverbot der Sozialdemokratie scheint er keine Funktionärstätigkeit ausgeübt zu haben. Er gehörte aber danach mehrmals geheimen Zusammenkünften an, auf denen Scharfschwerdt über die politische Lage und seine inhaltlichen Vorstellungen sprach – letztmals (nachweisbar) im März 1936. Belastend kam für Schulz die regelmäßige Entgegennahme und Bezahlung von Untergrundschriften hinzu. Vor Gericht bestritt Schulz die Verbreitung des illegalen Materials, sondern wollte alles vernichtet haben. Mit dieser Aussage schützte er nicht nur Dritte, sondern milderte die von ihm ausgehende »Gefährlichkeit« bzw. eigene Schuld.[219]

Scharfschwerdts Hausnachbar *Friedrich Schäfer* wiederum, ebenfalls ein alter Sozialdemokrat, wurde die Entgegennahme von zehn Exemplaren der »Sozialistischen Aktion« und deren teilweise Bezahlung angelastet. Da seine illegale Betätigung im Mai 1935 endete, kam er mit einundeinhalb Jahren Gefängnis davon.

Willy Vollnberg, der aufgrund seiner von der Gestapo beobachteten Exil-Kontakte (S. 221) als Erster festgenommen worden war – was schließlich zum Aufrollen der »Gruppe Nordbahn« führte –, erhielt im E-Verfahren eine viereinhalbjährige Zuchthausstrafe. Lange Zeit blieb unklar, welches weitere Schicksal ihm widerfuhr.

Der 1933 aus politischen Gründen in den Wittenauer Heilstätten entlassene Tischler und Pfleger Wilhelm Schulz (1885–1969) schrieb nach dem Krieg unter »Lebenslauf politisch« über seine politischen Weggefährten und die Zeit nach der Haft aufschlussreiche Fakten nieder:

> Scharfschwerdt starb nach Verbüßung seiner sechsjährigen Strafe in Sachsenhausen. Vollnberg starb 1948 und Kurt Noack ist Ende 48 von den Russen verhaftet [worden] und nicht zurückgekehrt. Unsere Verbindung riß nach der Strafe [in den 1940er Jahren] nicht ab und wir waren in der Lage, 1944 uns auch mit Waffen- und Munition zu versorgen, in Verbindung mit russischen Gefangenen zu kommen, sodaß wir beim Einmarsch zwei Panzersperren in Hohen Neuendorf - Bergfelde aufheben konnten.[220]

Politische Verfolgungen vor und nach 1945

Abschließend sei erneut (S. 204) darauf hingewiesen, dass die politische Unterdrückung unabhängiger Menschen leider nicht mit der Befreiung vom NS-Regime endete, sondern schon bald wieder – wenn auch unter anderem Vorzeichen und in anderen Dimensionen – als Gefahr heraufzog.

Mehrere zu Zuchthaus verurteilte Angeklagte des Hauptverfahrens, darunter der eben zitierte Wilhelm Schulz aus Hohen Neuendorf, sahen sich gezwungen (S. 75), die Flucht aus dem sowjetisch-kommunistischen Herrschaftsbereich anzutreten, da sie als Sozialdemokraten und Verfechter einer freiheitlichen Gesellschaft für sich dort keine freie Entwicklungsmöglichkeit mehr sahen, sondern mit Verfolgungen rechnen mussten.

Nachzutragen über das politische Schicksal der Angeklagten des »B«-Verfahrens bleibt folgende bittere Tatsache: Der Stellmacher Kurt Noack (1884–1952), Sozialdemokrat seit 1905, Zahlstellenleiter der Partei in Hohen Neuendorf, Säuberungsopfer im Jahr 1933 in den Wittenauer Heilstätten und trotzdem mutig sich am Widerstand beteiligend, denn in seiner Wohnung wurden illegale Treffen abgehalten, überlebte die zweieinhalb Jahre dauernde NS-Strafhaft, scheiterte aber nach dem Krieg an der kommunistischen Gewaltherrschaft: Er wurde wegen seiner demokratisch-sozialis-

---

219 Wilhelm Schulz (1885–1969) wurde am 24.3.1939 aus dem Zuchthaus entlassen. Das Strafbataillon blieb ihm (aus Altersgründen) erspart, vgl. LABO, Entschädigungsakte Nr. 20778.

220 LABO, Entschädigungsakte Nr. 20778 (Wilhelm Schulz).

Rudolf Castan

tischen Einstellung am 3.12.1948 verhaftet, in die UdSSR verschleppt und kam dort im Frühjahr 1952 ums Leben.[221]

Von einem weiteren, NS-Diktatur und Nachkriegszeit umspannenden Verfolgungsfall berichtet der hochbetagte Rudolf Castan, den man 1937 mit seinem Freund Wilhelm Masuch (Bergfelde) im Hauptprozess (»A«) verurteilte (S. 222). Rudolf Castan (1910–2007) erinnert sich 2004:

> Den Sohn des Mitangeklagten Wilhelm Masuch, meinen Schulfreund Fritz [Friedrich] Masuch, traf ein besonderes Schicksal. Dadurch, dass Fritz zur Zeit der Festnahmen gerade heiratete, konnte er aus allem rausgehalten werden [S. 226]. Unwissend hatte er in eine Tbc-kranke Familie hineingeheiratet, und wurde durch die Ehefrau angesteckt. Der Hohen Neuendorfer Arzt Dr. Hermann entließ ihn aber nach einer Zeit der Behandlung als genesen. Da bekam Fritz eines Tages eine Aufforderung, sich in Berlin-Pankow [Gesundheitsamt] zur Untersuchung einzufinden. Dem wäre er besser nicht nachgegangen!
> Ein dortiger nazistischer Arzt infizierte ihn erneut mit Tbc: Wie Fritz' Vater nach dem Krieg von der Krankenschwester des Arztes erfuhr, die sich bei ihm [Wilhelm Masuch] gemeldet hatte, kamen zwanzig Menschen auf das Konto des Mediziners. Ihn politisch dafür zu belangen, war dem alten Masuch nicht möglich, denn ihm als [nunmehr] West-Berliner waren die Hände gegenüber einem Mann gebunden, der inzwischen in der SED Unterschlupf gefunden hatte.[222]

Widerstand in den Kriegsjahren (1939–1945)

Veränderte Rahmenbedingungen

Der Beginn des Zweiten Weltkrieges bedeutete für die illegalen Bestrebungen aus den Reihen der Sozialdemokratie eine tiefere Zäsur, als es bei der verbotenen KPD der Fall war. Bestanden dort doch noch Reste von Verbindungen zu Auslandsstützpunkten der Exil-Partei, so waren derartige Kontakte im Rahmen der Untergrundaktivitäten der SPD bereits 1938/39 abhandengekommen:[223]

---

221 LABO, Entschädigungsakte Nr. 306122 (Mit einer politischen Bürgschaft von Erich Hahn, Reichsbannermann aus Birkenwerder und Mitkämpfer in der »Gruppe Nordbahn« – siehe zu ihm den Prozess »A«.).

222 GDW/Berlin, Telefonat des Verfassers mit dem Ehepaar Castan am 3. Mai 2004.

223 H.-R. Sandvoß, Die »andere« Reichshauptstadt, S. 127–133.

Antikriegsaktionen – man denke an die Gruppe um den Jungkommunisten Heinz Kapelle und seine Freunde[224] – sind ebenso wenig überliefert wie Bemühungen, eine illegale Leitung für Brandenburg und Berlin aufzubauen (S. 511–557). Hinzu kommt ein weiterer gravierender Unterschied. Er betraf die Binnenstruktur der illegalen SPD: In den Kriegsjahren verschob sich die Trägerschaft sozialdemokratischen Widerstandes von Facharbeitern, selbstständigen Handwerkern und qualifizierten Angestellten zu kleineren Gruppen sozialdemokratischer Intellektueller (S. u.), allein der frühere stellvertretende ADGB-Vorsitzende und frühere hessische Innenminister Wilhelm Leuschner bildete darin eine gewisse Ausnahme.[225]

Bestand nämlich auch nach 1939 ein lockeres Netz alter sozialdemokratischer Gewerkschafter, vornehmlich aus den Reihen des 1933 verbotenen Metallarbeiterverbandes um den Berliner Verbandsvorsitzenden Max Urich, die – auf einige Rüstungsbetriebe konzentriert – vorsichtig dem Kriegsfanatismus durch Flüsterpropaganda entgegenwirkten, Sammlungen für Verfolgte und ihre Familien unterstützten und verbotene Informationen austauschten. Zahlreiche Werkmeister, die sich der Tradition der SPD verpflichtet fühlten, versuchten in ihrem unmittelbaren Einflussbereich, Gegner des Regimes durch u.k.-Stellung (unabkömmlich, da kriegswichtig) vor der Einberufung zur Wehrmacht zu bewahren und leisteten damit einen wichtigen Beitrag, zukünftige Kader der wieder zu bildenden freien Arbeiterorganisationen zu schützen.

Hier kam auch ein generationsmäßiges Problem zum Tragen: Gerade die aktivsten Kräfte der nachfolgenden SPD-Funktionärsschicht, die alten SAJ-Werbebezirksfunktionäre, die den durch Einkerkerung, Strafeinheit, strengste Überwachung oder Ausweisung erheblich dezimierten Leitungskern hätten nun »auffüllen« bzw. weiterführen müssen, zählten seit 1939 zu den von Einberufungen zum Wehrdienst bevorzugt betroffenen Jahrgängen (S. 493ff.).

Zu dieser gravierenden politischen »Ausdünnung« sozialdemokratischer Widerstandskreise kam hinzu, dass die neue Trägerschaft der illegalen SPD, intellektuelle Köpfe wie Julius Leber, Theodor Haubach, Carlo Mierendorff (also überwiegend frühere Parlamentarier und Reichsbannermitglieder) oder der 1933 entlassene Hochschullehrer Prof. Adolf Reichwein, ein weiterentwickeltes politisches Denken repräsentierten: Traten sie doch massiv für eine Bündnisstrategie ein, die sich angesichts eines politisch erstarkten und hochgerüsteten Gegners für eine Einigung mit antinazistischen bürgerlichen bzw. militärischen Gegnern aussprach.

Auch angesichts des Krieges und seiner innergesellschaftlichen Auswirkungen (Zwangswirtschaft, Dienstverpflichtungen usw.) sowie der seit 1938/39 geltenden strafrechtlichen Verschärfungen (»Wehrkraftzersetzung«, »Rundfunkverbrechen«, »Kriegsschädlings-Verordnung«) war jeder traditionelle Arbeiterwiderstand gescheitert, dem es nicht gelang, Mitverschwörer in einflussreichen Machtpositionen wie gerade der Wehrmacht zu finden.

---

224 Ebd., Die »andere« Reichshauptstadt, S. 447–455.

225 Axel Ulrich, Wilhelm Leuschner. Ein deutscher Widerstandskämpfer, Wiesbaden 2012.

Im folgenden Abschnitt steht das Bemühen im Vordergrund, fern der alleinigen Fixierung auf die Ereignisse in der Reichshauptstadt (20. Juli 1944), am Beispiel des bereits aus der Einleitung des Kapitels (S. 116-124) etwas vertrauten SPD-Ortsvereins von Nowawes jene schrittweise Verschiebung sozialdemokratischer Regimegegnerschaft zu zeigen, die die zweite Hälfte der 1930er Jahre und die Kriegszeit kennzeichneten.

Dafür ist es entwicklungsgeschichtlich nötig, noch einmal kurz an den Ausgangspunkt 1933 zurückzukehren, obwohl wir in den Abschnitten zuvor bereits den Widerstand im Raum Luckenwalde-Dahme, Frankfurt/Oder, der Lausitz und im Kreis Niederbarnim geschildert haben und damit schon weit in die zweite Hälfte der 1930er Jahre vorgedrungen waren.

Gerade Nowawes – seit 1938 zu Babelsberg gehörend – zeigt exemplarisch das widerständige Ausharren und politisch-humanitäre Wirken eines Funktionärskerns gesinnungstreuer Frauen und Männer in den alten Kerngebieten der Partei über die gesamte Zeit der nationalsozialistischen Herrschaft.

»Parteiorganisation im kleinen Zirkel« (Nowawes – Babelsberg – Potsdam)

Nowawes hatte – auch durch angesiedelte Industrie wie Orenstein und Koppel oder das Reichsbahnausbesserungswerk – einen rasanten Aufschwung genommen. 1905 lebten in der damaligen Gemeinde etwas über 12 000 Einwohner, 1932 waren es bereits knapp 29 300, davon 4966 Arbeitslose.

Sehr viele Mitglieder und Funktionäre wohnten südlich der S-Bahnstrecke zum Bahnhof Babelsberg: So in der Stahnsdorfer Straße (Nr. 11) der Reichsbannerleiter Paul Rottstock, im Blumenweg der Gewerkschafter Max Schröder und Schützendamm (der heutigen Paul Neumannstraße) der Ortsvereinsvorsitzende Ernst Wache. Im Gegensatz zu Alt-Nowawes, das sich nördlich der S-Bahn erstreckte, hatte die Genossenschaft Gewoba im Süden Ende der 1920er/Anfang der 1930er Jahre ein Neubaugebiet errichtet.[226] Genossenschaftsvorsitzender war von 1928 bis 1930 der Metallarbeitergewerkschafter und Nowaweser SPD-Leiter (1925–28) Karl Gruhl. Im Aufsichtsrat saßen Sozialdemokraten wie Paul Fleischmann (Stadtverordnetenvorsteher) oder der Stadtkämmerer Schmidt.

Unter den Erstbeitritten (20.2.1928) der Genossenschaft findet man u.a. die Namen der SPD-Stadtverordneten Gustav Busse (Gewerkschaftsangestellter) und Bruno La Grange (Lehrer). Martha Gruhl, die Mutter des Genossenschaftsvorsitzenden, wirkte jahrelang als sehr angesehene sozialdemokratische Stadtverordnete (sie verstarb 1932, ebenso der genannte Lehrer). Die Vernetzung war also sehr eng geknüpft. Über den Zusammenhalt der gesinnungstreuen Parteianhänger berichtet Paula Hennig (1912–2009) im Rückblick 1984:

226 Der Verfasser dankt der Gewoba für zahlreiche wertvolle Auskünfte; vgl. Gewoba e.G. Babelsberg (Hg.), 70 Jahre Gewoba e. G. Babelsberg 1928–1998. Ein Rückblick auf 7 Jahrzehnte Bau- und Wohnungspolitik, Potsdam 1998.

> In Nowawes – heute zu Babelsberg gehörend – war die Arbeiterbewegung, besonders die SPD, stark. So auch in meiner Wohnstraße, dem Blumenweg. Die Gruppe der Sozialistischen Arbeiterjugend besaß sogar eine eigene Musikkapelle (Sonntags gab es Volkstanzveranstaltung). Gerhard Schmidt – nach dem Krieg Bürgermeister von Wilmersdorf – stammte aus unserem Kreis, auch Bruno Rehdorf, der ursprünglich von der SAJ Lichterfelde kam und dann SAJ-Leiter des Werbebezirks Teltow wurde. Er hatte sich dann nach Nowawes verheiratet. (Nach 1945 wurde er ein strammer SED-Mann.) Mein erster und mein zweiter Ehemann gehörten beide dem Reichsbanner an: Helmut Zander in Steglitz, F. Hennig in Nowawes. Nach dem Verbot der Partei kam man als befreundete Genossen weiterhin zusammen. Obwohl ich – wegen der Ehetrennung – erst Mitte der 1930er Jahre nach Nowawes zog, war ich in den Jahren zuvor durch die SAJ des Werbebezirks Teltow (mit Steglitz, Zehlendorf, Teltow-Stadt und eben Nowawes) oft dort und mit den Genossen vertraut.[227]

Obwohl Paula Hennig beim Gespräch mit dem Verfasser 1984 gewisse Anpassungen an das NS-Regime nach 1933 nicht verschwieg – so sahen sie sich in Steglitz, der NS-Hochburg, gezwungen, eine Hakenkreuzfahne aus dem Fenster zu hängen, wobei ihnen »das Herz blutete« –, betont sie doch, dass Parteimitglieder und Reichsbanneranhänger trotz Verbots zusammenhielten. Und noch 2008 erinnerte sich die 96-Jährige positiv an die Namen des Ortsvereinsvorsitzenden Wache und des Reichsbannerleiters Rottstock.[228]

Die Traditionsfahne der SPD von Nowawes habe ein Parteifreund namens Schmidt, damals Blumenweg 18 – gegenüber wohnte der ehemalige SPD-Stadtrat Max Schröder –, in einem Dachstübchen ohne Tür aufbewahrt.[229]

Nahebei in der Genossenschaftssiedlung, nämlich in der Bülowstraße, lebte Richard Grüneberger, ein wichtiger Reichsbannerfunktionär, und in der Stahnsdorfer Straße – neben dem Sohn von Paul Neumann – die leitenden Funktionäre Georg Spiegel (S. 239)und Fritz Springer (S. 119).

Im großen Reichsbahnausbesserungswerk, wo Richard Grüneberger – laut Polizeiunterlagen vom Herbst 1932[230] als »Führer des aktiven Reichsbanner« bezeichnet – beruflich tätig war, lag auch die langjährige Arbeitsstätte eines der wichtigsten örtlichen Kommunalpolitikers: Max Schröder (1887–1954). Er erlebte insgesamt eine äußerst widersprüchliche politische Zeit, in der es auf und ab ging. Renate und Wolfgang Schneider, Enkelkinder von Max Schröder, berichten 2009:

---

227 GDW/Interview des Verfassers im Jahre 1984. (Bei dem Gespräch ging es im Kern um den Berliner Bezirk Steglitz in der NS-Zeit, den die Zeitzeugin aufgrund familiärer und politischer Umstände Mitte der 1930er Jahre verließ.)

228 Mitteilung von Lucrezia Wache, die die Veteranin im Oktober 2008 in einem AWO-Heim in Babelsberg besuchte.

229 Ein Foto davon ist abgebildet in: Ausgewählte Dokumente und Materialien (Hg. Bezirksleitung Potsdam der SED), S. 92; wobei als Eigentümer der Fahne das Bezirksmuseum Potsdam angegeben ist.

230 BLHA, Rep. 2 A I Pol., Nr. 1051, Bl. 226/R.

Nowaweser Stadtverordnete auf dem Weg zur Tagung, Nowawes 1933

Max Schröder, geboren in Stralsund, begann als Jugendlicher eine Lehre als Maler beim Potsdamer Reichsbahnausbesserungswerk und zog nun nach Nowawes. (Seiner Jugend wegen lebte er zunächst noch bei seinem Meister im Haus.) Schon als Heranwachsender engagierte er sich in der Arbeiterbewegung.

In der Zeit der Weimarer Republik war er einer der bekanntesten SPD-Kommunalpolitiker in Nowawes. Bis 1933 war er Spitzenkandidat auf der Stadtverordnetenliste und wirkte als unbesoldeter Stadtrat. Er trug übrigens den Spitznamen »Mieter-Maxe«, weil er die kostenlose Mieterberatung im Rathaus durchgesetzt hatte. Daneben blieb er weiterhin beruflich beim großen Staatsbetrieb RAW tätig und gehörte dem Betriebsrat an.

1933 wurde er als Betriebsratsvorsitzender des RAW [von SA] verschleppt. Er war insgesamt zwei bis dreimal eingesperrt, kam aber nach einigen Tagen wieder frei – vermutlich durch den Einsatz persönlicher Freunde.

Mehrmals war es Flüsterpropaganda zu verdanken, dass er von bevorstehenden Festnahmen erfuhr und rechtzeitig bei Genossen untertauchen konnte. Seine politisch engsten Freunde in der NS-Zeit waren der Architekt Arno Neumann – Paul Neumanns Sohn –, der Schriftsteller Bruno H. Bürgel (1875–1948) und schließlich Paul Rottstock, der immer zum Großvater hielt, auch als der zu DDR-Zeiten ein Jahr in Haft geriet. Um nicht bespitzelt zu werden, zog Max Schröder Spaziergänge mit den Genannten vor und blieb beruflich bis Kriegsende im RAW tätig.[231]

231 GDW/Berlin, Interview des Verfassers am 13.2.2009 (im Beisein von Lucrezia Wache).

Ähnliches wie Paula Hennig von der Basis der Parteiorganisation berichtet Anni Rehdorf, die Witwe des früheren SPD-Schriftführers. Jenes Mannes also, der höchstwahrscheinlich das bis 1933 von ihm geführte Protokollbuch (S. 116ff.) des Ortsvereins Nowawes über die Zeit rettete. Anni Rehdorf bemerkte gegenüber dem DDR-Historiker Werner Bethge zur Haltung der Sozialdemokraten: »Wir hatten das Bedürfnis, mit Gleichgesinnten Informationen über die Nazipolitik auszutauschen, uns Mut zu machen, zusammen zu halten, durchzuhalten, um die Nazizeit zu überleben.«[232]

Paul Fleischmann

Nicht alle aus dem Funktionärsstamm der Nowaweser Parteigruppe konnten sich nach 1933 weiter ungestört am Ort halten: Der Stadtverordnetenvorsteher Paul Fleischmann wechselte nach der Entlassung aus dem KZ Oranienburg nach Berlin und machte sich dort im Einzelhandel selbstständig (S. u.). Ernst Wache, langjähriger Ortsvereinsvorsitzender (S. 119) und nun im Berliner Polizeipräsidium ein Opfer der »Säuberungen« geworden, versteckte sich vor der Jagd der SA-Schergen zunächst bei Parteigenossen (Familie Brüning), sah sich dann aber gezwungen, mit Frau und kleiner Tochter in der Reichshauptstadt eine neue Existenz aufzubauen. Man eröffnete in Prenzlauer Berg einen kleinen Zigarrenladen, hielt aber weiterhin Verbindung zu Parteifreunden. Ernst Wache beteiligte sich sogar an der illegalen Arbeit der SPD-Bezirksleitung um Alfred Lowack und entging nur durch dessen Schweigen beim Verhör einer langjährigen Strafe, denn Wache sollte Kontaktmann zu Exil-Kreisen der Partei werden.[233] Paul Fleischmann (1889–1965), gelernter Kupferschmied und 1951 Senator in West-Berlin, schreibt 1952 in seinem Lebenslauf:

> Gewerkschaftsfunktionär seit 1906. Mitglied der Sozialdemokratischen Partei seit 1907. Gewerkschaftsangestellter von 1920 bis 1928. Von 1928 bis 1933 Direktor des Arbeitsamtes Potsdam-Nowawes. Tätigkeit im Gemeindeparlament von 1916 bis 1933. Im April 1933 als Direktor des Arbeitsamtes entlassen und politisch verfolgt. Vom 5. Mai bis 18. Mai 1933 Gerichtsgefängnis Potsdam. Vom 27. Mai bis Ende August 1933 Konzentrationslager Oranienburg. Juli/August 1935 4 Wochen Untersuchungsgefängnis Moabit. September 1933 bis Juli 1935 Inhaber eines Zigarrengeschäftes und von August 1935 bis Mai 1945 Inhaber eines

232 Werner Bethge, Übergang zum illegalen Kampf im Regierungsbezirk Potsdam, in: Bezirksleitung Potsdam der SED (Hg.), Helle Sterne in dunkler Nacht. Studien über den antifaschistischen Widerstandskampf im Regierungsbezirk Potsdam 1933–1945, Potsdam 1988, S. 35–77, Zitat S. 72.

233 H.-R. Sandvoß, Widerstand in Prenzlauer Berg und Weißensee, 2. Auflage, Berlin 2015, S. 66ff.

Kleinbetriebes der Metallbranche. Die Verfolgung, Bestrafung und Belästigung durch die Nazis erfolgte, da ich als Sozialdemokrat und Stadtverordneter der Naziführung in Potsdam bekannt war und als Direktor des Arbeitsamtes für die Arbeiter und Angestellten rückhaltlos eintrat und mich illegal gegen die Nazis betätigte.[234]

Der hier erwähnte Arbeitsamtsdirektor Paul Fleischmann zählte neben Stadtrat Max Schröder und dem SPD-Fraktionsvorsitzenden Ernst Wache bis 1933 zu den einflussreichsten Kommunalpolitikern der Nowaweser SPD. Er wirkte als Vorsteher der Stadtverordnetenversammlung und Mitglied des Brandenburgischen Provinziallandtags (S. 105).

Trotz dieser Beispiele von Gesinnungstreue und Zusammenhalt sollte auch hier nichts verklärt werden. Auf einen schrittweisen Erosionsprozess mancher politischer Freundeskreise nach 1933 machte nämlich eine andere Zeitzeugin aufmerksam. Margarete Mehlmann (* 1914) erinnert sich 2008:

Mein vor zwei Jahren verstorbener Mann Ernst Mehlmann (1913–2006) war Sozialdemokrat und Angestellter beim Arbeitsamt von Nowawes… Die Behörde befand sich Althoff-/Ecke Anhalter Straße. Paul Fleischmann war Chef des Arbeitsamtes, Ernst Mehlmann sein Mitarbeiter. 1933 wurden beide vom NS aus dem Amt gejagt. Zu Fleischmann brach der Kontakt ab, denn er zog [nach der »Schutzhaft«, d. Verf.] weg. Anfänglich hat Fritz Ebert, der hier in der Gegend wohnte, mit uns Gruppenabende gemacht, doch auch er zog fort.

Zunächst kam mein Mann mit alten SAJ'lern zusammen, oben in der Jugendherberge, bis die Nazis dies unterbanden. Ich hatte mich dagegen mehr beim Zentralverband der Angestellten engagiert, stieß dann aber [nach deren Verbot, d. Verf.] zu den Anhängern der Sozialistischen Arbeiterjugend (SAJ). Doch nach und nach verlor sich der Kreis – auch durch Wegzüge.[235]

Im Gegensatz zum stärker von der Arbeiterschaft geprägten Nowawes[236], wo sich aus vernetzten politischen Freundeskreisen um den ehemaligen Stadtrat Max Schröder (1887–1954), den Metallarbeitergewerkschafter und früheren Vorsitzenden der örtlichen Wohnungsgenossenschaft Gewoba Karl Gruhl oder den Reichsbannerkreisleiter und Redakteur (»Potsdamer Volksblatt«) Fritz Springer (1897–1972) – seines Zeichens Schwager des Potsdamer Stadtverordneten Georg Spiegel –kleine oppositionelle Gruppen bildeten, war die sozialdemokratische »Szene« in der eher von der Beamtenschaft und militärischen Traditionsverbänden geprägten Regierungsbezirkshauptstadt Potsdam nach 1933 überwiegend instabil und sehr wenig »milieuresistent«: Nach der Verfolgung und Inhaftierung (»Schutzhaft«) sozialdemokratischer Stadtverordneter wie Fritz Krüger (1888–1969)[237] und Georg Spiegel (1895–1960)[238] – ihre Fraktions-

234 LABO, Entschädigungsakte Nr. 6645 (Paul Fleischmann).

235 GDW/Berlin, Telefongespräch mit dem Verfasser am 8. Oktober 2008.

236 Der Verfasser dankt Wolfgang Hinze – Enkelsohn von Max Schröder und Sohn des früheren Oberbürgermeisters von Frankfurt/Oder Erwin Hinze (1909–1972) – sowie den Familien Brüning, Henning, Rehdorf, Rottstock, Schneider und Wache für biographische Hinweise.

237 BLHA, Rep. 401, VdN 2795.

238 Ebd., Rep. 401, VdN 2035.

Georg Spiegel

kollegin Else Bauer (1893–1967)[239] wurde zwar unter Gewalt vom Arbeitsplatz (»Potsdamer Volksblatt«) vertrieben und schikaniert, aber nicht eingesperrt – sowie des erst 1933 gewählten Wilhelm Vahle (1906–1997), hat sich nach Lage der Quellen kein Netz einer Minderheit Gesinnungstreuer herausgebildet.

So schlug gerade Letztgenannter aufgrund fehlender politischer Perspektiven den Weg eines Anschlusses an kommunistische Regimegegner ein. Mit ihnen und gleichgesinnten Kreisen aus der sozialdemokratischen Parteijugend Potsdams hoffte er – wie an anderer Stelle des Berichts ausführlicher dargestellt wird (S. 464ff.) –, im Sinne eines »Volksfrontbündnisses« wirken zu können und nahm dafür auch Verfolgung und Einkerkerung in Kauf. Daraus einen »Überläufer« zu »den« Kommunisten zu konstruieren, wäre eine Fehlinterpretation der überparteilichen Intention Vahles, seiner Frau und ihrer jungen politischen Freunde, deren Namen Vahle auch beim wiederholten Gestapoverhör nicht nannte.

Während dieser kleine Zweig der illegalen Potsdamer SPD sich gewissermaßen lokal absetzte und überregional agierte, nahm Georg Spiegel nach seiner Entlassung aus der »Schutzhaft« (Juni–Dezember 1933) seine Aufgabe als noch am 5. Januar 1933 gewählter Vorsitzender der Potsdamer SPD verantwortungsbewusst wahr und baute vorsichtig illegale Strukturen auf.

Dabei vernetzte er sich mit zahlreichen Parteifreunden in Nowawes und Babelsberg, wo er auch selber wohnte (Schützendamm 40), und stellte mit wichtigen Kontaktpersonen Verbindungen her. Das Erstaunliche an Spiegels zentraler Rolle war die Tatsache, dass er erst Ende der 1920er Jahre aus dem Württembergischen ins Westhavelland kam und schon bald darauf Potsdamer Stadtverordneter wurde. Hier mag die politische Begabung Spiegels als Journalist und versiertem Organisator eine Rolle gespielt haben. Dass er nach 1933 vertrauensvolle Kontakte in die gesinnungstreue Nowaweser Genossenschaft hinein knüpfen konnte, dürfte aber auch durch die Tatsache erleichtert worden sein, dass das dortige Vorstandsmitglied Fritz Springer (S. 119) sein Schwager war.

Zu den im Nowaweser Gebiet aktiven illegalen Sozialdemokraten gehörte ebenfalls der letzte Schriftführer des SPD-Ortsvereins, der Mechaniker und Techniker (seit

239 SAPMO-BArch, DY 30 J IV 2/3 A 810 AP Nr. 46 v. 6.9.1961.

1939) Bruno Rehdorf (1905–1973). Er wurde noch im März 1933 zum Stadtverordneten gewählt, damals wohnte er Schützendamm 58 (zwischen 1934 und 1945, dann Lindenstraße 60). Er schreibt 1969 in seinem Lebenslauf – nach einem Hinweis darauf, dass er vor dem Umzug nach Nowawes von 1928 bis 1931 der 2. Vorsitzende der 82. Abteilung in Berlin-Steglitz und danach in Nowawes Schriftführer und Leiter der Gruppe »Junge Genossen« war:

> Bei der Stadtverordnetenwahl 1933 wurde ich auch als Stadtverordneter gewählt, bis uns diese Funktion durch den Polizeipräsidenten Helldorf untersagt wurde.
> Während der Zeit des Faschismus war ich ununterbrochen in Babelsberg [bis 1938 Nowawes], da ich wie gesagt nicht eingezogen wurde, und hatte laufend Kontakt mit den Genossen. Zu den Genossen, mit denen wir uns regelmässig trafen, gehörten die Genossen Agnes und Erich Henning, Otto Schumann, Marie Kreth, Albert Becker. Verbindung bestand auch u. a. mit den Genossen Georg Spiegel, Fritz Springer, Fritz Gösel.[240]

Der überzeugte SED-Funktionär Rehdorf berichtet in den 1960er Jahren wiederholt von der engen Zusammenarbeit von Sozialdemokraten und Kommunisten in Nowawes seit 1931. Wir wissen aber aus dem überlieferten Protokollbuch der SPD-Abteilung als einem unzweideutigen historischen Dokument (S. 123), wie enttäuscht bzw. desillusioniert sich der Ortvereinsvorsitzende Wache noch im Dezember 1932 vom tatsächlichen Verhalten der Kommunisten zeigte. Da auch der Reichsbannerleiter von Nowawes und Stellvertreter Waches, Paul Rottstock, in die Verhandlungen eingebunden war, ist es erhellend, was interne Polizeiberichte vom Herbst 1932 dazu sagen, nämlich: »Die Einheitsfrontbewegungen sind von dem hiesigen Reichsbanner abgelehnt worden!«[241]

Hören wir einen weiteren Zeitzeugen, der sich nach dem Krieg für die SED aussprach und bis 1933 zur Spitze der Nowaweser SPD-Abteilung zählte (S. 119), den Stadtverordneten und Leiter der Filiale des »Potsdamer Volksblatt« *Fritz Springer* (1897–1972), der Schützendamm 46 wohnte.

Springer war in den letzten Jahren der Weimarer Republik auf verschiedenen – aber miteinander verbundenen – politischen Ebenen aktiv: Von 1927 bis 1933 Vorsitzender des Arbeiter-Kultur- und Sportkartells Nowawes, seit 1928 2. Vorsitzender des SPD-Unterbezirks Teltow-Beeskow (verantwortlich für die Agitationsarbeit) und Kandidat für den Teltower Kreistag, sowie nicht zuletzt Bezirksleiter des Reichsbanners Nowawes-Potsdam und dessen Technischer Leiter. (Im auf das Havelland bezogenen Kreis 3 des Gaus Berlin-Brandenburg gab es sechs Bezirksleiter.) Letzteres beinhaltete die Ausbildungs- und Einsatzleitung seiner Kameraden. Diese Vertrauensposition ließ ihn wohl in den ersten Monaten des Jahres 1933 Kenntnis höchst brisanter Vorgänge bekommen, die im allgemeinen eher kommunistischen Kreisen zugeordnet werden konnten (S. 356ff.): die Bereitstellung von Schusswaffen. Deren Beschaffung und Sicher-

240 BLHA, Rep. 530, Nr. 9279. (Nach dem Krieg wurde Rehdorf zum SPD-Vorsitzenden Babelsbergs gewählt, ab 1947 war er Vorsitzender der SED-Kreisleitung sowie von 1946 bis 1954 Stadtverordneter.)

241 BLHA, Rep. 2 A I Pol., Nr. 1051, Bl. 227.

stellung für bewaffnete Auseinandersetzungen mit nazistischen Gewalttätern ging zurück auf den Nowaweser Sekretär des Deutschen Metallarbeiter-Verbandes *Karl Gruhl.*[242] Der Gewerkschafter wirkte zeitweise auch als Stadtverordneter und Genossenschaftsleiter.

Bruno Rehdorf, 1929

Es war nach der Ernennung Hitlers zum Reichskanzler (30.1.1933), dass Gruhl, Gadow und einige andere vertraute Parteifreunde – entgegen der herrschenden Parteilinie (S. 124f.) betonter Zurückhaltung – Karabiner bereithielten, »[...] um einen Angriff der Nazis auf das Eigentum von Partei und Gewerkschaften mit Waffengewalt abzuwehren«, so Fritz Springer.

Doch die politischen Ereignisse überstürzten sich in rasantem Tempo, und nun entstand das Problem, dass die – in der Geschäftsstelle des »Potsdamer Volksblatt« in Nowawes lagernden – Waffen NS-Gruppen in die Hände fallen konnten, als die besagte Geschäftsstelle »gleichgeschaltet« wurde. Mit Hilfe des Nowaweser Dachdeckers und Genossen Hans Otto gelang es, unter dem Vorwand lediglich »Privatsachen« zu benötigen, Karabiner und Munition heimlich aus der geschlossenen und bewachten Zeitungseinrichtung herauszuschmuggeln.

Wahrscheinlich dadurch war Springer – nach eigener Erinnerung – 1933 der erste Verhaftete aus dem Kreis der Nowaweser und Potsdamer SPD-Funktionäre: Am 2. Mai 1933 sperrte man ihn ins Polizeigefängnis Potsdam, wo er erst am 14. Juni wieder entlassen wurde. Vierzehn Tage später kam er mit dem Redakteur des »Potsdamer Volksblatt« Georg Spiegel (seinem Schwager) erneut in die genannte Haftanstalt. Während Springer dort bis zum 16. Juli d. J. festgehalten wurde[243], verschleppte die SA Spiegel ins KZ Oranienburg.

Dort besuchten ihn Springer und dessen Ehefrau Friedel; nach Spiegels Entlassung mussten sich beide Männer bei der Gestapo melden. Springer stand bis 1936 unter Polizeiaufsicht, das Arbeitsamt vermittelte ihm aus politischen Gründen keine Stelle, seine Sparbücher waren zudem beschlagnahmt worden. Trotz dieser durchsichtigen

---

242 Trotz verschiedener Bemühungen war es leider nicht möglich, Näheres über diesen kampfentschlossenen Gewerkschafter zu erfahren. Springer bezeichnet ihn in seinem Verfolgtenantrag nach dem Krieg als »längst verstorben«. Laut »Handbuch des Vereins Arbeiterpresse« (1927) war er am 30.8.1884 geboren worden, von Beruf Schlosser und Leiter der DMV-Geschäftsstelle in Nowawes.

243 BLHA, Rep. 401, VdN 24780 (Springer wurde zwischen 1951 und 1962 der VdN-Status u. a. wegen zu geringer Haftzeiten und angeblich nicht ausreichend genug dokumentierter Widerstandsarbeit aberkannt, was man später revidierte.).

Absicht des NS-Regimes, ihren Gegner wirtschaftlich zu vernichten, nahm er die illegale Arbeit auf. Sie erstreckte sich über mehrere Bereiche:

- Aufnahme von Auslandsverbindungen zu Mitarbeitern von Exilstützpunkten der SPD und der KPD,
- Beherbergung ausländischer Kuriere und politisch Gefährdeter,
- Fluchthilfe für sogenannte nicht-arische Familien,
- Schutz und Unterkunft für Verfolgte, besonders zur Zeit der Pogrome im November 1938
- und vor allem in enger Zusammenarbeit mit Georg Spiegel: Aufbau und Zusammenhalt eines Kreises Nowaweser und Potsdamer Genossen, er nennt dies die »Parteiorganisation im kleinen Zirkel«.

Springer (Foto S. 119) dazu: »Anhänger der illegalen Gruppe (Karl) Gadow – (Bruno) Rehdorf – (Erich) Henning in Nowawes und über Genossen (Paul) Skirk in Stahnsdorf Verbindungsmann der Gruppe Wilhelm Leuschner-Hermann Maaß zur Gruppe Harnack.«[244]

Obwohl Springer nach Jahren der Drangsalierung weiteren Inhaftierungen entgehen konnte – was er auf die gut durchdachte Konzeption der illegalen Arbeit der Gruppe um Spiegel zurückführte –, konnte er die Einberufung zur Wehrmacht 1939 aber nicht verhindern. Er vermochte es jedoch, sich aufgrund gelegentlichen Heimaturlaubs immer wieder mit illegalen Kreisen in Verbindung zu setzen. Hier wuchs in den Kriegsjahren die Bedeutung der Kontakte zum Babelsberger Hermann Maaß (Heindalstraße 37) – als engem Vertrauten und Betriebsmitarbeiter des führenden Gewerkschafters Wilhelm Leuschner.[245]

Spiegels Verbindung zum Zehlendorfer Sozialdemokraten Ernst von Harnack, der wiederum über vielfältige Kontakte zu bürgerlichen und sozialistischen Regimegegnern verfügte, liefen einerseits über Skirk (Stahnsdorf), aber vor allem über den früheren Vorsitzenden der Deutschen Demokratischen Partei von Nowawes Dr. Otto Stegemann.

In einer Bürgenerklärung aus dem Jahr 1962 bestätigt der eben Genannte Spiegels informelle Zusammenarbeit mit Maaß bzw. der Widerstandsgruppe Leuschner. Insofern klingt es plausibel, wenn Spiegel in seinem o. g. Lebenslauf schreibt, über die Vorbereitungen des 20. Juli 1944, die bis ins Jahr 1942 zurückreichten, »[...] war ich ebenfalls informiert«.

---

244 Ebd., Rep. 401, VdN 24780 (hier: Kurzbiographie, 5 Seiten). Besonders interessant ist dabei der positive Hinweis auf den früheren Kommunalpolitiker Paul Skirk. Bethge (S. 237, Anm. 232) hebt ihn als Beispiel sozialdemokratischer Anpassung mit einem Zitat aus dem »Anzeiger für Nowawes« vom 16. Mai 1933 hervor, demzufolge Skirk im Teltower Kreistag ausgeführt habe, die SPD-Abgeordneten seien »Nicht mehr parteipolitisch gebunden. Wollen am nationalen Aufbau mitarbeiten.« Skirk lässt sich darauf offenbar nicht reduzieren.

245 Siehe hierzu die quellenreiche und detaillierte Studie von Axel Ulrich, Wilhelm Leuschner. Ein deutscher Widerstandskämpfer, Wiesbaden 2012 (Der Autor weist auf S. 124 direkt auf Georg Spiegel hin.).

Doch wenden wir uns nun dem Hauptakteur des Nowaweser Kreises, Georg Spiegel, zu, zumal er im Gegensatz zu Fritz Springer im Krieg nicht zur Wehrmacht musste und dadurch näher an den Ereignissen in Babelsberg und der dortigen Schlüsselfigur Hermann Maaß, einem alten Vertrauten des früheren sozialdemokratischen Ortsvereins Nowawes (S. 118), war.

Der gebürtige Stuttgarter Georg Spiegel (1895–1960) schreibt in seinem Lebenslauf nach dem Krieg, dass er – nach Redakteurstätigkeit im Südwesten Deutschlands sowie im Hessischen – im Mai 1929 schließlich nach Potsdam kam und auch hier bei einer sozialdemokratischen Zeitung (»Potsdamer Volksblatt«) verantwortlich tätig sein konnte. Am 5. Januar 1933 wählte man ihn zum Parteivorsitzenden des Kreises Potsdam, wodurch er direkter Nachfolger seines SPD-Kollegen Fritz Krüger (1888–1969) in der dortigen Stadtverordnetenfraktion war. Im Juni 1933 wurde Spiegel eingesperrt, zunächst – wie Fritz Springer – ins Potsdamer Stadtgefängnis und von dort direkt ins KZ Oranienburg verschleppt, wo er vier Monate litt.[246] Nach der Entlassung stand er von 1934 bis 1935 unter Polizeiaufsicht und musste sich täglich zu verschiedenen Zeiten bei der Polizei melden. Seinen Lebensunterhalt versuchte der Nowaweser (Schützendamm 40) durch Einzelhandel (Uhren, Schuhe, Versicherungen) zu bestreiten. Kurz vor Kriegsbeginn (August 1939) konnte er noch in die Wehrersatz-Inspektion Potsdam eintreten, wo er sich mit pferdezüchterischen Fragen befasste – ein Glücksumstand, der ihm im Gegensatz zum Wehrdienst leistenden Fritz Springer ein hohes Maß von Mobilität vor Ort ermöglichte und einen gewissen Schutz vor der Gestapo gewährte. Somit konnte er auch seine leitende Tätigkeit für die illegale Potsdamer SPD (im Verbund mit Fritz Krüger, Ludwig Bauer und Alfons Bommel) weiterhin aufrecht erhalten sowie mit führenden Berliner Genossen – darunter dem früheren Gewerkschaftssekretär Walter Maschke[247] – in Verbindung bleiben.

Im Vorfeld des 20. Juli 1944 (Kreis um Hermann Maaß)

Babelsberg, Heindalstraße 37 (heute: Hermann-Maaß-Straße 37)

Die besondere Bedeutung des auch illegal tätigen Nowaweser SPD-Zirkels tritt dadurch hervor, dass aufgrund interner Strukturen leitende Funktionäre später eine Verbindung zum Widerstandskreis von Wilhelm Leuschner (S. 170) und dadurch auch zur Verschwörung militärischer und ziviler Kreise erhielten, die schließlich in den Staatsstreichversuch vom 20. Juli 1944 mündete.

Doch hören wir zunächst dazu eine kurze Bemerkung von Georg Spiegel:[248] »Von 1933 bis 1945 leistete ich illegale Arbeit im Kreise Potsdam (Gruppe Leuschner).« In einem gesonderten Schriftstück seiner VdN-Akte[249] geht Spiegel etwas näher auf weitere illegale Verbindungen ein:

---

246 BLHA, Rep. 401, VdN 2035.

247 LAB, C Rep. 118-01 / A 3970.

248 BLHA, Rep. 401, VdN 2035 (Lebenslauf vom 24.9.1951).

249 Ebd., Rep. 401, VdN 2035, Bl. 10–11.

Zur Fußnote auf der letzten Seite teile ich mit, dass ich sehr eng zusammenarbeitete nach meiner Entlassung aus dem KZ etwa vom Jahre 1934 an mit Herrn Maass [...]. Ab 1938 arbeitete ich engstens mit der Gruppe Leuschner/Maass. Enge Fühlungnahme mit den SPD-Leuten in Potsdam: Fritz Krüger, Ludwig Bauer, Alfons Bommel, ferner mit den SPD-Leuten [der] Stadt Brandenburg Paul Wendt und Eugen Wolfgang. Verwendung als Kurier im Nachrichtendienst für Schweden mit Willi Jesse, Rostock/Mecklenburg.

Reisen führten Spiegel auch zu Regimegegnern nach Stuttgart und an den Bodensee – wobei es ihm besonders um Fragen der Einheit Deutschlands und der Einheit der Arbeiterklasse ging – sowie nach Tuttlingen zu Fritz Fleek und nach Schwenningen zu Mathias Fleig. Dabei wechselten auch geheime Nachrichten bzw. Direktiven aus Babelsberg – Berlin und umgekehrt Informationen vom Gegenempfänger.

Als Spiegel im Sommer 1939 als Zivilangestellter zur Wehrersatzinspektion Potsdam eingezogen wurde, blieb er dort auch auf Anraten politischer Freunde. So fungierte er seit 1940 als Bürovorsteher der Gruppe »Pferd« bei der Wehrersatzinspektion. Spiegel dazu weiter:

Gleichzeitig Schlüsselverwalter des Panzerschranks und Geheimsachbearbeiter für Mobilmachung erstand mir die Aufgabe, Geheimbefehle zur Kontrolle der Gruppe Leuschner/Maass vorzulegen. Durch qualifizierte Arbeitsleistung war ich sehr bald, wenigstens soweit es die Mobilisierung des Pferdebedarfs anbelangt[e], Hauptsachbearbeiter der Geheimakte ›Walküre‹, die für den Fall vom 20. Juli 1944 vorgesehen war. Dies war mir auch schon einige Jahre bekannt, zumal ich im Hause Maass [...] eine Verhandlung mit dem Oberst v. Stauffenberg mitgemacht hatte, der weitere Verhandlungen folgten.[250]

Für den Kreis der Verschwörer um Stauffenberg war es wiederum wertvoll, durch Spiegel von der praktischen Umsetzung der Planungen der Operation »Walküre« zu erfahren. Stauffenbergs erster Besuch in Babelsberg war im Dezember 1943.[251] Hierzu machte Spiegel eine nicht präzise Angabe, aber die Vertrauensstellung des zitierten Nowawesers im Hause Maaß ist auch belegt durch eine Briefstelle von Eva Maaß vom 1. Oktober 1944, in der sie ihrer Freude darüber Ausdruck gibt, dass »Schorsch« (d. i. Georg Spiegel) nach der KZ-Entlassung wieder an die Wehrersatzinspektion zurückgekehrt ist und dabei dort mit ganz besonderem Händedruck begrüßt wurde.

Doch werfen wir einen Blick zurück, um die besondere Bedeutung der Beziehung von Spiegel zu Hermann Maaß – den Johannes Tuchel zu den führenden Köpfen des deutschen Widerstandes rechnet – besser erfassen zu können.

Die Verbindung von Maaß zu den Nowaweser Genossen geht noch in die Zeit der Weimarer Republik zurück, als der in Bromberg Geborene als Geschäftsführer

---

250 Ebd., VdN 2035, Bl. 10.

251 Vgl. Johannes Tuchel, Hermann Maaß im Widerstand gegen den Nationalsozialismus, in: Sigrid Grabner und Hendrik Röder (Hg.), Im Geist bleibe ich bei Euch. Texte und Dokumente zum 100. Geburtstag von Hermann Maaß, Potsdam 1997, S. 74.

Eva und Hermann Maaß

der deutschen Jugendverbände (einem freiwilligen Dachverband) wirkte und – wenn auch nicht mit Funktionärsstatus – an der Kultur- und Bildungsarbeit des SPD-Ortsvereins beteiligt war (S. 118ff.).

Aufgrund der NS-»Gleichschaltung« verlor Maaß seinen Arbeitsplatz, denn eine autonome Jugendbewegung wurde von den neuen Machthabern nicht geduldet.

In einem Brief aus der Haft (12.8.1944) gibt Maaß verschlüsselt darüber Auskunft, wie er 1933 den Sieg der NS-Bewegung einschätzte und dabei realistischer war als seine Genossen vor Ort:

> Als im Frühsommer 1933 in einem Kreise Gleichgesinnter von den Beteiligten übereinstimmend die Meinung geäußert wurde, der Nationalsozialismus werde aus wirtschaftlichen und allgemeinen politischen Gründen binnen eines Jahres seine Macht wieder abtreten müssen, erregte ich große Verwunderung und Ablehnung mit der Behauptung, daß daran nicht zu denken sei, daß der Nationalsozialismus seine Macht in den folgenden Jahren unauffällig, auch durch riesenhafte Aufrüstungen steigern werde, daß etwa ab 1937 (hier hatte ich zu früh erwartet) ein neuer Weltkrieg ausbräche, durch den erst eine Entscheidung der nationalsozialistischen Macht heraufbeschworen würde. Daß ich mit dieser meiner Auffassung von meinen damaligen Bekannten nahezu ausgelacht wurde, war nicht verwunderlich. Diese Vorahnung von 1933 hat mich wie manche andere Vorahnung meines Lebens nicht wieder verlassen.[252]

252 S. Grabner/H. Röder (Hg.), Im Geist bleibe ich bei Euch, S. 13f.

Nach schwierigen Jahren der Suche nach einer geeigneten Tätigkeit fand Maaß schließlich 1937 Arbeit in der Fabrik Wilhelm Leuschners.[253] Dieser überzeugte Anhänger der Gewerkschaftsbewegung, deren Führung er bis 1933 angehörte, hatte bereits bittere Erfahrungen mit dem NS-Regime, das ihn früh verschleppte und bis 1934 durch mehrere Konzentrationslager schleifte, sammeln müssen. Er blieb jedoch ungebrochen und baute sich eine eigene wirtschaftliche Existenz in Kreuzberg auf: Seine Fabrik entwickelte Verfahren der Hartverchromung von Aluminium und wurde schließlich »kriegswichtig«. Leuschner verband seine Geschäftstätigkeit geschickt mit politischer Untergrundarbeit. Dazu fügte es sich hervorragend, dass Leuschner als Betriebsleiter nach und nach Mitarbeiter heranziehen konnte, die neben ihrer fachlichen Eignung eine wertvolle politische Zuverlässigkeit mitbrachten: sei es der aus dem KZ entlassene Reichsbannerführer Walter Rossdorf – der zudem ein vertrauter Weggefährte des führenden Sozialdemokraten Dr. Theodor Haubach war – oder (später im Krieg) Else Megelin, deren Ehemann Kurt Megelin zu den rührigsten Funktionären des illegalen »Roten Stoßtrupps« (S. 271ff.) zählte.[254] Hermann Maaß wiederum wuchs zunehmend in die Leitung des kleinen Unternehmens hinein und wirkte schließlich als Prokurist.

Aber auch in der illegalen Arbeit Leuschners wurde Maaß mehr und mehr der engste Weggefährte seines Chefs und Förderers – wie der Volksgerichtshof später dem Babelsberger auch strafverschärfend ankreidete. Immer tiefer drang er in die Strukturen einer Vielzahl kleiner oppositioneller Kreise und Zentren bis weit ins bürgerliche und militärische »Lager« vor.

Bereits im Herbst 1938 war er in Umsturzvorbereitungen (im Umfeld der Gruppe Oster im Amt Ausland im Oberkommando des Heeres) eingeweiht und zählte dort zu den drängenden Kräften.[255] Im August des Folgejahres gab er – in der Absicht, vor der drohenden Kriegsgefahr zu warnen – eine geheime Rede Hitlers an das Ausland weiter. Wie wir wissen, blieb dieser Schritt und jene anderer Regimegegner in ähnlicher Mission vergeblich. Gerade in den Kriegsjahren versuchte Maaß, Verständnis und Unterstützung für die Pläne Leuschners und seiner politischen Freunde (wie Jakob Kaiser und Max Habermann) zu erhalten, zukünftig eine starke, einheitliche Gewerkschaftsbewegung – an Stelle der Zersplitterung in Richtungsgewerkschaften wie vor 1933 – zu schaffen. Doch gerade bei den Anhängern des intellektuellen »Kreisauer Kreises« um Graf Moltke und Graf Yorck stießen Leuschner und Maaß damit auf Skepsis, ja Ablehnung, denn dieser brillant konzeptionell denkende Zweig der deutschen Opposition zog aus den Erfahrungen mit der NS-Diktatur den Schluss, künftig eher auf kleinere gesellschaftliche Einheiten bzw. eine Streuung der politischen Macht als auf zentrale Körperschaften und stark dominierende Bewegungen zu setzen.

253 Axel Ulrich, Wilhelm Leuschner. Ein deutscher Widerstandskämpfer, S. 57ff. Dass auch Friedrich Ebert jun. und Ernst Schneppenhorst, Leuschners politische Freunde, in dessen Betrieb unmittelbar mitarbeiteten, ließ sich dagegen nicht belegen.

254 H.-R. Sandvoß, Widerstand in Kreuzberg, S. 76ff.

255 Johannes Tuchel, Hermann Maaß im Widerstand, S. 69f.

Hier tat sich ein grundlegender Dissens innerhalb der antinazistischen Opposition auf – bei dem jede Seite gute Argumente ins Feld führte –, der grundsätzlich nicht aufgelöst wurde.

Wie auch immer, all dies zeigt, dass Maaß eng in die Diskussion um eine Neuordnung eines europäisch orientierten Deutschlands eingebunden war. Zudem zählte er verstärkt seit 1942 zum Kreis der aktiv auf einen Umsturz drängenden Persönlichkeiten. Es ist kein Zufall, dass sich sowohl ein Moltke als auch Graf Stauffenberg in Babelsberg einfanden und mit Maaß debattierten. Letztgenannter Militär kam erstmals im Dezember 1943, dann wieder im Februar 1944 – mit Ulrich Wilhelm Graf Schwerin von Schwanenfeld – und noch einmal im April 1944.

Nach dem Scheitern der Verschwörung deckten die NS-Verfolger, die bei ihren »Verhören« vor äußerster Gewalt nicht zurückschreckten, auch die konsequente Regimegegnerschaft von Maaß auf, der schließlich am 8. August des Jahres festgenommen wurde. Bereits am 20. Oktober 1944 verurteilte ihn der Volksgerichtshof unter Dr. Roland Freisler – in einem Schnellverfahren mit den Sozialdemokraten Dr. Julius Leber, Professor Dr. Adolf Reichwein und Gustav Dahrendorf – zum Tode. Noch am selben Tag, nur wenige Stunden nach der Urteilsverkündung, wurde Hermann Maaß bereits in Plötzensee erhängt.

Er hinterließ sechs noch unmündige Kinder. Damit nicht genug, erkrankte seine Ehefrau unter dem Schock der so unmittelbar auf die Verurteilung erfolgten Hinrichtung an einer schweren Nervenentzündung – sie hatte letzte Hoffnungen auf ein Gnadengesuch gesetzt und war diesbezüglich noch aktiv, als ihr Mann längst tot war. Zu dieser schweren gesundheitlichen Krise kam noch eine Lungenentzündung hinzu, an der Eva Maaß am 25. November 1944 verstarb.[256]

»Aktion Gitter/Gewitter«

Die Zahl der im Zusammenhang mit der Verschwörung des 20. Juli 1944 politisch Verfolgten liegt seriösen Berechnungen zufolge zwischen 600 und 700.[257] Gesonderte Daten zu Brandenburg oder Berlin gibt es (bisher) nicht.

Dabei machte das NS-Regime nicht allein Jagd auf die unmittelbar Verantwortlichen und ihre Mitwisser, sondern nahm auch etwa 180 Familienmitglieder in Sippenhaft. In einer weiteren reichsweiten Verhaftungswelle wurden darüber hinaus über 2000 ehemalige Parlamentarier, denen man (ohne dafür Beweise zu haben) klammheimliche politische Sympathien für den Umsturzversuch unterstellte, durch die sogenannte »Aktion Gitter« (auch »Gewitter«) von der Geheimen Staatspolizei erfasst und als »Schutzhäftlinge« in Konzentrationslager verschleppt. Über 70-Jährige

256 S. Grabner/H. Röder (Hg.), Im Geist bleibe ich bei Euch, S. 77.

257 Vgl. Ulrike Hett/Johannes Tuchel, Die Reaktion des NS-Staates auf den Umsturzversuch vom 20. Juli 1944, in: Peter Steinbach/Johannes Tuchel (Hg.), Widerstand gegen die nationalsozialistische Diktatur 1933–1945 (Bd. 438 der Schriftenreihe der Bundeszentrale für politische Bildung), Bonn 2004, S. 523; Johannes Tuchel, Inferno und Befreiung. Die Rache des Regimes, in: Die Zeit vom 9. Dezember 2004 (Nr. 51).

und »staatsbejahende« Personen wurden ausgenommen. Ganz überwiegend waren davon Arbeiter und Gewerkschaftsfunktionäre (Sozialdemokraten und Kommunisten) – aber auch Mitglieder der Zentrumspartei – betroffen. Diese Verhaftungswelle setzte größtenteils am 22. August des Jahres ein, stieß aber wegen ihrer offenkundigen Willkürlichkeit auch in kirchlichen Kreisen teilweise auf Kritik, woraufhin in vielen Fällen schon nach wenigen Wochen eine Entlassung erfolgte (S. 252ff.) – allerdings unsystematisch und ebenso willkürlich, wie die ursprünglichen Festnahmen es waren. Doch keineswegs allen Verschleppten war das Schicksal relativ früher Entlassung vergönnt, sondern erstreckte sich über Monate, konnte sogar bis zur Befreiung 1945 dauern. Die gesundheitlichen Schäden, die davon zurückblieben, sind ohnehin nicht zu ermessen. Es kam reichsweit auch zu zahlreichen Todesfällen (S. 257, 563f.).

Der gesamte Komplex der Aktion »Gitter/Gewitter« ist bis heute nicht umfassend erforscht.[258]

Die Aktion selber erfuhr mehrere Erweiterungen. So lautete eine geheime Anordnung vom 17. August 1944 – die per Fernschreiben an alle Staatspolizeistellen im Reich ging – zunächst »[...]alle früheren Reichs- und Landtagsabgeordneten sowie Stadtverordneten der KPD und SPD im Reich festzunehmen.«[259] Doch bald darauf wurde die Weisung auf »die ehemaligen Partei- und Gewerkschaftssekretäre der SPD« ausgeweitet und schließlich auf den 22. August 1944 angesetzt. Kurz davor, in den Abendstunden des 21. August 1944, erging eine weitere Ausdehnung der angeordneten Verhaftungswelle, diesmal wurden auch Parlamentarier der Zentrumspartei einbezogen.[260] Zudem sollte über jeden Festgenommenen eine kurze politische Beurteilung erstellt werden, die dessen Verhalten nach der NS-»Machtergreifung« annotierte. Vielleicht war all dieser Wirrwarr auch Ausdruck einer zunehmend nervösen Staatsmacht, die willkürlich um sich schlug.

Mindestens 2396 Opfer der Aktion »Gitter/Gewitter« wurden damals allein in die vier großen Lager: Sachsenhausen, Neuengamme, Buchenwald und Dachau verschleppt. Über 100 Tote sind darunter zu beklagen.[261]

Ohne damit einen Anspruch auf Vollständigkeit zu erheben, konnten für die Provinz Brandenburg – vor allem aufgrund der Auswertung von Unterlagen der Vereinigung der Verfolgten des Naziregimes[262] aus der unmittelbaren Nachkriegszeit (1945–50) – politische Schicksale ermittelt werden, die sehr weit über den Kreis von Reichstags- und Landtagsabgeordneten hinausgingen, nämlich auch Kreistagsabge-

---

258 Jan Schmitt, Die Aktion »Gitter«. Ursache und Folgen der letzten großen Verhaftungsaktionen im Nationalsozialismus. Diplomarbeit, vorgelegt am 14. August 1998 (FU Berlin. Fachbereich Politische Wissenschaft); Winfried Meyer, Aktion »Gewitter«. Menschenopfer für Macht und Mythos der Gestapo, in: Dachauer Hefte, Jg. 2005, S. 3–20.

259 Staatsarchiv Bremen 5, 4 Aktion Gewitter, zitiert nach: Jan Schmitt, Die Aktion »Gitter«, S. 22.

260 Jan Schmitt, Die Aktion »Gitter«, S. 23.

261 Ders., Die Aktion »Gitter«, S. 80.

262 BLHA, Rep. 333, Bestandsnummern 1225–1260 (Regierungsbezirk Frankfurt/Oder) und Bestandsnummern 1261–1305 (Regierungsbezirk Cottbus); eine wertvolle Quelle stellt auch das vierbändige »Biographische Handbuch« von Siegfried Mielke (Hg.) in Verbindung mit Günter Morsch, Gewerkschafter in den Konzentrationslagern Oranienburg und Sachsenhausen, Berlin 2003ff. dar.

ordnete und Stadtverordnete betrafen – ein Umstand, den die Forschung bisher nicht genug in den Fokus nahm, obwohl es sich hierbei um die große Masse der Verfolgten handeln dürfte. Wo im Folgenden der Nachweis kommunalpolitischer Tätigkeit in den Quellen nicht ausdrücklich festgestellt werden konnte, wird nur eine allgemeine politische Tätigkeit vermerkt.

Der nachstehende biographisch orientierte Überblick – der überwiegend die Betroffenen zu Wort kommen lässt – spiegelt auch das starke kommunalpolitische Engagement der Brandenburger Sozialdemokraten bis 1933 wider. Dass dabei die Lausitz weniger zum Tragen kommt, ist dem Umstand geschuldet, dass die potenziell Betroffenen entweder bereits in Haft waren oder als politisch Vorbestrafte Kriegsdienst unter erschwerten Bedingungen (Strafeinheiten) leisten mussten.[263] Dies trifft verstärkt auch auf die Anhänger der KPD zu, die – wie dieser Schriftenband zeigt – einen weit höheren Einsatz im Widerstand brachten, als es die früheren Kreistagsabgeordneten und Stadtverordneten der SPD in der Regel für verantwortbar hielten.

Verfolgte der »Aktion Gitter/Gewitter« in der Provinz Brandenburg waren nach bisherigen Recherchen (Stand 2019) aus den Reihen der SPD:[264]

Landtagsabgeordneter Johann Bauer (Luckenwalde)
Landtagsabgeordneter Willy Drügemüller (Niederlehme)
Landtagsabgeordneter Oskar Wegener (Frankfurt/Oder)
Kreistagsabgeordneter Franz Andreß (Luckenwalde)
Kreistagsabgeordneter Karl Engelbrecht (Luckenwalde, dort Stadtverordneter)
Kreistagsabgeordneter Paul Heinz (zugl. Gemeindevorsteher in Dolgelin, Krs. Lebus)
Kreistagsabgeordneter Richard Wiese (zugl. Storkower Stadtverordneter)
Stadtverordneter Arthur Arndt (Eberswalde)
Stadtverordneter Karl Bernau (Nauen)
Stadtverordneter Willi Beuster (Biesenthal)
Stadtverordneter Otto Breternitz (Rathenow)
Stadtverordneter Otto Gohlke (Eberswalde)
Stadtverordneter Max Hannemann (Dahme)
Stadtverordnete Anna Hartmann (Schwedt)
Stadtverordneter Richard Heyn (Luckenwalde, unbesoldeter Stadtrat)
Stadtverordneter Georg Kirsche (Buckow)
Stadtverordneter Fritz Krüger (Potsdam)
Stadtverordnete Frieda Lange (Dahme)
Stadtverordneter Otto Markgraf (Angermünde)
Stadtverordneter Ernst Miethke (Storkow)

---

263 Die weiter unten (S. 250ff.) genannten Lausitzer K. Holland, J. Kerstan, W. Lehmann, J. Hubaleck, O. Philipp, A. Poethe und P. Rätzel fand der Verfasser bei den VVN-Aufnahmeanträgen im Bestand 333 des BLHA.

264 Siehe zum Folgenden die Quellenangaben der Seiten 251 bis 257 sowie zum Stadtverordneten Max Müller die Seite 91.

Stadtverordneter Max Müller (Eberswalde)
Stadtverordneter Oskar Pollner (Teltow)
Stadtverordneter Paul Rätzel (Spremberg)
Stadtverordneter Gustav Schernikau (Brandenburg/Havel)
Stadtverordneter Max Schiffner (Senftenberg)
Stadtverordneter Arthur Schönfeld (Jüterbog)
Stadtverordneter Georg Spiegel (Potsdam)
Stadtverordneter Karl Stoeffen (Prenzlau, bis 1931 KPD)
Stadtverordneter Paul Voigt (Brandenburg-Stadt)
Stadtverordneter Karl Werner (Strausberg)

Des Weiteren wurden folgende Lokalpolitiker verfolgt, die vermutlich bis 1932/33 auch kommunalpolitische Mandate innehatten. Der Verhaftungsort 1944 muss nicht dem Wirkungsort bis 1933 entsprechen:

Paul Barsch (Storkow, SPD und ADGB)
Hermann Grothe (Schönwalde, SPD und DMV)
Ernst Haake (Ziebingen, SPD und ZdA)
Karl Holland (Luckau, SPD, Reichsbanner)
Josef Hubaleck (Spremberg, SPD, Gesamtverband)
August Kagelmann (Oderberg, SPD- und Magistratsmitglied)
Karl Kagelmann (Oderberg, SPD- und Reichsbanneraktivist)
Johannes Kerstan (Calau, SPD, Provinziallandtag)
Wilhelm Kersten (Fürstenwalde, SPD und Gewerkschafter)
Martha Noack (Storkow/Rüdersdorf, profilierte Fürsorgerin, SPD)
Hermann Oswald (Storkow bei Festnahme, SPD und Reichsbanner)
Otto Philipp (Bad Liebenwerda, SPD, ZdA)
Alfred Poethe (Slamen-Ziegelei, SPD)
Franz Seele (Rüdersdorf, SPD- und Reichsbannerleiter)

Interessanterweise wurden ehemalige Brandenburger Reichstagsabgeordnete wie Friedrich Ebert (Stadt Brandenburg) oder Kurt Wegner (Cottbus) wohl aufgrund der Teilnahme am Krieg bzw. wegen kriegswichtiger Arbeiten nicht verschleppt. Auch Paul Szillat (S. 173f.), Brandenburgs letzter OB sowie SPD-Fraktionsvorsitzender im Preußischen Landtag, blieb zunächst verschont, desgleichen der frühere Gubener Kreistagsabgeordnete und Parteisekretär Friedrich Schmidt, der freilich Ende 1944 doch noch ins KZ verschleppt wurde (S. 188ff.).

Zudem sei angemerkt, dass wieder andere Spitzenkandidaten Brandenburgs wie die Verfolgten Ernst Heilmann († 1940) und Franz Künstler († 1942) bereits zuvor Opfer des Terrors geworden waren.[265]

---

265 Schröder, Handbuch, sowie S. Heimann, Ernst Heilmann (S. 38ff.) und Ingrid Fricke, Franz Künstler (S. 426ff.).

Signifikant für die Provinz Brandenburg ist dabei das harte Durchgreifen des NS-Regimes in früheren sozialdemokratischen Hochburgen wie Luckenwalde und Rathenow, was stark an das Jahr 1933 erinnert (S. 175ff.):

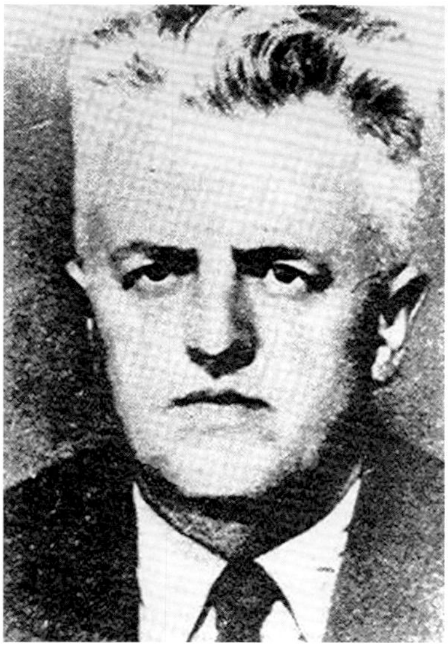

Max Hannemann

Nach Recherchen von Heiko Tammena[266], Verfasser einer detaillierten Studie über die erstgenannte Stadt, waren 1944 neben Karl Engelbrecht auch die Luckenwalder SPD-Stadtverordneten Kurt Bratz, Richard Heyn (unbesoldeter Stadtrat ab Ende Januar 1932), Reinhold Lemm und Reinhold Wilke von der »Aktion Gitter/Gewitter« betroffen. Die Verschleppung weiterer Funktionäre – etwa des letzten SPD-Vorsitzenden Otto Deul – muss dagegen offen bleiben, könnte aber möglich gewesen sein.

Siegfried Mielkes mehrbändige Dokumentation über »Gewerkschafter in den Konzentrationslagern Oranienburg und Sachsenhausen«[267] belegt, dass in Rathenow neben dem SPD-Stadtverordneten Otto Breternitz auch die Gewerkschaftsfunktionäre Otto Seeger (DMV) und Erich Schnur (Leiter des Arbeiter-Sport-Kartells der Stadt bis 1933) ins KZ Sachsenhausen deportiert wurden.

Soweit eine eher nüchterne Zusammenstellung. Doch was sagten die Betroffenen nach dem Krieg aus? Einen kleinen Einblick in die Mühen illegaler Arbeit selbst unter den äußerst erschwerten Bedingungen der Konzentrationslagerhaft, gewinnen wir durch die folgende Aussage eines Überlebenden.

Der frühere Brandenburger Stadtverordnete und Parteisekretär für das Westhavelland Paul Voigt (1881–1967), am 20. August 1944 ins KZ verschleppt, erinnert sich 1945:

> 1944 in Sachsenhausen konnte man mich wegen meines Fuß-, Herz- und Augenleidens zu keiner Arbeit einsetzen und bin dann auch mit diesen Leiden dort entlassen worden mit einigen Genossen der K.P.D. und S.P.D., die nach und nach von der Sonderaktion zur Entlassung kamen. Es war uns gerade in dieser Zeit in Sachsenhausen möglich, uns nicht nur rein illegal ziemlich offen politisch zu betätigen, was alle Schutzhäftlinge mit mir bezeugen können. Da man uns

266 Heiko Tammena, Unser schönes rotes Luckenwalde. Lager, Milieu und Solidargemeinschaft der sozialistischen Arbeiterbewegung zwischen Ausgrenzung und Verstaatlichung, Münster u. a. 2000, S. 347f.; zu Karl Engelbrecht, einem der führenden Sozialdemokraten in Luckenwalde (S. 268), siehe Ingrid Fricke, Karl Engelbrecht (1898–1947) in: Siegfried Mielke, Gewerkschafter (Bd. 2), S. 176–181.

267 Siegfried Mielke (Hg.), Gewerkschafter (Bd. 2), S. 151ff. Der 2013 erschienene 4. Bd. bringt Portraits von Otto Gohlke (Eberswalde), Max Hannemann (Dahme), Emil Koitz (Luckenwalde) – bei dem detaillierte Verfolgungsangaben weitgehend fehlen – und Paul Voigt (Brandenburg/H).

> politische Häftlinge, von allen anderen [abgesondert], in zwei geschlossenen Blocks untergebracht hatte, haben wir die beste Gelegenheit gehabt, alte Bekanntschaften wieder aufzufrischen und darüber zu diskutieren, wie lange Hitler wohl noch am Ruder und Leben bleiben würde. Die Tageszeitungen und Nachrichten durch Radio sorgten auch dafür, daß wir immer auf dem Laufenden waren. Da alle Nationen im Lager vertreten waren, konnten wir wohl von einer internationalen Bewegung aller Parteien-Berufe- und Stände sprechen, trotz aller Not und Elends, das wir täglich sehen und über uns ergehen haben müssen.[268]

Spärlicher als im Fall des eben zitierten und sehr engagierten ehemaligen Parteisekretärs sind die Auskünfte und Aussagen weniger bekannter Opfer der »Aktion Gitter/Gewitter«.

Wilhelm Kersten, geboren 1886 in Pommern, war von Beruf Maurer und in der SPD und im Baugewerksbund politisch aktiv. Zur Zeit seiner Verschleppung wohnte er in Fürstenwalde, Wriezener Straße 66. Nach dem 20. Juli 1944 verhaftet, wurde er erst am 11. September 1944 aus dem KZ entlassen.[269]

Vom Biesenthaler Schlosser *Willi Beuster* (1897–1972)[270] kennen wir dagegen mehr biographische Daten: Er war in der SPD und im Deutschen Metallarbeiterverband (DMV) organisiert und wirkte kommunalpolitisch als Stadtverordneter. Er wurde am 26. Juni 1933 ins KZ Oranienburg verschleppt, wo er bis zum 10. August d. J. eingesperrt blieb. Danach hat er zu Gesinnungsgenossen (nach eigener Aussage) »nur lose Verbindung« gehalten. Im Zuge der »Aktion Gitter« war er vom 22. August bis zum 25. September 1944 Häftling im KZ Sachsenhausen. In der Zeit vom 21. Juli 1941 bis 25. Mai 1944 musste er Zwangsarbeit in Falkensee sowie Eberswalde (Ardelt-Werke) leisten.

Ähnlich Beuster, litt der Storkower *Paul Barsch* (* 1888)[271] zweimal im Konzentrationslager. Organisiert im Baugewerksbund und der Sozialdemokratie – auch hier ist die kommunalpolitische Funktion leider nicht bekannt –, sperrte man den Wehrlosen von Juni 1933 bis August d. J. ins KZ Oranienburg und dann wieder vom 22. August bis zum 23. September 1944 ins KZ Sachsenhausen. Als dadurch zugezogene Haftleiden gibt er an: Nierenbeckenentzündung sowie die Amputation der Hälfte des Mittelfingers und des Daumens.

Der 1881 geborene Tischler *Arthur Arndt*[272] war ein leitender und bekannter Funktionär der SPD in Eberswalde, Mitglied bei der Freien Turnerschaft und im Deutschen Holzarbeiterverband, gehörte er zudem dem Ortsausschuss des Allgemeinen Deutschen Gewerkschaftsbundes (ADGB) an und betätigte sich ehrenamtlich als Stadtverordneter (1919–33). Bürgen bescheinigen ihm eine hohe Präsenz bei öffentlichen Kundgebungen, Saal- und Straßenschlachten und ein konsequentes Verfechten

---

268 BLHA, Bestand 401, VdN 2344.
269 Ebd., Rep. 333, Nr. 1241 (Zeugen: Wilhelm Kettler, Paul Haupe, Albert Palm).
270 Ebd., Rep. 333, Nr. 1227, siehe auch S. Mielke, Gewerkschafter, Bd. 3, S. 250ff.
271 Ebd., Rep. 333, Nr. 1226 (Bürgen aus Storkow: Richard Wiese, August Quast, Martha Noack).
272 Ebd., Rep. 333, Nr. 1225, Bl. 214ff.

sozialistischer Ideen. Nach Polizeihaft im Juli 1933 wurde er im April 1936 wegen angeblicher Flugblattverbreitung langen Verhören unterzogen und war schweren Misshandlungen ausgesetzt. Auch diesen ehemaligen Stadtverordneten verschleppte das NS-Regime nach dem misslungenen Staatsstreich vom 20. Juli 1944 vom 22. August bis zum 16. September 1944 ins KZ Sachsenhausen.

Der gelernte Zimmerer *Otto Markgraf* (* 1884)[273] aus der Stadt Angermünde, wo er bis 1933 gewerkschaftlich im Zentralverband der Zimmerer und politisch für die SPD (vermutlich als Stadtverordneter) tätig war, vermerkt in seinem Aufnahmeantrag für die Verfolgtenorganisation nach dem Krieg, vom 22. August bis zum 26. September 1944 – insgesamt sechsunddreißig Tage –, ins KZ Sachsenhausen verschleppt worden zu sein.

Engagierter Gewerkschafter im Zentralverband der Schuhmacher, Reichsbannermann und sozialdemokratischer Stadtverordneter war der Strausberger[274] *Karl Werner* (* 1882). Eigenen Angaben zufolge arbeitete er illegal für die SPD und wurde zweimal verschleppt. Die erste Haft war im KZ Oranienburg vom 23. Juni bis zum 30. September 1933, die zweite vom 18. August bis zum 19. September 1944 im KZ Sachsenhausen. Seit 1939 war er in einem Rüstungsbetrieb dienstverpflichtet. Sein Haftleiden, eine Schwerhörigkeit, dürfte auf Misshandlungen zurückzuführen sein.

August Kagelmann (* 1889), von Beruf Maurer, und sein Bruder Karl Kagelmann (* 1884), von Beruf Bauarbeiter, aus der Stadt Oderberg, Angermünder Straße bzw. Kietzer Straße 18, zählten als Sozialdemokraten zu den aktivsten Kräften des örtlichen Reichsbanners.[275] (1932 hatte Karl Kagelmann sogar Waffen beschafft und – vergeblich – mit Kameraden auf das Zeichen zum Losschlagen gewartet.) Der Erstgenannte war zudem kommunalpolitisch aktiv, denn er gehörte als ehrenamtliches Magistratsmitglied der Stadtverwaltung von Oderberg an. Beide Männer wurden im Zeichen der NS-»Machtergreifung« unter Polizeiaufsicht gestellt und standen unter ständiger Beobachtung. 1944 griff die »Aktion Gitter« auch nach den beiden Oderbergern: August K. wurde vom 21. August bis zum 21. September 1944 ins KZ Sachsenhausen gesperrt, Karl K. noch länger, nämlich vom 22. August d. J. bis zum 18. November 1944.

Georg Kirsche (* 1878), von Beruf Stahlschweißer, aber seit 1931 Arbeitsinvalide, lebte seit 1920 in Buckow (Märkische Schweiz), wo er für die SPD als Stadtverordneter und im Vorstand des Baugewerksbundes wirkte. In Fürstenwalde und Frankfurt/Oder war er zudem ehrenamtlich als Schöffe tätig. In seinem Lebenslauf schreibt er 1951 über die Zeit ab 1933:

> Ich bin nicht KZ'ler gewesen, aber als Antifaschist und Halbjude von den Nazis ständig bedroht und zurückgesetzt worden. Dieses ging soweit, dass, wenn ich mich um Besetzung von offenen Stellen bei der hiesigen Stadtverwaltung bewarb, stets abgewiesen wurde. Es waren

273 BLHA, Rep. 333, Nr. 1246.
274 Ebd., Rep. 333, Nr. 1258 (Bürgen Carl Weidner, Paul Rossow).
275 Ebd., Rep. 333, Nr. 1241 (Bürgen Albert Willain sowie der Nachkriegsbürgermeister von Angermünde Kurt Schönfeld).

> Stellen, die meinen körperlichen und geistigen Fähigkeiten entsprachen. Zum Beispiel als Stadtbote, oder als Stadtaufseher oder Aufseher in der Seebadanstalt. [...].
> Ich wurde stets aus den oben angeführten Gründen abgewiesen.[276]

Wahrscheinlich im Zuge der oben genannten »Aktion Gitter/Gewitter« geriet der genannte frühere Buckower sozialdemokratische Stadtverordnete, Wriezener Straße 47, im Herbst 1944 in Haft, wie folgende Aussage eines vormaligen Bewachers bestätigt: Wilhelm Lüders:

> Unterzeichneter bescheinigt hiermit das Herr Kirsche [...] in der Zeit von Ende September bis Mitte Oktober 1944 hier in Buckow auf Anordnung des damaligen Ortsgruppenleiters der NSDAP Ernst Hartung durch den Polizeimeister Krüger in Haft genommen wurde. Ich selbst und andere wurden durch den Ortsgruppenleiter der NSDAP beauftragt, mit geladenem Gewehr vor dem Gefängnis Wache zu stehen und zwar in zweistündlicher Ablösung. Bei Ausbruch der Häftlinge wurde angeordnet von der Waffe Gebrauch zu machen.[277]

Mit Albert Stein bestätigt ein wieder anderer Buckower, dass Kirsche als früherer SPD-Funktionär dem NS als politisch »unsicher« galt und wiederholt Haussuchungen nach Waffen und Untergrundschriften ertragen musste. Während der Haftzeit des früheren Stadtverordneten im Herbst 1944 versorgte Albert Stein Kirschs Familie mit Lebensmitteln.

Von einigen weiteren Verschleppten konnten Erinnerungen an die einschneidenden Erlebnisse im Herbst 1944 gefunden werden. Hören wir sie gewissermaßen stellvertretend für viele Schicksale:

Ernst Miethke (* 1894) lebte als Zimmermann in Storkow, Kirchstraße 4, wo er bis 1933 auch als Stadtverordneter der SPD und Ortsvorsitzender der Gewerkschaft der Zimmerer ehrenamtlich in seiner Freizeit wirkte. Unter dem NS-Regime bedroht und dienstverpflichtet, war ihm jede freie Bewegungsmöglichkeit genommen worden. Zunächst 1939 zur Wehrmacht eingezogen, Ende Dezember 1939 aber wieder entlassen, kehrte er zu seiner alten Firma Richard Lehmann nach Bohnsdorf zurück.

Miethke merkt 1947 nur kurz an:

> Im August 1944 wurde ich durch die Hitler-Affäre vom 20. Juli 1944 als staatsfeindlich betrachtet und von der Potsdamer Gestapo in das Konzentrationslager Sachsenhausen bei Oranienburg eingeliefert, wo ich durch Gesuche meiner Firma ständig reklamiert wurde und nach einem vierwöchentlichen Aufenthalt entlassen worden bin. Bis drei Tage vor dem Einmarsch der Roten Armee wurde ich von der Firma reklamiert.[278]

Martha Noack (* 1883), Verkäuferin und ehrenamtliche Sozialfürsorgerin, die ebenfalls aus Storkow stammt, war durch den Soldatentod ihres Ehemannes im Ersten Weltkrieg früh Witwe geworden und engagierte sich daher in den 1920er Jahren im Reichsbund

---

276 BLHA, Rep. 333, Nr. 1241, Bl. 269.
277 Ebd., Rep. 333, Nr. 1241, Bl. 264.
278 BLHA, Rep. 333, Nr. 1246, Bl. 295.

der Kriegsbeschädigten und Hinterbliebenen auf sozialpolitischem Gebiet, darunter in Storkow bzw. als Kreisleiterin von Beeskow-Storkow. Dadurch wurde sie auch in den Fürsorgebeirat in Berlin entsandt und wirkte als Delegierte auf Konferenzen wurde mit. Dies nach 1933 nun im Sinne der NSDAP fortzuführen, lehnte die Sozialdemokratin ab. Was man ihr bzw. ihrer Familie noch im Jahre 1944 vorhielt.

Martha Noack: »Bin mit meinen Angehörigen wegen antifaschistischer Einstellung laufend bespitzelt und dann mit der Sonderaktion Himmler (Gitter) zusammen mit allen damaligen KPD- und SPD-Funktionären verhaftet worden.«[279]

Vom 1. September bis 17. Oktober 1944 verschleppte man sie ins Frauen-Konzentrationslager nach Ravensbrück. Nach der Entlassung arbeitete sie als Friseuse und nach der Befreiung wurde sie als Sozialfürsorgerin von der Stadt Storkow angestellt.

Der Schlosser *Hermann Oswald* (* 1879) wohnte wie Martha Noack und Ernst Miethke zur Zeit der Festnahme in Storkow, Poststraße 33. Wo er in den frühen 1930er Jahren in der SPD und im Reichsbanner aktiv mitwirkte, ist nicht klar. (Seine Funktionen sind nicht bekannt, auch nicht die Umstände seiner ersten Haft.) Oswald saß vom 22.8.1944 bis zum 16.9.1944 im KZ und wurde anschließend vom 2.9. bis 16.9.1944 zur Zwangsarbeit bei Siemens (Spandau, Kabelwerk) geschickt. In seinem Lebenslauf schreibt er:

> Am 22.8.1944 wurde ich wieder verhaftet. Um 6 Uhr abends holte uns 1 Auto ab und brachte uns nach Potsdam zur Sicherheitspolizei zur Vernehmung. Als wir damit fertig waren, wurden wir nach dem Boden unter Dach gebracht mit 75 Mann. Hier war es nicht zum Aushalten mit der Hitze. Nach Mitternacht holte man uns herunter, damit wir wieder abgekühlt wurden. Dann wurden wir nach Sachsenhausen gefahren ins Konzentrationslager. Hier wurde uns alles abgenommen. Wertsachen, Kleidung und Schuhe. Wir wurden wie die Zuchthäusler geschoren und mußten barfuß laufen auf Schlackerwegen. Wir waren alle mit 2 Nummern versehen. Nach 9 Tagen mußte ich mit nach Spandau zu Siemens-Kabelwerk, um zu arbeiten bei schlechter Kost. Ich hatte mit Bleistaub zu tun. Wir haben nur nachts gearbeitet. Um Mitternacht gab es einen ½ Liter Essen. Schläge habe ich auch bekommen, weil ich einen SS-Mann beim Marschieren angestoßen hatte. Am 16.9.1944 wurde ich gerufen und man teilte mir mit, dass ich entlassen worden war. Da war die Freude groß und [wir] fuhren am Abend nach Hause. Meine Arbeitskollegen [AEG in Wildau, Gerätebau] hatten für meine Familie über 200 Mark gesammelt und ihr gebracht. Nach Kriegsende habe ich wieder in Storkow gearbeitet, bis ich krank wurde. Von da an habe ich mich nicht mehr erholt und bin Altrentner. Der S.P.D. trat ich bei [ihrer] Gründung bei! Dem Reichsbanner gehörte ich von [19]24 bis [19]33 an.[280]

Von einer knapp zweiwöchigen Haft nach dem 20. Juli 1944 berichtet der zur Zeit der Verschleppung in der Neumark (Ziebingen) wohnende Schiffer *Ernst Haake* (* 1898).[281]

279 Ebd., Rep. 333, Nr. 1247.
280 Ebd., Rep. 333, Nr. 1248, Bl. 63.
281 BLHA, Rep. 333, Nr. 1236, Bl. 10ff

Er wirkte bis 1933 im Zentralverband der Angestellten, im Reichsbanner Schwarz-Rot-Gold und der Sozialdemokratie, wo er u. a. Hilfskassierer und Schriftführer war.

Zur Zeit ihrer Festnahme lebte die Zigarrensortiererin *Anna Hartmann* (* 1886) in Schwedt/Oder. Leider wissen wir über sie nur wenig.[282] Vor 1933 im Tabakarbeiterverband und in der SPD organisiert, hatte sie sich als Stadtverordnete der SPD betätigt und war offenbar deshalb im August 1944 für etwas über eine Woche in »Schutzhaft« geraten.

An anderer Stelle (S. 151) weisen wir auf den Eberswalder SPD-Stadtverordneten und RAW-Betriebsrat *Otto Gohlke* hin, der dagegen vom 22. August 1944 bis zur Befreiung (28. April 1945) im Zuge der Verhaftungswelle nach dem 20. Juli 1944 eine besonders lange Strafe verbüßte.[283]

Der Werkzeugmacher *Hermann Grothe* (* 1877) war bis 1933 in der SPD und dem Metallarbeiterverband (DMV) aktiv und geriet deshalb als Schönwalder wiederholt in Haft: Im März 1933 kam er für zwei Monate ins KZ Oranienburg, wo er aufgrund von Misshandlungen schwere Rückgratsprobleme davontrug. Am 22. August 1944 verschleppte ihn das NS-Regime im Zuge der Aktion »Gitter« (bzw. »Gewitter«) erneut – was auf eine zurückliegende kommunalpolitische Funktion schließen lässt – und hielt ihn bis Anfang Oktober d. J. in Sachsenhausen gefangen. Grothe notiert dazu kurz: »Bin durch Misshandlungen ganz Invalide, kann mich nur noch mit Stock fortbewegen.«[284]

Richard Heyn (* 1887) zählte zu den prägenden Gestalten der Luckenwalder Sozialdemokratie. Beruflich beschäftigt als örtlicher Gewerkschaftssekretär des Metallarbeiterverbandes (DMV) seit dem 1. November 1925, wirkte er (ehrenamtlich) vom 22. Mai 1924 bis Januar 1931 als Vorsitzender der Luckenwalder SPD.[285] In dieser Zeit wuchs die Partei zu großer Stärke heran und regierte kommunalpolitisch sogar mit absoluter Mehrheit, was sich besonders in der Wohnungsbaupolitik und in der Bildungspolitik (weltliche Schulmodelle) auswirkte. Heyn war von November 1929 bis zum 28. Januar 1932 als Stadtverordneter und danach als unbesoldeter Stadtrat herausragend kommunalpolitisch tätig.

Im Zuge der NS-»Machtergreifung« verlor er seine politischen Mitwirkungsrechte und war durch die Zerschlagung der Gewerkschaften (2. Mai 1933) erwerbslos. Wie rund zwanzig weitere Luckenwalder Sozialdemokraten und Gewerkschafter (S. 178ff., 268) geriet er im Sommer 1933 in »Schutzhaft«. Und nach Heyn wurde auch im Zuge der »Aktion Gitter/Gewitter« gegriffen. Er kam erst am 2. Oktober 1944 frei. Trotz aller Verfolgungsmaßnahmen war er zwischen 1933 und 1945 bemüht, den Kontakt zu treuen Gewerkschaftsanhängern und ehemaligen Funktionären zu halten. (Nach dem Krieg machte er die Vereinigung von SPD und KPD zwar mit, wurde aber bald politisch kaltgestellt und 1951 – wie viele andere – im Zuge der Kampagne gegen den sogenannten Sozialdemokratismus aus der SED ausgeschlossen.)

---

282 Ebd., Rep. 333, Nr. 1236, Bl. 188ff.

283 Ebd., Rep. 333, Nr. 1235, Bl. 6ff.

284 Ebd. Rep. 333, Nr. 1235, Bl. 240ff.

285 Vgl. Heiko Tammena, Heyn, Richard (1887–), in: S. Mielke, Gewerkschafter (Band 2), S. 249.

Zum Abschluss sei (stellvertretend) an diejenigen Verfolgten erinnert, die nie mehr zurückkehrten.

Als Opfer der »Aktion Gitter/Gewitter« verloren aus der Provinz Brandenburg aufgrund der Haftqualen im Konzentrationslager folgende Sozialdemokraten ihr Leben:

Der *Dahmer* Stadtverordnete und SPD-Funktionär Max Hannemann (1893–1945, Foto S. 251). Er verstarb als Häftling des KZ Sachsenhausen am 27.2.1945 auf dem Todesmarsch nach Hamburg. Hannemann war wie sein Dahmer Reichsbannerortsvereinsleiter Otto Zacke bereits 1933 in »Schutzhaft« genommen worden. Zacke, Stadtverordneter und bis 1933 SPD-Kreistagsabgeordneter (Jüterbog-Luckenwalde), erlitt dabei durch Misshandlungen schwere gesundheitliche Schäden und verstarb 1943 daran.[286]

Der *Teltower* Stadtverordnete, unbesoldete Stadtrat und Reichsbannerleiter Oskar Pollner (1885–1945), der Alsterstraße 7 gewohnt hat.[287] Er wurde am 22. August 1944 ins KZ Sachsenhausen verschleppt und kam von dort vermutlich ins Lager Bergen-Belsen. Das letzte Lebenszeichen datiert vom 12. Februar 1945, danach gilt der Teltower als »verschollen«.

Der *Brandenburger* Magistratssekretär und Stadtverordnete Gustav Schernikau (1891–1944). Er litt bereits 1933 und 1934 wiederholt im Konzentrationslager (Oranienburg sowie Sonnenburg) und wurde nun 1944 erneut verschleppt. Er kam im November 1944 im KZ Groß Rosen ums Leben.[288]

Verfolgungen wegen »Heimtücke« oder »Wehrkraftzersetzung« (Einzelbeispiele)

Der politische Alltag jener Anhänger der unterdrückten Arbeiterbewegung, die das NS-Regime zwar ablehnten, aber den Weg in den organisierten Widerstand in einer Untergrundgruppe nicht gehen wollten – oder der ständigen Überwachung wegen nicht gehen *konnten* –, glich oft einem ständigen Ringen zwischen Anpassungsdruck, Alltagslist, Zivilcourage und einsamem Überlebenskampf.

Wer den Hitlergruß verweigerte, nichts (oder fast nichts) bei NS-Winterhilfswerksammlungen spendete, das zentrale Propagandablatt, den »Völkischen Beobachter«, nicht abonnieren wollte und womöglich auch nicht flaggte – was in Vorderhäusern kaum zu verhindern war –, fiel den nationalsozialistischen Fanatikern irgendwann auf. Oft konnten sich Denunzianten durch die Meldung derartigen Verhaltens soziale Vorteile verschaffen, etwa wenn aufgrund von Verhaftungen eine Wohnung freigeworden war. Sehr schnell gefährlich werden konnten auch unüberlegt hingeworfene »Meckereien«, wenn sie denn ein Justizverfahren wegen »Heimtücke« nach sich zogen[289] (siehe auch das Beispiel des Havelländers Otto Becker, S. 171).

---

286 Amt für Kultur des Landkreises Dahme-Spreewald (Bestand Heimatmuseum Dahme). Die Stadt Dahme ehrt beide Opfer auf vielfache Weise im Stadtbild.

287 »Lokal-Report« vom Januar 2013, Artikel von Dr. Gabriele Bergner »Wer war Oskar Pollner? Eine Spurensuche in Teltow.«

288 BLHA, Rep. 401, VdN Nr. 2586.

289 Bernward Dörner, »Heimtücke«: Das Gesetz als Waffe. Kontrolle, Abschreckung und Verfolgung in Deutschland 1933–1945, Paderborn 1998.

Im folgenden Abschnitt wird versucht, durch einige wenige Fallbeispiele aus dem Brandenburgischen diese vielschichtige Konfliktsituation zu verdeutlichen, ohne damit zu glauben, eine erschöpfende Antwort geben, geschweige denn landesweit bzw. provinzweit alle Facetten erfassen zu können.

Als hinterbliebene Witwe berichtet die 1896 in Niederschlesien geborene Marie Thieme nach der Befreiung vom schweren Verfolgtenschicksal ihres Mannes, des sozialdemokratischen Funktionärs und Kommunalpolitikers *Bruno Thieme.*[290] 1933 habe eine Leidenszeit, geprägt von Arbeitslosigkeit und wiederholten Haussuchungen durch SA, SS und Polizei begonnen. Sie zogen deswegen von einer Wohnung in die andere und dann 1940 schließlich nach Fürstenwalde, Burgstraße 6: »1941 wurde mein Mann von [der Firma] Pintsch aus verhaftet! Auf Grund eines Verrats.« Er kehrte nicht zurück.

Der Fürstenwalder Maschinenschlosser *Wilhelm Krüger* (* 1890)[291], Johann-Sebastian-Bach-Straße 103, war bis zum Verbot in der SPD und dem Deutschen Metallarbeiterverband (DMV) organisiert. In seinem Lebenslauf von 1952 merkt er an, bis zu seiner Festnahme am 4. Oktober 1940 unter seinen Arbeitskollegen in Köpenick im antinazistischen Sinn gewirkt zu haben, indem er Anhänger des NS-Systems abwarb. Deswegen habe ihn schließlich ein Kollege verraten. Am 2. Januar 1941 verurteilte ihn das Sondergericht Frankfurt/Oder »... wegen Abhörens fremder Sender und wegen marxistischer Einstellung ...« (so W. Krüger) zu einem Jahr Zuchthaus, was er bis zum 4. Oktober 1941 in Luckau absaß.

Wilhelm Krüger bemerkt 1952 dazu: »Meine Strafe habe ich gern hingenommen für eine Sache, die ich für richtig hielt, denn ich bin kein Mantelträger und bin auch heute der Fahne noch treu geblieben. Meine Ehre hatten sie mir genommen, aber meine Gesinnung nicht.« Besonders einschneidend für den Regimegegner waren die familiären Folgen: »Während meiner Verhaftung ist meine Frau in der Irrenanstalt Bernburg/Gröna angeblich an einem Unterschenkelgeschwür verstorben.«[292]

Hermann Müller (* 1888), von Beruf Architekt, wohnte zur Zeit seiner Festnahme in Rüdersdorf.[293] 1944 verurteilte ihn der Volksgerichtshof wegen »Wehrkraftzersetzung« zu eineinhalb Jahren Gefängnis. Zunächst im Berliner Polizeipräsidium eingesperrt, verbüßte er seine Strafe – oft wechselnd wegen der Kriegsauswirkungen – in Bautzen, Leipzig, Eisenach und Potsdam. Zu den Haftfolgen bemerkt er lapidar: »Schlaganfall«.

Die Rüdersdorferin *Maria Noack* (* 1894)[294], eine gelernte Verkäuferin, wohnte in der Chauseestraße 21, als sie am 20. September 1943 festgenommen wurde. Nach zwanzig Monaten Untersuchungshaft (!) kam es gegen sie vor dem Volksgerichtshof

290 BLHA, Rep. 333, Nr. 1255, Bl. 120.

291 Ebd., Rep. 333, Nr. 1243, Bl. 268ff. (Bürgen Krügers waren u.a. Karl Weinert und Paul Dittbrenner aus Fürstenwalde.)

292 Bernburg war eine der bekanntesten Tötungsanstalten im Zuge der berüchtigten »Krankenmord-Aktion«, die der NS als »Euthanasie« tarnte und was zum Tode Hunderttausender führte.

293 BLHA, Rep. 333, Nr. 1246.

294 Ebd., Rep. 333, Nr. 1247, Bl. 185ff.

dann zur Anklage wegen der angeblichen Vorbereitung zum Hochverrat und wegen Abhörens ausländischer Sender (»Rundfunkverbrechen«).

Da der Anklagevertreter die Todesstrafe forderte, stand es bei der Verhandlung im März 1945 sehr schlecht um sie. Was wurde der alten Sozialdemokratin konkret angelastet? Die Rüdersdorfer Bürgin Elfriede Gatscha gibt im Juli 1946 zu Protokoll[295]: »Hiermit bescheinige ich Frau Maria Noack, daß dieselbe Ausländern geholfen und diese auch beherbergt hat. Frau Noack wurde deswegen von der Gestapo verhaftet.« In eigener Sache erklärt Maria Noack:

> Ich bemerke noch zu meiner Sache, dass Gen. Franz Omerborn im August 1944 von dem Pol. Mstr. Kriebel abgeholt wurde, da er durch Aussagen von Frl. Baillon, Gertrud, in meinen Prozess verwickelt wurde; die Denunziantin hatte behauptet, dass bei Omerborn Treffpunkt zwischen mir und Om[erborn] und den Ausländern war. Omerborn war mit Kriebel sehr gut bekannt und [daher] liess Kriebel Om[erborn] meine Akten v[om] Volksgerichtshof lesen, sodaß Om[erborn] genau wusste, was los war.[296]

Maria Noack, deren Mann sich wegen ihrer politischen Verwicklungen inzwischen scheiden ließ, kehrte am 5. Mai 1945 nach Rüdersdorf zurück. Von der langen Haft blieb ein schweres Lungenleiden zurück. In ihrem VVN-Aufnahmeantrag bemerkt sie, mit ihrem politischen Tun Widerstand für die SPD geleistet zu haben. Ihr Versuch, die o. g. Denunziantin und weitere Personen juristisch zur Verantwortung zu ziehen, misslang – auch aufgrund der am Kriegsende verloren gegangenen Prozessunterlagen.

Folgendes, bis dato völlig vergessenes, Schicksal eines jungen NS-Gegners und freiheitsliebenden Menschen, der sich nicht anpassen wollte, verdient festgehalten zu werden, obwohl manches unerforscht bleibt:

Günther Bock (1915–1942) war mit seiner Familie am Ende der Weimarer Republik aus Berlin-Wedding, wo er als Jugendlicher aktiv für die sozialdemokratische Bewegung tätig war, fortgezogen und lebte danach in Sachsenhausen, Friedrichstraße 13.

Sein Vater, Friedrich Bock (1889–1966), SPD-Mitglied seit den 1920er Jahren, schreibt im Februar 1946 über das politische Los Günthers und die schwierigen sozialen Verhältnisse der Familie:

> Mein Sohn Günther [hat] im Winter 1932 von der S.P.D. gegen die Nazis Zettel geklebt, [wurde] von dem Chefredakteur Hille ertappt und von da aus verfolgt. Am 1.4.1933 nach Sachsenhausen verzogen, dort ebenfalls keine Arbeit von der hiesigen Gemeinde, keine Unterstützung erhalten. Arbeit in Deutschland ohne Erfolg, damals ins Ausland gemacht, wegen Spionage verdächtigt worden. Aus dem KZ entlassen, wieder mittellos, keine Arbeit, bereiteten ihm Bürgermeister Patzer sowie Erich Siebert immer wieder Schwierigkeiten. Der Vater [hatte] außerdem noch 3 Kinder zu ernähren, [war] auch seit 1927 bis Sommer 1937 arbeitslos, außer ½ Jahr Notstandsarbeit oder kleine Aushilfen. [Und nun] wollte mein Sohn aus Not ½ Jahr früher seinen aktiven Wehrdienst antreten, worauf ihm Erich Siebert antwortete: »Sie werden

---

295 Ebd., Nr. 1247, Bl. 187.
296 Ebd., Nr. 1247, Bl. 189R.

> kein Soldat, dafür werde ich sorgen. sie kommen dahin, wo Sie hergekommen sind, denn da gehören Sie hin.« [Günther Bock] wurde dann ½ Jahr später doch Soldat, im April 1940, kurz vor dem Einmarsch in Frankreich, erlitt er einen Unfall, kam vor das Kriegsgericht und wurde freigesprochen, kam dann aber wieder zur Truppe zurück...[297]

Die eben erwähnte erste KZ-Haft Günther Bocks ergab sich durch den Umstand, dass ihn die Gestapo in Potsdam im April 1936 zehn Monate in Gewahrsam nahm und ins KZ Sachsenburg sperrte. Seine Gesinnung zu wechseln und sich dem NS-Regime anzunähern, lehnte er trotzdem ab. Zwischen 1937 und 1939 zog ihn das Militär ein. Als der Krieg ausbrach, setzten die politischen Verfolgungen erneut ein. Die Eltern Erna und Friedrich Bock schreiben darüber:

> Der bildlich beigefügte Leutnant zu Pferde hat vor angetretener Kompanie vor ihm [Günther Bock] ausgespien und ihn als Lump, Verbrecher, KZ-Häftling usw. betitelt [und] die Kameraden auf ihn gehetzt, seinen Befehlen keine Folge zu leisten. Dann kam er wieder 6 Monate zur Strafkompanie in Wandern, Sonderabteilung. Nach kurzer Zeit wurde seine Verpflegung auf 1/3 seiner täglichen Verpflegung herabgesetzt, trotz des strengen Dienstes. Weil er um seine volle Verpflegung bat, wurde er vom Spieß wegen Meuterei denunziert und wiederum dem KZ Auschwitz zugeführt. Längere Zeit bekamen wir keine Nachricht, in unserer Bekümmernis wandten wir uns an den Rechtsanwalt Grimm mit einer Anfrage, was da vorgefallen war. Genau nach 8 Tagen bekamen wir ein Telegramm von dort, Sohn Günther [sei] verstorben.[298]

Der Sozialdemokrat Günther Bock war am 21. März 1942 im KZ Auschwitz ums Leben gekommen. Sein goldener Trauring, um den die Eltern den Lagerkommandanten zuletzt baten, war angeblich der Staatspolizei in Frankfurt/Oder zugestellt worden.

Der VVN-Beitrittserklärung von Charlotte Bitschkowski, verwitwete Müller (* 1923), entnehmen wir Hinweise auf das Verfolgtenschicksal des am 7. Februar 1922 in Eberswalde geborenen Zimmerers *Kurt Müller* aus der Stadt Hangelsberg. Ihre Ehe war erst am 6. März 1943 geschlossen worden. Ein Kind mit Namen Erika kam auf die Welt, als der junge Familienvater auch schon durch die Gestapo verhaftet wurde.

Charlotte Bitschkowski dazu: »Mein Ehemann Kurt Müller [...], wohnhaft in Hangelsberg, Gartenstraße 33, wurde am 20. August 1944 im Auftrag des Nazi-Bürgermeisters Thies am Hangelsberger Bahnhof verhaftet. Grund: Äußerungen gegen die Nazis.«[299] Kurt Müller kam schon bald darauf, am 21. November 1944, im KZ Neuengamme ums Leben.

Wie in den Reihen der KPD (S. 509) gab es auch unter Sozialdemokraten in Finsterwalde, einem alten Arbeiterzentrum, wiederholt illegale Aktivitäten. *Paul Lehmann*

297 LAB, C Rep. 118-01 / A 26872, S. 4 des Fragebogens (Antrag von Erna Petrick als Hinterbliebene des im KZ Auschwitz ermordeten Sohns).

298 Ebd., C Rep. 118-01 / A 26872, Bl. 8. (Das im Schreiben erwähnte Foto lag dem Antrag nicht bei, wohl aber die Kopie einer Nachricht des Kommandanten des KZ Auschwitz über den Tod Günther Bocks.)

299 BLHA, Rep. 333, Nr. 1227, Bl. 282.

zählte zu einem Kreis Gesinnungstreuer, die bis 1941 konspirativ wirkten.[300] Dann kam es zu Festnahmen, doch durch die Standhaftigkeit Lehmanns und seiner Weggefährten wurden von achtzehn Gruppenmitgliedern nur drei angeklagt. Lehmann erhielt mit sechs Monaten Haft ein relativ glimpfliches Urteil.

Härter traf es zwei Jahre später seinen Parteifreund Willy Kamenz:[301] Die Auswertung der VVN-Aufnahmeanträge (Reg.Bez. Cottbus) führte nämlich zu mehreren Hinweisen auf spektakuläre betriebliche Vorkommnisse in Finsterwalde in den 1940er Jahren: Fast täglich kamen in der Mittagspause bei der Firma Reichelt Metallschrauben A.G. Automateneinrichter und Werkzeugmacher zusammen, die sich größtenteils noch aus der Zeit vor 1933 als Anhänger der SPD vertraut waren. Immer häufiger und heftiger fielen dabei kritische und abfällige Bemerkungen über die (angebliche) NS-Volksgemeinschaft und die politische Lage. Gerichtsunterlagen zufolge wuchs mit der Zeit die Zahl gleichgesinnter Kollegen, die »... das Treiben offen begünstigten und sie gewähren ließen«. Die – laut Anklageschrift – »Verhetzung der Belegschaft«, darunter ausländischer Arbeiter, nahm bald so zu, dass antinazistische Parolen an Aborttüren erschienen.

Willy Kamenz, bei den o.g. Zusammenkünften engagierter Wortführer und »geistiger Leiter«, strebte schließlich die Bildung einer festen Widerstandsgruppe an. Als sich die Nachricht vom Sturz des Diktators Mussolini (26. Juli 1943) verbreitete, intonierten Kamenz und sein Kollege Martin Röhrs – vor 1933 KPD-Mitglied – gemeinsam die Internationale.

Denunziationen führten Mitte September 1943 zu Festnahmen. In deren frühem Verlauf kam der Werkzeugmacher Kurt Schwarzer in der Haft ums Leben – laut NS-Justiz angeblich durch Selbstmord.

Bereits am 10. November 1943 (!) lag die Anklageschrift gegen sechs Personen vor (siehe S. 262). Am 5. April 1944 sprach das Berliner Kammergericht sein Urteil: Willy Kamenz (1908–1945) erhielt acht Jahre Zuchthaus, Martin Röhrs (1907–1949) vier Jahre und Richard Noack (1901–1987) zwei Jahre. (Ob die Mitangeklagten Bernhard Paulenz, Otto Gerlach und Richard Richter bestraft wurden, muss noch offenbleiben; Verfolgtenakten hinterließen sie jedenfalls nicht, Gerlach bürgte allerdings für Aussagen verurteilter Kollegen.)

Der Hauptverantwortliche für die oppositionellen betrieblichen Zusammenkünfte, Willy Kamenz, ließ noch im April 1945 – unter ungeklärten Umständen – das Leben. Ein ähnliches politisches Schicksal erlitt der Senftenberger Sozialdemokrat Max Kaminski. Wegen »Wehrkraftzersetzung« festgenommen und ins KZ verschleppt, fand er 1942 dort den Tod.[302]

---

300 BLHA, Rep. 333, Nr. 1285.

301 Ebd., Rep. 333, Nr. 1278, Bl. 110; ebd., Rep. 801, VdN 1421 (mit Kopie der Anklageschrift) und VdN 1653.

302 Ebd., Rep. 333 / Nr. 1278, Bl. 119ff. Laut Stadtarchiv Finsterwalde ließen auch die Sozialdemokraten Max Gedalje (1882–1938) und Kurt Felgentrebe (1891–1944) in der Haft das Leben.

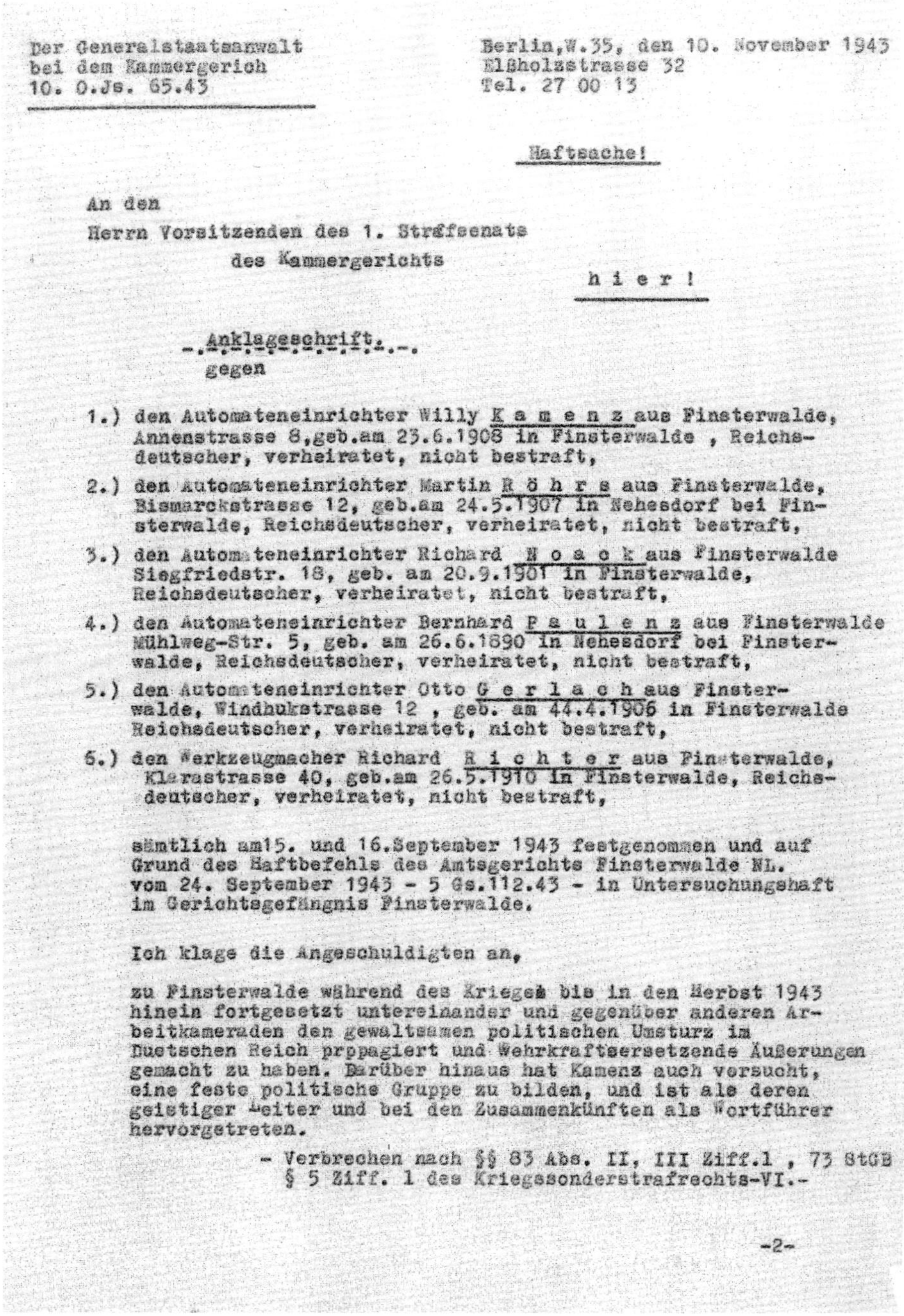

Der Generalstaatsanwalt
bei dem Kammergerich
10. O.Js. 65.43

Berlin,W.35, den 10. November 1943
Elßholzstrasse 32
Tel. 27 00 13

Haftsache!

An den
Herrn Vorsitzenden des 1. Strafsenats
des Kammergerichts

h i e r !

-.Anklageschrift.-.-.
gegen

1.) den Automateneinrichter Willy K a m e n z aus Finsterwalde, Annenstrasse 8,geb.am 23.6.1908 in Finsterwalde , Reichsdeutscher, verheiratet, nicht bestraft,

2.) den Automateneinrichter Martin R ö h r s aus Finsterwalde, Bismarckstrasse 12, geb.am 24.5.1907 in Nehesdorf bei Finsterwalde, Reichsdeutscher, verheiratet, nicht bestraft,

3.) den Automateneinrichter Richard N o a c k aus Finsterwalde Siegfriedstr. 18, geb. am 20.9.1901 in Finsterwalde, Reichsdeutscher, verheiratet, nicht bestraft,

4.) den Automateneinrichter Bernhard P a u l e n z aus Finsterwalde Mühlweg-Str. 5, geb. am 26.6.1890 in Nehesdorf bei Finsterwalde, Reichsdeutscher, verheiratet, nicht bestraft,

5.) den Automateneinrichter Otto G e r l a c h aus Finsterwalde, Windhukstrasse 12 , geb. am 44.4.1906 in Finsterwalde Reichsdeutscher, verheiratet, nicht bestraft,

6.) den Werkzeugmacher Richard R i c h t e r aus Finsterwalde, Klarastrasse 40, geb.am 26.5.1910 in Finsterwalde, Reichsdeutscher, verheiratet, nicht bestraft,

sämtlich am15. und 16.September 1943 festgenommen und auf Grund des Haftbefehls des Amtsgerichts Finsterwalde NL. vom 24. September 1943 - 5 Gs.112.43 - in Untersuchungshaft im Gerichtsgefängnis Finsterwalde.

Ich klage die Angeschuldigten an,

zu Finsterwalde während des Krieges bis in den Herbst 1943 hinein fortgesetzt untereinander und gegenüber anderen Arbeitkameraden den gewaltsamen politischen Umsturz im Duetschen Reich prppagiert und Wehrkraftsersetzende Äußerungen gemacht zu haben. Darüber hinaus hat Kamenz auch versucht, eine feste politische Gruppe zu bilden, und ist als deren geistiger Leiter und bei den Zusammenkünften als Wortführer hervorgetreten.

- Verbrechen nach §§ 83 Abs. II, III Ziff.1 , 73 StGB
§ 5 Ziff. 1 des Kriegssonderstrafrechts-VI.-

-2-

Anklageschrift beim Prozess gegen Willy Kamenz und weitere Finsterwalder, November 1943

Letzte Pläne und Aktionen (Frühjahr 1945)

Während im Vorfeld des 20. Juli 1944 führende sozialdemokratische Widerstandskämpfer wie Julius Leber, Theodor Haubach, Adolf Reichwein oder der Babelsberger Hermann Maaß in Kreisau und an anderen Orten theoretische Überlegungen zur Zukunft Deutschlands anstellten (S. 246ff.), dominierten am Kriegsende an der Basis dagegen verständlicherweise eher praktische Erörterungen und Reflexionen, wie im unmittelbaren Umfeld der Betroffenen der NS-Gewaltherrschaft endlich ein Ende bereitet werden konnte. Dazu stieß der Verfasser – neben Ereignissen im Kreis Niederbarnim (S. 231) – auf zwei ganz unterschiedliche historische Überlieferungen.

In Schwedt an der Oder lebte 1945 der Kolonialwarenhändler Willi Jahnke (* 1898). Früher ging er dagegen einer anderen Beschäftigung nach: Bis ihn die Nationalsozialisten 1933 wegen »politischer Unzuverlässigkeit« und »jüdischer Versippung« aus dem Dienst hinauswarfen, war er nämlich bei den Städtischen Betriebswerken seiner Stadt tätig gewesen.

Als aktiver Sozialdemokrat gehörte er bis dahin dem Bund für Angestellte (sowie früher dem Handlungsgehilfen-Verband) an und wurde nun ein Opfer der »Säuberungen«. Unter dem Hinweis auf mehrere Zeugen aus Schwedt berichtet Jahnke:

> Ich habe immer antifaschistisch aufklärend gewirkt und Hitler als den leibhaftigen Teufel bezeichnet. Wir hatten in unserem Büro in der Kietzstraße 12 heimliche Zusammenkünfte. Hinter verschlossenen Türen hörten wir engl[ische] und russ[ische] Sender bei Tage und auch abends ab. Unser Freundeskreis [ver]stärkte sich, daß wir im Februar 1945 daran gingen eine Hundertschaft zu gründen. Die Rotten von 3 Mann sollten schlagartig in einer Nacht die führenden [Nazis] nebst Polizeikräften und den in das Rathaus verlegten Sonderstab umlegen. Wir wollten die Stadt, die bis dahin keinen Schaden hatte, vor dem Schlimmsten bewahren. Durch Vereitelung und Überstürzung der Verhältnisse der letzten Zeit ist unser Vorhaben leider nicht mehr zur Ausführung gekommen: Belauerung durch Sonderstab und Volkssturmleitung mahnten zur größeren Vorsicht. Aktive Zeugen hierfür wie umseitig u. a. [unten angegeben.][303]

(Nach der Befreiung kehrte Willi Jahnke als Beschäftigter wieder zu den Stadtwerken zurück.)

Aus Forst in der Lausitz berichtet 1948 der drei Jahre später aus der SED ausgeschlossene Paul Walther, ein Mann aus dem sozialdemokratischen Widerstandskreis um Walter Heidenreich (S. 206), von einem großen Zusammenhalt gesinnungstreuer Genossen auch nach den Prozessen (S. 208ff.) gegen viele aktive Funktionäre. Zur Tarnung kam man als Sportgruppe oder zwangloser betrieblicher Freundeskreis zusammen – wobei viele Arbeitskollegen (80%) aus Berlin stammten.

Doch die politischen Überlegungen, die Ende 1944/Anfang 1945 angestellt wurden, waren höchst brisant. So machte ein gewisser Rademacher den Vorschlag,

---

303 BLHA, Rep. 333, Nr. 1240, Bl. 117ff. Seine drei Zeugen sind die Schwedter Hubert Wüst, Bruno Herzog und Bruno Oslenske.

mit einem Anschlag das Pulverwerk Scheuno lahmzulegen. Dafür sollte der Ölberg in die Luft gesprengt werden. Doch die Idee wurde nach eingehenden Debatten verworfen: würde doch durch das Nitroglyzerin im Ölberg halb Forst in Schutt und Asche gelegt und damit tausenden Menschen – unter ihnen Kriegsgefangene und Zivilarbeiter – das Leben genommen werden.

Dagegen zog man es vor, im Lokal Reichshallen eine überparteiliche illegale Gruppe zu bilden, die – unter der Tarnung aktiven Sports – zivilinternierte Holländer und Franzosen einbezog. Die in Baracken in der Muskauer Straße untergebrachten ausländischen Kollegen unterstützte man zudem mit Heizungsmaterial und Essen. Befreundete Sympathisanten bei der Polizei im Bahnkontrolldienst halfen durch die heimliche Weitergabe von Fahndungsblättern, flüchtige Wehrmachtangehörige zu schützen bzw. zumindest zu warnen. Walther über den April 1945:

> Darüber hinaus standen alle führenden NSDAP-Größen weiter unter unserer Beobachtung, auch, was sich in den Betrieben abspielte.
> Die Front rückte näher. Sämtliche Wehrunwürdige, darunter ich, werden in Arbeitsbataillone eingezogen. Wieder bewahrt mich Laarz, der einzige Beamte des Arbeitsamtes, der nicht der NSDAP angehörte, vor diesem Schicksal und [ich] konnte somit weiter arbeiten in allen Gruppen. Vor Forst steht die Rote Armee. Forst wird zwangsevakuiert. Alle Männer werden zum Volkssturm eingezogen. Mein Betrieb geschlossen. Gen. Wilhelm Liebing muß Forst ebenfalls mit seinen Angehörigen verlassen. Nach Unterredung mit ihm, überlässt er mir seinen Posten als Geschäftsführer bei der Baufirma Kutzner. Ich entgehe dadurch dem Volkssturm.[304]

Auch wenn das NS-Regime längst in seinen letzten Zügen lag, blieb es doch bis zum Ende brandgefährlich. Noch einmal erweist sich, dass es Widerstandskreise durchaus vermochten, Leben zu retten und zumindest an einigen Stellen die nazistischen »Nero-Befehle« zur Selbstzerstörung der Infrastruktur abzufangen bzw. zu durchkreuzen:

Paul Walther hatte mit der o. g. Übernahme der Geschäftsführung der Baufirma auch die Verantwortung für dreizehn im Keller untergebrachte Frauen übernommen. Sgoll, ein Freund Walthers, lieferte für sie Brot an. Während im nahen Ortsteil Berge bereits der Häuserkampf zwischen NS-Einheiten und Roter Armee tobte, gelang es, die Frauengruppe aus Forst rauszubringen. Als Sgoll einberufen werden sollte, verbarg ihn Walther in einem Haus in der Ziegeleistraße.

Die zivilinternierten Italiener wurden von Endkampf-Fanatikern gezwungen, unter Lebensgefahr jede Nacht im Brückenkopf Berge Kranken- und Totentransporte zu verrichten. Regime-Gegnern, die beim »Volkssturm« dienen mussten, brachte Walther in freien Augenblicken Meldungen über den wechselnden Frontverlauf. Daraufhin verabredete Walther mit seinem Kameraden Simon, dass dieser die Italiener in der Nacht zur Baufirma schleuste. Elf von ihnen wurden im Betrieb untergebracht, elf weitere im Haus Weinbergstraße 24.

---

304 BLHA, Rep. 801, VdN Nr. 2165.

Versehen mit Brot und einer Landkarte, lotste Walther die Gefährdeten aus Forst heraus und in einen nach Hoyerswerda ziehenden Flüchtlingsstrom hinein. In Kölzig verließ er sie. Die Italiener umarmten und küssten ihren Retter. (Nach der Befreiung schickten sie ein Dankschreiben.) Walther fährt mit seinem Bericht fort:

Paul Walther

> Die Polizei sucht die Häuser ab. Einwandfrei benehmen sich die Polizeibeamten Herrmann und Buhlick, diese Italiener sind weg gewesen. Ich muß jeden zweiten Tag auf die Kommandostelle in der Luisenschule erscheinen und mir einen rosa Passierschein ausstellen lassen. Als Schreiber fungiert der jetzige [1948] Leiter des Kulturamtes Paul Lehmann, und ich entgehe dadurch mancher schwierigen Nachfrage. Ich kann wieder ungehindert durch die Straßen gehen. Eltwerk und Wasserwerk liegen unter meiner besonderen Beobachtung, nachdem ein Pionier, gebürtig in Ostfriesland, verraten hat, daß sämtliche Brücken und diese beiden Werke mit Sprengladungen versehen sind. Rücksprache mit dem Gen. Artur Schröter vom Eltwerk. Er hat sein Versprechen gehalten, er blieb trotz Beschusses im Werk und zerschnitt im letzten Moment das [Zündungs-] Kabel. Brücke und Eltwerk flogen nicht in die Luft. Es ist die einzige Brücke, die in Forst nicht gesprengt wurde, die Eisenbahnbrücke über den Mühlgraben. Während Schröter das verhindert hat, erledigte ich meine Aufgabe in Bezug auf das Wasserwerk, ständig auf dem Wege dem Artilleriefeuer ausgesetzt, blieb das Wasserwerk erhalten.

Am Montag, den 16. April 1945, trieben die sich überstürzenden Kriegsereignisse in Forst ihrem Ende zu. Paul Walther schließt seinen Bericht mit folgenden Sätzen:

> Im Keller bei mir Paul und Heinrich Hoppenz und Frau Schmidt. Der Feuerüberfall dauert schon zwei Stunden. Es pocht an die Haustür. Beim Öffnen finde ich den Gen. Gustav Gröschke vor mir liegen. Er war [Fahnen]flüchtig geworden im letzten Moment. Mit 3 Granatsplittern im Körper, Rücken, Gesäß und Oberschenkel, hatte er sich bis zu mir an das Haus durchgeschleppt. Rasch war die Uniform herunter, zwei Splitter mit Pinzette entfernt, verbunden und ins Bett gebracht. Ich zog meinen letzten Zivilanzug aus, er wurde für Gröschke zurechtgelegt. Er ist gerettet worden, er lebt, ich konnte ihm vergelten für seine Mithilfe in der illegalen Arbeit. Um 9.30 Uhr wurden wir unbelästigt, nachdem ich meine Ausweise zeigte, alle von Soldaten der Roten Armee aus dem Keller geholt, Gröschke dem Verbandsplatz überwiesen. Meine illegale Tätigkeit hatte im Kampf gegen das Naziregime sein [ihr] Ende gefunden.

Geben wir zum Abschluss des Kapitels über Sozialdemokraten und Freigewerkschafter einem Mann das Wort, der daran erinnert, dass es noch bis in die letzten Stunden des NS-Regimes Opfer unter den Inhaftierten gab, und für die jede Befreiung zu spät kam.

Im KZ Sachsenhausen

Carl Vollmerhaus wirkte bis 1933 als angestellter Gewerkschaftssekretär für den Bezirk Berlin-Brandenburg-Grenzmark (S. 28) und zählte auch nach der Zerschlagung der Arbeiterbewegung zu den gesinnungstreuen Funktionären der illegalen Bewegung.[305] Vom Bestreben, ein weit verzweigtes Netz (S. 169) gewerkschaftlicher Vertrauensleute aufzubauen und aufrecht zu erhalten, ließ er sich auch durch Bespitzelungen und wiederholte Inhaftierungen nicht abbringen. Doch die längste und schwerste Kerkerhaft stand noch vor ihm, als der Zweite Weltkrieg begann. Carl Vollmerhaus (1883–1979) blickt 1965 zurück:

> Am 1. Kriegstag wurde ich mit etwa 100 Gewerkschaftern erneut verhaftet. Wir wurden in das KZ Sachsenhausen bei Oranienburg überführt. Hier trafen sich, um einige für alle zu nennen: Flatow [Flatau], Bredow, Breunig, Lübbe, Dr. Lothar Erdmann, Dötsch (Kobl.), Henseler [Henßler] OB Dortmund, Görlinger OB Köln.
> Erdmann war der Redakteur der »Arbeit«, wissenschaftliches Organ der Gewerkschaften. Er wurde in den ersten drei Tagen zu Tode gemartert. Lorenz Breuning, Vorstandsmitglied der Eisenbahngewerkschaft wurde vergast. Trotzdem feindliche Bomber bei jedem Einflug über unser Lager einflogen, ist nur eine Brandbombe vom Wind getrieben, ins Lager gefallen, in die Effekten-Kammer, ohne daß es Verletzte gab.
> Im Lager waren inhaftiert: neben Berufsverbrechern, Asozialen, tausende Polen, Ukrainer, viertausend tschechische Studenten, der ganze Lehrkörper der Universität Krakau, dreitausend Norweger, darunter Lange, Gerhardsen, 13 000 russische Kriegsgefangene, davon 12 000 ermordet, viele Holländer, Belgier, Franzosen, Österreicher, Spanier (der ehemalige demokratische Ministerpräsident), ein großer Teil vom 20. Juli [19]44, viele Pfarrer, wie zwei aus der Eifel, die es versäumt hatten, bei einem Besuch Görings in einem Eifeler Restaurant aufzustehen, und wie die Vogelscheuchen angekleidet wurden und auch [auf] dem Appell-Platz tagelang spazieren mußten. Drei Krematorien waren tagelang und nächtelang im Betrieb. Wilhelm Leuschner, Oswald Wiersich und Fritz Vogel [Voigt] sind nach dem 20. Juli hingerichtet worden. […] Im April 1945 wurde das Lager geräumt und wir sollten nach Bergen-Belsen überführt werden. Auf dem Marsch nach Bergen-Belsen wurden alle Marschunfähigen durch Genickschuß ermordet und im Chausseegraben liegengelassen.[306]

---

305 Rainer Moltmann, Vollmerhaus, Carl (1883–1979), in: Siegfried Mielke (Hg.), Gewerkschafter in den Konzentrationslagern Oranienburg und Sachsenhausen. Biographisches Handbuch, Bd. 1, Berlin 2002, S. 98–115.

306 AsD, Nachlass Vollmerhaus Bestand 314, Interview von Carl Vollmerhaus mit Dr. H. Skrzypczak (Titel »Erinnerungen von Carl Vollmerhaus«) am 27.4.1965, S. 29.

Befreiung und neue Not (Einzelbeispiele)

Zu den traurigsten Kapiteln der politischen Geschichte Brandenburgs gehört der Umgang der sowjetischen Befreier bzw. Besatzungsmacht und ihrer stalinistischen Gesinnungsgenossen in den Reihen von KPD bzw. SED mit politisch Andersdenkenden. Der Verfasser spricht nicht pauschal von »den Kommunisten«, denn es waren auch aus deren Reihen mehrere Menschen von Verfolgung betroffen. So etwa der Rathenower *Otto Weber.* (S. 307ff.)

Auf die SPD und die Freien Gewerkschafter bezogen, haben wir es allerdings mit einem Massenphänomen zu tun, denn die Bildung der SED geschah weitgehend unter Zwang und Terror – was die freiwillige Zustimmung einer *Minderheit* von Sozialdemokraten zur Gründung der Einheitspartei nicht ausschloss (S. 218).[307]

Im Rahmen des Kapitels über den Widerstandskampf von Sozialdemokraten und Freien Gewerkschaften stieß der Autor wiederholt auf Persönlichkeiten, die nach dem Krieg in der SBZ/DDR erneut schweres Leid erlitten. So wurde der Rathenower Bürgermeister *Paul Szillat* (S. 126f.) unter fadenscheinigen Vorwürfen sechs Jahre eingesperrt, sein früherer Weggefährte, der Döberitzer Otto Sommer (S. 170ff.), litt deswegen ebenfalls über zwei Jahre. Der Cottbuser Sozialdemokrat und frühere Reichsbanner-Kreisleiter *Paul Liebeck* (S. 75) saß über vier Jahre im Zuchthaus Bautzen, Artur Lehmann (S. 201) über fünf Jahre in Workuta. Sein Kamerad und Genosse, der Gubener *Otto Aigringer* (S. 75), entging den Folgen politischer Anschuldigungen 1951 gerade noch rechtzeitig durch die Flucht nach West-Berlin – und ließ eine große Familie zurück.

Auf die Flucht mehrerer NS-Widerstandskämpfer der Gruppe »Nordbahn« aus der Region um Hohen Neuendorf (S. 231f.) wurde bereits hingewiesen.

Wieder andere SED-Mitglieder sozialdemokratischer Herkunft, wie der Luckenwalder *Richard Heyn* oder der Forster *Paul Walther,* schloss die »Einheitspartei« 1951 aus ihren Reihen aus. Ganz besonders bitter endete die politische Biographie jener, die die Verfolgungen des Nationalsozialismus noch überlebt hatten, dann aber dem stalinistischen Terror zum Opfer fielen: Denken wir in Trauer an den Niederbarnimer *Kurt Noack* (S. 231), den Spremberger *Paul Wobusa* (S. 200) oder den illegalen Leiter der Lausitzer Sozialdemokraten, einen Mann, der bis 1945 im KZ litt: *Ernst Tschickert* (S. 204). Als Gegner neuer Gewaltherrschaft verschleppte ihn der sowjetische Geheimdienst 1949 in die UdSSR, wo er 1951 in einem Lager umkam.

Greifen wir abschließend exemplarisch die Biographie eines dieser Märtyrer der freiheitlichen Arbeiterbewegung heraus, um zu verdeutlichen, welche charaktervollen Persönlichkeiten zum zweiten Mal in ihrem Leben verfolgt wurden und dabei ihr höchstes Gut verloren: Es handelt sich um den früheren »Arbeitersekretär«, also hauptamtlichen ADGB-Gewerkschaftsfunktionär, von Luckenwalde *Karl Engelbrecht*

307 Siehe die fundierte Quellenstudie von Andreas Malycha, Auf dem Weg zur SED. Die Sozialdemokratie und die Bildung einer Einheitspartei in den Ländern der SBZ, Bonn 1996; besonders in Forst, im Kreis um den früheren Bezirksführer Ernst Conrad (S. 192f.), gab es viele von der Notwendigkeit einer einheitlichen Arbeiterpartei überzeugte Sozialdemokraten.

(1898–1947).[308] Er gelangte an diese Aufgabe, die vor Ort Arbeitnehmern u. a. kostenlose Rechtsberatung in Fragen des Arbeits- und Sozialrechts sowie der Sozialversicherung gab, als Nachfolger des zum besoldeten Luckenwalder Stadtrat für Wohlfahrtsangelegenheiten gewählten Johann Bauer (S. 177).

Karl Engelbrecht

Engelbrecht wirkte darüber hinaus ehrenamtlich als Erster Vorsitzender des SPD-Unterbezirks Jüterbog-Luckenwalde und war Delegierter Brandenburgs auf mehreren Reichsparteitagen der Sozialdemokratie (S. 113). Seit 1928 Kreistagsabgeordneter seiner Partei und ab 1930 Mitglied des Kreisausschusses, zählte er zu den Spitzenpolitikern der Stadt, für die er sich auch im Reichsbanner engagierte. Wie andere Gleichgesinnte (S. 130ff.) verlor er 1933 aufgrund der »Säuberungen« seinen Arbeitsplatz und wurde im Juli d. J. ins KZ verschleppt (zunächst Oranienburg, dann Sonnenburg). Am 21. Oktober nach qualvoller Zeit 1933 entlassen, blieb er 2½ Jahre arbeitslos und fand erst dann eine Beschäftigung als Betriebskaufmann bzw. Versandleiter. Politisch hielt er Kontakt zu früheren politischen Weggefährten und NS-Gegnern und fuhr deshalb wiederholt nach Berlin und Potsdam, wohin der o. g. Johann Bauer (S. 177) ausgewichen war. Wie dieser kam er im Zuge der »Schutzhaft«-Welle nach dem 20.7.1944 ins KZ und wurde erst am 27. September d. J. aus dem KZ Sachsenhausen entlassen. Nach der Befreiung zählte er zu jenen SPD-Anhängern, die für eine enge Zusammenarbeit mit den Kommunisten eintraten und dafür einen lokalen »Aktionsausschuß« ins Leben riefen. Doch die Entwicklung in der SBZ wies zunehmend in eine ganz andere Richtung – fern jeder Gleichberechtigung von SPD und KPD: Bereits am 11. August 1945 wurde Engelbrecht an seinem Arbeitsplatz in der Stadtverwaltung von Luckenwalde, wo er als Stadtrat wirkte, von Mitarbeitern des sowjetischen Geheimdienstes NKWD festgenommen und verschleppt – die Gründe blieben offiziell unbekannt. Engelbrecht war kurz zuvor gewarnt worden, rechnete aber aufgrund seiner tadellosen Vergangenheit als NS-Verfolgter mit nichts Bedrohlichem! Erst Anfang 1949 erfuhr seine Frau Minna, dass ihr Mann bereits 1947 verstorben war. Nach 1989 wurde bekannt, dass der Gewerkschafter am 9. Juni 1947 im sowjetischen Speziallager Mühlberg, wo er einer Akte zufolge als »Abwehr-Agent« eingestuft worden war, ums Leben kam. Ehre gerade auch seinem Andenken!

308 Siehe Ingrid Frickes Artikel über Karl Engelbrecht in: S. Mielke, Gewerkschafter, Bd. 2, S. 176–181.

Unabhängige Gruppen

Vorbemerkung

Die deutsche Arbeiterbewegung – der es allerdings nie gelang, die Mehrheit der Arbeiterschaft organisatorisch zu erfassen[1] – war vor 1933 nicht völlig durch zwei monolithische große Blöcke, die Sozialdemokratie (als Teil der II. Internationale bzw. Sozialistischen Arbeiter-Internationale) und die Kommunistische Partei (als Teil der III. Internationale), beherrscht, sondern durch sehr viele Facetten gekennzeichnet. Dies belegen in den entsprechenden Kapiteln dieses Textes nicht nur die dort benannten innerparteilichen Strömungen und gesonderten Kreise, sondern auch die Tatsache, dass es zwischen – oder auch neben – SPD und KPD ein breites Spektrum kleiner Gruppen und Tendenzen gab, die sich sehr unterschiedlich politisch definierten, jedoch alle als revolutionär und unabhängig verstanden. Sie agierten zwar selbstständig und waren vom eigenen Anspruch her sehr ambitioniert, blieben von Herkunft und politischer Strategie aber doch eng auf die Mitgliedschaften und Wählerschaften der beiden dominierenden Parteien SPD und KPD bezogen. Denen gelang es nämlich trotz aller Konkurrenz, einen großen Teil der Arbeiterschaft – in Berlin Ende 1932 sogar über 50 % aller (abgegebenen) Wählerstimmen – an sich zu binden.

Der Facettenreichtum und die jeweilige programmatisch-ideologische Ausrichtung der verschiedenen Gruppierungen zwischen SPD und KPD können im Rahmen der vorliegenden Darstellung über die Provinz Brandenburg nicht ausführlich beschrieben werden.[2] Dies vor allem deswegen nicht, weil nur einige dieser Tendenzen für die Provinz Brandenburg wirklich eine markante Rolle spielten, signifikanterweise blieben sie auf industrielle Kerngebiete wie Brandenburg (Stadt), Rathenow und die Lausitz begrenzt – alten Hochburgen der KPD und SPD also, von denen sie sich abgespalten hatten bzw. die aus einer politischen Protesthaltung gegen die großen Arbeiterparteien entstanden waren.

Da die verschiedenen Gruppen aber gelegentlich im Text auftauchten, seien sie vorab grob annotiert: Auf Seiten der kommunistischen Bewegung gab es schon in den 1920er Jahren sogenannte rechte (am einheitlichen Gewerkschaftsgedanken orientierte) Abspaltungen wie die Kommunistische Partei-Opposition, aber auch linkskommunistische Abspaltungen wie den Leninbund und die Linke Opposition

---

1 Peter Brandt, Die Arbeiterbewegung des 19. und 20. Jahrhunderts. Entwicklung-Wirkung-Perspektive, in: Jahrbuch für Forschungen zur Geschichte der Arbeiterbewegung 1/2002, S. 5–20 (S. 11). Der Autor hebt hervor, dass etwa ¼ der Arbeiterschaft organisiert war, der politische Einfluss der Arbeiterbewegung zeitweise aber darüber hinausging.

2 Siehe für die Szene in Berlin geschildert H.-R. Sandvoß, Die »andere« Reichshauptstadt, S. 169–271 (mit ausführlichen Beispielen und Quellenverweisen).

(Trotzki-Anhänger). Beide genannten Richtungen waren leninistisch, also am Modell der zentralistischen Kaderpartei orientiert, und traten für die Einheitsfront ein, da sie den »Sozialfaschismus«-Kurs der KPD (S. 341f.) für verhängnisvoll hielten. Der größte und nachhaltigste Unterschied zwischen beiden Gruppen war das Verhältnis zur UdSSR bzw. zum sich dort ausbreitenden totalitären Stalinismus. Die KPD-O glaubte und hoffte auf eine Verständigung mit Stalin – was Trotzki (verkürzt) einmal mit den Worten ironisierte: »Stalinismus ja – nur nicht bei uns in Deutschland«, während die Linke Opposition auch international in Opposition zu ihm stand.

Eine wieder andere kommunistische Richtung waren die Rätekommunisten (Anarchosyndikalisten, Linkskommunisten), die nicht nur jeden Leninismus als autoritäre Kaderpartei ablehnten, sondern auch jede Form von Parlamentarismus und staatlichem Zentralismus, ihr Ziel war die Selbstregierung durch Arbeiterräte. Sie waren betont revolutionär, aber auch freiheitlich-libertär ausgerichtet. Nicht wenige fanden auf dem linken Flügel der SPD Unterschlupf, bildeten aber dort einen gesonderten Kreis, die »Sozialwissenschaftliche Vereinigung« – des Rosa Luxemburg-Vertrauten und früheren KPD-Vorsitzenden Dr. Paul Levi –, aus dem 1932/33 die Widerstandsgruppe »Rote Kämpfer« hervorging.

Mehr im Umfeld der SPD agierten zwei weitere linkssozialistische Kreise, aus denen später ebenfalls antifaschistische Widerstandsgruppen hervorgingen:

Der Internationale Sozialistische Kampfbund (ISK) und die anfangs nur Org., später Neu Beginnen genannte, sehr konspirativ wirkende Gruppierung um Walter Loewenheim (»Miles«). So verwirrend es sein mag: Beide Richtungen waren eher leninistisch strukturiert und verlangten von ihren Anhängern einen hohen persönlichen Einsatz im politischen Alltag; während die »Org.« aber eine traditionell-marxistische Ausrichtung besaß, sahen die Streiter des ISK in der geistig-moralischen Festigung und Schulung des Einzelnen die wichtigste Grundlage politischen Handelns. Viele von ihnen waren daher Lehrer bzw. Pädagogen, Antimilitaristen, Internationalisten, Vegetarier, Anti-Alkoholiker, Kirchenkritiker bzw. Freidenker und nicht zuletzt Anhänger sexueller Enthaltsamkeit.

Die wohl größte linkssozialistische Gruppierung war eine aus der SPD hervorgegangene linke Abspaltung mit Namen Sozialistische Arbeiterpartei Deutschlands, zu der 1932 ein Teil der oben genannten rechtskommunistischen KPD-O, aber auch Einzelmitglieder der »Roten Kämpfer« stießen. Die Fluktuation innerhalb der »Zwischengruppen« war also nicht gering, wiederholt kam es zu Überschneidungen und Bündnissen im Untergrundkampf seit 1933: So standen sich vor allem die SAP und die Trotzkisten nahe.[3]

3 Beide im Verbund und die rätekommunistischen Anarchosyndikalisten standen in strikter Opposition zum Stalinismus und wurden von diesem – selbst noch in den Reihen der Interbrigaden des Spanischen Bürgerkrieges – erbittert bekämpft.

Der Rote Stoßtrupp

Den eben genannten Gruppen konzeptionell-ideologisch zurechnen können wir auch jene aus dem sich 1933 auflösenden sozialdemokratischen »Milieu« hervorgegangenen und in strikter Opposition zur alten SPD stehenden linkssozialistisch-revolutionären Organisationen, die sich nach ihren im Untergrund herausgegebenen Publikationen benannten:

Der »Proletarische Pressedienst«[4] (um Dr. Heinz Langerhans und andere Linksintellektuelle) und »Der Rote Stoßtrupp« (um den Journalisten Rudolf Küstermeier und politische Freunde aus dem Reichsbanner, der Arbeiterjugend sowie dem Kreis Sozialistischer Studenten wie Karl Zinn und Curt Bley).

Vor allem die letztgenannte Organisation[5] hatte es verstanden, sich landesweit ein Netz von Anhängern und Sympathisanten aufzubauen und über sie die besagte illegale Schrift zu verbreiten. Wie Küstermeier betont[6], war die Geburtsstunde der Gruppe »Roter Stoßtrupp«, zu der sehr viele frühere Anhänger der Republikschutztruppe »Reichsbanner Schwarz-Rot-Gold« gehörten, der kampflos hingenommene Staatsstreich des rechtskonservativen Reichskanzlers von Papen gegen die republiktreue preußische Landesregierung Braun-Severing am 20. Juli 1932 (S. 114). Damals begannen sich die sozialistischen Freunde um Küstermeier Gedanken darüber zu machen, wie man sich im Falle des Sieges der Hitler-Bewegung politisch organisieren und verhalten müsse, und kam auf die Idee, umsichtig vernetzte Kleingruppen zu bilden.

Hierfür nutzten vor allem die früheren Reichsbannerfunktionäre und Redner (wie etwa der 1932 vielfach verpflichtete Student Curt Bley[7]) ihre 1931/32 durch Einsätze im Brandenburgischen gewonnenen Kontakte zu vertrauenswürdigen und kampfentschlossenen Personen, um in verschiedenen Städten und Gemeinden Widerstandszellen aufzubauen. Stellvertretend seien dazu zwei Zeitzeugen zitiert (ohne damit einen Anspruch auf Vollständigkeit zu erheben). Franz Meyer (1906–1983) blickt 1983 zurück:

> Ende 1932 wurde eine Gruppe des Reichsbanners mit dem Namen »Stadt und Land« gebildet, eine sogenannte Studentengruppe, die besonders in die Ostgebiete der Mark Brandenburg zog, um Lichtbildervorträge über die Weimarer Republik zu halten.

---

4 Vgl. H.-R. Sandvoß, Die »andere« Reichshauptstadt, S. 71–74; ders.: Widerstand in Neukölln, Berlin 1990, S. 55ff. Die genannte Berliner Gruppe traf sich 1933 im Raum Königs Wusterhausen.

5 Vgl. Dennis Egginger, Der Rote Stoßtrupp. Darstellung und Analyse einer frühen sozialdemokratischen Widerstandsgruppe gegen den Nationalsozialismus. Diplomarbeit an der Freien Universität Berlin/Otto Suhr-Institut für Politikwissenschaft, Berlin 27.9.2010. Jüngst erschien als gedruckte Fassung der Promotionsschrift: Dennis Egginger-Gonzalez, Der Rote Stoßtrupp. Eine frühe linkssozialistische Widerstandsgruppe gegen den Nationalsozialismus, Berlin 2018.

6 Rudolf Küstermeier, Der Rote Stoßtrupp, Berlin 1981 (Beiträge zum Thema Widerstand, Heft 3).

7 Vgl. »Das Reichsbanner« vom 12. November 1932 über eine Veranstaltung in Havelberg (Krs. 2, Prignitz) mit einem »hervorragenden Redner«, einem Studenten aus Berlin namens Kurt Blei (später Curt Bley).

Bln. 19.8.33.

DER ROTE STOSSTRUPP

5 Blatt.

Nr. 12 ---------------------- 6.6.33.

Der Totentanz des Weltkapitalismus

Die Londoner Weltwirtschaftskonferenz versackt langsam aber sicher. Sie muss versacken, weil keine der für einen Erfolg nötigen Voraussetzungen erfüllt ist. Es fehlt an den politischen Voraussetzungen. Es fehlt an den psychologischen Voraussetzungen. Es fehlt an allem.

Das stärkste Hindernis für einen Erfolg der Weltwirtschaftskonferenz steckt in der Tatsache, dass die wichtigsten Länder, voran Amerika, offenbar garkeine "Weltwirtschaft" wollen. Sie betrachten ihre Aussenhandelsbeziehungen als notwendiges Uebel und streben in zunehmendem Masse nach "Autarkie". Solche Zielsetzung ist das Gegenteil von dem, was in London beschlossen werden müsste, wenn man wenigstens etwas tun wollte, um aus der Krise herauszukommen. Man wird also nichts beschliessen, sondern sie einzelnen Länder weiter wursteln lassen. Bestenfalls wird es zu einigen regionalen Abmachungen kommen, wenn nicht auf der Konferenz selbst, dann im Anschluss an sie. So für den Donauraum, für die skandinavischen Länder usw. Dass aber mit solchen Vereinbarungen, so wichtig sie für einzelne der beteiligten Länder sein mögen, nichts Entscheidendes gewonnen ist, liegt auf der Hand. Denn auf den grossen Kampf zwischen den Inflationsländern und den Goldwährungsländern, zwischen den Gläubiger- und den Schuldnerländern, zwischen Amerika und England, zwischen Amerika und Europa, zwischen den altkapitalistischen Ländern (England, Deutschland, Amerika) und Japan haben solche Vereinbarungen keinen oder nur einen unwesentlichen Einfluss. Und wenngleich die Bedeutung z.B. des Donauraumesfür die Auseinandersetzung zwischen den faschistischen und den (noch) nichtfaschistischen Ländern, zwischen den an Versailles interessierten und den gegen Versailles sich erhebenden Ländern, zwischen Frankreich und Deutschland einerseits und Frankreich und Italien anderseits nicht unterschätzt werden darf, so fallen doch die Entscheidungen über das Schicksal des Weltkapitalismus nicht in Wien und Bukarest, nicht in Prag und Sofia sondern zunächst in London, Washington und Tokio. Sogar Paris wird auf die Dauer wenig mehr zu melden haben.

Wie hoffnungslos die Situation der Weltwirtschaft heute ist, das sieht man besonders deutlich an der Rolle, die die Währungsfrage in London spielt. England hat seit zwanzig, Amerika seit zwei Monaten eine Inflation. In England hat man bereits gemerkt, dass die Inflation nur eine Scheinblüte hervorbringt, und dass auf die Dauer mehr Schaden als Nutzen entsteht. Man wäre also nicht abgeneigt, zum Goldstandard zurückzukehren. Aber da ist Amerika. Es schwelgt in der ersten Begeisterung über die "Belebung", die die Inflation in seine Wirtschaft hineingebracht hat und will die neue "Prosperität" natürlich auskosten statt sie mit Rücksicht auf andere Länder aufzugeben. Dieser Umstand wirkt notwendig auf England zurück. Es muss für seine Exportinteressen fürchten, wenn es selbst stabilisiert, der Dollar aber weiter rutscht. Es schiebt also seine Entscheidung hinaus. Mit diesem Hinausschieben aber ist das Schicksal der Konferenz bereits entschieden. Denn es gibt kaum ein einziges Land, das noch längere Zeit warten könnte. Wird nicht im internationalen Masstabe gehandelt, so müssen die einzelnen Länder von sich aus tun, was ihnen nützlich erscheint.

Was wird es sein, das ihnen nützlich, das ihnen notwendig erscheint? Wir brauchen nur im lieben Vaterlande Umschau zu halten, um die Antwort zu finden: Man wird die Autarkiepolitik fortsetzen, man wird die Zölle weiter erhöhen, man wird die schon jetzt geübten handelspolitischen Massnahmen

Illegale Schrift des »Roten Stoßtrupps«, 6. Juni 1933

> Dafür wurden sie offiziell staatlicherseits unterstützt. Leiter war der Student Erwin Bennewitz, der in Baumschulenweg (Bezirk Treptow) wohnte. [...]
> Inoffiziell nutzten sie die Gelegenheit, SPD-Ortsgruppen zu gründen. Mit [den Reichsbannerkameraden] Robock und Siedentopf (Naunynstraße) habe ich noch im Januar 1933 Ortsgruppen gegründet, aber dafür wurden wir schon von Nazis halbtot geschlagen. Viele Zusammenstöße gab es zum Beispiel auch bei Berlinchen (Oder), einem jener Orte, zu dem wir vom Görlitzer Bahnhof aus hingefahren sind.
> Willi Schwarz (Roter Stab) besaß ein Motorrad, dessen Tank zur Hälfte mit illegalem Material des »Stoßtrupps« gefüllt war. Damit ging es über Land, weit in die Mark Brandenburg hinein.[8]

Otto Melcher (1912–1996) sagt 1983 aus: »Wir (Zehlendorfer) haben das Material des »Roten Stoßtrupps« hier unter Genossen verteilt, aber auch bis nach Potsdam rausgebracht, zu einem Zuverlässigen, einem Dachdeckermeister und seinem Sohn.«[9]

Bei seiner wissenschaftlichen Aufarbeitung des »Roten Stoßtrupps« konnte Dennis Egginger zahlreiche empirisch abgesicherte Aktionsorte dieser Gruppe feststellen, die deutlich machten, dass zumindest großräumig wesentliche Teile des damaligen Reichsgebiets abgedeckt wurden, so etwa neben Nord-, West- und Süddeutschland auch Mitteldeutschland (mit Kassel, Leipzig und Magdeburg) und Ostdeutschland (mit Stettin).

Nur Bayern und der Osten des Deutschen Reiches (Pommern mit Ausnahme Stettins, Schlesien und Ostpreußen) weisen keine eindeutig belegbaren Aktionsorte auf. Vom Problem, dass die Quellenlage aber »oft nicht gut« sei[10], sind gerade im »Großraum Berlin« (Egginger) mehrere Städte und Gemeinden betroffen. Hier zählt er folgende Orte der Provinz Brandenburg auf, zu denen keine sicheren Aussagen möglich sind: Calau, Jüterbog, Kleinmachnow und Luckau.

Während wir zum »Roten Stoßtrupp« – und zu vielen anderen einleitend namentlich angeführten kleinen Gruppen zwischen SPD und KPD – ebenfalls auf keine die Provinz Brandenburg betreffenden Justizverfahren stießen, konnten derartige Verfolgungsmaßnahmen aber zu drei anderen kleinen Untergrundorganisationen – von denen die Erstgenannte noch die weitaus größte war – Prozesse gefunden werden:

- Sozialistische Arbeiterpartei Deutschlands
- Leninbund
- Rätekommunistisch orientierte Anarchosyndikalisten bzw. Rote Kämpfer

Ihren Aktiven sollen sich die folgenden Abschnitte des Kapitels widmen.

8 GDW/Berlin, Interview des Verfassers mit Franz Meyer im März 1983 (wenige Monate vor seinem Tod).

9 Ebd., Interview des Verfassers mit Otto Melcher am 7. Oktober 1983.

10 Dennis Egginger, Der Rote Stoßtrupp, S. 77ff. (»Geographische Ausbreitung des RS«); Dennis Egginger-Gonzalez, Der Rote Stoßtrupp, S. 134ff. sowie S. 570 mit dem Hinweis auf – lediglich subjektiv belegte – Aktivitäten des Gruppenmitglieds Otto Ostrowski im Kreis Jüterbog bzw. in Finsterwalde.

Sozialistische Arbeiterpartei Deutschlands (SAPD)

Knapp fünfzehn Jahre nach der Abspaltung pazifistischer und linkssozialistischer Kreise von der Sozialdemokratie im Ersten Weltkrieg begann die SPD, im Gefolge der Weltwirtschaftskrise und aufgrund ihrer Kompromisspolitik gegenüber bürgerlichen Kreisen im Koalitionskabinett unter Reichskanzler Hermann Müller (SPD), erneut in schwere innerparteiliche Turbulenzen zu geraten. Linke Kritiker um die Reichstagsabgeordneten Max Seydewitz und Dr. Kurt Rosenfeld, zu denen gerade in der Reichshauptstadt große Teile der Parteijugend neigten, verlangten vor allem die Einhaltung des Wahlkampfversprechens der zurückliegenden Reichstagswahl (1928) »Kinderspeisung statt Panzerkreuzer«.

Aber die im Herbst 1931 entstandene Sozialistische Arbeiterpartei Deutschlands (SAPD, auch SAP)[11] reichte nie an die frühere Bedeutung der USPD heran. Selbst in ihren Hochburgen wie Sachsen und Berlin gewann sie kein regionales Gewicht – weder von der Mitgliederzahl noch von ihren Wahlergebnissen her. 25 000 bis 30 000 Menschen wurden in Deutschland Mitglied der Partei bzw. ihres Jugendverbandes SJV (Sozialistischer Jugend Verband). Nennenswerte Einbrüche in die proletarische Wählerschaft gelangen ebensowenig wie die erhoffte Schlüsselrolle bei der Schaffung einer Einheitsfront. Die Fronten blieben verhärtet. Zuspruch und bescheidener Zulauf erfolgte allenfalls von sehr kleinen linken Kreisen wie dem Sozialistischen Bund (um Georg Ledebour), der Rest-USPD (Theodor Liebknechts) oder den Revolutionären Pazifisten (Kurt Hillers).

Obwohl die SAP in Berlin, wo sie schließlich 1933 auf etwa 1300 Mitglieder kam, auch einzelne Erfolge erringen konnte, so trat Ende 1931/Anfang 1932 eine Minderheit der KPD-O – darunter profilierte Köpfe wie Paul Frölich und Jacob Walcher – der Sozialistischen Arbeiterpartei bei, musste sie andererseits auch Niederlagen einstecken, denn nicht alle potenziellen Anhänger der SAP vollzogen den Bruch mit der SPD. Gerade in der Hauptstadt Deutschlands, wo die über dreitausend Mitglieder zählende SPD-Parteijugend (SAJ) unter Erich Schmidt (1910–2008) aus Prenzlauer Berg mehrheitlich gegen den politischen Kurs der Gesamtpartei stand, verhinderten geheime Mitglieder der Gruppe »Neu Beginnen« den Massenübertritt von weit über tausend SAJ'lern zur SAP bzw. dem SJV. Obwohl mit Edith Baumann und Willi Kressmann zwei in Berlin sehr beliebte Jugendführer[12] mit über fünfhundert Anhängern der neuen Partei viele engagierte Mitglieder zuführten, blieb die Organisation in der Reichshauptstadt eher kopflastig: An der Spitze wirkten zahlreiche intellektuelle Persönlichkeiten, doch das Gros stellten eher unerfahrene junge Leute. Berlins SJV-Leiter Herbert George (* 1910) schätzte zirka 1300 Parteianhänger und teilte sie 1982 wie folgt ein:

---

11 Zur Einführung: Hanno Drechsler: Die Sozialistische Arbeiterpartei Deutschlands (SAPD). Ein Beitrag zur Geschichte der deutschen Arbeiterbewegung am Ende der Weimarer Republik, Meisenheim am Glan 1965; Jörg Bremer: Die Sozialistische Arbeiterpartei Deutschlands. Untergrund und Exil 1933–1945, Frankfurt am Main/New York 1978.

12 Vgl. H.-R. Sandvoß: Widerstand in Prenzlauer Berg und Weißensee, S. 72ff.

Zeitschrift der SAP warnt im Februar 1933

> Die SAP bestand in Berlin aus sehr vielen jungen Leuten, an der Spitze der Partei waren einige Intellektuelle. Unsere Berliner Organisation umfasste etwa 800 Jugendmitglieder, darunter sehr viele ehemalige SAJ-Anhänger. Das Parteibüro lag zunächst in der Prenzlauer Allee, danach in einer kleinen Querstraße am Alexanderplatz [Magazinstraße].[13]

Die SAP besaß mit Dr. Fritz Sternberg[14] zwar einen eigenständigen marxistischen Theoretiker, der wie Leo Trotzki und Dr. August Thalheimer (S. 317) vor der drohenden terroristischen Herrschaft der Hitler-Bewegung warnte und die großen Arbeiterparteien zur Bildung einer Arbeitereinheitsfront aufforderte, konnte die Katastrophe des Jahres 1933 aber nicht mehr aufhalten. Dafür waren ihre Kräfte zu schwach und ihre politische Autorität selbst regional zu gering.

---

13 GDW/Berlin, Interview des Verfassers am 13.1.1982.

14 Zu Fritz Sternberg siehe Helga Grebing (Hg.): Fritz Sternberg (1895–1963). Für die Zukunft des Sozialismus, Köln 1981; dieselbe und Klaus-Jürgen Scherer (Hg.), Streiten für eine Welt jenseits des Kapitalismus. Fritz Sternberg – Wissenschaftler, Vordenker, Sozialist, Paderborn 2017.

Und schon Anfang 1933 geriet die SAP in eine sehr schwere politische Krise, als die Parteigründer[15] Seydewitz und Rosenfeld mit einer knappen Vorstandsmehrheit den Beschluss fassten, die SAP wieder aufzulösen. Doch die unterlegene Minderheit ignorierte die Liquidierung und machte sich zur Sprecherin der Mehrheit der Aktiven. Max Köhler (1897–1975), Leiter der SAP in Berlin-Brandenburg, erinnert sich 1959:

> Von den [landesweit] rund 30 000 Mitgliedern der SAP ging nur ein verschwindend geringer Prozentsatz zu den Nazis, während etwa die Hälfte der Mitglieder entschlossen war, weiter zu kämpfen. Zunächst beteiligte sich die SAP weiterhin legal am politischen Geschehen, so z. B. bei den Reichstagswahlen vom 5. März 1933, wenn auch am Morgen nach dem Reichstagsbrand [27. Februar] das Büro der Bezirksleitung Berlin besetzt und durchsucht wurde. Bei dieser Aktion wurde auch Max Köhler vorübergehend bis Mitte März inhaftiert.[16]

Am 5./6. März 1933 kam in Dresden ein illegaler Parteitag zusammen. Es wurde eine neue Führung gebildet (Frölich, Köhler, Zweiling, Enderle, Rosi Wolfstein, Walcher, Thomas und Fabian) und die Einrichtung einer Auslandsleitung beschlossen (zunächst unter Frölich, dann unter Walcher), die die illegale Arbeit fördern und im Ausland um Unterstützung, auch finanzieller Art, werben sollte. Der Stützpunkt wurde zunächst in Prag eingerichtet. Dort (und später in Paris) stellten Parteianhänger Untergrundmaterial her, das Kuriere heimlich nach Deutschland schleusten. Besonders verbreitet war die Zeitschrift »Das Banner der revolutionären Einheit«.

Wie Berlin-Brandenburgs Leiter Max Köhler 1959 (weiter) berichtet, war die SAP in den ersten Monaten der Regierung Hitler-Hugenberg noch der Ansicht, die beginnende politische Machtverschiebung könnte durch eine Einheitsfront verhindert werden. Aus dieser Einschätzung heraus leistete die Partei auch eine riskante, in die Breite gerichtete propagandistische Arbeit. Doch im Frühsommer 1933 setzte sich die bittere Erkenntnis durch, dass die Gegner des Regimes für einen langen und hartnäckigen Kampf gewappnet sein müssten. Max Köhler dazu:

> Nunmehr war das Ziel, die Substanz der Partei und die sozialistische Ideenwelt durch Bildung zuverlässiger Kader zu erhalten, um eines Tages bei einer objektiv gegebenen revolutionären Situation wieder offensiv zu werden. Alle weit über den Rahmen der eigenen Parteiorganisation hinausgezielten Aktionen, die eine unnötige Gefährdung der Kader mit sich bringen konnten, wurden eingestellt.

Diese politische Linie wurde am 11. Juli 1933 in Berlin bei einer Zusammenkunft von Vertretern aller Bezirke festgelegt. Untergrundmaterial sollte nur noch an die Illegalen sowie zuverlässige Sympathisanten weitergegeben werden. Die Zusammenarbeit mit anderen antifaschistischen Kräften wurde nach Möglichkeit gesucht. Max Köhler fährt fort:

---

15 Zu Max Seydewitz und Kurt Rosenfeld siehe BHE, Bd. 1, S. 691f. und 614.

16 Vgl. zum Folgenden: GDW/Berlin, Kopie mit freundlicher Genehmigung von Dr. H.J. Reichhardt, der Max Köhler am 9.3.1959 befragte und die Aussagen zusammenfasste.

In Berlin bestanden Verbindungen zu Trotzkisten, oppositionellen KPD- und SPD-Genossen, die in der allgemeinen Verwirrung nach der großen Niederlage von 1933 Anschluss bei der SAP suchten. Verbindung zu den Kommunisten wurde nur mit äußerster Vorsicht aufgenommen, da in deren illegalem Apparat die Spitzelgefahr, wie allgemein bekannt, sehr groß war. Auch zu katholischen Kreisen und zu der »Schwarzen Front« Otto Strassers entstanden lose Kontakte, um einen Gedanken- und Erfahrungsaustausch zu pflegen.

Das Flugblatt »Information aus Politik und Wirtschaft« vom 18. Juli 1933 macht auf eine Verbindung der SAP im politischen Untergrund aufmerksam:

> [...] Kampfbündnis zwischen dem Stab des roten Stoßtrupps [S. 271ff.] und der Reichsleitung der SAP. Wie wir bereits berichteten, ist besonders die Gruppe der roten Stoßtrupps, die als oppositionelle Mitglieder der SPD ihre Tätigkeit entfalten, in Erscheinung getreten. Mehrfache Besprechungen zwischen Mitgliedern von ihnen und uns haben dazu geführt, dass in der vergangenen Woche ein Kampfbündnis geschlossen wurde, dessen Aufgabe es sein soll, am Aufbau der Wiedererneuerung der Arbeiterbewegung auf dem Boden der revolutionären Grundsätze zu arbeiten [...]. Die in den roten Stoßtrupps vereinigten oppositionellen SPD-Mitglieder haben aus dem Zusammenbruch der SPD und der zweiten Internationale die Lehre gezogen, die SPD darf in Deutschland nie mehr auferstehen. Alle Versuche der Reformierung der SPD sind zwecklos. Alle Kräfte müssen für den Wiederaufbau der Arbeiterbewegung eingestellt werden. Als Grundlage können hier nur die alten kommunistischen Grundsätze von Marx und Engels gelten, ergänzt durch die Lehre der russischen Revolution.[17]

Die für eine revolutionäre Linkspartei verhältnismäßig unorthodoxe SAP vermochte es tatsächlich, zwischen 1933 und 1935 den Kontakt zu mehreren oppositionellen Arbeitergruppen zu knüpfen, die – wie der Rote Stoßtrupp, der Proletarische Pressedienst oder die Trotzki nahestehenden Organisationen – zwischen SPD und KPD standen und einen dritten Weg zwischen »Reformismus« und »Stalinismus« suchten. Zur Finanzierung der illegalen Arbeit der SAP, darunter die Übernahme von Verfahrenskosten für angeklagte Genossen, wurden Parteibeiträge kassiert, wozu an der zentralen Erfassung der Mitglieder festgehalten wurde. Darüber hinaus richtete die SAP einen Solidaritätsfonds ein, der den Namen des im Mai 1933 in der Haft zu Tode gequälten Breslauer SAP-Bezirksleiters Dr. Ernst Eckstein trug.

Aufgrund des hohen Anteils junger Menschen unter den Illegalen wirkte (in enger Verbindung zur Reichsleitung) auch eine Untergrundleitung des SJV, die sich auf eigene Kader stützen konnte. Dass es bereits in der zweiten Hälfte des Jahres 1933 zu größeren Verhaftungsaktionen und 1934 zu mehreren Prozessen (mit über vierzig Angeklagten) kam, lag zu diesem Zeitpunkt an der Enttarnung eines jungen Kuriers aus Prag.[18] Festgenommen und in Dresden schwer misshandelt, führte er seine Pei-

---

17 BArch, NJ 8887 (S. 7f. der Urteilsschrift des VGH vom 1.12.1934 gegen »Köhler und Genossen«).

18 So Max Köhler gegenüber Dr. Reichhardt am 9.3.1959 (Kopie GDW/Berlin) und Lilli Wagner geb. Adel am 16.9.1991 gegenüber dem Verfasser.

niger schließlich zu den Kontaktadressen in Berlin (Weißenburger Straße 66, heute Kollwitzstraße 53), berichten Betroffene wie Max Köhler und Lilli Wagner, geb. Adel.

Trotzdem kann der Aussage Max Köhlers (1959 gegenüber Dr. H.-J. Reichhardt) »Eine Spitzelgefahr innerhalb der illegalen Organisation der SAP bestand kaum [...]«[19] so pauschal nicht zugestimmt werden. Denn spätestens 1935 tat sich mit Herbert Behrendt einer der versiertesten Gestapo-Mitarbeiter[20], der vor allem die Sozialdemokratie ausspionierte, auch innerhalb der illegalen SAP um. So zählte er zum Schein zu einem oppositionellen Kreis beim Reichspatentamt und lieferte politische Freunde wie Georg Kohlmey den Verfolgern aus. (Stärkere Betriebsgruppen sind von der kleinen sozialistischen Arbeiterpartei nicht überliefert, doch bei der Mariendorfer Firma Stock soll – dem Schöneberger Erich Gau zufolge – ein Kreis jüngerer Sympathisanten bestanden haben.[21] Der kaufmännische Angestellte Hans Eggert (1908–1958) blickt 1954 zurück:

> Obwohl diese Bewegung [SAP] nur klein blieb, hatten wir doch ein ziemlich reges Organisationsleben und ich kam sehr bald infolge meiner Aktivität als Schreibhilfe in das Berliner Bezirksbüro, wo ich bis zum Tag des Reichstagsbrandes tätig war. An diesem Tag brachten wir die Mitgliederkartei und sonstige Unterlagen in Sicherheit und gingen in die bereits vorbereitete Illegalität. Seit diesem Tage war ich als Bezirkskurier der illegalen Bezirksleitung tätig und stellte die ständige Verbindung mit den 4 Berliner Unterbezirken (Ost-West-Nord-Süd) her. Außerdem machte ich viele Fahrten in die Provinz (*Brandenburg, Premnitz, Rathenow, Luckenwalde* usw.), organisierte Zusammenkünfte der dortigen Genossen und versorgte diese mit Flugblättern und anderem Material. Im November [1933] ging anlässlich einer Flugblattaktion eine unserer Charlottenburger Gruppen hoch und infolge der unmenschlichen Grausamkeiten bei der Vernehmung durch SA und Gestapo blieben unsere Namen nicht unbekannt. So ereilte auch mich am 28.11.33 mein Schicksal und ich wurde durch die SA-Standarte I verhaftet, kam ins Columbia-Haus, wo wir fast täglich vernommen wurden.[22]

Eggert musste im Januar 1934 ins KZ Oranienburg, und erst am 20. März 1934 – nach fast vier Monaten! – begann in Moabit die reguläre Untersuchungshaft.

Bereits am 22. August 1933 schlug die Geheime Staatspolizei erstmals mit einer spektakulären Verhaftungsaktion[23] zu: Bei einer Zusammenkunft im Bierlokal des Eu-

---

19 GDW/Berlin, Köhler gegenüber Dr. Reichhardt am 9.3.1959.

20 Siehe ausführlich S. Appelius: Heine. Die SPD und der lange Weg zur Macht, Essen 1999, S. 92ff. und 105ff.; Berichte von »S3« im BArch, ZB 7377, Akte 1, Bl. 3ff.; ferner GDW/Berlin, Interview des Verfassers mit Georg Kohlmey am 16.12.1988.

21 GDW/Berlin, Interview des Verfassers mit Erich Gau (1903–1985) am 25.2.1983.

22 LABO, Entschädigungsakte Nr. 1001 (Hans Eggert). Kursiv Hervorgehobenes durch den Autor, H.-R. Sandvoß.

23 Siehe H. Drechsler: Die Sozialistische Arbeiterpartei, S. 334f.; S. Szende: Zwischen Gewalt und Toleranz, S. 54ff. Zu den auf die Verhaftungsaktionen folgenden NS-Justizverfahren vgl. BArch, NJ 8887 (»Köhler und Genossen«), NJ 16089 (Pandura und Andere), NJ 10659 (Schäfer und Andere), NJ 5287 (Wunsch und Andere), NJ 16997 (Zimmermann und 1 Anderer), NJ 15381 (Kressmann und Andere).

Hans Eggert

ropahauses (Askanischer Platz) wurden Spitzenfunktionäre wie Max Köhler und Dr. Klaus Zweiling gefasst. Walter Fabian (S. 299ff.), der zufällig nicht anwesend war, entging der Verfolgung und nahm bis zu seiner Flucht 1935 die Funktion der Inlandsleitung wahr. Max Köhler war fünf Tage vor seiner o. g. Festnahme aus Skandinavien zurückgekehrt, wo er mit Jacob Walcher die Herausgabe der Untergrundschrift »Der Sieg des Faschismus in Deutschland und die Aufgaben der Arbeiterklasse« (1933) beraten hatte. Ebenfalls am 22. August gerieten die SJV-Reichsleitung (Edith Baumann u. a.) und Mitglieder des Berliner Apparates (Karl Baier, Günther Keil u. a.), die in Prenzlauer Berg, Weißenburger Straße 79 und 66 zusammengekommen waren, in die Hände der Verfolger. Bis zum November 1933 war der größte Teil des Berliner SAP-Apparates zerschlagen. Auch wenn es Beharrliche wie den Bezirksleiter Michael Huber[24] (bis 1936) und regionale Funktionäre wie Fritz Benke[25] (Ltr. Ost) und Hermann Schulz bzw. Walter Kluge[26] (Ltr. Nord) gab, die bis in die 1940er Jahre hinein den Kontakt zu einzelnen Gruppen von Gesinnungstreuen hielten, Spendengelder sammelten und Verfolgten halfen, die Stärke der frühen Phase ihres Wirkens konnte die SAP nie mehr zurückgewinnen. Der Aderlass, der sich durch die Verfolgungen 1933/34 ergab, war für diese kleine Organisation zu einschneidend und substanzraubend. Die Peinigungen, die viele Verhaftete, Juden und Nichtjuden, Frauen und Männer, erdulden mussten, waren so ungeheuerlich, dass Worte sie nur schwer erfassen können.

Stellvertretend sei die junge Malerin und frühere Freundin des im Mai 1933 ermordeten Dr. Ernst Eckstein (S. 277), Käthe Schuftan, die nach der Strafverbüßung nach Großbritannien emigrierte, zitiert. Käthe Schuftan (1899–1958) schreibt 1957:

24 Zu Michael Huber siehe H.-R. Sandvoß: Widerstand in Kreuzberg, Berlin 1997², S. 87ff.; J. Foitzik: Zwischen den Fronten, S. 284; GDW/Berlin, Bericht von Michael Huber (Schweden, undatiert).

25 GDW/Berlin, Interview des Verfassers vom 14.1.1984 und undatierte Aufzeichnungen Benkes (»Wir erinnern uns«).

26 Zu Walter Kluge und Hermann Schulz siehe H.-R. Sandvoß: Widerstand in Pankow und Reinickendorf, Berlin 1994², S. 90ff.; GDW/Berlin, Interview des Verfassers mit Herbert Komm am 27.10.1992 und Herbert Komm: »Bericht über Leben und politisches Wirken von Hermann Schulz« (4 Seiten), Berlin 1983.

Käthe Schuftan

Als ich am 25. November 1933 [um] 7 Uhr abends verhaftet wurde, kam ich in ein Gestapo-Haus in Berlin Charlottenburg, Rosinenstraße [heute Loschmidtstraße]. Hier wurde ich von dem Sturmführer und mehreren SA-Männern seelisch und körperlich misshandelt. Ich erinnere mich, dass zuerst der Sturmführer Helmuth Kühn, Zahnarzt in Berlin-Charlottenburg, und Standartenführer Hell meinen linken Arm mit einem Gummiknüppel geschlagen haben, später bin ich in einen Keller gebracht worden, wo ein halbtoter Mann lag. Ich wurde über einen Tisch geworfen, und 2 SA-Männer schlugen mich 50 Mal mit Metallpeitschen. Nach weniger Zeit, in derselben Nacht, wurde ich wieder in denselben Keller gebracht, über denselben Tisch geworfen, halb ausgezogen, der Sturmführer verhüllte meinen Kopf mit einem Schal, und ich wurde wieder etwa 50 Mal mit Metallpeitschen von 2 SA-Männern geschlagen. Ich hatte offene Wunden, blutete und mein Rücken war grün und blau. In den nächsten 4 Tagen wurde ich mit Totschlagen bedroht: sobald ich einschlief, weckte und verhörte man mich und drohte mir neue Folterungen an. Wie ein SA-Arzt später feststellte, hatte ich 4 Wunden, die 6 cm lang und 2 cm breit waren. Als ich später ins Frauengefängnis kam, wurden die Wunden noch nach 2 Jahren festgestellt, und ich zeigte sie, als ich aus dem Gefängnis kam, auch mehreren Bekannten, darunter meiner Mutter. Die Verhaftung wurde durch einen Herrn Sudermann von der Gestapo vorgenommen.

Dr. Hans Ils, ebenfalls verfolgter Funktionär der SAP, bemerkt 1955 dazu ergänzend:

Ich war Anfang Januar 1934 einige Tage beim SA-Sturm 33 in Haft. Im Laufe einer Vernehmung erklärte mir der SA-Sturmführer Huhn, er habe »die Schuftan zur Sau gemacht«.[27] Vor dem Hintergrund des oben Zitierten darf die folgende Feststellung des VGH im Prozess gegen »Max Köhler und Genossen« ganz besonders in Zweifel gezogen werden (Urteil, S. 9): »[...] insbesondere hat die Angeklagte Schuftan angegeben, dass ihr verstorbener Freund, der Mitbegründer der SAP Dr. Eckstein aus Breslau, ebenfalls notfalls Gewaltanwendung ins Auge gefasst habe, um die Ziele der SAP zu verwirklichen.

Auch Dr. Stefan Szende berichtet in seinen Erinnerungen (»Zwischen Gewalt und Toleranz«) von den perversen Foltermethoden der Berliner SA unter Gruppenführer

27 LABO, Entschädigungsakte Nr. 271445 (Käthe Schuftan), dort auch die anschließende Aussage von Hans Ils.

Karl Ernst. Günther Keil, Szendes Freund und Mitverantwortlicher in der Berliner Leitung, unternahm Selbstmordversuche, weil er die »Verhöre« nicht mehr aushielt.[28]

Doch nicht allein das von Karl Ernst und Kumpanen zum Haftort umfunktionierte ehemalige Charlottenburger Volkshaus in der Rosinenstraße wurde für viele Wehrlose ein Ort des Schreckens. In der Prinz-Albrecht-Straße 8 war unter den Vernehmern 1933/34 ganz besonders der Kriminal-Assistent Freiherr von Plotho gefürchtet: ein Sadist, Trinker und Morphinist, der sich bevorzugt zur Nacht seine Opfer aus dem Hausgefängnis holte, darunter die von ihm vergewaltigte siebzehnjährige Lilli Adel. (Freiherr von Plotho verstarb 1935 an Herzversagen.)[29]

Internationale politische Freunde und Exil-Politiker der SAP wie Willy Brandt, der sich später (1936) mit illegalem Auftrag in Berlin aufhielt, machten die Verhörqualen im europäischen Ausland publik, um Druck auf die NS-Justiz ausüben zu können. Und dieser Protest zeigte sogar gewisse Erfolge. Beim VGH-Hauptprozess gegen Max Köhler und Genossen heißt es im Urteil vom 1. Dezember 1934:

> Bei der Ermittlung des Sachverhalts hat der Senat in keiner Weise berücksichtigt, was die Angeklagten bei ihren polizeilichen Vernehmungen ausgesagt haben. Einige Angeklagte haben Einwendungen gegen die Verwertbarkeit der polizeilichen Protokolle, die ihnen zum Teil vorgehalten worden sind, erhoben. Nach Lage der Sache erschienen dem Senat diese Einwendungen beachtlich.[30]

So kam es tatsächlich zu mehreren Freisprüchen und kürzeren Gefängnisstrafen. Hauptfunktionäre wie Max Köhler, Dr. Klaus Zweiling und Edith Baumann wurden mit drei Jahren Gefängnis oder wie Hans Ils und Dr. Szende jeweils zwei Jahren Zuchthaus abgeurteilt. Doch als viel schlimmer erwiesen sich die gesundheitlichen Folgen: Günther Keil und Erika Bötzer erkrankten aufgrund der Folter, des Mangels und Blutverlusts schwer an Tbc und verstarben dann nach der Freilassung.[31] Ähnliches berichtete der kaufmännische Angestellte Willi Zahlbaum (1914–2002) von seinen im Jahr 1935 Mitangeklagten Anneliese Pruss und Gertrud Rekittke.[32]

Zwischen 1934 und 1939 wurden in mindestens dreizehn Justizverfahren – darunter besonders spektakulär, da von internationalen Protesten wegen der Misshandlung politischer Verfolgter begleitet, der o. g. VGH-Prozess gegen Max Köhler und Genossen

28 S. Szende: Zwischen Gewalt und Toleranz, S. 15ff.; GDW/Berlin, Interview des Verfassers mit Lilli Wagner, geb. Adel am 16.9.1991; zur NS-Wahnidee der »Verhetzungen des deutschen Arbeiters« durch »den Juden« vgl. den Bericht der Stapo-Inspektion II (Berlin) vom 6.1.1935, in: BArch, R. 58/3208a, Bl. 33f.

29 GDW/Berlin, Gerhard Kling (1903–1978), »Memoiren eines Gestapisten« (undatiert), Kopie, S. 83f.

30 BArch, NJ 8887 (S. 5 der Urteilsschrift des VGH vom 1.12.1934).

31 GDW/Berlin, Interview des Verfassers mit Gerda Keil am 13.1.1982; zu Günther Keil siehe auch Kurt Schilde: Vom Columbia-Haus zum Schulenburgring, Berlin 1987, S. 105ff.

32 GDW/Berlin, Interview des Verfassers mit Willi Zahlbaum am 3.5.1982; das Landeseinwohneramt verfügt zu den genannten Frauen über keine Unterlagen (Auskunft vom 13.11.2003). Den Angaben hinterbliebener Familienangehöriger zufolge verstarb Anneliese Pruss 1941, Gertrud Rekittke 1944; vgl. LAB C Rep. 118-01 / A 19280 und A 23129.

mit vierundzwanzig Angeklagten Ende 1934 – siebzig Menschen vor Gericht gestellt. Einige kamen frei, hatten aber trotzdem durch Vernehmungen körperlichen und seelischen Schaden davon getragen. Auch spätere NS-Verfahren, wie der Kammergerichtsprozess gegen den Blankenfelder Gustav Weitkus und den Weddinger Otto Seiffert im Februar 1939, ahndeten überwiegend Widerstandshandlungen (Vertrieb von Untergrundschriften, Treffen, Beitragskassierung) aus den Jahren zwischen 1933 und 1935.[33]

Prozesse gegen Brandenburger und Rathenower Anhänger

Brandenburg/Havel mit seinen über 60 000 Einwohnern (1933) war nicht nur eine sehr traditionsreiche Stadt mit ganz eigener kulturhistorischer Bedeutung für die Mark, sondern auch eine sehr wichtige Industriestadt: Zum Anfang des 20. Jahrhunderts prägten eine Kammgarnspinnerei, eine Korbwarenfabrik – damals die größte ihrer Art im Deutschen Reich mit über 1000 Arbeitern –, Tuchfabriken, Eisengießerei, Jutespinnerei, eine Kunstdruckanstalt, Fabriken für Fahrräder, Hüte, Goldleisten, Leder, Posamentierwaren und Zigarrenfertigung diese Domstadt. Hinzu kamen Weißgerbereien, Ziegeleien, Öl-, Schneide- und Mahlmühlen, Gartenbau, Schifffahrt sowie (später) die Firma Mix & Genest, die Brennaborwerke und die Adam Opel Aktiengesellschaft. In ihnen wirkten viele klassenbewusste Arbeiter, die antifaschistisch eingestellt waren bzw. auch nach der Haft illegale Zellen bildeten (S. 378ff.). Das traf nicht nur auf kommunistische, sondern auch auf linkssozialistische Kreise zu, wie man am Beispiel der SAP sehen kann.

Das zweite – wenn auch wesentlich kleinere (mit über 30 000 Einwohnern) – Industriezentrum war das havelländische Rathenow, Schwerpunkt einer bedeutenden Optischen Industrie (mit über 2000 Arbeitern), aber auch herausragenden Kalk- und Ziegelbrennereien sowie Werkstätten der Metallbranche.[34]

In den beiden Städten Brandenburg und Rathenow war die Sozialdemokratie vor 1933 kommunalpolitisch sehr präsent, war aber am Ende der Weimarer Republik (1931/32) innerparteilichen Verwerfungen ausgesetzt, die dazu führten, dass wichtige politische Funktionäre – in der Domstadt kein geringerer als der Ortsvereinsvorsitzende (S. 291) – der Partei den Rücken kehrten und viele Freunde mitnahmen. Dieser Wechsel eines harten politischen Kerns zur SAP hinterließ in der Widerstandsszene deutliche Spuren.

---

33 LABO, Entschädigungsakte Nr. 25738 (Otto Seiffert); Prozessurteil unter BArch VGH/Z., Prozess Weitkus, Gustav und Andere. Außer den (in der Anmerkung 23) bereits genannten NS-Justizverfahren können für die illegale Arbeit der SAP in Berlin noch folgende Prozesse angeführt werden: BArch, NJ 5351 (Nowack und Andere), NJ 10424 (Pruss und Andere), NJ 9219 (Fähling und Andere), NJ 10154 (Heerklotz, Herbert), NJ 5338 (Michaelis, Walter), NJ 5283 (Feldbrach, James). Darüber hinaus erhielt der Weddinger Willi Laukant, der aus Prag illegale Schriften der SAP nach Berlin bringen wollte, vom Sondergericht für das Land Sachsen (Sitz Freiberg) am 26. November 1935 eine eineinhalbjährige Zuchthausstrafe; vgl. GDW/Berlin, Unterlagen Gustav und Willi Laukant.

34 Meyers Großes Konversations-Lexikon. Sechste Auflage. 3. Bd., Leipzig und Wien 1905, S. 317.

Gegen SAP-Anhänger, die im Brandenburgischen illegale Arbeit für die kleine sozialistische Partei leisteten, richteten sich zwei größere Prozesse:

Ein sehr früher gegen den Rathenower Josef Holz als Hauptangeklagten und zehn weitere Personen aus Rathenow und Brandenburg (Stadt) im Herbst 1933 und dann ein Justizverfahren im Herbst 1936 (Urteilsverkündung Januar 1937) gegen den Brandenburger Waldemar Münchow und fünf weitere Angeklagte. Beide Prozesse sind inhaltlich und zum Teil personell miteinander verknüpft und offenbaren eine über mehrere Jahre anhaltende Untergrundarbeit.

Beim ersten Kammergerichtsverfahren stammt die Anklageschrift der Generalstaatsanwaltschaft vom 7. September 1933. Zu den vorausgegangenen Festnahmen der später Beschuldigten war es bereits im Mai 1933 gekommen. Der Prozess richtete sich schließlich gegen folgende Frauen und Männer aus dem westlichen Havelland:[35]

1. Pantinenmacher Josef Holz (* 1893), Rathenow, Blumenstraße 6
2. Schiffszimmerer Hermann Schmidt (* 1896), ebd., Blumenstraße 2
3. Galvaniseur Gustav Wieprecht sen. (* 1887), ebd., Adolf Hitler Ring 5, Reihe 8
4. Werkzeugschlosser Gustav Wieprecht jun. (* 1908), ebd., ebd.
5. Schlosser Wilhelm Herrmann (* 1901), ebd., Grünauerweg 20
6. Handlungsgehilfe Willi Diebenkorn (* 1907), ebd., Potsdamerstraße 4
7. Bäckermeister Wilhelm Eberwein (* 1900), ebd., Adolf Hitler Ring 3, Reihe 5
8. Prokurist Heinrich Müller (* 1897), Brandenburg/Havel, Maerkerstraße 3
9. Arbeiterin Betty Müller (* 1908), ebd., Tismarstraße 18
10. Ingenieur Franz Trieb (* 1906), ebd., Linienstraße 32
11. Dreher Friedrich Lüdemann (* 1902), ebd., Hausmannstraße 89

denen der Vorwurf der »Vorbereitung zum Hochverrat« zu Rathenow und Brandenburg von März bis Mai 1933 gemacht wurde. Die Anklageschrift beginnt beim zentralen Abschnitt (»Wesentliche Ergebnisse der Ermittlungen«) mit folgenden Sätzen:

> Bei einer am 30. April 1933 bei dem Angeschuldigten Holz vorgenommenen Durchsuchung wurde eine 12 Seiten starke Druckschrift »Spartakus« gefunden, die mit einem Vervielfältigungsapparat hergestellt war und die durch das Preßgesetz vorgeschriebenen Angaben über Drucker, Verleger usw. nicht enthielt. Auf der Titelseite der Druckschrift befindet sich unter deren Namen »Spartakus« eine Zeichnung, die einen auf einem Friedhof vor Gefängnissen stehenden Arbeiter darstellt, der die geballte Faust erhebt. Unter der Zeichnung steht: »Abrechnung folgt!«[36]

Im Weiteren wird die Kritik der SAP an SPD und KPD dergestalt rekapituliert, dass Erstgenannte im Reformismus befangen und durch den »Kuhhandel« mit bürger-

---

35 BArch, NJ 4679 (Anklageschrift vom 7. September 1933, S. 1f.) Der Adolf-Hitler-Ring heißt heute wieder – wie vor 1933 – Friedrich-Ebert-Ring.

36 Ebd., NJ 4679 (Seite 2f. der Anklageschrift).

lichen Parteien gescheitert sei, während die Kommunisten der III. Internationale durch die Spaltung der Gewerkschaftsbewegung und die Erklärung der SPD zum »Hauptfeind« die Arbeiter nicht unter ihrer revolutionären Fahne und dem Banner der Einheit gesammelt, sondern abgehalten habe, mit dem »Reformismus« zu brechen.

Der Text der Linkssozialisten schließe mit der Aufforderung, die politische Macht zu erobern und über den Weg der »Diktatur des Proletariats« einen Ausweg aus der Not und der Krise zu finden. Dabei begriff sich die SAP selber als wegweisende, »revolutionäre Avantgarde«. Die mit diesem Inhalt verfassten Untergrundmaterialien waren der Anklagebehörde zufolge – neben dem bei Holz in Rathenow gefundenen Exemplar – auch in der Stadt Brandenburg, insbesondere bei der Firma Wiederholz, verbreitet worden, wo man am 22. April d. J. eine Ausgabe vorfand. Im Verlauf einer am 6. Mai erneut vorgenommenen Durchsuchung wurden in besagtem Betrieb bei der dort beschäftigten (nun angeklagten) Betty Müller in der Frühstückstasche drei Exemplare der o. g. »Spartakus«-Schrift gefunden. Ähnlichen Inhalts waren andere Untergrundmaterialien, – darunter die Mai-Ausgabe von »Spartakus« –, die in Brandenburg (Stadt) und Rathenow gefunden wurden. Über die Tatbeteiligung der elf Angeklagten führt die Anklagebehörde vom Autor zusammengefasst aus:

> Holz (Rathenow), der zunächst keine diesbezüglichen Auskünfte erteilen wollte, erhielt kurz vor Ostern von Hermann Schmidt eine illegale Zeitung, später erneut ein Exemplar, das er an den Nachbarssohn Netzeband sowie einen Bekannten namens Otto weitergab. Schmidt wiederum gab auf Vorhaltungen des Angeklagten Holz die Übergabe zu und erklärte, gegen Zahlung von 10 Pfennigen kurz vor Ostern von Gustav Wieprecht sen. damit beliefert worden zu sein. Der daraufhin vernommene Wieprecht gestand, seine Untergrundpublikation vom (gleichnamigen) Sohn erhalten zu haben, der sie aus der Stadt Brandenburg bezogen hatte. Der alte Wieprecht händigte die illegale Schrift dem früheren Rathenower SAP-Genossen Wilhelm Eberwein aus, der nach der Lektüre anregte, Wieprecht jun. möge 30 weitere Exemplare aus Brandenburg besorgen. Eberwein übernahm anschließend auch die Verteilung in Rathenow. Dafür standen ihm dann zwei Unterverteiler zur Seite: Wilhelm Herrmann (der für etwa 25 Exemplare verantwortlich war) und Wieprecht sen., der von seinen 5 Ausgaben zwei an den Rathenower Hermann Schmidt weitergab und dafür jeweils 10 Pf. kassierte. Der zwischen Rathenow und Brandenburg als Materialkurier tätige Wieprecht jun. bemerkte zu seinem Vater, die illegalen Schriften von einem Brandenburger namens (Heinrich) Müller bekommen zu haben. Vier Wochen nach diesen Ereignissen holte der junge Kurier – wieder auf Anraten Eberweins – 46 Ausgaben der Mai-Nummer von »Spartakus«, deren Gesamtverteilung diesmal in den Händen von Wieprecht sen. lag, da Eberwein verreist war. Als der alte Wieprecht jedoch durch Willi Diebenkorn von Verhaftungen in der Stadt Brandenburg erfuhr, verbrannte er die bisher nicht verbreiteten Untergrundschriften der SAP. Wieprecht jun. ergänzte die Aussagen seines Vaters dahingehend, die illegalen Materialien in Brandenburg nicht allein vom mitangeklagten Heinrich Müller, sondern auch vom mitbeschuldigten Friedrich Lüdemann bezogen zu haben.
>
> Der Rathenower Schlosser Wilhelm Herrmann, wie der ältere Wieprecht früher Mitglied der SAP, gab zu, sowohl von diesem als auch von Eberwein jeweils ein Zehnerpäckchen zur

Verbreitung erhalten zu haben. Er setzte aber nur einen Teil davon ab, den Rest verbrannte er, als ihm die ganze Sache zu gefährlich erschien.
Als Vorsitzender der Rathenower SAP-Organisation unterhielt Diebenkorn durch Zusammenkünfte den weitreichendsten Kontakt mit seinen politischen Freunden und wusste auch von der Schriftenverbreitung. Als er von der Verhaftung des Brandenburgers Josef Holz erfuhr, habe er Wieprecht sen. umgehend gewarnt, da er annahm, dass dieser noch mehrere Untergrundschriften verbarg. Drei Exemplare habe er dem Genannten abgekauft, um »Materialkosten herauszubekommen«, will aber nur eine Ausgabe Genossen gezeigt, den Rest vernichtet haben, da ihm die »Spartakus«-Angriffe auf KPD und SPD nicht gefielen.
Der mitangeklagte Heinrich Müller wiederum arbeitete als Prokurist bei der Firma Wiederholz in Brandenburg und gehörte der SAP seit ihrer Gründung im Herbst 1931 an. Er war auch mit der Rathenower Familie Wieprecht bekannt, hatte diese doch früher ebenfalls in der Domstadt gewohnt, zu einer Zeit, als sowohl Wieprecht sen. als auch Müller der dortigen SPD angehörten. Allerdings stritt Müller ab, irgendetwas mit der Weitergabe von Untergrundschriften zu tun gehabt zu haben – wurde allerdings durch Aussagen von Wieprecht jun. und Wilhelm Eberwein, dem Hauptverteiler in Rathenow, widerlegt. Müllers Ehefrau Betty arbeitete wie ihr Mann bei der Brandenburger Firma Wiederholz und gehörte auch der SAP seit ihrer Gründung an.
Frau Müller sagte aus, nach dem Verbot der politischen Parteien vom damaligen Brandenburger SAP-Vorsitzenden Friedrich Lüdemann von der Herausgabe einer illegalen Zeitung erfahren zu haben. Der Genannte mahnte gleichzeitig zur Vorsicht und riet dringend, Untergrundmaterial nur an vertraute Personen weiterzugeben. In der Folgezeit will sie viermal damit beliefert worden sein und gab erst nach anfänglichem Leugnen zu, der Überbringer sei der mitangeklagte Brandenburger Ingenieur Franz Trieb gewesen.
Der dazu befragte Techniker gehörte nach eigener Aussage der SAP seit Januar 1932 an. Müller will er damals bei einem politischen Schulungskurs der SAP kennengelernt haben, wie er auf Vorhalt zugab, und gestand auch – in diesem Fall aufgrund der Aussagen des mitangeklagten Brandenburgers Lüdemann – die Kenntnis von Untergrundmaterial der SAP, will aber nur »einmal« ein Exemplar gelesen haben.

Der eben genannte Friedrich Lüdemann fungierte seit Mai 1932 als Org.-Leiter der SAP in Brandenburg (Stadt). Wie die Anklageschrift hervorhebt, stritt der leitende Funktionär zunächst alles ab und gab schrittweise nur zu, was man ihm mit Sicherheit nachweisen konnte. Er gestand schließlich – wir wissen nicht, aufgrund welcher bedrückenden Umstände –, wiederholt von einem »unbekannten Radfahrer« aus Berlin mit Untergrundmaterial (jeweils 50 bis 60 Exemplare) beliefert worden zu sein. Als Verteilerin war seiner Aussage zufolge allein Betty Müller tätig, was diese jedoch vehement bestritt und von der Existenz mehrerer Verteiler ausging. An politische Beziehungen zu anderen Parteien besaß Org.-Leiter Lüdemann angeblich keine Erinnerung, woraufhin ihn die NS-Verfolger mit einem – bei der polizeilichen Durchsuchung der Brandenburger Geschäftsstelle der SAP gefundenen – Schreiben vom 1. März 1933 konfrontierten, in dem SPD, KPD und Gewerkschaften zur Bildung einer Einheitsfront aufgerufen wurden.

Vielleicht ist es dem frühen Justizverfahren und der geringen Zeit nachgewiesener illegaler Arbeit zu verdanken, dass das Urteil noch vergleichsweise milde ausfiel. Beim zweiten SAP-Prozess im Jahre 1936 (S. 290) sahen die Verhältnisse dann schon weniger günstig aus.

Brandenburgs nicht gerade aussagefreudiger Org.-Leiter, der Dreher Friedrich Lüdemann (1902–1987), erhielt mit zwei Jahren Gefängnis am 7. November 1933 die Höchststrafe, der alte Gustav Wieprecht und Wilhelm Eberwein je 1 ½ Jahre Gefängnis, der ebenfalls eher verschwiegene Brandenburger Ingenieur Franz Trieb und die im Betrieb aktive Brandenburgerin Betty Müller je 1 ¼ Jahr Gefängnis, Wieprecht jun., Wilhelm Herrmann und Hermann Schmidt (Mitglied des Leninbundes insgeheim) je ein Jahr Gefängnis.[37] Josef Holz (Hauptangeklagter), Willi Diebenkorn und Heinrich Müller wurden erstaunlicherweise sogar freigesprochen (saßen allerdings von Mai bis November 1933 in Untersuchungshaft). Holz wurde – zu diesem frühen Zeitpunkt der NS-Herrschaft – noch zu Gute gehalten, dass nicht der Besitz, sondern nur die Weitergabe einer Untergrundschrift strafbar sei. Es reiche diesbezüglich auch nicht die Aussage des aus dem KZ (!) vorgeführten Rathenower Häftlings Emil Otto aus, sich bei Holz eine illegale Publikation abgeholt zu haben. Holz kam aus Mangel an Beweisen frei, desgleichen Diebenkorn, dem nicht zu widerlegen war, lediglich ein Exemplar (die Mai-Nummer) »gekannt« zu haben. Allgemein hielt das Kammergericht den Angeklagten beim Urteil zu Gute, bisher nicht vorbestraft und letztlich doch noch geständig gewesen zu sein (wodurch beispielsweise Lüdemann der Zuchthausstrafe entging).

Doch Justizquellen geben nicht alle Dimensionen eines Verfolgungsprozesses wieder. Der Verfasser greift in vergleichbaren Verfahren (S. 389f.) deshalb ergänzenderweise auf Nachkriegsaussagen Betroffener zurück. Im Gegensatz zu zeitgleich ablaufenden Gestapo-Aktionen gegen die Berliner SAP, wo es zu schwersten Misshandlungen Wehrloser – darunter die Malerin Käthe Schuftan[38] – kam, scheint es nach der Sichtung personenbezogener Aussagen nach dem Krieg im Brandenburgischen, was die SAP betrifft, nicht gekommen zu sein. So gibt selbst der beim Verhör besonders schweigsame bzw. zurückhaltende Spitzenfunktionär Fritz [Friedrich] Lüdemann an, erst im Moorlager, also im Verlauf der Verbüßung der Strafhaft, wirklich schwer gelitten zu haben.[39]

Noch komplizierter gestaltet sich allerdings die nachträgliche Beschreibung der illegalen SAP-Arbeit durch Überlebende. Hier bestand das Missverhältnis, dass vor allem in der frühen DDR – im Zuge der »Stalinisierung der SED«[40] –, die alle Alternativen eliminierte, die linkssozialistische SAP kein positives Ansehen genoss, sondern als politisch-biographischer »Sündenfall« eingestuft wurde, denn das Mono-

37 BArch, NJ 4679 (Urteil vom 7. November 1933).

38 H. R. Sandvoß, Die »andere« Reichshauptstadt, S. 195f.

39 BLHA, Rep. 401, VdN 1152.

40 Harold Hurwitz, Die Stalinisierung der SED. Zum Verlust von Freiräumen und sozialdemokratischer Identität in den Vorständen 1946–1949, Opladen 1997.

FRONT NOUVEAU

BIMENSUEL

NEUE FRONT

ORGAN FUER PROLETARISCH - REVOLUTIONÆRE SAMMLUNG

REDAKTION u. ADM.: 23 rue Mouffetard, Paris 5°. — PREISE: Frankreich, Saar: Nr. 75 cts. — Quartal 4 frs; Deutschland: 15 Pf. — 90 Pf.; Schweiz: 15 Rp. — 90 Rp., Oesterreich: 25 Gr. — 1.59 Sch; CSR: 1 Kc. — 6 Kc.; Polen: 30 Gr. — 1.80 Zl.; Skandinavien: 20 Oere — 1.20 Kr.; Holland: 10 cts. — 60 cts.; Belgien: 1 fr. — 6 frs.; England und Palästina: 3 d. — 1 sh. 6 d.; USA: 5 cts. — 30 cts. ZAHLUNGEN: an J. LEFEUVRE, 23 rue Mouffetard, Paris 5 oder Chèque postal 1757-51 Paris [Daniel Guérin, 49, rue des Tapis Verts, Les Lilas (Seine)].

2. JAHR, NUMMER 23 — HERAUSGEGEBEN VON DER AUSLANDSZENTRALE DER SOZIALISTISCHEN ARBEITER - PARTEI DEUTSCHLANDS — ANFANG DEZEMBER 1934.

VOR HITLERS BLUTGERICHT

In der Stunde da wir diese Zeilen schreiben, stehen unsere Freunde und Genossen, die in den Prozess Köhler-Zweiling verwickelt sind, vor dem Blutgericht. Derweil sie vor dem II. Senat des sogenannten Volksgerichts stehen, blicken ungezählte Tausende stumm, doch in unlösbarer Verbundenheit und voll inniger Teilnahme auf ihre angeklagten Genossen.

Die jetzt vor dem braunen Richter stehen, sind in der sozialistischen Bewegung keine Unbekannten. Immer waren sie zur Stelle, wo für die Sache des Sozialismus gerungen und gestritten wurde. Sie alle hätten, als Hitler zur Macht kam, Gründe gehabt, um ihre Haut in Sicherheit zu bringen, denn ihrer harrte, so wie Hunderttausend anderen die Folter des Konzentrationslager auf Grund ihrer sozialistischen Aktivität in der Vergangenheit. Sie blieben und arbeiteten weiter. Und je mehr die Resultate ihrer Arbeit bemerkbar wurden desto

EDITH BAUMANN — KLAUS ZWEILING — MAX KOEHLER

Zeitungsbericht aus dem Exil über den Volksgerichtshofsprozess gegen die SAP-Leitung, Dez. 1934

pol der »richtigen Linie« lag immer bei der KPD. Die hatte die SAP 1931/32 sogar als »links-sozialfaschistisch« eingestuft, woran noch einmal erinnert werden sollte.[41]

Die peinlichen politischen Pirouetten, die NS-Verfolgte diesbezüglich vor den Augen der SED schlagen mussten, seien stellvertretend am Beispiel des Galvaniseurs Gustav Wieprecht geschildert. Bis 1930 war er Vorsitzender der Ortsgruppe Brandenburg (Stadt) der SPD und ihr Kandidat für die Stadtverordnetenwahl. 1930 zog er nach Rathenow. Dort wirkte er von 1930 bis 1932 als Vorsitzender des Betriebsrates der Firma Reißverschluß sowie 1931/1932 als Vorsitzender der Rathenower SPD. Er zählte also sowohl in der SPD (bis 1931), als auch in der SAP (seit 1931) zu den Spitzenfunktionären auf lokaler Ebene bzw. im Westhavelland. Gustav Wieprecht (1887–1975) erklärte nach 1945 zur Mitgliedschaft in der SAP:

41 Hanno Drechsler, Die Sozialistische Arbeiterpartei, S. 135f.

Die Gründung der S.A.P. und meine Mitgliedschaft war ein schwerer politischer Fehler. Diese Erkenntnis, welche mir heute so selbstverständlich ist, hatte ich aber damals noch nicht und [sie] wird nur verständlich, aus dem Wissen der damaligen Zeit. Innerhalb der S.P.D. habe ich wiederholt Stellung genommen gegen die Panzerkreuzerbauten, gegen das auf dem Breslauer [Magdeburger] Parteitag angenommene Wehrprogramm, worüber alle alten Genossen in Brandenburg wie auch der Genosse Ebert (jetziger Bürgermeister von Berlin) Auskunft geben kann. Der Bammat [Barmat]Skandal, wo maßgebliche Führer der S.P.D. verwickelt waren, gab mir den Rest und veranlaßten mich, der S.P.D. den Rücken zu kehren. Warum fand ich nicht den Weg zur K.P.D.? Nun innerhalb der K.P.D. gab es noch mehr verschiedene Richtungen als in der S.P.D., welche war die richtige?
Damals sah ich noch keine klare Linie, hinzu kam, daß sich unsaubere und kriminelle Elemente besonders radikal gebärdeten. Diese Erfahrung mußte ich in Brandenburg und später in Rathenow noch schlimmere machen. Persönlich bin ich diesbezüglich besonders empfindlich und vertrete den Standpunkt, wollen wir das Vertrauen der Massen gewinnen, müssen unsere Funktionäre auch in ihrem moralischen Verhalten Vorbild sein.
Ich glaubte damals, in der neu entstandenen S.A.P. die richtige Partei zu finden.[42]

Die spärlichen biographischen Quellen stimmen insofern überein, dass die Prozessteilnehmer nach ihrer Entlassung keiner weiteren illegalen Gruppe angehörten, wohl aber – mit einer Ausnahme vielleicht (S. u.) – an ihrer antifaschistischen Gesinnung festhielten und, wenn überhaupt, nur mündlich Gegenpropaganda betrieben. Der junge Wieprecht wurde im Krieg zur Strafeinheit 999, Schmidt zu einer regulären Wehrmachteinheit eingezogen. Um all dem zu entgehen, stellte Lüdemann (auf Anraten) einen Aufnahmeantrag bei der NSDAP, es kam aber nicht zum Vollzug der Parteimitgliedschaft. (Dieser Schritt wurde ihm nach 1945 sehr verübelt und führte zum Parteiausschluss und zur VdN-Aberkennung).

Trotz dieser individuellen Zurückhaltung Verurteilter des Prozesses 1933 arbeiteten andere weiter: Wie Hans Eggert vom Bezirkssekretariat der SAP Berlin-Brandenburg bereits ausführte (S. 278f.), unternahm er 1933 zahlreiche Fahrten in die Provinz Brandenburg – so nach Brandenburg, Premnitz, Rathenow und Luckenwalde –, um Zusammenkünfte von Anhängern der Partei zu organisieren und um sie mit Flugblättern sowie anderen politischen Druckschriften zu versorgen.

Nach der Festnahme Eggerts, der schwere Misshandlungen durch die SA erlitt, und nach zahlreichen Verhaftungen in Brandenburg (Stadt) und Rathenow, war die illegale SAP trotzdem nicht restlos zerschlagen.

Nach Aussagen des sogenannten Reichsinlandsleiters der kleinen sozialistischen Partei Herbert Heerklotz (1911–1999) – der am 15. Juli 1937 vom VGH zu 15

42 BLHA, Rep. 530, Nr. 8975 (»Erklärung zur Mitgliedschaft in der S.A.P.«, ohne Datum). Ähnliche »Schulderklärungen« findet man in der Verfolgtenakte von Fritz Lüdemann, vgl. BLHA, Rep. 401, VdN 1152. Wieder andere frühere SAP-Widerstandskämpfer (wie Friedel Hoffmann) waren sogar in die berüchtigte Field-Affäre, eine stalinistische »Säuberungskampagne« der frühen 1950er Jahre, verwickelt, vgl. SAPMO-BArch, DY 30 / IV 2/4, Nr. 440 [=ZPKK].

Jahren Zuchthaus verurteilt wurde – knüpfte er und teilweise auch seine vertraute Mitarbeiterin Hildegard Ephraim (1905–1940) von der illegalen Berliner Bezirksleitung vor allem Verbindungen nach Brandenburg (Stadt) und Rathenow. Die Aufnahme von Verbindungen in die Domstadt war auch durch die Tatsache erleichtert worden, dass die Stadt Brandenburg und ihre linkssozialistische politische »Szene« der jungen Frau durchaus vertraut waren. Die ausgebildete Fürsorgerin fand nämlich in der zweiten Hälfte der 1920er Jahre dort eine Arbeitsstelle beim Magistrat. Im Volksgerichtshofurteil vom 25. Juni 1937 heißt es über ihre Brandenburger Tätigkeit:

Hildegard Ephraim, ermordet 1940

Dort war sie ungefähr fünf Jahre lang gegen ein monatliches Gehalt von 180 RM netto beschäftigt. Nach der nationalsozialistischen Erhebung wurde sie wegen ihrer nichtarischen Abstammung aus dieser Stellung entlassen.

Durch ihre Erfahrungen in der [deutsch-jüdischen] Jugendgemeinschaft und in ihrem Beruf als Fürsorgerin will die Angeklagte die Überzeugung erlangt haben, daß die Fürsorgetätigkeit zur Behebung der sozialen Not nicht genüge, daß vielmehr politische Maßnahmen notwendig seien, um der Not wirksam abzuhelfen. Da ihr die Bestrebungen der SPD zur Beseitigung der sozialen Mißstände am besten geeignet erschienen, wurde sie etwa 1929 Mitglied dieser Partei in Brandenburg. Im Jahre 1931 trat sie mit der Mehrzahl der Brandenburger SPD-Mitglieder in die damals neugegründete SAP über, der sie bis zu ihrer Auflösung im Jahre 1933 angehörte. Von etwa Ende 1931 bis Ende 1932 bekleidete sie in dieser Partei die Funktion eines Bildungsobmannes der Ortsgruppe Brandenburg; in dieser Eigenschaft hatte sie Bücher politischen Inhalts, die ihr von einer Berliner Parteistelle zugeteilt wurden, innerhalb des Ortsbereichs abzusetzen. Gewerkschaftlich war sie in den Jahren 1932 bis 1933 im Zentralverband der Angestellten organisiert.[43] [Hervorh. d. Verf.]

Nach der Festnahme maßgeblicher Funktionäre der SAP Ende 1933 ließ sich Hildegard Ephraim trotzdem nicht von einer Fortsetzung der illegalen Tätigkeit abhalten und knüpfte über den Reichsverbindungsmann und Bezirksleiter Berlin-Brandenburgs Heerklotz – sowie weitere Mitglieder der Bezirksleitung, in der sie zuletzt als Ver-

43 BArch, NJ 2729 (S. 3f. des Urteils vom 25.6.1937). Die Stapo Potsdam ging von einer Gruppenstärke von 12 bis 20 Personen aus, vgl. W. Ribbe (Hg.), Die Lageberichte, S. 440f., Anmerkung 1.

walterin der Kasse fungierte – auch wieder Verbindung in die Domstadt, ihre alte Wirkungsstätte. Dazu sagt das VGH-Urteil – mit vier Jahren Zuchthaus – weiter aus:

> Etwa Anfang September 1935 führte die Angeklagte im Auftrag des Heerklotz die Eheleute Münchow, zwei Brandenburger Genossen, zu einem Treff mit Heerklotz und Pöppel [Bez.-Leitung Berlin-Brandenburg, d. Verf.] zusammen. Von Münchow hörte sie auf dem Wege dorthin, daß die Lage der SAP. in Brandenburg schlecht sei, insbesondere auch kein Material dorthin geliefert werde. An der anschließenden Besprechung nahm sie selbst nicht teil.[44]

Der hier genannte Brandenburger Gesprächspartner des Hauptfunktionärs der illegalen Partei im Inland wurde schließlich zum Hauptangeklagten des zweiten großen Justizverfahrens gegen SAP-Anhänger der Provinz.

Mitte Juli 1936 kam es unter Anhängern der SAP in Brandenburg (Stadt) zu erneuten Festnahmen. Ganz offensichtlich lag hier die Hochburg dieser eher kleinen Partei. Wie wir inzwischen wissen, hatte sich doch selbst der frühere SPD-Ortsvereinsvorsitzende der Domstadt, Gustav Wieprecht sen., der linkssozialistischen Partei angeschlossen und viele politische Freunde folgten seinem Beispiel. Auch wenn er selber 1931 nach Rathenow verzogen war und dort den Vorsitz der SAP übernahm, wirkte in der illegalen Frühphase der SAP Wieprechts Sohn als Materialkurier zwischen beiden havelländischen Städten, denn die Zentrale in Berlin lieferte das Untergrundmaterial für die Provinz vor allem nach Brandenburg.

Die Anklageschrift des Generalstaatsanwalts vom Kammergericht Berlin nennt am 12. Oktober 1936 folgende Beschuldigte:[45]

1. Mechaniker Waldemar Münchow (* 1904), Brandenburg, Bergstraße 19
2. Kraftfahrer Karl Haller (* 1885), ebd., Am Huck No. 4
3. Arbeiterin Frieda Hoffmann (* 1903), ebenda, Wollenweberstraße 7
4. Verkäuferin Charlotte Henschel (* 1910), ebenda, Wollenweberstraße 7
5. Kraftfahrer Paul Biedermann (* 1891), ebenda, Gutenbergstraße 27
6. Arbeiter Eduard Kuster (* 1906), ebenda, Potsdamer Straße 28

Als »wesentliches Ergebnis der Ermittlungen« hält die Anklageschrift fest: »Die Angeschuldigten sind Funktionäre und Mitglieder einer in Brandenburg (Havel) bestehenden Gruppe der illegalen SAP. Die Ziele der SAP. sind, wie gerichtsbekannt ist, auf einen gewaltsamen Umsturz der heutigen Verfassung des Deutschen Reiches gerichtet.«

Von den sechs Beschuldigten wird vor allem Waldemar Münchow und Frieda Hoffmann für die Dauer von 1933 bis 1936 die Vorbereitung zum Hochverrat vorgeworfen – also für den langen Zeitraum von dreieinhalb Jahren.

Dabei wird im personenbezogenen Abschnitt des Urteils im Hinblick auf den angeklagten Mechaniker Münchow, der von Mai 1930 bis September 1934 arbeitslos

---

44 Ebd., NJ 2729 (S. 9f. des Urteils vom 25.6.1937). Sie wurde 1940 ein Opfer der Krankenmorde.

und zum Zeitpunkt seiner Festnahme bei den Brennaborwerken tätig war, über seine Untergrundtätigkeit ausgeführt:

> Dieser Angeklagte begann mit seiner illegalen Tätigkeit bereits kurz nach dem Umbruch, indem er im Mai 1933 die Hetzschrift »Spartakus«, die im Abzugsverfahren hergestellt war, von dem kurze Zeit darauf verhafteten Fritz Lüdemann [S. 283] für 10 Pf. bezog. Infolge dieser Verhaftung verlor er jedoch bald diese Verbindung, sodaß seine Einlassung, er habe diese Schrift nur einmal erworben, nicht unglaubwürdig ist. In der Folgezeit betätigte er sich bis etwa Ende 1933 dadurch, daß er für die Frauen der inhaftierten Genossen Lüdemann und Trieb [S. 283] Sammlungen veranstaltete. Mit Spenden beteiligten sich nach der glaubhaften Einlassung von Münchow die Angeklagten Hoffmann und Biedermann. Die gleiche Sammeltätigkeit übte der Angeklagte auch noch im Jahre 1934 aus [...].[46]

Angeblich sind 1934 lediglich 25 Reichsmark an Spenden zusammengekommen, wobei 5 RM allein von Münchow stammten. Die allgemeine Notwendigkeit solidarischer Hilfe, die ja auch durch die Rote Hilfe bei der illegalen KPD geleistet wurde (S. 451ff.), ergab sich allein schon aus der Tatsache, dass das NS-Regime in Fällen politischer Delikte den betroffenen Familien die Sozialunterstützung strich, was deren Notlage zusätzlich verstärkte.

Münchow seinerseits dehnte seine politische Tätigkeit (spätestens) im Juni 1934 insofern aus, als er auf einen Brief der illegalen SAP-Zentrale in Berlin, die um eine Deckadresse in Brandenburg bat, die Anschrift des mitangeklagten Karl Haller, Am Huck No. 4, zur Verfügung stellte und daraufhin zumindest bis Herbst 1934 viermal beliefert wurde, darunter 3–4 Exemplare der Untergrundschrift »Banner der revolutionären Einheit«.

Darüber hinaus bat er die Berliner um die Entsendung eines Genossen nach Brandenburg, um eine Aussprache im Kreis mehrerer durchführen zu können. Daraufhin schickte die Zentrale das Berliner Leitungsmitglied Eugen Brehm[47] in die Domstadt, wo in der o. g. Wohnung Hallers die gewünschte Erörterung stattfand.

Nach Aussagen Münchows gegenüber den Verfolgungsbehörden habe die Untergrundtätigkeit danach bis Mitte Juli 1935 geruht.

Doch dann wiederholte sich die für das Jahr 1934 geschilderte Prozedur: Die SAP-Leitung nahm Kontakt nach Brandenburg auf, aber diesmal fuhr Münchow direkt nach Berlin und wurde dort von der ihm aus der Zeit der Weimarer Republik bekannten – und vom NS aus politischen und »rassischen« Gründen hinausgeworfenen – früheren Fürsorgerin der Domstadt Hilde Ephraim (Deckname »Paula«) in Empfang genommen, die ihn schließlich mit dem illegalen Reichsinlandsleiter Herbert Heerklotz (Deckname »Horst«) zusammenbrachte, der zusätzlich den zeitweiligen Berliner Leiter Walter Pöppel hinzuzog. Bei einer Aussprache, getarnt als Spaziergang im Tiergarten, erhielt Münchow die kritische Analyse des SAP-Theoretikers Fritz

---

45 BArch, NJ 5699, Bd. 2 (Anklageschrift vom 12. Oktober 1936, S. 1f.).
46 Ebd., NJ 5699, Bd. 2 (Urteilsschrift vom 11. Januar 1937, S. 3).
47 H. R. Sandvoß, Widerstand in Pankow und Reinickendorf, Berlin 2009^2, S. 98.

Herbert Heerklotz

Sternberg »Der Faschismus an der Macht« (Amsterdam 1935).

Darin macht sich (und den Lesern des 328 Seiten starken Buches) der Autor keine Illusion über einen kurz bevorstehenden Sieg der Arbeiterschaft:

> Wegen der zahlenmäßigen Stärke der Mittelschichten auf der einen Seite, die zunächst von der proletarischen Diktatur den Verlust ihres Eigentums befürchten, wegen der Stärke der demokratischen Illusionen innerhalb der Arbeiterklasse auf der anderen Seite, wegen der Schwäche der revolutionären Partei [SAP, d. Verf.] in der ersten Phase nach dem Sturz des Faschismus, wird die faschistische Herrschaft schwerlich sofort durch die proletarische Diktatur ersetzt werden. Gegen die alten Parteien, gegen Sozialdemokraten und Stalinisten haben die Vorkämpfer der neuen Partei in Deutschland schon heute die Kaders auf diese politische Perspektive vorzubereiten.[48]

Wichtiger als die vor Gericht umstrittene Frage, ob Münchow nun 10 RM für das Buch zahlte (was er bestritt und Heerklotz aussagte), wäre die Erkenntnis, wie Aktive an der kargen Basis die ihnen zugedachte revolutionäre Herausforderung annahmen bzw. machtpolitisch real einschätzten. Doch das verraten uns weder die NS-Akten, noch die Verfolgungsanträge nach dem Krieg.

Bei seinem konspirativen Aufenthalt in Berlin äußerte Münchow dann noch die Bitte, es möge sich erneut (wie schon im Jahr zuvor) ein Vertreter der Zentrale in der Reichshauptstadt zur Aussprache in die Domstadt begeben. Und diesmal erschien sogar der Reichsinlandsleiter Herbert Heerklotz persönlich. Münchow nahm ihn, wie zuvor vereinbart, im September 1935 am Schlachthof in Empfang, dann fuhren beide mit Fahrrädern an den Breitlingsee. Dazu das Gerichtsurteil:

> Hier erwartete sie die Angeklagte Hoffmann mit ihrem Paddelboot und brachte sie nach der Insel Kienwerder, wo sie die Angeklagte Henschel und einige andere Gesinnungsgenossen trafen. In diesem Kreis hielt Heerklotz einen Vortrag über die politische Lage, an die sich eine Diskussion anschloß, die von etwa 2 bis 6 Uhr nachmittags währte. Alsdann brachte

48 Fritz Sternberg, Der Faschismus an der Macht, Verlag Contact Amsterdam (1935), S. 323. (Das achte Kapitel trägt die hellsichtige Überschrift »Nationalsozialismus heisst Krieg«.); zum genannten Autor siehe auch Helga Grebing (Hg.), Fritz Sternberg (1895–1963) – Für die Zukunft des Sozialismus. Werkproben, Aufsätze, unveröffentlichte Texte, Bibliographie und biographische Daten, Köln 1981.

Münchow den Heerklotz nach dem Bahnhof und erstattete ihm das Fahrgeld mit etwa 3,50 RM, nachdem er ihm auf dem Rückwege auf Befragen noch Informationen über Brandenburger Betriebe gegeben hatte.[49]

Münchow gab beim Gestapo-Verhör und vor Gericht an, danach die illegale Arbeit eingestellt zu haben, was die Verfolgungsbehörden ihm nicht widerlegen konnten, obwohl er – nach eigener Aussage – die Zentrale sehr wohl noch einmal angeschrieben und von dort Untergrundmaterial erbeten hatte. Eine Antwort darauf habe er nicht erhalten.

Grundsätzlich nahm das Gericht die Einschätzung vor, Waldemar Münchow als Leiter der illegalen Brandenburger SAP-Gruppe zu betrachten, denn durch seine Hände liefen alle Fäden: Der Kontakt nach Berlin, die Kommunikation mit der dortigen Leitung und der Ausbau der lokalen Gruppe. Man nahm ihm nicht ab, dass die gesammelten Gelder ausschließlich der humanitären Familienunterstützung inhaftierter SAP-Genossen galt, sondern auch der Finanzierung der Untergrundtätigkeit dienten, was man zweifelsfrei an der Reisekostenerstattung für den Reichsinlandsleiter Heerklotz ablesen könne.

Die zweite sehr hoch bestrafte Persönlichkeit der Brandenburger SAP neben Waldemar Münchow (1904–1980) war die Arbeiterin Frieda Hoffmann (1903–1987).

Wie der Mitangeklagte Karl Haller, der seine Wohnung für geheime Treffen zur Verfügung stellte (S. 290f.), gehörte auch Frau Hoffmann vor 1931 der SPD der Domstadt an. (Münchow scheint dagegen vor der SAP keiner Partei angehört zu haben, nicht einmal dem Reichsbanner, wie besagter Haller, sondern lediglich dem Metallarbeiterverband.) In der SAP rückte die Arbeiterin sogar in den Ortsvereinsvorstand vor, wo sie Schriftführerin wurde. Dieser Bereich lag auch in der illegalen Zeit in ihren Händen, erledigte sie doch – mindestens ab 1934 – den Schriftverkehr zwischen Berlin und der Domstadt. Das Urteil über die Technik der Untergrundtätigkeit:

> Da die Briefe zumeist mit Geheimtinte geschrieben waren, behandelte sie diese mit Eisenchloridwatte. Sie schrieb auch ihre Antwortbriefe mit unsichtbarer Tinte. Sie gab verschiedene Stimmungsberichte über die Verhältnisse in den Brandenburger Betrieben an die Leitung der SAP in Berlin, wobei sie viel die entstandenen Militärbauten etc. erwähnte.[50]

Die enge politische Bindung an den Brandenburger SAP-Leiter Münchow ging auch aus der Tatsache gegenseitig ausgetauschter Materialien – wie »Banner der revolutionären Einheit«, Fritz Sternbergs o. g. Faschismus-Analyse bzw. aus Berlin zugesandter Schriften – hervor, sowie aus ihrer Teilnahme an geheimen Zusammenkünften und der Weitergabe kleinerer Geldbeträge.

Frau Hoffmann rekrutierte auch die mitangeklagte Verkäuferin Charlotte Henschel für die illegale Arbeit (deren Umfang strittig blieb), wohnten beide Frauen

---

49 BArch, NJ 5699, Bd. 2 (S. 5 des Urteils vom 11. Januar 1937).
50 Ebd., NJ 5699, Bd. 2 (Urteilsschrift vom 11. Januar 1937, S. 7f.).

doch Wollenweberstraße 7 bei der Mutter der inzwischen emigrierten – besser: ins Ausland geflohenen – SAP-Genossin Lisa Müller, (die nach dem Krieg noch einmal eine politische Rolle – S. 295 – spielte). Wie schon im Zusammenhang mit dem o.g. ersten SAP-Prozess durch die Bürgenerklärung von Franz Enders für Fritz Lüdemann nachträglich deutlich wurde, zeigt auch das Beispiel von Lisa Müller, dass der Kreis der illegalen SAP-Anhänger größer war, als es die Anzahl der Angeklagten, die offenbar andere deckten, deutlich macht.

Das Kammergericht verurteilte die Beschuldigten am 11. Januar 1937 entsprechend dem Umfang und der »Gefährlichkeit der von den einzelnen Angeklagten entfalteten Tätigkeit« und sprach folgende Strafen aus:

Waldemar Münchow und Frieda Hoffmann	je 3 ½ Jahre Z
Karl Haller (Quartiergeber geheimer Treffen)	2 ½ Jahre Z
Paul Biedermann (Sitzungsteilnehmer, Spendenbereitschaft)	2 Jahre Z
Charlotte Henschel (Schriftenentgegennahme)	2 Jahre G
der Arbeiter Eduard Kuster	Freispruch

Ein abschließender Blick in die Verfolgtenakten der Hauptbeteiligten nach 1945 vermittelt leider keine tiefen Erkenntnisse über die illegale SAP, da die Betreffenden inzwischen der SED angehörten und deren historische Sicht auf die Vergangenheit zu beachten hatten. Danach, siehe die Anmerkungen zum ersten Justizverfahren (S. 288), war die linkssozialistische Partei mit ihrer antistalinistischen Kritik am »Sozialfaschismus«-Kurs der KPD angeblich ein gefährlicher Irrweg.

Was die Nachkriegsakten dagegen klar wiedergeben, sind die unmittelbaren individuellen NS-Leidensstationen:

Waldemar Münchow (1904–1980)[51] wurden vierzehn Zähne beim »Verhör« ausgeschlagen, auch zog er sich durch eine Stickstoffvergiftung eine Lungen-Tbc zu. Nach einem halben Jahr der Strafzeit in Tegel und Brandenburg saß er von Juli 1937 bis Januar 1940 in den Anstalten und Lagern Coswig, Dessau-Roßlau (Elbregulierungsarbeiten) und Griebo. Zur Strafeinheit 999 zog man ihn dagegen nicht ein. Als Ursache seiner Festnahme am 16. Juli 1936 gibt er an: »Bekanntwerden der Deckadresse durch Verhaftung eines Genossen« im Verlauf einer Aktion gegen die illegale Sozialistische Arbeiterpartei in Berlin.

Sein kurzer »Lebenslauf« vom Oktober 1945 – noch war die SED nicht gebildet – verrät immerhin mehr über ihn als die o.g. Anklagebehörde: So war er am »Mitteldeutschen Aufstand« (1921) linksradikaler Kreise beteiligt und verlor deshalb seine Arbeitsstelle. 1924 kam er dann in die Stadt Brandenburg, wo er 1931 der SAP beitrat.

Wenige Zeilen beziehen sich auf die illegale Arbeit des – nach den Verhaftungen 1933 amtierenden – Brandenburger Org.-Leiters, der zur Binnenstruktur (Gruppenstärke) leider keine Angaben macht: »Verbindungen haben wir unterhalten nach

51 BLHA, Rep. 401, VdN 5006.

Berlin-Hamburg-Mitteldeutschland und auch nach Holland, wo wir mit Frau [Lisa] Müller brieflich und auch persönlich Kontakt hatten. Von Berlin bezogen wir illegale Schriften u. Zeitungen, die wir hier vertrieben.«[52]

Als »ausnahmslos sehr gut« bezeichnet er im Rückblick die Solidarität der Gefangenen in den o. g. Elbregulierungslagern. Über die Zeit nach der Haft heißt es im Lebenslauf weiter: »Nach meiner Entlassung habe ich [dienstverpflichtet] bei der Firma Motz u. Co gearbeitet. Auf Veranlassung der dort beschäftigt gewesenen Antifaschisten ist es uns gelungen, den stark eingeführten Deutschen Gruß abzuschaffen und den »Guten Tag« wieder einzuführen.« Nach dem Krieg arbeitete er einige Jahre beim Arbeitsamt, wurde aber aufgrund der in der Haft zugezogenen Leiden bereits 1949 zum Invaliden.

Frieda Hoffmann (1903–1987) wiederum, wie Münchow im Januar 1937 mit der Höchststrafe von dreieinhalb Jahren Zuchthaus bedacht, gibt in ihrer Verfolgtenakte[53] unter der Rubrik der Haftleiden den Verlust von drei Zähnen an. Über die näheren Umstände – etwa Gestapo-Misshandlungen – erfahren wir nichts. Zum Anlass ihrer Festnahme am 19. Juli 1936 – drei Tage nach Waldemar Münchow also – sagt sie im Verfolgtenantrag vom Januar 1952 aus: »Bekanntwerden der Deckadresse durch Verhaftung von Funktionären der Reichsleitung in Berlin.«

Im OdF-Fragebogen vom 5. Dezember 1945 steht dazu: »durch Tätigkeit von Spitzeln aus Berlin«. Mehr erfahren wir durch einen handgeschriebenen Lebenslauf vom Januar 1952:

> Nach dem Verbot der Parteien 1933 wurde auch von SAP Mitgliedern in Brandenburg illegale Arbeit geleistet. Wir bekamen illegales Material, welches wir weiter verbreiteten, hatten Zusammenkünfte u. Treffs mit Funktionären in Berlin, an denen ich ebenfalls teilnahm.
> Ausserdem hatte ich mit SAP-Mitgliedern, die früher in Brandenburg waren – Hein u. Lisa Müller – und 1933 in die Emigration gingen, Verbindung. 1935 habe [ich] diese auch in Holland (Amsterdam) besucht.
> 1936 wurde ich gemeinsam mit mehreren Mitgliedern der SAP verhaftet. In Berlin war ein Mitglied der Reichsleitung der SAP, Herklotz [Heerklotz], verhaftet, dadurch wurde die Brandenburger Deckadresse bekannt. u. durch einen Spitzel, der von Berlin aus geschickt wurde und mir nicht bekannt ist, erfolgte dann die Verhaftung der Brandenburger Gruppe.[54]

Der hier im Text erwähnte Hein Müller ist identisch mit dem im ersten SAP-Prozess (1933) freigesprochenen Brandenburger Prokuristen. Nach Aussagen des damals mitangeklagten Friedrich Lüdemann[55] – der mit Lisa Müller bis zu seiner Festnahme (Mai 1933) ein Liebesverhältnis hatte – gehörte Hein Müller einer übergeordneten SAP-Leitung an und hatte in der Haft daher große Angst vor einer höheren Strafe.

52 Ebd., Rep. 401, VdN 5006 (»Mein politischer Lebenslauf!«).
53 BLHA, Rep. 401, VdN 4565.
54 BLHA, Rep. 401, VdN 4565 (»Lebenslauf«, handschriftlich vom 31.1.1952). Der Lebenslauf nimmt am Ende Stellung zum Ende Juli 1950 erfolgten Parteiausschluss wegen »Unachtsamkeit« und mangelndem Vertrauen zur Partei im Zusammenhang mit der »Agententätigkeit« von Noel H. Field und wird von der Bestraften gutgeheißen. Siehe hierzu auch die Ausführungen der Zentralen Parteikontrollkommission der SED unter: SAPMO-BArch, DY 30 / IV 2/4, Nr. 440, Bl. 138f.

Durch die solidarische Hilfe von Lüdemann und Wieprecht sen. (S. 283), die ihn durch ihre Aussagen deckten, kam Hein Müller vor Gericht am 7. November 1933 mit einem Freispruch davon. Zu seinem Glück war nicht herausgekommen, dass die Leitung des wehrhaften Schutzbundes in seinen Händen gelegen hatte. Über die Zeit nach der Haft schreibt Frieda Hoffmann in einem undatierten Lebenslauf:

> Nach Beendigung der Strafe [20.1.1940] verbot mir die Gestapo die Rückkehr nach Brandenburg. Potsdam wurde mir als Aufenthaltsort angewiesen. Während der ersten zwei Jahre musste ich mich zweimal wöchentlich polizeilich melden. Ausser einer Vernehmung 1942 bei der Gestapo wurde ich von der Polizei nicht weiter behelligt. Schwierigkeiten hatte ich anfangs bei den Arbeitsstellen, wo ich verschiedentlich wegen der Vorstrafe entlassen wurde. Ich selbst war fremd in Potsdam hatte leider keine Verbindung mit dortigen Genossen. Mit ehemaligen Kumpels, die in Berlin wohnten, kam ich allerdings öfters zusammen. In Potsdam hielt ich mich auch deswegen zurück, weil ich die Verbindung mit meiner Freundin Charlotte Henschel aufrecht erhalten wollte. Genossin Henschel wurde mit mir verhaftet, war aber bis zur Befreiung im KZ Ravensbrück und ich war die Einzige, die mit ihr in Verbindung war.[56]

Dazu sei daran erinnert, dass die 1910 geborene Verkäuferin Charlotte Henschel beim Prozess 1937 als Minderbelastete »lediglich« zwei Jahre Gefängnis erhalten hatte (S. 294). Woraus resultierte diese enorme Haftverlängerung und Strafverschärfung?

Vergeblich sucht man diesen Namen im über 1000 Schicksale erfassenden Biographischen Verzeichnis von 1982 »Antifaschistischer Widerstandskampf in der Provinz Brandenburg«, das Frieda Hoffmann sehr wohl erwähnt und auch deren SAP-Zugehörigkeit nicht verschweigt. Man findet die junge Sozialistin Henschel auch nicht unter den anerkannten VdN (Verfolgten des Naziregimes), obwohl sie doch bis 1945 im KZ litt und nach dem Krieg Leiterin des Arbeitsamtes Brandenburg (Stadt) war.[57] Woher sollte der historisch Interessierte wissen, dass sie unter einem ganz anderen Namen geführt wurde?

Beiden Frauen begegnet der Chronist dann noch einmal in einem ganz anderen Zusammenhang als dem der Verfolgung durch das NS-Regime. Die Frühphase der DDR, die Zeit der bereits erwähnten (S. 286ff.) »Stalinisierung der SED«, als die Ulbricht-Bürokratie potenziellen oder erdachten »Parteifeinden« auf der Spur war und alles alternative, irgendwie abweichende sozialistische Denken eliminierte, war auch geprägt von einem geplanten großen Säuberungsprozess: Der Noel H. Field-Affäre. Bei ihr handelte es um willkürlich konstruierte Spionage-Vorgänge im Kalten Krieg.[58]

---

55 BArch, ZPA, IV 2/4/107G, Bl. 51.

56 Ebd., Rep. 401, VdN 4565 (»Lebenslauf der Frieda Hoffmann, geb. 21.2.03 in Brandenburg/Havel«, Maschinenschrift, 2 Seiten).

57 SAPMO-BArch, DY 30 / IV 2/4, Nr. 440, Bl. 138.

58 Hermann Weber, Geschichte der DDR, München 1985 (dtv), S. 200. Bei der »Parteiüberprüfung« nach dem III. Parteitag der SED, der zum Kampf gegen »Spionage«, »Agenten«, »Trotzkisten«, »Titoisten« und das Ost-Büro der SPD aufrief, wurden 1950/51 rund 150 000 Mitglieder aus der SED ausgeschlossen, darunter mehrere ehemalige Brandenburger SAP-Mitglieder, die wegen Widerstandes nach 1933 eingesperrt worden waren.

Am Rande verwickelt war darin Frieda Hoffmann, deren alte sozialistische Freundin, Lisa Müller (S. 294f.), als Mitarbeiterin Fields eingestuft wurde.

Sowohl Frieda Hoffmann als auch Charlotte Henschel wurden 1951 aus der SED ausgeschlossen. Letztgenannte aber nicht nur wegen angeblicher politischer Unachtsamkeit und mangelnden Parteivertrauens, sondern wegen noch nach dem Zweiten Weltkrieg (nämlich bis ins Jahr 1949 hinein) aufrecht erhaltener Kontakte zur Ex-Kommunistin und prominenten Kommunismus-Gegnerin der Nachkriegszeit Margarete Buber-Neumann. Durch sie erfahren wir vom in der NS-Haft fortgesetzten Widerstand der jungen Brandenburger Verkäuferin Charlotte Henschel.

Widerstand in der Haft: Das Beispiel Charlotte Henschel

Dem Erinnerungsbericht der vielfach Verfolgten Margarete Buber-Neumann, deren Mann (Heinz Neumann) einst zur Spitze der KPD zählte, der aber im sowjetischen Exil dem stalinistischen Terror zum Opfer fiel, kann man wichtige Aussagen zum Schicksal der eben genannten Brandenburger Sozialistin entnehmen. Vorausschicken muss man dafür den Hinweis, dass Frau Buber-Neumann zu jener Gruppe von Antifaschisten und Juden zählte, die im Rahmen eines »Austauschprogramms« 1940 vom NKWD an die Gestapo ausgeliefert wurde – was bei der Witwe von Heinz Neumann umgehend zur Einlieferung ins KZ Ravensbrück führte. Und dort begegnete sie unter vielen anderen Frauen auch der Brandenburgerin Charlotte Henschel. Von ihr erfuhr sie Folgendes: Margarete Buber-Neumann (1901–1989) schreibt:

> Mit dreiundzwanzig Jahren wurde sie als Mitglied der illegalen SAP mit einer Gruppe zusammen verhaftet. Sie erhielt für hochverräterische Tätigkeit ein verhältnismäßig mildes Urteil von anderthalb [2] Jahren. Sie kam in Einzelhaft. Beim Spaziergang gab ihr die Zellennachbarin, eine Kommunistin, einen Kassiber zum Weiterleiten an einen anderen Häftling. Lotte wurde erwischt. Der Inhalt des Briefes war ein politisches Programm der Kommunisten. Man übergab den Fall der Gestapo, und Lotte kam erneut in Untersuchungshaft. Ein Verhör folgte dem anderen. Die Gestapo wandte alle Methoden an, um ein Geständnis zu erzwingen: »Wer hat Ihnen den Kassiber gegeben und an wen sollte er weitergeleitet werden?« Lotte verweigerte die Aussage. Sie wurde vor Gericht gestellt und schwieg; sie wurde zusätzlich zu drei Jahren Zuchthaus verurteilt und schwieg. Im Zuchthaus war sie während der Arbeit mit kommunistischen Häftlingen beisammen. Ihre mutige Haltung hatte ihr die Achtung der Mithäftlinge eingetragen, und sie geriet in ihren Zuchthausjahren unter den Einfluß der Kommunisten.[59]

Als Charlotte Henschel nun aber vom politischen Schicksal ihrer Leidensgenossin Buber-Neumann, als vom Stalinismus und Nazismus doppelt Verfolgter, erfuhr, geriet ihr Glaube an die Sowjetunion, an den sie sich während der Zuchthausjahre (1937–40) geklammert hatte, so sehr ins Wanken, dass nun alle Hoffnung wich. Zu Frau Buber-

59 Margarete Buber-Neumann, Als Gefangene bei Stalin und Hitler, München 1962 (dtv dokumente), S. 166f.

Neumann sagte sie daher: »Ach, warum sind wir nun verurteilt, weiterzuleben!?«

Damals ahnte sie noch nicht, welche Herausforderungen auf sie nach der Befreiung zukommen würden: Der Ausschluss aus der sogenannten Einheitspartei 1951 im Zuge der Parteisäuberungen[60] wegen angeblicher Verwicklungen in o. g. Field-Affäre und Nachkriegskontakten (bis 1949) zur »Parteifreundin« Margarete Buber-Neumann.

Doch nach einigen Jahren (1956) wurde Frau Henschel – nun verheiratete Grupa – wieder unter neuem Namen aufgenommen. Die 1910 Geborene verstarb im August 1968 in der Stadt Brandenburg, wo noch heute eine Straße ihren Namen trägt.[61]

Charlotte Henschel (spätere Grupa)

Man mag eine minimale späte Wiedergutmachung darin sehen, dass in der parteioffiziellen SED-Darstellung zum Widerstandskampf in Brandenburg von 1978 (»Ausgewählte Dokumente und Materialien zum antifaschistischen Widerstandskampf unter Führung der Kommunistischen Partei Deutschlands in der Provinz Brandenburg 1933–1939«)[62] die SAP durch einen abgedruckten Erinnerungsbericht von Frieda Hoffmann zumindest indirekt positiv erwähnt wird. Der Schwerpunkt der genannten Zeitzeugenberichterstattung ist aber nicht dem Widerstandskampf der kleinen, nicht genannten (!) Partei, sondern der individuellen Haftzeit in der Frauenhaftanstalt in Jauer (Niederschlesien) gewidmet.

Als ihr dagegen im Juli 1978 zum 75. Geburtstag in der Presse gratuliert wurde, heißt es verklärend, dass sie 1930 »in die Partei« eintrat, 1933 Haussuchungen erlitt, aber trotzdem »unerschrocken mit Genossen aus Brandenburg und Berlin illegal« weiterarbeitete, was 1936 zur Festnahme und Verurteilung zu dreieinhalb Jahren Zuchthaus führte. Nach der Haft habe sie »Verbindung zu Genossen der KPD« sowie Angehörigen von Inhaftierten aufgenommen und Nachrichten weiter vermittelt. Damit hatte man gegenüber dem Zeitungsleser jede kleinste Erwähnung der SAP vermieden.[63] Zum 80. Geburtstag verlief die Presseberichterstattung ähnlich historisch geglättet.

60 Hermann Weber / Ulrich Mählert (Hg.), Terror. Stalinistische Parteisäuberungen 1936–1953, Paderborn 1998, S. 283–485.

61 BLHA, Rep. 401, VdN 2697 und Rep. 530 SED BL Pdm 8994 (Bezirksparteiarchiv).

62 Der antifaschistische Widerstandskampf unter Führung der Kommunistischen Partei Deutschlands in der Provinz Brandenburg, Bd. 2, S. 400 (Erinnerungsbericht von Friedel Hoffmann).

63 BLHA, Rep. 401, VdN 4565 (Artikel vom 14.7.1978 »Einen Blumenstrauß für Friedel Hoffmann. Parteiveteranin«).

Aber das bereits mehrfach erwähnte parteioffizielle biographische Lexikon »Antifaschistischer Widerstandskampf in der Provinz Brandenburg« (Potsdam 1982) lüftete den Schleier wieder bereits etwas mehr, werden Frauen wie Friedel (Frieda) Hoffmann und Charlotte Grupa, geb. Henschel, nun immerhin mit deutlichen Hinweisen auf die illegale Arbeit der SAP versehen – dreißig Jahre zuvor war das noch ein Unding. Was sich inhaltlich mit der SAP verband, blieb aber weiterhin verborgen.

Doch kehren wir nach diesem kurzen Ausblick auf die SAP-Rezeption in der DDR zur historischen Aufarbeitung des Widerstandes in die 1930er Jahre zurück.

Verfolgungen im Umfeld der SAP-Prozesse

Im Umfeld der beiden Brandenburg-Rathenower-Prozesse agierten im Brandenburgischen in der Provinz einzelne Persönlichkeiten, die hervorzuheben nicht vergessen werden darf: Walter Fabian, Richard Meschkat und Wolfgang Knabe.

Walter Fabian

Der in Berlin geborene Walter Fabian (1902–1981)[64] hatte nach Abitur und Studium der Pädagogik, Geschichte und Nationalökonomie 1924 promoviert. Anschließend hauptsächlich im sozialistischen Bildungsbereich als Lektor und Redakteur tätig, wurde der seit 1928 als Herausgeber der linksoppositionellen Zeitschrift »Sozialistische Information« wirkende linke Sozialdemokrat nach seinem Ausschluss aus der SPD Vorsitzender des SAP-Bezirks Ost-Sachsen und Mitglied des SAP-Parteivorstandes. Für den nahm er schließlich als Chefredakteur der zentralen »SAZ-Sozialistische Arbeiterzeitung« in Breslau die wichtigste publizistische Funktion (bis zum Verbot) wahr. Von August 1933 – er konnte den frühen Festnahmen gerade noch entgehen – bis zu seiner Flucht im Januar 1935 – war er als Reichsleiter der illegalen SAP tätig.

Seine Aufenthaltsorte musste er aus Sicherheitsgründen wiederholt wechseln. Dass er dabei auch relativ lange in Babelsberg wohnte, berichtete er in einem Brief an den Verfasser wenige Monate vor seinem Tode. Walter Fabian blickt 1981 zurück:

> Spätestens seit August 1933 »wohnte« ich ständig wechselnd bei Leuten, die Zimmer vermieteten. Ich konnte mich natürlich nicht melden, hatte auch keine gültigen Ausweispapiere mehr. Im Februar 1934 verband ich mich mit Ruth Aris (später Ruth Fabian), deren Mann bereits ausgewandert war und von dem sie sich getrennt hatte. Unter dem Namen Aris fanden wir ein Zimmer in Neubabelsberg bei einer Familie Anders; wir mieteten dies als »Sommerwohnung« und sagten, daß wir unsere eigentliche Wohnung in Berlin hätten; daher brauchten wir uns nicht anzumelden. Die Adresse ist mir entfallen [...]. Herr Anders hat lange bei der nahegelegenen UFA gearbeitet, bei der auch sein Sohn später als Regisseur tätig war.

64 Helga Grebing, Lehrstücke in Solidarität. Briefe und Biographien deutscher Sozialisten 1945–1949, Stuttgart 1983, S. 328f..

Walter Fabian

Am 4.1.1935 mußten wir fluchtartig diese »Wohnung« verlassen; wenige Stunden später erschien dort die Gestapo. Wir flohen illegal über das Riesengebirge in die CSSR.[65]

Fabian, der bis zum Bruch mit der Exil-SAP im Februar 1937 eine wichtige Rolle in der Auslandsleitung der Partei spielte, hatte sich durch seine Erfahrungen als illegaler Reichsleiter im deutschen Untergrund (S. o.) einen illusionslosen Blick auf die politischen Verhältnisse dort bewahrt. Dies wirkte sich aus, als er im Juli 1934 – da wohnte er noch in Neubabelsberg – mit falschem Pass für etwa zehn Tage nach Paris reiste, um dort an einer SAP-Konferenz teilzunehmen. Walter Fabian erinnert sich:

Ich traf die aus verschiedenen Ländern angereisten Genossen in einer Hochstimmung an, die mich erschreckte; vor allem der sogenannte Röhm-Putsch, der gerade zwei Wochen zurücklag, hatte ihre Hoffnungen auf ein rasches Ende des Hitlerregimes verstärkt. Es wurde eine Resolution vorgelegt, deren zentraler Satz lautete: »Im Herbst oder spätestens im Winter 1934 steht in Mitteleuropa die proletarische Revolution auf der Tagesordnung«.
Ich stellte dieser Illusion meine Einschätzung entgegen, daß Hitler sich gerade auch durch die Niederschlagung der »Röhm-Clique« so fest etabliert habe, daß er sich mindestens zehn Jahre an der Macht halten würde; ich verwies auch auf die Lehren, die wir aus der Dauer des Faschismus in Italien und dem Bestand anderer Diktaturen ziehen mußten. So weit gingen die Ansichten in dieser wichtigen Frage auseinander, was auch für die anderen Parteien und Gruppen galt.[66]

Es dürfte den realistischen Blick auf die Etablierung der NS-Herrschaft nicht wenig geschult haben, dass Fabian als Chefredakteur der SAZ in Breslau seit Februar 1933 die brutale »Machtergreifung« der SA-Horden miterlebt hatte: Der dortige Vorsitzende der SAP, der angesehene Rechtsanwalt Dr. Ernst Eckstein, wurde sofort in der Reichstagsbrandnacht (27./28. Februar) ins KZ verschleppt, wo er nach entsetzlichen Folterungen am 8. Mai des gleichen Jahres umkam.[67] Die Rote-Hilfe-Organisation

65 GDW/Berlin, Brief von Walter Fabian an den Verfasser vom 1.5.1981.
66 Walter Fabian: Exilpresse – wozu?, in: Deutsche Bibliothek Frankfurt am Main, Sammlung Exilliteratur, Die Presse der Sozialistischen Arbeiterpartei Deutschlands im Exil 1933–1939. Eine analytische Bibliographie. Mit einem Vorwort von Walter Fabian, München Wien 1981 (Carl Hanser Verlag), S. XIIIf.

der SAP trug daher den Ehrennamen »Eckstein-Fonds«. Er symbolisierte bleibende Erfahrungen mit dem frühen Terror gegen die Arbeiterbewegung. Ähnliches galt auch für den nun folgenden Pädagogen.

Richard Meschkat

Wie an verschiedenen Stellen dieser Veröffentlichung bereits hervorgehoben, nahmen reformorientierte, demokratisch-sozialistische Lehrer, die sich dem Kampf der Arbeiterbewegung verbunden fühlten, in mehreren Städten der Provinz Brandenburg eine wichtige Funktion beim lokalen Ausbau der Weimarer Republik wahr (S. 497f.). Mehrere von ihnen schlossen sich 1933 dem Widerstand an. So auch im havelländischen Premnitz, der an der dortigen Schule wirkende Richard Meschkat (1899–1990). Der Pädagoge hatte viele Heranwachsende im aufklärerischen Geist der Weimarer Verfassung geprägt und – als Mitglied des »Bundes entschiedener Schulreformer« – durch moderne Unterrichtsmethoden zu selbstständig denkenden Menschen erzogen. 1931 schloss sich der langjährige Sozialdemokrat, der seit 1924 Gemeindevertreter, stellvertretender Bürgermeister und Kreistagsmitglied war, der SAP an und formte ihren Ortsverein. Aber auch politische Freunde aus den Städten Brandenburg und Rathenow kamen in Premnitz zu Schulungen zusammen (S. 278).

Das NS-Regime warf Meschkat – der bei seiner Schwester in Zehlendorf »untergetaucht«, aber denunziert worden war – aus dem Schuldienst und nahm ihn von Juni 1933 bis Januar 1934 in Haft, wobei er die letzte Zeit im KZ Brandenburg (altes Zuchthaus) litt, aber zuvor noch im Zuchthaus Plötzensee Fritz Ebert (S. 70ff.) begegnet war. Richard Meschkat (1899–1990), der auch Haftgenosse der später Ermordeten Hans Litten und Erich Mühsam war, blickt zurück:

> Der Stubenälteste der Station war Ernst Reinke, ein Genosse, der im Roten Frontkämpfer-Bund eine Funktion inne hatte. Mit ihm war ich besonders befreundet. Über seinen Verbleib ist mir nichts bekannt geworden. In meiner Haftzeit wurden für einige Wochen eingeliefert Arbeiter und Ingenieure aus den Deutschen Telefonwerken in Berlin SO36, Zeughofstraße. Zu ihnen gehörte der Techniker Karl Hoffmann, wohnhaft in Neuenhagen, der jetzt in der Plankommission arbeitet.[68]

Nach der Zerschlagung der Parteien und demokratischen Verbände kam Meschkat mit pädagogischen Weggenossen aus dem Vorstand des »Bundes entschiedener Schulreformer« um Prof. Paul Oestreich vertrauensvoll zusammen. Sie analysierten die Verhältnisse der NS-Diktatur, tauschten Erfahrungen aus und machten sich Gedanken über eine Bildungsarbeit nach der Befreiung.

Bei der Weihnachtsamnestie Ende 1933 wurde Meschkat – wegen »politischer Uneinsichtigkeit« noch nicht entlassen, dann aber einen Monat später mit der Maßgabe, den Bezirk Potsdam verlassen zu müssen.

---

67 Walter Fabian, ebd., S. IX.

68 BLHA, Rep. 401, VdN 4688. (Von den genannten Verhaftungen in SO36 berichtet auch Walter Borkamm in: H.-R. Sandvoß, Widerstand in Kreuzberg, S. 48).

Meschkat wirkte aber nicht allein auf diese Weise gegen den herrschenden Ungeist, sondern kam weiterhin mit alten SAP-Genossen aus Premnitz und Rathenow zusammen, die sich aber wegen seiner polizeilichen Auflagen (Aufenthaltsverbot für den Regierungsbezirk Potsdam) in Zehlendorf einfinden mussten.

Um seinen Lebensunterhalt zu verdienen, nahm Meschkat verschiedene Tätigkeiten an, bis er zu seinem Glück in der Rechtsanwaltspraxis von Ingeburg und Dr. Werner Gentz unterkam. (Die Sozialdemokratin war 1933 aus dem Justizdienst geworfen worden.) Richard Meschkat dazu:

> Wir arbeiteten beide zusammen, vor allem mit der Absicht, verfolgten, verhafteten und angeklagten Antifaschisten zu helfen. In zahlreichen Fällen hat Ingeburg Gentz die Verteidigung übernommen. Da, wo es zweckmäßig war, daß sie sich zurückhielt, vermittelten wir Verteidiger und organisierten die Verteidigung. Als Fall von besonderer Bedeutung ist mir aus der Zeit in Erinnerung der von Ernst Niekisch vom Widerstandsverlag, der 1937 mit seiner Familie und Angestellten zusammen verhaftet wurde. Niekisch hatte große Mengen antifaschistischer Literatur besonders aus der Schweiz eingeführt, unter anderem Scholochow »Neuland unterm Pflug«. Seine scharfe Kritik am Faschismus wurde mit lebenslänglichem Zuchthaus bestraft. Niekisch ist heute Professor an der Humboldt-Universität. Er und seine Familie sind uns beiden auf Grund der Hilfe, die wir ihm damals leisteten, freundschaftlich zugetan.[69]

Meschkat wurde schließlich im September 1943 zur Wehrmacht eingezogen. Aus gesundheitlichen Gründen, denn er erkrankte an Gelbsucht und Herzmuskelschwäche, tat er aber nur kurze Zeit Dienst. Nach der Befreiung wirkte er zunächst als Landrat des Kreises Teltow, dann als Vorsitzender des Kreistages und wurde zuletzt Wissenschaftlicher Mitarbeiter der Staatlichen Zentralverwaltung für Statistik beim Ministerrat der DDR. Der Nationalrevolutionär Ernst Niekisch trat übrigens 1955 aus der SED aus. Trotz seiner beruflichen und politischen Tätigkeit in der DDR war er weiterhin im Westen der Stadt wohnen geblieben.

Wolfgang Knabe

Die letzte der drei Persönlichkeiten, deren Wirken für die SAP und andere Gruppen wir hervorheben möchten, ist der Schönower Wolfgang Knabe (1909–1943).[70]

Der junge Dreher aus einem Ort nahe der Stadt Bernau stammte aus einem sozialdemokratischen Elternhaus, engagierte sich früh in der Kinderorganisation der SPD und im Deutschen Metallarbeiterverband, der aufgrund des nahen Industriestandorts, einem Kabelwerk, regionale Bedeutung einnahm. 1931 stieß der kritische junge Sozialist zur SAP und ging mit seiner kleinen, aber ungemein rührigen Partei in den politischen Untergrund.

Am 31. Januar 1936 geriet er erstmals in Haft und wurde in einem Justizverfahren gegen die SAP (»Fähling und andere«) mit Erich Fähling (Kreuzberg) und Gerhard

---

69 Ebd., Rep. 401, VdN 4688. Zum im Zitat erwähnten Ernst Niekisch siehe H.-R. Sandvoß, Widerstand in Kreuzberg, S. 174–177; Birgit Rätsch-Langejürgen, Das Prinzip Widerstand. Leben und Wirken von Ernst Niekisch, Bonn 1997.

Beyer (Biesdorf) angeklagt. Das Kammergericht verhängte am 3. September 1936 hohe Strafen:

Beyer bekam fünf, Fähling vier Jahre, Knabe 1 ¾ Jahre Zuchthaus. Hauptbelastungszeuge war der unter den Qualen des »Verhörs« zusammengebrochene Reichsinlandsleiter der SAP, Heerklotz (S. 288f.). Sowohl Beyer, als Spitzenfunktionär verantwortlich für die Ost-Berliner Bezirke Friedrichshain, Lichtenberg und Köpenick, als auch Fähling, auf dessen Schultern die illegale Betriebsarbeit im Großraum Berlin lag, versuchten viele ihrer jungen Mitverschwörer – darunter Wolfgang Knabe, bei dem Fähling zeitweise gewohnt hatte – zu entlasten. Geheime Staatspolizei und NS-Justiz wussten, dass die Dunkelziffer der illegalen SAP-Anhänger weit größer war, als die kleine Schar der hier Festgenommenen. So führt das Berliner Kammergericht am 3. September 1936 über Gerhard Beyer folgende Zahlen aus:

> Die Zahl der Mitglieder des Bezirks Osten hat Beyer in der Hauptverhandlung [mit] 30 angegeben. Nach Heerklotz' Aussage hatte der Bezirk Osten 70 bis 80 aktive Mitglieder und 30 bis 40 sympathisierende Genossen, die nur teilweise mit Material beliefert wurden. Nach Beyers Angabe hat er nur 25,- bis 30,- RM Beitragsgelder erhalten und abgeliefert, während Heerklotz die Beitragsgelder auf 30,- bis 40,- RM durchschnittlich angegeben hat. Offenbar treffen die höheren Angaben des Heerklotz zu, die sich auch besser mit der Zahl der von Beyer verteilten Schriften decken.[71]

Wir wissen aufgrund der weiteren individuellen Entwicklung nicht, auf wieviel Weggefährten im Raum Bernau Wolfgang Knabe damals rechnen konnte, können aber sagen, dass der Schönower nach der Verbüßung seiner knapp zweijährigen Strafe und der 1940 erfolgten Eheschließung mit Hildegard Tegener (aus der eine Tochter hervorging) erneut den Mut zum Widerstand aufbrachte – diesmal jedoch in einem ganz anderen politischen Zusammenhang:

In der jüdisch-jungkommunistischen Widerstandsgruppe um den Elektriker Herbert Baum[72], die »Untergetauchten« beistand, einzelne Sabotageakte im Verlauf der Zwangsarbeit (u. a. bei Siemens in Spandau) wagte und schließlich zum spektakulären Versuch eines Brandanschlags auf die antikommunistische NS-Hetzausstellung »Das Sowjetparadies« schritt – dessen erhoffter Schaden sich sehr in Grenzen hielt, aber zur brutalen Massenjagd auf wehrlose Menschen führte –, wirkte mit Felix Heymann auch ein Freund des Ehepaares Knabe mit. Der Verfolgte wohnte im Sommer 1942 etwa zwei Wochen bei Knabes in Schönow, wo er auch mit Lebensmitteln versorgt

---

70 Vgl. zum Folgenden H.-R. Sandvoß, Die »andere« Reichshauptstadt, S. 198, 490ff.; Frieder Böhne, Zeichen gegen Nazis und Rassisten. Veranstaltung zum 70. Todestag von Wolfgang Knabe in der Dorfkirche Schönow bei Bernau, in: »Unser Blatt« (hg. Berliner VVN-BdA e.V.) 54 – September 2013, S. 2.

71 BArch, NJ 9219 (Urteil vom 3. September 1936). Vgl. auch GDW/Berlin, Kopie der Niederschrift einer Besprechung mit Erich Fähling am 14. April 1959 (mit freundlicher Genehmigung durch Dr. Hans-Joachim Reichhardt), in der Fähling betont, dass es durch geschickte Aussagen gelang, viele Mitkämpfer zu decken und ihnen somit die Weiterarbeit zu ermöglichen.

72 H.-R. Sandvoß, Die »andere« Reichshauptstadt, S. 490ff.

Hildegard und Wolfgang Knabe

wurde. Der Monate darauf von der Geheimen Staatspolizei festgenommene Heymann brach unter der bestialischen Folter zusammen und nannte mehrere seiner Unterstützer. Daraufhin wurde erneut ein Justizverfahren gegen W. Knabe angestrengt, zu dessen Verhandlung am 26. Oktober 1943 der Schönower bereits todkrank auf der Bahre hereingetragen wurde. Zu drei Jahren Zuchthaus verurteilt, verstarb er bereits fünf Wochen später.

Bei alldem darf der Anteil von Knabes Ehefrau Hildegard, geborene Tegener, nicht gering erachtet werden – im Gegenteil: Unter ihrem Mädchennamen hatte sie sich zwischen 1934 und 1936 aktiv an der illegalen Arbeit des Kommunistischen Jugendverbandes »Gruppe Warschauer Ring«, der besonders unter antifaschistischen Sportlern wirkte, beteiligt.[73] Nach ihrer Festnahme wurde sie im Prozess »Attenberger und Andere« zu dreieinhalb Jahren Zuchthaus (mit anschließender vierjähriger Polizeiaufsicht) verurteilt. Mehrere Mitglieder der Gruppe um Herbert Baum waren ebenfalls aus dem o. g. Kreis Kreuzberger Jungkommunisten hervorgegangen. Aufgrund der zunehmenden Judenverfolgung wurde von den Verantwortlichen aber eine organisatorisch-politische Trennung vorgenommen, trotzdem blieben die freundschaftlichen Bande bestehen.

73 LAB, C Rep. 118-01 / A 11893 (Hildegard Knabe). Ihr Schwerpunkt lag im sportlichen Bereich; H.-R. Sandvoß, Die »andere« Reichshauptstadt, S. 491, 497.

Nicht nur Wolfgang Knabe, sondern auch seine ebenfalls politisch vorbestrafte Frau (seit 1940 verehelicht mit ihm) ging also ein sehr hohes Risiko ein, als sie ihren jüdischen Freund und Genossen 1942 zeitweise aufnahmen. Sowohl Felix Heymann als auch Wolfgang Knabe haben sie offensichtlich bei den Festnahmen heraushalten können – selbstverständlich war das nicht!

Erwin Kunze

Der Potsdamer Erdarbeiter Erwin Kunze (1903–1982) stammte aus einfachen Verhältnissen. Mit mehreren Geschwistern aufgewachsen, konnten ihm die Eltern aus finanziellen Gründen keine Facharbeiterqualifikation, geschweige denn eine höhere Schulbildung ermöglichen. Aus eigenem Antrieb erlernte er nach und nach die englische Sprache und das Esperanto, zuletzt begann er sich sogar noch mit dem Dänischen vertraut zu machen.

Früh engagierte sich Kunze politisch im Kommunistischen Jugendverband Mahlsdorf, doch er brach bereits 1923 mit der KPD, weil sie – seines Erachtens – eine »unvernünftige« und »zeitweilig wahnsinnige« Richtung einschlug. (1923 war ein Jahr kommunistischer Aufstandsaktivitäten.) Diese Entscheidung führte auch dazu, dass der junge Mann seine Arbeit als Hilfsarchivar in der Sowjetischen Handelsvertretung aufgeben musste. Bis 1928 wirkte Erwin Kunze dann bei den sozialdemokratisch orientierten Naturfreunden mit, doch als die SPD die Brüningsche Regierung tolerierte (S. 120ff.), kam es auch hier zum politischen Bruch, meinte der Potsdamer doch, diese Politik würde den Aufstieg der NSDAP nicht verhindern, sondern geradezu befördern. Fortan betrachtete sich Kunze als »Sozialist marxistischer Schule«.

In seinem Bestreben, die Einheit der proletarischen Jugendorganisation mit herbeizuführen, und in seiner Distanz zur KPD und SPD stand er der 1931 gegründeten SAP zwar geistig sehr nahe, eine direkte Mitgliedschaft ist quellenmäßig aber nicht überliefert.

Aufgrund seiner Gegnerschaft zum NS-Regime ging er nach 1933 daran, in politische Korrespondenz mit europäischen Sozialisten benachbarter Länder zu treten, um sich – gestützt auf das Esperanto – gedanklich auszutauschen und internationale Solidarität zu pflegen. Dabei grenzte er sich deutlich vom nationalistischen und militaristischen Kurs seiner Regierung ab: Nach außen würden Hitler und Goebbels immer vom Frieden reden, tatsächlich aber insgeheim aufrüsten. Kunze: »Man macht Gasmasken für den Frieden, man fabriziert neue Gase für den Frieden, man konstruiert unzählige Kampfflugzeuge und Tanks und vergrößert die Armee für den Frieden.«[74]

In seinen Briefen sparte der Potsdamer (Am Kanal 34) nicht mit Kritik am Antisemitismus der NSDAP und ihrer Repräsentanten, versandte Karikaturen und warnte seine Ansprechpartner in den Niederlanden, Frankreich, England, Dänemark und Schweden – deren Adressen er ausländischen Zeitungen entnahm – vor der Politik

74 LAB, A Rep. 358-02, Nr. 16903 (S.10f. des Urteils des Schwurgerichts I gegen Erwin Kunze vom 10. Februar 1937).

Deutschlands. Vermutlich war es diese intensive Auslandskorrespondenz eines gesellschaftlich sonst eher zurückhaltenden Arbeiters, die die Zensur 1936 aufhorchen und Stichproben vornehmen ließ. Zur Mitte des Jahres 1936 schritt die Politische Polizei zur Verhaftung, schnell kam es zur Anklageerhebung und dann zum Prozess wegen Vergehens gegen das sogenannte Heimtücke-Gesetz von 1934. Im Urteil des Berliner Sondergerichts I vom 10. Februar 1937 heißt es:

> Die Darlegungen des Angeklagten in seinem Schreiben vom 24. April und 7. Mai 1936 und die Zeitungsausschnitte aus dem »Daily Herald«, deren Inhalt sich der Angeklagte zu eigen gemacht hat, stellen gehässige und hetzerische und von gemeiner Gesinnung zeugende Meinungsäußerungen i. S. des § 2 des Heimtücke-Gesetzes vom 20. Dezember 1934 dar. Sie richten sich gegen die Reichsregierung, insbesondere den Führer und Reichskanzler, den Stellvertreter des Führers, den Reichsminister Dr. Goebbels und den Preußischen Ministerpräsidenten Göring und gegen ihre Politik, insbesondere die vom Führer angeordnete Reichstagswahl vom 29. März 1936, sowie gegen das Dritte Reich, eine Einrichtung des Führers. Wegen ihrer Gemeinheit und ihrer ausgesprochen marxistisch-kommunistischen Tendenz sind sie auch geeignet, das Vertrauen des Volkes zur politischen Führung zu untergraben.[75]

Obwohl der Angeklagte zu seiner Entlastung hervorhob, nie zur Gewalt oder gar zur Revolution aufgerufen zu haben, wurde er mit der Höchststrafe bedacht: fünf Jahre Gefängnis. Damit nicht genug: Nach der regulären Verbüßung seiner Strafe 1942 verschleppte ihn die Gestapo für zwei Jahre ins KZ, von wo aus er 1944 in die Strafeinheit 999 gepresst wurde. (Kunze überlebte und trat 1946 der SED bei.)[76]

Der Leninbund (Rathenow, Lausitz)

Obwohl sich die Mitgliederzahl der KPD in der Provinz Brandenburg vor dem Beginn der Weltwirtschaftskrise mit rund zweieinhalb Tausend Menschen eher in Grenzen hielt (S. 114)[77], gelang es der Partei später trotzdem – überwiegend in städtischen und industrienahen Gegenden –, zusätzliche Anhänger für den politischen Kampf zu gewinnen und viele Widerstandsgruppen zu initiieren (S. 366ff.).

Wie der zeitweilige Org.Leiter der KPD Brandenburgs Willy Sägebrecht 1933 richtig beobachtete (S. 352), übte seine Partei gerade auf revolutionäre Arbeitersportler – oder ihr anders nahestehende Parteilose – eine anhaltende Anziehungskraft aus. Zur KPD stießen auch mit ihrer Partei unzufriedene – oder isolierte – Sozialdemokraten (S. 497ff.) oder Anhänger linkssozialistischer oder kommunistischer Kleingruppen (S. 418), die den stalinistischen Kurs einst vehement bekämpft hatten.

---

75 Ebd. Nr. 16903 (S. 17f. des Urteils vom 10. Februar 1937).

76 Ebd., C Rep. 118-01/Nr. 6187. (In seinem nach dem Krieg verfassten Lebenslauf gibt Kunze an, die KPD erst 1926/1927 verlassen und mit jungen Sozialdemokraten bzw. Sozialisten dagegen bis ins Jahr 1933 Kontakt gehabt zu haben).

77 Vgl. auch Franz Künstler: Die »Weltrevolutions«-Partei. Stand und Niedergang der kommunistischen Organisation in Berlin-Brandenburg, in: »Vorwärts« vom 23.2.1928. Bis 1933 wuchs die KPD aber um mehr als das Doppelte an (S. 345).

Dies sei exemplarisch am Beispiel der Stadt Rathenow beschrieben, einer besonders von der optischen Industrie geprägten Stadt, mit einer – bis 1933 – gut entwickelten Arbeiterkulturszene.[78] SPD- und KPD-Anhänger mit ihren vielfältigen Sport- und Nebenorganisationen übten dort politisch-kulturell trotz aller Zerstrittenheit lange Jahre einen prägenden Einfluss aus.

Otto Weber

Die ausufernde Gewalt der NS-Bewegung, mit Straßenterror und wütenden »Schutzhaft«–Maßnahmen im Frühjahr 1933 beginnend, fegte auch hier binnen weniger Wochen die traditionsreichen Organisationen der Arbeiter- und Gewerkschaftsbewegung hinfort, indem die führenden und mittleren Funktionäre verschleppt, ihre Anhänger weitgehend desillusioniert und verängstigt wurden (S. 382ff.).

Während Rathenower Sozialdemokraten – nach den bitteren Erfahrungen früher KZ-Qualen – sich eher zu informellen Kreisen (S. 85f., 170ff.) zusammenfanden, um ihrer Gegnerschaft zum NS-Regime Ausdruck zu verleihen und möglichst wenige zu gefährden, bildete die örtliche KPD eine Untergrundorganisation, in die sich mit dem Optiker Otto Weber (1889–1972), einem bekannten Kritiker des politischen Kurses der KPD der Weimarer Republik, nun (nach 1933) in ihren illegalen Apparat einordnete. Weber, 1924 Rathenower Stadtverordneter, ab 1925 Mitglied des Brandenburger Provinziallandtags und zeitweise (als Nachrücker) sogar Reichstagsabgeordneter der KPD, gehörte seit 1925 zur linken Opposition der Partei. Nach Aussagen des Kommunismus-Experten Hermann Weber[79] soll damals fast die gesamte Rathenower Ortsgruppe der KPD auf den Kurs ihres anerkannten Sprechers eingeschwenkt sein. Weil sich Otto Weber dem stalinistischen Kurs des Thälmann-ZK nicht beugen wollte, schloss ihn die KPD am 3. Februar 1928 aus. Er leitete in den folgenden Jahren die starke Rathenower Gruppe des linksoppositionellen Leninbundes. Ende Februar 1933 kam er für zehn Tage in »Schutzhaft«. Vielen Arbeiterfunktionären der Stadt erging es ebenso (S. 142f.).

78 Vgl. Kreiskommission zur Erforschung der Geschichte der Rathenower Arbeiterbewegung (Hg.), Vorwärts und nicht vergessen… Ein Beitrag zur Geschichte der Rathenower Arbeiterbewegung von 1933–1945, Rathenow, undatiert.

79 Zu Otto Weber vgl. Weber/Herbst, Deutsche Kommunisten. Supplement, S. 257f.

Im Gegensatz zur Reichshauptstadt, wo der Leninbund, die KPD-O oder trotzkistische bzw. anarchosyndikalistische Splittergruppen eigenständige illegale Gruppen bildeten und einige hundert Anhänger deswegen verurteilt wurden[80], war es in der Provinz Brandenburg nach jetzigem Kenntnisstand (2019) zu keinen Untergrundorganisationen aus diesen Reihen gekommen. Ähnlich wie Otto Weber in Rathenow, hatte sich daher in Frankfurt/Oder ein früheres Mitglied des Leninbundes (Paul Zenker) dem illegalen Kampf der KPD um Max Hannemann (S. 418) angeschlossen und war mit dem Lausitzer Anarchosyndikalisten Max Lehmann ebenfalls ein ehemaliger »Abweichler« wieder dazu gestoßen. Lediglich die Sozialistische Arbeiterpartei (SAP) – eine Abspaltung unzufriedener linker Sozialdemokraten – entwickelte in der Provinz Brandenburg eigenständige (juristisch verfolgte) Untergrundstrukturen, wovon an anderer Stelle berichtet wird (S. 282ff.).

Besagter »Leninbündler« Otto Weber wurde am 17. April 1934 in seiner Heimatstadt festgenommen. Was warf die NS-Justiz ihm und anderen Widerstandskämpfern vor? Aus dem Urteil des Kammergerichts Berlin (5. Strafsenat) vom 17. August 1934:

> Wie gerichtsbekannt, hat die KPD, nachdem sie im Frühjahr 1933 im Anschluss an den Reichstagsbrand infolge der Schliessung ihrer Parteibüros, des Verbots ihrer Presse, der Inschutzhaftnahme ihrer Führer und Funktionäre und ähnlicher Massnahmen tatsächlich aufgelöst war, versucht, in einzelnen Orten des Reiches eine neue Parteiorganisation zu schaffen, um ihre hochverräterischen Ziele, die auf gewaltsame Änderung der Reichsverfassung und Errichtung einer Arbeiter- und Bauerndiktatur nach sowjetrussischem Muster hinzielen, weiter verfolgen zu können.
> Das vorliegende Strafverfahren hat den Versuch, die KPD bezw. die kommunistische Jugendorganisation in Rathenow und Umgebung aufzubauen, zum Gegenstand.[81]

Was wurde den sechs angeklagten Rathenowern im Einzelnen zur Last gelegt? Nun, vor allem der Tischlergeselle Otto Rosin und der Kraftwagenführer Emil Schulze wurden als Initiatoren und Motoren einer Untergrundgruppe eingestuft – und daher mit Zuchthaus bestraft –, während der Optiker Otto Weber, der Dreher Gustav Thieke und der Arbeiter Julius Hagenau sich lediglich durch die Verbreitung illegaler Schriften »schuldig« gemacht hätten und daher mit Gefängnisstrafen bedacht wurden. Beim sechsten Beschuldigten, dem Händler Paul Nickel, sah das Gericht nur eine gewisse Art der »Beihilfe« zur Vorbereitung des Hochverrats vorliegen und war bereit – wohl auch durch Berücksichtigung der Untersuchungshaft und der bekundeten Abkehr vom Kommunismus –, das Verfahren wegen Geringfügigkeit einzustellen.

Es war der – im Gegensatz zu Schulze – vor Gericht geständige Otto Rosin, mit Abstand von allen der jüngste Angeklagte, der die Auflösung der kommunistischen Organisationen im März 1933 nicht hinnehmen wollte und zehn gesinnungstreue Anhänger zusammenfasste, die jeweils 20 Pfennig pro Monat in die von ihm ver-

80 H.-R. Sandvoß, Die »andere« Reichshauptstadt, S. 169–271.
81 BArch, NJ 8058 (S. 3f. des Urteils vom 17. August 1934).

waltete Kasse zahlten. Hierzu weiter die Urteilsschrift des Kammergerichts: »Wenn auch keine offiziellen Zusammenkünfte abgehalten wurden, so trafen sich doch die Mitglieder dieser Gruppe hier und da gelegentlich auf der Strasse und auf Tanzböden, wo dann über die politische Lage gesprochen und die Maßnahmen der nationalen Regierung kritisiert wurden.«[82]

Von März bis Oktober 1933 war Rosin im Rahmen des »freiwilligen Arbeitsdienstes« zu Arbeiten im Rathenower Stadtforst eingesetzt und versuchte auch dort, Sympathisanten zu werben. Die arbeitsfreien Wochenenden nutzte Rosin für seine o. g. verbotene Kassiertätigkeit, die er aber im Herbst d. J. bereits eingestellt haben wollte. Der dabei eingezogene Betrag konnte von (monatlich) 15 auf 22 RM erhöht werden.

Auf dieses Geld vermochte der Mitangeklagte Schulze zurückzugreifen, als er – »durch Vermittlung des Zeugen Ebel« – zweimal nach Berlin reiste, um dort Verbindungen zum Untergrundapparat der KPD zu knüpfen, was aber (seiner Aussage zufolge) ergebnislos blieb. Daraufhin beschlossen nun Rosin und Schulze, eine »[...] selbständige kommunistische Propaganda für die KPD in Rathenow in die Wege zu leiten«, bemerkt das Urteil (S. 5). Dafür wollte Rosin zunächst Matrizen beschaffen. Zu diesem Behufe setzte er sich im April und Mai 1934 mit dem Schriftsetzer Fritz Ziehm in Rathenow in Verbindung, der die gewünschte Aushändigung aber ablehnte.

Das Urteil fährt nun folgendes verbales Geschütz auf, um Belastendes heranziehen zu können: »Zu derselben Zeit fanden auch verschiedene Zusammenkünfte statt, wobei ein gewisser Calebe darüber sprach, dass man Terrorgruppen bilden müsse. Zu irgend einer Tätigkeit ist es infolge der Verhaftung der Beteiligten nicht mehr gekommen.«[83] Wer dieser ominöse Redner war und was mit der von ihm angeregten »Terrorgruppe« – der Begriff dürfte wohl eher aus der Sprache der NS-Verfolger stammen – gemeint war, darüber liefert das Urteil keine weiteren Anhaltspunkte.

Die Behauptungen reichten aber aus, Rosin und Schulze als »Drahtzieher« zu beschreiben, wobei Schulze – der zudem nicht geständig war – als der im größeren Umfang hochverräterisch Tätige eingestuft wurde.

Aus seiner Biographie erfährt man lediglich, er habe von 1920 bis 1930 der SPD angehört und sei danach Mitglied der KPD geworden. Aus ihrem Besitz rettete er im Jahr des Parteiverbots eine Schreibmaschine. Obwohl er diese später angeblich verkauft haben will, drückt der vorübergehende Besitz – nach Ansicht des Gerichts – allein schon die Absicht aus, Druckschriften herzustellen.

Darüber hinaus habe er sich beständig um Verbindungen der Rathenower zu den alten KPD-Führern in Berlin bemüht, so auch der Schulze belastende »Zeuge Ebel«, bei dem es sich offenbar um einen früheren kommunistischen Funktionär im Raum Rathenow handelte.[84]

82 Ebd., S. 4 des Urteils vom 17. August 1934.

83 Ebd., S. 5 des Urteils vom 17. August 1934.

84 Es könnte sich dabei aber eher nicht um den 1902 in Brandenburg geborenen Klempner Rudolf Ebel handeln, der bereits im September 1933 verhaftet und im Oktober d. J. zu zwei Jahren Gefängnis verurteilt worden war; vgl. Komitee (Hg.), Antifaschistischer Widerstandskampf, S. 36 (Nr. 154).

Im März 1934 schließlich erhielt Schulze vom Mitangeklagten Gustav Thieke acht Untergrundpublikationen namens »Rote Blätter« ausgehändigt. In ihnen wird – nach Bewertung des Gerichts – »zum Klassenkampf gehetzt« und werden Streiks angedacht, um damit die Diktatur bzw. den Staat herauszufordern. Schulze will diesen Text (nach Lektüre) wieder zurückgegeben haben.

Ursprünglicher Rathenower Beschaffer der Untergrundschriften war der Optiker Otto Weber, der sie zur Jahreswende 1933/1934 von einem »unbekannten« kommunistischen Berliner KPD-Funktionär erhalten haben will.

Wie Weber, der (wie gesagt) Mitglied des linksoppositionellen Leninbundes war, gehörte auch dessen Untervertreter Thieke bis 1933 nicht der KPD an. Auch er will aus der SPD, mit der er aber wegen ihres zu »laschen« politischen Kurses gebrochen hatte, hervorgegangen und zum Kreis um Rosin und Schulze gestoßen sein.

Aus den Reihen des Leninbundes stammt wie Otto Weber auch der mitangeklagte Arbeiter Julius Hagenau, dem ebenfalls die Entgegennahme von Untergrundmaterial (das »Tribunal« von April 1934) angelastet wurde. Dazu das Urteil mit einer bemerkenswerten Aussage über die Entdeckung der illegalen Aktivitäten: »Hagenau nahm diese Zeitschrift in Kenntnis ihres hochverräterischen Charakters mit nach Rathenow und gab sie hier zunächst einem gewissen Grüneberg und alsdann dem Zeugen Ebel zu lesen, der sie der Polizei in die Hände spielte.«[85]

Wie tief Ebel in die Arbeit der Geheimen Staatspolizei involviert war, konnte bisher nicht ermittelt werden. Auffällig ist nur, wie rapide die Zahnräder des Verfolgungsapparates ineinander griffen: Am 17. April 1934 wurde Otto Weber in Rathenow festgenommen, die Anklageschrift beim Kammergericht Berlin ist bereits vom 18. Mai des Jahres (!), das Urteil stammt vom 17. August 1934. Der 5. Strafsenat des Kammergerichts Berlin sprach am 17. August 1934 folgendes Urteil:

1.	Tischlergeselle Otto Rosin (* 1912), Rathenow, Tempelhof 1	2 ½ J. Z
2.	Kraftwagenführer Emil Schulze (* 1896), Semlin bei Rathenow	3 J. Z
3.	Arbeiter [Optiker] Otto Weber (* 1889), Rathenow, Emil-Muth-Str. 8	2 J. G
4.	Dreher Gustav Thieke (* 1869), Rathenow, Große Burgstraße 26	15 Mo. G
5.	Arbeiter Julius Hagenau (* 1902), Rathenow, Große Burgstraße 26	2 J. G
6.	Händler Paul Nickel (* 1906), Neue Schleuse bei Rathenow, Baumschulenweg 18	(Verfahren eingestellt)[86]

Nachzutragen bei dieser ungewöhnlich überparteilich zusammengesetzten Rathenower Gruppe bleibt die Tatsache, dass der am 17. April 1936 aus der Haft in Brandenburg entlassene Otto Weber, der bis Kriegsende in einem optischen Betrieb Rathenows tätig war – und dort heimlich Zwangsarbeiter unterstützte –, nach der Befreiung der KPD bzw. SED beitrat, dort aber wegen »parteifeindlicher« Ansichten 1948 ausgeschlossen

85 BArch, NJ 8058 (S. 10 des Urteils vom 17. August 1934).
86 Ebd. NJ 8058 (S. 1f. des Urteils vom 17. August 1934).

wurde. Er zeigte sich nämlich nicht bereit, früheren oppositionellen Ansichten abzuschwören und die KPD-Geschichte zu glorifizieren.

In seinem Verfolgten-Antrag[87] fand sich der interessante Hinweis, dass Webers Berliner Kontaktleute Heinrich Winkler und Kurt Deutsch frühere Leitungsmitglieder des Leninbundes waren. (Letztgenannter floh 1934 vor der drohenden Festnahme ins Ausland, seine Frau Hilde wurde dagegen angeklagt).[88] In der Folgezeit hätten Genossen aus Berlin – so Weber – Flugblätter nach Rathenow an eine Deckadresse, den Schneidermeister Leppin, geliefert.

Zumindest diese Zusammenhänge hatten die Verfolger dank der Verschwiegenheit Otto Webers nicht herausfinden können.

Arthur Wölk

Neben Otto Weber im Havelland wirkte mit Arthur Wölk[89] in der Lausitz ein weiterer profilierter Vertreter des Leninbundes im brandenburgischen Widerstand. Auch er vermochte es, durch seine Persönlichkeit (S. 146), die auch von Sozialdemokraten gelobt wurde, in die politische Szene der KPD hineinzuwirken und eine antifaschistische Untergrundgruppe zu prägen.

Den Kommunismus-Experten Hermann Weber und Andreas Herbst zufolge wurde Arthur Wölk (1900–1969), nach abgebrochener Feinmechanikerlehre seit 1920 Bergarbeiter im Senftenberger Revier, als Anhänger des linken Parteiflügels 1922 Unterbezirksleiter für Senftenberg/Calau und ab 1924 hauptamtlicher Sekretär des KPD-Bezirks Lausitz. Von 1925 bis 1929 gehörte er – wie Otto Weber (S. 307) – als KPD-Abgeordneter dem Provinziallandtag Brandenburgs an. Zum Bruch mit der Partei kam es Mitte der 1920er Jahre: Als Anhänger des linken Flügels aus den Schlüsselfunktionen gedrängt, schloss ihn die KPD schließlich 1928 aus. Er wurde Mitbegründer des Leninbundes und ihr Leiter im Senftenberger Revier. 1929 bis 1933 (Entlassung) war er als städtischer Arbeiter in Senftenberg tätig, dort gehörte er auch der Stadtverordnetenversammlung an.

Nachdem die KPD 1928/29 einen ultralinken Kurs eingeschlagen hatte (S. 341f.), näherten sich mehrere führende Leninbündler wieder der KPD an. Wölk zählte zu

87 BLHA, Rep. 801, VdN 2979 (Otto Weber).
88 H.-R. Sandvoß, Die »andere« Reichshauptstadt, S. 172.
89 Weber/Herbst, Deutsche Kommunisten, S. 1040f.

ihnen und wurde im Herbst 1929 deren aktiver Funktionär. Bereits im März 1933 wurde Arthur Wölk festgenommen und von Juni bis Dezember d. J. in »Schutzhaft« gesteckt. Nach seiner Entlassung wirkte er führend in einer Widerstandsgruppierung mit, wovon ein größerer Prozess erzählt.

Der Anklageschrift beim 5. Strafsenat des Kammergerichts Berlin vom 28. August 1934 zufolge, die sich gegen vierzehn Personen (darunter eine Frau), überwiegend Arbeiter aus Senftenberg, richtete, hatten die NS-Ermittlungsbehörden gegen den Hauptangeklagten Arthur Wölk und seine politischen Freunde Folgendes ermittelt:

In Senftenberg und Umgebung kamen im Juni und Juli 1934 (Ende Juli setzten bereits die Festnahmen ein) kommunistische Untergrundschriften zur Verbreitung, die mittels Vervielfältigungsapparats hergestellt worden waren. Es handelte sich um eine Schrift mit der Titelzeile »Görings Hungerplan« sowie eine andere mit der Anklage »Pestgestank über Deutschland«, Herausgeber war die KPD-Bezirksleitung Berlin-Brandenburg. Das erstgenannte Flugblatt, das die Aufforderung enthielt, die Veröffentlichung weiterzugeben, verbreitete die bekannten Losungen wie »Organisierung des Kampfes gegen die Ausbeuter«, »Beendigung der Hitlerdiktatur«, »Bildung unabhängiger Klassengewerkschaften« und »Kampf gegen die Unterdrücker«. Unter – wie die Anklagebehörde anprangerte – »unflätigen Beschimpfungen des Führers und anderer Regierungsmitglieder« wurde zum bewaffneten Kampf gegen »den faschistischen Terror« und zur Befreiung des inhaftierten KPD-Vorsitzenden Ernst Thälmann aufgerufen sowie die Forderung der Bildung »roter Kampfstaffeln« für den »endgültigen Sieg der Sowjetfahne« verbreitet.

Die vielschichtige Verwicklung verschiedener Angeklagter in die Verbreitung der eben erwähnten Flugblätter beschreibt die Justiz mit den Worten:

> Der Polizeiverwaltung in Senftenberg wurde am 27. Juli 1934 gemeldet, daß der Zeuge Arbeiter Franz Pietrzyk ein kommunistisches Flugblatt seinem Schwager, dem Zeugen Max Pohl, zur Weitergabe an den Gemeindeschulzen K l ä u s c h e n in Sedlitz ausgehändigt habe. Kläuschen leitete dieses Blatt der Staatspolizeistelle Frankfurt (Oder) zu. Es handelt sich hierbei um oben genannte Flugschrift »Pestgestank über Deutschland«. Wie die im Anschluß hieran veranstalteten Ermittlungen ergeben haben, hat Pietrzyk das Flugblatt kurz vorher von dem Angeschuldigten Ernst Scharlauck erhalten, dem es von seiner Frau ausgehändigt worden war. Das Blatt war am Tage vorher der Frau Scharlauck von dem Angeschuldigten M e i n e c k e ins Haus gebracht worden. Meinecke wiederum hat eine größere Anzahl derselben Druckschriften von dem Angeschuldigten Kurzke erhalten […].[90]

Besagter Arbeiter Wilhelm Kurzke (Senftenberg, Rosenstraße) war die Schlüsselfigur des illegalen Unternehmens vor Ort, denn er hatte vom leitenden Funktionär Arthur Wölk den Auftrag erhalten, Untergrundschriften beim Senftenberger Arbeiter Otto Müller (Fabrikstraße 14) abzuholen und anschließend an die »Unterverteiler«

90 Bezirksleitung Potsdam der SED (Hg.), Antifaschistischer Widerstandskampf in der Provinz Brandenburg, Teil 1, S. 329–331 (Zitat S. 331); die Kopie der kompletten Anklageschrift befindet sich im Nachlass von A. Wölk, vgl. BLHA, Rep. 16, Nr. 63 (Arthur Wölk).

Sulkowski, Blucha, Fiedler, Jahn und Balon weiterzureichen. An einer Vorbereitung der Verteileraktion nahm neben Arthur Wölk, Müller, Meinecke noch der Arbeiter Andreas Dembinski teil.

Die eben Genannten bildeten mit Wilhelm Kurzke gewissermaßen den engen Funktionskörper des gesamten Unternehmens und stehen auf den ersten fünf Positionen der Anklageschrift; sie erhielten auch die höchsten Strafen, wobei der 1893 geborene Arbeiter Otto Müller, bei dem das gesamte von einem Berliner Kurier gebrachte Untergrundmaterial zeitweilig lagerte (Fabrikstraße 14), bereits die Untersuchungshaftzeit nicht überlebte: Er wurde am 21. Oktober 1934 ermordet, offenbar ohne Näheres über den »Berliner Kurier« verraten zu haben, denn dessen Identität blieb ungeklärt.[91]

Arthur Wölk erhielt im November 1934 vier Jahre, Wilhelm Kurzke 3½ Jahre Zuchthaus. Wilhelm Kurzke (1909–1961) erklärt nach dem Krieg zu seiner Biographie:

> Von 1930–1933 erwerbslos. Im Mai 1930 trat ich in die K.P.D. ein und leistete seit dieser Zeit praktische Kleinarbeit. Wurde später mit der Funktion eines Kassierers betraut. Seit Anfang 1934 in Städtischen Betrieben als Notstandsarbeiter tätig. Seit Aug. 1934 – Febr. 1938 verbüßte ich eine Zuchthausstrafe wegen illegaler Arbeit. (Verbreitung von Flugschriften.) Seit meiner Haftentlassung arbeitete ich in mehreren Tischlereibetrieben als Tischler. Im April 1944 wurde ich zur O[rganisation] Todt nach Frankreich eingezogen [...].[92]

Zu den Umständen seiner Festnahme am 1. August 1934 in Senftenberg bemerkt er ebenfalls nur kurz: »Geständnisse der Genossen«. Dass es sich dabei um unter psychischem und physischem Druck erpresste Aussagen Beteiligter handelt, darf man schon dem Umstand entnehmen, dass einer der o. g. Spitzenfunktionäre (Otto Müller) die Untersuchungsphase vor der Gerichtsverhandlung nicht überstand.

Aber wir wissen aus anderen NS-Justizverfahren, dass für die (jeweils) Hauptangeklagten nach der juristischen Strafverbüßung die Zeit der Verfolgung längst nicht beendet war, sondern vom NS-Regime willkürlich verlängert wurde:

Arthur Wölk verbüßte seine vierjährige Zuchthausstrafe in Luckau, wurde aber anschließend nicht entlassen, sondern ins KZ Buchenwald verschleppt, wo er erst im April 1945 frei kam. Nach dem Ende des NS-Regimes wirkte Wölk zunächst als Bürgermeister von Senftenberg und stieg dann im Parteiapparat (zunächst der KPD, danach der SED) immer höher. 1948 wurde er Sekretär der SED-Landesleitung Brandenburgs. Schon zwei Jahre darauf drängte man ihn als einstigen »Abweichler« und »Parteifeind« während der großen SED-Säuberungskampagne zurück und nötigte den früheren KZ-Häftling zur »Selbstkritik«. Ende 1951 schied er aus »gesundheitlichen Gründen« aus dem Sekretariat der SED-Landesleitung aus. Für kurze Zeit war er danach noch als Direktor des Brandenburger Landtags tätig (bis 1952), dann aber lediglich Sekretär der Gesellschaft für Deutsch-Sowjetische Freundschaft in Potsdam, wo er bis zu seinem Tode als »Parteiveteran« lebte.

91 Komitee (Hg.), Antifaschistischer Widerstandskampf (Biographisches), S. 117 (Position 615).
92 BLHA, Rep. 801, VdN 1084.

Rätekommunisten (KAP/AAUE)

Am 24. März 1938 nahm die Polizei den 1902 in Forst geborenen Reichsautobahnarbeiter Bernhard Lehmann (Forst, Taubenstraße 36) fest, da er im Verdacht stand, als Funktionär rätekommunistischer Kreise vom Frühjahr 1933 bis zum Frühjahr 1938 – also über einen Zeitraum von immerhin fünf Jahren – in Forst und Umgebung sowie in Berlin und dem Ausland (ČSR) hochverräterisch tätig gewesen zu sein.

Über den politischen Standort Lehmanns bzw. seine Parteizugehörigkeit schreibt die Anklageschrift:

> Die Kommunistische Arbeiter-Partei Deutschlands (KAPD) ist im Jahre 1920 auf dem Heidelberger Parteitag der KPD durch Absplitterung und Ausschließung der antiparlamentarischen Gruppen entstanden. In enger Ideenverbindung mit dieser Partei arbeitete die im Jahre 1919 gegründete Allgemeine Arbeiter Union (AAU), die die Betriebsorganisation der KAPD darstellte und die Unterbezeichnung »Revolutionäre Betriebsorganisation« führte. Wie die KPD haben auch die KAPD und die AAU von Anfang an den gewaltsamen Sturz der bestehenden Staatsform, die Diktatur des Proletariats und die Errichtung eines auf dem Räte-System aufgebauten »Arbeiter-Staates« erstrebt. Im Gegensatz zur KPD haben diese Organisationen jede parlamentarische und gewerkschaftliche Betätigung als Zugeständnis an das »kapitalistische System« abgelehnt und ihre ganze Tätigkeit auf die planmäßige Vorbereitung des bewaffneten Aufstandes eingestellt.[93]

Als die dafür geeigneten Mittel sahen die Anhänger der KAPD die Verschärfung der Klassengegensätze durch revolutionäre Beeinflussung der Arbeiter in den Betrieben sowie durch die Veranstaltung politischer Massenaktion an: Immer größeren Umfang annehmend, sollten sie schließlich zu einer »Zertrümmerung der bestehenden Staats- und Wirtschaftsform führen«, bemerkt die NS-Justiz weiter. So fand die Politische Polizei auch bei Bernhard Lehmann »hochverräterische« programmatische Schriften, die die oben umrissenen Ideen propagierten, darunter das »Programm und Organisations-Statut« der KAPD. In einem im Frühjahr 1933 erschienenen Flugblatt der rätekommunistischen AAU (Einheitsorganisation) heißt es:

> Selbsthandeln, Massenaktion
> ist deshalb heute mehr als je das Gebot der Stunde! Der Kapitalismus und sein Faschismus kann nur zertrümmert werden mit dem Hammer des revolutionären Klassenkampfes! Der erste Vorstoß des Terror-Regiments muß beantwortet werden mit dem Generalstreik, mit dem Massenaufstand! Und das Ziel dieses Machtkampfes kann nur sein die Diktatur des Proletariats, aber niemals die kleinbürgerliche KPD-Parole »Arbeiter- und Bauernregierung![94]

---

93 BArch, NJ 5746, S. 3f. der Anklageschrift vom 23. Mai 1938.
94 Ebd., S. 9f. der Anklageschrift vom 23. Mai 1938.

Doch entgegen dem hier (1933) zum Ausdruck kommenden revolutionären Feuer kehrte auch in Kreisen Bernhard Lehmanns mit der Stabilisierung des NS-Regimes offensichtlich Realismus und Nüchternheit ein: Neben Reisen in die Tschechoslowakei zu Exil-Kreisen der KAP und zu Gesinnungsgenossen in Berlin, von denen er Untergrundmaterial mit in die Lausitz brachte, bemühte sich Lehmann auch, Anhänger zu gewinnen bzw. die alten politischen Freunde weiter beisammen zu halten. Der Forster schaffte es zwar, dass eine kleine Gruppe in der Stadt sich regelmäßig traf, doch Illusionen schien man sich dabei nicht zu machen, glauben wir folgender Aussage: Aus der Anklageschrift des Volksgerichtshofs:

> Wie der Angeschuldigte behauptet hat, sahen sie jedoch im Laufe der weiteren politischen Entwicklung die Aussichtslosigkeit einer gewaltsamen Beseitigung der bestehenden Staatsform ein und trafen sich deshalb nur noch in unregelmäßigen Zeitabständen. Bei ihren Zusammenkünften, die in der Regel auf Grund vorheriger Verabredung stattfanden, besprachen sie ebenfalls politische Tagesfragen. Unter anderem traf sich der Angeschuldigte zu diesem Zwecke wiederholt mit den Gesinnungsgenossen Georg John, Erich Kloß, Kurt Hoffmann und Paul Unger.[95]

Obwohl die NS-Justiz Lehmann größere politische Erfolge bei der Anwerbearbeit oder gar betriebliche Sabotage der Rüstungswirtschaft nicht nachweisen konnte, lastete sie ihm doch die Dauerhaftigkeit seiner Untergrundarbeit (1933–1937), die Verbreitung von »Hetzschriften« und die Auslandskontakte schwer an und verurteilte den Forster am 22. August 1938 zu sechs Jahren Zuchthaus.[96]

Bernhard Lehmann, von dem wir nicht wissen, ob er die Jahre der Verfolgung überlebt hat, gab über den genannten Kreis in Forst hinaus keine weiteren Angaben über Zusammenkünfte rätekommunistischer NS-Gegner im Brandenburgischen. Ob er hier zum Schutz Dritter schwieg oder tatsächlich nicht mehr wusste, muss aufgrund fehlender biographischer Quellen offenbleiben.

Dass neben den Forster Freunden – und weiteren in Berlin – noch andere Zellen und Gruppen der früheren KAP bestanden, sagt zumindest ein Zeitzeuge und Insider aus, der als Motor der landesweit agierenden Rätekommunisten gelten darf: Alfred Weiland.

Einer ausführlichen Biographie seines Lebens von Michael Kubina zufolge[97] – in dem Weilands antitotalitäres Wirken und die politische Verfolgung durch den Stalinismus hervorgehoben werden – knüpfte der rätekommunistische Spitzenfunk-

95 Ebd., S. 13 der Anklageschrift vom 23. Mai 1938. Ein fünfter Kontaktmann, der Forster Weber Gustav Seidel, wurde wegen illegaler Arbeit 1938 mit 1 Jahr, 8 Monaten Gefängnis bestraft, vgl. BLHA, Rep. 333, Nr. 1295r, Bl. 100R.

96 Ebd., S. 1 des Urteils des VGH vom 22. August 1938. (Noch im April 1943 lehnt der Oberreichsanwalt eine Aussetzung der Strafvollstreckung mit der Begründung ab, Lehmann würde sonst in der Truppe auf seine Kameraden »staatsfeindlich« einwirken).

97 Michael Kubina, Von Utopie, Widerstand und Kaltem Krieg. Das unzeitgemäße Leben des Berliner Rätekommunisten Alfred Weiland (1906–1978), Hamburg 2001.

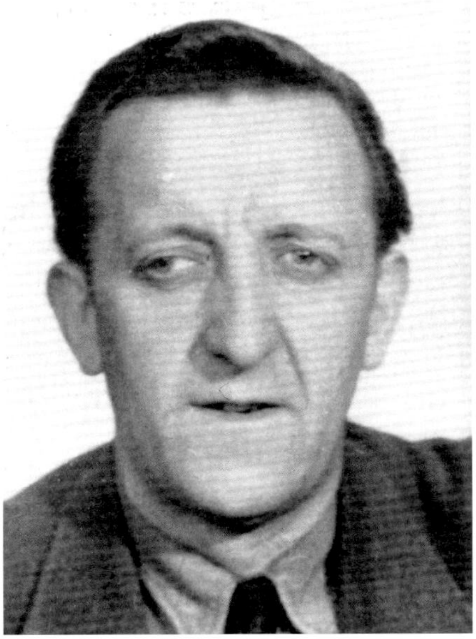
Alfred Weiland

tionär zwischen 1933 und 1936 nicht nur landesweit zahlreiche Verbindungen zu Gesinnungsgenossen, sondern initiierte vor Ort Widerstandsgruppen: So Mitte 1933 vor allem im mitteldeutschen Industrieraum, dabei geriet er selber zeitweilig in Haft, darunter in Leipzig.

Obwohl Kubina betont, dass es aus wissenschaftlicher Sicht »fast unmöglich« ist, die damalige illegale Arbeit Weilands und seiner politischen Freunde zu rekonstruieren, da sie jeden sinnlosen Aktionismus ablehnten und auch nach der Befreiung 1945 die Konspiration wahrten (angesichts neuer bedrohlicher Herausforderungen), so können doch einigen schriftlichen Aussagen Weilands – wie den Anlagen zu seinem OdF-Fragebogen – auch wichtige Hinweise zur Provinz Brandenburg entnommen werden.[98]

So sei es zwar nach 1933 zu Gestapo-Ermittlungen und Verhaftungen in Mitteldeutschland, Braunschweig, Hannover und Magdeburg gekommen, aber das Übergreifen auf die Stadt Brandenburg an der Havel konnte durch das kluge Verhalten von Franz Gleich, der die Politische Polizei in die Irre führte, vermieden werden. (Gleich blieb im Krieg in Russland verschollen.)[99] Im Lausitzer Gebiet dagegen flogen – Weiland nennt die Städte Forst, Spremberg, Cottbus und Bautzen – mehrere illegale Gruppen auf und es kam dort zu schweren Zuchthausstrafen. Auch in Eberswalde und Frankfurt/Oder waren Verfolgungen zu beklagen.

98 M. Kubina, Von Utopie, S. 133. Es konnte leider nicht geklärt werden, ob Weiland auch zum Oranienburger Bauarbeiter Paul Scheu (* 1899), einem Anarchosyndikalisten, der von März bis Dezember 1933 ins KZ (Alte Brauerei) verschleppt wurde, Kontakt hatte; vgl. BLHA, Bestand 333, Nr. 1152.

99 Ders., Von Utopie, S. 136.

Wolfgang Abendroth (KPD-Opposition)

Die Kommunistische Partei-Opposition war eine »rechte« Abspaltung aus der KPD im Jahr 1928, zu der zahlreiche Gewerkschafter zählten, die einen unmittelbar auf revolutionäre Kämpfe orientierten Linkskurs ablehnten. Vor allem hielten sie eine politische Strategie für falsch, die bereit war, die Gewerkschaftseinheit mit sozialdemokratischen und/oder parteilosen Kollegen/Klassengenossen aufs Spiel zu setzen.[100]

Zu den jungen Anhängern der KPD-O zählte der angehende Jurist Wolfgang Abendroth (1906–1985) – später einer der herausragenden Rechts- und Politikwissenschaftler in der Bundesrepublik.[101] Seit 1920 engagierte sich Abendroth in kommunistischen Jugendorganisationen, wobei er aufgrund eines putschistisch orientierten »Linksschwenks« der KPD 1923 – dem noch weitere politische Ausschläge bzw. Zickzack-Bewegungen folgen sollten – seine Funktion verlor.

Während seiner Studienjahre (1924–28) schloss er sich zunächst der Freien Vereinigung Sozialistischer Studenten und später dem Bund der freien sozialistischen Jugend an, beide waren grundsätzlich kommunistisch orientiert, aber auch offen gegenüber bündischen Ideen.

Obwohl Abendroths frühe Publikationen eher vom orthodoxen Marxismus geprägt waren, lehnte er doch eindeutig den in der Sowjetunion sich ausbreitenden Stalinismus und dessen Zwangsmethoden ab. Der KPD trat er 1928 bei, wurde aber bereits Ende November 1928 ausgeschlossen. Als im Dezember 1928 in Frankfurt/Main und Umgebung die Gründung der KPD (Opposition) vorbereitet wurde, stieß der angehende Jurist dazu, wobei ihn nicht zuletzt der brillante Parteitheoretiker Dr. August Thalheimer beeindruckte. Vor allem überzeugte ihn dessen strategischer Ansatz, die sich bildende faschistische Massenbewegung rechtzeitig durch eine Einheitsfront der Arbeiterschaft zu schlagen. Aber die KPD-O wurde nicht zu dem erhofften Mobilisator der Massen – ebenso wenig wie drei Jahre darauf die SAP als linke Abspaltung der SPD –, weil sich die erhoffte breite Gefolgschaft nicht einstellte. Wolfgang Abendroth analysiert im Rückblick:

> Die KPO ist, eben weil sie ihre Arbeit an der Faschismus-Theorie Thalheimers orientieren kann, die einzige Gruppe, die einen Ausblick auf eine sinnvolle politische Praxis zu bieten vermag. Aber sie ist isoliert von den Arbeitermassen und kann deshalb keinen praktischen Einfluß gewinnen. In der Krisensituation, wie wir sie Ende 1929 haben, in der Klassenkampfprobleme vom Standpunkt eines jeden Gewerkschaftsfunktionärs, eines jeden Arbeiters täglich wachsen, besteht überall die Überzeugung, daß in dieser Situation, in der man einem Ent-

---

100 Theodor Bergmann, Gegen den Strom. Die Geschichte der KPD (Opposition), Hamburg 2001; H.-R. Sandvoß, Die »andere« Reichshauptstadt, S. 170–180.

101 Wolfgang Abendroth. Ein Leben in der Arbeiterbewegung. Gespräche, aufgezeichnet und herausgegeben von Barbara Dietrich und Joachim Perels, Frankfurt a. M. 1976; Andreas Diers, Arbeiterbewegung-Demokratie-Staat. Wolfgang Abendroth Leben und Werk 1906–1948, Hamburg 2006.

scheidungskampf entgegengeht, die Neugründung einer besonderen politischen Partei oder einer besonderen Gruppe, wie es die KPO ist, unsinnig ist. Deshalb kann es der KPO nicht gelingen, eine breite Bedeutung zu erlangen.[102]

In der KPD-O überwogen Arbeiterfunktionäre und Gewerkschafter und nicht, wie in Kreisen vieler Splittergruppen, linke Intellektuelle bzw. Jugendliche. Und diese kleine Schar erfahrener Funktionäre strukturierte auch den Widerstandskampf seit 1933: Ihre Umsicht und Disziplin, das Vermeiden leichtfertiger Flugblattaktionen oder der Verzicht auf das Anlegen von Spendenlisten u. ä. unterschied die kleine KPO wohltuend von der KPD und machte sie im politischen Untergrund auch zu einem verlässlichen Kooperationspartner für oppositionelle Zirkel und Personen, die nicht aus dem traditionellen kommunistischen »Milieu« hervorgingen. So steuerte die KPO in verschiedenen Städten betriebliche überparteiliche Bündnisse an und schaffte es, auch sozialdemokratische und parteilose Arbeiter einzubinden.

Eigenen Aussagen zufolge bewahrte sich Abendroth nach der NS-Machtergreifung einen eher nüchternen Blick und teilte nicht die falschen optimistischen Perspektiven der KPD (S. 356ff.) und SAP (S. 300) über bevorstehende revolutionäre Kämpfe um die Macht in Deutschland. Es ging ihm eher darum, »… Kader zur Bildung von Klassenbewußtsein für einen neuen, sehr viel späteren Kampf herauszubilden«.[103]

Am 1. April 1933 wurde Abendroth im Frankfurter Landesgericht als bekannter »Linker« festgenommen, als SA das Gerichtsgebäude besetzte, um jüdische Juristen zu schikanieren. Da man bei einer Hausdurchsuchung in seinem Frankfurter Elternhaus nichts fand – ein Kollege des Verschleppten hatte die Familie diesbezüglich vorher warnen können –, wurde Wolfgang Abendroth nach zwei Tagen wieder entlassen.

Beruflich stand der junge Jurist vor dem Dilemma, dass seine fast fertige Dissertation über das Betriebsrätegesetz – zumal bei einem Doktorvater Hugo Sinzheimer, der aus »rassischen« und politischen Gründen fliehen musste – Makulatur geworden war. So entschloss er sich, in die Schweiz zu gehen, musste sich aber dort erneut immatrikulieren, ehe man ihn zur Promotion zuließ.

Schließlich konnte er im Februar 1935 sein Examen bestehen, schon im Monat darauf ging der junge Dr. Abendroth nach Deutschland zurück. Durch Vermittlung einer alten Sozialdemokratin konnte er 1936 bei einer Berliner Bank beruflich unterkommen. Abendroth dazu:

Ich wohnte bei meiner Schwester in Potsdam und verdiente 150 oder 200 Mark – eine lächerliche Bezahlung, die sich daraus ergibt, daß ich als Volontär beschäftigt war. Der Bankier nutzte meine Lage aus; er kannte meine politische Auffassung. Er wußte natürlich nicht, daß ich in Berlin sofort wieder die konspirative Arbeit aufnahm.[104]

102 W. Abendroth, Ein Leben, S. 121.
103 W. Abendroth, Ein Leben, S. 154.
104 Ders., Ein Leben, S. 170.

Doch der Jurist wirkte nicht allein mit führenden Kadern der Reichsinlandsleitung der KPD-O zusammen und half redaktionell und inhaltlich bei der Erstellung geheimer Publikationen, sondern hatte auch Kontakt zu anderen Gruppen, etwa »Neu Beginnen« (S.270) oder einem Zirkel um die sozialdemokratischen Kultur- und Bildungspolitiker Adolf Grimme und Heinrich Deiters. Doch nicht letztgenannte Verbindung führte zu Abendroths Festnahme 1937, sondern die zum Verbindungskurier der KPO-Inlandsleitung Hans Löwendahl. Den kannte Abendroth – folgen wir seinem Biographen Andreas Diers[105] – als juristischen Kollegen schon länger und daher nahm er ihn auch in jenen marxistischen Schulungskurs auf, der im o. g. Quartier seiner Schwester in Potsdam (Familie Brenner) abgehalten wurde.

Wolfgang Abendroth

Um Hans Löwendahl, Sohn eines jüdischen Kaufmanns, rankte sich ein besonderes Drama: Alles ging auf eine Zufallsfestnahme Löwendahls zurück. Der hatte sich entgegen strikter Anweisungen auf einen Kontakt zu KPD-Kreisen eingelassen und war im Ruhrgebiet in Massenverhaftungen hineingeraten. Der Jurist war der zentrale Verbindungsmann zwischen In- und Auslandsleitung und hielt auch die Verbindung zu Gruppen in einzelnen Teilen des Reiches, darunter besonders im Rheinland und im Ruhrgebiet. Löwendahl fiel nun in der Haft auf einen Spitzel herein, dessen vermeintlicher menschlicher Wärme er emotional vertraute. (Die Gestapo hatte gewusst, dass der Kurier homosexuell war.) Den Rest erbrachten dann grausame Verhöre. Zum Glück der lokalen Berliner Leitung und ihrer Mitarbeiter war Löwendahl über die Interna dort nicht so informiert wie über die der hauptstädtischen Reichsleitung. Im Zuge umfangreicher Festnahmen griff die Politische Polizei am 22. Februar 1937 schließlich auch nach Wolfgang Abendroth.

Fälschlicherweise wurde der Jurist mit KPO-Gruppen in Düsseldorf in Verbindung gebracht und von der dortigen Gestapo schlimm misshandelt, doch nachweisen konnte man Abendroth nichts, denn selbst die vorgeführten »Belastungszeugen« tätigten diesbezüglich keine Aussagen. Abendroth, angeklagt am 14. Oktober 1937, verurteilt am 30. November d. J., sagt zum Prozess:

105 Andreas Diers, Arbeiterbewegung, S. 337.

> Von der Anklage blieb nicht viel übrig, eigentlich gab es nur einen Belastungszeugen. In der Urteilsbegründung des Oberlandesgerichts Kassel hieß es, daß mein politischer Standort bekannt und daß ich als Intellektueller besonders gefährlich sei, zumal ich immer für die Einheitsfront-Politik eingetreten sei. Aber konkret wußten sie wenig von meiner illegalen Tätigkeit. Infolge dessen kam ich glimpflich mit 4 Jahren Zuchthaus wegen Hochverrats davon. Die Untersuchungshaft wurde nur teilweise angerechnet.[106]

Abendroth wurde nach der Verurteilung einer der mehr als tausend politischen Gefangenen – überwiegend Kommunisten – des Zuchthauses Luckau (Niederlausitz). Wie im Zuchthaus Brandenburg (S. 568f.), waren die »Politischen« auch dort bemüht, durch die Übernahme von Kalfaktoren-Posten Gesinnungsgenossen und besonders Gefährdeten gewisse Erleichterungen zu verschaffen. Über den Aufbau vertrauensvoller Kontakte zu aufgeschlossenen Wärtern gelang es manchmal darüber hinaus, an wichtige Informationen der »Außenwelt«, etwa Nachrichten über aktuelle Krisen oder den tatsächlichen Kriegsverlauf (seit 1939) zu kommen. Aussagen Abendroths zufolge[107] kam es wegen der Moskauer Prozesse und vor allem wegen des sogenannten Hitler-Stalin-Paktes zu heftigen Debatten unter den Politischen. (Wobei daran erinnert sei, dass dem offiziellen Nichtangriffsvertrag vom 23.8.1939 – der bereits begleitet wurde von einem geheimen Zusatzprotokoll, in dem u. a. die Aufteilung Polens zwischen den beiden Großmächten anvisiert war – ein »Grenz- und Freundschaftsvertrag« vom 28.9.1939 folgte, in dem die Teilung Polens besiegelt wurde.)

Dr. Abendroth wurde am 30. Mai 1941 – kurz vor Beginn des deutschen Überfalls auf die Sowjetunion – aus der Haft entlassen. Die Geheime Staatspolizei wies ihm eine Stelle als juristische Hilfskraft bei einem Wirtschaftsprüfer und Steuerberater zu. Da seine Eltern inzwischen von Frankfurt a. M. zur Tochter nach Potsdam-Babelsberg gewechselt waren und der Haftentlassene zu ihnen zog, unterlag er einer ständigen Meldepflicht bei der Gestapo in Potsdam. Nur mit äußerster Vorsicht war es ihm daher möglich, wieder geheime Kontakte zu knüpfen.

Doch schon im Februar 1943 wurde er zur Strafdivision 999 eingezogen und zum Einsatz in Griechenland gezwungen, wo ihm im September 1944 die gefahrvolle Desertion zur griechischen Widerstandsbewegung ELAS glückte. Nach verschiedenen Stationen der Kriegsgefangenschaft und »Umerziehung« – was die Vorbereitung auf den demokratischen Wiederaufbau in Deutschland einschloss –, kehrte Abendroth Ende November 1946 nach Deutschland, mit Wohnsitz Potsdam-Babelsberg, zurück. Im Januar 1947 zum Richter am Landgericht bestellt sowie als Regierungsrat im Dienst des Justizministeriums des Landes Brandenburg stehend, qualifizierte sich Abendroth beruflich weiter (Assessorprüfung) und wurde schließlich universitärer Dozent für Rechts- und Staatswissenschaften. Am 1. April 1948 ernannte man ihn zum Professor für Völkerrecht an der Universität Leipzig. Doch Abendroth, der den

---

106 Wolfgang Abendroth, Ein Leben, S. 175. Zum Prozess siehe ausführlich Andreas Diers, Arbeiterbewegung, S. 350–356.

107 Ders., Ein Leben, S. 179ff.

SED-Beitritt ablehnte und in der SBZ geheimes Mitglied der SPD war, geriet immer mehr in Konflikt mit der politischen Entwicklung und Steuerung der Justiz. Da er die Verhaftung durch den sowjetischen Geheimdienst fürchtete, verließ er mit seiner Frau Lisa und der 1947 geborenen Tochter im Dezember 1948 Jena bzw. die entstehende DDR.[108] In internen Dokumenten der Zentralen Parteikontrollkommission der SED (ZPKK) heißt es, Dr. Abendroth habe sich vor »Entlarvung« seiner geleisteten »Schädlingsarbeit« in den Westen absetzen können.[109]

Da diese Studie schwerpunktmäßig den Jahren 1933–45 im Brandenburgischen gewidmet ist, sei nur kurz darauf hingewiesen, dass Prof. Abendroth in der BRD zu einem der profiliertesten Kritiker der gesellschaftlichen Entwicklung wurde und dass in der von ihm maßgeblich beeinflussten »Marburger Schule« in den 1960er Jahren bahnbrechende Studien über die gerade auch im Widerstandskampf sehr aktiven kleinen Gruppen (wie KPD-O und SAP) entstanden. Nicht wenige langjährige Weggefährten und Schüler sahen aber auch mit Befremden seine zunehmende Annäherung an Positionen der DKP ab Mitte der 1970er Jahre.

Gustav Mauritz (Opfer der Aktion »Gitter«)

Zum Abschluss unseres Überblicks über politische Gruppierungen und Funktionäre, die den ultra-linken Kurs der KPD ablehnten und sich deshalb von der Partei trennten, sei auf den langjährigen Abgeordneten des Provinziallandtags, den gelernten Schuhmacher Gustav Mauritz (1887–1965) hingewiesen. Er wohnte in Nowawes(-Babelsberg), Wilhelmstraße 58.[110]

Der frühere Unabhängige Sozialdemokrat wurde 1919 Mitbegründer der Nowaweser Ortsgruppe der KPD und zählte gewissermaßen zu ihrem Urgestein. Darum war es für ihn ein schwerer politischer Schritt, nach einer Abgeordnetentätigkeit von 1920 bis 1925 mit der Partei aufgrund des ultralinken Kurses unter der Parteiführung von Ruth Fischer und Genossen zu brechen. Zwar trat er formal nicht aus, er wurde aber beitragsmäßig nicht kassiert und verlor dadurch seine Mitwirkungsmöglichkeiten.

Von 1928 bis 1944 führte er ein selbstständiges Schuhmacherhandwerk, hörte aber nicht auf, ein politisch denkender und antifaschistisch handelnder Mensch zu sein. Bürgen bzw. Zeitzeugen heben seine humanitäre und aufrechte Haltung auch in der Zeit der Diktatur hervor – und dies galt gerade in den Jahren des Krieges gegenüber Zwangsarbeitern. Seine offenen Worte gegenüber Kunden führten zu Gestapo-Vernehmungen und gefährdeten seine berufliche Existenz. Im Zuge der Aktion »Gewitter/Gitter« nach dem fehlgeschlagenen Attentat vom 20. Juli 1944 geriet Mauritz – wie andere frühere Mandatsträger der KPD und SPD – ins KZ Sachsenhausen. Unter den Verschleppten waren aus dem Raum Potsdam auch Georg Spiegel und Fritz Krüger von

108 Andreas Diers, Arbeiterbewegung, S. 474ff.
109 BArch, Bestand SAPMO, DY 30 / IV 2/4, Nr. 437, Bl. 145.
110 BLHA, Rep. 401, VdN 2201 (mit mehreren Bürgenerklärungen von Nachbarn und Haftgenossen). Später hieß die Straße Alt-Nowawes.

der SPD, der Nauener Gewerkschaftssekretär Karl Bernau und Adolf Hausmann (S. 118) von der KPD. Ende Oktober 1944 aus dem KZ entlassen, vergaß Mauritz das bittere Los seiner nach wie vor leidenden Haftgenossen nicht und gab wiederholt – erstmals bereits einen Tag nach der eigenen Entlassung! – kleine Lebensmittelpakete für sie ab.

Im Folgenden bescheinigt ein Hausnachbar aus Alt-Nowawes Nr. 58, Betreiber einer Fleischerei, dass Mauritz auch nach der KZ-Haft die Unterstützung von Zwangsarbeitern nicht einstellte, sondern fortsetzte – was unter Strafe verboten war. Erich Flotron schreibt 1953:

> ... kann ich guten Gewissens bescheinigen, dass Herr Gustav Mauritz Zwangsarbeitern gegenüber – wie Polen, Russen u. a. – eine gute Gesinnung zeigte. Weiter bescheinige ich hiermit, dass Herr Mauritz am Jahresende 1944 einem in meiner Fleischerei beschäftigten Zwangsarbeiter (Pole) einen Radioapparat heimlich geliehen hatte, um Ausländ. Sender sowie Nachrichten aus seiner Heimat zu hören. Bei einer Gestapokontrolle wurde dieser Apparat gefunden. Da mir bekannt war, dass Herr Mauritz vor kurzer Zeit aus dem KZ. entlassen war, befürchteten wir seine erneute Verhaftung. Als Schweizer Bürger hatte ich meine Familie schon lange zuvor in die Schweiz geschickt. Um Herrn Mauritz vor der neuen Verhaftung zu schützen, erklärte ich der Gestapo, dass meine Frau ohne mein Wissen dem Polen Ignaz Gellert den Radioapparat gegeben hatte. Es war mir auch bekannt, dass in der Wohnung von Mauritz ein Holländer und ein Franzose verkehrten.[111]

Mauritz wirkte nach dem Krieg als Referent für Wirtschaftsfragen der Stadtverwaltung von Babelsberg, danach als Bürgermeister, zuletzt (1948–50) als Angestellter der Staatlichen Kontrolle und schied aus gesundheitlichen Gründen aus dem Dienst aus. (Unter Hinweis auf seine kurze Haftzeit bzw. Krankheitsbilder, die angeblich nur auf sein Alter zurückzuführen seien, verlor er Anfang der 1950er Jahre seine VdN-Anerkennung.)

Die »Gemeinschaft für Frieden und Aufbau«

Luckenwalde, Bismarckstraße 6 – Wohnung von Hans Winkler

Zum Abschluss des Kapitels über mehrere von den großen Arbeiterparteien eher unabhängig wirkende Widerstandsgruppen soll auf eine der bemerkenswertesten illegalen Organisationen im Raum Brandenburg-Berlin hingewiesen werden.[112] Ihren aktiven Kern bildeten neben früheren Mitgliedern bzw. Sympathisanten der SPD (wie Hans Winkler, Paul Rosin, Michael Schedlbauer) und KPD (wie Emil Schwarze und Eberhard Kozlowski) »untergetauchte« Juden wie Günther Samuel und Werner Scharff.

---

111 Ebd., Rep. 401, VdN 2201 (»Bescheinigung« vom 13. Februar 1953).

112 Der folgenden Darstellung kam es sehr zugute, dass der Verfasser 1984 für die GDW nicht nur mehrere Gespräche mit dem früheren Luckenwalder Gruppengründer Hans Winkler führen konnte, sondern von diesem auch mit umfangreichem Material, darunter Original-Flugblätter, unterstützt wurde. Einen sehr lebendigen Eindruck vom Wirken der Gruppe erhält man auch durch den Zeitzeugenbericht von Eugen Herman-Friede, Für Freudensprünge keine Zeit. Erinnerungen an Illegalität und Aufbegehren 1942–1948, mit einem Nachwort von Barbara Schieb-Samizadeh, Berlin 1991.

Trotzdem handelte es sich dabei überwiegend nicht um Repräsentanten »klassischer« Arbeiterschichten, da ein relativ hoher Anteil selbstständiger Berufe ins Auge fällt. Waren doch gerade zwei Gastwirte und ein Fleischer (Henry Landes) maßgeblich daran beteiligt, illegal lebende Rasseverfolgte mit Lebensmitteln zu versorgen.

Die Widerstandsgruppe »Gemeinschaft für Frieden und Aufbau«, die sich besonders in der Hilfe für verfolgte Juden hervortat, besaß ihren organisatorischen Schwerpunkt im brandenburgischen Luckenwalde, verfügte aber auch in Berlin über mehrere aktive Anhänger.

Der illegale Kreis entstand aus einer Freundesgruppe um den Luckenwalder Justizangestellten Hans Winkler (1906–1987). Die sich seit 1942 zunehmend vergrößernde antinazistische Gemeinschaft ging schließlich über Hilfsaktionen hinaus und entwickelte organisierte Formen des politischen Widerstandes, zu denen auch größere Flugblattaktionen zählten.

Doch betrachten wir zunächst die Anfänge, um die spätere Entwicklung nachvollziehen zu können.

Der 1906 in Rixdorf geborene Hans Winkler war seit 1925 im Justizdienst in Luckenwalde tätig, zog aber erst 1938 von Trebbin mit der Familie dorthin. Über die politischen Einflüsse seines Elternhauses berichtet er Folgendes: Hans Winkler (1906–1987) blickt 1984 zurück:

> Mein Vater war 1918/19 Sozialdemokrat, später aber für die Deutsche Demokratische Partei (DDP/Dt. Staatspartei). Er wurde von den Nazis zweimal eingesperrt: Einmal (halbtägig) wegen Verweigerung des Hitlergrußes, ein anders Mal mehrere Tage aufgrund der Denunziation eines in einem Lokal von ihm geführten Telefonats über Demolierungen jüdischer Geschäfte im November 1938 (»Kristallnacht«).
>
> Luckenwalde, wo damals rund 30 000 Menschen lebten, war eine Fabrikarbeiterstadt, noch im März 1933 erhielten SPD und KPD hier zusammen die Mehrheit, doch insgesamt war Luckenwalde bis dahin eine »SPD-Stadt«. 1933 wurde der Bürgermeister dann von SA verschleppt und furchtbar geschlagen, nach dieser »Schutzhaft« floh er aus der Stadt (und rettete sich später ins Exil).[113]

Winkler wurde Augenzeuge der politischen Umbrüche und Gewaltvorfälle in der ehemaligen sozialistischen Hochburg (S. 174ff.) – nicht zuletzt durch seine Tätigkeit im Luckenwalder Amtsgerichtsgefängnis, wo er u. a. Protokoll führte. Schon 1935 rechnete er in schriftlichen Aufzeichnungen heimlich mit dem NS-Regime ab. Doch die aktive Arbeit gegen die Diktatur setzte dann erst im Herbst 1938, mit dem verstärkten Terror gegen die Juden, ein. Hans Winkler besuchte damals seinen Trebbiner Freund Günther Samuel in Berlin, woraus sich erste konkrete Überlegungen und Schritte ableiteten. Hans Winkler berichtet 1984 weiter:

---

113 GDW/Berlin, Interview des Verfassers mit Hans Winkler am 13. Januar und 6. Februar 1984 (vor nunmehr 35 Jahren); LABO, Entschädigungsakte Nr. 24718 (Hans Winkler); siehe auch die Expertin Barbara Schieb in den Dachauer Heften Nr. 7 (1991), S. 174–190.

Unsere Widerstandsgruppe »Gemeinschaft für Frieden und Aufbau«, deren Schwerpunkt in Luckenwalde lag, fand ihren geistigen Ursprung in einem gewissen Sinn in Berlin-Wedding. Ausgangspunkt war nämlich ein Besuch, den ich meinem Freund Günther Samuel abstattete. Samuel hatte wegen des Antisemitismus sein Konfektionsgeschäft in Trebbin aufgeben müssen und war nach Berlin, in die Utrechter Straße 36, in eine Hinterhofwohnung (Parterre) gezogen. Es war etwa eine Woche nach der »Kristallnacht«, dass ich zu ihm ging, um nach ihm zu sehen. Im Laufe der Erörterung der angespannten Lage kamen wir überein: »Wenn so etwas noch einmal passiert, unternehmen wir eine Schutzaktion.«

Günther kannte aus dem Haus einen weiteren Regime-Gegner. Es war der Kommunist Emil Schwarze, Oberkellner im Café Wien. Der wiederum hatte einen politischen Freund namens Kozlowski. Er wohnte nahebei in der Hennigsdorfer Straße (heute: Groninger Straße) und besaß am Schillerpark (Seestraße) eine Laube, in der später mehrere illegale Juden Unterschlupf fanden. Anfänglich nannten wir unsere Gruppe »Sparverein Großer Einsatz«.[114] Schwarze und Kozlowski hatten sich von der illegalen KPD längst abgesetzt. Kozlowski erzählte, dass in Wedding ein Kommunist dem anderen nicht mehr trauen konnte. Schwarze, der anfänglich noch Beiträge an die Partei gezahlt hatte, zog sich von der KPD zurück, weil inzwischen viele ehemalige »Genossen« mit »Heil Hitler« grüßten. Ich selbst erlebte antisemitische Äußerungen gegenüber Samuel in einem Ecklokal in der Utrechter Straße.

Trotz erster Hilfsmaßnahmen Ende der 1930er Jahre nahm die Bildung der zwischen Luckenwalde und Berlin verzweigten Gruppe konkrete Gestalt dann erst 1942 an, wie Winkler selbst betont. Dabei halfen politische Sympathisanten aus unterschiedlichen sozialen Gruppen, Schuster, Fleischer, Friseure und Gastwirte. Hans Winkler dazu:

Zentraler Treffpunkt in Luckenwalde war die von Michael Schedlbauer geführte Kantine im großen [Kriegs-]Strafgefangenenlager (zwischen Luckenwalde und Jüterbog).

Nebenan tagten die Offiziere. Das eigentliche [Gefühl] damals, kann man garnicht beschreiben: Die Angst! Einmal fuhr ich in der 2. Klasse der Bahn nach Berlin. In meinem Koffer befanden sich 1000 Flugblätter. Da bot sich ein Offizier an, den Koffer ins Gepäcknetz zu heben.[115]

Warum Winkler vermutlich das genannte Hilfsangebot bekam, geht aus folgender Beschreibung des Justizangestellten durch ein Mitglied der Untergrundgruppe hervor. Eugen Herman-Friede:

Winkler ist groß, hager, hat kurze, semmelblonde Haare, abstehende Ohren und ein rotes Gesicht mit einer großen Warze auf der linken Backe. Beide Hände sind verkrüppelt, an der rechten fehlen zwei Finger, links der Zeigefinger und die Fingerkuppen. Er fand als Kind Munition und spielte damit herum, sie war scharf und explodierte. Jetzt ist er froh darüber, er wird deshalb nicht eingezogen. Er trägt einen hellbraunen Anzug. Pfeffer und Salz, sportlich mit Gürtel.[116]

---

114 Winkler spricht 1984 vom Sparverein »Großer Einsatz«, Fritz Arndt ebenso. In der Anklageschrift heißt es dagegen »*Hoher* Einsatz«, desgleichen bei Michael Schedlbauer.

115 GDW/Berlin, Interview des Verfassers 1984.

116 Eugen Herman-Friede, Für Freudensprünge keine Zeit, S. 43.

Mitglieder der Widerstandsgruppe in Luckenwalde: Henry Landes (3.v.l.), Hans Winkler (r.)

Bei allem Gesagten darf aber der Anteil anderer Mitkämpfer nicht vergessen werden, besonders, wenn sie sich als wahre Motoren der Widerstandsgruppe erwiesen:

Einen wesentlichen Anteil an der Ausweitung der Arbeit im Untergrund hatte der jüdische Elektriker Werner Scharff (1912–1945). Zuständig für Lautsprecher und Lichtversorgung, arbeitete er Anfang der 1940er Jahre in der ehemaligen Berliner Synagoge in der Levetzowstraße, die vom NS-Regime seit 1942 als Deportationssammelstelle missbraucht wurde. Dadurch bekam er tiefe Einblicke in das bittere Schicksal der Verfolgten. Er versuchte, ihnen zu helfen, nahm Nachrichten, Lebensmittel, Nahrung und Wertsachen entgegen und gab diese weiter. Edith Hirschfeld schreibt darüber:

> Scharff, der sich ja frei bewegte, bekam vorher die Sachen, die die Zurückbleibenden ihren Lieben mitgeben wollten: Geld, Schmuck, Essen, Decken, Seife usw. Seine Frau sagte mir, es wäre wie auf der Paketannahme einer großen Post bei ihnen zugegangen. Ein Gabenfluß ohne Ende, der durch die kleine Wohnung im Südosten Berlins lief. – Werner Scharffs Güte umfaßte alle. Ich sehe ihn noch vor mir, in seinem Monteuranzug, einen voll beladenen Rucksack auf dem Rücken, wie er den ganz alten Frauen und Männern, die nach Theresienstadt kamen, genauso seine Pakete brachte wie den jungen Menschen, die der Osten verschlang. Wann er geschlafen hat, wann er mal für sich Zeit hatte, wir wissen es nicht. Er hatte immer Zeit für uns, er war immer für uns erreichbar, und er versagte nie.[117]

117 Edith Hirschfeld: »Werner Scharff«, in: Den Unvergessenen. Opfer des Wahns 1933 bis 1945, Heidelberg 1952, S. 11–18, Zitat S. 13.

Als im Sommer 1943 auch die Mitarbeiter der Jüdischen Gemeinde deportiert wurden, konnte sich der couragierte Scharff dem zunächst durch Flucht in den Untergrund entziehen. Doch vier Wochen später geriet er in die Hände der Gestapo und wurde schließlich nach Theresienstadt verschleppt. Noch einmal glückte ihm am 7. September 1943 der Sprung in die gefahrvolle Illegalität. Von einem Mithäftling mit der Anschrift Winklers versorgt, fanden er und seine Freundin Fancia Grün den Weg ins Versteck nach Luckenwalde. Hans Winkler erinnert sich 1984:

> Der Schwerpunkt unserer Arbeit lag in den Jahren 1942–1944. Wir halfen untergetauchten Juden und setzten ab 1943 auch Untergrundmaterial ein. Der Name der Gruppe, die zum Schluß mit allen Sympathisanten knapp 100 Personen umfaßte, hieß »Gemeinschaft für Frieden und Aufbau«. Zwischen sechs bis zehn illegale Juden wurden laufend von uns versteckt. Um dies zu ermöglichen, halfen uns viele Menschen, etwa Friseure beim Umfärben von Haaren. Zudem brachten wir rund 30 000 Flugblätter in Umlauf. Durch Adreßbücher und eine Versicherungskartei kamen wir an viele Anschriften. Das illegale Material wurde einzeln verteilt, darunter am Strausberger Platz, aber auch mit der Post verschickt. Es gelangte nicht nur nach Berlin, sondern auch nach Halle und Breslau. Wir verbreiteten auch Klebezettel und schickten jüdischen Spitzeln wie Stella Kübler, die untergetauchte Glaubensbrüder aufstöberte und verriet, Todesurteile zu. Als mein Freund Günther Samuel 1943 nach Theresienstadt verschleppt wurde, gab er dort dem Mithäftling Werner Scharff meine Luckenwalder Anschrift. Nachdem diesem und seiner Freundin Fancia Grün die Flucht gelungen war, nahmen sie zu uns Kontakt auf.

So wurde der rastlose und erfindungsreiche Scharff zum führenden Kopf der Untergrundgruppe. Er entwickelte immer neue Ideen, Kettenbriefe und Protestflugblätter – von denen einige in der Kreuzberger Druckerei Wiegel, Köpenicker Straße 115, entstanden (s. u.) – in Umlauf zu bringen. Unermüdlich sammelte er entschlossene Anhänger. Dies berichtet auch seine Gefährtin Edith Hirschfeld:

> Er warb sie zur Sabotage und für den Endkampf in Berlin. Ein Hauptpunkt dabei war die sofortige Besetzung des jüdischen Gefängnisses in der Schulstraße, sozusagen als erste Operationsbasis, aber auch, um zu verhindern, daß die letzten Juden, die dort noch lebten, im allerletzten Moment umgebracht würden. Er hatte für alles gesorgt: Arzt, Krankenschwestern, Medikamente, Verbandmaterial, Munition standen zur Verfügung. Es bestand Verbindung zu Soldaten, überall hatte er Menschen, die ihm helfen mußten. Und doch war, natürlich, ein Spitzel in diesem Kreis. Die Sache flog auf. Scharff wurde, als er seine Frau besuchen wollte, am 14. Oktober 1944 … verhaftet … und ins Gefängnis auf den Alexanderplatz gebracht.

Werner Scharff erlitt grausame Verhöre. Kurz darauf nahm die Gestapo Hans Winkler fest, viele andere Freunde aus Luckenwalde und Berlin folgten. Mehrere Frauen erwartete eine schwere Haftzeit. Zu ihnen zählte Johanna Schallschmidt, die vor ihrem Umzug nach Mitte (Klosterstraße) in der Kreuzberger Bergmannstraße 97 gewohnt hatte. Ida Röscher und Frida Wiegel aus der Köpenicker Straße 36/38 in SO 36 berichten 1951:

Gemeinschaft für Frieden und Aufbau
Reichsführung München

April 1944

G e n e r a l m o b i l m a c h u n g

Die Gemeinschaft für Frieden und Aufbau, geboren aus der Not des Volkes, marschiert. Mutige Männer und Frauen Deutschlands haben sich zusammengeschlossen, um Lüge und Mord der Nazis ein Ende zu bereiten.

Wir wollen nicht mehr mitansehen, wie unsere Soldaten sich an der Front verbluten. Wir dulden nicht mehr, dass Tag und Nacht unsere Heimat von Bombern zertrümmert wird. Wir wollen nicht zusehen, wie unsere Arbeiter in 72 Wochenstunden bis aufs Letzte ausgebeutet werden. Wir wollen ein gesundes Volk bleiben und nicht Nervenbündel sein. Unsere Lage ist aussichtslos. Der Feind steht an den Oelquellen in Rumänien. Die Invasionsheere stehen zum Einfall bereit. Die feindliche Luftwaffe übt immer stärkere Tag- und Nachtangriffe aus. Die Verluste, die wir ihnen zufügen, sind bedeutungslos. Wir haben keine Vergeltungswaffen, denn aus zerstörten Fabriken können wir keine Wunder erwarten. Wir kämpfen für den sofortigen Frieden. Wenn unser Volk erst zu Bettlern geworden ist, war alles umsonst.

Wir rufen zum p a s s i v e n W i d e r s t a n d auf !!

Wir verlangen von Dir nichts anderes, als dass Du denken sollst. Rede nicht sinnlos nach, was Dir von der Regierung oder einzelnen Parteigenossen vorerzählt wird. Du verlängerst damit den Krieg und trägst somit die Schuld am Elend unseres Volkes. Wir klären Dich auf. Versuche unsere Aufklärungsschriften zu bekommen.

Folge unseren Anweisungen.

H i l f u n s u n d D u h i l f s t D i r .

Du hast vorstehendes 10 mal abzuschreiben und an 10 verschiedene Leute zu versenden. Wir werden Dich nach diesen Namen fragen. Wenn Du unserer Aufforderung nicht nachgekommen bist, wirst Du aus der Gemeinschaft ausgeschlossen.

Behalte dieses Schreiben für Dich als Ausweis.

\- - - - - - - - - - - - - -

Illegales Flugblatt der Gruppe, die 1944 etwa 3500 Flugblätter verbreitete

Wir haben jahrelang mit Frau Johanna Schallschmidt ... für Werner Scharff und Genossen Propagandabriefe angefertigt und auch vertrieben. Frau Schallschmidt mußte auch des öfteren Propagandamaterial nach Fürstenwalde und Luckenwalde bringen. – Wir kamen dann zusammen in einem geschlossenen Transport vom Berliner Polizeipräsidium nach dem KZ in Fehrbellin, wo wir erst Ende April 1945 durch die sowjetische Armee befreit wurden.[118]

Obwohl das sogenannte Dritte Reich bereits seinem Untergang entgegen taumelte, lief der NS-Terrorapparat noch fast bis zum Ende auf Hochtouren. Die Anklageschrift des Oberreichsanwalts beim Volksgerichtshof gegen die im Oktober 1944 festgenommenen Luckenwalder stammt vom 21. Februar 1945 – die Verhandlung war für den Monat April vorgesehen – und richtete sich gegen folgende Frauen und Männer:

1. den Justizangestellten Hans Winkler (* 1906), Luckenwalde,
2. den Schankwirt Paul Rosin (* 1894), Luckenwalde,
3. den Industrie-Kaufmann Günther Naumann (* 1922), Luckenwalde,
4. den Schlosser Fritz Arndt (* 1904), Luckenwalde,
5. den Kantinenwirt Michael Schedlbauer (* 1892), Jüterbog,
6. den Schuhmacher und Kaufmann Georg Brachmüller (* 1884), Luckenwalde,
7. den Viehhändler und Fleischer Paul Kräge (* 1899), Langenlipsdorf,
8. die Bohrerin Hildegard Klatt, geb. Balzer (* 1910), Berlin und
9. die Witwe Emma Keßler, geb. Wilke, gesch. Balzer (* 1889), Berlin.

Dieser Hauptanklageschrift folgte am 26. März 1945 – das »Tausendjährige Reich« würde nur noch knapp fünf Wochen existieren – eine weitere gegen drei Personen, nämlich:[119]

1. den Lackierer Walter Klatt (* 1908), Berlin,
2. den Fleischermeister Henry Landes (* 1908), Luckenwalde und
3. den landwitschaftl. Inspektor Alfred Stein (* 1912), Kappahn bei Jüterbog.

Sie waren im Dezember 1944 bzw. Januar 1945 (A. Stein) festgenommen worden.

Obwohl der illegalen Gruppe einige Leichtfertigkeiten (Mitgliedsausweise u.ä.) unterliefen, enttarnte die Politische Polizei trotzdem nur eine Minderheit der Aktiven – und die hielten zumeist dicht. Bei der Begründung des Vorwurfs einer Vorbereitung zum Hochverrat durch die Gruppe führt die Hauptanklageschrift aus:

Die Angeschuldigten haben 1943/44 in Luckenwalde einer Gemeinschaft mit illegal lebenden Juden als Funktionäre oder Mitglieder einer illegalen Organisation angehört oder sich für sie

118 LAB, C Rep. 118-01, A 8839 (Johanna Schallschmidt). Der Kreuzberger Druckereibesitzer Adolf Wiegel wurde im April 1945 umgebracht, d. Verf.

119 GDW/Berlin, Anklageschrift des Oberreichsanwalts beim VGH vom 26. März 1945 (Unterlagen von Hans Winkler, Kopie des genannten Dokuments).

betätigt und Geld- und Sachwerte hingegeben, die sich unter den Bezeichnungen Sparverein »Hoher Einsatz« und »Gemeinschaft für Frieden und Aufbau« mit der Unterstützung und Betreuung von Juden befaßte, den Umsturz der nationalsozialistischen Staatsordnung plante und beriet sowie sich auf die Übernahme der Macht in Luckenwalde vorbereitete. Ferner wurden gefälschte Ausweise hergestellt, Drohbriefe und »Femeurteile« versandt und drei Hetzflugblätter in insgesamt etwa 3500 Stücken zwecks Verhetzung der Bevölkerung besonders in Berlin verbreitet.[120]

Werner Scharff

Welchen Blick hatte die Anklagebehörde auf die Tatbeteiligung der Luckenwalder?

Den Justizunterlagen zufolge gründeten Winkler und Rosin auf Anregung des Ehepaars Samuel im Sommer 1943 den o. g. Sparverein mit der Aufgabe, Geld für illegal lebende Juden zu beschaffen. An Lebensmittelspenden für diese Zwecke hatten sich zuvor bereits der Gastwirt Rosin und der Schlachter Landes beteiligt. Zu diesem Verein stießen dann noch die Angeschuldigten Arndt, Schedlbauer und Brachmüller hinzu. Gerade Letztgenannter spendete nicht nur Lebensmittel und Tabakwaren, sondern 1000 RM (etwa das Fünffache heutiger Währung). Darüber hinaus unterstützten das Vorhaben finanziell die Angeklagten Brachmüller und Klatt sowie Gutsinspektor Alfred Stein (S. 328), ferner gab auch Julius Friede Geld. Die Kasse der Organisation lag in den Händen des Kantinenwirtes Schedlbauer.

Das Gründungsmitglied Paul Rosin war es auch, das der aus dem Lager Theresienstadt entflohenen Fancia Grün ein Versteck gab. Durch Kontakte Grüns gelangten noch weitere »Illegale« nach Luckenwalde und wurden von Winkler, der gewissermaßen an der »Quelle« saß, mit falschen Papieren versorgt.

Immer wieder stellte sich (lt. Anklageschrift) auch Werner Scharff in Luckenwalde ein, regte politische Protestaktionen mittels Flugblättern an und machte Andeutungen über seine Kontakte zu »Katholiken und Staatsfeinden« in München. Es war der Mitangeklagte Naumann, der einen Abziehapparat für Untergrundmaterial zur Verfügung stellte.

120 Ebd., Anklageschrift des Oberreichsanwalts beim VGH vom 21. Februar 1945, S. 3 (Unterlagen von Hans Winkler, Kopie des genannten Dokuments). Wie Barbara Schieb (Anm. 112) recherchierte, richtete sich eine weitere Anklageschrift gegen Pia Kozlowski und eine vierte gegen Otto und Erna Naumann sowie Ida Rosin. Die Feldwebel John und Buchwald und der als Dolmetscher fungierende Kriegsgefangene Erich Sojka vom Stalag IIIa wurden vermutlich dem Reichskriegsgericht überstellt, eine Anklageschrift fehlt bisher.

Etwa im Februar/März 1944 waren es wieder Winkler und Rosin – diesmal unterstützt von Werner Scharff –, die den Sparverein bzw. die Hilfsaktion zur politischen Widerstandsorganisation »Gemeinschaft für Frieden und Aufbau« erweiterten und damit die systematische Verbreitung von Protestmaterialien in Angriff nahmen. Sie stellten auch Überlegungen für die »Machtübernahme« in Luckenwalde nach dem Sturz des Nationalsozialismus an. Angeblich sei in der Gruppe auch erörtert worden, dass »... mal einer umgelegt werden« müsse. Wie auch immer – fest steht, dass im Frühjahr 1944 die bereits erwähnten »Femeurteile« gegen jüdische Gestapo-Helfer bzw. Spitzel entstanden.

Zum inneren Machtzirkel des Widerstandskreises zählten neben Scharff, Winkler und Rosin vor allem der Kantinenwirt Schedlbauer, der in seinem Luftschutzkeller auch das Archiv der Gruppe samt Flugblättern, Ausweispapieren und jüdischen Kennkarten aufbewahrte. Der Wirt warb auch den zur Stammmannschaft des Kriegsgefangenenlagers gehörenden Feldwebel John als Mitglied sowie einen Dolmetscher (Kriegsgefangener). Hans Winkler beschreibt das Ende der Gruppe folgendermaßen:

> Durch einen aufgefangenen Illegalen, der »sang«, wurde der illegale Kreis aufgerollt. Dass in Luckenwalde (im Oktober 1944) 10 Personen verhaftet wurden, erzeugte natürlich Aufregung. (Übrigens auch nach dem Krieg, denn dem kommunistischen Bürgermeister der Stadt war es peinlich, dass nicht ihre Kreise die Sache gemacht hatten.)
>
> Als ich bei der Staatspolizei auf dem Tisch den hohen Stapel mit Flugblättern sah, wusste ich, dass sehr viele Menschen das Material abgegeben hatten. Beim Staatspolizei-Verhör am Alexanderplatz [Polizeipräsidium, d. Verf.] wurde ich nicht gequält, lediglich einmal schlug man von hinten an den Kopf ... Kurz vor Weihnachten kam ich nach Plötzensee: Zunächst in Einzelhaft und gefesselt, dann erhielt ich die Vergünstigung mit einem Tschechen und einem Franzosen zusammengelegt zu werden. Die Verständigungsmöglichkeiten waren sehr gering. Von meinem Zellenfenster aus im Haus 3 sah ich die Todeskandidaten, die zum Hinrichtungsschuppen geführt wurden. Es waren Skelette, rechts und links mit Begleitern. [...] Manchmal roch es an meinem Zellenfenster: Es war die letzte Zigarette! Wir (anderen) Todeskandidaten hofften auf Bomben von oben. Doch vielleicht lag es daran, daß in meinem Fall noch [weiter] in Luckenwalde gesucht werden sollte, dass wir Angeklagten überlebten. Wegen herannahender sowjetischer Truppen wurde unsere Gruppe auseinander gerissen. Dies rettete uns!
>
> Drei Tage nach Freislers Tod (3. Februar 1945) wurde ich mit Eugen Gerstenmaier und anderen Häftlingen von Plötzensee aus zum nahen Westhafen gebracht und von dort per Schiff abtransportiert. Ich kam dann nach Bayern. Hier gelang es mir, einem katholischen Geistlichen die Anklageschrift anzuvertrauen, in Berlin erhielt man sie nur auf 48 Stunden zur Lektüre. Ich hatte die Anklageschrift am 19. März 1945 erhalten. Da atmete man auf, denn die Zeit (des NS-Regimes) reichte nun nicht mehr für den Prozess aus. Wir Angeklagten überlebten, aber unseren jüdischen Freunden wurde kein Prozess mehr gemacht![121]

---

121 GDW/Berlin, Interview mit Hans Winkler am 13. Januar 1984. Hans Winkler beschrieb rückblickend seine Festnahme mit den Worten: »Am 17.10.1944 wurde ich von 2 Gestapo-Beamten, Lehmann und Linke, mit vorgehaltener Waffe und den Worten verhaftet: ›Winkler, Dein Spiel ist aus.‹«; vgl. BLHA, Rep. 401/VdN 2944.

Werner Scharff musste Ende 1944 ins KZ Sachsenhausen. Dort wurde er am 16. März 1945 von der SS erschossen. Fancia Grün ermordete man ebenfalls im KZ. Frau Gertrud Scharff kam im Gefängnis Schulstraße mit dem Leben davon. Edith Hirschfeld schreibt über Werner Scharff:

> Aber er war, was nicht häufig vorkam, ein tapferer Mann, und er hatte, was noch seltener war, Zivilcourage. Seine Taten haben das Ende des Nationalsozialismus nicht beschleunigt, keineswegs. Aber von wem kann das überhaupt gesagt werden? Ich weiß nicht einmal, ob er ein Märtyrer war. Aber er war ein Mensch, der sehr vielen anderen geholfen, der ihnen unter Einsatz ihres Lebens ihre Leiden zu erleichtern versucht hat. ... Und für mich persönlich ist er der Mensch und bleibt es, der uns an das Göttliche im Menschen wieder glauben läßt.[122]

Nach dem Krieg gerieten die Mitglieder der Gruppe, die überlebt hatten, in den Ost-West-Konflikt hinein. Wer nicht in den Westen bzw. nach West-Berlin floh wie Winkler, verlor in der DDR Anfang der 1950er Jahre seinen Status als Verfolgter. Als Begründung dafür wurde in der Regel die zu geringe Haftzeit (Winter 1944 bis April 1945) herangezogen oder auf die – bei Einigen vorliegende – Mitgliedschaft in NS-Organisationen verwiesen. Zudem wurde die Unterstützung »rassisch Verfolgter« in der DDR bis 1968 nicht als »organisierte Widerstandstätigkeit« eingestuft.[123] Erst gegen Ende 1968 erhielt beispielsweise Michael Schedlbauer (1892–1971) seinen Verfolgtenstatus zurück, wobei ihm sicherlich die Loyalität zur SED zugute kam.

Andere, wie der Schlosser Fritz Arndt, fanden dagegen weniger Gnade: Obwohl die politische Biographie des Genannten untadelig war, da er neben der häuslichen Aufnahme der geflüchteten Fancia Grün und dem Verbreiten von Flugblättern in Berlin und Halle zusätzlich auch noch in seinem Betrieb (Norddeutsche Maschinenfabrik) illegal arbeitete – darüber hinaus stammte er aus einem kommunistischen Elternhaus –, verlor er im April 1952 seine VdN-Anerkennung. Man hielt ihm nämlich vor, dass seine illegale Gruppe aus Menschen bestand »(...) die damals gegen den Nazistaat waren und auch heute gegen unsere DDR eingestellt sind.«[124] Schließlich sei der Leiter der Gruppe nach West-Berlin geflüchtet und betätige sich dort in der »Kampfgruppe gegen Unmenschlichkeit«, Arndt aber wolle Winklers Adresse nicht nennen!

Muss man das aus heutiger Sicht noch kommentieren?

122 Edith Hirschfeld »Werner Scharff«, S. 18.
123 BLHA, Rep. 401/VdN 2905.
124 Ebd., Rep. 401/VdN 105.

Exkurs: Arbeiterwiderstand aus der Sicht der Verfolger 1934–1936 (Regierungsbezirk Potsdam)

Interessante Einblicke in den Arbeiterwiderstand können neben NS-Prozessunterlagen und Zeitzeugenberichten der Opfer auch die Lageberichte von Politischer Polizei und Regierungsstellen geben, wenn dabei die ideologische Kontaminierung der Überlieferungen kritisch im Auge behalten wird.[1] Dies sei für die Jahre 1934 bis 1936 im Folgenden exemplarisch an Dokumenten aus dem Regierungsbezirk Potsdam unter besonderer Beachtung der linkssozialistischen SAP untersucht, da sie die drittgrößte Kraft des Arbeiterwiderstandes im Brandenburgischen war (S. 282ff.).

Da die Sozialistische Arbeiterpartei wähler- bzw. mitgliederarm und vor allem erst im Herbst 1931 gegründet worden war, stand sie längst nicht so im Fokus der Politischen Polizei wie die KPD und die SPD, obwohl sie sich – zum Beispiel in Berlin – im Widerstand stark profilierte.[2]

Bei den folgenden Berichten ist es vorab vor allem wichtig zu beachten, was die wissenschaftlichen Herausgeber und Bearbeiter dazu quellenkritisch anmerken: Während die Lageberichte der Geheimen Staatspolizei beziehungsweise des Regierungsbezirks Potsdam versuchen, den Eindruck eines politisch weitgehend befriedeten Bezirks zu erwecken, halten demgegenüber die Gesamtberichte des Gestapa, aber auch dessen Tagesmeldungen sehr viel deutlicher verschiedene Widerstandsinitiativen und Zeichen der Unzufriedenheit in Kreisen der Bevölkerung fest.

Vor allem der lokale Chef der Geheimen Staatspolizei, Graf von Helldorf, eine der schillerndsten Gestalten unter den Politikern der NSDAP, wollte »seinen« Bezirk gerne als »gesäubert« und »befriedet« erscheinen lassen.

Und kam es einmal zu Aktivitäten im politischen Untergrund, wie zum Beispiel durch festgestellte kommunistische Zellenbildung beim Autobahnbau in Niederfinow, wurde dieser Störfaktor märkischen Friedens folgendermaßen durch von Helldorf erklärt:[3] »Die Ermittlungen führte die Staatspolizeistelle in Berlin, weil es sich bei den kommunistischen Drahtziehern, wie sehr oft in meinem Bezirk, ausschließlich um Berliner handelte, die in diesem Fall unter den Arbeitern der Reichsautobahn die kommunistischen Ideen propagierten.«

---

1 Wolfgang Ribbe (Hg.), Die Lageberichte der Geheimen Staatspolizei über die Provinz Brandenburg und die Reichshauptstadt Berlin 1933 bis 1936. Teilband I. Der Regierungsbezirk Potsdam. Mit ergänzenden Materialien bearbeitet, eingeleitet und erläutert von Sibylle Hinze, Köln/Weimar/Wien 1998. Der Ministerpräsident von Preußen verpflichtete die Geheime Staatspolizei Anfang Juli 1934, systematisch monatliche Berichte über Aktivitäten politischer Gegner sowie die politische Stimmung abzuliefern. (Von Juli bis November 1933 hatte man sich noch allein auf die KPD als politischen Hauptgegner konzentriert.) Parallel dazu hielt der Reichsinnenminister die Ober- und Regierungspräsidenten zu einer ähnlichen Berichterstattung an – allerdings in einigen Bereichen verstärkt, etwa in Bezug auf Sozialdemokraten oder die Beobachtung »reaktionärer Umtriebe« von Monarchisten und Bekenntnispfarrern. Die systematische monatliche Berichterstattung wurde im Frühjahr 1936 allgemein eingestellt. Für die Zeit danach liegen nur Fragmente vor.

2 H. R. Sandvoß, Die ›andere‹ Reichshauptstadt, S. 190–199.

3 W. Ribbe (Hg.), Die Lageberichte, S. 242.

Ähnliche Negierungen und Verdrängungen scheinen bei den Potsdamer Berichten Helldorfs auch in Bezug auf die SAP zu dominieren:

Im Lagebericht der Staatspolizeistelle Potsdam vom 4. April 1934 wird über die SAP gesagt:[4] »Auch im Berichtsmonat sind keinerlei Anzeichen über die Tätigkeit dieser Organisation in meinem Bezirk bekannt geworden. Es gewinnt daher fast den Anschein, als ob eine Tätigkeit hier überhaupt nicht eingesetzt hat.«

Genau diese Einschätzung enthält auch die Berichterstattung des Regierungspräsidenten für den Regierungsbezirk Potsdam vom 6. August 1934 über die politische Lage zum Thema »Marxismus«:[5]

> Die Tätigkeit der SPD und der Kommunisten hat in dem Berichtsmonat zweifellos zugenommen und zwar insbesondere durch ein Anwachsen der Flugblattpropaganda. Die Täter konnten leider bisher nicht ermittelt werden. Vorhandene Anhaltspunkte über die Herkunft der Flugblätter sind der Staatspolizei sofort berichtet worden. Während die Propaganda der SPD sich vorwiegend an frühere Funktionäre der Partei gewandt hat, richtet sich die kommunistische Propaganda mehr an die gesamte Bevölkerung. Über die SAP sind Wahrnehmungen trotz schärfster Beobachtungen nicht gemacht worden.

Der Lagebericht der Staatspolizeistelle Potsdam für Juli 1934 ergänzt im gleichen Tenor:[6] »Über die SAP ist meinem Bezirk trotz eifrigster Nachforschungen immer noch nichts bekannt geworden, so daß ich nicht den Eindruck habe, als ob hier Kampfgruppen dieser Bewegungsform tatsächlich bestehen.« Anschließend wird noch bemerkt, dass bisherige Nachrichten zwar das Gegenteil des oben Festgestellten vermuten ließen, da »von außen« aber keine neuen Nachrichten hinzukamen, sei eine baldige Neuorientierung nach Ansicht des Berichterstatters [nicht, d. Verf.] erforderlich.

Lagebericht v. 5. September 1934:[7]

> Eine bemerkenswerte Betätigung der SPD und SAP ist im vergangenen Monat nicht festgestellt worden.

Lagebericht v. 5.10.1934:[8]

> Über die SPD und die SAP ist Besonderes nicht zu berichten. Dagegen hat die Tätigkeit des Kommunismus zugenommen.

Lagebericht v. 12.11.1934:[9]

> Sonstige marxistische Bestrebungen

4 Ders., Die Lageberichte, S. 104.
5 Ders., Die Lageberichte, S. 143 (aus: Berichterstattung des Regierungspräsidenten vom 6.8.1934).
6 Ders., Die Lageberichte, S. 155 (aus: Lagebericht der Staatspolizeistelle für Juli 1934).
7 Ders., Die Lageberichte, S. 175 (aus: Bericht des Regierungspräsidenten für den Regierungsbezirk Potsdam über die politische Lage v. 5.9.1934).
8 Ders., Die Lageberichte, S. 187 (aus: Bericht des Regierungspräsidenten v. 5.10.1934).
9 Ders., Die Lageberichte, S. 209 (aus: Lagebericht der Staatspolizeistelle Potsdam für Oktober 1934).

> Hierzu ist wenig zu berichten, nachdem ich bereits darauf hingewiesen habe, daß die Stimmung der Arbeiterschaft nach wie vor nicht schlecht ist, sondern daß man zum Führer Vertrauen hat. Die Kernfrage dürfte die bereits behandelte Frage der Lebensmittelteuerung sein. Es beginnt sich eine versteckte Hetze unter den Arbeitern in Eisenbahnwagen usw. breit zu machen, die etwa die ›letzte‹ Zigarette anbieten, weil ›ein Arbeiter sich heute ja keine Zigaretten mehr leisten‹ kann. Teilweise wird diese Hetze bereits recht frech betrieben, so daß andere Mitreisende dadurch belästigt werden. Es ist beobachtet worden, daß SA-Leute nicht mehr die Neigung haben, gegen solche Hetzer vorzugehen.
> Eine Gefahr besteht auch hier zur Zeit nicht.

Lagebericht für November 1934:[10]
Während der Bericht für die KPD die »Schaffung einer festen Organisation und Gewinnung einsatzbereiter Funktionäre« konstatiert, ja von einem erfolgreichen »Vordringen der KPD in der Arbeitsfront sowie in den Autobahnbaulagern und bei militärischen Bauten« spricht, heißt es zu anderen Tendenzen der alten Arbeiterbewegung (zusammenfassend):

> Keine Neuigkeiten über frühere Sozialdemokraten, die weiterhin wirtschaftlich und gesellig verbunden sind; Wiedergewinn von Positionen bei den Arbeitern, wenn Korruption der neuen Führer bekannt wird; Wahlerfolg eines früheren SPD-Vertreters bei einer Betriebswahl; Gerüchte über ein baldiges Ende der NS-Herrschaft.

Lagebericht für Februar 1935:[11]
Im Gegensatz zu ausführlich beschriebenen »kommunistischen Umtrieben« und dem Vorgehen der Politischen Polizei gegen im Entstehen begriffene Ortsgruppen Oranienburg und Hohen Neuendorf – siehe dazu die darauf folgenden Justizverfahren (S. 432ff.) – sowie deren Berliner Kontaktleute für den nördlichen Außenbezirk heißt es im kurzen Abschnitt »Sonstige marxistische Bestrebungen«:

> An einer Stelle des Bezirks ist der dem Gestapa bereits bekannte Streuzettel zum 10. Todestag Friedrich Eberts in zwei Exemplaren in Erscheinung getreten. Sonst ist von anderen marxistischen Bewegungen nichts zu bemerken gewesen.

(Die genannten Streuzettel wurden am 12.2.1935 an einer Litfaßsäule und einem Telegrafenmast nahe dem Bahnhof Hohen Neuendorf entdeckt und enthielten kritische Vergleiche der politischen Lage von 1925 und 1935, also der Weimarer Republik mit dem NS-System.)

Der Lagebericht des Regierungspräsidenten für Mai 1935 (vom 5. Juni 1935)[12] wiederholt fast stereotyp über die SAP: »Über SPD und SAP ist Neues nicht zu berichten.« Allerdings wird im Anschluss daran der sich verstärkt habende Ver-

---

10 Ders., Die Lageberichte, S. 214 (aus: Lagebericht der Staatspolizeistelle Potsdam für November 1934).
11 Ders., Die Lageberichte, S. 230 (aus: Lagebericht der Staatspolizeistelle Potsdam für Februar 1935).
12 Ders., Die Lageberichte, S. 279 (aus: Lagebericht des Regierungspräsidenten für Mai 1935).

dacht geäußert, dass sich Mitglieder der Zeugen Jehovas angeblich aus ehemaligen Sozialdemokraten oder ihnen nahe stehenden Personen zusammensetzen. Auch würde sich das Verhalten der Gläubigen gegenüber Polizei und Gerichten mit Richtlinien der SPD aus der Zeit vor 1914 (sowie der KPD nach 1918) decken. Der Anstieg kommunistischer Tätigkeit »in letzter Zeit« und die Tatsache, dass die KPD »immer noch über eine feste Anhängerschaft verfügt«, wird auch darauf zurückgeführt, dass »jemand meist in nicht ganz nüchternem Zustand seiner kommunistischen Gesinnung und Einstellung öffentlich Ausdruck gibt«. (Die gezielte Bagatellisierung ist kaum zu übersehen, d. Verf.) Andererseits müssen »ungünstige« Ergebnisse bei Vertrauensrätewahlen – wie bei Orenstein & Koppel in Nowawes – zugegeben werden.

Für die Monate Juni und Juli 1935 meldet der Lagebericht des Regierungspräsidenten (31.7.1935) erneut über SPD und SAP nichts – vom vereinzelten Hervortreten ehemaliger Funktionäre der Sozialdemokratie, die in mehr oder weniger freundlichem Verkehr stünden, abgesehen.

Interessant ist dagegen, was der Lagebericht der Staatspolizeistelle Potsdam für Juli 1935 unter »Marxismus, Kommunismus, SAP« zum Thema »Einheitsfront« meldet:[13]

> Eine Einheitsfront zwischen Kommunisten und Sozialdemokraten, wie sie von letzteren propagiert wird, erfreut sich nach dem vorgefundenen Material offenbar bei der KPD keiner besonderen Beliebtheit, weil die Sozialdemokratie nicht revolutionär genug ist, um dem Kommunismus eine wertvolle Hilfe sein zu können. Im Bezirk sind auch Umtriebe von sozialdemokratischer Seite kaum beobachtet worden.

Hervorzuheben aus dem genannten Bericht ist auch die Klage der Verfolger – hier bezogen auf kommunistische Propaganda durch Flugzettel und Zellenbildung –, dass man der Täter einer (in einzelnen Fällen) »massenweisen« Verteilung nicht habhaft werden konnte, »[…] weil diese meistens zur Nachtzeit oder in den frühen Morgenstunden mit Kraftwagen oder Motorrädern von Berlin aus die Landbezirke aufsuchen und dabei die Hetzschriften abwerfen.«

Obwohl der Lagebericht der Staatspolizeistelle Potsdam für August 1935 in der Rubrik »Marxismus und Kommunismus«, da die SAP »nicht in Erscheinung getreten« ist (was wohl auch für die SPD galt), sich ausschließlich auf die KPD konzentriert, ist Folgendes allgemein interessant: Reichsautobahn-Baustellen werden nämlich (wieder) als »besonderer Unruheherd« charakterisiert:[14]

> Von mehreren Baustellen, die in meinem Bezirk liegen, wird mir berichtet, daß ein großer Teil der Arbeiter, aber nicht zuletzt auch Schachtmeister und Poliere, wieder kommunistisch und marxistisch gesinnt sind. Innerhalb ihrer Kolonnen machen diese Arbeiter von ihrer Gesinnung kein Hehl, während sie nach außen äußerst vorsichtig und mißtrauisch sind, so daß dieser äußerst bedenkliche Stimmungsumschwung, der sich allenthalben in Teilen der Arbeiterschaft bemerkbar macht, in der breiten Öffentlichkeit kaum in die Erscheinung tritt.

---

13 Ders., Die Lageberichte, S. 319 (aus: Lagebericht der Staatspolizeistelle für Juli 1935).
14 Ders., Die Lageberichte, S. 333 (aus: Lagebericht der Staatspolizeistelle für August 1935).

Die Ursache für den beklagten »Stimmungsumschwung« sieht der Berichterstatter in der »augenblicklichen« schlechten wirtschaftlichen Lage der Arbeiterschaft aufgrund geringer Entlohnung und zu hoher Lebenshaltungskosten.

Die NS-Sicherheitsexperten glaubten, die Unruhestifter teilweise auch lokalisieren zu können – siehe hierzu auch einen entsprechenden KPD-Prozess (S. 405ff.) –, in dem sie ausführten:[15]

> Mag die Zusammensetzung der etwa 350 Mann starken Belegschaft des Autobahnlagers Schmölln aus Berlin-Wedding, -Moabit, -Neukölln schon ohnehin einen stark marxistisch-kommunistischen Einschlag bedingen, so wird dieser doch durch die wirtschaftlichen Verhältnisse der im Lager befindlichen Arbeiter noch gefördert. Es ist mir berichtet, daß etwa 300 Arbeiter der Belegschaft kommunistisch gesinnt sind. An Urlaubstagen, an denen verbilligte Fahrkarten ausgegeben werden, pflegt ein Teil der Belegschaft in die umliegenden Städte zu fahren und läßt sich unter Betonung, sie seien Arbeiter eines Reichsautobahnlagers, über die Zustände im Lager ausfragen. Auf diese geschickte Weise wird eine außerordentliche Propaganda gegen den Staat getrieben. Es ist im Berichtsmonat gelungen, mehrere Personen festzunehmen, die in Zepernick kommunistische Flugblätter verteilt hatten. [S. 337].
> Die SAP ist im Berichtsmonat nicht in Erscheinung getreten.

Der Lagebericht des Regierungspräsidenten für August und September 1935, der Justizverfahren gegen Kommunisten aus Oranienburg und Umgebung, die »Hetzschriften« vorbereitet hatten, thematisiert – und erfreut feststellt, dass die Spur der Haupttäter nach Berlin weist, während hiesige Arbeiter derartige Schriften wiederholt der Polizei übergaben –, beklagt ebenfalls die Gefährlichkeit kommunistischer Propaganda unter Arbeitern der Reichsautobahn. Ansonsten heißt es über andere Tendenzen der Arbeiterbewegung:[16]

> Neues über die Tätigkeit der SPD und SAP ist nicht bekannt geworden.
> Der Verdacht, die ehemaligen Konsumgenossenschaften (heute Verbrauchergenossenschaften) seien Ausgangspunkte marxistischer Propaganda, wird noch immer von unterrichteter Seite geäußert. Die Verwalter der Filialen sollen zum großen Teil ehemalige SPD-Anhänger sein.
> Die Bildung der Einheitsfront zwischen KPD und SPD soll in aller Stille weiterbetrieben werden. Tatsachen darüber sind mir bisher nicht berichtet.
> Sämtliche mir zugegangenen Berichte lassen, wie ich noch abschließend bemerken möchte, eine Verstärkung der kommunistischen Hetze erkennen.

Der Lagebericht der Staatspolizeistelle Potsdam für September 1935 konzentriert sich in der Rubrik »Kommunismus und Marxismus« (der Begriff SAP taucht schon nicht mehr auf) größtenteils auf kommunistische Aktivitäten. So wird aber auch festgehalten, dass sich bestimmte Schank-Gaststätten als Treffpunkte linker Arbeiterkreise erweisen (Marxisten waren in der NS-Diktion Sozialdemokraten).[17]

---

15 Ders., Die Lageberichte, S. 334 (Zu Zepernick siehe dort auch S. 373, Anmerkung 2).
16 Ders., Die Lageberichte, S. 339–351 (Zitat Seite 347).
17 Ders., Die Lageberichte, S. 352–367 (Zitat Seite 361f.).

In Nowawes sind die Lokale »Café National« und »Zur Bombe« wieder als eine Art Marxistenlokale anzusehen. Der Inhaber der »Bombe« ist ein früherer marxistischer Funktionär, der diese Gastwirtschaft erst nach der Machtergreifung übernommen hat. In Hennickendorf gilt die Gastwirtschaft des Hans Pappenfuß als eine »Kommunistenkneipe«; der Inhaber bemüht sich, eine korrekte Haltung einzunehmen. In Nowawes beobachtet man neuerdings auch wieder die aus der Systemzeit bekannten »Stehkonvente« der Arbeitslosen und Jugendlichen.

Der Bericht führt weiter aus, dass der (angebliche) Zusammenschluss »zwischen den unentwegtesten früheren Anhängern der KPD und SPD [...] in aller Stille« betrieben würde, was durch in Großbetrieben und in Heeresbauten zersetzend tätige »unzuverlässige Elemente« noch begünstigt würde.

Die Flugblattpropaganda würde sich »in den gewohnten Grenzen« halten. (Hier halten die wissenschaftlichen Bearbeiter der »Lageberichte« quellenkritisch überzeugend dagegen, dass das leitende bzw. übergeordnete Gestapa – Geheimes Staatspolizeiamt – in einer zusammenfassenden Tagesmeldung vom 10. September 1935 eine ansteigende Tendenz illegaler Propagandatätigkeit festhielt.)[18]

Im Lagebericht des Regierungspräsidenten für Oktober und November 1935 wird im Zusammenhang mit der illegalen KPD ebenfalls von der anhaltenden Propaganda auf Heeres- und Reichsautobahnstellen berichtet – diesmal sogar verstärkt durch Sabotageversuche auf der Baustelle bei Werder – und auf erfolgreiche Festnahmen in Zepernick (S. 336ff., 415ff.) verwiesen. Zu den Sozialdemokraten wird bemerkt:[19]

> Die Angehörigen der früheren SPD halten Beziehungen unter sich weiter aufrecht. Ich gestatte mir hinsichtlich der Tätigkeit früherer Marxisten in den jetzigen Verbrauchergenossenschaften auf meinen Lagebericht vom 3. Oktober 1935 zu verweisen. Die Verhältnisse haben sich dort nicht geändert. Die Angestellten der Verbraucher-Genossenschaften sind auch heute noch marxistisch eingestellt. Der deutsche Gruß wird in den Geschäften kaum entboten.

Der Lagebericht der Staatspolizeistelle Potsdam für November 1935 (abgegeben am 4. Dezember d. J.) beklagt allgemein, dass es »eine ganze Zahl Unerziehbarer gibt«, die »latente Staatsfeindlichkeit und böser Wille« erfülle. Auch wenn dies der propagandistischen Idee »Volksgemeinschaft« nicht entspreche, sei vom Standpunkt der Staatspolizei bei nüchterner Betrachtung mit dieser Konstellation zu rechnen. »Auch das rassische Denken, wie es insbesondere durch die Rassengesetze Verwirklichung gefunden hat, wird von vielen Unerziehbaren nicht verstanden«, bemerkt die Staatspolizei im Hinblick auf die gerade erlassenen »Nürnberger Gesetze«.[20]

Im Abschnitt »Marxismus, Kommunismus, SAP« wird festgehalten, dass eine kommunistische Betätigung »nur vereinzelt« festgestellt werden konnte, und man

18 Ders., Die Lageberichte, S. 362 (Anmerkung 7).
19 Ders., Die Lageberichte, S. 374.
20 Ders., Die Lageberichte, S. 381 (aus: Lagebericht der Staatspolizeistelle Potsdam für November 1935).

verweist auf die Festnahme von Berliner Flugblattvertreibern in Zepernick. Überhaupt wurde derartige Propaganda fast nur in den in der Nachbarschaft von Berlin gelegenen Ortschaften beobachtet. (Wie die wissenschaftlichen Herausgeber der Lageberichte dazu anmerken, würden Tagesberichte der Stapo Potsdam an das Gestapa Berlin von einzelnen Flugblattfunden in Königs Wusterhausen, Herzfelde, Bernau, Erkner und Bad Freienwalde sprechen, wobei es sich einzig in Herzfelde um einen Streuzettel aus SPD-, sonst jedoch aus kommunistischen Kreisen handeln würde.)

Häufiger als Untergrundschriften wurden dagegen »staatsfeindliche Redensarten« festgestellt – in großer Zahl unter Alkoholeinfluss, bemerkt die Staatspolizeistelle Potsdam. Zugenommen hätten »Schmierereien« – also antifaschistische Losungen – an Wänden von Fabriken und Autobahnlagern. SPD und SAP finden ansonsten keine nähere Erwähnung.

Ähnlich lautet der Tenor im Lagebericht der Staatspolizeistelle für Dezember 1935 im Abschnitt »Marxismus und Kommunismus«.[21]

Auch hier werden Flugschriften an verschiedenen Orten des Regierungsbezirks durch Aktivitäten von Berliner KPD-Unterbezirken, die auf nächtlichen Fahrten (planlos) aus Autos abgeworfen würden, erklärt. Die Zahl der Festnahmen wegen illegaler Betätigung für KPD oder SPD war nach einer Übersicht des Gestapa äußerst klein: Am 2. und am 21. Dezember d. J. nämlich jeweils nur eine Person.

Der Lagebericht des Regierungspräsidenten für Dezember 1935 und Januar 1936[22] schließt sich dem eben Gesagten insofern an, als auch er die eher planlose nächtliche Flugblattverbreitung per Auto in der Umgebung Berlins (allerdings bis Freienwalde/Oder) festhält. Interessant ist dabei die – nicht näher ausgewiesene – Kritik eines kommunistischen Unterbezirksfunktionärs des Kreises Teltow, derartige Aktionen seien veraltet und würden nur Verteiler und Empfänger gefährden. (Dies war auch die Sicht von Anhängern der linkssozialistischen Gruppen bzw. kommunistischer Dissidenten – S. 276). Zur Sozialdemokratie lesen wir im besagten Lagebericht:[23] »Frühere Marxisten treffen sich bisweilen in bestimmten Gastwirtschaften, um dort einen Zusammenhalt ohne ausgesprochen politische Tendenz zu pflegen. Ihre Zusammenkünfte werden von der Polizei beobachtet. Die Neigung zu diesen Treffen ist allerdings im Zurückgehen begriffen.«

Aus dem Lagebericht der Staatspolizeistelle für Januar 1936[24], der einleitend von einer erheblichen Stimmungsbesserung der Bevölkerung nach Beseitigung der Fett- und Fleischwarenknappheit spricht, entnimmt man über den Berichtszeitraum, dass es nur selten zu staatsfeindlichen Äußerungen, Flugblättern oder Geldsammlungen kam. Wie bei der SPD gäbe es auch unter Kommunisten nur »losen Zusammenhalt«, ohnehin bevorzugten gesinnungstreue Sozialdemokraten eher einen geselligen Zusammenhalt oder personelle Durchdringung Brandenburger Verbrauchergenossenschaften. Die

---

21 Ders., Die Lageberichte, S. 392f.
22 Ders., Die Lageberichte, S. 394–403.
23 Ders., Die Lageberichte, S. 399.
24 Ders., Die Lageberichte, S. 404–423.

Möglichkeit einer heimlichen, von Mund zu Mund betriebenen »staatsfeindlichen Propaganda« sei dabei nicht von der Hand zu weisen.

Zu Verurteilungen von NS-Gegnern sei es im Regierungsbezirk kaum gekommen: Ein Arbeiter aus Lenzen (Elbe) erhielt eine Strafe von 3 Wochen Gefängnis, weil er einen »Heil Hitler!« grüßenden Lehrling schlug und trat, ein Luckenwalder Schuhmacher namens Erich Roth musste allerdings eine 2 ½ jährige Zuchthausstrafe einstecken, weil er an eine Wand der betrieblichen Männertoilette geschrieben hatte:[25]

> Rot Front, es lebe Rußland, nieder mit Hitler!
> Einst werden alle Nazi Kommunisten. Heil Moskau!
> Paul, Franz und Karl bessert euch,
> im 4. Reich gibts Ohrfeigen!

Ausführlicher, was das Thema »Marxismus« betrifft, ist der Lagebericht der Staatspolizeistelle für den Monat Februar 1936.[26] Grundsätzlich zeichnet der Bericht eine (angeblich) »ruhige innenpolitische Lage«. Begleitet von einer nur mäßigen Erfassung von Flugblättern bzw. staatsfeindlicher Äußerungen, seien politische Unstimmigkeiten »mehr denn je zurückgetreten.« Hier merken die wissenschaftlichen Herausgeber unter Hinweis auf den Monatsbericht des Gestapa an, dass es eine erhebliche Zunahme »kommunistischer Schmierereien« an Fabrikgebäuden und Zäunen – zum Beispiel in Wittenberge – gab, zudem sei es zur Festnahme von sechs Personen wegen illegaler Betätigung für die SPD bzw. die KPD gekommen.

In der Rubrik »Marxismus und Kommunismus, SAP« liest man zudem über den Zusammenhalt alter Partei- und Gewerkschaftsfreunde:[27]

> In der Halle des städtischen Krankenhauses in Luckenwalde trat bei der Trauerfeier für den Krankenkassenbeamten Richard Sämisch, ehem. SPD-Funktionär, der ehem. SPD-Funktionär Schwerdt auf. Die Rede hielt sich in dem üblichen Rahmen und enthielt keine staatsfeindlichen Äußerungen. Bei der Überführung nach dem Kirchhof wurden in der Trauergemeinde von etwa 150 Personen 80 % ehem. Marxisten gezählt; vor allem waren alle ehem. SPD-Funktionäre und Stadtverordneten vollzählig vertreten. Die Abhaltung einer Grabrede war dem Schwerdt durch die Staatspolizei untersagt worden.

Der letzte Lagebericht der Staatspolizeistelle Potsdam – der genannten Edition – bezieht sich auf den Monat März 1936.[28] Er vermerkt im Abschnitt »Marxismus und Kommunismus, SAP«, dass in Erkner (Kreis Niederbarnim) neun Personen, darunter mehrere Frauen, wegen Verbreitung kommunistischer Flugblätter und »Feindsenderhörens« festgenommen wurden. (Siehe hierzu den Prozess im Kapitel über die KPD, S. 439ff.). Ferner verhaftete man Einzelpersonen aufgrund »staatsfeindlicher Äußerungen«, sie kamen aus Neubötzow bzw. Hennigsdorf.

---

25 Ders., Die Lageberichte, S. 409.
26 Ders., Die Lageberichte, S. 424–439.
27 Ders., Die Lageberichte, S. 428.
28 Ders., Die Lageberichte, S. 440–443.

Über diese Tatsachen hinaus werden erneut «Hetztätigkeiten» von Kommunisten in Reichsautobahnlagern westlich von Berlin beklagt und Unmutsäußerungen Beschäftigter auf Baustellen und in der Eisenbahn (An- bzw. Abreise) in den Orten Göttin b. Brandenburg, Groß–Kreutz, Werder, Michendorf und Lehnin notiert.

»Nicht einwandfrei« sei zudem das politische Verhalten mehrerer Notstandsarbeiter auf dem Berliner Stadtgut Ribbeckshorst, erschienen sie doch nicht zur verordneten »Flaggenparade«. Hierzu heißt es näher:[29]

> Wie sich nachträglich herausgestellt hat, ist das Verhalten der Notstandsarbeiter auf Aufwiegelung durch den Notstands- und Vorarbeiter Busse, einen früheren Reichsbannerführer [S. 118ff.], zurückzuführen. Busse ist aus diesem Grunde entlassen worden. Es ist anzunehmen, daß jetzt eine gewisse Beruhigung unter den Notstandsarbeitern eintreten wird.

Zu Recht merken die wissenschaftlichen Bearbeiter der Dokumentation an[30], dass aus der Tatsache, dass nichts über die Aktivitäten der SAP berichtet wurde, man aber nicht den Schluss ziehen sollte, es hätte keine illegale Tätigkeit gegeben: So habe die Stapo Potsdam sehr wohl nach Anzeichen illegaler SAP-Tätigkeit gesucht und schließlich – auf Grund von Hinweisen der Politischen Polizei Dresdens bzw. Aussagen eines verhafteten SAP-Spitzenfunktionärs S. 292) – mehrere Personen in Brandenburg festgenommen. Die weiteren Ermittlungen deuteten auf eine Gruppenstärke von zwölf bis zwanzig Frauen und Männern hin (siehe dazu S. 290ff.).

Unabhängig von diesem speziellen Aspekt des Widerstandes aus der Arbeiterbewegung zwischen 1933 und 1936 sind die wiederholten Hinweise auf »besondere Unruheherde« und viele »Unerziehbare« deutliche Indikatoren einer nicht gelungenen totalen »Gleichschaltung« der Arbeiterschaft im Brandenburgischen.

---

29 Ders., Die Lageberichte, S. 442.

30 Ders., Die Lageberichte, S. 440f. (Anmerkung 1).

Kommunistischer Widerstand in der Provinz Brandenburg

Vom Gegner überrollt

Dem Bezirksverband Berlin-Brandenburg-Grenzmark mit seinen über 37 800 Mitgliedern – wovon max. 7000 auf die Provinz entfielen (S. 345) – kam innerhalb der KPD eine besondere Bedeutung zu, hatte doch die KPD in der Reichshauptstadt und nicht etwa im Ruhrgebiet den politischen Schwerpunkt ihrer Organisation.[1]

Noch im November 1932 – die Weimarer Republik stand nach Jahren schwerer Krisen kurz vor ihrem Ende – errang die deutsche kommunistische Partei einen spektakulären symbolischen Sieg, als sie mit 31 % bei der Reichstagswahl in Berlin zur stärksten Kraft wurde. Damit hatte sie nicht nur die NS-Bewegung für einen Moment stoppen können, sondern auch die hauptstädtische Sozialdemokratie unter Franz Künstler besiegt, die nur noch auf 23 % kam. Lange Zeit hatte Künstler die SPD gegen den Landestrend an der Spitze der Wählergunst der Berliner halten können, hatte eine dynamische und im Zeichen der Eisernen Front offensive Arbeiterpartei repräsentiert.[2]

Doch die kampflose Hinnahme der staatsstreichartigen Absetzung der preußischen Landesregierung Braun-Severing (SPD) durch den rechtskonservativen Reichskanzler von Papen (20. Juli 1932) wurde den Sozialdemokraten nun nicht mehr verziehen und ließ die von Walter Ulbricht geführte KPD in Berlin triumphieren.

Und doch: Auch in der Reichshauptstadt waren die Kommunisten, die für ein »Sowjet-Deutschland« (S. Abbildung auf S. 343) und die Beseitigung der Republik kämpften, eine isolierte politische Kraft, die sich am eigenen Wortradikalismus berauschte und autosuggestiv einredete, der revolutionären Umgestaltung der Verhältnisse immer näher zu kommen.

In Befolgung der Leitlinien der Kommunistischen Internationale, die zunehmend unter die bürokratisch-zentralistische Herrschaft Stalins und seiner Parteigänger geriet, bagatellisierte die KPD den Faschismus trotz blutiger Straßenkämpfe, indem sie inflationär ihre politischen Gegner mit diesem Begriff etikettierte: »Brüning-

1 Vgl. zum Folgenden Heinrich August Winkler, Der Weg in die Katastrophe. Arbeiter- und Arbeiterbewegung in der Weimarer Republik 1930 bis 1933, Bonn 1990; Klaus Kinner, Der deutsche Kommunismus. Selbstverständnis und Realität. Bd. 1. Die Weimarer Zeit, Berlin 1999; Andreas Herbst, Kommunistischer Widerstand, in: Peter Steinbach/Johannes Tuchel (Hg.), Widerstand gegen die nationalsozialistische Diktatur 1933–1945 (Schriftenreihe der Bundeszentrale für politische Bildung, Bd. 438), Bonn 2004, S. 33–56.

2 Vgl. Ingrid Fricke, Franz Künstler (1888–1942). Eine politische Biographie, Berlin 2016, S. 263ff.

Faschismus«, »Papen-Faschismus«, »Schleicher-Faschismus« und – das war nun wirklich der Tiefpunkt ideologischer Verbohrtheit – »Sozialfaschismus«, womit die zum »Hauptfeind« erklärte SPD gemeint war. Zur Fraktion der sogenannten Sozialfaschisten rechnete die KPD-Agitation übrigens auch die Republikschutztruppe Reichsbanner Schwarz-Rot-Gold.[3]

Die Wahlen am Ende der Weimarer Republik zeigten aber auch, dass derartige Parolen und Feindbilder auf die Zustimmung eines Teils der von großer sozialer Not, Verzweiflung und Zukunftsangst gezeichneten proletarischen Massen stießen. (Die KPD war zu 90 % eine Partei der Arbeitslosen.) Hatten sie nicht bereits alles verloren? Konnte es tatsächlich noch schlimmer kommen? Gerade unter der großstädtischen Industriearbeiterschaft und ihren Familien verfingen derartige Verbalradikalismen, besonders wenn es sich um bis dato unorganisiertes, politisch-ungeschultes Proletariat handelte. Unter der Landbevölkerung sah es dagegen mehrheitlich anders aus, hier dominierte weit eher die völkisch-antisemitische und antidemokratische Propaganda des deutsch-nationalen Landbundes, die die Hitler-Bewegung – ebenso wie das national-protestantische Milieu – geschickt auszuschöpfen wusste (S. 234).

Die eben nur grob angedeutete politische Differenzierung Stadt–Land drückte sich gerade auch bei den Wahlergebnissen der KPD von Berlin-Brandenburg-Grenzmark aus, wo den Kommunisten in der Reichshauptstadt unter den Ärmsten der Armen (Wedding, Friedrichshain) immer mehr Wähler zuströmten, während sie – einige industrielle Kerngebiete ausgenommen – im weitgehend ländlich geprägten Brandenburg über die zehn Prozent nicht hinauskamen.

Unter der frisch an die Schalthebel der politischen Macht gelangten Regierung Hitler-Hugenberg aus Nationalsozialisten und Deutschnationalen, die den Kommunismus sofort ins Visier nahm und der Vorbereitung eines bewaffneten Aufstands bezichtigte, setzte aufgrund brutalster Verfolgungsmaßnahen (S. 391ff.) ein Erosionsprozess innerhalb der KPD ein (S. 382ff.), der auch der Existenz eines einheitlichen Berlin-Brandenburgischen Bezirksverbandes schnell ein Ende bereitete, obwohl im Umland der Reichshauptstadt Restverbindungen über die Jahre erhalten blieben, die auch auf frühere Kontakte (S. 355ff.) zurückgingen.

Wenn Brandenburger Kommunisten in den Mitteilungen über lokale Widerstandsaktivitäten von zentralen Verbindungen nach Berlin berichteten, war damit also nicht die Berliner Bezirksleitung gemeint, sondern die dort bis 1935 (S. 346) wirkende Landesleitung, oder die jeweiligen führenden Leitungen kommunistischer Nebenorganisationen wie etwa der Roten Hilfe, des Roten Frontkämpferbundes oder des Bundes der Freunde der Sowjetunion.

Hören wir zunächst Aussagen von Zeitzeugen der unterdrückten Partei, die die Auswirkungen des rasanten Umbruchs im Frühjahr 1933 beschreiben:

3 So in einem Flugblatt, das vom KPD-Reichstagsabgeordneten Conrad Blenkle 1929 presserechtlich verantwortet wurde, vgl. SAPMO- BArch, RY 1/2/8, Nr. 68, Bl. 56.

Die Zeitung der KPD-Nauen Nr. 3/1932 wirbt für ein »Sowjet-Deutschland«

Am 22. April fand in einem Waldstück in Berlin-Tegel eine illegale Funktionärssitzung statt, an der auch Vertreter der Bezirksleitung Berlin-Brandenburg teilnahmen. Als Referent trat der Politische Leiter (Pol.Ltr.) der Organisation Wilhelm Florin (1894–1944)[4] auf. In seinem erstaunlich unspektakulären Bericht, der nicht verschwieg, dass es in einigen Unterbezirken wie Wedding-Ost und Neukölln »organisatorisch katastrophal«[5] aussah, tauchten Beispiele aus dem Brandenburgischen schon nicht mehr auf, er erwähnte auch bei Angaben über die Mitgliederbewegung lediglich die Reichshauptstadt. Wilhelm Florin führte dazu aus:

Wilhelm Florin

> In großen Zügen liegt uns ein Bericht über die Mitgliederbewegung unserer Organisation in Berlin vor. Danach haben wir in den letzten Wochen annähernd 5000 Mitglieder verloren. An Aufnahmen steht dieser Zahl eine ganz geringe von ungefähr 1200 gegenüber, die aber zum größten Teil nur aus Übertritten von Fichte, aus der Jugend, der RGO usw. gekommen sind. Die Gesamtmitgliederzahl kann ungefähr mit 30000 beziffert werden. Berücksichtigt man, dass außerordentlich viele unserer besten Funktionäre eingesperrt sind, so kann festgestellt werden, dass wir trotz des Ausfalls unserer besten Funktionäre noch verhältnismäßig gut dastehen, und dass wir uns gut geschlagen haben. Bei den Massenorganisationen, mit Ausnahme der Roten Hilfe, sieht es leider nicht so gut aus.[6]

Ganz andere Zahlen und vor allem Beispiele aus dem Brandenburgischen (Provinz) können wir dagegen aus einem internen KPD-Bericht vom Herbst 1933 gewinnen, der Details aus vielen Teilen Deutschlands enthält.[7] Die Bezirke Wasserkante, Nordwest, Hannover und Mecklenburg fielen diesbezüglich allerdings aus, was man versuchte, durch Teilberichte etwas auszugleichen. Interessant ist folgende Feststellung: »Im Juni wurde die Provinz Brandenburg-Grenzmark-Lausitz von Berlin abgetrennt und in

4 Hermann Weber/Andreas Herbst (Hg.), Deutsche Kommunisten. Biographisches Handbuch 1918 bis 1945 (überarbeitete und stark erweiterte Auflage), Berlin 2008, S. 254f. Florin war Ende 1932 nach Berlin berufen worden, wo er Walter Ulbricht als Pol.Ltr. der Bezirksleitung ablöste. Florin arbeitete 1933 mehrere Monate illegal, musste aber noch im selben Jahr fliehen und leitete anschließend das nordeuropäische Büro der Partei.

5 BArch, Rep. R58, Nr. 3134, Bl. 5–10.

6 Ebd., R58, Nr. 3134, Bl. 8 des Berichts. Florin zählte zu den Teilnehmern jener letzten Reichstagung der KPD, bei der am 7.2.1933 etwa 40 Spitzenfunktionäre im Sporthaus Ziegenhals konspirativ zusammenkamen, Mehrere von ihnen wurden ins KZ verschleppt oder verloren wie Ernst Thälmann durch den NS-Terror das Leben.

7 BArch, Bestand NJ, Nr. 8959, Bd. 8, Bl. 1–175.

einen selbstständigen Bezirk verwandelt. Es wurden hier im Juli 800 abgerechnete Mitglieder mitgeteilt, bei einem Mitgliederstand von 6 bis 7000 vor der Illegalität.«[8]

Für die ersten Monate des Jahres lagen noch Zahlen abgerechneter Parteianhänger für Berlin *und* die Provinz Brandenburg vor:

Februar	14725
März	6459
April	6329
Mai	7170

Dazu merkt der Bericht aber zugleich kritisch an:

> Die Zahlen wurden ermittelt aufgrund der bei der BL-Kasse eingegangenen Gelder. Die Zahl der Mitglieder ist in Wirklichkeit bedeutend niedriger, da alle Gelder, gleich ob Sammelgelder, Literaturgelder, Mitgliedsbeiträge, teilweise noch aus der legalen Zeit, in einen Topf geworfen wurden.[9]

Einige Monate lang versuchte die Bezirksleitung der KPD offenbar, die Reichshauptstadt und die Provinz organisatorisch noch zusammenzuhalten. So heißt es: »Grossberlin: Im Januar 33 eingeteilt einschließlich der Provinz in 52 Unterbezirke, davon 26 in Berlin, 26 in der Provinz. Betriebszellen 210 in Berlin, 110 in der Provinz.«[10]

Von einer effektiven betrieblichen Verankerung der KPD durch Betriebszellen konnte zu diesem Zeitpunkt ohnehin nicht ausgegangen werden, war sie doch ganz überwiegend eine Partei verzweifelter und deklassierter Arbeitsloser. Und dieser Zustand hielt noch weiter an. Laut Kassenbericht der Bezirksleitung für den Monat Juli 1934 waren in Berlin von 4118 Beitragszahlern 3468 arbeitslos, 188 Kurzarbeiter und lediglich 462 Vollarbeiter.[11]

Auch aus diesem Grund konnte die kommunistische Einheitsfrontpolitik, besser: Einheitsfront-Forderung, nicht erfolgreich sein. Von ihrem strategischen Ansatz her, die Einheitsfront nur als Unterordnung sozialdemokratischer Arbeiter unter eine kommunistische Führung zuzulassen (S. 49f.), war der Misserfolg ohnehin vorprogrammiert. Sogar der bereits genannte Bericht vom Herbst 1933 rügt selbstkritisch das »linke Sektierertum.«[12] Trotzdem hebt der KPD-Bericht für das Frühjahr 1933 einzelne lokale Erfolge hervor.

---

8 Ebd., NJ 8959, Bd. 8, Bl. 35. Der Bericht fährt mit der Bemerkung fort, dass in Brandenburg – womit die Stadt gemeint sein dürfte – KPD-Genossen mit SPD-Arbeitern in Verbindung stünden, die Sammelmarken entgegennähmen und vertrieben. Vom Erlös würde eine gemeinsame Zeitung herausgegeben. Ähnliches berichtet auch der Zeitzeuge und Reichsbannerfunktionär Willi Schwericke (S. 88f.). Führender Funktionär im Brandenburgischen war 1933 Franz Brüning (S. 450ff.).

9 Ebd., NJ 8959, Bd. 8, Bl. 7.

10 Ebd., NJ 8995, Bd. 8, Bl. 6.

11 BArch, Rep. R58, Nr. 3209, Bl. 112.

12 BArch, NJ 8995, Bd. 8, Bl. 12.

In der AEG-Hennigsdorf werden wenige Tage nach der Reichstagswahl Flugblattverteiler der Nazis von der Belegschaft vertrieben. Polizei besetzt den Betrieb, verhaftet Betriebsräte. Belegschaft antwortet mit Arbeitsniederlegung. Verhaftungen zurückgenommen. Auch zwei Tage später, bei dem Versuch, Hakenkreuzflagge zu hissen, werden Maßregelungen und Verhaftungen durch Streikdrohung verhindert.[13]

Doch dem folgte gleich eine blamable Niederlage: »Der Sektionsleiter des EVMB [RGO-Metall, d. Verf.], seit zwölf Jahren Mitglied der Partei, Mitglied der Bezirksleitung, trat zur NSBO [Betriebsorganisation der NSDAP, d. Verf.] über und wurde von der NSBO als Spitzenleiter zu den Betriebsrätewahlen ausersehen. Dass dieser abrupte politische Frontenwechsel nicht auf Hennigsdorf bzw. die KPD begrenzt blieb, zeigt die an anderer Stelle (S. 134) wiedergegebene Beobachtung des »Überlaufens« eines Freigewerkschafters, Sozialdemokraten und Betriebsratsvorsitzenden (!) des Nowawes-Babelsberger Großbetriebs Orenstein & Koppel zur NSBO. Ganz offensichtlich war auch das eine Facette der sogenannten NS-Machtergreifung, die eben nicht nur aufgrund terroristischer Maßnahmen die Reihen der NS-Gegner verunsicherte und anfänglich lähmte.

Warum im September d. J. für die Provinz »Brandenburg-Lausitz-Grenzmark« nur noch zur Hälfte der Unterbezirke eine Verbindung bestand, verrät indirekt eine eher summarische Bemerkung zur Landarbeit der KPD. Heißt es doch im internen Überblick vom Herbst 1933: »Vom roten Landarbeiterverband wird im April aus Ostpreussen berichtet: Verband liquidiert, kein Mitgliederverzeichnis vorhanden, keine Freunde, die persönliche Verbindungen haben. In der Provinz Berlin[-Brandenburg-Grenzmark] ist der Verband gleichfalls zusammengebrochen.«[14]

Zieht man zu allem die bittere Tatsache heran, dass von den etwas über 50 Unterbezirksfunktionären Berlins und Brandenburgs allein von Mitte September bis zum 12. Oktober 1933 etwa ein Fünftel von der SA ermordet wurde[15], kann rückblickend erahnt werden, welche schwierige Ausgangslage vor jenen leitenden Parteikadern stand, die die Untergrundarbeit in der Provinz strukturell neu aufbauen mussten.

Der folgende Überblick über zentrale Prozesse gegen die illegale KPD im Brandenburgischen belegt an mehreren Stellen, dass trotz der organisatorischen Trennung von Berlin im Juni 1933 (S. 344), Unterbezirke bzw. Abschnitte der Reichshauptstadt Unterbezirke der Provinz mit Untergrundmaterialien unterstützten (S. 355ff.).

Anton Ackermann (1905–1973), zeitweise Pol. Ltr. der KPD in Berlin, bemerkte 1966 in einem ausführlichen Rückblick, man habe sich »aus Tradition« in Publikationen noch 1934 Bezirksleitung Berlin-Brandenburg genannt, real aber *keinen* Kontakt in die Brandenburger Industriestädte besessen.[16]

---

13 Ebd., NJ 8995, Bd. 8, Bl. 32. Zum Widerstand aus der Arbeiterschaft bei der AEG-Hennigsdorf siehe Günter Wehner, Hennigsdorfer Kommunisten ungebrochen, in: Bezirksleitung Potsdam der SED (Hg.), Helle Sterne in dunkler Nacht S. 205–230.

14 Ebd., NJ 8995, Bd. 8, Bl. 101.

15 Ebd., NJ 8995, Bd. 8, Bl. 111.

Wiederholt waren die Illegalen vor Ort auf sich gestellt (S. 439ff.), 1938 – zumindest in der Neumark (S. 428) – sogar aufgefordert worden, angesichts der vermehrten Gefahrenlage jegliche *eigenständige* Widerstandsarbeit zu unterlassen.

Weit über 500 Kommunisten gerieten seit 1933 in NS-Justizverfahren bzw. Verhaftungsaktionen, was angesichts der eher bescheidenen Mitgliederzahlen in der Provinz sowohl eine hohe Mobilisierung der eigenen Anhängerschaft, als auch eine starke Anziehungskraft auf bisher nicht parteipolitisch Organisierte offenbart.

Doch nicht hinter allen Verfolgungsfällen steckten tatsächlich oppositionelle Aktionen, manchmal war der Denunziationseifer zum Nationalsozialismus übergelaufener KPD-Funktionäre (S. 368ff.) oder unverantwortlicher Aktionismus leitender Kader (S. 356ff.) ursächlich.

Bildung der illegalen Bezirksleitung

Organisatorische Umstellung

Dem KPD-Spitzenfunktionär Willy Sägebrecht zufolge unternahm seine Partei angeblich bereits Ende 1932 eine wichtige organisatorische Umstellung: Die Parteiorganisation des Gebiets Mark Brandenburg wurde von der Berliner Leitung getrennt und auf eigene Beine gestellt. *Max Herm* (1899–1982) – 1926–1933 Stadtverordneter in Brandenburg (Havel) und seit 1932 Leiter der Provinzabteilung der Bezirksleitung von Berlin-Brandenburg – und *Willy Sägebrecht* (1904–1981), Mitglied des Kreistags von Niederbarnim und preußischer Landtagsabgeordneter, erhielten den Auftrag, eine selbstständige Bezirksleitung für die Mark Brandenburg zu schaffen. Die sich im Frühjahr 1933 überschlagenden politischen Entwicklungen der nationalsozialistischen »Machtergreifung«, die mit Terror und Verfolgung einhergingen, bereiteten der neuen Organisationsstruktur allerdings eine nur kurze Lebensdauer (S. 352f.).

Doch zunächst schien sich die Umstellung als richtige Maßnahme zu erweisen, erste Erfolge stellten sich ein, obwohl auch Lücken im Organisationsnetz nicht zu übersehen waren. Willy Sägebrecht blickt 1968 zurück und umreißt die Intention der zentralen Parteileitung:

> Diese Trennung sei vor allem aus Gründen einer eventuellen Illegalität notwendig. Mit Hilfe einer selbständigen Bezirksleitung der Partei für Brandenburg könnten die bisher stark vernachlässigten Kreise im Osten Brandenburgs, in der Lausitz und in der Grenzmark besser unterstützt werden. Vor allem sei darauf zu achten, daß in ganz Brandenburg die politische Arbeit unter den Landarbeitern und den werktätigen Bauern verstärkt werde. In den Kreisen Grenzmark, wie Schlochau (Czluchów), Hammerstein (Czarne) und Landsberg (Gorzów Wielkopolski), sollten so schnell wie möglich Ortsgruppen der Partei gebildet werden, um den Kampf gegen die faschistische Gefahr wirkungsvoller zu führen.[17]

---

16 SAPMO-BArch, Sg Y 30, Nr. 1400/1, Bl. 23.

17 Willy Sägebrecht, Nicht Amboß, sondern Hammer sein. Erinnerungen, Berlin (DDR) 1968, S. 182.

Dem Pol.Leiter Herm und dem Org.Leiter Sägebrecht wurden die Reichstagsabgeordnete (Wahlkreis Berlin) Helene Kirsch (1906–1999) und der preußische Landtagsabgeordnete (Wahlkreis Frankfurt/Oder) Richard Kramer (1895–1974) als Helfer zur Seite gestellt, die als Parlamentarier die vielen Eisenbahnfahrten des weitverzweigten Bezirks kostenlos bewältigen konnten – jedenfalls solange es noch frei gewählte und unabhängig agierende Abgeordnete in Deutschland gab.[18]

Willy Sägebrecht

Herm und Sägebrecht gingen zunächst daran, Kontakte zu den jeweiligen KPD-Unterbezirken der Mark herzustellen, so schickten sie Richard Kramer – der in einem Dorf bei Königs Wusterhausen selbst eine Landwirtschaft betrieb – in verschiedene Brandenburger Gebiete, um dort Kreiskonferenzen mit werktätigen Bauern durchzuführen.

Helene Kirsch wurde die Leitung der Frauenabteilung übertragen. Da die junge Metallarbeiterin noch wenig Erfahrung mit der politischen Arbeit auf dem Lande besaß, zogen Herm und Sägebrecht sie mehrmals zu Beratungen in den Landkreisen hinzu. Sie wurde später als Instrukteurin in den entfernten Gebieten der östlichen Grenzmark und in der Lausitz eingesetzt, wie – siehe S. 471ff. – anhand eines Justizverfahrens noch näher beschrieben wird.

Als Verstärkung der Agitationstätigkeit in Dörfern und auf landwirtschaftlichen Gütern – vor allem beim Kampf um höhere Löhne und verbesserte Arbeitsbedingungen – diente zudem der über spezielle Erfahrungen verfügende Funktionär Max Schmidt.

Das kleine Sekretariat (Büro) der Bezirksleitung der Mark Brandenburg, mit nur einer Stenotypistin, fand in zwei angemieteten Zimmern bei einer Arbeiterfamilie im Südosten Berlins Unterkunft. Doch die Büroarbeit war Herms' und Sägebrechts Sache nicht, denn sie hielten sich tagsüber in Dörfern und in der Nähe von Betrieben auf, während die im Sekretariat eingehende Post überwiegend von der Stenotypistin erledigt wurde.

Bei ihren Kontakten und Aktionen vor Ort stellten sich – jedenfalls Sägebrecht zufolge – auch parteiübergreifende und überregionale kleine Erfolge ein, so im Dezember 1932 nach einem schweren Explosionsunfall in einem IG Farben-Betrieb in Premnitz, wo es zu mehreren Toten und Schwerverletzten gekommen war und die Beisetzungs-

18 Vgl. Weber/Herbst, Biographisches Handbuch 1918 bis 1945, Berlin 2008², S. 363f. und S. 762f.; Willy Sägebrecht, Nicht Amboß, S. 182ff.

feierlichkeiten zu einer großen Protestveranstaltung – mit Arbeiterdelegationen aus Rathenow und Brandenburg – gerieten. Max Herm klagte dabei sowohl die betrieblich Verantwortlichen als auch die Politik der Reichsregierung (General Schleicher) für ihre gegen die Arbeiterschaft gerichteten Entscheidungen an.

Doch in anderen Landesteilen hatte die politische Szene bereits gründlich gewechselt, wie folgende Erinnerung des Org.Leiters an die Gebiete östlich der Oder nahelegt. Willy Sägebrecht führt aus:

> Nachdem ich aus Premnitz zurückgekehrt war, fuhr ich für mehrere Tage in die östlichen Gebiete der Provinz Brandenburg. Hier herrschte bereits ein derart starker Terror gegen alle Antifaschisten, daß eine ordnungsgemäße Arbeit der Kommunistischen Partei kaum noch möglich war; einige Unterbezirksleitungen waren funktionsunfähig. Es war notwendig, sie wieder arbeitsfähig zu machen, in den Dörfern öffentliche Versammlungen der KPD abzuhalten und neue Ortsgruppen der Partei zu bilden. In der faschistischen Presse veranstalteten die Nazis eine wüste Mordhetze gegen die Mitglieder der KPD.[19]

Besonders machtvoll und weit über die Anwesenheit von KPD-Mitgliedern hinausgehend erwies sich dagegen die letzte Großkundgebung der Kommunisten unter freiem Himmel am 25. Januar 1933. Zehntausende zogen damals am Karl Liebknecht-Haus und der sich dort präsentierenden Parteiführung in Berlin-Mitte vorbei. Der Zug der frierenden Arbeitslosen und Entrechteten, die gegen eine SA-Provokation am selben Ort drei Tage zuvor protestierten, fand auch im sozialdemokratischen »Vorwärts« durch den Chefredakteur Friedrich Stampfer eine respektvolle Kommentierung, allerdings mit dessen flehendem Appell, die Kommunisten möchten in den Sozialdemokraten nicht mehr den »Hauptfeind« bzw. »Sozialfaschisten« sehen.

Viele Teilnehmer wähnten damals, angesichts dieser Massen antifaschistischer Arbeiter – insgesamt über 100 000 an der Zahl – habe der Nationalsozialismus keine Chance auf einen Sieg. Doch schon eineinhalb Monate danach wurde das Karl Liebknecht-Haus zu einer barbarischen Folterstätte der SA.

Die letzte öffentliche Versammlung der KPD in Moabit, einem Arbeiterzentrum im Berliner Innenstadtbezirk Tiergarten, erlebte und verantwortete Sägebrecht dann wenige Tage später (29. Januar 1933) im dortigen »Gesellschaftshaus« in der Wiclefftraße Nr. 24. Doch die ebenfalls anwesenden Vertreter der Polizei, ein Polizeileutnant und ein halbes Dutzend Schupos, zeigten als Drohgebärde schon die wachsenden Einschränkungen und Repressalien an.

Sägebrecht über die Ermahnungen des Polizeileutnants vor Beginn des Redebeitrages: »Er machte mich nun darauf aufmerksam, daß ich mich in meinen Ausführungen mäßigen solle, da er strenge Anweisung habe. Vor allem dürfe ich nicht zum Streik auffordern. Falls das Wort Streik von mir ausgesprochen würde, müsse er sofort die Versammlung auflösen.«[20]

---

19 W. Sägebrecht, Nicht Amboß, S. 184f.
20 Ebd., Nicht Amboß, S. 187.

Sägebrecht versuchte, die Klippe rednerisch zu umschiffen, ohne Abstriche an seiner politischen Grundüberzeugung zu machen: So warnte er – mit dem Hinweis auf die Verhältnisse in Italien – vor den Gefahren einer faschistischen Diktatur, der Beseitigung der Freiheit, dem Verbot sämtlicher Arbeiterorganisationen und der Inhaftierung Tausender nicht allein aus den Reihen sozialistischer und kommunistischer Kreise, sondern auch des fortschrittlichen Bürgertums.

Mögen es die arbeitenden Menschen daher mit den geeigneten Maßnahmen – hier ließ Sägebrecht einfließen, der Polizeileutnant habe ihm den Gebraucht des Begriffs »Streik« verboten – verhindern, dass die Hitler-Bewegung die Regierungsgewalt übernehme. Zum Ende seiner Rede heißt es dann unter anderem: »Mögen doch diejenigen die Betriebe in Gang bringen, die Hitler zur Macht verhelfen wollen. Wenn man uns Arbeitern auch verbietet, das Wort Streik auszusprechen, wir halten es mit der alten Losung der Arbeiterklasse: ›Alle Räder stehen still, wenn dein starker Arm es will.‹«

Nach dem 30. Januar 1933

Schon kurz darauf wurde der Parteiführer der NSDAP vom Reichspräsidenten zum Reichskanzler ernannt. Die KPD musste sich auf die drohende Illegalität einstellen, dies bekräftigen Sägebrecht und Herm Anfang Februar bei ihren Gesprächen mit den Unterbezirksleitungen Brandenburgs vor Ort. Dabei suchte Erstgenannter die nördlichen Unterbezirke der Mark – also Eberswalde und Prenzlau – auf, Herm dagegen die von Belzig, Brandenburg (Stadt), Luckenwalde, Rathenow und Wittenberge.

In seinen Erinnerungen bemüht sich Sägebrecht, beim Hinweis auf die Ereignisse nach Hitlers Ernennung zum Reichskanzler bzw. der Bildung der aus Nationalsozialisten und Rechtskonservativen zusammengesetzten Regierung der »nationalen Konzentration«, den Eindruck zu erzeugen, dass 1933 eine Arbeiter-Einheitsfront letztendlich an der Haltung der SPD-Führung gescheitert sei, während es an der Basis dagegen ganz anders ausgesehen habe. Sägebrecht über die Situation im Februar 1933:

> Nachdem ich mit der Unterbezirksleitung Eberswalde alles Notwendige [zur Vorbereitung auf die Illegalität im Falle des Parteiverbots, d. Verf.] besprochen hatte, konzentrierten wir uns auf Aussprachen mit unseren Genossen und mit Mitgliedern der SPD aus den größten Eberswalder Betrieben, der Hirsch Kupfer- und Messingwerke AG und dem Reichsbahnausbesserungswerk. Es stellte sich heraus, daß die Arbeiter in diesen Betrieben bereit gewesen waren, am 30. Januar 1933 zu streiken. In Prenzlau waren die Genossen der SPD und der KPD, besonders in der Zuckerfabrik, ebenfalls zum Streik entschlossen.[21]

In Prenzlau seien – initiiert vom dortigen Erwerbslosenausschuss – Arbeitslose auf die Straße gegangen und hätten Arbeitsbeschaffungsmaßnahmen und höhere Unterstützung gefordert. Aufgrund dieser und anderer Demonstrationen soll es zu heftigen Auseinandersetzungen – bis hin zu Straßenschlachten unter Beteiligung des RFB (Untergauleiter Robert Schulz) – mit der Polizei und der SA gekommen sein.

21 Ebd., S. 192f.

Bei seinen Ausführungen zum Scheitern der Arbeitereinheitsfront und zur Unterlassung eines Generalstreiks durch ADGB und SPD unterschlägt Sägebrecht den entscheidenden Hinweis, dass die KPD ihre Gesprächsangebote stets an *lokale* Vorstände richtete und deren Unterordnung unter die – die Hegemonie in der Arbeiterschaft anstrebende – zentrale KPD-Führung erwartete. Dies aber lief auf eine Spaltung der Sozialdemokratie hinaus und konnte von ihr nicht akzeptiert werden. Wir haben an anderer Stelle (S. 123) bereits dokumentiert, dass selbst auf lokaler Ebene die Gegensätze beider Parteien hart aufeinanderprallten. Nur in Ausnahmefällen und vor allem in späteren Jahren auf betrieblicher Ebene wusste man, wo der gemeinsame »Feind« stand – freilich war dazu die Abkehr der Kommunistischen Internationale von ihrem sektiererischen Kurs (1935) notwendig gewesen.

Doch nun zurück zu Sägebrechts Bericht über die »Mühen der Ebene« im Februar 1933. Die erste starke Terrorwelle des Staates – ausgeführt von Polizeisondereinheiten und zur »Hilfspolizei« ernannten SA-Männern sowie frei agierenden Mordstürmen der SA – richtete sich zu allererst auf den Parteiapparat der KPD und seine zentralen, regionalen und lokalen Kader (noch war die KPD nicht verboten). Auch Sägebrecht und Herm sahen sich gezwungen, ihre privaten Wohnungen nicht mehr aufzusuchen und auf Ersatzquartiere zurückzugreifen. In dieser Übergangsphase der »Halbillegalität«, in der die Partei im Vorfeld der für Anfang März 1933 angesetzten Wahlen noch hier und dort Versammlungen durchführen konnte, vor allem wo noch eine relativ intakte Parteiorganisation derartiges abzusichern vermochte, erhielt Sägebrecht Nachrichten von Helene Kirsch aus dem Grenzbezirk Hammerstein/Schlochau. Sägebrecht dazu:

> Genossin Kirsch berichtete mir, daß Stahlhelmer und Nazis die Versammlungen der KPD öfter zu sprengen versucht hätten. Dank dem mutigen Einsatz der Landarbeiter und Kleinbauern konnten die Veranstaltungen aber stets gesichert und die faschistischen Schläger abgewiesen werden. Das war für diese Gegend ein bedeutender Erfolg der KPD. Mit dem Unterbezirksleiter [Schustakowski] und mit Genossin Kirsch besprach ich die Methoden der künftigen Arbeit auf dem Lande angesichts der neuen Lage. Ich hielt eine öffentliche Dorfversammlung ab und fuhr anschließend nach Landsberg an der Warthe und nach Schneidemühl (Pila). In beiden Orten waren unsere Genossen ebenfalls noch aktiv. Sie führten in diesen Tagen trotz des zunehmenden Terrors politische Streiks gegen die Nazidiktatur durch. In Schneidemühl demonstrierten die Antifaschisten in den Straßen, wobei es zu blutigen Zusammenstößen mit der Polizei und der SA kam. Ich sprach auch hier auf einer öffentlichen Versammlung.[22]

Doch dann brannte der Reichstag (27. Februar 1933). Massenverhaftungen und eine einschneidende »Reichstagsbrandverordnung« leiteten für die KPD die Zeit der schärfsten Verfolgung ein: Abgeordnete des Preußischen Landtags, Stadtverordnete und andere Repräsentanten wurden aus ihren Wohnungen geholt und verschleppt. Insgesamt über 1000 Menschen allein in dieser Nacht.

---

22 Ebd., S. 195f.

Herm und Sägebrecht konnten *diesmal* noch entkommen. Sie setzten auch die illegale Arbeit weiter fort: So wurden der Sitz der illegalen Brandenburger Bezirksleitung in den Westen Berlins, zu einem sympathisierenden Arzt am Hohenzollerndamm, verlegt, neue Quartiere für die Mitglieder der Leitung besorgt und geeignete Anlaufstellen für Kuriere gesucht.

Max Herm führte Helene Kirsch in ihr neues Instruktionsgebiet Cottbus (S. 471ff.) ein, während sich Sägebrecht um den Aufbau des illegalen Parteiapparates kümmerte, wofür er auch die Pol.Leiter der Unterbezirke aufsuchte, um Chancen der Massenarbeit – denn noch standen die Wahlen im März 1933 an! – zu erörtern. Der Org.Leiter konzentrierte sich in diesem Zusammenhang auch darauf, lokale Einheitsfrontaktionen zu fördern bzw. zu unterstützen. Dafür fuhr er nach Fürstenwalde (Spree) und Frankfurt (Oder), wo es zum zentralen SPD- und Gewerkschaftsfunktionär Willy Jentsch (S. 210ff.) seit Mitte 1932 vertrauensvolle Verbindungen gab, denn damals hatten Kommunisten und parteilose Arbeitersportler geholfen, das Gewerkschaftshaus gegen Nazi-Überfälle zu schützen. Gerade tatentschlossene Parteilose stießen im Frühjahr 1933 verstärkt zur KPD und dies nicht nur in Frankfurt (Oder), sondern – Sägebrecht zufolge – auch in anderen Orten, etwa Eberswalde, Oranienburg und Brandenburg (Stadt).

Frühe Festnahme leitender Kader

Es zählt zu den bitteren Wahrheiten des Frühjahrs 1933, dass es der Politischen Polizei nicht allein durch Massenverhaftungen und »Geständnisse« aufgrund von Folterungen gelang, in den Untergrundapparat der KPD einzudringen, sondern gerade auch durch das Einschleusen von Spitzeln bzw. V-Leuten. So geschah es auch in Bezug auf die Leitung der Kommunisten der Mark Brandenburg:

Doch zunächst ging man dort noch vorsichtig auf das Ansinnen des Unterbezirksleiters von Wittstock an der Dosse ein, der – nach Verhaftung und Misshandlung wieder freigelassen – unbedingt persönlichen Kontakt zu Sägebrecht und Herm in Berlin suchte. Bevor es dazu kommen sollte, prüften vertraute Kader den Bittsteller und tatsächlich stellte sich heraus, dass dieser »ein unrichtiges und die Parteiarbeit gefährdendes Verhalten« an den Tag legte, bemerkt Sägebrecht in seinen Erinnerungen dazu. Leider ließ sich der in konspirativen Fragen offenbar nicht ausreichend erfahrene Herm darauf ein, den Wittstocker am 4. April d. J. zu treffen. Sägebrecht beging seinerseits den Fehler, Herm dabei zu begleiten. Nun schnappte die Falle zu: Pol.Leiter und Org.Leiter wurden festgenommen und durchlitten sehr schlimme »Verhöre«. Nach Misshandlungen in einer SA-Kaserne kam Sägebrecht ins KZ Sonnenburg in der Neumark. Dort wurde er Ende Oktober 1933 entlassen, nachdem er einen Revers unterschrieben hatte, sich fortan nicht mehr »staatsfeindlich« zu betätigen.

Tatsächlich jedoch knüpfte er vorsichtig Kontakte zum früheren KPD-Reichstagsabgeordneten Albert Kayser (1898–1944), der seinerseits bis zum Dezember 1933 unter der »Schutzhaft« im KZ gelitten hatte.[23] Während Kayser bis zu seiner erneuten

23 Vgl. Weber/Herbst, Deutsche Kommunisten, S. 437f.

Häftlinge im KZ Brandenburg, 1933

Festnahme Ende Januar 1935 landesweit als Instrukteur der illegalen KPD u.a. in den Bezirken Erfurt und Magdeburg wirkte, widmete sich Sägebrecht aus Sicherheitsgründen nicht mehr der Provinz Brandenburg, sondern der Untergrundarbeit in Berliner Unterbezirken. Am 17. Dezember 1934 ging er den Verfolgern erneut ins Netz. Dass Sägebrecht auch diesmal sehr standhaft blieb, belegt der gegen ihn und andere Berliner Spitzenfunktionäre angestrengte Volksgerichtshofprozess »Bojarskis und Genossen« (Anklageschrift vom 6. September 1935, Urteil vom 15. Januar 1936), bei dem die NS-Justiz zugeben musste, dass viele illegale Zusammenhänge durch sie nicht entschlüsselt werden konnten.

Aus dieser Not heraus erklärt sich auch die Vorgehensweise bei der Begründung des Urteils, leitende Kader der KPD, denen die Vorbereitung zum Hochverrat angelastet wurde, durch die Auflistung ihrer heimlich beobachteten illegalen Treffen überführen zu wollen. So heißt es im Urteil des Volksgerichtshofs vom 15. Januar 1936:

> 1. Der Angeklagte Bojarskis wurde längere Zeit durch die Polizei überwacht. Hierbei wurde festgestellt, daß er sich mit den übrigen Angeklagten und weiteren Personen, die nicht ermittelt werden konnten, zu verschiedenen Zeiten und an wechselnden Orten traf. Im einzelnen hat der Zeuge Kriminalbezirkssekretär Scheffler am 11., 13. und 17. Dezember 1934 folgendes beobachtet:

(Es folgen detaillierte Ortsangaben und Wegbeschreibung, d. Verf.)[24]

---

24 IfZ (Hg.), Widerstand als »Hochverrat« (Mikrofiche-Edition), Nr. 0234 (Urteil des VGH im Prozess gegen Arija Bojarskis und Andere vom 15.1.1936, S. 7). Siehe auch die Protokolle der Verhöre in: BArch, Bestand Z / C 5960, Bd. 2–8.

Zu Sägebrecht heißt es:

> Der Angeklagte Sägebrecht kam etwa Anfang Dezember 1934 mit dem Angeklagten Lange zusammen und klagte ihm seine wirtschaftliche Notlage. Lange erklärte ihm, er habe noch eine Verbindung, durch die ihm unter Umständen geholfen werden könne. Lange brachte ihn mit »Otto«, dem Angeklagten Bojarskis, zusammen, der ihm auch eine Unterstützung zusagte und ihn gleichzeitig aufforderte, einige seiner Bezirke zu übernehmen, da er selbst an anderer Stelle Verwendung finden sollte. Sägebrecht war hierzu bereit. In den folgenden Tagen hat er den Angeklagten Bojarskis fast täglich getroffen und ihn zu den Treffs mit seinen Verbindungsleuten begleitet, um mit diesen bekanntzuwerden. Auf diese Weise kam er mit den Angeklagten Perkampus, Kautz und Hallex zusammen.[25]

In diesem sich lediglich an gewissen Kontakten und undetaillierten Aufträgen orientierenden Stil geht es im Urteil weiter. Es war der Politischen Polizei nicht gelungen, Sägebrecht auf die Spur zu kommen, weder im Zusammenhang mit den Berliner Unterbezirken noch in Sachen Leitung der Brandenburger KPD. Im Gegenteil, Sägebrecht bestritt, sich überhaupt irgendwie strafbar gemacht zu haben und will Bojarskis – dem die Verfolger eine führende Rolle in der Bezirksleitung der KPD Berlin-Brandenburg zusprachen – lediglich um einen Mantel oder andere Mittel der Unterstützung gebeten haben. Beim Polizeiverhör habe er (Sägebrecht) richtige Angaben machen wollen, sei aber immer wieder unterbrochen worden usw., so dass er sofort zum Ausdruck brachte, bei nächster Gelegenheit alles zu widerrufen.

Letztendlich verurteilte das Gericht Sägebrecht wegen der Bereitschaft, in der Nachfolge Bojarskis einen »leitenden Posten« zu übernehmen, bei »dessen Ausübung eine erhebliche Gefahr für die Sicherheit des Staates gegeben war«, aber unter Berücksichtigung, dass sich die nachgewiesene Tat über nur »einen kurzen Zeitraum« erstreckte (S. 26 des Urteils), zu fünf Jahren Zuchthaus. Der Hauptangeklagte Arija Bojarskis, litauischer Staatsbürger und jüdischer Abstammung, erhielt mit zehn Jahren Zuchthaus das doppelte Strafmaß. Er wurde am 25. Juni 1938 an der litauischen Grenze ausgetauscht, wo sich seine Spur verlor. Willy Sägebrecht kam nach dem Zuchthaus in die KZ Emsland-Moor und Sachsenhausen und wurde erst 1945 befreit. (Nach dem Krieg stieg er zum führenden Vertreter der KPD und SED im Land Brandenburg auf.)

Nachzutragen bleibt der Hinweis auf Sägebrechts engen Vertrauten in der Leitung der Brandenburger KPD Max Herm (1899–1982). Der Elektromonteur und frühere Reichstagsabgeordnete blieb nach seiner oben erwähnten Festnahme vom 4. April 1933 – da die Indizien gegen ihn für einen Prozess offenbar nicht reichten – bis 1939 in den Konzentrationslagern Sonnenburg, Lichtenburg und Buchenwald eingesperrt und betätigte sich nach seiner Entlassung als Elektriker. Im Zuge der Verschleppungsaktion »Gitter/Gewitter« (S. 563f.) nach dem fehlgeschlagenen 20. Juli

25 Ebd., S. 13 des Urteils vom 15.1.1936. Siehe zum Prozess H.-R. Sandvoß, Die »andere« Reichshauptstadt, S. 312f.

1944 wurde er wie andere Abgeordnete aus der Zeit der Weimarer Republik erneut ins KZ gebracht und kam erst im April 1945 aus Sachsenhausen frei. (Nach dem Krieg zählte er zu den höheren Kadern der KPD bzw. SED und war von Mai bis September 1945 und dann wieder von Juli 1957 bis Oktober 1965 Oberbürgermeister der Stadt Brandenburg.[26]

Fortführung der illegalen Arbeit in Brandenburg

Nach der frühen Festnahme der Brandenburger Spitzenfunktionäre Max Herm und Willy Sägebrecht am 4. April 1933 waren die illegalen kommunistischen Kreise der Mark – so sie sich überhaupt schon organisatorisch verfestigt hatten – für eine Übergangszeit auf sich allein gestellt.

Doch nach und nach, längst nicht überall gleichzeitig, entstanden Verbindungen zur Stadt Berlin (KPD-Landesleitung) – oder wurden aufgrund von bestehenden Ansätzen ausgebaut –, sei es über persönlich-politische Vertraute aus der legalen Zeit, sei es durch die organisatorische Mit-Betreuung Brandenburger Städte und Gemeinden durch randständige Berliner Unterbezirke. Dies sehen wir im folgenden Kapitel an den Prozessen gegen mehrere Brandenburger Widerstandsgruppen und ihre Berliner Kontaktstellen wie:

Fürstenwalde/Spree	mit dem UB Spandau
Oranienburg und Umgebung (Nordbahn)	mit dem UB Gesundbrunnen
Potsdam und Umgebung	mit dem UB Steglitz
Wriezen/Briesen und Umgebung (über Erkner)	mit dem UB Köpenick
Zepernick/Bernau	mit dem UB Pankow
Ziebingen (Neumark)	mit dem UB Friedrichshain

Darüber hinaus gab es die Aufgabe von Instrukteuren der Berliner Bezirksleitung sowie die der verschiedenen Nebenorganisationen der KPD wie Roter Frontkämpferbund, Rote Hilfe, Rotsportler oder Bund der Freunde der Sowjetunion – aber auch des außerordentlich konspirativen AM (Antimilitärischen) Apparates -, Kontaktpersonen im Brandenburgischen zu finden.

Im Verlauf des nun folgenden, sehr faktenreichen Überblicks über größere Prozesse gegen Brandenburger Untergrundgruppen wird sich auch zeigen, dass die illegale KPD (reichsweit) zur Mitte der 1930er Jahre eine einschneidende Umstellung ihres Untergrundapparates vornahm:

Nach der Zerschlagung der meisten Nebenorganisationen und des wiederholten »Hochgehens« der Berliner Bezirksleitungen wurden diese aufgelöst und stattdessen Abschnitte gebildet, die – so war zumindest die Idee – vom Auslandssekretariat über Instrukteure und Abschnittsleiter »angeleitet« werden sollten. Bis zur gewaltsamen

26 Vgl. Weber/Herbst, Deutsche Kommunisten, S. 363.

Zerschlagung der ČSR durch Hitler-Deutschland geschah dies größtenteils über Kuriere der Prager Exilleitung bzw. durch deren »Instruktionen«, die Illegale nach geheimen Grenzübertritten (»grüne Grenze«) in der Tschechoslowakei empfingen. Gerade diese Form der Interaktion und »Vernetzung« wird im Abschnitt über den Widerstand in der Lausitz deutlich (S. 509ff.).

Erst der Beginn des Zweiten Weltkrieges lässt dann auch für die Widerstandsszene in der Provinz Brandenburg eine neue Phase des Widerstands beginnen und eine stärkere Akzentuierung der betrieblichen Arbeit deutlich werden (S. 511ff.).

Der Überblick über Widerstandsprozesse der 1930er Jahre wird mit einem spektakulären Beispiel aus der Anfangsphase der NS-»Machtergreifung« begonnen:

Der Freienwalder Sprengstoff-Prozess (1934)

Ein Drama in Etappen

Der Volksgerichtshofprozess gegen »Jessel und Genossen« aus dem Jahr 1934 zählt nicht nur zu den frühen Justizverfahren gegen Anhänger der KPD – mehrere Funktionäre wurden bereits im März 1933 festgenommen –, sondern gewährt uns einen ungewöhnlich tiefen Blick in die politischen Strukturen der deutschen kommunistischen Partei.

Zwar ist es im Folgenden nicht ungewöhnlich, bei militanten Mitgliedern des seit 1929 verbotenen Roten Frontkämpferbundes (RFB) auf das Anlegen gewisser Waffenvorräte für künftige Auseinandersetzungen mit dem NS-Regime zu treffen – Ähnliches finden wir auch bei der »Kolonne X« in Finsterwalde (S. 410ff.) oder der »Gruppe Wittlief« in der Neumark im Kreis Frankfurt/Oder (S. 423ff.) vor. Wirklich herausragend und aus dem Rahmen des Widerstands fallend ist die Tatsache der Halluzination *kurz bevorstehender* Bürgerkriegsauseinandersetzungen unter Teilnahme von Einheiten der Roten Armee!

Da wir es hier nicht mit einigen wenigen verwirrten Einzeltätern zu tun haben, sondern mit einem Justizverfahren gegen *fünfzehn* Menschen, überwiegend Arbeiter aus Bad Freienwalde (Oder), fragt es sich, welche politischen Prinzipien in einer Partei vorherrschen müssen, damit derartig gefährliche Phantastereien überhaupt auf Gefolgschaft treffen können.

Für den sich gerade gewaltsam etablierenden Nationalsozialismus war der ganze politische Vorfall in Freienwalde und Umgebung natürlich die beste Vorlage, um den Abbau der Demokratie und die Errichtung einer Diktatur mit dem Schutz des Volkes vor einem angeblich landesweit geplanten kommunistischen Aufstand (S. 357) und Bürgerkrieg zu rechtfertigen. Es war gewissermaßen eine lokale Spiegelung der Instrumentalisierung des Reichstagsbrands vom 27. Februar 1933.

Und so liest sich die Argumentation des höchsten NS-Justizorgans für politische »Fälle« (Volksgerichtshof) auch wie ein konstruiertes Drehbuch aus dem Propagandaministerium.

Nach einleitenden Hinweisen auf das Ziel der KPD, die Reichsverfassung gewaltsam zu stürzen, um danach die Diktatur des Proletariats und die Errichtung

NS-Propagandaschrift »Bewaffneter Aufstand!«, um 1933/34

einer Arbeiter- und Bauernregierung zu etablieren, heißt es über die Strategie, dies durchzusetzen. Aus dem VGH-Urteil vom 31. August 1934:

> Um diese Ziele zu erreichen, hat die KPD. stets und mit allen Mitteln auf den politischen Massenstreik als die unmittelbare Vorstufe des Bürgerkriegs hingearbeitet. Sie hofft nicht ohne Grund, daß sich aus dem politischen Massenstreik die endgültige revolutionäre Lage am ehesten entwickeln könne. Für diesen Fall mußte die KPD. auch technisch gerüstet sein. Sie ist daher von jeher darauf bedacht gewesen, ihre Mitglieder zu bewaffnen und zu diesem Zwecke nicht nur Waffen und Munition, sondern auch Sprengstoff, durch Kauf, vor allem aber durch Diebstahl zu erwerben und in besonderen Verstecken bereitzuhalten.[27]

Nachdem das Urteil dann sehr ausführlich (S. 11–22) die technische Seite der Untergrundarbeit der Freienwalder Gruppe geschildert hat, also vom Diebstahl des Sprengstoffs im Lager des Bad Freienwalder Steinsetzmeisters Neubauer, über die Besorgung von Munition und das geheime Aufbewahren dieser und anderer gefährlicher Güter, kommt auch die Verwendung dieser brisanten Dinge zur Sprache:

Der Funktionär Max Jessel wurde im Februar 1933 in einem durch Frieda Krüger – der Verbindungsperson des UB Bad Freienwalde zur Berliner Leitung – übermittelten Auftrag einer geheimen »Abteilung 66« der KPD, zum Redner der in der Gegend ansässigen Kommunisten bestimmt. In dieser Funktion, die Jessel gegenüber dem UB-Leiter der KPD in Freienwalde, Erich Hannemann, als die eines zur Führung bestimmten *Instrukteurs* der Berliner Leitung interpretierte, hielt Jessel am 1. März 1933 zwei Versammlungen mit Ortsgruppenleitern und anderen Kadern ab.

Dort führte der Redner aus, das drohende Verbot der KPD bedeute bereits die erste Phase des Bürgerkriegs und wurde dann konkret:[28]

Diese erste Phase [des Bürgerkriegs] bestehe in »Schädlingsarbeit«, d. h. es müssten sämtliche Kommunal- und staatlichen Betriebe, insbesondere Licht-, Gas- und Wasserwerke zerstört bzw. stillgelegt werden, und zwar so, dass Menschenleben hierbei nicht gefährdet würden. So dürfte beim Wasserwerk das Wasser selbst nicht vergiftet werden, da hierdurch auch das Leben von Arbeitern in Gefahr gebracht werden würde. Wichtige Knotenpunkte der Bahn und die wichtigsten Schienenstränge müssten zerstört werden. Als Beispiel eines solchen wichtigen Knotenpunktes bezeichnete Jessel die Saldernbrücke und als wichtigste Bahnstrecke diejenigen Bahnverbindungen, auf denen Militärtransporte oder Transporte von »Kontrarevolutionären« nach dem roten Berlin geworfen werden könnten, um den dort stehenden Kontrarevolutionären im Kampf gegen die roten Arbeiter Hilfe zu leisten. Auch von Partisanenkämpfen sprach er und wies hierbei auf das russische Beispiel hin. Weiter erkundigte sich Jessel nach dem sogenannten »technischen Material«, d. h. nach dem Vorhandensein von Waffen und Munition. Als ihm aus der Versammlung heraus erwidert wurde, dass nur eine

---

27 Microfiche-Edition »Widerstand als Hochverrat«, Nr. 214, Urteil des 2. Senats des Volksgerichtshofs vom 31. August 1934, S. 11. (Die Anklageschrift des Oberreichsanwalts stammt vom 25. Mai d. J.).

28 Ebd., S. 24 des Urteils vom 31. August 1934.

geringe Anzahl bewaffnet werden könne, sprach Jessel davon, dass er Verbindung mit der »Abteilung 66« habe, und dass er Waffen besorgen könne. Er wies darauf hin, dass, wenn genügend Waffen vorhanden seien, eine Kerntruppe gebildet werden könne, die dann, wenn der Kampf in Berlin losgehe, den Gegnern in den Rücken fallen könne.

So weit die Kernaussagen des Volksgerichtshofurteils über den parteiinternen politischen Hintergrund der Vorfälle im Frühjahr 1933.

Werfen wir nun einen nicht weniger wichtigen Blick darauf, wie sich der Hauptangeklagte im Justizverfahren positionierte und ob ihm aus den Reihen der Mitangeklagten Unterstützung oder eventuell Resistenz widerfuhr. Weiter aus dem Urteil des Volksgerichtshofs:

> Der Angeklagte Jessel bestreitet, diese aufrührenden Reden geführt zu haben. Er will nur im allgemeinen von der Aufgabe der KPD. gesprochen und in diesem Zusammenhang Beispiele aus der russischen Revolution erzählt haben. Die Beispiele habe er nur deshalb erwähnt, um den Genossen klarzumachen, wie sie sich einmal in einem Kampf der NSDAP. und ihrer Anhänger gegen die Genossen verhalten müssten. Der Senat hält seine Behauptungen durch die glaubwürdig vorgebrachten Bekundungen der Angeklagten Hannemann, Seeger und Felix für widerlegt.[29]

Wie eng bei den politischen Vorfällen in Bad Freienwalde Drama, Wirrnis und Absurdität beieinander lagen, zeigt der weitere Handlungsablauf im Vorfeld der Festnahmen. Das Urteil fährt fort:

> Als nach dem Reichstagsbrand die Verhaftungen innerhalb der KPD [landesweit, d. Verf.] einsetzten, gingen die Angeklagten Hannemann und Felix auf den Rat Jessels nach Berlin, setzten sich mit Frieda Krüger in Verbindung und erhielten durch sie auch verschiedentlich Unterkunft. Da sich aber sonst in Berlin niemand um sie kümmerte und sie auch keine Verbindung zu Parteistellen der KPD. aufnehmen konnten, kehrten sie nach etwa 2 Wochen nach Bad Freienwalde zurück und stellten sich dort freiwillig der Polizei.[30]

Hier sei daran erinnert, dass es sich bei Erich Hannemann um keinen Geringeren als den Unterbezirksleiter der KPD von Bad Freienwalde handelte, der sich freiwillig bei der Polizei meldete, und bei Hermann Felix um Jessels engen Vertrauten!

Doch hören wir weiter das Urteil über die lokalen Auswirkungen der NS-»Machtergreifung«:

> Jessel war in der Gegend von Freienwalde geblieben, wie er sagt, um seinen Genossen bei und nach der Wahl behilflich zu sein. Durch die Verhaftungen war in den Kreisen der dortigen Kommunisten eine erhebliche Verwirrung eingetreten. Jessel hörte durch einen Mann in Niederfinow, daß die Genossen dieses Ortes sich aus Angst schon den ganzen Tag im Wald verborgen aufhielten. Jessel gab die Weisung, die Genossen auf die sogenannte »Insel« zwischen der alten

29 Ebd., S. 24f. des Urteils des VGH vom 31. August 1934.
30 Ebd., S. 25 des Urteils.

> und neuen Oder zu bringen. Von dort sollten sie nach Bralitz in den Wald gehen und an der Chaussee Bralitz-Neuenhagen so lange warten, bis sie gegen 12 Uhr nachts abgeholt würden. Um dies vorzubereiten, fuhr Jessel gegen Abend zu dem Angeklagten Künkel in Altglietzen und ging, nachdem er Künkel unterrichtet hatte, mit diesem nach dem Bralitzer Wald. Dort trafen sie 7 Kommunisten von Niederfinow und führten sie auf Umwegen nach Altglietzen. Künkel brachte sie dort in der Scheune seines Schwagers Ehrenberg unter. Die Waffen, die die Genossen bei sich geführt hatten, habe er, Künkel, im Stroh der Scheune versteckt. Am anderen Tage wurden die 7 Kommunisten in der Scheune verhaftet.[31]

Jessel hatte die Festnahmen aus der Ferne beobachtet und sei – da er das Nutzlose seiner Tätigkeit nun wohl einsah – nach Berlin gefahren, wo dann Mitte April 1933 seine Verhaftung erfolgte.

Die exakten Daten der jeweiligen Festnahmen konnten leider nicht ermittelt werden, da die Anklageschrift zwar den Beginn der Untersuchungshaft notiert, aber nichts darüber aussagt, wann zuvor die Geheime Staatspolizei tätig wurde. Die U-Haft setzte bei den meisten Angeklagten am 3. Juni 1933, bei Jessel dagegen schon am 13. April d.J. ein. Laut einzelner VVN-Aufnahmeanträge ereigneten sich die Festnahmen durch die Politische Polizei mehrere Monate vor der Untersuchungshaft, so beim Spitzenfunktionär Jankowski am 1. März, bei Künkel am 5. März, bei Menne jedoch erst am 13. Mai d.J., was aber auch über zwei Wochen vor dem 3. Juni lag.

Trotz der herausragenden Rolle des BL-Instrukteurs Jessel, den die Justiz als »Fanatiker« charakterisierte, war der VGH nicht bereit, allein ihn ins Visier zu nehmen, sondern sah bereits vor seinem Auftreten in Bad Freienwalde und Umgebung die KPD auf einem gefährlichen Wege. So bemerkt der Volksgerichtshof in gezielter Übertreibung:

> Es ist bereits in dem Urteil darauf hingewiesen worden, daß die Kommunisten von Bad Freienwalde und Umgegend Waffen geradezu gesammelt haben. Dies kann nach der Überzeugung des Senats nur geschehen sein, um die Waffen eines Tages bei einer gewaltsamen Auseinandersetzung der Anhänger der KPD mit den Organen des Staates zu gebrauchen.[32]

Erste Waffen seien bereits 1928 erworben worden, bemerkt das Urteil (S. 33) und beschuldigt diesbezüglich die angeklagten Brüder Seeger sowie Wilhelm Siewert. Schild und Jankowski wiederum waren 1931 (und 1933) am verbotenen Erwerb von 40–60 Sprengkapseln beteiligt, wobei Erstgenannter aussagte, einen Teil davon zum Stubbenroden benötigt zu haben. Jankowski gab darüber hinaus zu, im Besitz eines Infanteriegewehrs, eines Karabiners sowie von 500 Schuss Munition gewesen zu sein, die aus einem Diebstahl (1932) stammten. Auf einem früher von der Familie Seeger in Neuenhagen bewirtschafteten Feld fand die Polizei drei Pistolen und verschiedene Mengen an Munition.

---

31 Ebd., S. 25 des Urteils.

32 Ebd., S. 33 des Urteils vom 31. August 1934

Insofern war das Gericht keineswegs geneigt, der einseitigen Schuldzuweisung der Angeklagten Seeger, Hannemann und Felix zu folgen, Jessel als denjenigen zu bezeichnen, der sie alle »ins Unglück« gebracht habe (S. 34 des Urteils).

Entsprechend hoch verurteilte der Volksgerichtshof am 31. August 1934 zahlreiche Angeklagte:

1. Packmeister Max Jessel (* 1903), Berlin N 58, Kastanienallee 70	10 J. Z
2. Anstreicher Walter Bricke (* 1902), Bad Freienwalde a. O., vorbestr.	4 ½ J. Z
3. Arbeiter Willi Jankowski (* 1906), Bad Freienwalde, vorbestraft	6 J. Z
4. Arbeiter Erich Hannemann (* 1900), Bad Freienwalde	8 J. Z
5. Arbeiter Hermann Felix (* 1905), Bad Freienwalde, vorbestraft	4 J. Z
6. Arbeiter Franz Pyrsch (* 1898), Bad Freienwalde, vorbestraft	2 J. G
7. Ziegeleiarbeiter Walter Künkel (* 1903), Alt-Glietzen	2 ½ J. Z
8. Melker Ernst Seeger (* 1900), zuletzt ohne festen Wohnsitz, vorbestr.	6 ½ J. Z
9. Arbeiter Paul Seeger (* 1910), Berlin, Kesselstraße 7	3 J. Z
10. Arbeiter Wilhelm Siewert (* 1903) Neuenhagen, Krs. Königsberg, vorbestraft	6 J. Z
11. Arbeiter Willi Meene (* 1911), Neuenhagen, Krs. Königsberg	2 J. G
12. Arbeiter Paul Mix (* 1902), Bad Freienwalde	3 J. Z
13. Zimmerer Willi Schild (* 1908), Bad Freienwalde	2½ J. Z
14. Tischler Walter Brehmer (* 1912) genannt Bergemann, Bad Freienwalde, vorbestraft	1 ½ J. Z
15. Arbeiter Karl Fröhlich (* 1906), Bad Freienwalde, vorbestraft	2 J. G

Die lange Untersuchungshaft von durchschnittlich 14 Monaten – im Fall Jessels sogar 16 Monaten – wurde den Verurteilten angerechnet. Die meisten von ihnen waren Mitglieder oder Sympathisanten der KPD bzw. des RFB; nur Erich Hannemann war – vom Berliner Max Jessel abgesehen – höherer Funktionär, nämlich Kreistagsabgeordneter und Stadtverordneter in Freienwalde, wo er auch als Leiter der Ortsgruppe bzw. Leiter des im September 1932 geschaffenen Unterbezirks fungierte.

Negativ heraus fällt aus dem Kreis der Angeklagten Hermann Felix: Dies nicht nur wegen zahlreicher Vorstrafen (Diebstahl, Unterschlagung, Körperverletzung, versuchter Gefangenenbefreiung), sondern auch, weil er nach seinem Ausschluss aus der KPD wegen Veruntreuung von Parteigeldern zeitweise bei der NSDAP Unterschlupf anstrebte. Nach dem Scheitern dort suchte er wieder Anschluss an die KPD.

Eher ungewöhnlich liest sich die Biographie Jessels, der sich vorübergehend an der Landwirtschaftlichen Hochschule engagierte, zuletzt aber lediglich als Packmeister bei Speditionsfirmen arbeitete. Politisch will er bis November 1931 der SPD und danach dem kommunistisch orientierten Brandenburger Bauernbund und schließlich der KPD angehört haben. (Nach dem Krieg datiert Jessel seinen KPD-Beitritt auf das Jahr 1929.) Im März 1933 betätigte er sich für seine Partei als Bauernreferent. Von den Brüdern Seeger hatte nur Ernst eine politische Funktion, nämlich die des Leiters der Neuenhagener Ortsgruppe, gehabt.

Ohne die detaillierte, auf die Schuld des Einzelnen bezogene, juristische Begründung für das individuelle Strafmaß hier wiedergeben zu können, sei nur aufgelistet, wen und warum ein besonders hartes Urteil traf.

Jessel als treibender Kraft des gesamten »hochverräterischen Unternehmens« mit zehn Jahren Zuchthaus folgte als »Zweitaktivist« mit nur geringem Abstand der stadtbekannte Freienwalder Spitzenfunktionär der KPD Erich Hannemann mit acht Jahren. Ernst Seeger als (laut Gericht) einem der »Rührigsten«, wurden – wie Jankowski und Bricke – der Diebstahl des Sprengstoffs sowie das geschickte Verbergen in einem Erbbegräbnis zur Last gelegt und mit 6 ½ Jahren Zuchthaus bestraft. Dicht darauf folgten Willi Jankowski und Wilhelm Siewert mit je sechs Jahren Zuchthaus. (Jankowski war in erheblichem Maß im Besitz von Sprengkapseln; Siewert stufte das Gericht ähnlich wie Ernst Seeger ein.) Bei Bricke wurden die Entwendung des Sprengstoffs und dessen Verstecken mit 4 ½ Jahren Zuchthaus geahndet.

Hermann Felix – als Jessels Vertrauter – kam mit vier Jahren Zuchthaus noch relativ milde davon, vielleicht half ihm sein keine Solidarität kennendes Verhalten vor Gericht.

Die hohen Zuchthausstrafen bei den Hauptverurteilten zogen anschließend noch härtere Verfolgungsmaßnahmen nach sich:[33] Jessel litt bis 1945 im KZ, Hannemann (1900–1970) ebenfalls. Auch Jankowski wurde im Anschluss an die Zuchthauszeit ins Konzentrationslager verschleppt, wo man ihn Ende 1944 in die Strafeinheit Dirlewanger zwang. (Er geriet dann in Ägypten in Kriegsgefangenschaft.) Doch auch den weniger hoch bestraften Holzarbeiter Walter Künkel, der Ende Oktober 1935 aus dem Zuchthaus Brandenburg freikam, presste das NS-Regime 1943 in eine Strafeinheit (999). Wie Jankowski kam er in Ägypten in Gefangenschaft und überlebte.

Nach der Befreiung und der Rückkehr in die Heimat begann schon bald, so durch die Aufnahmeprozedur bei der VVN und den intensiven Prüfungsvorgang bei der Anerkennung des Status als Verfolgter des Naziregimes (VdN), eine sehr heftige Auseinandersetzung darüber, wer die Schuld an den katastrophalen Ereignissen in Bad Freienwalde 1933 trug.

Streit um die Schuld (1947)

Der Vorsitzende des Kreisausschusses OdF Bad Freienwalde, [Paul] Seeger, blickt 1947 zurück:

> Ich lernte Jessel zum ersten Mal kurz vor dem 1. März 1933 kennen. Er wurde uns von der U.B. Leitung Freienwalde als Instrukteur der B.L. [Bezirksleitung] Berlin vorgestellt. Wir waren der Ansicht, wenn uns von der B.L. ein Instrukteur gesand[t] wird, dann müssen wir alles das tun, was er verlangt, denn das ist der Wille der Partei. [sic!]
>
> Wie hat nun Jessel bei uns gearbeitet: Alle seine Massnahmen und Anordnungen hatten den Zweck u. Anschein, als stände ein Aufstand der KPD unmittelbar bevor. Jessel, der die Unmöglichkeit einsah, mit den vorhandenen Waffen loszuschlagen, redete uns vor, die Berliner

33 Siehe zum Folgenden BLHA / Rep. 333, Nr. 1240 (Jankowski), Nr. 1244 (Künkel) sowie Rep. 601/2358 (Hannemann) und 601/1970 (Siewert); LAB, C Rep. 118-01 / A 3420 (Max Jessel).

Kasernen würden aus der Luft bombardiert, das konnte von uns nur so verstanden werden, dass die Sowjetunion mit uns gemeinsam losschlagen würde.
Jessel schlug vor, uns die Waffen, die uns für den Anfang fehlten, da zu holen, wo sie sind und empfahl, Überfälle auf Polizei und Landjäger durchzuführen.
Welche Katastrophe über uns gekommen wäre, wenn diese Aktion nicht durch Mangel an Zeit verhindert worden wäre, kann sich jeder nach den Erfahrungen denken. Heute wissen wir, das Jessel diese Anordnungen gegen den ausdrücklichen Befehl der BL getroffen hat.[34]

Jessel habe sich zudem eines *engen* Mitarbeiters, Hermann Felix, bedient, vor dem die Freienwalder jedoch warnten, da sie ihn wegen parteischädigenden Verhaltens ausgeschlossen hatten. Darauf angesprochen, schob Jessel alle Warnungen beiseite und übernahm die alleinige Verantwortung dafür. (Was später dazu führte, dass alle Beteiligten durch Felix in Haft gerieten.) Nicht genug damit, schickte er ausgerechnet Felix nach Berlin zur (geheim gehaltenen) Verbindungsperson des UB, Frieda Krüger (Kastanienallee 30), und weihte Felix auch in deren Bedeutung ein. Bald darauf wurde sie verhaftet und schwersten Misshandlungen ausgesetzt. Weil sie dies nicht mehr aushielt bzw. die Parteianhänger nicht verraten wollte, verübte sie Selbstmord.

Nicht allein dafür trage Jessel – laut Seeger – die Verantwortung, sondern er verhinderte auch später durch falsche Angaben über seine tatsächlichen Aussagen, dass sich Mitangeklagte auf Gefängnistransporten inhaltlich abstimmen konnten. Seeger klagt Jessel darüber hinaus an, sich im Zuchthaus Brandenburg und dem KZ Sachsenhausen wiederholt unsolidarisch und unwürdig verhalten zu haben – ein Vorwurf, den Jessel nach der Befreiung durch anderslautende Zeugenaussagen zu widerlegen versuchte. Und tatsächlich gingen mehrere KPD-Funktionäre anlässlich eines Parteiverfahrens mit Jessel hart ins Gericht, was seine illegale Arbeit betraf:

Erich Hannemann: J. war ein Phantast, auf der BL bezeichnete man ihn als Knallkopf. Er lief in Freienwalde mit 2 Pistolen in der Tasche und umgehängtem Patronengürtel herum.
Knaack: Jessel fehlte die politische Schulung, ist im übrigen ein Angeber.
A.L.: politisch nicht fundiert, viel sprechen, wenig Inhalt.
Saegebrecht: Jessel hat vollständig unkonspirativ gearbeitet.[35]

Hannemann ergänzte dann noch in Bezug auf Jessels Verhalten beim Prozess: »Im Gefängnis versuchte er, sich ein- oder zweimal das Leben zu nehmen, ohne mißhandelt zu werden. Bei der Urteilsverkündung wurde er ohnmächtig.« Jessel wiederum beschuldigte andere Mitverschwörer des »Verrats«, indem er 1947 in seinem Lebenslauf schrieb:

Ich war Funktionär der BL-Berlin der damaligen KPD-Abt. Land, wurde als Instrukteur in den Freienwalder Sprengstoffprozess als Hauptangeklagter durch den Verrat des Hermann Felix, Ernst Seeger und Erich Hannemann verwickelt und unter dem Aktenzeichen 15J-594/33

34 LAB, C Rep. 118-01 / A 3420 (Max Jessel), Bl. 20 (Der Verfasser hat sich erlaubt, den Text mit Kommata zu versehen.).
35 Ebd., C Rep. 118-01 / A 3420 (Max Jessel), Bl. 10 (Wer A.L. ist, konnte leider nicht entschlüsselt werden, d. Verf.).

> vom II. Senat Volksgericht zu 10 Jahren Zuchthaus verurteilt, die ich voll verbüssen musste, um dann anschließend bis zum letzten Tage im KZ-Sachsenhausen zu verbleiben, bis ich auf dem Marsch nach Parchim von den Russen befreit wurde.[36]

Ernst Seeger, den Jessel als einen »mehrfach kriminell vorbestraften gewerbsmäßigen Wilddieb« charakterisiert, dessen Diebstahlversteck (ein Erbbegräbnis) im Sprengstoffprozess eine sehr verhängnisvolle Rolle spielte, und Hermann Felix hätten sich bei der Gerichtsverhandlung als diejenigen präsentiert, die nun öffentlich alles aufdecken wollten. Und daraus wurde »*der* Sensationsprozess zum Schaden der kommunistischen Partei«. (Jessel verweist dabei u. a. auf einen Bericht der »Berliner Volkszeitung« vom 31. August 1934.) Jessel schließt seine Erinnerungen an die VGH-Hauptverhandlung mit den Worten:

> Die anderen Genossen außer Hannemann, haben sich in diesem Prozess vorbildlich verhalten, wobei ganz besonders der junge Genosse Walter Brehmer durch sein äußerst tapferes Verhalten die Achtung der Richter gewann, welches diese offen aussprachen.[...]
> Dagegen [– gegenüber Felix, Hannemann u. E. Seeger, d. Verf. –] haben sämtliche Mitangeklagten, nachdem ich mein Schlußwort gesprochen und die volle Verantwortung für das Tun der Mitangeklagten übernommen hatte, mich in diesem Augenblick in der Anklagebank umarmt und mir die Hände geschüttelt, wobei sich auch nachher Seeger, Felix und Hannemann nicht schämten, den gleichen Versuch zu unternehmen, was ich aber ablehnen mußte.[37]

Jessel, dem frühere Mithäftlinge seine »Arbeitsantreiberei« im KZ ankreideten, begründete den demonstrativen Arbeitseifer – so versuchte sich der Ingenieur unter anderem durch waffentechnische Verbesserungen zu profilieren – mit seiner besonderen Gefährdung als »Halbjude«. Er wurde schließlich im Februar 1946 aus der KPD ausgeschlossen, im Mai 1949 entzog man ihm in Ost-Berlin die VdN-Anerkennung, die er aber im November d. J. wieder zurückerhielt. 1958 verzog er nach Hamburg.

Nachzutragen bleibt, dass der gesamte Freienwalder Prozess in der offiziellen SED-Widerstandsliteratur keine Würdigung fand und Jessels Name im 1982 erschienenen biographischen Verzeichnis zum Widerstand in Brandenburg nicht auftaucht.

»Landeinsatz«-Gruppe des UB Freienwalde

Parallel zu den aufsehenerregenden Ereignissen um den geschilderten »Sprengstoff-Prozess« kam es unter dem Aktenzeichen »Kowalczyk und Genossen« zu einem etwas kleineren Justizverfahren.[38] Doch neun Kommunisten aus dem Gebiet des KPD-Unterbezirks Freienwalde waren immerhin auch von diesem Verfahren betroffen. In seinem Zentrum stand der Schuster Johann Kowalczyk (1889–1953), ein

36 LAB, C Rep. 118-01 / A 3420 (»Lebenslauf« vom 21. März 1947). Einem anderen Schriftstück Jessels (vom 13.1.1948) an den Hauptausschuss OdF zufolge, lief zu dieser Zeit ein Verfahren gegen Ernst Seeger wegen Verleumdung. Dafür erbat Jessel die Anschriften der einst Mitangeklagten. Jessel merkte weiter an, Paul Seeger habe sich von seinem Bruder Ernst daraufhin abgewandt.

37 Ebd., A 3420 (Schreiben an den Hauptausschuss vom 13.1.1948).

geborener Oberschlesier, der im zweiten Beruf das Schlächterhandwerk erlernt hatte. Im Ersten Weltkrieg als Soldat früh verwundet und daraufhin entlassen, engagierte er sich für den kriegsgegnerisch-revolutionären Spartakusbund. Als Kowalczyk deswegen in Haft geriet, wurde er zur Strafe erneut an die Front geschickt. Ende 1917 schwer verwundet, geriet er in russische Gefangenschaft, gelangte aber im Dezember 1918 wieder nach Deutschland zurück.

Johann Kowalczyk

Er trat der gerade gegründeten KPD bei und wurde von ihr im Jahre 1925 mit der sogenannten Landagitation der Partei betraut. Von nun an führten ihn zahlreiche Wahlkampf- und Propagandaaufträge auch in Dörfer und Gemeinden der Provinz Brandenburg, darunter ins Gebiet des UB Freienwalde: Niederfinow, Hohenwrietzen, Neuglietzen und Altglietzen. Dort wurde er am 5. August 1933 festgenommen.

Vergeblich hatte er sich zuvor mit anderen politischen Weggefährten in einer Scheune versteckt. Aus den genannten Orten kamen die Mitangeklagten Kowalczyks: Karl Hagen, Emil Gransen, Karl Jorell, Alfred Becker, Wilhelm Matthes, Fritz Böhm, Ernst Böhm und Otto Thormann. Die »Verhöre« gingen auch hier mit Misshandlungen einher – so wurden dem Bauarbeiter Ernst Böhm sämtliche oberen Zähne ausgeschlagen.[39] Gerade der Hauptangeklagte Kowalczyk hatte schwer zu leiden, denn die Gesundheit des Kriegsbeschädigten war ohnehin stark beeinträchtigt. Die vor ihm liegende lange Haft trug schließlich zu seinem frühen Tod (1953) bei. Karl Hagen wurde durch den Terror ebenfalls sehr zugesetzt, berichtet seine hinterbliebene Witwe Marie Hagen und weist auch auf ihr eigenes Leid hin. Marie Hagen: »Ich bin bei einer Hausdurchsuchung von der Hilfspolizei geschlagen worden und habe meinen Mann durch die Misshandlungen, denen er bei der Verhaftung und Untersuchung ausgesetzt war, am 23.3.1945 verloren.«[40]

Hagen erhielt im Juli 1934 wegen »Vorbereitung zum Hochverrat» drei Jahre Zuchthaus, Ernst Böhm ebenfalls drei Jahre, Fritz Böhm – wie der zuvor Genannte aus Niederfinow – sogar drei Jahre und vier Monate Zuchthaus. Nach Aussagen seiner Witwe Anna Böhm fand er bereits am 1. Oktober 1935 in Luckau den Tod. Auch dem mitangeklagten politischen Weggefährten, den Niederfinower Arbeiter Otto Thormann (1898–1947) war kein langes Leben vergönnt. Er wurde nicht einmal fünfzig Jahre alt. Ernst Böhm (* 1892) erinnert sich an ihn: «Otto Thormann ist mir

38 BLHA, Rep. 601 / VdN 1580.
39 Ebd., Rep. 333, Nr. 1228.
40 Ebd., Rep. 333, Nr. 1236, Bl. 68R

von Kindheit auf bekannt, von 1920 bis [19]33 standen wir zusammen in der KPD im politischen Kampf. Im März 1933 wurden wir zusammen verhaftet und nach 16[monatiger] Untersuchungshaft zu je drei Jahren Zuchthaus verurteilt.

Nach Verbüßung der Strafe wurden wir entlassen. Da es keine organisierten Widerstandsgruppen in unserem Wohnort [Niederfinow] gab und wir auch keine Verbindungen mit auswärtigen Gruppen erhielten, mussten wir uns darauf beschränken, durch Propaganda von Mund zu Mund, durch Abhören des Moskauer Rundfunks und Verbreitung seiner Nachrichten so gut es möglich war, den Faschismus zu bekämpfen. Thormann hat hierbei seinen Mann gestanden. Während des Krieges wurde er zum Strafbataillon 999 eingezogen. [...] Im Jahre 1947 verstarb er an den Folgen der Haft und den Leiden im Strafbataillon.[41]

Unterbezirk Brandenburg (Stadt)

Nach dem Raum Cottbus/Lausitz bzw. dem Spremberger Industrierevier entfaltete die illegale KPD der Provinz Brandenburg im Unterbezirk der gleichnamigen Stadt, zu der im Umfeld mehrere Großbetriebe zählten, die stärksten Untergrundaktivitäten. Doch auch hier schlug die Politische Polizei – ähnlich ihrem Vorgehen im südöstlich von Berlin gelegenen Gebiet Luckenwalde/Jüterbog – sehr früh zu, um Widerstandsaktivitäten möglichst schon im Anfangsstadium zu unterdrücken und durch eine weitgehende juristische Verfolgung zahlreiche Akteure für lange Zeit außer Gefecht zu setzen. Stufenweise kam es zunächst zu mehreren kleineren Verfahren, die schließlich in Gruppenprozessen mit vielen Angeklagten gipfelten (s. u.), wobei einzelne Personen sogar erneut zur Verantwortung gezogen wurden, da die Verfolger erst im Nachhinein Hauptverantwortliche aufspürten.

Bevor aus den Ermittlungsakten der NS-Justiz deren sehr einseitige Sicht auf die politischen Ereignisse zitiert wird, sollen die Gegner der nationalsozialistischen Diktatur von ihren Intentionen und Erfahrungen berichten:

Widerstandskämpfer blicken zurück

Arthur Pätzke (1900–1976), frühes Mitglied der Unterbezirksleitung (UBL), berichtet nach dem Krieg über die Anfänge der illegalen Arbeit:

> Im Januar 1933, noch vor der Machtübernahme Hitlers, wurde mir ein Abzugsapparat und eine Schreibmaschine von dem Gen. Karl Liebeskind zu mir in die Wohnung gebracht. Ich war damals der Po-Leiter der Zelle Neuendorf.
>
> Die UBL Brandenburg bereitete sich für die Illegalität vor. Die Funktion Agitprop, die der Gen. Märksen bisher ausführte, wurde durch mich ersetzt. Ich wurde vom damaligen Po-Leiter Otto Seeger beauftragt, einen illegalen Agitpropapparat aufzubauen. Aber die nationalsozialistischen Polizeiorgane hatten durch die Aufnahme aktivistischer Mitglieder der

41 Ebd., Rep. 601 / VdN 1802 (Otto Thormann).

faschistischen Terrororganisationen gute Kenntnisse vom Aufbau unserer Partei. Auch verstanden die Sicherheitskräfte es, die Volksmassen durch ein weitverzweigtes Spitzelsystem im Zaume zu halten. Durch freizügig gewährte materielle Vorteile für Mithilfe zur Vernichtung des Inneren Feindes erhielt die Gestapo immer mehr Zulauf von minderwertigen Kreaturen, die sich für Zuträgerdienste bereiterklärten.
Doch ohne hilfsbereite Männer und Frauen wäre jegliche Flugblatt- und Zeitungsherstellung unmöglich gewesen. Darüber hinaus spielte die Frage der Räumlichkeit bei der Organisierung von Geheimdruckereien die größte Rolle. All diese schwierigen Fragen wurden von mir bewerkstelligt. Meine Mitarbeiter im engsten Kreise waren die Genossen Fritz Nigetit [Niegetit], Paul Nickolai [Nicolai], Walter Franz. Hauptverteiler der Flugblätter und Zeitungen waren die Genossen Walter Ebel, Robert Fremde, Karl Hildebrandt.
Die illegale U.B. Leitung bestand aus den Genossen Pol. Otto Seeger, Orgl. Richard Koffke [Kofke], Agitprop. Arthur Pätzke, Kassierer Paul Siegel. Nach der Machtübernahme wurde[n] jede Woche 2 Zeitungen und auch Flugblätter hergestellt und verbreitet. Die Auflage der Zeitung war 600 bis 800 Exemplare, bis zum Reichstagsbrand in Neuendorf hergestellt. Nach dem Reichstagsbrand siedelte ich mit meinem Stab nach Kaltenhausen zu dem Genossen Paasche über. Nach etlichen Wochen musste ich aber wieder dieses Haus verlassen und es wurde ein Boot organisiert auf dem dann bis … [in den] Juli gedruckt wurde. Am 14. Juli [1933] wurde der Gen. Fritz Nigetit verhaftet und am 17. Juli erfolgte meine Verhaftung.[42]

Als erschwerend für den politischen Kampf erwies sich, dass die Polizei durch die Heranziehung von SA-Männern zu Hilfspolizisten sowie auch durch Zuträger und Spitzel – oft angelockt durch materielle Belohnung – intime Kenntnisse über die illegale KPD erhielt und die Gestapo immer mehr Zulauf bekam.

Der Schlosser und Dreher Walter Franz (1904–1986) arbeitete bis 1932 im Reichsbahnausbesserungswerk (RAW) Kirchmöser und gehörte wie Arthur Pätzke der früheren UB-Leitung an. Er blickt 1946 zurück:

Ich habe bis Ende August 1933 aktiv illegal in der U.B.L. Brandenburg von Plaue aus mitgearbeitet bis wir auseinanderflogen. Die Nazis vermuteten mich in diesem Kreis nicht, jedoch waren sie misstrauisch und begannen, mich nachts in regelmäßigen Abständen zu besuchen, indem das Haus umstellt und ich von der Polizei als zu Haus befindlich festgestellt wurde.
Am 24. September 1933 wurde ich dann verhaftet und ins KZ Brandenburg eingeliefert mit entsprechender Behandlung. Ein im gleichen Haus [Plaue, Riaustraße 12] wohnender Jurist Dr. Cleves (als Jachtpächter) hat für mich ausgesagt und ich wurde nach 14 Tagen wieder entlassen. Darauf begann bei mir eine Periode von Haussuchungen schlimmster Art, die begleitet waren von Vernehmungen und Protokollen. Dies Woche für Woche (in mancher Woche 3mal).
Anfang Dezember 1933 wurde ich wieder in die Neuendorferstraße eingeliefert und nach 10 Tagen entlassen. Ich ließ mich dann, um Ruhe zu bekommen, durch den Dr. Cleves und Andere überreden, doch einer Naziorganisation beizutreten und wurde als SA.-Anwärter aufgenommen.[43]

42 BLHA, Rep. 401 / VdN 4309.
43 LAB, C Rep. 118-01 / Nr. 23666 (VdN-Akte von Walter Franz).

Trotz dieses – auch unter seinen Genossen – umstrittenen Schritts, setzte er die illegale Arbeit fort und beherbergte in Plaue politisch bedrohte Parteifreunde, wie mehrere Bürgenerklärungen bestätigen. Wegen seines seltenen Erscheinens bei SA-Treffen schloss man ihn dort bereits im Juni 1934 wieder aus. W. Franz fährt fort:

Gertrud Piter

> Ich sammelte während dieser Zeit auch Geld (35,00 RM) für die Familien inhaftierter Genossen, welches ich beim Genossen Moderzinski [in] Plaue ablieferte.
> Im April 1934, mit der Festnahme des Genossen Pätzke, wurde ich dann in Untersuchungshaft für mehrere Tage genommen. Im Oktober 1934 wiederum verhaftet und in Untersuchungshaft gehalten bis zum Urteilsspruch Dezember 1934, wo ich 1 Jahr und 9 Monate Gefängnis erhielt und im Juli 1936 entlassen wurde, sodaß ich mit Untersuchungshaft 2 Jahre gesessen habe.

Mehrere 1934 verfolgte Widerstandskämpfer teilten nach der Befreiung 1945 mit, dass ihre Festnahme auf den »Verrat« eines Max Schäffer (S. u.) zurückzuführen sei. Einmal verschleppt, setzte die Gestapo dann Wehrlosen zu, um an weitere Namen zu kommen.

Der Tischler Erich Scheuba (1905–1980), dessen Verfahren aus dem Hauptverfahren (»Dreke und Genossen«) wegen einer Haft-Erkrankung abgetrennt wurde und der schließlich am 7. Oktober 1935 eine Strafe von vier Jahren Zuchthaus erhielt, berichtet 1952 von den schweren Folterungen, denen viele beim »Verhör« ausgesetzt waren. Dabei kam es bereits vor der Anklageerhebung zu zwei Todesfällen: Gertrud Piter und Otto Ganzer. Andere Opfer wiederum – wie der *Arbeiter* Otto Dahlick im April 1942 –, kamen Jahre später an den Folgen der Misshandlungen ums Leben. Erich Scheuba teilt 1952 mit:[44]

> Gleich nach der sogenannten Machtübernahme beteiligte ich mich aktiv an dem illegalen Kampf gegen diese Verbrecher mit den Genossen Richard Kofke, Artur Petzke [Pätzke], Karl Lühnsdorf, Robert Fremde, Fritz Niggetit [Niegetit] u. a. Als die eben erwähnten Genossen teils geflohen, teils verhaftet waren, arbeitete ich mit den Genossen Walter Ebert, Kurt Heinze, Paul Nikolai, Gertrud Piter und anderen Genossen weiter zusammen. Etwa im September 1933 wurden dann wieder viele Genossen verhaftet, die Genossin Gertrud Piter im alten Zuchthaus [KZ] in Brandenburg ermordet. Unter den Martern der SS im Zuchthaus Brandenburg

44 BLHA, Rep. 401 / VdN 4783. Zum politischen Schicksal von Otto Dahlick vgl. BLHA, Rep. 401 / VdN 2051.

muss dann ein Genosse meinen Namen genannt haben, allerdings nicht ganz richtig und die SS fahndete nach mir. Der einzige verbliebene Verbindungsmann, der verstorbene Genosse Otto Ganzer war damals gerade den SS-Schindern aus dem alten Zuchthaus in Brandenburg durch Entlassung entzogen, allerdings nur deswegen, weil er todkrank war und bald danach starb. Er riet mir ab von der weiteren illegalen Arbeit mit dem Hinweis, dass im Zuchthaus bei den gemarterten Genossen mein Name gefallen ist und die SS höchstwahrscheinlich nach mir suchte, was mir inzwischen bekannt geworden war. Die SS kannte aber meinen richtigen Namen nicht. Er [Ganzer] riet im Hinblick auf meine fünf Kinder weiter von meiner weiteren illegalen Arbeit ab. Ich sagte ihm, dass meine Familie in dem grossen Meer der Menschheit nicht ausschlaggebend für unsere Arbeit sein darf. Der Genosse Ganzer verwies mich nun an den Genossen Erdreich Foth und mit ihm zusammen bauten wir dann im Winter 1933/34 die fast zerschlagene illegale Organisation wieder auf. Ich stellte damals mit Hilfe des Genossen Erich Zeh die Verbindung mit Berlin wieder her.
Nach ununterbrochener illegaler Tätigkeit wurde ich dann am 11. November 1934 durch Verrat des Lumpen Max Schäffer mit den Genossen Foth, Rudolf Schulz, Karl Leonhardt, Ernst Puttkammer, Walter Ebert, Willi Reichardt, Georg Dreke u. a. Genossen verhaftet.[45]

Ein »Überläufer« als Gestapo-Helfer

Bei dem von mehreren Verfolgten als »Verräter« und »Spitzel« titulierten Max Schäffer dürfte es sich um einen vormals eher prominenten Vertreter der Brandenburger (Stadt) KPD gehandelt haben, der sich – ob durch Gewalterfahrung oder Korrumpierung wissen wir nicht – der Gestapo zur Verfügung stellte, wie man auch an seiner aktiven Rolle bei der Festnahme eines früheren Genossen sieht (S. 376). Der folgenden Quelle zufolge tat er sich im Untergrundkampf als werbender Funktionär hervor.

Im Urteil des Berliner Kammergerichts gegen die – schließlich freigesprochenen – Arbeiter Franz Rothgänger und Paul Pakull vom 16. September 1935 heißt es:

Rothgänger hat bestritten, an Schäffer oder Mroszewski irgendeine Zahlung geleistet zu haben. Er hat zugegeben, dass er Schäffer, der ihm von früher her als Versammlungsredner der KPD bekannt gewesen sei, eines Tages im Sommer 1934 zufällig in Brandenburg getroffen und sich mit ihm unterhalten habe. Damals habe ihm Schäffer erzählt, so hat Rothgänger vorgebracht, dass er längere Zeit im Konzentrationslager in Oranienburg gewesen sei. Wenige Tage später will er Schäffer in der Wohnung des Zeugen Mroszewski wiedergesehen haben. Bei diesem Zusammensein soll Schäffer wiederum von seinem Aufenthalt in Oranienburg und davon gesprochen haben, dass die KPD noch fortbestehe. In Abrede gestellt hat Rothgänger jedoch, dass er von Schäffer zum Eintritt in die illegale KPD aufgefordert oder um Geld angegangen worden sei.[46]

45 Ebd., Rep. 401 / VdN 4783.
46 BArch, NJ 503, Bd. 1 (Urteil vom 16. September 1935, S. 3).

An anderer Stelle des zitierten Urteils wird davon gesprochen, Schäffer sei (Mitte 1933) führend daran beteiligt gewesen, zu den benachbarten Ortschaften der Stadt Brandenburg Kontakte aufzunehmen und ehemalige KPD-Anhänger für den illegalen Kampf zu gewinnen. Ob er dies bereits damals im Auftrag der Gestapo als agent provokateur tat, um möglichst viele potenzielle Gegner durch Verführung zur Tat hinter Gitter bringen zu können oder erst nach einer (späteren) Festnahme, muss noch offen bleiben. Es gelang den Ermittlern der Gestapo herauszubekommen, dass die räumliche Ausdehnung der illegalen KPD der Stadt Brandenburg immerhin in Ansätzen geglückt war, denn es kamen die Angeklagten Magdanz aus Lünow, Mroszewski aus Grabow, Wels aus Plaue und Daniel aus Groß-Wusterwitz. Und es war Schäffer, von dem die NS-Justiz (Urteil Strafsache Magdanz) Folgendes mitteilte:

> Der Angeklagte Wels traf im Sommer 1934 in Brandenburg mit Schäffer zusammen. Schäffer erzählte ihm von seinem Aufenthalt im Konzentrationslager und klagte über seine Notlage. Im Laufe des Gesprächs forderte Schäffer den Angeklagten auf, sich wieder für die KPD zu betätigen. Wels ließ sich herbei, mit Schäffer einen Treff zu vereinbaren, der am Altstädtischen Bahnhof stattfand. Bei diesem und bei einem späteren Treff am Quenzsee unterhielt man sich über die illegale Arbeit der KPD. Schäffer erkundigte sich dabei insbesondere auch nach früheren Genossen in anderen Ortschaften, die zur Mitarbeit herangezogen werden könnten, so insbesondere nach einem Wühn in Kirchmöser.[47]

An dem eben zitierten Text fällt auf, dass kein aus dem KZ Entlassener normalerweise im unmittelbaren Anschluss daran die illegale Arbeit forciert und alles daran setzt, den Aktionsradius auszudehnen. Spätestens im Sommer 1934 galt Schäffers Einsatz verdeckt den braunen Machthabern – und er richtete offenbar viel Schaden an, wie nicht allein die große Zahl von Angeklagten verrät, sondern die gesamte Wiederaufnahme einer Prozessreihe. (Die SED–Geschichtsschreibung verschwieg die peinliche Tatsache, dass ein *vormals herausragender Funktionär* der Brandenburger KPD seine früheren politischen Weggefährten systematisch der Gestapo und der NS–Justiz auslieferte.)

Juristische und politische Ahndung

Der fünfte Strafsenat des Kammergerichts Berlin verhandelte zwischen 1934 und 1935 in mehreren Justizverfahren gegen den Unterbezirk Brandenburg der KPD und erhob dabei den Vorwurf der »Vorbereitung zum Hochverrat«:[48]

Eine frühe Anklage beim Kammergericht Berlin gegen »Ebel und Genossen« (23 Personen) vom 20. Juni 1934.

Eine weitere frühe Anklage beim Kammergericht Berlin gegen Arthur Pätzke und acht weitere Personen vom 18. September 1934 (Urteil vom 17. Dezember 1934 wegen der »Vorbereitung zum Hochverrat« bis Sommer 1933).

47 Ebd. (Urteilsschrift vom 21. Mai 1935, S. 5).

48 Vgl. BArch, NJ 503, Bd. 1 sowie BLHA, Rep. 401 / VdN 2051 (darin die Anklageschrift vom 20. Juni 1934 »Ebel und Genossen«).

Georg Dreke

Anklage A gegen den Transportarbeiter Georg Dreke und 19 weitere Personen vom 13. Februar 1935 wegen der »Vorbereitung zum Hochverrat« in 1934 (Urteil vom 20. Mai 1935 gegen insgesamt 23 Personen).

Anklage B gegen den Landarbeiter Paul Magdanz und 4 weitere Personen vom 13. Februar 1935 wegen desselben Vorwurfs (Urteil vom 21. Mai 1935 gegen insgesamt 5 Personen).

Nachtragsanklageschrift (zur Anklage A gegen Dreke und Andere) gegen den Former Erdreich Foth aus Brandenburg, Abtstraße 9, vom 5. März 1935.

Kammergerichtsverfahren gegen den Arbeiter Franz Rothgänger aus Lehre bei Braunschweig und den Arbeiter Paul Pakull aus Brandenburg, Krakauerlandstraße 264 (Urteil des 5. Strafsenats des Kammergerichts vom 16. September 1935, wobei die Angeklagten freigesprochen wurden).

Kammergerichtsverfahren gegen den Tischler Erich Scheuba aus Brandenburg, Strassburger Ring 12, und den Zimmermann Otto Sumpf aus Brandenburg-Neuendorf, Ratsweg Nr. 2 (Urteil des 5. Strafsenats des Kammergerichts vom 7. Oktober 1935, wobei Sumpf freigesprochen wurde und Scheuba vier Jahre Zuchthaus erhielt).

Anklageschrift gegen den Invaliden Wilhelm Kutschewski aus Brandenburg, Klingenbergsiedlung (Laube Nr. 6), vom 16. Oktober 1935 (Urteil des 5. Strafsenats des Kammergerichts vom 6. Januar 1936, wobei Kutschewski zu 1 Jahr und 3 Monaten Gefängnis verurteilt wurde).

Im Zentrum aller genannten Verfahren stand die o. g. Strafsache gegen Georg Dreke wegen des Vorwurfs der »Vorbereitung zum Hochverrat« im Gebiet Brandenburg-Stadt und Umgebung für den (nachgewiesenen) Zeitraum Frühjahr bis November 1934.

Die Urteile im Prozess A gegen Dreke und Andere vom 20. Mai 1935 lauteten im Einzelnen (G = Gefängnis, Z = Zuchthaus):

1. Transportarbeiter Georg Dreke (* 1901), zuletzt Berlin-W, Corbierestr. 5 10 J. Z
2. Tischler Erich Scheuba (* 1905), Brandenburg, Strassburger Ring 12 [s. Extra-Verf.: 4 J. Z]
3. Schuhm. Erich Zeh (* 1904), Brandenburg, Wilhelmsdorferstraße 49 2 J. G
4. Heizer Rudolf Schulz (* 1900), Brandenburg, Huckstraße 11 9 J. Z
5. Sattler Karl Leonhardt (* 1904), Brandenburg, Steinstraße 29 8 J. Z
6. Arbeiter Ernst Puttkammer (* 1901), Brandenburg, Neustädtische Heidestraße 8 6 J. Z
7. Arbeiter Hans Reichhelm (* 1893), Brandenburg, Fohrderstraße 37 3 ½ J. Z

8. Kupferschmied Karl Korbitzki (* 1884), Brandenburg, Großgörschenstr. 25 4 J. Z
9. Arbeiter Walter Ebert (* 1901), Brandenburg, Waatstraße 5 3 ½ J. Z
10. Zimmerm. Paul Schindler (* 1904), Brandenburg, Grabower Weg 2 ½ J. Z
11. Schlosser Karl Sturm (* 1905), Brandenburg, Kapellenstraße 11 2 ½ J. Z
12. Arbeiter Erich Klein (* 1897), Brandenburg, Mühlentorstraße 2 Freispr.
13. Zimmerer Willi Kruse (* 1908), Brandenburg, Göttiner Landstraße 1 ¼ J. G
14. Ehefrau Auguste Hell (* 1874), Brandenburg, Neuendorferstraße 41 Freispr.
15. Tapezierer Hans Betzold (* 1899), Brandenburg, Steinstraße 53 2 ½ J. Z
16. Kaufmann Albert Bergmann (* 1896), Brandenburg, Goethestraße 9 Freispr.
17. Tiefbauarbeiter Otto Nitsch (* 1899), Brandenb., Klingenbergstr. 7 1 ½ J. G
18. Zimmerpolier Otto Sumpf (* 1893), Brandenburg-Neuendorf, Ratsweg 2 [s. Extra-Verf.: Freispr.]
19. Heizer Wilhelm Benning (* 1902), Brandenburg, Waatstraße 25 2 J. Z
20. Hausdiener Willi Reichardt (1897), Brandenburg, Blosendorferstraße 125 1 ¾ J. Z
21. Former Erdreich Foth (* 1906), Brandenburg, Abtstraße 9 6 J. Z
22. Kernmacher Adolf Posegga (* 1888), Brandenburg, Klingenbergstr. 17a 3 ½ J. Z

Des Weiteren erhielt ein zuvor nicht aufgelisteter

23. Arbeiter Kurt Redweik (* 1903), Brandenburg, Klingenbergstr. 11b 1 ½J.Z

Demgegenüber fielen die Strafen im Prozess B wesentlich moderater aus, als der 5. Strafsenat am 21. Mai 1935 fünf NS-Gegner verurteilte:

1. Landarbeiter Paul Magdanz (* 1905), Lünow (Krs. Westhavelland) 1 ½ J. G
2. Landarbeiter Fritz Mroszewski (* 1902), Grabow (Krs. Westhavelland) 2 J. Z
3. Schiffer Hermann Wels (* 1885), Plaue, Horst-Wessel-Straße 8 2 J. Z
4. Maurer Paul Daniel (* 1891), Groß Wusterwitz, Malentzinerstraße 2 J. G
5. Arbeiter Erich Fabian (* 1908), Brandenburg (Stadt), Sieberstr. 5 1 J.3Mo.G

Zur juristisch sehr breiten Verurteilungsspanne – von zehn Jahren Zuchthaus bis zu drei Freisprüchen – äußert sich der 5. Strafsenat des Kammergerichts zunächst grundsätzlich: Aus dem Urteil im Prozess A (Dreke und Andere) vom 20. Mai 1935:[49]

> *Die illegale Tätigkeit der Kommunisten in Brandenburg a/H. im allgemeinen.*
> Durch die Maßnahmen der Regierung [Hitler] auf Grund der Verordnung des Reichspräsidenten zum Schutz von Volk und Staat vom 28. Februar 1933 war zunächst auch in Brandenburg a/Havel die KPD mit ihren sämtlichen Hilfs- und Nebenorganisationen, sowohl in der Stadt, als auch im Unterbezirk zunächst fast vollkommen lahm gelegt worden. An einigen Stellen ist jedoch insbesondere die Kassierung in der Roten Hilfe bis in den Sommer 1933 ununterbrochen fortgesetzt worden. Ein illegaler Neuaufbau der Parteiorganisation erfolgte in Brandenburg a/H. bereits in den Monaten April und Mai 1933. Die Vorgänge, die zum Wiederaufbau

49 Vgl. BArch, NJ 503, Bd. 1 (Urteil im A-Verfahren gegen Dreke und Andere, S. 14f.).

der Organisation im gewissen Umfang geführt haben, sind Gegenstand mehrerer Strafverfahren gewesen, die vom selben Senat im Oktober und Dezember 1934 abgeurteilt worden sind.

Erdreich Foth

Hier verweist das Kammergericht auf seine Gerichtsverfahren Ebel und Genossen, Roloff und Genossen sowie Pätzge und Genossen (S. 370). Des Weiteren sei die »Waffenorganisation der KPD« Gegenstand eines Strafverfahrens geworden.

Die bereits oben zitierte Urteilsschrift (Dreke und Andere) fährt dann fort und beschreibt, warum sie zu prozessualen Umstellungen griff:

In diese Zeit unmittelbar nach dem Umbruch fällt zum Teil die Betätigung der jetzt mit angeklagten Posegga (zu 22) und Redweik (zu 23) welche ursprünglich zusammen mit 8 anderen in der Strafsache gegen Roloff und Gen. unter dem Aktenzeichen O.J. 172.34 angeklagt waren. In der Hauptverhandlung vom 18. Dezember 1934 ist das Verfahren gegen sie zur besonderen Verhandlung und Entscheidung abgetrennt worden, weil sich im Laufe der Ermittlungen, die zu dem jetzigen Verfahren geführt haben, ergeben hatte, dass beide Angeklagte auch noch im Jahre 1934 zusammen mit einigen der jetzt Angeklagten für die KPD tätig waren. Das Verfahren gegen Posegga und Redweik ist daher mit dem Verfahren gegen Dreke und Genossen [....] verbunden worden. Der Angeklagte zu 21 Foth ist bereits unter dem Aktenzeichen O.J. 820.33 in dem Verfahren gegen Ebelt [Ebel] und Genossen wegen kommunistischer Betätigung im Sommer 1933 angeklagt gewesen. Durch Urteil desselben Senats vom 30. Oktober 1934 ist er damals mangels Beweises freigesprochen worden. Gegenstand der Anklage gegen ihn bildet jetzt seine Betätigung im Jahre 1934, die in dem vorerwähnten Verfahren noch nicht bekannt war. Die Rechtskraft des freisprechenden Urteils vom 30. Oktober 1934 steht daher dem jetzigen Verfahren gegen Foth nicht entgegen. Während die Betätigung der in den vorerwähnten Verfahren abgeurteilten Angeklagten etwa von Mai bis in den Herbst 1933 sich erstreckte, handelt es sich bei den jetzigen Angeklagten – mit obiger Erweiterung hinsichtlich Posegga und Redweik – im wesentlichen um deren Betätigung etwa seit Frühjahr bis zum November 1934.

Sodann beschreibt die NS-Justiz aus ihrer Sicht die politischen Abläufe und personellen Verflechtungen des Untergrundkampfes der KPD im Umfeld der Stadt Brandenburg:

Im Frühjahr 1934 wurde der im Kreis Luckenwalde geborene Transportarbeiter Georg Dreke (1901–1954), der seit März 1933 aus Prenzlau, wo er der Unterbezirksleitung angehört hatte, geflohen war – von der KPD-Leitung in Berlin nach Brandenburg (Stadt) geschickt, um den bisherigen Verbindungsmann und Instrukteur

»Ewald« abzulösen. Woraus das Gericht schließt, dass auch nach den Festnahmen zahlreicher Funktionäre im Herbst 1933 die Verbindung zur KPD-Leitung in Berlin nicht abgerissen war. Das Kammergericht weiter in seinem Urteil vom 20. Mai 1935:

> Der Angeklagte Dreke, der für seine Tätigkeit als Instrukteur von seinem Verbindungsmann »Max« zur Parteileitung in Berlin laufend mit den erforderlichen Geldbeträgen für seine Reise und seinen Lebensunterhalt unterstützt wurde, ist vom Frühsommer 1934 ab bis zu seiner Festnahme am 11. November 1934 nach eigener Angabe mindestens 5–6 mal in Brandenburg [Stadt] gewesen, um Verbindung mit den Leitern der dortigen Organisation aufzunehmen und aufrecht zu erhalten. Er hat zunächst mit dem damaligen Leiter der KPD in Brandenburg, dem Angeklagten Foth, Fühlung genommen. Mit diesem sofort die Einrichtung eines Kurierweges über Werder nach Berlin besprochen, auf dem sodann der Angeklagte Leonhardt eingesetzt wurde, und auch im übrigen für die Kassierung in Brandenburg, die Abführung der Gelder, die Beschaffung und Verteilung von Flugschriften und Druckmaterial u.s.w. gesorgt.[50]

Über die von den NS-Verfolgern als »Hauptfunktionäre« ermittelten Brandenburger sagt das Urteil und deutet damit die strafrechtlichen Konsequenzen an:

> Politischer Leiter der geheimen Parteiorganisation in Brandenburg war zunächst der Angeklagte Foth. Als dieser sich im Frühsommer 1934 beobachtet glaubte, wurde an seiner Stelle seit dem Juli 1934 der Angeklagte [Rudolf] Schulz zum Leiter bestellt. Unter ihm hat Leonhardt nicht nur als Kurier, sondern auch als Oberverteiler des Materials und im gewissen Umfange auch als Kassierer gewirkt. Der eigentliche Materialverteiler, der für den Absatz der auf dem Kurierweg herangeschafften Druckschriften zu sorgen hatte, war der Angeklagte Puttkammer. Auch die Angeklagten Reichhelm und Schindler haben sich als Verteiler betätigt. Der Angeklagte Korbitzki war Unterkassierer und Verbindungsmann zwischen dem Angeklagten Leonhardt und der Siedlung Klingenberg, in der er insbesondere mit dem in diesem Verfahren nicht angeklagten Invaliden Kutschewski zusammengearbeitet hat. Alle anderen Angeklagten haben sich in geringerem Umfange, wie weiter unten im einzelnen darzustellen sein wird, durch Zahlung von Beiträgen, Abnahme und Bezahlung von Schriften oder in sonstiger Weise bis zu ihrer Verhaftung im November 1934 betätigt.[51]

Verfolgtenschicksale der Leitungsmitglieder des Unterbezirks (UB)

Wie sehr die ehemaligen Hauptfunktionäre des UB Brandenburg auch nach der Haft Kontrollen und Drangsalierungen ausgesetzt waren, berichtet der Sattler Karl Leonhardt. Nachdem er Mitte der 1920er Jahre noch beim Reichsbanner aktiv war – 1923 hatte er 9 Monate wegen Landfriedensbruchs verbüßt –, stieß er 1927 zur KPD und wurde 1934 illegaler OrgLtr. des UB Brandenburg. Karl Leonhardt (1904–1958) schreibt 1951:

---

50 Ebd., NJ 503, Bd. 1 (S. 15 des Urteils).
51 Ebd., NJ 503, Bd. 1 (S. 16 des Urteils).

Am 9. November 1934 wurde ich verhaftet und am 21[20.].5.1935 wegen Vorbereitung zum Hochverrat zu 8 Jahren Zuchthaus verurteilt. Die Strafe wurde in Potsdam und Brandenburger Zuchthaus verbüßt. Am 20.11.1942 wurde ich wieder zur Gestapo nach Potsdam überführt. Im April 1943 wurde ich versuchsweise entlassen und von der Gestapo nach Luckenwalde zur Arbeit verpflichtet, wo ich unter dauernder Aufsicht der Gestapo stand.[52]

Rudolf Schulz

Der Heizer Rudolf Schulz zählte im Hauptverfahren gegen Dreke im Mai 1935 zu den besonders hart Bestraften. Erst im Jahr 1945 endete für ihn die Zeit der Verfolgung. Rudolf Schulz (1900–1983) berichtet 1950 darüber:

Im Jahre 1933 betätigte ich mich illegal und im Juli 1934 übernahm ich die politische Leitung des Brandenburger Bezirks der KPD.
Am 11.11.1934 wurde ich mit mehreren Genossen wegen illegaler Arbeit für die KPD festgenommen. Unsere Festnahme erfolgte durch den Verrat des Spitzels Max Scheffer [Schäffer].
Am 21. Mai 1935 wurde ich nach dreitägiger Verhandlung zu 9 Jahren Zuchthaus und 10 Jahren Ehrverlust verurteilt. Diese Strafe verbüßte ich im Zuchthaus Brandenburg-Görden.
Am 20.11.1943 war meine Strafzeit beendet und ich wurde von dort zur GESTAPO Potsdam überstellt. Hier erkrankte ich an Typhus und war ungefähr 9 Wochen, bis zum 7.4.1944, im Städtischen Krankenhaus Potsdam. Nach meiner Freilassung aus dem Krankenhaus am 12.4.1944 wurde ich über den Alex nach dem K.Z. Sachsenhausen transportiert. Nach ungefähr 6 Wochen Quarantäne kam ich nach dem Block 26. Beschäftigt war ich bei der Lager-Reiniger-Kolonne. Am 7.11.1944 wurde ich mit ca 300 anderen Häftlingen dem Straf.-Batl. Dirlewanger zugeteilt. In der Tschechoslowakei erhielten wir unsere Ausbildung und kamen am 12.12.1944 zum Einsatz nach Ungarn. Anschließend kam der Rest nach Deutschland zurück. Wir kamen nach Forst und am 29.4.1945 ging ich in sowjetische Kriegsgefangenschaft, aus der ich am 24.7.1945 entlassen wurde.[53]

Hart unter dem Terror des NS-Regimes litt auch der Brandenburger Former Erdreich Foth aus der Abtstraße 9 in Brandenburg-Stadt.

1927 hatte der zuvor in pommerschen Eisengießereien tätige Facharbeiter Richard Foth – Erdreichs Vater – aufgrund eines schweren Augenleidens seinen Beruf aufgeben müssen und war Invalide geworden. 1929 zog er mit seiner Familie (vier Töchter)

52 BLHA, Rep. 401 / VdN 1106.
53 Ebd., Rep. 401 / VdN 4818.

in die Havelstadt, wo bereits sein ältester Sohn als Former tätig war. Erdreich Foth (1906–1949), von dem leider nur wenige schriftliche Äußerungen vorliegen, war in leitender Funktion des Unterbezirks Brandenburg tätig (S. 369ff.), wurde aber bereits am 14. August 1933 festgenommen und ist dann in einem frühen Prozess »Ebel und Genossen« am 30. Oktober 1934 aus Mangel an Beweisen freigesprochen worden. Nach Aufdeckung weiterer geheimer Verbindungen und Aktionen der illegalen KPD durch die Geheime Staatspolizei, darin unterstützt durch den Brandenburger Gestapohelfer Max Schäffer, wurde das NS-Justizverfahren gegen den kommunistischen Unterbezirk erneut aufgenommen.

Gegen die leitenden Funktionäre wurden harte Strafen verhängt, darunter gegen Erdreich Foth, der sechs Jahre Zuchthaus erhielt. Er verbüßte seine Kerkerzeit in den Haftanstalten Brandenburg und Amberg und hätte im November 1940 eigentlich entlassen werden müssen. Nach Verhören bei der Geheimen Staatspolizei verschleppte man den Wehrlosen im Januar 1941 ins Konzentrationslager, wo er erst am 3. Mai 1945 durch die Rote Armee befreit wurde. Doch es blieben ihm, der nun beim Ortsausschuss des FDGB Anstellung fand, nur noch wenige Lebensjahre, denn der 1906 Geborene (Foto S. 373) starb bereits im April 1949 an den Folgen seiner schweren Haftzeit.[54]

Ähnlich kurz verlief das Leben des Transportarbeiters Georg Dreke (1901–1954), auf dessen herausragende politische Funktion bereits hingewiesen wurde (S. 371). Der erfahrene kommunistische Gewerkschaftsfunktionär und RFB'ler wirkte 1933 für die illegale Partei in sehr verschiedenen lokalen Bereichen: Org-Leiter des UB in Prenzlau, dann – ab Mai d.J. – Instrukteur im UB Berlin-Schöneberg. Von Oktober bis Dezember betätigte er sich in geheimer Mission für die Rote Hilfe als Bezirksinstrukteur neben Schöneberg auch in Charlottenburg und Wilmersdorf. Seine letzte Funktion war die des sogenannten Bauführers für die Provinz Brandenburg–Grenzmark–Lausitz. Unter den Parteinamen Friedrich und Walter agierend, reiste er mehrmals in die ČSR und nahm dort an Besprechungen mit führenden kommunistischen Exil-Politikern (Politbüro) wie etwa Ulbricht und Schubert teil. Georg Dreke (1901–1954) dazu 1945:

> Mein damaliger Vordermann – [als Kontaktperson zur illegalen Landesleitung, d. Verf.] – war der Genosse Paul Berz [Bertz] und der später zum Tode verurteilte Genosse Rempte [Adolf Rembte]. Meine illegalen Papiere lauteten auf den Namen Walter Marek. Bei einer Fahrt von Berlin nach Brandenburg a.d. Havel wurde ich durch den Spitzel Schäffer dortselbst auf dem Bahnhof verhaftet. Der folgende Prozess lief unter dem Namen Dreke u. Genossen. Ich selbst wurde als Hauptangeklagter zu 10 Jahren Zuchthaus wegen Vorbereitung zum Hochverrat, nebst 10 J. Ehrverlust und 10 J. Polizeiaufsicht verurteilt. Während meiner gesamten Haftzeit vom 10.11.1934 bis Mai 1945 habe ich mich im revolutionären Sinn betätigt.[55]

Dreke war nach zehn Jahren Haft in den Zuchthäusern Brandenburg und Sonnenburg sowie dem Moor-Lager 1 (Börgermoor) zur Gestapo nach Potsdam überstellt worden

---

54 BLHA, Rep. 401 / VdN 509.
55 Ebd., Rep. 401 / VdN 2700.

(20. November 1944), die ihn ins KZ Buchenwald verschleppen ließ. Dort schlug am 8. Mai 1945 endlich die Stunde der Selbstbefreiung.

Ähnlich erging es dem Brandenburger Arbeiter Ernst Puttkammer (1901–1952). Im Justizverfahren Dreke und Andere 1935 zu sechs Jahren Zuchthaus verurteilt, verschleppte man den Wehrlosen nach der Strafverbüßung bis 1945 ins KZ Sachsenhausen. Dort Teil einer kommunistischen Gruppe um Fritz Eikenmeier, wurde er als Helfer in die Lagerküche geschleust und konnte dadurch für kranke Gefangene der Roten Armee, die dem Massenmord bisher entgangen waren, lebenswichtige Zusatznahrung beschaffen. Erst 1945 befreit, war auch ihm nach über zehn Jahren der Pein kein langes Leben vergönnt, starb er doch vor seinem 52. Geburtstag.[56]

»Innere Umstellung« oder anhaltender Fanatismus der Verurteilten?

Während also unbeugsame und gesinnungstreue Leitungsmitglieder des zerschlagenen Unterbezirks Brandenburg der KPD die gnadenlose Härte des NS-Regimes traf, erwiesen sich Justiz und Gestapo in Fällen geringerer »Schuld« als flexibel und strategisch berechnend: Kam man doch staatlicherseits jenen zu eher geringen Strafen Verurteilten, die zudem »innere Umstellung« beteuerten – vielleicht auch in Wirklichkeit intendierten –, insofern entgegen, als man von »einmaligen Verfehlungen« der Inhaftierten ausging und sie etwa ein Vierteljahr vor dem offiziellen Entlassungstermin auf Bewährung entließ. Dafür wurden zuvor die Beurteilungen bzw. Prognosen verschiedener NS-Institutionen eingeholt, so der betreffenden Strafanstalt oder der Geheimen Staatspolizei.[57] Dabei kam es durchaus auch zu einzelnen strittigen Fällen: Während bei den Verurteilten Benning, Fabian, Kruse, Lühnsdorf, Magdanz, Paasche und Schindler die bedingte Begnadigung reibungslos verlief, wehrte sich die Justiz, bei Richard Kofke dem positiven Votum der Strafanstalt zu folgen und begründete ihre Härte mit dem Hinweis darauf, dass Kofke vor Gericht alle Vorwürfe abstritt und sich als »fanatischer Kommunist« präsentierte. (zu Richard Kofkes siehe Seite 378)

Neben dem Weg jener *ehemals* Aktiven, die sich nun von der illegalen KPD zurückzogen – ob aus nachgeholter NS-Begeisterung oder gebotener Vorsicht vor dem stets drohenden Terror, wäre im Einzelfall zu prüfen – und der früheren Spitzengruppe des Unterbezirks, die durch die anhaltende Inhaftierung bis 1945 dem direkten Widerstandskampf entzogen wurde, blieb noch eine mittlere Funktionärsschicht übrig, die nun besonders gefordert war: Einmal aus der Haft (wieder) in die zweifelhafte Freiheit des sogenannten Dritten Reichs entlassen, standen sie vor allem vor dem Problem der Arbeitsplatzsuche und der politischen Überwachung ihrer weiteren Schritte. Im Folgenden berichten Zeitzeugen von ihren Erfahrungen nach der Haft und der Wiederaufnahme ihrer Untergrundtätigkeit – nun allerdings verlagert vom Wohn- auf den Betriebsbereich. Hier schälte sich positiv die Adam Opel AG der Stadt Brandenburg heraus.

---

56 BLHA, Rep. 401 / VdN 1383.

57 Siehe zum Folgenden BArch, NJ 503, Bd. 2 und NJ 12608, Bd. 1 (mit acht Fällen der Prüfung einer bedingten Aussetzung der Reststrafe).

Illegale Betriebsarbeit (Adam Opel AG)

Beginnen wir mit einer generellen Aussage eines erfahrenen kommunistischen Gewerkschafters zum Problem der Betriebsarbeit der KPD 1932/33, einer Zeit also, in der die KPD überwiegend eine Partei der Arbeitslosen war, in der nur noch eine Minderheit von Facharbeitern in Lohn und Brot stand (S. 345).

Otto Seeger (1900–1976) – zu dieser Zeit Vorsitzender der IG Eisenbahn der DDR – erinnert sich 1951 an seinen Weggefährten Richard Kofke:

> Von 1924 bis 1933 arbeiteten wir im Reichsbahnausbesserungswerk Brandenburg-West in der Betriebszelle der KPD zusammen. Ich war Pol.-Leiter der Betriebszelle, der Gen. Kofke Org. Leiter. Als wir im Mai 1932 als RGO-Betriebsräte aus dem Werk entlassen wurden, rückte der Genosse Kofke als Betriebsrat auf und war bis zum April 1933 Mitglied des Betriebsrates im Reichsbahnausbesserungswerk Brandenburg-West.
>
> Im April wurden alle Mitglieder der KPD, soweit sie der NSBO [Nationalsozialistische Betriebszellenorganisation] bekannt geworden waren, entlassen, darunter auch der Genosse Kofke. Ich war seit dem Sommer 1932 Pol.-Sekretär des Unterbezirks Brandenburg-Belzig/Westhavelland. Der Genosse Kofke arbeitete nach seiner Entlassung aus dem Reichsbahnausbesserungswerk Brandenburg-West in der illegalen Unterbezirksleitung mit. Er beteiligte sich besonders an der Herstellung der illegalen Zeitung »Rote BZ« und an der Herstellung von Flugblättern. Nach meiner Verhaftung übernahm er die Leitung des Unterbezirks Brandenburg-Belzig/Westhavelland. Später arbeitete er als Berater der Bezirksleitung der KPD Berlin-Brandenburg. Zusammen mit dem Genossen Franz Brüning [S. 480] wurde er im November 1933 in Berlin verhaftet. Im Dezember 1934 wurde er zu 2 ½ Jahren Zuchthaus verurteilt. Nach seiner Entlassung aus dem Zuchthaus arbeitete er seit 1937 in der Firma Adam Opel im Werkzeugbau. Seit dieser Zeit standen wir wieder in engster Verbindung und arbeiteten illegal in der Opel-Gruppe. 1943 wurde der Genosse Kofke zum Militär eingezogen. Nachdem er im Oktober an die Front kam, ging er nach 2 Tagen Fronteinsatz zur Roten Armee über. 14 Tage später bekamen wir in unserer Gruppe schon die Nachricht, daß Genosse Kofke übergelaufen sei und als Propagandist [NKFD] an der Front arbeitete.[58]

Walter Franz (1904–1986), Mitglied der frühen UB-Leitung von Brandenburg und zwei Jahre lang inhaftiert (S. 367ff.), berichtet 1946:

> Nach meiner Haftentlassung lehnten eine Reihe von Betrieben ab, mich zu beschäftigen, bis ich bei der Adam Opel A.G. Brandenburg als Bohrwerksdreher eingestellt wurde. Als denkende[m] Mensch[en] fehlte mir dann in meiner Freizeit ein geistiger Ausgleich und so wurde ich Schüler der Fernschule Berlin und studierte 8 Semester »Allgemeinen Maschinenbau«. Zu meiner Arbeit gehörten verschiedenartige technische Berechnungen, welches die Werkleitung bald erkannte. Ich musste dann die Zahnradberechnungen vornehmen und als die Firma 1940 einen Ingenieur am Volkswagenwerk abgeben mußte, hat man mich auf den Posten als Planungs-Ingenieur gesetzt, welchen ich bis Kriegsende innehatte. Nur mit dem Unterschied, daß der gesamte Nazi-Vertrauensrat dagegen protestierte und ich in den ersten 2 Jahren nicht

58 BLHA / Rep. 401 / VdN 4165 (Schreibfehlerkorrektur: Koffke in Kofke, d. Verf.)

angestellt werden durfte. Ich könnte aus dieser Zeit eine Reihe von Fällen anführen, wo ich versucht habe zu sabotieren, wovon ich stets den Genossen Paul Siegel in Kenntnis setzte.[59]

Angemerkt werden sollte in diesem Zusammenhang, dass Walter Franz 1940 und 1941 wegen des Vorwurfs der Begünstigung von Ausländern wiederholt von der Gestapo vernommen wurde. Letztgenannter Paul Siegel bestätigte 1952: »1936/37 bin ich im Arbeitsprozess bei den Opel-Werken in Brandenburg bis 1945 wieder in nähere Verbindung zu ihm [W. F.] gekommen. Während dieser Zeit konnte ich zu jeder Zeit und Stunde mit ihm verschiedene Fragen und Unklarheiten besprechen. Er hat sich so bewegt, dass man mit ihm ein offenes Wort reden konnte.«[60]

Der Dreher Siegel (1897–1982) geht in einem anderen Zusammenhang noch einmal sehr ausführlich auf widerstandsrelevante Betriebsprozesse ein, indem er 1968 schreibt:[61]

In den Opelwerken, wo ich während dieser Zeit [seit 1935, nach 2 Jahren Haft] tätig war, erschien[en] Flugblätter. Doch hatte ich mit dieser Gruppe keine Verbindung.
[…]. Später gab sie ein Lebenszeichen aus der Schweiz. Damit fielen die Rundfunksendungen aus der Richtung Tangermünde aus. Ich traf den Genossen Ernst Werpel, mit dem ich bereits illegal zusammengearbeitet hatte, doch kam es zu keiner weiteren Zusammenkunft, da die Gruppe, der er ja angehörte, hochging und er eine mehrjährige Zuchthausstrafe in Brandenburg verbrachte. Während dieser Zeit wurde er in den Brennaborwerken beschäftigt. Gesehen haben wir uns des Öfteren, doch ein enger Kontakt war nicht möglich. […]
Ein Vorfall, den fast alle Kollegen der Opelwerke erlebten. Zwei Tschechen wurden durch das Werk geführt und mußten ein Schild tragen mit der Aufschrift, daß sie Landesverräter sind. Hinter ihnen ging der Werkschutz mit Karabinern. Wenn die Kollegen das Schild nicht mehr tragen konnten, wurden sie mit dem Kolben in den Rücken gestoßen. Wir konnten nichts dagegen tun, aber wir haben auch nichts mehr von ihnen gehört. Die ersten Zivilarbeiter aus der Sowjetunion treffen ein. Sie wurden mit roten Flicken auf dem Rücken gekennzeichnet. Sie wehrten sich dagegen und erklärten, daß in der Sowjetunion dieses nur mit Verbrechern geschieht. Kurze Zeit später trugen alle den üblichen Ostwinkel. Bezeichnend mag sein, daß am Fertigband ein Junge von 13 Jahren beschäftigt war. Der Hunger war ihm anzusehen, geben konnten wir ihm nichts, doch gefunden hat er immer etwas, doch durfte er nicht wissen, wo es herkam, um uns nicht zu gefährden. Einige Kollegen sind dabei hochgegangen […].[62]

Siegel weist in seinem Bericht des Weiteren darauf hin, dass ihn die Gestapo 1944 für eine »Zusammenarbeit« gewinnen wollte, was er trotz Drohungen jedoch ablehnte. Darüber informierte er die vertrauten Funktionäre Max Herm und Rudolf Märksch, die in ähnliche Situationen gerieten. Paul Siegel fährt fort:

---

59 LAB, C Rep. 118-01 / Nr. 23666.
60 Ebd.
61 BLHA, Rep. 530 / SED-Bezirksleitung Potsdam / Nr. 8691.
62 Ebd., Rep. 530, Nr. 8691, Bl. 10ff.; vgl. auch BLHA, Rep. 401 / VdN 4840. Siegel teilte in seinen Aufzeichnungen auch mit, dass 1933 zentrale Flugblätterlieferungen sowie die Hauptkuriertätigkeit dadurch erledigt wurden, dass die Illegalen heimlich einen täglich zwischen Berlin und Brandenburg pendelnden Brotwagen der Firma Gent mitbenutzten.

> In den Opelwerken hat sich in dieser Zeit [Kriegsjahre] die Verbindung zwischen ehemaligen Kommunisten und Sozialdemokraten angebahnt und man kann sagen, dass es innerbetrieblich zu einer guten Zusammenarbeit und Verständigung gekommen ist. Der ehemalige Sozialdemokrat Willi Paul hatte die Möglichkeit, innerhalb des Betriebes die neuesten und die letzten Sendungen des Rundfunks abzuhören und kurze Zeit später waren wir darüber im Bilde und konnten uns demzufolge immer auf die neueste Situation einstellen. Zu dieser Gruppe gehörten unter anderen Gustav Kölber, Paul Lommatzsch und einige ausländische Kollegen. Bei den Abschlußkämpfen in Brandenburg setzte ich mich ab, um nicht in letzter Stunde von der SS umgelegt zu werden. Als die rote Armee in Brandenburg einrückte, brach ich zusammen, meine Nerven waren erschöpft. Der Kollege Willi Paul und Gustav Kölber kamen noch an mein Bett und ich gab ihnen die Anleitung, auf welchem Gebiet sie weiter arbeiten sollten.[63]

NS-Gegner, denen der Zugang zu den Opel-Werken bereits in den 1930er Jahren verschlossen blieb, suchten andere Wege illegaler Arbeit:

Der Brandenburger Rotfrontkämpferbund-Funktionär Otto Ziepel (1906–1974), der bereits vor 1933 vom Schwurgericht Potsdam wegen gewalttätiger Auseinandersetzungen mit SA sowie wegen Meineids zu 2 ½ Jahren Zuchthaus verurteilt worden war, stand nach der Haftentlassung 1934 vor dem Problem, nun wieder neue Verbindungen knüpfen zu müssen: Schließlich fand er Anschluss an vertraute Genossen. Otto Ziepel dazu:

> Nach meiner Entlassung nahm ich wieder Verbindung mit den Gen. Otto Dahlik und Kurt Kunter auf und [wir haben] illegal gearbeitet, indem wir Handzettel in Briefkästen steckten oder unter den Abtretern [ab]legten. Mit der Losung »Wer Hitler wählt, der wählt den Krieg. Es lebe die KPD, sie ist nicht mundtot zu machen.« In staatlichen Betrieben wurde ich nicht eingestellt, weil ich [eine] kommunistische Gesinnung hätte. So hatte ich dann [bei] ... den Steinsetzern angefangen. 1937–1939 war ich Kohlenkutscher [...].[64]

Da NS-Kunden dem Kohlenhändler androhten, bei Weiterbeschäftigung von Ziepel nichts mehr zu bestellen, musste er auch diese Tätigkeit aufgeben. Schließlich fand er im Sommer 1939 Arbeit bei der Berliner Kindl Brauerei in der Fohrderstraße und blieb bis zur Wehrmachteinberufung 1943.

Der Kraftfahrer Otto Behrend (1902–1970), ein wieder anderer Anhänger des RFB, war den Verfolgungswellen 1933–35 entgangen, obwohl er 1934 mit Walter Ebel u. anderen illegal gearbeitet hatte. Doch im Juni 1936 griff die Gestapo auch nach Behrend: Durch Transportfahrten gelangte der Genannte nämlich an Verbindungen ins Brandenburger Pionierbataillon 49 und leistete dort »Zersetzungsarbeit« (so Behrend), wurde aber verraten und dann zusammen mit seinem Beifahrer verhaftet. Während Letzterer schnell freikam, wurde Behrend wegen »Vorbereitung zum Hochverrat« zu 3 Jahren Zuchthaus verurteilt. Im Februar 1943 zwang man ihn zudem in die Strafeinheit 999.[65]

---

63 Ebd., Rep. 530, Nr. 8691, Bl. 12.
64 BLHA, Rep. 401 / VdN 4207 (Otto Ziepel).
65 Ebd., Rep. 401 / VdN 2863 (Otto Behrend).

»Vorbereitung zum Hochverrat« in Luckenwalde und Umgebung (1933/34)

Ein weiteres Beispiel für den frühen Terror gegen die Arbeiterbewegung findet sich im Jahr der berüchtigten »Machtergreifung« in der Mitte der Provinz Brandenburg, in der Industrieregion in und um Jüterbog-Luckenwalde. So meldet die Staatspolizeistelle in Potsdam am 28. November 1933 über eine Razzia:

> In der Zeit vom 7. bis 12.11.1933 wurde in verschiedenen Ortschaften des Kreises Jüterbog eine umfassende Aktion gegen die staatsfeindlichen Elemente durchgeführt. Hierbei wurden u. a. beschlagnahmt:
> 37 Gewehre, 17 Teschings, 8 Pistolen, 23 Revolver, 20 Seitengewehre, 775 Schuß Munition, Ausrüstungsgegenstände und Hetzschriften.
> Die beschlagnahmten Schriften sind fast ausschließlich in jüngster Zeit hergestellt und ausnahmslos staatsfeindlichen hochverräterischen Inhalts. Unter den Schriften befindet sich auch die kommunistische Zeitschrift »Junge Garde« und »Rote Fahne«.[66]

Die Politische Polizei will darüber hinaus festgestellt haben, dass die KPD im Verein mit ehemaligen Angehörigen der SPD und des Reichsbanners sich bis zum Tage des polizeilichen Zugriffs unter zentraler Leitung von Berliner Verbindungsfunktionären illegal betätigte, wobei man Informationen untereinander austauschte.

Einen Monat später berichtet die Staatspolizeistelle Potsdam (gez. Graf Helldorf) an das Geheime Staatspolizeiamt in Berlin über »kommunistische Umtriebe im Kreise Jüterbog-Luckenwalde«, dass durch die fortgesetzten Ermittlungen herausgekommen sei, dass bis zum Oktober des Jahres »eine organisierte kommunistische Verbindung« in den Orten Luckenwalde, Trebbin, Dahme, Baruth und Zagelsdorf – sämtlich im Kreis Jüterbog-Luckenwalde gelegen – bestanden hätte.

In den einzelnen Orten wirkten jeweils Verbindungsleute, die ihre Richtlinien bzw. Handlungsanweisungen vom Neuköllner Schriftsetzer Erich Grunath direkt erhielten. Weiter führt der Bericht aus Potsdam aus:

> [So] … veranstalteten die Beteiligten geheime Zusammenkünfte, teils in einem Walde bei Luckenwalde, teils in der Wohnung eines KPD-Mitgliedes in Dahme. Bei diesen Zusammenkünften wurde über organisatorische Massnahmen, über die Bestellung und den Vertrieb von kommunistischen Druckschriften, die Werbung von neuen Mitgliedern und die Erhebung von Beiträgen ohne Verwendung von Beitragsmarken gesprochen. Die Verwendung von Beitragsmarken wurde nicht empfohlen, weil diese sich bei etwa stattfindenden polizeilichen Haussuchungen zum Verhängnis der von der Durchsuchung Betroffenen auszuwirken pflegen.[67]

Der o. g. Schriftsetzer Grunath sei geständig, bis September 1933 sowohl illegale Beitragsmarken als auch die Rote Fahne vertrieben zu haben. Doch der Hersteller der

66 BLHA, Rep. 2 A I Pol. / Nr. 1090, Bl. 626 (= Meldungen des Polizeipräsidiums Berlin über die KPD).
67 Ebd., Rep. 2 A I Pol. / Nr. 1090, Bl. 627 (und R).

RFB-Gruppe mit dem Org.-Leiter der KPD von Luckenwalde Willy Scholz (unterhalb der Fahne mit Schlips). Er verstarb Anfang 1945 an den Folgen früh erlittener Misshandlungen (S. 176).

Roten Fahne konnte noch nicht ermittelt werden, diesbezügliche Nachforschungen dazu setze die Politische Polizei allerdings fort. Abschließend stellt der o. g. Bericht heraus: »G. [Grunath] hat die Zeitung[en] in gewissen Zeitabständen nach Baruth gebracht, wo sie durch Verbindungsleute an zuverlässige Genossen weitergegeben wurden. Die beteiligten Personen sind in Schutzhaft genommen und gegen sie ist bei der Oberstaatsanwaltschaft in Potsdam ein Strafverfahren wegen Hochverrats eingeleitet worden.«

Soweit die Sichtweise und Sprache der NS-Verfolger. Betrachten wir im Folgenden die juristische Aufarbeitung und Ahndung der Widerstandshandlungen und hören anhand der Aussagen Betroffener, was sich hinter den Worten »Geständnis« und »Schutzhaft« tatsächlich verbarg. Wichtig ist auch die Frage, ob es wirklich beim Untergrundkampf im Kreis Luckenwalde zu einer gewissen Form von Kooperation zwischen den bis dato eher verfeindeten Kommunisten und Sozialdemokraten kam.

Aussagen Festgenommener 1933: Ein Land in Angst

Im Zuge der staatspolizeilichen Ermittlungen wurde am 27. September 1933 auch der Berliner Kontaktmann der Brandenburger Gruppe der Proletarischen Freidenker »verhört«.[68] Es handelte sich um den 1901 geborenen Handlungsgehilfen Willi Seeger

68 Vgl. zum Folgenden auch BLHA, Rep. 601 / VdN 1765 (Willi Seeger) und Rep. 401 / VdN 4092 (Richard Hanke).

(1901–1958) aus Neukölln, Donaustraße 7, einem Mitglied der KPD und Funktionär der – kommunistisch orientierten – proletarischen Freidenker. Der Verband wurde am 3. Mai 1933 aufgelöst und in eine »Volkshilfe« umgewandelt. Doch auch deren Sitz schloss der NS-Staat am 3. Juni im Zuge der »Gleichschaltung« und kündigte eine gemeinsame Organisation aller sogenannten Verbrennungsorganisationen an.

Mitte Juni 1933 suchten zwei Personen, darunter ein gewisser Specht – vormals Mitarbeiter der Volkshilfe (Büro Burgstraße) – Willi Seeger auf und fragten, ob er bereit sei, Beitragsmarken an mehrere ländliche Kassierer zu überbringen, wofür ihm das Reisegeld und ein kleiner Spesenbeitrag für das Essen in Aussicht gestellt wurden. Da arbeitslos, willigte Seeger ein, so jedenfalls seine Aussage. Zunächst fuhr er nach Luckenwalde, zur Kassiererin Wandelburg o. ä. Doch da deren Mann inzwischen Mitglied der SA geworden war, verweigerte sie die Annahme jeglicher Marken und schickte Seeger zu einem Strasenneck oder Strassnick (s. u.), Beelitzer Straße 4.

Doch auch dort blieben die Einnahmen von verkauften Marken weit unter der erwarteten Summe zurück, da sich viele Mitglieder geweigert hätten, Beitrag zu zahlen. »Auch die Unterkassierer hätten erklärt, dass sie Angst hätten, Marken zu verkaufen, da ihnen die ganze Aufmachung auffällig erscheint«, so Seeger über die Stimmung in der alten Hochburg der Arbeiterbewegung Luckenwalde. Seeger fährt in seinem Bericht fort und schildert – in Bezug auf die NS-Gegner – ein Land in Angst:

> Ich bin nacheinander in Eberswalde gewesen, wo die Frau des Kassierers mir erklärte, dass sie Marken nicht annehme, da ihr Mann verhaftet gewesen sei und mit diesen Sachen nichts mehr zu tun haben wollte. In Niederfinow habe ich den Kassierer nicht gefunden. Der Hauswirt erklärte mir, dass sich der Kassierer, ich glaube, er hieß Ruppin oder so ähnlich, in Oranienburg [KZ, d. Verf.] befindet. In Freienwalde erklärte mir der Kassierer Hermann Göricke, dass die Ortsgruppe nur aus 5 Mitgliedern bestehe, von denen 4 verhaftet seien. Auch er lehnte die Annahme von Marken ab. Göricke, den ich fragte, wer der Kassierer in Wriezen sei, erklärte mir, dass er Lichtenberg heisse, aber inzwischen zur SA übergetreten sei.[69]

Keine geringen Einschüchterungen gingen im Frühsommer 1933 auch von Kontrollen auf Landstraßen aus. Seeger dazu: »Als ich mit den verweigerten Marken in Freienwalde mit dem Rade auf der Fahrt nach Berlin war, wurde ich von einem Landjäger und mehreren SA-Leuten auf der Chaussee angehalten. Ich musste die Marken vorzeigen und erklärte, dass es sich um Bestattungsmarken für die Volkshilfe handele. Daraufhin wurde ich wieder entlassen.«[70]

Seeger stand schließlich im Sommer 1934 vor Gericht – die Anklageerhebung stammt bereits vom 1. März 1934 – und wurde in einem Verfahren des 5. Senats des Berliner Kammergerichts mit zwei Brandenburgern am 9. Juli 1934 wegen der »Vorbereitung zum Hochverrat« in Plaue u. anderen Orten (bis Juli 1933) verurteilt:

69 Ebd., Rep. 2 A I Pol. / Nr. 1090, Bl. 508.
70 Ebd., Rep. 2 A I Pol. / Nr. 1090, Bl. 509.

Handlungsgehilfe Willi Seeger (* 1901), Neukölln	1 J., 9 Mo. G
Arbeiter Richard Hanke (* 1895), Plaue, Göringstraße 7	1 J., 6 Mo. G
Tischler Otto Starsonek (* 1898), Luckenwalde, Beelitzer Str. 4	1 J., 6 Mo. G

Hanke wurde vom Gericht als Hauptkurier in Plaue eingestuft, der wusste, dass die Markenverbreitung eine getarnte Tätigkeit für die KPD darstellte, deren Ziele er u. a. durch die Weitergabe kassierter Beiträge an Seeger förderte. Starsonek, verantwortlicher Kassierer für die »Bezirke Jüterbog, Luckenwalde, Trebbin und Kloster Zinna«, handelte ähnlich, denn auch er gab Einnahmen einer Organisation, deren Büro staatlicherseits längst geschlossen war, an Seeger in der Erkenntnis weiter, dass die Gelder der Förderung der kommunistischen Partei dienten.[71]

Ein Blick in die Verfolgtenakte Seegers verrät, dass der im September 1933 Festgenommene erst im April 1934 in Untersuchungshaft geriet, sich also über ein halbes Jahr in den Händen der Staatspolizei befand, die ihn im Winter 1933/34 in die Konzentrationslager Brandenburg und – nach dessen Auflösung im Februar 1934 – Oranienburg steckte.

Im Krieg zwang man den zunächst »Wehrunwürdigen« 1943 in eine Strafeinheit, doch es gelang ihm schließlich im August d. J., an der Ostfront zur Roten Armee überzulaufen. (1945/46 Mitarbeiter der KPD-Bezirksleitung Brandenburg.)

Seegers Mitangeklagter Richard Hanke, bis zu seiner politisch bedingten Entlassung 1932 zehn Jahre lang Reichsbahnarbeiter in Kirchmöser, litt ebenfalls von September 1933 bis Februar 1934 im Konzentrationslager, bevor er nach Berlin-Moabit in (relativ zivile) Untersuchungshaft kam. Nach seiner Strafverbüßung im Juni 1935 gelang es dem Plauer, Lagerverwalter bei der Firma Adam Opel in Brandenburg (Stadt) zu werden, wo sich – wie wir auch aus anderen Zusammenhängen wissen (S. 378ff.) – mehrere politisch Vorbestrafte im erneuten Widerstand, diesmal mit dem Schwerpunkt auf der Betriebsarbeit, zusammenfanden.

Über den dritten Mitangeklagten (Foto S. 385) lässt sich leider nur ermitteln, dass er am 23.8.1942 an den Folgen von Haft und Misshandlungen verstarb.[72]

Die NS-Justiz arbeitete denkbar zügig und erhob den Vorwurf der Vorbereitung zum Hochverrat gegen 17 Personen aus Luckenwalde und Umgebung.

Während die Anklageschrift des Verfahrens bereits vom 8. März 1934 stammt – nach Verhaftungen im September 1933 – wurde das Urteil schließlich knapp ein halbes Jahr darauf, nämlich am 7. August 1934, gesprochen.[73]

Belief sich die Anklage noch auf 17 Personen, war es nun eine weniger, da der Angeklagte Walter Kunze aus Dahme nach wie vor im Jüterboger Krankenhaus lag.

71 Vgl. BArch, NJ 12161.

72 Eine VdN-Akte auf seinen Namen oder den einer hinterbliebenen Person gibt es im BLHA nicht, wohl aber Unterlagen im Heimatarchiv von Luckenwalde.

73 BArch, R 3018 / Nr. 13565 (Urteil vom 7. August 1934, Anklageschrift vom 8. März 1934).

Otto Starsonek

Grete Gebauer

1. Schlosser Fritz Schubert (* 1904), Piesteritz b. Wittenberg, Schulplatz 13 (vorbestraft) 1 ¼ J. G
2. Hutarbeiterin Grete Gebauer, geb. Münch (* 1905), Luckenwalde, Lindenstraße 4 1 ¼ J. G
3. Bauarbeiter Paul Hitze (* 1904), Luckenwalde, Lindenstraße 4a 1 J. G
4. Arbeiter Georg Thürasch (* 1906), Zagelsdorf 2 ½ J. Z
5. Schneider Erwin Thürasch (* 1912), Dahme/M., Jüterboger Straße 39 1 ¼ J. G
6. Maurer Fritz Thürasch (* 1905), Zagelsdorf (vorbestraft) 2 J. G
7. Arbeiter Willi Thiele (* 1897), Dahme/M. (vorbestraft) 1 ¼ J. G
8. Bäcker Paul Beck (* 1912), Dahme, Kirchstraße 5 1 J. G
9. Werkzeugmacher Erich Schröther (* 1902), Luckenwalde, Hetzheide 70 Freispr.
10. Arbeiter Willi Jurk (* 1899), Zagelsdorf (vorbestraft) 1 ¾ J. G
11. Arbeiter Martin Hagen (* 1911), Schwebendorf Verf. eingest.
12. Schneider Willi Klein (* 1913), Dahme, Kirchstraße 5 (vorbestraft) 1 J. G
13. Ofensetzer Hermann Götze (* 1910), Dahme, Kirchstraße 4 1 ¼ J. G
14. Maurer Herbert Schäfer (* 1901), Berlin, Lange Str. 49 (vorbestraft) 1 ¼ J. G
15. Holzbildhauer Bruno Hill (* 1906), Berlin, Grünstraße 4 Freispruch
16. Maler Erich Jeserick (* 1897), Luckenwalde, Pferdestraße 17 Freispruch

Das Gericht stellte zunächst seine grundsätzliche Sicht der lokalen politischen Ereignisse heraus – irrte dabei in Sachen Mandatsverteilung – und bemaß danach den individuellen Anteil von Schuld der Angeklagten:

Gründe: Die Hauptverhandlung hat folgenden Sachverhalt ergeben. Vor dem 30. Januar 1933 war die Bevölkerung von Luckenwalde und Umgebung stark kommunistisch eingestellt. Die KPD besaß in der Stadtverordnetenversammlung von Luckenwalde mehr Abgeordnete als die SPD. Wie allenthalben in Deutschland erlahmte das Interesse für den Kommunismus nach der Ergreifung der Macht durch die NSDAP auch hier.[74]

Im Februar 1933 kam ein Instrukteur der Berlin-Brandenburger Bezirksleitung namens Naumann nach Luckenwalde, wo er den Schlosser Fritz Schubert, der angeblich nur einfaches KPD-Mitglied gewesen sein will, aufsuchte. Da mehrere Funktionäre vor Ort ausgefallen waren, teils aus gesundheitlichen, teils aus anderen Gründen, bestimmte Naumann Schubert zum Leiter der KPD und besprach mit ihm die anstehende Wahlarbeit. In seiner neuen Funktion berief Schubert für den Sonntag nach der Reichstagswahl, also den 12. März 1933, die leitenden Funktionäre der KPD Luckenwalde zu einer Versammlung am Wasserwerk in der Nähe der Stadt. Dazu erschienen dann die Angeklagten Schröther, Hill, Jeserick, Georg Thürasch und Paul Hitze, Letzterer als Beauftragter der KPD-Ortsgruppe Trebbin, Jeserick – kommunistischer Stadt- bzw. Kreistagsabgeordneter – in ähnlicher Funktion für die Ortsgruppe Jüterbog.

Schubert verlas zunächst ein Schreiben der zentralen Parteileitung – welches der frühere Vertreter der Luckenwalder KPD, Gebauer, erhalten hatte –, dessen Grundgedanke die Bewahrung der Organisation und der Zusammenhalt eines zuverlässigen Funktionärsstamms war. Darüber hinaus erfolgten Informationen über Verbindungen des Reichstagsbrandstifters van der Lubbe zu NS-Kreisen und Handlungsanleitungen für den Versuch, die Arbeiterschaft zum Widerstand aufzurufen, so etwa durch Bekämpfung des Lohnabbaus. Das Urteil der NS-Justiz fährt unter Bezug auf die lokalen politischen Verhältnisse fort:

Im weiteren Verlaufe der Sitzung berichtete der Angeklagte Hitze über die Lage der KPD in Trebbin, der Angeklagte Jeserick das Gleiche von Jüterbog. Beide beurteilten die Lage in diesen beiden Städten sehr schlecht. Es wurde sodann beschlossen, die Beiträge weiter zu kassieren und hierfür die alten Markenbestände zu verwerten. Auch die Herausgabe einer Zeitung wurde erörtert, die aber nur an zuverlässige Leute gegeben werden sollte. Der Gedanke wurde schließlich fallengelassen, da die Ortsgruppe Luckenwalde weder einen Vervielfältigungsapparat noch eine Schreibmaschine für die Herstellung einer solchen Zeitung besaß.
Im Laufe der nächsten Zeit geschah zunächst nichts. Schubert erhielt dann ein neues Rundschreiben aus Berlin, welches ihn veranlaßte, die Funktionäre von Luckenwalde zu einer zweiten Sitzung zum Karfreitag einzuladen.[75]

Neben der Angeklagten Gebauer geb. Münch erhielt auch der Angeklagte Schröther eine schriftliche Einladung, aber mit der Maßgabe, zwei weitere Parteigenossen mitzubringen. Die Versammlung fand schließlich am Wasserschloss am Bergschlößchen

74 Ebd., S. 3 der Urteilsschrift vom 7. August 1934.
75 Ebd., S. 4 der Urteilsschrift.

statt, wurde aber nur von wenigen besucht, nämlich lediglich von Münch, Hitze und Georg Thürasch. Auch diesmal verlas der Hauptangeklagte Fritz Schubert ein Rundschreiben der Berliner Zentralleitung. Darin wurde beklagt, dass die Festnahme tausender Genossen die illegale Weiterarbeit der KPD sehr erschwere, trotzdem sollte der alte Stamm Vertrauter unbedingt zusammengehalten werden. Des Weiteren sollte die Kassierung beibehalten und zu Protestaktionen (!) aufgefordert werden. Für die lokale politische Arbeit wurde Folgendes abgesprochen:

Frau Münch sollte in Dahme eine kommunistische Versammlung, die der dortige KPD-Leiter Georg Thürasch vorzubereiten hätte, abhalten. Hitze wurde zum Verbindungsmann zwischen Trebbin und Luckenwalde bestellt. (Die für beide Verantwortlichen entstehenden Fahrkosten erstatte ihnen die Partei.)

Nachdem Schubert seinen Wohnsitz nach Piesteritz bei Wittenberg verlegt hatte, sei es an seinem früheren Wohnort Luckenwalde zu keiner illegalen kommunistischen Tätigkeit mehr gekommen, bemerkt die Urteilsschrift. Dagegen regte sich im politischen Untergrund von Dahme einiges: Die oben verabredete Versammlung mit Grete Gebauer (in der Anklageschrift steht noch ihr Mädchenname Münch) fand unter der Anwesenheit der Angeklagten Georg und Erwin Thürasch, Beck, Klein sowie Thiele – in dessen Wohnung man zusammenkam – statt. Frau Münch wiederholte dabei im Wesentlichen, die im o. g. Wasserschlößchen-Treffen von der Berliner Leitung ausgegebene Linie: Genossen auf Zusammenkünften schulen, damit sie sich im Falle möglicher Festnahmen zu verhalten wüssten. Alte Literatur sollte vernichtet, neue abgewartet werden, die Kassierung – jedoch ohne Markenausgabe – weiter betrieben werden.

Anders als in Luckenwalde kursierten in Dahme illegale Schriften, doch offenbar nur wenige. Da die KPD-Ortsgruppe aber ohne Verbindung in die Hauptstadt war, versuchte man durch den Angeklagten Götze über den Berliner Maurer Herbert Schäfer – der bei Götze zufällig zu Besuch war – Druckschriften zu beziehen. Tatsächlich bezog Schäfer regelmäßig die »Rote Fahne«, so von dem in seiner Nähe wohnenden Funktionär Semlin. Götze hinterließ seine Anschrift zwecks Literaturbelieferung und nahm Schäfers »Rote Fahne« an sich, die er dann in Dahme kursieren ließ. Dies geschah noch weitere Male, wobei nun die Untergrundschriften bei den Brüdern Thürasch niedergelegt wurden und dort anderen KPD-Genossen zur Einsicht dienten. (Entgegennahme und Weitergabe von illegalen Schriften entschieden im Verlauf des Prozesses über die Strafhöhe.) Darüber hinaus wurden Ende September 1933 auf der Landstraße Gebersdorf-Dahme drei Zettel mit den Losungen: »Luftschutz ist Kriegsrummel. Sozialistische Freiheitsaktion! KPD lebt! Stärker als je Rotfront« und auf der Landstraße Trebbin-Woltersdorf Zettel mit den Aussagen: »Vorsicht! Luftschutz ist Kriegsrummel. Göring! ist der Reichstagsbrandstifter« gefunden.

Material mit derartigen Parolen, etwa 50 bis 70 Exemplare, will der Angeklagte Jurk im August 1933 bei einem Besuch in Dahme auf dem Tisch liegen gesehen haben.

Entscheidend für das »verschärfte Vorgehen« der NS-Verfolger gegenüber den Dahmer Kommunisten war wohl die Tatsache des Auffindens von Schusswaffen samt Munition. Dem NS-Justizurteil zufolge waren bereits Ende Februar bei Jurk und Fritz Thürasch anlässlich einer Haussuchung Waffen bzw. Munition entdeckt worden. Beide erhielten deswegen vom Schöffengericht in Luckenwalde Geldstrafen.

Bei einer erneuten Haussuchung Anfang November 1933 bei Georg Thürasch wurden auf dem Gut Zagelsdorf in der Kaffkammer versteckt drei Gewehre, eine Pistole, ein Dolch sowie Munition gefunden. Die Herkunft der Waffen gehe auf den Angeklagten Martin Hagen, wohnhaft in Schwebendorf, zurück. Der Grund für den Ankauf sei gewesen, dass in Dahme eines Tages ein kommunistischer Funktionär erschienen sei, der alle Kommunisten aufforderte, sich Waffen zu beschaffen. Über den Zeitpunkt des Ankaufs gab es allerdings unterschiedliche Aussagen: Im sogenannten Vorverfahren wurden die Ankäufe von Thürasch auf den Januar 1933 datiert, in der Hauptverhandlung dagegen vor allem in den Winter 1931 oder 1932 verlegt. Übereinstimmend wurde von allen angegeben, dass die Munition von Walter Kunze stamme. (Dessen Name steht noch in der Anklageschrift mit einem Hinweis auf seine Anwesenheit im Jüterboger Johanniter Krankenhaus, im Urteil fehlt er bereits.) Das Kammergerichtsurteil weiter:

> Der Angeklagte Jurk, der militärisch ausgebildet war, hatte die anderen Kommunisten in Dahme im Gebrauch der Waffen unterrichtet. Er hatte das Gewehr und den Trommelrevolver auseinandergenommen und den Gebrauch der Waffen erklärt. An diesen Waffenstunden haben nach den Angaben des Jurk die drei Angeklagten Thürasch, Willi Klein, Walter Kunze und Paul Beck teilgenommen. Mit Ausnahme des Georg Thürasch bestreiten allerdings alle Mitangeklagten ihre Teilnahme. Die Waffenstunden fanden zweimal in der Wohnung des Georg Thürasch, einmal in der Wohnung des Jurk statt.
> Auch der Angeklagte Erwin Thürasch befand sich im Besitz einer Pistole. Diese gab er im Jahre 1932 dem Angeklagten Klein zur Aufbewahrung. Klein versteckte die Pistole in einem Ofen, hier verbrannte sie, als die Wirtin des Klein Feuer machte. Daraufhin gab Klein dem Angeklagten Erwin Thürasch die Eisenteile wieder zurück. Der Angeklagte Georg Thürasch kaufte ferner vor längerer Zeit – der Angeklagte Hagen gibt das Jahr 1931 an – einen Revolver. Der Verbleib dieser Schußwaffe ist nicht aufgeklärt.[76]

Wie manche Nuance der Waffenangelegenheiten konnten auch einige biographische Zusammenhänge von der Justiz nicht ermittelt werden – trotz aller brutalen Übergriffe im Verlauf der U-Haft bzw. des Gerichtsverfahrens (S. 384) durch die SA-Schergen.

So blieb unklar, ob ausgerechnet der Hauptangeklagte Schlosser Fritz Schubert, Mitglied der KPD von 1929 bis März 1933, tatsächlich in der »legalen Zeit« keine Parteifunktion ausübte.

Schubert unternahm offenbar alles, um seine Leitungstätigkeit seit (spätestens) März 1933 zu verharmlosen, wurde aber nicht zuletzt durch die Mitangeklagte Grete Gebauer geb. Münch dahingehend belastet, dass er ihr Aufträge erteilt habe.

Zudem unterstellte das Gericht dem Hauptangeklagten, dass eine Weiterbetätigung für die KPD »*nach* ihrer Zerschlagung und nach Aufdeckung ihrer hochverräterischen

76 Ebd., S. 7f. des Urteils.

Ziele« im März 1933 nun der Vorbereitung des von der KPD angestrebten gewaltsamen Umsturzes diene. Das Gerichtsurteil konkretisiert:

> Nach ihrer Ausschaltung im Reichstage [März 1933, d. Verf.] stand fest, daß sie ihr Ziel auf legalem Wege, d. h. durch eine Abstimmung im Parlament nicht erreichen konnte. Daß diese Maßnahmen auch in Luckenwalde und Umgebung bekannt waren, zeigt die Zurückhaltung der Kommunisten gegenüber den Versuchen des Angeklagten, die Parteiorganisation der KPD neu zu beleben. Der Senat sieht es für erwiesen an, daß der Angeklagte bewußt den von der KPD erstrebten gewaltsamen Umsturz vorbereiten wollte.[77]

Trotzdem belegte das Kammergericht den Hauptangeklagten Fritz Schubert – durch ein Strafmaß von 1 ¼ Jahren Gefängnis – nicht mit der Höchststrafe, denn die erhielt Georg Thürasch mit 2 ½ Jahren Zuchthaus, gefolgt von seinem Bruder Fritz mit zwei Jahren Gefängnis und Willi Jurk mit 1 ¾ Jahren Gefängnis. Sie alle waren in Waffenankäufe bzw. Waffenunterricht stärker involviert als Schulz. Und doch müssen Aussagen über Schulz mit Vorbehalt getätigt werden, denn (s)eine Verfolgtenakte konnte nicht ermittelt werden. In ähnlichen »Fällen« gelangten Spitzenfunktionäre, denen die Justiz nicht viel nachweisen konnte, nach der Haftverbüßung ins Konzentrationslager – dafür benötigte der parallel agierende, keiner Einspruchsmöglichkeit unterworfene SS-Staat nämlich keinen Beweis.

Opfer der »Verhöre« berichten

Die bisherigen Beschreibungen der kommunistischen Widerstandsaktivitäten im Kreis Luckenwalde stützen sich überwiegend auf schriftliche Quellen des Justizapparates der NS-Diktatur. Im Folgenden sollen dagegen jene Menschen zu Wort kommen, die im doppelten Sinn »Betroffene« waren:

Einmal als aktive Gegner des NS-Regimes und dann als wehrlose Opfer nationalsozialistischer »Rechtsprechung« – mit all dem, was an Verhör-Terror durch SA und SS der eigentlichen Untersuchungshaft als Schreckenszeit vorausging. In diesem speziellen lokalen »Fall« handelte es sich um das Gerichtsgefängnis Jüterbog als Stätte gewalttätiger Exzesse, wo willkürlich Verschleppte schwersten Misshandlungen ausgesetzt waren.

Der Arbeiter Georg Thürasch (* 1906) zählte mit seinen Brüdern zur kommunistischen Führung in Dahme. Während er als sogenannter Lit-Obmann für die Betreuung des Schriftenmaterials verantwortlich war, wirkte Fritz als Pol.Leiter der KPD, Erwin als Pol.Leiter der Roten Hilfe. Der mit zweieinhalb Jahren Zuchthaus im Prozess Schubert (S. 385) am Höchsten bestrafte Georg Thürasch gibt in seiner Verfolgtenakte[78] eine wortgleiche Beschreibung der Haft- und Misshandlungsorte wie sein mitbetroffener Bruder Fritz.

---

77 Ebd., S. 8f. des Urteils.

78 BLHA, Rep. 801 / VdN 2084 (Georg Thürasch).

Darüber hinaus lieferte er einen eingehenden Bericht über die Zeit vor 1933 und die der NS-Diktatur.[79] Daraus geht auch hervor, dass am 15. Januar 1931 eine Ortsgruppe der KPD in Dahme und Zagelsdorf gegründet wurde, deren Mitbegründer dann 1933 den Kern der Widerstandsgruppe ausmachten:

Willi Thiele, Fritz, Georg und Erwin Thürasch, Paul Beck, Willi Klein und Willi Jurk; alle waren seit 1924 in der Arbeitersportbewegung organisiert. Mehrere der Genannten wurden auch Mitglied des militanten Roten Frontkämpferbundes. 1931 und 1932 nahmen die Dahmer Genossen an politischen Schulungen der Unterbezirksleitung Luckenwalde teil, die auch von Berliner Parteivertretern mit durchgeführt wurden. Darunter war auch Paul Zühlke – damals wohnhaft in Halle – mit dem G. Thürasch dann nach 1933 Verbindung hielt (S. 391).

Neben der Wahlkampfagitation und öffentlichen Versammlungen – so in den Ortschaften Drahnsdorf, Falkenberg, Damsdorf, Bukow, Wahlsdorf, Hohenseefeld, Meinsdorf, Lebusa und Kolpien –, die gerade in Dörfern von dort stärker verankerten Stahlhelm- und SA-Gruppen gewaltsam gestört wurden, veranstalteten die Kommunisten Großdemonstrationen in Dahme, die von Parteigenossen aus dem Kreis Luckenwalde unterstützt wurden.

In öffentlichen Versammlungen der NSDAP versuchte man durch Diskussionsbeiträge, dem politischen Gegner die Stirn zu bieten. Dabei waren die Kritiker – lt. Thürasch – so erfolgreich, dass die Hilfsbewegung nur noch Großkundgebungen ohne Debatten zuließ. Oft stießen die Brandenburger auch zu politischen Aktionen in der Reichshauptstadt, so Mitte 1932 zum Erwerbslosenkongress des Bezirksverbandes in die Pharussäle in Berlin-Wedding, oder zum Bezirksparteitag in die Teltower Festsäle, als Wilhelm Florin (S. 344f.) zum Vorsitzenden des Bezirks gewählt wurde.

Das große Krisenjahr 1932 war gekennzeichnet durch zunehmende Bürgerkriegsauseinandersetzungen bei sich überstürzenden Wahlgängen (Reichspräsidentenwahl, Reichs- und Landtagswahlkämpfe), den Sturz des preußischen Kabinetts Braun-Severing durch Reichskanzler von Papen (20.7.32) sowie den Kampf gegen unsoziale »Notverordnungen«. Da sich die KPD, durch hinterhältige Morde an Arbeiterfunktionären herausgefordert, auf einen »revolutionären Kampf« mit dem drohenden Faschismus einstellen wollte, legten vertraute Funktionäre Waffen und Munition bereit und schulten ihre Genossen in deren Handhabe.

Fehl schlugen dagegen Bemühungen, eine breite Einheitsfront der Arbeiter zustande zu bringen, was Thürasch aber einseitig der SPD-Führung anlastet, die durch die Schaffung der »Eisernen Front« angeblich die Kampfaktion geschwächt hatte, obwohl »viele sozialdemokratische Arbeiter« bereit gewesen seien, »gemeinsam zu handeln«. Hier verschweigt der engagierte Zeitzeuge die Tatsache, dass sich die KPD-Führung eine »Einheitsfront« nur unter ihrer alleinigen Führung und bei Ausschluss mittlerer und höherer SPD-Funktionärskreise vorstellen konnte – siehe das Beispiel Bernau (S. 49f).

79 Ebd., Rep. 930 / SED-BzLtg Cottbus / Nr. 5097 (Georg Thürasch »Aufzeichnungen…«).

Thürasch bestätigt die Aussagen des o. g. Justizverfahrens »Schubert und Andere« insofern, als Grete Münch von der UBL Luckenwalde bei einer geheimen Sitzung in der Wohnung W. Thieles nach dem Reichstagsbrand über die weiteren politischen Schritte berichtete. Georg Thürasch wurde dabei zum geheimen Verbindungsmann zur Unterbezirksleitung bestimmt. Erste Haussuchungen bald darauf gingen für die Polizei erfolglos aus, denn die Waffen waren gut versteckt worden. Ebenfalls unentdeckt blieben vertrauensvolle Kontakte zu Paul Zühlkes illegaler Gruppe in Halle und die zu seinem Bruder Kurt Zühlke in Berlin. Wenn Paul Zühlke per Fahrrad heimlich nach Berlin fuhr, machte er Zwischenstation bei Erwin Thürasch in Dahme, übermittelte Information und Untergrundmaterial. Im Juli 1933 wurden die Brüder Thürasch durch einen Brief (eines gewissen J. Hosbach) an den Landrat Hirz in Jüterbog als Kern einer kommunistischen illegalen Gruppe in Dahme denunziert. Beim Denunzianten handelte es sich um ein frühes (wieder ausgetretenes) KPD-Mitglied des Jahres 1932, das 1933 in »Schutzhaft« geraten war und seine Freilassung durch die beschriebene Information »erkaufte«. Georg Thürasch dazu:

Georg Thürasch

> Trotz dieser Mitteilung konnte uns bis zu diesem Zeitpunkt keine illegale Tätigkeit nachgewiesen werden. Wir informierten die Gen. der illegalen Gruppe und setzten unter besonderen Vorsichtsmaßnahmen unsere Arbeit fort. Den späteren Vernehmungen durch die Gestapo konnten wir entnehmen, dass wir seit dieser Denunziation, von uns nicht bekannten Personen, unter ständiger Beobachtung gehalten wurden. Einer davon war der Gestapo Harms.
> In den Abend- und Nachtstunden des 6. November 1933 wurden 10 Personen durch die Gestapo mit Unterstützung der SA und SS verhaftet. Darunter die Gen. der illegalen Gruppe Willi Thiele, Willi Klein, Paul Beck, Willi Jurk, Hermann Götze, Hermann Examinski, mein Bruder Fritz, Erwin und ich selbst. Walter Rocktäschel, der nicht unserer Gruppe angehörte, aber Informationen besaß, gab diese der Gestapo preis. Er und Examinski wurden später aus der Schutzhaft entlassen. Das Waffenversteck wurde vermutlich durch Jurk preisgegeben, der nach wenigen Tagen aus der Schutzhaft entlassen wurde, er wurde in einem von uns getrennten Prozess verurteilt. In der Nacht – am 6.11.[1933] – wurden wir im neueingerichteten Sturmlokal des Städt. Vereinshauses (früher Arbeiterlokal) nach den ersten Vernehmungen der SA und SS zur Bewachung übergeben, die für das Herunterholen der Hakenkreuzfahne 1932 an uns durch Mißhandlungen jeglicher Art ihre sadistischen Gefühle ausließen.[80]

80 Ebd., S. 8 des Berichts (»Aufzeichnungen meines Lebens …«).

Wehrlose wurden gezwungen sich auszuziehen und dann mit eiskaltem Wasser übergossen. Haare wurden abgeschnitten, dann ausgerissen, als es den Übeltätern zu langsam ging. Am nächsten Vormittag trieb man die kahlköpfigen Gefangenen durch die Straßen und zwang sie dann, vor der Holzpantinenfabrik Ströbel Holzabfälle zum SA-Lokal zu fahren. Am Nachmittag verfrachtete man die Opfer auf einen LKW und fuhr zum Rathaus, um Polizeibewachung aufzunehmen, während fanatische Zuschauer Hasstiraden abließen und das Erschießen forderten. Schließlich ging der Transport zum Gerichtsgefängnis nach Jüterbog, wo die Verschleppten in sogenannte Schutzhaft genommen wurden. Georg Thürasch weiter: »Im Landratsamt Jüterbog war die Zentrale der Gestapo des Kreises Jüterbog-Luckenwalde stationiert. Im Gerichtsgefängnis Jüterbog waren bereits weitere Genossen aus Jüterbog und Luckenwalde inhaftiert. Fast tägliche Vernehmungen und Mißhandlungen waren zur regelmäßigen Ordnung geworden.«

Stundenlanges Exerzieren, Strammstehen mit dem Gesicht zur Wand, bis die Fußsohlen wie Feuer brannten, Zusammengeprügeltwerden nach dem erzwungenen Gesang der Internationale, Auf- und Niederlassen schwerer Granitsteine auf dem Landratshof bis zum körperlichen Zusammenbruch und viele Rohheiten und Quälereien mehr wurden von SA und SS erdacht, um ihre politischen Gegner zu brechen.

Kurz vor Weihnachten 1933, in der Nacht zum 18. Dezember, verfrachteten die Schergen Erwin Thürasch, Paul Beck und Rocktäschel zum Gefängnis Luckenwalde, eine Maßnahme, um die Zurückgebliebenen zu verunsichern. Der Gestapobeamte Harms versuchte dann, den Einen gegen den Anderen – durch den Hinweis auf angeblich erfolgte Aussagen – auszuspielen, scheiterte aber damit. Nach wenigen Wochen wurden dann auch die restlichen Eingekerkerten nach Luckenwalde (Gefängnis) überführt.

Nun begann die Untersuchungshaft, wobei der Untersuchungsrichter den Wohlwollenden spielte und vorausgegangene Misshandlungen missbilligte, um an die gewünschten Informationen über die illegale Arbeit zu kommen. Auch bot er an, wichtige Aussagen würden sich strafmildernd auswirken. Als Einzelne – wie Hermann Götze – gewisse Andeutungen machten und zwei Mitangeklagte mit hineinzogen, ging sofort eine Meldung an die Gestapo, worauf die drei Männer nach Jüterbog zurück mussten.

Aber auch andere Häftlinge wurden bis zur Besinnungslosigkeit geschlagen. So schreibt Fridrich – eigentlich Fritz – Thürasch (1905–1970), der 1933 als Pol.Ltr. der KPD in Dahme wirkte und später zwei Jahre Gefängnis erhielt, nach dem Krieg:

> Bei der Verhaftung am 6. November 1933 schwere Misshandlungen wie: Fußtritte, Schlagen mit dem Revolverkolben ins Gesicht, Schlagen mit Stuhlbeinen, Taschenlampen, Spucken ins Gesicht. Am 7. November in Jüterbog wurden die Misshandlungen weiter fortgesetzt: Arme auskugeln, Tintenfäßer ins Gesicht schleudern, Schlagen mit Stühlen, Fußtritte; von dem Gestapo-Agenten Harms und dem Reg.Ass. Dr. Giess wurde ich mehrere Male derart misshandelt, dass ich besinnungslos am Boden liegen blieb.

Am 7.2.1934 sind wir, mein Bruder Georg und Erwin im Auftrage des Reg.Ass. Dr. Giess und Landrat Hirz, von Harms und S.S.Leuten in den Wald transportiert worden, damit diese den Auftrag der oben Genannten, uns zu liquidieren, ausführen sollten. Durch unser entschlossenes Auftreten ist diese Tat verhindert worden.[81]

In einem textlichen Zusatz erstellte der Verfolgte eine namentliche Liste seiner Peiniger:

Bezeichnung der Anstalt	*Name des Beamten*	*Ort der Vorkommnisse oder des KZ*
Dahme/Mark	Gebr. Goewe	Dahme/Mark
Dahme/Mark	Gebr. Freytag	Dahme/Mark
Dahme/Mark	Fritz Pötzsch	Dahme/Mark
Dahme/Mark	Wilhelm Henkert	Dahme/Mark
Jüterbog	Herm. Harms	Jüterbog
Jüterbog	Reg.Ass. Dr. Giess	Jüterbog
Jüterbog	Landrat Hirz	Jüterbog
Krüger [aus] Luckenwalde im Jahre 1933 in Oranienburg Lager-Kommandant		

Mit »Jüterbog« war das Amtsgerichtsgefängnis gemeint, ein solches gab es auch in Dahme.[82]

Als Georg Thürasch schließlich am Ende seiner Kräfte war, versuchte er, sich in der Nacht das Leben zu nehmen, was der Mithäftling Thiele in letzter Sekunde verhinderte. Nachdem diese Nachricht der Anstaltsleitung zur Kenntnis gekommen war, nahm die Gestapo von weiteren Misshandlungen vorerst Abstand.

Unter Benutzung übelster Erpressungen nutzte man aber die Notlage von Willi Jurk (1899–1977), der Familie und drei Kinder hatte, aus und zwang ihn dazu, zu verraten, wo (beispielsweise) die Brüder Thürasch Flugblätter verborgen hielten. Als ein Mitgefangener später Jurk in der Zelle ins Gewissen redete, schnitt der sich aus Verzweiflung die Pulsadern auf, konnte aber gerettet werden und brachte der Gestapo durch einen teilweisen Widerruf eine Niederlage ein. So durchliefen die Vernehmungen und Untersuchungen ein ständiges Auf und Ab, und allen Angeklagten kam sogar zugute, dass ihr Verfahren noch nicht von den verschärften Strafgesetzen im November 1934 betroffen war. Viele Verurteilte kamen daher mit relativ geringen Gefängnisstrafen davon – was die Misshandlungen zuvor aber nicht unvergessen machte. Georg Thürasch abschließend zum Prozess: »5 Angeklagte wurden freigesprochen, darunter Walter Kunze, Martin Hagen (beide waren nicht in Schutzhaft und Untersuchungs-

81 BLHA, Rep. 801 / VdN 2086 (Fridrich Thürasch). Angaben zum Vornamen des Verfolgten schwanken, meistens Fritz (so im NS-Justizverfahren wie auch im VdN-Antrag Rep. 401 / Nr. 1814), mal Fridrich, wie vorliegend.

82 Meyers Großes Konversations-Lexikon, Leipzig und Wien 1905, 4. Bd., S. 418.

haft), Erich Schröther, Bruno Hill, Erich Jeserick alle drei kamen wieder in Schutzhaft, Erich Jeserick wurde im Konzentrationslager später ermordet.«[83]

Gab es Einheitsfront – Verbindungen?

Zum Anfang des Abschnitts über den kommunistischen Widerstand im Kreis Luckenwalde wurde aus den geheimen Meldungen der Gestapo vom 28. November 1933 berichtet, dass zwischen aktiven KPD- und SPD/Reichsbanner-Regimegegnern *zumindest* ein gegenseitiger Informationsaustausch stattfand.

Doch weder die Prozessunterlagen noch Zeitzeugenaussagen in von uns ausgewerteten Verfolgtenakten gaben darauf direkte Hinweise.

Positive gegenseitige Kenntnisse und wohl auch gewisse Wertschätzungen muss es gegeben haben, denn der Kommunist Georg Thürasch (S. 391) berichtet in seinen Erinnerungen vom politischen Schicksal des sozialdemokratischen Stadtverordneten von Dahme (S. 257) Max Hannemann, dieser sei nach dem 20. Juli 1944 (NS-Aktion »Gitter/Gewitter«) ins KZ Sachsenhausen verschleppt und dort ermordet worden.[84] Thürasch dürfte auch mitbekommen haben, dass der genannte Reichsbannerfunktionär bereits im Sommer 1933 in »Schutzhaft« genommen wurde, zu einem Zeitpunkt also, als Dahmer Kommunisten noch weiter illegal arbeiteten, denn bei ihnen schlugen die Verfolger erst Anfang September 1933 zu (S. 384)!

Nach der Haft

Dass für viele politisch Vorbestrafte die Verfolgungszeit auch nach der Haft nicht endete, sei stellvertretend durch das Beispiel des Schneiders Erwin Thürasch aus Dahme (Jüterboger Straße 39) – einem von insgesamt drei im Prozess »Fritz Schubert und Andere« verurteilten Brüdern – beschrieben.

Der Arbeitersportler, in ärmsten Verhältnissen aufgewachsen, stieß im Januar 1931 zur Roten Hilfe sowie zur KPD und wurde auch Mitglied des »Kampfbundes gegen den Faschismus«. Als Leiter der Roten Hilfe von Dahme geriet er im Herbst 1933 in die schon beschriebene Verfolgungswelle hinein (S. 384ff.) und erhielt – nach schlimmen Misshandlungen im Jüterboger Gerichtsgefängnis – im o. g. Prozess am 7. August 1934 einundeinviertel Jahre Haft. Erwin Thürasch blickt 1947 zurück:

> … nach beendeter Strafverbüssung wurde ich am 7. Februar 1935 entlassen. In den folgenden Jahren wurde ich wegen meiner antifaschistischen Einstellung einigemale gemassregelt. Im November 1939 wurde ich zur Musterung aufgerufen und für wehrunwürdig erklärt. Am 15. Oktober 1942 wurde ich zur Strafeinheit 999 gezogen, kam dann im Mai 1943 in Nordafrika in französische Gefangenschaft. Im Gefangenenlager Djelfa IV gehörte ich aktiv der Antifa-Gruppe an und wurde am 30. Juni 1947 als Antifaschist endgültig entlassen.[85]

---

83 BLHA, Rep. 930 / SED-BzLtg. Cottbus / Nr. 5097 (Georg Thürasch »Aufzeichnungen…«).
84 Ebd., Rep. 930, Nr. 5097.
85 BLHA, Rep. 401 / VdN 1815.

Fridrich Thürasch (S. 385), zu zwei Jahren Gefängnis verurteilter Bruder des eben Zitierten, musste ebenfalls in die Strafeinheit 999, geriet aber 1944 in bulgarische Gefangenschaft. Er konnte jedoch gleichfalls überleben und wirkte nach dem Krieg u. a. als Bürgermeister von Rosenthal. Der dritte Bruder, Georg Thürasch, mit zweieinhalb Jahren der Höchstverurteilte des gesamten Prozesses Schubert, arbeitete nach der Haftentlassung 1936 als Steinträger auf dem Bau. Trotz Ausschließung aus der Wehrmacht 1943 doch noch einberufen, wurde er bereits nach drei Tagen gefährlichen Fronteinsatzes durch einen Lungensteckschuss so schwer verwundet, dass er nicht mehr einsatzfähig war. Er geriet in britische Gefangenschaft, aus der er Anfang Oktober 1945 fliehen konnte.[86] Über die Zeit zwischen Haftentlassung (1936) und Einberufung zur Wehrmacht (1943) schreibt Georg Thürasch:

> Nach unserer Haftentlassung setzten wir in einer kleinen Gruppe, bestehend aus den Gen. W. Thiele, Willi Klein, Paul Beck und uns Brüdern, unter besonders erschwerten Bedingungen – wir standen unter laufender Kontrolle der Polizei und Gestapo – die illegale Tätigkeit fort. Unsere Informationspunkte waren in erster Linie der Sender Moskau, London, Boromünster [Beromünster, Schweiz] und weitere Sender, die in deutscher Sprache sendeten, darunter ein Sender, dessen Stimme aus dem Balkan kam. Diese Nachrichten, besonders über den Kampf des spanischen Volkes, später des polnischen Volkes, der Sowjetvölker und des gemeinsamen Kampfes der internationalen Arbeiterklasse gegen den Faschismus wurden unter Nutzung der gegebenen Möglichkeiten auf den Arbeitsstellen und [unter] sympathisierenden Arbeitern verbreitet. Da die Faschisten ein gewaltiges Netz von Spitzeln hatten, war äußerste Wachsamkeit am Platze. Erfahrungen aus der Schutz- und Strafhaft und angewendete Methoden der Beschattung durch die Gestapo wurden bei dieser Tätigkeit streng beachtet. Niemand durfte erfahren, daß diese Nachrichten von Auslandssendern stammten.[87]

So konnte der Freundeskreis auch dem jüdischen Arzt Dr. Waldeck, der wegen der verweigerten Meldung zweier Schwangerschaftsabbrüche zu einem Jahr Gefängnis verurteilt worden war, vor Haftantritt zur Flucht in die Tschechoslowakei verhelfen.

Schon bald darauf setzte der (individuelle) Kampf vieler Kommunisten ein, möglichst nicht zur NS-Wehrmacht zu müssen – etwa durch Erstreiten eines »kriegsnotwendigen« Arbeitsplatzes. Auch die Hoffnung, durch »Wehrunwürdigkeit« (aufgrund einer politischen Vorstrafe) geschützt zu bleiben, erwies sich seit 1942/43 als Illusion, da die immer stärker scheiternde Kriegsführung händeringend Soldaten brauchte, wie wir am Beispiel der Brüder Thürasch bereits sahen.

Die Hutarbeiterin Grete Gebauer (1905–1985), im Prozess gegen Schubert und Andere zu eineinviertel Jahren Gefängnis verurteilt (S. 385), berichtet in einem ausführlichen Lebenslauf, der auch ihre tiefe Erschütterung beim Anblick misshandelter Haftgenossen (Brüder Thürasch) festhält, wie unter den erschwerten Bedingungen nach Verbüßung der Kerkerzeit die illegale Arbeit wieder begann, obwohl man unter

86 Ebd., Rep. 801 / VdN 2084.
87 Ebd., Rep. 930, SED BzLtg. Cottbus / Nr. 5097.

fast ständiger Beobachtung stand. Frau Gebauer hatte bis zur Zerschlagung der Widerstandsgruppe als Literatur-Ob*mann* der Unterbezirksleitung Luckenwalde gewirkt und gehörte zudem bis 1933 der erweiterten Bezirksleitung von Berlin-Brandenburg an, was die Wiederaufnahme der Untergrundtätigkeit in der zweiten Hälfte der 1930er Jahre erleichterte.

Grete Gebauer (1905–1985), die während der Haftzeit (März 1935) eine Tochter gebar, blickt zurück:

> Unsere politische Verbindung bestand mit dem Pol.Leiter des UB [Unterbezirks] Willy Riemann (Berlin), Rudi Schulz, dessen Frau Jüdin ist.
> Von Zeit zu Zeit fuhren wir nach Berlin. 1939 kam[en] Willy Riemann und Fritz Lange (Berlin) mit dem Auto nach hier. Erna Ziege, jetzt Erna Heinsdorf, teilte uns mit, wo das Auto steht, wir fuhren in [die] Nähe [von] Dobrikow.
> Willy Riemann war auch mit Otto Nagel befreundet, wir selbst waren einige Male da.
> Während des Krieges bis 1944 arbeitete ich bei der Fa. Milberg & Schemel, desgleichen Alida Rosenboom; alle meine Kollegen kennen meine Haltung im Betrieb.[88]

Der von der Hutmacherin genannte Berliner Kontaktmann Willy Riemann[89] litt 1933 unter Gefängnis- und KZ-Haft. Am Ende des Jahres der NS-»Machtergreifung« entlassen, gehörte er zu den Organisatoren des lokalen Widerstandes, wurde aber bereits 1939 in die Wehrmacht gepresst. 1943 an die Ostfront strafversetzt, gilt er seit dem Jahre 1944 als »verschollen«.

Kreis Niederbarnim: Frühe Zerschlagung einer RFB-Organisation (1933)

Ähnlich rücksichtslos und durchgreifend wie im Kreis Luckenwalde (S. 391ff.), wo ebenfalls die Anschaffung und Lagerung von *Waffen* Teil von Widerstandsaktivitäten war, ging die Politische Polizei im Kreis Niederbarnim gegen weitverzweigte Aktivitäten des militanten Roten Frontkämpferbundes vor, der bereits zur Zeit der Weimarer Republik (3. Mai 1929) verboten worden war, aber im Kern illegal weiter bestand.

Im Fall der später im Justizverfahren »Manthey und Genossen« angeklagten RFB-Aktivisten handelte es sich um ein Aktionsgebiet, das von den Niederbarnimer Orten Bernau-Süd, Zepernick und Schönow bis in den Norden Berlins (Wedding und Gesundbrunnen) reichte. Geben wir zunächst dem eigentlichen Initiator der Gruppe das Wort. Der Weddinger Maschinenmeister und RFB-Gruppenleiter Karl Bartel (1900–1978) schreibt 1945:

---

88 BLHA, Rep. 401 / VdN 4501 (Antrag und Lebenslauf sind ohne Datum).

89 Komitee der Antifaschistischen Widerstandskämpfer (Hg.), Antifaschistischer Widerstandskampf in der Provinz Brandenburg, Biographisches/Bibliographisches, Potsdam 1982, S. 104 (Nr. 747); zum verfolgten Maler Otto Nagel siehe H. R. Sandvoß, Widerstand in Wedding und Gesundbrunnen, Berlin 2003, S. 280–283.

> Ich musste um einer Verhaftung und des [dem] Erschießen durch den [SA-]Sturmführer Kurt Moldt – vom Sturm 4, wohnhaft 1933 Bln. N 20, Pankstraße 56 – zu entgehen, flüchten und hielt mich abwechselnd illegal in Bln.-Buch, Zepernick, Biesenthal, Angermünde u. Eberswalde auf, baute in diesen Bezirken den R.F.B. wieder auf, organisierte neue Gruppen mit Heranziehung alter Parteigenossen, versorgte diese mit Propaganda-Material u. Flugzetteln, die ich größtenteils auf meinem Fahrrad aus Bln. von meinen Verbindungsstellen beschaffte, teilweise auch von jüngeren Frauen unserer Genossen aus Bln. herausschmuggeln ließ. Hatte es durch heranbilden neuer Zwischenmänner fertig gebracht, den Aufbau illegaler Gruppen mit Propagandamaterial bis 1936 versorgt zu wissen. Nach 1936 hörte die geheime Briefverbindung im K.Z. mit meinen Genossen auf, weil aus diesen Kreisen neue Verhaftungen vorkamen; gleich nach meiner Entlassung aus dem K.Z. besuchten mich unauffällig und einzel[n] im Krankenhaus die noch freien Genossen aus Bln. Bernau, Zepernick, Buch, somithin wurde wieder ein Zusammenhang hergestellt, der in seiner Struktur in mündlicher Propaganda bis zum Einmarsch der Roten Armee seinen Zusammenhang hatte, der sich als vorteilhaft erwies für den heutigen Aufbau der K.P.D.[90]

Zu den vom Initiator und Hauptfunktionär Bartel genannten wichtigen »Zwischenmännern« der illegalen Organisation zählte der Zepernicker Arbeiter Bruno Petrick (1890–1945). Von dem im November 1945 durch einen Unfall ums Leben gekommenen Funktionär, der von seinen Peinigern in der Haft schwer misshandelt worden war, sagte der Hauptangeklagte des RFB-Prozesses Alfons Manthey voller Anerkennung: »Er war der Beste!«. Besagter Petrick berichtet in seinem Lebenslauf (August 1945), einem der wenigen von ihm überlieferten Schriftstücke, dass er Glasschleifer gelernt, am Ersten Weltkrieg teilgenommen und noch im August 1918 dabei eine schwere Gasvergiftung erlitten hatte. Er wirkte dann in Hamburg in der Revolution mit und kämpfte später in Senftenberg gegen den Kapp-Putsch (1920). Bis 1923 betätigte er sich im Bergbau, zuvor war er wegen Mitgliedschaft in der KPD und Mitaufbau der Allgemeinen Bergarbeiter-Union bereits gemaßregelt worden. 1925 schloss er sich dem RFB an, Parteiaktivitäten hatte er während der Bergbautätigkeit vorübergehend eingestellt. Im Rotfrontkämpferbund habe er sich als Technischer Leiter (T.L.) betätigt und zwar bis zur Festnahme am 18. April 1933.

Da leider weder Bartel noch Petrick und Manthey (Hauptangeklagter) nähere Beschreibungen ihrer illegalen Tätigkeit in ihren Verfolgtenakten hinterließen – außer dem Verstecken von Waffen und der Verbreitung von Flugschriften –, muss gezwungenermaßen auf die Schilderungen der NS-Justiz zurückgegriffen werden.

Interessant vorab ist bereits eine interne Meldung der Polizei an den Potsdamer Regierungspräsidenten vom 8. Februar 1933, in der von *möglichen* lokalen Tätlichkeiten zwischen (in der Überzahl vorhandenen) Kommunisten und Nationalsozialisten

90 LAB, C Rep. 118-01 / VdN 607 (Bartel, Karl). Bartel wurde nach seiner Verurteilung zu zwei Jahren Zuchthaus (Prozess »Manthey und Genossen«) – zuvor hatte er bereits ein Jahr im KZ gelitten – anschließend an die Haft noch bis Mai 1938 ins KZ verschleppt, von dort nur wegen totaler Körperlähmung entlassen und für ein Jahr ins Rudolf Virchow Krankenhaus überwiesen.

anlässlich von Wahlkämpfen geredet wird. Diesbezüglicher Brennpunkt sei der Kreis *Zepernick-Röntgental*, da dort »starke politische Gegensätze« bestünden. Es habe allerdings »seit langem keine Zusammenstöße« gegeben.[91]

Justizverfahren Manthey

Die Anklageschrift vom 10. April 1934 – gerichtet gegen 18 Personen, darunter noch der »zur Zeit flüchtige Willi Seifert, Zepernick, Solothurnstraße 5/6«, geboren 1905 – erhebt den Vorwurf der Vorbereitung zum Hochverrat seit Dezember 1932 sowie den der Bildung eines »bewaffneten Haufens«, der zudem aus strafrechtlichen Gründen aufgelöst worden war. Unter der Überschrift »Wesentliches Ermittlungsergebnis« führt die Anklageschrift aus:

> In den Monaten Juni und Juli 1933 konnte auf Grund eingehender Ermittlungen festgestellt werden, dass der infolge der Maiunruhen 1929 verbotene kommunistische Rotfrontkämpferbund unter Bezeichnung »Formation B« im Kreise Niederbarnim, insbesondere in der Gegend um Bernau und Zepernick, weiterfortbestand. Nach den durch zahlreiche Funde an Waffen und anderem Material bestätigten Feststellungen gehörten sämtliche Angeschuldigte mit Ausnahme von Dappa und Hoffmann dem RFB an, und zwar zum Teil in führenden Stellungen. Bis zum März 1933 betätigte sich der Bund noch in ausserordentlich aktiver Weise, später schränkte er anscheinend seine Tätigkeit mit Ausnahme geheimer Zusammenkünfte ein, hielt aber den Zusammenhang seiner Mitglieder und seine Ziele aufrecht, wie sich besonders aus dem Versteck seiner Waffenbestände ergibt.[92]

Für die Zeit von Anfang Dezember 1932 bis etwa Mitte März 1933 wird dem RFB vorgeworfen:

> 1. Durchführung von Schulungskursen, insbesondere Ausbildung der Bundesmitglieder (sowie deren Frauen) in der Handhabung von Feuerwaffen und Unterrichtung in wehrpolitischen Angelegenheiten. Die Waffenausbildung erfolgte am leichten Maschinengewehr, am Gewehr 88, am Karabiner 98 und am Armeerevolver 08. Der Unterricht, teilweise an Skizzen, teilweise an Waffen getätigt, fand in den Wohnungen der Angeklagten Busch und Hentzschel statt, die letzte größere Ausbildung allerdings im Februar 1933 im kommunistischen Verkehrslokal »Sportkasino« in Zepernick. In anderen Wohnungen wiederum erhielten die Teilnehmer Instruktionen darüber, wie RFB-Gruppen in die Lage versetzt werden konnten, SA-Kolonnen zu sprengen.
> 2. Im Januar und Februar 1933 fanden zwei größere Übungen an den Kiesgruben bei Schönow und Schwanebeck statt, sie umfassten Lehrgänge in Angriff und Abwehr und schlossen mit einem Geländemarsch. Neben Berlinern kamen die Teilnehmer aus Zepernick, Schönow, Bernau, Biesenthal und Werneuchen. Die Angaben zur Teilnehmerzahl schwankten zwischen 25 und 250 Mann. Anführer bei wieder anderen Nachtmärschen waren die Angeschuldigten Bruno Petrick und (der flüchtige) Willi Seifert, wobei die Teilnehmer Knüppel mitbrachten

91 BLHA, Rep. 2 A Regierung Potsdam I Pol.Nr. 1081, Bl. 126.
92 BArch, R 3018, NJ 8903 (S. 3f. der Anklageschrift vom 10. April 1934).

und Handgranatenattrappen verwendet wurden. Übungsorte waren auch das Rieselfeld Hobrechtsfelde, ein Gelände bei Schmetzdorf sowie eines am Gorinsee.
3. Als am 22. Januar 1933 ein großer SA-Aufmarsch in Berlin stattfand (S. 349), hatte der angeklagte Teil des RFB die Absicht, den lokalen SA-Durchzug – unter Zuhilfenahme von benzingefüllten Eiern und karbidgefüllten Flaschen – zu sprengen. Doch es kam nicht zum geplanten Einsatz der mit Knüppeln Bewaffneten, die in der Nähe der Bahnhöfe Röntgental und (später) Zepernick auf der Lauer lagen. Am letztgenannten Bahnhof wurde die Versammlung durch Eingreifen eines Gendarms aufgelöst.
4. Am 25. Februar d. J. veranstaltete der RFB im Lokal »Blaue Grotte« in Zepernick einen sog. Zilleball, dessen Einnahmen der Anschaffung weiterer Waffen dienten, denn die allgemeine politische Entwicklung wurde von den Kommunisten vor Ort so interpretiert, dass es bald zu einer gewaltsamen Erhebung käme. (Die Verwendung der 150 Reichsmark, als Überschuss erwirtschaftet, konnte von den NS-Verfolgern nicht ermittelt werden.)
5. In lokalen RFB gab es Überlegungen, die man aber nicht umsetzte, zu einem Raubüberfall auf eine Zeitungsfrau, die das NS-Blatt »Der Angriff« vertrieb.
6. Aus – für die Justiz – ungeklärten Gründen unterblieb auch Anfang März 1933 ein RFB-Überfall mit Knüppeln bewaffneter Männer auf eine NSDAP-Veranstaltung im »Deutschen Haus« in Zepernick. Wobei die zum Kampf Entschlossenen in Wohnungen und Lauben in der Nähe des Lokals gewartet hatten, Meldegänger und Kuriere untereinander die Verbindung herstellten und sogar einige »Kundschafter« in der Versammlung als Diskussionspartner wirkten.

Die Anklageschrift fährt unter dem Punkt 7 fort:

> Auch nach der nationalen Erhebung hielt der Bund seinen Zusammenhang aufrecht, wenn er seine Tätigkeit auch nur noch im geheimen fortsetzen konnte. Als der Leiter Willi Seifert im Juni 1933 aus Furcht vor strafrechtlicher Verfolgung flüchten musste, wurde der Angeschuldigte Bartel von der geheimen Zentrale zum Führer der Staffeln im Kreise Niederbarnim eingesetzt, der mit den einzelnen Bundesmitgliedern auf heimlichen Zusammenkünften im Walde von Bernau und am Gorinsee Fühlung aufnahm. Um die gleiche Zeit traf der Angeschuldigte Manthey einen Kurier der Ortsgruppe Schönow, der ihm berichtete, dass dort »alles in Ordnung« sei. Unter den Mitgliedern des Bundes wurden auch insgeheim die »Rote Fahne« und andere illegale kommunistische Schriften vertrieben. Insbesondere aber wurden alle Waffenbestände des Bundes sorgsam versteckt [...].[93]

Als Orte, an denen die Verschwörer einzelne ihrer Waffen verbargen, ermittelte die Politische Polizei:

- das Zepernicker Grundstück des (uneingeweihten) Schwagers von Alfons Manthey,
- ein Versteck in der Schonung der Chaussee von Bernau nach Zepernick,
- die Hundehütte des Angeklagten Willi Busch,
- die Kochmaschine in der Wohnung des Angeklagten Stanislaus Lüdke,
- das Grundstück des Angeklagten Hentzschel.

93 Ebd., S. 6f. der Anklageschrift vom 10. April 1934

Ein in der Umgebung von Schönow vergrabenes Maschinengewehr konnte dagegen nicht gefunden werden, dafür ein Vervielfältigungsgerät für illegale Schriften beim Angeklagten Willi Seifert.

Aufgrund der hier summarisch wiedergegebenen Anklagepunkte wurden die Angeklagten je nach Mitwirkungsgrad und Funktionärsrang wie folgt verurteilt.

Am 27. September 1934 sprach der 4. Strafsenat des Kammergerichts sein Urteil gegen 17 Angeklagte, von denen einer, Leo Dappa, freigesprochen wurde.[94] Es erhielten der

1. Maurer Alfons Manthey (* 1910), Glasow b/Malo — 2 J. Z
2. Bauarbeiter Paul Heinrich (* 1898), Zepernick, Bodestraße 15 — 2 J. Z
3. Schlosser Johannes Busch (* 1909), Zepernick, Gluckstraße 14 — 2 J. Z
4. Tischler Leo Dappa (* 1896), Bernau, Kolonie Friedensthal, Straße 1 — Freispruch
5. Arbeiter Erich Strecker (* 1905), Zepernick, Solothurnstraße 10 — 2 J. Z
6. Arbeiter Bruno Petrick (* 1890), Zepernick, Beethovenstraße 1 — 3 J. Z
7. Arbeiter Arno Krum (* 1897), Zepernick, Hermann-Göring-Straße 1 — 2 J. Z
8. Schlachtermeister Karl Bartel (* 1900), Berlin N 20, Fennstraße 43 — 2 J. Z
9. Arbeiter Willi Busch (* 1911), Schönow, Kaiserstraße 54 — 1 ½ J. Z
10. [Bauarbeiter] Stanislaus Lüdke (* 1902), Bernau, Tuchmacherstr. 183 — 2 ½J.Z
11. Wohlfahrtsempfänger Otto Hentzschel (* 1901), Zepernick, Kreutzer Straße 16 — 2 J. Z
12. Bäcker Erwin Krumbeck (* 1910), Zepernick, Hermann-Göring-Straße 13 (heute Neckarstraße) — 1 ½ J. Z
13. Hausbesitzer Georg Eule (* 1897), Zepernick, Bodestraße 23a — 1 ½ J. Z
14. Wohlfahrtsempfänger Richard Ziepel (* 1892), Zepernick, Bodestraße 120 — 1 ½ J. Z
15. Töpfer Otto Seifert (* 1907), Berlin, Buttmannstraße 13 — 1 ½ J. Z
16. Wohlfahrtsempf. Karl Woidasky (* 1906), Schönow, Waldstr. 30 — 1 ½ J. Z
17. Invalidenrentner Hans Hoffmann (* 1891), Zepernick, Blankenburger Straße 64 (Haftunfähigkeit)

Doch was besagen Einzelurteile bzw. das formale Strafmaß über die zuvor erlebten Haftstationen – oder das den Spitzenfunktionären nach der Entlassung noch Bevorstehende, denn nicht selten folgte auf das Zuchthaus das KZ.

Bruno Petrick (1890–1945) berichtet im Folgenden über die Leidensstationen seiner Haft. Gerade ihm – von Willi Seifert zum technischen Waffenleiter ernannt –, dem die Anklage die Leitung der Waffeninstruktionsabende, Waffenleitertätigkeit und Übungsführerschaft anlastete, wurde beim »Verhör« schwer zugesetzt – suchten die Verfolger doch fieberhaft nach Waffenverstecken. Bruno Petrick schreibt in seinem Lebenslauf:

94 BLHA, Rep. 2 A Rg. Potsd. I Pol / Nr. 1171, Bl. 308f.

Georg Eule

Otto Hentzschel

> ... am 18.4.33 wurde ich in Zepernick verhaftet, wurde schwer mißhandelt am 19.4. nach dem Alex gebracht, von wo ich am 10.5. abgeholt wurde, am 11.5. mit Lebensgefahr ins Krankenhaus Bernau eingeliefert wurde.
> Am 30.6.33 wurde ich wieder 8 Tage mißhandelt, bis wir am 7.7.33 nach Oranienburg kamen. Ich habe mich im September 33 nach dem Lager Elisenau [KZ-Außenlager, d. Verf.] gemeldet, dort ging die liebevolle Behandlung nach meiner guten Stimmabgabe wieder los. Der Scharführer Kulawik wollte mich beim Baumfällen auslöschen. Doch es hat nicht recht geklappt. Ich kam wieder ins Krankenhaus Bernau mit Schädelbruch. Von der Zepernicker Polizei wurde ich da wieder abgeholt und kam ins Staatskrankenhaus, von da nach Moabit. Am 26.[27.]9.34 war unser Prozess, der mir 3 Jahre [Zuchthaus] Luckau brachte.[95]

Auch weniger Belastete hatten Plagen und Folgequalen, die ihr Leben für immer zeichneten: So berichtet der Invalide Hans Hoffmann (1891–1969), der sich wegen einer Wirbelsäulenverletzung nur noch als Selbstfahrer fortbewegen konnte und deshalb auch nicht beim RFB organisiert war, wie selbst ihm durch eine dreimonatige »Schutzhaft« das Leben noch schwerer gemacht wurde. Wegen dauernder Haftunfähigkeit wurde das Justizverfahren gegen ihn 1940 schließlich eingestellt. Er blieb zwar von 1934 bis 1944 von der Ortspolizei »dauernd überwacht«, hielt jedoch trotz allem illegale Verbindungen aufrecht.[96]

95 BLHA, Rep. 601 / VdN 748.
96 Ebd., Rep. 601 / VdN 2126.

Wieder andere Gruppenmitglieder wie Johannes Busch (1909), Erich Strecker und Willi Busch (1911–1944) wurden trotz zunächst verhängter Wehrunwürdigkeit schließlich doch einberufen – vom Letztgenannten steht fest, dass er zur Strafeinheit 999 gezwungen wurde – und verloren als Soldaten ihr Leben.[97]

Auch Otto Hentzschel und Alfons Manthey mussten Dienst bei der Strafeinheit 999 leisten. Letztgenanntem gelang es, in Griechenland überzulaufen.

Stanislaus Lüdke (1902–1977) wiederum, der aufgrund seiner u.k.-Stellung nicht zur Wehrmacht musste, schloss sich nach der Entlassung aus dem Zuchthaus erneut dem Widerstand an und wirkte 1943/44 im Rahmen der illegalen Saefkow/Jacob-Organisation (S. 541ff.). Im Januar 1945 deswegen zum zweiten Mal festgenommen und eingekerkert, wurde er erst im April 1945 befreit.[98]

Über sein antifaschistisches Wirken nach der Haft berichtet der in der Kerkerzeit schwer misshandelte Arbeiter Bruno Petrick 1945:

> Nach meiner Entlassung aus dem Zuchthaus Luckau am 24.6.1936 habe ich wieder Verbindungen aufgenommen mit einem Genossen Willy Busche aus Grünberg in Schlesien, den ich im Konzentrationslager Oranienburg kennengelernt hatte. Habe auch auf meinem Weg nach dort, den ich immer mit dem Fahrrad zurücklegen musste, in Frankfurt a.d. Oder und Ziebingen [Neumark] gearbeitet. Die Frankfurter Verbindung hatte ich schon in Luckau mit einem Genossen vereinbart, dessen Adresse mir leider durch den Umzug verloren ging. Weitere Verbindung hatte ich in Berlin O mit dem Eisernen, einem Genossen vom RFB. Habe ausserdem auf allen Arbeitsstellen die illegale Arbeit in den Vordergrund gestellt. Die Arbeitsstellen sind: Baugesellschaft Alfred Witschel, Neukölln, Sackführerdamm 110, ehemaliger Stadtverordneter der KPD, ferner Heinersdorfer Mühle, Brotfabrik Prenzlauer Promenade, und Heeresbekleidungsamt Bernau.[99]

Eingangs wurde bereits der Initiator und Motor der illegalen Niederbarnimer Gruppe, Karl Bartel, mit dem Hinweis zitiert (S. 397), dass er nach der Haftentlassung (1936) die Verbindung zu nicht enttarnten Genossen verschiedener Ortschaften – wie Bernau, Zepernick und Buch – hielt und dadurch weiter für einen organisatorischen Zusammenhalt sorgte, der bis zur Befreiung Bestand hatte.

Streit um die Rolle Willi Seiferts

Der Röntgentaler Ofensetzer Willi Seifert (1905–1967) zählte 1932/33 zu den maßgeblichen Niederbarnimer RFB-Funktionären. Er war es, der als Untergauführer des Bundes aufgrund eigener Gefährdung Bruno Petrick zum Technischen Leiter einsetzte (S. 397ff.) und damit in eine entscheidende Funktion brachte. In der Anklageschrift vom 10. April 1934 wird Willi Seifert in Position 15 aufgeführt und mit dem Zusatz versehen »z.Zt. flüchtig«. Deswegen steht er am 27. September 1934 nicht in der

97 BLHA, Rep. 601 / VdN 1399 (W. Busch) u. 2047 (J. Busch) sowie Rep. 339, Nr. 1299 (E. Strecker).
98 Ebd., Rep. 601 / VdN 1618.
99 Ebd., Rep. 601 / VdN 748.

Reihe der Verurteilten. Seiner Verfolgtenakte nach war Seifert bis 1936 flüchtig und wurde schließlich unter falschem Namen 1937 in Hannover durch Gestapo verhaftet. In einem Einzelverfahren erhielt er dann am 30. September 1937 eine zweijährige Gefängnisstrafe.

Während Letzteres nicht strittig war, gab es um seine Rolle im Widerstandskampf im Kreis Niederbarnim sehr heftige Auseinandersetzungen. Gleich mehrere NS-Verfolgte gaben in ihren Unterlagen an, sie seien von Willi Seifert »verraten« worden, so der – nicht unbedeutende – Berliner Spitzenfunktionär Karl Bartel (S. 396f.), ferner Arno Krum und Georg Eule aus Zepernick sowie auch Alfons Manthey und Otto Hentzschel. Letztgenanntem wurde beim »Verhör« vorgehalten, an welcher Stelle er ein Seitengewehr vergraben hatte, was außer ihm aber nur W. Seifert wusste.

Karl Bartel gab am 1. August 1947 zu Protokoll: »Hierbei fällt mir ein, dass Seifert, der mich 1945 besuchte, zu mir sagte, er wurde auf freien Fuß gesetzt, um Verbindung der Organisation zu verraten und hierauf sei er dann geflüchtet.«[100]

Alfons Manthey führte in seinem Verfolgten-Antrag im Oktober 1946 aus, Bruno Petrick (S. 402) habe ihn in der Haft darauf aufmerksam gemacht, dass Willi Seifert an der Seite der Gestapo gewirkt habe.

Die Einwände einzelner Verfolgter, darunter höhere Kader, blieben nicht ohne Wirkung, mehrere interne Sitzungen nahmen sich der Vorwürfe an. Schließlich sprach sich der Hauptausschuss »Opfer des Faschismus« im November 1947 für die Aberkennung des VdN-Status aus und verwies dabei neben Zeugenaussagen auch auf das niedrige Strafmaß von zwei Jahren Gefängnis, was auf Dienste Seiferts für die Gestapo zurückgeführt wurde. Und doch: Es kam erneut zu einer eingehenden Verhandlung, an der Vertreter des Kreisausschusses OdF und Vorstandsmitglieder der VVN teilnahmen, und bei der am 17. August 1949 festgestellt wurde, dass die erhobenen Vorwürfe als »nicht zutreffend befunden« wurden.

Willi Seifert (1905–1967) gab zu seiner Entlastung an, stets im Einvernehmen (bzw. Auftrag) mit hohen Parteiinstanzen gehandelt zu haben:

> Das Jahr 1933 brachte einen entscheidenden Einschnitt in unser Leben. Die Partei beauftragte mich nach Berlin zu gehen, wo ich in den Bezirken Ost, Nord-Ost, Süd-Ost und Süd arbeitete. Jonni Scheer hatte die Leitung und ich gehörte zum Fünfer-Kopf. Nach einer kurzen Verhaftung im Mai in Röntgental nach schweren Mißhandlungen wurde ich der Ia [Politischen Polizei, d. Verf.] in Berlin überstellt. Nach vielen Vernehmungen und Mißhandlungen im Karl Liebknecht-Haus, Albrechtstraße, gelang es mir, auf einer erneuten Überführung zu fliehen. [...] Die Partei schickte mich im September 1933 nach Hannover. [...]
> Am 30. Juli 1937 wurde ich verhaftet, da gegen mich ein Steckbrief seit 1933 erlassen war. Die Gestapo in Hannover war entgegen meiner Erfahrung in Berlin sehr human und überstellte mich nach 6 Wochen in Untersuchungshaft an den Tatort Berlin zurück. Belastende Dinge konnten in Hannover gegen uns nicht ermittelt werden, da der Kreis, in dem wir verkehrten,

100 BLHA, Rep. 601 / VdN 2417 (Akte von Willi Seifert).

> klein und verschwiegen war. In Berlin wurde ich vor dem Kammergericht in der Elsholzstraße verurteilt und da keine neuen Straftaten zu ermitteln waren, kam ich für 2 Jahre ins Moorlager-Emsland, Lager 5. – Polizeiaufsicht mit Schlüsselgewalt wurde außerdem verhängt.[101]

Kurz vor Kriegsbeginn entlassen, war es schwer für ihn, Arbeit zu finden. Täglich musste er sich zudem bei der Polizei melden. Trotz Wehrunwürdigkeit wurde er im Oktober 1942 doch noch einberufen, im September 1944 gelang es ihm schließlich, zu desertieren und bis zum Kriegsende »unterzutauchen«. Sein durch Misshandlungen entstandenes Augenleiden führte in der Nachkriegszeit zur Erblindung.

Fortführung illegaler Arbeit: Das Beispiel Zehdenick (Uckermark)

Obwohl die illegalen RFB-Strukturen in Zepernick bzw. im Landkreis Niederbarnim bereits im Frühjahr 1933 zerschlagen wurden (S. 398), beendete diese Verhaftungswelle nicht im Ansatz jede weitere kommunistische Untergrundarbeit vor Ort, wie man am Wirken von Willi Bänsch und seinen politischen Weggefährten (S. 445ff.) sehen kann.

Doch nördlich davon, im Kreis Templin (Uckermark), hielten sich trotz des starken SA-Terrors, der gerade die Uckermark (und die Prignitz) 1933 überrollte, noch immer kleine Gruppen von Anhängern selbst des RFB, der bevorzugt verfolgt worden war.

Im Kreis Templin, mit dem Schwerpunkt in Zehdenick, existierte bis 1933 eine sehr militante Gruppe des Roten Frontkämpferbundes (RFB), wie wir durch Erfahrungen und Klagen der Republikschutztruppe Reichsbanner Schwarz-Rot-Gold (S. 49) bereits wissen. Aus diesen KPD-Kreisen heraus wirkte bis Mitte 1934 eine Widerstandsgruppe[102] um den Händler Johann Bazynski (1905–1951) und den Ziegeleiarbeiter Robert Heinrich (1906–1944). Letztgenannter Zehdenicker, langjähriger Leiter des »Kampfbundes gegen den Faschismus« und RFB-Funktionär, versorgte eine Gruppe entschlossener Weggefährten mit Untergrundschriften, die aber auch Bazynski mit seinem Lieferwagen aus Berlin herbeibrachte. Darüber hinaus stellten führende Gruppenmitglieder in Kurtschlag, wo Bazynski wohnte, eigene Flugblätter her. In der Nacht vom 19. August 1934 wagten sie eine spektakuläre Aktion: Auf der Landstraße Templin-Vogelsang warfen sie außerhalb der genannten Ortschaften Flugblätter folgenden Inhalts ab: »Heraus mit Thälmann und allen politischen Gefangenen, Nieder mit Adolf Hitler, Göring und Goebbels, den Arbeiterverrätern. Die K.P.D. Deutschlands«.

In diesem Zusammenhang wurden die Leser der Protestzettel dazu aufgefordert, bei der bevorstehenden Volksabstimmung – bei der es um die Zusammenlegung der Ämter des Reichskanzlers und des Reichspräsidenten ging – mit Nein zu stimmen. Nur wenige Stunden darauf gerieten Johann Bazynski, der Schlosser Erich Tamm und der Maurergeselle Erich Freitag aufgrund eines Verrats in Haft. Nach tagelangen Verhören

101 Ebd.
102 Vgl. zum Folgenden Bezirksleitung Potsdam (Hg.), Ausgewählte Dokumente, Bd. 1, S. 336f.

gab Tamm dem Drängen seiner Frau nach und legte ein Geständnis ab, woraufhin im September der Arbeiter Richard Streu, der Friseur Rudi Fiedler und o. g. Robert Heinrich festgenommen wurden. Bereits am 6. Februar 1935 verhängte das Berliner Kammergericht mehrjährige Zuchthausstrafen, die höchsten erhielten Bazynski mit 3 ¼ und Heinrich mit vier Jahren. Damit nicht genug, verschleppte man die Wehrlosen nach der Strafverbüßung ins KZ, wo Bazynski bis April 1941, Robert Heinrich bis November 1944 litten. Von dort aus presste man ihn in die Strafeinheit 999. Beim Versuch, an der Front zur Roten Armee überzulaufen, wurde er von den Deutschen erschossen. Erich Tamm, dessen Geständnis zur Festnahme dreier Gruppenmitglieder geführt hatte, nahm sich vor Gram im Zuchthaus Gollnow das Leben.[103] Wie Erich Freitag, der frühere Org.Ltr. der KPD in Kurtschlag, nach dem Krieg aussagte, hatte ihre illegale Gruppe Verbindungen zum UB Gesundbrunnen und nach Glienicke. Ähnliche Kontakte in den Norden Berlins bestanden bei Oranienburgern (S. 432ff.).

Illegale Arbeit bei Finowfurt (Reichsautobahn-Baustelle)

Bund der Freunde der Sowjetunion (B.d.F.d.SU)

Wie wir bereits in mehreren Städten und Ortschaften des Landes bzw. der Provinz Brandenburg sahen, kam es zu Widerstandshandlungen, die von Berlin aus initiiert worden waren. So auch im Fall des »Bundes der Freunde der Sowjetunion«, einer großen Nebenorganisation der KPD[104], in Bezug auf Finowfurt und Umgebung.

Von den Nebenorganisationen der KPD in Berlin war außer der Roten Hilfe keine personell so stark den Verfolgungen der NS-Justiz ausgesetzt wie der »Bund der Freunde der Sowjetunion«. Die relativ frühe Zerschlagung des Untergrundkreises (1934) und die hohe Zahl von über einhundertfünfzig Angeklagten, die auch aus anderen Zweigen der Partei kamen (so aus dem KJVD), sollte jedoch nicht als kausaler Hinweis auf eine besonders militante und deshalb durch den NS bevorzugt bekämpfte Untergrundgruppe interpretiert werden. Es war – auch in diesem Fall – mangelhafte Konspiration, die der Geheimen Staatspolizei den entscheidenden Zugriff erleichterte.

Der »Bund der Freunde der Sowjetunion« existierte bereits in den späten 1920er Jahren. Der Popularisierung des sowjetischen Gesellschaftssystems durch ideologische »Aufklärung« und der Durchführung von kleineren Delegationsreisen in die UdSSR stand die nicht weniger wichtige Antikriegspropaganda zur Seite, die das »Vaterland der Werktätigen« vor der Bedrohung durch die Rüstung der »imperialistischen Staaten« schützen sollte. Die reichsweite Organisation hatte in Stadtmitte, Dorotheenstraße 19, ihren Sitz (übrigens auf dem Grundstück der Roten Hilfe) und wurde am 3. März 1933 zwangsweise geschlossen. Die Reichsleitung lag in den Händen des kommunistischen Landtagsabgeordneten Karl Becker und des Buchhändlers Paul Dietrich. Beide gingen in die Illegalität, Dietrich ließ später als Opfer des stalinistischen Terrors das

103 BLHA, Rep. 601 / VdN 39 (Johann Bazynski); Rep. 530, Nr. 9057 (Erich Freitag).

104 Vgl. H. R. Sandvoß, Die »andere« Reichshauptstadt, S. 336-339 (mit genauen Quellenangaben zu den Justizverfahren).

Siegmund Sredzki

Leben. In Berlin leitete Siegmund Sredzki (1892–1944) die Gruppe, die in Prenzlauer Berg ihren Schwerpunkt hatte, aber auch in den Arbeiterbezirken Neukölln und Wedding viele überzeugte Anhänger fand. Der Volksgerichtshof hebt im Urteil vom 9. Juni 1936 die Ziele des B.d.F.d.SU folgendermaßen hervor:

> Die revolutionäre Sonderaufgabe des Bundes besteht hauptsächlich darin, durch Verherrlichung der angeblichen Erfolge der Sowjetunion im kommunistischen Sinne zu werben, das bolschewistische Russland als die wahre Heimat der Werktätigen hinzustellen und die Massen auf diesem Wege von der Notwendigkeit der Zerschlagung des bisherigen Staatssystems in Deutschland nach dem Vorbild der russischen Revolution zu überzeugen.[105]

Im Dezember 1934 ging die Gestapo gegen die Illegalen vor. Über 150 Menschen wurden wegen der Verbreitung antifaschistischen Materials verhaftet. Betroffene stellten vor allem nach 1945 verschiedene Überlegungen über die Gründe an. Thomas Czech (Bund-Leiter in Prenzlauer Berg und unfreiwilliger Namensgeber der Prozessserie vor dem Kammergericht) vermutete »den Polizeispitzel Fritz Huschbeck« als Ursache, Karl Ziegler (1915–2003) dagegen den zu leichtfertigen Versuch, einen früheren Genossen, der nun der HJ angehörte, für eine Informationsreise in die UdSSR zu gewinnen. Einen ganz anderen Eindruck gewann der 1934/35 amtierende »Abwehrchef« der Berliner KPD, Walter Muth. Er nannte in einem internen Nachkriegsbericht Siegmund Sredzki als ein Beispiel für die »jeder Konspiration hohnsprechenden Arbeitsmethoden« in der Reichshauptstadt. Walter Muth (1908–1992) schreibt 1949/50:

> Oder dem Abwehrapparat kam zur Kenntnis, dass der Genosse Siegmund Sredzki, Leiter der Gesellschaft der Freunde der Sowjetunion, sich wiederholt sehr unvorsichtig verhielt. Mit Agitationsmaterial der Freunde der Sowjetunion in der Tasche [be]trat er in stark angeheitertem Zustand ein Restaurant, und [in] Cafés, in denen auch SA-Leute verkehrten, [trat er] sehr unvorsichtig, wenn nicht gar provozierend auf. Genosse Sredzki wurde durch den Abwehrmann des militärpolitischen Apparats [d.i. W. Muth] ohne Erfolg darauf aufmerksam gemacht, dass sein Auftreten gegen die einfachsten Grundsätze der Konspiration verstieß. Wie weitgehend gegen die Grundsätze der illegalen Arbeit verstoßen wurde, die nicht eingehalten wurden, kam […] [Muth] erst später zur Kenntnis. Darüber noch weiter unten. Hier zunächst nur: Zusammen mit der Verhaftung Siegmund Sredzkis durch die Gestapo konnten nicht nur

105 BArch, NJ 181, Bd. 1, Bl. 36ff. (S. 4 des Urteils des VGH vom 9.6.1936 gegen Siegmund Sredzki und Andere).

beachtliche Teile der Freunde der Sowjetunion um Genossen Siegmund Sredzki, sondern auch in Neukölln, Britz und Teile der Partei und des Kommunistischen Jugendverbandes Prenzlauer Berg, die in der Privatwohnung des Genossen Sredzki ihren Anlauf- und Konzentrationspunkt hatten, verhaftet werden.[106]

Neun Kammergerichtsprozesse (Verfahren A – J) verurteilten im Oktober 1935 über einhundert Menschen zu Gefängnis- und Zuchthausstrafen:

Prozess A	11 Personen, überwiegend aus Prenzlauer Berg
Prozess B	15 Personen, davon neun aus Neukölln und mehrere Finowfurter
Prozess C	18 Personen, darunter viele aus Neukölln
Prozess D	10 Personen aus Pankow, Neukölln und Grünau
Prozess E	23 Personen, darunter viele Kommunisten aus Prenzlauer Berg
Prozess F	20 Personen, darunter viele aus Mitte und Wedding
Prozess G	7 Personen, darunter viele Weddinger
Prozess H	11 Personen, darunter viele vom KJVD Prenzlauer Berg
Prozess J	14 Personen aus Mitte, Prenzlauer Berg und Wedding.

Leitende Funktionäre (elf Personen) standen dagegen vor dem Volksgerichtshof und wurden am 9. Juni 1936 verurteilt. Von ihnen überlebten mehrere die NS-Diktatur nicht, darunter Siegmund Sredzki, der im Oktober 1944 im KZ ermordet wurde.

Prozess gegen Finowfurter

Bereits in der Anklage B der Kammergerichtsverfahren gegen den B.d.F.d.SU, Hauptangeklagter war darin der Neuköllner Fliesenleger Bruno Dieckow – geboren in Zabelsdorf (Bezirk Stettin) –, standen mehrere Brandenburger vor dem Tribunal und wurden am 8. Oktober 1935 wegen Vorbereitung eines hochverräterischen Unternehmens wie folgt verurteilt:[107]

der Arbeiter Erich Weyher (* 1903), Finowfurt	4 J. Z
der Maurer Erwin Dahms (* 1910), Finowfurt	1 ½ J. G
der Maurer Hermann Zinke (* 1893), Ruhlsdorf, Dorfstraße 60	1 ½ J. G
der Schmied Oskar Scheckel (* 1906), Finowfurt, Melchower Straße 2	1 ½ J. G
der Heizer Franz Eisele (* 1898), Finowfurt, Triftstraße 18	1 J. 9 Mo. G

Im Kern drehte es sich um die Verbreitung von Untergrundschriften im Jahr 1934 auf der Baustelle Finowfurt (nahe Eberswalde) der Reichsautobahn Berlin-Stettin. Hier war der Angeklagte Karl Berndt, ein Neuköllner, zwischen dem 12. Mai und

106 SAPMO-BArch, Sg Y 30, Nr. 0665, Bl. 64.
107 BArch, NJ 181, Bd. 1. Interessant sind zur illegalen Arbeit unter Arbeitern der Reichsautobahn in Finowfurt sowie dem Kreis Angermünde auch die Beobachtungen der Gestapo, vgl. W. Ribbe (Hg.), Die Lageberichte, S. 175, 214f., 346, 361, 408, 441.

Arbeitersportler und KJVD am Finowkanal, 1930er Jahre

dem 6. November d. J. tätig und vertrieb eine größere Menge in Berlin erhaltenen Materials. Abnehmer waren die Arbeitskameraden Bungert, Paul Nast und Hämfler. Am Totensonntag 1934 fuhr besagter Berndt nach Finowfurt, wo er seinem Kollegen Weyher 32 Exemplare der »Bundeszeitung« zur weiteren Verteilung aushändigte. Unabhängig davon war Berndt bestrebt, weitere Arbeiter der Baustelle Finowfurt für die illegale Gruppe zu werben. Angeblich will Berndt im »Bund« lediglich eine wirtschaftspolitisch orientierte und daher nicht verbotene Initiative gesehen haben, was ihm die NS-Justiz – unter Hinweis auf den prosowjetischen Propagandaeffekt der Texte – aber nicht abnahm.

Der »Zwischenverteiler« in Finowfurt Erich Weyher wiederum, der nicht der KPD angehörte, sondern früher mit der SPD sympathisierte und nach Mitgliedschaft im »Stahlhelm« im Oktober 1933 mit diesem in die SA überführt wurde, habe sich (nach eigener Aussage) dort nur organisiert, um Arbeit zu finden.

Ende Oktober 1934 will Weyher – während seiner Tätigkeit bei der Reichsautobahn in Finowfurt – erstmals »Bundesmaterial« und zwar von Berndt erhalten haben, im November d.J. dann die bereits erwähnten 32 Stück. Die sollte er zum Preis von je 20 Pfennig verkaufen. »Weisungsgemäß« gab er von dieser Lieferung an folgende Personen diverse Schriften ab:

Erwin Dahms	4–5 Exemplare
Oskar Scheckel	4 Exemplare
Erich Engel	1 Exemplar
Alfred Wilke	4 Exemplare
Erich Martitz	mehrere Exemplare

Franz Eisele	8 Exemplare
Alfred Hämfler	5 Exemplare
Willi Winkler	2–3 Exemplare

Den Erlös von insgesamt 6,40 RM führte Weyher an den in einem anderen Verfahren verfolgten Reinhold Schmidt ab. Wie der Schriftenlieferant Karl Berndt (Neukölln) erhielt auch der »Zwischenverteiler« *Erich Weyher* aus Finowfurt wegen der »Vorbereitung zum Hochverrat« *unter erschwerten Umständen* eine Strafe von vier Jahren Zuchthaus. Während Dahms und Scheckel aus Finowfurt sowie Hermann Zinke aus dem niederbarnimschen Ruhlsdorf mit 1 ½ Jahren Gefängnis als »Unterverteiler« noch relativ milde davonkamen, lautete das Urteil beim Finowfurter *Franz Eisele* – wegen der ihnen gegenüber doppelt hoch entgegen genommenen Schriftenzahl – bereits 1 ¾ Jahre Gefängnis. Dies wurde vom Gericht noch als Konzession eingestuft, da der Verurteilte unter einem chronischen Magen- und Darmleiden litt, wodurch ihn eine Gefängnishaft besonders hart treffen würde. Zudem habe er von den acht Untergrundschriften nicht mehr als drei Stück abgesetzt.

Der Finowfurter *Dahms*, seit 1922 KPD-Ortsgruppenleiter, bestritt in der Hauptverhandlung jede illegale Tätigkeit, wurde aber durch die Aussagen des Mitangeklagten Hermann *Zinke*, der Ortsgruppenleiter der KPD in Ruhlsdorf war, überführt.

Der Finowfurter Oskar *Scheckel* wiederum, bis Ende 1932 KPD-Mitglied und Unterkassierer, versuchte zunächst, seinem Ortsgenossen Eisele Schriften anzubieten, und will nach dessen Ablehnung alles verbrannt haben. Dies nahm ihm das Gericht aber nicht ab, sondern unterstellte, da er das Untergrundmaterial Weyher gegenüber bereits bezahlt hatte, seine Ausgaben durch Verkauf auch wieder eingeholt haben zu wollen.

Der Spandauer *Alfred Hämfler* (1897) lernte im Frühjahr 1934 beim Bau der Reichsautobahn in Finowfurt ebenfalls den o.g. Verteiler Karl Berndt kennen und nahm von ihm wiederholt Schriften zum Verkauf entgegen. Er setzte sowohl bei Bungert als auch bei Becker je ein Exemplar ab. Vor Gericht erklärte er sein Verhalten durch die besonderen Zustände beim Bau der Autobahn, will aber auch aus Treue zur (kommunistischen) Bewegung heraus gehandelt haben. Aufgrund dieser Aussagen lehnte das Gericht – trotz des geringen Umfangs der illegalen Tätigkeit – das Vorliegen eines minderschweren Falles ab und verurteilte den Arbeiter zu zwei Jahren Zuchthaus.

Nachzutragen bleibt, wie es dem am höchsten verurteilten Finowfurter Erich Weyher nach der Urteilsverkündung (vier Jahre Zuchthaus) erging: Gesundheitlich durch die Gestapo-Haft geschädigt – er erlitt bei den »Verhören« einen Kieferbruch –, verbrachte er seine vierjährige Zuchthausstrafe in der Strafanstalt Luckau und wurde dort am 18. März 1939 entlassen. Einer KZ-Einweisung entgangen, konnte er auch die Kriegsjahre überleben.[108]

108 BLHA, Rep. 333, Akte 1258 (VVN-Aufnahmeantrag).

Trotz dieser lokal einschneidenden Verfolgungsmaßnahmen und der Anklage in anderen Justizverfahren gegen die illegale KPD (S. 365) war die gegnerische »Szene« in Finowfurt (und Finow) nicht völlig zum Schweigen gebracht worden. Frühere »Schutzhäftlinge« des Jahres 1933 wie Wilhelm Flenz oder Erich Forster gaben nach dem Krieg zu Protokoll, dass sie trotz Polizeiaufsicht bzw. Beobachtung antifaschistische Propaganda betrieben (so Flenz) oder (wie Forster) einen Deserteur versteckt hatten.[109]

Wieder andere Oppositionelle zogen nach vorausgegangener KZ-Haft nach Finowfurt, so etwa der Arbeiter Otto Rubin aus Finow, der vom 30. Juni 1933 bis zum 14. März 1934 in Oranienburg bzw. Sonnenburg gelitten hatte. Zuvor saß er bereits vom 4. März bis zum 30. Juni 1933 in Polizeihaft. Otto Rubin (* 1896) erinnert sich:

> Nach meiner Haftentlassung 1934 konnte ich keine Arbeit bekommen, weil als Kommunist bekannt; aus den selben Gründen musste ich auch in Finow meine Wohnung aufgeben und nach Finowfurt verziehen, weil ständig von der SA und Polizei verfolgt. Auf meiner Arbeitsstätte in Finowfurt, welche ich seit dem 26.11.34 innehatte, waren wir nur zwei K.P.D.-Genossen und arbeiteten für die illegale K.P.D. und Rote Hilfe. Von der Betriebsleitung und den Nazimitgliedern wurden wir viel schikaniert und auch bespitzelt.[110]

Der Arbeitersportler und Metallarbeiter Paul Siepert schließlich berichtete nach 1945 von Finowfurter Zusammenkünften von NS-Gegnern und illegaler Arbeit in der Pulverfabrik Oderberg.[111]

Auch das nahe dem bekannten Schiffshebewerk gelegene Niederfinow – östlich von Eberswalde (während Finow und Finowfurt westlich davon lagen) – zählte mehrere Widerstandskämpfer, darunter Mitglieder der Familie Israel[112]. Hier sei besonders an den Maurer Karl Israel erinnert: Im Sommer 1934 zu drei Jahren Zuchthaus verurteilt, zwang man ihn im Krieg in die Strafeinheit 999, wo er seit dem November 1943 als »verschollen« gilt. Bereits früh wurden dagegen Niederfinower in den Prozessen Kowalczyk (S. 364ff.) und Jessel (S.356ff.) zur Verantwortung gezogen, wobei Fritz Böhm 1935 in der Haft ums Leben kam (S. 365).

Geheimgruppe »Kolonne X« (Fürstenwalde/Spree)

Den etwas bizarren Decknamen »Kolonne X« trug eine rund dreißig Personen umfassende Widerstandsgruppe, die im Raum Fürstenwalde/Spree (Krs. Lebus) agierte. Ähnlich den Ereignissen in der Neumark (S. 424), wo Berliner Verbindungsmänner – in diesem Fall der Roten Hilfe/I.A.H. – initiierend wirkten, waren es bei der »Kolonne X« Vertraute aus dem Umfeld des illegalen Roten Frontkämpferbundes bzw. »Ordnerdienstes« des AM-Apparats (S. 412), die tätig wurden: Ein militanter Vertrauenskreis sollte gebildet und im Waffengebrauch geschult werden. Was Letzteres betrifft, ergeben

109 Ebd., Rep. 333, Nr. 1233.
110 Ebd., Rep. 333, Nr. 1250, Bl. 422R.
111 Ebd., Rep. 333, Nr. 1251 (Siepert führt dafür drei Zeugen aus Finowfurt an.).
112 Ebd., Rep. 333, Nr. 1239.

sich auch gewisse Parallelen zu ähnlichen Anstrengungen im Raum Niederbarnim (S. 396ff.) 1933.[113] Das Urteil des Kammergerichts sprach am 30.11.1934 teilweise harte Strafen aus, so erhielten:

1.	Revolverdreher Richard Panzer (* 1905), Fürstenwalde, Eisenbahnstr. 53	4 J. Z
2.	Arbeiter Karl Urban (* 1889), ebd., Wriezener Straße 16d	2 J. Z
3.	Gießereiarbeiter Erich Thiele (* 1901), ebd., Gartenstraße 24	2 ½ J. Z
4.	Arbeiter Paul Meyer (* 1912), ebd., Nachtigallenweg	2 J. Z
5.	Ehefrau Margarete Lenz (* 1906), ebd., Verlängerte Forststraße	1 J. G
6.	Arbeiter Kaspar van Uffelt (* 1896), ebd., Augustastraße 75	1 ½ J. Z
7.	Arbeiter Willi Leipe (* 1907), ebd., Molkenbergstraße 54	1 ½ J. Z
8.	Arbeiter Willi Schumann (* 1902), ebd., Frankfurter Straße 8	1 ½ J. Z
9.	Arbeiter Willi Schreiber (* 1899), ebd., Etablissement 20	1 ½ J. Z
10.	Steinsetzer Artur Müller (* 1905), ebd., Fischerstraße 18	1 ½ J. Z
11.	Arbeiter Paul Panknin (* 1910), Spandau, Falkenhagener Straße 23/24	1 ½ J. Z
12.	Arbeiter Paul Wichmann (* 1911), Fürstenwalde, Molkenberger Str. 54	1 ½ J. Z
13.	Arbeiter Wilhelm Zech (* 1899), ebd., Lebuser Straße 5	1 ½ J. Z
14.	Arbeiter Paul Jurisch (* 1899), ebd., Niederlagetor 5	1 ½ J. Z
15.	Arbeiter Max Schicke (* 1908), ebd., Raumerstraße 15	1 ½ J. Z

Ein wieder gesondertes Kammergerichtsverfahren sprach den Fürstenwalder Arbeiter Walter Meyer (1917), der noch in der Anklageschrift vom 14. Juni 1934 an fünfter Position aufgeführt worden war, am 9. September 1935 vom Vorwurf der Vorbereitung eines hochverräterischen Unternehmens frei, da er zum Beginn der »Tatzeit« erst fünfzehn Jahre alt war. Aufgrund der Hauptverhandlung sah das Kammergericht folgenden Tatbestand als erwiesen an:

> Im November 1933 wurde in Fürstenwalde/Spree eine große Anzahl ehemaliger Kommunisten unter dem Verdacht festgenommen, einer kommunistischen Terrorgruppe angehört zu haben, die auch nach der Machtübernahme durch Adolf Hitler ihren Zusammenhalt bewahrt hatte. Der größte Teil der in der vorliegenden Sache Angeklagten gehörte der sogenannten Kolonne X an, die der Angeklagte Panzer im Jahre 1932 ins Leben gerufen hatte. Die Kolonne X war wiederum in Fünfergruppen eingeteilt und hatte es sich zur Aufgabe gesetzt, die hochverräterischen, auf den gewaltsamen Umsturz der Verfassung abzielenden Bestrebungen der KPD zur gegebenen Zeit mit Waffengewalt zur Durchführung zu bringen. Zu diesem Zwecke wurden die Mitglieder der Kolonne X insbesondere durch die Angeklagten Panzer und Urban im Waffengebrauch eingeübt. Die Angehörigen der Kolonne X waren auch im Besitze von Waffen. Bei einzelnen von ihnen wurden noch im November 1933 größere Mengen von Waffen gefunden, die aus der Art ihrer Aufbewahrung erkennen ließen, daß sie zu dem Zwecke eines

113 Vgl. zum Folgenden BArch, R 3018, NJ 17690 (Anklageschrift und Urteil gegen »Panzer und Genossen«); zum »AM-Apparat« siehe H. R. Sandvoß, Die »andere« Reichshauptstadt, S. 388ff.

Richard Panzer

bewaffneten kommunistischen Aufstandes bereit gehalten werden sollten. Aber nicht nur Waffen aller Art, sondern auch Sprengstoffe wurden von einem Teil der Angeklagten beschafft und bereit gehalten.[114]

Über den Hauptangeklagten Revolverdreher Richard Panzer, der bei der Urteilsverkündung 29 Jahre alt war, teilt das NS-Gericht mit, er sei 1929 oder 1930 Mitglied der KPD geworden, habe dem Roten Frontkämpferbund aber bereits seit 1924 – mit neunzehn Jahren also – angehört. Seinen eigenen Angaben zufolge strengte Ende Januar/Anfang Februar 1933 die KPD-Leitung ein *Ausschlussverfahren* gegen ihn an. Noch ein halbes Jahr zuvor übertrugen ihm Berliner Vertrauensmänner allerdings eine sehr brisante Aufgabe:

> Im Sommer 1932 erhielt er von zwei Berliner KPD-Funktionären den Auftrag, in Fürstenwalde die sogenannte Kolonne X zu gründen. In diese Kolonne sollten nur bewährte und zuverlässige Kommunisten aufgenommen werden. Die Kolonne X hatte in erster Linie den Ordnerdienst wahrzunehmen und weiterhin die Ausbildung ihrer Mitglieder in der Handhabung von Waffen durchzuführen. Panzer war der Führer der Kolonne X. Die Mitglieder wurden zum mindesten teilweise in der Handhabung der Pistole 08, am Gewehr 98 und am Karabiner ausgebildet. Die Ausbildung nahm zunächst ein Funktionär aus Berlin mit Namen »Eberhard« vor. Angeblich ist »Eberhard« zum letztenmal im Januar 1933 in Fürstenwalde gewesen. Schließlich habe »Eberhard« gemeint, es könne ein anderer die Ausbildung weiter übernehmen. Der Angeklagte Panzer schlug zur Fortführung der Ausbildung den Angeklagten Urban vor, der sich auch hierzu bereit erklärte.[115]

Besagte »Kolonne X« bestand aus etwa dreißig Mitgliedern, aus ihren Reihen hielt lediglich Panzer (S. o.) – über den Verbindungsmann »Eberhard« – Kontakt zur »Zentralleitung«. Panzer war es auch, der mit Geld, das er von »Eberhard« erhalten hatte, Pistolen anschaffte. Dafür sandte er den Angeklagten Willi Leipe und einen (in diesem Verfahren nicht angeklagten) Sigismund Dell zu einer bestimmten (dafür auserkorenen) Stelle, um die Waffen zu erwerben, was jedoch fehlschlug, da die Männer nichts erhielten. Weiter liest man im Urteil folgende bemerkenswerte Zeilen: »Als die ›Kolonne X‹ Anfang März 1933 aufgelöst wurde, vereinbarten ihre Mitglieder, daß jeder seine Waffe verbergen sollte.«[116]

114 BArch, R 3018, NJ 17690 (S. 5 des Urteils des 3. Senats des Kammergerichts Berlin vom 30. November 1934).
115 Ebd., S. 6 des Urteils vom 30. November 1934.
116 Ebd., S. 6 des Urteils vom 30. November 1934.

Noch im Januar 1933 – also etwa vier Wochen *vor* dem o. g. KPD-Ausschlussverfahren – erfuhr Panzers Aufgabe insofern eine große Erweiterung, als er von »Eberhard« den Auftrag erhielt, in *Müncheberg* und *Briesen* ähnliche »Kolonnen X« zu gründen und aufzuziehen. Zur ersten Kontaktaufnahme nach Müncheberg nahm Panzer die mitangeklagten Urban und Thiele mit. Am genannten Ort wurde – durch Mitwirkung einer dortigen Vertrauensperson namens Rudolph – eine Versammlung von Genossen einberufen, bei der Panzer Zweck und Ziel seiner Mission vortrug. Zu Gründungen sei es aber – obwohl Panzer noch ein zweites Mal nach Müncheberg fuhr – weder dort noch in Briesen gekommen.

Dagegen schlug im Januar 1933 der Versuch nicht fehl, über die Brüder Paul und Walter Meyer Sprengkapseln, etwa siebzig an der Zahl, zu besorgen. Panzer wollte sie nach Berlin schaffen, sie wurden aber zunächst in Fürstenwalde versteckt. In Abstimmung mit seinem Vertrauten Erich Thiele verbarg man die Sprengkapseln bei Frau Margarete Lenz in der Verlängerten Forststraße. Dem Gericht zufolge befand sich die Fürstenwalder »Kolonne X« auch im Besitz einer russischen Fahne, »[...] die der RFB in Fürstenwalde für einen Sabotageakt im Jahre 1920 aus der Sowjet-Union erhalten hatte.«

Die Gerichtsunterlagen verraten uns auch, dass die »Kolonne X« sogar die Erweiterung ihrer Organisation durch die Bildung einer Gruppe aus Jüngeren anstrebte – wozu es dann allerdings offenbar nicht mehr kam. Verantwortlich für den Versuch war der Arbeiter Paul Panknin, berichten Zeugen. Das Urteil äußert sich wie folgt dazu:

> Panknin war auch Führer einer Fünfergruppe. Die Beweisaufnahme hat durch die Vernehmung der Zeugen Erich Kusatz, Jähde und Willi Fechner ergeben, daß Panknin für eine Jugendgruppe bei der Kolonne X geworben hat. Nach Aussagen des Zeugen Jähde hat Panknin auch eines Tages eine Pistole mitgebracht und ihm gezeigt, wie die Pistole geladen werden müsse. Ebenso hat der Zeuge Willi Fechner angegeben, daß Panknin ihm Unterricht im Gebrauch der Pistole 08 erteilt hat.[117]

Beim Strafmaß wurde differenziert, da Panzer, Urban, Thiele und Paul Meyer als engerer Kern und verantwortlich für den Verstoß gegen das Sprengstoffgesetz stärker bestraft wurden, als jene, die lediglich zur Gruppe gehörten und zum Teil auch Waffen besaßen. Der »Rädelsführer« Panzer erhielt daher vier Jahre Zuchthaus, Thiele zweieinhalb Jahre, Paul Meyer –1933 an den Haftfolgen verstorben –und Urban je zwei Jahre.

Erstaunlicherweise erhielt selbst Panknin, der doch eine Jugendgruppe bilden wollte, auch »nur« anderthalb Jahre Zuchthaus wie die übrigen »einfachen« Angeklagten.

Soweit jedenfalls die NS-Justiz, doch hören wir nun, was der zu vier Jahren Zuchthaus verurteilte Panzer und der zu zwei Jahren Zuchthaus verurteilte Karl Urban dazu nach der Befreiung berichteten. Richard Panzer (* 1905) schreibt 1945 in seinem Lebenslauf:

117 Ebd., S. 11f. des Urteils.

> [...] 1925 Eintritt in den R.F.B. Seit. 31. U.G. Leiter und Mitglied der U.B.L. der Partei. Wegen dieser Arbeit im Juni 33 erste Verhaftung und Wiederentlassung. Nachdem Weiterarbeit. Letzte von mir geleitete Funktionärsitzung im Nov. 33 und die Wahlarbeit zum 12.11.33. [In] Zwischen bestimmte [ich] Funktionäre von Kolonne X. Am 15.11. Verhaftung durch Gestapo. Verrat durch Verleger F. Matzke, M. Schicke. Prozeß am 30.11.34. durch Kammergericht 3. Senat. Urteil 4 Jahre Z, Mitangeklagte sind bekannt. Strafe verbüßt in Luckau. Beschäftigung dort Wäscherei und Hausratw. November 37. nach K.Z. Sachsenhausen. Sofort in S.[onder] K[ommando]. Anschließend beim Kommando Barackenbau. Dann Häftlingsküche Vorarbeiter. Im April 40 Bestrafung wegen Nichtangabe einer Meldung und Zersetzung der S.S. Zeuge Karl Saß. Zurzeit Berlin Heiligensee, Kr. Polizei. Dann strafweise nach K.Z. Flossenbürg. Reparaturdreher bei der West. Steinbruch. Zuletzt bei dem Kommando 2004 (Dreherei!) Vorarbeiter. Zeugen für den dortigen Aufenthalt: Karl Saß, Berlin-Heiligensee. Karl Fugge, B.S. Baden. Fritz Gallnie, M.d.R. Essen. Anton Techner, Essen. Albert Buchmann. M.D.R. München.[118]

Noch spärlicher als die Nachkriegsaussagen des eben Zitierten sind die Aussagen eines seiner engsten Vertrauten und Mitverurteilten. Karl Urban (1889–1953) berichtet 1947 über sich:

> 1922 trat ich in die K.P.D. und in den R.F.B. [Roten Frontkämpferbund] ein. Auch war ich gewerkschaftlich organisiert in dem D.M.V. [Deutschen Metallarbeiter Verband] und D.B.V. Im November 1933 wurde ich durch die Gestapo verhaftet und nach 9 Monate[n] Untersuchungshaft zu 2 Jahre[n] Zuchthaus wegen Vorbereitung zum Hochverrat verurteilt. Meine Strafe verbüßte ich in der Strafanstalt Luckau. Bei der Hitlerregierung wurde ich aus der Wehrmacht sowie aus dem Volkssturm auf Grund meiner Vorstrafen ausgeschlossen. Nach dem Einmarsch der Roten Armee in Fürstenwalde habe ich mich an den Aufräumungsarbeiten beteiligt. [...]
>
> Während der Hitlerregierung bis zu meiner Verhaftung, auch in der Strafanstalt sowie nach der Entlassung, habe ich im Sinne der Kommunistischen Partei gearbeitet [...].[119]

Bedauerlicherweise finden sich auch in Bürgenerklärungen zum politischen Schicksal Karl Urbans keine näheren Angaben. Anders als dem sogenannten Rädelsführer Richard Panzer blieb Urban eine KZ-Einweisung nach der Zuchthaushaft erspart. Wehrmacht- und Volkssturm-Ausschluss deuten aber auf seine anhaltende Resistenz gegenüber dem NS-Regime hin. Dies hebt ihn wiederum von jener Gruppe Minderbelasteter ab, denen – da sie ihre zurückliegenden politischen Vergehen nach dem Eindruck der Verfolgungsbehörden »bereuten« – die vom Wehrbezirkskommando beantragte »Wehrwürdigkeit« wieder verliehen wurde.[120] Dies dürfte allerdings eher dem Nutzen eines kriegslüsternen Systems entsprochen haben als dem Wunsch proletarischer Familien.

---

118 BLHA, Rep. 601 / VdN 733.

119 Ebd., Rep. 601 / VdN 1818.

120 Siehe hierzu die Beurteilungen der Strafverfolgungsbehörden in mehreren Fällen, in: BArch, R 3080, NJ 17690, Bl. 17ff.

Ein erneut bestrafter Antifaschist

Nachzutragen ist der traurige Umstand, dass Richard Panzer, der in jungen Jahren eine so lange und zermürbende KZ-Haft auf sich nehmen musste, 1947 vom Parteischiedsgericht der SED ausgeschlossen wurde – er hatte seine Partei angeblich »diskreditiert« (wenn auch aus »politischer Unwissenheit«) –, was dann 1950 zur Folge hatte, dass sein Verfolgten-Ausweis eingezogen und alle Vergünstigungen für NS-Verfolgte bzw. »antifaschistische Kämpfer« gestrichen wurden.

Illegale KPD im Raum Frankfurt/Oder

In die große Stadt an der Oder sowie die zum Regierungsbezirk Frankfurt/Oder gehörende »Neumark« führen uns mehrere NS-Justizverfahren aus den frühen bzw. mittleren 1930er Jahren.

Erste Festnahmen und Prozesse

Bereits im März 1933 – inmitten von Landtags- und Kommunalwahlgängen – führte die Politische Polizei in der Oder-Stadt umfangreiche Festnahmen und Verhöre durch und half mit, einen Prozess in die Wege zu leiten, bei dem schließlich am 9. Mai 1934 das Urteil gesprochen wurde. Die Anklage gegen »Rüffert u. Genossen« richtete sich gegen acht Personen:[121]

- Schmied Wilhelm Rüffert (* 1903), Frankfurt/Oder, Hanewald 3
- Buchdrucker Willi Schrade (* 1911), ebd., Kl. Müllroser Straße 25
- Schmied Hellmuth Kaufmann (* 1909) ebd., Sonnenburger Str. 2
- Arbeiter Karl Schubert (* 1900), ebd., Görlitzer Str. 3
- Bäcker Otto Guse (* 1901), Jakobsdorf, Krs. Lebus
- Glaser Erich Schindler (* 1906), Frankfurt/Oder, Leipziger Platz 8
- Schuhmacher Karl Thiede (* 1908), ebd., Bischofstr. 1
- Arbeiter Max Haase (* 1894), ebd.

Die ausgesprochenen Haftstrafen blieben – verglichen mit späteren Prozessen (S. 422ff.) – noch relativ moderat, zumindest für den Hauptangeklagten, der lediglich ein Jahr Gefängnis bekam, während der Schmied Hellmuth Kaufmann mit zwei Jahren und drei Monaten Zuchthaus die Höchststrafe erhielt. Schubert, Schindler und Thiede folgten mit zwei Jahren Zuchthaus, die restlichen Angeklagten blieben darunter.

Aufgrund einer schwierigen Aktenlage und nur spärlicher Zeitzeugenberichte kann zum gesamten Verfahren leider nur wenig ausgesagt werden. Rüffert gibt in seinen Verfolgtenunterlagen an, die Gruppe sei durch einen Gottlieb Neuhausen »verraten« worden. Der Mitangeklagte Erich Schindler nennt einen »Neuhaus« als Belastungszeugen vor Gericht.

---

121 Bezirksleitung Potsdam (Hg.), Ausgewählte Dokumente u. Materialien, Bd. 1, S. 267.

Über die illegale Arbeit der Verurteilten sagt Wilhelm Rüffert (1903–1968) lediglich: »Am 7.3.1933 verhaftet wegen Vorbereitung zum Hochverrat (Waffen, Munition und Sprengstoff), als Hauptangeklagter. Weitere Angeklagte waren: Schubert, Thiede, Schrade, Guse, Schindler, Haase und Kaufmann (Ausländer).«[122]

Rüffert scheint sich nach der Haft politisch eher zurückgehalten zu haben, wurde aber im Februar 1943 zur Strafeinheit 999 eingezogen.

Vom Glaser Erich Schindler, wie Rüffert vor 1933 in der KPD organisiert, erfahren wir etwas mehr über die eigene politische Biographie, die auch weit profilierter ausfiel als beim Hauptangeklagten. Erich Schindler (1906–1952) schreibt 1948:

> 1926 wurde ich Mitglied der KPD. Ab 1927 hatte ich Funktionen. Meine letzte Funktion bis 1933 war Kassierer des U.B. Frankfurt. 1930 wegen Körperverletzung zu 2 Monaten Gefängnis vom Amtsgericht Frankfurt/Oder verurteilt. Außer der KPD gehörte ich der Roten Hilfe, der R.G.O., Roten Sport [Einheit] und K.G.D.F. [Kampfbund gegen den Faschismus] an. In Letzterem hatte ich die Funktion des Org.-Leiters im U.B. Frankfurt.[123]

Seine im Januar 1933 verstorbene Frau Erna geb. Liersch war von 1930 bis zu ihrem Tode Frauenleiterin des KPD-Unterbezirks. All dies mag als Hintergrund die höhere Verurteilung gegenüber dem Hauptangeklagten Rüffert erklären. Nach Verbüßung seiner zweijährigen Zuchthausstrafe hielt Schindler den Kontakt zu alten Gesinnungsgenossen wie Max Haase und Waldemar Stanke, in dessen Justizverfahren im September 1934 Schindler aussagte und sich untadelig verhielt. (Er wurde schließlich wie Rüffert im Krieg zur Strafeinheit 999 einberufen.)

Die Grausamkeiten der NS-Verfolger, die ihrer politischen Übermacht hemmungslos Ausdruck gaben, sollten beim Blick auf den Widerstand stets mitbedacht werden. Der folgende kurze Bericht eines Verschleppten möge exemplarisch für das Leiden wehrloser Opfer des Gestapo-Terrors stehen: Paul Liersch, Sohn eines Landarbeiters, konnte aufgrund der elterlichen Not keinen Beruf erlernen und erst 1938 als Weichensteller bei der Reichsbahn eine halbwegs qualifizierte Tätigkeit finden. Er gehörte vor 1933 der KPD und der RGO an und wohnte Kl. Müllroserstraße 15. Paul Liersch (1900 geboren) berichtet:

> Im September 1933 wurde ich auf Grund meiner illegalen Parteiarbeit von den Nazis verhaftet, meine Haft dauerte 14 Tage, die [mir] immer in Erinnerung bleiben werden, denn wir wurden fast jede Nacht bis zur Besinnungslosigkeit geschlagen und mit den Füßen getreten. Meine zurückgebliebenen Leiden sind folgende [:] Loch im linken Trommelfell und 29 Zähne verloren.[124]

Von frühen Festnahmen in kommunistischen Kreisen der Oder-Stadt berichten verfolgte Arbeiter wie Erich Prahl[125] und Artur Draheim, der Fleischer Karl Luckow und der

122 BLHA, Rep. 601 / VdN 1714; siehe zu ihm auch Rep. 333, Nr. 1250, Bl. 456ff. Rüffert gibt in seinen Verfolgtenunterlagen den Verlust sämtlicher Zähne an.

123 Ebd., Rep. 601 / VdN 1731. Vom dort genannten Waldemar Stanke konnte keine VdN-Akte ermittelt werden, obwohl er überlebte und zugunsten Schindlers aussagte.

124 Ebd., Rep. 333, Nr. 1113, Bl. 84. (Als Bürgen fungierten Fritz Böhm und Waldemar Stanke).

Friseur Edmund Pudelko. Letztgenannter, aktiv an der Reorganisation der verbotenen KPD beteiligt (S. 419), wurde zweimal von der Politischen Polizei vernommen, musste aber aus Mangel an Beweisen freigelassen werden – um dann Ende 1934 erneut in eine gefährliche Lage zu geraten (S. 422). Karl Luckow (*1884) blickt 1956 zurück:

> Ich war vor 1933 Mitglied des Internationalen Bundes und habe an der Saalschlacht in Westkreuz, als die Nazis einen Feuerüberfall durchführten, teilgenommen. [...] Ich habe vor 1933 für die Partei gearbeitet sowie nach 1933 mit den Genossen Brest und Draheim. Wir haben illegale Schriften der KPD vertrieben. Genosse Brest hat von [Max] Hannemann illegales Material bekommen, er ist 1935 verhaftet und in Berlin beim Kammergericht dem Genossen Hannemann gegenübergestellt worden. Ich kann mich auch auf andere Frankfurter Genossen berufen, die von meiner politischen Einstellung Kenntnis haben. Auf Grund meiner politischen Arbeit bin ich von SA-Leuten denunziert und [vom 10. Februar bis 11. August 1933] nach Sonnenburg [KZ] gebracht worden. SA-Banditen haben mir meiner kommunistischen Einstellung wegen mein Haus Klingetal Nr. 93 niedergebrannt.[126]

Die KZ-Haft in Sonnenburg verbrachte Luckow, dem im SA-Lager mehrere Zähne ausgeschlagen wurden, mit seinem Frankfurter Leidensgenossen Artur Draheim.

Anfang Dezember 1934 geriet dann eine Reihe illegal tätiger Kommunisten in Haft, die zunächst in einem unter dem Titel »Höft und Genossen« angestrengten Kammergerichtsprozess angeklagt werden sollten. Doch die Ermittlungen von Geheimem Staatspolizeiamt und Staatsanwaltschaft weiteten sich immer mehr aus und griffen schließlich auf die östlich der Oder gelegene Neumark über. Dort kam es schließlich zu einem in zwei Prozesse (A und B) aufgeteilten großen Verfahren unter dem Rubrum »Wittlief und Andere«; Verhaftungen dazu setzten im Frühjahr 1936 ein, die Urteile wurden im Januar 1937 gesprochen.

Obwohl mehrere Frankfurter Kommunisten dabei mit auf der Anklagebank saßen (S. 423ff.), wurde der Kern der Untergrundgruppe der Oder-Stadt unter dem Politischen Leiter Max Hannemann (und weiteren acht Angeklagten) bereits am 26. April 1935 verurteilt. Der 3. Strafsenat des Kammergerichts Berlin sprach am 26. April 1935 folgende Strafen aus:[127]

1.	Arbeiter Max Hannemann (* 1899), Frankf./Oder, Große Scharrnstr. 28	5 J. Z
2.	Ehefrau Helene Hannemann (* 1908), ebd., Große Scharrnstraße 28	1 J. G
3.	Kupferschmied Reinhold Kirst (* 1893), ebd., Bergstraße 180	2 ½ J. Z
4.	Anstreicher Siegfried Raulin (* 1902), ebd., Markendorfer Str. 5	Freispruch
5.	Arbeiter Fritz Lohm (* 1904), ebd., Grüner Weg 16	1 ½ J. Z
6.	Arbeiter Paul Reich (* 1905), ebd., Crossener Straße 3	Freispruch
7.	Schuhmacher Erich Kinne (* 1896), ebd., Bergstraße 7	2 ½ J. Z

125 BLHA, Rep. 333, Nr. 1249. Prahl gibt in seinem Lebenslauf an, darüber hinaus 1937 zwangssterilisiert und von September bis Dezember 1939 erneut ins KZ verschleppt worden zu sein.

126 BLHA, Rep. 601 / VdN 506 (Karl Luckow).

127 BArch, R 3018, NJ 3264.

8. Rentner Paul Zenker (* 1885), ebd., Bergstraße 14 | 1 J. G
9. Arbeiter Wilhelm Höft (* 1890), ebd., Bergstraße 8 | Freispruch

Max Hannemann, Kirst und Kinne wurden zudem – nach Strafverbüßung – unter Polizeiaufsicht gestellt. Mit Ausnahme von Helene Hannemann, die man lediglich wegen »Beihilfe« belangte, erhielten die meisten anderen Verurteilten ihre Strafen wegen der »Vorbereitung zum Hochverrat« für den – eher schmalen – Zeitraum Sommer bis Herbst 1934, Paul Zenker sogar nur für den Herbst d. J.

Trotzdem waren es vor allem für den Hauptangeklagten – und seine zentralen Helfer als Zwischenverteiler, Kirst und Kinne – keine geringen Strafen.

Worum ging es beim Kern der Vorwürfe? Die ursprüngliche Anklageschrift hatte sich lediglich gegen Wilhelm Höft, Paul Zenker und Erich Kinne gerichtet und diesen die Verbreitung kommunistischen Untergrundmaterials im Sommer und Herbst 1934 vorgeworfen. Wenngleich Zenker als einziger der Genannten auch zwischen 1930 und 1932 von der KPD zum linksoppositionellen Leninbund (S. 306) gewechselt hatte, so wurde allen aufgrund ihres politischen Engagements unterstellt, die Tragweite der in Umlauf gebrachten Schriften begriffen zu haben. Naiv und folgenschwer bleibt in diesem Zusammenhang allerdings das Vorgehen Höfts, seinem in der SA organisierten Schwager Untergrundmaterial ausgehändigt zu haben, um dessen Behauptung zu widerlegen, es gäbe keine Kommunisten mehr!

Max Hannemann

Wie gesagt, weiteten sich die Ermittlungen der Verfolgungsbehörden aus, vor allem geriet der Hauptverantwortliche ins Netz. Doch der versuchte sich – verständlicherweise – zunächst herauszuwinden: Max Hannemann bestritt die im Vorverfahren (der richterlichen Vernehmung im Dezember 1934 nämlich) gemachten Angaben, ein Unbekannter namens »Fred« hätte ihn im März/April 1934 aufgefordert, die verbotene KPD in Frankfurt/O. wieder aufzubauen. Nach einem weiteren Treffen am Bahnhof Zoo in Berlin erhielt Hannemann in unregelmäßigen Abständen dann Untergrundschriften, die er schließlich in der Oderstadt verbreitete.

In der Hauptverhandlung führte Hannemann dagegen aus, kein unbekannter »Fred«, sondern der – inzwischen flüchtige – Friseur Pudelko (S. 417), den er im Frühjahr 1932 kennengelernt hatte, habe bereits im Sommer 1933 davon gesprochen, die kommunistische Partei in Frankfurt/Oder wieder aufzubauen bzw. neu zu organisieren. Diese Zusammenhänge habe er, Hannemann, in der Voruntersuchung aus übertriebenem Ehrgefühl nicht dargestellt und die Rolle des illegalen (lokalen) politischen Führers auf sich genommen, um den eigentlich Verantwortlichen nicht zu verraten.

Wie das Gericht bemerkt, waren diese Angaben Hannemanns nicht zu widerlegen, zumal die Aussagen der Mitangeklagten die Aushändigung mehrerer Schriften durch Pudelko an Hannemann bestätigten. Edmund Pudelko habe auch den Handtypenapparat zum Vervielfältigen angeschafft und betätigt. Erst Ende August 1934 erhielt Hannemann dann das Gerät zur Aufbewahrung, er will demnach lediglich Verbindungsmann bzw. Verteiler (an »Unterverteiler«) gewesen sein und auch der KPD nie angehört haben. Dazu führt das Urteil aus, Hannemann könne die politische Leitung der illegalen KPD in Frankfurt/Oder zwar nicht nachgewiesen werden, wohl aber die Funktion *des* Verbindungsmannes zur Basis der Untergrundgruppe.

Verbreitetes Untergrundmaterial

Vielleicht aus der Not der Beweislast heraus geboren, nicht genug über illegale Aktivitäten und Vorhaben der Frankfurter Kommunisten herausgefunden zu haben, zitiert das Gericht ausführlich aus den als »hochverräterisch« eingestuften Flugschriften wie Streuzetteln und Flugblättern, die in hoher Auflage verbreitet wurden:

So trugen die in der Oder-Stadt und deren Vororten zu verschiedenen Zeiten gefundenen Streuzettel folgende Aufschriften:

»Sabotiert den Hitler-Mai«
»Arbeiter stimmt mit Nein, heraus mit Thälmann!«
»Neuer Lohnraub! Stimmt mit Nein! Alle Macht den Räten!«
»Hitlers letzter Ausweg: Krieg. Arbeiter versperrt den Ausweg!«
»Rätemacht, der Ausweg!«
»Hitler bedeutet Krieg, nur Rätemacht beseitigt Kriegstreiber!«
»Der Aufschrei Millionen geknechteter Arbeiter: Nein!«
»Kampf den Wahlfälschern! Es lebe Rätedeutschland!«
»Alle Macht den Räten! Nur so wird der Krieg verhindert!«
»Heraus zum internationalen Jugendtag, es lebe der KJD.«
»SA-Männer, kämpft gegen Lohnraub gemeinsam mit den revolutionären Arbeitern«
»SA-Männer, Hitler ist Kapitalsknecht, kämpft gegen den Lohnraub für Rätedeutschland!«
»Heraus mit Thälmann und allen proletarischen politischen Gefangenen!«[128]

Am 24. Juli 1934 wurde im Stadtteil Beresinchen und am Tag darauf auf der Löweninsel folgendes Flugblatt gefunden:

Rottet Euch zusammen!
Eure Massenaktion wird das wankende System hinwegfegen. Die Stunde ist gekommen, den Angriff zu beginnen.
Wir rufen Euch im heiligen Bewusstsein der Grösse unserer
Verantwortung zur <u>Offensive!</u>

128 BArch, NJ 3264 (S. 4 des Urteils vom 26. April 1935).

Die faschistisch-kapitalistischen Kreise prassen und schlemmen! Wir erklären den Krieg der Hungrigen gegen die Satten!
Streikt gegen jeden Versuch des Lohnabbaues!
Kämpft um Lohnerhöhung!

Während im zweiten Jahr der NS-Diktatur vom Apparat der illegalen Partei immer noch zu Streiks aufgerufen wurde[129], wandten sich die Kommunisten damit aber nicht allein an das städtische Proletariat, sondern sie versuchten, auch in das ländliche Milieu vorzudringen, um dort Abwehrmaßnahmen zu initiieren. Das Flugblatt »Schaffendes Landvolk« – gefunden im August 1934 in Tschetzschow, Kunersdorf und Matschdorf (Neumark) – preist zunächst das »freie glückliche Bauerngeschlecht auf freier Scholle« in der Sowjetunion als Ziel auch der deutschen Kommunisten, um dann zu fordern: »Glaubt nicht an die Lügen, die Euch nur abhalten sollen, mit den Kommunisten zu marschieren. Unter der roten Sensenfahne mit Hammer und Sichel als dem Zeichen des Bündnisses zwischen Arbeitern und Bauern muss sich die schwer leidende Bauernschaft gegen die Grossagrarier und ihre Regierung Hitler wenden und sich gegen alle Zwangsmaßnahmen zur Wehr setzen.«[130]

Soweit die Darstellung der nationalsozialistischen Justiz, doch wie schilderten die NS-Gegner ihren Kampf im Rückblick nach dem Krieg? Ein Blick in die VdN-Akten offenbart interessante Differenzen, Fakten nämlich, die den NS-Verfolgern (glücklicherweise) entgingen. Der Arbeiter Fritz Lohm (1904–1982) schreibt 1956:

> 1928 trat ich der Kommunistischen Partei bei und gehörte der Zelle Lebuser Vorstadt an. Funktionen hatte ich folgende in der Partei, Zellenkassierer und Org.Leiter, dann Hauptkassierer der Roten Hilfe Frankfurt (Oder) und Pol.-Leiter des Antifaschistischen Kampfbundes. [...] Nach dem Machtantritt der Faschisten 1933 übergab mir der Genosse Erich Schindler die Kartei für alle Mitglieder der KPD, des gesamten Unterbezirks und der Stadt Frankfurt (O)., die ich im Hause Grüner Weg verbarg, trotz der 4 Haussuchungen wurde sie von der Gestapo nicht gefunden. Im Herbst 1933 habe ich sie dann mit dem Genossen Walter Süske an der Oder vernichtet. Von 1933 bis zu meiner Verhaftung im Dezember 1934 arbeitete ich in der illegalen Widerstandsgruppe Lebuser Vorstadt Hannemann-Kirst und Genossen. Wurde am 12. Dezember 1934 verhaftet und vom 3. Strafsenat des Kammergerichts Berlin zu 1 ½ Jahren Zuchthaus wegen Vorbereitung zum Hochverrat verurteilt, die ich in Luckau verbüßte. Habe weder am Westwall noch an irgendwelchen Kasernenbauten in Ffo. Oder gearbeitet. Durch Anweisung der Gestapo bekam ich vom Arbeitsamt Ffo. Oder nur die schwerste und schlechtbezahlteste Arbeit. Trotz der Verfolgungswelle der 12 Jahre Faschismus haben wir Genossen laufend in Verbindung gestanden.[131]

---

129 Gerechterweise muss darauf hingewiesen werden, dass derartige Leichtfertigkeiten von erfahrenen kommunistischen Kadern der Betriebsszene abgelehnt wurden, siehe H.-R. Sandvoß, Die »andere« Reichshauptstadt, S. 277ff., 442–445.

130 BArch, R 3018, NJ 3264 (S. 5 des Urteils vom 26. April 1935).

131 Ebd., Rep. 730 / SED BzLtg. F/Oder / Nr. 7031.

(Lohm wurde 1942 von einem Werkmeister denunziert, weil es zu Produktionsrückgängen und Sabotage gekommen war und musste ab 1943 in einer Strafeinheit dienen.) Der Schlosser Paul Reich (1905–1967):

> 1933 bis 1936 gehörte ich der illegalen KPD an. Am 12.12.1933 wurde ich wegen Vorbereitung zum Hochverrat verhaftet, am 20.4.1934 wurde ich bei der Gerichtsverhandlung wegen Mangel an Beweisen freigesprochen. 1936 wurde ich nochmals verhaftet, da ich Mitwisser war, dass ein Genosse Wittke nach dem Ausland geflohen war. Die Haft dauerte vom 13.6.36 bis 22.7.36, da man mir nichts nachweisen konnte, wurde ich freigesprochen.[132]

Der mitangeklagte Siegfried Raulin bescheinigte seinem Weggefährten, dieser habe seinen Freispruch erreicht, ohne andere zu belasten. Fritz Lohm ergänzt 1949:

> Der Genosse Paul Reich ist mir bekannt, er gehörte der illegalen Gruppe Hannemann-Kirst-Kinne an. Ich selbst lernte Paul Reich im Frankfurter Untersuchungsgefängnis kennen. Die [Der] Gestapo in Ffo. [Oder] war Paul Reich ein Dorn im Auge, sie betrachteten Reich als einen verstockten Kommunisten. Er wurde laufend von den Gestapo-Leuten Ney und Rückleben verhört und geschlagen. Er war ein aufrichtiger Antifaschist, seine Haltung vor der Gestapo und vor dem III. Strafsenat Berlin-Moabit war klassenbewusst. Reich, Paul, hat keinen Genossen der Gestapo ausgeliefert, er erkämpfte sich seinen Freispruch selbst und wurde nach seiner Entlassung von der Gestapo beobachtet und wieder verhaftet.[133]

Max Hannemanns mitangeklagte Frau Helene, 1932/33 stellvertretende Frauenleiterin im UB Frankfurt der KPD, vermag die wohl dichtesten Einblicke in das Wirken des Hauptangeklagten zu geben. Wegen der Tatsache, dass sich die Mutter eines kleinen Kindes (* 1933) aus rein privaten – keinesfalls politischen – Gründen von ihrem im Zuchthaus einsitzenden Ehemann (1936) scheiden ließ, blieb sie aber auch nach der Befreiung in »Antifa«-Kreisen höchst umstritten. Helene Papke (1908–1990), geschiedene Hannemann, blickt 1958 zurück:

> Ich habe an der illegalen Widerstandsarbeit und Weiterführung der KPD nach 1933 in Frankfurt/Oder bis zu unserer Verhaftung im Dezember 1934 aktiv teilgenommen. Wiederholt habe ich Flugblätter beschafft. (Unser damaliger Verbindungsmann, Genosse Heinz Marquard, heute wohnhaft in Leipzig, kann dies bestätigen.) Bei der Vertreibung dieser und der gemeinsam mit meinem Mann Max Hannemann hergestellten Flugzettel war ich ebenso aktiv dabei.[134]

In einem (undatierten) persönlichen Lebenslauf Helene Papkes heißt es über die Anfänge der illegalen Arbeit genauer:

> Nachdem die Faschisten an die Macht gekommen waren, arbeitete ich mit meinem Mann, der als politischer Leiter an Stelle des verhafteten Genossen Herbert Jensch gewählt worden war, illegal weiter. Wir stellten selbst Flugzettel her, als die Verbindung mit der illeg. Bezirksleitung

---

132 Ebd., Rep. 801 / VdN 1570 (Grammatikalische Fehler wurden behutsam korrigiert.).
133 Ebd., Rep. 730 / Nr. 7031.
134 BLHA, Rep. 601 / VdN 2162.

abgebrochen war und verteilten diese in organisierter Form mit einer Gruppe Genossen, zu der unter anderen Siegfried Raulin, Edmund Pudelko, Erich Kinne und die parteilosen Reich und Kirst gehörten.

Der hier erwähnte – früh verhaftete – Frankfurter KPD-Pol.Ltr. Herbert Jensch (1900–1944) wurde im März 1933 festgenommen und blieb eineinhalb Jahre eingesperrt. (Im Krieg geriet er wegen Zusammenarbeit mit der französischen Widerstandsbewegung erneut in Haft und wurde ermordet.[135]) Der ebenfalls genannte Friseur Edmund Pudelko (* 1903) wiederum, wurde von Max Hannemann u.a. mit kleinen Handzetteln (S. 419) beliefert. Deren Verbreitung zu Tausenden erregte – laut Helene Papke – die Gestapo Frankfurt derart, dass an Litfaßsäulen 500 Mark Belohnung für Hinweise aus der Bevölkerung ausgesetzt wurden. Als Max Hannemann bei den späteren Verhören auf das Schwerste misshandelt wurde, gab seine Frau zu, Pudelko einmal mit Flugzetteln beliefert zu haben. Nachdem sie dies bei einer Gegenüberstellung aber widerrief, entließ man Pudelko in ihrer Gegenwart. Er konnte daraufhin fliehen und in die ČSR emigrieren. (Edmund Pudelko entgegnete 1970 in einem Brief, seine Entlassung sei auch auf seine taktisch geschickte Verteidigung beim Verhör zurückzuführen gewesen, zudem sei er – in Absprache mit Berliner Verbindungsstellen – noch bis Juli 1935 illegal tätig gewesen.)

Beim Prozess hatte die Staatsanwaltschaft drei Jahre Zuchthaus gegen die junge Frau und Mutter beantragt, doch zu ihrem Glück kam sie – wegen Beihilfe – mit einem Jahr Gefängnis davon. Trotz der späteren Scheidung hielt sie Kontakt zu ihrem inhaftierten früheren Ehemann, tätigte Besuche, unterhielt schriftliche Korrespondenz und unterstützte ihn trotz eigener Notlage (bescheiden) finanziell, doch sie war gezwungen, den 1933 geborenen Sohn Konrad 3 ½ Jahre bei fremden Leuten in Pflege zu geben.

Entlassung auf dem Papier

Interne Akten der Generalstaatsanwaltschaft vom 3. Juli 1935 gaben an, wann die Verurteilten voraussichtlich zur Entlassung kämen:

Paul Zenker	am 28.11.1935
Helene Hannemann	am 5.12.1935
Fritz Lohm	am 12.6.1936
Erich Kinne	am 28.5.1937
Reinhold Kirst	am 12.6.1937
Max Hannemann	am 5.12.1939

Doch wie sah das politische Schicksal der Genannten in der zweifelhaften Freiheit des »Dritten Reiches« wirklich aus? Betrachten wir dazu die VdN-Akten nach dem Krieg:[136]

135 Komitee (Hg.), Antifaschistischer Widerstandskampf in der Provinz Brandenburg, S. 77.

Reinhold Kirst (1893–1940) wurde entlassen, kam aber 1940 durch einen Arbeitsunfall ums Leben. Fritz Lohm (1904–1982) verbüßte seine Zuchthausstrafe in Luckau, fand anschließend Arbeit bei einer Leichtbau-Plattenfirma, wurde 1942 wegen Sabotage denunziert und im Februar 1943 – nach vorausgegangener »Wehrunwürdigkeit« – zum Dienst in der Strafeinheit 999 gezwungen, konnte aber Krieg und Gefangenschaft überleben.

Das schwerste Los traf den Hauptangeklagten, der nie mehr das Licht der Freiheit sah. Hannemann war bereits kurz nach der Festnahme bis zur Unkenntlichkeit misshandelt worden. Mehrere Mitglieder der Verfolgtenorganisation, darunter der o.g. Fritz Lohm, erklären im März 1952:

> Wir Unterzeichneten erklären an Eidesstatt, dass uns Max Hannemann schon seit vor 1933 bekannt war. Er war Mitglied der Kommunistischen Partei und bekleidete innerhalb der KPD wichtige Funktionen. Nach dem Machtantritt Hitlers 1933 war er der illegale Verbindungsmann zwischen der Partei und dem Zentralsekretariat Berlin. Er leitete hier in Frankfurt-Oder die illegalen Widerstandsgruppen und wurde am 5. Dezember 1934 verhaftet und vor dem 3. Strafsenat des Kammergerichts Berlin zu 5 Jahren Zuchthaus verurteilt. Nach Verbüßung seiner Zuchthausstrafe wurde er dem KZ Sachsenhausen zugeführt, wo er von dem Vernichtungstransport nach Bergen-Belsen kurz vor Einmarsch der Roten Armee im Februar 1945 nicht mehr zurückkehrte.[137]

Nachzutragen bleibt die bittere Tatsache, dass auch (S. 576) starkes Konkurrenzdenken in den Reihen der Frankfurter VdN-Organisation zu DDR-Zeiten eine gerechte Würdigung der Gruppe Hannemann verhinderte. Erst 1995 erfolgte eine weitgehend objektive Aufarbeitung der historischen Vorgänge. Seit 2006 gibt es für Max Hannemann auch einen ihn ehrenden Stolperstein.

Das neobarocke Gebäude Scharrnstraße 59, wo im zweiten Stock die Geheime Staatspolizei des Regierungsbezirks ihren Sitz hatte (Foto S. 18), gehört heute zur Europa-Universität Viadrina als Hauptgebäude. Eine untergeordnete Gestapo-Dienststelle für rein lokale Frankfurter Vorgänge befand sich Jüdenstraße 7 (in einem »arisierten« Kaufhaus). An welchem der genannten Orte die berüchtigten Vernehmungen Hannemanns waren, ließ sich nicht exakt rekonstruieren.

»Frankfurter Zelle« setzt Arbeit fort

Während im Dezember 1934 Festnahmen durch die Geheime Staatspolizei den Widerstandskreis um Max Hannemann und Reinhold Kirst erheblich dezimierten, setzte zumindest ein kleiner Kreis von Kommunisten der Oder-Stadt die Untergrundarbeit fort.

Dies verrät uns ein anderes NS-Justizverfahren, das sich 1936 gegen eine verhältnismäßig große Gruppe illegaler KPD-Anhänger aus dem Regierungsbezirk

---

136 Vgl. BLHA, Rep. 601 / VdN 1534 (Emma Kirst).

137 Ebd., Rep. 601 / VdN 324 (Konrad Hannemann). Zum Wirken der Gruppe siehe: Hans Joachim Nauschütz, Max Hannemann und Genossen. Über einen jahrzehntelangen Verdacht und seine Folgen. Ein Report, Eisenhüttenstadt 1995.

Frankfurt (Oder)/Kreis Weststernberg richtete. Im Wesentlichen geht es dabei um eine eher ländliche und dünn besiedelte Region östlich der Oder, die damals den Namen »Neumark« trug und heute zu Polen gehört.[138] Es war und ist eine reizvolle Landschaft mit sanften Hügeln, Wäldern und kleinen Seen.

Ernst Wittlief

Initiiert durch Berliner Verbindungsmänner der Roten Hilfe bzw. Internationalen Arbeiterhilfe wie Valentin Wittke und Friedrich Kittler – deren Namen uns bereits aus dem Verfahren gegen die Gruppe Hannemann aus Frankfurt/Oder etwas vertraut sind –, war die illegale KPD bemüht, in ein ländliches Gebiet mit Dörfern vorzudringen, das bis nach Fürstenberg reichte. Der Schwerpunkt der politischen Aktivitäten lag dabei in Ziebingen, von dort stammten später die meisten Angeklagten, aber die Flugblattverbreitungen – per Fahrrad (S. u.) – reichten auch nach Frauendorf, Golitz, Leißow, Storkow, Alt- und Neu Bischofssee, Kohlow, Neuendorf und Matschdorf. In der Nähe Ziebingens gab es durch die »Grube Bach« Braunkohleförderung und bei Fürstenberg eine Glashütte, wir haben es also nicht ausschließlich mit Landarbeiterschaft zu tun. Der Kunitzer Schiffer Paul Pöhl (* 1898) erinnert sich:

> 1933 blieb ich trotz Haussuchungen und Verhören meiner Sache treu. Suchte sofort Verbindung mit den treugebliebenen Genossen meines Heimatortes [Kunitz/Oder] und fand Anschluss an die in Ziebingen illegal aufgebaute Gruppe »Wittlief«. Bekam den Auftrag, Flugblätter in meinem Wohnort zu verteilen und Geldspenden zu sammeln, an der [woran] ich mich mit Hilfe meiner Frau sehr beteiligte. Half somit auch mit meinen eigenen Spenden die Not der Angehörigen von eingekerkerten Genossen lindern.[139]

Die Leitung der in der Neumark agierenden Widerstandsorganisation lag in den Händen des Arbeiters Ernst Wittlief und seines engsten Mitarbeiters, des Maurers Otto Sommer jun. Der Sohn eines namensgleichen sozialdemokratischen Gastwirts und früheren Kreistagsmitglieds sollte später bereits die Untersuchungshaft nicht überleben. Die Anklageschrift (B-Verfahren) vom 15. Juli 1936 führt ihn noch unter der Position 2 – gleich nach Wittlief – auf. In der Urteilsschrift vom 6. Januar 1937 ist Sommer schon nicht mehr am Leben, denn er wird als »verstorben« bezeichnet.[140]

Die Festnahmen in der Neumark setzten am 23. März 1936 mit Ernst Wittlief (1901–1970) ein und weiteten sich schließlich derart aus, dass das gesamte Justizver-

138 Vgl. Wolfgang Kling und Jörg Lüderitz, Neumark. Durch die alte Kulturlandschaft östlich von Oder und Neiße, Berlin 2015.

Paul Neumann

fahren in zwei Prozesse (A und B) aufgegliedert werden musste. Das Teilverfahren A verurteilte am 17. Dezember 1936 sechzehn Angeklagte, das andere Teilverfahren (B) am 6. Januar 1937 schließlich vierzehn Menschen – eigentlich fünfzehn, denn der in der Haft umgekommene Otto Sommer jun. wäre als engster Helfer von Ernst Wittlief gewiss mit einer hohen Zuchthausstrafe bedacht worden. Zum Vergleich: Ernst Wittlief erhielt als Hauptangeklagter acht Jahre Zuchthaus, die nächstfolgenden Christian Hübener und Erich Schulz – s. u. – jeweils fünf Jahre.

Signifikant in diesem Zusammenhang ist die Tatsache, dass sich die NS-Justiz nicht bereit zeigte, die humanitäre Unterstützungsarbeit der Roten Hilfe bzw. Internationalen Arbeiterhilfe zu würdigen, sondern diese mit folgenden Argumenten vom Tisch fegte: Aus dem Urteil »B« in der Strafsache gegen Ernst Wittlief und Andere vom 6. Januar 1937:

> Nach dem Umbruch sind auch diese Hilfsorganisationen der illegalen KPD an vielen Stellen Deutschlands im geheimen wieder ins Leben gerufen bezw. weitergeführt worden. Die Werbung erfolgte nunmehr unter der zugkräftigen Vorspiegelung, es handle sich darum, in proletarischer Solidarität die festgenommenen, im Gefängnis, Zuchthaus oder Konzentrationslager sitzenden Genossen und deren Familien zu unterstützen. In Wirklichkeit sind, wie der Senat verschiedentlich festzustellen Gelegenheit hatte, die illegalen Beiträge auch dieser Organisation fast restlos für die politischen illegalen Ziele der Komintern verwandt worden.[141]

Das hieß im Klartext: Egal, was die Aktiven vorgaben zu bezwecken, die Schriftenverbreitung (S. Seite 419f.) und das Geldsammeln dienten letztlich der Vorbereitung eines hochverräterischen Unternehmens, nämlich des Umsturzes.

Historisch interessant für die Rekonstruktion von Widerstandsaktionen im *heutigen* Land Brandenburg ist beim o. g. Justizverfahren, dass auch zwei Angeklagte aus der Stadt Frankfurt/Oder aufgeführt und verhältnismäßig stark bestraft wurden:

Arbeiter Erich Schulz (*28.10.1907), Schützenstraße 46	5 J. Z
Heizer Paul Neumann (*28.11.1905), Rosenstraße 57	4 J. Z

139 BLHA, Rep. 333, Nr. 1249. Pöhl gelang es nach seiner Festnahme im März 1936, sich im Polizeigefängnis mit Weggefährten abzusprechen, dadurch einer späteren Verurteilung zu entgehen und noch in Freiheit befindliche Genossen zu warnen. Nach Kriegsbeginn fand er Unterschlupf bei der Binnenschifffahrt.

140 BArch, Rep. 3018, NJ 4559. (Zu Ernst Wittlief siehe BLHA, Rep. 601 / VdN 1851).

141 Ebd., S. 4 des Urteils vom 6. Januar 1937.

Was sagt das Kammergerichtsurteil über sie am 6. Januar 1937 aus?

Erich Schulz, vor 1933 sportlicher Leiter beim »Kampfbund gegen den Faschismus« in Booßen b. Frankfurt/O., auch Rotsportler, aber angeblich kein KPD-Mitglied, lernte im Winter 1933/34 den Arbeiter Reinhold Kirst (S. 417) kennen, besuchte ihn mehrfach und begleitete ihn schließlich bei Radtouren, die der illegalen Flugblattverbreitung in verschiedenen Ortschaften dienten. Genannt werden in diesem Zusammenhang Frauendorf, Golitz, Leißow, Storkow, Alt- und Neu Bischofssee, Kohlow, Neuendorf und Matschdorf.

Kirst – wir kennen ihn bereits als engen Mitarbeiter des Pol.Leiters Max Hannemann (S. 418) – besaß intensive Verbindungen zur illegalen Parteiorganisation in Frankfurt/Oder und besuchte zwecks Ausweitung der Untergrundarbeit im Herbst 1934 mit Erich Schulz den Invaliden Max Lühlow in der Ortschaft Zohlow [Kohlow]. Hier lernten sie den mitangeklagten Heizer Paul Neumann aus Frankfurt/Oder kennen, mit dem sie Fragen der Materialbeschaffung und des Organisationsaufbaus besprachen. Ein Jahr später – Reinhold Kirst saß damals bereits den Anfang einer zweieinhalbjährigen Haftstrafe ab – lernte Erich Schulz bei Max Lühlow den leitenden Funktionär Ernst Wittlief (Ziebingen) kennen, der ihn schließlich in seine Untergrundgruppe einband und zu internen Zusammenkünften im Ziebinger Lokal von Sommer hinzuzog. Dabei erhaltene illegale Schriften gab Schulz wiederum an den Heizer Neumann weiter. Ins von Frankfurt/Oder für Radfahrer eher weit entfernte Ziebingen wurde Schulz mit einem Kraftrad durch Valentin Wittke gebracht, ein Funktionär, der im Prozessdokument als »flüchtig« bezeichnet wurde. (Politische Freunde verhalfen ihm zur Emigration, wie Paul Reich (S. 421) berichtet.) Aufgrund einer Verspätung beim o. g. Treffen in Ziebingen will Schulz den dort referierenden Berliner Verbindungsmann Friedrich Kittler nicht mehr gehört, aber später noch getroffen haben. Dabei lehnte Kittler es ab, zwischen der »Frankfurter Zelle« und der Berliner Leitung eine *direkte* Verbindung herzustellen.

Paul Neumann, der zweite Angeklagte aus Frankfurt/Oder im Wittlief-Prozess (Neumark), war im Herbst 1932 Mitglied im Kampfbund gegen den Faschismus geworden, wie Schulz sonst aber nicht politisch organisiert. Über Schulz war Neumann schließlich an die Gruppe Wittlief geraten und nahm auch an einigen Treffen teil. Dort erhaltene Untergrundschriften verbreitete er (verdeckt) u. a. auf der Frankfurter Stempelstelle, so an den Arbeiter Paul Soltysiak, den Neumann für die Mitarbeit gewann. Für Schriften eingesammtelte Geldbeträge gingen an Erich Schulz und Gertrud Lühlow (Kohlow) weiter.

Die politischen Schicksale der eben genannten Oder-Städter Neumann und Schulz konnten nach der Strafverbüßung unterschiedlicher nicht verlaufen.

Hören wir zunächst Aussagen des Erstgenannten, der seit 1928 der KPD und ab 1930 dem Kampfbund gegen den Faschismus angehörte. Paul Neumann (1905–1970) schreibt 1949 über die illegalen Verbindungen:

> Nach der Machtübernahme durch den Hitlerfaschismus wurden wir in die Illegalität gedrängt und ich blieb weiter im Kampfbund gegen den Faschismus organisiert, den wir bis Ende

des Jahres 1933 weiter führten, bis er sich durch die vielen Verhaftungen von selbst auflöste. Anfang 1934 aber versuchten wir Verbindung mit Berlin zu bekommen, was uns auch über die Städte [der Neumark] Ziebingen und Zielenzig gelang. Ein Berliner Instrukteur [Kittler, d. Verf.] gab uns neue Anweisungen über illegale Tätigkeit und so bildeten wir die sogenannten »Fünfer-Gruppen«. Unser Arbeitsgebiet waren die umliegenden Ortschaften von Frankfurt/Oder, die mit Flugblättern, Zeitungen und sonstigem Schriftmaterial belegt wurden. Die Zusammenkünfte der Funktionäre fand[en] stets im Walde statt. Von 1928 bis zu meiner Verhaftung war ich, abgesehen von einigen Gelegenheitsarbeiten, arbeitslos und bezog Unterstützung. Am 25. März 1936 wurde ich durch die Gestapo morgens gegen 6^{00} Uhr verhaftet u. in das Polizeigefängnis in Frankfurt/Oder verschleppt, wo ich ohne Verhör sofort mißhandelt wurde.[142]

Als Grund seiner Festnahme gibt Neumann 1949 an, der Berliner KPD-Instrukteur Kittler (S. 424) sei zusammen mit Ziebinger Funktionären hochgegangen, wodurch deren Verbindungen nach Frankfurt/Oder aufgedeckt wurden.

Am 6. April 1937 zu vier Jahren Zuchthaus verurteilt, die er überwiegend im Zuchthaus Brandenburg verbüßte, wurde Paul Neumann – dessen Kinder während seiner Haftzeit in eine Erziehungsanstalt kamen – im April 1940 entlassen. Zuvor musste er bei der Gestapo in Frankfurt/Oder allerdings einen Revers unterschreiben, keinen Verfolgungsschaden erlitten zu haben und jede politische Betätigung zu unterlassen. Die Polizeiaufsicht wurde trotzdem verhängt, doch es gelang Neumann immerhin, Ende April d.J. Arbeit zu finden, wenn auch nicht in seinem Ausbildungsberuf als Maschinist bei der Flussdampfschifffahrt.

Sein mitangeklagter politischer Weggefährte, der Tiefbauarbeiter Erich Schulz (1907–1944), erhielt im Januar 1937 sogar fünf Jahre Zuchthaus.[143]

Höchstwahrscheinlich wäre die Strafe noch höher ausgefallen, hätte seine Ehefrau Margarete nicht vieles gedeckt:

So entgingen der Gestapo bei der Durchsuchung im März 1936, obwohl ein Teil des Hausstandes kaputtgeschlagen wurde, die in der Gardinenstange verborgenen Flugblätter. Zudem konnte verheimlicht werden, dass Erich Schulz im Besitz von zwei Schusswaffen war. Mit anderen waren sie im Kohlenstall von Fam. Retzlaff in Booßen durch Otto Reich rechtzeitig eingemauert worden.

Wie Margarete Schulz (1907–1979) nach dem Krieg mitteilte, hörten die Verfolgungsmaßnahmen nach der Haftentlassung ihres Mannes 1941 keineswegs auf: Zweimal wöchentlich musste er sich bei der Gestapo melden und dort einen Hausschlüssel abgeben. Das Ehepaar erhielt ab 22 Uhr Ausgehverbot, Erich Schulz durfte Frankfurt/Oder zudem nicht verlassen. Es kam wiederholt zu Nachtkontrollen, doch 1943 entfielen dann die wöchentlichen Gestapo-Meldungen. Sie wurden 1944 aber wieder aufgenommen. Als seine Baufirma nach Minsk verlegt wurde, durfte Schulz nicht mit – vermutlich ahnte die Polizei, dass er dort zur Roten Armee überlaufen

142 Landesarchiv Sachsen-Anhalt, Abteilung Magdeburg, Akte K 6-2, Nr. 4627.

143 BLHA, Rep. 601 / VdN 1760 (Margarete Schulz).

wollte. So aber erhielt er Arbeit bei einem Betrieb in Fürstenwalde und nutzte – nach Ansicht seiner Frau – die Chance, um politische Kontakte zu knüpfen. Am 28. Juni 1944 wollte er wieder dorthin – und kehrte nicht mehr nach Hause zurück. Sie suchte nach ihm vom nächsten Tag an, erfuhr, dass er gegen Mittag mit einem Polizisten auf der Oderbrücke gesehen worden war; auch fand man sein Fahrrad und seine Kleidung an einer Bude der Badeanstalt. Nach einem schweren Gewitter wurde seine Leiche am 2. Juli d. J. von einem Wasserstreckenarbeiter gefunden. Der gab an, noch *nie* einen Toten aus dem Wasser gezogen zu haben, dessen Schädel so tiefe und lange Wunden aufwies. Kein Wunder, dass NS-Gegner von einem Mord ausgingen.

Im UB Küstrin

Folgende Erinnerung eines Neudammers gibt einen weiteren Einblick in das für die Arbeiterbewegung politisch schwer zugängliche Gebiet der Neumark. Dessen historischer »Brückenkopf« war die alte, direkt an der Oder und nahe der Warthe gelegene Festungsstadt Küstrin. Dieses Zentrum der sogenannten Schwarzen Reichswehr[144], der heimlichen Aufrüstung und konspirativen (konterrevolutionären) Planung rechtsgerichteter Militärkreise also, war schon in den 1920er Jahren politisch hart umkämpft und trug in den Reihen der Republikschutzorganisation Reichsbanner Schwarz Rot Gold nicht zufällig (S. 34) den Spitznamen »zweites München«: 1923 war es nämlich nicht nur in der bayerischen Landeshauptstadt, sondern eben auch in Küstrin zu einem – gescheiterten – Putsch gekommen.

Der Packer und Lagerist Otto Fürstenberg, geboren im neumärkischen Neudamm, nördlich von Küstrin – Neudamm war im 19. Jahrhundert Stätte aufblühenden Textilhandels – , berichtet über die Schwierigkeiten der illegalen Arbeit am Ende der Weimarer Republik. Otto Fürstenberg (* 1907) schreibt 1950:

> Über diese [Internationale Arbeiterhilfe] und den Proletarischen Freidenker-Verband wurde ich Anfang 1930 Mitglied der KPD-Ortsgruppe Neudamm, in der ich erst im Ortsmaßstab und später nach 1931 im Unterbezirk Küstrin als Funktionär tätig war. Die Leitung des U.B. Küstrin befand sich damals schon aus organisatorischen Gründen in Neudamm, Pol.Leiter war der Gen. Hennig, heute bei der Kreisleitung der SED in Freienwalde.
> Am 20. März 1933 wurde ich als Funktionär der kommunistischen Partei verhaftet und nach längerer Polizeihaft in Neudamm und Küstrin im Mai 1933 in das KZ Sonnenburg eingeliefert. Anfang 1934 wurde ich mit 6 monatiger polizeilicher Meldepflicht entlassen. Von da bis 1938 gehörte ich der illegalen Widerstandsbewegung der KPD in Neudamm an. Durch die Verhaftung und [...] spätere Hinrichtung 1938 der beiden Genossen Polenski aus Küstrin hörte die Belieferung mit Material an unsere Gruppe auf und es wurde uns durch unseren Verbindungsmann auf Beschluss der zentralen Leitung mitgeteilt, dass die Arbeiten der Gruppe vorerst eingestellt werden sollte[n], um nicht noch weitere Gen. zu gefährden.[145]

144 Vgl. Bernhard Sauer, Die schwarze Reichswehr und der geplante »Marsch nach Berlin«, in: Uwe Schaper (Hg.) Berlin in Geschichte und Gegenwart. Jahrbuch des Landesarchivs Berlin 2008, S. 113–150.

Kreis Lebus

In den nördlich der Stadt Frankfurt/Oder und südlich von Küstrin gelegenen Kreis Lebus, einen überwiegend bäuerlich-dörflichen Landstrich, führen zwei miteinander verknüpfte Hochverratsprozesse der Jahre 1934 und 1937. Der frühe Prozess richtete sich gegen dreizehn – im März 1933 festgenommene – Personen, überwiegend Arbeiter aus Lindow, darunter vier Bergmänner. Die allen vorgeworfene Absicht, die Verfassung Deutschlands und der Länder gewaltsam zu ändern, war auf die Jahre 1931–33 datiert, bezog also die letzten Jahre der Republik mit ein.

Die Anklageschrift vom 30. Januar 1934 (Kammergericht Berlin, 6. Strafsenat)[146] nennt folgende Beschuldigte:

1. Bergmann Alfred Beese (* 1895), Unterlindow, Krs. Lebus
2. Bergmann Friedrich Belz (* 1899), ebd.
3. Arbeiter Johann Wilsch (* 1879), ebd.
4. Bautechnikerlehrling Richard Horitz (* 1915), Oberlindow
5. Maschinenbauer Hans Kons (* 1891), Unterlindow
6. Maurer Paul Burtchen (* 1907), ebd.
7. Bergmann Paul Schöhsow (* 1907), ebd.
8. Tischler Richard Horitz (* 1889), Oberlindow
9. Bauarbeiter Gustav Peylo (* 1894), Unterlindow
10. Arbeiter Karl Burtchen (* 1908), Oberförsterei Siehdichum
11. Landwirt Gustav Garn (* 1908), Brieskow
12. Glasschleifer Max Warnack (* 1908), Unterlindow
13. Bergmann Wilhelm Kilimann (* 1891), ebd.

Während vom Hauptangeklagten Alfred Beese (1895–1960), der nach der Strafverbüßung wegzog und außerhalb Brandenburgs verstarb, keine persönlichen Aufzeichnungen ermittelt werden konnten – wohl aber von seiner Witwe[147] –, fanden sich zu mehreren seiner Weggefährten Nachkriegsaussagen, um den gesamten politischen Hintergrund aufhellen zu können.

Auf den Organisationsapparat der KPD bezogen, gehörte Unterlindow bzw. der Kreis Lebus zum Unterbezirk (UB) Frankfurt/Oder. Die von der NS-Justiz Beschuldigten hatten Flugschriften der Partei verbreitet, Spenden eingezogen und Besprechungen abgehalten.

---

145 BLHA, Rep. 333 / Nr. 1233, Bl. 420. Nähere Angaben zu den im Text genannten NS-Opfern namens Polenski konnten auch unter Heranziehung der alten IML-Kartei, die nur einen überlebt habenden Breslauer Kommunisten P.-H. Polensky verzeichnet, nicht ermittelt werden. (Der Verfasser dankt Andreas Herbst für entsprechende Recherchen im Bundesarchiv).

146 Bezirksleitung Potsdam (Hg.), Ausgewählte Dokumente und Materialien, Bd. 1, S. 266.

147 BLHA, Rep. 401/VdN 2678 (Helene Beese). Die Witwe kehrte nach dem Tode ihres Mannes (in Niedersachsen) in die alte Heimat zurück.

Wie in anderen Städten und Kreisen, in denen Anhänger und Wähler der KPD stärker vertreten waren (S. 366ff.), schlugen die NS-Verfolger auch in Ober- und Unterlindow (bei Finkenheerd) bzw. im Kreis Lebus verhältnismäßig früh zu: Der Übergang in die Illegalität war von den Kommunisten im März 1933 erst in Ansätzen vollzogen worden, was nicht überrascht, denn im Monat zuvor herrschte bis zum Reichstagsbrand-Spektakel (27. Februar) noch der ungewisse Zustand einer Halb-Legalität. Bekanntlich wurde auch danach kein direktes Verbot der KPD ausgesprochen, faktisch aber so verfahren: Presse und Versammlungen verboten, Funktionäre verschleppt, errungene Mandate aberkannt.

Den Angeklagten des Beese-Prozesses wurde summarisch die Fortführung der politischen Arbeit der KPD vorgeworfen. Die verhängten Strafen beliefen sich überwiegend auf wenige Jahre Gefängnis. Der Bergmann Friedrich Belz (1899–1979), 1930 Betriebsrat der Grube Finkenheerd (Braunkohle) und nach Ausschluss aus dem freigewerkschaftlichen Bergarbeiterverband für die RGO aktiv, schildert die Argumentation der NS-Justiz:

> Im März 1933 wurde ich mit 14 Lindower Genossen wegen Vorbereitung zum Hochverrat verhaftet und nach 14 monatlicher Untersuchungshaft wurde ich [am 12.5.1934] zu 1½ Jahren Gefängnis verurteilt. Die übliche Begründung des Urteils lautete: Da Belz noch bis zum März 1933 Mitglied der K.P.D. war und diese bekanntlich zum Ziele hatte die Verfassung mit Gewalt zu ändern. Dazu hatte er mit anderen sogenannte Terrorgruppen gebildet. Auch hatte ich 2 Karabiner und 1 Pistole mit Munition. Die Begründung des Urteils wurde uns aus Staatssicherheitsgründen nicht in die Hände gegeben.[148]

Da Belz die Versicherung unterschrieb, sich weiterer gegnerischer Tätigkeit zu enthalten, entging er der Verschleppung ins KZ. Doch im November 1936 schlug die Gestapo [im Kreis Lebus] erneut zu: Rund 40 Anhänger der illegalen KPD – darunter viele Briesener –, die sich wiederholt in einer Scheune in Brieskow-Finkenheerd getroffen hatten, wurden im Rahmen einer großen Verhaftungsaktion festgenommen und eine Woche lang intensiven Verhören unterzogen.

Viele Briesener wurden Friedrich Belz zufolge ins KZ Sonnenburg verschleppt, doch der Genannte und mehrere politische Freunde dann doch aus Mangel an Beweisen vor Prozesseröffnung freigelassen.

Das war nicht selbstverständlich, denn der Bergmann hatte noch im Sommer 1936 Flugblätter entgegengenommen und verteilt, hielt sich aber ansonsten gegenüber der relativ großen Widerstandsgruppe von Briesener und Lindower Genossen bedeckt. Friedrich Belz (1899–1979) dazu:

> Im Frühjahr 1936 gab mir Gen. Paul Burtchen die vertrauliche Anweisung, nach Briesen (Mark) in die Wohnung Wahlich (S. 443) zu kommen. Da hatten wir illegale Besprechungen über unsere Parteiarbeit. Es ging um Herstellung von schriftlichem Material gegen die Faschisten.

148 BLHA, Rep. 801/VdN 129.

Friedrich Belz

Ich bin dieser Aufforderung nicht gefolgt, da diese Besprechungen im Beisein von mehreren Genossen erfolgten. Ich erhielt von dem 3. Genossen unserer Dreiergruppe den Hinweis, aus einer Scheune schriftliches Material zu holen. Diese ca 50 Handzettel habe ich dann in mehreren Dörfern in Schuppen und Briefkästen oder unter die Haustüren geschoben.[149]

Der zitierte NS-Gegner war sich auch im Rückblick auf die geschilderten Ereignisse bewusst, dass er im Fall einer wiederholten Verurteilung nicht mit dem Leben davongekommen wäre.

Die NS-Anklagebehörde erläutert den Zusammenhang der Justizverfahren von 1934 und 1937 in Bezug auf den in beiden Prozessen angeklagten Maurer Paul Burtchen mit folgenden Worten. Aus der Anklageschrift vom 28. April 1937:

Im Dezember 1930 trat er der KPD als Mitglied bei und war dort in der Ortsgruppe Lindow politischer Leiter. Er blieb in der KPD bis zu deren Verbot. Er wurde vom 6. Strafsenat des Kammergerichts am 12. Mai 1934 [...] wegen Vorbereitung eines hochverräterischen Unternehmens zu einem Jahr sechs Monaten Gefängnis verurteilt.
Als die Machtergreifung und die gegen die KPD ergriffenen Maßnahmen zu besonderer Vorsicht nötigten, veranlasste er die Sicherung der Waffen und des Vervielfältigungsapparates und sorgte auch in seiner Ortsgruppe für die Vorbereitung der geplanten gewaltsamen Verfassungsänderung durch die KPD.
Zu Ostern 1935 verabredete Burtchen mit Wendlocha, in Briesen frühere Bekannte aufzusuchen, insbesondere Wahlich und Kalisch, die ihm als frühere KPD-Angehörige bekannt waren und mit denen sie gemeinsam im Gerichtsgefängnis in Frankfurt/Oder eingesessen hatten.[150]

Die Schlüsselfigur der illegalen Bestrebungen im Kreis Lebus war der in beiden Justizverfahren angeklagte Paul Burtchen, der im Herbst 1935 von Unterlindow nach Rießen (Mark) umzog, um dort zu wohnen und anzubauen.

Im zweiten Prozess (1937) – der an anderer Stelle ausführlich erläutert und kontextualisiert wird (S. 422ff.) – nun bereits zu drei Jahren Zuchthaus verurteilt, überstellte ihn das NS-Regime nach der Strafverbüßung ins KZ Sachsenhausen. Von dort aus im Krieg in eine Strafeinheit gezwungen, wurde Paul Burtchen (1907–1944) beim Versuch an der Front zur Roten Armee überzulaufen erschossen.[151]

149 Ebd., Rep. 801/VdN 129.
150 BArch, R 3018, NJ 4888 (S. 11 der Anklageschrift vom 28. April 1937 gegen Kalisch und Andere).
151 BLHA, Rep. 333, Nr. 1229, Bl. 227; Komitee (Hg.), Antifaschistischer Widerstandskampf, S. 30.

Oranienburg – nicht nur Stadt der Konzentrationslager

Das nördlich von Berlin gelegene Oranienburg zeigte von Beginn der nationalsozialistischen Herrschaft an, dass es keineswegs auf eine frühe Stätte grausamer Verfolgung politisch Andersdenkender – sowie auf das spätere Stammlager – reduziert werden kann, sondern *auch* ein ganz anderes Gesicht hatte: Arbeiter, die sich in illegalen Gruppen organisierten, mit Untergrundschriften gegen die NS-»Gleichschaltung« und die propagandistische Verdummung der Menschen ankämpften, Bedrohte retteten und notleidende Familien Inhaftierter unterstützten.[152]

Zwei Massenprozesse zur Mitte der 1930er Jahre geben zahlreiche Hinweise auf eine keineswegs *geschlossen* pronazistisch strukturierte Stadt, die am Anfang des 20. Jahrhunderts über 10 000 Einwohner zählte und Arbeitsplätze in chemischen Fabriken, der Maschinen- und Ofenfabrikation, dem Schiffbau, einer Kalkbrennerei, Eiswerken, der Bierbrauerei und anderem mehr bot. Berühmt war beispielsweise auch die nahe gelegene Obstbaukolonie Eden. In den Kriegsjahren prägte dann die Rüstungsindustrie (Heinkel-Werke) die industrielle Szene der Stadt und zog dadurch Flächenbombardierungen an, die den Boden der Stadt auch über ein halbes Jahrhundert danach noch nicht zur Ruhe kommen lassen.

Illegale Verbindungen zwischen Niederbarnimern und Berlinern

Das «andere» Oranienburg zeigte früh seine stärkste Ausprägung im Agieren eines Widerstandskreises um Georg Rothenhagen, Karl Kayser und anderen Arbeitern, die nicht nur im engen Kontakt mit Gesinnungsgenossen mehrerer Niederbarnimer Ortschaften – wie Hohen Neuendorf oder Birkenwerder – handelten, sondern auch intensive Verbindungen nach Berlin besaßen – und dort vor allem zum Unterbezirk Gesundbrunnen der KPD, wo Robert Rinck und Hans Ladeburg in zentraler Funktion wirkten. Als einflussreichen Propagandaleiter für die nördlich der Reichshauptstadt gelegenen »Landbezirke« machten die NS-Verfolgungsbehörden den »flüchtigen«, von der Politischen Polizei (vergeblich) steckbrieflich gesuchten, Theodor Feibusch (1912–1993) aus, der Anfang 1935 noch rechtzeitig »abtauchen« konnte, bevor im Februar d. J. die Festnahmen anliefen und schließlich zur Anklage von knapp 30 Menschen führten. (Feibusch hätte aufgrund seiner jüdischen Herkunft besonders schwer zu leiden gehabt.)

Der Anklageschrift A der Generalstaatsanwaltschaft bei dem Kammergericht Berlin vom 11. Mai 1935 entnehmen wir folgendes »Ermittlungsergebnis«:

> Anfang des Jahres 1935 gelang es der Staatspolizei, den Apparat der illegalen KPD. im Norden Berlins in grossem Umfange aufzudecken. Der Aufbau der kommunistischen Organisation hat dort etwa im Mai 1934 begonnen. Bereits im Juni 1934 machte sich eine verstärkte Hetz-

152 Vgl. zum Folgenden Wolfgang Ribbe (Hg.), Die Lageberichte der Geheimen Staatspolizei über die Provinz Brandenburg, S. 226–229.

schriftenverteilung bemerkbar. Im Juli 1934 stieg die Zahl der an die Polizei abgelieferten Hetzblätter unvermittelt auf 27 gegenüber 1 bis 6 Exemplaren in den Vormonaten. Im nächsten Monat betrug die Zahl sogar über 80 Stück. Bis etwa zum Januar 1935 belief sie sich durchschnittlich auf 20 bis 25 Exemplare im Monat. Massgebend für die Organisation des illegalen Apparates im Norden Berlins einschließlich der umliegenden Landbezirke war die Unterbezirksleitung Gesundbrunnen. Als Leiter dieses Unterbezirks wurde der Angeschuldigte Robert Rinck ermittelt, der unter dem Decknamen »Oskar« auftrat.[153]

Eugen Gräber

Die einzelnen Landbezirke erhielten – zur internen Verständigung der Gruppenmitglieder – römische Ziffern, so führte Oranienburg die Ziffer VIII. Zu diesem Landbezirk gehörten außer Oranienburg die an der Verkehrsstrecke Berlin-Oranienburg gelegenen Ortschaften. Als weitere Landbezirke galten die Orte Nassenheide, Teschendorf, Sachsenhausen und Reinickendorf.

Je nach Stärke der Anhängerschaft wurden die jeweiligen Ortsgruppen wiederum in Zellen unterteilt, Oranienburg beispielsweise in vier – nämlich Altstadt, Neustadt, Havelhausen und Kolonie Eden –, während dies in Hohen Neuendorf noch nicht erfolgt war (zur Begründung siehe dazu die Aussagen von Kurt Hintze, S. 435). Dem Ermittlungsbericht der Staatsanwaltschaft zufolge war es nicht gelungen, die nördliche Gebietsgrenze des Aktionsfeldes der Widerstandsgruppe herauszubekommen, man ging davon aus, dass sie in der Nähe von Sachsenhausen lag.

Um eine Aufdeckung des illegalen Apparates möglichst zu verhindern, hatten sich die Verantwortlichen ein verschachteltes System ausgedacht:

Ladeburg als (vermeintlicher) Mittelsmann der UB-Leitung Gesundbrunnen und den Decknamen »Otto« tragend, stand mit einem »Karl« in Verbindung, der vermutlich der KPD-Bezirksleitung Berlin angehörte und Ladeburg mit Untergrundmaterial belieferte. Darüber hinaus hielt Letztgenannter noch zu zwei weiteren Berliner Leitungsmitgliedern Kontakt, nämlich »Hermann« und »Emil«, mit denen Ladeburg durch »Karl« und dem ins Ausland geflüchteten Funktionär Walter Schmidt bekannt gemacht worden war.

Als zweiter Verbindungsmann zwischen Berlin und Oranienburg war der Angeklagte August Sass eingeschaltet worden, an ihn lieferte Ladeburg die für Oranienburg bestimmten illegalen Schriften. Sass wiederum stand in direkter Verbindung mit den

153 BArch, NJ, Nr. 4217 (S. 3 der Anklageschrift A gegen Otto Michael u. a. vom 11. Mai 1935).

jeweiligen Ortsgruppenleitern – darunter Georg Rothenhagen, der für das (relativ) mitgliederstarke Oranienburg wirkte. Den durch den Verkauf der Untergrundmaterialien erzielten Erlös – 10 Pfennig pro Stück – rechnete Rothenhagen dagegen mit Ladeburg ab. Ortsgruppenleiter für Hohen Neuendorf war der bereits erwähnte Theodor Feibusch, der gleichzeitig Propagandaleiter für die Landbezirke war und seinen Häschern noch rechtzeitig entkommen konnte.

Die Unterverteilung der antinazistischen Publikationen erfolgte durch den Oranienburger Ortsgruppenleiter Rothenhagen, der den kleineren Teil der Materialien für seinen Verantwortungsbereich übernahm – was dazu führte, dass bis Anfang 1935 etwa 100 Exemplare umgesetzt wurden –, den größeren Teil aber an Feibusch weitergab. Der Kassierer der Oranienburger, Kurt Hintze, hatte von Ladeburg die Erlaubnis erhalten, einen Teil der Gelder der verkauften Materialien und eingezogenen Mitgliedsbeiträge zurückzubehalten, um dafür (zum Beispiel) erwerbslosen Genossen das Fahrgeld für illegale Treffen außerhalb Oranienburgs zur Verfügung stellen zu können. Der Mitgliedsbeitrag betrug monatlich für Arbeitende 2 Mark, für Arbeitslose 50 Pfennig.

Aussagekräftig über Umfang und Intensität der solidarisch geleisteten Hilfe für Notleidende ist folgende Angabe in der Anklageschrift: »In der Ortsgruppe Oranienburg bestand auch eine sogenannte Emigrantenkasse, aus der Beihilfen für flüchtige Kommunisten des Bezirks gezahlt werden sollten. Die Kasse war jedoch bereits Weihnachten 1934 durch Unterstützungszahlungen und Geschenke an bedürftige Genossen restlos erschöpft.«[154]

Seit etwa Oktober 1934 fanden in der Wohnung der Rothenhagens (Schützenstraße 46) in Oranienburg Gruppentreffen statt, so nahmen an der ersten Zusammenkunft auch Ladeburg und Feibusch teil. Die politische Lage wurde analysiert und die weitere Untergrundarbeit besprochen, wobei die Widerstandstätigkeit auf dem flachen Lande, so Richtlinien der Propaganda, verstärkt erörtert wurde.

Die beiden führenden Funktionäre sprachen sich auch für die Durchführung von Schulungskursen aus, die dann tatsächlich auch in Hohen Neuendorf zweimal stattfanden. Den Unterricht erteilte ein unbekannter Referent, der Rothenhagen in Berlin durch Ladeburg bekannt gemacht worden war.

Die von den Verantwortlichen dieser Gruppe an den Tag gelegte Umsicht in konspirativen Fragen – wie Decknamensystem, das Vermeiden von Geldquittungen u. ä. – hebt sich positiv von manch unverantwortlichem Gebaren in Berlin und Brandenburg ab.[155] Vermutlich ist es auch diesem Umstand geschuldet, dass die Oranienburger später enttarnt wurden als mehrere andere Brandenburger Untergrundkreise (S. 356ff., 409ff.) – man denke in diesem Zusammenhang an die lokalen Ereignisse im Kreis Luckenwalde, Zepernick-Bernau oder Fürstenwalde/Spree.

Auch deswegen ist es interessant, die rückblickenden Erinnerungen aktiver Funktionäre heranzuziehen, sie weisen darauf hin, dass die illegale Arbeit bereits in der

154 Ebd., S. 4f. der Anklageschrift.
155 Siehe H.-R. Sandvoß, Die »andere« Reichshauptstadt, S. 275ff.

zweiten Hälfte des Jahres 1933 einsetzte – nachdem die erste Schutzhaftwelle (S. 415) verebbt war und die meisten Verschleppten wieder frei kamen. Der Feinmechaniker Kurt Hintze (1899–1991) berichtet 1948:

> Nach dem Reichstagsbrand wurde ich als Stadtverordneter der KPD Oranienburg verhaftet und im Sommer 1933 wieder freigelassen. Sofort nach meiner Entlassung nahm ich die illegale Arbeit für die Partei wieder auf. Es gab zu dieser Zeit mehrere Oranienburger Genossen, darunter Rothenhagen, Karl Kayser, Wilhelm Fischer und ich, die Gruppen um sich sammelten und auf eigene Faust arbeiteten. Mir gelang es im Sommer 1934, diese Gruppen unter einer zentralen Leitung zusammen zu bringen, welcher außer mir die Genossen Rothenhagen, Fröhlich und Wolschendorf angehörten. Fröhlich und Wolschendorf schieden bald aus und wurden durch Theo Feilbusch aus Birkenwerder ersetzt, dessen Gruppe sich uns angeschlossen hatte.[156]

Der zum Kern der illegalen Gruppe im Kreis Niederbarnim zählende Maurer Karl Kayser (Leiter der Oranienburger), der bis Ende 1940 im Konzentrationslager litt, gab Mitte 1945 in seinem Lebenslauf zu Protokoll, wie Kurt Hintze bereits 1933 von SA verschleppt worden zu sein:[157]

> Nach der Machtübernahme im Jahre 1933 wurde ich am 28.2.1933 zum ersten Mal verhaftet, um am 1. Mai desselben Jahres wieder in Freiheit gesetzt zu werden. Am 28. August 1933 befand ich mich bis zum 16.10.1933 bereits wieder im Konzentrationslager. Durch die illegale Arbeit in der Kommunistischen Partei wurde ich am 10.2.1935 erneut durch die Gestapo verhaftet [...].

Vom frühen Terror gegen Funktionäre und Mandatsträger der Arbeiterbewegung waren auch in Oranienburg die kommunistischen Statdtverordneten betroffen. So erinnert sich Willy Ruf 1950 an seinen im Jahr zuvor verstorbenen politischen Weggefährten Gustav Rahn: »Ich war mit ihm in der KPD-Stadtverordnetenfraktion des Ortes tätig. Gleichfalls lernte ich G. Rahn als guten Antifaschisten in der Schutzhaft Oranienburgs 1933 kennen.«[158]

Gerade vor dem Hintergrund dieser Belastungen ist der Mut beeindruckend, in kleinen Gruppen bereits im Sommer des Jahrs der NS-»Machtergreifung« mit der Untergrundarbeit begonnen zu haben. Die Illegalen hielten dem o. g. Funktionär Kurt Hintze zufolge konspirative Treffen und Schulungsabende ab, unterstützten »Emigranten« – womit wohl die Unterstützung von zur Emigration entschlossenen Gefährdeten gemeint ist –, sammelten Gelder von mit ihrem Kampf Sympathisierenden ein und vertrieben Untergrundmaterial. Der Oranienburger zählt auf:

> ... neben zahlreichen Broschüren auch Zeitungen in einer Auflage von 140 St[ü]ck halbmonatlich, verteilten Flugblätter, agitierten von Mund zu Mund usw. Die Beiträge betrugen 2 MK monatl[ich], für Erwerbslose 0,50 MK. Im ganzen rechnete ich nach Berlin ab monatlich 80–100 MK. Die Mitgliedszahl betrug insgesamt 45. Oranienburg hatten wir in 4 Gruppen

156 BArch, RY 1 / I 2/3, Bd. 118, Bl. 38.
157 BLHA, Rep. 401 / VdN 2794.
158 Ebd., Rep. 401 / VdN 2562.

eingeteilt, von welchen ich nebenher die Gruppe Altstadt leitete, während die Gruppe Neustadt von Willi Kayser, die Gruppe Havelhausen von Karl bezw. Anna Kayser und die Gruppe Eden von Wilhelm Fischer geführt wurden. Im Januar 1935 wurden die Genossen Rothenhagen, Gold und Kaffler auf Veranlassung des Spitzels Michael verhaftet, der sich im Lokal Kurfürst vom Sturmführer der SA Plessow eine Zeitung aus der Rocktasche nehmen liess, auch ich wurde verhaftet, am 16.2.35 mit einer grösseren Gruppe.[159]

Den Gerichtsdokumenten (Prozess A) zufolge gerieten Georg Rothenhagen (am 5. Februar 1935) und August Sass (am 16. Februar 1935) als Erste in Haft. Der Hohen Neuendorfer Anstreicher Paul Stolze (1889–1967) berichtet darüber – etwas abweichend – Folgendes:

Als im Jahre 1933 hier im Ort die K.P.D. auseinander fiel, ging ich mit dem 1935 emigrierten Gen. Theo Feibusch an einen Neuaufbau einer Ortsgruppe. Wir arbeiteten mit dem U.B. Gesundbrunnen zusammen, später wurden wir zu dem U.B. Nordbahn zusammengefaßt. Wir unterstützten Familien der politischen Gefangenen, organisierten Schulungsabende und setzten illegales Material ab. Theo Feibusch war der Verbindungsmann, der Vielen der damaligen im illegalen Kampf stehenden Gen. bekannt sein dürfte. Unsere Umstellung zum U.B. Nordbahn brachte uns in engste Fühlung mit den Gen. in Oranienburg. Hier wurden Ausgang [19]34 durch Unvorsichtigkeit eines Gen. Verhaftungen vorgenommen. Ein für Oranienburg festgesetzter Schulungsabend konnte dort nicht stattfinden. Ich ließ diesen in Hohen Neuendorf starten, es nahmen etl. Gen. aus Oranienburg daran teil, darunter der junge Gen. Heß [Hesse], der bald darauf verhaftet wurde. Bei seiner Vernehmung erwähnte er auch den hier besuchten Schulungsabend. Daraufhin wurde ich im Februar 1935 verhaftet. Bei meinen Vernehmungen durch die Gestapo gab ich nur das zu, was die Gen. [die Gestapo-Männer, d. Verf.] von der illegalen Arbeit wußten und verhinderte dadurch, das[s] aus meiner Ortsgruppe Gen. hoch gingen. Ein viertel Jahr später wurden zwei Gen. ganz unabhängig von meiner Sache verhaftet, die wohl in unserer Ortsgruppe mitarbeiteten, aber Verbindung mit dem U.B. Reinickendorf aufgenommen hatten. Um diesen abzuschirmen, belasteten sie mich in ihren Aussagen bei der Gestapo.[160]

Prozesse

In dem »Strafsache Michael und Genossen« genannten Justizverfahren (Anklagen vom 11. Mai 1935) wurden die Beschuldigten auf zwei Prozesse, A und B genannt, aufgeteilt und schließlich im Juni 1935 vom 4. Strafsenat des Kammergerichts verurteilt. Wobei beim Kammergerichtsprozess A das Urteil am 25. Juni in Potsdam, beim Prozess B am 27. Juni in Berlin das Urteil jeweils von Kammergerichtsrat Eilers gesprochen wurde.

159 BArch, RY 1/I 2/3, Bd. 118, Bl. 38
160 BLHA, Rep. 401 / VdN 2348.

Prozess A

1.	Zimmermann Otto Michael (* 1894), Oranienburg, Kurfürstenstraße 9	Freispr.
2.	Former Robert Rinck (* 1898), Berlin, Lortzingstraße 11	8 J. Z
3.	Angestellter Hans Ladeburg (* 1896), Berlin N20, Prinzenallee 13	8 J. Z
4.	Bauarbeiter August Sass (1871), Berlin N20, Prinzenallee 62/63	4 J. Z
5.	Dreher Georg Rothenhagen (1898), Oranienburg, Schützenstraße 46	7 J. Z
6.	Feinmechaniker Kurt Hintze (1899), Oranienburg, Bärenklauer Allee 10	7 J. Z
7.	Maurer Walter Voges (1898), Oranienburg (Eden), Petschelweg 415	2 ½ J. Z
8.	Schlosser Kurt Froehlich (1904), Oranienburg (Eden), Badeweg 302	3 J. Z
9.	Buchbinder Wilhelm Fischer (1891), Oranienburg (Eden), Nr. 302	4 J. Z
10.	Arbeiter Paul Wolschendorf (1907), Oranienburg, Schützenstraße 36	2 J. G
11.	Mechaniker Wilhelm Kayser (1906), Oranienburg, Blücherstraße 33	4 J. Z
12.	Arbeiter Willi Putzke (1899), Oranienburg, Gartenstraße 11a	3 J. Z
13.	Fabrikarbeiter Emil Polesky (1907), Oranienburg, Waldstraße 22	2 ½ J. Z

Der Tenor des Vorwurfs der »Vorbereitung zum Hochverrat« gegen die unter 2–13 Genannten lautete:

> Der Zeuge Polizeimeister Dunnke aus Oranienburg hat in der Hauptverhandlung bekundet, dass seit Oktober 1934 zahlreiche kommunistische Schriften in Oranienburg vorgefunden wurden, die in die Briefkästen geworfen, auch auf Zäune gesteckt worden waren. Dem Zeugen wurde von Vertrauensleuten berichtet, es gehörten in Oranienburg 65 Personen zur illegalen Organisation der KPD. Die Ermittlungen führten seit Anfang Februar 1935 zur Festnahme zahlreicher Personen im Norden von Berlin, in Oranienburg und Hohenneuendorf, von denen in diesem Verfahren 13 unter Anklage stehen.[161]

Prozess B

1.	Maurer Alfred Scheffran (1907), Oranienburg, Luisenstraße 7	1 ¼ J. G
2.	Maschinenb. Wilhelm Schmidt (1901), Oranienburg, Berliner Str. 70	1 ¼ J. G
3.	Arbeiter Erich Schmidt (1907), Oranienburg, Kurfürstenstraße 54	2 J. Z
4.	Maurer Karl Kayser (1904), Oranienburg, Havelländ. Breite Promenade 1	3 J. Z
5.	Klempner Alfred Hesse (1916), Oranienburg, Gartenstraße 20 (vertreten durch den Vater, den Invaliden Albert Hesse, wohnhaft daselbst)	Freispr.
6.	Arbeiter Paul Stolze (1889), Hohenneuendorf, Goethestraße 36	4 J. Z
7.	Buchbinder Otto Hesse (1910), Oranienburg, Neuer Platz 4	1 ½ J. Z
8.	Tischler Josef Marschall (1888), Oranienburg-Süd, Grüner Weg 485	Freispr.
9.	Bauarbeiter Eugen Gräber (1899), Oranienburg, Waldstraße 10	3 J. Z
10.	Schlosser Johann Gold (1904), Oranienburg, Schützenstraße 38	1 ¼ J. G
11.	Lagerhelfer Otto Kaffler (1892), Oranienburg, Schützenstraße 43	1 ¼ J. G

161 BArch, NJ 4217, Bl. 44 (S. 3 des Urteils des Berliner Kammergerichts vom 25. Juni 1935). Interessanterweise beschäftigt sich das gesamte Urteil kaum mit der politischen Biographie des Hauptangeklagten Michael, der auch mit keiner Strafe bedacht wurde.

Karl Kayser

Die in diesem Verfahren[162] wegen der Vorbereitung zum Hochverrat Verurteilten galten als Minderbelastete – mit Ausnahme von Paul Stolze, Karl Kayser und Eugen Gräber, die wegen der großen Zahl von ihnen verbreiteter Schriften (wie »Der Klassenkampf«) als Unterverteiler belangt wurden.

Freisprüche verdankten die zwei davon Betroffenen der großen Standhaftigkeit und Verschwiegenheit ihrer politischen Freunde. So hieß es von Alfred Hesse zwar, er sei zu einem Schulungsabend gekommen, aber laut Aussagen des im A-Prozress verurteilten Hintze habe der ihn über den Zweck des Treffens sowie den Namen des Veranstalters und des Redners *nicht* informiert.

Insgesamt wurden 24 Gruppenmitglieder – von 45 tatsächlich Aktiven (S. 435) – angeklagt, davon 20 aus Oranienburg, einer aus Hohen Neuendorf und drei aus Berlin. Drei Personen sprach das Gericht wie gesagt frei: Alfred Hesse, Josef Marschall und eben den von Hintze in seiner Darstellung negativ hervorgehobenen Zimmermann Otto Michael (S. 436). Kurt Hintze resümiert 1948:

> Wir arbeiteten unter den schwersten Bedingungen im Orte des KZ und in einer Hochburg der Nazis – 20 Monate. Unsere Fehler fielen damals unter die Schwäche der gesamten Partei. Ich selbst bin durch die über zehnjährige Haft zum Invaliden geworden, habe mein Gehör zum größten Teil einbebüsst und beziehe jetzt eine Rente. Trotzdem arbeite ich im örtlichen Maßstab in meiner Parteigruppe und in der VVN noch mit.[163]

Opfer der Sonderjustiz des SS-Staates

Die Opferbilanz blieb auch im Fall der Niederbarnimer Parteiorganisation erschreckend hoch – obwohl glücklicherweise »nur« etwa 60 % der Organisierten von Gestapo und Justiz erfasst worden waren.

Einer Zusammenstellung von Kurt Hintze aus dem Jahr 1948 zufolge wurden insgesamt 66 ½ Jahre Zuchthaus und acht Jahre Gefängnis verhängt. Doch selbst diese lediglich summarisch-quantitativen Zahlen sagen nichts über das darin steckende menschliche Leid aus und erfassen zudem in mehreren »Fällen« die Gänze des NS-Terrors nicht, denn der vermeintlichen Verbüßung der Justizhaft folgte bei den Spitzenfunktionären bzw. Leitungsmitgliedern die Einweisung ins Konzentrations-

162 Ebd., NJ 4217, Bl. 35ff. (Urteil B vom 27. Juni 1935).
163 BArch, RY 1 / I 2/3, Bd. 118, Bl. 38R.

lager. Diese keiner Kontrolle durch Berufungsinstanzen oder Klagemöglichkeiten unterliegende »Sonderjustiz« des neben dem Staatsapparat wirkenden SS-Staates kostete mehrere Widerstandskämpfer das Leben:[164]

- Hans Ladeburg kam im Juni 1942 im Zuchthaus Sonnenburg um.
- Kurt Fröhlich verstarb im KZ Sachsenhausen.
- Emil Polesky verstarb ebenfalls im KZ Sachsenhausen.

August Sass wurde noch Anfang Mai 1945 bei Kriegshandlungen erschossen. Andere wie Robert Rinck (8 Jahre Z), Kurt Hintze (7 J. Z) und Eugen Gräber (3 J. Z) kamen nach der Strafverbüßung ins KZ und litten insgesamt zehn Jahre, Karl Kayser erhielt eine drei Jahre währende Zuchthausstrafe, kam aber erst im Jahre 1941 aus dem Konzentrationslager frei. Viele hier nicht weiter beschriebene Opfer laborierten Zeit ihres (verkürzten) Lebens an den Folgen von »Verhören« und entbehrungsreicher Haft. Wieder Andere waren den Gefahren des Krieges durch Strafeinsätze doppelt ausgesetzt.

Wer als »Wehrunwürdiger« nach der Haftzeit in die Arbeitswelt des sogenannten Dritten Reiches zurückkehrte, versuchte oft trotz ständiger Überwachung und trotz Meldezwangs behutsam den illegalen Kampf fortzusetzen. Paul Stolze (S. 436) dazu im September 1945:

> Ich arbeitete dann wieder als Anstreicher bis ich im Kriegsjahr 42 zu der Firma Kunz Birkenwerder als Spritzer dienstverpflichtet wurde. Hier habe ich durch vorgetäuschte Krankheit oft gefehlt, habe mit den ausländischen Arbeitskameraden engste Fühlung gehalten und das Arbeitstempo gebremst, wo dies nur möglich war. Ich habe die abgehörten Auslandssendungen weitergegeben. Vor dem Einmarsch der roten Armee habe ich das Rathaus besetzen helfen, habe Volkssturm und Soldaten mitentwaffnet und damit verhindert, daß unser Ort mit in das Kampfgebiet einbezogen wurde.[165]

Von Erkner ins Odervorland

Walter Smolka

Der überwiegend durch das flache Land geprägte Charakter der Mark bot der illegal arbeitenden KPD – so sie sich vor Ort riskanter Flugblattpropaganda enthielt – die Möglichkeit, abgelegene geheime Stützpunkte für weiterreichende Aktionen zu schaffen. In einen solchen Zusammenhang gestellt, gewinnt das in der Sommerfrische beliebte Erkner (mit über 3 000 Einwohnern), ein an der Bahn gelegener, aber auch per Schiff erreichbarer, Niederbarnimer Ort vor den Toren der Reichshauptstadt, eine ganz eigene Bedeutung.

---

164 Vgl. zum Folgenden LAB, C Rep. 118-01 / A 6012 (Hans Ladeburg); BArch, RY 1 / I 2/3, Bd. 118, Bl. 38.
165 BLHA, Rep. 401 / VdN 2348.

Als es im Jahr 1936 zu einem Prozess vor dem Berliner Kammergericht gegen acht Personen – die meisten davon aus Erkner – kam, ahnten die Verfolger jedoch, dass sie es bei dem Angeklagten Arbeiter Walter Smolka (1896–1944) mit einem weit über den Ort hinaus agierenden Funktionär zu tun hatten. Nachweisen konnte man ihm das allerdings noch nicht. Seine wahre Rolle kam erst in einem späteren Justizverfahren, dem gegen Briesener Kommunisten (S. 443f.), ans Licht. Doch beginnen wir mit dem vorausgegangenen Prozess.

Am 22. Mai 1936 richtete sich eine Anklageschrift der Generalstaatsanwaltschaft bei dem Landgericht Berlin gegen acht im März 1936 festgenommene Frauen und Männer aus Erkner, Gosen und Hangelsberg – in der illegalen KPD zum Unterbezirk Fürstenwalde gehörend –, denen die Vorbereitung zum Hochverrat vom März 1935 bis Anfang 1936 vorgeworfen wurde. Sie hatten sich angeblich alle der verbotenen Herstellung eines organisatorischen Zusammenhalts und der teilweisen Schriftenverbreitung schuldig gemacht. Dieser *pauschale* Vorwurf musste aber im Verlauf des Verfahrens bzw. der Hauptverhandlung revidiert werden, denn die Hälfte der Angeklagten erhielt am Ende einen Freispruch. Die Anklageschrift vom 22. Mai 1936 formulierte noch generell:

> Die Angeschuldigten hörten seit März 1935 wiederholt in der Wohnung der angeschuldigten Eheleute Hein gemeinsam den Moskauer Sender, hielten politische Gespräche und lasen aus kommunistischen Büchern und illegalen Flugblättern vor. Sie betätigten sich teilweise auch durch die Entgegennahme und unentgeltliche Weitergabe von illegalen Schriften.[166]

Der Hauptangeklagte Schneider Paul Hein aus Erkner, Friedrichstraße 37, gehörte Ende der 1920er Jahre der KPD-Ortsgruppe von Neu-Zittau an. Seiner eigenen (damaligen) Aussage zufolge verließ er die Partei aber aus geschäftlichen Gründen, da ihm wegen seiner politischen Zugehörigkeit die Kundschaft ausblieb. Im März 1935 schließlich erwarb er ein Rundfunkgerät – ein erst in den dreißiger Jahren zum Massenprodukt aufsteigendes modernes Kommunikationsmittel, das der Nationalsozialismus gezielt förderte und propagandistisch-manipulativ einsetzte. Aber auch diese Ware hatte einen »Doppelcharakter«, in diesem Fall allerdings als heimlich genutzte Informationsquelle für verbotene Nachrichten des Londoner oder Moskauer Rundfunks, sogenannten Feindsendern. Ein – aus Systemsicht – gefährliches Risiko, das die NS-Diktatur in den Kriegsjahren (seit dem 1.9.1939) mit dem tödlichen Vorwurf des »Rundfunkverbrechens« (S. 559ff.) verfolgte. Unabhängig vom Empfang des Moskauer Rundfunks wurde Hein noch der Vorwurf der Verbreitung von Untergrundschriften gemacht, er bestritt allerdings, mehr als ein Exemplar erhalten zu haben.

Das größte Interesse der Verfolger zog aber nicht der Hauptangeklagte Schneider Paul Hein, sondern der Arbeiter Walter Smolka auf sich. Hatte er doch bereits zweimal im KZ gesessen[167] und sich diese Verschleppung trotzdem nicht zur deutlichen Warnung vor illegaler Arbeit dienen lassen.

---

166 BArch, R 3018, NJ 8126.

167 Laut biographischem Lexikon des Komitees der Widerstandskämpfer der DDR nahm Smolka 1918 am Matrosenaufstand teil, war Mitbegründer des RFB in Briesen und dort auch Gemeinde-

Smolka gab beim Verhör im Frühjahr 1936 an, die Untergrundschrift »Roter SA-Mann«, die um antikapitalistisch-revolutionäre Kreise in Hitlers Bürgerkriegsarmee warb, am Strand des Flakensees gefunden, aber nicht gelesen zu haben. Der Arbeiter bestritt zudem, dass er dem Hauptangeklagten Paul Hein je mehr als ein illegales Blatt gab.

Walter Smolka

Die NS-Justiz ging aber davon aus, dass Smolka Untergrundmaterial in »erheblichem Umfang« vertrieben hatte. Bei ihm läge eine »schwere Tat« vor, die einer »empfindlichen Sühne« bedürfe, zumal er allein im Kreise der Angeklagten bereits »[…] eine führende Rolle gespielt hat und das gegenwärtige Verfahren offensichtlich nur einen kleinen Ausschnitt seiner Tätigkeit zum Gegenstand hat.«[168]

Entsprechend diesem Tenor fiel auch das Urteil des Kammergerichts vom 17. September 1936 aus (wobei dem Dritten zu Zuchthaus Verurteilten seine von 1932 bis 1933 *nur kurze* Mitgliedschaft in der KPD-Ortsgruppe Gosen zugute gehalten wurde). Urteil vom 17. September 1936:

1.	Schneider Paul Hein (* 1902), Erkner	2 ½ J. Z
2.	Friseuse Magdalena Hein (* 1901) geb. Giese, Erkner	Freispruch
3.	Arbeiter Walter Smolka (* 1896), Erkner	3 ½ J. Z
4.	Ehefrau Johanna Smolka (* 1898), Erkner	Freispruch
5.	Arbeiter Rudolf Baschin (* 1897), Gosen	1 ½ J. Z
6.	Ehefrau Erna Baschin (* 1902) geb. Schulz, Gosen	Freispruch
7.	Händler Richard Böhm (* 1903), Erkner	Freispruch
8.	Fleischergeselle Walter Vollack (* 1910), Hangelsberg	1 ¼ J. G

Schon im Jahr darauf, Smolka hatte bereits seine Zuchthausstrafe angetreten, ging dem NS-Verfolgungsapparat auf, in welche politische Richtung sich die Untergrundtätigkeit Smolkas noch bewegt hatte. Ein Umstand, der auch dem Verfasser erst nach der Ermittlung und anschließenden Auswertung eines weiteren Justizverfahrens deutlich wurde, denn die wahren Dimensionen von Smolkas Widerstandskampf erschlossen sich erst nach und nach, wie der folgende Abschnitt zeigt:

vertreter. 1928 wurde er Betriebsratsvorsitzender im Bakelit-Werk Erkner und zählte zur Leitung des UB Füstenwalde der KPD. Seine »Schutzhaft« dauerte vom Mai 1933 bis Februar 1934, vgl. Komitee (Hg.), Antifaschistischer Widerstandskampf, S. 166 (Nr. 900).

168 BArch, R 3018, NJ 8126 (S. 3 der Anklageschrift vom 22. Mai 1936).

»Wendlocha, Burtchen, Kalisch und Genossen«

Ins östliche Gebiet des heutigen Landes Brandenburg, den Landstrich zwischen den Ortschaften Wriezen und Briesen, führt uns das Wirken einer Widerstandsgruppe, die erst Ende 1936 aufflog. Der Verfasser kam ihr erst 2016/2017 durch die Auswertung sämtlicher (über 1000) VVN-Aufnahmeanträge aus dem früheren Regierungsbezirk Frankfurt/Oder auf die Spur. Auf frühe Kontakte zu KPD-Anhängern bzw. Regimegegnern in Lindow (Krs. Lebus) wurde bereits hingewiesen (S. 430).

Der Kern der im sogenannten Odervorland zur Mitte der 1930er Jahre tätigen Kommunisten lebte in Briesen, einer Gemeinde, die damals etwa 1500 Einwohner zählte. So stammten aktive Kader wie der der Maurer Johannes Troyke, Mitbegründer des lokalen Kommunistischen Jugendverbandes und Kassierer der Untergrundgruppe, von hier, ebenso der Schneider Erich Kalisch, der Glasarbeiter August Wahlich, der Maler Gerhard Wahlich und der Glasmacher Eduard Pelz, der bis 1933 Gemeindevertreter der KPD war. Der Briesener Franz Fleck teilt über Eduard Pelz mit:

> Pelz war damals [1920er Jahre] schon gewerkschaftlich organisiert und gehörte dem Arbeiter-Turn- und Sportbund als Funktionär an. Bei den damaligen Lohnkämpfen innerhalb der Gewerkschaften war Pelz stets massgeblich beteiligt und stand bei allen Auseinandersetzungen mit den Unternehmern im Vordergrund der Arbeiterschaft. 1927 trat Pelz in die KPD ein und hat sich auch hier stets aktiv eingesetzt. Er bekleidete innerhalb der Partei im Verlaufe der Zeit verschiedene Funktionen. Ausserdem war er Vorsitzender des Roten Turn- und Sportvereins Briesen.[169]

Als die erste große Terrorwelle im März 1933 durch Brandenburg rollte, waren davon auch lokal bekannte Funktionäre der Briesener Arbeiterbewegung betroffen, so erlitten Troyke, August Wahlich und Kalisch mehrere Wochen »Schutzhaft«. Der Schneider Erich Kalisch (1911–1975) äußert in spärlichen Worten eine starke Unbeugsamkeit:

> 1928 trat ich in den KJVD [Kommunistischen Jugendverband Deutschlands] ein. Ich wurde Pol. Leiter. 1929 wurde ich in die erweiterte Jugend BL [Bezirksleitung] gewählt. Ab 1931 war ich Mitglied der Landesjugendleitung der Kampfgemeinschaft für Rote Sporteinheit.
> Im März 1933 wurde ich in Schutzhaft genommen. Nach 4 Wochen entlassen, betätigte ich mich sofort wieder und wurde am 7. Juli 1933 erneut verhaftet und wegen Verbreitung illegaler Druckschriften in Untersuchungshaft genommen. Das Verfahren wurde eingestellt und ich in das KZ Sonnenburg überführt, aus welchem ich auf Grund einer Gnadenaktion am 18.12.33 mit mehreren Hundert Häftlingen entlassen wurde. Ab 1934 betätigte ich mich wieder illegal.[170]

Bemerkenswert an der konspirativen Tätigkeit der Briesener ist die Tatsache der – im Verhältnis zu vielen Brandenburger Gruppen – recht späten Entdeckung durch die Politische Polizei, denn die Verhaftungen setzten erst im Dezember 1936, eine

---

169 BLHA, Rep. 333, Nr. 1249.
170 Ebd., Rep. 601 / VdN 2367.

Erich Kalisch

Woche vor dem Weihnachtsfest, ein. Als Anlass dafür geben zwei Aktive an, dass die Gestapo Unterlagen über die illegale Arbeit des Kreises fand.[171]

Als der 3. Strafsenat des Kammergerichts Berlin am 17. September 1937 sein Urteil (Verfahren »Wendlocha, Burtchen, Kalisch und Genossen«) sprach, erhielt der Hauptangeklagte Erich Kalisch (1911–1975), Briesen, Frankfurter Straße 31, vier Jahre Zuchthaus. Ihm folgte Johannes Troyke (1912–1988), Briesen, Hüttenstraße, mit dreieinhalb Jahren Zuchthaus. Zum Glück der Widerstandskämpfer bzw. aufgrund der Verschwiegenheit leitender Kader gelang es der Politischen Polizei nicht, alle politischen Verbindungen aufzudecken. Erich Kalisch (1911–1975) berichtet 1946: »Bis März 1936 bestand über Erkner zum Unterbezirk Köpenick[172] der illegalen KPD eine regelmäßige Verbindung.«[173] Doch die Flugblattverbreitung und den Verkauf kommunistischer Zeitungen hatten die Angeklagten nicht abstreiten können, zumal der Gestapo – wie gesagt – entsprechende Unterlagen in die Hände gefallen waren.

Je nach Grad der unmittelbaren Verantwortlichkeit des Einzelnen im Gruppengefüge fielen die Strafen recht unterschiedlich aus: Urteil des 3. Strafsenats des Kammergerichts Berlin vom 17. September 1937:

1.	Schneider Erich Kalisch (* 1911), Briesen, Frankfurter Straße 31	4 J. Z
2.	Maurer Johannes Troyke (* 1912), Briesen	3 ½ J. Z
3.	Friseur Herbert Mitschke (* 1911), Schmölln	2 J. Z
4.	Arbeiter Paul Brodalla (* 1900), Briesen	2 J. Z
5.	Maurer Paul Burtchen (* 1907), Riessen	3 J. Z
6.	Arbeiter Alfred Gutt (* 1908), Briesen	1 J. G
7.	Bäcker Wilhelm Gutt (* 1913), Briesen	1 J. G
8.	Nachtwächter Eduard Pelz (* 1900), Briesen	1 J. G
9.	Zimmergeselle Otto Fröhlich (* 1892), Briesen	1 J. G
10.	Arbeiter Kurt Scheuber (* 1907), Briesen	Freispruch
11.	Arbeiter August Wahlich (* 1894), Briesen	1 ½ J. G
12.	Maler Gerhard Wahlich (* 1915), Briesen	1 J. G
13.	Arbeiter Willi Pelz (* 1900), Ludwigsfelde	1 J. G
14.	Bergmann Norbert Wendlocha (* 1905), Unterlindow	1 J. G

171 Ebd., Rep. 601 / VdN 2518 (Troyke, J.) und VdN 2367 (Kalisch, E.).

172 Siehe hierzu aus der Berliner Reihe der GDW: Heinrich-Wilhelm Wörmann, Widerstand in Köpenick und Treptow, Berlin 2010^2, S. 136–142.

Das Urteil bündelt zunächst den Hauptvorwurf:

> Die Hauptverhandlung hat ergeben, dass in dem Ort Briesen bei Frankfurt a.d. Oder unter der Leitung des Angeklagten Kalisch eine illegale kommunistische Organisation bestanden hat, die durch Smolka, den Onkel des Troyke, Verbindungen zu der illegalen kommunistischen Organisation in Berlin unterhielt. Smolka war vor dem Umbruch Leiter der Ortsgruppe der KPD in Briesen gewesen. Er war nach Erkner bei Berlin verzogen und hat von 1934 bis zu seiner Festnahme – im Herbst 1936 – über Kalisch und Troyke die Verbindung mit der illegalen kommunistischen Zelle in Berlin aufrechterhalten.[174]

Schon die Anklageschrift vom 28. April 1937 hält den (die Verfolger wohl verunsichernden) Umstand fest, dass, obwohl seit 1933 in der unmittelbaren Umgebung der Stadt Frankfurt/Oder bereits verschiedene illegale Organisationen aufgedeckt wurden – man denke an die Prozesse Rüffert (S. 415f.), Hannemann (S. 417ff.) und Wittlief (S. 424ff), d. Verf. –, trotzdem neue Initiativen von NS-Gegnern gebildet wurden. Denn die in Briesen und Umgebung getätigten Festnahmen zeigten,

> [...] daß immer wieder Kräfte am Werke sind, um die illegale KPD-Organisation aufrechtzuerhalten. Es ist hier offenbar versucht worden, von Berlin aus die Verbindung über Erkner nach Briesen nach Lindow und Finkenheerd zu schaffen. In diesem Bezirke liegt der Betrieb der Märkischen Elektrizitätswerke, welche die Aufgabe haben, ein Sechstel des Deutschen Reichsgebiets mit elektrischem Strom zu versorgen.[175]

Die Anklageschrift fügt hier an, dass bei der vorausgegangenen Verurteilung Smolkas 1936 (s. o.) dessen illegale Verbindungen zu Kalisch und Troyke noch nicht bekannt gewesen waren.

Walter Smolka bekam die Rache der Geheimen Staatspolizei bzw. der SS spätestens nach der Verbüßung seiner Zuchthausstrafe zu spüren, denn er wurde umgehend ins KZ (Sachsenhausen und dann Auschwitz) verschleppt; im November 1944 in eine Strafeinheit gepresst, kam er kurze Zeit später ums Leben.[176]

Werfen wir abschließend einen Blick auf das politische Schicksal weiterer Verfolgter:

Auf Paul Burtchen, der seinen Kampf gegen die NS-Diktatur und den Krieg gegen die Sowjetunion schließlich mit dem Leben bezahlte, wurde bereits hingewiesen (S. 431). Doch er war nicht der einzige aus der Briesener Gruppe, dem die Befreiung 1945 nicht mehr vergönnt war:

Den Friseur Herbert Mitschke (1911–1944), der seine Strafzeit im Zuchthaus Brandenburg sowie dem Arbeitslager Abbendorf bei Bad Wilsnack verbüßte und erst im Januar 1939 entlassen wurde, presste der NS-Staat im März 1942 zum Wehrdienst.

---

173 BLHA, Rep. 601 / VdN 2367.

174 BArch, R 3018, NJ 4888 (S. 4 des Urteils vom 17.9.1937).

175 Ebd., R 3018, NJ 4888 (S. 4f. der Anklageschrift vom 28. April 1937).

176 Vgl. Komitee (Hg.), Antifaschistischer Widerstandskampf, S. 166 (Nr. 900), wo es heißt, Smolka sei »ermordet« worden.

Das letzte Lebenszeichen des Soldaten und Vaters zweier kleiner Kinder stammt vom 13. Juli 1944. Er kehrte nicht mehr zurück.[177]

Andere Gruppenmitglieder blieben von diesem politischen Schicksal verschont: August Wahlich, nach 1945 Bürgermeister von Briesen, berichtet über seinen Mitangeklagten Eduard Pelz: »Am Krieg war er nicht beteiligt, da ihm bei seiner Verurteilung die Wehrwürdigkeit abgesprochen wurde. Auf Grund seiner Verurteilung war es ihm nicht leicht, in einem vernünftigen Betrieb unterzukommen. Er war deshalb gezwungen, von einem Betrieb zum anderen zu gehen, bis er dann endlich bei den Bakelitwerken in Erkner bis Beendigung des Krieges beschäftigt war.«[178]

Wie im Fall Pelz, war auch der Hauptangeklagte Erich Kalisch, der erst am 15. Januar 1941 von der Geheimen Staatspolizei in Frankfurt/Oder entlassen wurde, nach der Haft unter verschärfte Polizeiaufsicht gestellt worden, bei Johannes Troyke war es ähnlich.

Nach August Wahlichs Sohn Gerhard, geboren 1915, griff dagegen die Wehrmacht schon im Jahr nach der Haft. Gerhard Wahlich, der am 18. Januar 1938 aus dem Gefängnis Tegel entlassen worden war, schreibt 1950, was ihm danach widerfuhr: »Ich bekam wieder Arbeit im Beruf [Maler] in Briesen u. b. d. Fi[rma] F. Warnke in Berlin Moabit, bis ich am 1.12.39 zum 4. In. Ers. Btl. 50 in Küstrin eingezogen wurde.«[179] Wahlich nahm an den deutschen Überfällen auf Frankreich und die Sowjetunion teil, wurde verwundet, wieder eingesetzt, erkrankte zwischenzeitlich an Malaria und musste danach erneut an die Front. Als sich die Rote Armee der Oder genähert hatte, kommandierte man Wahlich zur Teilnahme an der »Verteidigung Berlins«, wo er schließlich in sowjetische Gefangenschaft geriet, aus der er erst am 23. Mai 1948 freikam.

Wie so viele durch die Arbeiterjugend antimilitaristisch geprägte Heranwachsende, hatte er an einem Raub- und Eroberungskrieg teilnehmen müssen, den er zutiefst verabscheute.

Willi Bänsch

KPD Zepernick (Niederbarnim)

Eine ähnliche Schlüsselrolle wie Walter Smolka in seinem geheimen politischen Einflussgebiet spielte Willi Bänsch (1908–1944) für Zepernick-Nordberlin. Auch in seinem »Fall« drehte sich nicht nur *ein* Justizverfahren um ihn und auch er ließ nach einer bemerkenswerten Kampf- und Verfolgungszeit sein Leben noch vor der Befreiung.

Man kann sogar noch weitere Parallelen heranziehen, nämlich die der relativ späten Zerschlagung der Gruppe und die enge Verknüpfung der Untergrundaktivitäten im Brandenburgischen mit dem Wirken randständiger kommunistischer Unterbezirke

177 BLHA, Rep. 601 / VdN 2309.

178 Ebd., Rep. 333, Nr. 1249.

179 Ebd., Rep. 333, Nr. 1258. (Die militärische Abkürzung bedeutet: Infanterie Ersatz Bataillon, d. Verf.).

(UB) Berlins: Während es bei Erkner und Briesen der UB Köpenick war, griff bei Zepernick bzw. dem Gutsbezirk Birkholz der UB Pankow (Land) helfend ein. Man bedenke, dass die Zepernicker KPD-Organisation durch den bereits erwähnten – S. 396ff. – frühen RFB-Prozess einen schweren Aderlass erlebt hatte. Und trotzdem kehrte nicht die vom NS-Regime erhoffte politische Ruhe ein.

Doch folgen wir zunächst den Aussagen eines Justizverfahrens vor dem Volksgerichtshof gegen den Heilkundigen Bernhard Fischer (1893), Zepernick, Gernroder Straße 3 und den Schlosser Willi Bänsch (1908), Zepernick, Moltkestraße 38.

Beide nicht vorbestrafte Männer wurden am 11. Oktober 1935 festgenommen und befanden sich seit dem 4. November d. J. in Untersuchungshaft. Die Anklageschrift vom 3. August 1936 wirft ihnen vor: »[...] in Berlin und im Kreis Niederbarnim in den Jahren 1933 bis 1935 fortgesetzt sowie unter sich und mit anderen gemeinschaftlich handelnd das hochverräterische Unternehmen, mit Gewalt die Verfassung des Reichs zu ändern, vorbereitet zu haben, wobei die Tat [...]«[180]
a) darauf gerichtet war, zur Vorbereitung des Hochverrats einen organisatorischen Zusammenhalt herzustellen oder aufrechtzuerhalten und
b) die Beeinflussung der Massen durch die Herstellung und Verbreitung von Untergrundschriften anzustreben.
Die Lebensläufe beider Angeklagten fielen bereits etwas aus dem Rahmen:

Bernhard Fischer wirkte beruflich als Heilkundiger in den Berliner Arbeitergegenden Moabit und Wedding sowie später bis Ende 1932 in Zepernick und Schönow als Berater dieser Fachrichtung. Seit 1933 stützte er sich überwiegend auf seine Ehefrau, die am Bahnhof Zepernick einen Handel mit Zeitungen und Tabakwaren betrieb und bei der er im Geschäft aushalf, da er seinen eigenen Beruf nur noch gelegentlich ausübte. Politisch will er nicht aktiv gewesen sein.

Willi Bänsch wiederum hatte als Ausleseschüler das reformorientierte Köllnische Gymnasium[181] in Berlin-Mitte bis zur 10. Klasse besucht und danach eine Schlosserlehre absolviert. Vom Ersparten baute er sich ein Haus in Zepernick, da er um 1930 herum in Berlin arbeitslos geworden war und aus der Stadt wegzog. Erst im Februar 1935 fand er bei der »Neukühler- und Flugzeugteile GmbH« in Berlin wieder Arbeit. Anders als Fischer stammte Bänsch aus einem politisch exponierten Elternhaus, denn sein Vater, Karl Bänsch (1882–1938), war Stadtrat in Berlin-Friedrichshain bzw. kommunistischer Stadtverordneter (1929–33). Doch will der Sohn die Ansichten und Parteizugehörigkeit des Vaters nicht geteilt, sondern im Gegenteil – parallel zum Umzug nach Zepernick – sich von ihm getrennt haben.

Wie kamen diese politisch bis dato angeblich Unaktiven 1933 in die Reihe der illegalen KPD? Laut Anklageschrift (3. August 1936) traf Fischer in Schönow, wo er Sprechstunden hielt, in einem SA-Lokal den ihm seit langem bekannten Artisten

180 BArch, R 3018, NJ 15695 (Anklageschrift vom 3. August 1936, S. 1).
181 Zu dieser pädagogischen Anstalt, die von zahlreichen begabten Arbeiterkindern besucht wurde und oft lebenslange politische Prägungen hinterließ, vgl. H.-R. Sandvoß, Widerstand in Mitte und Tiergarten, Berlin 1999[2], S. 157–159.

Willi Bänsch

Bohnenstengel, der ihm Untergrundschriften zum Verteilen in Zepernick aushändigte. In diesem Zusammenhang lernte Fischer auch Bänsch kennen.

Anlässlich seines Wegzugs von Schönow (Anfang 1934) übertrug der Artist Fischer nun die Aufgabe der Entgegennahme der illegalen Materialien für Zepernick. Im Folgenden wurde er von Funktionären des UB Pankow kontaktiert – vermutlich dort agierenden »Instrukteuren für das Landgebiet«[182], denn von 1933 bis 1936 reichte der Unterbezirk (bis zu seiner Zerschlagung) zeitweise bis nach Bernau.

Fischers Untergrundtätigkeit weitete sich nach und nach aus, er wurde nun auch – der geringen Mitgliederzahl in Zepernick wegen – verantwortlich für die Laubenkolonie »Schweizer Berge« und eine 5 Personen starke Gruppe im Gutsbezirk Birkholz. Fischer will aber stets nur den örtlichen Leiter kennengelernt, ihm Schriften (»Die Wahrheit«, »Die Rote Fahne« u. a.) ausgehändigt und kassierte Beiträge entgegen genommen haben. Die dabei umgesetzte Menge soll sich bescheiden ausgemacht haben, so erhielten die kommunistischen Anhänger der Kolonie »Schweizer Berge« 10–12 Exemplare pro Lieferung, die Gruppe Birkholz 7–8 Ausgaben. Das Spendenaufkommen betrug pro Monat etwa 15–20 Mark und zwar einschließlich Zepernicks.

Obwohl die Gestapo bei Fischer u. a. eine Schreibmaschine und einen Andruckkasten fand, will der mit der Herstellung bzw. dem Verfassen von Artikeln nichts zu tun gehabt, wohl aber einmal einen Text von Bänsch entgegen genommen und per Kurier weitergeleitet haben. Einmal jedoch – anlässlich der »Volksabstimmung« über die Zusammenlegung der Staatsämter des Kanzlers und des Reichspräsidenten (August 1934) – lieferte die UB-Leitung von Pankow 2000 abgezogene Flugzettel an Fischer. Sie sollten vom Fahrrad aus verstreut werden, woran sich Fischer aber nicht beteiligte, sondern alles nur an Bänsch und einen gewissen »Mayer« weitergegeben haben will.

Fischer selber stieg im illegalen Apparat des UB Pankow Anfang September 1934 auf, denn ihm wurde das ganze Gebiet von Zepernick bis Bernau (»Landabteilung«) übertragen. Doch schon bald darauf (November d. J.) kam es seiner Aussage nach zu so schweren Differenzen, dass er und Bänsch (angeblich) die Zusammenarbeit mit dem UB Pankow aufkündigten. Der Streit entbrannte damals über die geplante Ausweitung der illegalen Arbeit: So sollten etwa in Zepernick zusätzlich eine Rote

182 Zum UB Pankow siehe H.-R. Sandvoß, Widerstand in Pankow und Reinickendorf, Berlin 2009[3], S. 121–124, 135f.

Bernhard Fischer

Hilfe- und eine Gewerkschaftsgruppe gebildet werden, was Fischer aufgrund der geringen Mitgliederzahl strikt ablehnte.

Was sich bis zur Festnahme Fischers im Oktober 1935 nun noch weiter ereignete, blieb vor Gericht strittig. Während der Genannte beim Gestapo-Verhör »gestand«, die Gruppe »Schweizer Berge« noch bis ins Frühjahr 1935 hinein mit Untergrundmaterial beliefert, dann aber wegen Interessenlosigkeit des dortigen Leiters alles eingestellt zu haben, Fischer zudem den anhaltenden Kontakt zu Berliner Funktionären zugab, behauptete er in der Hauptverhandlung des Kammergerichts (November 1936), dass es seinerseits bereits nach dem 30. Juni 1934 zum Bruch mit dem Kommunismus gekommen war.

Bänsch, als zweiter Angeklagter, will 1933 aus Unzufriedenheit mit der allgemeinen politischen Entwicklung – so sei er Augenzeuge von Zusammenstößen zwischen SA-Einheiten und politisch Andersdenkenden geworden – in die NS-Gegnerschaft quasi »gedrängt worden« sein. Auch seine Mitwirkung am Untergrundkampf der KPD weitete sich dann nach und nach aus: Es begann im Herbst 1933 mit Spenden an Fischer und ging dann zu geheimen Treffen in Wohnungen, dem Abhören verbotener Sender und der Entgegennahme und Verbreitung illegaler Materialien für Zepernick über.

In Zepernick war Bänsch durchaus erfolgreich, konnte er doch – über die wenigen Mitglieder wie Wilhelm Mayer und den Händler Wein hinaus – das Ehepaar Lukas und eine Frau Haase politisch anwerben. Auch Bänsch will schließlich im November 1934 wegen tiefer Differenzen über die Ausweitung der Untergrundarbeit mit der illegalen KPD gebrochen haben. Fischer soll ihm zudem den Vorwurf gemacht haben, dass er »[...] auf dem Wege sei, in das faschistische Lager überzuschreiten«.

Doch mit den Aussagen Dritter – wie dem noch im Juli 1935 mit Schriften belieferten Zeugen Lukas – und eigenen Angaben beim Gestapo-»Verhör« konfrontiert, musste Bänsch zugeben, 1935 mit einem Instrukteur der KPD über die Erfordernisse illegaler Betriebsarbeit gesprochen zu haben, nachdem Bänsch (S. o.) wieder Arbeit in einem Berliner Betrieb gefunden hatte. Für den 24. September 1935 war deshalb ein Treffen mit dem diesbezüglichen Verbindungsmann des UB Kreuzberg arrangiert worden. Weitere Besprechungen fanden am 2. und 9. Oktober d. J. statt, zudem entdeckte die Polizei bei der Haussuchung bei Bänsch eine Aktentasche mit Untergrundschriften.

Letztgenannte UB-Kontakte will Bänsch aber nur wahrgenommen haben, um herauszufinden, wer so gut über ihn Bescheid wusste – nämlich die Kenntnisnahme seines neuen Berliner Arbeitsplatzes.

Beiden Angeklagten unterstellte die NS-Justiz für das Jahr 1935 unglaubwürdige Angaben, es wurde ihnen der Bruch mit dem Kommunismus Ende 1934 nicht geglaubt, obwohl sie zugaben, die »umstürzlerischen Ziele der KPD« gekannt und gefördert zu haben. Und so lautete das Urteil des 4. Strafsenats des Kammergerichts Berlin am 17. November 1936 auf sechs Jahre Zuchthaus für Bänsch – wegen dessen illegaler Betriebsarbeit noch im Oktober 1935 – und fünf Jahre für Fischer.[183]

Beider Wege kreuzten sich dann noch einmal 1944 – mit tödlichem Ausgang! Doch kehren wir – um dies erklären zu können – in die Zeit nach der Verurteilung zurück.

Flucht aus dem »Arbeitserziehungslager«

Vor Willi Bänsch, dem bereits die NS-Justiz (1936) – geschweige denn die Geheime Staatspolizei – nicht abnahm, innerlich mit dem Untergrundkampf der KPD gebrochen zu haben, lagen lange und harte Jahre der Verfolgung: Er wurde nämlich 1941 im Anschluss an die verbüßte Zuchthaushaft, nicht entlassen, sondern in das neu errichtete »Arbeitserziehungslager« (AEL) Wuhlheide gesteckt. Dies befand sich dort, wo heute der Südzipfel des Berliner Tierparks an die S-Bahn stößt. Es war eine Stätte der Erniedrigung und Gewalt, die wegen ihrer extrem unmenschlichen Bedingungen schnell berüchtigt wurde.[184]

Das AEL Wuhlheide existierte seit 1940, lief unter der Regie der Gestapo und bestand aus 8–10 Baracken und einem großen Appellplatz, an dessen Kopfende drei große Kreuze errichtet worden waren. Die Zahl der dort (für mehrere Monate) zur Zwangsarbeit bei der Reichsbahn Gedungenen schwankte, im Juli 1942 waren es über 500, etwa 2/3 davon ausländischer Herkunft; oft handelte es sich um Zwangsarbeiter fremder Nationen, die versucht hatten, in ihre Heimatländer West- bzw. Osteuropas zurückzukehren. Im Lauf der Jahre des Bestehens des AEL Wuhlheide kamen Hunderte Ausgezehrter dort um oder wurden ermordet. Der Pole Wieslaw Grzymski blickt zurück: »Wir waren etwa 500 Mann im Lager: Ukrainer, Polen und Tschechen [...] und Franzosen. 300 Gramm Brot Tagesration. Dabei war die Arbeit schwer, Gleisbau und Waggons entladen und das im Laufschritt. 25 Kilo habe ich in den zweieinhalb Monaten Gestapolager abgenommen.«[185]

Die Arbeitszeit betrug im Durchschnitt 12 Stunden für »Politische« und »Juden«, für Kriegsgefangene etwa ein Drittel weniger. Die Arbeitseinsätze lagen nicht allein in Berlin, sondern oft im Brandenburgischen – darunter in Fredersdorf, wo Hans Zoschke von der Widerstandsgruppe um Robert Uhrig (S. 511ff.) zum Zwangsarbeitereinsatz kam. Einigen Frauen inhaftierter Männer dieser Untergrundorganisation gelang es nach und nach, Kontakt ins Lager hinein zu bekommen, Kassiber wechselten, sei es über bestochene Bewacher oder über jene wenigen Aufseher, bei denen gewisse Sympathien geweckt werden konnten.

---

183 BArch, R 3018, NJ 15695 (Urteil vom 17. November 1936). In einem vorausgegangenen Justizverfahren war die Verkäuferin Frieda Buch (* 1897) wegen der Beteiligung an der illegalen Arbeit der Gruppe im Mai 1936 zu zweieinhalb Jahren Zuchthaus verurteilt worden, vgl. BLHA, Rep. 333, Nr. 1229.

184 Vgl. H.-R. Sandvoß, Widerstand in Friedrichshain und Lichtenberg, Berlin 1998, S. 277–283.

185 Ebd., S. 277.

Wiederholt hatten trotz aller brutalen Haftbedingungen Häftlinge entweichen können, doch nicht allen glückte letztendlich die Rettung.

Willi Bänsch wurde 1941 ins Arbeitserziehungslager Wuhlheide gesperrt. Schließlich als Verwaltungskalfaktor eingesetzt, vermochte er bald darauf, Verbrechen zu erkunden und konspirativ weiterzugeben. Im Frühjahr 1944 konnte Bänsch zusammen mit Max Gamroth (KPD) schließlich entweichen. Max Gamroth (1900–1969) schreibt 1945:

> Nach Verbüßung der Strafe [von 6 Jahren Zuchthaus] kam ich ins Arbeitslager Wuhlheide. Vom Lager aus haben wir Verbindung mit der Parteigruppe Zepernick aufgenommen. Als dann diese Außenverbindung verraten wurde, bin ich mit dem Genossen Willi Bänsch im Mai 1944 aus dem Lager geflohen [und habe] in Berlin illegal gelebt und wieder parteipolitisch gearbeitet in der Gruppe Sredzki.[186]

Während sich Gamroth in Berlin unentdeckt bis zur Befreiung halten konnte, ging Willi Bänsch – der zuvor in Lübbenau, Basdorf und Leichholz bei Familienmitgliedern und Freunden Quartier fand – den Verfolgern am 12. November 1944 ins Netz.

Bänsch hatte sich nach der Flucht in die Obhut seiner Schwester Martha Bänsch begeben. Sein früherer Zepernicker Prozessgenosse Bernhard Fischer (S. 448), der inzwischen in Friedrichsfelde wohnte, war in die Rettungsaktion eingeweiht. Da sich Fischer nach seiner Verhaftung am 26. Juli 1944 weigerte, das Versteck seines alten politischen Weggefährten zu verraten, wurde er im Polizeipräsidium zu Tode gequält.

Doch bereits wenige Wochen darauf, am 14. August d. J., wollte die Polizei zur Festnahme Bänschs in Zepernick schreiten. Unter Zuhilfenahme seiner Pistole vermochte es der flüchtige Häftling jedoch, sich den Weg freizuschießen und durch einen Fenstersprung vorerst zu retten. (Der schwerverletzte Polizeihauptwachtmeister Kahl soll seinen Verletzungen erlegen sein, heißt es 1944 in der Anklageschrift gegen Willi Bänsch und Andere.)

Am 12. November – knapp drei Monate nach den Zepernicker Vorfällen – konnte die Gestapo dann Bänsch doch noch festnehmen. Und sofort lief die Verfolgungsmaschinerie auf Hochtouren an: Am 30. November 1944 lag die Anklageschrift des Oberreichsanwalts beim Volksgerichtshof vor und richtete sich gegen Willi Bänsch und fünf seiner Helfer, darunter den Weddinger und Zühlsdorfer Quartiergeber Hermann Korus aus der Schulstraße 71:[187]

1. Schlosser Willi Bänsch, Zepernick
2. Ehefrau Elli Bänsch, Zepernick
3. Witwe Auguste Schöfisch, Zepernick
4. Wirtschafterin Martha Bänsch, Basdorf
5. Buchdrucker Hermann Korus, Berlin
6. Berufslose Martha Korus, Berlin

186 LAB, C Rep. 118-01 / VdN 3069.

187 BArch, R 3018, NJ 1555, Bd. 9 (Anklageschrift vom 30.11.1944 und Urteil vom 4. Dezember 1944).

Bereits keine Woche danach, am 4. Dezember 1944, wurde das Urteil gesprochen und lautete bei Bänsch und Korus auf Todesstrafe, Martha Korus erhielt sieben Jahre, Auguste Schöfisch und Martha Bänsch je fünf Jahre und Elli Bänsch drei Jahre Zuchthaus.

Während die Frauen ihre Strafe (überwiegend) im Frauenzuchthaus Cottbus antreten mussten, kamen die Todeskandidaten Willi Bänsch und Hermann Korus ins Zuchthaus Brandenburg. Dort wurde das Urteil gegen beide Widerstandskämpfer bereits am 11. Dezember 1944 um 12.30 Uhr vollstreckt.

Als Korus' in Berlin verheiratete Tochter Ursula – offenbar unwissend – am 17. Februar 1945 vom Zuchthaus Brandenburg, wohin sie die Untersuchungshaftanstalt Moabit verwiesen hatte, wissen wollte, ob ihr Vater noch in der Havelstadt sei, bekam sie keine Antwort. Stattdessen schickte der Zuchthausvorstand das Schreiben der Tochter am 16. März d.J. an den Volksgerichtshof und versah den Vorgang mit dem Zusatz, dass die genaue Anschrift der Auskunfterbittenden nicht bekannt sei.[188]

Die bisher genannten Opfer blieben nicht die einzigen unter den Zepernicker Kommunisten:[189] Wegen der Fluchthilfe für Bänsch wurden die Verkäuferin Elisabeth Lukas (1887–1944) und ihr Mann, der Glasermeister Max Lukas (1887–1945), von der Gestapo festgenommen. Die Ehefrau verschleppte man ins KZ Ravensbrück, wo sie am 11. oder 12. Dezember 1944 ermordet wurde. Max Lukas fand im März 1945 den gewaltsamen Tod. Ihr Sohn, der Glaser Erich Lukas (* 1911), hatte sich bereits in den 1930er Jahren illegal für die KPD betätigt, so wirkte er u.a. als Kurier seiner Zepernicker Genossen zum Unterbezirk Pankow. Am 11. Oktober 1935 verhaftet, wurde er im Mai des folgenden Jahres zu 3 Jahren Zuchthaus verurteilt. Schließlich presste man ihn im Krieg in eine der gefahrvollen Strafeinheiten, dort ließ er sein Leben.

Erich Lukas' Mitverschwörer, der Kaufmann Max Lenk, Leiter der Ortsgruppe Röntgental-Zepernick, von 1928–33 für die KPD Mitglied der Zepernicker Gemeindevertretung und im Verlauf der NS-»Machtergreifung« kurzfristig eingesperrt, wurde 1935 wegen illegaler Arbeit zu fünf Jahren Zuchthaus verurteilt. Nach Strafverbüßung ins KZ Sachsenhausen verschleppt, ermordete man ihn dort 1940.

Exilverbindungen aus Potsdam und Umgebung (Volksfrontbestrebungen)

Anhänger der Roten Hilfe

Anfang Dezember 1937 nahm die Politische Polizei mehrere Kommunisten im Raum Potsdam fest, weil sie sich – in unterschiedlicher Funktion und Verantwortlichkeit – an der Sammlung für politische Gefangene und ihre Familien beteiligt hatten.

Zum Hintergrund muss man wissen, dass bei dieser Häftlingskategorie den (oft kinderreichen) Familien die Sozialunterstützung gestrichen worden war, um

188 Ebd., NJ 1555, Bd. 3.

189 Siehe zum Folgenden, Komitee (Hg.), Antifaschistischer Widerstandskampf in der Provinz Brandenburg, S. 107f. (Lukas), S. 103 (Lenk).

die angebliche »Unehrenhaftigkeit« ihres Tuns besonders hart zu ahnden. Dass Spenden der Roten Hilfe daher hier besonders angebracht waren, muss nicht weiter begründet werden, war aber für die NS-Justiz überhaupt kein Milderungsgrund bei der Strafabwägung, da auch die Rote Hilfe bzw. der ganz überwiegende Teil der von ihr eingesammelten Gelder von der NS-Rechtsprechung ausschließlich den »hochverräterischen Umsturzzielen« der KPD zugeordnet wurden.

Die im Dezember 1937 Verhafteten kamen zwar überwiegend aus Werder, im Laufe der Ermittlungen der Verfolgungsbehörden offenbarte sich aber eine enge Verknüpfung mit Potsdam, wo erfahrene Funktionäre wie Hermann Elflein (1892–1943) und Richard Schneemann (1894–1975) in der illegalen Ortsgruppenleitung der KPD wirkten. Ausgangspunkt der Widerstandsinitiative war, dass der Bildhauer Richard Schuchardt (* 1879) – später Hauptangeklagter des Kammergerichtsverfahrens wegen der Vorbereitung eines hochverräterischen Unternehmens in den Jahren 1935/36 – sich zur Mitte der 1930er Jahre um das Schicksal der politischen Gefangenen sorgte und zur Hilfe entschlossen war.

Und Schuchardt, geborener Potsdamer und (rechtsseitig) beinamputiert aus dem Ersten Weltkrieg zurückgekehrt, wusste um die schweren Bedingungen einer NS-Kerkerhaft: Seit 1923 in der KPD und Roten Hilfe organisiert, litt er vom 4. August 1933 bis zum Februar 1934 im Konzentrationslager Sonnenburg, um anschließend vom Schöffengericht in Potsdam (20. Februar 1934) zu zwei Monaten Gefängnis wegen getarnter Fortführung des verbotenen Verbands proletarischer Freidenker (S. 382f.) verurteilt zu werden. Er habe also – so das Gericht – »bewußt einer verbotenen kommunistischen Organisation angehört«.

Den Ergebnissen der NS–Voruntersuchung zufolge traf Schuchardt, der aufgrund seiner Kriegsinvalidität (80 %) seinen Bildhauerberuf nicht mehr ausüben konnte und nur noch kleinere Tischlerarbeiten verrichtete, im April 1935 zufällig auf der Straße in Potsdam den früheren Haftgenossen aus dem KZ Sonnenburg, den Lithographen und früheren Stadtverordneten Hermann Elflein wieder. Beide suchten eine Gastwirtschaft auf, unterhielten sich über die gemeinsam durchlittene Zeit. Im Laufe des vertrauensvollen Gesprächs schlug Elflein vor, etwas für die jetzigen politischen Gefangenen zu tun. Man trennte sich mit dem Versprechen Schuchardts, sich diesbezüglich etwas Konkretes zu überlegen. Einige Tage darauf begegnete Schuchardt im gemeinsamen Wohnort Werder dem Melker Paul Hahn, der als Stadtverordneter der KPD in Werder und stellvertretender Kreistagsabgeordneter ebenfalls 1933 in »Schutzhaft« genommen worden war. Diesem also erzählte Schuchardt vom Gespräch mit Elflein. Nach einer Mai-Feier kehrten beide in der Gastwirtschaft »Glindower Eck« ein und griffen das Thema erneut auf, nun entschlossen, Gefangene durch Geldsammlungen zu unterstützen. Zu diesem kleinen Kreis stießen der Werderer Arbeiter und spätere Mitangeklagte Willi Raddatz (1899–1969) sowie der Arbeiter Paul Stets, ebenfalls dort wohnhaft. Auch Raddatz blickte auf eine »Schutzhaft«, aufgrund seiner KPD-Stadtverordnetentätigkeit in Geltow, zurück.

Schuchardt forderte Raddatz und Stets auf, Geld für politische Gefangene zu spenden und erhielt einige Tage danach jeweils 0,50 RM. Zusammen mit einer gleichlautenden Spende von Schuchardt nahm Paul Hahn die Gelder entgegen, legte selber eine RM dazu und startete Anfang Juni d. J. erfolgreich erneut eine kleine Sammlung. Diese Beiträge sollen – laut Schuchardt – aber angeblich wieder zurückgegeben worden sein.

Hermann Elflein

Das Gericht vermutete aber über diese Aussagen des Hauptangeklagten hinaus weitere Spendenrunden, so im Sommer 1936, und stützte sich dabei auf Einzelaussagen der »Voruntersuchung«.

Abgeliefert wurden die Gelder bei Vertrauten der illegalen Potsdamer KPD. Unabhängig davon, nahm Schuchardt Mitte 1936 von Paul Hahn illegales Schriftenmaterial wie die »Rote Fahne« oder die »Rote Gewerkschaftsopposition« entgegen, das er zumindest einmal an Willi Raddatz weitergab, in einem anderen Fall aber nach dem Lesen wieder zurückgab.

Über den im Prozess am Härtesten Bestraften Paul Hahn hielt das Urteil im biographischen Teil fest, er habe der KPD erst seit Sommer 1932 angehört, der Roten Hilfe sogar nur zwei Monate. Ansonsten hielt die Justiz dem Genannten mehrere Widersprüche in den Aussagen vor und hatte den Eindruck, er wollte sich bei der Hauptverhandlung durch Abstreiten von Aussagen aus der sogenannten Voruntersuchung »herausreden«. Zur Last gelegt wurden Hahn auch folgende Verbindungen nach Potsdam:

> Etwa im April 1936 traf der Angeklagte bei Schuchardt zufällig mit dem Angeklagten Luther zusammen. Mit diesem hat er darüber gesprochen, wie es wohl in Potsdam aussehe, ob dort viel eingesperrt seien. Daraufhin erklärte ihm Luther, er wolle ihn mal in Potsdam mit jemand bekannt machen, wenn er das wissen wolle. Einige Zeit später wurde der Angeklagte durch Luther in Potsdam vor dem Kaufhaus von Karstadt mit Richard Schneemann bekannt gemacht, der inzwischen vom Volksgerichtshof wegen Vorbereitung zum Hochverrat mit sieben Jahren Zuchthaus bestraft worden ist. Der Angeklagte Luther entfernte sich, nachdem er beide miteinander bekannt gemacht hatte. Im Laufe des Gesprächs forderte Schneemann den Angeklagten Hahn auf, Geld für die politischen Gefangenen zu sammeln. Der Angeklagte erklärte sich bereit dazu und vereinbarte regelmäßige Treffs mit Schneemann. Er wurde später durch Schneemann mit dem vom Volksgerichtshof wegen Vorbereitung zum Hochverrat zu elf Jahren Zuchthaus verurteilten Otto Köbe bekannt gemacht, mit dem er sich dann regelmäßig in Potsdam am Brandenburger Tor traf; er hat Köbe auch einige Male in dessen Wohnlaube aufgesucht.[190]

---

190 BArch, NJ 14165 (S. 5f. des Urteils des Kammergerichts gegen Schuchardt u. Andere vom 26. Januar 1939).

Hahn habe wiederholt Geldbeträge abgeführt und mindestens zweimal Untergrundschriften von Köbe erhalten, die er an Schuchardt weitergab.

Im August 1936 schließlich nahm Hahn – auf Veranlassung Köbes – an einem geheimen Treffen in der Gastwirtschaft »Flottstelle« in Ferch teil, zu dem drei kommunistische Funktionäre erschienen. Auch wenn sich die genauen Umstände dieser Zusammenkunft für die Justiz nicht rekonstruieren ließen, schien die deutliche Absicht Köbes bestanden zu haben, Hahn für einen besonderen Funktionärsposten in der illegalen Organisation zu gewinnen. Da ein weiterer Kontaktmann aus Beelitz – ein gewisser [Gerhard] Jänichen – aber nicht erschienen war, kam es zu keiner organisatiorischen Übereinkunft. Dies auch nicht im Weiteren, denn Paul Hahn setzte sich im November 1936 in die Tschechoslowakei ab, da er angeblich im Verdacht einer Brandstiftung stand und eine Festnahme fürchtete.

Er kehrte erst im Februar 1937 nach Deutschland zurück, wo man ihn im März d. J. wegen Passvergehens zu drei Monaten Gefängnis verurteilte.

Aufgrund der hier zusammengefassten Ermittlungsergebnisse zu Lasten Hahns dürfte es nicht verwundern, dass beim Kammergerichtsprozess nicht der hauptangeklagte Bildhauer Schuchardt, sondern Paul Hahn die höchste Strafe erhielt.

Insgesamt nahm der Prozess dabei nicht allein die für die Rote Hilfe gespendet habenden Kommunisten ins Visier, sondern auch jene Funktionäre, die, wie der Konditor Josef Deutschmann und seine Helferin Gertrud Behnisch – deren Ehemann Siegfried Behnisch in einem anderen Verfahren 2½ Jahre Zuchthaus erhielt – Untergrundschriften lagerten und verbreiteten. Neben Wohnungen in Berlin diente auch Deutschmanns Wohnlaube in Fichtenwalde – wo er das Ehepaar Behnisch, Gerhard Jänichen und andere frühe Regime-Gegner kennen gelernt hatte – als Versteck.

Der 4. Strafsenat des Kammergerichts in Berlin verurteilte am 26. Januar 1939:[191]

1.	Bildhauer Richard Schuchardt (* 1879), Werder, Berliner Str. 119	2 J. 3 Mo. Z
2.	Melker Paul Hahn (* 1892), Werder-Petzow	2 J. 9 Mo. Z
3.	Buchdrucker Heinrich Luther (* 1898), Potsdam, Waldemarstraße 15a	2 J. Z
4.	Arbeiter Willi Raddatz (* 1899), Werder, Brandenburger Straße 63	1½ J. G
5.	Konditor Josef Deutschmann (* 1906), Berlin, Schönhauser Allee 78	2 J. 3 Mo. Z
6.	Gertrud Behnisch geb. Wegener, Berlin, Elisabethstraße 18	2 J. Z
7.	Kupferschmied Willi Marquardt (* 1883), Nowawes, Großbeerenstr. 203	Freispr.

Die Anklageschrift vom 30. Juni 1938 hatte als »wesentliches Ermittlungsergebnis« folgende Zusammenhänge geschildert und damit den weit über Werder hinaus gehenden Verfolgungszusammenhang angedeutet:

> Im Jahre 1933, bereits kurz nach der Machtübernahme, versuchte eine Reihe von Personen, die früher Mitglieder der K.P.D. gewesen waren und sich aus dieser Zeit kannten, die Organisation

191 BArch, NJ 14165 (Urteil vom 26. Januar 1939, Anklageschrift vom 30. Juni 1938). Ein wieder anderes Kammergerichtsverfahren mit dem Titel »Schulze und Genossen« verurteilte am 18. Ok-

der KPD wieder aufzubauen und illegal fortzuführen. Die Ermittlungen ergaben, daß sich zunächst ein kleiner Kreis zusammenschloß mit dem Ziel, Verbindung mit den illegal arbeitenden Kreisen in Berlin zu gewinnen und die Gesinnungsgenossen in Potsdam zu erfassen, die dort die illegale Tätigkeit bereits aufgenommen hatten oder hierzu bereit waren. Im Jahre 1934 wurde dann die Arbeit in großem Umfange ausgebaut; sie führte zur Aufstellung von KPD Gruppen in Potsdam und in Nachbarorten, die zum Teil bis zum Jahre 1936 bestanden haben. Die vorliegende Anklage umfaßt außer den mit einer Materialanlaufstelle in Berlin zusammenhängenden Personen die Gruppe in Werder, die zunächst nach Art der »Roten Hilfe« mit Sammlungen für die Angehörigen politischer Häftlinge befaßte und später auch mit Material beliefert wurde.

Die anhand der NS-Urteilsschrift umrissenen Zusammenhänge in Werder und darüber hinaus – so die Verbindungen nach Potsdam zu den Spitzenfunktionären Richard Schneemann, Otto Köbe und Hermann Elflein, aber auch nach Fichtenwalde, wo früh eine oppositionelle Zelle bestand – geben ausschließlich die Deutungen der nationalsozialistischen Verfolger wieder. Dabei sei noch ergänzt, dass Anfang 1935 zumindest Deutschmann über den (bald darauf emigrierten) Politischen Leiter Olaf Becker auch Kontakte zum Unterbezirk Steglitz der KPD, der in den Raum Teltow hineinwirkte, besaß.[192]

Doch ziehen wir zur Schilderung der damaligen Ereignisse nicht nur die Aussagen der NS-Verfolgungs- bzw. Justizbehörden heran, sondern auch die Angaben der Betroffenen nach dem Krieg, soweit sie die Kerkerzeit überlebten.

Das Schicksal des Hauptangeklagten *Richard Schuchardt* lag lange Zeit im Dunkeln, selbst DDR-Historiker ermittelten keine weiteren Lebensdaten als die der Verurteilung.[193] Inzwischen konnte wenigstens herausgefunden werden, dass der Widerstandskämpfer bald nach der Befreiung (Dezember 1945) verstarb.

Vom Buchdrucker *Heinrich Luther*, der Ende 1937 eine zweijährige Zuchthausstrafe erhielt, berichtet die hinterbliebene Witwe nach dem Ende der Gewaltherrschaft, er sei nach der Strafverbüßung auf Geheiß der Potsdamer Gestapo ins KZ Sachsenhausen verschleppt und von dort nach Flossenbürg überstellt worden. 1942 kam er nach Sachsenhausen zurück und wurde am 15. November d. J.[194] ermordet.

Der Monteur, aber gelernte Konditor, *Josef Deutschmann* (1906–1984), im genannten Prozess wegen Schriftenverbreitung zu 2 ¼ Jahren Zuchthaus verurteilt, weist in seiner Verfolgtenakte 1946 auf wichtige Facetten seiner Untergrundarbeit hin, die der Geheimen Staatspolizei offenbar entgangen waren, nämlich seine intensive Kuriertätigkeit: »Von 1929–1933 Mitglied der K.P.D. in Berlin. Von 1934–37 Arbeit in der illegalen K.P.D. als Kurier im UB Schöneberg, Zehlendorf, Potsdam, Nowawes.«[195] Zum Prozess merkt der ansonsten nur knapp informierende Berliner an: »Herr Behnisch hat auch seine Frau hineingezogen, in dem er bei der Gestapo angab, ich hätte auch

tober 1938 den o. g. Werkmeister Siegfried Behnisch mit den Beelitzern Willi Masthoff und Fritz Röh zu je 2 ½ Jahren Zuchthaus sowie Paul Breunung zu zwei Jahren, vgl. BLHA, Rep. 401 / VdN 1767 (Paul Schulze).

192 Zur illegalen Arbeit des relativ großen Unterbezirks Steglitz siehe H.-R. Sandvoß, Die »andere« Reichshauptstadt, S. 434–441.

Richard Schneemann

seiner Frau Pakete mit Propagandamaterial gegeben, sodaß auch seine Frau zu 2 Jahren Zuchthaus verurteilt wurde.«
Irritierenderweise gibt Deutschmann in eigener Sache nicht den Prozess Schuchardt u. Andere an, sondern nennt den Prozess »Wehrstedt u. Genossen«. Der eben genannte Hauptangeklagte – als Mitglied der Potsdamer KPD-Ortsgruppe bereits 1933 ein halbes Jahr in »Schutzhaft« genommen – wurde allerdings in einem eigenen Verfahren 1938 zu zwei Jahren und neun Monaten Zuchthaus verurteilt und nach der Strafverbüßung ins KZ Sachsenhausen verschleppt, wo er im April 1943 an Unterernährung verstarb.[196] Deutschmann hatte insofern Glück, als er nach der Zuchthaushaft nicht ins Konzentrationslager kam, sondern am 29. Februar 1940 entlassen wurde; allerdings zwang man ihn Anfang 1943 ins Strafbataillon 999 – doch er überlebte Krieg und Gefangenschaft.

Die widersprüchlichste Biographie aller Angeklagten des Schuchardt-Prozesses weist die Verfolgtenakte des Melkers *Paul Hahn* auf, der, daran darf erinnert werden, 1936 der Festnahme durch Flucht in die ČSR entging, im Jahr darauf aber wieder zurückkehrte und ziemlich bald ins Netz der Gestapo geriet. Nach dem Krieg machte ihm die VVN – die ihn schließlich auch 1947 ausschloss – den Vorwurf, sich beim Verhör nicht wie ein Antifaschist benommen, sondern zu weit gehende Aussagen getätigt zu haben. Unberücksichtigt bleibt bei diesem Vorwurf – aus heutiger Sicht –, dass Hahn von allen Verurteilten die höchste Strafe erhielt, obwohl er *nicht* der Hauptangeklagte war. Mitte 1947 gab Paul Hahn eine längere Erklärung ab, in der er gewisse Fehler zugab.

Wegen einer Brandstiftungsangelegenheit wurde er bereits im November 1936 vernommen und fürchtete – obwohl in der aktuellen Sache unschuldig – die Ausweitung der Verhöre. Er bat die illegale Gruppenleitung um die Erlaubnis, ins Exil gehen zu dürfen und wurde daraufhin von Frau Vahle (S. 457) über die Grenze in

193 Siehe zum Beispiel Komitee (Hg.), Antifaschistischer Widerstandskampf in der Provinz Brandenburg, S. 157 (Nr. 847). Eine VdN-Akte konnte vom Verfasser im BLHA und LAB auch nicht gefunden werden. Der Verfasser dankt dem Stadtarchiv Potsdam für die Mitteilung des Todesdatums im Dezember 1945.

194 BLHA, Rep. 401 / VdN 3089.

195 LAB, C Rep. 118-01 / A 1379.

196 Vgl. Komitee (Hg.), Antifaschistischer Widerstandskampf, S. 186 (Nr. 1023); BLHA, Rep. 401 / VdN 1890.

die ČSR gebracht, wo er im Emigrantenheim in Prag unterkam. Dabei unterlief ihm Folgendes: »Trotz ausdrücklichem Verbot der Parteileitung nahm ich in Prag Verbindung mit mir unbekannten Tschechen auf und organisierte über diese einen Briefwechsel mit meiner Familie in Deutschland. Im März 1937 kehrte ich ebenfalls gegen das Verbot der Parteileitung aus der Emigration nach Deutschland zurück.«

Bereits beim Grenzübertritt festgenommen, kam er zur Gestapo nach Dresden und wurde dort eingehend »vernommen«. Paul Hahn dazu:

> Dort machte ich vor dem Gestapo-Kommissar Rust alle Angaben über meinen Emigrationsgrund, über die Verhältnisse im Emigrationslager und über Namen aus der illegalen Arbeit soweit sie mir bekannt waren. Von Dresden wurde ich nach Potsdam überführt. Bei einer Gegenüberstellung mit der Gen[ossin] Vahle, die bestritt, mich über die Grenze gebracht zu haben und mich überhaupt zu kennen, machte ich die Angabe, dass sie mich doch über die Grenze gebracht habe. Ebenfalls belastete ich den Gen. Wilhelm Vahle, der mich seiner Frau zur Ausreise in die Tschechoslowakei übergeben hatte. Ebenfalls gab ich die Anlauf- und Verbindungsstelle in Steglitz bekannt. Ich wurde nach meiner Rückkehr aus der Emigration ohne Prozess aus der Haft entlassen. Bei meiner Entlassung gab ich bei der Gestapo in Potsdam die Erklärung ab, dass ich mich verpflichte, alle mir bekanntwerdenden illegalen Beziehungen sofort an die Gestapo zu melden. Ich verpflichtete mich ebenfalls dabei, derartige illegale Beziehungen nach Möglichkeit aufzunehmen. Auf Grund dieser Verpflichtung wurde ich aus der Haft entlassen. Nach meiner Entlassung nahm ich wieder Verbindung auf mit den Gen. Schuchardt, Schneemann und Köbe. Durch deren Vermittlung nahm ich schon Ende Mai 1937 an einer illegalen Zusammenkunft an der Flottstelle [S. 454] teil, die im späteren Hochverratsprozess eine grosse Rolle spielte. Im Dezember 1937 wurde ich mit einem grossen Teil der illegalen Genossen als letzter verhaftet.[197]

Soweit Paul Hahn, der seine zwei Jahre und neun Monate Haft im Zuchthaus Brandenburg verbüßte und dort am 12. September 1940 entlassen wurde. Es war vermutlich seine teilweise Zusammenarbeit mit der Geheimen Staatspolizei, die ihn zwar nicht vor der hohen Zuchthausstrafe, wohl aber vor der anschließenden Einweisung ins KZ (wie Luther) oder der Einziehung in eine Strafeinheit der Wehrmacht (wie Deutschmann) bewahrte. Wie immer man seine gesamte Haltung einschätzen mag, der ganze »Fall« zeigt das berechnende Vorgehen der Gestapo, »enttarnte« kommunistische Funktionäre zur Wiederaufnahme (!) ihrer Untergrundtätigkeit aufzufordern, um so an andere weitere NS-Gegner und Widerstandskämpfer heranzukommen. Dies gelang, denn es kam im Umfeld des Schuchardt-Prozesses zu weiteren Justizverfahren, neben »Wehrstedt und Genossen« (S. 463) und »Schulze und Genossen« (Anm. 191) waren es zwei zentrale Verhandlungen vor dem berüchtigten Volksgerichtshof (VGH).

197 BLHA, Rep. 401 / VdN 687.

Volksgerichtshofprozesse

Bereits im Jahre 1938 verhandelte das höchste politische NS-Strafgericht gegen leitende Potsdamer Kommunisten:

Volksgerichtshofprozess vom 26. Juli 1938 gegen den Anstreicher Georg Fickelscheer (1904) aus Potsdam, Hohenzollernstraße 30 und den Buchhalter Wilhelm Vahle (1906) aus Potsdam, Schockstraße 34.

Volksgerichtshofprozess vom 24. Oktober 1938 gegen den Arbeiter Otto Köbe (1893) aus Potsdam-Wildpark, Laubengelände und den Zimmerer und Parkettleger Richard Schneemann (1894) aus Potsdam-Bornstedt, Mittelstraße 6.

Fickelscheer wurde wegen »Vorbereitung zum Hochverrat« (VzH) zu vier Jahren Zuchthaus, Vahle lediglich wegen Beihilfe zur VzH zu einem Jahr Gefängnis verurteilt. In dem anderen VGH-Verfahren erhob die NS-Justiz dagegen bei beiden Angeklagten den Vorwurf der »Vorbereitung zum Hochverrat« und verurteilte Köbe zu elf Jahren, Schneemann zu sieben Jahren Zuchthaus.

Mit Ausnahme von Otto Köbe überlebten alle anderen die NS-Zeit, schlugen nach dem Krieg aber unterschiedliche politische Wege ein, doch davon später.

Worum ging es bei den Volksgerichtshofprozessen?

Im Kern handelte es sich um die illegale Arbeit der KPD der Ortsgruppe Potsdam, deren Verbindung zur Untergrundtätigkeit der Partei in Berlin – unter anderem über den Gebietsberater Südwest Schirmeister (1906–1984), S. 461f. – sowie um politische Kontakte zur Prager Exil-Führung der Kommunisten und die Teilnahme an dortigen Treffen.

Erschwerend beim Anstreicher Fickelscheer kam dessen politische Vorstrafe hinzu, denn er war vom Reichsgericht am 21. Oktober 1933 wegen der Fortführung des verbotenen RFB und »Vorbereitung zum Hochverrat« zu 1 Jahr und 2 Monaten Gefängnis verurteilt worden. Am 21. Februar 1934 entlassen, betätigte er sich zunächst als Gelegenheitsarbeiter, dann als Arbeiter bei der Ufa in Neubabelsberg und nahm – über den im anderen VGH-Verfahren verurteilten Arbeiter Otto Köbe – im Spätherbst des Jahres wieder Verbindung zum Untergrundapparat der KPD auf, für die Köbe in Potsdam als Agit.-Prop.-Leiter und Schneemann als Org.-Leiter wirkten.

Köbes Grundstück in der Laubenkolonie »Unverzagt« bei Wildpark diente dabei als Treffpunkt einer Reihe illegal arbeitender Kommunisten, darunter Richard Schneemann, der Gebietsberater Schirmeister (1937 zu 15 Jahren Zuchthaus verurteilt) und Paul Hahn – als (angeblicher) Leiter einer Gruppe in Werder – sowie des Sozialdemokraten Vahle, der eine Laube neben Köbes Pachtgrundstück besaß.

Neben der Wahrung des Zusammenhaltes wurden monatliche Beiträge (0,50 RM) für die illegale Arbeit gesammelt und Untergrundschriften (»Rote Fahne«) in Umlauf gebracht, wobei die wenigen Exemplare durch die Hände mehrerer Interessenten gehen sollten.

Ende 1934 entwickelten die drei Potsdamer Kommunisten Köbe, Schneemann und Fickelscheer den Plan, den illegalen Apparat in der Außenstadt weiter auszubauen. Dafür suchte Fickelscheer im Frühjahr 1935 den Kontakt zum Gärtner Franz Raguse, der Pachtland in Kuhfort besaß, und forderte ihn auf, im Dorf Golm Genossen zu werben. Der willigte zwar ein, nahm gelegentlich auch etwas illegales Material entgegen, berichtete aber vom ausbleibenden Erfolg seiner Bemühungen, woraufhin Fickelscheer seinen Kontakt zu Raguse im Herbst 1936 wieder abbrach.

Ergiebiger als dieser fehlgeschlagene Versuch, den Wirkungsradius der Potsdamer Genossen zu erweitern, erwies sich dagegen die Kontaktaufnahme zu deutschen Kommunisten im tschechischen Exil. Dies entwickelte sich über verwandtschaftliche Beziehungen: Fickelscheers Schwager Franz Dotzauer – in Deutschland vom Reichsgericht wegen der Vorbereitung zum Hochverrat und Fortführung eines aufgelösten Vereins im Oktober 1935 zu 1 Jahr und 4 Monaten Gefängnis verurteilt – war als tschechoslowakischer Staatsbürger aus Deutschland ausgewiesen worden und lebte nun in einem Grenzort in großer Armut als Heimarbeiter. Er bat deshalb seinen in Potsdam lebenden Vater um finanzielle Unterstützung. Da sich dessen Reise zerschlug, übernahm Fickelscheer die Aufgabe und händigte am Karfreitag 1935 10 RM an den Bedürftigen in Schwadenbach (ČSR) aus, wohin Dotzauers Ehefrau den Potsdamer über die grüne Grenze von der deutschen Grenzstation Klingenthal aus gebracht hatte.

Ostersonnabend tauchte in Dotzauers Quartier plötzlich eine Emigrantin aus Berlin unter dem Decknamen »Hannchen« auf. Laut VGH ereignete sich Folgendes:

> »Hannchen« brachte gleich das Gespräch auf kommunistische Angelegenheiten. Sie lobte die Tätigkeit der in Berlin illegal arbeitenden Genossen und erkundigte sich, aus welchen Gründen die Genossen in Potsdam nicht mit gleichem Eifer bei der Sache seien.
> Der Angeklagte entgegnete, daß erst vor einiger Zeit mit der illegalen Arbeit in Potsdam begonnen worden sei und die Aussichten für die KPD. bei der großen Beamtenbevölkerung in dieser Stadt wenig aussichtsvoll seien. »Hannchen« gab nun Hinweise für die illegale Arbeit. Sie betonte, daß es zweckmäßig sei, in »Dreiergruppen« zu arbeiten und regte den Wiederaufbau der früheren Gewerkschaften und der »Roten Hilfe« an. Ferner bat sie Fickelscheer, ihr eine Deckanschrift in Potsdam zu verschaffen, an die unauffällig aus der Tschechoslowakei Material nach Deutschland geschickt werden könne.[198]

Der Potsdamer drückte seine Bereitschaft aus, sich um die Adresse zu bemühen und reiste am 2. Ostertage 1935 über die grüne Grenze heimlich nach Deutschland zurück. In seiner Heimatstadt angekommen, informierte er Köbe über seine Begegnungen in der ČSR.

Knapp ein Jahr darauf wurde Fickelscheer von Dotzauer um einen erneuten Osterbesuch, gerade auch im Interesse von »Hannchen« gebeten. Der Potsdamer willigte ein, nahm zur Unterstützung aber Köbe mit, den er als Gesprächspartner »Hannchens« für erfahrener und gewandter hielt als sich selber. Beide nahmen den beschriebenen Weg über die grüne Grenze und debattierten – bei Dotzauer angekommen – schon bald darauf »Hannchens« Vorschläge bzw. ihren Wunsch, Untergrundmaterial nach Potsdam zu senden, wofür sie riet, einen Boten zu suchen. Köbe dagegen hielt die Versorgung durch den Unterbezirk Steglitz für ausreichend.

198 BArch, NJ 9619 (S. 6f. des Urteils gegen Fickelscheer und Vahle vom 26. Juli 1938).

Bauden am Fuße der Schneekoppe im Grenzgebiet zur ČSR, 1930er Jahre

Bei einem weiteren Gespräch mit »Hannchen« in einer Wohnung, die sie als Sitz der »KPD-Bezirksleitung« in Eger bezeichnete, trat nun ein Mann namens »Anton« hervor und skizzierte die neuen Grundsätze der KPD zur illegalen Arbeit in Deutschland: Das Dreiergruppensystem, den Wiederaufbau illegaler Gewerkschaften und die Beschränkung, Informationsmaterial nur noch an Mitglieder der illegalen KPD zu liefern und »nicht mehr als Propagandamaterial für die allgemeine Bevölkerung« zu verbreiten. Nach Inaussichtstellung eines weiteren Besuchs kehrten die Potsdamer am nächsten Tag nach Deutschland zurück. Doch Pfingsten 1936 fuhr Köbe allein die ČSR, Fickelscheer lehnte es diesmal ab, den Anderen zu begleiten. Als Köbe wieder in Potsdam war, erfuhr Fickelscheer von Wilhelm Vahles (S. u.) Reisebegleitung und der Tatsache, dass es in Eger zu einem Gespräch mit Karl Kauschke, einst Kandidat als Landtagsabgeordneter der KPD für Potsdam, gekommen war.[199] Dabei kamen erneut die Grundzüge der illegalen Arbeit zur Aussprache.

199 Karl Kauschke (1892–1973) arbeitete zunächst als Unterbezirksleiter im Berliner Südosten und emigrierte im Januar 1936 in die ČSR, wo er als Grenzinstrukteur für die KPD arbeitete. 1938/39 flüchtete er nach Dänemark, dann nach Paris. Aus der KPD wegen Differenzen und Kontakten zu Willi Münzenberg ausgeschlossen, unterschrieb er schließlich einen Brief gegen den Hitler-Stalin-Pakt. Im September 1939 in Frankreich interniert und später an die Gestapo ausgeliefert, wurde er bis März 1944 in Haft gehalten. Danach arbeitete er als dienstverpflichteter Schweißer in Potsdam-Babelsberg. Nach der Befreiung kurzzeitig als Dezernent in Potsdam eingesetzt, wurde er bereits im Mai 1945 durch das NKWD festgenommen und bis Oktober 1952 in verschiedenen Lagern sowie in Waldheim festgehalten. Nach der Freilassung Flucht nach West-Berlin, vgl. Weber/Herbst (Hg.), Deutsche Kommunisten, Supplement, S. 125f.

Im Sommer 1936 wurde Fickelscheer, der sich zuvor bei Köbe nach Anordnungen des Gebietsberaters Schirmeister erkundigt hatte, überraschend zu einem Funktionärstreffen in die Fercher Gastwirtschaft »Flottstelle« (S. 454) gebracht, an dem der Ortsleiter von Werder, Paul Hahn, und der Ortsleiter von Nowawes, der Drewitzer Alfred Lehnert, teilnahmen (Lehnert wurde am 15. März 1938 vom VGH zu 3½ Jahren Zuchthaus verurteilt.). Der Gebietsberater Willi Schirmeister erschien allerdings nicht. Köbe teilte nun die Aufforderung der »Bezirksleitung« der KPD mit, jeder Mann soll *wöchentlich* einen neuen Genossen werben, was er jedoch in Potsdam für nicht erfüllbar hielt.

Der ebenfalls anwesende Funktionär Vogel – vermutlich der Nowaweser Rohrleger Kurt Vogel, der im November 1936 am Spanischen Bürgerkrieg teilnahm und später im Zuchthaus und KZ litt – regte an, für Rot-Spanien zu sammeln und dies Geld konzentriert bei Fickelscheer abzugeben.

Im Herbst 1936 kam es zu einer ersten einschneidenden Verhaftung: Fickelscheer sollte auf Bitten von Köbe bzw. des Gebietsberaters Schirmeister dessen aus Bremen geflüchteten Bruder unterbringen, erfuhr aber, bevor es dazu kam, von Schneemann (S. 456), dass der Flüchtling in Gegenwart von Köbe (!) festgenommen worden war. Darüber informierte Fickelscheer nun den Gebietsberater bei einer verabredeten Begegnung in der Nähe des S-Bahnhofes Steglitz.

Trotz des oben beschriebenen Umstandes, dass der Bruder des illegalen KPD-»Gebietsberaters« in Anwesenheit von Köbe verhaftet worden war, unternahm Fickelscheer mit ihm weitere Besuche und Reisen, so nach Berlin, wo Köbe ihn bat, zusätzlich eine zweite Fahrkarte am Anhalter Bahnhof zu erwerben, die offenbar für flüchtende Nowaweser Genossen bestimmt war. Auch suchte F. erneut Köbes Laube auf und traf dort den illegalen Ortsleiter von Beelitz, Gerhard Jänichen (der vom VGH am 22. März 1938 zu vier Jahren Zuchthaus verurteilt wurde). Ein unklares Telegramm aus der Tschechoslowakei wurde zwar als getarnte Mitteilung einer Flucht interpretiert, unklar blieb aber, wer gemeint war. Schließlich deutete der herbei gerufene Laubennachbar Vahle den Geflüchteten als Paul Hahn aus Werder (S. 452ff.). Köbe weigerte sich, in die ČSR zu fahren aus Furcht, dabei in eine Falle gelockt zu werden, Fickelscheer lehnte desgleichen ab. Das Urteil dazu: »Gegen Köbe bestand schon seit einiger Zeit der Spitzelverdacht. Hierüber sprach Fickelscheer mit Schneemann, der die Ansicht äußerte, daß die Genossen in der Tschechoslowakei vor Köbe gewarnt werden müßten. Fickelscheer stellte Schneemann anheim, in die Tschechoslowakei zu fahren und Dotzauer zu warnen.«[200] Schneemann beabsichtigte auch, zu Ostern 1937 die Reise zu unternehmen, es kam dann aber doch nicht zu dem zuvor – über Fickelscheer – mit Dotzauer verabredeten Treffen, da der Zug erhebliche Verspätungen hatte.

Zu Wilhelm Vahle, dem zweiten Angeklagten, macht das Urteil des VGH erheblich weniger Ausführungen, denn gegen ihn konnten die Ermittler kaum

200 BArch, NJ 9619 (S. 10 des Urteils gegen Fickelscheer und Vahle vom 26. Juli 1938). Die Anschuldigungen gegenüber Köbe waren nur teilweise gerechtfertigt, siehe auch S. 462ff.)

Belastendes zusammentragen, zumal sich der überzeugte Sozialdemokrat heftige ideologische Debatten mit seinem Grundstücksnachbarn geliefert hatte, wie Köbe und Fickelscheer als Zeugen bestätigten. Der *einmalige* Ankauf einer Untergrundschrift zu Informationszwecken – Köbe zeigte sich in ideologischen Fragen nämlich wenig kenntnisreich – wurde dem Angeklagten nicht als subjektiv willentliche Unterstützung der Umsturzvorbereitungen der KPD und ihres gewaltsamen Endziels unterstellt. Zu seinem Glück wurden auch die Reise-Begleitung für Köbe sowie die Finanzierung von dessen Fahrkarte nicht als Tätervorsatz, sondern lediglich als »Beihilfe« interpretiert. Zur Fahrt in die ČSR habe ihn allein seine »Abenteuerlust« verführt, nicht aber der Wille, an Umsturzvorbereitungen mitzuwirken.

Da soeben anhand des VGH-Prozesses Fickelscheer/Vahle die Akteure und Handlungen der kommunistischen Ortsgruppe Potsdams (und Umgebung) ausführlich beschrieben wurden, kann das zweite genannte NS-Justizverfahren vor dem VGH gegen leitende Kader der Stadt komprimiert vorgetragen werden: Richard Schneemann aus Bornstedt, Mittelstraße 6, erhielt am 24. Oktober 1938 7 Jahre, Otto Köbe aus Wildpark, Laubengelände, als *die* treibende Kraft sogar elf Jahre Zuchthaus.

Beide bestritten, am Neuaufbau einer illegalen Organisation bzw. bei der Vorbereitung zum Hochverrat mitgewirkt zu haben und wurden vom Gericht für völlig unglaubwürdig gehalten, da vor allem Köbe im sogenannten »Vorverfahren«, den vorausgegangenen »Ermittlungen« der Geheimen Staatspolizei also, die vor dem Ermittlungsrichter dann bestätigt wurden, seine Straftaten zugegeben habe. Auch die Zeugenaussagen Dritter würden damit übereinstimmen. Köbe wurde aber auch scheinbar Entlastendes attestiert:

> Köbe hat zwar, wie erwähnt, im Jahre 1934 einmal der Polizei eine kommunistische Hetzschrift abgeliefert und im Oktober 1936 die Festnahme des politischen Flüchtlings aus Bremen, des Stiefbruders von Schirmeister veranlaßt. In beiden Fällen hat er aber von seinen sonstigen illegalen Bestrebungen nichts erwähnt. [...] Vielmehr haben die Beamten erst im Jahre 1937 auf ganz andere Weise, ohne Zutun des Angeklagten, hiervon Kenntnis erhalten und sind, wie der Zeuge Dr. Meyer bekundet hat, geradezu entsetzt darüber gewesen, daß Köbe, von dem sie einen Gesinnungswandel angenommen hatten, derartige illegale Verbindungen unterhielt.[201]

Köbe habe sehr bewusst und tatkräftig die illegalen Bestrebungen der KPD unterstützt, Gelder eingezogen und abgeführt und sogar noch persönliche Opfer gebracht, indem er beispielsweise selbst Beiträge zahlte. Sowohl die einmalige Schriftenabgabe als auch die Anzeige gegen den Stiefbruder von Schirmeister geschahen allein zu dem Zweck, die Geheime Staatspolizei zu täuschen. Wirklich Wichtiges habe er verschwiegen, so seine Verbindung zu Elflein (S. 453) und zum Gebietsberater Schirmeister (S. 458).

Bei der Strafzumessung wurde dem Angeklagten Schneemann nicht nur seine Mitwirkung beim Neuaufbau der Potsdamer illegalen Aktion angelastet, sondern bereits die Zeit davor: So habe er sich die Verhängung einer »Schutzhaft« 1933 nicht

201 BArch, NJ 9619 (S. 24f. des Urteils vom 24. Oktober 1938 gegen Köbe und Schneemann).

zur Warnung dienen lassen, sondern – entgegen seiner schriftlichen Verpflichtung bei der Entlassung aus dem KZ – bis Anfang 1937 illegale Arbeit geleistet und dies, obwohl er in den letzten Jahren Dank der guten wirtschaftlichen Verhältnisse in Deutschland ein eher überdurchschnittliches Einkommen hatte. Eine derartige Undankbarkeit dem Staat gegenüber lasse auf eine fanatische kommunistische Gesinnung schließen, meinte das Gericht.

Köbe habe gegenüber Schneemann größeres Engagement, eine höhere Einsatzbereitschaft und eine nicht unerhebliche Energie gezeigt. Sein Verhalten vor Gericht lasse »jede Spur von Einsicht und Reue vermissen«.

Der Umfang seiner illegalen Aktivitäten, sein Bemühen zwischen 1934 und 1936, den Untergrundapparat der K.P.D. in Potsdam und Umgebung wieder in Gang zu bringen, musste daher höher bestraft werden. Als entlastend wagt das Urteil Folgendes anzuführen: »Strafmildernd konnte demgegenüber nur berücksichtigt werden der Umstand, daß Köbe, wenn auch an seiner Zurechnungsfähigkeit keinerlei Zweifel bestehen, offensichtlich über nur geringe Intelligenz verfügt.«[202]

Abschließend sei versucht, den weiteren Leidensweg der verurteilten Widerständler zu rekonstruieren.

Rückblicke und Bewertungen Überlebender

Von einigen wichtigen Akteuren des kommunistischen Untergrundkampfes im Raum Potsdam wissen wir, dass sie die Haft nicht überlebten: so der 1873 geborene Mitbegründer der Ortsgruppe *Hermann Wehrstedt*. Bereits 1933 ein halbes Jahr in »Schutzhaft« (Oranienburg) genommen, wurde er im Oktober 1937 erneut eingesperrt und zu zwei Jahren und neun Monaten Zuchthaus verurteilt. Nach Verbüßung der Strafe verschleppte ihn der SS-Staat ins KZ Sachsenhausen, wo er am 5. April 1944 ermordet wurde.[203]

Ein ähnliches politisches Schicksal erlitt der 1938 zu elf Jahren Zuchthaus verurteilte Potsdamer Spitzenfunktionär Otto Köbe (S. 453), dem der NS-Terror keine Chance zum Überleben einräumte. Seiner in manchen Entscheidungen umstrittenen Haltung wegen (S. 461f.) unterließ es die SED-Historiographie, ihn besonders hervorzuheben. (Im Lexikon Brandenburger Widerstandskämpfer, das 1982 erschien, wird seine Rolle nur spärlich angedeutet und sogar der Vorname weggelassen.[204])

Von den anderen oben genannten mittleren Funktionären überlebten der 1938 zu 3½ Jahren Zuchthaus verurteilte Alfred Lehnert (1906–1965)[205] – er kam 1942 wieder frei und beteiligte sich erneut an illegalen Aktionen (S. 565f.) – und der 1938 zu sieben Jahren Zuchthaus verurteilte Richard Schneemann (1894–1975).[206]

---

202 Ebd., S. 29 des Urteils vom 24. Oktober 1938.

203 Komitee (Hg.), Antifaschistischer Widerstandskampf in der Provinz Brandenburg, S. 186 (Nr. 1023); BLHA, Bestand 401 / VdN 1890.

204 Komitee (Hg.), Antifaschistischer Widerstandskampf, S. 86 (Nr. 436); späterer Zusatz aus der IML-Kartei; siehe dagegen seine Verfolgtenakte in: LAB, C Rep. 118-01/A 7791.

205 BLHA, Rep. 401 / VdN 2145.

206 Ebd., Rep. 401 / VdN 4239.

Ausführlicher zu den politischen Zusammenhängen bzw. Haftstationen äußerten sich dagegen der kommunistische Gartenarbeiter Georg Fickelscheer (1904–1976)[207], vom VGH im August 1938 zu vier Jahren Zuchthaus verurteilt (S. 458f.), und der mitangeklagte Sozialdemokrat Wilhelm Vahle (1906–1997), der nach 1945 erneut in den Strudel verfolgter Regimegegnerschaft geriet, doch davon später (S. 468).

Vor allem das Schicksal des Kommunisten zeigt den eklatanten Widerspruch zwischen Justizurteil und tatsächlicher Verfolgung, die einer Doppelung des Strafmaßes gleichkam. Es sei daran erinnert, dass Fickelscheer bereits am Ende der Weimarer Republik (6. Dezember 1932) verhaftet und dann wegen Fortführung des verbotenen Rotfrontkämpferbundes vom Reichsgericht in Leipzig im Oktober 1933 zu 14 Monaten Gefängnis verurteilt worden war. Sein zweiter Prozess (s. o.) wegen illegaler Arbeit gegen das NS-Regime brachte ihm die genannte Zuchthausstrafe ein. Doch auch er wurde (im Dezember 1942) nicht entlassen, sondern 1942 ins KZ verschleppt. Dort zwang man den Wehrlosen am 9. November 1944 in die Strafeinheit Dirlewanger – benannt nach einem fanatischen Kriminellen und Militär. Georg Fickelscheer (1904–1976) schreibt darüber 1966:

> Nach Verbüßung der Strafe wurde ich der Gestapo Potsdam übergeben und nach dem KZ Sachsenhausen überführt. Hier verblieb ich einige Monate und wurde im August 1942 dem Nebenlager Berlin-Lichterfelde übergeben. Im November 1944 wurde ich mit anderen Genossen des Lagers dem Strafbataillon Dirlewanger gegen unseren Willen eingereiht. Nach sechswöchentlicher Ausbildung in Ungarn wurde ich mit anderen Genossen gegen die dort kämpfende Rote Armee eingesetzt. Nach etwa 2–3 stündigem Fronteinsatz lief ich sowie der größte Teil der Kompanie bei Polliczek zur Roten Armee über.[208]

Was den technischen Kaufmann und SPD-Anhänger Wilhelm Vahle betrifft, stehen uns zwei Verfolgtenakten zur Verfügung: eine aus der Provinz Brandenburg, die andere – nach Vahles Flucht aus der SBZ – aus West-Berlin. Stellen wir sie gegenüber, um zu sehen, ob unterschiedliche politische Bewertungen zum Ausdruck gebracht werden.

Die VdN-Unterlagen aus dem Jahr 1945[209] enthalten unter der Rubrik *Teilnahme an antifaschistischer illegaler Arbeit* folgende Kurznotierungen: Sie selbst: »Ja«. Art: »Kurier und Verbindungsmann nach Prag« Organisation: »KPD« (Die gleichen Eintragungen erfolgen auch für seine Frau Mia Vahle.)

Zum Umstand der Verhaftung am 5. April und 6. Dezember 1937 in Potsdam bemerkt Vahle: »Spitzeltätigkeit. Auffliegen des illegalen Apparates«. Zum Prozess bzw. den Mitangeklagten heißt es: »Illegale Gruppe Potsdam-Wildpark. Ca. 50 mitangeklagte Genossen. Keine Belastungszeugen«.

Seine Haftstationen waren Moabit und Spandau vom Dezember 1937 bis Februar 1939 sowie das KZ Sachsenhausen August bis Oktober 1944. Der Eintrag in der

---

207 Ebd., Rep. 401 / VdN 4287.

208 Ebd., Rep. 530 / (SED-Bezirksleitung Potsdam) / Nr. 9349. Zum von Fickelscheer genannten KZ-Außenlager in Berlin-Lichterfelde siehe H.-R. Sandvoß, Widerstand in Steglitz und Zehlendorf, Berlin 1986, S. 183ff.

Wilhelm Vahle

Rubrik antifaschistische Arbeit nach der Haftentlassung lautet: »Ja. Verbindungsmann Potsdam-Berlin«. Als Vahle diese Einträge im Dezember 1945 machte, war er seit Ende Juli 1945 Stadtrat und Dezernent der Stadtwerke und der Kohlenbewirtschaftung der Stadt Potsdam.

Wenige Jahre später, Vahle war, wie seine Frau Mia, inzwischen Mitglied der SED geworden, kam es im Zuge der Stalinisierung der SED – und der damit einhergehenden weitgehenden Ausschaltung fast aller ehemaligen Sozialdemokraten aus einflussreichen Ämtern und Funktionen[210] – zum Bruch zwischen Wilhelm Vahle und dem kommunistischen Regime: Vahle wurde vom 12.3.1949 bis zum 4.5.1949 wegen angeblichen Wirtschaftsvergehens eingesperrt und floh nach seiner Entlassung umgehend nach West-Berlin.

In Potsdam inzwischen aus der VVN ausgeschlossen, beantragte Vahle in West-Berlin erneut seine Anerkennung als politisch Verfolgter.[211] Hier betonte er im Fragebogen (30.6.1953) nun eher den sozialdemokratischen Teil seiner Biographie, so etwa, dass er bis 1933 Mitglied des Potsdamer Parteivorstandes und auch SPD-Stadtverordneter war. Aus seinem sehr ausführlichen Lebenslauf (2 ½ Seiten) seien im Folgenden jene Passagen herausgegriffen, die sich mit der illegalen Gruppe in Potsdam, ihren Exil-Verbindungen und der Ursache der Enttarnung der Gruppe befassen. Gerade Letzteres deckt sich mit Feststellungen, die bereits zum umstrittenen Verhalten von Paul Hahn – S. 456ff. – getroffen wurden. Wilhelm Vahle (1906–1997) schreibt über den Beginn seiner Untergrundtätigkeit:

> Nach der Machtübernahme durch die NSDAP habe ich mich bis Anfang 1934 politischer Tätigkeit enthalten. Da ich in der alten Potsdamer Sozialdemokratie keine illegale Arbeit gegen den Faschismus feststellen konnte und viele alte, gute Verbindungen abrissen, erhielt ich Anschluss an die illegale Gruppe Wildpark-West in Potsdam, in der sich eine Anzahl ehemaliger Kommunisten, aber auch viele Jungsozialisten zum illegalen Kampf zusammengeschlossen hatten. Die Bildung einer »Volksfront« schwebte diesen illegalen Kämpfern vor. In den Jahren 1934 und 1935 bestand meine und die illegale Arbeit der Gruppe Wildpark-West im Vertreiben von Schriften gegen das Naziregime.[212]

209 BLHA, Rep. 401 / VdN 1847.
210 Harold Hurwitz, Die Stalinisierung der SED, S. 378ff.
211 LABO, Entschädigungsakte Nr. 29173.
212 Ebd., Entschädigungsakte.

Vahle berichtet weiter, er sei durch das Vertrauen der jungen Sozialdemokraten (»Jungsozialisten«) in die Leitung der illegalen Gruppe Wildpark-West aufgerückt und habe den Auftrag erhalten, zusammen mit dem Vertrauensmann der Kommunisten eine Verbindung zur »illegalen Leitung im Ausland« herzustellen. Im weiteren Verlauf seines Berichts wird deutlich, dass damit die Exil-Organisationen der KPD und der SPD gemeint sind. Während bisherige Auslandsverbindungen über Berliner Vertrauenspersonen gelaufen waren, wurde nun der direkte Kontakt über persönliche Gespräche angestrebt und auch – über einen Anlauf in Schwaderbach (ČSR) und Eger – in Prag realisiert. Vahle dazu weiter:

> Ich war während der Pfingsttage 1936 in Prag. Verhandlungen mit Mitgliedern der kommunistischen illegalen Leitung in Prag, dem jetzigen [1953] Ostzonen-Staatssekretär Anton Ackermann und dem früheren Mitglied des Politbüros der SED Paul Merker, zusammen mit meinem Potsdamer Begleiter, folgten Verhandlungen und Rücksprachen durch mich allein mit Mitgliedern der illegalen Leitung der SPD in Prag. An diesen Verhandlungen und Diskussionen über den illegalen Kampf in Deutschland nahmen teil: Der inzwischen verstorbene damalige 2. Vorsitzende der SPD Hans Vogel, Friedrich Stampfer und Emil Stahl [S. 159]. Das Ergebnis der Besprechungen in Prag war eine regelmäßige Verbindung nach der Tschechei und ich erledigte bis zum Frühjahr 1937 Kurierdienste zwischen Prag und Berlin bezw. Potsdam.

Nach Ausbruch des Spanischen Bürgerkrieges wurde Vahle und seiner – ebenfalls in den Untergrundkampf eingebundenen – Ehefrau Mia Vahle die Vertrauensaufgabe übertragen, Freiwillige aus dem Raum Potsdam (Provinz Brandenburg), die am o. g. Freiheitskampf auf der iberischen Halbinsel teilnehmen wollten, über Eger und Prag ins Ausland zu schleusen.

Am 5. April 1937 geriet das Ehepaar erstmals in Gestapohaft, da ein Illegaler, dem man zur Flucht in die ČSR verholfen hatte, bei seiner unabgesprochenen Rückkehr ins Netz der Geheimen Staatspolizei geriet und beim Verhör die Namen seiner beiden Fluchthelfer bekannt gab. (Vahle nennt in diesem Zusammenhang zwar keinen Namen, aber es ist eindeutig von Paul Hahn – S. 456ff. – die Rede.) Aufgrund beharrlichen Leugnens konnte Mia und Wilhelm Vahle nichts nachgewiesen werden (S. 468). Sie kamen frei und wurden am 23. Mai 1937 entlassen. Doch als im Oktober 1937 der illegale Apparat der Gruppe Wildpark-West in Potsdam – im Zusammenhang mit einer größeren Aktion im Südwesten von Berlin (S. 458) – zerschlagen wurde, kam die Gestapo erneut auf die Spur von Vahle, und so wurde er am 6. Dezember d. J. festgenommen und am 26. Juli 1938 (S. 462) zu einem Jahr Gefängnis verurteilt.

Es war ihm zum zweiten Mal gelungen, seine Rolle innerhalb des Untergrundkreises herunterzuspielen bzw. wichtige Aufgaben zu verheimlichen: Geschickt hatte er vor Gericht den kommunistischen Ideen und Volksfrontbestrebungen gegenüber distanzierten sozialdemokratischen Intellektuellen gegeben und war damit – auch Dank der Verschwiegenheit seiner Mitkämpfer aus den Reihen der illegalen KPD – erfolgreich durchgedrungen. Ähnliches gelang seiner Frau Mia Vahle, die sogar ohne Justizverfahren davonkam, aber wochenlang eingesperrt blieb und hochnotpeinliche Verhöre durchstehen musste.

Trotz allem hatte auch Wilhelm Vahle eine schwere Haftzeit hinter sich, denn er war gezwungen, nach der Entlassung im Februar 1939 umgehend das Potsdamer Joseph-Krankenhaus aufzusuchen und lag dort bis August d. Jahres – und seiner eigenen Aussage zufolge – »auf Leben und Tod«. Es schloss sich ein notwendiger Sanatoriumsaufenthalt an. Anfang 1940 wieder in Potsdam zurück, fand er schließlich Arbeit bei einer Schallplattenfabrik in Babelsberg. Behutsam knüpfte er wieder politische Kontakte nach Berlin, denn seine in Potsdam nicht verhafteten Freunde wollte er keineswegs gefährden, zumal er unter Polizeiaufsicht stand.

In eigener Sache musste er beständig fürchten, in Prozesse bzw. Verfahren gegen Menschen verwickelt zu werden, die vor der Zerschlagung der ČSR seine dortigen Kontaktpersonen gewesen waren oder die als an die Gestapo ausgelieferte Spanienkämpfer möglicherweise ihre früheren Fluchthelfer nennen würden.

Trotz dieser Gefahren war Vahle in Berlin an Hilfsaktionen für verfolgte (»untergetauchte«) Juden beteiligt, was durch Bürgschaft eines Geretteten belegt wird.

Als das NS-Regime nach dem Scheitern des 20. Juli 1944 auch nach möglichen Sympathisanten des Umsturzversuchs griff (Aktion »Gitter/Gewitter«), war auch der Potsdamer betroffen und wurde vom 17. August 1944 bis zum 18. September d. J. ins KZ Sachsenhausen verschleppt.

Wieder entlassen, zwang ihn die Wehrmacht in ihre Reihen. Nach Ausbildung in Potsdam-Nedlitz und Stahnsdorf konnte er sich schließlich Mitte April 1945 von der Truppe absetzen und im Verborgenen bis zum Kriegsende ausharren.

Man *könnte* Vahles Ausführungen zum sozialdemokratischen Anteil an der Gruppe Wildpark-West als eine Konzession an den auch in West-Berlin heftig geführten »Kalten Krieg« interpretieren, wäre da nicht in der Entschädigungsakte die Aussage eines früheren Kommunisten, die von einigem Gewicht ist. Es handelt sich um den bereits erwähnten früheren Landtagskandidaten der KPD für Potsdam, Karl Kauschke (S. 460), der von 1939–1944 inhaftiert war. Karl Kauschke (1892–1973) erklärt 1955:

> Ich selber gehörte früher der KPD an und habe bis 1939 für diese illegale Arbeit in Berlin bezw. in der Tschechoslowakei ausgeübt. [...] Ich habe die Eheleute Vahle dadurch kennen gelernt, dass mir während meiner damaligen Tätigkeit in Eger der Wilhelm Vahle durch einen Verbindungsmann als Vertreter illegaler Gruppen in Potsdam, Wildpark und Werder zugeführt wurde. Dies war Anfang 1936; [...].
> Meine Tätigkeit in Eger war, im Auftrage der illegalen politischen Gruppen sozialdemokratischer und sozialistischer Organisationen und konfessioneller Jugendgruppen Verbindungsdienste nach der Tschechei und nach Deutschland zu leisten. In dieser Zeit war die Zusammenarbeit der verschiedenen politischen, gewerkschaftlichen und konfessionellen illegalen Gruppen in Deutschland eine sehr weitgehende. Daraus erklärt sich auch die geschilderte Zusammenarbeit in der Illegalität. Ich selbst bin wegen dieser illegalen Einheitsfront-Arbeit 1939 aus der KPD ausgeschlossen worden. Ich bin seitdem auch nicht mehr politisch organisiert.[213]

213 LABO, Entschädigungsakte Nr. 29174 / 29173 (Maria – auch Mia –u. Wilhelm Vahle), Bl. C 9f.

Auf eine weitere Facette der Exil-Verbindungen der Potsdamer weist im Folgenden die Gewerkschafterin Margarete Hahne (1898–1973), geb. Lux, hin. 1954 erklärt sie:

> Ich kenne Frau Vahle seit Ostern 1936. Ich hatte im Jahre 1936 im Auftrage der Deutschen Textilarbeiter Gewerkschaft von Eger aus Verbindungen zu halten bezw. Besucher zu empfangen aus Deutschland, die zum Zwecke der Aufrechterhaltung der alten gewerkschaftlichen bezw. politischen Verbindungen mit den ins Ausland emigrierten Führungen dieser Organisationen kamen. Auf diese Weise habe ich auch Frau Vahle Ostern 1936 in Eger kennen gelernt. [...] Frau Vahle hat auch mehrmals politische Flüchtlinge, besonders aus Potsdam, Wildpark, Werder, zu mir geleitet. Frau Vahle hat während dieser Besuche auch illegales und politisches Material von mir zur Mitnahme an ihren Wohnort bekommen, das sie auch mitgenommen hat. Unter diesem Material war auch die damals von mir hergestellte Textilarbeiter-Zeitung »Der Textilarbeiter« und andere politische Broschüren. [...] Ich selbst bin denn im Frühjahr 1938 infolge der politischen Zuspitzung aus Eger weitergeflüchtet nach Prag, später Skandinavien. Mir ist bekannt, dass Frau Vahle auch Prag besucht hat und dort Fühlung mit den Vorständen der emigrierten SPD- und KPD gehabt hat. Diese Fühlungnahme ist auf meine Veranlassung erfolgt.[214]

Es gab also – so darf man die wiedergegebenen Aussagen von Vahle, Kauschke und Frau Hahne zusammenfassen – sehr wohl in der zweiten Hälfte der 1930er Jahre Einheitsfrontbestrebungen sozialdemokratischer und kommunistischer Kreise, aber auch unabhängiger Gruppen, die autonomen Charakters waren und nicht unter dem unbedingten Führungsanspruch der III. Internationale standen.Wie stark der sozialdemokratisch-jungsozialistische Anteil dabei an der Gruppe Wildpark-West war, ist wohl kaum noch zu rekonstruieren, es sei denn, es tauchen im Laufe weiterer Forschungen diesbezüglich Zeitzeugenaussagen – etwa im Bestand der VVN-Aufnahmeanträge – auf. Dass der Einheitsfrontwille, nicht zuletzt durch die gemeinsame Zuchthaus- und KZ-Zeit gestärkt, auch einen Mann wie Wilhelm Vahle von der prinzipiellen Richtigkeit der Bildung der SED überzeugte, belegt sein Weg nach dem Krieg. Doch wie so viele andere Sozialdemokraten holte ihn die bittere Wirklichkeit schnell ein. Vahle schreibt 1953 dazu in seinem Lebenslauf über die Zeit als Potsdamer Stadtrat:

> Von 1945–1949 habe ich am Wiederaufbau Potsdams aktiv mitgearbeitet. Von der Brandenburgischen Provinzialverwaltung wurde ich 1945 als OdF (Kämpfer) anerkannt. Als nicht linientreu oder wie es im Protokoll der SED heisst: »da ich mich in meinen Arbeiten der Partei gegenüber nicht verantwortlich fühlte« wurde ich im Februar 1949 wegen angeblicher Wirtschaftssabotage in Haft genommen und im Juni 1949 aus der SED ausgeschlossen. Nach fünf Monaten Haft beim SSD und NKWD Potsdam ohne Prozess aus der Haft entlassen, habe ich mich im August 1949, da meine abermalige Verhaftung bevorstand, nach Westberlin abgesetzt und lebe jetzt in Westberlin als anerkannter politischer Flüchtling.[215]

(Zu weiteren Beispielen der Verfolgung ehemaliger Antifaschisten in der SBZ/DDR siehe die Seiten 75, 204, 231f., 267f.).

---

214 Ebd., Entschädigungsakte Nr. 29173, Bl. C 7.
215 Ebd., Bl. 5.

Die Lausitz: Kerngebiet des Arbeiterwiderstandes

Kerngebiet des Widerstandes aus den Reihen der Brandenburger KPD und gleichzeitig Zentrum der Auslandskontakte zu Exilkreisen in der Tschechoslowakei war die grenznahe Lausitz. Es war eine stark industriell geprägte Region unterschiedlicher Facetten: So etwa durch die Textilindustrie in Guben, die Möbelindustrie bei Spremberg und den Braunkohlebergbau im Bereich von Cottbus. Obwohl die Weltwirtschaftskrise auch hier bereits tiefe Spuren hinterlassen hatte, verfügten die verschiedenen Arbeiter- und Gewerkschaftsorganisationen noch immer über viele treue Anhänger. Hier kam es in regionaler Hinsicht zwischen 1933 und 1945 auch zu den häufigsten Prozessen und meisten Angeklagten. Dabei stellte das Jahr 1938 mit seinen einschneidenden außenpolitischen Ereignissen, darunter vor allem die gewaltsame Zerschlagung der freien Tschechoslowakei als Exil-Hauptrückzugsgebiet vieler innerdeutscher Widerstandsinitiativen, eine tiefe Zäsur dar. Gingen doch bis dahin aus Richtung Schlesien (Riesengebirge) oder Sachsen (Erzgebirge) mehrere geheime Wege über die sogenannte grüne Grenze in Richtung Prag, der Hauptstadt einer freien Republik eines Kontinents, auf dem autokratische und diktatorische Bewegungen immer mehr Länder eroberten. Bis das erpresserische »Münchner Abkommen« und der Einmarsch deutscher Truppen 1938/39 der demokratischen Tschechoslowakei ein gewaltsames Ende bereiteten, war Prag der Sitz der Auslandsvertretungen der vom Nationalsozialismus unterdrückten deutschen Arbeiterorganisationen. Deren Grenzsekretäre, Kuriere und Vertrauensleute sorgten für den Informationsaustausch und Schriftentransport, ohne allerdings verhindern zu können, dass der Geheimen Staatspolizei Teile der verborgenen »Kanäle« bekannt wurden und der Bespitzelung anheimfielen.[216]

Justizverfahren gegen illegale Funktionäre (Kurzüberblick)

Da im Kapitelabschnitt über die Lausitz eine Reihe von Prozessen gegen die illegale KPD beschrieben und zudem dem politischen Schicksal der Hauptverurteilten nachgegangen wird, sei vorausschickend ein Überblick gegeben, um die Struktur der Ereignisse und Verfahren zu verdeutlichen.

Geographisch haben wir es dabei mit der brandenburgischen Lausitz – und den Städten Cottbus, Forst und Spremberg – der preußischen Provinz Sachsen sowie Abschnitten der sächsischen Oberlausitz zu tun, da die mit dem politischen Exil (über Informations- und Schriftenaustausch) verbundenen Widerstandsgruppen teilweise regional-länderübergreifend agierten und sich wenig darum scherten, ob sie ihren Fuß noch im Brandenburgischen oder bereits im Sächsischen bewegten.

Justizverfahren, bei denen die Mehrzahl der Angeklagten aus dem Sächsischen oder Anhaltinischen kam, werden aus Gründen der Übersicht dieses Textabschnitts

216 Siehe hierzu exemplarisch Siegfried Grundmann, Der Geheimapparat der KPD im Visier der Gestapo. Das BB-Ressort. Funktionäre, Beamte, Spitzel & Spione, Berlin 2008.

auch dann nicht herangezogen, wenn mehrere Südbrandenburger involviert waren: Es sei in diesem Zusammenhang auf die Verfahren gegen Artur Tetzel (November 1934) und Kurt Kretschmar (März 1936) hingewiesen.[217]

Der erste Massenprozess mit 25 Angeklagten, die bereits zur Mitte des Jahres 1933 (Juli–August) festgenommen wurden, richtete sich gegen Untergrundaktivitäten der Cottbuser KPD zwischen März und Juli 1933. Hauptangeklagter war der Cottbuser Buchdrucker *Oskar Hoffmann*.

Ein wieder anderes Justizverfahren gegen *Kurt Uhlich* und zehn weitere Personen konzentrierte sich auf den Raum Senftenberg/Großräschen und behandelte »Reichswehr- und Polizeizersetzung« im Sommer 1933.

Unter dem Vorwurf der Vorbereitung eines hochverräterischen Unternehmens im Jahre 1934 in den Städten Guben und Forst verhandelte das Kammergericht in Berlin gegen *Erich Pradel* und 8 weitere Personen, der gleiche Vorwurf wegen Untergrundarbeit in den Jahren 1934/1935 in Forst und Umgebung betraf zwei Parallelverfahren: einmal gegen *Paul Hunger* (12 Personen) sowie gegen *Erich Heinrich* (ebenfalls 12 Personen).

Zentrale Funktionärsaktivitäten für die Jahre 1934 bis 1938 standen im Zentrum des Volksgerichtshofprozesses gegen *Wilhelm Rescher* (Urteilsverkündung 1941) sowie in dem der Strafsache gegen den flüchtigen *Gerhard Donath* und seine Mitverschwörer *Otto Hänsel* und *Werner Seifert* aus der sächsischen Oberlausitz. Nachgeordnete Justizverfahren behandelten 1938 den Versuch des genannten kommunistischen Funk-

Rotsportler im Riesengebirge, Ende der 1930er Jahre

tionärs Gerhard Donath in den 1930er Jahren, in oppositionelle Kreise der früheren sozialdemokratischen Jugend (SAJ) hineinzuwirken (Prozess gegen *Max Franke* und 6 weitere Angeklagte) sowie die Kontakte des Spremberger Anarchosyndikalisten *Walter Lehmann* nach Berlin zur Gruppe »Europäische Union«. (VGH 1941, S. 523).

Dabei gereicht es der historischen Forschung zum Glück, dass aus den Händen mehrerer Widerstandskämpfer Erlebnisberichte vorliegen und die NS-Gerichtsdokumente dadurch ergänzt und korrigiert werden können.

Doch beginnen wir mit einem sowohl frühen als auch wichtigen NS-Justizverfahren gegen leitende Funktionäre der illegalen KPD im Raum Cottbus.

Massenprozess gegen Oskar Hoffmann und 24 weitere Angeklagte

Bei diesem Kammergerichtsverfahren griffen Politische Polizei und NS-Justiz ganz offensichtlich früh zu, um Untergrundaktivitäten der KPD in einer Hochburg der Arbeiterbewegung – denn auch die illegale Sozialdemokratie entfaltete in der Lausitz ihre stärksten Widerstandsunternehmungen (S. 188ff.) – möglichst gleich im Keim zu ersticken. Dies misslang, wie wir an der Fülle weiterer Prozesse aus der Mitte bzw. dem Ende der 1930er Jahre sehen werden.

Im Fall der Cottbuser Kommunisten lag der Schwerpunkt der Verhaftungen auf den Monaten Juli und August 1933. Die Anklageschrift beim Kammergericht Berlin ist bereits auf den 29. November 1933 datiert – und richtete sich gegen 25 Frauen und Männer –, das Urteil auf den 12. April 1934. Höchststrafen erhielten dabei:

- Walter Wagner (2 ¾ J. Z) – einst RFB-Untergauführer, Stadtverordneter und Verantwortlicher für den Vertrieb des »Lausitzer Boten«,
- Helene Kirsch (2 ¾ J. Z) – Funktionärin des E.V.M.B. (RGO-Metallgewerkschaft), Rednerin der Cottbuser KPD und deren Reichstagsabgeordnete (Wahlkreis Berlin),
- Oskar Hoffmann (2 ½ J. Z) – Pol.Leiter der Cottbuser KPD, Mitverantwortlicher für den Neuaufbau der illegalen Partei.

Das Gericht begründete seine Strafen gegen die Hauptverantwortlichen folgendermaßen: Die KPD in Cottbus sei *im März 1933* – also im Monat des faktischen Verbots (S. 351) – vom ehemaligen Unterbezirksleiter Franz Brüning (S. 480f.) auf die illegale Weiterarbeit umgestellt worden: Büros wurden geschlossen, Vertrauenswürdige erhielten die internen Akten sowie Schreibmaschinen und Abzugsgeräte, um sie dem (erwarteten) Zugriff der Polizei rechtzeitig zu entziehen; anfänglich setzte man sogar noch Beitragsmarken ab.

Während der beiden Folgemonate (Mitte April bis Anfang Mai) ließen sich dagegen eigenständige kommunistische Aktivitäten *polizeilich* nicht nachweisen.

217 BLHA, Rep. 801 / VdN 2043 (Artur Tetzel); Rep. 333, Nr. 1269 (Wilhelm Engelmann). Artur Tetzel, Bauarbeiter aus Mückenberg, erhielt drei Jahre Zuchthaus. Der Metallarbeiter Kurt Kretschmar (Elsterwerda) wurde zu sieben Jahren Zuchthaus verurteilt und nach der Strafverbüßung bis 1945 ins KZ gesperrt, vgl. Rep. 333, Nr. 1280, Bl. 56ff.

Anfang Mai 1933 jedoch erschien die frühere Reichstagsabgeordnete Helene Kirsch (1906–1999), nun Instrukteurin der sogenannten Provinzabteilung der Bezirksleitung Brandenburg der KPD, in Cottbus und organisierte die Partei neu.[218] Sie motivierte alte Mitglieder zur Weiterarbeit und brachte auch illegale Beitragsmarken zwecks Absatzes mit sowie mehrere Exemplare der »Roten Fahne« in Umlauf.

Im Juni des Jahres stellten Cottbuser Parteigenossen bereits selbst eine »Rote Fahne« als illegales »Organ der revolutionären Arbeiter der Lausitz« her und brachten sie von Ende Juni an in Cottbus und Umgebung zur Verbreitung. (Die Festnahmen setzten wie gesagt am 22. Juli 1933 ein und erstreckten sich bis Anfang August d. J.)

Das Urteil des Kammergerichts vom 12. April 1934 – die Verhandlung fand vom 10. bis 12. April im Schwurgerichtssaal des Landgerichtsgebäudes in Cottbus statt[219] – gliedert die politisch beanstandeten Tatbestände in folgende Abschnitte auf:

A Maßnahmen zur illegalen Fortführung der kommunistischen Parteiarbeit im März/April 1933
B Neuorganisation der Cottbuser KPD unter Führung der Bezirksleitung ab Mai d. J.
C Vertrieb von Beitragsmarken auf Anweisung der Leitungsgenossen ab Mai d. J.
D Vertrieb der in Berlin erschienenen Ausgaben der »Roten Fahne«
E Herstellung und Verbreitung einer in Cottbus herausgegebenen Ausgabe der »Roten Fahne«.

Abgestuft nach Verantwortlichkeit und Engagement in den einzelnen (eben beschriebenen) Aufgabenfeldern ergingen folgende Strafen:

1.	Buchdrucker Oskar Hoffmann (* 1898), Cottbus, Gartenstr. 81	2 ½ J. Z
2.	Tuchmacher Fritz Lakomek (* 1907), Cottbus, Bautzener Str. 58	2 J. G
3.	Arbeiter Paul Buczkowski (* 1903), Cottbus, Anger Nr. 16	1 ½ J. G
4.	Nopperin Erna Hoffmann (* 1906), Ströbitz, Cottbuser Str. 20	1 J. 9 M. G
5.	[Weber] Max Döring (* 1893), Cottbus, Münzstr. 1	1 J. 9 M. G
6.	Salfaktorsteller Richard Baer (* 1901), Cottbus, Sanzebergstr. 6	2 J. 3 M. Z
7.	Arbeiter Franz Jahn (* 1899), Cottbus, Marktplatz 25 (vorbestraft)	2 J. G
8.	Büroarbeiter Walter Wagner (* 1896), Cottbus, Parzellenstr. 95 (vorbestr.)	2 J. 9 M. Z
9.	Arbeiterin Helene Kirsch (* 1906), Berlin, Prinzessinnenstr. 27 (vorbestr.)	2 J. 9 M. Z
10.	Montagemeist. Bruno Schulze (* 1887), Kl.-Ströbitz, Lindenstr. 14	1 J. 9 M. G
11.	Weber Michael Bey (* 1876), Ströbitz b. Cottbus, Sachsendorfer Str. 55	2 J. Z
12.	Tuchmacher Franz Noack (* 1901), Cottbus, Westaue 8 (vorbestr.)	1 J. G

218 Vgl. Weber/Herbst, Deutsche Kommunisten, S. 448f.
219 BArch, NJ 1442.

13. Arbeiter Richard Schmidt (* 1899), Cottbus, Senftenberger Str. 71 (vorbestr.) 2 J. 3 M. G

14. Arbeiter Kurt Schmidt (* 1904), Schmellwitz b. Cottbus, Horst-Wessel-Str. 39 (vorbestr.) 1 J. 9 M. G

15. Tischler Wilhelm Pohl (* 1910), Sielow b. Cottbus, Mittelstr. 5 1 ½ J. G

16. Ofensetzer Fritz Staritz (* 1910), Sielow b. Cottbus, Rennbahnstr. 23 (vorbestr.) 1 J. G

17. Arbeiter Wilhelm Zachow (* 1907), Sielow b. Cottbus, Diesener Str. 3 (vorbestr.) 1 ½ J. G

18. Schildermaler Herbert Müller (* 1909), Cottbus, Mittelstr. 2a (vorbestr.) 2 J. 3 M. G

19. Walker Max Böhm (* 1901), Forst, Kurze Str. 4 (vorbestr.) Freispruch

20. Tuchmacher Willi Schmidt (* 1894), Forst, Mittelstr. 1 (vorbestr.) Freispruch

21. Arbeiter Rudolf Krautter (* 1908), Berlin-Mahlsdorf, Akazienallee 8 (vorbestr.) 1 ½ J. G

22. Dreher Richard Jakubaschk (* 1909), Ströbitz b. Cottbus, Gartenstr. 5 (vorbestr.) 1 J. 9 M. G

23. Monteur Reinhard Berger (* 1902), Cottbus, Torgauer Str. 82 (vorbestr.) 1 J. 3 M. G

24. Tuchmacher Werner Seidel (* 1910), Cottbus, Musketierstr. 12 1 J. G

25. Hilfsschlosser Erich Scheithauer (* 1904), Cottbus, Bismarckstr. 47 1 J. G

Sämtliche Angeklagten saßen im Gerichtsgefängnis in Cottbus in Untersuchungshaft. In der Regel wurde den Angeklagten je acht Monate Untersuchungshaft angerechnet, nur bei Michael Bey waren es zwei Wochen weniger.

Das Urteil stufte die Verantwortlichkeit der Angeklagten in den fünf oben umrissenen Phasen der Untergrundarbeit folgendermaßen ein:

A) Nach Auflösung des Parteibüros in der Burgstraße 44 in Cottbus (Ende Februar oder Anfang März 1933) und der Umstellung des UB Cottbus auf illegale Arbeit durch den Leiter Franz Brüning (1896–1948) deponierte man ein Abzugsgerät bei Oskar Hoffmann, das andere bei seinem Schwager A. Heutschel, der es auf seinem Grundstück vergrub. Als »ein Informant« Hinweise darauf gab, Hoffmann jedoch leugnete, steckte SA ihn vom 24. Juni bis zum 30. Juni 1933 in »Schutzhaft«. Anschließend lieferte Hoffmann das Gerät am 10. Juli d. J. bei der Polizei ab. Den anderen Druckapparat gab Willi Graf später an Fritz Lakomek zur Verwahrung, der es wiederum dem Angeklagten Paul Buczkowski aushändigte, woraufhin es auf dessen Grundstück im Dorf Leuthen bei Cottbus verborgen wurde. Die Schreibmaschine des ehemaligen KPD-Büros nahm die Angeklagte Erna Hoffmann zu sich und schrieb darauf Texte für den o. g. Funktionär Franz Brüning (S. 471). Doch am 22. Juli 1933 lieferte sie die Maschine auf Veranlassung der Polizei bei dieser ab.

Der Angeklagte Richard Baer übergab seinem Nachfolger als Kassierer, Franz Jahn, etwa 200 Beitragsmarken, die dieser bis Mitte März 1933 vertrieb. Eine eigentliche

Parteiarbeit fand zu dieser Zeit nicht mehr statt, nur gelegentliche Erörterungen allgemeiner Art – so auf Stempelstellen oder bei privaten Zusammenkünften – über eine *mögliche* Weiterarbeit. Es waren einzelne Parteianhänger wie Döring, Hoffmann oder Wagner, die andere zur politischen Arbeit aufforderten, doch Wesentliches geschah bis Mai 1933 nicht, analysiert das Gericht.

B) Anfang Mai 1933 erhielt Helene Kirsch in Berlin von einem Funktionär mit dem Decknamen »Theo« den Auftrag, für die KPD nach Cottbus und dann nach Weißwasser und Senftenberg zu fahren, falls es ihr gelingen sollte, Adressen dort wohnender Genossen zu erfahren. Ihre erste Begegnung führte Frau Kirsch Mitte Mai nach Ströbitz zu Bruno Schulze, den hatte ihr »Theo« als Kontaktmann genannt. Schulze wiederum machte sie mit weiteren Cottbuser Genossen wie Michael Bey sowie – bei einem Treffen an der Funkerkaserne – Döring und Hoffmann bekannt. Bei einem gemeinsamen Ausflug in den Wald und zu den Denkmälern der Gefallenen (Erster Weltkrieg) warb Helene Kirsch für den Neuaufbau der KPD und die Kassierung ausstehender Parteibeiträge. Ferner forderte sie die Anwesenden zur Übernahme illegaler Leitungsfunktionen auf, wobei Bruno Schulze Org.-Leiter, Michael Bey Pol.-Leiter und Oskar Hoffmann Kassierer wurden. Max Döring sollte wie zuvor die RGO-Leitung übernehmen – da H. Kirsch aber nichts mit dieser Widerstandssparte zu tun hatte, sollte Döring auf weitere Instruktionen warten.

Den leitenden Funktionären wurde nun die Aufgabe übertragen, an frühere Cottbuser Parteimitglieder zwecks Beitragszahlung und Org.-Bildung (Dreier-Gruppen) heranzutreten. Ähnliches sollte in den umliegenden Ortschaften versucht werden. Dann verabredeten die Genannten ein Folgetreffen in 14 Tagen; Frau Kirsch fuhr – was Weißwasser-Adressen betraf, unverrichteter Dinge – nach Berlin zurück, wo sie von »Theo« Beitragsmarken für die Cottbuser erhielt.

Am 18. Mai 1933 traf sie erneut in der Stadt ein und übernachtete bei Michael Bey. Da sie von dessen familiären Differenzen mit Schulze erfuhr, sah sie sich gezwungen, die Leitungsaufgaben neu zu verteilen: Hoffmann wurde nun Pol.-Ltr., Bey Org.-Ltr., Richard Baer Kassierer. Er erhielt auch die Parteimarken für Cottbus, Hoffmann jene für Weißwasser. Da die Instrukteurin Kirsch auch diesmal keine Kontaktadressen in Weißwasser und Senftenberg erhielt und die Verbindung in andere Ortschaften nahe Cottbus ebenfalls misslungen war, fuhr sie unverrichteter Dinge nach Berlin zurück.

Doch im Auftrag »Theos« suchte sie die leitenden Funktionäre dann Ende Juni d. J. zum dritten Mal auf und musste bei einem Treffen im Wald von der Festnahme des Oskar Hoffmann erfahren. Um die illegale Arbeit im Raum Cottbus voranbringen zu können, erbat sie die Anschrift eines kommunistischen Betriebsarbeiters und erhielt am Tag darauf die Adresse des Angeklagten Max Böhm in Forst, von dem sie Hinweise auf weitere Parteianhänger in der Stadt erbat. Doch Böhm – der später freigesprochen wurde – wollte mit der KPD nichts mehr zu tun haben, gab ihr aber die Anschrift von Willi Schmidt. Böhm begleitete sie dorthin und bat Frau Schmidt – deren Mann noch auswärts war –, die Berlinerin über Nacht zu beherbergen. Als Willi Schmidt gegen Mitternacht angetrunken eintraf, bat Frau

Kirsch ihn um die Adresse eines kommunistischen Arbeiters aus Forst. Diese wurde ihr – laut ihrer Aussage – auch zugesagt, aber Schmidt ging Tags darauf ohne Aussprache zur Arbeit.

Trotz dieser Fehlschläge fuhr sie nun nach Weißwasser, wo »Theo« für die Instrukteurin ein Treffen mit Anton Haiplick und Martha Hartkopf (* 1907) arrangiert hatte. Die Drei besprachen den Stand der illegalen Organisation vor Ort und Kassenfragen, doch Gelder konnte Frau Kirsch nicht in Empfang nehmen. Immerhin erfuhr sie den erbetenen Weg nach Muskau.

Helene Kirsch

Derweil war die Bildung von Dreier-Gruppen in Cottbus etwas vorangekommen, so mit Richard Schmidt und Herbert Müller, auch Franz Noack war diesbezüglich aktiv; Baer wollte mit Kern und Werner eine Gruppe bilden. Drei Sielower, nämlich Pohl, Staritz und Zachow, kamen schließlich mit Richard Schmidt im Sielower Wald zusammen und wurden von ihm aufgefordert, weiter für die – formal noch nicht verbotene – KPD zu arbeiten.

Bei der Wiederholung dieser Zusammenkunft 14 Tage später las Richard Schmidt den Anwesenden Texte aus der »Roten Fahne« vor. Da Pohl keine kassierten Beiträge mitgebracht hatte, fuhr Schmidt zu ihm nach Hause, holte Geld und alte Parteimarken ab und gab sie an Walter Wagner weiter.

Einer wieder anderen Verbindung zufolge ereignete sich Folgendes: Am 22. Juli 1933 wurde auf dem Neuköllner Arbeitsamt Süd-Ost der Angeklagte Rudolf Krautter vom kommunistischen Funktionär »Otto« beauftragt, in Cottbus nach Richard Baer (S. 472) zu suchen und ihm – als Sammlung für Inhaftierte – 15,70 RM sowie eine Landkarte Brandenburgs auszuhändigen, darüber hinaus aber auch von Baer kassierte Gelder abzuholen. Doch Krautter hatte nicht nur das Pech, Baer nicht mehr antreffen zu können, da der gerade verhaftet worden war (23. Juli), sondern Krautter wurde selber – in einem nahen Lokal – in Gewahrsam genommen. Bei der Durchsuchung seiner Berliner Wohnung entdeckte die Politische Polizei 1 ½ Zentner kommunistische Broschüren und Bücher. Obwohl Krautter bei diesem Termin kurzzeitig die Flucht mit dem Fahrrad glückte, holte man den Funktionär bald wieder ein.

C) Die in dem Abschnitt »C« aufgeführten Fakten der Anklagebehörde können wie folgt zusammengefasst werden:

Richard Baer nahm als »Hauptkassierer« von der Instrukteurin Kirsch ein Paket Beitragsmarken (rote und blaue Markierung und unterschiedlichen Wertes) entgegen und gab sie an die Mitangeklagten Jahn, Balzow, Bey, Jakubaschk, ferner Hujer, Klatte und Oskar Hoffmann weiter, Letzterer versorgte Wagner und Franz Noack damit. Während Letztgenannter nichts verkauft haben will, gab Wagner Marken an Müller und Richard Schmidt weiter. Doch als Schmidt von Wagners Festnahme erfuhr, verbrannte er alles, Noack will vor Angst alles verschluckt haben. Anscheinend verkaufte lediglich Frau Hoffmann etwas (nämlich 8 blaue Exemplare, die sie von Bey bekam), gab aber über die Empfänger keine Auskunft. »Die Namen der Käufer weigert sie sich, anzugeben.«, heißt es im Urteil. Auch Jakubaschk will alles verbrannt haben.

Was mit den Marken für Weißwasser geschah, konnten die Ermittler ebenfalls nicht aufdecken. Die für die Sielower Einwohner bestimmten – von Zachow entgegengenommenen – Marken wurden nur in sehr bescheidenem Umfang (0,60 RM Erlös) abgesetzt, die meisten bei Fritz Staritz versteckt und dort gefunden.

D) Ähnlich ernüchternd fiel der Absatz der aus Berlin erhaltenen »Roten Fahne« aus: Ein Exemplar fand die Gestapo bei der Durchsuchung der Laube von Max Böhm in Forst – er will sie von einem »unbekannten Radfahrer« erhalten haben; die genannte illegale Zeitung enthielt einen Aufruf an die sozialdemokratischen Arbeiter zum gemeinsamen Kampf. Der Angeklagte Reinhard Berger aus Cottbus will Pfingstsonntag 1933 auch ein Exemplar der »Roten Fahne« – von einem Berliner Bekannten – erhalten haben und gab es an den Cottbuser Franz Jahn weiter, von dem wechselte die Untergrundschrift zu Hoffmann und Wagner und ging dann an Jahn zurück, der sie schließlich verbrannt haben will.

E) Auch Herstellung und Vertrieb der in Cottbus erschienenen »Lausitzer« Ausgabe der »Roten Fahne« hielten sich offenbar sehr in Grenzen. Das Blatt kam ohnehin erst Ende Juni/Anfang Juli in Verbreitung. Ein Exemplar – abgelegt von einem flüchtenden Illegalen – fand man nachts am 30. Juni/1. Juli in der Eingangstür der Polizeiunterkunft Kaiser-Friedrich-Straße, zwei weitere Ausgaben am 3. Juli im Briefkasten vor der Post. Die aus vier Blättern bestehende Druckschrift trug als Kopf einen von einem Halbkreis umrandeten Sowjetstern und forderte die Leser auf, jedes einzelne Stück sorgfältig zu behüten und weiterzugeben. Auf keinen Fall dürfte das Blatt der Polizei in die Hände fallen, diente es doch »der Propaganda im Kampf für Deine Befreiung«.

Inhaltlich prangerte die Lausitzer »Rote Fahne« die Verelendung der Massen nach fünf Monaten Hitler-Regierung an und stellte dem die Selbstbereicherung der NS-Funktionäre am Beispiel des Cottbuser Bürgermeisters, der sich übermäßiger Gehaltsbezüge erfreute, gegenüber. Soziales Elend, Inflation und Kriegsgefahren könne nur ein – an der Sowjetunion orientiertes – »Rätedeutschland« beseitigen, hieß es. Nach Hinweisen auf das Leiden der Gefangenen in den Gefängnissen und Konzentrationslagern appellierte die Untergrundzeitung: »Erhebt Eure Stimme! Überlasst die Wehrlosen nicht dem Henker. Tretet mutig und kühn auf! Heraus mit allen revolutionären Gefangenen.«

Die Herstellung der Lausitzer »Roten Fahne« erfolgte nicht ausschließlich im Raum Cottbus, wohl aber ganz die textlich-inhaltliche Gestaltung. Am 9. Juni 1933 erhielt der Pol.-Ltr. Oskar Hoffmann von einem Berliner Kurier, der vorgab, im Auftrag des flüchtigen Franz Brüning zu handeln, die Aufforderung, eigenständig Untergrundmaterial zu entwickeln. In der Wohnung von Richard Schmidt (Senftenberger Straße 71) entwickelten Müller und Wagner die oben kurz zitierte Bilanz von fünf Monaten Hitler-Regierung. Wie zuvor abgesprochen, übergab Hoffmann dem Berliner Kurier dann den Text samt der vom Pol.-Ltr. erworbenen Wachsplatten. Am 22. Juni trafen die beschriebenen Wachsplatten in Cottbus ein. Mit dem aus dem Versteck geholten Vervielfältigungsgerät zog der Angeklagte Fritz Lakomek im Siedlungshaus des Mitangeklagten Paul Buczkowski, Anger Straße 16 in Cottbus, zunächst etwa 25 Exemplare ab. Im Rucksack versteckt, kam alles zu Seidel und von diesem – auf genau vorgeschriebenem Weg – zu Hoffmann, der die Druckerzeugnisse schließlich an verschiedene Unterverteiler weitergab. Doch beim Polizeiverhör dazu befragt, gaben – beispielsweise – Wagner und Müller an, zahlreiche Exemplare verbrannt zu haben. Den weitaus größten Teil der Lausitzer »Roten Fahne«, angeblich 160 Stück an der Zahl, will der Pol.-Ltr. Oskar Hoffmann an den (unbekannten) Berliner Kurier abgegeben haben. »Der Verbleib dieser Exemplare ist nicht aufgeklärt.«, bemerkt dazu das Urteil.

Wodurch die Angeklagten im Einzelnen auch die Umsturzziele der KPD gefördert hätten – ob durch Spenden, Versammlungsteilnahme, Verbergen verbotener Materialien oder die Herstellung von Druckschriften bzw. Schriftenverbreitung –, objektiv sei überall der Tatbestand der »Vorbereitung zum Hochverrat« erfüllt und dementsprechend zu ahnden. – Soweit die NS-Justiz.

Doch wie schildert einer der Hauptverantwortlichen, der Cottbuser Arbeiter Walter Wagner, die näheren Umstände der Verfolgung? Walter Wagner (1896–1970), Mitbegründer und Untergauführer des RFB im UB Cottbus sowie bis Oktober 1932 UB-Leiter der RGO, berichtet 1960:

> Von 1928–1933 war ich Stadtverordneter der KPD in Cottbus […].
> Von Oktober 1932 bis zur Machtergreifung Hitlers 1933 war ich als Instrukteur der KPD in Eberswalde-Finow tätig. Es wird vielen noch in Erinnerung sein die großen Einheitsfrontdemonstrationen mit den SPD-Arbeitern gegen die Nazis, die wir in diesem Kreis durchführten. Anläßlich des Reichstagsbrandes wurde ich in Schutzhaft genommen und nach 4 ½ Monaten entlassen. Nach meiner Entlassung betätigte ich mich [illegal]. Ich schrieb einen Artikel »4 ½ Monate faschistische Diktatur – Hitler führt zum Krieg«. Diese Druckschrift wurde in hunderten Exemplaren verbreitet. Nach 10 Tagen, die ich in Freiheit war, wurde ich erneut verhaftet, viehisch behandelt und ausgepeitscht (Bekannt in Cottbus).
> Ich wurde zu 2 Jahren und 9 Monaten Zuchthaus verurteilt, die ich in Brandenburg/Havel verbüßte. Nach meiner Entlassung bekam ich bei einer Privatfirma, die in der Cottbusser Gasanstalt montierte, Arbeit. Auf Drängen der Direktion der Gasanstalt mußte ich entlassen werden. Daraufhin wurde ich einige Monate im Spreewald zu den Moorarbeitern verpflichtet. 1937 wurde ich durch den Lockspitzel Schmidt erneut verhaftet und nach einigen Monaten

> wegen Mangel an Beweisen entlassen. Zeugen: Hans Werner. Wir standen Tag und Nacht unter Bewachung.) Dann bekam ich Arbeit bei der Edeka als Arbeiter. Die Dauer des Krieges brauchte viele Arbeiter. Vom Tage meiner Entlassung Ende 1936 stand ich unter Polizeiaufsicht und mußte mich jeden Tag melden. Am 23. August 1944 wurde ich für wehrunwürdig befunden. [...] Bei Ausbruch des Krieges 1939 wurde ich in der bekannten Sonderaktion ins Konzentrationslager Sachsenhausen auf 4 ½ Monate eingesperrt.[220]

Wagner, der 1944/45 im sogenannten Schippeneinsatz an der alten polnischen Grenze tätig sein musste, entging dadurch einer erneuten Festnahme, versteckte sich aber kurz vor der Kapitulation aus Sicherheitsgründen in Beutersitz.

Von einem weiteren Hauptangeklagten, Oskar Hoffmann, wissen wir dagegen, dass er die Befreiung nicht erlebte, denn er kam noch am 15. Februar 1945 ums Leben.[221]

Helene Kirsch (1906–1999) verbüßte ihre 2¾-jährige Strafe im Frauenzuchthaus Jauer (Schlesien) und wurde dort wegen eines von ihr in der Haft mitinitiierten »Streiks« der »Meuterei« angeklagt, jedoch wieder freigesprochen. Nach der Entlassung aus dem Kerker verdingte sich die frühere Reichstagsabgeordnete bis Kriegsende als Hilfsarbeiterin in einem Berlin-Weddinger Metallbetrieb, wurde aber 1939 – wie zahlreiche andere frühere Arbeiterfunktionäre bzw. Mandatsträger (S. 266) – vorübergehend in »Schutzhaft« genommen.[222]

Illegale Betriebsarbeit (Guben)

Durch einen frühen Folgeprozess des oben beschriebenen Strafverfahrens »Kirsch und Genossen« aus dem Jahre 1933 erfahren wir von einem polizeilich aufgedeckten Beispiel illegaler Betriebsarbeit:

Die Anklageschrift der Generalstaatsanwaltschaft bei dem Kammergericht Berlin beschuldigte am 2. November 1933 zwei Beschäftigte der Gubener Hutfabrik Brecht und Fugmann, nämlich den Hutarbeiter Hermann Jurk (1893), Guben, Brunnengässchen 1 und den Hutarbeiter Herbert Lilie (1903), Guben, Brunnengässchen 2 der »Vorbereitung zum Hochverrat« Ende Juli 1933.[223]

Beide hatten früher der KPD angehört, Lilie sich sogar als Kassierer der Partei in Guben betätigt. Die Anklageschrift fasst als Ermittlungsergebnis Folgendes zusammen: Etwa Ende August/Anfang September des Jahres erhielt die Polizei die Mitteilung – es wird nicht direkt gesagt, von wem (s. u.) –, dass sich Hermann Jurk »staatsfeindlich« betätige, indem er insbesondere Solidaritätsmarken der illegalen KPD absetzte.

Bei der »körperlichen Durchsuchung« Jurks im Betrieb fand ein Kriminalassistent der Staatspolizeistelle Frankfurt/Oder in der Geldbörse des Hutarbeiters zwei Wert-

---

220 BLHA, Rep. 930, SED BL Ctb., Nr. 4096.

221 Komitee (Hg.), Antifaschistischer Widerstandskampf, S. 70 (Nr. 341). Sein Mitstreiter Werner Seidel »fiel« im Krieg als Mitglied einer Strafeinheit; vgl. BLHA, Rep. 333; Nr. 1295.

222 Weber/Herbst, Deutsche Kommunisten, S. 448f.

223 BArch, R 3018, NJ 9503 (Anklageschrift vom 2.11.1933, Urteil vom 16.1.1934).

marken der illegalen Partei. Einmal fündig geworden, setzte die Politische Polizei ihre Durchsuchung bzw. Leibesvisitationen fort und fand Ähnliches bei den Hutarbeitern Otto Domicke und Waldemar Zacher sowie deren Kollegin Frau Tesch.

Die NS-Justiz ordnete die lokalen betrieblichen Vorgänge in den Gesamtzusammenhang des Bemühens der illegalen KPD im Sommer 1933 ein, sich über den Verkauf der von zentraler Stelle verbreiteten Beitragsmarken dringend benötigte Geldmittel für den Untergrundkampf zu beschaffen. In diesem Zusammenhang verweist die Anklageschrift auf zwei verwandte Verfahren in Sachsen-Anhalt gegen Matiszik und Genossen sowie gegen Kodubrin und Genossen.

Trotz der bei der Durchsuchung gefundenen KPD-Marken zeigte sich Hermann Jurk (1893–1960) keineswegs eingeschüchtert und sofort geständig: Er bestritt noch im Betrieb, Kenntnis von der Bewandtnis der Marken zu haben. Bei der ersten förmlichen Vernehmung am 2. September 1933, dem Tag der Festnahme, gab er dann die Erklärung ab, derartige Marken vom mitangeklagten Kollegen Herbert Lilie (1903–1974) erhalten und für Unterstützungswertzeichen für politische Gefangene – bzw. deren Familien – gehalten zu haben. In diesem humanitären Sinne setzte er die Marken auch in der Hutfabrik ab und verkaufte sie an mehrere Kolleginnen und Kollegen, nämlich Frau Tesch, Helene Perlmann, Franz Sakowski, Otto Domicke sowie eine fünfte Person, vermutlich Richard Petersohn. (Letzterer trat mit drei anderen als Belastungszeuge im späteren Prozess auf.)

Der ebenfalls verhaftete Herbert Lilie dagegen bestritt, selbst nach Gegenüberstellung mit Jurk beim »Verhör«, diesem Marken gegeben und Geld dafür erhalten zu haben. Lilie wurde für einen Teil der Untersuchungshaft ins KZ Sonnenburg gesteckt.

Erst am 4. September 1933 räumte Lilie nach Gegenüberstellung mit dem o. g. Zeugen Petersohn ein, dass er von diesem 30 Pfennig Sammelbeitrag erhalten hatte.

Hermann Jurk wiederum teilte bei der gerichtlichen Vernehmung am 8. September 1933 plötzlich eine neue Version mit: Nicht von Lilie, der mit allem nichts zu tun habe, habe er die Marken bekommen, sondern dieselben zufällig Ende Juli 1933 auf dem Weg zum Gartengrundstück am Straßenrand in ein Taschentuch eingewickelt gefunden. Bald darauf – wir wissen nicht, ob »verschärfte Vernehmungen« hinter der erneuten Kehrtwendung steckten – widerrief Jurk die Aussage vom 8. September d. J. und erneuerte seine früheren Angaben bei der Politischen Polizei. Den Markenverkauf im Betrieb bestätigten Frau Tesch und Herr Domicke sowie die Zeugen Laugks, Golze und Hapke, Franz Sakowski stritt dagegen derartiges ab.

Das Gericht stufte den Markenverkauf nicht als humanitäre Geste gegenüber Notleidenden, sondern als Unterstützung des Neuaufbaus der hochverräterischen KPD ein und verurteilte Hermann Jurk zu 1½ Jahren und Herbert Lilie zu zwei Jahren Gefängnis. Beide haben überlebt.

Die Verfolgtenakte Hermann Jurks aus der Nachkriegszeit gibt uns *exemplarisch* die Möglichkeit, Einblicke in die menschlichen Dimensionen dieses NS-Justizverfahrens zu bekommen. Was wir heute als Lebenschronologie lesen, war beim Betroffenen mit Qualen und der Angst erfüllt, ob er überhaupt würde überleben können. Hermann Jurk (1893–1960) schreibt Ende 1945 in seinem Lebenslauf:

Nach der Machtübernahme Hitlers wurde illegal weitergearbeitet. Im Juli 33 verkaufte ich im Betrieb von Brecht und Fugmann Partei-Kampffond-Marken. Wurde deswegen am 2. September 33 aus dem Betrieb heraus von der Gestapo verhaftet. Nach 4½ monatlicher [monatiger] Untersuchungshaft vom Kammergericht Schöneberg am 16.1.34 wegen Vorbereitung zum Hochverrat zu 1 Jahr, 6 Monaten Gefängnis verurteilt. Von der Strafanstalt Tegel gings in das Lager Oberlangen im Bourhanger Moor im Emsland, wo wir am 10.3.34 anlangten. Im Lager, was gerade fertig geworden war, erhielt ich die Nr. 940. Im Lager, als ich mit mehreren Genossen bekannt geworden war, wurde eifrig Zellenarbeit geleistet u. wir haben uns gegenseitig Mut zugesprochen. Ich hatte keine Hoffnung mehr, die Freiheit und meine Familie wiederzusehen. Doch habe ich die Strapazen einigermaßen überstanden, doch habe ich viele körperliche Schäden erlitten.[224]

An anderer Stelle seiner Verfolgtenakte geht Jurk etwas näher auf die Leidenszeit im Moor ein:

Behandlung in den Strafanstalten einigermaßen menschlich. Im Lager viel Mißhandlungen der pol. Häftlinge. Die Kriminellen erhielten die Funktionen u. waren die Engel. Wir Pol[itischen] waren eben die Verbrecher u. wurden dementsprechend behandelt. Im Lager selbst wurde eine Zelle aufgezogen. In Baracke 10 war Gen. Ernst Marx aus Upen bei Goslar, Gen. Alexander Stark [aus] Berlin u. ich in einer Zelle vereinigt. Unsere [illegale] Arbeit bestand grundsätzlich in mündlichen Diskussion[en], auch mit der Wachmannschaft.[225]

Nach seiner Entlassung am 2. März 1935 blieb Jurk – mit kurzen Unterbrechungen – bis zum Frühjahr 1938 arbeitslos, worunter auch seine Frau und die drei Kinder sehr litten. Das Arbeitsamt vermittelte ihn zu keiner – auch besser entlohnten – Rüstungsarbeit.

Doch auch die politischen Verfolgungen hörten nicht auf. Hermann Jurk dazu weiter in seinem o. g. Lebenslauf:

Im Nov. 36 wurde eine neue Klage wegen Vergehen gegen das Heimtücke-Gesetz eingeleitet. Dies Verfahren wurde im Mai 37 vom »Volksgericht« in Berlin eingestellt. Ich selbst bekam vom Landgerichtsrat Weiß [aus] Guben eine strenge Verwarnung. Im Herbst 1938 verwarnte mich der Betriebsobmann der Firma Lehmann u. Richter [aus] Guben wegen kommunistischer Propaganda. Am 26.11.43 erfolgte der Ausschluß aus der Wehrmacht. Im Sommer 44 wurde ich wegen Denunzierung aus dem Haus bei der Gestapo vorgeladen u. kam um Haaresbreite am K.Z. nochmal vorbei. Beim Volkssturm wurde ich Stufe 2 gemustert. Am 19.1.45 erfolgte der Ausschluß. Die Betriebsarbeit habe ich bis zum letzten Tag durchgeführt.

Lausitz-Instrukteur Franz Brüning

Die Anfänge der Untergrundtätigkeit der KPD in der Lausitz sind untrennbar verbunden mit dem politischen Wirken des Instrukteurs Franz Brüning, dessen Bedeutung 1933 zunehmend wuchs. Geben wir zunächst Verurteilten des Justiz-

224 BLHA, Rep. 801 / VdN 842 (Lebenslauf vom 20.12.1945).

225 Ebd., Rep. 801 / VdN 842 (S. 4 des Fragebogens »Opfer des Faschismus« vom 2.4.1946).

verfahrens gegen Oskar Hoffmann dazu das Wort. Der Weber Michael Bey (1876–1947) schreibt 1946:

Franz Brüning

> Von 1915 bis 1918 machte ich den Krieg als Landsturmmann mit, dann kam ich zu meiner Familie nach Cottbus. Durch diesen Krieg bin ich Sozialist geworden, trat 1918 in die USPD ein. 1923 ging ich zur KPD und gründete mit mehreren Genossen die Ortsgruppe Ströbitz. Als 1933 die Unterbezirksleitung verhaftet wurde, beauftragte mich der Partei-Sekretär Brüning, welcher sich in Ströbitz verborgen hielt, die Unterbezirksleitung wieder aufzubauen. Diese Aufgabe habe ich mit den Genossen Döring und [Oskar] Hoffmann durchgeführt. Ende Juli 1933 wurden wir verhaftet, ich wurde vom Kammergericht zu 2 Jahren Zuchthaus verurteilt, welche ich in Brandenburg (Görden) verbüßte.[226]

Richard Baer (1901–1958) erinnert sich 1946:

> 1931 wurde ich Mitglied der KPD und kurze Zeit danach U.B. Kassierer, was meine Funktion bis zur Machtübernahme der Nazi blieb. Dann wurde ich 4 Wochen in Schutzhaft genommen. Nach der Entlassung nahm ich an der illegalen Aufbauarbeit der K.P.D. unter dem Gen. Oskar Hoffmann teil, als Kassierer. Im Sommer 1933 wurde ich verhaftet und nach 9monatiger U-Haft im April 1934 zu 2 ½ Jahre[n] Zuchthaus verurteilt.[227]

Als Bürge Richard Baers für dessen illegale Arbeit bestätigte der Leiter des Kurierdienstes Alfred Balzow (1950), dass Baer 1933 die Funktion des Hauptkassierers ausübte: »Alle von Berlin eintreffenden Kuriere und Instrukteure gingen über meine Deckadresse, die durch die Genossen Brünning [Brüning] und Baer vereinbart waren.«

Sowohl das Justizverfahren (S. 471ff.) als auch die eben zitierten Widerstandskämpfer heben übereinstimmend die Bedeutung Franz Brünings für den Aufbau der Untergrundorganisation im Raum Cottbus hervor.

Brüning, gelernter Maurer, war in der Weimarer Republik langjähriger KPD-Funktionär und diente seiner Partei in unterschiedlichen Funktionen: Seit 1922 Pol.-Ltr. der Ortsgruppe Strausberg und auch des Unterbezirks Strausberg, von 1924–1933 Stadtverordneter in Strausberg und von 1925–1933 Mitglied der KPD-Bezirksleitung

226 Ebd., Rep. 801 / VdN 160.
227 Ebd., Rep. 801 / VdN 79. Baer berichtet weiter, nach der Entlassung unter Polizeiaufsicht gestanden zu haben und 1937 erneut von der Gestapo 8 Tage – wegen angeblicher oppositioneller Äußerungen – eingesperrt worden zu sein. Im Krieg gehörte er der Gruppe »Balzow-Knapp und Andere« an (S. 566).

von Berlin-Brandenburg. Ab 1931 war er festangestellter Parteifunktionär, wirkte als solcher (nacheinander) in Berlin-Südost, Neukölln und zuletzt als *Instrukteur für den* gesamten *Bezirk Lausitz*. Franz Brüning (1896–1948) – 1945 Sekretär der K.P.D. Bezirksleitung Mark Brandenburg – berichtet kurz vor seinem Tod:

> [Im März] 1933 wurde ich als Reichstagsabgeordneter gewählt. 1933 wurde ich aufgrund der Illegalität Mitglied des ZK der Kommunistischen Partei. Mit Wilhelm Florin (1944 in Moskau gestorben) habe ich den Bezirk Berlin-Brandenburg der KPD illegal bis zu meiner Verhaftung im November 1933 als Organisationsleiter geführt. Nach meiner Verhaftung habe ich bis Juni 1934 im KZ gelebt.
>
> Nach der Entlassung nahm ich meine Tätigkeit als Maurer wieder auf, wurde von der NSDAP und der Polizei stark beobachtet. 1939 zum Militärdienst eingezogen. In der Kompanie organisierte ich eine illegale Gruppe der KPD. Im Januar 1945 bekam ich ein größeres Leiden (Magenbluten) und wurde ins Lazarett eingeliefert. Dieses Leiden zog ich mir insbesondere durch die Mißhandlungen im K.Z. Lager zu.[228]

Franz Brüning, *der* Spitzenfunktionär der Brandenburger Kommunisten 1933 und durch die KZ-Haft so schwer gesundheitlich gezeichnet, dass er sehr früh verstarb – auch, weil er sich nach der Befreiung nicht schonte, sondern erneut in die kräftezehrende politische Arbeit einbrachte –, wurde für die lokalgeschichtlich ausgerichtete SED-Historiographie im Land Brandenburg zu einer fast legendären Gestalt. Heißt es doch über ihn im 1982 erschienenen biographischen Standardwerk zum kommunistischen Widerstand in der Provinz Brandenburg: »Leistete aktive Widerstandsarbeit gegen den Faschismus, wurde am 12.11.1933 verhaftet. Lebte nach Entlassung in tiefster Illegalität. Verstarb am 5.9.1948 in Cottbus.«[229]

Ohne die politische Bedeutung und das Haftleiden Brünings in Zweifel ziehen zu wollen, muss jedoch angemerkt werden, dass der Strausberger nach seiner KZ-Entlassung (Juni 1934) zwar unter strenger Beobachtung stand – der NS-Staat offensichtlich auch nicht genug Belastungsmaterial für ein Justizverfahren zusammenbekam –, aber keineswegs in *tiefster Illegalität* lebte, was schon durch die Tatsache widerlegt wird, dass die Wehrmacht problemlos 1939 seiner habhaft werden konnte.

Er selber schreibt in seinem oben zitierten Lebenslauf – in der Verfolgtenakte trägt eine Abschrift desselben irrtümlicherweise das Jahresdatum 1949 – auch nichts vom »untertauchen«, sondern der starken Polizeibeobachtung: eine Tatsache, die jeder illegalen Arbeit entgegenstand, aus staatspolitischer Sicht entgegenstehen *sollte*, und uns auch aus anderen Verfolgtenschicksalen (S. 488, 567) als Unterdrückungsinstrument bekannt ist. Brüning selbst, das sei zu seiner Ehrenrettung gesagt, war auch nicht der Verursacher dieser Legendenbildung, sondern die parteioffizielle Geschichtsschreibung und die konstruierte mit Vorliebe ewige »Kämpfer und Sieger«.[230]

---

228 BLHA, Rep. 401 / VdN 21.

229 Komitee (Hg.), Antifaschistischer Widerstandskampf in der Provinz Brandenburg, S. 28 (Nr. 107).

230 So beispielsweise der Titel einer regionalgeschichtlichen Darstellung über den Berliner Bezirk Pankow, vgl. H.-R. Sandvoß, Widerstand in Pankow und Reinickendorf, Berlin 2009^3, S. 306.

Doch kehren wir nun zu den auf die Frühphase des Widerstandes kommunistischer Arbeiter in der Lausitz folgenden Prozessen und den dort angeklagten Akteuren und Hauptverantwortlichen zurück.

VGH-Verfahren wegen »Reichswehr- und Polizeizersetzung« (Sommer 1933)

Während beim Prozess gegen den Cottbuser Oskar Hoffmann und Andere - bei dem es um den Wiederaufbau der illegalen KPD ging – der Generalstaatsanwalt beim Kammergericht das Justizverfahren an sich zog, wurde beim Prozess gegen den Senftenberger Kurt Uhlich und zehn weitere Angeklagte bereits der Reichsanwalt bzw. der neu geschaffene Volksgerichtshof tätig. Für herausgehobene politische Verfahren geschaffen, wurde seine scharfe »Rechtsprechung« später berüchtigt.

Der Verlagerung dorthin lag der Umstand zugrunde, dass es sich nicht allein um verbotene kommunistische Reorganisations- und Agitationsversuche drehte, sondern um die vermeintliche »Bedrohung« eines Teils des staatlichen Sicherheitsapparates durch »Reichswehr- und Polizeizersetzung« sowie ähnliche Versuche bei SA und SS.

Dazu sagt das Urteil des VGH vom 23. August 1934 in seiner Begründung zum Vorwurf der »Vorbereitung zum Hochverrat«:

> Die KPD erstrebt mit allen Mitteln die gewaltsame Änderung der Verfassung des Deutschen Reiches und die Errichtung einer Arbeiter- und Bauernregierung nach russischem Muster. Sie hat seit langem erkannt, daß sie bei dem zu erwartenden Kampf um die Macht vor allem auf den Widerstand der Reichswehr und der Polizei, der Machtmittel des Staates, stoßen werde und daß an einen Erfolg des revolutionären Kampfes kaum gedacht werden könne, wenn Reichswehr und Polizei treu zur verfassungsmäßig festgestellten Staatsform stehen. Aus diesem Grunde hatte die KPD. vor der nationalen Erhebung einen besonderen Zersetzungsdienst eingerichtet, der dazu diente, durch persönliche Beeinflussung, durch Zeitschriften und Flugblätter bei den Polizeibeamten und Reichswehrsoldaten Unzufriedenheit mit den Dienstobliegenheiten und Widersetzlichkeit gegen ihre Vorgesetzten zu erregen, sowie ihre Disziplin und Staatstreue zu untergraben. Auf diese Weise sollte allmählich erreicht werden, daß Reichswehr und Polizei von innen heraus verfielen und im Ernstfall zu den Aufständischen übertraten.[231]

Seit Errichtung der nationalsozialistischen Herrschaft sei als weiteres »Objekt der zersetzenden Angriffe« 1933 »die politische Truppe der NSDAP«, die SA und SS, als die die Einheit von Staat und Partei stützenden Kräfte, hinzugetreten.

Ein derartiges umstürzlerisches Unterfangen machte der Volksgerichtshof 1934 u.a. an Flugblättern der illegalen KPD fest, die Ende August 1933 in Senftenberg und Großräschen sowie der näheren Umgebung an verschiedene Angehörige der SA und der SS verteilt wurden. Fünf Briefumschläge mit entsprechendem Material, das als Protestäußerung unzufriedener Kameraden getarnt war, lagen als Beweismittel

---

231 BArch, R 3018, Nr. 3522, Bl. 76–96 (Urteil v. 23.8.1934), Zitat Bl. 78. Die Anklageschrift stammt vom 4. Juni 1934 (Blatt 19–40).In einem thematisch verwandten Justizverfahren wurde der Perleberger KPD-Spitzenfunktionär Max Theiß zu 1 Jahr und 9 Monaten Gefängnis verurteilt; vgl. Komitee (Hg.), Antifaschistischer Widerstandskampf, S. 174 (Nr. 950).

dem Urteil bei. Darin wird der Führung der NSDAP – also auch Hitler – von »alten Kämpfern« vorgeworfen, das ursprüngliche politische Programm nicht durchgeführt, das »raffende Kapital« und den »unproduktiven Großgrundbesitz« nicht angetastet zu haben, auch sei der Versailler Vertrag noch immer nicht zerrissen. (Letzteres würden sozialdemokratische und friedenspolitisch orientierte Widerstandsgruppen der NSDAP allerdings nicht vorgeworfen haben, d. Verf.) Schließlich bündelt die Untergrundschrift ihre Fundamentalkritik folgendermaßen:

> Wir fragen unsere SA.- und SS.-Kameraden, wenn das das Resultat unseres jahrelangen Kampfes sein soll, ob nicht doch die Warnungen der Kommunisten Tatsache werden. Deshalb gilt es jetzt für uns, Augen auf, Ohren auf [-] und offenzuhalten und wenn nötig auch noch die zweite Revolution durchzuführen, bei der wirklich unser Programm verwirklicht wird.[232]

Unter den Forderungen, die am Ende der »Protestnote« formuliert werden – wie Vernichtung des Bonzentums in den eigenen Reihen oder Enteignung sämtlicher Kriegs-, Inflations- und Börsengewinne – sticht als letzte die »Entlassung aller inhaftierten Arbeiter und dafür Verhaftung der Bonzen und Schieber« hervor. Den im Prozess Beschuldigten wird dann im Urteil im Einzelnen zur Last gelegt, an der Beschaffung des Materials für das Flugblatt sowie dessen Herstellung und Verbreitung beteiligt gewesen zu sein und damit die hochverräterischen Ziele der KPD gefördert zu haben.

Als das Urteil des VGH am 23. August 1934 verkündet wurde, standen zwar elf Personen vor Gericht, vier davon wurden allerdings freigesprochen, Splitt nur wegen »Beihilfe« mit Strafe bedacht.

1.	Elektromont. Kurt Uhlich (* 1908), Senftenberg, Krankenhausstr. 1	1 J. 9 M. G
2.	Bauarbeiter Ewald Below (* 1887), Hörlitz Flur, Zschipkauerstr. 24	2 J. G
3.	Erdarbeiter Edmund Radojewski (* 1903), Senftenberg, Wehrstr. 10	1 J. 6 M. G
4.	Sägewerkarbeiter Paul Pösch (* 1894), Senftenberg, Rathausstr. 5	1 J. 6 M. G
5.	Straßenarbeiter Max Engler (* 1891), Senftenberg, Friedrichstr. 27	1 J. 5 M. G
6.	Maurer Walter Gebhardt (* 1908), Großräschen, Mühlenstr. 22	Freispruch
7.	Heizer Fritz Richter (* 1906), Großräschen, Mittelstraße 27	1 J. 5 M. G
8.	Schlosser Peter Przewloka (* 1892), Senftenberg, Eisenbahnstr. 51	Freispruch
9.	Bürogehilfe Gregor J. C. Splitt (* 1910), Rothenburg/O., Markt 31	10 M. G
10.	Bauarbeiter Eduard Stefaniak (* 1912), Senftenberg, Langestr. 92	Freispruch
11.	Bauarbeiter Josef Kowal (* 1893), Senftenberg, Schulstr. 9	Freispruch

Fünf der Genannten waren bereits vorbestraft, wobei *Below* – wegen Bettelns, Urkundenfälschung, Diebstahls, gemeinschaftlicher Körperverletzung und Aufforderung zum Ungehorsam –, *Engler* – wegen Auflaufs bzw. Widerstandes, Diebstahls, unbefugten Waffentransports, gefährlicher Körperverletzung und öffentlicher Beleidigung und Bedrohung – und *Przewloka* – wegen versuchten Raubes, schweren Raubes,

232 Ebd., S. 5 des Urteils vom 23.8.1934 (Bl. 80).

Unterschlagung, erneuter Unterschlagung sowie schwerer Urkundenfälschung in Tateinheit mit Betrug – die meisten Vorstrafen aufwiesen.

Dass das Urteil des Gerichts noch relativ milde ausfiel, hat nicht in erster Linie an der Dürftigkeit der ermittelten Tatsachen gelegen, sondern vor allem am Umstand einer ins Wanken geratenen Beweisführung. Heißt es doch im Urteil: »Soweit die Angeklagten ihre polizeilichen Aussagen widerrufen haben, mit der Behauptung, sie seien bei ihrer Vernehmung durch die SA. durch Drohungen und Mißhandlungen zu ihrer Aussage gezwungen worden, hat das Gericht unter den gegebenen Verhältnissen diese Behauptung der Angeklagten als richtig unterstellt.«[233]

Dass sich die Angeklagten Uhlich, Below, Radojewski, Poesch, Engler und Richter aber trotz allem doch der »Vorbereitung zum Hochverrat« schuldig gemacht hätten, wird nicht allein mit der »zersetzenden« Argumentation des verbreiteten Flugblatts, sondern – bei mehreren Angeklagten – auch mit den Aussagen des nur wegen Beihilfe verurteilten Angeklagten Splitt begründet. Einschränkend bemerkt das Gericht aber, auch nicht alle seiner Beschuldigungen übernommen zu haben, da er »[...] einen besonders glaubwürdigen Eindruck auf den Senat nicht gemacht hat.«[234]

Andererseits nahm das Gericht dem Angeklagten Engler nicht das Argument ab, er habe den größten Teil der 50 bis 80 von Uhlich entgegengenommenen Flugblätter im Wald von Krahnsdorf fortgeworfen und verweist dabei zur Begründung auf das »ganze Wesen« des langjährigen KPD-Funktionärs und Vorsitzenden des RFB.

Insgesamt waren zirka 500 Drucke hergestellt worden. Die am 20. August 1933 von Uhlich (nach Entwürfen von Below) auf Wachsmatrize geschriebenen Texte waren von Uhlich zu Poesch gebracht worden, der die Vervielfältigung auf einer Druckmaschine – die zuvor bei Radojewski versteckt war – bei sich vornahm.

Trotz allem aber folgte das Gericht nicht der Forderung des Staatsanwalts, Zuchthausstrafen zu verhängen, sondern glaubte, mit »nicht zu geringen« *Gefängnis*strafen der Gefährlichkeit des politischen Unternehmens der Angeklagten angemessen entgegenzutreten.

Was sagten die zwei Hauptbeteiligten nach der Befreiung zu den Geschehnissen im Rückblick aus? Der Eine war einst Unterbezirksleiter der kommunistischen Jugend in Senftenberg, der Andere dort Org.-Ltr. der Partei:

Der Elektromonteur Kurt Uhlich, geboren im Kreis Görlitz, wechselte nach seiner Maßregelung beim Bergarbeiterstreik (Grube Marga der Ilse-Bergbau A.G.) im September 1927 nach Berlin, wo er bis Ende 1930 als Elektromonteur arbeitete. Durch die Weltwirtschaftskrise verlor er seinen Broterwerb und kehrte nach Senftenberg zu seiner Mutter zurück, die inzwischen Witwe geworden war. Erst Anfang November 1935 fand er wieder Arbeit, die er jedoch zwei Monate später aufgrund seiner Verurteilung wieder verlor.

---

233 Ebd., S. 17 des Urteils vom 23.8.1934 (Bl. 92).
234 Ebd., S. 18 des Urteils vom 23.8.1934 (Bl. 93).

In Berlin war Uhlich – nicht zuletzt durch die blutigen Auseinandersetzungen um den 1. Mai 1929 herum bedingt – zur kommunistischen Bewegung gestoßen. Kurt Uhlich (1908–1958) schreibt 1951 über seinen weiteren Lebensweg:

> Mit meiner Übersiedlung nach Senftenberg bekam ich, da ich noch verhältnismäßig jung war, die Aufgabe, die kommunistische Jugendgruppe in Senftenberg zu betreuen. Ich wurde Mitglied des K.J.V. (Jan. 1931) und war zunächst Ortsgruppenleiter des K.J.V. in Senftenberg. Aufgrund der Aktivität, die wir im Jugendverband entwickelten, wurde ich dann mit der polit. Leitung des Bezirks Cottbus des K.J. beauftragt. Diese Funktion übte ich etwa ¼ Jahr aus, da inzwischen der Unterbezirk Senftenberg gebildet wurde. Im Unterbezirk Senftenberg war ich Unterbezirksleiter der K.J.V. Am 3.3.33 wurde ich das erste Mal in Haft genommen und nach ca. 14 Tagen wieder entlassen. In der Zwischenzeit mehrmals kurze Zeit inhaftiert. Am 5.11.33 in Untersuchungshaft wegen Vorbereitung zum Hochverrat. Am 24.[23.]8.34 erfolgte unsere Verurteilung, wir waren insgesamt 11 Genossen, vor dem Volksgerichtshof in Berlin. Wegen Vorbereitung zum Hochverrat bekam ich 1 ¾ Jahre Gefängnis. Ende September 1935 wurde ich, da 8 Monate Untersuchungshaft angerechnet wurden, aus der Haft entlassen. Am 1.9.39 wurde ich in Heidemühl Krs. Spremberg, wo ich mich auf Montage befand, erneut in Haft genommen und nach dem KZ Sachsenhausen überführt, aus dem ich am 21.4.40 entlassen wurde.[235]

Uhlich fand anschließend Arbeit bei Siemens-Schuckert in Cottbus und musste keinen Wehrdienst leisten. 1945–48 war er Volksbildungsstadtrat und Stellv. Bürgermeister in Senftenberg.

Zu seiner illegalen Arbeit machte Uhlich rückblickend keine detaillierten Angaben, merkte in seinem Fragebogen von 1947 nur an, dass seine Widerstandstätigkeit in der Herstellung und Verbreitung von Flugblättern bestand und dass er verhaftet wurde, da die Polizei eine Schreibmaschine fand, auf der Flugblätter hergestellt worden waren.[236]

Der Bergmann bzw. Hauer Ewald Below (1887–1965) – über zwanzig Jahre älter als der eben zitierte Uhlich – blickt auf eine sehr engagierte politische Tätigkeit schon in den 1920er Jahren zurück. Enttäuscht von der Haltung der SPD im Ersten Weltkrieg, hatte er sich der 1919 gegründeten KPD angeschlossen, für die er (mit Arthur Wölk und Konrad Sychalla) den Unterbezirk Senftenberg der Kommunisten als Org.-Ltr. organisierte. Von seiner Partei später mit verschiedenen »militärpolitischen Aufgaben« betraut, wurde er zwischen 1923 und 1925 in mehrere Prozesse, darunter wegen Landfriedensbruchs und Hochverrats, verwickelt. Als Gemaßregelter und revolutionärer Gewerkschafter fand er in seinem Bergmannsberuf keine Anstellung und wich auf Hilfsarbeiter- bzw. Steinträgertätigkeiten aus. Wie Uhlich wurde auch Below bereits 1933 – allerdings zweimal – in »Schutzhaft« genommen, nach (je) zwei bis vier Wochen aber wieder entlassen.[237] Er schreibt 1946 in seinem Lebenslauf:

---

235 BLHA, Rep. 930 SED BL Ctb, Nr. 4940.

236 Ebd., Rep. 801, VdN 2100 (Haftbürgen waren die früheren Mitangeklagten Walter Gebhardt und Fritz Richter.).

237 Ebd., Rep. 930 SED BL Ctb, Nr. 4800.

Im März 1933 bei den Massenverhaftungen festgenommen, nach 9 Wochen entlassen. Habe dann in illegaler Arbeit Flugblätter und Zeitungen hergestellt. Im November 1933 verhaftet, nach 9 Monaten Untersuchungshaft zu 2 Jahren Gefängnis wegen Vorbereitung zum Hochverrat verurteilt. Nach meiner Entlassung [Dezember 1935] sofort wieder verhaftet und in[s] K.Z-Lager Lichtenburg gebracht, wo ich am 7.11.1936 entlassen wurde. Arbeitete wieder auf Grube Meurostolln, wo ich sofort wieder die Verbindung mit den alten Genossen aufgenommen habe. Die illegale Tätigkeit beschränkte sich hier nur auf mündliche Propaganda, Aufschriften auf Kohlewaggons usw. Im Juni [Juli] 1944 beim Hitlerattentat wurde ich noch einmal 4 Wochen eingesperrt.[238]

Im April 1945 zum Volkssturm einberufen, wirkte er auch dort »zersetzend« und erreichte 24 Stunden vor Einrücken der Roten Armee die Beseitigung der Panzersperren und die Waffenniederlegung des Volkssturms in Hörlitz b. Senftenberg.

Auch Below äußert sich in seinen Verfolgungsunterlagen nicht dazu, dass bei der Gerichtsverhandlung die Angeklagten den Mut aufbrachten, die brutalen »Verhörmethoden« anzusprechen. Er merkt im Fragebogen von 1946 nur kurz zum Umstand der Verhaftung an: »Durch das Auffinden der Schreibmaschine bei Peter [Przewloka] wurde durch unmenschliche Mißhandlungen Aussage erpreßt.«

Der Verfolgtenantrag[239] der hinterbliebenen Mutter des angeklagten Senftenbergers Edmund Radojewski, der beim Uhlich-Prozess am 23. August 1934 eine Gefängnisstrafe von 1 ½ Jahren bekam (S. 484), führt uns zu einem frühen Todesopfer der Gruppe. Der junge Erdarbeiter Radojewski, geboren 1903, kam bereits im Januar 1935 in der Haftanstalt ums Leben. Die Umstände sind allerdings nicht widerspruchsfrei zu klären: Während die Gestapo intern vom Tod durch »Herzmuskelschwäche« in Moabit ausging, die Mutter in ihrem Fragebogen 1947 aber schreibt, er sei »[...] an den Folgen der Mißhandlungen verstorben«, besagt die schriftliche Erklärung des Senftenberger Antragsbürgen Josef Kowal (1893), dass Radojewski »[...] 1935 im Gefängnis Spandau infolge Hungerstreiks verstorben [...]« sei. Vielleicht, so darf vermutet werden, griff der Geschwächte zum letzten Mittel des Hungerstreiks, weil er – stark gesundheitlich angeschlagen durch die Misshandlungen – eine medizinische Betreuung erzwingen wollte. Wie auch immer, Edmund Radojewski wurde das Opfer eines verbrecherischen Systems.

Von schweren Misshandlungen durch die Geheime Staatspolizei berichtet auch der im Hochverratsverfahren »Uhlich und Genossen« zu anderthalb Jahren Gefängnis verurteilte Senftenberger Arbeiter Paul Poesch (1894–1969). Zum näheren Anlass seiner Festnahme schreibt er nur kurz: »Bei einer Haussuchung bei Schibbocka durch dessen Angaben weitere Genossen verhaftet. Ich wurde durch Radojewski angegeben.«[240]

238 Ebd., Rep. 801, VdN 127.

239 Ebd., Rep. 801, VdN 1560 (Antragsbürgen Kurt Uhlich, Josef Kowal und Max Engler).

240 Ebd., Rep. 801, VdN 1507 (Paul Poesch). Im Urteil des VGH vom 23. August 1934 wird der Nachname auch Pösch geschrieben.

Zu den Umständen der Gestapo-»Vernehmungen«, denen zufolge Radojewski Uhlichs Namen nannte, schreibt derselbe über Erlebnisse auf der Polizeiwache Senftenberg: »Bis zur Bewusstlosigkeit geschlagen. Es war in allen Stellen das gleiche Bild. Schikane und Qual überall dasselbe.« Zum Namen der Täter bemerkt Uhlich: »Gestapomann Dier, Adresse unbekannt. Die Namen der einzelnen Beamten sind mir entfallen.«[241]

Paul Poesch, in dessen Wohnung (Rathausstraße 5) der Abzugsapparat der Gruppe stand und wiederholt betätigt wurde, notiert über die Zeit nach der Entlassung aus Berlin-Tegel (22. Juni 1935):

> Nach meiner Entlassung aus dem Gefängnis ging ich aus wirtschaftlichen Gründen nach Sommerfeld [heute Lubsko in Polen] und kam nochmal in Verbindung im Prozess Kernicke [und] Mehnert. Daraufhin wurde ich besonders überwacht. Wurde auch zu keiner besonderen Arbeit vermittelt. Eine untergeordnete Tätigkeit in einer Tuchfabrik war meine Beschäftigung während der ganzen Kriegszeit.[242]

Poesch, der aufgrund seiner politischen Einstellung und Vorstrafe nicht zur Wehrmacht und auch nicht zum »Volkssturm« eingezogen wurde, hebt hervor, was er im Produktionsprozess als besonders belastend empfand: »Das schlimmste von allen waren die nominellen PGs [NSDAP-Parteimitglieder] in den Betrieben. Diese irregeführten Menschen benahmen sich wirklich wie die Kettenhunde. Alles in Allem: Ein Segen, dass die rote Armee diesen Spuck [Spuk] beseitigt hat.«

Prozess Pradel (Guben und Forst)

Aus den Städten Guben und Forst stammten die neun Angeklagten eines Justizverfahrens vor dem 5. Strafsenat des Kammergerichts Berlin – Anklageschrift vom 25. März 1935, Urteil bereits vom 13. Mai d. J. –, bei dem es um ein »hochverräterisches Unternehmen« im Jahr 1934 im Landgerichtsbezirk Guben ging. Die Angeklagten, darunter vier Weber und zwei Hutarbeiter, saßen seit dem 24. bzw. 29. Dezember 1934 in den Gerichtsgefängnissen Guben (6 Personen) und Forst (3 Personen) in Untersuchungshaft. Die Strafen, die in diesem Fall ausgesprochen wurden, wichen sowohl in der Strafhöhe als auch der Strafform (Zuchthaus statt Gefängnis) erheblich von dem ab, was in den vorausgegangenen Lausitzer Justizverfahren zum Tragen gekommen war. Auch der kurze Abstand zwischen Anklageerhebung und Urteil fällt ins Auge. Urteil des 5. Strafsenats des Kammergerichts Berlin vom 13. Mai 1935:

1.	Weber Erich Pradel (* 1906), Guben, Kaltenborner Damm 23	2 ½ J. Z
2.	Weber Kurt Pradel (* 1903), Guben, Kaltenborner Straße 157	2 ½ J. G
3.	Weber Max Malinski (* 1902), Guben, Lahmoer Straße 18	4 ½ J. Z
4.	Weber Erich Müller (* 1897), Guben, Neustadt 14	Freispruch
5.	Hutarbeiter Martin Lehmann (* 1899), Guben, Kaltenborner Damm 23	3 J. Z

241 Ebd., Rep. 801, VdN 1560.
242 Ebd., Rep. 801, VdN 1507.

6. Hutarbeiter Otto Wolf (* 1898), Guben, Neißestraße 23 Freispruch
7. Schlosser Richard Döring (* 1911), Forst, Schachstraße 11 7 J. Z
8. Anleger Heinrich Deichmann (* 1907), Forst, Cottbusser Straße 59 4 J. Z
9. Tischlergeselle Otto Werchan (* 1907), Forst, Horst-Wessel-Platz 5 2 ½ J. G[243]

Alles deutet auf eine intensivere und strukturierte Art des illegalen Arbeiterwiderstandes hin, den die NS-Justiz mit einem verschärften Schlag kontern wollte, denn offensichtlich waren beide Seiten auf einer höheren Stufe der Auseinandersetzung angelangt. Die von der NS-Bewegung 1933 durch eine Reihe von »Schutzhaft«-Wellen erhoffte totale Einschüchterung der oppositionellen »Arbeiterszene« war in der Lausitz erkennbar ausgeblieben! Die Anklageschrift vom 25. März 1935, aus nur vier Seiten bestehend, bündelt die Vorwürfe der »Vorbereitung zum Hochverrat« folgendermaßen:

> In Guben und Umgebung war seit geraumer Zeit eine lebhafte Verbreitung illegalen Hetzmaterials beobachtet worden, die den Verdacht berechtigen liess, dass sich eine kommunistische Organisation gebildet hatte, die sich die Verbreitung hochverräterischer Schriften zur Aufgabe gemacht hatte. Als am 13. Dezember 1934 in der Tuchfabrik Huschke in Guben auf einem Abort die Rote Fahne Oktoberausgabe 1934 gefunden wurde, nahm die Polizei Durchsuchungen bei den längst verdächtig gewordenen Angeschuldigten Kurt und Erich Pradel, Max Malinski und Erich Müller vor.[244]

Dabei stieß die Gestapo auf diverse Untergrundschriften wie (zusammengefasst) »Die Maischau der revolutionären Kräfte des Proletariats« (vom 20. Mai 1934 und anscheinend in Berlin gedruckt), verschiedene Ausgaben der »Roten Fahne« (Juli- bzw. November-Ausgabe) sowie ältere Druckschriften und Broschüren und eine Kommunistische Jugendschrift vom 20. März 1934 mit dem Leitartikel »Die Weltpartei neuen Typs«. Die Anklage fährt fort:

> Die weiteren Ermittlungen ergaben das Bestehen einer neuen kommunistischen Organisation zum Zwecke des Vertriebes hochverräterischen Hetzmaterials. Zentralstelle und Lieferant war der flüchtige Drogist Gerhard Donath aus Ober-Ullersdorf bei Zittau, der früher der Sozialistischen Jugend [SAJ] und ab Weihnachten 1932 der KPD angehörte und auch in Rußland gewesen sein soll. Das Hetzmaterial stammt wahrscheinlich aus dem K.P.D. Büro in Tschechisch-Ober Ullersdorf. Donath belieferte Guben und Umgebung – soweit festgestellt – in der Zeit von Juli bis November 1934. So lieferte er in Abständen von etwa 4 Wochen u. a. an den Angeschuldigten Döring in Forst, der sich zur Entgegennahme und Weiterverbreitung der Schriften bereiterklärt hatte, jeweils ungefähr 100 Exemplare der Roten Fahne und in geringerer Zahl andere Druckschriften wie »Junge Garde«, »Gegenangriff«, »Inprekorr« und andere kommunistische Broschüren.[245]

---

243 BArch, NJ 5073, Bd. 1, Bl. 8ff. (Urteil vom 13. Mai 1935). Der Angeklagte Döring schrieb sich selbst nach dem Krieg mit oe. Beim »Horst-Wessel-Platz« handelte es sich um einen Platz jenseits der Neiße.

244 Ebd., NJ 5073, Bd. 1, Bl. 5ff. (Anklageschrift vom 25. März 1935).

245 Ebd., NJ 5073, Bd. 1, Bl. 6 (Seite 3 der Anklageschrift).

Die Belieferung erfolgte durch Kuriere mit Motorrädern und Fahrrädern an vorher vereinbarten Treffpunkten in der Nähe von Forst, wobei bestimmte Erkennungszeichen angewandt wurden. Malinski, der die Verbreitung des Materials in Guben übernahm, erhielt seine Exemplare durch den Kurier Werchan – es waren dreimal ungefähr je 30 Exemplare der »Roten Fahne«, davon wurden dem Angeschuldigten Lehmann (Guben) 10 Stück ausgehändigt, ebenso dem Angeschuldigten Wolf. Der Rest wurde an Malinski angeblich unbekannte Personen abgegeben. Lehmann wiederum verkaufte jeweils drei Ausgaben der »Roten Fahne« an Erich und Kurt Pradel, mit denen er verschwägert war.

Die andere Hälfte der von Donath erhaltenen Untergrundschriften gab Döring an Heinrich Deichmann in Forst weiter. Der wiederum verbreitete das Material unter Personen, »...die er nur dem Ansehen nach kennen will...«, heißt es in der Anklageschrift. Die durch den Verkauf erzielten Erlöse (je 10 Pfennig) rechneten Deichmann mit Döring, Lehmann und Wolf mit Malinski ab, der das Geld schließlich an Döring weitergab. Von diesem an Kuriere ausgehändigt, gelangte es zu Donath.

Auslöser der Festnahmen mehrerer Gruppenmitglieder war, dass Erich Pradel im Herbst 1934 einem Arbeitskollegen namens Reiser – offenbar leichtfertig – die verbotene »Rote Fahne« anbot (S. 489).

Erich Pradel gehörte bis 1933 der KPD an, während sein Bruder Kurt Pradel nicht organisiert gewesen sein will, bemerkt die Anklageschrift. Sie weist auch auf folgende politische Einstellungen und Funktionen hin: Malinski war Kommunist und vertrat die KPD als Stadtverordneter in Guben, desgleichen Erich Müller. Wolf war in der KPD als Kassierer engagiert, Döring gehörte ebenfalls der Partei an sowie darüber hinaus der Roten Hilfe. Lehmann und Werchan wollten nicht politisch organisiert gewesen sein, Letztgenannter will nur dem Arbeitersportverein Fichte angehört, Lehmann aber allgemein zu einer marxistischen Einstellung geneigt haben.

Was berichten demgegenüber Überlebende wie Richard Döring (7 Jahre Z.) und Martin Lehmann (3 Jahre Z.) nach 1945?

Der Hutarbeiter Martin Lehmann (1899–1989) hinterließ im Bezirksparteiarchiv einen mehrseitigen Bericht über seine Widerstandserlebnisse. Dabei machte er zunächst folgende grundsätzliche Aussagen:

> Ich möchte vorausschicken, daß die Jugend unter Widerstandskampf den Kampf mit Gewehr, Pistole oder Messer versteht, dem war aber nicht so. Wir Widerstandskämpfer hatten einen ungleich schweren Kampf zu führen. Die Faschisten bekämpften uns mit allen Mitteln wie Erschießen, Foltern, Erschlagen, KZ und Zuchthaus. Wir waren als Widerstandskämpfer mit der Aufklärung der Arbeiterklasse durch Vertreibung von Zeitungen und Broschüren [beschäftigt], da die Kommunistische Partei den Einzelterror ablehnte.[246]

---

246 BLHA, Rep. 930 (Bezirksparteiarchiv SED Cottbus), Nr. 4579. Martin Lehmanns ausführlicher Bericht klärt leider im Folgenden nicht, ob die Illegalen in Verbindung zu einer Gruppe um den Cottbuser und Forster Funktionär Willi Jannasch standen. Er wurde im Februar 1936 festgenommen, im Juni d. J. zu 4½ Jahren Zuchthaus verurteilt und erlag im September 1938 Misshandlungen und Entbehrungen. Vgl. BLHA, Rep. 333, Nr. 1277.

Martin Lehmann

Richard Döring

Martin Lehmann verschweigt nicht, wie stark der Kern der Aktiven im Laufe der Zeit – man darf anfügen aufgrund der Intensivierung der Kontrollen und des Terrors – schmolz:

> In der ersten Zeit war unsere Gruppe an die 60 Mann stark, zum größten Teil Rot-Sportler. Wir hielten noch Versammlungen im Wald ab. Sie wurden dann kleiner umorganisiert, um zu verhindern, dass mehrere Genossen verhaftet wurden, denn durch die grausamen Verhöre wurde doch mancher schwach und verriet Genossen. In meiner Gruppe waren wir 3 Genossen, Max Malinski, Richard Döring und ich. Durch den Kurier Döring kam das Material aus der Tschechoslowakei. Wir verbreiteten es in den Betrieben unauffällig bei Menschenansammlungen, in Lesezimmern und in Briefkästen. Durch einen Gestapo-Spitzel wurden wir verraten und am 13.12.1934 verhaftet und zur Polizeiwache gebracht. Zehn Tage musste ich des Nachts zum Verhör.

Wie sich die nächtlichen Verhöre abspielten, sei mit seinem eigenen Wort kurz wiedergegeben, obwohl uns von Luckenwalder (S. 391ff.) oder Senftenberger (S. 485) Opfern Ähnliches bereits berichtet wurde. Martin Lehmann:

> Eines der Verhöre trug sich folgendermaßen zu: Einer der Anwesenden kam auf mich zu, entsicherte die Pistole und drückte den Lauf auf meine Brust. Ein anderer schrie mich an: ›Du Schwein, wirst Du nun endlich sagen, an wen Du das Material verteilt hast?‹ Ich gab keine Antwort und bekam von hinten Schläge, die mich betäubten. Erst in der Zelle erwachte ich wieder, meine Jacke war noch in der Tür eingeklemmt. Raffinierten Tricks und brutaler Gewaltanwendung hielt ich stand, gab keinen der Genossen preis und rettete dadurch die Genossen, die ich mit illegalem Material beliefert hatte. Es leben davon noch Karl Bartsch, Fritz Juckel, Herbert Pätzold und Schmidt. Bei jeder Lieferung hatte ich 60 Zeitungen und Broschüren vertrieben.

Lehmann wurde für einen Teil seiner Haftzeit ins Moorlager verschleppt – wo er auf die Mitangeklagten Malinski und Döring traf – und musste im Krieg Dienst im Strafbataillon 999 leisten.

Der Schlosser Richard Döring war in den früheren Jahren des Widerstandes *die* Schlüsselfigur der Untergrundarbeit der KPD in der Lausitz.

1911 in Forst als Sohn eines Webers und einer Weberin, die der SPD angehörten, geboren, prägten ihn schon früh die Organisationen der Arbeiterbewegung, zunächst war es der Arbeitersport, dann die gewerkschaftliche Arbeit in Fürstenwalde/Spree. Durch den Arbeiterschachclub kam er mit kommunistischen Kreisen näher in Kontakt und trat 1930 den Jugendorganisationen des Roten Frontkämpferbundes und der KPD bei. Schon bald wurde ihm die Leitung des KJVD in Fürstenwalde übertragen, schließlich sogar die Leitung der Jugendarbeit für das gesamte Fürstenwalder Gebiet. 1930 trat er der KPD bei und erhielt nach verhältnismäßig kurzer Zeit die Verantwortung für die gesamte Parteiarbeit des genannten Gebiets übertragen. Richard Döring (1911–1978) schreibt 1948 in seinem Lebenslauf:

> Im April 1931 wurde ich arbeitslos. Die Gründe hierfür lagen in der polit. Arbeit unter der Belegschaft. Um die Mitte des Jahres 1932 wurde für mich der Fürstenwalder Boden zu heiß, da ich etwas zu stark in der Zersetzungsarbeit unter der Reichswehr [S. 483ff.], die in der Stadt kaserniert war, eingestiegen bin. So ging ich dann im Juli 32 nach Forst zurück. Ich arbeitete zuerst als Org.Leiter, dann als politischer Leiter in der Parteiortsgruppe bis zu meiner 1. Verhaftung im März 1933. Verhaftet wurde ich im Zusammenhang mit verbotener Literatur, die bei einem Genossen – dem ersten Mann meiner jetzigen Frau – gefunden worden ist. Im Aug. 1933 wurde ich »Mangels an Beweisen« vom Kammergericht Berlin freigesprochen. Unmittelbar nach der Freilassung nahm ich die illegale Arbeit auf und begann, die Partei-Ortsgruppe auf die veränderte Situation hin zu reorganisieren. Es gelang auch im Spätsommer 1934 eine zentrale Verbindung herzustellen, sodass der Stadt Forst wie auch den umliegenden Städten illegale Literatur zugestellt werden konnte. Im Dez. 1934 erfolgte dann meine 2. Verhaftung. Dies dadurch, dass der Verbindungsmann der Stadt Guben (Malinski – im Krieg wahrscheinlich gefallen), meinen Namen wusste. So wurde ich dann wegen dieser Arbeiten im Mai 1935 – vom 4. Senat [5. Senat] des Kammergerichts – zu sieben Jahren Zuchthaus verurteilt und dem Zuchthaus Luckau überwiesen. Zu bemerken wäre noch, dass meine Mutter an der illeg. Arbeit sehr grossen Anteil gehabt hat.[247]

Döring wurde im April 1937 mit ca. 100 Luckauer Mithäftlingen – darunter seinem Prozessgenossen Malinski – zunächst in das Moor-Strafgefangenenlager Esterwege zu Kultivierungsarbeiten geschickt, im Juli d.J. dann ins Aschendorfer Moorlager, auch dort wahrte man unter erschwerten Bedingungen einen gewissen politischen Zusammenhalt der gegenseitigen Stärkung. Als im August 1941 Dörings Entlassung anstand, sperrte man ihn zunächst ins Polizeigefängnis Frankfurt/Oder und dann

247 BLHA, Rep. 530 (Bezirksparteiarchiv SED Potsdam), Nr. 1042.

ins KZ Sachsenhausen, wo er Teil des geheimen Lageraktivs wurde. Im November 1944 presste die SS ihn und andere »Politische« in die Strafeinheit Dirlewanger. Doch schon bald konnten dort Hunderte zur Roten Armee überlaufen.

Andere Prozessgenossen Dörings, die wie er in eine Strafformation (999) gesteckt wurden, erlagen dagegen den mörderischen Bedingungen besonders gefahrvoller Einsätze, nämlich Max Malinski und und Kurt Pradel.[248]

Die drei hatten zur illegalen Betriebsgruppe einer Gubener Tuchfabrik gezählt (S. 489), die Gelder zur Unterstützung Inhaftierter sammelte und Untergrundschriften verbreitete und waren dafür hart bestraft worden (S. 488), Max Malinski als Betriebsgruppenleiter sogar mit 4 ½ Jahren Zuchthaus.

Kontakte zu jungen Sozialdemokraten

Der uns aus dem Prozess gegen Gubener und Forster Arbeiter (S. 489ff.) bereits vertraute Name des KPD-Exil-Funktionärs Gerhard Donath (1913–1970) begegnet uns auch in einem weiteren Justizverfahren gegen NS-Gegner, die diesmal allerdings nicht aus der kommunistischen Bewegung hervorgegangen waren, sondern der sozialdemokratischen Jugendorganisation (SAJ) entstammten. Der hatte Donath – zumindest formal als Mitglied – bis 1932 angehört und war dann zur KPD übergewechselt. Es lag nun für die Untergrundbewegung der Lausitzer Kommunisten nahe, dass Donath alte Verbindungen nutzte, um dort Sympathisanten für den Widerstandskampf der KPD zu gewinnen. Und tatsächlich, es gelang Donath, zu oppositionellen SAJlern Kontakte zu knüpfen: Deswegen kam es im Dezember 1938 zu einem Kammergerichtsverfahren gegen den Fadenanleger Max Franke (1913) und sechs weitere Arbeiter – ganz überwiegend kamen sie aus Forst, nur einer aus Nossdorf –, das nach heutigen Erkenntnissen relativ unspektakulär ausfiel. Geheime Staatspolizei und NS-Justiz hatten Folgendes ermittelt:

In Forst bestand bis zum Verbot der Sozialdemokratie (Juni 1933) eine aktive junge Anhängerschaft, die in der Sozialistischen Arbeiterjugend organisiert war und zeitweise 80 Mitglieder umfasste, parallel dazu existierte eine 100 Personen starke Gruppe der Freizeitorganisation »Die Naturfreunde«, wobei es durch Doppelmitgliedschaften und Freundschaften zu einem regen Austausch mit der SAJ kam. Im Jahre 1937 – vier Jahre nach der Zerschlagung der Arbeiterkulturbewegung – kam der Staatspolizei Frankfurt/Oder zu Ohren, dass sich frühere Mitglieder der genannten Organisationen zusammengeschlossen hätten und durch Wanderungen und Fahrten, die auch ins tschechische Gebiet führten, einen regen politischen Gedankenaustausch pflegten.

Aufgrund dieses – dem NS-Regime verdächtigen – Verhaltens wurde nun sieben jüngeren Menschen der Vorwurf gemacht, sich im Landgerichtsbezirk Guben zwischen 1933 und 1938 durch die Herstellung eines organisatorischen Zusammenhalts der Vorbereitung eines hochverräterischen Unternehmens schuldig gemacht zu haben.

---

248 BLHA, Rep. 801 / VdN 1513 (Pradel, Elisabeth); Rep. 333, Nr. 1288, Bl. 88ff. (Malinski).

Doch der Berg kreißte, gebar aber nur ein Mäuschen, könnte man zugespitzt formulieren, denn von den Hochverratsvorwürfen blieb am Ende nicht viel übrig. Sei es, dass die Anschuldigungen ohnehin aufgebauscht waren, oder, dass die jüngeren Sozialdemokraten ihre Gegnerschaft geschickt tarnten, jedenfalls fielen die Strafen, so es überhaupt dazu kam, recht milde aus. Urteil des 3. Strafsenats des Kammergerichts Berlin vom 1. Dezember 1938:[249]

1. Fadenanleger Max Franke (* 1913), Forst, Hermannstr. 11	8 M., 1 W. G
2. Tuchmacher Rudolf Biedermann (* 1912), Forst, Finkenweg 4	8 M. G
3. Tischler Alfred Marko (* 1913), Forst, Grenzstr. 38	8 M. G
4. Fadenanleger Richard Ratajczak (* 1912), Forst, An der Bleiche 5	8 M. G
5. Schneider Kurt Klose (* 1912), Forst, Triebeler Str. 55	Freispruch
6. Weber Willibald Klose (* 1910), Forst, Triebeler Str. 55	Freispruch
7. Weber Arno Wanneck (* 1912), Nossdorf (Krs. Sorau), Kl. Jamnoer Str. 10	Freispr.

Den jungen Angeklagten wurde nicht allein das geringe Lebensalter zugute gehalten, sondern vor allem, dass sie sich den politischen Anwerbungsversuchen des kommunistischen Exil-Funktionärs Donath – dessen Name uns bereits aus dem Verfahren Pradel gegenüber Gubener und Forster KPD-Anhängern vertraut ist (S. 489) – »standhaft« widersetzt hatten (oder besser: hätten).

Wenn man die Härte der NS-Justiz bei Prozessen gegen die illegale Brandenburger Sozialdemokratie (S. 198ff.) zum Vergleich heranzieht, fällt auf, wie nachsichtig – und fast großzügig – der 3. Strafsenat des Berliner Kammergerichts im Verfahren gegen Max Franke und Andere gegenüber überwiegend jungen Parteianhängern argumentiert: Schließlich lagen auch in diesem politischen »Fall« die sonst stark angeprangerten Tatsachen wie organisatorischer Zusammenhalt, Schriftenverbreitung und Geldsammlung für verfolgte Familien vor – doch wie wurde nun alles sichtbar »entschärft«?

Offenbar war es dem Hauptangeklagten Max Franke schon bei den ersten Vernehmungen in der Staatspolizeistelle Frankfurt/Oder gelungen, jeden Anschein von illegaler Arbeit von sich und seinen Weggefährten fernzuhalten und ihre Verbindungen und Fahrten als unpolitisch ausgerichtete »Freundschaften« zu charakterisieren.

Wäre da nicht der Kontakt zum kommunistischen Funktionär Gerhard Donath und dessen politische Vorschläge, die eine oder andere belastende Begegnung mit Exil-Vertretern der SPD oder KPD (Willi Rescher) sowie die Sammlung für die Familien inhaftierter Sozialdemokraten gewesen, die von Seiten der Angeklagten zu erklären waren. Beim Gestapo-Verhör am 29. März 1938 sagt Max Franke über Gerhard Donath:

249 BArch, NJ 3254, Bd. 1. Wenn im Folgenden dieses Justizverfahren ausführlich beschrieben wird, dann nicht, um den sozialdemokratischen Anteil am Widerstand über Gebühr hervorzuheben, sondern das – letztendlich vergebliche – Werben der illegalen KPD um diese Kreise und die dabei angewandten Methoden und Parolen deutlich zu machen.

> 1931 trat der Drogist Gerhard Donath, der bei der Fa. Seidel in Forst beschäftigt war, in die SAJ ein. Durch seine radikalen politischen Ansichten erweckte er bald den Eindruck, als ob er von [vom] KJVD. in die SAJ. geschickt worden sei, um diese im kommunistischen Sinne zu zersetzen. Er war menschlich ein feiner Kerl, schloß sich unserer Gruppe enger an und hielt mit uns gut Freundschaft. Er wurde 1932 aus der SAJ. ausgeschlossen, weil sein Verhalten der Parteidisziplin zuwiderlief. Außerdem war er kurze Zeit lang sowohl in der SAJ. und in dem KJVD Mitglied.[250]

Danach habe Franke ihn aus den Augen verloren und erst Ostern 1934 wieder von Donath gehört. Mit seinen Freunden Biedermann, Ratajczak und Marko unternahm Franke einen Ausflug nach Oybin bei Zittau und stellte bei den in Oberullersdorf wohnenden Eltern Donaths die Fahrräder ab. Dadurch erfuhren sie, dass Donath gerade wegen eines politischen Vergehens eine Haftstrafe verbüßte. Die früheren SAJler beschlossen, ihren ehemaligen Weggefährten bei der Entlassung aus der Haft am 6. Mai 1934 abzuholen. Doch als sie in Bautzen ankamen, war Donath bereits entlassen, sie trafen ihn schließlich bei den Eltern in Oberullersdorf und erfuhren von ihm, dass er KZ- und Gefängnishaft wegen Schmuggelns illegaler Druckschriften erhalten hatte und nun die Emigration erwog.

Die 4er-Gruppe fuhr nach Forst zurück und hörte bis zum Herbst (angeblich) nichts mehr von Donath, bis dieser plötzlich in der Stadt auftauchte. Man unternahm gemeinsam einen sehr langen Spaziergang bis nach Jähnsdorf und sprach dabei auch über politische Fragen.

Donath machte dabei grundsätzliche Ausführungen zur illegalen Arbeit in den Betrieben und gab den jungen Leuten Richtlinien für ihre eigenen zukünftigen Aufgaben: Darunter das Ziel, bei der Erkämpfung von Lohnerhöhungen NS-Anhänger politisch aufzuhetzen und dafür zu instrumentalisieren, so dass im Falle des Scheiterns nicht die Kommunisten am Pranger stünden, sondern Mitglieder der SA oder NSDAP.

Donath berichtete darüber hinaus von Verhaftungen kommunistischer Funktionäre aus Forst und Umgebung sowie seinen Auslandsverbindungen und Kontakten in Deutschland, darunter zu Willi Rescher, einem Vetter Frankes, der bis zu seiner Emigration im Januar 1936 in Forst, Karlstraße 19, wohnte.

(Im Sommer 1936 – also zwei Jahre nach der oben geschilderten Wanderung der SAJler mit Donath im Herbst 1934 – erhielt Franke Post von Rescher aus dem tschechischen Reichenberg und wurde zu einem Besuch aufgefordert.)

Im Oktober 1934 war es erneut zu einer Begegnung mit Donath anlässlich einer Kirmes in Oberullersdorf gekommen. Der für das Fest aufgebaute Rummelplatz lag teils auf deutscher, teils auf tschechischer Seite. Donath hatte letztere genutzt, um sich mit emigrierten Genossen treffen zu können.

Im November 1934 teilte Franke Donath mit, dass die Freundesgruppe im Dezember d.J. zum Wintersport zur Königshöhe kommen würde. Dort traf man

250 BArch, NJ 3254, Bd. 1, Bl. 7ff.

sich am 1. oder 2. Weihnachtsfeiertag mit Donath und erfuhr, dass er zuvor wegen drohender Verhaftung habe fliehen müssen und nun in der ČSR lebe, aber ohne Geldmittel sei – woraufhin die Freunde seinen Lebensunterhalt drei Tage unterstützten.

Um Weihnachten herum nahm auch der SPD-Exil-Funktionär für Brandenburg, Emil Stahl, Kontakt zu den vier jungen Leuten auf und wollte sie veranlassen, Untergrundschriften mitzunehmen, was von den früheren SAJ'lern abgelehnt wurde.

Franke gab aber zu, auf der Königshöhe ein Küchenmädel namens Rosel näher kennengelernt zu haben, das auch im Kontakt zu Donath und Rescher stand. Ferner habe er bei einer abschließenden Silvesterfeier politisch-satirische Verse vorgetragen und alte Kampflieder gesungen. Außer einigen Briefen Donaths gab es danach keine persönlichen Verbindungen mehr zu ihm.

Einen Tag nach diesem Gestapo-Verhör kam es am 30. März 1938 dann erneut zu einer Vernehmung Max Frankes. Hier räumte er nun – im Abstand von vier Jahren – ein, dass der »starke Einfluß Donaths« und ihre »eigene Unerfahrenheit« die Freunde dazu brachte, einzelne Untergrundschriften zu lesen und sich auch an der Sammlung für politische Gefangene zu beteiligen. Max Franke:

> Gemäß der Anregung von Donath sammelten wir, das heißt Biedermann, Ratajczak, Marko und ich unter uns kleinere Beträge und gaben diese dann den Ehefrauen Conrad und Richter, deren Männer langjährige Zuchthausstrafen wegen politischer Verbrechen verbüßten (S. 192ff.). Es handelte sich um einen Betrag von insgesamt 12,- RM, der den Ehefrauen in zwei Raten gezahlt wurde… Gesammelt und abgeführt wurden die Gelder im ersten Quartal 1935.[251]

Doch darüber hinausgehenden Forderungen Donaths, so nach marxistischer Schulung und der Kontaktaufnahme zu Gruppen der kommunistischen Jugend, folgten die jungen Sozialdemokraten nicht. Abschließend bemerkt Franke, dass sich die vier Freunde eigentlich nur unter Donaths Einfluss zeitweise (Spätsommer 1935) als »illegale Gruppe gefühlt« hätten, ohne aber tatsächlich illegale Arbeit verrichtet zu haben. Der mitangeklagte Richard Ratajczak ergänzte bei seiner Vernehmung:

> Die von Donath geforderte Betriebsarbeit wurde von den Angeschuldigten abgelehnt, da sie sich von ihrem Erfolg nichts versprachen. Auch lehnten sie diese Art der illegalen Arbeit ab, da sie als Anhänger der SPD. in ihr ein wirksames Mittel zur Bekämpfung des Kapitalismus nicht erblicken konnten. Aus dem gleichen Grunde lehnten sie auch den Anschluß an bestehende K.J.-Gruppen ab.[252]

Der Zitierte gab aber ebenfalls an, einige illegale Schriften von Donaths früherem Verbindungsmann in Forst, Wilhelm Rescher, entgegengenommen, ohne dafür aber Geld gezahlt zu haben. Dies alles hat die Justiz offenbar sehr wohlwollend interpretiert, denn sie blieb bei allen vier Betroffenen mit einer Strafe jeweils unter einem Jahr Gefängnis. Die Strafzumessung (S. o.) begründet das Urteil mit den Worten:

251 Ebd., Bl. 14 (S. 2 des Verhörs vom 30. März 1938).

> Bei der Strafzumessung war zu berücksichtigen, daß sich die sämtlichen verurteilten Angeklagten zur Zeit der Straftat noch in verhältnismäßig jugendlichem Alter befanden, daß ihre Erziehung sie nicht sofort den richtigen Weg hatte finden lassen und daß sie, wenn sie auch gleichzeitig politisch sich vergangen haben, doch bei der Fortsetzung der SAJ in erster Linie aus Freude am Wandern und an der Natur gehandelt haben. Weiter war zu berücksichtigen, daß sich die Angeklagten später freiwillig aus der Verstrickung mit der SAJ gelöst haben und daß sie Versuchungen des Donat gegenüber standhaft geblieben sind. Hinzu kommt, daß sämtliche Angeklagte ein offenes und umfassendes Geständnis abgelegt haben.[253]

Nach der Befreiung gab Max Franke in Bezug auf die Zeit des Widerstandes zusätzliche Erläuterungen: Nach Auflösung der Arbeiterjugendorganisationen sei die SAJ illegal weitergeführt worden. Auf Wanderungen kamen die Forster Genossen mit SAJlern aus Spremberg und Guben zusammen. Der Kreis um Franke beteiligte sich am Verteilen illegaler Flugblätter, hielt Verbindung zur politischen Emigration und bezog von dort Untergrundmaterial. Die SAJ-Freunde hielten auch nach dem Prozess den Zusammenhalt aufrecht und trafen sich regelmäßig.[254]

Hier darf man aus dem Rückblick hinzufügen, dass es der Entlastung der Angeklagten zugute kam, alle Schuld auf den sich im (noch) sicheren Exil befindenden Donath abwälzen zu können. Frankes geringfügig höhere Strafe ging auf seine Kontakte zum kommunistischen Funktionär Wilhelm Rescher (S. 494) zurück, die aber insofern noch milde eingestuft wurden, als es sich hierbei um einen Vetter Frankes drehte.

Nachdem die Geheime Staatspolizei Jahre später Reschers habhaft werden konnte, strengte die NS-Justiz einen großen Volksgerichtshofprozess gegen ihn an (S. 509).

»Kant und Andere« (Sorau)

Ein eher ungewöhnliches NS-Justizverfahren gegen fünfzehn Angeklagte vom Herbst 1936 führt uns in den südöstlichen Zipfel Brandenburgs: Es ist der Kammergerichtsprozess »Kant und Andere«, der etwas aus dem Rahmen der vielen Widerstandsverfahren gegen die Lausitzer Arbeiterbewegung fällt. Das liegt zum einen an der Verknüpfung Sorauer und Berliner Ereignisse, zum anderen am relativ starken Anteil nicht-kommunistischer Intellektueller von Herkunft – darunter zwei sozialdemokratische Pädagogen, die vom NS-Regime 1933 gemaßregelt worden waren: Dabei handelt es sich um den früheren Rektor der (weltlichen) Friedrich-Ebert-Schule in Frankfurt/Oder, Erich Paterna (1897–1982), und seinen am selben Ort lehrenden Kollegen Paul Kant (1898–1951).

---

252 Ebd., Bl. 20 (S. 3 des Verhörs vom 30. März 1938).

253 BArch, NJ 3254, Bd. 1, S. 17 des Urteils des 3. Strafsenats des Kammergerichts in Berlin. Das Soldatenschicksal der vier geringfügig Verurteilten konnte nicht restlos geklärt werden: Immerhin Max Franke (* 1913) überlebte den Kriegsdienst. Alfred Marko (* 1913) und Richard Ratajcak (* 1912) wurden ebenfalls zur Wehrmacht einberufen. Erstgenannter Soldat verstarb 1944 in sowjetischer Kriegsgefangenschaft, vom anderen liegt lediglich die letzte Frontmeldung vom Mai 1943 vor. (Information der WASt vom 7.12.2017). Zu Rudolf Biedermann (* 1912) konnte leider nichts ermittelt werden.

254 BLHA, Rep. 801 / VdN 466.

Letztgenannter war ein sehr exponierter SPD-Anhänger in der Oder-Stadt. Er trat als Redner seiner Partei auf, war Helfer in Kreisen der sozialdemokratischen Jugend (SAJ, »Rote Falken«), Vorstandsfunktionär der Arbeitsgemeinschaft sozialdemokratischer Lehrer, Mitglied der »Freien Turnerschaft« und nicht zuletzt Anhänger der »Eisernen Front«, jener republikanischen Kampforganisation, die engagiert für den Erhalt der freiheitlichen Verfassung und ihrer Institutionen stritt (S. 38).

Der Anklageschrift zufolge – wir wissen nicht, ob es sich um eine Schutzbehauptung des »Verhörten« handelte, der besonders gesinnungstreue Weggefährten schützen wollte – sei es am Ende der Weimarer Republik zum politischen Bruch gekommen: »Sein Austritt aus diesen Verbänden erfolgte, weil er nach seiner Angabe mit der Führung nicht mehr einverstanden war. Wie sein späteres Verhalten zeigt, wandte sich der Angeschuldigte Kant nunmehr kommunistischen Zielen zu.«[255]

Wichtig für das Verständnis der weiteren politischen Ereignisse ist der Umstand der 1933 erfolgten Strafversetzung Kants von Frankfurt/Oder ins abgelegene Kunzendorf im Kreis Sorau. Sein früherer Weggefährte in Partei, Kulturbewegung und Pädagogik, Erich Paterna, war nach seiner Absetzung als Rektor und Zurückstufung zum einfachen Lehrer (vermutlich zufällig) ebenfalls in die Niederlausitz, an eine Mittelschule der Stadt Sorau nämlich, strafversetzt worden.

In seiner neuen Wirkungsstätte Kunzendorf entfaltete Kant – so jedenfalls seine Aussagen gegenüber Dritten – starke oppositionelle Aktivitäten: Er initiierte vier Zellen mit je 10 Mitgliedern in Kunzendorf selbst, zwei Zellen mit je 10 Mitgliedern in Seifersdorf und weitere Zellen in Helbau, Freiwalden und Hansdorf.

Dem vorausgegangen war, dass der nach Kunzendorf Strafversetzte bereits Ende 1933 Anschluss an Personen suchte, die bis zum Verbot Anhänger früherer Linksparteien waren. Und in diesem Zusammenhang kam er in nähere Verbindung zum Dentisten Kurt Loewenstein (Sorau, Marktstraße 10). Bei ihm handelte es sich um einen verfolgten Sozialdemokraten, der Verbindung zu SPD-Exilkreisen besaß und von dort Untergrundschriften bezog. Die Anklageschrift bemerkt dazu:

> Loewenstein war von 1930 bis zur Auflösung Mitglied der SPD, des Reichsbanners und des Arbeiter-Samariter-Bundes. – Bereits im Jahre 1934 wurde er festgenommen, weil er in den Verdacht illegaler Umtriebe mit dem ehemaligen Gewerkschaftssekretär Fritz Schmidt in Guben [S. 188ff.] geriet. Man konnte ihm damals jedoch nichts nachweisen. Am 9. XII 1935 wurde Loewenstein erneut wegen staatsfeindlicher Äußerungen festgenommen und bis zum 31. III 1936 dem Konzentrationslager in Guben überwiesen. Von dem Angeschuldigten Loewenstein erfuhr Kant, daß dieser noch immer einen Kreis von Gleichgesinnten um sich versammelt hatte. Kant-Löwenstein unterhielten sich anschließend mehrfach über politische Fragen. Im Herbst 1934 trat dann der Angeschuldigte Loewenstein an den Angeschuldigten Kant mit dem Vorschag heran, eine neue illegale Gruppe aufzuziehen.[256]

---

255 LAB, C Rep. 118-01 / A 4780 (Erich Paterna), Auszug aus der Anklageschrift vom 6. August 1936, S. 2; BLHA, Rep. 333, Nr. 1241 (VVN-Aufnahmeantrag von Paul Kant), Bl. 124ff.

256 LAB, C Rep. 118-01 / A 4780 (Erich Paterna), S. 4 der Anklageschrift vom 6. August 1936.

Neben dem couragierten Loewenstein, der sich trotz zweimaliger Festnahme (darunter mehrmonatiger »Schutzhaft«) und seiner jüdischen Abstammung nicht vom Widerstand abbringen ließ (S. 184ff.), konnte Kant ebenfalls 1934 wieder in Verbindung zu seinem alten sozialdemokratischen Schulkollegen Erich Paterna kommen und ihn in die Gruppe einbinden. Dem Kant erzählte Paterna schließlich von seinen Verbindungen zur illegalen KPD in Berlin, die vertrauensvoll über seinen Vetter, den Schriftsetzer Gerhard Schwarz in Berlin-Steglitz, liefen.[257] Schwarz wiederum war bis 1933 Mitglied der KPD und der Roten Hilfe. 1933 wurde er festgenommen, weil er »am Tage der Machtübernahme« – so die Anklageschrift (S. 5) – demonstrativ die rote Fahne aus dem Fenster gehängt hatte. Im Jahr darauf gelang es ihm, über den (laut Justiz »jetzt flüchtigen«) ihm bekannten KPD-Funktionär Senger wieder Kontakt zur unterdrückten Partei zu bekommen. Über diese Verbindung gelangten nun illegale Schriften aus Berlin nach Kunzendorf/Sorau. Zuvor war im Auftrag Sengers der Rentner Franz Schebeck – ein aktiver Funktionär der KPD in Prenzlauer Berg, der 1933 in »Schutzhaft« genommen wurde – nach Sorau gesandt worden, der dort »… die notwendigen Anweisungen für die illegale Arbeit erteilen sollte«, kommentiert die Anklageschrift (S. 4). Doch schon bald darauf kam es zu Umstellungen im Untergrundapparat:

Erich Paterna

> Im Frühjahr 1935 fuhr dann der Angeschuldigte Schebeck nach Sorau und verhandelte dort mit den Angeschuldigten Kant und Loewenstein. Auf Wunsch des Schebeck, dem der Angeschuldigte Loewenstein als Jude eine zu große Belastung der neuen Gruppe dünkte, beschloß Kant, sich von Loewenstein zuückzuziehen, um in der Folgezeit ohne ihn seine illegalen Bestrebungen fortzusetzen.[258]

Seit dieser Zeit ruhten dann auch die Verbindungen zwischen Kant und Paternas Vetter Schwarz in Berlin, denn die Materiallieferungen lagen in Händen Schebecks. Der schickte ein Päckchen mit zwanzig Untergrundschriften zum Angeklagten Ernst Herkner nach Kunzendorf; von Kant Ende 1934 angeworben, fungierte er als Kassierer der Zelle. Herkner gab alles Material weiter an Kant. Der behielt ein Exem-

---

257 In seinem VVN-Aufnahme-Antrag schreibt Paul Kant nach dem Krieg, er habe einer »Widerstandsgruppe in Steglitz« angehört, was den Verfasser zunächst in die Irre führte. Erst das Auffinden der Anklageschrift im Nachlass von Erich Paterna – wofür Andreas Herbst sehr gedankt sei – löste das Rätsel der Steglitz-Verbindung.

258 BArch, Nachlass Erich Paterna (S. 6 der Anklageschrift).

plar, eins gab er an Herkner sowie den Angeschuldigten Former Albert Sperling in Hansdorf. Die restlichen Ausgaben erhielt der Dentist Loewenstein. Als der jedoch den Kaufpreis dafür nicht entrichtete, wurde er (laut Anklageschrift) endgültig aus der Widerstandsgruppe ausgeschlossen. Der genannten Schriftensendung folgten noch zwei weitere, die wiederum über Sperling an Kant bzw. Herkner gingen und in die diesmal der Angeschuldigte Bergmann Oswald Richard Arlt aus Ober-Hartmannsdorf (Krs. Sorau) einbezogen wurde. Die Bezahlungen erfolgten über Schebeck.

Doch weil Paul Kant die Verbindung zu Letzterem als zu gefährlich erschien, gab er keine weiteren Bestellungen auf und suchte nach neuen Verbindungen zur illegalen KPD. Und nun nahm das Drama seinen Lauf – auch für ihn persönlich! Denn Kant geriet an Spitzel der Geheimen Staatspolizei und die stellten eine so hinterhältige Falle, dass letztlich der illegale Kreis aufgedeckt wurde.

Das Ganze begann folgendermaßen: Am 1. Mai 1936 fanden ein Umzug und eine Feier aus Anlass des »Nationalen Tags der Arbeit« statt. In diesem Zusammenhang suchte Kant im Gasthaus »Grüner Baum« Anschluss an einen gewissen Arno Oertel, der 1929/30 in Berliner KPD-Kreisen verkehrte. Kant deutete an, an etwaigen »Verbindungen« Oertels interessiert zu sein. Um aber ungestörter darüber reden zu können, bat er Oertel, am nächsten Tag in die Wohnung Kants zu kommen. Das Gespräch kam aber aus Termingründen dann erst am 6. Mai zustande. Oertel wurde bei seinem Erscheinen unvermittelt mit dem Ruf »Rot Front!« begrüßt. Und dann legte Kant ohne jedes vorsichtige politische »Abtasten« auch gleich los.

Die Anklageschrift zitiert aufgrund der Aussagen des »Zeugen Oertel« folgende Auftaktbemerkungen Kants:[259] »Wir brauchen uns hier nichts vorzumachen. Ich weiß, wer Du bist, und Du weißt wer ich bin. Auf meine Frau brauchst Du keine Rücksicht zu nehmen, sie ist echt.«

Sodann wurde für denselben Abend ein weiteres Treffen verabredet. Dabei beschrieb Kant die Entwicklung und Struktur seiner mitgliederstarken Gruppe und ergänzte, man habe auch eine rote Fahne, dreißig illegale Bücher und ein Vervielfältigungsgerät. Bei Skatabenden sei es üblich, den geheimen Moskauer Sender zu hören.

Oertel ging *scheinbar* auf Kants Vorstellungen ein, versprach, sich um politische Verbindungen nach Breslau zu kümmern und wollte am kommenden Tag darüber berichten. Dazu in aller Offenheit die Anklageschrift: »Inzwischen aber machte er der Kreisgeschäftsstelle der NSDAP in Sorau Mitteilung von dem Vorgefallenen. Um zu einer völligen Aufrollung der Organisation des Angeschuldigten Kant zu kommen, erhielt der Zeuge Oertel den Auftrag, seine Rolle gegenüber Kant weiterzuspielen.«[260]

Bei der nächsten Zusammenkunft mit Oertel versprach dieser, bald einen Funktionär aus Breslau nach Kunzendorf zu bringen. Am Tag darauf kam es zu einer Begegnung mit dem – von der Anklageschrift als »Zeuge« titulierten – Weber Otto

259 Ebd., S. 3 der Anklageschrift.
260 Ebd., S. 3 der Anklageschrift.

Hartmann, den Oertel als angeblichen »Breslauer Verbindungsmann« einführte. Und wieder grüßte Paul Kant anfangs mit »Rot Front!«. Auch diesem bis dato Fremden (!) beschrieb der Pädagoge das Wirken der Widerstandsgruppe, diesmal ergänzt um die Schilderung guter Verbindungen zu ehemaligen Stahlhelm-Anhängern in Kunzendorf.

Für die vermeintliche »Zentrale« in Breslau gab Paul Kant dann noch ein Schreiben folgenden Inhalts mit:

> L.G. [Liebe Genossen] den 9.5.36
>
> Wie ich erfahre, besteht die Möglichkeit einer Umorganisierung von Berlin zu Euch. Unsere Gruppe besteht seit 1. Oktober 1934. Die Beiträge sind ordnungsgemäß bis 1.1.36 abgeführt worden. Die restlichen sind in unserer Hand und würden, falls Aufnahme bei Euch erfolgt, umgehend an Euch gezahlt werden. Wir sind augenblicklich 9 Mann mit einer größeren Zahl Vertrauensleuten in den verschiedenen Orten. (In letzter Zeit hatten wir Verluste, doch ist niemand von uns bisher hochgegangen.) Der Überbringer dieser Zeilen kennt den Absender. Auskunft über uns erteilt Berlin. Verbindungsmann für uns ist Genosse Gerhard Schwarz, Berlin-Steglitz, Zimmermannstraße 11, Gartenhaus 1 Tr. Die Arbeit nach dort ist aus verschiedenen Gründen sehr erschwert. Nehmt uns auf, wir würden uns freuen. Alles Andere kann mündlich besprochen werden. Ich verbürge mich für Ordnung und Sicherheit in dieser Angelegenheit.
>
> Mit Rot Front! Paul[261]

Am 12. Mai 1936 suchte Oertel »weisungsgemäß« den Lehrer auf und verabredete für den übernächsten Tag ein Treffen in Sagan, zu dem dann auch das ersehnte Mitglied der »Breslauer Zentrale« erscheinen sollte. Am besagten 12. Mai erhielt Oertel von Kant zudem als Erkennungszeichen eine halb durchgerissene Spielkarte. Diese sollte – falls Kant etwas zustoßen sollte – dem Angeschuldigten Ernst Herkner (Kunzendorf) gegenüber als Legitimation gelten und die illegalen Verbindungen aufrechterhalten helfen.

Bei der Zusammenkunft am 14. Mai 1936 in Sagan spielte – laut Anklageschrift – SS-Untersturmführer Walter Schulze die Rolle des Breslauer KP-Spitzenfunktionärs und ließ sich von Paul Kant, mit dem er sich dafür still zurückzog, dessen illegale Tätigkeit und seine Wünsche der künftigen politischen Zusammenarbeit *ausführlich* schildern. Die Anklageschrift ergänzt folgende brisante Nachricht: »Ferner erklärte Kant dem Zeugen Schulze noch, er habe seinen Leuten im Walde Unterricht im Sprengen erteilt und könnte im Bedarfsfalle genügend Sprengmaterial aus den Gruben erhalten.«[262]

Auf der Rückfahrt nach Kunzendorf erzählte Paul Kant auch dem Spitzel Oertel vom eben erwähnten Sprengunterricht und avisierte für den 19. Mai eine derartige »Lehrstunde«. Doch Oertel stellte sich – im Auftrag der Geheimen Staatspolizei – bereits am 16. Mai bei Paul Kant ein und verabredete noch für denselben Tag ein Treffen mit dem »Breslauer Funktionär«. Anschließend daran wurde Paul Kant festgenommen.

---

261 Ebd., S. 3 der Anklageschrift.
262 Ebd., S. 4 der Anklageschrift.

Paul Kant

Auch Kurt Loewenstein und Erich Paterna gerieten an diesem Tag in die Hände der NS-Verfolger, der Steglitzer Gerhard Schwarz folgte am 20. Mai, Franz Schebeck aus Berlin N 54 am 2. Juni 1936. Nur der Berliner Kontaktmann Senger blieb »flüchtig«.

Die Anklageschrift des Generalstaatsanwalts bei dem Kammergericht, der zufolge Kant und Schwarz »im vollen Umfang« geständig waren, Paterna und Loewenstein aber erst »nach langem Leugnen« die Straftaten zugaben – stammt bereits vom 6. August 1936. Sie richtet sich gegen:[263]

1. den Lehrer Paul Kant (* 1898), Kunzendorf
2. den Dentisten Kurt Loewenstein (* 1891), Sorau, Markstraße 10
3. den Lehrer Erich Paterna (* 1897), Sorau, Pförtnerstraße 7
4. den Schriftsetzer Gerhard Schwarz (* 1905), Berlin-Steglitz, Zimmermannstraße 11
5. den Rentner Franz Schebeck (* 1907), Berlin N 54, Choriner Straße 78
6. den Zimmerhäuer Ernst Herkner (* 1901), Kunzendorf
7. den Former Albert Sperling (* 1902), Hansdorf
8. den Bergmann Oswald Richard Arlt (* 1911), Ober-Hartmannsdorf
9. den Ziegeleiarbeiter Heinrich Klebow (* 1903), Hansdorf
10. den Schulamtsbewerber Wilhelm Ruthenberg (* 1911), Gablenz
11. den Malergesellen Paul Forper (* 1908), Nieder-Hartmannsdorf
12. den Bauern Reinhold Röhricht (* 1879), Jeschkendorf
13. die Ehefrau Bertha Kant geb. Grund (* 1900), Kunzendorf
14. die stellungslose Verkäuferin Gertrud Roick (* 1914), Kunzendorf
15. den Glasschleifer Richard Langnickel (* 1891), Kunzendorf.

Den Genannten wurde wegen der Bildung einer kommunistischen Zelle die »Vorbereitung zum Hochverrat« zwischen 1933 und 1936, überwiegend in Kunzendorf und Umgebung, teilweise aber auch in Berlin, vorgeworfen.

Die Hauptverhandlung wurde am 28. Oktober 1936 eröffnet, das Urteil schließlich am 31. Oktober d. J. gesprochen:[264] Die Höchststrafe erhielt der Hauptangeklagte Paul Kant mit fünf Jahren Zuchthaus, ihm folgte Erich Paterna mit vier, Kurt Loewenstein,

263 Ebd., S. 1f. der Anklageschrift.
264 Da uns die Urteilschrift nur in Kurzfassung vorliegt, wurden die jeweiligen Strafen auch anhand von VdN- und VVN-Unterlagen sowie mit Hilfe des biographischen Lexikons »Antifaschistischer Widerstandskampf« (Hg. Komitee) rekonstruiert.

Franz Schebeck und Gerhard Schwarz mit je 3 ½ Jahren sowie Ernst Herkner, Albert Sperling und O.R. Arlt mit je 2 ½ Jahren Zuchthaus. Heinrich Klebow bekam 1 ½ Jahre Gefängnis, die restlichen Angeklagten wurden freigesprochen.[265]

Dem »Nichtarier« Kurt Loewenstein gelang es nach der Strafverbüßung, noch rechtzeitig Deutschland zu verlassen (S. 186).

Vor Paul Kant lag eine lange Leidenszeit. Denn im Gegensatz zu Paterna, der nach der Strafverbüßung 1940 entlassen wurde, verschleppte der SS-Staat den Hauptangeklagten – wie auch Franz Schebeck und Gerhard Schwarz – anschließend bis 1945 ins KZ Sachsenhausen. Nach der Befreiung wirkte er als Stadtschulrat sowie Leiter der Abteilung Volksbildung der Potsdamer Stadtverwaltung. Der gesundheitlich schwer Gezeichnete verstarb bereits 1953 in Frankfurt/Oder.

Massenprozesse gegen Lausitzer Kommunisten

Obwohl es die Geheime Staatspolizei zur Mitte der 1930er Jahre noch nicht vermochte, die Hauptverantwortlichen für den kommunistischen Widerstand in der Lausitz in ihre Fänge zu bekommen, brachte sie doch im Verbund mit der NS-Justiz zwei Massenprozesse gegen insgesamt 24 Arbeiter, überwiegend aus Forst und Eulo, auf den Weg, um damit den Unterbau des illegalen Apparates zu zerschlagen.

Der Größe der aufgedeckten Widerstandsgruppe wegen teilte man die Beschuldigten auf zwei Justizverfahren auf:[266]

Prozess A
Anklage vom 25. April 1936, Urteil vom 20. Juli 1936
gegen den Spinner *Paul Hunger* (* 1886) aus Forst und elf weitere Personen.
Prozess B
Anklage vom (ungeklärt), Urteil vom 10. August 1936
gegen den Fadenanleger *Erich Heinrich* (* 1897) aus Eulo und elf weitere Personen.

In beiden Verfahren ging es für die Jahre 1934/35 um den Vorwurf der »Vorbereitung eines hochverräterischen Unternehmens« durch die Herstellung eines organisatorischen Zusammenhangs und die Verbreitung illegaler Schriften – und zwar (Prozess A) in Forst und Umgebung bzw. (Prozess B) der Niederlausitz mit Schwerpunkt auf den Industriestädten Forst und Cottbus.

Im Prozess A zog die NS-Justiz die Hauptverantwortlichen – soweit man ihrer habhaft werden konnte – zur Verantwortung, im Prozess B dagegen überwiegend Minderbelastete. (Hier ragte nur der Hauptangeklagte Erich Heinrich hervor, doch

---

265 BLHA, Rep. 29 2H Brdbg. / Nr. 15258 (Haftakte Paterna); zu Franz Schebeck (1907–1985) vgl. BLHA, Rep. 401 / VdN 5035; zu Paul Kant (1898–1953) vgl. ebd., Rep. 601 / VdN 2368; zu Gerhard Schwarz (1905–1976) vgl. LABO, Entschädigungsakte Nr. 20455. Letztgenannter bemerkt: »Unsere Kameraden in den Zellen waren in der übergroßen Mehrheit Sozialdemokraten und Parteilose.«

266 BArch, NJ 8950, Bd. 1.

davon später.) Interessant ist beim Beginn des Urteilsabschnitts A, dass dort auf das zwei Jahre zurückliegende Lausitz-Verfahren gegen »Pradel und Andere« (darunter den einflussreichen Funktionär Richard Döring aus Forst) eingegangen und dann auch verraten wird, warum man damals von staatspolizeilicher Seite her die geheimen Beobachtungen fortsetzte: Es war nämlich *nicht* gelungen, die illegale KPD restlos zu zerschlagen und die Untergrundarbeit damit zu beenden.

Die Anklageschrift A kleidet das wesentliche Ergebnis der vorausgegangenen Ermittlungen in die Worte:

> Im Dezember 1934 gelang es der Staatspolizeistelle Frankfurt/O. einen Teil des illegalen Apparates der KPD in der Niederlausitz zu zerschlagen. Der damalige Leiter Richard Döring aus Forst ist inzwischen unter 10.0 Js 24/35 zu 7 Jahren Zuchthaus verurteilt worden [S. 472ff.]. Da Anzeichen dafür sprachen, daß der Funktionärskörper s.Zt. nicht restlos erfasst worden war, wurden einzelne Personen, die in dem Verfahren gegen Döring bereits verdächtigt worden waren, weiter unter Beobachtung gestellt. Die Feststellungen ergaben alsbald, daß tatsächlich nach der Festnahme des Döring der Aufbau eines neuen Apparates in Forst und Umgebung der illegalen KPD. wieder in Angriff genommen worden war. Diese illegale Organisation nahm verhältnismäßig schnell einen großen Umfang an. Es stand von vornherein fest, daß der Aufbau des neuen Apparates von der Tschechoslowakei aus dirigiert wurde.[267]

Festnahmen der Geheimen Staatspolizei hatten ergeben, dass der neu gebildete Untergrundapparat der KPD in der Lausitz unter der Leitung der Angeschuldigten Willi Schmidt und Paul Hunger sowie des Tuchmachers Wilhelm Rescher, gegen den der Oberreichsanwalt beim Volksgerichtshof in einem gesonderten Verfahren ermittelte, stand.

Rescher hatte fliehen können, da er durch die Festnahme des eingehend vernommenen Funktionärs Otto Richter (S. 509) – gegen den der Generalstaatsanwalt in Breslau ermittelte – vorzeitig gewarnt worden war.

Nach den Ermittlungen der Gestapo war die kommunistische Widerstandstätigkeit wie folgt organisiert worden: Die Hauptverantwortung für die illegale Organisation in Forst und Umgebung lag in den Händen von Schmidt, Hunger und Rescher. Sie unterhielten sowohl geheime Verbindungen zur KPD-Leitung in Berlin als auch zu unterschiedlichen »Kurierabfertigungsstellen« – also Kontaktpersonen der Exil-Partei im Grenzbereich – in der Tschechoslowakei.

Dabei oblagen Schmidt und Rescher die Aufrechterhaltung der zur illegalen Arbeit notwendigen Verbindungen, die Festlegung der konspirativen Treffs sowie die Herausschaffung der Untergrundmaterialien – also die Organisierung der gesamten Widerstandstätigkeit. Mit einer Ausnahme allerdings, sie betraf die Verantwortung für die Verteilung der verbotenen Druckschriften, einschließlich der dafür einzuziehenden Verkaufserlöse, all dies lag in den Händen des sogenannten Literatur-Obmannes Paul Hunger. Der gehörte der KPD und der Roten Hilfe seit 1929 an, wobei er in der

267 BArch, NJ 8950, Bd. 1 (S. 3 der Anklageschrift A gegen Paul Hunger und Andere).

Partei die Funktion des 2. Kassierers in Forst innehatte und in der Roten Hilfe für den Vertrieb von Literatur in der Stadt verantwortlich war.

Hunger stand laut NS-Justiz bereits seit Anfang 1934 mit dem damaligen Hauptfunktionär Richard Döring (S. 489ff.) in Verbindung. Nach dessen Festnahme waren Paul Hunger und der Forster Tuchmacher Willi Schmidt die Hauptverantwortlichen für den Wiederaufbau der kommunistischen Widerstandsgruppe.

Interessant ist, wie die NS-Justiz bei der Strafzumessung im A-Prozess die »Schuld« der leitenden Funktionäre gewichtet bzw. einschätzt:

> Auf diese beiden [Hunger und Schmidt, d. Verf.] ist der Neuaufbau nach der Verhaftung des Döring zurückzuführen. Sie sind es auch, die die Verbindung zu den Emigranten in der Tschechoslowakei aufgenommen haben. Mit Rücksicht auf die Intensität, die Gefährlichkeit und Verwerflichkeit der Handlungsweise des Angeklagten Schmidt erschien eine Zuchthausstrafe von sieben Jahren erforderlich. Bei Hunger konnte sie um ein Jahr geringer sein, weil er geistig nicht so auf der Höhe ist, wie Schmidt und in gewisser Weise von diesem geleitet wurde. Die nächsthöhere Strafe mußte den Mitangeklagten Walter Gröschke treffen, der in sehr erheblicher Weise bei der Materialversorgung und -verteilung mitwirkte. Zur Sühne der Straftat erschien bei ihm eine Zuchthausstrafe von vier Jahren erforderlich.[268]

Dem Weber Alfred Schulz, der sich an der illegalen Arbeit wesentlich weniger beteiligte als die eben Genannten, wurden vor allem seine Emigrantenkontakte im Ausland angelastet – was ihm eine Strafe von 3½ Jahren Zuchthaus einbrachte. Wilhelm Heinrich, der als Materialkurier große Mengen von Druckschriften beförderte, wurde dafür mit drei Jahren Zuchthaus, Rademacher, Noack und Menge mit 2½ Jahren Zuchthaus bedacht. Noack und Menge vertrieben größere Posten von Untergrundmaterial und leiteten die dafür erhaltenen Spendengelder weiter. Ihnen kam dabei zugute, dass ihr Vorleben – laut Gericht – »einwandfreier« war als das des 14-mal vorbestraften Webers Richard Rademacher.

Bei den weiteren Angeklagten wurde auf die gesetzliche Mindeststrafe von zwei Jahren Zuchthaus erkannt.

Prozess A (Urteil vom 20. Juli 1936)

1. Spinner Paul Hunger (* 1886), Forst	6 J. Z
2. Tuchmacher Willi Schmidt (* 1894), Forst	7 J. Z
3. Schuhmacher Walter Gröschke (* 1909), Forst	4 J. Z
4. Putzer Hermann Gröschke (* 1901), Forst	1 J., 9 Mo. G
5. Weber Kurt Knoll (* 1908), Eulo	2 J. Z
6. Arbeiter Otto Friedrich (* 1887), Forst	2 J. Z
7. Beifahrer Bruno Lindner (* 1900), Koyne	2 J. Z
8. Weber Richard Rademacher (* 1900), Forst	2½ J. Z
9. Weber Alfred Schulz (* 1906), Forst	3½ J. Z

268 BArch, NJ 8950, Bd. 1 (S. 22 des Urteils im Prozess A vom 20. Juli 1936).

10. Wolfer Wilhelm Heinrich (* 1905), Eulo 3 J. Z
11. Anleger Karl Noack (* 1897), Forst 2½ J. Z
12. Weber Walter Menge (* 1897), Forst 2½ J. Z

Ziehen wir zum Vergleich und als korrigierende Stimme nun die Nachkriegsaussagen mehrerer Hauptfunktionäre heran. Dabei sei bereits vorweg gesagt, dass zwei Verurteilte die Jahre des NS-Terrors nicht überlebten:

Der zu vier Jahren Zuchthaus verurteilte Schuhmacher *Walter Gröschke* war nach Strafverbüßung ins KZ verschleppt worden und kehrte nicht mehr aus Sachsenhausen zurück. Die letzte Nachricht an seine Mutter stammte vom Januar 1945.[269]

Der zu sieben Jahren Zuchthaus verurteilte Tuchmacher *Willi Schmidt* wiederum verstarb »am 13.2.1943 an den Folgen bestialischer Misshandlungen«.[270] Der Forster Weber Alfred Schulz (1906–1989) notiert 1947:

> Nach der Machtübernahme der Nazis im Januar 1933 wurden wir gezwungen, illegal unsere politische Tätigkeit fortzusetzen. Das Verbot der KPD zwang uns, das eingehende Material im Geheimen zur Verteilung zu bringen. Durch die Zerschlagung der Organisation und die darauf folgenden Verhaftungen aller zum grössten Teil tätigen Funktionäre lösten sich noch bis dahin bestehende Verbindungen auf, so dass wir gezwungen wurden, uns neu zu organisieren. Klassenbewusste Kräfte fanden sich sehr bald in den einzelnen Betrieben unserer Stadt, die zur Neubildung von Gruppen unter entsprechender Vorsicht schritten. Mit Genossen Herdin[271] und Richard Döring, gelang es uns aus der Tschechoslowakei schon im Jahre 1933 grössere Mengen an Propagandamaterial einzuführen, welches auf dem Kurierwege sogar nach Berlin gelangte. Dieses Material kam über die einzelnen Gruppen zur Verteilung und fand damit Zugang zu den noch interessierten antifaschistischen Kreisen.
> Für die Hinterbliebenen der sich im Zuchthaus oder KZ befindlichen Genossen wurden Unterstützungsaktionen durchgeführt und zwar in der ersten Zeit unter der Bezeichnung »Rote Hilfe« und später nur noch getarnt. Die Folgen dieser illegalen Arbeit blieben dann auch nicht aus und so verloren wir durch wiederholte Prozesse viele illegal kämpfende Genossen.[272]

Schulz fügt in seinem Bericht dann noch an, dass die Kommunisten damals bestrebt waren, enge Verbindungen zu sozialdemokratischen Genossen aufzunehmen, und richteten ihre Unterstützungsaktionen auch dementsprechend aus. (Details nennt er in diesem Zusammenhang nicht, doch hören wir weiter unten – S. 510 – dazu Wilhelm Rescher.) 1935, fährt Schulz fort, gelang es auf illegalem Wege, Verbindungen zu Exil-Gruppen der KPD in der ČSR aufzunehmen und von dort »Richtlinien« in Empfang zu nehmen, aber auch materielle Unterstützung zu erhalten.

---

269 BLHA, Rep. 801 / VdN 591.

270 Komitee (Hg.), Antifaschistischer Widerstandskampf, S. 151 (Nr. 809) sowie Mitteilung des Stadtarchivs Forst v. 19.2.2010.

271 Der Weber Johann Herdin (1891–1966) transportierte mit seiner Beiwagenmaschine wiederholt Untergrundmaterial aus der ČSR in die Lausitz (Cottbus, Spremberg, Guben) und zeitweise auch nach Berlin, vgl. Komitee (Hg.), Antifaschistischer Widerstandskampf, S. 65 (Nr. 318).

Zumindest einige wenige Informationen trägt ein weiterer überlebender Leitungsfunktionär, der Forster Spinnmeister Paul Hunger – seines Zeichens Hauptangeklagter im Prozess A – zur Veranschaulichung der Ereignisse bei. Paul Hunger (1886–1955), der eine sechsjährige Zuchthausstrafe erhielt, schreibt 1946:

> 1928 trat ich der Kommunistischen Partei bei und habe für meine Ideen bis zu meiner Verhaftung 1936 rastlos und aufrichtig gearbeitet. 1936 wurde ich durch meine illegale Tätigkeit von den Faschisten auf 10 Jahre hinter Zuchthaus- und KZ-Mauern gesteckt. Trotz Gestapomühle blieb ich der aufrichtige Kommunist. Die Rote Armee hat uns befreit, als wir nahe am Zusammenbrechen waren. Mein Lebensziel liegt klar vor mir[:] aufrichtig und ehrlich für die Interessen der Arbeiter einzutreten.
> Proletarier aller Länder vereinigt Euch.[273]

Prozess B (Urteil vom 10. August 1936)[274]

1. Fadenanleger Erich Heinrich (* 1897), Eulo	3 ½ J. Z
2. Fleischer Max Würschau (* 1888), Forst	1 J., 9 Mo. G
3. Friseurmeister Richard Handel (* 1880), Eulo	1 J., 9 Mo. G
4. Wolfer Paul Horn (* 1889), Eulo	1 J., 9 Mo. G
5. Fadenanleger Willi Schreiber (* 1906), Jocksdorf	1 J., 9 Mo. G
6. Weber Fritz Märksch (* 1909), Läsgen	1 J., G
7. Chauffeur Arthur Dommaschk (* 1909), Eulo	1 J., 9 Mo. G
8. Fabrikarbeiter Fritz Lehmann (* 1909), Eulo	2 ½ J. Z
9. Anleger Arthur Eichler (* 1902), Eulo	Freispruch
10. Weber Johann Herdin (* 1891), Forst	Freispruch
11. Spinner Fritz Biedermann (* 1903), Eulo	1 J. 9 Mo. G
12. Anleger Paul Biedermann (* 1907), Forst	1 J. G

Mit Ausnahme von Erich Heinrich und Fritz Lehmann, denen eine rege Funktionärstätigkeit angelastet wurde, kamen die meisten anderen Angeklagten aufgrund ihrer nicht so exponierten illegalen Tätigkeit mit relativ geringen Strafen davon, zwei Textil-Arbeiter kamen sogar frei. Das Urteil des Kammergerichts führt dazu aus:

»Der Leitung der illegalen Organisation in Forst standen wie überall die erforderlichen Funktionäre, so z. B. Zellenleiter, Materialkuriere, Kassierer, Deckadressen usw. zur Verfügung. Während im Verfahren A fast ausschließlich Funktionäre angeklagt und abgeurteilt worden sind, sind im Verfahren B fast ausschließlich einfache Anhänger der illegalen Organisation – mit Ausnahme des Heinrich und Lehmann – angeklagt.«[275]

---

272 BLHA, Rep. 401 / VdN 5046.
273 Ebd., Rep. 801 / VdN 779.
274 BArch, NJ 8950, Bd. 1 (Urteil vom 10.8.1936).
275 Ebd., NJ 8950, Bd. 1 (Urteil vom 10.8.1936, S. 3f.).

Dem Fadenleger Erich Heinrich – nicht verwandt mit dem Wilhelm Heinrich aus der Anklageschrift A, bei dem er allerdings im selben Haus wohnte – wurden von seinem Nachbarn Wilhelm Heinrich wiederholt mal kleinere, mal größere Mengen illegaler Schriften ausgehändigt, die er unter anderem an Würschau, Handel, Horn und Schreiber (alle Prozess B) weitergab. Dafür (zwischen April und November 1935) erhaltene Spendenbeiträge von je 50 Pfennig pro Stück – insgesamt unter 20 RM – lieferte er ebenfalls bei Wilhelm Heinrich ab.

Darüber hinaus habe sich Erich Heinrich an illegalen Sammlungen für politische Gefangene beteiligt, indem er u. a. bei der Materialausgabe parallel dazu für diese Unterstützungsmaßnahmen warb und Spendengelder auch hierfür einzog und an Wilhem Heinrich weitergab.

Dem mit 2½ Jahren Zuchthaus im B-Verfahren ebenfalls stark bestraften Fabrikarbeiter Fritz Lehmann aus Eulo, vor 1933 Kassierer der dortigen Ortsgruppe, diente Wilhelm Heinrich als Unterverteiler illegalen Materials. Dies geschah allerdings in weit geringerem Maß als es bei Erich Heinrich der Fall war, denn Lehmann will lediglich seinem mitangeklagten Arbeitskollegen Arthur Eichler einmal zwei »Rote Fahnen« verkauft haben. Nicht ausgeführt von Lehmann wurde der Auftrag Wilhelm Heinrichs im Herbst 1935, an einen gewissen Richter in Berge 2 RM Rote Hilfe auszuzahlen.

Wie beschreiben Beteiligte im Rückblick ihre Untergrundtätigkeit bzw. die weitere Verfolgung durch das NS-Regime? Betrachten wir die Hauptverurteilten des B-Prozesses: Fritz Lehmann (1909–1965), Euloer Arbeitersportler, erinnert sich 1946:

> 1933 kam das Verbot der Partei. Ende 1933 wurde die Propaganda wieder aufgenommen. Ich selbst war Verbindungmann zwischen Forst und Eulo. Am 16. Januar 1936 wurde ich verhaftet und im gleichen Jahr zu zwei Jahren und 6 Monaten Zuchthaus verurteilt. Die Strafe verbüßte ich in Brandenburg a/H. Görden, Winterfeld Allee No. 22.
>
> Am 10. August 1938 wurde ich entlassen, ohne nach dem Konzentrationslager gebracht zu werden. In noch kleineren Gruppen und mit noch größerer Vorsicht wurde die Arbeit wieder aufgenommen. Am 24. September 1941 bekam ich meinen Ausschließungsschein aus der Wehrmacht. 1942 wurde ich zweimal gemustert und am 16. November zum Regiment 962, Division 999, eingezogen. [...]. Am 16. April wurde ich nach Afrika gebracht, wo ich am 9. Mai 1943 in amerikanische Gefangenschaft ging. Habe dort gut antifaschistisch [...] weiter gearbeitet.[276]

Von Erich Heinrich liegen keine persönlichen Aussagen vor. Ähnlich Fritz Lehmann wurde auch er später (1943) zur Strafeinheit 999 einberufen, ließ allerdings 1944 in Griechenland sein Leben.[277]

Mehrere der zu ein Jahr und neun Monaten Gefängnis Verurteilten überlebten, doch Arthur Dommaschk verstarb 1939 an den Haftfolgen und Willi Schreiber »fiel« am Kriegsende als Soldat einer Strafeinheit.[278]

276 BLHA, Rep. 801 / VdN 1122.

277 WASt, schriftliche Auskunft vom 29.9.2016.

278 Stadtarchiv Forst, Mitteilung vom Februar 2010 (Dr. Jan Klußmann). Willi Schmidt (S. 210) erlag 1943 den Haftfolgen.

Im Umfeld der Justizverfahren gegen Cottbuser und andere Niederlausitzer Funktionäre der illegalen KPD wurden mehrere NS-Gegner aus dem Süden Brandenburgs in weniger umfangreiche Prozesse verwickelt, so auch in Finsterwalde. In dieser Stadt (Krs. Luckenwalde), in deren Umgebung mehrere Braunkohlegruben mit Brikettfabrikation sowie Glashütten und Ziegeleien betrieben wurden, wirkten verschiedene Gruppen von Kommunisten, Anarchosyndikalisten und Sozialdemokraten. Aktiv war besonders ein Kreis um den Kürschner Paul Liehr (1886–1945).[279] Nach mehreren kurzen Festnahmen zuvor wurde Liehr im Januar 1937 verhaftet und wegen geheimen Rundfunkhörens in einer Gruppe zu 3 ½ Jahren Zuchthaus verurteilt. Im Anschluss an die Strafverbüßung verschleppte man ihn ins KZ – zunächst nach Sachsenhausen und dann nach Ausschwitz, wo er im Januar 1945 umkam.

Unterbezirksleiter Lausitz: Wilhelm Rescher (VGH 1941)

Am 31. März 1939 gelang es der Geheimen Staatspolizei, in Prag einen Mann in die Hände zu bekommen, den sie seit Jahren im Visier hatte, aber bisher vergeblich jagte: Es war der Org.Leiter der KPD in der Lausitz Wilhelm Rescher (1911–1983), der zum Teil im Inland, aber auch im grenznahen Gebiet von der ČSR aus wichtige Verbindungen zwischen Lausitzer Untergrundgruppen und Exil-Kreisen der Kommunistischen Partei herstellte. (Rescher hatte von Juni bis Oktober 1933 im KZ Sonnenburg gelitten.)

Der Volksgerichtshof – die Anklage stammte vom 10. Dezember 1940 – sprach am 17. Februar 1941 sein Urteil:[280] Der Textilarbeiter Rescher erhielt eine siebenjährige Zuchthausstrafe, weil er in der Zeit zwischen Herbst 1934 und Herbst 1938 – u. a. durch Einbringen der illegalen Gubener Ortsgruppe in das Untergrundnetz der KPD sowie als Leiter einer am Widerstand beteiligten Emigrantengruppe in Kratzau, die half, verbotene Schriften nach Deutschland weiterzuleiten – sich des Vorwurfs der »Vorbereitung zum Hochverrat« schuldig gemacht hatte. Wilhelm Rescher – bis 1934 Pol.Ltr. des KJVD der Oberlausitz – berichtet nach dem Krieg ausführlich über seine Erlebnisse und Erfahrungen in der illegalen Arbeit:

> Im Dezember 1934 wurde unsere Unterbezirksleitung unter Leitung des Genossen Richard Döring verhaftet. Somit war die Partei ohne jegliche Verbindung, die pol. Leitung im Unterbezirk übernahm der Gen. Willi Schmidt, zur Unterbezirksleitung gehörten weiterhin die Gen. Paul Hunger und Karl Noack und für weitere Verbindungen im Industriegebiet insbesondere über Teuplitz, Triebel, Weißwasser der Gen. Otto Richter. Ich wurde in die Parteileitung mitaufgenommen, mir wurde die Funktion des Org.-Leiters übertragen, obwohl ich in der organisatorischen Leitung der Gruppe, außer denen, die direkt unter meiner Leitung standen, mir keine Verantwortung übertragen wurde, vielmehr erhielt ich den Auftrag, die abgebrochenen Verbindungen zu übergeordneten Parteileitungen sowohl in Berlin wie nach der CSR wieder herzustellen.[281]

---

279 BLHA, Rep. 333, Nr. 1285. [Liehrs Vertrauter Carl Weise litt bis Kriegsende im KZ.]

280 BArch, NJ 8950, Bd. 2. Zur Biographie Reschers siehe BLHA, Rep. 530 (SED-Bezirksltg. Potsdam), Nr. 9319 und Rep. 930 (Bezirksltg. Cottbus), Nr. 4461.

281 BLHA, Rep. 930 / Nr. 4461.

Wilhelm Rescher

Der von ihm als einzig geeignet ausgewählte illegale Weg in die Tschechoslowakei führte nach Grottau im tschechischen Radek, unmittelbar hinter der Grenze und 5 km von Zittau entfernt. Ende April 1935 gelang ihm der heimliche Grenzübertritt. In der ČSR begegnete er dann aus der Heimat vertrauten Genossen wie Gerhard Donath (»Walter«), der 1932 von der SAJ zum KJVD kam (S. 493ff.).

Ein weiterer wichtiger Kontaktmann wurde Hellmut Schilling (»Kurt«), der für das ZK der Exil-Parteiorganisation den Grenzabschnitt im Gebiet Reichenberg leitete. W. Rescher fährt fort: »Wir vereinbarten die Herstellung ständiger Verbindungen, sowohl auf dem Postweg durch fingierte Schrift mit Geheimtinte wie auch persönliche Verbindungen, durch meinen Besuch mit den Genossen sowie auch den Literaturtransport ins Gebiet nach Forst.«[282]

Nach der Herstellung dieser Verbindungen erhielten Org.-Ltr. Rescher und der Pol.-Ltr. Willi Schmidt die Aufforderung, am 23. Juni 1935 nach Grottau zu einer wichtigen Beratung leitender Kader zu kommen. Neben den beiden Lausitzern waren noch der o. g. Abschnittsleiter Schilling, Gerhard Donath (Schillings Mitarbeiter) sowie – neben Rescher Unbekannten – Walter Ulbricht vom ZK der KPD anwesend.

Dessen Fragen zum Stand der illegalen Tätigkeit im Lausitzer Industriegebiet, darunter zur Zusammenarbeit mit sozialdemokratischen Kreisen und Parteilosen, konnten aber nur begrenzt – nämlich beschränkt auf das Gebiet Forst – beantwortet werden. Ulbricht lobte (laut Rescher) anschließend die Erfolge bei der Hilfe für die Familien verfolgter Genossen, bemängelte diesbezüglich aber auch die fehlende Verbindung zu sozialdemokratischen Opferkreisen. Rescher konnte aber immerhin für Forst von ersten Anzeichen der Herstellung einer Zusammenarbeit mit SPD-Anhängern berichten, in deren Reihen (S. 192f.) Unzufriedenheit über lokale »rechte« Parteivertreter sowie über den Kurs der Exil-SPD um Otto Wels herrschte. Ulbricht drang auf die Lausitzer ein, die Kräfte verstärkt in Richtung Aktionseinheit der Arbeiter als Ausgangsbasis für ein breites antifaschistisches Volksfrontbündnis zu lenken. Hauptziel dieses Volksfrontbündnisses unter Führung der KPD (!) müsse der Sturz der Hitlerdiktatur und der Aufbau einer – so Rescher – »antifaschistischen demokratischen Staatsmacht« sein.

282 Ebd., Rep. 930 / Nr. 4461.

Rescher berichtet im zweiten Teil seines politischen Rückblicks von der Lage im betrieblichen Bereich bzw. den Erfolgen bei der Zusammenarbeit mit sozialdemokratischen Arbeitskollegen. Folgt man seiner Schilderung, hätten sich die Lausitzer SPD-Anhänger *zunehmend* mehr mit ihren kommunistischen Kollegen verbunden gefühlt als mit dem leitenden Führungskreis der Exil-Partei. Rescher nennt folgende Details:

> Bis zur Brüssler Parteikonferenz [Herbst 1935] war es uns gelungen, in Zusammenarbeit mit sozialdemokratischen Genossen in 20 Betrieben unserer Stadt Gewerkschaftsgruppen aufzubauen und in denen meines Wissens ungefähr 500 Arbeiter erfaßt waren. Unsere Arbeit hat aber dadurch einen großen Auftrieb erhalten, noch dazu, weil wir in der Lage waren, durch eine konkrete Organisierung der Parteiarbeit, der Arbeit mit Literatur und Druckschriften an breite Kreise, besonders an antifaschistische Arbeiter heranzukommen, so daß wir bis Ende des Jahres 1935 bereits in 25 Betrieben solche Gewerkschaftsgruppen aufgebaut haben, in denen rund 1000 Arbeiter erfaßt waren.[283]

Es stehen bisher (2018) leider keine weiteren Quellen zur Verfügung, die diese Zahlen bestätigen oder korrigieren könnten. Weder in Prozessen gegen kommunistische (S. 188ff.) noch gegen sozialdemokratische (S. 503ff.) Gruppen aus Forst und Umgebung ist von einer derartig breiten illegalen betrieblichen Szene die Rede. Auch wenn es der Geheimen Staatspolizei zum Glück nicht gelang, *alle* Widerstandsinitiativen aufzudecken, so hätten doch aber in den Verfolgtenanträgen nach der Befreiung mehr Informationen durchsickern müssen.

Nachzutragen bleibt, dass Wilhelm Rescher, den der VGH 1941 zu sieben Jahren Haft verurteilt hatte, erst im April 1945 aus dem Zuchthaus befreit wurde, aber der Überstellung ins KZ – die ihm im Anschluss die Strafverbüßung drohte – entgangen war.

In den Reihen Robert Uhrigs[284]

Reorganisation über den Arbeitersport

Es wurde im vorausgegangenen Kapitel auf die hohen Verfolgtenzahlen aufgrund von NS-Prozessen gegen Brandenburger Arbeiter hingewiesen. Wenn man die unzähligen Opfer des Jahres der »Machtergreifung« mitbedenkt, dürfte der Aderlass der ersten Phase des Arbeiterwiderstandes (1933–36) für die KPD enorm gewesen sein. Doch

---

283 Ebd., Rep. 930 / Nr. 4461. Rescher betont im Weiteren, wie wichtig für ihren damaligen betrieblichen Erfolg die »klare Orientierung« durch Walter Ulbricht war – zweifellos ein Tribut an den mächtigen SED-Parteichef der DDR.

284 Vgl. zum Folgenden: Luise Kraushaar, Berliner Kommunisten im Kampf gegen den Faschismus 1936 bis 1942. Robert Uhrig und Genossen, Berlin (DDR) 1981; Beatrix Herlemann, Der deutsche kommunistische Widerstand während des Krieges, Berlin 1989 (Beiträge zum Thema Widerstand, Heft 35, Hg. von der Gedenkstätte Deutscher Widerstand; Oswald Bindrich/Susanne Römer/Beppo Römer. Ein Leben zwischen Revolution und Nation, Berlin 1991; H.-R. Sandvoß, Die »andere« Reichshauptstadt, S. 455–469.

so berechtigt die NS-Justiz von der Zerschlagung sehr vieler Unterbezirke sprechen konnte, so bleibt es doch eine Tatsache, dass die Kommunistische Partei in zahlreichen kleinen Gruppen und versprengten Kreisen fortlebte.

Schon 1935 hatte der Exil-Parteivorstand von außen den Versuch unternommen, die Inlandsorganisation umzubauen. So wurden die Berliner Bezirksleitung aufgelöst und in der Reichshauptstadt drei große Abschnitte gebildet, die aus dem Ausland angeleitet wurden. Im Berliner Umland waren diese Abschnitte auch für Gebiete Brandenburgs verantwortlich, so nachweisbar für Potsdam, Werder bzw. den Kreis Teltow (S. 452ff.). Die Lausitz unterhielt demgegenüber eigene Verbindungen ins Exil (S. 509ff.). Emissäre gingen in geheimer Mission nach Deutschland, um die – selten wirklichkeitsnahen – Vorstellungen und Direktiven durchzusetzen. So wenig diese Initiativen von großem Erfolg gekrönt waren und nicht allein die Auslandsbeauftragten (»Instrukteure«), sondern auch ihre Kontaktpersonen im NS-Deutschland starken Gefahren aussetzten, so wurden sie trotzdem immer wieder unternommen und kosteten viele Regimegegner das Leben. Denn die NS-Justiz prangerte nicht allein sogenannten Hochverrat, sondern nun auch noch angeblichen Landesverrat an. Besonders mit dem Kriegsbeginn setzte eine neue Verschärfung der »Rechtsprechung« ein, die nun auch bei kleinsten Vergehen auf Zuchthausstrafen erkannte und »Wiederholungstäter« – also politisch Vorbestrafte – fast immer zum Tode verurteilte.

Historische Darstellungen aus der Sicht der SED versuchten zu DDR-Zeiten immer wieder den Nachweis zu erbringen, der kommunistische Arbeiterwiderstand sei von der Parteiführung im Ausland durch Direktiven und wegweisende Beschlüsse initiiert und angeleitet worden. Tatsächlich erwuchs die Kraft zur Bildung einer neuen Widerstandsorganisation im Raum Berlin-Brandenburg nach 1936 allerdings aus einer ganz anderen Quelle: dem Arbeitersport. Und nicht selten sahen diese Menschen die Wirklichkeit in Deutschland mit anderen Augen als verblendete Spitzenfunktionäre wie Walter Ulbricht – wovon noch berichtet werden wird (S. 516).

Die vom Nationalsozialismus seit Frühjahr 1933 mit List und Gewalt angestrebte »Gleichschaltung« gesellschaftlicher Bereiche glückte im Umfeld der verfolgten Arbeiterbewegung am wenigsten beim Arbeitersport, ihrer einst stärksten kulturellen Kraft.[285] Die politisch zugeordneten großen Dachorganisationen, der sozialdemokratische Arbeiter-Turn- und Sportbund (ATSB) und die kommunistischen Rotsportler in ihren diversen Fichte-Sparten konnten dem staatlichen Terror nicht entweichen, aber die totale Kontrolle proletarischen Freizeitverhaltens – sei es am Feierabend, sei es am Wochenende – glückte trotzdem nicht. Zehntausende Arbeiterinnen und Arbeiter Berlin-Brandenburgs waren in diesem Milieu bis 1933 nicht nur sportlich, sondern auch kulturell geistig geprägt worden. Nicht nur Organisierte, sondern auch viele Parteilose – darunter zahlreiche Heranwachsende – wurden hier im sozialistischen bzw. kommunistischen Sinne beeinflusst.

---

285 Vgl. Hans-Joachim Teichler / Gerhard Hauk (Hg.): Illustrierte Geschichte des Arbeitersports, Berlin/Bonn 1987; Detlef Schmiechen-Ackermann, Sozialistische Milieuvereine nach 1933. Strategien

Nach der Zerschlagung der Arbeiterorganisationen (1933) wählten die ihrer Gesinnung treu Bleibenden unterschiedliche Wege, um den traditionellen Zusammenhalt zu wahren. Sei es, dass man die »Unterwanderung« sogenannter bürgerlicher Vereine anstrebte, oder sei es, dass man bei gemeinsamen Wochenendausflügen angestammte Brandenburger Treffpunkte (Badeseen, Zeltplätze, Wanderherbergen, FKK-Gelände) von Arbeitersportlern aufsuchte und an diesen Orten Gleichgesinnte fand. Weitgehend unkontrolliert durch Spitzel konnten dort verbotene Nachrichten – z. B. über Verhaftungen – ausgetauscht und der politischen Vereinnahmung und Vereinsamung entgegengewirkt werden.

Andererseits: Völlig entging der Polizei dieser politische »Gefahrenherd« denn doch nicht, wie bereits interne Meldungen vom August 1932 belegen.[286] Ausgangspunkt waren Anzeigen aus NS-Kreisen, beiderseits des Crossin-Sees hätten Anhänger der KPD Waffenlager angelegt und Vorbereitungen zur Bildung einer »roten Armee« getroffen.

Im Vorfeld einer für den August 1932 avisierten Polizeiaktion schlug der Landrat des Kreises Beeskow-Storkow am 24.7.1932 vor: »Das Wichtigste scheint mir, daß in den kommunistischen Zeltlagern am Crossin-See, deren ganz überwiegender Teil am Berliner Ufer liegt, zunächst aufgeräumt und den Niederlehmern dadurch der Begriff der Staatsgewalt ausdrücklich vor Augen geführt wird.« Abschließend dazu heißt es in den Polizeiakten:

> Die Aktion am Crossin-See hat am 21.8.32 stattgefunden. Auf der Potsdamer-Seite waren Schutzpolizei u. Landjäger eingesetzt unter Führung des O.L. [Oberland-]Rats Buse, Kreisleiter von Beeskow. Waffen sind hier nicht gefunden worden. Nach Angabe des Kdo. Führers soll auch von dem Berliner Kdo. auf der Berliner Seite nichts besonderes festgestellt worden sein. Immerhin dürfte die Aktion zu einer gewissen Sicherstellung u. Beruhigung der Verhältnisse für die nächste Zeit beitragen.[287]

Trotz derartiger »Warnschüsse« hier und anderenorts, misslang die versuchte »Gleichschaltung« dieser sogenannten Unruheherde. Denn so verwirrend es auf den ersten Blick klingen mag: Die zahlenmäßig größten Manifestationen demonstrativer NS-Gegnerschaft von Arbeitersportlern ereigneten sich in den 1930er Jahren in den Brandenburger Naherholungsgebieten, wie mehrere Berliner Zeitzeugenrückblicke im Folgenden bestätigen.

Richard Seiffert (1906–1983), Mitglied der KPD-Opposition, berichtet 1981: »Unter uns Fichte-Sportlern blieben die Kontakte auch nach dem Verbot erhalten. So kamen wir 1934 – wahrscheinlich bei Strausberg – zusammen, zwischen 120 und 130 Menschen erschienen.«[288]

---

der Anpassung und der Verweigerung am Beispiel der Arbeitersportler und Arbeitersänger, in: ders. (Hg.), Anpassung, Verweigerung, Widerstand, S. 123–144.

286 BLHA, Rep. 2 A Regierung Potsdam, I Pol., Nr. 1080, Bl. 387ff. Am 17.8.1932 regte der zuständige Landrat auch den Einsatz der Wasserpolizei an, um zu verhindern, dass die Zeltbewohner über den Wasserweg verschwinden.

287 Ebd., Bl. 406(R).

288 GDW/Berlin, Interview des Verfassers mit Richard Seiffert am 23.10.1981.

Zeltstadt zwischen Zeuthen und Crossin-See, 1930er Jahre

Gerhard König (1915–2005), Fichtesportler und »Roter Pfadfinder« erinnert sich 1992: »1933 war ja noch nicht alles vom NS erfasst. Wir kamen zu Fahrten in der Umgebung Berlins zusammen. Meist war es das Gebiet zwischen Erkner und Königs Wusterhausen, Körbis-Krug. Bis zu 150–200 junge Teilnehmer sind mir in Erinnerung.«[289]

Margarete Forszpaniak (1915–2008), aus einem sozialdemokratischen Elternhaus stammend, aber als junge Frau im kommunistischen Geheimapparat (Gruppe Pietzuch) aktiv, teilt mit, wie sie nach 1933 politischen Anschluss fand: »Schließlich ergab sich dann der entscheidende Kontakt über die arbeitslosen Arbeitersportler, die im Sommer am Tonsee bei Körbis-Krug lebten und in Berlin nur die Arbeitslosenunterstützung holten.«[290]

Wieder andere Zeitzeugen weisen auf Zeltstädte hin, die ab 1933 zu Sammelpunkten regimekritischer Arbeitersportler wurden. Das Ehepaar Ilse und Richard Grubitz nennt in diesem Zusammenhang die Zeltstadt »Am großen Zug« im Waldstück zwischen Zeuthen und Crossin-See, wo fünfzig bis sechzig feste Zelte standen. Neben nur wenigen NS-Anhängern hatten sich dort viele Antifaschisten, darunter Kreuzberger Kommunisten, niedergelassen.[291]

---

289 Ebd., Interview des Verfassers mit Gerhard König am 9.12.1992.
290 Ebd., Interview des Verfassers mit Margarete Forszpaniak am 11.9.1998.
291 Ebd., Interview des Verfassers mit Ilse und Richard Grubitz in: H.-R. Sandvoß, Widerstand in Kreuzberg, S. 141f.

Trotzdem, ein *absolut* sicheres Terrain war auch diese Gegend nicht, da mit Razzien gerechnet werden musste: So berichtet der Expedient Fred Loll, RFB-Funktionär im Abschnitt »Süd«, der sich aufgrund einer Fahndung im Frühjahr 1933 am Crossin-See versteckte, davon, im Sommer d. J. einer Razzia im Zeltlager zum Opfer gefallen zu sein, was ihm anschließend daran ein halbes Jahr »Schutzhaft« im KZ Brandenburg einbrachte.[292]

Der Tempelhofer Gewerkschafter Karl Pfennig (1904–1982) verweist 1948 auf eine wieder andere Stätte:

> Meine Frau war während meiner Haft [1933–1935] dem Zeltverein Schillerwarte am Seddinsee in der Nähe Berlins beigetreten, der dem NS-Bund für Leibesübungen angeschlossen war. Dort waren eine ganze Reihe Genossen, mit denen wir besonders junge Sportler in unserem Sinne bearbeiteten, unsere Zelte als Treffpunkte benutzten, illegale Genossen als harmlose Urlauber versteckten usw. [...] Die Arbeit im Zeltverein wurde solange fortgesetzt, bis durch die Kriegsschwierigkeiten das Zelten unmöglich wurde.[293]

Es lag aus den eben geschilderten Zusammenhängen also nahe, dass sich illegale Gruppen des Raums Berlin-Brandenburg bemühten, gerade in diesem »Restmilieu« um Sympathisanten und Kader zu werben.[294]

Und noch ein weiterer Punkt verdient Beachtung: Aus den Reihen der ehemaligen Arbeitersportler kehrten seit Mitte der 1930er Jahre aufgrund des Facharbeitermangels einer rüstungswirtschaftlich expandierenden Industrie gezwungenermaßen wieder jene politischen Gegner an die Werkbänke zurück, die man seit 1930 und besonders seit 1933 als »rote Betriebsräte« und »Aufrührer« vor die Tür hatte setzen können. Die KPD verfügte in Berlin, von Ausnahmen abgesehen (siehe die Bände über Spandau sowie Pankow und Reinickendorf der Berliner Schriftenreihe der Gedenkstätte Deutscher Widerstand), über einen nur geringen Einfluss in den Betrieben. Sie war am Ende der Weimarer Republik hauptsächlich eine Partei der Arbeitslosen.

Dieses Bild wandelte sich langsam zur Mitte der 1930er Jahre, wobei es einige Groß- und Mittelbetriebe gab, in denen sich NS-Gegner in stärkerer Anzahl einfanden als etwa bei Siemens oder der AEG, und vermutlich durch Tipps und Empfehlungen befreundeter Werkmeister oder aufgeschlossener Geschäftsführer angenommen worden waren. Das traf ganz besonders auf jenen Kreis der Verfolgten zu, der nach und nach aus Gefängnissen und Zuchthäusern in die ungewisse Freiheit zurück durfte. Diese »Politischen«, so ihr kritischer Geist nicht gebrochen war, hatten hinter den Kerkermauern unter Gleichgesinnten neue Freunde gefunden. Auch derartige Verbindungen zeigten politische Auswirkungen, denn:

---

292 LAB, C Rep. 118-01 / VdN 4109.
293 SAPMO-BArch, RY 1/I 2/3/117, Bl. 83.
294 H.-R. Sandvoß, Die »andere« Reichshauptstadt, S. 381ff.

- die gemeinsame Herkunft aus dem Arbeitersport, die eine Kontaktaufnahme unter Fremden erleichterte,
- das gewachsene Vertrauen jahrelanger Verbundenheit in kleinen Gruppen,
- die in Haftanstalten und Lagern gewachsene Schicksalsgemeinschaft,
- verbunden mit einem mittlerweile weniger orthodoxen Denken, das Wunschträume (»revolutionärer Aufschwung«) nicht mit bitteren Tatsachen verwechselte,

erzeugten neue Formen des Zusammenhaltens.

Aus diesen Ereignissen und Tendenzen formten Robert Uhrig und seine Freunde einen wachsenden Widerstandskreis. Über Querkontakte einzelner Persönlichkeiten und kleiner Gruppen, die miteinander vernetzt wurden, schuf eine Schar Berliner Arbeiter, 1938 vorsichtig damit beginnend, eine der größten oppositionellen Organisationen der Reichshauptstadt. Der Schwerpunkt sollte auf den Betrieben liegen, doch Ohnmachtsgefühl und Ängste unter den Belegschaften waren strukturelle Hemmnisse.[295] Lassen wir Zeitzeugen ihren Weg in den Widerstand beschreiben. Der Arbeitersportler Erich Wichmann (1910–2002) erinnert sich 1995:

> Ehemalige Arbeitersportler aus Friedrichshain und Lichtenberg, die im Verein »Rekord« untergeschlüpft waren und dort einen verschworenen Kreis bildeten, kamen in kleinen Gruppen zusammen, hörten verbotene Sender und diskutierten die politische Lage. Besonders eng war ich mit Hans Zoschke (S. 530) und dem Olympiakämpfer Werner Seelenbinder verbunden. Ich selbst bildete mit anderen in meinem Betrieb, den Dürener Metallwerken in Reinickendorf, eine kleine Zelle. Trotz großen Mißmuts waren die Kollegen aber sehr vorsichtig. Fünf Mann gaben uns Spenden – bei einer Belegschaft von über 300.
> Ab 1935 unternahmen wir Arbeitersportler aus Berlin-O gemeinsame Ausflüge ins Riesengebirge und kehrten im Grenzgebiet zur ČSR u. a. in den Krause-Bauden nahe Pommersdorf bei Wenzel Scholz und beim tschechischen Genossen deutscher Nationalität Franz Gaida ein. Hier hielt unser Freund Kurt Ritter politische Schulungen ab; wir trafen auch unseren emigrierten Gruppenleiter Erich Neumann wieder, der dann nach Spanien ging und später ins KZ verschleppt wurde. Es kam sogar zu Begegnungen mit Walter Ulbricht vom ZK der KPD [Ausland]. Er bedrängte uns, direkte Aktionen in Deutschland durchzuführen. Ich entgegnete ihm: »Dann gehen wir in 2 bis 3 Tagen hoch!«[296]

Ähnliche Erfahrungen mit den unrealistischen und gefährlichen Einschätzungen der tatsächlichen Lage in der unterdrückten Heimat durch kommunistische Exil-Führer machte ein weiterer Arbeitersportler im Grenzgebiet Schlesien/Tschechoslowakei. Auch durch seine Aussagen relativieren sich die Lobpreisungen Ulbrichts in offiziellen DDR-Aussagen in den 1960er Jahren, die wir anderenorts zitieren (S. 511). Erwin Reisler (1911–1996) teilte 1994 mit:

---

295 Bernd Stöver, Berichte über die Lage, S. 92, 305f., 310, 355f., 470f., 697; Timothy W. Mason: Sozialpolitik im Dritten Reich. Arbeiterklasse und Volksgemeinschaft, Opladen 1977, S. 98, 173, 207, 312ff.

296 GDW/Berlin, Interview des Verfassers mit Erich Wichmann 1995.

Rotsportler im Riesengebirge (2.v.r. Erwin Reisler), Ende der 1930er Jahre

> Aus alten sportlichen Verbindungen – 1932 kamen letztmalig 280 Sportler zum Skifahren im Riesengebirge frei zusammen – entwickelten sich ab 1933 politische; dies nicht nur zwischen den Berlinern, die sich hier in ungezwungener Atmosphäre unterhalten konnten, sondern auch zu tschechischen Arbeitern deutscher und tschechischer Nationalität, die in der Holz- und Papierindustrie tätig waren, Kommunisten und Sozialdemokraten. Das Grenzgebiet war weitgehend zweisprachig. Wiederholt trafen wir auch mit führenden Vertretern der KPD wie Walter Ulbricht zusammen. Noch 1936 wollte er, daß wir in Deutschland streiken! Ich entgegnete ihm spontan »Walter, spinnst du?« und verwies auf erfolgreiche Sammlungen für Rot-Spanien bei Borsig, wo Sozialdemokraten und Parteilose aber nur Geld spendeten, weil wir ihnen das vermittelten, was sie zu allererst wollten: Sicherheit![297]

Luise Kraushaars Werk über die Gruppe »Robert Uhrig und Genossen« (1936 bis 1942)[298], das sich auf viele Quellen und Zeitzeugenberichte stützt, aber leider nicht frei von ideologischen Verzerrungen und vorschnellen Generalisierungen ist, führt in ihrer Zusammenstellung antifaschistischer Betriebsgruppen und Zellen auch mehrere davon im Brandenburgischen auf:

---

297 Ebd., Interviews des Verfassers mit Erwin Reisler 1994.
298 Zum Folgenden siehe Luise Kraushaar, Berliner Kommunisten, S. 146ff.

Betriebe	*Ort*	*Leiter*
Ardeltwerke GmbH, Maschinenfabrik und Gießerei	Eberswalde	Ltr. Hans Ammon und Fritz Pehlmann
Berliner Maschinenbau AG (vormals Schwartzkopff)	Wildau	Ltr. Otto Lemm
Budicke & Co, Lackfabrik	Teltow	Ltr. Gustav Schreiber
Ernst Heinkel Flugzeugwerke GmbH	Oranienburg	Ltr. Hermann David
Schulze, Schneider & Dorf GmbH	Schönow	Ltr. Erich Mielke
Veltener Maschinenfabrik GmbH	Velten	Ltr. Alfred Krapf
Daimler-Benz AG	Genshagen	Ltr. Erich Prenzlau

Unabhängig davon – und den im Abschnitt über den kommunistischen Widerstand in der Lausitz bereits genannten Beispielen (S. 478ff.) – darf nicht vergessen werden, dass Hunderte antifaschistisch eingestellter Arbeiter Brandenburgs in *Berliner* Betrieben tätig waren und mitbedacht werden müssen. Doch selbst im Brandenburgischen gab es eine bisher systematisch noch nicht erfasste Anzahl kleiner Zellen – wozu in der Regel drei Personen zählten –, die ohne Anbindung oder gar »Anleitung« illegal arbeiteten, indem sie gezielte Gegenpropaganda (Antimilitarismus, Antirassismus, Internationalismus, Sabotage der Rüstungswirtschaft) betrieben, verbotene Nachrichten verbreiteten und »Untergetauchten«, Zwangsarbeitern bzw. Kriegsgefangenen halfen – dies legen jedenfalls etliche biographische Äußerungen in den von uns für diese Publikation ausgewerteten VVN-Aufnahmeanträgen und VdN-Akten nahe. Man denke dabei besonders an Widerstandskämpfer aus der Stadt Brandenburg (S. 378ff.) oder die für die Hennigsdorfer Betriebe zuständigen Kader des UB Velten (S. 548ff.).

Zusätzliche Erfahrungsberichte steuern im Folgenden Zeitzeugen aus Eberswalde und Wildau (Krs. Königs Wusterhausen) bei:

Im Bahn- und Industriegebiet von Eberswalde (S. 149ff., 407ff.) wirkte seit 1933 eine kleine, aber entschlossene illegale KPD-Gruppe. Unter ihnen agierte der Maschinenschlosser Otto Kracheel, der am 6. März 1933 den Mut aufbrachte, als Spitzenkandidat seiner Partei bei den letzten Stadtverordneten-Wahlen anzutreten, die bereits unter Verboten, Behinderungen und terroristischen Übergriffen abgehalten wurden. Trotz Einschüchterungen, Bespitzelungen und wiederholten Festnahmen führten die Widerstandskämpfer die Untergrundarbeit fort und bildeten auch in den Ardeltwerken geheime Zellen, die vor dem Kriegskurs des NS-Regimes warnten und zur Behinderung und Sabotage der Rüstungswirtschaft aufriefen. Otto Kracheel (1901–1958) schreibt 1952:

Hans Ammon

Fritz Pehlmann

> Mit einer kleinen Gruppe arbeitete ich bis 1941 illegal. Durch Verrat eines Halunken (Paul Bogen) wurden wir 1941 – 24 Mann – von der Gestapo verhaftet. Drei Genossen und zwar Fritz Pehlmann, Hans Ammon und Karl Bach wurden dabei zu Tode geprügelt, Walter Kohn und Karl Klay erst 1945 von der Roten Armee befreit. Da [Paul] Bogen mich nicht belasten konnte, wurde ich von der SS verprügelt und nach einigen Wochen entlassen. Während des Hitlerregimes wurde ich 15mal verhaftet, in die SA-Keller verschleppt, viehisch misshandelt und nach Tagen bez. Wochen wieder entlassen. Meine letzte Haft war im Konzentrationslager Mauthausen 1944 (Sonder-Aktion) 11 Wochen.[299]

Ansätze zur illegalen Betriebsarbeit bestanden ebenfalls bereits vor Herausbildung der Gruppe um Robert Uhrig in Wildau.

Über den betrieblichen Widerstand in Wildau berichtete der Schulzendorfer Werkzeugmacher Erich Horlitz:[300] Als organisatorischer Teil des KPD-Unterbezirks Königs Wusterhausen (über dessen reale Größe von ihm keine Angaben gemacht werden) verfügte die Zelle der ehemaligen Schwartzkopffwerke bis ins Jahr 1938 hinein über Verbindungen zu führenden kommunistischen Kreisen in Prag. Horlitz nennt als seine Kontaktleute dort u. a. Anton Ackermann (1905–1973) und Herbert Lessig

299 BLHA, Rep. 601 / VdN 2374. Mit der »Sonder-Aktion« meint O. Kracheel die an anderer Stelle thematisierte Verschleppungsaktion früherer Parlamentarier der Weimarer Republik nach dem fehlgeschlagenen 20. Juli 1944, die sogenannte Aktion Gitter bzw. Gewitter (S. 563f.). Siehe zur illegalen KPD-Gruppe auch die Aussagen von Karl Klay in: BLHA, Rep. 601 / VdN 1566.

300 BLHA, Rep. 530, SED BL Potsdam, Nr. 9215.

(1908–1992).[301] Dabei seien Informationen über die Widerstandserfahrungen ausgetauscht und Instruktionen und oppositionelle Schriften entgegengenommen worden.

Erich Horlitz geriet 1939 zwei Monate in »Schutzhaft« und wurde 1942 erneut festgenommen und zu einem Jahr Gefängnis verurteilt.

Wer nach dem unfreiwilligen Ausscheiden von Horlitz die Verbindung der Wildauer Betriebszelle zum Untergrundapparat der KPD hielt, ließ sich leider nicht klären, zumal vieles parallel lief:

Von 1938 bis Ende 1939/Anfang 1940 wirkten innerhalb der Reichshauptstadt fünf kommunistische »Gebietsleitungen« – in Quantität und Qualität sehr unterschiedlicher Verankerung in Wohngebieten und Werkstätten –, die zwar unabhängig voneinander agierten (S. 461f.), aber fließende Übergänge und Überschneidungen aufwiesen. Die wohl bekannteste und stärkste »Gebietsleitung« lag in den Händen von Otto Nelte und Kurt Seibt und erfasste neben Adlershof, Altglienicke, Bohnsdorf, Schöneweide und Friedrichshagen eben auch Niederlehme und Wildau.[302]

Instrukteure der Abschnittsleitung waren Johannes Müller (1912–1987) und seit Anfang 1939 der nicht minder profilierte Willi Gall. Während die Genannten im Berliner Südosten 1939 eine sehr aktive Antikriegsarbeit entfalteten, war die von Robert Uhrig verantwortete »Gebietsleitung« zwar von größerer Ausdehnung – sie umfasste u. a. wichtige Rüstungsbetriebe in Reinickendorf und Tempelhof sowie die Daimler-Benz AG in Marienfelde und Genshagen –, befand sich aber noch in der Entwicklung bzw. Herausbildung festerer Strukturen:

Robert Uhrig und Kurt Lehmann waren bemüht, über die Kontaktaufnahme zu versprengten kleinen Parteigruppen hinaus auch durch sozialdemokratische Kollegen und Kreise der Intelligenz den Aktionsradius beständig auszuweiten. Dem wie Uhrig und Lehmann ebenfalls politisch Vorbestraften Franz Mett oblag in diesem Prozess die verantwortliche Leitung der Betriebszellen, Hans Kurz wiederum die des sogenannten technischen Apparates (Druck von Materialien, Kurierdienste, Organisierung geeigneter Treffpunkte u. ä.), während zwei andere enge Vertraute Uhrigs, Karl Frank und Kurt Riemer nämlich, für tragfähige Verbindungen zu linken Arbeitersportkreisen und Wohngebietszellen sorgen sollten. Hören wir dazu letztgenannten Funktionär, den der Verfasser 1998 befragen konnte. Kurt Riemer (1909–2004), ein enger Freund Robert Uhrigs, berichtet 1998:

> Ich kannte Robert seit 1929. Obwohl ich nichts davon halte, Menschen als ›besondere Persönlichkeiten‹ zu überzeichnen, muss ich doch sagen, dass er eine ungewöhnliche Erscheinung war. Nicht äußerlich von der Statur, da war er eher mittelgroß, schmal, ein zäher Typ. Doch von der Intelligenz war er ein begnadeter Mensch, sowohl handwerklich als auch theoretisch sehr befähigt. In jeder Beziehung technisch begabt, hatte er hinter Kerkermauern einen Detektor angefertigt, dessen Bestandteile über ein Außenlager in die Haftanstalt geschmuggelt

301 Weber/Herbst (Hg.) Deutsche Kommunisten, S. 58f. (Anton Ackermann) und S. 541f. (Herbert Lessig, auch Herbert Berndt).

worden waren. Er besaß auch ein ausgeprägtes Interesse für Musik und Literatur. Es wundert wohl daher nicht, dass er »Das Lexikon« genannt wurde. Robert hatte noch im Zuchthaus Luckau alles für die Zeit nach der Entlassung vorbereitet. Seine Freunde und Haftgenossen Kurt Lehmann und Franz Mett wurden nach ihrer Strafverbüßung mit Robert und mir die Hauptinitiatoren für weitere Verbindungen.

Kurt Lehmann war [der Typ des] Urberliners, herzlich, liebenswert und humorvoll. Aus Geldmangel musste der durch die Haft Tbc-kranke Mann gleich nach dem Zuchthaus arbeiten gehen. Für seine ärztliche Behandlung durch einen jüdischen Arzt, der kurz vor der Emigration stand, legten wir Freunde zusammen.

Franz Mett dagegen war ein Ostpreuße wie er im Buche steht. Ich habe selten jemanden von solcher Ruhe und Gelassenheit erlebt. Er war äußerst verlässlich, hilfsbereit und lautlos [in seinem Wirken]. Zu meinem Glück kam ich nie mit Franz' engem Vertrauten Hans Kurz [S. 521] zusammen, ich war mehr eine Art Sekretär von Robert Uhrig.

Darstellungen, die [für die zweite Hälfte der 1930er Jahre] von fest umrissenen Bezirksleitungen und Unterbezirksstrukturen ausgehen, sind illusionär und übertreibend. Die illegale Organisation von Robert Uhrig ist erst im Laufe der Jahre gewachsen, durch Personen, die ihrerseits Gruppen hinter sich hatten bzw. mitbrachten.

Es war um 1939/40, dass Robert Uhrig damit begann, Kontakte zu anderen größeren Gruppen zu knüpfen, so über Hilde Seigewasser zur Europäischen Union. Begriffe aus der (Früh-)Zeit der KPD sind auch deswegen problematisch, weil in unserer Organisation auch Parteilose, Intellektuelle, Bürgerliche und Sozialdemokraten mitwirkten.[303]

Kurt Riemer äußerte sich 1998 auch über die einstigen (zurückliegenden) Motive der Gruppe und belegt damit einen weit nüchterneren und pragmatischeren Ansatz der Aktiven als manche wissenschaftlichen Interpreten der Parteidoktrin, die Vieles vollmundig überhöhten (»Kämpfer und Sieger«).

Unser Ziel war ja nicht die Revolution – das wäre Unsinn gewesen. Aber wir hatten die Hoffnung, dass, wenn eines Tages die UdSSR das Angriffsziel [Deutschlands] sein würde, der Krieg schließlich dadurch für das Hitler-Regime verloren gehen würde, weil das Volk am Rande des Verlierens einen Aufstand wagen würde und dadurch eine innere Befreiung entstünde. Dazu kam es 1945 aber nicht, weil zu diesem Zeitpunkt viele von uns in Haft waren. Zusammengefasst könnte man sagen: Wir erweiterten die illegale Organisation, weil wir die Hoffnung hatten, dass sich eines Tages die [politischen] Verhältnisse ändern würden und wir dann im entsprechenden Augenblick eingreifen könnten.

Im Frühjahr 1939 verbreiteten Arbeiterkreise bei der Berliner Maschinenbau AG – in Berlin und Wildau, aber auch anderen Großbetrieben – Flugblätter, in denen es über die Produktion von Munition und anderen Kriegsmaterialien hieß:

---

302 Vgl. H.-R. Sandvoß, Die »andere« Reichshauptstadt, S. 451ff.
303 GDW/Berlin, Interview des Verfassers mit Kurt Riemer 1998. (Der Autor dankt seinem Kollegen Dr. Günter Wehner für den Hinweis auf diesen wichtigen Zeitzeugen.)

Robert Uhrig

Waffen müssen wir fabrizieren, die Millionen den Tod bringen, mit denen Hitler die im Weltkrieg mißglückten Weltherrschaftspläne der deutschen Trustkapitalisten in einem neuen Weltgemetzel durchsetzen will... Hitler muß weg, damit wir wieder ehrliche Arbeit bekommen, Hitler muß weg, damit wir Lohnerhöhung und 8 Stunden-Tag wiedergewinnen und behalten... Hitler muß weg, damit wir den Krieg verhindern, Freiheit und Recht und Frieden in unserem deutschen Land wieder aufrichten.[304]

Als Mittel, die vom NS-Regime hochgetriebene Rüstungsproduktion zu sabotieren, wird den Arbeitern empfohlen, langsamer zu arbeiten.

Wie gesagt, baute die Gruppe um Robert Uhrig ihren betrieblichen Wirkungsradius erst nach und nach aus. So auch, als es nach der Festnahme des ZK-Auslandsbeauftragten Johannes Müller (S. 520) im Sommer 1940 gelang, Anschluss an die von ihm einst kontaktierten Betriebszellen – darunter in Wildau – zu bekommen.

Doch unter den verschärften Strafrechtsbedingungen[305] seit Kriegsbeginn 1939 (Todesstrafe bei »Wehrkraftzersetzung« und »Sabotage«) kapselten sich manche oppositionellen Betriebsgruppen aus konspirativen Gründen vorsichtig ab. Wir gehen an anderer Stelle näher auf einen Kreis von etwa zwanzig Kommunisten um Wilhelm Jakob ein, der in Niederlehme sein geheimes Zentrum besaß (S. 532ff.) und sich mit dem politisch vorbestraften KPD-Funktionär Erich Prenzlau zusammenschloss, der wiederum oppositionelle Kollegen aus der Daimler-Benz AG in Marienfelde und Genshagen sowie der Berliner Maschinenbau AG in Wildau an seiner Seite wusste.

Auch sie propagierten »Drosselt eure Arbeitskraft!« als Mittel, die Kriegswirtschaft zu sabotieren. Eher getrennt von diesem Kreis wirkte der Elektromonteur Otto Lemm als Vertrauensmann Robert Uhrigs und Franz Metts im Wildauer Betrieb. Dort bildete sich – die Gruppen Uhrig und Prenzlau waren zerschlagen – 1942/1943 unter den sowjetischen Zwangsarbeitern ein illegaler Widerstandskreis heraus, der im Kontakt zur »Europäischen Union« stand.[306] Dahinter verbarg sich eine unabhängige

304 Zitiert nach L. Kraushaar, Berliner Kommunisten, S. 93.

305 Vgl. Martin Broszat, Der Staat Hitlers. Grundlagen und Entwicklung seiner inneren Verfassung, München 1995 (dtv-Weltgeschichte des 20. Jahrhunderts), S. 380ff., 403ff.

306 L. Kraushaar, Berliner Kommunisten, S. 282; H.-R. Sandvoß, Die »andere« Reichshauptstadt, S. 241ff.

linkssozialistische Gruppe, die – vom Architekten Herbert Richter-Luckian, dem Arzt Dr. Groscurth und dem Wissenschaftler Dr. Havemann getragen – ein solidarisches Bündnis mit Zwangsarbeitern und Kriegsgefangenen anstrebte. Entgegen ihrem anspruchsvollen Namen war es aber eine eher kleine Widerstandsorganisation.

Vieles – das mögen die eben gegebenen Beispiele gezeigt haben – war im Widerstand auf betrieblicher Ebene im Fluss: Oppositionelle agierten gelegentlich getrennt voneinander – wenn auch mit den gleichen Zielen – oder waren zu unterschiedlichen Zeitabschnitten aktiv. Kam es zu Verhaftungen, hielten sich unentdeckte Kader eine Weile zurück, um sich später neuen Initiativen anzuschließen (S. 541ff.). Angesichts der Monstrosität des NS-Gegners und der Größe der Herausforderung lag es im Bewusstsein vieler Antifaschisten nahe, zwangsläufig ein Bündnis mit anderen Widerstandskämpfern anzustreben. Im Falle Robert Uhrigs war es der Zusammenschluss mit einem Kreis um Dr. Josef Römer.

Gruppe Römer

Während der wegen illegaler Arbeit bei Osram (Moabit) politisch vorbestrafte Robert Uhrig ab 1938 vielfältige Anstrengungen unternahm, die KPD über die Zusammenfügung bzw. Bildung von Betriebsgruppen zu reorganisieren, entstand im Osten Berlins eine weitere Initiative von Gegnern des Regimes.

Es war der frühere Nationalrevolutionär und Hauptmann Dr. Josef Römer, der schon vor 1933 enge Verbindungen zu linken Arbeiterkreisen besaß – es handelte sich um die Gruppe Fichte 10 in Friedrichshain – und diese im Kampfsport und Abwehrkampf schulte.

Martha Butte (1912–2000), deren Bruder Fritz Riedel seit Herbst 1941 zur Leitung der Uhrig-Römer-Organisation zählte, berichtet 1995:

> In den ersten Jahren der Naziherrschaft kehrte Beppo Römer oft bei meinem Bruder ein, der es fertig brachte, in seiner kleinen Wohnung, Rigaer Straße 64, sogar einen Schreibtisch für den politischen Freund aufzustellen. Nachts schlief er im Flur auf einem Feldbett. Beppo war aber nicht täglich da, sondern pflegte seine oppositionellen Kontakte über ganz Deutschland. Als Dr. Römer im Juni 1934 zum zweiten Mal (nach kurzer »Schutzhaft« vom März bis Mai 1933) festgenommen wurde, zog sich mein Bruder auf den Sport zurück. Sein Freund Fritz Butte verbüßte von 1936 bis 1939 drei Jahre Zuchthaus wegen illegaler Arbeit für den KPD-UB Friedrichshain. Nach seiner Entlassung stieß Fritz wieder zu seinen Sportkameraden von Fichte 10 (Alfred Neumann, Heinz Neth, Kurt Ritter). Im Herbst 1939 tauchte auch Beppo Römer nach langer KZ-Haft bei seinen Berliner Freunden auf. Wir haben ihn erst einmal eingekleidet, denn so wie er war konnte er nicht herumlaufen. ... Fritz Butte, mit dem ich mich 1940 verehelichte, observierte Dr. Römer eine Weile, um zu sehen, ob er beobachtet wurde. Beppo Römer war eine eindrucksvolle, charismatische Persönlichkeit. Wir hätten alles für ihn getan! Unsere Gruppe, die nun aus zuverlässigen Sportfreunden wie Erich Wichmann, den ich

---

307 GDW/Berlin, Interview des Verfassers mit Martha Butte 1995.

erstmals 1939/40 im Riesengebirge persönlich kennenlernte, gebildet wurde, verdichtete sich mehr und mehr. Nach Abschluß der Konsolidierungsphase, in der Römer auch in anderen Teilen Deutschlands, darunter dem Münchener Raum, aktiv wurde, häufig begleitet von Fritz Riedel, wurde seit Herbst 1940 ein eigener »Informationsdienst« herausgegeben.
Ich schrieb viele Texte für Beppo, schaffte dabei vier bis fünf Durchschläge. Sie entstanden bei meinem Bruder, Rigaer Straße 64, bei Kurt Ritter, Matternstraße [16] und an meinem Arbeitsplatz der AEG Treptow. Auch auf Vorschlag Beppos suchten mein Mann und ich ein Quartier am Stadtrand und fanden zur Miete zwei Zimmer mit Bad in einem Haus in Kaulsdorf-Süd, Am Birkenwerder 11. Es wurde ein häufiger Treffpunkt des Römer-Kreises.[307]

Im Frühjahr 1941 vermittelte Dr. Römers Freund Alexander Graf Stenbock-Fermor den Kontakt zum Weddinger Techniker Willy Sachse und seinen Anhängern, im Spätsommer des Jahres Walter Eichberg die Beziehung zu oppositionellen Arbeiterfunktionären wie Walter Budeus aus Reinickendorf. Schließlich kam über den Lichtenberger Schlosser Paul Wolff die Verbindung zu Robert Uhrig zustande, die im Herbst 1941 zum Zusammenschluss der Gruppenleitungen führte.

Über seine Verbindung zu Dr. Römer und Uhrig gibt der Schlosser Paul Wolff 1946 folgende Beschreibung:

Beppo Römer lernte ich 1934 im Untersuchungsgefängnis Moabit kennen. Durch Vermittlung des Fritz Riedel traf ich Römer 1941 wieder. Sehr schnell fanden wir uns in der Tätigkeit gegen den Faschismus. Durch beide kam ich dann auch mit Willy Sachse in Verbindung, der ebenfalls zu der Gruppe Römer gehörte. Ich erfuhr, daß sie Verbindung zu einer Reihe von Reichswehroffizieren und anderen Kreisen hatten (Freikorps, Oberland München), die Verbindung zu Widerstandsgruppen der Arbeiterschaft suchten.
Ich stellte die Verbindung zur Gruppe Robert Uhrig (Robby) her. Römers Verbindungen mußten sehr gute gewesen sein, denn eine Reihe von Mitteilungen über geplante Unternehmen der Wehrmacht, die dann auch meistens nach wenigen Tagen durch die Unternehmungen bestätigt wurden, bewiesen das. Er sagte unter anderem, daß er eine direkte Verbindung zu dem Admiral Canaris habe.[308]

[Wilhelm Canaris war Chef des Amtes Ausland/Abwehr der Wehrmacht, d. Verf.]

Begegnungen in Tiefensee

Es war Römer, von dem die Initiative zu einer öffentlichen Begegnung einer größeren Anzahl von NS-Gegnern ausging. Ein in der Geschichte des Berliner Widerstandes – nach Kriegsbeginn! – wohl einzigartiges Ereignis. Zeitzeugen beschreiben die näheren Umstände: Martha Butte (1912–2000) bemerkt 1995 zu dem Treffen:

Am 24. August 1941 kam es zu dem einmaligen Treffen bei Tiefensee. Es wurde vom Römer-Kreis organisiert. Beppo hatte zu uns gesagt, daß es wohl zweckmäßig sei, eine größere Zusammenkunft zu organisieren, denn die Gruppe drohte auseinanderzubrechen. Hitlers

308 LAB, C Rep. 118-01 / VdN 10528.

militärische Anfangserfolge schufen nämlich bei vielen Freunden eine resignative Stimmung. Die Ansicht »alles ist zwecklos«, begann um sich zu greifen. Wir sollten daher alle, die wir politisch kannten, zusammenbringen. Den geeigneten Ort, ein Erholungsgebiet (Waldstück) bei Tiefensee, hatten mein Mann und ich entdeckt. Wir überprüften alle Umstände und sicherten das Treffen, zu dem etwa 60 Personen kamen, durch Beobachtungsposten ab. Darum hörten wir auch nicht zu, kannten jedoch Römers Ausführungen – der »Blitzkrieg« neige sich zum Ende.[309]

Erich Wichmann (1910–2002) blickt 1995 zurück:

> Dann kam das besondere Jahr 1941. Erst jetzt [in den Krause-Bauden zum Jahreswechsel 1940/41] lernte ich Fritz Riedel und auch Willy Sachse von der Gruppe Römer kennen. Im August 1941 gab es das große Treffen bei Tiefensee. Kurt Ritter, Erwin Baumbach und ich fuhren in Sportlerkluft mit dem Fahrrad dorthin, andere der über 50 Personen erschienen mit einem Buch in der Hand oder waren mit einer Glocke auf dem Kopf [eher fein gekleidet]. Willy Sachse sprach über Wirtschaftsfragen, Dr. Römer, eine große, kräftige Gestalt mit besonderer Ausstrahlung, referierte die militärische Lage. Die Zusammenkunft war durch Posten gut abgesichert.[310]

Die schwierige Partnerschaft

Der Zusammenschluss von Anhängern Uhrigs und Römers im Herbst 1941 erfolgte unter ausdrücklicher Versicherung der »Wahrung ihres Eigenlebens«, berichteten Paul Wolff und Martha Butte.

In zahlreichen Sitzungen bei Riedel, Rigaer Straße 64, und in einer angemieteten Wohnung in der Pasteurstraße wurden organisatorische Dinge und praktische Fragen erörtert. Einen wesentlichen Raum nahm dabei die Herausgabe des »Informationsdienstes« ein. Die Leitung der Untergrundgruppe setzte sich aus Vertrauten der jeweiligen Kreise zusammen:

Pol.Leitung:	Uhrig – Römer – Budeus
Org.Leitung:	Lehmann – Riedel (später Gesche) – Grieb
Agit.Prop.:	Frank – Sachse – Klippenstein (Schriftenherausgabe)
Techniker:	Kurz (Schriftenfertigung)
Abwehrleitung:	Mett (mit mehreren Mitarbeitern), der sich weiterhin der Betriebsgruppenarbeit widmete.

Doch schon bald ließen gefährliche Leichtfertigkeiten in der illegalen Arbeit, besonders durch den Verantwortlichen für die Betriebsaktivitäten Franz Mett, den Römer-Kreis, aber nicht nur ihn, sondern auch erfahrene Gewerkschafter wie Kurt Ehemann (s. u.), auf Distanz gehen.

---

309 GDW/Berlin, Interview des Verfassers mit Martha Butte 1995 sowie deren schriftliche Unterlagen (Kopie).

Im Januar 1942 lösten die Freunde Römers ihre Verbindungen zu Uhrig sogar wieder. Vorausschauend waren nur Riedel und Römer in direkten Kontakt getreten – was viele Römer-Anhänger nach der Zerschlagung der Gruppe Uhrig rettete.

»Verrat! Verrat!«

Es war der Gestapo gelungen, gleich mehrere Informanten in den kommunistischen Untergrundapparat einzuschleusen. Am gefährlichsten war dabei Hans Kurz, der als enger Mitarbeiter von Franz Mett, dessen volles Vertrauen er sich erschlichen hatte, diesen zu großen Fehlern in der konspirativen Arbeit (Betriebsbereich, Abwehr) verleitete, wie die folgende Quelle belegt. Kurt Ehemann (* 1900) schreibt 1946:

> In dieser Zeit [Dezember 1941] stieß ich mit dem Genossen Kurt Lehmann hart zusammen, da er mir zum zweiten Mal Post durch Kurier in meine Wohnung sandte. Es handelte sich um den Informations-Dienst. Es bekamen den I.-Dienst [Informationsdienst] der Genosse Lehmann, der Genosse Ewald Biedrowski, der Genosse Benno Dywel [Düwel] von der Firma Alkett. Dem zweiten I.-Dienst war ein Fragebogen beigelegt, in welchem von der Berliner Leitung folgende Angaben gefordert worden:
> welcher Betrieb, wie groß, wie viel Genossen?
> welche Genossen schon einmal in Haft?
> welche Genossen waren es nicht?
> Hier[auf] setzte in allen Gruppen eine Protestwelle ein, und viele setzten sich ab. Die Berliner Leitung versuchte alles, um die Verbindung nicht abreißen zu lassen. Es wurde versichert, daß es sich nur um eine Statistik gehandelt hätte, aus der man den Stand und die Stärke der Organisation hätte feststellen wollen. Ich bitte, hierüber besonders den Genossen Dywel [Instrukteur in Borsigwalde, Firma Raboma, d. Verf.] zu fragen. Durch ihn und seine Genossen der Gruppen wurde Anklage gegen die Leitung erhoben, besonders gegen Franz Mett, der in vielen Fragen aufgebauscht und übertrieben hätte, der fahrlässig Kettentreffs durchgeführt habe und bei diesen Adressennotizen vorgenommen habe.[311]

Wie es dazu kommen konnte, dass politisch vorbestrafte und doch eigentlich erfahrene Funktionäre wie Franz Mett und Kurt Lehmann, man muss leider auch Robert Uhrig in diesem Zusammenhang nennen, derartige Leichtfertigkeiten zu Lasten der ihnen anvertrauten Widerstandskämpfer begehen konnten, ist kaum zu begreifen.

Die von der DDR-Autorin Luise Kraushaar in ihrem an sich verdienstvollen und materialreichen Buch über die Gruppe Uhrig vorgetragene Meinung über das »von Franz Mett nach wohldurchdachten konspirativen Regeln aufgebaute Organisationsnetz« muss wie so manches andere in ihrer Darstellung in den Bereich der Legenden verwiesen werden. Die Autorin bauscht nicht nur die Mitgliederstärke und den

310 GDW/Berlin, Interview des Verfassers mit Erich Wichmann 1995.

311 GDW/Berlin, Unterlagen zur Gruppe Uhrig (Kopie des Archivs der Berliner VVN); siehe zur Spitzeltätigkeit auch die jüngste Studie von Hans Schafranek, Widerstand und Verrat. Gestapospitzel im antifaschistischen Widerstand 1938–1945, Wien 2017.

politischen Einfluss von Betriebsgruppen auf[312], sondern verlegt die Gründung der Uhrig-Römer-Organisation um eineinhalb Jahre vor. Vermutlich wollte sie den Eindruck vermeiden, der kommunistische Widerstand habe erst nach dem Bruch Hitlers mit Stalin (1941) entscheidenden Aufschwung genommen.

Der Gestapo-Agent Hans Kurz und andere »Herren« in gleicher Mission richteten jedenfalls verheerende Wirkungen an: Über 170 Menschen wurden seit Frühjahr 1942 verhaftet. Bis es zu vier großen Volksgerichtshofverfahren kam, waren fast zweieinhalb Jahre Untersuchungs- und »Schutzhaft« vergangen. Für viele bedeuteten die sogenannten Verhöre furchtbare Qualen, ganz zu schweigen vom langen Aufenthalt im »Arbeitserziehungslager« Wuhlheide oder im KZ Sachsenhausen. Dort mussten sich Uhrig, Lehmann und Mett große Vorwürfe von ihren mitinhaftierten Freunden machen lassen.

Fast achtzig Frauen und Männer verloren ihr Leben. Sie fanden in Hinrichtungsstätten den Tod oder überlebten die Verhöre und die Entbehrungen hinter Kerkermauern nicht mehr oder nur wenige Wochen. So erging es bereits 1941 den leitenden Eberswalder Betriebsfunktionären Hans Ammon und Fritz Pehlmann. Im August 1941 mit 23 ihrer Genossen festgenommen, wurden beide im Verlauf grausamer Gestapo-Verhöre ermordet. Ammon hatte bereits 1933 ein halbes Jahr »Schutzhaft« durchlitten und trotzdem seinen Kampf fortgesetzt (S. 518f.).[313]

Drei Überlebende der VGH-Hauptprozesse beschreiben in wenigen Sätzen die Ereignisse um ihre Verhaftungen: Der Werkzeugmacher Wilhelm Dehmelt (1903–1954) berichtet 1945:

> Sonder-Aktion 1942: durch Zusammenschluß alter Luckauer [Zuchthäusler] neue Gruppenbildung, Verbindung zur Beppo-Römer-Gruppe; durch Leichtsinn – Einschmuggelung von Spitzeln [wie] den bekanntesten, einen [Hans] Kurz, wohnhaft: Neukölln – [erfolgte] die Verhaftung von 200 Berliner Arbeitern. 70 Genossen wurde der Prozeß gemacht, davon 33 Genossen zum Tode verurteilt. Durch Tortur in Sachsenhausen davon 7 Genossen verstorben.[314]

1945 informiert der Moabiter Metallarbeiter Alfred Simon (1902–1972): »Anfang 1942 wurde alles jäh durch unsere Verhaftung unterbrochen. Durch die Spitzel Hans Kurz, eines gewissen Ihwo [oder Ihno] und eines Willi Lukow, auch ›Ernst‹ oder ›Pustelwilli‹ genannt, waren wir geplatzt. …«[315] Der Schlosser Willy Golke (1893–1947) erinnert sich 1945:

> In diesem Betrieb [Auert, Weißensee] lernte ich später Fritz Siedentopf kennen, der auch 4 Jahre in Brandenburg abgemacht hatte und nun wieder für eine Gruppe Freies Deutschland arbeitete. Es ging eine Weile alles gut und dann merkten sie, daß ein Spitzel in ihren Kreisen war, und zwar hieß derselbe Hans Kurz und arbeitete bei Lorenz, als man ihn abhängen wollte, war es zu

---

312 Vgl. H.-R. Sandvoß, Widerstand in Friedrichshain und Lichtenberg, Berlin 1998, S. 176.
313 BLHA, Rep. 333, Nr. 1255, Bl. 175ff.
314 LAB, C Rep. 118-01 / A 1342.
315 Ebd., C Rep. 118-01 / A 8044.

spät. Es wurden aus allen Betrieben die Funktionäre verhaftet, und diese haben, angeblich um den Prozeß zu verschleppen, alles genannt, was ihnen bekannt war. Siedentopf widerrief seine Aussagen vor dem Volksgerichtshof. Er war von der Gestapo zu diesen Aussagen gezwungen worden. Wir also, der mitangeklagte [Artur] Pieper [1909–1945] und ich, erhielten je 4 Jahre Zuchthaus, der Genosse Widrina war in Sachsenhausen verstorben.[316]

Prozesse gegen die Gruppe Uhrig (Potsdam und Landsberg)

Der NS-Justizapparat strengte allein in Berlin vier große Prozesse vor dem berüchtigten Volksgerichtshof sowie mindestens zehn Verfahren vor dem hiesigen Kammergericht (Verhandlungen in Landsberg) an. Auch diejenigen Menschen, die wie Brunhilde Prelle, geborene Zoschke, dabei einen Freispruch erhielten, blickten auf eine sehr schwere Haftzeit, darunter im KZ Ravensbrück, mit bleibenden gesundheitlichen Folgen, zurück.

Zweieinhalb Jahre lagen zwischen den ersten Verhaftungen Anfang Februar 1942 und dem letzten der VGH-Prozesse im September 1944. Die Verfahren zogen sich vermutlich auch deswegen so lange hin, weil nach den KPD-Auslandsbeauftragten Knöchel und Kowalke – die man erst im Januar 1943 festnahm – sowie ihren Quartiergebern und Helfern gefahndet wurde. Noch im Februar 1945 erhob die Justiz deswegen Anklage in einem Massenprozess. Allerdings brachten die zunehmenden Bombenangriffe auf Berlin die Justiz immer mehr in Bedrängnis.

In der Anklageschrift A des Volksgerichtshofes vom 15. Februar 1944 heißt es über die Gruppe Uhrig:

> Die Angeschuldigten haben sich in der Zeit von 1938 bis 1942 in Berlin und anderen Orten des Inlands als Funktionäre einer aus Kommunisten und sonstigen Staatsfeinden bestehenden illegalen Organisation betätigt. Sie haben an zahlreichen Zusammenkünften und Besprechungen über den Aufbau und die Arbeit der Organisation teilgenommen, bei der Bildung von Betriebs- und anderen illegalen Gruppen mitgewirkt, Beiträge gezahlt und kassiert, kommunistische Mundpropaganda getrieben und Gesinnungsgenossen geworben. Ferner haben sie Hetzschriften, darunter einen monatlich herausgegebenen »Informationsdienst« hergestellt oder zum Lesen und zur Verbreitung angenommen und weitergegeben.
> Der Angeschuldigte Tomschik hat dem Angeschuldigten Uhrig Mitteilungen über den Bau und die Verbesserung von Flugzeugmotoren in den Brandenburgischen Flugzeugmotorenwerken gemacht. Uhrig hat eine Niederschrift über diese Mitteilungen der sowjetischen Handelsvertretung in Berlin zwecks Weiterleitung an die sowjetische Regierung zugehen lassen.[317]

Besonders kritisch äußert sich der Oberreichsanwalt im angegebenen Dokument zu den verbreiteten Untergrundmaterialien:

---

316 Ebd., C Rep. 118-01 / A 3209.

317 BArch, Bestand VGH-Zehlendorf (alt: BDC). Die VGH-Angeklagten saßen zuletzt im Gerichtsgefängnis in der Potsdamer Lindenstraße 54/55 ein, die Verhandlungen fanden im nahen Landgerichtsgebäude in der Hegelallee statt.

Potsdam, Gerichtsgefängnis in der Lindenstraße 54/55, Ort der Inhaftierung der im Landgerichtsgebäude Angeklagten, Aufnahme von 2018

Der Inhalt der von Funktionären der Organisation des Uhrig, Römer und Budeus abgefaßten und im wesentlichen auch hergestellten und verbreiteten Schriften ergibt sich aus dem Anlageband. In ihnen, besonders in dem bis Januar 1942 mehrmals erschienenen »Informationsdienst« wird nicht nur kommunistische Propaganda getrieben, sondern u. a. offen zur Sabotage der Heimat und der Front und zur »Aufklärung« der Soldaten aufgefordert. Der Informationsdienst Anfang Dezember 1941 enthält sogar eingehende Richtlinien für die von der Arbeiterschaft durchzuführenden Sabotagehandlungen.

In vier Volksgerichtshofverfahren

Prozess A gegen Robert Uhrig und 11 Angeklagte am 7. Juni 1944,
Prozess B gegen Fritz Plön und 10 Angeklagte am 6. Juli 1944,
Prozess C gegen Erich Wichmann und 10 Angeklagte am 21. Juni 1944,
Prozess D gegen Otto Schmirgal und 12 Angeklagte am 5. September 1944 wurden 31 Todesurteile ausgesprochen.

Lassen wir abschließend zu diesem Komplex zwei Augenzeugen eines Gerichtsverfahrens zu Wort kommen. 1995 berichtet Erich Wichmann (1910–2002):

> Im Untersuchungsgefängnis Moabit warteten wir auf Strohlagern in Massenquartieren auf den Beginn des Prozesses. Aber Fliegerangriffe verhinderten den geplanten Ablauf, und es wurde alles nach Landsberg an der Warthe verlegt. Über 60 Personen kamen auf den Transport dorthin. Doch dann brachte man uns nach Potsdam, wo schließlich am 20. und 21. Juni die Verhandlung stattfand. Auf den ersten Tag legte man die Vernehmungen, auf den zweiten die Urteilsverkündung. Als ein Mitangeklagter mit der Hand einem ihm bekannten Zuschauer zuwinkte, drohte der VGH-Präsident: »Wenn sie noch einmal mit der Faust grüßen, dann. ...!« Von uns Häftlingen sagte keiner etwas beim Prozeß. Ich hätte meine Position damit auch nur verschlechtert. ... Ich kam anschließend ins Zuchthaus Brandenburg, wo ich am 27. April 1945 mit Alfred Simon und anderen befreit wurde.[318]

Elfriede Zoschke (1911–2004), deren Ehemann Hans ein sehr enger Freund des beliebten Arbeitersportlers Werner Seelenbinder war, erinnert sich 1994:

> Hans' Prozeß fand [am 4./5. September 1944] in Potsdam statt. Man durfte als Zuschauer keine Bemerkungen machen, denn sofort klopfte der Volksgerichtshofpräsident [...] auf den Tisch und drohte mit der Räumung des Saales. Die Angeklagten konnten auch nichts sagen. Nach der Verkündung der Urteile rief man die Betroffenen einzeln auf. Als Hans gefragt wurde, was er zu dem Urteil [Todesstrafe] zu sagen habe, erhob er sich und äußerte: »Danke, nichts!« ... Auch Wilhelm Böse [1883–1944] wurde aufgerufen. Der war schwerhörig und sagte: »Ich weiß ja gar nicht, was ich gekriegt habe.« Darauf schrie...[der VGH-Präsident, d. V.] zurück: »Sie haben die Todesstrafe bekommen!« Wilhelm Böse bemerkte nur: »Ach so!« und setzte sich wieder. Hans, der am 24. Oktober 1944 hingerichtet wurde und unsere knapp vierjährige Tochter Roswitha zurückließ, konnte während der schweren Haftzeit mehrere Kassiber, meistens Gedichte, hinausschmuggeln. Ich kann sie heute noch auswendig. Sie waren mir in der schlimmen Zeit nach der Hinrichtung ein Trost, denn durch sie sprach er zu mir; ein Text endete: »Freu Dich des Glücks, Du Mutter im Lieben, in Deinem Kinde ist Dir geblieben, das Herz des Liebsten – flammend geschrieben im Grunde seiner Augen, leuchtend und hell!«[319]

»Parteigeschichte der Illegalität« (Erinnerungsbericht)

Dabendorf – Kriegsgefangenenlager

Dem 1934 verfolgten und misshandelten Strausberger Maschinenschlosser Carl Rüger (* 1905), dessen interessanter Bericht »Parteigeschichte der Illegalität« sich in den Aufnahmeanträgen der VVN Brandenburgs (Regierungsbezirk Frankfurt/Oder) fand, verdanken wir eine dichte Schilderung der Verschränkung illegaler Arbeit von Brandenburger und Berliner Widerstandskämpfern im Bereich der Hilfe und Zusammenarbeit mit Zwangsarbeiterinnen und Zwangsarbeitern.

---

318 GDW/Berlin, Interview des Verfassers mit Erich Wichmann 1995.
319 GDW/Berlin, Interview des Verfassers mit Elfriede Zoschke 1994.

Dieser Erinnerungsbericht wird bewusst zwischen die großen Textabschnitte über die Gruppe Uhrig und den »Kampfbund« geschaltet, da die politisch-organisatorische Anbindung der im Folgenden agierenden Deutschen und Sowjetbürger nicht geklärt ist, möglicherweise handelten sie autonom und fanden später Anschluss an die Untergrundorganisation von Saefkow, Jacob und Bästlein (S. 541ff.), die sich in dieser Frage besonders engagierte. Carl Rüger (* 1905), seit 1939 bei der Firma Fritz Werner AG im Süden Berlins tätig, schreibt:

> Mit dem Beginn des Krieges und vor allen Dingen nach dem Überfall begann unsere aktive illegale Tätigkeit. In der Wohnung der Gen. Berta Waterstrad [Schöneberg] verkehrten viele Genossen, die unangemeldet lebten. Unter anderem lernte ich dort den bulgarischen Genossen Peter Boschkoff, Mitglied der illegalen kommunistischen Partei Bulgariens, kennen. Er studierte an der techn. Universität Berlin Hoch- und Tiefbau. In der Zwischenzeit im Jahre 1941 wurde meine Frau Emma Rüger geb. Krüger verhaftet und auf Grund des Gesetzes »Heimtücke gegen den Führer« von dem Sondergericht Berlin zu 6 Monaten Gefängnis verurteilt, die sie in Hamburg-Altona abgesessen hat. Als die ersten russischen Zivilzwangsarbeiter nach Deutschland kamen, erhielt auch die [Firma] Fritz Werner Bln-Marienfelde 500 Zwangsarbeiter- u. Arbeiterinnen. In die Abteilung, wo ich arbeitete, kamen hauptsächlich ukrainische Arbeiterinnen. Nach vorsichtiger Fühlungnahme lernte ich auch einige Genossinnen kennen. Ich stellte die Verbindung zwischen dem bulgarischen Genossen Peter Buschkoff und den ukrainischen Genossinnen her. Über diese Mädchen bekamen wir auch Fühlung mit den sowjetrussischen kriegsgefangenen Offizieren in Dabendorf b. Berlin. Der Genosse Peter Buschkoff stellte Flugblätter in russischer Sprache her mit dem Inhalt »Genossinnen treibt Sabotage, arbeitet langsam. Nieder mit Hitler. Die Rote Armee ist auf dem Vormarsch um Euch zu befreien.
>
> Diese Flugblätter schmuggelte ich in den Betrieb ein und verteilte sie unter den russischen Arbeitern und Arbeiterinnen. Ausserdem sammelte ich für in Not geratene Angehörige verhafteter Genossen. Bei einer dieser Sammlungen im Betrieb erzielte ich den Betrag von RM 500,-.
>
> Am 1. Mai 1943 sammelten wir in unserer Abteilung Brot und Kleidungsstücke für die russischen Arbeiter und Arbeiterinnen. Durch die Denunziation eines Spitzels flogen wir auf und wurden 3 Tage später verhaftet. Nach 7tägigem Verhör und Misshandlungen bei der Gestapo in der Burgstraße am [S-]Bahnhof Börse wurden wir auf Einspruch der Firma wieder entlassen. Ich lernte dann einen Sympathisierenden von uns kennen, Karl August Fechner, Berlin-Mariendorf, der bei der Schutzpolizei in Berlin in der Waffenmeisterei beschäftigt war. Dieser Fechner gab mir einen Verteilungsplan über unterirdische Waffenlager der Polizei und ausserdem Pistolen und Munition, die ich an die Genossen im Betrieb verteilte.[320]

Hier endet der Bericht im engeren Sinne, wir wissen also nicht, ob es zum Einsatz der Waffen kam. Abschließend zählt Carl Rüger jene Regimegegner auf, mit denen er eng zusammenarbeitete und nennt neben Berlinern aus Schöneberg und Kaulsdorf auch Brandenburger wie Erich Jazosch (Blankenfelde) und Josef Sodowski (Hagelsberg).

---

320 BLHA, Bestand 333 / Nr. 1250, Bl. 487 (Carl Rüger »Parteigeschichte der Illegalität«).

Der »Kampfbund« (Gruppe Prenzlau)

Eine unabhängige Gruppe

Viel weniger bekannt als die durch zahlreiche Publikationen und legendäre Gestalten – wie Werner Seelenbinder – präsente Gruppe Uhrig ist eine oppositionelle betriebliche Untergrundorganisation um den Berliner Erich Prenzlau, die neben der Reichshauptstadt vor allem in Niederlehme, Wildau und Genshagen-Ludwigsfelde wirkte.[321]

Der SED-nahen Historiographie war sie keine eigene Monographie wert, sondern lediglich eine Kurzbeschreibung in Luise Kraushaars Buch über die Gruppe Uhrig, wozu Prenzlaus »Kampfbund« aber gar nicht gehörte. Lag es daran, dass die Illegalen – maximal einhundert Personen an der Zahl, von denen knapp zwanzig das Leben verloren – dem kommunistischen Parteiapparat gegenüber zu autonom waren?

Von den zentralen Persönlichkeiten der Gruppe –Erich Prenzlau, Wilhelm Jakob, Gustav Dziobaka und Ernst Kühn – fehlen noch Jahrzehnte danach Porträts. So sind die Hauptakteure uns nicht einmal visuell vertraut.[322] Woher kam diese mangelnde Würdigung, die fast einer Diskriminierung glich? Erst in der zweiten Hälfte der 1990er Jahre bzw. 2002 sorgte die GDW-Schriftenreihe zum Widerstand auf bezirklicher Ebene Berlins für eine gewisse Popularisierung der Gruppe und entriss eine interessante und sehr aktive Tendenz des Widerstandes aus der Arbeiterschaft dem Vergessen.[323] Aus der Anklageschrift A (gegen Ewald Reinke und Andere) vom 25. Mai 1944:

> In den Jahren 1939/1940 gründete der vom Oberreichsanwalt beim Volksgerichtshof verfolgte Erich Prenzlau mit einigen Gesinnungsgenossen in Berlin den »Kampfbund« als kommunistische Organisation zu dem Zwecke, frühere KPD-Mitglieder und Sympathisierende zu werben. Unter den Mitgliedern wurde ein Monatsbeitrag erhoben. Es fanden regelmäßige Zusammenkünfte statt, und für die Mitglieder wurde die Hetzschrift »Rote Fahne« und die Betriebszeitung »Arbeiter- und Soldatenräte« herausgegeben. Besonders tatkräftig wurde die Werbung seit 1942 betrieben. Es wurde nunmehr eine illegale KPD gegründet, deren Auffangorganisation der Kampfbund bildete. Die Organisation wurde geleitet von Prenzlau zusammen mit Wilhelm Jakob, Gustav Dziobaka und Ernst Kühn, gegen die sämtlich ein

---

321 Vgl. zum Folgenden: BArch, NJ 1137 (Anklageschrift beim Volksgerichtshof vom 31.1.1944 gegen Erich Prenzlau und Andere); BArch, NJ 16406 (Urteile des Kammergerichts Berlin gegen Kurt Schöne und Andere vom 16. März 1944 sowie gegen Werner Gutsche und Andere vom 17. März 1944); L. Kraushaar: Berliner Kommunisten, S. 136–138; H.-R. Sandvoß: Widerstand in Mitte und Tiergarten^2, S. 139f.; H.-W. Wörmann: Widerstand in Schöneberg und Tempelhof, S. 149–152; GDW/Berlin, Interview des Verfassers mit Hans Schwenke am 2.3.1994 (sowie dessen Zuschrift vom 7.8.1992); H.-R. Sandvoß, Die »andere« Reichshauptstadt, S. 487–490.

322 Die bebilderte zweibändige Dokumentation «Deutsche Widerstandskämpfer» (Dietz-Verlag Berlin-Ost 1970) enthält lediglich eine Kurzbiographie von Erich Prenzlau, von den zentralen Funktionären, Wilhelm Jakob, Gustav Dziobaka und Ernst Kühn, nicht einmal dies, denn sie werden lediglich im allgemeinen Zusammenhang erwähnt.

323 H.-W. Wörmann: Widerstand in Schöneberg und Tempelhof, S. 149–152. Das von der VVN Berlin herausgegebene mehrbändige Lexikon »Widerstand in Berlin 1933 bis 1945« hat nach 2000 dankenswerter Weise inzwischen viel zur biographischen Aufarbeitung beigetragen.

Verfahren vor dem Volksgerichtshof schwebt. Die Organisation wurde neu gegliedert, es wurden neben den monatlichen Beiträgen Spendenlisten in Umlauf gesetzt und einmal im Jahre eine Lotterie veranstaltet; der Erlös wurde dem Kampfbund zugeführt. Die Mitglieder wurden ferner aufgefordert, langsamer zu arbeiten und sich krank zu melden, um hierdurch der Rüstung Schaden zuzufügen. Es wurden regelmäßig Treffs in Lokalen und Wohnungen abgehalten, wobei Prenzlau und Jakob Ansprachen hielten.[324]

Illegale Betriebsarbeit in Brandenburg und Berlin

Der »Kampfbund« besaß seinen politischen Schwerpunkt in Berlin, wo er sich auf eine illegale Betriebsgruppe bei der Firma Daimler-Benz in Marienfelde stützte, war aber auch im Brandenburgischen außerordentlich aktiv, so im Ort Niederlehme (S. 538) und durch betriebliche Widerstandsgruppen in Genshagen-Ludwigsfelde (ebenfalls Daimler-Benz) und in Wildau (Berliner Maschinenbau AG).

Dass der Gründer der Initiative, Erich Prenzlau, die stärkste Persönlichkeit innerhalb der o. g. Führungsgruppe war, steht – auch nach Aussagen der Gerichtsunterlagen, die in ihm den »geistigen Kopf« sahen – außer Zweifel: Ende 1942 besorgte er für die Mitglieder braune Scheibchen als Erkennungsmarken. Auf diese Weise wollte er verhindern, dass sich ein Unbefugter bzw. Spitzel in die Organisation einschleichen könnte. Prenzlau setzte auch die Höhe der Beiträge fest, ließ die Sammellisten umlaufen und leitete auch die jährliche Lotterie. Er nahm auch starken Einfluss auf die politische Ausrichtung der Mitglieder, so verfasste er seit Mitte 1941 nach Vorschlägen der übrigen Leitungsmitglieder die »Rote Fahne« und fertigte auf seiner Schreibmaschine 8–9 Stück davon an. Zusammen mit Ernst Kühn und dem Ludwigsfelder Einrichter Fritz Klabunde (S. 536), die eigene Beiträge lieferten, schuf Prenzlau die Betriebszeitung »Arbeiter- und Soldatenrat«. Die Parole »Drosselt Eure Arbeitskraft« (als Mittel der Sabotage) und das Exerzierreglement für vormilitärische Übungen (S. 535) bei Niederlehme stammen von ihm. Bei den Mai–Feiern und der im Februar/März 1943 durchgeführten Veranstaltung für Lenin/Luxemburg und Liebknecht trat er als Redner hervor, bemerkt die NS-Justiz im Hauptverfahren gegen ihn.

Soweit die Einschätzung der Verfolger. Doch welches Bild zeichneten Überlebende der Gruppe nach dem Krieg, als die persönlichen Erinnerungen noch relativ frisch waren?

Überlebende berichten

Der Arbeiter Erich Häumann (1907–1992) erinnert sich 1945:

> Seit 1936 war ich ununterbrochen bei Daimler-Benz, Marienfelde, tätig. Da lernte ich auch meine Arbeitskollegen Hans [Jans] Schwenke, Erich Krause, Fritz Kannenberg, Edmund Pawelski u.s.w. kennen. Wir hatten dieselben Ansichten, es fehlte nur noch der Anschluss an die KPD. Um die Jahreswende 1942/43 hatten Schwenke und Krause den ersehnten Anschluss an die Partei hergestellt. Wilhelm Jakob war unser Referent. Wir wurden für Fünfer-

324 BArch, NJ 17568 (Anklageschrift »A« – gegen Ewald Reinke und Andere vom 25. Mai 1944, S. 2).

> Gruppen geschult. Um den Außenstehenden die Sache mundgerecht zu machen, nannten wir uns Kampfbund. Unser Gruß hieß »Kampfbereit«. Jeder bekam einen Decknamen, Beiträge wurden erhoben. Außerdem wurde noch eine Lotterie unter dem Namen Sparverein Krösus veranstaltet. Wir veranstalteten eine rege Werbetätigkeit.[325]

Der zitierte Zeitzeuge irrt, wenn er meint, über Mitverschwörer den organisatorischen Anschluss »an die Partei« erhalten zu haben. Denn der Kampfbund war eine *autonome* Schöpfung einzelner Kommunisten, die allerdings vor 1933 zur KPD bzw. ihrem Umfeld zählten. Marie Prenzlau (1901–1977) notiert 1945:

> Seit meiner Verheiratung 1920 gehörte mein Mann der Kommunistischen Partei an, bis zum Jahre 1933 war er Org.Ltr. in [der] RGO und Rote[n] Hilfe. Ich kassierte die Freidenker und war auch Mitglied der KPD. Kurze Zeit war mein Mann nach 1933 [politisch] ganz ruhig, aber bestimmt nur 1 ½ Jahre, dann hat er stets illegal gearbeitet, ist auch wieder mit Genossen in Verbindung gegangen und hat fleißig für die KPD Genossen geworben. Seine kleinen Zellen [umfassten] bestimmt 50–60 Genossen. Die Namen kannte ich nicht alle […].[326]

Engere Einblicke vermittelt dagegen der zu sieben Jahren Zuchthaus verurteilte Herbert Schellart (1895–1951), ein früherer Sozialdemokrat, der 1945 in seinem Lebenslauf ausführte, er habe 1938 mit seinen (später hingerichteten) Freunden Erich Prenzlau und Willi Schulz einen »antifaschistischen Kampfbund« gegründet. Die Widerstandsorganisation stellte es sich zur Aufgabe, das Hitlerregime auch mit Waffengewalt zu bekämpfen und schließlich zu entfernen. Schellart sei dabei die »Waffenpflege« sowie die Herstellung und Verbreitung der Untergrundschriften übertragen worden. Später habe ihn Prenzlau auch in die illegale Kommunistische Partei aufgenommen, für die Schellart dann gleichfalls oppositionelle Druckschriften – »Rote Fahne«, »Rote Gewerkschafter« – herstellte.[327]

Obwohl es um die Untergrundorganisation noch ungeklärte Fragen gibt (darunter die nach der personellen Stärke), kann zumindest gesagt werden, dass ihre Anfänge bis in die Vorkriegszeit zurückreichen, als frühere Mitglieder der »Antifa« eine Nachfolgeorganisation aufbauen wollten. Nach Abschluss des Hitler-Stalin-Paktes lehnte ein Teil der Kommunisten eine weitere Untergrundarbeit ab, andere, unter ihnen der Friedrichshainer Funktionär Erich Prenzlau, wollten behutsam weiterarbeiten.[328]

Prenzlau schuf mit Wilhelm Jakob und Gustav Dziobaka eine neue Leitung des »Kampfbundes«; Ende 1941/Anfang 1942 bildeten die drei Verschwörer schließlich eine eigene »Kommunistische Partei«, um die herum der »Kampfbund« als Auffangorganisation der Partei bestehen blieb. Große Treffen, bei denen Wilhelm Jakob, ein alter, erfahrener KPD-Funktionär, Referate hielt, wurden in zwei Friedrichshainer

325 LAB, C Rep. 118-01 / A 337.
326 Ebd., C Rep. 118-01 / A 5174.
327 Ebd., C Rep. 118-01 / A 8982.
328 BArch, NJ 1137 (S. 6f. der Anklageschrift beim VGH vom 31.1.1944).

Gastwirtschaften abgehalten (Landsberger Allee 9 sowie Heidenfeld-/Ecke Petersburger Straße). Neben politischen Zusammenkünften, der Verbreitung von illegalem Material und dem Sammeln von Spendengeldern engagierte sich die Untergrundorganisation besonders im Betriebsbereich in Berlin und Brandenburg, wo zur Sabotage der Rüstungsproduktion durch Langsam-Arbeit u. ä. aufgerufen wurde. In einem Waldgebiet bei Niederlehme kam es zu wehrsportlichen Übungen mehrerer Verschwörer.

Obwohl Prenzlau 1942 – seinem Friedrichshainer Freund Max Weichert zufolge[329] – durch eine kurze Inhaftierung wegen der Weitergabe eines Flugblatts im Luftfahrtministerium (Wehrmachtauskunftstelle für Kriegsversehrte und Gefallene), wo er bis dahin als Angestellter tätig war, eigentlich mit Überwachung rechnen musste, setzte er die illegale Tätigkeit fort; wahrscheinlich war das der entscheidende Fehler. Im Mai 1943 ging die Gruppe hoch.[330] Dabei fiel der Gestapo die von Ernst Jessen, Inhaber eines Pantoffelladens, im Auftrag Prenzlaus geführte ausführliche *Mitgliederliste* mit etwa vierzig Namen in die Hände. Alfred Eschricht[331] berichtete im Oktober 1947 gegenüber Luise Kraushaar, er habe im Laufe der Zeit sechzig bis einhundert Mitglieder kennengelernt.[332]

Zwanzig Gruppenmitglieder, überwiegend aus dem Berliner Raum, wurden hingerichtet. Unter ihnen neben Erich Prenzlau und Gustav Dziobaka auch Jans Schwenke, Erich Krause, Walter Sichert, Ernst Kühn und Otto Lemm. Vom Führungskreis kam Wilhelm Jakob vor der Vollstreckung in der Haft ums Leben. Zehn Personen erhielten Zuchthaus-, drei Gefängnisstrafen.[333]

---

329 SED-Kreisleitung u. Komitee der Antifaschistischen Widerstandskämpfer der DDR Berlin-Friedrichshain (Hg.): Der antifaschistische Widerstandskampf rund um die Frankfurter Allee 1933–1945, Berlin (Ost) o.J., S. 62f.; LAB, C Rep. 118-01 / A 10734 (Max Weichert).

330 Laut Anklageschrift (S. 3) des Hauptprozesses gegen Prenzlau und Andere (BArch, NJ 1137) wurde der Berliner Kaufmann Ernst Jessen am 11. Mai 1943 als erster und Erich Prenzlau am 20. Mai des Jahres als zweiter Mann der illegalen Gruppe festgenommen.

331 Der im Zusammenhang mit der Gruppe verhörte, aber nicht verurteilte Eschricht hatte Prenzlau 1939 auf die Folgeorganisation des ehemaligen Kampfbundes (KB) aufmerksam gemacht und Prenzlau mit dem damaligen Leiter Max Hänsel zusammengebracht. Nach der Spaltung des KB im August 1939 bildeten Prenzlau und Hänsel die neue Leitung; vgl. BArch, NJ 1137 (S. 8f. der Anklageschrift beim VGH vom 31.1.1944). Max Hänsel – der 1941 zur Wehrmacht einberufen worden sein soll – taucht in den Prozessen nirgends als Angeklagter auf. Im Urteil des VGH vom 30.3.1944 gegen Prenzlau und Andere findet sein Name bereits keine Erwähnung mehr.

332 SAPMO-BArch, DY 55 / V 241/7/24, Bl. 14c. Der Verfasser dankt Dr. Horst Bein für diesen Hinweis, wobei der Interviewpartner von Luise Kraushaar, Eschricht, allerdings irrtümlicherweise den Vornamen Erich trägt.

333 Dem Angeklagten Szezygiel hatte die Anklage vorgeworfen, durch den »untergetauchten Juden« Rothschild, dessen Frau und Kind er vier Wochen versteckte, vom »Kampfbund« erfahren zu haben. Im April 1943 vermittelte Rothschild den Kontakt zu Prenzlau. Szezygiel nahm bald darauf an Zusammenkünften teil und spendete Geld. Der Angeklagte Meyer wiederum, Prenzlau seit 1933 bekannt, bewahrte zeitweise den größten Teil der Mitgliederliste bei sich auf; vgl. BArch, NJ 1137 (Anklageschrift vom 31.1.1944); L. Kraushaar: Berliner Kommunisten, S. 138.

Die Prozesse
Um die Größe und Bedeutung dieser Gruppe auch vom prozessualen Umfang her anzudeuten, werden im Folgenden die von uns ermittelten Justizverfahren gegen die Berliner und Brandenburger Anhänger des »Kampfbundes« kurz annotiert (VGH steht dabei für Volksgerichtshof, KG für Kammergericht Berlin):[334]

- VGH-Anklage vom 31.1.1944, Urteil vom 30.3.1944 gegen Erich Prenzlau u.a.
- VGH-Anklage vom 16.2.1944, Urteil vom 9.5.1944 gegen Paul Schulze und Andere
- VGH-Anklage vom 25.5.1944, Urteil vom 24.8.1944 gegen Ewald Reinke u. a.
- KG-Prozess A, Urteil vom 16.3.1944 gegen Kurt Schöne u.a.
- KG-Prozess B, Anklage vom 12.1.1944, Urteil vom 17.3.1944 gegen Werner Gutsche u. a.
- KG-Prozess C, Anklage vom 25.5.1944, Urteil vom 29.8.1944 gegen Alfred Jakob u. a.

Zur Systematik der Justizverfahren ist hervorzuheben: Der VGH-Prozess gegen Erich Prenzlau bildete das Hauptverfahren (mit 10 Todesurteilen), der VGH-Prozess gegen Reinke hatte den betrieblichen Widerstand bei Daimler Benz, der gegen Paul Schulze die Ereignisse in Niederlehme zum Hauptgegenstand.

Der Kammergerichtsprozess »A« behandelte Vorkommnisse in Berliner Betrieben (einschließlich Daimler Benz), »B« solche in Niederlehme und Wildau, »C« konzentrierte sich überwiegend auf Unterstützer leitender Kader bzw. deren »Nicht-Anzeige« und fiel dementsprechend eher milde aus: 4 Freisprüche, 3 Gefängnisstrafen, wobei Marie Prenzlau mit zwei Jahren noch am härtesten verurteilt wurde.

Doch wenden wir uns nun den verurteilten Brandenburgern zu, ihr Wirken beweist, dass der »Kampfbund« keine ausschließlich hauptstädtische Widerstandsgruppe, sondern eng mit Teilen der Provinz Brandenburg verbunden war.

Im Hauptverfahren (gegen Erich Prenzlau u. a.) wurden der Einrichter Arthur Ladwig aus Ludwigsfelde b. Potsdam, Lützowstraße 12, der Dreher Otto Grabowski aus Wildau, Schwartzkopffstraße 110 sowie der in Berlin und Niederlehme ansässige Rentner Wilhelm Jakob mit dem Tode bestraft, während der Einrichter Fritz Klabunde aus Ludwigsfelde (Krs. Teltow), Moltkestraße 2, als »kommunistischer Mitläufer« sieben Jahre Zuchthaus erhielt.

Vor allem der 1870 geborene Rentner Wilhelm Jakob zählte zur engeren Führungsschicht des »Kampfbundes«. Bis 1933 Berichterstatter der KPD-Bezirksleitung, erfuhr er durch den o. g. Eschricht von der Organisation Prenzlaus und trat ihr Anfang 1942 bei. Der Kreuzberger Jakob besaß in Niederlehme ein Grundstück und baute dort eine illegale Gruppe auf. Im Sommer kam es im Wald bei Niederlehme – nach Exerzierregeln Prenzlaus, sagt das Urteil – zu vormilitärischen Übungen. Doch auch in Berlin warb Jakob mehrere Anhänger für den »Kampfbund«, vor allem übernahm er im Auftrag Prenzlaus die Überprüfung neuer Mitglieder.

---

334 BArch, NJ 1137 (Prenzlau und Andere), NJ 17568 (Reinke u. a.), NJ 1102 (Schulze u. a.), NJ 16406 (Schöne u. a.), NJ 16406 (Gutsche u. a.), NJ 16552 (Jakob u. a.).

Als der Siebzigjährige sich nach und nach aus Niederlehme zurückzog, folgten Paul Schulze (S. 540f.) und schließlich Otto Grabowski als Verantwortliche vor Ort.

Der Wildauer Dreher Grabowski war seit Frühjahr 1942 durch Vermittlung Gläsers zum Kampfbund gestoßen und zählte zur Niederlehmer Gruppe. Im Sommer d. J. nahm er an geheimen vormilitärischen Übungen im Wald bei Niederlehme und an Schulungen teil und führte mit dem Arbeiter Dawiß der Gruppe ein neues Mitglied zu. Als er selber im Herbst 1942 deren Leitung übernahm, reiste er dadurch bedingt wiederholt nach Berlin und lernte die Führungsmitglieder Prenzlau und Dziobaka kennen. Letzterem händigte er die lokal eingesammelten Beiträge aus und erhielt von Prenzlau Untergrundschriften für die Niederlehmer Genossen. (Vor Gericht bestritt Grabowski die Weitergabe – entkam dem Todesurteil aber trotzdem nicht.)

Mitangeklagte Grabowskis waren die Ludwigsfelder Fritz Klabunde und *Arthur Ladwig*. Erstgenannter will keiner Partei angehört haben, sondern nur gewerkschaftlich organisiert gewesen sein, Ladwig gab dagegen eine KPD-Mitgliedschaft seit 1928 an, auch habe er auf seiner damaligen Arbeitsstelle, dem Zentral-Viehhof, kommunistische Zeitungen verbreitet.

Er erfuhr dann im Frühjahr 1939 – inzwischen bei der Firma Daimler Benz in Genshagen tätig – vom Einrichter Klabunde vom Bestehen des »Kampfbundes«. Da er daran Interesse zeigte, machte ihn Klabunde mit Prenzlau bekannt, der ihn auch sofort aufnahm und dann monatlich Beiträge kassierte. Noch 1939 oder erst 1940 warb Ladwig seinen Arbeitskollegen Fritz Wellschmidt und später auch noch seinen Kollegen Herrmann für den »Kampfbund«. Es ist daher naheliegend, dass Prenzlau den agilen Ladwig 1941 zum Leiter der Betriebsgruppe in Genshagen machte, die inzwischen aus fünf Mann bestand, nämlich neben Ladwig aus Klabunde, Herrmann, Wellschmidt und einem gewissen Kaschewski.

Bei den 1941 und 1942 veranstalteten Lotterien erwarb Ladwig zehn Lose, von denen er fünf an Klabunde weiter verkaufte. Untergrundschriften wie die »Rote Fahne«, die Ladwig etwa vier- bis fünfmal erhielt, gab er nach dem Lesen an seine Genshagener Kollegen weiter.

Im April 1943 schließlich bekam der Betriebsgruppenleiter von Erich Prenzlau den Auftrag, Paul Schulze (S. 541) über die Schweizer Grenze zu bringen oder – falls das misslinge – gegebenenfalls zu beseitigen. Prenzlau trieb nämlich die Sorge um, Schulze, dem die Festnahme wegen Schwarzschlachtens drohe, würde durch Aussagen auch den »Kampfbund« belasten. So instruiert, reiste Ladwig nach Puchberg (Grenzort), konnte Schulze aber nicht bewegen, Deutschland zu verlassen. Die Ladwig zuvor ausgehändigte Pistole will dieser aber nicht dabei gehabt haben.

Der bereits mehrfach erwähnte *Fritz Klabunde* verkehrte seit 1935 mit Erich Prenzlau. Da diesem die kommunistische Einstellung des Ludwigsfelders bekannt war, warb er ihn bereits im Frühjahr 1939 erfolgreich für den »Kampfbund«. Klabunde machte schließlich seinen Arbeitskollegen bei Daimler Benz (Genshagen), Ladwig, mit Prenzlau bekannt. Klabunde zahlte monatlich Beiträge, erhielt Untergrundschriften wie die »Rote Fahne« und beteiligte sich durch eigene Beiträge an der Betriebszeitung Erich Prenzlaus, den »Arbeiter- und Soldatenrat«.

Trotz dieser ihn vor Gericht belastenden Aktivitäten kam Fritz Klabunde, durch geschickte Aussagen lediglich als »kommunistischer Mitläufer« eingestuft, mit sieben Jahren Zuchthaus noch erstaunlich gut davon. Ihn belastende Beschuldigungen von Seiten Prenzlaus stufte Freisler als politische Manöver des »Kampfbund«-Leiters ein, der sich selber damit entlasten wolle.

Den dichtesten Bezug zu Niederlehme bzw. zur Provinz Brandenburg wies von den drei Kammergerichtsprozessen – bei denen im Verfahren »A« außer Alfred Lehmann (1893) aus Falkensee, der drei Jahre Zuchthaus erhielt, alle anderen Angeklagten Berliner waren – der Prozess »B« auf. Hier lautete das Urteil vom 17. März 1944 gegen den

Konstrukteur Werner Gutsche (* 1910) aus Berlin-Neukölln	Todesstrafe
Kranführer Paul Schütze (* 1891) aus Niederlehme	Todesstrafe
Arbeiter Franz Suter (* 1900) aus Niederlehme	12 J. Z
Dreher Karl Scherer (* 1900) aus Niederlehme	5 J. Z
Elektrotechniker Otto Lemm (* 1895) aus Berlin-Wedding	Todesstrafe
Fräser Wilhelm Drewitz (* 1895) aus Niederlehme	6 J. Z

Der Hauptangeklagte Neuköllner *Werner Gutsche* arbeitete zwar bei der Firma Lorenz in Tempelhof, hatte aber einen Schwager in Niederlehme. Durch Besuche dort traf er auf Wilhelm Jakob (S. 536), der ihn dann für die Gruppe bzw. illegale Arbeit warb. Gutsche wurde im Mai 1942 Mitglied, zahlte Beiträge, half durch persönliche Spenden dem notleidenden Rentner Jakob und nahm auch an Treffen sowie an vormilitärischen Übungen teil. Dabei erfuhr er das Kennwort »Kampfbereit« und lernte die Grußform, eine geballte Faust, kennen.

Paul Schütze (Nummer 2 der Angeklagten) war Kranführer im Wildauer Werk der bereits genannten Berliner Maschinenbau AG. Zeitweise kommunistischer Funktionär und auch Gemeindevertreter der KPD, will er 1929 aus der Partei ausgeschlossen worden sein, trat sogar 1933 der NSV (NS-Volkswohlfahrt) und der DAF bei.

1942 lernte der Niederlehmer dann Wilhelm Jakob kennen und geriet so an die von Paul Schulze im Ort geleitete Gruppe. Wenngleich Schütze allzu enge Verbindungen abstritt, war er aus Sicht des Gerichts durch aufgefundene Spendenlisten und die Aussagen des (»inzwischen geflüchteten«) Schulze überführt, obwohl sich Schütze nach 1933 vermutlich politisch zurückhielt und erst in den Kriegsjahren – und unter Jakobs Einfluss - die »alte Gesinnung« wieder hervortrat.

Auch *Franz Suter* war vor 1933 zeitweise kommunistisch organisiert, nämlich beim Roten Frontkämpferbund. Er arbeitete als Kalklader in Niederlehme, wo er auch bei seiner Schwester wohnte. Angeworben für die Untergrundgruppe durch die Frau des Niederlehmer Kampfbund-Leiters Paul Schulze, die früher Schützes Schulfreundin war, zahlte er wiederholt Beiträge – will aber dabei nicht aus politischer Einstellung, sondern Gutmütigkeit gehandelt haben.

Der Niederlehmer Dreher *Karl Scherer* arbeitete seit 1934 bei Daimler Benz in Marienfelde. Auch er gehörte einst der KPD an, angeblich aber nur für kurze Zeit. 1942 lernte er die Zeitungsausträgerin Frau Schulze kennen und geriet so in Kreise

Werner Gutsche

Franz Suter

des »Kampfbundes« hinein, für den er mehrmals Geld gab. Überführt wurde er diesbezüglich durch Aussagen von Paul Schulze. Nach Angaben von Prenzlau nahm Jakob den Dreher sogar in die Vorschlagsliste für Gruppenleiter auf.

Der Weddinger *Otto Lemm* arbeitete wie Paul Schütze (s. o.) bei der Berliner Maschinenbau AG in Wildau, stritt aber zunächst jede illegale Tätigkeit ab. Doch dann legte er – wir wissen nicht aufgrund welcher Belastungen! – beim Gestapo-»Verhör« ein Geständnis ab, das er bei der Gerichtsverhandlung einzuschränken versuchte, dann aber doch wieder aufrecht erhielt: Demnach sei er im März 1942 von seinem Arbeitskollegen Paul Schulze in politische Gespräche verwickelt worden – Lemm selbst will nie einer Partei angehört haben – und schließlich für den »Kampfbund« geworben worden. Der Beitragszahlungen auch durch die (von der Gestapo aufgefundenen) Beitragslisten überführt, gab er zu, sich wiederholt an Exerzierübungen der Niederlehmer Gruppe beteiligt zu haben, was ihm auch das Wesen der geheimen kommunistischen Organisation klar machte. Vor dem Austritt sei er aus Angst vor einem drohenden »Rollkommando« des »Kampfbundes« zurückgeschreckt.

Der sechste Angeklagte, der Fräser *Wilhelm Drewitz*, war wie drei andere Vorgenannte ebenfalls bei der Maschinenbau AG in Wildau tätig. Der politisch Nichtorganisierte gehörte von 1923 bis 1928 lediglich dem (sozialdemokratisch orientierten) Arbeiter-Turn- und-Sportbund (ATSB) an, diente von August 1939 bis Mai 1940 bei der Wehrmacht und hatte am »Feldzug« (besser Überfall) auf Polen teilgenommen. Im Beisein der Arbeitskameraden Gläser und Grabowski, die später illegale Beiträge bei ihm einzogen, war Drewitz im Dezember 1942 im Wildauer Kasino mit Wilhelm Jakob bekannt geworden und schließlich mit dem Anliegen der Untergrundgruppe vertraut gemacht worden. Engere Bindungen habe er (Drewitz) aber nicht gehabt und will nur aus Gefälligkeit gegenüber Grabowski, der für ihn Geld auslegte, gehandelt haben.

Insgesamt hinterlassen die Aussagen den Eindruck eines eher zurückhaltenden Engagements Vieler, doch dürfen wir nicht vergessen, dass *alle* gegen die Todesstrafe ankämpften und sich nicht zusätzlich belasten wollten.

So schreibt Franz Suter (1900–1969) in seinem Lebenslauf, in dem er – entgegen seinen Aussagen vor Gericht – angab, früh der KPD und dem RFB angehört zu haben:

> Ich war seit 1926 in der KPD und RFB und nach 1933 in der Antifaschistischen Aktion bis wir den Anschluss verloren hatten und uns 1942 wieder zusammenfanden im Kampfbund gegen den Faschismus, dessen Leiter Erich Prenzlau und Wilhelm Jakob waren. Im Mai 1943 wurden wir verhaftet. Ich war im Untersuchungsgefängnis in Plötzensee und wurde am 17.3.44 vom Kammergericht zum Tode verurteilt und zu zwölf Jahren Zuchthaus begnadigt.[335]

Nicht überlebt hat der zu fünf Jahren Haft verurteilte Dreher Karl Scherer; nach Auskunft seiner Witwe Anna Scherer kam ihr Mann im Januar 1945 im Zuchthaus Sonnenburg um.[336]

Viel zu wenig bekannt ist über eine der Schlüsselfiguren der Ereignisse in Niederlehme, den Arbeiter Paul Schulze. Er stand am 9. Mai 1944 vor den Schranken des Volksgerichtshofes, als der sein Urteil fällte:

Arbeiter Paul Schulze (1898), Niederlehme	Todesstrafe
Zeitungsausträgerin Johanna Schulze (1900), ebd.	12 J. Z
Maschinenarbeiterin Hedwig Hellwig (1897), Köpenick	(wg. Begünst.) 1 J. G.

Aus den Zusammenhängen, die wir oben beim Kammergerichtsverfahren »B« schilderten, wurde die herausragende Rolle von Paul Schulze als *dem* Niederlehmer Vertrauensmann des Spitzenfunktionärs Wilhelm Jakob deutlich:

In der 2000 Einwohner zählenden Landgemeinde, wo Schulze eine Wohnlaube hatte, leitete er eine etwa zehn Personen zählende Gruppe, kassierte Beiträge und hielt im Sommer 1942 in der Nähe von Niederlehme auch vier- oder fünfmal militärische Übungen ab: Sie umfassten u. a. Richtungnehmen, Strammstehen, Grüßen. Schulze ging zwar aus der KPD hervor, will der kommunistischen Bewegung aber in der zweiten Hälfte der 1920er Jahre den Rücken gekehrt, zeitweise zur SPD geneigt haben, dann aber von 1932 bis 1934 beim militaristischen »Stahlhelm« gewesen sein. 1943 war er in ein Verfahren wegen Schwarzschlachtung – Schulze war gelernter Metzger – verwickelt und fürchtete nun weitere »Enthüllungen«. Er konnte vor dem Haftantritt fliehen und sich zeitweise bei der o. g. Köpenicker Mitangeklagten Hellwig verbergen. (Deren ältester Sohn war seit 1942 mit der Tochter der Eheleute Schulze verlobt.) Inzwischen waren

335 BLHA, Rep. 401 / VdN 2778 (Suter drückt sich in einem Punkt nicht richtig aus: Es war die Staatsanwaltschaft, die das Todesurteil beantragte. Dem wurde vom Gericht aber nicht gefolgt, wie das Urteil von zwölf Jahren Zuchthaus zeigt.).

336 Ebd., Rep. 401 / VdN 4782.

aber die politischen Verstrickungen Schulzes insofern bekannt geworden, als man seinen Namen auf einer beim Rentner Wilhelm Jakob in Niederlehme gefundenen Liste entdeckte. Nun floh Schulze nach Süddeutschland, wo er dann im Juni 1943 auf einer Straße bei Tuttlingen festgenommen wurde. Nach und nach entschlüsselten Geheime Staatspolizei und NS-Justiz seine »staatsfeindliche Tätigkeit«.

Wenigstens seine Frau Johanna (1900–1964) konnte im VGH-Prozess im Mai 1944 der Todesstrafe gerade noch entrinnen. In ihrem Lebenslauf schreibt sie 1946 über wiederholte Inhaftierungen ihres Mannes:

Johanna Schulze

> Ich Johanna Schulze trat 1922 in die KPD ein. Mein Mann war etl. Jahre Pol-Leiter. Ich hatte keine Funktion. Ich war Werberin u. Kassiererin der Roten Hilfe. 1933 wurde mein Mann verhaftet ... [und] nach 4 Wochen wieder freigelassen. 1940 wurde er wieder verhaftet und vom Sondergericht 1 frei gesprochen. 1940 gründete mein Mann u. Genossen einen illegalen Kampfbund, bei dem ich Werberin u. Kassiererin war. 1943 am 5. Juni wurde ich verhaftet. Mein Mann flüchtete u. wurde am 28. Juni an der Schweizer Grenze verhaftet.[337]

Frau Schulze verbüßte einen Teil ihrer Haft im schlesischen Zuchthaus Jauer, einen anderen in Leipzig. Am Kriegsende gelang es ihr, auf dem erneuten Transport zu fliehen.

Insgesamt betrachtet weist der »Kampfbund«, der nicht einmal einhundert Mitglieder gehabt haben dürfte, eine sehr hohe Zahl Verfolgter, darunter über zehn Todesurteile, auf. Die vierfache Zahl an Mitgliedern dürfte eingekerkert gewesen sein.

Die Gruppe Saefkow-Jacob-Bästlein / NKFD

Die Widerstandsorganisation von Robert Uhrig (s. o.) entfaltete bereits stärkere Aktivitäten, als sich in der Reichshauptstadt und im Brandenburgischen längst Keimzellen für eine ganz andere – auf Uhrig später folgende – Untergrundleitung im alten Bezirksmaßstab herausbildete.[338] Sie entstanden verschiedenenorts aus Wieder-

337 BLHA, Rep. 401 / VdN 2038.

338 Vgl. zum Folgenden die Berichtsammlung von überlebt habenden Gruppenmitgliedern, in: SAPMO-BArch, RY 1/I 2/3, Nr. 140; Gerhard Nitzsche: Die Saefkow-Jacob-Bästlein-Gruppe. Dokumente und Materialien des illegalen Kampfes (1942–1945), Berlin (Ost) 1957; H. Duhnke: Die KPD, S. 485ff.; Ursel Hochmuth: Illegale KPD und Bewegung »Freies Deutschland« in Berlin und Brandenburg. Biographien und Zeugnisse aus der Widerstandsorganisation um Saefkow, Jacob und Bästlein, Berlin 1998.

begnungen politisch Vorbestrafter bzw. Verfolgter, die durch gemeinsame Haftzeiten Vertrauen zueinander hatten.

So besprachen sich die führenden Hamburger Kommunisten Bernhard Bästlein und Robert Abshagen Ende 1941 mit ihren Berliner Genossen Wilhelm Guddorf, Martin Weise und Fritz Lange, einem ehemaligen Stadtverordneten. Dabei betonte Bästlein die Notwendigkeit der Bildung eines Berliner »Kopfes« als Koordinierungsstelle, um von hier aus Direktiven und Kontrollen für Hamburg entgegennehmen zu können. Diesen Erörterungen schlossen sich sehr ernste inhaltliche Debatten an, die sich an einem von Bästlein vorgelegten »Aktionsprogramm« entzündeten. Fritz Lange (1898–1981) erinnert sich:

> Während Martin Weise als Losung forderte »Proletarische Diktatur«, »Sozialisierung der Schwerindustrie« usw. usw., stellten Guddorf und ich dem gegenüber: Gewerbefreiheit, Rede- und Versammlungsfreiheit usw. usw., d. h. im Wesentlichen demokratische Forderungen. Da eine Einigung nicht zu erzielen war, erbat sich Genosse Bästlein, sein Aktionsprogramm in unserem Sinne zu überprüfen. Martin Weise wurde beauftragt, seine Auffassung zu fixieren.[339]

Doch auch beim nächsten Zusammentreffen im Februar 1942 kam es nicht zu einer positiven Abklärung. Im August/September d. J. erfuhren die Berliner – das politische Schicksal der Gruppe um Robert Uhrig war bereits besiegelt (S. 526ff.) –, dass die Hamburger Genossen (vermutlich durch eine Gestapo-Falle) hochgegangen waren. Doch auch deren Berliner Gesprächspartner gingen bald ins Netz der Verfolger: Guddorf geriet im Oktober 1942 in die Verhaftungswelle der »Roten Kapelle«. Martin Weises und Fritz Langes Festnahmen erfolgten am 1. Dezember 1942. (Erstgenannter und Wilhelm Guddorf wurden schließlich zum Tode verurteilt.)

Da kam es zu einer überraschenden Wende: Bästlein nutzte Bombenangriffe auf die Strafanstalt und Hinrichtungsstätte Plötzensee in der Nacht zum 29. Januar 1944 zur Flucht und konnte in Berlin und Brandenburg »untertauchen«. Dabei stieß er im Winter 1943/44 auf eine neue Untergrundleitung, die sich 1943 um den Berliner Anton Saefkow (1903–1944) und Bästleins aus Hamburg geflohenen Genossen Franz Jacob (1906–1944) gebildet hatte. Saefkow kannte sich aus jahrelanger KJVD-Tätigkeit in der kommunistischen Szene der Reichshauptstadt gut aus, obwohl er 1933 im Parteiauftrag in Norddeutschland Widerstand geleistet hatte und dafür viele Jahre Haft (bis Juni 1939) durchlitten hatte. Nach der Entlassung aus dem Moorlager fand er eine Anstellung als Kraftfahrer bei der Potsdamer Autovermietung Lucie Schölzer.

Eine neue Leitung entsteht

Saefkows Bemühungen, neue Leitungsstrukturen für die Region Berlin-Brandenburg zu entwickeln, setzten im Winter 1942/43 ein. Ende 1943 wurden dann »alle alten Verbindungen« bewusst wieder aufgenommen und schließlich verknüpft, berichtet Saefkows Kampfgefährte Georg Dünnighaus 1945.[340] Bereits im Januar 1943 tagten

339 SAPMO-BArch, RY 1/I 2/3, Nr. 140, Bl. 64f.

Franz Jacob

in der Wohnung des Weddingers Richard Wenzel, Oudenarder Straße 28, der frühere Reichstagsabgeordnete Fritz Emrich mit Anton Saefkow und Franz Jacob. Richard Wenzel (1904–1980) darüber 1945:

> In diesen Wochen [Januar 1943, d. Verf.] kamen der Gen. M. [d. I. Jacob], Saefkow und ich zu dem Entschluss, in Berlin eine zentrale Parteiorganisation aufzubauen. Wir gingen davon aus, dass in Berlin viele Hundert dieser Gruppen von guten Genossen und Antifaschisten existierten, die nur lose auf freundschaftlicher Basis zusammengefasst sind. Man muss in konspirativer Kleinarbeit diese Gruppen zerschlagen und auf der Grundlage der Betriebe eine neue Parteiorganisation schaffen.[341]

Wenzel führt weiter aus, dass 1943 die Ansicht bestand, bei solider Arbeit auf betrieblicher Ebene würde der Geheimen Staatspolizei der Zugriff schwerer fallen als bei sogenannten Diskutierclubs. Wie bereits durch die Gruppe um Robert Uhrig teilweise realisiert, sollte auch hier das Betriebsgruppensystem die politische »Basis« der Untergrundorganisation darstellen.

Zur weiteren Perspektive bemerkt Wenzel: »Unsere politische Plattform war die des NK [Nationalkomitees] Freies Deutschland, also die aktiven Antifaschisten aus allen Lagern sollten erfasst werden, während die neu erstehende Parteiorganisation die Führerin des Kampfes sein sollte.«[342]

Die Orientierung am – von deutschen Wehrmachtsangehörigen (wie General von Seydlitz) und Exil-Kommunisten (Ulbricht, Pieck, Weinert) – in der UdSSR 1943 gegründeten NKFD[343] als Bündnismodell sehr heterogener Kräfte mit den gemeinsamen zentralen Zielen »Sturz der Diktatur« und sofortige Beendigung des Krieges, brachte im Berliner Untergrund gewisse Verständigungsschwierigkeiten mit sich: Die gewählten NKFD-Symbole schwarz-weiß-rot entsprachen der Fahne der Monarchie – eine Zeit, an die revolutionäre Berliner Arbeiter mit großem Befremden dachten, wie der erfahrene KPD-Funktionär und Argus-Gewerkschafter Erwin Reisler (1911–1996) dem Verfasser (1992) rückblickend berichtete.[344]

Die Illegalen hatten es sich zum Ziel gesetzt, die Untergrundorganisation vor allem in zwei Bereichen zu verankern: den Betrieben und der Wehrmacht. Was die illegale Arbeit

---

340 SAPMO-BArch, RY 1/I 2/3, Nr. 140, Bl. 22.
341 Ebd. RY 1/I 2/3, Nr. 140, Bl. 175.
342 Ebd. RY 1/I 2/3, Nr. 140, Bl. 175f.
343 G. R. Ueberschär (Hg.): Das Nationalkomitee »Freies Deutschland« und der Bund Deutscher Offiziere, Frankfurt am Main 1996.
344 GDW/Berlin, Interview des Verfassers mit Erwin Reisler am 9.11.1992.

in der Wehrmacht betrifft, fielen die direkten Erfolge in Berlin eher sporadisch aus. Es waren drei verantwortliche Kader, in deren Händen dieser Teil der Untergrundtätigkeit vor allem lag: Gerhard Kaun, Helmuth Wagner und Cäsar Horn. Horn und Wagner waren in den 1930er Jahren als Jungkommunisten inhaftiert worden. Horn hatte es in der Wehrmacht (67. Infanterieregiment) bis zum Feldwebel gebracht[345] und besaß einige politische Kontakte zu Gesinnungsgenossen und Sympathisanten vor allem in Spandauer Kasernen, Menschen, mit denen er dort als Verwundeter Gespräche führte und an diese NKFD-Materialien weitergab. Wagner[346] konnte nicht einmal das, denn er lebte 1944 bereits illegal. Noch über die größten Einflussmöglichkeiten – wenn auch bescheiden dimensioniert – verfügte der beim Heereswaffenamt in Moabit tätige Gerhard Kaun.[347] Mit zwei weiteren Regimegegnern bildete er dort eine oppositionelle Zelle und vermochte – wohl sein größtes Verdienst –, Ausrüstungsgegenstände und Waffen beiseite zu schaffen. Über Querkontakte zu KPDO-Anhängern konnten auch aus dem Bendlerblock, wo Kurt Voigt in der Nachrichtenzentrale des OKW tätig war, Formulare und Dokumente entwendet werden, die halfen, Illegalen wie Franz Jacob falsche Papiere auszustellen.[348] Neben Kauns Zugang zu Waffen tat sich im alten Militärbezirk Spandau mit seinen zahlreichen Kasernen ebenfalls 1944 die Möglichkeit auf, an Munition und Gewehre heranzukommen.

Die »militärpolitische Arbeit« der Saefkow-Jacob-Bästlein-Organisation, die viele Aktivitäten umfasste – etwa das Verstecken von Wehrmachtsflüchtigen, die Verbreitung von Soldatenbriefen und NKFD-Aufrufen, die Simulierung von Krankheiten (unter Mithilfe aufgeschlossener Ärzte), um sich vor dem Soldatenschicksal zu bewahren u. a. – verlangte von Einzelnen viel Mut und Zivilcourage. Und dies vor allem vor dem Hintergrund fast pausenloser Luftangriffe samt Sperrstunden, Fliegeralarm und berstender Infrastruktur. Nur eben zur tragenden Stütze einer das System gefährdenden Untergrundarbeit wurde der Bereich des Militärischen nicht.

Und wie sah es mit der zweiten Säule, der Arbeit in den Betrieben, aus? Aus der Anklageschrift gegen Friedrich Klemstein und andere vom 1. Dezember 1944:

> Im Sommer 1943 begann in Berlin eine Anzahl führender kommunistischer Funktionäre, unter Ausnutzung früherer illegaler Beziehungen erneut eine straffe kommunistische Organisation aufzuziehen, die vor allem in den Betrieben und in der Wehrmacht verankert sein sollte. Die Organisation nahm bis zum Sommer 1944 ein erhebliches Ausmaß an und unterstützte in der Propaganda die zersetzenden Bestrebungen des im feindlichen Ausland gebildeten »Nationalkomitees Freies Deutschland« (NKFD).[349]

345 Ursel Hochmuth: Illegale KPD, S. 162; H.-R. Sandvoß: Widerstand in Wedding und Gesundbrunnen, S. 128, 167.

346 Ursel Hochmuth: Illegale KPD, S. 248; GDW/Berlin, Interview des Verfassers mit Edith Wagner am 27.10.1983.

347 Ursel Hochmuth: Illegale KPD, S. 171.

348 SAPMO-BArch, DY 30, IV 2/11/175 (Richard Müller); GDW/Berlin, Interview des Verfassers mit Kurt Voigt am 14.6.1999.

349 BArch, NJ 3586, Bd. 1 (S. 3 der Anklageschrift vom 1.12.1944).

Probleme bei der Betriebsgruppenbildung

Die gezielten Anstrengungen der Kommunisten, sich im Betriebsbereich nachhaltig zu verankern, sind nicht zu übersehen, doch wie schon bei den vorausgegangenen Bemühungen Robert Uhrigs (S. 517ff.) kamen auch Saefkows Mitverschwörer – von wenigen örtlichen Schwerpunkten abgesehen – über Anfänge nicht hinaus (s. u.). War sich die Leitung des Untergrundkreises ihrer schwachen Basis bewusst? Ernste Zweifel sind begründet: Zeitzeugen wie dem Friedenauer Ernst Schacht[350] – vorbestraft wegen illegaler Arbeit im Bezirk »Wasserkante« (Norddeutschland) – zufolge war es kein Geringerer als der äußerst rührige Org.Ltr. Saefkow selber, der nicht nur gelegentlich zur Unvorsichtigkeit und zur Ungeduld neigte, sondern der Illusion anheimfiel, bereits von oppositionellen *Gruppen* zu sprechen, wo (durch Schacht) lediglich einzelne Kontakt*gespräche* geführt worden waren. Saefkow, vom Naturell her lebensfroh und optimistisch veranlagt[351], erlag offenbar gerade in der Schlussphase der illegalen Arbeit – zugegeben, der Niedergang Hitler-Deutschlands zeichnete sich bereits ab – einem selbstgezimmerten Trugbild von der Stärke der Widerstandskräfte. Aus einem Flugblatt der Saefkow-Jacob-Gruppe:

> Arbeiter und Arbeiterinnen Berlins! Vor allem aber seid einig! / Wenn Ihr geschlossen zusammensteht, seid Ihr auch heute eine Macht, vor der alle Eure Feinde zurückweichen müssen. Sammelt Euch um die tapfersten und besten, klardenkenden und revolutionären Arbeiter Eures Betriebes ohne Unterschied der früheren Parteizugehörigkeit und betrachtet sie als Eure Obleute. / Schafft Euch in Euren gewerkschaftlichen Kampfgruppen die Waffen, die Eurem Widerstand volle Sicherheit und klare Führung gibt. / Die Arbeiter beendeten den ersten Weltkrieg! Sie müssen auch den Schluss des zweiten erzwingen! / Kommunistische Partei Berlin.[352]

Ein nüchterner Überblick über die 1944 noch vorhandenen kommunistischen Betriebszellen[353] muss dagegen feststellen, dass es lediglich bei Argus sowie Teves (in Wittenau), bei Hasse & Wrede (Marzahn) und Ludwig Loewe (Moabit) zu einer (in Zahlen) zweistelligen Konzentration illegal tätiger Kollegen kam, während bei wichtigen Großbetrieben wie Siemens oder der AEG in Wedding die dort aktiven Kommunisten eher eine verschwindende Schar darstellten. (Was deren Zivilcourage keineswegs mindert und auch nicht bedeutete, dass es dort kein darüber hinausgehendes Potenzial von Gegnern des NS gab.)

Dass der Gestapo dann 1944 einige größere betriebliche Verhaftungsaktionen gelangen, lag wohl vor allem daran, dass bei Teves und Loewe schriftliche Notizen bzw. Namenslisten zu Tage gefördert wurden.[354] Bei Argus wurde dagegen durch Reisler

350 GDW/Berlin, Interview des Verfassers mit Ernst Schacht am 5.11.1996.

351 GDW/Berlin, Niederschrift von Dr. Horst Bein (1985) nach einem Gespräch mit Willy Schumacher, der sich lebhaft daran erinnerte, Saefkow habe Mitte 1944 über strenge Konspiration gelacht, da er den NS längst am Boden sah.

352 Vgl. Ursel Hochmuth: Illegale KPD, S. 373.

353 Zum Folgenden H.-R. Sandvoß: Widerstand in Pankow und Reinickendorf, S. 145ff.; ders.: Widerstand in Mitte und Tiergarten, S. 149ff.

Arbeiter und Arbeiterinnen der Berliner Betriebe!

Hart und härter treffen die Schläge des Krieges auch die Reichshauptstadt. Tag und Nacht, in den Betrieben und in den Wohnungen, seid Ihr den Luftangriffen fast schutzlos ausgeliefert. In den Betrieben wird die Arbeitszeit verlängert. Der 12 Stundentag wird eingeführt, der Sonntag endgültig abgeschafft. Mit kärglichen Sonderzuteilungen soll das Murren und die Unzufriedenheit unterdrückt werden. Die Geschäfte werden gezwungen bis abends 8 Uhr 30 offen zu halten, um Euch leichter in den Betrieben festhalten zu können.

Und warum das Alles?

Um einen bereits endgültig verlorenen Krieg im Interesse seiner Anstifter noch einige Monate weiterführen zu können. Die deutsche Kriegsmaschine kracht in allen Fugen. Die Risse, die durch die großen russischen Siege im Osten und durch die Wucht der Luftangriffe entstanden sind, sollen durch Eure Mehrarbeit wieder geleimt und gekittet werden. Niemand glaubt mehr, daß das gelingt. Aber die Nazibonzen, die die Befehle erteilen, retten sich dadurch noch für kurze Zeit vor dem Galgen, der sie erwartet. Die Unternehmer aber streichen kalt lächelnd den aus Euren Knochen herausgeschundenen Überprofit ein.

Darum sollt Ihr 12 Stunden arbeiten. Darum dürft Ihr bei Luftangriffen die Betriebe nicht verlassen. Darum müßt Ihr bis zu zehn Mal im Monat Wache schieben oder werdet zur „Heimatflak" eingezogen.

Ihr aber habt von der Beendigung des sinnlosen Krieges weder wie die Nazibonzen den Galgen, noch wie die Unternehmer den Verlust Eurer wirtschaftlichen Existens zu erwarten.

Wenn der Krieg zu Ende ist, ist auch die zehnmahl von Euch verfluchte Naziherrschaft mit all ihrem Terror und aller Unterdrückung zu Ende. Ihr Frauen braucht nicht mehr schuften zu gehen. Eure Männer und Kinder kehren zurück. Ihr seid wieder ein Teil der Familie und keine Arbeitssklaven mehr. Ihr Männer habt nicht mehr nötig, vor jedem Meister den Mund zu halten, oder vor jedem Spitzel und Werkpolizisten Euch in Acht zu nehmen, um nicht als Kanonenfutter an die Front zu kommen.

Es gibt keine Luftangriffe mehr. Die tägliche Angst und Sorge um Leben und Gesundheit der Familie hören endlich wieder auf.

Die Nazis haben den Krieg begonnen. Mit Hitler und Goebbels schließt keiner in der Welt Frieden. Sie müssen verschwinden, wenn Euer Schicksal sich wieder zum besseren wenden soll. Ihr alle müßt helfen, daß sie schneller verschwinden, und nicht noch in letzter Stunde neues, grausiges Unheil anrichten können. Ihr Berliner Arbeiter und Arbeiterinnen müßt dem ganzen deutschen Volk beweisen, daß der gesunde Menschenverstand in Deutschland noch nicht gestorben ist.

Setzt Euch gegen die Weiterführung des Krieges zur Wehr! Verweigert die 12 stündige Arbeitszeit! Verlangt Euren freien Sonntag und den freien Sonnabendnachmittag! Fordert die Erhöhung der Lebensmittelrationen! Drückt Euch mit allen Mitteln vor der Verlängerung der Arbeitszeit und sabotier tjede Maßnahme, die höhere Arbeitsleistungen aus Euch herauspressen soll!

Schützt Euch gegen die Luftangriffe!

Verlaßt die Betriebe wenn die Sirenen heulen! Sucht Eure Wohnungen und Familien auf, wenn die Angriffe vorüber sind. Laßt Betriebe brennen, aber rettet Eure Wohnungen!

Arbeiter und Arbeiterinnen Berlins! Vor allem aber seid einig! Wenn Ihr geschlossen zusammensteht, seid Ihr auch heute eine Macht, vor der alle Eure Feinde zurückweichen müssen. Sammelt Euch um die tapfersten und besten, klardenkenden und revolutionären Arbeiter Eures Betriebes ohne Unterschied der früheren Parteizugehörigkeit und betrachtet sie als Eure Obleute. Schafft Euch in Euren gewerkschaftlichen Kampfgruppen die Waffe, die Eurem Widerstand volle Sicherheit und klare Führung gibt.

Die Arbeiter beendeten den ersten Weltkrieg! Sie müssen auch den Schluß des zweiten erzwingen!

Kommunistische Partei
Berlin

Flugblatt der illegalen Gruppe um Saefkow/Jacob/Bästlein, 1944 und andere erfahrene Funktionäre mit konspirativer Umsicht vorgegangen.[355] Hier kam es auch zu einigen Sabotageunternehmungen, an denen sogar sympathisierende ausländische Arbeiter teilnahmen. Im Allgemeinen war die Hungersnot der aus Osteuropa stammenden Zwangsarbeiter[356] aber so erschreckend, ihre Absperrung in menschenunwürdigen Quartieren so effektiv und zudem die Sprachbarriere so hemmend, dass größere Solidaritätsaktionen (Nahrung, Kleidung, Tabakwaren, Weiterleitung verbotener Nachrichten) nicht die Regel waren, sondern den jeweiligen betrieblichen Konstellationen unterlagen. Die 2003 in lokalen Ausstellungen[357] durch die Berliner Geschichtswerkstatt und die Heimatmuseen dokumentierten Erfahrungsberichte ehemaliger »Ostarbeiterinnen« und »Ostarbeiter« sowie der tendenziell besser gestellten westeuropäischen Zwangs- und Fremdarbeiter zeichnen, was die Haltung des »normalen« Werksangehörigen in Großbetrieben betrifft, ein sehr differenziertes Bild.[358] Vielfältige Hilfsbereitschaft durch Einzelne und kleinere Gruppen gehörten ebenso zum Erfahrungshintergrund wie Brutalität und Sadismus – meist durch Uniformierte und Lagerleitungen. Selbst unter den Betriebsleitern und Vorarbeitern dominierte nicht der Typ des »willigen Vollstreckers« deutschen Herrenmenschentums.[359]

Sehr differenziert muss auch mit der Existenz bzw. dem Wirken von betrieblichen Widerstandszellen und -gruppen umgegangen werden. Es gab im Raum Berlin-Brandenburg *einzelne* Betriebe, in denen es zu einer gewissen Konzentration oppositioneller Kader kam (S. 548), auch ist der Versuch, in weiteren Werken Fuß zu fassen und dabei zweistellige Zahlen Illegaler zu erreichen (S. 549), nicht zu bestreiten, doch fiel die Bilanz aufs Ganze betrachtet eher bescheiden aus.

Um einmal die zahlenmäßige Dimension von relativ starken Betriebsgruppen zu verdeutlichen, sei hervorgehoben, dass – Beteiligten zufolge – bei Teves in Wittenau (über 2000 Beschäftigte) etwa 40 Anhänger organisatorisch erfasst waren[360], bei Argus in Reinickendorf (von über 2500) 20 bis 30 Arbeiter[361] Flüsterpropaganda betrieben, Untergrundmaterial weiterreichten und Spenden entrichteten, die halfen, Illegale und Zwangsarbeiter zu unterstützen.

So schreibt der im betrieblichen Widerstand für die Saefkow-Organisation im Nordberliner Raum verantwortliche Fritz Goltz (1914–1984) nach dem Krieg:

---

354 SAPMO-BArch, DY 55/V 241/7/24, Bl. 49 (B. Hoffmann) und Bl. 121a (O. Klubach).

355 GDW/Berlin, Alois Wiesen: Zur Arbeit der Parteizellen im Argus-Konzern, undatierter Bericht, 9 Seiten (Kopie durch Erwin Reisler).

356 Ulrich Herbert: Fremdarbeiter. Politik und Praxis des »Ausländer-Einsatzes« in der Kriegswirtschaft des Dritten Reiches, Berlin/Bonn 1985, S. 285ff.

357 Arbeitskreis Berliner Regionalmuseen (Hg.): Zwangsarbeit in Berlin 1938–1945, Berlin 2003.

358 Siehe auch Berliner Geschichtswerkstatt (Hg.): Zwangsarbeit in Berlin 1940–1945. Erinnerungsberichte aus Polen, der Ukraine und Weißrußland, Berlin 2000, S. 76, 101f., 117, 121f.

359 Der Begriff »willige Vollstrecker« wurde bekanntlich von Daniel Goldhagen auf die Haltung des sogenannten Durchschnittsdeutschen zum Holocaust bezogen; vgl. Daniel Jonah Goldhagen, Hitlers willige Vollstrecker. Ganz gewöhnliche Deutsche und der Holocaust, Berlin 1998, S. 439–531.

360 SAPMO-BArch, DY 55/V 241/7/24, Bl. 121a (Otto Klubach).

361 GDW/Berlin, Interview des Verfassers mit Erwin Reisler vom 9.11.1992 sowie dessen undatierter Bericht »Arbeit der Parteizellen im Argus-Konzern«; unter demselben Titel Kopie eines Berichts von Alois Wiesen, ebenfalls undatiert.

> Zu meinem Arbeitssektor gehörten die Betriebe: Heinkel (Oranienburg), Bramo (Wandlitzer Gegend), Windhoff (Neukölln), Argus und Amak (Reinickendorf), Argus [Wittenau] [...], Teves (Wittenau), Wittenauer Maschinenfabrik (Wittenau), Alkett (Borsigwalde), Siemens (Siemensstadt). [...] Der erste Betrieb, den ich organisierte, war Siemens in Siemensstadt. Hier waren die Genossen Rudi Seiffert und später der Genosse Erich Schulz [Egmont Schultz] (beide hingerichtet) meine Verbindungsleute [...]. Die Zahl der Genossen, die aktiv bei Siemens gearbeitet haben, kann 20–40 betragen [haben]. Später sollen es mehr gewesen sein. Ein gut arbeitender Betrieb war der Flugzeugkühlerbaubetrieb Windhoff. Hier war es der Genosse [Bolien], [...] der unermüdlich für die Sache der Arbeiter warb, der die Kriegsproduktionssabotage in großem Stil mit anderen Mitarbeitern durchführte. In Windhoff arbeiteten unsere Genossen in der letzten Zeit stark mit russischen Ostarbeitern zusammen, die leider meistens den konspirativen Rahmen durchbrachen [...]. Zu den im antifaschistischen Sinne gut arbeitenden Betrieben gehörten die Arguswerke, Tewis [Teves] und Wittenauer Maschinenfabrik. [...] All diese Betriebe waren gut organisiert, sie schädigten die Rüstungsproduktion mit allen Mitteln, leisteten unter den Arbeitern Aufklärungsarbeit und halfen somit, den Krieg zu verkürzen.[362]

Fritz Goltz

Goltz zog im Weiteren seines Berichtes, der selbst für Heinkel in Oranienburg nur drei bis sechs Aktive angibt, auch eine kritische Bilanz über jene Großbetriebe, in denen keine »organisatorische Einheit« zustandekam, und nennt dabei Alkett und Bramo. Lediglich Verbindungen, bei denen eine Aktivierung »[...] meist [...] nicht möglich war [...]«, besaß Goltz zu Telefunken, den Gaswerken Tegel und – was bei der Größe der folgenden Industriebetriebe die Schwäche der Untergrundorganisation verdeutlicht – Bergmann (Wilhelmsruh) und der A.E.G. (Wedding). Letztere war neben Knorr-Bremse in Lichtenberg eine der großen KPD-Hochburgen der 1920er Jahre.

Eine etwas stärkere Verankerung betrieblicher Kader der KPD glückte dagegen im nördlich von Berlin gelegenen Industriezentrum von Hennigsdorf.[363]

Hier wirkte – nach vorausgegangener verantwortlicher Tätigkeit von Albert Hanke – der Industriearbeiter Otto Schernikau in führender Funktion bei der Untergrundarbeit. Der Genannte war 1933 zunächst im Untergau Borsig tätig und

362 SAPMO-BArch, RY 1/I 2/3, Nr. 140, Bl. 40f.

363 Siehe auch Günter Wehner, Hennigsdorfer Kommunisten ungebrochen, in: Bezirksleitung Potsdam der SED, Kommission zur Erforschung der Geschichte der örtlichen Arbeiterbewegung (Hg.), Helle Sterne in dunkler Nacht, S. 205–230.

wechselte im Dezember des Jahres nach Velten, nachdem er zuvor eine mehrmonatige »Schutzhaft« in Oranienburg erlitten hatte. 1934 leistete er illegale Arbeit in einer Veltener Ofenfabrik und erreichte es mit anderen oppositionell eingestellten Kollegen, dass ein NS-Kandidat bei sogenannten Vertrauensratswahlen in der Minderheit blieb. Seiner eigenen Aussage zufolge fand der in Bötzow wohnende Schernikau zwischen 1934 und 1941 keinen Anschluss an eine Gruppe. Erst danach gelang es ihm, über den Bötzower Schuhmacher Fritz Gabbe bzw. dessen Frau Erna Gabbe in Kontakt zu Hans Coppi von der Schulze-Boysen/Harnack-Organisation zu kommen und hielt die Verbindung bis zu Coppis Festnahme im Herbst 1942. Die entscheidende Phase illegaler Betriebsarbeit fiel allerdings erst in die Zeit nach dem deutschen Überfall auf die Sowjetunion (22. Juni 1941). Otto Schernikau (1900–1978) berichtet darüber:

> Am 1.2.1942 wird der Unterbezirk Velten der KPD gegründet, welcher bis zum Einmarsch der Roten Armee bestand. Als politischer Leiter fungierte ich selbst, der Gen. Gabbe bis zu seiner Einberufung [1943] als Org.Leiter, der Gen. [Felix] Lyson als Kassierer. Es waren insges. erfasst rd. 300 Personen.
> Eine Betriebszelle im Stahlwerk Hennigsdorf mit 70 Genossen.
> Eine Betriebsgruppe in der AEG Hennigsdorf mit 30 Genossen.
> Eine Straßengruppe in Hennigsdorf mit 30 Genossen.
> Betriebsgruppen in den Betrieben Ikaria, Velma und Velmet in Velten bestanden weiterhin, ebenfalls bei der Fa. Orion in Kremmen. Außerdem waren Ortsgruppen in Velten, Bötzow, Marwitz, Leegebruch, Linum und Wansdorf. In anderen Orten bestanden Stützpunkte.[364]

Schernikau gibt weiter an, dass Verbindungen zu allen Nationen unter den ausländischen Arbeitskräften bestanden, nennt aber diesbezüglich keine Größenordnungen. Er hebt als Erfolg hervor: »Der Höhepunkt unserer Arbeit waren drei Streiks auf der Blockstrecke des Walzwerks Hennigsdorf im Sommer 1944. Der erste Streik hatte eine Dauer von 10 Minuten, der zweite von 20 Minuten und der dritte eine Stunde. Letzterer wurde 1944 bei den deutschen Sendungen des Moskauer Rundfunks erwähnt.«

Interessant ist auch, dass Schernikau von Verbindungen mit einer größeren Gruppe in Berlin spricht – und dabei die Saefkow-Organisation vermutet – , wobei er eine Kommunistin namens Alice Hoffmann in der Genossenschaftssiedlung »Freie Scholle« als Kontaktperson nennt. Schernikau dazu: »Da dieselbe uns zu fahrlässig arbeitete, haben wir die Verbindung zu ihr abgebrochen und somit den Anschluß an diese Gruppe im Herbst 1944 verloren.«[365] Die Vorsicht Schernikaus, die sich auch auf einen persönlich gewonnenen negativen Eindruck gewisser Leichtfertigkeiten Anton Saefkows stützte[366], rettete die Gruppe davor, in die Zerschlagung der letzten umfassenden KPD-Organisation von Berlin-Brandenburg hineingezogen zu werden. (Siehe zu den letzten Kriegsjahren auch S. 564ff.)

---

364 BLHA, Rep. 333, Nr. 1252, Bl. 127.
365 Ebd., Rep. 333, Nr. 1252, Bl. 127R.
366 Mitteilung von Dr. Günter Wehner, der Schernikau zu seinen Widerstandsaktivitäten befragte, an den Verfasser.

Prozesse gegen Brandenburger Anhänger der Gruppe

Nachdem die Untergrundorganisation im Juni/Juli 1944 durch die Tätigkeit eines Spitzels aufgeflogen war – so hatte sich ein Agent der Geheimen Staatspolizei das Vertrauen Saefkows erschleichen und auch noch zu dessen Sicherheitsbeauftragtem (!) werden können –, hob eine große Verhaftungswelle im Raum Berlin-Brandenburg an: Hunderte wurden festgenommen und teilweise brutalsten Verhören unterzogen, um an die Namen weiterer Mitkämpfer und Helfer zu kommen.

Ursel Hochmuth zufolge wurden seit Sommer 1944 über siebzig Justiz-Verfahren gegen mehr als 220 Personen angestrengt, zum Teil vor dem Volksgerichtshof, zum Teil vor dem Kammergericht. Bis zum Februar 1945 kam es gegen mindestens 197 Frauen und Männer der Organisation zur Hauptverhandlung.[367] Über achtzig Menschen ließen ihr Leben.

Im Folgenden konzentriert sich ein Überblick auf die Vorgänge im Brandenburgischen, wo knapp sechzig Personen von Verfolgungsmaßnahmen betroffen waren.

Das diesbezüglich umfangreichste und wohl auch bedeutendste Justizverfahren hatte den aus Schönow bei Bernau stammenden Vorarbeiter Erich Mielke (1902–1945) zum Hauptangeklagten. Vor 1933 in der KPD organisiert, beim Arbeitersportverein Fichte und beim Kampfbund gegen den Faschismus engagiert, war er im Jahr der NS-»Machtergreifung« ins KZ Oranienburg verschleppt worden. Trotzdem setzte er nach der Freilassung die antifaschistische Arbeit fort, geriet erneut in Haft und wurde 1935 wegen «Vorbereitung zum Hochverrat» zu zehn Monaten Gefängnis verurteilt.

Der in der Schönower Königsstraße 10 wohnende und in der Firma Schulze & Schneider (Kabelwerk) arbeitende Mielke scheint sich erst im Krieg wieder illegal politisch betätigt zu haben. Prozessunterlagen zufolge war es seine frühere Kollegin Elli Voigt (S. 552f.), die ihn 1944 mit einem der höheren Betriebsfunktionäre Saefkows, Erich Fähling, zusammenbrachte. In einer Aussprache konnte Mielke davon überzeugt werden, die Untergrundarbeit im Betrieb zu reaktivieren, was er mit seinem Schönower Kollegen Heinz Dohrenberg in die Hände nahm. Zu ihnen stieß mit Maria Gorelowa eine osteuropäische Zwangsarbeiterin, die sich an der Störung der Kriegsproduktion beteiligte und für Leidensgenossinnen Hilfsmittel entgegennahm. Als deren schließliche Sprecherin nahm sie an Besprechungen mit Betriebsfunktionären der Saefkow-Organisation wie Erich Fähling und Gustav Wegener teil, sammelte Gelder und gab Untergrundschriften, darunter den Aufruf »Arbeiter und Arbeiterinnen der Berliner Betriebe!« weiter.

Erich Mielke wurde am 12. Juli 1944 festgenommen. Knapp ein halbes Jahr danach stand er mit acht weiteren Angeklagten – ganz überwiegend Schönower Helfer bzw. Betriebskollegen – vor den Schranken des Volksgerichtshofs, der am 7. Dezember 1944 sein Urteil sprach.[368] Es erhielten wegen der »Vorbereitung zum Hochverrat« bzw. wegen »Beihilfe« oder »Nichtanzeige«:

---

367 Ursel Hochmuth, Illegale KPD, S. 524.
368 BArch, NJ 1561 / 1–14.

Vorarbeiter Erich Mielke (1902), Schönow bei Bernau, Königstr. 78	Todesstrafe
Terminbearb. Heinz Dohrenberg (1910), ebd., Fr.-Wilhelm-Straße 28	10 J. Z
Arbeiter Waldemar Plotek (1880), ebd., Kantstraße 20	Todesstrafe
Werkzeugschlosser Kurt Rydlewski, ebd., Birkbuschstraße 10	6 J. Z
Arbeiterin Auguste Haase (1899), Zepernick, Schönower Straße 1	Todesstrafe
Dreher Arthur Drelse (1896), Schönow, Wiesenstraße 13	5 J. Z
Schlosser Hermann Köppen (1901), ebd., Vierrutenstraße 19	2 J. Z
Brauer Albert Schimmel (1900), Berlin W 30, Schwäbische Straße 5	10 J. Z
Vorarbeiter Richard Huwe (1894), Schönow, Ottostraße 2	3 J. Z

Die Todesstrafe in drei Fällen erfolgte wegen der Mitarbeit beim Aufbau einer (lt. Justiz) »gefährlichen kommunistischen Organisation« – wodurch sie den Kriegsfeinden halfen – und darüber hinaus wegen des Versuchs der »Wehrkraftzersetzung«. Die höchste Haftstrafe erhielten Mielkes enger Betriebsmitarbeiter Dohrenberg, weil er seine Schönower Wohnung für »kommunistische Zwecke« zur Verfügung stellte, und der Berliner Brauer Schimmel wegen der Nichtanzeige hochverräterischer Bestrebungen – derselbe Vorwurf brachte Huwe drei und Köppen zwei Jahre Zuchthaus ein.

Wegen der Weitergabe eines Briefumschlags mit Untergrundmaterialien bekam Rydlewski sechs Jahre und Drelse fünf Jahre Zuchthaus, weil er die Verbindung zweier Kommunisten herstellte.

Die NS-Justiz differenzierte in ihrem Terror-Urteil nach dem Grad der Gefährlichkeit, die sie den Angeklagten jeweils unterstellte. Bereits politisch vorbestrafte Funktionäre wie *Mielke* – Kontaktmann nach »oben«, Verbindungsmann zwischen Betriebszellenobmännern sowie Verbreiter von mindestens dreißig illegalen Schriften –, *Plotek* – Kaderobmann des wichtigen Rüstungsbetriebs Bergmann in Wilhelmsruh, wo er um Kurt Rydlewskis Mitarbeit warb – und *Auguste Haase* – 1935 im Zusammenhang mit Willi Bänschs Zepernicker Gruppe (S. 499ff.) festgenommen und nun bei der Firma Bergmann illegal tätig – galten dem Gericht als dem Kommunismus »restlos Verfallene« und dem Nationalsozialismus in erbitterter Feindschaft gegenüberstehende Menschen.

Andere dagegen, wie *Dohrenberg, Rydlewski* und *Drelse*, wurden nicht als »Bannerträger der kommunistischen Idee«, sondern als von o. g. Funktionären verleitete, nicht eigenständig initiativ gewordene Personen eingestuft: »Sie zeigen aufrichtig erscheinende Reue und sind für die Volksgemeinschaft nicht verloren.«[369]

Auguste Haase, eine durch Lebenskämpfe und Familienleid geprägte Frau (Foto S. 552), wurde am 12. Januar 1945 in Plötzensee, Erich Mielke und Waldemar Plotek am 15. Januar 1945 im Zuchthaus Brandenburg hingerichtet.

Wieder an anderer Stelle Angeklagte, die nicht – wie die eben Genannten – in einem Prozess mit Brandenburger Schwerpunkt zur Verantwortung gezogen wurden, wollen wir des besseren Überblicks wegen im Folgenden komprimiert benennen:

369 Ebd., S. 23 des VGH-Urteils vom 7. Dezember 1944.

Auguste Haase

Die Schönowerin *Elli Voigt* (1912), Wilhelmstraße 21, hatte sich als enge Vertraute an der illegalen Arbeit des Schriftsetzers Gustav Wegener beteiligt und wirkte in diesem Zusammenhang für die Saefkow-Organisation – neben ihrer Untergrundtätigkeit im o. g. Kabelwerk – als wichtige Verbindungsperson zu Gesinnungsgenossen in Schönow, Bernau und Zepernick. Sie verbreitete Untergrundschriften, versorgte Illegale mit Kleidung und Lebensmitteln und unterhielt vielfältige Kontakte zu französischen und sowjetischen Zwangsarbeitern, vor allem zu Maria Gorelowa (s. o.). Am 13. Juli 1944 festgenommen, wurde sie im Prozess mit Gustav Wegener[370] am 13. September d. J. vor dem Volksgerichtshof angeklagt und bereits am 21. Oktober zum Tode verurteilt. Am 8. Dezember 1944 endete in der Hinrichtungsstätte Plötzensee ihr Leben.

Der in Bergfelde bei Birkenwerder wohnende und bei der Schwartzkopff AG in Berlin arbeitende Schlosser *Arthur Magnor* (1890) stand in Verbindung zu den kommunistischen Funktionären Willy Hielscher und Fritz Goltz – Kadergruppenleiter (S. 547ff.) für Betriebe im Norden wie Heinkel (Oranienburg) –, nahm im Frühjahr 1944 an Treffen mit ihnen sowie dem sowjetischen Offizier Gregori Wassiljew im Wald von Birkenwerder teil und gab Letztgenanntem, als der aus dem Stammlager der Firma Bergmann floh, illegales Quartier. Dabei half ihm Elisabeth Magnor. Nach seiner Festnahme am 30. August 1944 wurde Arthur Magnor im Prozess gegen Hielscher und Andere am 16. November d. J. zum Tode verurteilt und am 22. Januar 1945 im Zuchthaus Brandenburg hingerichtet.

Ebenfalls in die illegale Betriebsarbeit der Saefkow-Gruppe hinein führt uns ein Volksgerichtshofprozess gegen zwei Berliner (Emil Wölk, Erich Schröder) und die Schulzendorfer *Willi Paarmann* und *Richard Budach*.[371]

Paarmann, der als Schleifer im Wildauer Werk der AEG tätig war, wird im Urteil des VGH (20. September 1944) als »alter Marxist« eingestuft. Ende 1943 geriet er in der Wohnung seines Schwiegersohns mit führenden Funktionären wie Saefkow und Emrich in Kontakt, die ihn zur Untergrundarbeit im Betrieb aufforderten. Bald darauf erhielt Paarmann Besuch von Gustav Wegener, der sich – wie wir oben sahen – gerade in diesem Bereich engagierte. Wegener hielt einen Vortrag mit dem Tenor, Deutschlands Zusammenbruch stünde bevor und es müssten in den Betrieben ver-

370 BArch, NJ 1576 / 1–9, NJ 11103.
371 BArch, NJ 1559 / 1–10.

Elli Voigt (im weißen Mantel) mit sowjetischen Frauen

trauenswürdige Personen angeworben werden, um kommunistische Widerstandszellen gründen zu können. In diesem Sinne instruiert, bemühte sich Paarmann, u. a. seinen Wildauer AEG-Kollegen, den Dreher Richard Budach, bis 1933 Wähler der KPD, dafür zu gewinnen. Darüber hinaus führte Paarmann in seiner Wohnung Budach mit dem Funktionär »Hans« (Gustav Wegener) zusammen, der ihn gleichermaßen zu beeinflussen versuchte. Doch auch wiederholte Begegnungen dieser Art fruchteten nichts, Budach ließ sich nicht einbinden, blieb distanziert.

Selbst Paarmann will sich gegenüber »Hans« skeptisch hinsichtlich illegaler Arbeit gezeigt haben, da er diese für verfrüht hielt. Von »Hans« erhaltene Schriften gab er (angeblich) nicht weiter und war auch der Auffassung, für die ihm zugedachte Rolle ungeeignet zu sein.

Wie immer die Debatten auch im Einzelnen gelaufen sein mögen, Willi Paarmann wurde (mit dem Spandauer Ingenieur Emil Wölk) am 20. September 1944 zum Tode verurteilt, der andere Schulzendorfer, Richard Budach – Ursel Hochmuth zufolge früher u. a. Mitglied der KPD und im Herbst 1933 in »Schutzhaft« genommen[372] – kam mit vier Jahren Zuchthaus davon und konnte die Haft im Zuchthaus Brandenburg überleben.

372 Ursel Hochmuth, Illegale KPD, S. 122.

Gleichfalls wegen illegaler Betriebsverbindungen belangt wurde der in Zerpenschleuse (Krs. Niederbarnim) wohnende Schlosser *Gustav Boguslawski* (1895–1971). Er arbeitete in Berlin-Moabit bei der Firma Loewe und wirkte dort im Widerstandskreis von Friedrich Klemstein mit. Wegen der Entgegennahme und Weiterleitung einiger Flugschriften erhielt er deswegen am 2. Februar 1945 eine Strafe von fünf Jahren Zuchthaus.[373]

Zum Kreis der überlebt habenden betrieblichen Regimegegner zählt auch der Mechaniker *Reinhard Baum* aus der Hubertusallee in Bindow (Krs. Beeskow). Er hatte bereits 1939 eine »Schutzhaft« hinter sich, als er nun am 26. Juli 1944 erneut in Gewahrsam genommen wurde. Dem in Berlin als Konstrukteur bei der Firma Bosse tätigen Arbeitersportler wurden Beratungen in Sachen NKFD (S. 543) mit führenden Gruppenfunktionären wie Gustav Wegener und Franz Jacob vorgeworfen. Erstaunlicherweise erhielt er vom VGH am 30. November 1944 dafür »lediglich« fünf Jahre Zuchthaus.[374]

Heinz Plüschke (1897–1954)[375], ein Pankower Werkzeugdreher, der aber in der Gasmaskenfabrik Auer in Lehnitz bei Oranienburg beruflich tätig war, entging der Gestapo-Fahndung, die ihn unter dem Namen »Heinz aus Oranienburg« vergeblich suchte. Mit Ernst Sieber und Erna Plüschke hatte er 1943 Klebezettel mit Antikriegsparolen an Häuserwänden und Litfaßsäulen angebracht und darüber hinaus Flugschriften verbreitet. Er traf mit führenden Funktionären wie Bästlein zusammen und versteckte auf seinem Grundstück in Oranienburg Sprengstoff. Trotz Fahndung konnte die Politische Polizei ihn nicht ausfindig machen.

Ebenfalls im Raum Oranienburg politisch aktiv war der Weddinger Nieter *Karl Rudolf*, der bei den Heinkel-Flugzeugwerken (Oranienburg) arbeitete. Angeleitet durch Fritz Goltz (s. o.) und andere Betriebsfunktionäre der Gruppe Saefkow organisierte er Rüstungssabotage und verbreitete in seiner Betriebszelle Untergrundmaterial. Am 14. Oktober 1944 festgenommen, verurteilte ihn der VGH am 25. Januar 1945 lediglich zu drei Jahren Zuchthaus, da seine Widerstandsrolle nicht umfassend aufgedeckt worden war.[376]

Mit dem Schildower Maschinenschlosser *Paul Richter*[377], Sophienstraße 4, war ein weiterer Niederbarnimer bzw. Brandenburger in den betrieblichen Widerstand in Berlin, in diesem Fall die Wittenauer Maschinenfabrik (Borsigwalde), eingebunden. Der Gewerkschafter und Kommunist besaß bereits 1940 politische Verbindungen zu höheren Funktionären, so gab er dem aus dem Ausland kommenden Instrukteur Arthur Emmerlich ein illegales Quartier und geriet 1941 für sieben Wochen in «Schutzhaft». Anfang 1944 begegnete er durch seinen Schildower Genossen, den Krankenpfleger Franz Schmidt, dem Kadergruppenleiter Fritz Goltz (S. 547f.). Der führte ihn in die Überlegungen der Bewegung »Freies Deutschland« (S. 543) ein, woraufhin Richter in seinem Betrieb mit Max Gissing und Hummel eine sogenannte Dreierzelle bildete. Von Schmidt erhaltenes Untergrundmaterial gab er an den illegalen Wittenauer Betriebsfunktionär Emil Nehring (Firma Teves) weiter. Im Mai 1944 wurde bei einem Gespräch mit Anton Saefkow der Aufbau von Dreiergruppen unter Landarbeitern im Gebiet von Schildow–Liebenwalde erörtert. Doch schon bald darauf erfuhr Paul

Richter von der Festnahme seines Schildower Freundes Franz Schmidt, Mittelstraße 34. Der Krankenpfleger (Bucher Anstalten) war ein enger Vertrauensmann Anton Saefkows und verwahrte auf seinem Grundstück das Archiv der Organisation, war Kurier und an der Beschaffung von Quartieren und Lebensmitteln für »Untergetauchte« beteiligt. Zu seinem Unglück traf er im Beisein Bästleins noch am 30. Mai 1944 mit dem Gestapo-Informanten Rambow, jenem vermeintlichen Sicherheitsbeauftragten der gesamten Gruppe (S. 550), zusammen.

Schmidt wurde am 7. Juli festgenommen, Paul Richter einen knappen Monat später. Während Letztgenannter Hauptangeklagter eines VGH-Verfahrens mit Emil Nehring wurde, am 10. Oktober 1944 das Todesurteil erhielt und am 26. Februar 1945 in der Hinrichtungsstätte Brandenburg das Leben ließ, trat der im Verfahren Hämmerling zum Tode verurteilte Franz Schmidt bereits am 30. Oktober 1944 im selben Zuchthaus den Weg zum Schafott an.

Auf einen ganz anderen Zweig als den der Betriebsgruppenarbeit verweisen uns jene NS-Justizverfahren gegen Anhänger der Gruppe Saefkow-Jacob-Bästlein, bei denen es um Fluchthilfe und andere solidarisch-humanitäre – trotzdem aber politisch höchst gefährliche – Aktivitäten ging. In diesem Zusammenhang sei auch auf den bereits thematisierten »Fall« der Zepernicker Unterstützer für den geflüchteten Funktionär Willi Bänsch (S. 449ff.) hingewiesen, der im Überblick über KPD-Prozesse der 1930er Jahre angesprochen wird.

Hoch brisant wurde die Lebenssituation des Liebenwalder Landwirts und Geflügelzüchters Robert Neddermeyer (1887–1965).[378] Der in Altona geborene frühere preußische Landtags- und Reichstagsabgeordnete der KPD war bereits 1934 wegen der Vorbereitung zum Hochverrat zu zwei Jahren Gefängnis verurteilt worden und kam anschließend für 1¼ Jahre ins KZ Esterwege bzw. KZ Sachsenhausen. Ein früherer Haftgenosse vermittelte nun einen Besuch Saefkows in Liebenwalde. Glaubt man den NS-Gerichtsunterlagen – die zum Vorteil Neddermeyers irrten – , verhielt sich der Landwirt politischen Avancen gegenüber mehr als reserviert. Er nahm zwar illegales Material entgegen, betonte dabei jedoch angeblich, sich zurückgezogen zu haben. Zitieren wir dazu kurz das Urteil vom 6. Oktober 1944:

> Er war sich mit [Franz] Moericke, dem zweiten Angeklagten, längst dahin einig geworden, daß sie sich nicht mehr politisch betätigen wollten, und daran hielt er sich. Er las die Schriften wohl, gab sie aber in keinem Fall weiter, sondern vernichtete sie. Saefkow ließ ihn nicht ohne weiteres aus den Händen. Er nannte den Angeklagten wegen seiner passiven Haltung einen

373 Vgl. H.-R. Sandvoß, Widerstand in Mitte und Tiergarten, S. 150ff. und Die »andere« Reichshauptstadt, S. 594ff.
374 Ursel Hochmuth, Illegale KPD, S. 114.
375 Ebd., Illegale KPD, S. 212.
376 Ebd., Illegale KPD, S. 219.
377 BArch, NJ 1552; Ursel Hochmuth, Illegale KPD, S. 215 (Paul Richter), 225 (Franz Schmidt).
378 BArch, NJ 1523 / 1–12; Ursel Hochmuth, Illegale KPD, S. 200.

Arbeiterverräter, kündigte ihm auch an, daß er dereinst vor einem Tribunal der Partei zur Verantwortung gezogen werde. Neddermeyer blieb bei seinem Standpunkt. Er tat nichts für Saefkow und seine Anhänger; er tat aber auch nichts gegen sie.[379]

Gertrud Temlitz

Beim eben genannten »zweiten Angeklagten« Franz Moericke (1885–1956) handelte es sich ebenfalls um einen früheren preußischen Landtags- und Reichstagsabgeordneten der KPD. Der Tischler, wie sein Freund Neddermeyer politisch vorbestraft und im KZ inhaftiert gewesen, wohnte in Neuenhagen, arbeitete aber in der Berlin-Moabiter AEG-Turbinenfabrik.

Ähnlich wie Neddermeyer besaß Moericke längst Kontakte zum KPD-Untergrundapparat und stellte ihm gleichfalls Unterstützungsmittel zur Verfügung. Beide ehemaligen Parlamentarier besaßen zudem schon vor Saefkows Besuch auf der Geflügelfarm Kenntnisse über geheimes Schriftenmaterial der illegalen Organisation. Nur banden sie das der Geheimen Staatspolizei verständlicherweise nicht auf die Nase.

Beim Justizverfahren vor dem Volksgerichtshof wurden sowohl Neddermeyer als auch Moericke wegen der Nichtanzeige eines «hochverräterischen Unternehmens» zu je drei Jahren Zuchthaus verurteilt und konnten überleben. (Franz Moericke wurde nach dem Krieg Vorsitzender des FDGB Brandenburgs.)

Zuletzt sei auf die Schneiderin *Gertrud Temlitz* (1909–1997) aus Schönow bei Bernau hingewiesen, eine Frau, die großen Mut bewies, deren umfassende Unterstützungstätigkeit aber 1944/45 nicht ans Licht kam. Die ursprünglich parteilose Arbeitersportlerin, deren Mann im Krieg war, wurde von der bereits oben genannten (S. 552) rührigen Funktionärin Elli Voigt angeworben und kam bereits im November 1943 mit dem Betriebsfunktionär Gustav Wegener und auch mit Franz Jacob zusammen. Letztgenanntem »Illegalen« gewährte sie nicht allein persönliche Unterkunft, sondern stellte ihre Wohnung für Leitungssitzungen zur Verfügung. Im Frühjahr 1944 erlaubte sie Jacob und Wegener, im Keller ihres Hauses in Schönow, Kantstraße 10, einen Tiegeldrucker aufzustellen. In Tag- und Nachtschicht wurde dort der wichtige Aufruf »Arbeiter und Arbeiterinnen der Berliner Betriebe!« (siehe das Dokument S. 546) hergestellt. Diese Flugblätter gingen sowohl an Elli Voigt – für das umliegende Gebiet – als auch an Berliner Verteiler. Die zu verbergenden Druckplatten nahm die Sekretärin Franz Jacobs, *Grete Schöneck* (1911–2004), eine ungemein wichtige

379 BArch, NJ 1523 / 1 (S. 3 des VGH-Urteils vom 6. Oktober 1944).

und couragierte Berlinerin, entgegen. Während Letztgenannte am 12. August 1944 festgenommen wurde, aber nach einem Selbstmordversuch aus dem Krankenrevier fliehen und »untertauchen« konnte, geriet Gertrud Temlitz am 8. Juli d.J. in Haft und wurde schließlich im Prozess gegen Erwin Nöldner am 19. September 1944 wegen Beihilfe zu sechs Jahren Zuchthaus verurteilt. Auch sie konnte überleben.[380]

Saefkows Testament (Zuchthaus Brandenburg)

Das politische Testament Anton Saefkows[381], das sich für ein unabhängiges und demokratisches Deutschland aussprach, ist im Original nicht überliefert. Die in der DDR kursierende Version war zumindest stilistischen und orthographischen Korrekturen unterzogen worden. Doch der in Brandenburg mitinhaftierte Arbeitersportler Walter Mickin (1910–2001), der – wie einige andere Vertraute – den Text Saefkows erhalten und auswendig gelernt hatte, versicherte dem Verfasser 1990[382], dass die nach 1945 überlieferten inhaltlichen Positionen der ursprünglichen Vorlage sehr wohl entsprochen hätten.

Man mag die Verlässlichkeit dieses Testaments in Zweifel ziehen, überliefert und durch Ursel Hochmuth dokumentiert sind dagegen eine Fülle von Materialien aus den Federn Jacobs, Bästleins und auch Saefkows.[383] Johannes Tuchel weist in seinen Ausführungen über die ordnungspolitischen Auffassungen der Gruppe darauf hin, dass sich das differenzierte Bild, das der kommunistische innerdeutsche Widerstand spätestens in den Kriegsjahren ab 1941 bietet, auch an den programmatischen Aussagen der letzten Berlin-Brandenburger KPD-Spitze zeige.[384] Während sich Moskauer KPD-Kreise um Walter Ulbricht u. a. 1943/44 streng am integrativen NKFD-Modell einer »demokratischen Staatsmacht« orientierten und darüber hinausgehende gesellschaftliche Zielvorstellungen tunlichst vermieden, habe Jacob demgegenüber selbstbewusst mit einem »Zwei-Phasen-Modell« (so Tuchel[385]) gearbeitet. Bei diesem folgte auf eine demokratische Übergangsphase im Bunde mit jenen politisch-gesellschaftlichen Kräften, die halfen, die Hitler-Regierung zu stürzen und den Krieg zu beenden, sehr wohl die revolutionäre Orientierung auf die »Räteherrschaft« und die »Diktatur des Proletariats«.

Es wäre zu kurz gedacht, anzunehmen, Jacobs Modell diente allein dazu, gemäßigte und orthodoxe Anhänger zu integrieren. Franz Jacob hatte beim Gestapo-Verhör auf Fragen der Vernehmer zu den inhaltlichen Differenzen mit den »Moskauern« nicht nur jede »Anleitung«, also Außenlenkung zurückgewiesen – er wäre sehr ungeschickt

---

380 BArch, NJ 1565 / 1–13; Ursel Hochmuth, Illegale KPD, S. 244 (G. Temlitz) und S. 228 (G. Schöneck).

381 U. Hochmuth, Illegale KPD, S. 496f.

382 GDW/Berlin, Interview des Verfassers mit Walter Mickin am 22.11.1990.

383 U. Hochmuth, Illegale KPD, S. 271ff.

384 Johannes Tuchel, Über kommunistische Neuordnungsvorstellungen in Berlin-Brandenburg 1943/44, in: U. Hochmuth, Illegale KPD, S. 22ff.

385 Ebd., S. 30.

Anton Saefkow

gewesen, sich zu allem auch noch dem Landesverratsvorwurf auszusetzen! –, sondern selbstbewusst betont, es hätte sich ja im Laufe der Entwicklung gezeigt, wer sich durchgesetzt hätte.

Zugegeben, es ist interessant darüber nachzudenken, ob sich die bekannte »Gruppe Ulbricht«[386] gegenüber sich politisch im Widerstand behauptet habenden KPD-Kadern ebenso erfolgreich hätte durchsetzen können, wie es realiter 1945 geschah. Aber viel bedeutender ist doch die Frage, welchen Diktaturbegriff Franz Jacob vertrat und ob er sich inhaltlich vom Stalinismus und seinen deutschen Vasallen abgrenzte. War die proklamierte Räteherrschaft wie in der Weimarer Republik für den Bolschewismus nur ein taktisch eingesetztes Zwischenziel, um über die Doppelherrschaft schließlich zur Parteidiktatur durchzustoßen, oder dachte Jacob dabei im Sinne Rosa Luxemburgs[387] an die tatsächliche »Selbstregierung« der Massen?

Jacob, Saefkow, Bästlein und andere Mitverschwörer konnten den Beweis dafür nicht antreten, wie ernst es bei ihnen grundsätzlich um die Rolle der Menschenrechte stand. Aus den Überlieferungen früherer Weggefährten – und das trifft ähnlich auch auf Robert Uhrig[388] zu – gewinnt man jedenfalls nicht den Eindruck, es mit stalinistischen Apparatschicks und rücksichtslosen Funktionären zu tun zu haben, sondern mit Persönlichkeiten, die durch die bitteren Erfahrungen der Zeit politisch gereift waren. »Nicht Weimar ist das Ziel der Volksrevolution«[389] – so ein internes Dokument – soll vielleicht nicht nur eine einst zersplitterte Arbeiter- und Gewerkschaftsbewegung beklagen, sondern kann als Abgrenzung gegenüber einer Republik begriffen werden, die sich nicht ausreichend verteidigte und damit jene Kräfte des Nihilismus an die Macht ließ, die zuletzt alles Leben um sich herum mit in den eigenen Untergang hinab ziehen wollten.

---

386 Gerhard Keiderling (Hg.), »Gruppe Ulbricht« in Berlin April bis Juni 1945. Von den Vorbereitungen im Sommer 1944 bis zur Wiedergründung der KPD im Juni 1945. Eine Dokumentation, Berlin 1993.

387 Vgl. Ottokar Luban, Demokratische Sozialistin oder »blutige Rosa«? Rosa Luxemburg und die KPD-Führung im Berliner Januaraufstand 1919, in: IWK, 2/1999, S. 176ff.

388 Vgl. H.-R. Sandvoß, Widerstand in Prenzlauer Berg und Weißensee, S. 176f. (Aussage von Kurt Riemer).

Weitere Opfer in den Kriegsjahren

Widerstand im Alltag

Wie im Kapitel über die Sozialdemokraten bereits thematisiert (S. 257ff.) wurden auch aus kommunistischen Reihen bzw. in deren sympathisierendem Umfeld in den 1940er Jahren viele Menschen wegen »Wehrkraftzersetzung«, »Heimtücke« oder »Rundfunkverbrechens« festgenommen und verurteilt. Es geschah häufig aufgrund von Denunziationen sogenannter aufmerksamer Volksgenossen.

Nach vorsichtiger Schätzung des Verfassers dürfte es sich allein im Brandenburgischen (insgesamt) um eine dreistellige Opferzahl deswegen Verfolgter handeln.

Stellvertretend seien im Folgenden einige »Fälle« herausgegriffen, um auch hieran die gefährlichen Dimensionen einer totalitären Spitzel-Gesellschaft zu verdeutlichen.[390]

Der in Eberswalde in Arbeiterkreisen bekannte Wilhelm Matschke (1881–1943) war bis 1933 gewerkschaftlich organisiert und drückte durch Teilnahme an zahlreichen politischen Versammlungen antifaschistischen Charakters seine Gesinnung aus. Aus dem Ersten Weltkrieg zurückgekehrt, hatte sich der seit 1903 verheiratete Vater von vier Kindern eine eigene wirtschaftliche Existenz aufgebaut und machte sich mit einem Bedachungsgeschäft selbstständig. Seine hinterbliebene Frau berichtet 1951 über ihn:

> Wir lebten ganz gut mit unserer Familie zusammen, bis es dann 1943 [anders] kam.
> Mein Mann wurde bei seiner politischen Tätigkeit verraten und angezeigt. Es erfolgte seine sofortige Inhaftierung und Einlieferung ins Eberswalder Polizeigefängnis. 3 Wochen später wurde er [der] Gestapo ausgeliefert. (Die Verräter wurden 1950 rechtskräftig wegen Verbrechen gegen die Menschlichkeit abgeurteilt.) Mein Mann befand sich dann 8 Wochen lang im Gestapo-Gefängnis in Potsdam. Von da aus wurde er ins K.Z.-Großbeeren weiter geleitet, wo er durch nazistische Mordbanditen am 19.12.1943 ums Leben gebracht wurde.[391]

Matschke hinterließ eine stark zuckerkranke Frau, die 1944 durch die Einberufung ihres jüngsten Sohns auch noch der letzten verbliebenen Stütze zum Lebensunterhalt beraubt wurde.

Ebenfalls aus Eberswalde kam der NS-Verfolgte Max Pfahl (1896–1950), der vor 1933 in der kommunistischen Roten Hilfe organisiert war. 1943 wurde er wegen Rundfunkverbrechens, also wegen des Abhörens verbotener Sender und der Weiterverbreitung entsprechender Nachrichten, festgenommen. Eineinhalb Jahre vor seinem Tod notiert er kurz zu den zurückliegenden politischen Vorgängen:

---

389 Zitat aus dem programmatischen Text »Wir Kommunisten und das ›Nationalkomitee Freies Deutschland‹«, vgl. U. Hochmuth, Illegale KPD, S. 395; ähnlich äußerte sich Anton Saefkow beim Verhör gegenüber der Gestapo, vgl. J. Tuchel, Über kommunistische Neuordnungsvorstellungen, in: U. Hochmuth, Illegale KPD, S. 30.

390 Vgl. allgemein zu dieser Problematik Gerhard Paul/Klaus-Michael Mallmann (Hg.), Die Gestapo. Mythos und Realität, Darmstadt 1995; Bernward Dörner, »Heimtücke«: Das Gesetz als Waffe. Kontrolle, Abschreckung und Verfolgung in Deutschland 1933–1945, Paderborn/München/Wien/Zürich 1998.

391 BLHA, Rep. 601 / VdN 1632 (Johanna Matschke).

Von 1934 bei den Ardelt Werken als Maschinen-Einrichter tätig, wo ich mich illegal betätigte, indem ich Flugblätter und Handzettel verteilte und meine Rundfunksendungen verbreitete. 1943 wurde ich wegen feindlichen Rundfunkhörens verhaftet und zu 1 ½ J[ahren] Zuchthaus und 2 J. Ehrverlust verurteilt. [...] Im Februar 1943 verhalf ich einer Russin zur Flucht.[392]

Pfahl, der nach dem Krieg bei der Polizei in Eberswalde arbeitete, verstarb am 10. Januar 1950 an den Folgen der Haft bzw. schwerer Wassersucht.

Opfer des »Heimtücke«-Gesetzes wurde der im August 1941 festgenommene Frankfurter Maler Max Rönning (* 1893), ein früherer Sozialdemokrat, der inzwischen mit der KPD sympathisierte. In seinem Lebenslauf vom Dezember 1950 beschreibt er die Stationen der Verfolgung:

Im Krieg arbeitete ich dann bei der Großhandlung Blecken für Arzeneimittel als Packer, da ich schon immer gegen Hitler war, versuchte ich auch dort die Jugend gegen diesen wahnsinnigen Krieg aufzuhetzen. Ich sagte, daß Hitler den Krieg angefangen, aber nie zu Ende führen könnte, man müsste ihn am liebsten ermorden. Durch Verrat wurde das der Firma hinterbracht und ich wurde am 27. August 1941 von der Gestapo verhaftet. Ich bekam dann ein Gerichtsverfahren wegen Partei- und Führerbeleidigung und wurde zu 5 Monaten Gefängnis verurteilt. 1941 wurden politische Vergehen nicht so streng geahndet wie schon 1942, sonst hätte ich meinen Kopf verwirkt. Ich wurde mit einer Beinfistel eingeliefert ins Gefängnis, durch Nichtbehandlung war der Knochen angegriffen worden, im April kam ich ins Krankenhaus, nach mehreren erfolgten Operationen musste mir das Bein im August 1942 amputiert werden. [...]
Nach der Entlassung wurde ich von der Gestapo noch zweimal verhört und verwarnt. Ich arbeitete bei [m] Genosse [n] Barsch (O. d. F.) illegal weiter bis 1945 im Februar. Wir waren zirka 15–20 Genossen. Am 7. Februar wurden wir aus [Frankfurt/Oder] evakuiert. Richard Barsch wurde am 8. Februar früh verhaftet. Nach mir wurde gefahndet. Doch bei dem Chaos, das schon herrschte, nicht gefunden.[393]

Die eben deutlich gewordene rapide NS-Strafverschärfung durch den Beginn des »Ostfeldzugs« (1941/42) findet ein weiteres juristisches Beispiel im VGH-Verfahren gegen *Holzfäller und Andere*, bei dem die Anklageschrift vom 23. Oktober 1944, einem knappen Jahr nach der Festnahme des Hauptbeschuldigten, stammt.

Der Prozess richtete sich gegen den Woltersdorfer Steinmetz Karl Holzfäller (Andreas-Hofer-Straße 5), den Berliner Maler und Lackierer Leo Kutz und den Woltersdorfer Maschinenschlosser und Werkzeugmacher Hans Schulze (Baumschulenstraße 7). Den Genannten wurde vorgeworfen, am 4. Oktober 1943 in Woltersdorf gegenüber einem deutschen Wehrmachtsangehörigen »bolschewistenfreundliche und defätistische Reden geführt und gemeinsam einen ausländischen Hetzsender abgehört« zu haben. Holzfäller wurde darüber hinaus beschuldigt, einen weiteren

392 Ebd., Rep. 601 / VdN 1955 (Max Pfahl).
393 BLHA, Rep. 333 / Nr. 1250.

Soldaten »durch Briefe im marxistischen Sinne« beeinflusst und überhaupt »mehrfach kommunistische Auslandssender« abgehört zu haben.

Da eine Nähe zum Untergrundapparat der KPD offenbar nicht vorlag (oder nicht nachgewiesen werden konnte), listete die Anklage auf, in welcher Beziehung die Angeklagten zum Kommunismus gestanden hatten:

Holzfäller (* 1884) war, bevor er 1931 nach Woltersdorf mit der Familie übersiedelte, in Berlin aktiv in der KPD, will diese aber 1928 verlassen haben. Der Maler Leo Kutz (* 1885) will zwar nach eigener Aussage politisch nicht tätig gewesen sein, es wurde ihm aber angekreidet, im (früheren) Handbuch der »Roten Hilfe« verzeichnet gewesen zu sein. Auch sei er Anfang 1943 »wegen Verkehrs mit Ostarbeitern aufgefallen«.

Der zweite Angeklagte aus Woltersdorf, Hans Schulze (* 1898), hatte von allen die wohl größte politische Nähe zur KPD, der er von 1920–23 und von 1930–33 angehörte. Bei den Rotsportlern habe er sogar eine Vorsitzendenrolle innegehabt (was nicht näher erläutert wurde). Aufsehenerregender war jedoch seine politische Vorstrafe, denn er war am 31. Mai 1933 wegen Landfriedensbruchs zu sechs Jahren Zuchthaus verurteilt worden. Weiter heißt es in der Anklageschrift: »Die Strafe verbüßte er bis 1939. Nach der Entlassung hat er aus seiner fortdauernden kommunistischen Gesinnung kein Hehl gemacht.«[394]

Zum juristisch festgestellten »Sachverhalt« lässt sich zusammenfassend sagen, dass Holzfäller am 4. Oktober 1943 in seiner Wohnung gegenüber dem Zeugen Niendorf – der ein Bomben-Ausweichquartier für seine Frau suchte und einst mit Holzfällers an der Ostfront gefallenem Sohn beim Radsport aktiv war - heftige »kommunistische Agitation« betrieb. Doch Niendorf, der früher KPD-Anhänger war, aber durch eine zurückliegende Facharbeitertätigkeit in der UdSSR schlechte Erfahrungen (auch mit der Geheimpolizei) gesammelt hatte, setzte sich mit Argumenten kritisch zur Wehr. Nun griffen auch die ebenfalls im Hause Holzfäller anwesenden Schulze und Kutz in die Debatte ein und äußerten sich wie der Gastgeber positiv über das Leben in der UdSSR.

Als der Zeuge Niendorf seinen soldatischen Einsatz in Italien – wo der Diktator Mussolini gestürzt worden war – erwähnte, hakte Holzfäller ein und sagte: »[...] daß es bei uns genau so komme wie in Italien und fuhr dann in agitatorischer Weise fort, daß in kurzer Zeit die Stunde kommen werde, wo sie an jede Tür klopfen und jeden fragen würden, was er für sie (die Kommunisten) getan habe, dann werde abgerechnet, und es würden Köpfe rollen für den Sieg.«

Belastend für Holzfäller kam noch hinzu, dass er das Tragen einer Wehrmachtsuniform durch Niendorf vehement verurteilte und zur Begründung auf den Tod seines Sohns verwies »[...] weil ein Wahnsinniger [=Hitler] sich wehrt gegen das, was noch kommt.«

Weiter belastend für den Hauptangeklagten war die Tatsache, dass neben politischen Aufzeichnungen bei der Hausdurchsuchung 15 Briefe an den Soldaten Hans Petreit

394 BArch, VGH/Z (Anklageschrift vom 23.10.1944, Urteil vom 5. Januar 1945).

(S. 560f.) gefunden wurden, die als kommunistische Beeinflussung interpretiert wurden. Bei dieser erdrückenden Beweislast ist das VGH-Urteil vom 5. Januar 1945, bei dem Holzfäller zum Tode und Kutz und Schulze zu je acht Jahren Zuchthaus verurteilt wurden, nicht wirklich überraschend – sondern eher auffällig, dass die beiden Mitangeklagten überhaupt noch mit dem Leben davon kamen.

Finowfurt und Finow – lokale Zentren des Arbeiterwiderstandes 1933/34 (S. 405ff.) – blieben auch später immer wieder Orte, in denen sich Stimmen des Protests gegen die NS-Diktatur meldeten: Zu ihnen zählten der Steinträger Wilhelm Weitzel (*1908) und der Maschinenarbeiter Karl Domin (1899–1983).[395] Beide gerieten bereits 1933 durch SA in »Schutzhaft« und litten schwer: Weitzel trug den Verlust von 11 Zähnen, einen Armbruch und eine Beinverletzung davon; Domin waren u. a. 6 Zähne ausgeschlagen worden. Er war vom 23. Oktober 1933 bis zum 31. März 1934 im KZ Oranienburg, Weitzel kam von dort noch ins Lager Elisenau und dann ins KZ Lichtenburg, wo man ihn erst Ende 1934 entließ.

Beide Verfolgten schlossen sich unterschiedlichen Widerstandsgruppen an: Der Finowfurter Weitzel engagierte sich im Kreis des Bundes der Freunde der Sowjetunion (S. 405ff.), der unter Arbeitern der Reichsautobahnbaustellen konspirativ-agitatorisch wirkte. Der Finower Domin nahm geheime Beziehungen zu Eberswalder Kommunisten um Leo Neumann und Fritz Pehlmann (S. 518ff.) auf, die 1937 eine Tarnorganisation »Beerdigungsinstitut Herold« schufen und als Plattform für antifaschistische Aufklärung nutzten.

Nach Beginn des Zweiten Weltkrieges gerieten sie auf sehr individuellen Wegen erneut in Haft: Weitzel wurde 1942 zu einem Jahr und drei Monaten Gefängnis wegen »Wehrkraftzersetzung« und Propaganda für die UdSSR verurteilt. Er saß seine Haft zuletzt in Torgau ab, wo er am 16. März 1944 entlassen wurde. Karl Domin (1899–1983) traf es noch härter. Er schreibt nach dem Krieg darüber:

> Musterung abgelehnt, zwangsweise geholt. Meine Erklärung: »Habe als Deutscher Arbeiter im K.Z. Oranienburg eine solche unwürdige Behandlung erleben müssen, daß ich somit für diesen Staat kein Interesse habe Soldat zu sein, noch ins Feld zu ziehen und so konsequent bin, die Folgen auf mich zu nehmen.«[396]

Dieser demonstrativen Wehrdienstverweigerung wegen im Mai 1938 verhaftet, wurde der Finower am 15. November 1938 vom Berliner Kammergericht zu dreieinhalb Jahren Zuchthaus verurteilt, die er in Luckau und dem Moorlager Papenburg verbüßte. Anschließend daran verschleppte ihn das NS-Regime im November 1941 bis zum Kriegsende ins KZ Sachsenhausen.

---

395 BLHA, Rep. 333, Nr. 1231, Bl. 188ff. (Karl Domin); ebd., Rep. 333, Nr. 1258, Bl. 226ff. (Wilhelm Weitzel).

396 Ebd., Rep. 333, Nr. 1231, Bl. 192R.

Verschleppungen aufgrund der »Aktion Gitter/Gewitter« (1944)
In anderen Abschnitten dieser Darstellung (S. 247ff.) wurde bereits auf jene Verfolgten der NS-Rachejustiz hingewiesen, die nach dem gescheiterten Attentat auf Adolf Hitler (20. Juli 1944) als vermeintliche Sympathisanten des Umsturzversuchs in »Schutzhaft« gerieten. Vornehmlich griff das NS-Regime dabei auf frühere Parlamentarier von SPD, KPD und Zentrumspartei zurück.

Dass aus den Reihen der Arbeiterbewegung in der Provinz Brandenburg in diesem Zusammenhang die Sozialdemokraten überwogen, lag nicht allein an deren stärkerer parlamentarischer bzw. kommunalpolitischer Präsenz vor Ort – so als Gemeinde – , Stadt- und Kreistagsabgeordnete (S. 354f.) – , sondern an dem Umstand, dass die Kommunisten mit parlamentarischer Vita aufgrund höheren Engagements im organisierten Untergrundkampf 1944 längst in Haftanstalten und Konzentrationslagern saßen, oder in Wehrmachtstrafeinheiten dienen mussten. Andere ehemalige Parlamentarier, man denke an den Potsdamer Stadtverordneten und Landtagsabgeordneten Hermann Elflein (1892–1943), waren schon vor der genannten Verhaftungsaktion ins KZ verschleppt und dort ermordet worden oder verstarben – wie der Vetschauer Stadtverordnete Max Kerk (1943) – an den Haftfolgen (S. 210). Eingedenk dieser Einschränkungen wird daher im Folgenden lediglich exemplarisch auch des Verfolgtenschicksals mehrerer kommunistischer Stadtverordneter im Zuge der »Aktion Gitter/Gewitter« gedacht:

Der *Gubener* KPD-Stadtverordnete Gustav Hamann (* 1893) wurde bereits am 17. März 1933 festgenommen und nach drei Monaten wieder entlassen. 1936 und 1944 verschleppte das NS-Regime ihn wegen seiner Gegnerschaft erneut.[397]

Den *Potsdamer* KPD-Stadtverordneten Adolf Hausmann (1876–1960) sperrten die Nationalsozialisten von Juni bis Ende November 1933 ins KZ, zunächst nach Oranienburg, dann nach Sonnenburg und dann erneut von Anfang August bis Ende Oktober 1944 nach Sachsenhausen.[398]

Der Binnenschiffer Hermann Friedrich (1885–1944), vor 1933 Stadtverordneter der KPD in der *Stadt Brandenburg* und Betriebsratsmitglied im Lokomotivwerk Brandenburg/Plaue, geriet erstmals 1934 in Haft und dann wieder am 22. August 1944. Verschleppt ins KZ Sachsenhausen, ermordete man ihn dort im November des Jahres.[399]

Der *Nauener* Maurer und langjährige Stadtverordnete Otto Heese (1891–1968) wurde nach 1933 wiederholt inhaftiert und verhört, die längste Haft war zwischen April 1933 und September 1934 in den Konzentrationslagern Börnicke und Oranienburg. Nach dem 20. Juli 1944 sperrte man ihn erneut für drei Wochen in Sachsenhausen ein.[400]

Ebenfalls im Zuge der »Aktion Gitter/Gewitter« erfasst wurde der *Senftenberger* Bergarbeiter Paul Handtke. In seinem Lebenslauf berichtet der langjährige (frühere)

397 Komitee der Antifaschistischen Widerstandskämpfer (Hg.), Antifaschistischer Widerstandskampf, S. 61 (Nr. 290).
398 BLHA, Rep. 401 / VdN 2723.
399 Komitee der Antifaschisten Widerstandskämpfer (Hg.), Antifaschistischer Widerstandskampf, S. 46 (Nr. 206).
400 BLHA, Rep. 530, Nr. 9177.

RGO-Bergarbeiterfunktionär davon, dass es trotz einzelner lokaler Schwerpunkte der revolutionären Organisation vor 1933 – etwa in der Zahlstelle des Bergarbeiterverbandes in Senftenberg II oder der Grube Meurostolln – zu keiner Bildung eigener Widerstandsgruppen gegen den NS kam:

Die früheren RGO-Funktionäre seien Bestandteil des allgemeinen Untergrundkampfes der KPD geworden.[401] Handtke bemerkt: »Im Jahre 1944 wurde ich nochmals kurzfristig verhaftet. Während der ganzen Nazizeit stand ich unter Beobachtung, ebenso wurden meine Arbeitsstellen kontrolliert.«

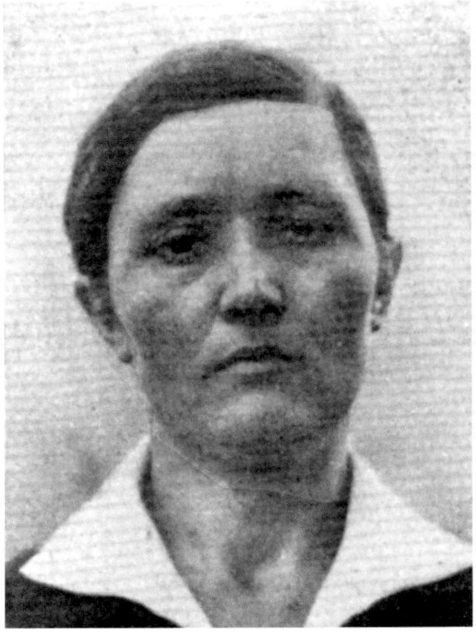

Annemarie Schulz

Die Textilarbeiterin, Preußische Landtagsabgeordnete (1932) und Frauenleiterin im Unterbezirk *Cottbus* der KPD Annemarie Schulz (1897–1979) hatte bereits von März bis November 1933 eine Haft im Berliner Frauengefängnis Barnimstraße durchlitten, als sie im August 1944 erneut verschleppt wurde. Man sperrte sie ins Arbeitslager Schwetig bei Frankfurt/Oder, wo sie erst im Dezember d.J. wieder freikam. (Nach dem Krieg arbeitet sie als Hilfsfürsorgerin in Cottbus.)[402]

Der *Jüterboger* Stadtverordnete und Pol.Leiter der KPD-Ortsgruppe Erich Jeserick (1897–1945) wurde bereits 1933 mehrmals in Haft genommen und im Jahr darauf im Zusammenhang mit dem Massenprozess gegen Luckenwalder Kommunisten (S. 386ff.) angeklagt. Obwohl er freigesprochen worden war, hielt ihn die Gestapo weiter fest. Gesundheitlich leidend, kehrte er aus dem Kerker zurück und arbeitete danach bei einer Jüterboger Möbelfabrik. Nach dem 20. Juli 1944 ins KZ Sachsenhausen verschleppt, kam er dort – unter noch ungeklärten Umständen – zu Tode.[403]

Lokale Widerstandszellen und Aktionen am Kriegsende

Gegen den nihilistischen Grundzug der NS-Bewegung, lieber alles zu vernichten, statt durch die Kapitulation Leben, Kulturgüter und urbane Strukturen zu retten, wehrten sich gerade am Kriegsende zahlreiche kleine Gruppen, aber auch einzelne verantwortungsbewusste Menschen. Waren sie vorausgegangenen Verhaftungswellen im Zusammenhang mit der Zerschlagung der Organisationen um Robert Uhrig,

---

401 BLHA, Rep. 333, Nr. 1274, Bl. 129ff. Ähnliches erzählt der Hauer Friedrich Belz, der nach seiner Haft (S. 429f.) in die Grube bei Finkenheerd nicht mehr zurückkehren durfte, aber auch die folgenden Gruben bei Treplin und Ketschendorf (b. Fürstenwalde) bald wieder verlassen musste, bis er schließlich in einer Eisengießerei Anstellung erhielt, vgl. BLHA, Rep. 801 / VdN 129.

402 Weber/Herbst, Deutsche Kommunisten, S. 842f.

403 Komitee (Hg.), Antifaschistischer Widerstandskampf, S. 78 (Nr. 383).

um Erich Prenzlau oder um Anton Saefkow und Franz Jacob vielleicht gerade noch entgangen, wurde nun der »Endkampf« des »Tausendjährigen Reichs« zur letzten Herausforderung. Und er bedeutete gegenüber vorausgegangenen Gefahren im Zeichen von »Heimtücke«-, »Rundfunkverbrechen«- oder »Wehrkraftzersetzungs«-Vorwürfen noch einmal eine gefährliche Steigerung.

In den letzten Monaten und Wochen schoben sich »Ketten-Hunde« – ein umgangssprachlicher Begriff für Wehrmachtgendarmerie –, SS-Trupps oder Parteiinstanzen wie Blockwarte u. ä. immer stärker in den politischen Vordergrund. Sie rissen selbstherrlich und blitzartig staatliche Ordnungs- und Straffunktionen an sich: Mal mit, mal ohne sogenannte Schnellgerichte jagten NS-Fanatiker nun eigenhändig »Drückeberger«, Deserteure, »Feiglinge« oder Kapitulationswillige, die die weiße Fahne hissten, und knüpften ihre Opfer unmittelbar vor Ort auf oder schossen sie nieder.

Sich dem irgendwie entgegenzustellen bzw. der Sprengung von Brücken, Kulturgütern und Einrichtungen der Daseinsvorsorge entgegenzuwirken, war todesmutig.

Zum Abschluss dieses Kapitels sollen einige Beispiele versuchen, die letzten Aktionen dieser Form des Widerstandes zu verdeutlichen, wobei – dies sei in Erinnerung gerufen – durch den Vormarsch der Roten Armee, die Kämpfe nahe der Oder (Seelower Höhen) und die »Schlacht um Berlin« der Osten Brandenburgs von sehr viel dramatischeren Kriegshandlungen durchzogen wurde, als es im Westen und Süden überwiegend der Fall war, worauf wir uns daher aus Gründen der historischen Darstellbarkeit konzentrieren. (Zu den Geschehnissen in der Lausitz siehe auch die Seiten 263ff.)

Der *Babelsberger* Arbeiter Alfred Lehnert (1906–1965), in den 1930er Jahren aktiver Funktionär im von Willi Schirmeister geleiteten Abschnitt Südwest (S. 461ff.) der illegalen KPD und in diesem Zusammenhang mit 3 ½ Jahren Zuchthaus bestraft, schloss sich nach der Entlassung erneut dem Untergrundkampf seiner Partei an. Vornehmlich im betrieblichen Widerstand engagiert, bestand seine Haupttätigkeit darin, Gelder und Lebensmittel (-Marken) für »Untergetauchte« zu organisieren. Was er nach der Zerschlagung der Gruppe Saefkow-Jacob-Bästlein tat, beschreibt er (Foto S. 565) mit folgenden Worten:

> Im August [1944] riss die Verbindung plötzlich ab, nachdem ich noch die Richtlinien No. 1 erhielt (etwa 12 Schreibmaschinendoppelseiten). Eine kleine Gruppe, die ich inzwischen organisiert hatte, befasste sich kurz vor dem Einmarsch der Roten Armee mit der Herstellung und Verbreitung von Flug- und Handzetteln. Außerdem hatte ich seit zwei Jahre[n] Verbindung mit Ostarbeitern von der Maschinen AG O. und K. [Orenstein & Koppel] in Babelsberg und durch diese mit russ. Kriegsgefangenen. Wodurch es möglich war, acht von ihnen zu befreien und versteckt zu halten. Mit deren Hilfe räumten wir einen Tag vor Einmarsch der Roten Armee, bei Panzeralarm, die Panzersperren von Babelsberg und meldeten der Roten Armee in Güterfelde die Übergabe der Stadt Babelsberg. In diesem Zusammenhang gelang es den »Ostarbeitern« bei O & K den Volkssturm zu entwaffnen und einzusperren. In Babelsberg ist nicht gekämpft worden.[404]

404 BLHA, Rep. 401 / VdN 2145.

Alfred Lehnert

Der *Cottbuser* Richard Baer, im illegalen Kampf der KPD als Kassierer tätig und dafür mit 2 ¼ Jahren Zuchthaus von der NS-Justiz bestraft (S. 472), nahm nach seiner Entlassung aus der Haft wieder Verbindung zu gesinnungstreuen politischen Freunden auf: Richard Baer (1901–1958) schreibt 1946 in seinem Lebenslauf:

> Im November 1935 wurde ich aus dem Zuchthaus Brandenburg Görden entlassen. In Cottbus wurde ich dann unter Polizeiaufsicht gestellt. 1937 im Januar wurde ich wieder verhaftet von der Geh. St.P., dauerte nur 8 Tage. Außer den üblichen Haussuchungen, mehrere Stunden Festhaltens und Vernehmungen wegen angeblicher Äußerungen bin ich der polizeilichen Wachsamkeit entgangen. Während der Kriegszeit hab ich mit einigen Gen., A. Balzow, Knapp und anderen, eine Gruppe gebildet, welche bis zum Einmarsch der Roten Armee intakt war und welche sich vorwiegend propagandistisch betätigte. Von 1928 [an] war ich die meiste Zeit ohne Arbeit, bis zur Verhaftung. Nach meiner Entlassung aus dem Zuchthaus war ich gezwungen, Arbeiten anzunehmen, welche mir gesundheitlich sehr nachteilig waren.[405]

Alfred Balzer bemerkt dazu 1950 ergänzend:

> Durch die Überwachung der Gestapo war eine besondere Vorsichtsmaßnahme notwendig, so daß der Genosse Baer nur zu den wichtigsten Zusammenkünften erschien. Der Terror des Naziregimes zerriß unsere Verbindung mit der Zentrale Berlin und wir waren gezwungen, selbständig unsere politische Tätigkeit auszuüben. An den Zusammenkünften nahmen die Genossen Lehmann, Knapp, Balzow, Baer, Wappler und andere teil.[406]

Der Werkzeugmacher Artur Skrodzki[407] berichtet davon, dass der größte Teil der Mitglieder der illegalen Betriebsgruppe der *Veltener* Maschinenbau A.G. um 1943 bereits eingezogen worden war.

Unter der Leitung von Alfred Krapf wurde die Widerstandsarbeit auch nach der Verhaftungswelle Mitte 1944 (S. 549) fortgesetzt: Man übte weiterhin Sabotage der Rüstungswirtschaft, in diesem Fall des Flugzeugbaus, und versuchte Zwangsarbeitern und KZ-Häftlingen das schwere Arbeitslos etwas zu erleichtern.

Ähnliches teilte der Leiter der illegalen KPD-Arbeit im Kreis *Spremberg (Lausitz)* Arthur Schwanke mit. Er schreibt 1947:

---

405 Ebd., Rep. 801 / VdN 79.
406 Ebd., Rep. 801 / VdN 79.
407 Ebd., Rep. 333, Nr. 1251.

Albert Heese

> Vor Ausbruch des Krieges 1939 wurden erneut Verhaftungen durch die Gestapo vorgenommen und mehrere Genossen wegen Vorbereitung zum Hochverrat angeklagt und verurteilt. Trotzdem wurden auch während des Krieges, als ein Teil unserer Genossen unter Polizeiaufsicht stand, Flugblätter in den Betrieben weiter verbreitet, und unsere illegale Arbeit ging weiter trotz Einziehung zum Wehrdienst und Verschickung in kriegswichtige Betriebe.[408]

Der Schwerpunkt oppositioneller Betriebstätigkeit lag in Spremberg, Schwanke zufolge, in der Tuchfabrik A. L. Heinze und in den Preßstoffwerken Römmler A.G.

Der frühere *Potsdamer* KPD-Stadtverordnete Albert Heese (1891–1959) von 1933 bis 1935 im Zuchthaus Brandenburg inhaftiert, beteiligte sich danach an der illegalen Arbeit des Abschnitts Südwest der Partei (S. 451ff.), konnte sich nach kurzer Festnahme 1937 aber den weiteren Verfolgungen der NS-Justiz entziehen. (Seine engen Weggefährten Hermann Elflein [S. 453] und Hermann Wehrstedt, beide zu Zuchthaus verurteilt, gingen in der Haft zugrunde.)

Heese arbeitete in der »Potsdamer Armaturen-Fabrik« bzw. der Firma Kaltenbach u. Vogt und übte dort Sabotage, musste sich aber sehr vorsehen, da selbst seine sonntäglichen Spaziergänge observiert wurden. Heese berichtet über die letzten Kriegsmonate:

> Im März 1945 wurde ich zu Schanzarbeiten dienstverpflichtet und habe auch hier erreicht, daß möglichst wenig gearbeitet wurde, um den Kriegswahnsinn abzukürzen. Am 15. April bei der Bombardierung von Potsdam durch amerikanische Flugzeuge, wurde auch ich, wie viele Genossen der Zelle 3, total ausgebombt. Ich war auch mit meiner Frau 14 Tage obdachlos und wurde mit vielen Ausgebombten in einem Lager bei den Komains und später in einem Lager bei Golm untergebracht. Wir erhielten Lebensmittel bei den Bauern zugesteckt und mussten unser Brot unter Fliegerbeschuss von Potsdam holen.
>
> Im Mai 1945 lag ich mit mehreren Familien in Petzow in einer Wohnung mit meiner Frau. Hier wurden wir durch die Rote Armee von den faschistischen Henkern befreit.[409]

In den BMW-Brandenburger Motorenwerken – abgekürzt: Bramo-Werke – in *Basdorf/Zühlsdorf* wirkte eine kommunistische Widerstandsgruppe um Hans Pankert, die über den Instrukteur »Hans« (= Gustav Wegener) Verbindung zur Saefkow-Organisation

---

408 SAPMO-BArch, RY/I 2/3/118, Bl. 100.

409 Ebd., RY /1/I 2/3, Nr. 118, Bl. 33f. Mit den »Komains« sind die Communs gegenüber dem Neuen Palais gemeint. Diese ehemaligen Wirtschaftsgebäude beherbergen heute Einrichtungen der Universität Potsdam.

hielt.[410] Den Kern des betrieblichen Widerstandskreises machten Willi Weiß (Schwanebeck), Herbert Hannemann (Klosterfelde), Willi Enders (Wandlitz) und Kurt Friedrich (Berlin) aus, ferner wirkten Hans Schwarze (Basdorf) und Heiner Kubach mit.

Es war den Aktiven gelungen, zu ausländischen »Fremd«– sowie Zwangsarbeitern, die für die Rüstungswirtschaft tätig sein mussten, Kontakt aufzunehmen. So waren Menschen verschiedener Nationen in einem Barackenlager an der heutigen Bundesstraße B 109 – ungefähr dort, wo sich jetzt die Landespolizeistelle Brandenburg und das LK 07 Brandenburg befinden – untergebracht. Es handelte sich um insgesamt 52 Baracken für Angehörige von dreizehn Nationen. Verbindungsmänner der Betriebsgruppe zu französischen »Fremdarbeitern« waren Martinez und Delcquart. Wiederholt gelang es durch Sabotageakte im Bramo-Werk für Flugzeugmotoren viele Produktionsausfälle hervorzurufen.

Trotz mehrerer Verhaftungen infolge der Zerschlagung der Saefkow-Organisation, darunter die Zepernickerin Auguste Haase (S. 551f.), die ihr Leben ließ, setzten die Illegalen die Untergrundarbeit in Basdorf/Zühlsdorf fort.

Auf wichtige politische Verbindungen und Widerstandsaktionen im *Westhavelland* weist der Rathenower Heimatforscher Dieter Seeger hin. Aus seiner Heimatstadt wurde der Tischlermeister Richard Schwichtenberg 1942 dienstverpflichtet, als zweiter aufsichtsführender Meister in der Tischlerei des Zuchthauses Brandenburg tätig zu sein. Den dort tätigen Beamten gleichgestellt, erhielt er die Schlüssel für viele Zuchthaustüren und konnte sich unbehelligt durch die Haftanstalt bewegen. Auf vielen Wegen versuchte er es sogar, den Schreiber der Tischlerei, den Kommunisten Wilhelm Thiele, mitzunehmen. Mit ihm verstand sich der alte Sozialdemokrat Schwichtenberg bald so gut, dass vertrauensvoll politische Gefangene mit Lebensmitteln und wichtigen Nachrichten versorgt werden konnten.

Da das Zuchthaus längst Teil der Rüstungswirtschaft war, konnten Verbindungen zu Regimegegnern in nahen Betrieben aufgenommen werden: So den Arado-Flugzeugwerken, den Brennaborwerken, der Bosch AG, und der Emil Busch AG Rathenow, berichtet der genannte Heimatforscher. Vorsichtig wurde ein Verbindungsnetz geknüpft, Schwichtenberg vermittelte Kontakte, half mit Fahrten nach Berlin und stellte Verbindungen zu Todeskandidaten in ihren Sonderzellen her. Seine wichtigste Rolle erfüllte er wohl bei der Vorbereitung des von allen Häftlingen herbeigesehnten Tages der Befreiung der Anstalt. Dieter Seeger dazu:

> Auch andere Beamte, Wachtmeister und Werkmeister halfen den politischen Gefangenen, z. B. die Sozialdemokraten Kühn und Hitter in der Arado-Halle, der Werkmeister Zumbrunnen und der Kommunist Christian Knipp in der Lineol-Spielzeugfabrikabteilung der Firma Wiederholz. Richard Schwichtenberg spielte eine unermüdliche Vermittlungsrolle für die Antifaschisten in den Zellen. Es ist in hohem Maße sein Verdienst, dass sich der Anstaltsoberlehrer Hugo Reichel und der evangelische Anstaltspfarrer Bartz an die Spitze einer antifaschistisch gesinnten Beamtengruppe stellten, die die Befreiung energisch vorbereiteten.[411]

410 GDW/Berlin, Mitteilungen von Egbert Schirrmacher vom 10.2.2006.

Mit dem offensichtlichen Untergang des NS-Regimes stiegen auch die Zerfallserscheinungen der Strafanstalt an. Obwohl es noch am 20. April 1945 zu Hinrichtungen kam, wurde schon am nächsten Tag auf Geheiß des Zuchthausdirektors Thümmler die Guillotine im nahen Plauer See versenkt. Bereits am 24. April 1945 erreichten Vorausabteilungen der Roten Armee den Stadtrand von Brandenburg; unter Umgehung der durch deutsche Einheiten bzw. Volkssturmkräfte gesprengten Brücken drangen die sowjetischen Truppen in Richtung des Stadtteils Görden vor. Dort lag die Strafanstalt.

Über den Tag der Befreiung des Zuchthauses Brandenburg (27. April 1945) und den Anteil der politischen Häftlinge daran existieren sehr unterschiedliche Berichte.[412] Hervorzuheben ist Folgendes: Am Vormittag des Tages nahm die Rote Armee die etwa einen Kilometer entfernte »Landesheilanstalt« ein. Gegen 13 Uhr setzten sich Zuchthausdirektor Thümmler und die höheren Beamten ab. Nun übernahm der Oberlehrer (und Beamte) Hugo Reichel die Leitung. In der Übergangsphase bis zum Eintreffen der Roten Armee – *insgesamt etwa eine Stunde*, in der die Strafanstalt der weiteren Entwicklung ungewiss zwischen den Fronten lag – wirkte die neue Anstaltsleitung in Übereinstimmung mit Vertretern der politischen Häftlinge (Obmänner) zusammen.

Die humanen Dimensionen dieses herausragenden Ereignisses werden besonders deutlich, wenn man sie mit NS-Verbrechen an anderen Kriegsschauplätzen vergleicht: So ermordeten SS- und Gestapomänner – kurz vor dem Eintreffen der Roten Armee – 800 politische Häftlinge des Zuchthauses Sonnenburg (bei Küstrin jenseits der Oder). Hastig wurden an anderen Schreckensorten – etwa bei der Auflösung von Arbeitserziehungs- und Konzentrationslagern – ausgemergelte Insassen auf Todesmärsche getrieben, Schwerstkranke zuvor ermordet.

Ganz anders dagegen die Ereignisse im Westhavelland. Leonore Ansorge über die Befreiung der Strafanstalt Brandenburg:[413]

> Bei der Übergabe des Zuchthauses traten vor allem die kommunistischen Häftlinge in Aktion, ihnen war die Herstellung des Kontaktes zur Roten Armee aufgrund ihrer ideologischen und politischen Nähe überantwortet worden. Sie galten als die »natürlichen« Verbündeten der sowjetischen Befreier.

---

411 Dieter Seeger »Die Kraft der Schwachen – Widerstand hinter Zuchthausmauern«, Mail vom 25. April 2010 an den Verfasser; Leonore Ansorge, Politische Häftlinge im nationalsozialistischen Strafvollzug: Das Zuchthaus Brandenburg-Görden, Berlin 2015, S. 428ff., 482ff.

412 In ihrer quellengestützten und sehr ausgewogenen Publikation über das Zuchthaus Brandenburg-Görden weist die Autorin Leonore Ansorge die in der DDR erschienene Darstellung (»Gesprengte Fesseln«) von der Selbstbefreiung der Häftlinge unter kommunistischer Führung zurück. Stattdessen hebt sie die ordnende Kraft der »Politischen« für die Zeit kurz *nach* der Befreiung durch die Rote Armee hervor: Hätte diese doch – in Unkenntnis des Charakters des Zuchthauses und aus Euphorie – pauschal *alle* Häftlinge, auch die Kriminellen, befreit. Hierdurch kam es schon bald darauf durch Plünderungen (auch unter der Einwohnerschaft von Görden) zu chaotischen Zuständen, die erst durch das energische Einschreiten bewaffneter politischer Häftlinge beendet wurden. Vgl. Leonore Ansorge, Politische Häftlinge, S. 498ff.

413 Leonore Ansorge, Politische Häftlinge, S. 505; s. a. Walter Uhlmann (Hg.), Sterben um zu leben. Politische Gefangene im Zuchthaus Brandenburg-Görden 1933–1945, Köln 1983. Die Veröffentlichung enthält Berichte von zehn Widerstandskämpfern unterschiedlicher politischer Herkunft.

Zuchthaus Brandenburg, 1930er Jahre

> Nachdem der Panzer [der Roten Armee, H.-R. S.] vor das Zuchthaus gefahren war, gaben die Obmänner an die einzelnen Stationen telefonisch durch, dass die politischen Häftlinge zur Begrüßung »nach vorn« kommen sollten, die Rote Armee wäre da. So ging z. B. auch Walter Muth [S. 406f.] im Haus IV, nachdem ihn Wilhelm Knapp vom Gefangenenausschuss verständigt hatte, mit dem Hauptwachtmeister von Zelle zu Zelle und schloss die politischen Häftlinge heraus. Ein weiterer Anruf erfolgte, dass die Wachtmeister zu entwaffnen seien. Diese hätten sich von ihm bereitwillig entwaffnen lassen, die Revolver verschloss er in seiner Zelle [...]. Die politischen Häftlinge strömten nun nach unten zur Pforte und umzingelten freudig den Panzer, ein T 34 des 32. Panzerregiments. Es entstiegen ein Offizier und drei Mann Besatzung.

Es kam zu einer kurzen Ansprache des Offiziers auf Russisch, wobei er besonders über die Frontlage berichtete. Seine Aussagen wurden angesichts der internationalen Zusammensetzung der Zuhörenden in mehrere Sprachen übersetzt. Danach brach befreiter Gesang aus, wobei es offenbleiben muss, ob es sich dabei um diverse Nationalhymnen oder – was nahe liegt – die Internationale in verschiedenen Sprachen handelte.

Zusammenfassung

Im Lagebericht der Staatspolizeistelle Potsdam vom 13. Dezember 1933 heißt es: »Die KPD kann in ihrer Wirkungsmöglichkeit gegenwärtig als tot gelten. [...] Die SPD-Anhänger gelten im allgemeinen als zu feige, um sich hervorzuwagen; [...].«[1]

Mit dieser Scheinanalyse und autosuggestiven Deutung glaubte sich die Geheime Staatspolizei des Regierungsbezirks Potsdam der Herausforderung des Widerstandes aus der unterdrückten Arbeiterbewegung entledigt zu haben. Dass derartige Berichte nicht frei waren von der gezielten Herausstreichung der eigenen Bedeutung durch den Verantwortlichen Graf von Helldorf, wurde bereits erwähnt.

Ebenfalls eher in den Bereich der NS-Propaganda verweisen darf man die Aussage in einem Lagebericht aus dem August 1934, »der deutsche Arbeiter« sei die zuverlässigste Stütze »des Führers«.[2]

Doch die nun vorliegende Aufarbeitung widerstandsrelevanter großer Prozesse gegen die verschiedenen Richtungen der Arbeiterbewegung belegen eher das Gegenteil: Sowohl zwischen 1933 und 1938/39 als auch in den Jahren des Krieges ruhten – wenn auch auf schwindender Basis – Selbstbehauptung und Widerstand aus den Reihen der alten Arbeiterparteien nicht.

Trotz Massenverhaftungen 1933 (S. 146) und brutalem Terror gegen wehrlose Häftlinge – was eine Welle der Angst auslöste – reorganisierten sich Arbeiter der KPD, SPD und SAP schon im Sommer d. J. und nahmen den Kampf gegen das verhasste Regime und seine militaristischen Ziele auf.

Gemeinsam war allen Richtungen der Arbeiterbewegung, sich zunächst dem Prozess der NS-»Gleichschaltung« durch das Verbreiten von Untergrundmaterial – das in nicht geringem Maße aus dem Exil (ČSR) kam – sowie durch geheime Zusammenkünfte und Flüsterpropaganda in Betrieben und Vereinen zu widersetzen. Diese unterschiedlichen Formen der politischen Aufklärung sollten immer weitere Kreise der Bevölkerung vor blinder NS-Gefolgschaftstreue bewahren und geeignete Kader für die spätere Befreiung schulen.

Zusätzlich zur dezimierten Zahl ihrer Anhängerschaft hatten alle gegnerischen Gruppen mit dem Problem der weiten Wege innerhalb der Provinz Brandenburg zu kämpfen – und je weiter man in den Osten vordrang, desto schwieriger wurde es. Wo in Berlin ein dichtes Nahverkehrsnetz viele Transporte und Kurierdienste erleichterte, musste auf dem Lande für entlegene Kleinstädte und Dörfer in der Regel auf Motorräder oder Kleintransporter zurückgegriffen werden (S. 228) – Fortbewegungsmittel,

---

1 Vgl. W. Ribbe (Hg.), Die Lageberichte, S. 60f.

2 Ders., Die Lageberichte, S. 152.

die der breiten Masse damals im Gegensatz zum Fahrrad sehr selten zur Verfügung standen.

Mit diesen geographisch-verkehrstechnischen, aber auch politischen Erschwernissen hatten sich bereits jene Gegner der NS-Bewegung zu plagen, die sich seit 1924 in den Reihen der Republikschutztruppe Reichsbanner Schwarz-Rot-Gold im kämpferischen Einsatz für den Erhalt der ersten deutschen Republik zusammenfanden.

Mit diesen, ihre Gesundheit und ihr Leben riskierenden, entschiedenen Demokraten und ihren gefahrvollen Einsätzen in ländlichen Gebieten (S. 45f.) der Provinz befasste sich das erste Kapitel der vorliegenden Darstellung. Wenn deren Bemühungen, die Ideen und Prinzipien einer freiheitlichen Verfassung anzupreisen und zu verbreiten, unter dem sozialen Druck durch die Weltwirtschaftskrise zu oft vergeblich waren, widerlegen sie doch die Legende, die Republik sei ohne Verteidiger geblieben.

Diese kritische Aussage trifft dagegen ganz überwiegend für die sogenannten staatstragenden Säulen: Justiz, Reichswehr und große Teile der Beamtenschaft – bis hinunter zur Landgendarmerie (S. 33, 45) – zu; auch mächtige agrarische Interessengruppen wie der »Landbund« (S. 34) oder die größtenteils nationalkonservativ ausgerichtete evangelische Kirche[3] sowie die stark in der Hand reaktionärer Kreise liegende Regionalpresse (S. 43f.) sind hier zu nennen.

Demgegenüber engagierten sich Hunderte aus Gewerkschafts- und Facharbeiterkreisen, unterstützt von kleinen (selbstständigen) Handwerkern, einfachen Lohnabhängigen, Arbeitersportlern, Mitgliedern der Freien Schulgemeinde (S. 87f.) sowie der Freidenker- und Naturfreundebewegung, die auf Großveranstaltungen zu Massenkundgebungen zusammenströmten, um demonstrativ und lautstark für die Weimarer Republik einzutreten.

Nach der gewaltsamen Zerschlagung der Demokratie durch das »Kabinett der nationalen Konzentration« (NSDAP, DNVP, Stahlhelm) beteiligten sich zahlreiche frühere Reichsbannerfunktionäre am Widerstandskampf sozialdemokratischer Gruppen, wie regional anhand der Lausitz (S. 79f.) und der im Barnim agierenden Gruppe Nordbahn (S. 81) empirisch belegt werden konnte. In einzelnen Fällen stießen sie auch zur illegalen KPD (S. 87ff.).

Trotzdem bietet der sozialdemokratische Widerstand im Brandenburgischen kein einheitliches, sondern ein facettenreiches (S. 174ff.) und vor allem regional sehr aufgesplittetes Bild:

Die bereits nach der Reichstagswahl beginnenden – und damit mitten in die Urnengänge für den Landtag und die Kommunen geratenden – Verhaftungswellen und Verschleppungen von bekannten Arbeiterfunktionären, Reichsbanneraktivisten, Kreistagsmitgliedern sowie Stadt- und Gemeindeverordneten überraschten sowohl in ihrer Rasanz als auch in ihrer Brutalität die Sozialdemokratie ganz offensichtlich mehr als die Kommunisten. Die SPD war innerhalb der Arbeiterbewegung die Partei des parlamentarischen Ausgleichs und des besonnenen realpolitischen Abwägens:

3 H.-R. Sandvoß, »Es wird gebeten, die Gottesdienste zu überwachen...«, S. 16ff.

Mit den Gewaltexzessen im Zeichen der NS-»Gleichschaltung« konnte sie nur sehr schwer umgehen. Anders jedenfalls kann man nicht den Umstand erklären, dass die Schwerpunkte sozialdemokratischer Untergrundarbeit sich nicht restlos mit den Wahlhochburgen vom März 1933 deckten. Es kam zu außerordentlich starken und überlegt strukturierten Widerstandsaktivitäten im Kerngebiet der SPD und des Reichsbanners, der Lausitz, mit Querverbindungen zu illegalen Kreisen nach Frankfurt/Oder (S. 210ff.) und ins Exil.

Aber ähnlich Vernetztes sucht man in der Provinz Brandenburg – mit Ausnahme der im Barnim aktiven Gruppe Scharfschwerdt (S. 218ff.) – ansonsten vergeblich. In Luckenwalde lag es gewiss an der großen Standhaftigkeit des Hauptfunktionärs Willi Graubner[4] (S. 175ff.), dass nur er allein juristisch belangt und schließlich verurteilt wurde.

Viele andere Funktionäre aus Partei und Gewerkschaften gerieten schon früh in »Schutzhaft«, waren danach gesundheitlich nachhaltig gezeichnet und standen unter starker Beobachtung. Man denke in diesem Zusammenhang besonders an mehrere politische Schicksale im Industrie- und Bahngebiet des Raums Eberswalde (S. 149ff.).

In der Stadt Brandenburg wirkte sich der Aderlass verschleppter und schließlich verbannter Spitzenpolitiker bzw. leitender Verbandsfunktionäre aus der Stadtverwaltung (Paul Szillat), der Partei (Friedrich Ebert), dem Reichsbanner (Gustav Schernikau) und den Gewerkschaften (Heinrich Witt) sicherlich ebenso negativ auf die verängstigte Schar Gesinnungstreuer aus wie die Tatsache, dass es bereits 1932/33 zu Abspaltungen hochmotivierter Parteimitglieder zur linkssozialistischen SAP (S. 274ff.) gekommen war. Vergleichbares hatte sich in Rathenow ereignet. Es fällt nämlich auf, dass sich Justizverfahren gegen diese doch eher kleine Partei (reichsweit nur 35 000 Mitglieder) im Brandenburgischen auf die gleichnamige Havelstadt und auf Rathenow konzentrierten – alten SPD-Hochburgen also, aus deren Funktionärschaft von Seiten der märkischen SAP erfolgreich geschöpft wurde.

Wie sich die Entwicklungen nach 1933 in Wildau und Velten, wo die Sozialdemokraten im März des Jahres der NS-»Machtergreifung« noch 36 % bzw. 33 % erhielten und damit überdurchschnittlich gut abschnitten, gestalteten, ließ sich nur noch ansatzweise individuell-biographisch rekonstruieren (S. 136ff.). Auch hier bleibt eine schmerzliche Forschungslücke bestehen, die in erster Linie der späten Aufarbeitung und unzureichenden Überlieferung bzw. Quellenlage geschuldet sein dürfte.

Dafür konnten für den örtlichen Bereich Nowawes/Babelsberg jedoch nachhaltig intakte illegale Strukturen nachgewiesen werden, die Gesinnungstreue und Mut eines kleinen Funktionärsstamms dokumentieren und von 1933 bis zum Kriegsende reichten – wobei die Querverbindungen zum 20. Juli 1944 besonders bemerkenswert sind.

Ähnlich dauerhaft vernetzte Strukturen sozialdemokratischer und gewerkschaftlicher Regimegegner ließen sich aufgrund quellenmäßiger Funde für das Havelland rekonstruieren: Auch hier kamen frühere »Schutzhäftlinge« konspirativ zusammen, tauschten verbotene Informationen aus und halfen Bedrohten (S. 170ff.).

4 Hier schmerzt es besonders, kein Foto des Genannten gefunden zu haben – trotz sehr vieler Bemühungen.

Doch der Umstand, dass es in mehreren früheren SPD-Hochburgen zu keinen Widerstandsprozessen kam, sollte nicht zu dem Schluss führen, es hätte sich fast landesweit eine durchgehende Anpassung vollzogen. Die höchst einseitige Traditionspflege der SED hinterließ auch in diesem Feld leider sehr tiefe Lücken (S. 20).

Anders als die übrigen Untergrundgruppen, konzentrierten sich Teile der illegalen KPD – besonders die Anhänger des seit 1929 verbotenen Roten Frontkämpferbundes (RFB) – anfänglich (noch) darauf, durch die Sammlung von Waffen Vorbereitungen auf die erwarteten gewalttätigen Auseinandersetzungen mit dem Nationalsozialismus zu treffen. Gerade dieses martialische, zum Teil amateurhafte, Verhalten führte zu verschärften Verfolgungsmaßnahmen und war eine unfreiwillige Steilvorlage für die NS-Propaganda: Hitler und seine Bewegung müssten Deutschland vor dem »linken Terror« beschützen.[5]

Trotzdem: Die Waffenbeschaffung war nicht typisch für die gesamte Struktur der Widerstandsarbeit der illegalen KPD, denn die stand für antifaschistische Propaganda, Gruppenzusammenhalt, Hilfe für Verfolgte und die Anwerbung weiterer Mitstreiter.

Und auch inhaltlich machten zumindest Teile der Kommunisten einen inneren Lernprozess durch (S. 557f.). Hatte man vor 1933 inflationär alles mit dem Etikett »Faschismus« belegt (S. 341f.), sah man im Zuge der NS-»Gleichschaltung« sehr bald den gewaltigen Unterschied zur sogenannten bürgerlichen Demokratie und ihren Freiheitsrechten.

Obwohl der Widerstand illegaler Kommunisten regional immer wieder hervortrat und sich im Raum Potsdam und vor allem in der Lausitz bis in die zweite Hälfte der 1930er Jahre hielt, lag dem keine lineare Führungsstruktur zugrunde, denn es griffen wechselnde Leitungszentren in das politische Geschehen ein:

Trotz Umsicht und konspirativer Befähigung der verantwortlichen Funktionäre um Willi Sägebrecht bzw. Franz Brüning (S. 480f.) war der im Juni 1933 gebildeten Brandenburger Bezirksleitung nur eine begrenzte Lebenszeit vergönnt. Die frühe und die mittlere Phase des kommunistischen Widerstandes in der Provinz – bis etwa 1938 – waren von einem vielfältigen Geflecht illegaler Verbindungen zwischen Brandenburg und Groß-Berlin geprägt: Mal waren es randständige Berliner Unterbezirke, die noch über vertrauensvolle »alte« Kontakte verfügten, mal die bis 1935 agierende Landesleitung, dann aber auch die jeweiligen Leitungen kommunistischer Nebenorganisationen (Rote Hilfe, Bund der Freunde der Sowjetunion), die bis ins Jahr 1935 ihren politischen Schwerpunkt in der Reichshauptstadt besaßen.[6] In dem eben genannten Jahr nahm die Exil-Parteiführung nämlich eine tiefgreifende Umorganisation vor, sie teilte den Berliner Untergrundapparat in drei große Abschnitte auf, die jeweils von Auslandsstützpunkten angeleitet werden sollten. Wie sich dies

5 Wie wir u. a. durch Dirk Blasius wissen, entsprach es einer gezielten Strategie des Rechtsextremismus, gewalterfüllte Zustände auf Straßen und Plätzen herbeizuführen, um sich dann den verängstigten Bürgern als Retter vor eben diesem Chaos anzupreisen, vgl. Dirk Blasius, Weimars Ende. Bürgerkrieg und Politik 1930–1933, Göttingen 2005.

6 Vgl. H.-R. Sandvoß, Die »andere« Reichshauptstadt, S. 322–388.

bis ins Jahr 1938 hinein im Brandenburgischen auswirkte, konnte am Beispiel der illegalen Arbeit der Roten Hilfe bzw. parteiübergreifender Volksfrontbestrebungen für den Raum Potsdam nachgewiesen werden. Daneben gab es in der Provinz eine Fülle lokaler Aktivitäten (S. 428), die aber aus Sicherheitsgründen 1938 schließlich eingestellt wurden.

Erst die großen Untergrundorganisationen von Robert Uhrig (bis Februar 1942) und Anton Saefkow (1943/44) knüpften dann neue Verbindungen in der Absicht, eine Brandenburg und Berlin umfassende Widerstandsgruppe aufzubauen, also dort fortzufahren, wo man im Frühjahr 1933 gezwungen war, aufzuhören.

Wie bereits die Studie des Autors über Berlin (»Die ›andere‹ Reichshauptstadt«), widerlegt nun auch der Blick auf die historischen Ereignisse im Brandenburgischen die These, dass die aktive Gegnerschaft aus der Arbeiterbewegung bereits zur Mitte der 1930er Jahre zum Erliegen kam.[7]

Trotz einer für die Arbeiterparteien – und hier vor allem für die Kommunisten – beeindruckenden Fülle des Widerstandes gegen die NS-Diktatur und den Vernichtungskrieg fragt es sich, warum die DDR bzw. die SED Brandenburgs mit diesem Pfund nicht mehr gewuchert hat.

Am fehlenden Interesse kann es nicht gelegen haben, zählte der Antifaschismus doch zum Gründungsmythos der DDR. Ein Mangel an Quellen zum Untergrundkampf lag auch nicht vor, denn man war im Besitz der entsprechenden NS-Justizdokumente und Veteranenberichte. Über die finanziellen Ressourcen und das qualifizierte, hoch motivierte wissenschaftliche Personal verfügte man ebenfalls. Warum erschien trotzdem keine Gesamtdarstellung, warum nicht wenigstens eine Monographie über die illegale KPD der Provinz Brandenburg?

Gab es also – wie bereits einleitend vermutet (S. 14) – zu viele ideologische Tabus, die der unvoreingenommenen Aufarbeitung entgegenstanden? Passten zu viele historische Vorkommnisse nicht in das von Legenden und Heroisierungen geprägte parteioffizielle Narrativ über den »konsequenten« Widerstand der KPD? Letztere Frage bzw. Hypothese liegt nahe: Man denke an den »Bad Freienwalder Sprengstoffprozess« (S. 356ff.) und die ihm zugrundeliegende abenteuerlich-amateurhafte Widerstandsinitiative, die sich auf ein vermeintliches Eingreifen der Luftwaffe der Roten Armee stützte. Völlig befangen in stalinistischer Kaderdisziplin handelten erfahrene Funktionäre hierbei gegen jeden gesunden Menschenverstand.

Peinlich zu Buche schlug auch, dass im Westhavelländischen, dem Raum Brandenburg/Stadt, ein Spitzenfunktionär der KPD, der sich bis 1933 als Hauptagitator und bekannter Versammlungsredner profiliert hatte, nun zur NS-Bewegung überlief und reihenweise seine früheren Kampfgefährten den Schergen der Diktatur auslieferte – was schließlich zu Massenprozessen führte (S. 366ff.). Im Falle zweier Justizverfahren gegen die Oranienburger KPD erwies sich ausgerechnet der Hauptangeklagte als Mann der »anderen Seite« und kam ohne Strafe davon (S. 437f.).

7 Ders., S. 16f., 167, 605ff.

Die SED-Historiographie kam zudem bereits mit dem Tatbestand des Versagens einzelner verantwortlicher Funktionäre nicht zurecht – man denke an diesbezügliche Vorkommnisse im Raum Potsdam (S. 456ff.) –, obwohl auch dort die meisten Kader ihr Bestes gaben.

Intensive Recherchen von Hans-Joachim Nauschütz (1940–2003)[8] deckten auf, dass VVN- und SED-Kreise – bzw. das Bezirkskomitee der antifaschistischen Widerstandskämpfer von Frankfurt/Oder – die gerechte Aufarbeitung des Wirkens der zentralen Widerstandspersönlichkeit der KPD, des früheren Pol. Leiters Max Hannemann (1899–1945), hintertrieben und unterbanden. Der Genannte war nämlich unter der bestialischen Folter der Geheimen Staatspolizei zusammengebrochen und hatte die Namen einiger Weggefährten – längst nicht die der großen Mehrheit! – preisgegeben. Doch der durch dieses Verhalten ausgelöste Bannstrahl orthodoxer Ideologen traf nach dem Krieg nicht nur Max Hannemann, sondern auch dessen Witwe bzw. frühere Ehefrau, da sie sich vom Inhaftierten aus rein persönlichen (und nachvollziehbaren) Gründen scheiden ließ. Sie stand aber trotz der Dinge, die er ihr angetan hatte, zum Eingekerkerten, besuchte ihn und schickte Pakete – seinen Tod im KZ zu verhindern, stand nicht in ihrer Macht.

Derartige zwischenmenschliche Konflikte oder gar das unfair als »Verrat« eingestufte Zusammenbrechen eines Gepeinigten unter grausamen »Verhören«, passte nicht ins abstrakte Bild vom kommunistischen Helden.

Nicht nur in diesem lokalen Fall führten ideologische Verzerrungen dazu, dass schließlich die Würdigung einer ganzen Widerstandsgruppe der breiten Öffentlichkeit unterschlagen wurde: Ähnliches ereignete sich in Bezug auf die Geheimgruppe »Kolonne X« aus der Gegend um die Stadt Fürstenwalde/Spree. Hier hatte der tapfere junge Hauptfunktionär, der bis 1945 im KZ litt, nach der Befreiung nicht allen ideologischen Anforderungen der Partei entsprochen – und verschwand aus der Geschichtsschreibung, denn seinen Namen sucht man noch 1982 im bereits genannten (S. 415) biographischen Lexikon zum Widerstandskampf im Brandenburgischen vergeblich.

Dass die vorliegende Veröffentlichung sich derartigen Zensurmaßnahmen nicht anschloss, gebot nicht nur die unvoreingenommene historische Forschung, sondern auch das Gerechtigkeitsgefühl gegenüber vielen Menschen, die nicht um ihre Würdigung gebracht werden dürfen.

Die vom Verfasser vorgenommene Aufteilung des Widerstandes aus der Arbeiterbewegung in Sozialdemokraten, Linkssozialisten/Unabhängige Kommunisten und die Anhänger der KPD hat sich als Mittel der Strukturierung einer großen Fakten- bzw. Prozessmenge zwar als richtig erwiesen, bedarf aber der zusätzlichen Differenzierung:

Nicht bei allen Untergrundgruppen kann von einer eindeutigen Zuordnung ausgegangen werden. Dies wurde nicht nur durch die Beteiligung von Reichsbannermän-

---

8 Hans-Joachim Nauschütz, Max Hannemann und Genossen. Über einen jahrzehntelangen Verdacht und seine Folgen. Ein Report, Eisenhüttenstadt 1995; ders., Max Hannemann, in: Simone Barck und Ulla Plener (Hg.), Verrat. Die Arbeiterbewegung zwischen Traum und Trauer, Berlin 2009, S. 141–143.

nern an der illegalen Arbeit der KPD deutlich – wie beispielsweise in Brandenburg/Stadt (S. 88)–, sondern betraf die graduelle Verschmelzung sozialdemokratischer Widerstandsinitiativen mit Kreisen des illegalen Apparates der KPD: Man denke in diesem Fall an die Mitwirkung des früheren SPD-Stadtverordneten Wilhelm Vahle und seiner jungsozialistischen Freunde aus »Wildpark-West«, an Rettungsaktionen und Rote Hilfe-Aktivitäten im Raum Potsdam, die in Volksfrontbestrebungen von Exil-Kreisen (S. 464f.) mündeten; ähnlich einzuordnen ist die starke Mitwirkung mehrerer Sozialdemokraten im Bereich der Stadt Sorau. Kein Geringerer als der leitende Kommunist Gerhard Schwarz bemerkt zur politischen Zusammensetzung der in diesem Teil der Lausitz wirkenden NS-Gegner: »Unsere Kameraden in den [zuletzt 20] Zellen waren in der übergroßen Mehrheit Sozialdemokraten und Parteilose.«[9] Der eben Zitierte führt weiterhin an, dass seine Bemühungen um ein faires Zusammenwirken von Kommunisten und Sozialdemokraten schließlich am dogmatischen Führungsanspruch der KPD Exil-Führung scheiterten und erheblich zu seinem Bruch mit dem Stalinismus beitrugen.

Trotzdem gab es sowohl 1932/33 bei der unmittelbaren Gefahrenabwehr als auch im Krieg auf der betrieblichen Ebene oder in Haftanstalten positive Beispiele der Zusammenarbeit, was aber im Zuge der politischen Entwicklung nach der Befreiung schnell an aufbauender Wirkungskraft verlor und in die erneute Verfolgung gesinnungstreuer Sozialdemokraten und unabhängiger Linkssozialisten abglitt (S. 267f.).

Alles in allem bewahrheitete sich die Erkenntnis, dass es ähnlich wie in Berlin zwar keine geschlossene bzw. durchgehende »Front« des Arbeiterwiderstandes im Brandenburgischen gab, wohl aber einige ständige »Unruheherde«:[10]

Hier ist parteiübergreifend an erster Stelle die Lausitz zwischen 1933 und 1939 zu nennen. Würde man die sächsische Oberlausitz – in die es vielfältige Verbindungen gab (S. 470) – länderübergreifend diesbezüglich mit einbeziehen, wären die widerstandsrelevanten Dimensionen noch stärker, sie sind aber auch regional betrachtet eindrucksvoll in ihrer Breite und Intensität. Dass auch die Republikschutztruppe Reichsbanner Schwarz-Rot-Gold in der Lausitz vor 1933 starken Rückhalt besaß, lässt diesen Teil Brandenburgs bereits für die Weimarer Republik von herausragender Bedeutung sein.

Für die Kriegsjahre treten, was den betrieblichen Widerstand betrifft, ganz markant die industriellen Zentren südlich/südöstlich der Reichshauptstadt – mit der dabei eine intensive Vernetzung bestand – hervor.

Doch auch im Norden Berlins, so bei der AEG Hennigsdorf, im Raum Eberswalde oder dem westhavelländischen Industriegebiet um die Stadt Brandenburg, konnte betrieblicher Widerstand aus der Arbeiterbewegung gefunden werden.

Für die Sozialdemokraten, deren aktives oppositionelles Wirken neben der Lausitz vor allem den Niederbarnim (Nordbahn) zum Zentrum hatte – wo man bis ins

---

9 LABO, Entschädigungsakte Nr. 2055.
10 H.-R. Sandvoß, Die »andere« Reichshauptstadt, S. 608.

Jahr 1938 Spuren hinterließ (S. 218ff.) –, bedeutete der Kriegsbeginn einen tieferen Einschnitt, als es bei kommunistischen Gruppen der Fall war: Dies lag zum einen an der geringeren Kaderdichte, zum anderen an der strategischen Umorientierung: nämlich dem politischen Brückenschlag führender SPD-Vertreter zu bürgerlich-militärischen Kreisen.

Gerade hier rächt sich wissenschaftlich die über Jahrzehnte währende Vernachlässigung sozialdemokratischer Traditionsforschung[11] – was die frühere DDR betrifft, handelte es sich um ein gezieltes Desinteresse –, denn es hat wahrscheinlich im Brandenburgischen eine viel stärkere Vernetzung des illegalen Apparates des Gewerkschafters Wilhelm Leuschner mit alten Verbandsvertrauensleuten gegeben, als der Verfasser (noch) herausfinden konnte (S. 169f.).[12]

Vergleichbares gilt für die sogenannten Zwischengruppen, also jene autonomen linkssozialistischen Organisationen, die zum Facettenreichtum und zur geistigen Lebendigkeit des Widerstandes aus der Arbeiterbewegung beitrugen.[13] Deren geringere Repräsentanz in der Provinz Brandenburg lag zum Teil auch darin begründet, dass die dort sehr aktiven Intellektuellen jüdischer Herkunft eher in Berlin lebten, als in ländlichen Regionen und kleineren Städten. Denken wir in diesem Zusammenhang vor allem an trotzkistische Gruppen oder die geheime Organisation »Neu Beginnen«. Aber immerhin, für die linkssozialistische SAP – getragen von früheren linken Sozialdemokraten und Teilen der aufbegehrenden Parteijugend (SAJ) – konnte in den Städten Brandenburg und Rathenow eine mehrjährige Untergrundtätigkeit nachgewiesen werden.

Der Verfasser geht davon aus, dass es in der Lausitz den einen oder anderen Kreis von Anarcho-Syndikalisten bzw. Rätekommunisten gegeben hat, fand aber lediglich einzelne Hinweise und Quellen (S. 315f.), die darauf hindeuten.

Zu den eher unerwarteten Ergebnissen dieser Gesamtdarstellung gehört die Tatsache einer stark hervortretenden Präsenz der Textilarbeiterschaft und der in der Glasindustrie Beschäftigten im Widerstand aus der Arbeiterbewegung (S. 478f., 488f, 494, 505ff.). Demgegenüber tritt vor allem der Anteil der im Bergbau und in der Metallindustrie Beschäftigten zurück. Obwohl wir auf mehrere Bergarbeiter in verschiedenen Gruppen stießen (S. 429), kam es doch zu keiner eigenständigen, branchenorientierten Widerstandsorganisation vor Ort, sondern zu einer individuellen Beteiligung am allgemeinen Widerstandskampf. Vermutlich war die politische Verankerung der linken Parteien in diesem Wirtschaftssektor aufgrund der Weltwirtschaftskrise doch so stark zurückgegangen, dass die Anhängerschaft dort hauptsächlich aus Arbeitslosen bestand. (Hier liegt ein Bereich, der eingehende Forschungen verdient hätte.)

---

11 Siehe dagegen als gelungenes Beispiel der Rekonstruktion für Mitteldeutschland Beatrix Herlemann, »Wir bleiben was wir immer waren, Sozialdemokraten«. Das Widerstandsverhalten der SPD im Parteibezirk Magdeburg-Anhalt gegen den Nationalsozialismus 1930–1945, Halle (Saale) 2001.

12 Vgl. grundsätzlich die eindrucksvolle Studie von Axel Ulrich, Wilhelm Leuschner. Ein deutscher Widerstandskämpfer, Wiesbaden 2012.

13 H.-R. Sandvoß, Die »andere« Reichshauptstadt, S. 169–271.

Doch abgesehen von diesen und zuvor genannten Forschungsaufgaben, bleiben die widerstandsrelevanten Erkenntnisse unserer Studie zur Provinz Brandenburg nach Ansicht des Verfassers bemerkenswert und stellen für das politisch-historische Gedenken einen wertvollen Fundus dar: Allein in Bezug auf die illegale KPD konnten etwa 500 Frauen und Männer im Zusammenhang mit größeren NS-Justizverfahren ermittelt werden – wobei eine dreistellige Zahl an Einzelprozessen (so wegen »Wehrkraftzersetzung« oder »Heimtücke«) – aus Gründen der Darstellbarkeit nur exemplarisch angeführt wurde (S. 257ff., 305f., 559ff.).

Auch für die sozialdemokratische Widerstandsszene – bei der (wie ausgeführt) manche Zusammenhänge und Untergrundaktivitäten verborgen geblieben sein dürften – bewegt sich die Zahl der in NS-Ermittlungsverfahren verwickelten Personen im dreistelligen Bereich. Die wirkliche Beteiligung am Widerstandskampf geht für die Lausitz in die Hunderte, wie Ernst Tschickert mit Insiderkenntnissen berichtet (S. 193f.). Damit schließt die Brandenburger Sozialdemokratie deutlich zu den vergleichbaren Aktivitäten in der Reichshauptstadt auf – und das bei sehr viel geringeren Mitgliederzahlen!

Vor allem in Bezug auf die Verurteilung und Verfolgung der SPD-Anhänger fällt der Unterschied zwischen Provinz und Hauptstadt sehr deutlich aus: Im Brandenburgischen wurden die illegalen Sozialdemokraten sehr viel härter bestraft und – was die führenden Kader betraf – noch nach der Haftverbüßung erneut ins Konzentrationslager gesteckt. In Berlin war das längst nicht so häufig.[14]

Bei den juristisch und staatspolizeilich geahndeten Untergrundaktivitäten der KPD sticht ebenfalls hervor, dass der Nationalsozialismus bestrebt war, alles möglichst früh und durch größte Härte im Keim zu ersticken. Trotzdem gab es – mit einem Tiefpunkt in der Zeit des Hitler-Stalin-Paktes (1939–41) – immer kommunistischen Widerstand, wenn auch die lokalen Schwerpunkte wechselten und die Zahl der Aktiven schmolz. Vor allem auf die regionale Vernetzung mit versprengten »Restkadern« bezogen, bleibt mancher Zusammenhang noch unerforscht, da selbst die SED-Historiographie um mehrere illegale Gruppen und Führungspersönlichkeiten einen Bogen machte und die Aufarbeitung unterließ, ja unterband. Durch diese historische Ausblendung versündigte sich die SED an gewichtigen Teilen ihrer eigenen Anhängerschaft, hatten doch auch hier Menschen Gesundheit und Leben für die Befreiung Deutschlands von der NS-Diktatur eingesetzt.

Trotzdem soll nicht verschwiegen werden, dass sich – um eine treffende Formulierung des ehemaligen Bundespräsidenten Roman Herzog aufzugreifen – »forschendes Erinnern« und »ehrendes Gedenken« nicht bei allen zu Tage geförderten Widerstandsaktivitäten der Kommunisten decken (S. 356ff.).

Hervorzuheben aus den Recherchen ist zudem die Erkenntnis, wie stark sich der brutale NS-Terror gleich 1933 gerade auch gegen Frauen richtete: In der Lausitz verlor

14 Vgl. H.-R. Sandvoß, Die »andere« Reichshauptstadt, S. 140.

die schwangere Stadtverordnete Marianne Seidel (SPD) nach Misshandlungen ihr Leben und in Brandenburg/Havel kam die KPD-Funktionärin Gertrud Piter aufgrund von Vergewaltigungen und weiteren Folterungen zu Tode.

Obwohl der vorliegende Bericht den Frauenanteil am unmittelbaren Widerstand in allen Gruppen der Arbeiterbewegung deutlich macht, erschließen sich die wahren Dimensionen der von Vielen im Stillen ertragenen Last erst, wenn man sich die Familiensituation vergegenwärtigt:

Da durch die Inhaftierung des Mannes der »Haupternährer« häufig für Jahre ausfiel – und der NS-Staat dies gezielt durch die Verweigerung der Sozialunterstützung verschärfte –, ruhte auf den nun allein für sich und die Kinder verantwortlichen Frauen eine ungeheure Last. Oft wurde diese soziale Notlage noch durch den politischen Terror im Alltag potenziert: Haussuchungen, Verhöre, Überwachungen und – besonders perfide: – die Aufforderung durch die Gestapo und andere Stellen, sich vom »Staatsfeind« scheiden zu lassen. Hier lief – weitgehend verborgen – ein permanenter Kampf um das familiäre Überleben ab, der gar nicht genug gewürdigt werden kann.[15]

Insgesamt ist es das Bemühen dieser nun vorliegenden Aufarbeitung des Widerstandes aus der Arbeiterbewegung, den ungeteilten Blick auf das historische Gedenken zu richten und keine Richtung auszugrenzen.

Gerade weil dem Verfasser durch die jahrzehntelange Beschäftigung mit dem Widerstand in Berlin vieles dort vertraut ist, erlaubt er sich nach vielen Jahren der forschenden Konzentration in Bezug auf das benachbarte Bundesland das abschließende Urteil:

Brandenburg braucht auch den Widerstandsvergleich mit Berlin nicht zu scheuen – ganz im Gegenteil: Es war weit mehr als eine »Provinz«.

---

15 Stellvertretend verweist der Verfasser auf folgendes Verfolgtenschicksal, das er unter den VVN-Aufnahmeanträgen fand: Die Packerin Theresia Petruzela (* 1887), die im Mai 1933 für sechs Wochen in Polizeigewahrsam genommen wurde, erhielt ihren im selben Monat ins KZ verschleppten Ehemann Franz P. – einen Arbeiter der Peitzer Glashütte – erst im Dezember 1934 schwerkrank aus der Haft zurück. Acht Tage später wurde er aus Deutschland ausgewiesen. Die Familie folgte ihm ins Exil, wo er im Krankenhaus in Tannwald (ČSR) behandelt wurde. Als er dort 1938 an den KZ-Folgen verstarb, stand die Witwe mit ihren Kindern erneut mittellos da. In der Not holte der Bruder der Frau sie und die Kinder nach Peitz zurück. Auf dem VVN-Aufnahmeantrag stehen die handschriftlichen Worte am Rand: »eingegangen 29.4.1949« und »verstorben«; vgl. BLHA, Rep. 333, Nr. 1291, Bl. 174f.

Dank

Der Verfasser dankt zahlreichen Menschen und Institutionen, die seinen Weg über viele Jahre fördernd begleitet haben, ohne dass es ihm möglich ist, wirklich alle aufzuzählen. Hierfür bitte ich nicht Genannte um Nachsicht.

Am Anfang wirkte vor allem die unvergessene Historikerin der deutschen Arbeiterbewegung Helga Grebing (1930–2017), die selbst im Brandenburgischen aufgewachsen war und in ihren Erinnerungen an die Jugendzeit auf die Vielfältigkeit des Widerstandspotenzials der linken politischen Szene hinweist. Helga Grebing ermunterte und bestärkte mich wiederholt, die vergessene Bandbreite der Arbeiterbewegung in diesem Teil des alten Landes Preußen zu erforschen und darzustellen. Es ist traurig, dass sie die schriftliche Endfassung nicht mehr erleben kann.

Dass für dieses arbeitsintensive Vorhaben die entsprechenden wissenschaftlichen, organisatorischen und finanziellen Hilfen stets bereitstanden, verdankt der Verfasser dem wissenschaftlichen Leiter der Gedenkstätte Deutscher Widerstand (GDW) Prof. Dr. Peter Steinbach sowie dem Leiter Prof. Dr. Johannes Tuchel, jener Einrichtung also, in der der Autor von 1977 bis 2014 als Stellvertreter des Leiters und Herausgeber der Schriftenreihe über den Widerstand in Berlin von 1933 bis 1945 wirken durfte.

In der Einleitung wurde bereits erwähnt (S. 19ff.), dass die quellenmäßige Grundlage der vorliegenden Untersuchung vor allem Polizei- und Gerichtsunterlagen sowie – als notwendiges Korrektiv – NS-Verfolgtenakten und Erinnerungsberichte aus der Nachkriegszeit bilden. Bei den sich über fast zehn Jahre erstreckenden wissenschaftlichen Recherchen fand ich bei den Mitarbeiterinnen und Mitarbeitern des Bundesarchivs Berlin (BArch) und des Brandenburgischen Landeshauptarchivs (BLHA) stets Aufgeschlossenheit und Unterstützung. Stellvertretend nenne ich für die erstgenannte Einrichtung Torsten Zarwel und Andreas Grunwald und für das BLHA Kerstin Bühring und Karin Braun. Wichtig waren auch die sachkundigen Auskünfte der Gedenkstätten Lindenstraße (Potsdam), Ravensbrück und Sachsenhausen. Ähnliche Unterstützung erfuhr ich durch das Landesarchiv Berlin (Frau Welzing-Bräutigam) und viele brandenburgische Stadt- und Heimatarchive. Hier seien – stellvertretend – die Stadtarchive von Eberswalde, von Brandenburg/Havel, von Frankfurt/Oder sowie von Forst, Luckenwalde und Potsdam genannt. Darüber hinaus halfen mir mit ihrem Kenntnisreichtum mehrere Lokalhistoriker und Ortschronisten. Für sie mögen – ebenfalls stellvertretend – Fred Bruder, Wilhelm Döbbelin, Horst Klein, Dr. Jan Klußmann und Dieter Seeger stehen. Hervorzuheben ist diesbezüglich auch Andreas Lemke (Spremberg) mit seinen wichtigen Recherchen zum Nachkriegsschicksal des in einem Lager in der UdSSR zu Tode gekommenen Ernst Tschickert.

Auf Bestärkung und Unterstützung stieß ich immer wieder bei meinen Kolleginnen und Kollegen der GDW Susanne Brömel (Bildarchiv), Corinna Eichhorn (Textbearbeiterin und Übersetzerin kompliziertester Handschriften), Barbara Schieb

(Gedenkstätte Stille Helden), Dr. Petra Behrens (Fachberatung) und Marion Goers (Reichsbanner Schwarz-Rot-Gold). Der Kommunismus-Experte Andreas Herbst half mit seinem enormen Wissensschatz und vielfältiger Archivrecherche. Desgleichen verdankt der Verfasser der Publikation von Prof. Dr. Günter Morsch und Agnes Ohm »Terror in der Provinz Brandenburg« viele dokumentarische und bildliche Anregungen.

Hans Peter Wollny von der Wehrmacht-Auskunftsstelle (WASt) half seit sehr vielen Jahren mit außerordentlich wertvollen biographischen Auskünften. Auf Jutta Harnisch von der Verfolgtenorganisation VVN/BdA und Reinhard Wenzel (August-Bebel-Institut) konnte ich auch jederzeit positiv rechnen. Stellvertretend für mehrere Zeitzeugen und Familienmitglieder von NS-Gegnern aus Nowawes-Babelsberg, die wichtige Informationen und Dokumente beisteuerten, nenne ich Lucrezia Wache. Dr. Werner Bethge, PD Dr. Siegfried Heimann, Prof. Dr. Siegfried Mielke, Dr. Kurt Schilde und Dr. Günter Wehner halfen stets aufgeschlossen auf vielfältige Weise.

An der ergänzenden Textbearbeitung engagiert beteiligt war Brigitte Elawar, die in einer kritischen Phase dankenswerterweise einsprang.

Dr. Ingrid Fricke nahm mit ihrer historischen und sprachlich-grammatikalischen Kompetenz die äußerst wertvolle Arbeit des Korrekturlesens – trotz eigener beruflicher und familiärer Belastung – auf sich. Vor allem ihr verdankt die schriftliche Fertigstellung der Publikation sehr viel.

Last but not least ist Frank Böttcher und Alexander Dowe vom Lukas Verlag für die fachliche Betreuung und ansprechende Gestaltung der vorliegenden Veröffentlichung zu danken: Wir alle wissen, wie wichtig die Bild-Text-Aufbereitung eines Buches für die politische Bildungsarbeit ist. Es war für den Verfasser ein Glück, auch hier kompetente Partner zu haben.

Berlin, im Juli 2019 *Dr. Hans-Rainer Sandvoß*

ANHANG

Abkürzungen

ADGB	Allgemeiner Deutscher Gewerkschaftsbund
BK	Bekennende Kirche
DAF	Deutsche Arbeitsfront
DC	Deutsche Christen
DDP	Deutsche Demokratische Partei
DMV	Deutscher Metallarbeiter-Verband
DNVP	Deutschnationale Volkspartei
DStP	Deutsche Staatspartei
DVP	Deutsche Volkspartei
E.V.M.B.	Einheitsverband der Metallarbeiter Berlins
FAUD	Freie Arbeiter Union Deutschlands
HJ	Hitler-Jugend
IAH	Internationale Arbeiterhilfe
KJVD	Kommunistischer Jugendverband Deutschlands
KPD	Kommunistische Partei Deutschlands
KPO	Kommunistische Partei (Opposition)
KZ	Konzentrationslager
NB	Neu Beginnen
NKFD	Nationalkomitee »Freies Deutschland«
NSDAP	Nationalsozialistische Deutsche Arbeiterpartei
OdF	Opfer des Faschismus
OKH	Oberkommando des Heeres
OKW	Oberkommando der Wehrmacht
RB	Reichsbanner Schwarz-Rot-Gold
RFB	Roter Frontkämpferbund
RGO	Revolutionäre Gewerkschafts-Opposition
RSHA	Reichssicherheitshauptamt
SA	Sturmabteilung
SAJ	Sozialistische Arbeiterjugend
SAP	Sozialistische Arbeiterpartei
SPD	Sozialdemokratische Partei Deutschlands
SS	Schutzstaffel
Sup.	Superintendent (Kirchenkreisvorsteher)
USG	Unabhängige Sozialistische Gewerkschaft
USPD	Unabhängige Sozialdemokratische Partei Deutschlands
VdN	Verfolgte des Naziregimes
VGH	Volksgerichtshof
VVN	Vereinigung der Verfolgten des Naziregimes
Zentrum	Partei

Quellen- und Literaturverzeichnis

QUELLEN

Archivmaterialien

Ausländische Archive

Sonderarchiv Moskau
- Ohne Bestandsnummer (Meldungen der SA Berlin-Brandenburg über politische Gegner 1932)

Deutsche Archive

Archiv der sozialen Demokratie der Friedrich-Ebert-Stiftung, Bonn (AdsD)
- Internationale Transportarbeiter Föderation, ITF (Mappe 46)
- Nachlass Vollmerhaus, Bestand 314 (Interview Dr. H. Skrzypzak)

Berliner Verband der Verfolgten des Naziregimes e.V. (BV VdN)
- Archiv der Geschichtskommission (Biographien, Erlebnisberichte, Erinnerungen)

Bezirksregierung Düsseldorf, Wiedergutmachungsbehörde
- Entschädigungsakte ZK-Nr. 410541 (Liebeck, Paul)

Brandenburgisches Landeshauptarchiv (BLHA)
- Bezirksparteiarchive der SED:
  - Rep. 530 / Bestand Bezirksparteiarchiv Potsdam
  - Rep. 730 / Bestand Bezirksparteiarchiv Frankfurt/Oder
  - Rep. 930 / Bestand Bezirksparteiarchiv Cottbus
- Regierungsbezirk Potsdam / Polizeipräsidium:
  - Rep. 2 A Reg. Potsdam, I Pol., Nr. 1050, 1051, 1078–1081, 1090, 1105, 1162, 1169, 1171
- VdN (Verfolgte des Naziregimes, Anträge u. Akten):
  - Rep. 401 / Bestand Reg.Bezirk Potsdam
  - Rep. 601 / Bestand Reg.Bezirk Frankfurt/Oder
  - Rep. 801 / Bestand Reg.Bezirk Cottbus
- VVN (Aufnahmeanträge der NS-Verfolgtenorganisation):
  - Rep. 333, Nr. 1015–1224 (Bestände: SED-Landesleitung und Reg.Bez. Potsdam), Nr. 1225–1260 (Bestand: Reg.Bez. Frankf./O.) u. 1261–1305 (Bestand: Reg.Bez. Cottbus)
- Wölk, Arthur (Nachlass): Rep. 16, Nr. 63
- Zuchthaus Brandenburg-Görden:
  - Rep. 29, ZH Brbg., Nr. 983 (Haftakte Loewenstein, Kurt)
  - Rep. 29, ZH Brbg., Nr. 15258 (Haftakte Paterna, Erich)

Bundesarchiv Berlin (BArch)
  - *Bestände*:
  - Bibliothek 77 C 189 (Bericht des Bundesvorstandes des Reichsbanners zur Bundesversammlung (16.–19.2.1933)
  - NJ Nazijustizakten (auch: R 3018, NJ-Bestand)
  - NS 26, Akte 800a (Hauptarchiv der NSDAP)
  - R 58 (Reichssicherheitshauptamt)
  - VGH/Z (Volksgerichtshofverfahren, früher im Berlin Document Center)

ZC (Oberreichsanwalt)
ZBI 1602 u. 1605 (SD-Meldungen über politische Gegner/»System-Kartei«)
R 1501/1 Nr. 20234, 113116–113118, 125966 (Ausschnittssammlung des Reichsministeriums des Innern)

Stiftung der Parteien und Massenorganisationen der ehemaligen DDR im Bundesarchiv (abgekürzt: SAPMO-BArch)
Bestände:
DC/1, 6431-6436 (Personalfragebögen der Deutschen Wirtschaftskommission)
DY 30 J IV 2/3 A 810 AP, Nr. 46
DY 30/IV 2/4 (ZPKK), Nr. 437 und 440
DY 30/IV 2/11/171–177 (Personalfragebögen der SED)
DY 55/V 241/7/24 (Unterlagen der VVN)
FBS 278/12602, 12603, 12604, 12628 (Abwehrapparat der KPD)
RY 1/I 2/3 Nr. 43a, 96, 116, 118, 140, 149 (Berichtssammlungen von NS-Gegnern)
RY 1/I/213, Nr. 118 (Historisches Archiv der KPD)
RY 1/2/8, Nr. 68 (Flugblatt der KPD, verantwortlich Conrad Blenkle, MdR)
RY 20/II 146/2/3 (Protokollbuch)
SgY 30 (Erinnerungen), Nr. 0665 (Muth, Walter)
ZB 7377, Akte 1 (Spitzelberichte, u. a. »S 3«)
ZPA, IV 2/4/107 G (Zentrales Parteiarchiv)

Deutsche Dienststelle (WASt) für die Benachrichtigung der nächsten Angehörigen von Gefallenen der ehemaligen deutschen Wehrmacht

Kreisarchiv Ostprignitz-Ruppin (Biographische Auskunft vom 13.4.2017)

Landesamt für Finanzen. Dienststelle München. Landesentschädigungsamt Bayern
Akte 3147-4-gra (Keding, Franz)

Landesarchiv Baden-Württemberg/Staatsarchiv Ludwigsburg (Wiedergutmachungsakte Lehmann, Artur)

Landesarchiv Berlin, Bestand C Rep 118-01 (VdN-Akten)

Landesarchiv Greifswald, Rep. 200 / 9.2.1/ Nr. 1123 (Harnau, Robert)

Landesarchiv NRW, Abt. Rheinland, Bestand BR 2182, Nr. 16296 (Loewenstein, Kurt)

Landesarchiv Sachsen-Anhalt, Abt. Magdeburg, Akte K 6-2, Nr. 4627 (Neumann, Paul)

Landesarchiv Schleswig-Holstein, Abt. 761, Nr. 18348 (Flaschel, Paul)

Landkreis Dahme-Spreewald, Amt für Kultur (Bestand Heimatmuseum Dahme)

Museum Neukölln (Archivsammlung zum Widerstand 1933–1945)

Staatsministerium Sachsen, Bestand 20237, Nr. 27303 (Naskrenski, Martha)

Stadtarchiv Bielefeld, Bestand 200, 27 (Nachlass Gross, Emil u. Maria)

Stadtarchiv Brandenburg/Havel – Bildarchiv

Stadtarchiv Cottbus (Biographische Auskünfte)

Stadtarchiv Erkner (Unterlagen zu Walter Smolka)

Stadtarchiv Finsterwalde (Unterlagen der VVN und zum Mahnmal Verfolgter)

Stadtarchiv Forst (Bestand: VVN-Unterlagen zum Widerstand)

Stadtarchiv Frankfurt/Oder – Bildarchiv

Stadtarchiv Potsdam (Auskunft über Schuchardt, Richard und andere NS-Gegner)

Stadtarchiv Prenzlau (Biographische Auskunft vom 17.4.2017)

Standesamt Magdeburg (Biographische Auskunft vom 18.4.2017)

Thüringisches Hauptstaatsarchiv Weimar, Rat d. Bz. Erfurt, VdN-Akte Markwitz, Alfred

Editionen

Buchholz, Marlis/Rother, Bernd: Der Parteivorstand der SPD im Exil. Protokolle der Sopade 1933–1940, Bonn 1995

Deutschland-Berichte der Sozialdemokratischen Partei Deutschlands (Sopade) 1934-1940 (Reprint Verlag Petra Neckelbeck Zweitausendundeins), Frankfurt am Main 1980

Gegen den Strom. Organ der KPD-Opposition 1928–1935. Vollständiger Nachdruck (Edition SOAK im Junius-Verlag), 3 Bände, Hamburg 1985

Gestapo-Berichte über den antifaschistischen Widerstandskampf der KPD 1933 bis 1945 (ausgewählt, eingeleitet und bearbeitet von Margot Pikarski und Elke Warning), 3 Bände, Berlin 1989f.

Die Lageberichte der Geheimen Staatspolizei über die Provinz Brandenburg und die Reichshauptstadt Berlin 1933 bis 1936. Hg. von Wolfgang Ribbe. Teilband 1. Der Regierungsbezirk Potsdam. Mit ergänzenden Materialien bearbeitet, eingeleitet und erläutert von Sibylle Hinze, Köln/Weimar/Wien 1998

Institut für Zeitgeschichte (Hg.): Widerstand als »Hochverrat« 1933–1945. Die Verfahren gegen deutsche Reichsangehörige vor dem Reichsgericht, dem Volksgerichtshof und dem Reichskriegsgericht. Erschließungsband zu Mikrofiche-Edition (bearbeitet von Jürgen Zarusky und Hartmut Mehringer), München 1998

Thomas Mann: Tagebücher 1933–1934 und 1935–1936 (Hg. von Peter de Mendelssohn), 2 Bände, Frankfurt am Main 2003 (Fischer Taschenbuchverlag)

Zeitungen/Zeitschriften

»Berliner Zeitung« vom 25. September 1946

»Der Abend«. Spätausgabe des »Vorwärts« vom 28. April 1930 und 13. April 1931

»Der Angriff« vom 4. Mai 1932

»Die Freiheit« vom 25. Februar 1919

»Das Reichsbanner« vom 1. Oktober 1927, 4. April 1931, 22. August 1931, 31. Oktober 1931, 14. November 1931, 20. Dezember 1931, 20. Februar 1932, 16. April 1932, 14. Mai 1932, 28. Mai 1932, 11. Juni 1932, 25. Juni 1932, 20. August 1932, 17. September 1932, 12. November 1932 und 15. Februar 1933

Die »Rote Fahne« vom 21. Oktober 1931

»Extrablatt« des »Volksfreund« vom 26. Juni 1927

»Potsdamer Tageszeitung« vom 10. August 1933 und 11. August 1933

»SAZ. Sozialistische Arbeiterzeitung.« Tageszeitung der Sozialistischen Arbeiterpartei vom 26. Februar 1933

»Unser Blatt« (Berliner VVN-BdA e.V.) vom September 2013

»Volksstimme« (Reg.Bez. Magdeburg) vom 5. Juli 1927

»Vorwärts« vom 17. Februar 1924, 23. Februar 1928, 25. März 1928, 27. März 1928, 25. August 1931, 26. März 1932, 1. September 1932 und 25. Februar 1933

Abhandlungen, Biographien, Monographien, Sammelbände

Abendroth, Wolfgang: Ein Leben in der Arbeiterbewegung. Gespräche, aufgezeichnet und herausgegeben von B. Dietrich und J. Perels, Frankfurt a. M. 1976

Adamy, Kurt und Hübener, Kristina (Hg.) in Verbindung mit dem Brandenburgischen Landeshauptarchiv (BLHA): Geschichte der Brandenburgischen Landtage von den Anfängen 1824 bis in die Gegenwart, Potsdam 1998

Albrecht, Richard: Der militante Sozialdemokrat Carlo Mierendorff 1897–1943, Berlin/Bonn 1987

Aly, Götz (Hg.): Volkes Stimme. Skepsis und Führervertrauen im Nationalsozialismus, Frankfurt a. M. 2006

Anderson, Evelyn: Hammer oder Amboss. Zur Geschichte der deutschen Arbeiterbewegung, London 1945

Ansorge, Leonore: Politische Häftlinge im nationalsozialistischen Strafvollzug: Das Zuchthaus Brandenburg-Görden, Berlin 2015

Appelius, Stefan: Heine – Die SPD und der lange Weg zur Macht, Essen 1999

Arbeitskreis Berliner Regionalmuseen (Hg.): Zwangsarbeit in Berlin 1938–1945, Berlin 2003

Aust, Stefan und Spörl, Gerhard (Hg.) Die Gegenwart der Vergangenheit. Der lange Schatten des Dritten Reiches, München 2004

Barck, Simone und Plener, Ulla (Hg.): Verrat. Die Arbeiterbewegung zwischen Traum und Trauer, Berlin 2009

Beier, Gerhard: Das Lehrstück vom 1. und 2. Mai 1933, Frankfurt a. M./Köln 1975

Benz, Wolfgang und Distel, Barbara (Hg.): Herrschaft und Gewalt. Frühe Konzentrationslager 1933–1939, Berlin 2002

Bethge, Werner: Evangelische Christen zwischen Anpassung und Opposition. Evangelische Christen in Potsdam und Nowawes im Spannungsfeld zwischen politischer Gleichschaltung und Selbstbehauptung (2 Bände), Nr. 1 und Nr. 11 der Brandenburgischen historischen Hefte, Potsdam 1995 und 1996

Bergmann, Theo: Gegen den Strom. Die Geschichte der KPD (Opposition), Hamburg 2001

Bergner, Gabriele: Wer war Oskar Pollner? Eine Spurensuche in Teltow,, in: »Lokal-Report« von Januar 2013

Berliner Geschichtswerkstatt (Hg.): Zwangsarbeit in Berlin 1940–1945. Erinnerungsberichte aus Polen, der Ukraine und Weißrussland, Berlin 2000

Bezirksleitung Berlin der SED, Kommission zur Erforschung der örtlichen Arbeiterbewegung (Hg.) Geschichte der revolutionären Berliner Arbeiterbewegung, Bd. 2: Von 1917 bis 1945, Hg. von Heinz Habedank u. a., Berlin (DDR) 1987

Bezirksleitung Potsdam der SED, Kommission zur Erforschung der Geschichte der örtlichen Arbeiterbewegung in Verbindung mit den Bezirkskomitees Potsdam, Cottbus und Frankfurt/O. der Antifaschistischen Widerstandskämpfer der DDR u. a. (Hg.): Antifaschistischer Widerstandskampf in der Provinz Brandenburg 1933–1939. Ausgewählte Dokumente und Materialien zum antifaschistischen Widerstandskampf unter Führung der kommunistischen Partei Deutschlands in der Provinz Brandenburg 1933–1939 (Teil I und II), Potsdam 1978

Bezirksleitung Potsdam der SED, Kommission zur Erforschung der Geschichte der örtlichen Arbeiterbewegung. Bezirkskomitee Potsdam der Antifaschistischen Widerstandskämpfer (Hg.): Helle Sterne in dunkler Nacht. Studien über den antifaschistischen Widerstandskampf im Regierungsbezirk Potsdam 1933–1945, Potsdam 1988

Bienert, Michael: Zwischen Opposition und Blockpolitik, Diss.phil. Potsdam 2013

Bindrich, Oswald und Röhmer, Susanne: Beppo Römer. Ein Leben zwischen Revolution und Nation, Berlin 1991

Blasius, Dirk: Weimars Ende. Bürgerkrieg und Politik 1930–1933, Göttingen 2005
Bouvier, Beatrix: Ausgeschaltet! Sozialdemokraten in der Sowjetischen Besatzungszone und in der DDR 1945–1953, Bonn 1996
Brandt, Peter: Die Arbeiterbewegung des 19. und 20. Jahrhunderts. Entwicklung-Wirkung-Perspektive, in: Jahrbuch für Forschungen zur Geschichte der Arbeiterbewegung 1/2002, S. 5–20
Brandt, Peter und Lehnert, Detlef: »Mehr Demokratie wagen«. Geschichte der Sozialdemokratie 1830–2010, Berlin 2013
Bremer, Jörg: Die Sozialistische Arbeiterpartei Deutschlands. Untergrund und Exil 1933–1945, Frankfurt a. M./New York 1978
Broszat, Martin: Der Staat Hitlers. Grundlagen und Entwicklung seiner inneren Verfassung, München 1995 (dtv)
Bruder, Fred: Fünfundsiebzig Jahre nach Ziegenhals. Die verhängnisvollen Zäsuren des Jahres 1933 in der Region Königs Wusterhausen, 1. und 2. Teil, Königs Wusterhausen. Hg. DIE LINKE Kreisverband Dahme-Spreewald, undatiert
Bruder, Fred: Es gab nur einen van der Lubbe... War die »Schreckensnacht« in Großbeeren Vorbild für den Reichstagsbrand 1933?, in Neues Deutschland vom 1. April 2006
Buber-Neumann, Margarete: Als Gefangene bei Stalin und Hitler, München 1962 (dtv dokumente)
Büttner, Ursula: Weimar. Die überforderte Republik 1918–1933. Leistung und Versagen in Staat, Gesellschaft, Wirtschaft und Kultur (Lizenzausgabe für die Bundeszentrale für politische Bildung), Bonn 2010
Collins, Margarethe: Eric Collins (1897–1993). Ein tapferes Leben im zwanzigsten Jahrhundert, Oldenburg 1995 (2. Auflage)
Coppi, Hans und Majchrzak, Kamil (Hg.): Das Konzentrationslager und Zuchthaus Sonnenburg, Berlin 2015
Den Unvergessenen. Opfer des Wahns 1933 bis 1945, Heidelberg 1952
Deutsche Bibliothek Frankfurt am Main, Sammlung Exilliteratur: Die Presse der Sozialistischen Arbeiterpartei Deutschlands im Exil 1933–1939. Eine analytische Bibliographie. Mit einem Vorwort von Walter Fabian, München/Wien 1981
Die Neumark. Brandenburg jenseits der Oder, in: Die Mark Brandenburg – Zeitschrift für die Mark und das Land Brandenburg, Heft 105, Berlin 2017
Diers, Andreas: Arbeiterbewegung-Demokratie-Staat. Wolfgang Abendroth Leben und Werk 1906–1948, Hamburg 2006
Dietrich, Martina: Zwangsarbeit in Genshagen. Dokumentierte Erinnerungen Betroffener (Brandenburgische Historische Hefte Nr. 4 der Brandenburgischen Landeszentrale für politische Bildung), Potsdam 1996
Döbbelin, Wilhelm: Die ersten Wochen der Naziherrschaft im Havelland, in: Arbeit. Bewegung. Geschichte. Zeitschrift für historische Studien (Mai 2016), S. 136–143
Dörner, Bernward: »Heimtücke«: Das Gesetz als Waffe. Kontrolle, Abschreckung und Verfolgung in Deutschland 1933–1945, Paderborn u. a. 1998
Drechsler, Hanno: Die Sozialistische Arbeiterpartei (SAPD). Ein Beitrag zur Geschichte der deutschen Arbeiterbewegung am Ende der Weimarer Republik, Meisenheim/Glan 1965
Drobisch, Klaus und Wieland, Günther: System der Konzentrationslager 1933–1939, Berlin 1993
Duhnke, Horst: Die KPD von 1933–1945, Köln 1972
Egginger, Dennis: Der Rote Stoßtrupp. Darstellung und Analyse einer frühen sozialdemokratischen Widerstandsgruppe gegen den Nationalsozialismus. Diplomarbeit an der Freien Universität / Otto Suhr-Institut für Politikwissenschaft, Berlin 27. September 2010

Egginger-Gonzalez, Dennis: Der Rote Stoßtrupp. Eine frühe linkssozialistische Widerstandsgruppe gegen den Nationalsozialismus, Berlin 2018
Eichholtz, Dietrich unter Mitarbeit von Püschel, Almuth (Hg.): Brandenburg in der NS-Zeit. Studien und Dokumente, Berlin 1993
Endlich, Stefanie: Wege der Erinnerung. Gedenkstätten und –orte für die Opfer des Nationalsozialismus in Berlin und Brandenburg, Berlin 2007
Falter, Jürgen und Lindenberger, Thomas sowie Schumann, Siegfried: Wahlen und Abstimmungen in der Weimarer Republik. Materialien zum Wahlverhalten 1919–1933, München 1986
Finker, Kurt: Stauffenberg und der 20. Juli 1944, Berlin (DDR) 1967
Finker, Kurt: Graf Moltke und der Kreisauer Kreis, Berlin (DDR) 1978
Foitzik, Jan: Zwischen den Fronten. Zur Politik, Organisation und Funktion linker politischer Kleinorganisationen im Widerstand 1933 bis 1939/40, Bonn 1986
Fricke, Ingrid: Franz Künstler (1888–1942). Eine politische Biographie, Berlin 2016
Gattner, Wolfgang: Der antifaschistische Widerstandskampf im Raum Luckenwalde, Dissertation A bei der Pädagogischen Hochschule »Karl Liebknecht«, Potsdam 1977
Gedenkstätte Deutscher Widerstand (Hg.): Für Freiheit und Republik! Das Reichsbanner Schwarz-Rot-Gold 1924 bis 1933 (Begleitband zur Ausstellung), Berlin 2018
Gedenkstätte Deutscher Widerstand (Hg.): Widerstand gegen die Judenverfolgung 1933 bis 1945 (Katalog zur Dauerausstellung), Berlin 2018 (2. überarb. Auflage)
Geschichtswerkstatt der Berliner Vereinigung ehemaliger Teilnehmer am antifaschistischen Widerstand, Verfolgter des Naziregimes und Hinterbliebener (BV VdN e. V.) unter Leitung von Hans Joachim Fieber (Hg.): Widerstand in Berlin gegen das NS-Regime 1933–1945. Ein biographisches Lexikon, Berlin 2002–2005
Gewoba e.G.: Babelsberg 1928–1998. Ein Rückblick auf 7 Jahrzehnte Bau- u. Wohnungspolitik, Potsdam 1998
Goldhagen, Daniel: Hitlers willige Vollstrecker. Ganz gewöhnliche Deutsche und der Holocaust, Berlin 1998
Gotschlich, Helga: Zwischen Kampf und Kapitulation. Zur Geschichte des Reichsbanners Schwarz-Rot-Gold, Berlin (DDR) 1987
Grabner, Sigrid und Röder, Hendrik (Hg.): Im Geist bleibe ich bei Euch. Texte und Dokumente zum 100. Geburtstag von Hermann Maaß, Potsdam 1997
Grebing, Helga (Hg.): Fritz Sternberg (1895–1963). Für die Zukunft des Sozialismus, Köln 1981
Grebing, Helga: Lehrstücke in Solidarität. Briefe und Biographien deutscher Sozialisten 1945–1949, Stuttgart 1983
Grebing, Helga: Geschichte der deutschen Arbeiterbewegung. Von der Revolution 1848 bis ins 21. Jahrhundert, Berlin 2007
Grebing, Helga: Freiheit, die ich meinte. Erinnerungen an Berlin, Berlin 2012
Grebing, Helga und Scherer, Klaus-Jürgen (Hg.): Streiten für eine Welt jenseits des Kapitalismus. Fritz Sternberg – Wissenschaftler, Vordenker, Sozialist, Paderborn 2017
Grundmann, Siegfried: Der Geheimapparat der KPD im Visier der Gestapo. Das BB-Ressort. Funktionäre, Beamte, Spitzel & Spione, Berlin 2008
Grundmann, Siegfried: Die V-Leute des Gestapo-Kommissars Sattler, Berlin 2010
Grzesinski, Albert: Im Kampf um die deutsche Republik. Erinnerungen eines Sozialdemokraten. Herausgegeben von Eberhard Kolb, München 2001
Haffner, Sebastian: Geschichte eines Deutschen. Die Erinnerungen 1914–1953, Stuttgart/München 2000
Heinz, Stefan: Moskaus Söldner? Der »Einheitsverband der Metallarbeiter Berlins«: Entwicklung und Scheitern einer kommunistischen Gewerkschaft, Hamburg 2010

Herbert, Ulrich: Fremdarbeiter. Politik und Praxis des »Ausländer-Einsatzes« in der Kriegswirtschaft des Dritten Reiches, Berlin/Bonn 1985
Herbst, Andreas: Zur Geschichte der Arbeiterbewegung im Kreis Niederbarnim 1918–1933 (Hg. Kommission zur Erforschung der Geschichte der örtlichen Arbeiterbewegung der Kreisleitung Bernau der SED), Eggersdorf 1988
Herlemann, Beatrix: Der deutsche kommunistische Widerstand während des Krieges, Berlin 1989 (Beiträge zum Thema Widerstand, Heft 35, hg. von der Gedenkstätte Deutscher Widerstand)
Herlemann, Beatrix: »Wir bleiben was wir immer waren, Sozialdemokraten«. Das Widerstandsverhalten der SPD im Parteibezirk Magdeburg-Anhalt gegen den Nationalsozialismus 1930–1945, Halle (Saale) 2001
Hermann–Friede, Eugen: Für Freudensprünge keine Zeit. Erinnerungen an Illegalität und Aufbegehren 1942–1948, mit einem Nachwort von Barbara Schieb-Samizadeh, Berlin 1991
Herzfeld, Hans (Hg.) unter Mitwirkung von Heinrich, Gerd: Berlin und die Provinz Brandenburg im 19. und 20. Jahrhundert, Berlin 1968
Hett, Ulrike und Tuchel, Johannes: Die Reaktionen des NS-Staates auf den Umsturzversuch vom 20. Juli 1944, in: Peter Steinbach/Johannes Tuchel (Hg.): Widerstand gegen die nationalsozialistische Diktatur 1933–1945 (Band 438 der Schriftenreihe der Bundeszentrale für politische Bildung), Bonn 2004, S. 522–539
Heymann, Siegfried: Ernst Heilmann. Geboren am 13. April 1881 in Berlin, ermordet am 3. April 1940 im KZ Buchenwald, Berlin 2010
Heymann, Siegfried: Der Preußische Landtag 1899–1947. Eine politische Geschichte, Hg. vom Präsidenten des Abgeordnetenhauses von Berlin, Berlin 2011
Heymann, Siegfried: Paul Szillat 1888–1958. Oberbürgermeister-Landtagsabgeordneter-Häftling im KZ Oranienburg-Landtagsabgeordneter in Brandenburg-Häftling im Zuchthaus Brandenburg, Berlin 2016
Hochmuth, Ursel: Illegale KPD und Bewegung »Freies Deutschland« in Berlin und Brandenburg. Biographien und Zeugnisse aus der Widerstandsorganisation um Saefkow, Jacob und Bästlein, Berlin 1998
Hoegner, Wilhelm: Flucht vor Hitler. Erinnerungen an die Kapitulation der ersten deutschen Republik (Fischer Taschenbuchverlag), Frankfurt a. M. 1979
Hurwitz, Harold: Die Stalinisierung der SED. Zum Verlust von Freiräumen und sozialdemokratischer Identität in den Vorständen 1946–1949, Opladen 1997
Institut für Marxismus-Leninismus beim Zentralkomitee der SED (Hg.): Deutsche Widerstandskämpfer 1933–1945. Biographien und Briefe, 2 Bände, Berlin (DDR) 1970
Institut für Zeitgeschichte und Research Foundation for Jewish Immigration (Hg.): Biographisches Handbuch der deutschsprachigen Emigration nach 1933. Bd. 1. Politik, Wirtschaft, Öffentliches Leben (Leitung und Bearbeitung: Werner Röder, München, Herbert A. Strauss, New York), München/New York/London/Paris 1980
Kaule, Martin: Brandenburg 1933–1945. Der historische Reiseführer, Berlin 2014 (2. Auflage)
Keiderling, Gerhard (Hg.): »Gruppe Ulbricht in Berlin April bis Juni 1945«. Von den Vorbereitungen im Sommer 1944 bis zur Wiedergründung der KPD im Juni 1945. Eine Dokumentation, Berlin 1993
Kinner, Klaus: Der deutsche Kommunismus. Selbstverständnis und Realität. Bd. 1. Die Weimarer Zeit, Berlin 1999
Kinner, Klaus und Reuter, Elke: Der deutsche Kommunismus. Selbstverständnis und Realität. Bd. 2: Gegen Faschismus und Krieg (1933–1939), Berlin 2005
Klein, Horst: Geschichte des SPD-Ortsvereins Strausberg 1887–2007. Eine chronologische und biografische Skizze (Strausberger Studien zur Geschichte), Strausberg 2007

Kling, Gerhard: Memoiren eines Gestapisten (undatiert), in: GDW/Berlin (Belegarchiv zur Schriftenreihe über den Widerstand in Berlin) undatiert
Kling, Wolfgang und Lüderitz, Jörg: Neumark. Durch die alte Kulturlandschaft östlich von Oder und Neiße, Berlin 2015
Kolb, Eberhard: Die Weimarer Republik (7., durchgeseh. und erw. Auflage), München 2009
Kommission zur Erforschung der Geschichte der örtlichen Arbeiterbewegung bei der Kreisleitung der SED Potsdam (Hg.): Mitgestalter der Geschichte–Wegbereiter unserer Zeit. Biographische Skizzen Potsdamer Persönlichkeiten, Teil I Potsdam 1980, Teil II Potsdam 1986
Komitee der Antifaschistischen Widerstandskämpfer der DDR, Bezirkskomitee Potsdam, in Zusammenhang mit den Bezirkskomitees Cottbus und Frankfurt/Oder (Hg.): Antifaschistischer Widerstandskampf in der Provinz Brandenburg. Biographisches/Bibliographisches, Potsdam 1982
Kraushaar, Luise: Berliner Kommunisten im Kampf gegen den Faschismus 1936–1942. Robert Uhrig und Genossen, Berlin (DDR) 1981
Kreiskommission zur Erforschung der Geschichte der Rathenower Arbeiterbewegung (Hg.): Vorwärts und nicht vergessen… Ein Beitrag zur Geschichte der Rathenower Arbeiterbewegung von 1933–1945, Rathenow (undatiert)
Kreisverband DIE LINKE.PDS Teltow-Fläming (Hg.): Anläßlich des 100. Geburtstages von Ernst Kloß. Standhafte Antifaschisten (Ernst Kloß-Erich Jeserick-Karl Schlombach), Luckenwalde 2007
Kubina, Michael: Von Utopie, Widerstand und Kaltem Krieg. Das unzeitgemäße Leben des Berliner Rätekommunisten Alfred Weiland (1906–1978), Hamburg 2001
Kusior, Wolfgang und Reichel, Thomas im Auftrag der Friedrich Ebert Stiftung (Hg.): Erinnerungen an eine Rote Hochburg. Zur Geschichte der Sozialdemokratie in Brandenburg an der Havel, Potsdam 2012
Küstermeier, Rudolf: Der Rote Stoßtrupp, Berlin 1981 (Beiträge zum Thema Widerstand, Heft 3)
Lange, Gunter: Siegfried Aufhäuser (1884–1969). Ein Leben für die Angestelltenbewegung. Eine Biografie, Berlin 2013
Luban, Ottokar: Demokratische Sozialistin oder »blutige Rosa«? Rosa Luxemburg und die KPD-Führung im Berliner Januaraufstand 1919, in: JWK, 2/1999, S. 176–207
Malycha, Andreas: Auf dem Weg zur SED. Eine Quellenedition, Bonn 1995
Mason, Timothy W.: Sozialpolitik im Dritten Reich. Arbeiterklasse und Volksgemeinschaft, Opladen 1977
Materna, Ingo und Ribbe, Wolfgang (Hg.): Brandenburgische Geschichte, Berlin 1995
Meyer, Kristina: Die SPD und die NS-Vergangenheit 1945–1990, Göttingen 2015
Meyer, Winfried und Neitmann, Klaus (Hg.): Zwangsarbeit während der NS-Zeit in Berlin und Brandenburg. Formen, Funktion und Rezeption, Potsdam 2001
Meyer, Winfried: Aktion »Gewitter«. Menschenopfer für Macht und Mythos der Gestapo, in: Dachauer Hefte, Jg. 2005, S. 3–20
Meyers Großes Konversationslexikon. Sechste Auflage. 3. Bd., Leipzig und Wien 1905
Meyers Großes Konversationslexikon. Sechste Auflage. 4. Bd., Leipzig und Wien 1905
Mielke, Siegfried (Hg.): Gewerkschafter in den Konzentrationslagern Oranienburg und Sachsenhausen. Biographisches Handbuch (4 Bände), Berlin 2002ff.
Mielke, Siegfried und Heinz, Stefan (Hg.) unter Mitarbeit von Goers, Marion: Funktionäre des Deutschen Metallarbeiter Verbandes im NS-Staat. Widerstand und Verfolgung, Berlin 2012
Mielke, Siegfried und Heinz, Stefan (Hg.): Eisenbahngewerkschafter im NS-Staat. Verfolgung–Widerstand–Emigration (1933–1945), Berlin 2017

Miethe, Anna-Dore: Gedenkstätten: Arbeiterbewegung, Antifaschistischer Widerstand, Aufbau des Sozialismus, Jena/Berlin 1974
Mintert, David Magnus: »Sturmtrupp der deutschen Republik«. Das Reichsbanner Schwarz-Rot-Gold in Wuppertal, Wuppertal 2002
Morsch, Günter (Hg.): Konzentrationslager Oranienburg, Berlin 1994
Morsch, Günter und Ohm, Agnes (Hg.) unter Mitarbeit von Hax, Iris: Terror in der Provinz Brandenburg. Frühe Konzentrationslager 1933/34 (Schriftenreihe der Stiftung Brandenburgische Gedenkstätten, Bd. 46), Berlin 2014
Nauschütz, Hans-Joachim: Max Hannemann und Genossen. Über einen jahrzehntelangen Verdacht und seine Folgen. Ein Report, Eisenhüttenstadt 1995
Nitzsche, Gerhard: Die Saefkow-Jacob-Bästlein-Gruppe, Dokumente und Materialien des illegalen Kampfes (1942–1945), Berlin (DDR) 1957
Oschilewski, Walter G.: Ein Mann im Strom der Zeit. Richard Timm, Berlin 1975
Osterroth, Franz und Schuster, Dieter: Chronik der deutschen Sozialdemokratie. Bd. II: Vom Beginn der Weimarer Republik bis zum Ende des Zweiten Weltkrieges, Berlin/Bonn-Bad Godesberg 1975 (2. Auflage)
Paul, Gerhard und Mallmann, Klaus-Michael (Hg.): Die Gestapo. Mythos und Realität, Darmstadt 1995
Plener, Ulla: Zwei Dokumente über den gewerkschaftlichen Widerstand 1933–1945. Aus dem Nachlaß von Walter Maschke (1891–1980), in: Beiträge zur Geschichte der Arbeiterbewegung, 40. Jg., Nr. 3, 1998, S. 88–103
Podewin, Norbert: Ebert und Ebert. Zwei deutsche Staatsmänner: Friedrich Ebert (1871–1925), Friedrich Ebert (1894–1979). Eine Doppelbiografie, Berlin 1999
Podewin, Norbert: Otto Ostrowski – der gelöschte Oberbürgermeister. Ein Schicksal im Berlin des Kalten Krieges, Berlin 2004
Pyta, Wolfram: Gegen Hitler und für die Republik. Die Auseinandersetzung der deutschen Sozialdemokratie mit der NSDAP in der Weimarer Republik, Düsseldorf 1989
Rätsch-Langejürgen, Birgit: Das Prinzip Widerstand. Leben und Wirken von Ernst Niekisch, Bonn 1997
Reichsbahnausbesserungswerk Potsdam (Hg.): Unser Werk. 125 Jahre RAW Potsdam, Potsdam 1963
Reichel, Peter: Der tragische Kanzler. Hermann Müller und die SPD in der Weimarer Republik, München 2018
Ribbe, Wolfgang (Hg.): Die Lageberichte der Geheimen Staatspolizei über die Provinz Brandenburg und die Reichshauptstadt Berlin 1933 bis 1936. Teilband I: Der Regierungsbezirk Potsdam. Mit ergänzenden Materialien bearbeitet, eingeleitet und erläutert von Sibylle Hinze, Köln/Weimar/Wien 1998
Rohe, Karl: Das Reichsbanner Schwarz-Rot-Gold. Ein Beitrag zur Geschichte und Struktur der politischen Kampfverbände zur Zeit der Weimarer Republik, Düsseldorf 1966
Sägebrecht, Willy: Nicht Amboß, sondern Hammer sein. Erinnerungen, Berlin (DDR) 1968
Sandvoß, Hans-Rainer: Widerstand in Spandau, Berlin 1988
Sandvoß, Hans-Rainer: Widerstand in Neukölln, Berlin 1990
Sandvoß, Hans-Rainer: Widerstand in Kreuzberg, Berlin 1997 (2. Auflage)
Sandvoß, Hans-Rainer: Widerstand in Mitte und Tiergarten, Berlin 1999 (2. Auflage)
Sandvoß, Hans-Rainer: Widerstand in Wedding und Gesundbrunnen, Berlin 2003
Sandvoß, Hans-Rainer: Widerstand in Pankow und Reinickendorf, Berlin 2009 (3. Auflage)
Sandvoß, Hans-Rainer: Widerstand in Prenzlauer Berg und Weißensee, Berlin 2015 (2. Auflage)
Sandvoß, Hans-Rainer: Die »andere« Reichshauptstadt. Widerstand aus der Arbeiterbewegung in Berlin von 1933 bis 1945, Berlin 2007

Sandvoß, Hans-Rainer: »Es wird gebeten, die Gottesdienste zu überwachen...«. Religionsgemeinschaften in Berlin zwischen Anpassung, Selbstbehauptung und Widerstand von 1933 bis 1945, Berlin 2014

Sandvoß, Hans-Rainer: Berlin war nicht nur Zentrum des NS-Terrors, sondern auch des Widerstandes, in: Der Bär von Berlin. Jahrbuch 2016 des Vereins für die Geschichte Berlins, Berlin/Bonn 2016, S. 195–208

Sauer, Bernhard: Die schwarze Reichswehr und der geplante »Marsch auf Berlin«, in: Uwe Schaper (Hg.), Berlin in Geschichte und Gegenwart. Jahrbuch des Landesarchivs Berlin 2008, S. 113–150

Schafranek, Hans: Widerstand und Verrat. Gestapospitzel im antifaschistischen Widerstand 1938–1945, Wien 2017

Schieb-Samizadeh, Barbara: Die Gemeinschaft für Frieden und Aufbau. Eine wenig bekannte Widerstandsgruppe, in: Dachauer Hefte 7 (1991), S. 174–190

Schmidt, Erich R.: Meine Jugend in Groß-Berlin. Triumpf und Elend der Arbeiterbewegung 1918–1933, Bremen 1988

Schmiechen-Ackermann, Detlef (Hg.): Anpassung, Verweigerung und Widerstand. Soziale Milieus, Politische Kultur und Widerstand gegen den Nationalsozialismus in Deutschland im regionalen Vergleich, Berlin 1995

Schmiechen-Ackermann, Detlef: Nationalsozialismus und Arbeitermilieus. Der nationalsozialistische Angriff auf die proletarischen Wohnquartiere und die Reaktion in den sozialistischen Vereinen, Bonn 1998

Schmitt, Jan: Die Aktion »Gitter«. Ursache und Folgen der letzten großen Verhaftungsaktionen im Nationalsozialismus, Diplomarbeit, vorgelegt am 14. August 1998 (FU Berlin. Fachbereich Politische Wissenschaft)

Schneider, Michael: Unterm Hakenkreuz. Arbeiter und Arbeiterbewegung 1933 bis 1939, Bonn 1999

Schneider, Michael: In der Kriegsgesellschaft. Arbeiter und Arbeiterbewegung 1939 bis 1945, Bonn 2014

Schöler, Uli: Wolfgang Abendroth und der »reale Sozialismus«. Ein Balanceakt, Berlin 2012

Schröder, Wilhelm Heinz: Sozialdemokratische Parlamentarier in den deutschen Reichs- und Landtagen 1867–1933, Düsseldorf 1995

Schulze, Hagen: Anpassung oder Widerstand? Aus den Akten des Parteivorstandes der deutschen Sozialdemokratie 1932/33, Bonn-Bad Godesberg 1975

Schulze, Hagen: Otto Braun oder Preußens demokratische Sendung. Eine Biographie, Frankfurt/M. u.a. 1977

Schumacher, Martin (Hg.): M.d.R. Die Reichstagsabgeordneten der Weimarer Republik in der Zeit des Nationalsozialismus. Politische Verfolgung, Emigration und Ausbürgerung 1933–1945. Eine biographische Dokumentation, Düsseldorf 1994 (3. erweiterte Auflage)

Schuppan, Erich (Hg.): Wider jede Verfälschung des Evangeliums. Gemeinden in Berlin-Brandenburg 1933 bis 1945. Zur Geschichte des Kirchenkampfes, Berlin 1998

Schuppan, Erich (Hg.): Bekenntnis in Not. Die Evangelische Kirche Berlin-Brandenburg im Konflikt mit dem totalen Staat (1933–1945), Berlin 2000

SED-Kreisleitung u. Komitee der Antifaschistischen Widerstandskämpfer der DDR, Berlin-Friedrichshain (Hg.): Der antifaschistische Widerstandskampf rund um die Frankfurter Allee, Berlin (DDR) (undatiert)

Seeger, Dieter: »Erst Klarheit, dann Einheit«. Die Vereinigung von KPD und SPD vor sechzig Jahren in Rathenow, maschinenschriftl. Manuskript (undatiert)

Seeger, Dieter: Rathenower Topographie des Terrors und des Widerstandes 1933–1945, Rathenow 2010

Seger, Gerhart: Oranienburg. Erster authentischer Bericht eines aus dem Konzentrationslager Geflüchteten, Karlsbad 1934 (Nachdruck Berlin 1979)
Stang, Joachim: Die Deutsche Demokratische Partei in Preußen 1918–1933, Bonn 1994
Staudinger, Hans: Wirtschaftspolitik im Weimarer Staat. Lebenserinnerungen eines politischen Beamten im Reich und in Preußen 1889 bis 1934. Herausgegeben und eingeleitet von Hagen Schulze, Bonn 1982
Steinbach, Peter: Widerstand im Widerstreit. Der Widerstand gegen den Nationalsozialismus in der Erinnerung der Deutschen. Ausgewählte Studien, Paderborn/München/Wien/Zürich 1994
Steinbach, Peter: Geschichte im politischen Kampf. Wie historische Argumente die öffentliche Meinung manipulieren, Bonn 2012
Steinbach, Peter und Tuchel, Johannes (Hg.): Widerstand gegen die nationalsozialistische Diktatur 1933–1945 (Schriftenreihe der Bundeszentrale für politische Bildung, Bd. 438), Bonn 2004
Stern, Fritz: Fünf Deutschland und ein Leben. Erinnerungen, München 2007
Sternberg, Fritz: Der Faschismus an der Macht, Amsterdam 1935
Szende, Stefan: Zwischen Gewalt und Toleranz. Zeugnisse und Reflexionen eines Sozialisten. Mit einem Vorwort von Willy Brandt, Frankfurt a. M./Köln 1975
Tammena, Heiko: »Unser schönes rotes Luckenwalde«. Lager, Milieu und Solidargemeinschaft der sozialistischen Arbeiterbewegung zwischen Ausgrenzung und Verstaatlichung, Münster u. a. 2000
Teichler, Hans-Joachim und Hauk, Gerhard (Hg.): Illustrierte Geschichte des Arbeitersports, Berlin/Bonn 1987
Tuchel, Johannes: Konzentrationslager. Organisationsgeschichte und Funktion der »Inspektion der Konzentrationslager« 1934–1938, Boppard am Rhein 1991
Tuchel, Johannes: Kontakte zwischen Sozialdemokraten und Kommunisten im Sommer 1944. Zur historischen Bedeutung des 22. Juni 1944, in: Dachauer Hefte 11 (1995)
Tuchel, Johannes: Inferno und Befreiung. Die Rache des Regimes, in: Die Zeit vom 9. Dezember 2004
Tuchel, Johannes: Die Todesurteile des Kammergerichts 1933 bis 1945. Eine Dokumentation, Berlin 2016
Ueberschär, G. R. (Hg.): Das Nationalkomitee »Freies Deutschland« und der Bund Deutscher Offiziere, Frankfurt a. M. 1996
Uhlmann, Walter (Hg.): Sterben um zu leben. Politische Gefangene im Zuchthaus Brandenburg-Görden 1933–1945, Köln 1983
Ulrich, Axel: Wilhelm Leuschner. Ein deutscher Widerstandskämpfer, Wiesbaden 2012
Ulrich, Axel: Carlo Mierendorff kontra Hitler. Ein enger Mitstreiter Wilhelm Leuschners im Widerstand gegen das NS-Regime. Mit einem Vorwort von Peter Steinbach, Wiesbaden 2018
Weber, Hermann: Geschichte der DDR, München 1985 (dtv)
Weber, Hermann: Hauptfeind Sozialdemokratie. Strategie und Taktik der KPD 1929–1933, Düsseldorf 1982
Weber, Hermann und Mählert, Ulrich (Hg.): Terror. Stalinistische Parteisäuberungen 1936–1953, Paderborn 1998
Weber, Hermann und Herbst, Andreas: Deutsche Kommunisten. Biographisches Handbuch 1918 bis 1945. Überarbeitete und stark erweiterte Auflage, Berlin 2008
Weber, Hermann: Deutsche Kommunisten. Supplement zum Biographischen Handbuch 1918 bis 1945, Berlin 2013
Wieland, Siegfried und Westphal, Dieter sowie Groth, Peter: Zum Kampf der KPD im Raum Jüterbog-Luckenwalde in den Jahren 1929–1933 gegen Imperialismus, Militarismus und Faschismus (Diplomarbeit), Pädagogische Hochschule Potsdam 1973

Winkler, Heinrich August: Der Weg in die Katastrophe. Arbeiter und Arbeiterbewegung in der Weimarer Republik 1930 bis 1933, 2. vollst. durchgesehene und korr. Auflage, Bonn 1990
Winkler, Heinrich August (Hg.): Weimar im Widerstreit. Deutungen der ersten deutschen Republik im geteilten Deutschland, München 2002
Woinar, Klaus: Das Außenlager Demag/Falkensee des Konzentrationslagers Sachsenhausen 1943–1945. Terror und Widerstand, in: Bulletin Für Faschismus- und Weltkriegsforschung, Heft 25/26 (2005), S. 163–185
Wörmann, Heinrich-Wilhelm: Widerstand in Charlottenburg, Berlin 1998 (2. Auflage)
Wörmann, Heinrich-Wilhelm: Widerstand in Köpenick und Treptow, Berlin 2010 (2. Auflage)
Zechlin, Walter: Pressechef bei Ebert, Hindenburg und Kopf, Hannover 1956
Ziemann, Benjamin: Die Zukunft der Republik? Das Reichsbanner Schwarz-Rot-Gold 1924–1933 (Reihe Gesprächskreis Geschichte der Friedrich Ebert Stiftung, Heft 91), Bonn 2011
Zimmermann, Peter: Theodor Haubach (1896–1945). Eine politische Biographie, Hamburg 2004

Bildnachweise

Fotos von Institutionen

Archiv der sozialen Demokratie der Friedrich-Ebert-Stiftung S. 38, 107, 111, 115, 161, 162, 166, 207, 215, 300

Brandenburgisches Landeshauptarchiv

Rep. 29, ZH Brbg. Nr. 983 (Haftakte Loewenstein, Kurt) S. 186

Rep. 2A Reg. Potsdam, I Pol. Nr. 1051 S. 28 und 1105 S. 64

Rep. 333, Nr. 1285 S. 47

Rep. 401 (Regierungsbezirk Potsdam)/VdN S. 63, 144, 172, 230, 371, 373, 375, 385 r., 433, 483, 456, 481, 539

Rep. 530, BL Pdm PG 33 S. 75

Rep. 601 (Regierungsbezirk Frankfurt/Oder)/VdN S. 151, 365, 401 (l. u. r.), 412, 424, 443, 502

Rep. 801 (Regierungsbezirk Cottbus)/VdN S. 193, 262, 265, 391, 431, 491 (r.)

Bundesarchiv Berlin Titelbild, S. 13, 84 (r.), 138, 453, 546

Gedenkstätte Lindenstraße, Potsdam S. 25, 529

Institut für Zeitgeschichte, München S. 570

Landesamt für Bürger- und Ordnungsangelegenheiten/Entschädigungsbehörde S. 76, 169, 224(r.), 279, 280, 465

Landesarchiv Berlin (C Rep. 118-01) S. 475

Landesarchiv Greifswald S. 203

Landesarchiv Sachsen-Anhalt S. 425

Landkreis Dahme-Spreewald S. 97, 251

SED Potsdam (Hg.), Mitgestalter der Geschichte – Wegbegleiter unserer Zeit, Potsdam 1986, S. 239

Staatsbibliothek Berlin, Zeitungsbateilung S. 140

Stadtarchiv Bielefeld S. 188

Stadtarchiv Brandenburg S. 298, 368

Stadtarchiv Eberswalde S. 519 (l. u. r.)

Stadtarchiv Erkner S. 441

Stadtarchiv Forst S. 510

Stadtarchiv Frankfurt/Oder S. 18, 211 (r.), 418

Stadtarchiv Luckenwalde S. 36, 178, 382, 385 (l.)

Stadtarchiv Nauen S. 343

Fotos aus Privatbesitz

Aigringer (Familie) S. 40
Bruder, Fred S. 58
Engelbrecht (Familie) S. 268
Fourmont (Familie) S. 75
Gerstenberg, Bodo S. 499
Hochmuth, Ursel (Sammlung GDW) S. 446, 448, 553, 556
Lehmann (Familie) S. 491(l.)
Lehmann, Sabine S. 147
Lemke, Andreas S. 203
Pfeiffer, Edith S. 304
Pöppel, Walter S. 292
Rehdorf (Familie) S. 236, 241
Rottstock (Familie) S. 50
Trogisch (Familie) S. 197
Wache, Lucrezia S. 119
Wölk, Werner S. 311

Personenregister

Ortsregister

(Städte, zentrale Orte – ohne Haftstätten)

Hans-Rainer Sandvoß

Die »andere« Reichshauptstadt

Widerstand aus der Arbeiterbewegung in Berlin von 1933 bis 1945

Der Widerstand gegen das Hitlerregime aus den Traditionen der Arbeiterbewegung ist im Ostteil Deutschlands auf jenen der KPD fokussiert betrachtet und im Westen lange Zeit kaum beachtet worden. Erst nach 1989 setzte sich ein vorurteilsloser und umfassender Blick auf diesen wichtigen Aspekt der deutschen Geschichte durch. Hans-Rainer Sandvoß' materialreiche Arbeit zur besonderen Situation in Berlin spart keinen Aspekt des Arbeiterwiderstands aus und kann schon jetzt als Standardwerk gelten.

Die Veröffentlichung ist die erste Gesamtdarstellung des Berliner Widerstandes von 1933 bis 1945 aus der Tradition der Arbeiterbewegung. Der Kampf der Anhänger der verbotenen Sozialdemokratie wird ebenso gründlich und umfassend gewürdigt wie jener aus den Reihen der KPD oder verschiedener kleiner linkssozialistischer Organisationen, darunter die Anarchosyndikalisten. Quer zur Sicht auf Parteien und Arbeitersportgruppen erörtert ein abschließendes Kapitel »Widerspruch und Opposition auf betrieblicher Ebene«.

Die Untersuchung, die sich auf Hunderte von Prozessen, Lebenserinnerungen, Erlebnisberichten und Interviews stützt, geht der Frage nach, ob es dem Nationalsozialismus tatsächlich – wie häufig behauptet – gelungen war, das einstmals »rote Berlin« der Weimarer Republik restlos auszulöschen und völlig zum Verstummen zu bringen. Tatsächlich fand der Autor zahlreiche Spuren dafür, dass im politischen Untergrund seit 1933 immer wieder Kräfte aus der Arbeiterschaft wirkten, die eine »andere« Reichshauptstadt repräsentierten.

Festeinband mit Schutzumschlag, 668 Seiten, 304 Schwarzweißabbildungen
ISBN 978-3-936872-94-1 € 29,80